문명교류학

문명교류학

정수일 지음

한국문명교류연구소 학술총서 15

여는 글

　졸저는 복합적 학문으로서의 문명교류학에 관한 개론적 요지를 엮은 초유(初有)의 개설 총서이며, 30여년간 문명교류학의 학문적 정립을 과녁으로 삼아 출간한 저서와 발표한 논문의 고갱이를 집대성한 학술모음집이기도 하다. 초유인데다가 개설서인 만큼 비록 흠결을 면할 수는 없겠지만 절박한 시대적 요청을 미룰 수가 없어 다년간의 숙고와 산고(産苦)를 거듭한 끝에 드디어 책을 출간하기에 이르렀다. 요컨대 시대인으로서 시대의 소명에 호응한 셈이다.
　필자는 5년간의 수감생활을 마치고 2000년 8월 출옥한 후 이듬해에 『실크로드학』(창작과비평사 2001)과 『고대문명교류사』(사계절 2001)를, 12년 후에는 『실크로드 사전』(창비 2013)을 잇따라 상재(上梓)하였다. 이를 바탕으로 해서 현거(懸車)[1]를 훨씬 넘긴 나이에 어차피 자력도생(自力圖生)해야 할 길지 않을 후반생(後半生)의 삶을 설계하면서 전반생(前半生)에 간간이 익혀온 문명교류학이란 복합적 학문의 초야(草野)를 이 땅에서 일궈보기로 심지를 굳혔다. 이것은 내 필생의 학문적 숙원이기도 하였다.

정작 쟁기를 잡고 보니 초야는 해묵은 잡초뿐이었다. 그래서인지 선학들의 개척 흔적도 별로 없었다. 이 나이에, 이러한 생소하고 어려운 여건을 무릅쓰고, 그것도 단기필마(單騎匹馬)로 전인미답(前人未踏)의 길을 헤쳐가보겠다는 발상 자체가 한낱 과욕이고 만용이 아닐까 하는 기우(杞憂)에 빠지기도 했다. 그렇지만 문명교류학 개설서의 출간이 절박한 시대적 요청인데다가 후반생의 명운을 걸기로 작심한 숙명적 연구과제라서 더이상 미룰 수는 없었다.

우선 2014년 '연구총람(研究總覽)'이라는 총체적인 장기 연구계획을 세우고, 5년 만인 2019년에 내용별로 '기수(旣遂)'와 '미수(未遂)', '수행(遂行) 중'으로 나눠 엄밀하게 중간점검²을 실시해서 총람의 수행 상황을 소환(召還)해보았다. 소환 결과에 대한 냉정한 실사구시적 추고(追考) 과정을 거쳐 2023년까지의 최종 계획을 정비하고 추진해왔다. 졸저는 이렇게 10년간의 시간 축적 끝에 이제야 비로소 독자들과 만나게 되었다.

졸저의 집필 및 출간 목적은 문명교류를 핵심으로 하는 문명 전반에 관한 기초지식을 전수하고, 인류에게 '세계는 하나'라는 일체성(一體性)과 호혜적 교류에 바탕을 둔 평화애호 정신을 함양해주며, 나아가 '범지구적 보편문명'의 실현 과정을 통해 궁극적으로 인류가 지향하는 공생공영의 미래사회 건설을 위한 방향타(方向舵)가 될 '문명대안론'과 그 실천방도를 모색하는 것이다. 이러한 목적을 달성하기 위해 문명교류학을 인문학과 사회학 및 자연과학을 갈무리한 새로운 복합적 학문으로 정립할 것이다.

흔히들 21세기는 '문명교류의 무한확산 시대'라고 한다. 세계는 지금 무제한의 개방과 교류를 통해 도래된 다문명 시대를 맞고 있으며, 그 누구도 '문명의 홍수' 속에서 호환(互換)된 문명을 떠나서는 한시도 삶을 지탱할 수 없다. 오늘날 인간적인 삶의 척도는 얼마만큼 문명을 향유하고 있는가에 달려 있다. 그리하여 문명은 교류를 통해 미증유의 보편성과 대중성을 띠면서 무한대로 확장 심화되어가고 있다. 급기야 '범지구적 보편문명'은 미래사회의 비전을 실현할 대안으로까지 부상하고 있다.

작금 문명과 그 교류에 관한 연구는 인류의 역사발전에 하나의 큰 획을 긋게 될 중차대한 의제(議題)로 각광을 받으며 중시되어가고 있다. 그 통찰과 해명은 미룰 수 없는 절박한 시대적 요청이 되고 있다. 그럼에도 불구하고 인류사의 항정(航程)에서 가까스로 막차에 올라탄 인류의 문명연구사는 고작 200년 전 근세로 거슬러 올라가고, 그 핵심인 문명교류담론사는 기껏해야 20년, 그것도 '고장난 20년'을 넘지 못하고 있다. 그런가 하면 문명교류학의 학문적 정립사는 한심하게도 '텅 빈 제로(0)년'에 머물고 있다. 한마디로 문명교류사 연구는 출발이 너무나도 늦은데다가 공백과 단절의 연속으로 점철되어 있다. 지난날은 그렇다손 치고, 문명교류가 시대의 화두로 자리매김되고 따라서 그 연구가 절박한 시대적 요청으로 떠오르고 있는 이 시점에조차도 상황은 좀처럼 호전의 기미를 보이지 않고 있다. 과문으로는 세계에서 문명교류론이 학문의 반열에 떳떳이 자리한 유례는 아직 전무한 형편이다.

숙명적으로 이 시대를 살아가는 시대인으로서 필자는 늘 이런 현실에 가슴이 옥죄어왔다. 지난 28년 동안 동서남북 종횡무진 세계일주를 단행하면서 혈통의 동조(同祖), 역사의 통칙(通則), 문명의 통섭(通涉), 보편적 가치의 공유(共有) 등에서 인류 본연의 일체성에 관해 점차 눈을 뜨기 시작했다. 그 과정에서 문명 수준의 극심한 양극화 현실을 접할 때마다 문명교류의 전지구적 의미와 '범지구화의 보편문명'이라는 의미의 절박성을 새삼스레 실감하곤 하였다. 파노라마처럼 눈앞을 스쳐 지나가는 이러한 비정하고 요염(妖艶)한 문명의 현실을 글이나 그림, 언설에서 재현할 때마다 시대적 소명인(召命人)으로서 이러한 현실을 어떻게 직시하고 변혁하며, 어떻게 그러한 변혁에 미력이나마 보탤 것인가에 관해 줄곧 고민해왔다. 필자는 문명탐험기인 『문명의 요람 아프리카를 가다』(창비 2018)의 '책머리에'에서 이러한 절절한 심정을 서구 식민주의에 대한 아프리카의 '설욕(雪辱)'으로 절규하였으며, 그 설욕을 위해 '암흑의 땅' 아프리카에서 일어난 굴욕적인 식민지화의 참극상을 낱낱이 파헤치는 데 탐험기의 태반을 할애하였다.

돌이켜보면, 졸저의 내용이나 구성체계를 잡는 데 참고할 만한 선행 전범(典範)이 별로 없어서 다분히 필자의 천식(淺識)과 미숙한 주관적 견해와 판단에 의지해 단안(斷案)을 내리다보니 오류나 미흡함을 면치 못했으리라 자성한다. 필자는 문명교류학의 수권(首卷)인 『실크로드학』과 이어 펴낸 『실크로드 사전』 등 관련된 책들에서 문명교류학이 복합적 학문 계보에 속하는 학문이라는 사실을 간과한 채 인문학과 사회학의 교차 영역에 자리한 학문이라고 오판함으로써 학술적 자기부정(自己否定)[3]을 범하였다. 이에 독자들의 넓은 양해와 아량을 바라는 바이다.

무릇 저술자는 서푼짜리 글을 가지고 농간질하는 매문(賣文)치기가 아니라, 진리와 과학으로 인간의 영혼을 담금질하는 단조공(鍛造工)이다. 그 단조품이 지닌 가치의 단위는 몇푼의 메마른 엽전이 아니라 눅진한 피땀이다.[4] 창의성이나 개척 의지는 결코 천식이나 미숙한 주관적 견해 또는 편단(偏斷)에서는 도시 적출(摘出) 불가하다는 것을 절감하였다. 차제에 교훈담으로 한마디 남긴다면, 술이작(述而作)의 창의성을 발휘하고, 심조자득(深造自得)[5]의 학구열에 불타며, 학술적 자기부정에 인색하지 않을 때만 학문은 승승장구한다는 것이 학문의 통리(通理)인 것이다.

매우 미흡한 졸저이지만 출간에 즈음해 한가지 갖는 자부는 (사)한국문명교류연구소가 그토록 척박한 토양에서 10여년이란 짧은 기간에 고군분투 상부상조의 숭고한 기상과 미덕 그리고 위소당가(爲所當家)⁶의 소풍(所風)⁷을 발휘해 정성껏 학문의 씨앗을 뿌리고 다 함께 보듬으며 꽃을 피워 마침내 '문명교류학'이라는 초유의 열매를 거뒀다는 사실이다.

이러한 결실은 오로지 연구소를 아끼고 사랑하며 보살펴주시는 내외의 모든 분들의 지극한 배려와 지성 어린 후원이 있음으로써 비로소 실현 가능하였다. 그 결실 속에는 존경하는 김정남 전 이사장님과 장석 이사장님을 비롯한 연구소 내 이사님들과 감사님들, 총무님들의 현명한 계도(啓導)와 헌신적인 노력, 그리고 십시일반의 정신적·물질적 후원을 아끼지 않으시는 정기후원자님들과 기부자님들의 온정이 차지게 응결되어 있다. 더불어 10여년간 종횡 세계일주의 험로에서 동고동락한 투어블릭 강상훈 대표의 노고도 잊을 수가 없다.

특기할 것은 졸저가 사제동행(師弟同行)의 결과물이란 사실이다. 졸저의 마무리 작업과 병행해 연구소 산하 '옥인(玉仁)아카데미'가 3년 전 가을학기부터 5학기 연속으로 '문명교류학' 특강을 개설해 소장과 연구위원 전원이 함께 질의응답식 강의를 진행함으로써 졸고의 검토와 연구위원들의 수학(受學)이라는 일석이조(一石二鳥)의 효과를 거둘 수 있었다. 일심동체가 되어 사제동행을 수범(垂範)한 연구위원들께 고마움과 격려를 보내는 바이다.

자고로 책은 저자와 출판사 반반(半半)의 작품이라고 한다. 편집과 상재(上梓), 간행까지를 아우르는 출판 과정을 떠나서 저술이란 상상할 수가 없으며 무의미하다. 그만큼 출판이 중요하기에 출판사는 구색(具

色)이 맞는 오달지고 품격 있는 책을 만들어내려고 불철주야 심혈을 기울이고 있다. 그럴진대 저자는 배가의 용기를 내게 된다. 졸저가 바로 그러한 경우다. 필자는 과분하게도 지난 23년간(2001~24) '창비'에서 태반의 졸저인 총 18종 22권을 출간했는데 어느 것 하나 소홀함이 없어 한결같이 만족스러웠다. 이에 존경하는 청사 백낙청 교수님과 강일우 전 대표님, 염종선 대표님을 비롯한 편집진 여러분의 노고와 배려에 거듭 심심한 사의를 표하는 바이다.

끝으로, 이 모든 분들과 오늘 졸저의 출간에 즈음한 결실의 보람을 함께 누리고자 한다.

망백(望百)년 2월
옥인학당에서
위공 정수일 삼가 쓰다

추모의 글

"제발 두달만 더 내게 주어졌으면……"

유언이 된 이 말처럼 정수일 선생님께서 절실히 바라신 두달은 그저 개인사를 정리하거나 이승의 나날을 연장하기 위한 것이 아니었습니다. 오로지 이 『문명교류학』의 완성에 헌신할 시간이 더 필요하셨던 것입니다.

아흔을 넘긴 선생님은 주변에서 아무리 만류해도 마치 마라톤 풀코스를 전력질주하듯 새벽잠을 줄이고 분초를 아껴가며 이 책의 완성에 몰두하셨습니다. 스스로를 한계까지 몰아붙여 초고를 완성하셨고, 교정 중 유명을 달리하셨습니다. 그토록 혹독하게 스스로를 과업에 몰아붙인 사명감과 절박함의 원동력은 다름 아닌 후학들에 대한 사랑이었습니다.

『문명교류학』은 교육서입니다. 선생님께서는 수십년간 다져온 문명교류학 기획의 정점에 있는 이 책이 학문 후속세대들의 기본 개론서가 되길 염원하셨습니다. 광범위한 시간과 공간을 포괄하고 여러 학문을 아우르며 다양한 언어를 구사해야만 다룰 수 있는 이 학문을 후학들이 처음부터 개척하기는 어렵습니다. 그 어려운 길을 헤쳐나가야 할 후학들을 위해 선생님께서는 당신께서 평생을 바친 탐구의 성과 중에서도 정수만을 골라 이 책에 담고자 하셨습니다.

또한 『문명교류학』은 선생님의 다른 연구서와 달리 후학들과 함께 완성해가는 열린 서적입니다. 서문의 도표에서 볼 수 있듯 '문명교류학'이라는 학문의 완성에 이르기 위한 사다리, 연구총람의 최상단에 위치한 이 책은, 이 학문의 연구에 반세기를 바친 선생님께도 도전이었습니다. 당신께선 이 길을 혼자 완성할 수 없고, 후학들의 지속적인 논의와 갱신을 통해서만 완수할 수 있다고 반복해 말씀하셨습니다. 『문명교류학』이 대학원생들과 연구자들을 위한 기본 교재라고 볼 때, 본격적인 학문의 길에 진입하기 전에 필요한 소양을 갖추기 위한 학부생 수준의 기초 교재를 후학들이 마련할 것도 당부하셨습니다.

무수한 어록을 남기시고 그 말을 몸소 실천하신 위공(爲公) 정수일 선생님께서 남기신 어록 중 가장 널리 알려진 말씀은 "스승은 제자가 자신의 업적을 능가했을 때 보람을 느낀다"입니다. 이를 실천하기 위해 선생님께서는 고령과 바쁜 일정의 와중에도 무려 16년간 매달 이틀을 오로지 한국문명교류연구소에 모인 후학들의 양성에만 매진하시며 제자들이 당신을 앞서도록 훈육하셨습니다. 특정 지역과 분야만을 들여다보던 제자들은 그 덕분에 개별 문명들이 실크로드라는 거대한 시·공간에서 어떻게 교류하고 발전했는지를 배웠습니다.

선생님은 한국 문명교류학과 실크로드 연구의 중심이셨습니다. 각자의 지역과 분야에서 개별적으로 활동하던 연구자들은 '정수일의 문명교류학'이라는 학문의 대양 위에서 상호 교류하며 진일보했습니다. 이 위업은 오로지 선생님이시기 때문에 가능했습니다.

선생님의 문명교류학은 세계의 문명학, 역사학, 교류학뿐 아니라 미래 비전을 바꿨습니다. 선생님께서 주도한 국제실크로드학회(IASS)는 전세계 문명교류학자들을 경주, 이스탄불, 모스끄바, 하노이에 모이게 하여 실크로드의 개념을 재정립하고 교류학을 통한 인류문명 발전을 재논의하는 장이 되었습니다. 선생님의 저서 『실크로드 사전』(해상편을 포함하여 전2권)과 『실크로드 도록』(육로·해로·초원로 전3권)은 영문으로도 번역되어 미국·중국·유럽에서 문명교류와 실크로드 연구 패러다임의 전환을 주도하고 있습니다. 선생님의 이론은 세계인이 한국과 경주를 세계 실크로드의 종점으로 인정하고, 한국을 소외했던 기존의 실크로드와 문명교류 이론을 재고하게 하는 계기를 제공했습니다.

이 모든 선생님의 위업은 '지킬 수(守)'와 '하나 일(一)'이라는 이름처럼 가까이는 '민족 사랑', 넓게는 '보편 인류애'를 달성하기 위한 여로 위에 있습니다. 흔히들 장례식을 보면 그 사람의 삶이 드러난다고 합니다. 마지막까지 『문명교류학』을 품고 떠나신 길을 배웅하는 빈소에는 몸으로 낳은 자식이 함께하지는 못했지만, 학문으로 낳은 자식들로 장사진을 이뤘습니다. 고등학생부터 백발의 노연구자들까지 생면부지이지만 부고만 듣고 전국에서 찾아온 문상객들은 하나같이 정수일의 학문적 제자를 자처했습니다. 울음바다 속에서 열린 추도식에서는 그의 학문과 인생관에 대한 숱한 증언과 해석이 넘실댔습니다. 덕분에 후학들은 그 자리에서 많은 연구자들과 함께 선생님의 학문을 논하고 이를 발전시킬 방안을 논의할 수 있었습니다. 선생님께서는 마지막까지도 후학들에게 문명교류학을 넓혀갈 자리를 마련해주신 것입니다.

이제 선생님을 뵐 수 없고, 그 강의를 들을 수도 없게 된 것이 너무나 안타깝습니다. 그러나 선생님은 우리 곁에 계십니다. 이 책 속에서 살아 숨쉬며 '문명교류'가 인류의 미래를 밝혀줄 것임을 거듭 강조하고 있습니다.

선생님께선 황정견(黃庭堅)의 시에 나오는 '수류화개(水流花開)'라는 시구를 좌우명으로 삼으셨습니다. "물이 흐르니 꽃이 피는" 것처럼 앞으로 '문명교류'의 학문도 미래의 물결을 타고 흐르며 염화시중(拈華示衆)의 미소처럼 인류의 행복을 내보이는 꽃이 되리라 굳게 믿습니다.

선생님, 감사합니다. 그리고 사랑합니다.

2025년 9월
한국문명교류연구소 연구원 일동

차례

여는 글	4
추모의 글	10
서문 ǀ 문명교류 연구의 공백	18

제1장 동서의 지정학적 개념 — 27
제1절 ǀ 중세적 개념 — 27
제2절 ǀ 근세적 개념 — 31

제2장 동서 상이의 연원 — 33
제1절 ǀ 동서 상이의 자연환경적 연원 — 35
제2절 ǀ 동서 상이의 고고학적 연원 — 41
제3절 ǀ 동서 상이의 사회경제적 연원 — 49
제4절 ǀ 동서 상이의 가치관적 연원 — 61

제3장 문명의 개념 — 70
제1절 ǀ 문명의 정의 — 70
제2절 ǀ 문명의 속성 — 85
제3절 ǀ 문명과 문화 — 89
제4절 ǀ 이질문명의 바른 이해 — 96

제4장 근대적 문명담론 — 101
제1절 ǀ 문명담론의 부상 — 101
제2절 ǀ 문명진화론 — 105
제3절 ǀ 문명이동론 — 108
제4절 ǀ 문명순환론 — 110

제5장 현대적 문명담론 — 117
제1절 | 오리엔탈리즘 — 117
제2절 | 문명충돌론 — 121
제3절 | 문명공존론 — 131

제6장 문명교류의 개념과 전개과정 — 137
제1절 | 문명교류의 개념과 시원 — 137
제2절 | 문명교류의 약사 — 148

제7장 문명교류의 역사적 배경 — 160
제1절 | 문명교류의 정치사적 배경 — 162
제2절 | 문명교류의 군사사적 배경 — 195
제3절 | 문명교류의 경제사적 배경 — 220
제4절 | 문명교류의 민족사적 배경 — 233
제5절 | 문명교류의 교통사적 배경 — 252

제8장 문명교류와 문명권 — 271
제1절 | 문명권의 개념 — 271
제2절 | 유목기마민족의 '준문명권' — 278
제3절 | 라틴아메리카문명권 — 283
제4절 | 아프리카문명권 — 293
제5절 | 유럽문명권 — 309
제6절 | 북유럽(비크)문명권 — 328
제7절 | 아시아문명권 — 357
제8절 | 이슬람문명권 — 374
제9절 | 동아시아문명권 — 404

제9장 문명교류의 당위성과 문명접변 … 419
- 제1절 | 문명교류의 당위성 … 419
- 제2절 | 문명교류 과정과 접변 … 425

제10장 문명교류의 통로, 실크로드 … 441
- 제1절 | 실크로드의 바른 이해 … 441
- 제2절 | 초원로 … 464
- 제3절 | 오아시스로 … 475
- 제4절 | 해로 … 485
- 제5절 | '일대일로'의 개념 탐구 … 513

제11장 환지구적 해로의 개척 … 537
- 제1절 | 콜롬버스 행각의 삼성론적 모색 … 537
- 제2절 | 중세 항해사 개척자 정화의 '하서양' … 576
- 제3절 | 마젤란-엘까노의 '세계일주' … 588
- 제4절 | 지구의 허파를 잇는 빠나마운하 … 597
- 제5절 | 헤위에르달의 3대양 뗏목 일주 … 613

제12장 실크로드와 한반도 … 637
- 제1절 | 한반도로의 실크로드 복원 … 637
- 제2절 | 한민족의 뿌리를 내리게 한 길 … 657
- 제3절 | 세계와 소통시킨 길 … 669
- 제4절 | 한민족의 위상을 드높인 길 … 690

제13장 문명교류사에 명수죽백할 선현   700
제1절 | 해동의 첫 세계인 혜초   700
제2절 | 세계의 지붕 '파미르의 주인' 고선지   721

제14장 보편문명론   743
제1절 | 서구적 보편문명   743
제2절 | 범지구적 보편문명   753

제15장 문명교류학의 학문적 정립   763
제1절 | 문명교류학 정립의 절박성   763
제2절 | 문명교류학의 학문 계보   768
제3절 | 문명교류학의 내용   769
제4절 | 문명교류학의 연구방법   778
제5절 | 문명교류학의 학술적 특징   781

맺는 글 | '문명대안론'과 미래사회의 예단   783

주   787
찾아보기   832

서문
문명교류 연구의 공백

　돌이켜보면 문명의 생성과정이나 문명교류의 유장한 역사에 비하여 문명교류학 연구는 일천하기 그지없다. 약 45억년 전에 지구가 생겨난 이래의 지질학적 변천과정을 추적해보면 최초로 생명이 나타난 시기는 지금으로부터 약 2억~6억년 전인 고생대(古生代)다. 그리고 체질인류학적 연구에 의하면 인류의 조상은 약 700만~1400만년 전에 동아프리카와 프랑스, 인도, 중국 등지에 산재했던 유인원군(類人猿群) 중 가장 오래된 유인원인 드리오피테쿠스(Dryopithecus)로 알려져 있다. 그러다가 최초의 문명인이라고 할 수 있는 호모하빌리스(Homo habilis)의 유골이 신생대 제4기 홍적세(洪積世) 초기(200만~250만년 전)에 속하는 동아프리카 올두바이(Olduvay) 유적에서 발견되었다.[1] 이 호모하빌리스를 최초의 문명인이라고 추정하는 것은 그들이 손재주로 인류 최초의 자갈석기(pebble tools, 역석礫石)를 제작하였기 때문이다. 아울러 그 때문에 이때부터 원시적이기는 하지만 인류의 문명이 발생하기 시작했다고 말할 수 있을 것이다. 이렇게 문명의 역사는 자그만치 250만년 전으로 거슬러 올라간다.

인류는 드리오피테쿠스를 시원으로 5단계의 진화과정을 거쳐 문명을 창조하고 발전시키면서 오늘날에 이르렀다. 그 5단계는 다음과 같다.

① 드리오피테쿠스(유인원) 단계: 700만~1400만년 전 출현. 동아프리카·프랑스·인도·중국·조지아 등지에서 유골이 발견.

② 호모하빌리스(Homo habilis, 손재주 있는 인간) 단계: 200만~250만년 전 출현. 인류의 최초 문명인 자갈석기가 제작되고 사용. 유일하게 동아프리카 올두바이에서 유골이 발견.

③ 호모에렉투스(Homo erectus, 직립인直立人) 단계: 20만~200만년 전에 불을 사용하고 화식(火食). 동아프리카에서 가장 오래된 170만년 전 유골이 발견. 기타 베이징(원인), 자바(원인), 서유럽, 북아프리카, 충청북도 청원군 만수리 구석기 유적(2점, 54만~56만년 전) 등지에서도 유골이 출토.

④ 호모사피엔스(Homo sapiens, 조기지인무期智人): 5만~20만년 전에 출현. 뇌 용량이 현대인에 근접해서 조기지인이라고도 부르는데, 유골이 아프리카의 동서남북 각지에서 두루 발견.

⑤ 호모사피엔스사피엔스(Homo sapiens sapiens, 현대인): 5만년 전에 출현한 현대인의 직접적 조상. 그 유골이 아프리카와 유라시아 전역에서 발견.

이상과 같은 인류의 진화는 인간에 의한 문명의 생성(生成)과 불가분의 관계에 있다. 인류의 진화에 의해 문명이 생성되고, 역으로 생성된 문명은 인류의 진화를 촉진해왔다. 이 과정에서 각지의 문명은 고유의 속성에 따라 자생했을 뿐만 아니라, 타(他) 문명과의 소통과 교류를 통해 자체의 이론적·실천적 담론의 학문체계를 세워왔다.

그런데 문명사가 보여주다시피, 문명은 그 창조자이며 향유자인 인간이 처한 인문지리학적·자연환경적 여건에 따라 서로가 같거나 다른 내용과 형태로 각자도생(各自圖生)해왔다. 이 '서로의 같음'과 '서로의 다름'은 문명만이 지니고 있는 특유의 공유성(共有性)과 상이성(相異性, 자생성自生性)으로 인해 발생한 후 부단한 변천과정을 겪으면서 인류의 진화에 다양한 영향을 미쳤다.

이와 같이 문명과 인류가 유기적 상관 속에서 상호 연동하면서 발달과 진화를 면면히 이어온 것이 인류문명사의 엄연한 통칙이다. 그럼에도 불구하고 아이러니한 것은 사람들이 5천~6천년 전부터 시작된 역사시대를 '문명시대'라고 인지하는데도 독일을 비롯한 일부 서구 학계의 '눈 가리고 아웅 하는 식' 아집에 의해 오늘날까지도 이른바 '문화주의'가 우월시되면서 문명이 문화의 하위개념으로 비하되거나 무시되는 탓에 문명 연구는 뒷전으로 밀려나 있었다는 점이다.[2]

그러다가 18세기에 이르러서야 프랑스의 계몽주의자들에 의해 문명이 본연의 함의(含意)를 되찾고 그 위상이 높아짐에 따라 비로소 근대적 문명담론의 장이 펼쳐지기 시작하였다. 지난 200여년 동안이나 지속되어온 이 근대적 문명담론은 문명 자체의 내재적 진화나 이동, 순환 같은 단세포적이며 미시적인 개념에 한정됨으로써 진일보한 개안(開眼)에 이르지 못한 채 상당 기간 제자리 걸음에 안주해왔다. 세계가 근대화의 질곡에서 탈피해 현대화로의 이행을 위해 몸부림치던 20세기 전반, 두차례의 지긋지긋한 세계대전 기간까지만 해도 '문명필패(文明必敗)'라는 문명비관주의가 서구세계를 풍미하면서 전반적인 문명 연구는 일시 소강상태에 빠져 갈피를 잡지 못하고 허둥지둥거렸다.

그러다가 20세기 후반 홀연히 동서냉전 체제의 붕괴를 맞게 된 세계는 이를 계기로 처처에서 동시다발적으로 분출하는 각종 분쟁과 충돌 앞에서 그 출로의 모색을 놓고 당황망조(唐慌罔措)하지 않을 수 없었다. '울며 겨자 먹기'로 그 해결을 위한 책사(策士)랍시고 자진 총대를 멘 사람들은 거개가 종래의 안보전략가로 행세해오던 정치학계의 내로라하는 '고수'들이었다. 그들이 맞닥뜨린 생소한 시대적 의제는 더이상 단세포적인 문명의 내재적 함의나 어휘적 개념 따위를 해석하는 데 그치지 않고, 시대의 화두로 떠올랐으나 복잡하게 뒤엉켜 있던 문명의 관계론(성)을 새롭게 구명하는 것이었다. 요컨대 근대적 문명담론을 단순히 계승하는 것이 아니라 시대정신에 걸맞도록 이론적·실천적 창신(創新)을 실현하는 현대적 문명담론으로 승화시키는 것이다. 그러나 그들이 암중모색(暗中摸索)한 이러저러한 문명 아닌 '문명의 처방'은 대저 백해무익한 무용지물이었다. 간혹 일부 문명사가들이 조심스레 내놓은 처방마저도 현대적 문명담론치고는 턱없이 부실한 결손품(缺損品)에 불과하다. 한마디로 시대의 절박한 요청에 의당 부응하는 현대적 문명담론이나 문명교류론의 학문적 정립은 아예 엄두도 내지 못한 채 여러 가지 잡다한 의제만을 해답 없이 양산해 던져놓고 말았다.

이상에서 현대적 문명교류담론과 그 지향적 목표인 보편문명에 기반한 '문명대안론'을 거시적으로 조망하기 위해 지나온 문명의 연혁사(沿革史)를 극히 소략하게 되짚어봤다. 필자는 이러한 연혁사에서 얻어야 할 응분의 교훈을 찾아내고, 단절되었던 연구 공백을 메우며, 전환기의 절박한 시대적 소명을 다하고자 미숙함을 무릅쓰고 감히 졸저의 집필에 도전장을 내밀었다. 막상 후반생의 연구총람[3]에서 여생의 과녁으로 내세운 졸저의 마지막 페이지 말행(末行)에 종지부를 찍으며 모진 걱정과 일말의 자부가 뒤섞인 착잡한 심경 속에서 졸저가 지닌 학술적·서지학적 특징에 관해 곰곰이 생각해봤다. 특징이 있다면 과연 무엇일까? 장고(長考) 끝에 짚어낸 것은 다음과 같다.

① 시종 '술이작(述而作)'의 창의성을 관철한 것이다. 문명교류학은 새로운 학문 분야로서 '선인(先人)의 것을 서술할 뿐만 아니라, 새것을

연구총람
이론과 실천의 결합

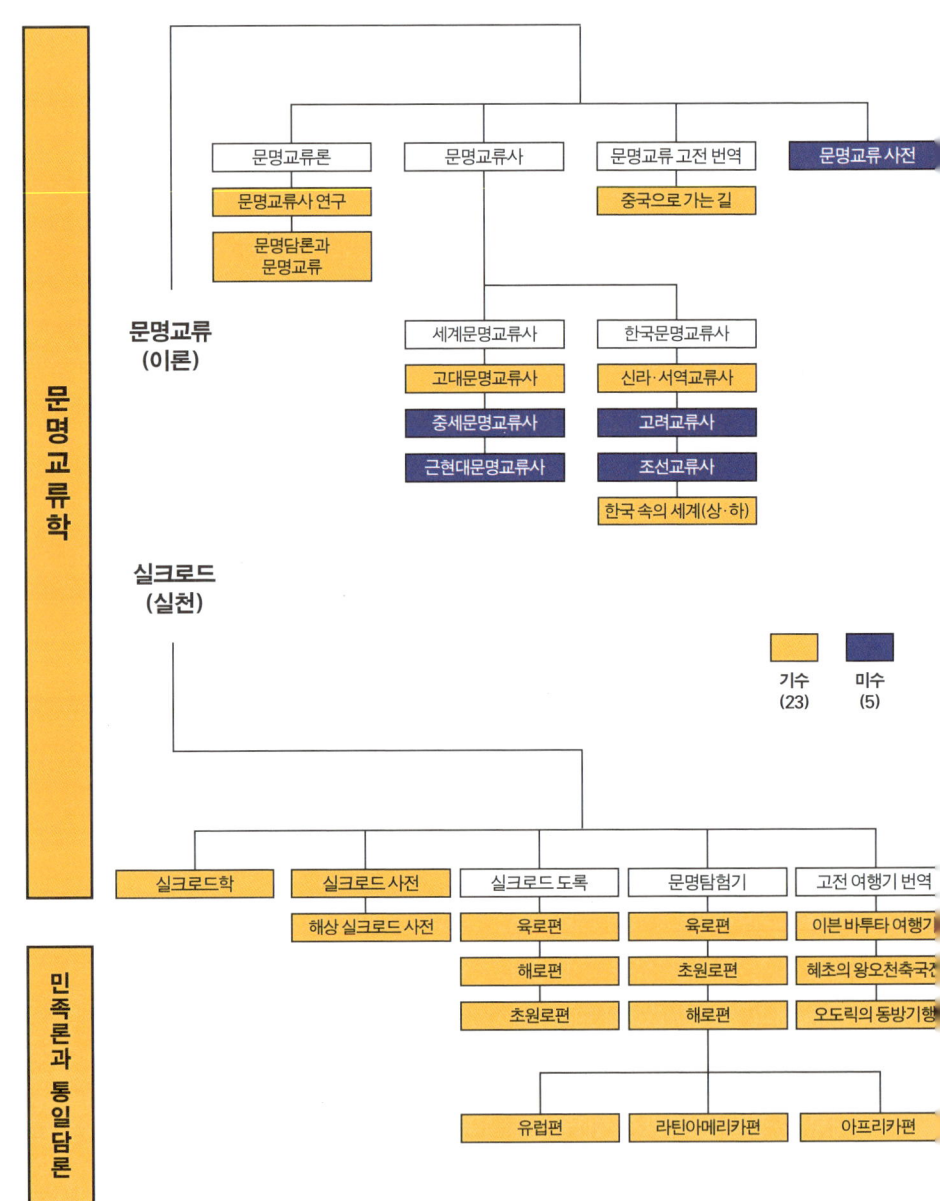

창작하다'라는 '술이작'의 학풍만이 개척 학문의 정립을 옹골차게 담보할 수 있는 학풍임을 깨달았다. 그리하여 문명이나 문명교류에 관한 선인들의 기존 개념이나 고찰의 내용을 가급적으로 폭넓게 섭렵하고 이해한 것에 기초해 나름대로의 창의적인 답안을 찾아내는 데 최대의 신중을 기했을 뿐만 아니라, 서구식 학술용어를 동양식 학술용어로 대체하는 데도 심혈을 기울였다. 서양철학에서 관행(慣行)된 영적 활동을 '정관(靜觀)'으로, 사유(思惟, 명상冥想)를 '지관(止觀)'으로 대체한 것이 그 일례다.

② 유기적 상관성(相關性)의 해석에 유념한 것이다. 문명과 문명교류에 관한 제반 사항을 고립적 관점에서가 아니라 사회 환경이나 배경과의 유기적 상관 속에서 해석하려고 함으로써 문명과 문명교류의 전개과정을 합리적으로 파악할 수 있었다. 예컨대 각이한 역사적(자연지리학적, 고고학적, 사회경제적, 가치관적) 연원(淵源)에서 동서 문명이 지닌 상이성의 역사적 필연성을 학문적으로 고증하고, 각이한 역사적(정치사적, 군사사적, 경제사적, 민족이동사적, 교통사적) 배경 속에서 문명교류의 성격이나 접변(接變) 및 영향 등의 전개과정을 복합적으로 파악할 수 있었다.

③ 담론의 장을 제공한 것이다. 졸저는 문명교류학의 학문적 정립을 시도한 책으로, 필자는 선학들의 학문적 축적이 극히 빈약하고, 그들이 남겨놓은 것마저 애매모호하고 이론(異論)이 분분하며, 심지어 오류도 잠자코 묵과되는 등의 열악한 주·객관적 연구 환경을 시급히 개선해 연구를 정상 궤도로 올려야겠다는 사명으로 집필에 임하였다. 이러한 열악한 연구 환경과 시의성(時宜性)을 감안해 장차 결락(缺落) 부분을 보완하고, 학문적 견해와 인식의 공유를 도모하기 위해 가급적 상이한 견해와 주장들을 객관적 입장에서 광범위하게 수합하고 공론화함으로써

이드리시의 세계지도(위)와 세부도 70장 중 신라가 표기된 제1구역도 제10부분도(아래)

독자들로 하여금 졸저를 담론과 공론의 '백가쟁명(百家爭鳴)'의 장으로 활용하도록 하는 데 시종 관심을 기울였다.

④ 세계 속 한민족의 위상을 확인하고 드높인 것이다. 종횡무진 세계 주유(周遊)를 단행면서 한민족의 흔적이 남아 있는 곳이라면 불원만리 찾아가 렌즈에 담고 글로 남겼다. 태평양상의 고도(孤島) 이스터섬에서 거석문화의 전파 루트상을 복기했고, 아르헨띠나의 '후안 암브로세띠 민속박물관'에서는 옥수수와 감자 등 라틴아메리카의 수출 농산물의 원산지를 확인했으며, 인도네시아의 오지 마을 젬베르에서는 우리나라 박물관에 소장되어 있는 이색적인 '인면유리구슬'의 원류를 찾아냈다. 그런가 하면 카이로 국립도서관에서는 신라가 명기된 첫 세계지도와 8세기 신라를 으뜸가는 '이상향'으로 묘사한 중세 아랍어 문헌들을 찾아냈으며, 지구의 땅끝 마을 우수아이아의 작은 민영 야마나박물관에서는 고대 인디오들이 한반도를 가로질러 아메리카에 종착한 이동로 지도와의 감격스러운 만남도 있었다. 감개무량하고 뿌듯한 이 모든 장면은 마냥 오색찬연한 한폭의 파노라마처럼 오늘도 눈앞을 스쳐 지나가곤 한다.

⑤ 졸저는 진합태산(塵合泰山, 티끌 모아 태산)의 학풍이 맺도록 해준 결실이다. 필자가 1997년 옥중에서 『실크로드학』 집필을 구상하기 시작할 때부터 『실크로드 사전』 간행을 거쳐 이 졸저의 집필 시작 시점(2022)까지 장장 25년간 수합했던 '태산' 같은 숱한 학술 요지 메모를 집대성(集大成)한 학술 요지 모음집이기도 한 것이다. 필자는 경중을 가리지 않고 닥치는 대로 취합한 이 자료들을 집필 얼개에 따라 항목별로 분류한 '애벌구이' 자료들을 지난 2년 동안 취사선택하고 첨삭을 가해 졸저와 연구소 아카데미용 강의안으로 채택하였다. 따라서 일부 내용이나 표현 등에서 논술의 일체성과 일관성 및 체계성을 확보하기 위해 졸저나

졸문의 내용 중 일부에 대한 중복이나 전재(轉載)가 불가피하였음을 밝히는 바이다.

⑥ 졸저는 문명교류학의 다(多)계보 복합서(複合書)다. 문명교류학은 인간이 정신적·육체적 노동을 통해 취득한 상이한 결과물을 교류하는 행위나 과정을 연구하는 학문이다. 따라서 문명교류학이 다른 학문 분야와 근본적인 차이가 나는 점은 학문 자체의 교류가 아니라, 학문에 의해 얻어진 결과물의 교류가 이루어진다는 점이다. 물론 학문 자체의 교류가 없는 것은 아니지만, 그 비중은 극히 미미하며, 학문에 의해 얻어지는 결과물의 교류가 절대적인 비중을 차지한다.

그런데 그러한 학문은 단일 계보에 속하는 학문일 수도 있고, 여러 계보에 속하는 복합적 학문일 수도 있다. 인문학이나 사회학[4] 내지는 자연과학의 교차 영역에 속하는 문명교류학이 바로 후자의 경우다. 현실적으로 기술문명이 무한대로 발달함에 따라 자연과학의 결과물이 질적으로나 양적으로 수없이 양산되어 교류에 다량 유입되는 추이가 나타나고 있다.

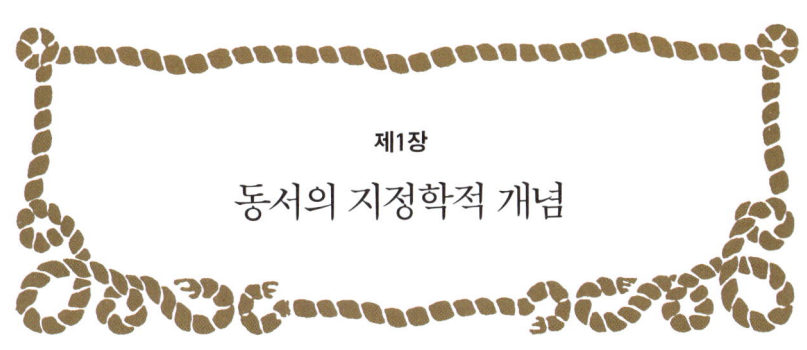

제1장
동서의 지정학적 개념

　동서(東西), 즉 동(東)과 서(西)라는 개념은 역사문화적·지정학적 복합 개념으로서 그 개념에 관한 정확한 이해는 복잡다기한 과정을 거쳐왔다.[1] 오늘날 동은 동양(the Orient)이나 동방(the East), 서는 서양(the Occident)이나 서방(the West)에 대한 범칭으로, 동·서양 사람들은 공히 그 지리적·문화적 범주를 이렇게 공인하고 그대로 따라 쓰고 있다. 그러나 역사적으로 동·서양 사람들은 서로 다른 기준에 따라 그 개념을 이해해왔는데, 그 과정을 통관(通觀)하면 크게는 중세적 개념과 근세적 개념으로 대별할 수 있다.

| 제1절 중세적 개념

　중세적 개념이란, 중세(13~17세기)에 중국인들(주로 송宋·원元·명대明代)과 중국에 온 서양 선교사들에 의해 제시된 개념이다. 중국인들은 송대(960~1279) 말엽에 처음으로 항해 침로(針路)[2]를 기선(基線)으로 하여 바다를 지리적으로 구분하기 시작하였다. 당시는 광저우(廣州)로부터 인도네시아 수마트라(Sumatra, 삼불제三佛齊) 이동의 바다를 동남해(東南海)로, 그 이서의 바다를 서남해(西南海)로 불렀다. 그러다가 원대(1271~1368)에 이르러 이러한 지리적 획분(劃分)이 세분화되자 처음으로 그에 상응하는 '동양'과 '서양'이라는 용어가 나타나게 되었다. 여기서의 '동양'과 '서양'은 '큰 바다(洋)'를 기준으로 한 '동쪽 바다'(Eastern Ocean)와 '서쪽 바다'(Western Ocean)란 뜻으로, 오늘날의 '동양'과 '서양'의 개념과는 다르다.

송대를 이은 원대에는 여행기나 풍물기에 동양과 서양이란 용어가 처음 나온다. 예컨대 『진랍풍토기(眞臘風土記)』에 '서양포(西洋布)'[3]라는 말이 나오는가 하면, 『남해지(南海志)』에서는 '삼불제국관소서양(三佛齊國管小西洋)'과 '사파국관대동양(闍婆國管大東洋)' 등과 같이 대·소양을 구분하여 동·서양에 관한 내용을 기술하고 있다. 이상과 같은 여러 관련 사적들의 기술 내용을 종합해보면, 원대의 동·서양은 광저우-칼리만탄(Kalimantan, 가리만단加里曼丹)섬 서안의 순다(Sunda, 손타巽他)해협을 계선으로 하여 획분되었음을 알 수 있다. 즉, 칼리만탄섬과 자바(Java)섬 이동 지역과 수역(水域)은 동양이고, 그 이서의 인도양까지를 포함한 지역과 수역을 서양이라고 일괄 불렀던 것이다.

그런데 이러한 동·서양을 다시 대·소로 나누어 동양 중 칼리만탄섬 북부로부터 필리핀 군도까지를 '소동양', 그 밖의 칼리만탄섬 남부로부터 말루쿠(Maluku, 마로고馬魯古) 군도까지를 '대동양'이라 부르고, 서양 중 말라카(Malacca, 마육갑馬六甲, 凧六甲, 현 플라카Melaka)해협을 계선으로 그 이동의 말레이시아반도와 수마트라 일대를 '소서양', 그 이서의 인도양을 일괄해서 '대서양'이라고 지칭하였다. 그러나 일부 사적에서는 인도양 일대를 '서양'으로 지칭하기도 하였다.[4]

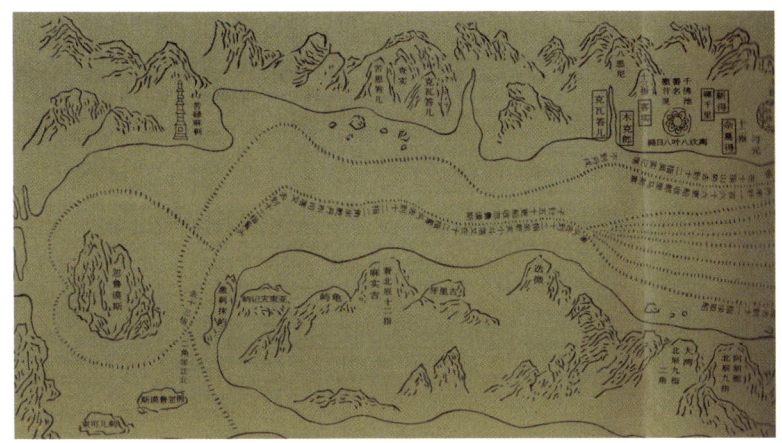

『정화항해도』(15세기 전반) 중 페르시아만 호르무즈해협도

그러다가 명대(1368~1644) 초에 이르러서는 위대한 항해가 정화(鄭和)의 7차에 걸친 '하서양'(下西洋, 1405~33)을 계기로 동·서양 개념에 일련의 변화가 일어났는데, 가장 중요한 변화는 서양의 지리적 범위가 크게 확대된 점이다. 『명사(明史)』 본기(本紀) 태조 홍무(洪武) 3년 (1370)조에 의하면, 점성(占城, 짬파Champa)·자바와 함께 서양이 조공했다는 기록이 있는데,[5] 『명사』로서는 이것이 서양에 관한 첫 기록이다. 정화의 7차례의 항해에 관한 기록인 「정화열전(鄭和列傳)」은 그의 항해를 '사서양(使西洋)' '하서양(下西洋)' '통사서양(通使西洋)' '복사서양(復使西洋)' '환자서양(還自西洋)' 등으로 다양하게 묘사함으로써[6] 서양과의 내왕을 밝히고 있으며, 그 대상 지역은 동남아로부터 인도와 실론(석란錫蘭, 현 스리랑카), 아라비아해 연안까지로 크게 확대되고 있다.[7]

정화의 7차 '하서양' 때 서기관을 맡았던 공진(鞏珍)이 남긴 『서양번국지(西洋番國志)』(1434)에서는 서양 대상지를 무려 120개국과 지역으로 가늠하고 있다. 그러다가 명대 중기에 이르면 광저우-보르네오

(Borneo, 문래文萊, 발니浡泥)가 동·서양의 분수령이 되면서 명대 초까지의 대동양이 서양에 편입됨으로써 동양의 범위는 점차 동쪽으로 옮겨지고, 본래의 소동양과 그 이동 지역이 동양에 편입된다.[8] 그밖에 명대의 일부 서적에는 간혹 서양을 먼 서쪽에 있는 곳이라는 뜻에서 '태서(泰西)'나 '극서(極西)'로 지칭하는 경우도 있었다.

명대 중기 이후에 와서는 이렇게 동양과 서양의 지리적 범위가 점차 동쪽과 서쪽으로 넓혀짐에 따라 그 중간의 지역이나 수역에 대한 지칭으로 '남양(南洋)'이란 이름이 새롭게 나타났다. 이 명칭은 세종(世宗) 가정(嘉靖) 연간(1522~66)에 출간된 『해운도설(海運圖說)』에서 초견된다. 이 책에는 외국 선박들이 남양을 지나 류우뀨우(琉球)와 대식(大食, 아랍) 제국을 오가는데, 동양에는 산이 있어 의지할 곳과 정박할 항구가 있으나, 남양과 서양은 일망무제한 바다라서 일단 바람만 일면 걷잡을 수 없다는 사실 등이 기록되어 있다.[9] 이 남양은 오늘날의 동남아 일원에 해당하는 것으로, 지금까지도 중국에서는 '남양'이란 말을 그대로 쓰고 있다.

한편, 명대 이후에 내화(來華)한 서구 선교사들은 서방에 대한 자신들의 지견(知見)과 중국인들의 대양 중심의 전통 구분법을 절충해 나름대로의 동·서양 개념을 정립하였다. 그들은 한자로 세계지도를 설명할 때면 북부 태평양 이서를 '대동양', 그 이동을 '소동양'이라고 부르면서 인도 이서를 '소서양', 유럽 이서를 '대서양'이라 이름짓고는 자신들을 대서양인이라고 불렀다.

제2절 근세적 개념

 18세기 이후 유럽중심주의를 표방한 서구인들에 의해 제시된 동과 서의 근세적 개념은 중세적 개념과는 사뭇 다르다. 사실상 일찍부터 유럽인들에게는 '동'이나 '동쪽 지방'이라는 지리적·역사적 개념이 있어 왔는데, 그러한 개념은 오늘날의 '아시아'라는 개념으로 표출되어왔다. 원래 이 개념의 어원은 고대의 아시리아(B.C. 20세기~B.C. 7세기)에서 '일출(日出)'을 뜻하던 단어 '아쑤'(assu)로 소급된다. 역사 기록에 의하면 기원전 1235년에 흑해 지방으로부터 바빌로니아까지 지배하던 히타이트(Hittite) 왕이 에게해(Aegean Sea) 동쪽에 있는 '아쑤바'(Assuva)라는 부족 또는 그 연합체의 영토를 정복한 바가 있는데, 이 '아쑤바'는 '일출'을 뜻하는 '아쑤'에서 유래된 것이라고 한다.

 훗날 그리스인들도 역시 에게해 동쪽에 있는 '무한대의 대륙'을 막연하게나마 '동쪽 지역'이란 뜻의 '아쓰바'(Aseva, Asva)로 불렀다. 그러다가 근대에 와서 서양인들이 자신들의 식민지 대상이 된 동방 일원을 어떻게 부를 것인가를 고민하던 끝에 마침내 고대 그리스인들이 '동쪽 지방'이란 뜻으로 사용하던 '아쓰바'를 유사음인 '아시아'(Asia)로 복기하여 사용한 것이다. 이때부터 동양인을 비롯한 세계인들은 이 지칭을 마냥 관용어로 답습해오고 있다.[10]

 근세에 이르러서는 유럽인들이 주로 정치적·문화적 개념에서 출발해 '동'이란 용어를 다시금 재생시키고, 동양인들이 역시 이를 수용함으로써 동(the East, 동양 혹은 동방)과 서(the West, 서양 혹은 서방)란 개념이 고착되고 말았다. 그 결과 유럽을 기점으로 삼아 동과 서 둘로 대별하는 분법이 생겨났다. 구체적으로는 튀르키예 이동에 위치한 아시아 지역을 일괄해 '동'으로 통칭하면서, 우랄산맥-흑해-지중해-홍해를 연결하는 남북 종단선을 기준으로 하여 그 이동은 '동'으로, 그 이서는 '서'로 대별한다. 뿐만 아니라, 유럽, 특히 영국을 기점으로 삼아 원근 거리에 따라 동을 다시 '근동'(近東, Near East)과 '중동'(中東, Middle East) '원〔극〕동'(遠〔極〕東, Far East)으로 세분하기도 한다.

이와 같이 유럽인들은 중국인들처럼 바다나 산맥 같은 자연지리적 환경 요인을 기준이나 목표로 삼아 지구의 동과 서를 구분하는 것이 아니라, 자기중심적이며 우월주의적 발상에서 출발해 다분히 식민지화를 목표로 하고 정치경제적·군사적 경략(經略)을 타산하여 자의로 동서를 두부모 자르듯 싹둑 잘라놓고 있다. 그러면서 모든 면에서 동서 간의 관계를 대립관계로 설정할 뿐만 아니라, 이른바 '선진 서양'이니 '후진 동양'이니 하는 등 극단적 편견을 유포하고 있다.

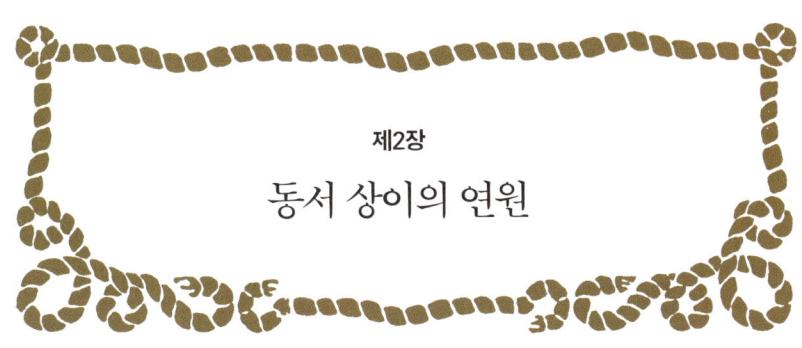

제2장
동서 상이의 연원

　문명교류는 본질적으로 이질문명(異質文明) 간의 교류다. 따라서 상이성(相異性)에 바탕을 둔 이질성(異質性)은 문명교류의 전제이며 당위성인 것이다. 그리하여 종래의 많은 문명사가들은 비교론적 관점에서 문명, 특히 동서 문명의 생성과 상호 영향관계를 다각적으로 논의해왔다. 그 논의는 시종 동서 문명의 상이성과 그러한 상이성이 발생하게 된 연원 문제, 즉 생물학적으로 같은 종에 속하는 인간인 동양인과 서양인이 창출한 문명이 어떻게 서로 달라지기 시작했으며, 또 왜 그럴 수밖에 없었는가 하는 근본적인 연원의 문제에 초점을 맞췄다.

　흔히들 동서 문명의 상이성이 발생한 기점을 동서 전통문명의 정초기(定礎期, 동양은 중국의 춘추전국시대, 서양은 그리스시대)로 추정하고 있다. 그러다보니 그 이전 시대부터 이미 실존해오던 문명의 생성이나 전개과정에 대한 역사적 연원이나 배경에 관한 과학적 연구나 고증 없이 어림잡아 동양은 '대륙문명', 서양은 '해양문명'으로 대충 규정해왔다. 그리하여 이러한 '대륙문명'이나 '해양문명'의 연원적 실체가 궁극적으로 무엇인지는 제대로 밝혀지지 못한 채 수천년을 뛰어넘어 근세에 이르러서야 비로소 이 근본적인 연원 문제가 담론의 장에 힘들게 상정되었다. 그러다보니 그 실태는 중구난방으로 설왕설래하는 것이었을 뿐, 정설(定說)은 묘연하였다.

이러한 실태는 가까스로 마련된 현대적 담론장에서 오늘날까지도 끈질게 그 여운을 남기고 있다. 그 대표적인 일례가 문명 간의 상이점 존재 여부와 전망에 관한 평가에서 절대시(絕對視)와 상대시(相對視)라는 상반된 견해 차이가 노정되고 있는 사실이다. 이른바 '서구문명중심주의'에 입각해 절대시하는 시각은 동서 문명의 상이성을 고정불변의 '숙명'으로 낙인찍고 '선진 서양'과 '후진 동양'이라는 우열주의적 편향에 빠져 있다. 이에 반해 문명 발달의 상대주의 원리에 입각해 상대시하는 시각은 이러한 상이성을 역사 속의 일시적 부침(浮沈) 현상으로 간주하면서 부단한 소통과 유무상통(有無相通)의 호환(互換, 교류), 내지는 선의의 경쟁을 통한 상차(相差)의 축소와 소멸, 내지는 문명 수준의 추월까지를 주장하고 있다.

이 장에서는 문명 발달의 상대주의적 시각에서 동서 문명이 서로 다를 수밖에 없었던 역사적 연원을 구명하는 데 주안점을 두고 있다. 이를 위해 주로 동서 전통문명의 정초기 이전에 인류가 당면했던 자연환경과 고고학적 및 사회경제적 여건, 그리고 그에 바탕을 둔 가치관의 상차 등에서 동서 문명에 나타나는 상이성의 연원을 조명해보려고 한다. 덤으로, 문명 간의 상이성을 비롯한 동서 문명에 관한 연구는 동양과 서양의 문명 각개를 연구하는 데도 필요하지만, 시각의 지평을 넓혀 두 문명 간의 교류와 소통 내지는 접점(공통점)과 상이점, 이를테면 서로의 관계성을 탐구하는 것에도 중요하다고 본다. 각개를 연구하다보면 은연중 관계성에 착안할 수 있게 될 뿐만 아니라, 관계성 연구가 각개 연구의 심조(深造)를 결과할 수도 있다.

제1절 동서 상이의 자연환경적 연원

지금까지의 연구 결과는 지구의 생성 연대를 약 45억년 전으로 추산하는데, 그 과정을 지각의 구조 변화에 따라 시생대(始生代)·원생대(原生代)·고생대(古生代)·중생대(中生代)·신생대(新生代)의 5기로 구분한다. 그 과정에서 최초로 생명이 나타난 시기는 지금으로부터 약 2억~6억년 전인 고생대이며, 인류의 조상인 원인(猿人)은 신생대 제4기 홍적세 초기(200만~250만년 전)에 나타난 것으로 알려져 있다. 그러나 1970년대 이후 고고학과 인류학이 진일보함에 따라 원인의 출현 연대는 홍적세가 아니라, 그보다 앞선 300만~400만년 전인 신생대 제3기 선신생(鮮新生) 때란 일설이 있다.[1]

그때부터 진행되어온 인류의 진화나 인류가 창조해온 문명의 생성 과정에서 가장 원초적인 연원은 자연환경인데, 그러한 자연환경은 기온이나 강수량 같은 기후의 변동에 의해 집중적으로 나타나고 있다. 기후 변동의 대표적인 일례로 약 250만년 동안 지속된 홍적세 기간에 일어난 네번의 빙하기와 그 연속인 세번의 간빙기(間氷期)를 들 수 있다. 그리고 지금 인류는 마지막 빙하가 물러간 지 얼마 되지 않은 제4간빙기(일명 후빙기後氷期)에 처해 있다.

빙하기와 간빙기의 주기적 반복은 인간의 생활과 활동, 그리고 그 반영물이자 결과물이기도 한 문명의 생성에 커다란 영향을 미친다. 빙하기가 오면 북극이나 남극 및 고산지대에는 눈이나 얼음이 응결되어 지상의 수분이 감소되기 때문에 해수면이 100m 이상 낮아지고 육지 면적은 그만큼 넓어진다. 그런가 하면 고위도 지방이나 고산지대에서는 빙하가 발달해 설선(雪線)이 내려옴으로써 인간이 거주할 수 없는 곳이

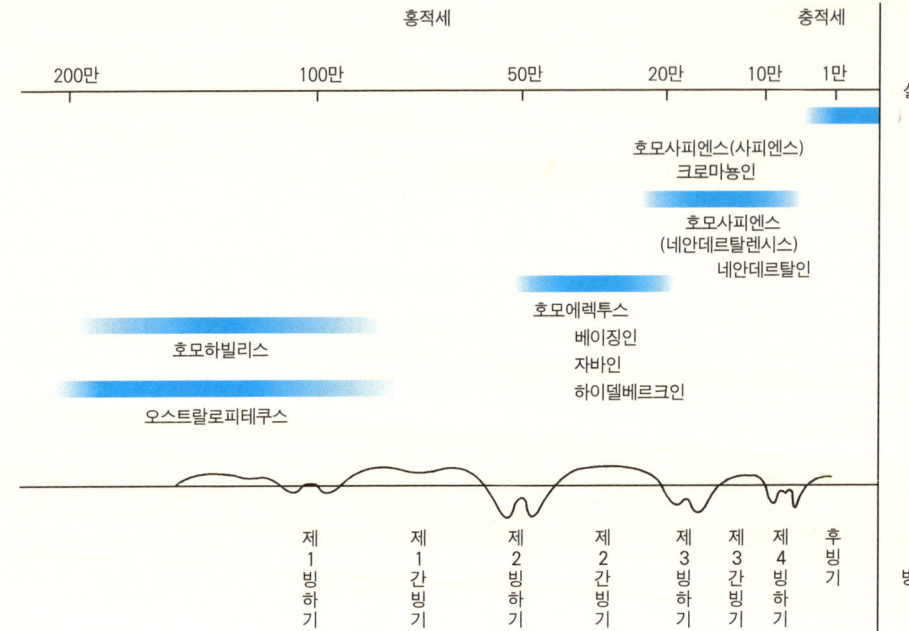

빙하기의 기온 변화와 인류의 진화과정[2]

속출할 뿐만 아니라, 동식물의 분포 상태에도 불가피한 변화가 일어난다. 그렇게 되면 자위 능력이 미약하고 미개한 생활수단에 의존할 수밖에 없는 인간은 종래의 생활 터전을 버리고 다른 지역으로 이동하지 않을 수 없는 사태가 벌어진다. 그런데 이러한 변화나 이동은 자연지리적 환경인 기후의 변동에 따라 동시다발적일 수도 있고, 시차를 두고 발생할 수도 있다. 이와 같이 기후의 변동은 인간의 생활과 진화 및 문명화 과정에 서로 다른 흔적을 남겨놓았다.

약 1만년 전에 시작된 충적세 기간에도 멈춤 없이 일어난 기후변동은 인간 생활의 여러 영역에 더욱 뚜렷한 영향을 미쳤다. 특히 5천~7천년 전에 도래한 이른바 '기후 적기(適期)'에는 전지구적으로 온난다습한 기후가 널리 형성되어 고위도 지방이나 사막에서의 활동이 전례없이 활발해지고 농경에 적잖은 변화가 일어났다. 사하라사막 같은 건조지대에서도 농경이 행해진 것이다. 그러다가 '기후 적기'가 끝나서 기후의 한랭화와 건조화가 진행되자 우선 농작물의 선종(選種)이 크게 달라졌다. 북부 유럽에서는 '기후 적기'가 끝남에 따라 한랭한 날씨 때문에 맥류(麥類) 가운데서 밀(小麥)의 재배가 불가능해지자, 그때까지만 해도 밀의 성장을 방해하는 잡초로만 여겨져온 라이(rye)보리(호밀, 오늘날의 검은 빵 원료) 등의 내한성 곡물로 밀이 대체되었다.

서아시아의 경우, 전래의 관개농경 지대에서조차도 '기후 적기' 후에는 경작물의 선종에서부터 미증유의 큰 변화가 일어났다. 기후가 점차 건조해짐에 따라 수분 증발이 가속화됨으로써 염분이 증가되어 밀을 경작할 수가 없게 되었다. 그러자 대신 염분에 강한 보리(大麥)를 대체작물로 택하지 않을 수 없었다. 이와 같이 충적세의 전기간에는 잇따라 일어난 기후의 변화가 전례없이 인간의 생활과 활동에 영향을 미친 것이다.

지구가 충적세의 후빙하기(後氷河期, 7천~1만년 전)와 '기후 적기'(5천~7천년 전)를 거치면서 오늘날의 동양과 서양 사이에는 기후를 비롯한 자연환경의 상이성이 현격하게 나타났으며, 급기야 동서 간에 서로 다른 문명 전통이 형성되기 시작했다. 동방의 여름비와 서방의 겨울비는 단순한 기후상의 상차를 넘어 두 지역 문명 간의 좀더 근본적인 차이를 초래하는 요인으로 작용하였다. 이른바 몬순(monsoon)지대[3]인 동아시아와 동남아시아의 해안지대는 식물의 성장에 필요한 고온의 여름철에 비가 많이 내림으로써 이 지대의 삼림 발달이 촉진되었을 뿐만 아니라, 특징적인 수전도작농경(水田稻作農耕, 논벼농사) 출현의 조건이 조성되었다. 논벼농사는 모 기르기로부터 성장에 이르기까지 많은 양의 물을 필수로 하는 새로운 특수 농경이며, 왕왕 어로(漁撈)를 동반한다.

오늘날 세계 인구의 절반 이상이 주요한 전분원(澱粉源)으로 삼고 있는 벼의 재배는 단순히 기후를 이용하는 것만으로는 불가능하다. 논벼 농사는 고유의 토목기술과 관리기구 및 사회적 협동을 필수불가결로 한다. 논은 밭과는 달리 일구는 데 많은 노력을 기울여야 하고 인수구(引水口)와 배수구(排水口)를 비롯한 용수설비(用水設備)의 관리 운영을 세심하게 챙겨야 한다. 용수로는 개인이나 한 가족의 힘만으로는 설치와 관리 및 운영이 어려우므로 반드시 이웃과의 공동작업이나 기술 제휴가 지속적으로 보장되어야 한다.

이렇게 논벼농사는 용수로를 사회적 유대의 매개체로 만듦으로써 경작자들 간에는 협동작업을 기반으로 하는 지연적(地緣的) 관계가 자연스럽게 맺어지게 된다. 급기야 이러한 지연적 관계가 확대 발전해 상대적이고 관계적인 동양의 특수한 사회조직과 농경문화가 산생하기에 이른다. 요컨대 여름비와 고온을 유효하게 이용해야 하는 논벼농사와 그 운영에 필수불가결한 생산구조와 사회조직에 의해 서양문명 전통과는 성격을 달리하는 동양문명 전통의 근간이 마련되게 되는 것이다.

서양의 기후환경은 동양의 기후환경과는 엄연히 다르다. 맥류의 본향인 서아시아를 중심으로 한 지중해 일대는 전형적인 겨울비 지대로서 연간 강우량이 기껏해야 500~600mm에 불과하다. 이 양은 동아시아 강수량의 절반이나 3분의 1밖에 안 되며 비가 내리지 않는 곳도 적지 않다.[4] 연간 강우량이 300mm이면 관개 없이도 그런대로 맥류의 재배가 가능하지만, 그 이하이면 관개가 필수이다. 관개마저 불가능한 지대에서는 농경 이외의 생계수단을 찾아야 하는데, 그것이 바로 목축업이다.

서양이 동양에 비해 강우량이 크게 부족함에도 불구하고 맥류의 경작이 가능한 것은 맥류가 가을에 파종해서 겨우내 비를 맞히며 키우다가 여름에 수확하는 겨울 작물이기 때문이다. 이 지역은 겨울에 날씨가 추워서 수분의 증발이 억제되기도 한다. 비가 적은 지방에서는 부득이하게 관개에 의존하게 되는데, 밭의 관개 운영은 논과 같은 정밀한 관리 체계나 기술이 필요 없고, 공동작업이 아닌 개별작업으로도 족하므로 인간의 사회관계는 관계적이라기보다 개별적인 관계가 되기 마련이다.

　이러한 자연환경 속에서 서양이 지닐 수 있는 또 하나의 특징은 농경과 목축의 자연스러운 역할 분담이다. 관개가 가능한 습윤 지대에서는 맥류 재배를 비롯한 농경이 가능하지만, 건조한 곳에서는 농경보다는 산양(山羊, 염소)이나 양 등 가축을 기르는 목축이 주업일 수밖에 없다. 따라서 개개의 부락이 논 경영이라는 공동 기능을 수행하는 동아시아와는 달리 서양에서는 농경과 목축이라는 상이한 성격의 기능이 복합된 부락이 병존하는 사회가 출현하였다. 이러한 형태의 사회에서 개개의 부락은 독립적이고도 완결된 생활을 영위할 수가 없으므로 상호 보완적인 교역과 내왕이 필수적이다. 뿐만 아니라 한 부락 안에서 계절에 따라 농경과 목축을 번갈아 해나가면서 생계를 유지하는 구성원들의 유동 현상도 불가피하게 나타나는 등 전체적으로 농경과 목축 간의 역할 분담이 점차 명확해진다.

　이상에서 보다시피, 동아시아나 동남아시아의 논벼농사와 서아시아를 비롯한 지중해 일원의 맥류 경작과 염소·양 등의 목축은 여름비와 겨울비라는 상이한 기후 조건과 그로 인한 각이한 생태환경에 순응한 필연적인 결과이다. 이러한 자연환경의 상이성과 그에 바탕한 경제구조나 사회조직의 상이함은 후일 동양과 서양의 사회와 문명 발달에 중요한 연원적 요인으로 작동한다.

　강우량과 더불어 기온은 인간의 경제활동이나 진화과정 및 거주환경뿐만 아니라 지각 구조마저도 변경시킴으로써, 인간의 생활은 물론 사회와 문명의 발달에도 간과할 수 없는 직·간접적 영향을 미친다. 구대륙(아시아·아프리카·유럽) 각지의 연평균 강우량과 월평균 기온을 보면, 강우량이 1000mm를 초과하는 지역은 동아시아와 동남아시아뿐이다. 이 지역은 기온이 높은 여름철에 비가 많이 오므로 식물이 성장하는 데 유리하다. 그리고 동아시아 중위도 지대는 같은 위도상의 다른 지대에 비해 겨울에는 기온이 낮아져 좀 춥지만 여름에는 기온이 상승함으로써 많은 양의 비가 내려 식물의 성장을 크게 촉진한다. 그 결과 이 지대는 수목이 울창한 삼림지대로 변모하였다. 반면에 지중해를 중심으로 한 서아시아와 유럽은 기온이 높은 여름에는 비가 적게 오므로 식물의 성장에 불리하다. 그리하여 이 지대는 목초나 자랄 정도의 초원지대로 남게 되었다.

자연 상태에서 어떤 곳이 삼림이 되고 어떤 곳이 초원이나 사막이 되는가는 강우량이나 기온과 직접적으로 관련된다. 지구상에서 충적세에 형성된 지리대를 보면, 삼림은 주로 고위도와 저위도 지대에 집중되어 있고, 초원과 사막은 중위도 지대에 자리하고 있다. 여기서 한가지 부언해야 할 것은 유럽의 수림은 강우량이 적은 탓에 동아시아나 동남아시아의 수림에 비해 생산성이 낮으며, 인간의 생활이나 문명 발달에 미치는 영향도 상대적으로 미미하다는 점이다.

초원이란 대체로 연평균 강우량이 고작 250~270mm밖에 안 되는 광활한 지대로서 큰 나무는 자랄 수 없으나 풀이 무성하게 자라는 곳을 말한다.[5] 초원은 목초의 산지로서 목축업의 적지(適地)다. 인류 최초의 화석은 아프리카 초원을 비롯한 여러 초원지대에서 발견되고 있는데, 이것은 인류의 최초 활동 무대가 초원지대였음을 입증한다.

구대륙에서는 강우량과 기온의 차이로 말미암아 서양은 초원지대로, 동양은 삼림지대로 형성되면서 그 자연환경이 달랐다. 서로 다른 이러한 자연환경은 생활문화와 문명 발달, 그리고 사유에서의 차이를 초래하였다. 서아시아와 유럽이나 아프리카에서의 인간 생활은 어디까지나 초원이라는 주어진 자연환경에 적응하는 양상을 띠고 있다. 이곳에서 출토된 화석은 대부분 초원에서 서식하는 동물의 화석으로, 당시 이곳 사람들이 초식동물의 수렵에 종사하면서 식물성이 아니라 동물성 식품을 주로 먹었음을 추측하게 한다. 또한 초원이라는 탁 트인 넓은 공간에서 자유분방하게 이동하면서 수렵하는 인간은 선천적으로 기동성이 뛰어나게 마련이다.

이에 비해 삼림이 활동 무대인 동양인에게는 채집과 그 발전 형태로서의 농경, 그리고 어로가 주된 생계활동이기 때문에 식품은 자연히 동물성이기보다 식물성이다. 채집이나 농경, 어로는 초원에서의 수렵만큼 활동적이지 못하고 사람들이 제한된 구역 안에서 쳇바퀴 돌듯 맴돌아야 함으로써 안전성은 있으나 폐쇄성을 면치 못한다. 간혹 사람들이 부업으로 수렵을 하는 경우에도 초원의 수렵은 적극적으로 추적하는 것이지만, 삼림지대의 수렵은 소극적으로 기다리는 것이 일반적이다보니 기동력이 상대적으로 떨어질 수밖에 없다.

이상에서 고찰한 바와 같이 지질학적 환경의 변화에 따른 기후의 변동과 그로 인해 생성된 동서 간의 상이한 자연환경은 인류의 출현이나 문명의 여명기로부터 동양과 서양, 동양인과 서양인 사이에 생업과 생활문화에서의 상이성을 초래한 근본적인 한 연원으로 작용하였다.

| 제2절 동서 상이의 고고학적 연원

인류의 진화나 문명의 발달 과정은 곧 인간의 생명을 유지토록 하는 원초적 수단인 생산도구의 발달 과정이라고 할 수 있다. 그리하여 인류역사를 생산도구의 재료에 따라 석기시대와 청동기시대,[6] 철기시대

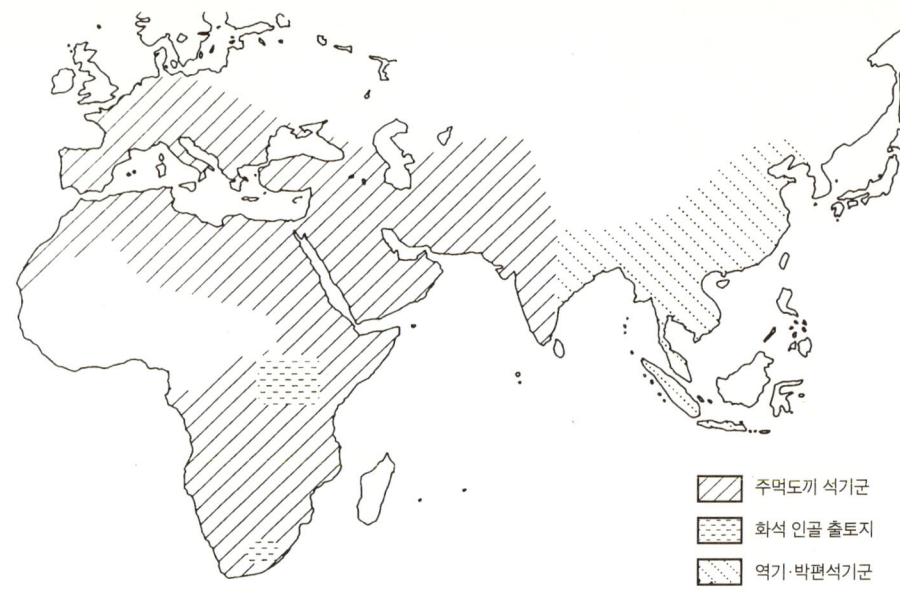

전기 구석기시대 후반의 동서 석기군[7]

라는 3개 시대로 대별하고, 다시 석기시대를 구석기와 중석기, 신석기시대로, 또 구석기시대를 전기·중기·후기의 세 시기로 세분하는데, 이것은 19세기 이래 범세계적으로 통용되는 선사(先史)고고학의 일반적 명제가 되고 있다. 이러한 시대구분법은 선사고고학적 재료에 근거해 서구에서 설정한 것으로, 기타 지역에는 그대로 적용되지 않는 문제점을 내포하고 있다. 그리하여 여러가지 대체 이론들이 제시되고 있는데, 그 대표적인 일례가 도구의 재료가 아닌 사회조직의 변천과정을 기준으로 한 시대구분법을 주장하는 엘먼 서비스(Elman Service)의 이론이다.[8]

지금까지 발굴된 고고학적 유물에서도 일찍부터 있어왔던 동서 간의 상차가 시대별로 명확히 나타나고 있다. 가장 이른 시기인 전기 구석기시대(10만~300만년 전) 전반(100만~300만년 전)에 인류는 대체로 자연 상태의 조약돌이나 역석(礫石)[9]의 일부에 내리쳐깨기(percuteur dormant)나

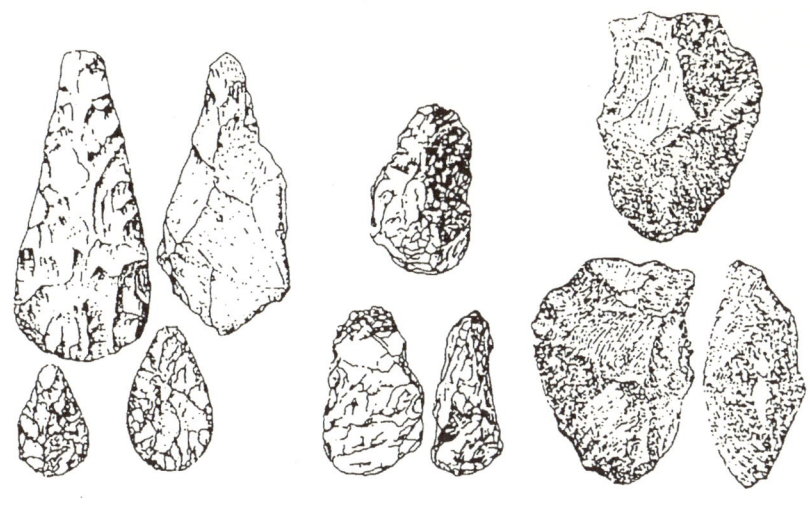

| 서양 이형(梨形) 주먹도끼 | 상원 주먹도끼 | 저우커우뎬(周口店) 주먹도끼 |

전기 구석기시대 후반 동서의 주먹도끼[10]

때려내기(direct percussion) 방법[11]으로 타격을 가하여 역기(礫器)나 박편(剝片)을 얻어 가공하지 않고 그대로 무정형적인 석기를 만들었다.

그러나 전기 구석기시대의 후반(10만~100만년 전)에 이르면 석기의 제조기법과 형태에서 동서 간의 차이가 점차 나타나기 시작한다. 이 시기 서구에서는 전·후기 아슐리안(Acheulean)형[12]으로 상징되는 주먹도끼(hand axe, biface)가 전형적인 석기로 제작된다. 이에 반해 동양에서는 주먹도끼가 간혹 제작되기는 하지만, 역석과 박편으로 만들어진 석기와 그밖의 몇가지 석기가 여전히 주종을 이룬다. 일찍이 미국의 고고학자 모비우스(Hallam L. Movius)는 주먹도끼가 전기 구석기시대 후반에 서구에서만 만들어진 것으로 보고, 이것이 당시의 석기 제작에서 나타나는 동서 문명 간의 뚜렷한 차이점이라고 주장하였다.[13] 그러나 후일 한국을 비롯한 동아시아 일대에서도 주먹도끼가 출토됨으로써[14] 모비우스의 주장은 입지를 잃게 되었다.

앞의 그림에서 보다시피, 동양과 서양은 인류가 역기나 박편으로부터 주먹도끼를 제작하는 데로 진일보한 시기는 공통적이지만, 전기 구석기시대 후반에 이르러서는 이러한 석기가 차지하는 비중이라든가 그 제작기술에서 뚜렷한 차이를 나타내고 있다. 서양의 것은 이형(梨形, 배모양)이나 삼각형, 타원형 등 다양하며 측면이 밋밋해 칼날로서의 쓰임새가 확연하지만, 동양의 것은 그렇지 못하다. 이러한 차이는 근원적으로 상이한 생업과 생활 여건에 기인한 것이다. 동물의 수렵을 주 생업과 생활수단으로 삼고 있는 서양인들로서는 동물의 포획은 물론, 포획한 동물의 해체나 요리를 위해서는 가르거나 자를 수 있는 날카로운 칼날 석기가 필요했으며, 수렵이 발달함에 따라 석기 제조기술도 그에 상응하게 발달하였다. 그러나 채집 위주의 동양사회에서는 날카로운 것보다는 갈고 부수는 전래의 석기가 계속 효용을 지닐 수 있었던 것이다.

전기 구석기시대를 이어 구인(舊人, 호모사피엔스)이 주역이 된 중기 구석기시대(3만~10만년 전)에 이르면 석기 제작은 더 다양화됨으로써 지역별 유형화가 뚜렷해진다. 그 결과 이 시대의 석기는 크게 다음과 같은 3대 석기군(石器群) 계통으로 나눠진다.

① 유럽대륙과 북아프리카, 서아시아, 중앙아시아를 망라한 유럽석기군.
② 사하라사막 이남 지역을 아우른 아프리카석기군.
③ 동아시아와 동남아시아 지역을 포괄한 아시아석기군.

시대의 주역이 오늘날 인류의 직접적 조상인 현생인류(現生人類, 호모사피엔스사피엔스)로 진화한 후기 구석기시대(1만 2천~3만 5천년)에 들어오면, 진화된 사회생활의 수요를 충족시키기 위해 석인(石刃, 돌칼)류가 많이 만들어진다. 그리하여 흔히 고고학적으로 이 시대를 '석인시대'라고 한다.[15] 후기 구석기시대는 중기 구석기시대보다 지역적 특성이 더욱더

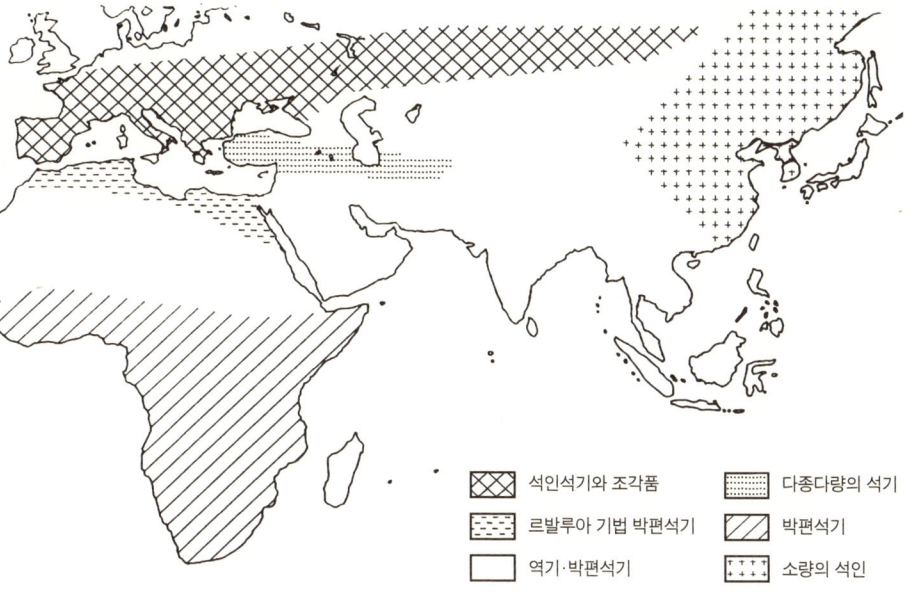

후기 구석기시대의 석기 계통도[16]

두드러지게 나타나서 동서 간의 문명적 상차가 더욱 심화되는 양상을 보이고 있다.

후기 구석기시대에 들어서면 석기 제작기술 면에서 좀더 세분화된, 다음과 같은 각이한 다섯개 계통의 석기문화가 동서에 전개되었다.

① 유럽과 서아시아 및 북아프리카 지역을 아우른 석인 위주의 유럽 계통.

② 르발루아(Levallois) 기법[17]을 사용해 석핵(石核)으로부터 박편을 만들어 쓰는 북아프리카 계통.

③ 박편을 위주로 한 동·남아프리카 계통.

④ 박편과 석인을 함께 사용하는 동아시아 계통.

⑤ 석인 없이 석핵석기와 박편만을 사용하는 동남아시아 계통.

이렇게 후기 구석기시대에 이르면 중기 구석기시대의 3대 석기 계통이 5대 석기 계통으로 세분화됨으로써 서에는 3개 계통이, 동에는 2개

계통이 분립(分立)하였다. 그런데 ①과 ②, ③에서 알 수 있듯이 유럽은 중기 구석시시대 박편석기 위주의 무스띠에(Moustier) 석기문화[18] 전통을 계승한 반면에, 동양은 ④와 ⑤에서 보다시피 서양처럼 계승한 것은 아니고 다만 중기 구석기문화가 양분된 것이라고 말할 수 있다. 이 점 역시 후기 구석기시대에 동서 간에 나타난 석기문화의 상차라고 할 수 있다.

이렇게 후기 구석기시대에 이르러서 석기문화는 제작기법이나 기형 및 기종에서 더욱 다양화되고 세분화되어 동과 서 사이에 뚜렷한 상이점을 보이고 있다. 이러한 상이점은 서로 다른 자연환경과 그에 대한 인간의 본능적인 적응력에서 비롯된 것이다. 후기 구석기시대 말엽에 이르러 점차 피동적이며 소극적인 대응에서 벗어나 한층 주동적이고 적극적인 자연 개발에 나섬으로써 그 적응력이 향상된 인간은 자연환경의 변화와 더불어 새로운 문명시대인 신석기시대를 맞게 된다.

한데 장구한 구석기시대에서 새로운 시대인 신석기시대로의 전환은 일대 질적 변화로서 결코 일시에 이루어질 수는 없었다. 그리하여 인류는 그 사이에 과도적 성격의 시기인 이른바 중석기시대(mesolithic period)를 개입시켰다. 이 시대 석기의 특징은 구석기시대의 타제석기보다는 진보했으나 신석기시대의 마제석기보다는 낙후한, 그러나 형태에서는 유사한 조기(粗器)나 혼성기(混成器)가 제작된 것이다.[19] 이 시대의 대표적 석기는 세석기(細石器)이며, 지질 연대로 보면 이 시대는 홍적세가 끝나고 충적세가 시작될 무렵(1만~1만 5천년 전)에 해당한다.

세석기란 폭 1cm, 두께 2~3cm 정도의 가벼운 석기로서 대개는 여러 개가 한 묶음을 이루며, 작살 같은 막대기나 자루에 끼워서 사용한다. 이같은 석기는 구석기시대 말엽에 자연환경의 급속한 변화와 이에 수반되는 인간의 이동으로 인해, 필요한 석기의 소형화와 경량화에 대한

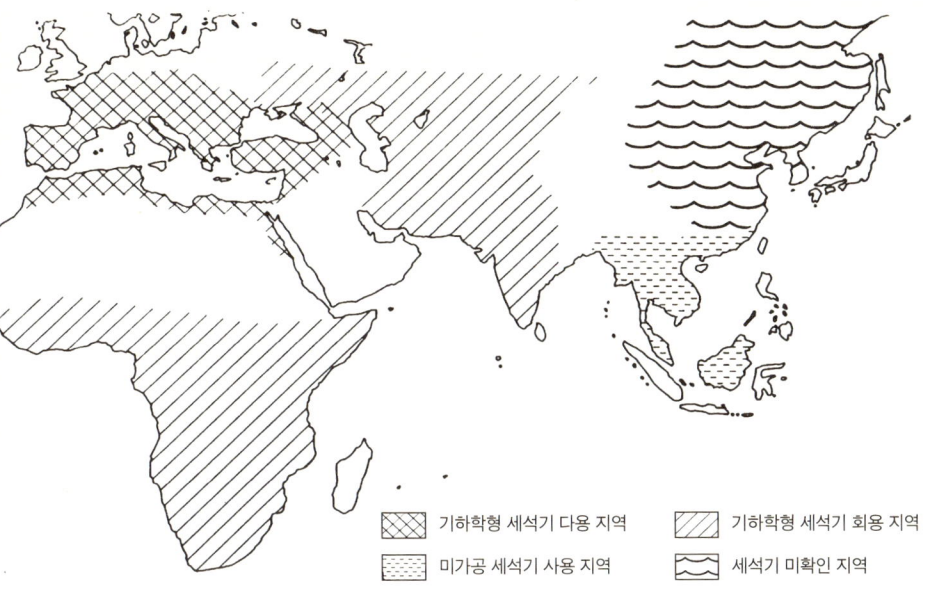

세석기 분포도[20]

필요가 높아지자 이를 충족시키기 위한 목적으로 출현하였다. 이러한 필요는 초원의 유목민들에게 더 절박하였는데, 세석기가 농경지대보다 초원의 유목지대에서 더 많이 발견되고 사용자들이 단기간 체류한 곳으로 추정되는 소규모 유적에서 많이 출토되는 이유가 바로 여기에 있다.

  세석기도 동서 간에는 서로 다른 역사적 연원을 갖고 있기 때문에 그것을 반영한 동서 간의 석기문화에서 일련의 상이점이 발견된다. 우선, 기능 면에서 서로 다른 점이다. 유럽을 비롯한 서아시아와 북아시아에서 제작된 세석기는 대개 구석기시대의 첨두기(尖頭器)와 신석기시대의 화살촉의 복합기형으로서 주로 수렵에 사용되었다. 그러나 동아시아나 동남아시아와 같이 농업이 일찍이 발달한 곳에서는 고작 농경과 관련된 도구로, 농업이 그리 발달하지 못한 곳에서는 수렵이나 어로용 도구로 사용되었을 뿐이다.

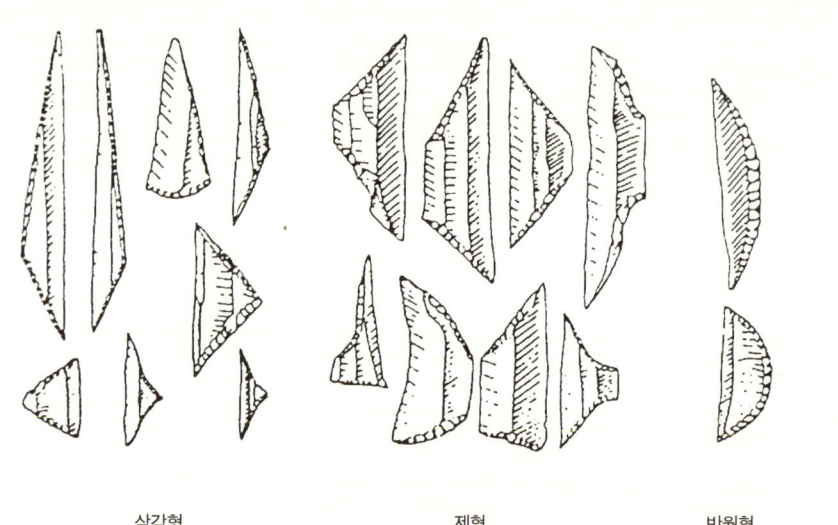

| 삼각형 | 제형 | 반월형 | 장방형 |

각종 기하학형 세석기[21]

　다음으로 기형에서의 상이점이다. 유럽을 비롯한 지중해 연안과 북아프리카, 사하라사막 이남의 아프리카, 서아시아, 중앙아시아, 남아시아 등지에서는 세석인(細石刃, 가는 돌칼)이나 얇은 박판으로 된 소재에 2차 가공을 함으로써 얻어진 삼각형이나 제형(梯形, 사다리꼴), 반월형(半月形), 장방형, 능형(菱形, 마름모) 등의 세석기가 주요한 기형으로 부상하였다. 이에 반해 동아시아의 세석기에서는 유럽의 세석기에서 보이는 이러한 가공의 흔적이나 정형화 현상이 별로 나타나지 않는다. 간혹 가공이나 정형화가 이루어진 세석기들이 발견되기는 하지만 흔치 않으며, 대부분 세석인이 그대로 사용되고 있다.

　앞에서 고고학적 연원으로 본 동서 간의 상이점을 선사시대의 석기문화를 중심으로 하여 고찰하였다. 전기 구석기시대의 후반(10만~100만 년 전)부터 동서 간에 나타나기 시작한 문화상의 차이는 오랜 세월을 거치면서 자연환경의 변화와 인류의 진화에 상응하게 각이한 석기문화의 전통이 형성되어 동서 간의 상이를 결과한 결정적 연원으로 작용했다. 그러나 신석기시대에 이르러서는 새로이 출현한 제반의 사회경제적 요인들과 더불어 석기문화가 동서 간의 상이 현상이 유지되도록 하는 복합적 연원으로 기능하기 시작하였다.

▮ 제3절 동서 상이의 사회경제적 연원

앞에서 살펴본 바와 같이 지구는 변천과정에서 신생대 제4기 홍적세(일명 갱신세更新世, 200만~250만년 전에 시작)가 끝나고 충적세(일명 완신세完新世 혹은 현세現世, 1만~1만 5천년 전에 시작)에 접어들자 새로운 지질학적 대변동을 맞는다. 오늘날까지 이어지는 충적세 기간에도 지구의 자연환경은 초기에 몇차례의 큰 변동이 일어난 것을 비롯해 부단히 변화를 거듭해오고 있다. 약 9천년 전에는 지금보다 기온이 낮은 한랭기(寒冷期, 드리아스Dryas 시대)가 끼어들었지만, 이어 나타난 5천~6천년 전까지의 후빙기(後氷期, 기후최적기 시대)에는 기후가 온화하여 지금에 비해 기온뿐만 아니라 습도도 높았다. 그후 기온은 다시 내려가 4천년 전부터는 지금과 비슷한 기후 상태가 유지되고 있다.

이와 같은 자연환경의 변화는 인류역사 발전과 문명 발달에 지대한 영향을 미쳤다. 기후변동에 따른 인류의 이동이 초래되었을 뿐만 아니라, 변화된 자연환경에 맞추어진 새로운 생업 및 생활 환경이 조성되었다. 8천년 전을 전후한 시기에는 농경이 출현하여 인간의 생산 능력을 획기적으로 향상시키고 생활환경을 근본적으로 바꿔놓았다. 급기야 도시가 출현하고 문명이 점차 개화함으로써 약 5천~6천년 전에는 인류의 고대문명이 다발적으로 창출됨과 동시에 이른바 '유사(有史)'라고 하는 문명시대가 막을 올리게 되었다.

그 결과 인류는 특유의 사회조직과 경제구조 속에서 생활과 생업을 위한 활동을 전개하게 되었다. 물론 이러한 미증유의 사회조직과 경제구조의 규제를 받는 활동을 시작한 시기나 활동 내용은 동서가 같지는 않지만 대동소이하며, 그 전개 과정이나 방법도 사회발전의 합법칙성이라는 테두리 안에서는 별로 큰 차이가 없었다. 그러나 전술한 자연환경적 연원이나 고고학적 연원 등의 상이한 요인들로 인해 동서가 사회경제적 분야에서 일정한 상차를 노정하지 않을 수 없었으며, 그것이 마냥 '관행'으로 굳어져 오늘날까지도 이어지고 있다. 그러한 사회경제적 연원은 시종 전통적 농경문화와 도시문화에 그 흔적을 가장 많이 남겨놓고 있다.

농경문화가 언제 어디서 어떻게 시작되었는가는 오늘날까지도 이견이 분분한 논제다. 문제의 요체는 농경문화를 산생시킨 요인과 그 시원에 관한 해명이다.[22] 농경 유적과 유물 들이 실증하다시피 지금으로부터 약 1만년 전부터 5천년 전 사이에 지구의 여러곳에서 농경이 다발적으로 시작된 것은 엄연한 사실이다. 다만 그것이 한곳에서 발생한 후 여러곳으로 전파된 결과인지(일원론一元論), 아니면 여러곳에서 비록 시기는 다르지만 각각 자생한 것인지(다원론多元論, 자생론)에 관해서는 의견이 구구하다. 분명한 것은 동서 간에 전개된 농경문화의 구체적 내용과 전개과정을 비교해보면 엄연한 상차가 있음을 발견하게 된다.

농경문화의 동서 간 차이는 우선 주요 곡물 재배에서 드러난다. 유럽을 비롯한 서방의 주식 곡물은 맥류(麥類, 밀·보리·귀리·밀)로서, 원산지는 메소포타미아를 중심으로 한 서아시아 지역이라는 것이 거의 정설이다. 미국 시카고대학의 브레이드우드(R. J. Braidwood) 교수 조사팀이 1947년 북부 메소포타미아의 자모르(Jamor)에서 신석기시대의 초기 농경 취락과 곡물 재배 및 사육 가축 유적을 발견하였다. 폭 90m, 길이 140m의 이 유적은 15층으로 되어 있는데, 1~5층은 전기이고, 6~15층은 후기에 속한다. 전기 유적에서 탄화(炭化)된 밀·보리의 낟알과 양·소·돼지의 뼈가 발굴되고 세석기(가는 칼과 낫)도 반출(伴出, 함께 출토됨)되었다. 토기는 아직 없고, 집은 평면이 구형(矩形, 직사각형)인 진흙벽 집 구조다. 후기 유적에서는 토기가 발견되었는데, 다수의 무문조제토기(無紋粗製土器)와 약간의 채색 문양이 새겨진 채문토기(彩紋土器)다. 특이하게는 진흙으로 제작된 모신상(母神像)도 출토되었다. 이 유적은 발굴 당시에는 그 연대가 기원전 6750년으로서 최초의 농경 유적이며 출토된 맥류는 초기의 재배 작물 유물이라고 추정되었다.[23]

한편 1928년 영국의 고고학자 도러시 개러드(Dorothy A. E. Garrod)에 의해 발굴이 시작된 팔레스타인 예리코(Jericho) 부근에 있는 나투프 계곡(Wadi el-Natuf)의 슈끄바(Shuqba) 동굴에서 중석기시대에 속하는 나투프문화(Natufian culture, 1만 1500~1만 5000년 전 중석기시대) 유적이 발견되었는데, 여기서 초기의 농경이나 가축 사육을 시사하는 유물들이 출토(발견 연도 미상)되었다. 3기로 나눠지는 이 문화 유적은 전기에서는 각종 세석기와 더불어 뼈 작살에 돌을 끼운 낫이 반출되었다. 이것은 십중팔구 농경을 시사한다. 그리고 중기 유물은 세형각기(細形刻器)가 특징이고, 후기 유물로는 가축의 사육을 시사해주는 석촉(石鏃, 돌화살촉)이 나왔다.[24]

그렇게 되자 학계에서는 1만여년 전의 나투프문화(중석기시대)와 8500년 전의 자모르문화(신석기시대, 이라크 북부 유프라테스강 유역) 간의 관련성 여부가 논제로 제기되었다. 그러다가 1970년 이라크에서 유프라테스강 중류에 댐을 건설하던 중 무라비툰(al-Murābiṭūn) 유적이 발견됨으로써 이 논제에 대한 1차적 해답이 주어지고, 그 이행과정(1천여년

세계 최초 농경문화의 하나인 나투프문화 유적(팔레스타인 예리코)

동안)이 밝혀졌다. 무라비툰 유적은 4단의 문화층으로 이루어져 있는데, 최하층인 1층은 나투프문화층이고, 2층은 후기 구석기문화로부터 신석기문화로 넘어가는 시기의 초기 농경화층이며, 3층은 바로 농경과 관련된 문화층이다. 이 층은 초기 농경을 입증해주는 여러가지 유물을 포함하고 있다.[25] 이로써 좀더 이른 시기의 나투프 농경문화가 약 1천년이란 긴 시간에 걸쳐 자모르문화와 무라비툰문화로 이행(전파)한 것이 드러남으로써 나투프문화가 농경문화의 시원임이 입증되었다.

출토된 일련의 유물에서 보다시피, 초기 농경이나 목축은 맥류의 재배와 염소나 양 같은 초원 동물의 사육이 가능한 초원지대에서 발생하였음을 알 수 있다. 이것은 이 지역의 자연환경과 풍토에서 비롯된 필연적인 결과다. 원래 맥류는 전형적인 겨울철 농작물로서, 농부가 늦가을이나 초겨울에 내리는 보슬비 속에서 씨를 뿌려서 겨우내 필요한 수분을 흡수해 자라도록 하다가 다음 해 건조기가 시작되는 늦봄이나 초여름에 수확한다. 이렇게 우기와 건조기가 주기적으로 엇바뀌는 이 지역에서 동물들은 살아남기 위해서는 먹이를 찾아 이동하지 않을 수 없다.

따라서 유목생활도 농경만큼이나 초원지대에서 일찍이 발생함으로써 이 지역에는 다양한 인간집단과 더불어 그들이 누리던 생활양식이 출현하게 되었다. 이들 집단은 크게 맥류 재배를 위주로 하는 농경집단과 가축 사육을 주업으로 하는 유목집단으로 나누어지면서 이 두 집단 사이에는 비록 원시적이기는 하지만 생산물과 생활수단의 상차에서 기인하는 유무상통의 실물 교환이 필수불가결해짐으로써 드디어 교역(交易)이라는 새로운 경제활동이 발생하게 된다.

초원의 각 지역에서 출토된 유물이 보여주다시피, 지금으로부터 약 8천년 전에는 이 두 집단에서 모두 토기가 제작되기 시작했으며, 이라크의 두 강(유프라테스강과 티그리스강) 유역을 중심으로 한 평원지대에서는 농경이 점차 보편화되었다. 그렇지만 겨울에 약간 내리는 빗물만으로는 늘어나는 농수(農水)의 수요가 충족될 수 없게 되자, 관개라는 새로운 농경 작업이 도입되기 시작하였다. 관개는 농경의 질적 전환을 가져왔을 뿐만 아니라, 안정된 농경에 기반한 정주(定住)사회를 탄생시켰다. 그리고 이러한 사회경제적 변화로 인해 새로운 생업과 생활의 도구인 토기가 다량 제작, 사용되게 되었다.

이와 같이 서아시아에서는 초원과 지중해성기후라는 특정 환경 때문에 농경과 목축업이 신석기시대의 도래와 더불어 거의 동시에 출현하였다. 이같은 농경과 목축업이 여러 시대에 걸쳐 각이한 루트를 통해 전파된 유럽과 북아프리카, 중앙아시아는 원산지인 서아시아와 함께 동형(同型)의 농경문화권을 형성하여 농경문화를 가일층 발달시켰다.

서방의 이러한 농경문화와는 달리 동방의 농경문화는 애초부터 다른

아프리카의 논벼 재배(마다가스카르 안타나나리보)

양상을 띠고 발달해왔다. 우선 서방의 주 작물이 맥류라면, 동방의 것은 벼다. 고온다습한 동방의 기후에 적합한 농경은 맥류가 아닌 논벼 재배였다. 겨울 작물인 맥류와는 달리 논벼는 봄에 파종해 고온다습한 여름의 성장기를 거쳐 가을에 수확하는 여름철 작물이다.

생물학적 종(種, species)으로서의 벼〔稻〕에는 아시아 재배종 벼인 '오리자 사티바'(Oryza sativa)와 아프리카 재배종 벼인 '오리자 글라베리마'(Oryza glaberrima) 두가지가 있는데, 아시아 재배 벼는 '오리자 페레니스'(Oryza perennis)란 들벼에서, 아프리카 재배 벼는 '오리자 브레빌리굴라타'(Oryza breviligulata)란 들벼에서 각각 유래하였다. 아프리카에서도 기원전 1500년경 나이저(Niger)강 삼각주(delta) 주변에서 논벼 재배가 시작된 이래 오늘에 이르기까지 서부 아프리카를 비롯한 일부 지역에서 벼 재배가 줄곧 지속되고 있다.

그러나 역사의 유구성이나 재배 규모, 그리고 한때 서구 식민주의자들에 의해 재배가 중단된 사실 등 여러 요인을 감안할 때 아시아, 특히 동아시아와 동남아시아가 벼의 원산지라는 것이 작금 학계의 중론이다. 아시아 벼는 다시 인도를 비롯한 동남아시아와 중국 양쯔강(揚子江) 이남에서 재배되는 인디카(Indica, 갱도粳稻, 메벼)와 양쯔강 이북과 한국이나 일본 등 동북아시아 일대에서 재배되는 자포니카(Japonica, 나도糯稻, 찰벼) 두가지가 있다. 그밖에 주로 동남아시아에서 재배되는 자바니카(Javanica, 자바형 벼)가 있으나 얼마 되지 않는다.

벼의 껍질을 벗겨낸 알맹이인 쌀은 밀과 더불어 인간의 2대 주식 곡물의 하나로서 6대주 110여개 나라로 퍼져나갔다. 벼의 원산지에 관해서는 여러가지 설이 분분하다. 아프리카 재배 벼의 원산지가 서아프리카의 나이저강 삼각주 유역이라는 데는 이의가 없으나, 아시아 재배 벼의 경우는 여러가지 설이 회자(膾炙)되어왔다. 그중 인도의 동북부 아삼(Assam)과 중국 남부 윈난(雲南) 일대를 아우르는 이른바 '아삼·윈난설'이 가장 유력시되어오고 있다.

아시아 재배 벼의 시원(원산지)에 관해 이러저러한 이론(異論)[26]이 계속되고 있는 가운데 1998년과 2001년 한국의 충청북도(忠淸北道) 청원군(淸原郡) 옥산면(玉山面) 소로리(小魯里)의 한 구석기시대 유적의 발굴 과정에 지금으로부터 약 1만 3천~1만 7천년 전[27]의 토탄층(土炭層)에서 59톨의 볍씨가 발견되었다. 이 볍씨에 관해 구석기시대에는 아직 벼농사가 이루어지지 않았다는 통념 등을 이유로 반론이 있기는 하지만, 필자는 일단 이 볍씨를 '소로리카'(Sororica)로 명명하고자 한다. '소로리카'는 지금까지 발견된 볍씨 가운데서 가장 오래된 볍씨로서 벼의 기원에 관한 새로운 조명을 요청하고 있다. 따라서 지금까지 통념으로 자리잡고 있는 한반도 벼의 중국 전래설도 재고되어야 할 것이다.[28]

이와 같은 동서 간의 상이한 곡물 재배는 상이한 식문화(食文化)를 산생시켰으며, 또 상이한 식문화는 각이한 용기(容器), 즉 식기(食器)의 제작을 결과하였다. 주지하다시피 대체로 모든 곡물은 어떠한 방법으로든지 열이 가해져야 인간이 먹고 소화할 수 있는 식품이나 식량이 될 수 있다. 열을 가하는 데는 굽는 것(燒)과 삶는 것(煮)의 두가지 방법이 있다.[29] 이렇게 상이한 가열 방법은 상이한 용기를 필요로 하는데, 대체로 굽는 데는 간단한 용기가 필요하나 삶는 데는 다양한 용기가 있어야 한다. 이러한 차이는 서로 다른 자연환경의 산물로서 물이 부족한 초원이나 사막에서는 물로 삶는 것이 어려워서 구워 먹을 수밖에 없다.

곡물을 어떻게 가공하고 조리하는가 하는 방법 문제에서도 동서 간의 상차는 극명하게 나타난다. 낟알을 그대로 먹는가, 아니면 빻아서 가루를 내어 먹는가 하는 식생활 문화에서 동과 서는 엄연히 갈라진다. 물론 낟알대로 먹건(입식粒食) 빻아 먹건(분식粉食) 간에 탈곡하고 도정(搗精)하며 제분(製粉)하는 기술과 도구는 공히 필수이다. 그리고 이러한 기술을 연마하고 도구를 제작하는 과정은 정주생활을 전제로 한다는 점에서도 다를 바 없다.

그러나 곡물이나 조리 방법에서 동서는 시종 엄연한 차이를 보여왔다. 서아시아 지역에서는 선토기(先土器) 신석기시대(Pre-Pottery Neolithic age, PPNA와 PPNB로 나뉨)[30]에 맥류 경작을 비롯한 농경이 발생한 후 주로 구워서 빻거나, 빻아서 구워 먹는 소분식(燒粉式) 문화가 발달하였다. 여기서 제분은 필수다. 서아시아 석기문화를 일명 제분기문화라고 일컫는 소이연(所以然)이 바로 여기에 있다. 지중해 연안에서 다양한 제분기 유물이 출토되는 것은 이에 대한 명증(明證)이다. 처음에는 공이(杵)와 절구가 상하로 운동하는 방식의 제분 방법이 사용되었으나 효율성이 낮아서 대신 고안된 것이 전후식 운동법이다. PPNB 초

이집트 안장식 맷돌

기에 나타난 것이 한쪽 변을 터놓은 채 한 손으로 동작하는 개변식(開邊式) 맷돌(open quem)이었으며, 이것이 한걸음 더 발달한 것이 약 8천년 전에 출현한 안장식(鞍裝式) 맷돌(saddle quem)이다. 이러한 안장식 맷돌 유물은 서아시아식 농경이 보급된 여러 지역, 즉 유럽의 대서양 연안으로부터 동은 인더스강 유역, 남은 사하라사막 남변까지를 포괄하는 광대한 지역에서 많이 발견된다.³¹

서방과는 달리 동아시아와 동남아시아에서 발생한 벼 위주의 농경문화에서는 제분기가 별로 필요하지 않았다. 물론 쌀을 빻기 위한 제분기가 제작 사용된 경우가 없지는 않았지만, 초기 신석기시대부터 곡물(쌀)을 삶아서 조리하는 자립식(煮粒式) 문화 위주였던 동양에서 소분식(燒粉式) 문화는 그 비중이 미미했던 것이다. 이러한 자립식 문화에 적합한 용기로 나타난 것이 바로 토기다. 이와 같이 서아시아에서는 맥류 농경에서 연유한 소분식 문화의 산물로 제분기가 탄생했다면, 동아시아에서는 벼 농경에서 비롯된 자립식 문화의 산물로 토기가 출현하게 되었다. 요컨대 식문화의 여하에 따라 용기의 변화가 일어난 것이다.

다음으로 농경문화에서의 동서 간의 차이점은 농경사회의 구조적 특성에서 찾아볼 수 있다. 그러한 특성은 우선 농경사회의 입지 조건이 서로 다른 데서 나타난다. 서아시아의 사회적 구조 가운데 하나인 농경 취락은 거개가 초원과 강, 하천 연안의 인접지에 위치하면서 관개의 발달이나 주위 환경의 변화에 따라 입지를 이동하는 유동성을 갖고 있다. 그러나 중국을 비롯한 동아시아의 농경 취락은 많은 습윤지(濕潤地)로 둘러싸인 평원의 중앙부에 비교적 장기간 머무르는 정착성을 특징으로 한다. 이러한 정착성이 보장된 농경 지역에서는 벼를 비롯한 곡물 재배뿐만 아니라, 수로를 이용한 어로나 가축 사양(飼養)도 가능함으로써 취락 단위 내에서의 자기완결적인 자급자족이 이루어지기 마련이다. 이것이 서방 사회에서는 볼 수 없는 동방 취락 사회만이 지니고 있는 특색이다.

이에 비해 서아시아를 비롯한 서양 취락 사회는 다양한 생업과 생활조건이 공존하며, 유동성과 불균형성이 점차 심화되는 것이 특색이다. 좁은 지역 내에서도 산 하나를 경계로 기후의 차가 심하며, 초원과 사막, 강, 하천 등 다양한 자연환경이 공존함으로써 농경과 목축업이 병행되며 농경의 입지가 끊임없이 이동한다. 또한 다양하고 변화되는 환경에 맞추어 취락의 역할이 변하고 취락 간의 불균형이 나타나며, 급기야 교역이 필수적 생존수단으로 부상한다.

동서 상이의 사회경제적 연원으로는 전술한 농경문화뿐만 아니라, 전통적인 도시문화도 크게 기능하였다. 이러한 기능은 도시 성립의 배경에서부터 나타나고 있다. 도시는 출현하게 된 역사적 배경이나 수행하는 기능이 다양한데다가 시대의 흐름에 따라 변하기 때문에 그 개념을 한마디로 정의하기는 어렵다. 그렇지만 한가지 공통된 사실은 많은 사람들이 모여 사는 곳이라는 점이다.[32] 그렇지만 이렇게 도시에 밀집한 많은 사람들은 식량을 비롯한 여러가지 생활필수품을 자급자족하는 것이 아니라 주위의 농경민들에게 의존해야만 해결할 수가 있다. 따라서 이러한 필수품에 대한 안정된 공급이 보장될 때에만 농경에 기생하는 도시가 출현할 수 있으므로 필수품 공급의 보장은 도시 출현의 전제이며, 일차적 필수 조건이다.

이러한 전제와 조건이 현실화되려면 동양에서 도(都)로 표현되는 정치적 배경과 시(市)로 상징되는 경제(교역)적 배경의 뒷받침이 있어야 한다. 동서고금을 막론하고 도시는 대체로 이 두가지 배경 속에서 출현해 그에 걸맞은 정치적·경제적 기능을 수행하지만, 역사적 상황에 따라 그 기능의 경중(輕重)이나 차이는 분명히 존재한다. 서양이나 동양의 경우 공히 기원전 6000~5000년경에 농경이 보편화되고 정주적인 농경취락이 출현하면서 도시가 탄생하기 시작하였는데, 그 배경과 성격 및 기능을 규제하는 주요인이 서양은 교역, 동양은 정치였기 때문에 서양의 '시'와 동양의 '도'라는 사회구조적 상차가 부득이하게 나타나지 않을 수 없었다.

도시의 성립과 운영에서 보이는 동서 간의 차이는 계승성과 존재 방식의 다름에서도 엿볼 수 있다. 기원전 3000년경에 출현한 세계에서 가장 오래된 도시인 우루크(Uruk)[33]를 비롯한 서아시아 도시들은 농경 취락의 기반 위에서 그 기반을 대대로 계승하여 출현함으로써 메소포타미아로부터 지중해 동안과 이집트의 나일강 중·하류에 이르기까지 드넓은 지역에 군데군데 도시군(都市群)이나 복수 도시를 형성하여 장기간 번영을 누리면서 존재해왔다. 그러나 중국 도시의 경우는 우루크보다 1천여년 이상 뒤늦은 기원전 1600년경 얼리터우(二里頭)문화기[34]에 와서야 비로소 도성이 초견된 후 전래의 농경 취락이나 도시를 계승하여 출현한 것이 아니라, 대체로 단독적으로 우연한 출몰을 거듭하면서 형성된 것이 서아시아 도시들과는 다른 양상이다. 이것은 도시의 건설이나 위상이 주로 정치적 요인이나 권력자의 의향에 따라 정해지는 사정과 관련된다.

끝으로, 도시의 구도나 도시와 국가의 관계에서도 동서 도시 간에 차이점이 있음을 발견하게 된다. 서아시아를 비롯한 서구의 도시들은 교역의 거점과 종교의 성역(聖域)이라는 핵심 역할의 수행을 위해 출현했기 때문에 도시 중앙에 사람들이 많이 모이는 신전이 세워지기 마련이다. 또한 신정일치(神政一致)의 통치구조 아래서 지배층과 관리기구는 신전을 둘러싼 도시 중심부에 자리하면서, 거기에 정치적·경제적 중추(中樞)가 집중되도록 하고, 그 주위에 도시민의 거주지를 포치(布置)한다. 그리하여 도시의 평면 구도는 자연히 원형(圓形)을 이룬다. 그러나 중국을 비롯한 동양 각국의 고대 도시들은 대부분 정치적 통치를 유지시키는 거점으로 출발하기 때문에 주위에 이와 무관한 사람들이 많이 배치될 필요가 없다. 따라서 이러한 도시들의 평면 구도는 다분히 방형(方形)을 취하고 있다.

이와 더불어 도시와 국가의 관계에서도 동서 간에 상차가 드러난다. 서양에서는 도시의 기반 위에서 국가가 형성되기 때문에 도시는 국가와 병존하면서 일정한 독자성을 유지한다. 그리하여 서구 역사에서는 왕왕 '도시국가'라는 색다른 복합적 권력구조가 등장한다. 이에 반해 동양에서는 도시가 소정(所定)된 지역에 대한 국가의 효율적 관리(통치)를 위해 성립 운영되고 있기 때문에 국가에 대한 도시의 독립성이란 존재할 수 없으며, 다만 도시는 국가의 한 지역적 관리의 부속적 중개물로서만 그 존재 가치가 인정된다.

이와 같이 서양의 도시는 시(市)적 성격이나 기능이 강한 반면, 도(都)적 성격이나 기능은 상대적으로 약하다. 동양의 도시는 이와 정반대의 모습이다. 따라서 도시와 국가 및 도시민의 위상이나 기능, 상호 관계에서도 동양과 서양은 서로 다를 수밖에 없다. 도시문화에서 비롯된 이러한 상차는 동서 사회의 변화 발전에 중요한 역사적 연원으로 작용하였던 것이다.

제4절 동서 상이의 가치관적 연원

동서 간의 상이점은 가치관[35]에서도 그 연원을 찾아볼 수 있다. 원래 상이한 자연환경은 각이한 심적 활동을 유발하고, 각이한 심적 활동은 상이한 가치관을 산생시키며, 상이한 가치관은 궁극적으로 문명에서의 서로 다름을 결과하는 연원으로 작용하게 된다.

동서는 선사시대부터 고온과 다습 및 한랭과 건조, 대륙과 대양이라는 상이한 자연환경에 대응해 석기 기형에서의 비정형(非定型)과 정형, 조(粗)석기와 세석기, 농경과 목축, 벼와 맥류, 도와 시라는 거의 상치되는 생활문화와 사회경제 활동을 줄곧 평행하게 이어왔다. 이러한 과정은 크게 육체적 활동과 심적(정신적) 활동의 두가지 과정이라고 할 수 있다. 이 두 과정은 시종 상보상조적(相補相助的) 관계를 유지하면서 육체적 활동은 인간의 실천 능력을 키우고, 심적 활동은 인간의 가치관을 성숙시킨다.

인간의 심적 활동을 동양적 표현으로는 정관(靜觀)이라고 하는데, 정관에는 지관(止觀)과 관조(觀照), 사유(思惟)의 세가지 유형이 있다.³⁶ 일반적으로 동양문명은 지관과 관조를 기간(基幹)으로 한 문명이고, 서양문명은 사유를 기간으로 한 문명이다. 자고로 지관이 인도인들의 세계관이라면 중국인들의 세계관은 관조다. 그래서 인도문화는 종교성이 강하고, 중국문화는 예술성이 뛰어나다. 이에 비해 서양은 주로 사유를 중심으로 하여 세계를 이해하기 때문에 학문적 경향이 상대적으로 짙게 나타난다.³⁷

이렇듯 동양문명이 지관적이고 관조적인 데 비해, 서양문명은 사유적일 수밖에 없게 된 근원적인 동인(動因)은 상이한 자연환경에 있다. 동양의 천부적인 자연환경은 인간에게 혜택을 베풀어 쉽고 편리한 생업과 생활 여건을 마련해줌으로써 자연과의 관계에서 동양인은 갈등이나 대립을 보이기보다는 자연에 공손히 순종하고 자연을 찬미하며 구가(謳歌)하는 입장과 태도를 취하게 된다. 그리하여 정적인 지관이나 관조를 자연관이나 철학관, 인생관으로 받아들인다. 그러나 어렵고 까다로우며 변화무상(變化無常)한 자연에 도전하여 이를 극복하자면 자연과 투쟁하고 대립하지 않으면 안 되는 서양인에게는 이러한 온정적이고 순종적인 가치관보다는 숙명적으로 의지적이고 전투적인 사유가 요청되는 것이다. 지관적이고 관조적인 동양문명과 사유적인 서양문명의 특색은 각각 상대성과 절대성을 지닌다는 것이다. 상대적인 동양문명은 주관과 객관, 내용과 형식, 물질과 정신, 자연과 인간을 대립이나 분리가 아닌 융화나 조화로 보는 반면, 절대적인 서양문명은 서로를 융화나 조화가 아닌, 대립과 분리로 간주한다.

서양문명은 지중해라는 해양을 중심으로 하여 생성되고 해양을 통해 발달해왔다. 이에 반해 동양문명은 아시아대륙을 기반으로 하여 생성되고 안착 속에 발달해왔다. 그리하여 서양 철학에서는 물이 우주의 중심 원소로 자리하나, 동양 철학에서는 흙이 중심 요소로 취급된다. 서양 신화에서는 바다가 먼저 창조된 후에 육지가 파생되지만, 동양 신화에서는 육지가 먼저 생겨나고 해양은 그 후에 육지로부터 분리되었다.[38] 이러한 의미에서 서양문명은 해양문명이고 동양문명은 대륙문명이라고 말하는 것이다.

서양은 해양 기술을 발전시켜 개방된 세계로 끊임없이 진출해 다양한 생업과 생활환경을 경험했지만, 동양은 세계의 지붕 히말라야산맥과 항해가 어려운 태평양이나 인도양에 막혀 폐쇄적인 세계 속에서 농경에만 집착해왔다. 이렇게 열린 세계와 닫힌 세계라는 상반된 환경 속에서 살아오다보니 궁극적으로 동서는 그토록 대조적인 문명을 이루게 되었던 것이다.

인류가 세세연년 가꾸어온 문명은 시종 인간과 자연, 인간과 인간 간의 상호작용에 의해 생성되고 발달한다. 서양문명에서 인간과 자연의 관계는 자연에 대한 인간의 우위와 지배를 내세우는 주아적(主我的) 관계다. 이러한 관계는 근본적으로 자연에 대한 인간의 분리 개념에서 기인한다. 바다를 누비는 항해자들은 자연으로부터의 수혜(受惠)에 안주하는 농경민과는 달리 자연에 대한 존경심이나 복종심을 버리고 자신의 정신 능력을 맹신하는 나머지 무턱대고 자연을 개척 지배하려는 만용을 부린다. 이러한 관념은 인간과 자연의 분리, 정신과 육체의 분리에서 비롯된 것이다.[39] 이와 같은 분리에서 신(神)·자연·인간·정신·육체 같은 격리된 개체들이 얻어짐으로써 이들 상호 간의 상관성은 무시된다. 서양문명이 갖는 절대적·배타적·논리적·대립적·투쟁적·정복적인 특성은 바로 이처럼 분리에 집착하고 개체를 중시하는 기본적 관념의 소산인 것이다.

탁 트인 바다에서 자유분방하게 활동하는 서양과는 달리 한정된 땅에 얽매여 구태의연하게 농경에만 집착하는 동양에서는 자연이 중시됨으로써 인간과 자연의 격리나 육체로부터의 정신의 분리는 애당초 상상할 수가 없다. 그리하여 동양에서 인간과 자연, 인간과 인간, 정신과 육체 등 여러가지 관계들을 조율하고 해결하는 기본 방도는 조화(調和)다. 동양문명에 뿌리 깊이 잠재해 있는 조화의 개념은 음양론(陰陽論)[40]에서 그 해답을 얻고 있다. 동양에서는 양지와 음지, 남과 여, 해와 달, 여름과 겨울, 능동과 수동, 파괴와 건설, 창조와 수용 등 모순되는 두 가지 요소들 사이의 관계를 음양론으로 개괄하면서 조화적 또는 상보적(相補的) 관계로 이해하지만, 서양에서는 분리와 대립의 관계로 명백하게 풀이한다.

인간과 인간의 관계도 인간과 자연의 관계처럼 동·서양의 시각은 대조적이다. 동양에서는 인간과 인간의 관계를 조화의 개념으로 파악하나, 서양에서는 역시 분리의 개념으로 바라본다. 그리하여 동양에서는 조화로운 인간관계가 중요시되지만, 서양에서는 개인의 창의력이 우선시된다. 몰아적(沒我的)인 동양문명이 갖는 상대적·포괄적·관계적·직관적인 특징은 바로 이러한 조화와 관계성을 중시하는 기본적 관념의 소산인 것이다.[41]

다음으로 직관적이고 관조적인 동양문명과 사유적인 서양문명의 특색은 각각 주체성과 객체성의 성격을 띠고 있는 데서도 나타난다. 주체적인 동양문명은 외계의 자극이나 제약에 크게 영향을 받지 않고 직관과 관조를 중심으로 하여 창조된 문명으로서 언제나 구심적(求心的)인 위상을 유지하고 있다. 이에 반해 객체적인 서양문명은 변화무상한 외계의 자극과 제약을 의식하면서 이에 대응하고자 원심적(遠心的)인 기능을 지속적으로 견지하고 있다. 이와 같이 심적 활동으로서의 정관은 두 문명이 공유하고 있지만, 동양문명은 구심적이고 내향적인 주체를 지향해 인간과 자연에 관한 문제를 다루는 데 반해, 서양문명은 원심적이고 외향적인 객체를 추구하여 자연과 물질에 관한 문제를 다룬다.

동양문명은 주체적이고 구심적인 성격의 문명이기 때문에 흔히 수동적이고 소극적이며 정체적(停滯的)인 문명으로 비쳐지고 있다. 그러나 이와는 대조적으로 서양문명은 객체적이고 원심적인 성격의 문명이기 때문에 능동적이고 적극적이며 진취적인 문명으로 평가받고 있다. 예컨대 계율과 고행(苦行)에 의한 자아(自我)의 내적 순화를 목적으로 하는 인도의 종교적 문화나 예속(禮俗)을 중시하는 중국의 정치적·도덕적 문화는 백성들이 안락하게 살도록 명실공히 인정(仁政)을 베풀어 지상에서 왕도낙토(王道樂土)의 사회를 건설하는 것을 유토피아적 이상으로 삼는 정신문명이다. 이에 비해 종교적 문화마저 현실 참여를 독려하는 서양문명은 공리(功利)를 추구하는 물질문명·기계문명이다.[42]

이와 같이 동서 문명의 상이한 성격은 학문의 발달에 대해 역동적으로 작용하고 있다. 주로 인간과 정신에 관련된 문제만을 연구대상으로 국한하고 집착하는 주체적인 동양 학문은 그 범위가 상대적으로 협애하고 한정적일 수밖에 없는 데 반해, 인간의 정신을 망라한 폭넓은 자연과 물질 세계를 두루 연구대상으로 삼는 객체적인 서양 학문은 동양 학문에 비해 취급 범위가 넓고 비한정적이며 다양하다. 또한 동양 학문은 현실에서의 실천을 중요시하는 반면에 서양 학문은 자연을 대상으로 객관적 실재성을 구명하는 데 주력함으로써 서양에서는 과학, 특히 자연과학이 발달하였다. 그런가 하면 동양 학문은 주로 직관(直觀)에 의해 사물의 본질과 실상을 직접적으로 파악하는 데 비해 서양 학문은 사유를 통한 인식에 의해 사물의 본질과 실상을 분석하고 체계적으로 구명하려고 한다.[43]

그밖에 동양 학문은 주체성을 강조하기 때문에 다분히 종교적·예술적 요소들이 혼입(混入)되는 데 반해, 서양 학문은 객체성을 기조로 하기 때문에 이러한 요소들을 될수록 배제한다. 예컨대 고대 인도 철학은 경전에 대한 해석에서 발원(發源)하였고, 불교는 비록 종교이기는 하지만 그 바탕에는 인도 철학이 깔려 있으며, 중국 철학은 '천(天)'과 그밖의 종교적 개념이 도입되어 정치·사회·도덕의 다면적 이론으로 확대되었다. 그러나 고대 그리스 철학은 종교와는 무관하게 산생되고 발달하였다. 이 대목에서 한가지 유념해야 할 것은 서양 철학이 비록 중세의 한때 기독교와 혼융(渾融)되어 출로를 모색하려 했지만, 여의치 않자 근세에 이르러서는 양자가 분립되어 병행하고 있다는 사실이다.

끝으로 우리가 조선시대의 독창적인 우주관을 살펴보는 것은 동서 상이의 가치관적 연원을 구명하는 데 특별한 의미를 지닌다고 사료된다.

조선인들은 서양의 근대적 천문지리 지식을 동양의 전통적 우주관으로 재해석하거나 이들을 조화시키는 지혜를 발휘하였다. 동양에서 우주론이 거론되기 시작한 것은 기원전 2~3세기경인데, 그 요체는 하늘은 둥글고 땅은 네모난 평면으로서 서로가 8만리 거리로 마주하고 있다는 이른바 '천원지방설(天圓地方說)'이다. 이것은 동방인들이 주창한 최초의 우주관으로서 일명 '개천설(蓋天說)'이라고도 한다.

그러다가 '혼천설(渾天說)'이 나왔는데, 이 설에 의하면 하늘은 알껍데기처럼 땅을 감싸고 있고 평면인 땅은 물 위에 떠 있으며 태양은 낮에 땅 위를 지나다가 밤에는 물속에 잠긴다. 조선시대의 천문관찰기구인 혼천의(渾天儀)의 원리가 이 혼천설에 근거한 것이다. 그런데 이러한 우주관이 자리하고 있던 조선에도 서양의 근대적 천문지리가 소개되면서 학자들 가운데서는 새로운 철학적 해석이 시도되었다.

세번이나 중국에 사행(使行)한 이수광(李睟光)은 한국 최초의 백과

사전으로 평가되는 『지봉유설(芝峯類說)』(1614, 총 10책 20권)에서 땅은 네모난 것이 아니라 둥글다는 지원설(地圓說)을 처음으로 주장한다. 그는 이 책을 저술하면서 348가(家)의 서적을 참고하고 인용하였으며 총 3435조목(條目)의 내용을 기술하고 있다. 책 속에 거명된 인물만도 2265명이나 된다. 이러한 조목에는 천문·지리·언어·기예·식물·동물·곤충 등 자연과 인간사에 관한 삼라만상이 거의 망라되어 있다. 서양의 학문과 과학기술을 인정하고 받아들인 점에서 『지봉유설』은 조선 후기 실학풍(實學風)의 형성에 결정적 단서를 제공해준 진서(珍書)라고 할 수 있다. 한편, 그는 많은 사람들이 사대(事大)만을 일삼던 시기에 과감하게 중화(中華)의 굴레를 벗어던지고 아직은 미지의 새로운 세계를 향해 시야를 돌렸다. 그리하여 이 책의 「제국부(諸國部)」 '외국(外國)'조에서는 총 87개의 외국을 언급하고 있다. 이수광은 동남아시아와 서역, 유럽, 그리고 이슬람문명과 기독교문명 등 넓은 세계와 다양한 문명을 각방으로 소개함으로써 세계에 대한 인식의 지평을 전례없이 넓혔다.

그로부터 2세기 후, 성리학자이자 과학자인 혜강(惠岡) 최한기(崔漢綺)는 역작 『지구전요(地球典要)』(1857, 총 7책 13권)에서 기철학(氣哲學)에 바탕한 독창적인 '조선식 우주론'을 개진하였다. 그는 재화(在華) 선교사들의 저서들을 통해 코페르니쿠스의 태양중심설과 뉴턴의 만유인력 법칙을 접하고 수긍은 했지만, 그 원리에 대한 해석은 전혀 달리하였다. 최한기는 『신기통(神氣通)』(1836)과 『성기운화(星氣運化)』(1867) 같은 철학 저서에서 천체운동과 우주현상에 관한 자신의 기철학을 다음과 같이 피력했다.

즉, 모든 천체는 그 둘레를 지구의 대기권과 같은 공기층인 기륜(氣輪)이 감싸고 있어 항상 서로 작용한다. 플라스크 안의 공기가 차가워지면 수축하고 더워지면 팽창하는 것은 기(氣)가 모이고 흩어지는 일종의 운동이다. 몸이 한기와 온기를 느끼는 것도 몸속의 기와 외부의 기가 소통하기 때문인데, 이것은 기가 우주 내에서 끊임없이 운동하고 변화한다는 증거다. 방 안에 앉아서 동쪽 문을 닫으면 서쪽 문이 열리는 것도 기가 방 안에 가득 차서 서로 부딪치기 때문이며, 자석이 서로 밀고 당기는 것도 기의 교감에서 비롯된 것이다.

그러면서 최한기는 자연과학을 세상에 존재하는 기의 운동과 성질을 탐구하는 도구로 간주하였다. 그는 재화 선교사 브누아(M. Benoist, 장유런蔣友仁)의 『지구도설(地球圖說)』(1767)을 통해 한국 최초로 코페르니쿠스의 태양중심설에 입각해 지구의 자전과 공전을 이해한 사람이며, 허셜(J. F. W. Herschel)의 『천문학개요(天文學概要)』(*Outlines of Astronomy*)의 한문 번역본인 『담천(談天)』(1860년대)을 통해 뉴턴의 만유인력 법칙을 접하고 나서 저술한 『성기운화』에서 천체운동에 관한 독창적 견해를 제시했다.

그는 '인간으로부터 우주까지 일관되게 관철되는 기의 운동'이라는 기철학으로 우주의 운동 현상을 해명하면서, 만유인력 법칙은 우주의 운동 현상을 적시(摘示)하고는 있지만, 그 원인은 제대로 밝혀내지 못했다고 지적한다. 그는 중력(重力)의 작용은 천체를 둘러싸고 있는 기류가 서로 영향을 주고받으면서 생기는 현상이며, 지구에 아침 저녁이 생기는 것은 지구와 달을 감싸고 있는 기류가 서로 접촉하고 작용하고 있다는 한 증거라고 주장한다.

최한기의 이른바 '4원소설(元素說)'은 실로 기발한 일설이다. 그는 흙·물·불·공기로 우주의 변화를 설명한 아리스토테레스의 '4원소설'을 정면으로 부정하면서, 우주에 이미 존재한 근원적인 기가 변해 흙·물·불·공기가 된 것이므로 이 4원소를 우주의 근본 물질로 볼 수 없으며, 대신 기만이 근원적인 것이라고 주장한다. 이렇게 최한기는 절대시되어온 서양의 천문지식이나 우주관을 맹신하거나 추종하는 것이 아니라, 오히려 창의적인 동양적 천문지식이나 우주관으로 만물의 근원을 해명하고 설파하였다.

이상에서 고찰한 바와 같이 동서 문명은 가치관 측면에서도 여느 분야와 마찬가지로 상이한 연원에서 발원해 자신이 처한 고유의 자연지리적 환경과 지정학적 환경에 효과적으로 적응하면서 창의적으로 인류의 보편문명에 한걸음씩 다가선 과정이며 결과다.

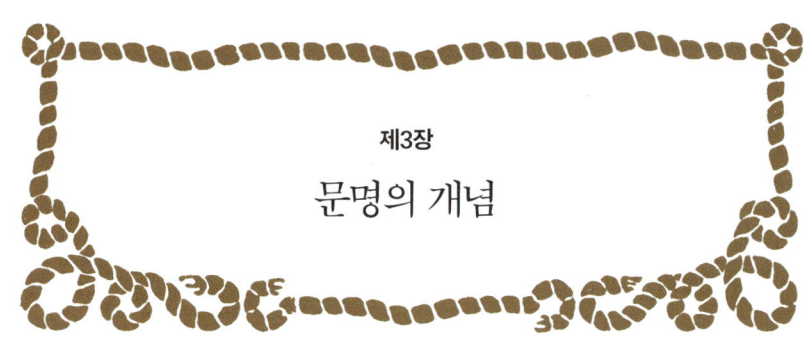

제3장

문명의 개념

I 제1절 문명의 정의

문명이 발생한 지는 수천년이나 되고, 문명담론이 시작된 지도 200여 년을 헤아리지만 문명 연구는 초야에 묻혀 허우적거리고 있다. 놀랍게도 이 시대의 화두로 떠오르는 문명교류를 비롯해 문명학을 전문적으로 교육하고 연구하는 명실상부한 학문의 전당은 아직 세계 어느 곳에도 없다. 뒷글에서 논급하겠지만, 문명의 개념조차 각인각설(各人各說) 중구난방(衆口難防)인 것이 현실이고 보면, '문명'을 입에 달고 다니면서 '문명인'이랍시고 자임하는 처신이 실로 부끄러운 일이 아닐 수 없다. 이럴진대 사계(斯界)의 자성과 분발을 갈망하는 것은 당연지사(當然之事)라 하겠다.

문명의 개념을 바르게 이해하기 위해서는 우선 동·서양 학계에서 공히 쓰고 있는 문명(civilization)의 어원부터 살펴봐야 할 것이다. 사실 동양(정확히는 한자문명권)에서 사용되는 '문명(文明)'이라는 한자의 어원에 관해 중국이나 일본 학계가 고전(古典)에서부터 구명을 시도했지만 신빙성이 별로 없는 성싶다. 중국의 경우 '문명'이라는 단어는 기원전 800년경 동주(東周)에서 씌어진 고전『역경(易經)』'건괘(乾卦)' 문언(文言)에 처음 나타나는데, 경문 속에 "용이 밭에 있으니 천하의 자연이 밝고 아름답다(見龍在田 天下文明)"[1]라는 말이 나온다. 원문의 '문명'은 일반적으로 '문채광명(文彩光明)'[2]이라는 뜻을 지니고 있으나, 해석자에 따라 이 단구(短句)의 뜻을 달리 풀이하기도 한다. 요체는 이 고전 속의 '문명'과 현재 통용되는 '문명'의 어의(語義) 간의 상관성, 이를테면 어원 간의 상관성 여부인데, 비록 직결성(直結性)은 희박하지만 문치교화(文治敎化, 정신문명의 교화)의 종지(宗旨) 면에서는 어느정도 상관성이 감지된다.

중국 학계에서는 마냥 이러한 상관성을 입증하기 위해 여러가지 문명 관련 고전을 원용(援用)하고 있다. 대표적인 예문 두가지만을 들어보면, 먼저『역경』64괘 중 하나인 '비괘(賁卦)'에 나오는 "사회가 문명한 것만큼 인간도 교화된다(文明以止 人文也)"라는 괘문이다. 다른 한가지는 위(魏)나라의 경학가이자 철학자인 왕필(王弼, 226~49)과 진(晉)나라의 역학가(易學家)인 한강백(韓康伯, 332~80)의 주해에서 "만물이 무력을 사용하지 못하도록 해야 하며, 문명으로 만인을 교화해야 한다(止物不以威武 而以文明 人之文也)"고 한 것이다. 이렇게 보면, 중국 전적(典籍)에 나오는 문명이라는 단어는 인문교화의 도리와 방법을 가르치고 있는 것이다. 따라서 작금 통용되는 현대적 의미의 이 단어는 근대에 서학(西學)이 동점(東漸)한 이후에 중국에 수입되어 알려진 것으로, 여러 중국 고대 전적에 나오는 동음이의어(同音異義語) '문명'과 이것의 모호한 상관성을 추단(推斷)하면서 어원적 접목을 기정화(旣定化)하는 데 대해서는 견강부회(牽强附會)의 느낌이 없지 않다. 좀더 숙고가 필요한 대목이다.

같은 한자문명권에 속하는 일본이나 한국 학계에서 지금까지 회자되는 유설(流說)에 의하면, 한국은 19세기에 일본이 서구를 따라 '문명개화'를 하면서 만들어낸 신조어(新造語)인 '문명'이란 단어를 별다른 논급 없이 일본으로부터 무턱대고 받아들인 것으로 짐작된다. "동아시아 문명권에서 '문명'이라는 어휘가 출현하게 된 것은 근대 일본 지식인들이 서구의 선진문물을 수용해 근대화한다는 목적에서 서구 문명에 대응되는 한자어 '문명개화'를 만들어낸 데 따른 것이다."[3] 그렇다면 '문명개화'의 '문명'이라는 단어는 누구에 의해 어떻게 만들어졌는지, 혹은 누구에 의해 찾아졌는지, 또 그 어원은 무엇인지에 관해서는 일본 학계가 의당 해명을 내놓아야 하는데 그러지 못하고 있다. 근대 일본의 문명개화를 선도한 계몽사상가인 후꾸자와 유끼찌(福澤諭吉, 1835~1901)는 '세계역사 진전에 영향을 끼친 문명론 경전'이란 부제가 붙은 역저 『문명론개략(文明論之槪略)』(1875)의 제3장 '문명의 함의(涵義, 含意)를 논함'[4]에서 문명의 기초이론에 관해 이것저것 언급하였다. 그런데 이와 함께 적어도 본인을 필두로 한 일본 '문명개화파'들이 '문명'이라는 조어를 감히 내놓게 된 근거쯤은 으레 밝힐 법도 하지만, 문명이라는 단어의 어원에 관해서는 일언반구의 언급도 없다.

한국의 경우는 이웃 일본의 문명개화론의 영향을 받아 서구의 문명을 수용했던 것이다. 이를테면 "조선의 문명개화론은 1880년대 초 개화당(開化黨)[5]을 중심으로 하여 형성된 것으로서 일본의 문명개화론에 뿌리를 두고 있었다."[6] 1900년대에 들어서면서 조선에서는 서구의 '문명'(civilization) 개념의 영향을 받은 '문명'이라는 단어가 유행하기 시작했다. 이때 학계에서는 대체로 문명을 "'인간의 공력(功力)을 통해 도달된 특정한 상태'이면서 동시에 '계속 진보의 도정(道程)을 거쳐 발전시켜가야 하는 과정'"[7]으로 이해하였다. 문명의 현대적 이해에 근접한 것이라고 할 수 있다.

앞에서 본 바와 같이 동양의 한자문명권에서의 문명의 어원에 관한 이해가 상당히 복잡하고 애매모호한 데 비해 서양에서는 그 대역어(對譯語)인 'civilization'의 어원에 관한 이해가 동양보다 시기적으로 선행(先行)될 뿐만 아니라 통일적이고 명확하며 일관성을 띤다. 17~18세기에 영국과 프랑스에서 일어난 시민혁명과 산업혁명을 계기로 근대적 시민사회가 형성됨에 따라 문명을 세계 시민성과 관련시켜 이해하려는 사조(思潮)가 일기 시작하였다. 그 첫걸음이 바로 문명의 어원의 개념 정립이었는데, 그 언어적 표현으로 라틴어의 'cīvis'(시민)에서 파생된 'civilization'(문명)이 채택되었다. 그 구체적 파생 과정을 추적해보면, 시민이라는 'cīvis'에서 시민성이라는 'civílis'로, 여기서 다시 시민권이라는 'civílitas'와 도시국가라는 'cívitas'로, 마지막으로 문명이라는 'civilization'으로 의미가 확대되고 다양화되면서 궁극적으로 고착화된 것이다.

단어 'civilization'의 최초 출현 연대에 관해서는 여러 설이 있는데, 일설은 프랑스 인류학자 뛰르고(Anne Robert Jacques Turgot)가 1752년 인류 통사(通史)를 쓰면서 고안했다고 하고,[8] 타설은 프랑스의 빅또르 드 미라보(Victor de Mirabeau) 후작이 1756년에 출간한 『인류의 벗』(L'ami des hommes)이라는 책에 처음으로 등장했다고 한다.[9] 단, 여기서 한가지 유의할 점은 당시는 물론이거니와 오늘날까지도 독일을 비롯한 일부 서구 나라들은 모든 문명 현상에 관해 문화(culture) 위주의 관념론적 개념을 고집한다는 점이다. 그들은 인간의 정신 개발이나 가치체계만을 문화로 간주하고, 문명은 문화의 한 형태로서 기계나 기술만을 지칭한다고 봄으로써 문명의 범주나 포괄성을 제한하거나 축소하고 있다. 그런가 하면 문명과 문화에 미개의 개념을 대입시켜 미개인에게 문화는 있어도 문명은 없다는 식의 비하적인 분리 논리를 마다하지 않고 있다. 그러나 대다수 나라들은 시종일관 분명하게 'civilization'의 태생적 개념을 견지하고 있다.

문명의 어원과 관련해 지금까지 학계에서 한번도 거론된 바 없는 문명이라는 단어의 아랍어 어원 문제를 논급하는 것은 만시지탄(晩時之歎)이 없지는 않으나, 퍽 유의미한 일고(一考)라고 사료된다. 아랍어로 문명을 '하돠라'(ḥaḍārah)라고 하는데, 이 단어는 동사 '하돠라'(ḥaḍara, 단수 3인칭 과거형)의 어근으로서 '오다' '참석하다'와 함께 '도시에 살다'라는 뜻을 지니고 있으며, 그 어근인 '도시에서 살기'는 라틴어의 어원인 'cīvis'(시민)이나 'vivílis'(시민성) 등 도시 관련 파생어들과의 어원적 상관성을 연상케 한다. 그러면서 한가지 분명한 것은 '하돠라'가 고전 아랍어 시대(초기 이슬람시대)부터 쓰여왔으니, 라틴어 'civilization'의 출현보다 약 1천년 전부터 사용되어왔다는 사실이다.

중요한 것은 'civilization'이건 문명이건 간에 이 둘이 그 각각의 어원 여하와는 관계없이 상응하는 대역어로 굳어버린 오늘날에 이르러 통일적인 개념을 갖는 점이다. 그럼에도 불구하고 도대체 문명이란 무엇인가 하는 정의로부터 시작해 문명담론의 역사적 과정이라든가 그 내용 및 전망 등 일련의 의제에 관해서 연구가 미흡함은 물론이거니와 기존의 연구에 대해서도 논의가 구구(區區)해 학문적 정립이 시급함을 거듭 강조하는 바이다.

이제 문명의 개념과 관련된 주요한 이론 몇가지를 개략적으로 추려서 살펴보기로 하자.

1) 발생론(發生論)

문명은 문화의 발전과정에서 야만(혹은 미개)에 대한 대응 개념으로 이른바 '초(超)문화적 단계'에서 발생하였으며, 문명시대 이전의 미개시대에는 문화는 있어도 문명은 없었다고 한다. 영국의 문명사가 토인비(A. J. Toynbee)는 문명사적 시각에서 문명은 인간이 불리한 자연환경의 도전에 지혜를 발휘해 성공적으로 응전함으로써 탄생(발생)한다는 이른바 '문명 발생의 도전-응전론'을 내세워 문명의 유형화를 시도하였다.[10]

2) 문명사관(文明史觀)

인류가 문명시대를 맞은 것은 어림잡아 6천~7천년 전으로 거슬러 올라간다. 이 유장한 역사 과정에 문명은 지역과 환경에 따라 다양한 형식과 내용으로 전개되어왔다. 따라서 입장이나 시각, 태도나 방법에 따라 문명사에 관한 인식이나 해석, 평가, 즉 문명사관(론)도 한결같을 수는 없이 다양하다. 문명사관은 문명 전반에 관한 소정(所定)된 이해의 좌표인 것이다. 작금 학계에서 거론되는 대표적인 문명사관 몇가지를 추려보면 다음과 같다.

(1) 토인비의 '문명순환론(文明循環論)': 문명사가 토인비는 그의 '문명 발생의 도전-응전론'에 따르는 '문명순환론'에서 문명은 탄생한 후 성장·붕괴·해체의 4단계 사이클(cycle, 주기)을 겪으면서 점진적으로 발달한다는 최초의 문명진화론을 제시하였다.[11]

(2) 모건의 '문명시대론(文明時代論)': 미국의 민족학자 모건(Lewis H. Morgan)은 인류사회의 문화발전 단계를 논하면서, 인류사회는 몽매시대와 미개시대, 그리고 문명시대의 세 단계를 거쳐서 발전해왔는데, 문명시대의 기점은 표음문자(表音文字)의 발명과 문자의 사용이라고 주장하였다. 그리고 지금까지 존재한 문명을 고대문명과 현대문명 두가지로 대별하고는 고대문명의 성과와 그 지표를 구체적으로 도시, 무역, 간단한 기계, 학교, 과학, 대의민주제, 입헌군주제, 특권계급, 국제법, 성문법(成文法) 등의 출현으로 지목하고 있다.[12]

(3) 문명발전분기론(文明發展分期論): 문명의 발전사를 여러 시기로 세분하는 이론인데, 여기에는 여러가지 시기 분법이 있다.

① 서구문명의 분기법: 고대문명기(B.C. 3500년경~ A.D. 500), 중세문명기(500~1500), 근대문명기(1500~1900), 당대(현대)문명기(1900~)라는 4대 분법이다. 그러나 이러한 분법은 마치 전승관계가 있는 전후 시기를 두 부모 자르듯 획분하는 것으로 무리한 분법이라는 비판을 받고 있다.

② 생활연대 분기법: 문명사를 인류의 기원으로부터 신석기시대 시작까지(B.C. 1만 5000~8000)의 고대문명기, 신석기시대부터 문명 여명기까지의 중세문명기(B.C. 8000~3500년경), 역사상의 중세기부터 산업혁명이 시작된 1760년대까지의 근대문명기라는 3대 분법이다. 이러한 분법은 지역에 따라 문명의 생성과정이 서로 다를 뿐만 아니라 서로의 격폐(隔閉) 속에서 문명마다 특유의 특징이 있는데 이러한 사정을 무시한 채 통일 분법을 적용하는 것은 가장 큰 결함이자 부당한 것이라는 지적을 받아왔다.

③ 그밖에 생산방식의 변천에 따라 '목축문명' '농업문명' '공업문명' '후(後)공업문명'과 같은 분법이 있는가 하면, 사회의 형태에 따라 '원시문명' '노예사회문명' '봉건사회문명' '자본주의문명' '사회주의문명' 등으로 나누는 분법도 나름대로 등장하고 있으나, 인기는 별로 없는 형편이다.[13]

(4) 문명생태사관(文明生態史觀): 제2차 세계대전 후 한때 일본 사학계를 비롯해 한국과 중국 등 일부 나라 학계에서 화제를 불러일으켰던 문명사관으로, 생물과 환경의 상호작용에 관한 생태학(ecology)[14]의 이론 모델로 인류사회의 문명사를 새롭게 해석하려고 시도한 사관이다. 이 사관의 주창자인 일본의 생태학자 우메사오 타다오(梅棹忠夫, 1920~2010)는 1957년 『츄우오오코오론(中央公論)』(1957년 2월호)에 발표

한 논문 「문명생태사관서설(文明生態史觀序說)」에서 이 사관에 관해 다음과 같은 내용을 피력하였다.

구대륙을 생태학적으로 2대 구역으로 구분할 수 있는데, 제1구역에는 그 동·서단에 위치한 일본과 서구가 망라되고, 제2구역에는 중국과 인도, 아랍, 러시아 등 기타 나라들이 속하는데, 2대 구역의 사회구조는 판판 다르다. 제1구역은 봉건제도를 거쳐 자본주의 제도로 발전했으나, 제2구역은 봉건제도가 제대로 형성되지 않았으며 자본주의 제도도 성숙되지 않았다. 또한 2대 구역의 역사발전도 다른데, 그것은 '생태학적 천이(遷移, 자연갱신自然更新)'(ecological succession)가 같지 않은 데서 비롯되었다. 제1구역은 공동체 내부의 역량, 즉 내적 요인에 의해 자연갱신이 이루어졌다면, 제2구역은 공동체 외부의 역량, 즉 외적 요인에 의해 자연갱신이 좌우되었다. 뿐만 아니라 2대 구역은 생태학적으로도 서로가 달랐으며 지리환경의 영향도 판이하였다. 제1구역은 삼림지대이고 중위도에 위치한 온대 지역으로서 강우량이 적당하고 땅이 기름져 생산력이 높았다. 게다가 대륙의 양단(兩端)에 위치하고 있어 유목민족들의 파괴적 침습을 면할 수 있었다. 그러나 제2구역에서는 큰 강을 중심으로 양안(兩岸)에 방대한 제국이 세워졌는데, 이들 제국이 사막과 초원지대의 유목민족으로부터 끊임없이 침습과 파괴, 정복을 당해 생산력 소모가 극도에 달하였다.

이상은 우메사오 타다오를 비롯한 문명생태사관 주장자들의 이론적 변이다. 일본 학계에서는 이 '참신'한 문명사관에 대해 제2차 세계대전 이후의 가장 중요한, 혁명적인 세계문명사관이라느니 '독특한 발상에 기초한 세계사관'이라는 등 극찬을 아끼지 않았다. 그러나 유럽을 비롯한 일본 밖 학계에서의 반향은 시종 시들먹하다. 일부에서는 이름은 문명생태사관이나 실은 지리풍토사관이라는 명실불부(名實不符)에 어긋

장을 놓기까지 한다.[15]

3) 구분론(區分論)

일명 이분법론이라고 하는 분리론에는 문명론에서 문명과 문화를 분리해 논하거나, 문명을 물질문명(혹은 기술문명)과 정신문명으로 이분하면서 정신문명을 문명 개념에서 분리해 문화로 간주하며, 문화와 문명을 상·하의 위계 개념으로 이해하는 등의 여러 이론들이 포함된다. 문명 개념 연구에서 분리론은 후술할 총체론(總體論)과 상치되는 개념론이다. 문명 개념 정립에서 왕왕 변덕을 보여온 분리론의 여러 전형적 주장들을 종합하면 다음과 같다.

(1) 슈펭글러의 문화발전단계론: 독일의 역사가이자 철학자인 오스발트 슈펭글러(Oswald Spengler, 1880~1936)는 문화의 발전 단계를 논급하면서 모든 문화는 순환·반복하는 자연 구조에 바탕을 두고 문화 이전 단계, 초기 문화 단계, 후기 문화 단계, 그리고 문명 단계를 거치며 진행된다고 밝히고 있다. 그는 각 '문화'를 살아 있는 생명체와 같이 산생·성장·성숙·쇠퇴라는 일정한 변화과정을 밟는 유기체로 파악하였다. 생명체인 문화는 문명으로 퇴화하고 문명의 몰락은 피할 수 없다고 여겼다.[16] 슈펭글러는 이러한 인식에서 출발해 1차대전 후 문명의 몰락과 더불어 '서구 몰락'의 불가피성을 정확하게 예고했던 것이다.

(2) 박이문(朴異汶)의 '포스트과학기술문명론': 20세기 초반에 문명 담론이 한국 학계에 알려지기 시작한 이래 지금까지 주로 철학과 문학을 비롯한 인문학 분야에서 의제로 다루어져왔는데, 그 폭과 깊이는 시대의 요청이나 학문 본연의 요구에는 상당히 불급(不及)한 형편이었다. 그럼에도 불구하고 그 가운데서 비록 소수이기는 하지만 일찍이 학문적 개안(開眼)을 한 몇몇 연구자들에 의해 꾸준히 연구가 이어져왔으며, 미흡하지만 소정의 성과를 거두었다. 그간의 한국 학계의 문명 관

련 연구 과정과 그 성과를 통관하면, "'문화'는 정신적이고 개별적이며 '문명'은 물질적이고 보편적이라는 익숙한 구별", 이를테면 문명 개념의 이분론(二分論)이 한국인들의 관념 속에 마냥 정설로 맴돌고 있었던 것이다. 이것은 문화 일변도의 독일식 문명관에서 영향을 받은 결과로 보인다.[17]

이러한 이분법적 관념은 한국 학계에서 문명담론을 선도한 철학자 박이문의 논저에서 찾아볼 수 있다. 그는 저서 『문명의 위기와 문화의 전환: 생태학적 세계관을 위하여』(민음사 1996)에서 현대 과학기술문명의 독성(毒性)과 위기를 극복하기 위한 대안으로 '포스트과학기술문명'이라는 문명의 새 모델을 제시했는데, 이 새로운 모델은 인간 중심이 아닌 자연 중심의 생태학적 세계관을 바탕으로 하는 문명을 말한다. 이러한 발상은 문화와 문명의 개념에 관한 19세기 독일식 방법에 토대를 둔 것이다. 그는 "문화와 문명이 다 같이 인간의 개발과 발전을 지향하지만, 문화가 정신적 측면을 지칭하는 말인 데 비해 문명은 기술적 측면을 지칭한다. 그래서 문화는 인간 내부의 정신 개발 양식으로서의 학문·종교·예술·교육을 지칭하고, '포스트과학기술문명'으로서의 현대 문명은 인간 외부의 자연을 인간의 목적에 종속시키기 위해 형성한 산업·기술·경제·법적 제도를 가리키는 개념"이라고 문화와 문명의 내용을 엄연히 구분하고 있다.[18]

(3) 주첸즈(朱謙之, 1899~1972)의 정신·물질이분론: 중국의 저명한 철학자이며 역사가이자 문화학자이기도 한 주첸즈는 저서 『문화철학(文化哲學)』(1935)에서 "문화란 인류 내면의 영적이고 정신적인 수양과 그 사업이며, 모든 것이 종교적이고도 예술적인 가장 완벽한 인류 생활의 상태다. 이와는 반대로 문명은 외면적 교육과 질서에 관한 것이고 모든 현대적 공업과 기계 등을 가리킨다. 바꿔 말해, 전자가 영혼이 아주 발

달한 육체라고 한다면 후자는 미라(이미 박제화된 시체-원저자)인 셈이다. 전자가 정신적이고 광의적(廣義的)인 데 반해 후자는 물질적이고 한정적이다"라고 하였다.[19] 이렇게 주첸즈도 정신(문화)과 물질의 분리로 문명 개념에 천착하려고 시도한다.

(4) 후꾸자와 유끼찌의 협의(狹義) 대 광의(廣義)의 이분론: 일본의 근대 문명개화파의 선도자 후꾸자와 유끼찌는 저서 『문명론개략』에서 문명의 함의를 설명하면서 협의의 문명은 "단순히 인력(人力)으로 인류의 물질적 수요를 증가시킨다든가 혹은 의식주를 넉넉하게 한다든가 하는 외표적(外表的) 장식이라면, 광의의 문명은 곧 의식주의 향수(享受)만을 추구하는 것이 아니라 지혜를 갈고 덕을 쌓음으로써 인류로 하여금 고상한 경지에 이르게 하는 것이다"라고 역설하였다.[20] 이렇게 후꾸자와 유끼찌는 은연중에 물질적 요인과 정신적 요인을 어떻게 수용하는가에 따라 문명의 협의와 광의를 이분화하고 있다.

4) 엥겔스의 유물사관적(唯物史觀的) 시대론

독일 철학자이며 경제학자인 프리드리히 엥겔스(Friedrich Engels, 1820~95)는 역저 『가족, 사유재산 및 국가의 기원』(*Der Ursprung der Familie, des Privateigentums und des Staats*, 1884)에서 유물사관에 입각해 문명의 시대론을 개진했는데, 그 요지는 다음과 같다. 즉, 제3차 사회 대분업 시기에 시작된 문명시대는 생산 분야에서 인류가 천연자원에 대한 진일보한 가공을 터득한 시기로서 공업과 예술이 산생하였다. 그 시기의 경제적·정치적 특징은 금속화폐가 출현해 화폐자본과 이식(利息) 및 고리대가 산생하고, 생산자 간의 중개 역할을 하는 상인계급, 도시와 촌락 간의 대립 현상, 그리고 토지사유제와 차압(差押) 제도, 노예노동이 나타난 것이다. 또한 부권(父權) 중심의 일부일처제 가족이 경제단위를 이루고, 계급통치 기구로서의 국가가 탄생했다. 문명시대의 3대

시기에는 그에 해당하는 노역(奴役) 제도가 있어왔는데, 그것이 바로 고대의 노예제와 중세의 농노제, 근대의 고용노동제다. 보다시피, 엥겔스는 변증법적 유물사관에 기초해 미개시대와는 전혀 다른 문명시대의 징표로서 이러한 여러가지 내용들을 제시하였다.

5) 문명표준론(文明標準論)

문명은 인류사회가 소정된 단계로 발전했을 때 거머쥔 산물이다. 그리고 모든 인류사회가 비록 시차는 있지만 공히 원시미개시대에서 문명시대로 이행하였다. 문제는 무엇을 표준으로 삼아 그 단계를 설정하고 이행을 확인하는가이다. 그동안 이 문제들은 고고학계를 비롯해 여러 학계에서 왈가왈부 갑론을박을 거듭하면서 장기간 논쟁을 벌여오던 난제였다. 물론 오늘도 그 논쟁의 불씨가 완전히 꺼진 것은 아니다.

그나마도 다행스러운 것은 이른바 '문명의 3항 표준'에 의해 그 불씨가 일시나마 잠재워졌다는 사실이다. 세계고고학회 회장까지 역임한 영국의 저명한 고고학자 글린 대니얼(Glyn Daniel, 1914~86)이 1968년 '문명 기원의 고고학'(The Archaeology of Their Origins)이란 부제하에 『최초의 문명들』(The First Civilizations, 1968)이란 책을 출간했다. 문명시대(사회)의 기준을 다룬 이 자그마한 책자는 당시 유럽 고고학도들의 필독서가 되리만치 인기가 대단하였다. 그러나 실은 그보다 10년 앞선 1958년에 미국 시카고대학 동방연구소에서 개최한 '근동문명 기원 연구 토론회'에서 인류학자 클라이드 클럭혼(Clyde Kluckhohn)이 이미 '문명의 3항 표준'을 제기한 바 있었다. 글린 대니얼은 약간의 증보를 가한 이 '3항 표준'을 『최초의 문명들』에 공식 수록함으로써 세계 고고학계의 공인을 얻은 것이다.

그 '3항 표준'의 첫째는 도시의 출현이다. 이미 발굴된 유적지 중에 반드시 도시 유적이 있어야 하며, 이런 도시는 도시 외 취락과의 대비

멕시코 떼오띠우아깐의 '달의 피라미드'

(對比)와 차이가 있어야 할 뿐만 아니라, 인구 5천여명을 수용할 수 있어야 한다. 둘째는 문자의 존재인데, 문자 없는 문명이란 상상할 수 없다. 문자가 없으면 인류의 사상이나 문화의 보존이나 전파가 불가능하다. 셋째 조건은 복잡한 의례(儀禮) 건물이다. 여기서의 복잡한 의례 건물이란 일반적인 생활 수요를 위해 지어진 건물이 아니라 종교적, 정치적 혹은 경제적 원인으로 인해 특별하게 지어진 복잡한 건물(예컨대 이집트의 피라미드)를 말한다.

사실 이상의 '문명의 3항 표준'은 주로 유럽문명의 실태를 바탕으로 유럽 학자들이 고고학적 발굴 결과에 준해 자의로 설정한 것으로서, 유럽문명의 설명에는 타당하겠지만, 여느 지역의 실정에는 맞지 않는 부당한 표준일 수밖에 없다. 그래서 일부 학계에서는 이 '3항 표준'의 불합리성이나 미흡함에 대해 조목조목 적시(摘示)하면서 나름의 '대체

표준'을 제기하기도 한다. 예컨대 일찍이 천만 인구를 가지고 찬란한 금속문화와 도자(陶瓷)문화를 꽃피웠던 남미 잉까(Inca)문명(결승문자結繩文字)이나 흉노(匈奴)문명을 문자가 없다고 해서 문명사회에서 제외해 미개사회로 격하할 수 있겠는가? 중국이나 일본 학계에서는 야금술을 문명 표준의 한 조항으로 삼자고 역설한다. 그리고 '복잡한 의례 건물'을 문명 표준의 하나로 규제한 데 대해서는 다들 회의적이고 불만을 토로한다. 도대체 '복잡한 의례 건물'이란 어떠한 건물인지 종잡을 수 없이 아리송하고 허무맹랑(虛無孟浪)하다는 것이다.

문명 개념을 정립하고자 할 때 문명의 표준을 설정하는 것은 자못 중요하다. 이것은 인류의 문명사에 대한 올바른 이해를 도모하는 데서뿐만 아니라, 미래의 보편문명을 실현하는 데서도 간과할 수 없는 중차대한 의제라 아니할 수 없다.

6) 총체론(總體論)

문명 개념 정립에서 총체론이란 문명의 분리론이나 이분론에 대응되는 개념으로서, 문명 구성의 2대 지주(支柱)인 정신문명과 물질문명을 분리되거나 이분화된 개체(個體)문명이 아니라 하나의 총체문명으로 간주하는 문명이론이다. 앞에서 살펴봤지만, 국내외를 막론하고 아직까지도 문명의 분리나 이분화를 주장하는 기세가 만만치 않다. 문명학, 그것은 인문학의 새로운 개척 분야로서 많은 논의가 불가피하며, 역설적으로 그러한 논의는 다다익선(多多益善)일 수밖에 없다.

문명학의 핵심인 문명교류의 천착(穿鑿)에 뜻을 두고 필생의 과제로 삼아온 필자는 다음과 같은 전지구적인(global) 선현(先賢)들과 동연(同硯)들의 합리적 논리구조와 연구결과에서 지혜를 얻어 총체론의 발의자(發意者)가 되었으며, 급기야는 나름대로 이 총체론에서 문명의 정의나 개념을 도출하기에 이르렀다. 요컨대 문명은 다음과 같은 세가지 총체론을 집약한 결과물이다.

(1) 진보된 인간 생활의 총체론: 문명은 "인류가 이룩한 물질적·사회 조직적인 발전"으로서 "'미개'와 대응하는 진보된 인간 생활의 총체"[21]를 이르는 말로, 이러한 '진보된 인간 생활의 총체'는 "이성의 진보, 기술의 발달, 생활의 세련을 전제로 한다."[22] 이러한 총체론적 개념은 공히 문명진보관을 반영한 당위적인 개념이다.

(2) 진화적 총체론: 18세기에 문명이란 단어가 쓰이기 시작할 때 그 것은 단순하게 "도시에 사는 사람들의 세련된 생활태도"나 '세련된 예절'을 의미했으나, 지금은 그 뜻이 진화해 "인류가 더 질 높은 삶을 꿈꾸며 만들어낸 인간 활동의 총체"라고 정의가 내려진다."[23] 젊은 연구자들 9명이 공동의 지혜를 모아 펴낸『문명 안으로』(김민정·김월희 외, 한길사 2011)의 서문에도 언급되어 있는 것처럼, 우리가 현재 문명사회에 살고 있다고 스스로 말하듯이 '문명'이란 단어는 아주 흔하게 사용되는 단어지만, 그 개념을 말하려고 하면, 좀 생각해야 하고, 또 생각해야 한다고 해도 말하기는 그리 쉽지 않다. 그럼에도 불구하고 연구자들은 수천년의 문명발달사를 힘겹게 추적한 끝에 문명이란 당초에는 단순히 도시 사람들의 세련된 생활태도나 예절쯤으로 알려졌는데, 그것이 오늘날에 와서는 행복한 삶을 위한 인간 활동의 총체를 뜻한다는 결론에 이름으로써 참으로 유의미한 문명진화론에 천착하고 있다.

(3) 국가 관리하의 총체론: "문명은 국가 관리하에 창조한 물질적, 정신적 및 제도 방면에서의 발명과 창조의 총화(總和)다."[24] 이것은 문명 개념의 총체론에 관한 중국 학계의 집약된 견해라고 판단된다. 보다시피 '국가 관리'라든가 '제도 방면'이라든가 하는 정치적·법제적 용어들이 등장하는데, 이것은 중국 학계를 향도하는 변증법적 계급사관(階級史觀)의 반영임이 분명하다.

7) 문명의 정의

필자는 저간에 펼쳐진 문명 개념과 관련된 이상의 제반 이론과 주의주장을 나름대로 실사구시하게 탐구 검토한 결과 총체론적 개념에 대해 입론하게 되었음을 감히 밝히면서, 다음과 같이 문명의 정의를 시도해본다. 즉, 문명이란 인간의 육체적 및 정신적 노동을 통해 창출된 자생성과 모방성, 공유성을 공유하며 향유하고 있는 개화적(開化的) 결과물의 총체를 말한다.

제2절 문명의 속성

사물의 속성이란 사물이 본래부터 구유(具有)하고 있는 특성으로, 이를 제외하면 그 사물을 생각할 수 없는 조건이나 징표를 말한다. 이에 따라 문명의 속성을 헤아려보면, 그것은 자생성(自生性)과 모방성(模倣性), 그리고 공유성(共有性)이란 사실이 명백해진다. 왜냐하면 이 3대 속성을 떠나서는 문명의 생성, 발전이라든가 문명교류란 '생각할 수 없기' 때문이다. 그런데 지금까지 학계의 통설은 문명의 속성을 자생성과 모방성이라는 2대 속성에만 국한하고, 공유성은 속성 개념이나 범주에서 제외시켜온 것이다.[25]

문명은 창조에서 전파에 이르기까지 불변의 3대 속성을 지닌다. 그 속성의 첫째는 자생성이다. 원초적으로 모든 문명은 처한 사회환경이나 자연환경에 부합되게 자생함으로써 내재적(內在的)이고 구심적(求心的)인 속성을 갖게 된다. 이러한 속성은 문명의 보편성(공통성)과 개별성(특수성)을 규제한다. 보편성이란, 같은 환경이나 여건하에서는 물론이거니와 때로는 다른 환경이나 여건 속에서도 시공을 초월해 내용과 형식에서 유사한 문명이 창조된다는 것이다. 이에 비해 개별성이란 매개문명이 자기 특유의 개성을 가지고 다른 문명과 구별된다는 것이다.

문명의 두번째 속성은 모방성이다. 문명은 생성과정에서 자의건 타의건 간에 타 문명을 모방함으로써 외연적(外延的)이고 원심적(遠心的)인 속성을 갖게 된다. 이러한 속성은 문명의 전파성(傳播性)과 수용성(受容性)을 규제한다. 전파성은 일단 창조된 문명은 물리적 거리나 인위적 장애에도 불구하고 의식적이건 무의식적이건 간에 조만간 주위에 보급 확산된다는 것이다. 수용성은 전파된 문명이 피전파문명에 합류 정착된다는 것이다. 모방의 원인은 다분히 적은 소모로 더 나은 문명을 창조할 수 있기 때문이다.

문명이 지니는 세번째 속성은 공유성이다. 돌이켜보면 5천~6천년 인류역사는 인류가 제기한 각종 의제와 사회문제를 해결하기 위한 노력과 투쟁의 역사다. 그 과정에서 인류는 헤아릴 수 없이 많은 사상과 이념, 제도와 율법을 안출(案出)해 그 해결을 시도해왔다. 정치로 불평등을 지양하고 바른 사회를 세우며, 경제로 인간의 복지를 도모하고, 문화로 인간을 개명시키고, 철학으로 사유를 정화하고, 예술로 영혼을 진작시키며 법률로 패륜을 일소하려는 발상들과 심지어 허망한 이성주의로 인간의 이성을 유도하려는 '선의(善意)'와 세계적 규모의 대전(大戰)으로 판가름을 하려는 모험적 오기까지 실행으로 옮겨봤지만 소용이 없었다.

서로가 격폐되고 불통하는 인간사회에서는 그 어느 것 하나도 제대로 실현될 리가 만무했다. 이 모든 것을 발의하고 선도했다고 자부해오던 유럽은 첫 세계대전을 계기로 바랐던 반전(反轉)이나 흥성은커녕 도리어 중세의 암흑을 연상케 하는 쇠퇴와 몰락의 늪에 깊숙이 빠져들어가기에 이르렀다. 그러자 유럽의 지성(知性) 속에서는 지난 모든 일들에 대한 회의론이 일기 시작하였다.

급기야 그들이 '울며 겨자 먹기'로 찾아낸 해법과 대안이 바로 문명이다. 왜냐하면 문명이야말로 인류가 지금까지 서로의 격폐와 불통 속에서 갈등과 대결만을 양산해오던 국가나 민족, 정치나 경제, 이념이나 제도 등의 굴레에서 벗어나, 그 모든 것을 아우르고 조화시킬 수 있는 공분모(公分母, common denominator, 동분모同分母)적[26] 복합체이기 때문이다.

공분모성과 더불어 문명의 공속성(共屬性)은 공유성을 문명의 속성 가운데 하나로 설정할 수 있게 하는 충분한 요건을 갖추고 있다. 어원적으로 공속성이란 둘 또는 그 이상의 사물이 함께 지니고 있는 특징이나 성질을 말한다. 이러한 공속성은 미증유의 문명화 시대를 맞은 문명의 속성을 가장 적절하게 반영하고 있다. 인류는 지금 개방과 교류를 통해 홍수처럼 밀려온 다문명 시대를 살고 있으며, 그 속에서 과학기술을 비롯한 문명을 떠나서는 한시도 삶을 지탱할 수가 없다. 이제 문명은 국가나 민족, 이데올로기나 계급을 초월해 대량으로 양산되고 소비됨으로써, 보편적이며 평준화된 다양한 문명이 재생산되고 있다. 인간적인 삶의 척도는 인간이 얼마만큼이나 문명을 창출하고 향유하는가에 달려 있다. 그리하여 문명은 어느 특정 집단의 전유물이 아니라 범공동체적인 공속성을 지닌 공유물로서 보편성과 대중성을 띠면서 끝없이 확장 심화되어가고 있다. 그래서 학술적으로 '공속성의 의식'을 '공동체의 의식'으로 등치시키기도 한다. 사실 이러한 공속성 때문에 문명담론은 광폭적으로 활성화되고 시대의 화두로까지 부상하고 있다.

공분모성 및 공속성과 더불어 문명의 공통성(共通性, commonness)은 공유성을 문명 속성의 하나로 설정할 수 있게 하는 또 하나의 전거를 제공해준다. 문명교류를 다루다보면, 왕왕 멀리 상거(相距)한 두 지역에서 공통적인 기능이나 형태를 갖춘 유사한 (때로는 똑같은) 유물들을 발견하게 된다. 예컨대 기능이나 재질 및 형태가 거의 같은 석마(石磨, 제분용 돌맷돌)가 중앙아시아와 한반도의 박물관에 공히 전시되어 있는 것을 접했을 때, 자연스럽게 유사성에 바탕한 공통성의 형성에 관해 의문을 던진다. 문명의 속성의 하나인 모방성에 의해 이루어진 교류의 결과인가? 그렇다면 서로 멀리 떨어져 있는 두 유물의 모방 과정을 입증할 만한 중간고리가 발견되어야 하는데, 지금껏 그런 적은 없다. 그렇다면 이러한 공통현상을 어떻게 설명할 것인가?

그 답의 힌트는 미국의 인류학자 루이스 헨리 모건(Lewis Henry Morgan, 1818~81)이 제시한 이른바 '공통심리설(共通心理說)'이 제공한다. 모건은 저서 『고대사회』(*Ancient Society*, 1877)에서 다음과 같이 언급하고 있다.

> 인류는 같은 뿌리에서 출현하여 동일한 발전 단계에 이르러서는 유사한 수요가 생겨나고, 또 유사한 사회환경에서는 동일한 심리작용을 한다.

이러한 모건의 '공통심리설'에 따르면, 비록 문명의 속성 중 하나인 자생성에 의해 출현한 문명이지만, 동일한 발전 단계에 이르러 형성되는 유사한 사회환경 속에서는 같은 심리적 작용이 일어나며, 그 결과 유사성에 바탕한 공통성을 지닌 문명이 발생하게 된다.

지금까지 학계, 특히 문명(문화) 문제를 다루는 문화인류학에서는 문명(문화)의 속성을 자생성과 모방성으로만 한정하고 공유성은 아예 도외시하고 있다. 그러나 필자는 앞에서의 해명과 같은 학문적 이유를 근거로 공유성이 문명(문화)의 한 속성으로 자리매김하는 것이 타당하다고 감히 주장한다. 따라서 만시지탄의 감이 없지는 않지만, 이와 같이 모든 것을 아우르고 조화시킬 수 있는 성질과 기능을 갖춘 공분모성과 문명은 그 어느 특정 집단의 전유물이 아니라 사회나 국가, 민족 등 공동체의 공동 소유물이며 수혜물이라는 공속성, 그리고 공간적 상거 여하에 관계없이 유사성에 바탕한 문명 간의 공통성, 이 세가지 성질과 특색 및 기능을 겸비한 공유성을 문명의 속성 가운데 하나로 평정(評定)한들 하등의 하자가 없는 이소당연지사(理所當然之事)라 하지 않을 수 없다. 이에 관한 학계의 숙고와 재고를 바라 마지않는다.

한가지 첨언할 것은, 자생성와 모방성, 공유성은 문명의 3대 속성인 동시에 문명의 발생·발전과 전파·수용의 3대 요소이기도 하며, 서로가 상보상조적 관계에 있다는 점이다. 그 어느 것 하나가 결여되거나 미흡하면 문명은 침체나 기형 내지는 소멸을 면할 수가 없다. 이 대목에서 특히 유념할 것은 문명의 모방은 그것이 창조적이건 기계적(답습적)이건 간에 문명 간의 교류를 통한 전파와 수용 과정에서 현실화된다는 점이다. 따라서 교류는 모방에 의한 문명의 발달을 촉진하는 필수불가결의 촉매제인 것이다.

제3절 문명과 문화

오늘날까지도 문명 개념에서 심한 혼돈을 일으키고 있는 것은 문명과 문화의 구별 및 상관성 문제로서, 연구가 오래되긴 했지만 여러가지 혼동과 난맥 속에서 그 학문적 정립은 아직 미완의 과제로 남아 있다.

미국의 문화인류학자들인 앨프리드 루이스 크로버(Alfred Louis Kroeber)와 클라이드 클럭혼은 공저 『문화: 개념과 정의의 한 비판적 검토』²⁷에서 그때까지 문화에 관해 내려진 175개의 상이한 정의들을 종합 검토해 하나의 표준이 될 만한 정의를 끌어내려고 시도하였지만 여의치 않았다. 결국 하나의 정의를 더 보탠 꼴이 되고 말았다. 그만큼 학문적 정립이 거의 불가능할 정도로 어렵다는 뜻이다.

이러한 어려움은 중세에 이르러 영국과 프랑스식 문명 이해와 독일식 문화 이해가 서로 다른 데서 야기되었다. 일찍이 산업혁명을 수행하고 계몽사상에 눈뜬 영국과 프랑스는 전래의 문화를 '세계시민성'을 반영한 문명으로 승화시킴으로써 문화와 문명은 발전 단계로 엄연히 구분되면서도 계승성과 일체성을 유지해왔다. 이에 비해 독일은 이렇다 할 통일국가를 건설하지 못했을 뿐만 아니라 정치나 사회, 문화 등 모든 면에서 영국과 프랑스에 뒤처지다보니 '세계시민성' 같은 진일보한 연구 추세에는 눈돌릴 여유가 생기지 않았고, 오로지 '자신들의 민족적·공동체적 정체성에 대한 자각과 그 고취'를 급선무로 삼았다.

게다가 게르만민족은 전통적으로 관념론적 정신문화를 중시하고 숭상하는 민족으로서 가시적 물질문명은 고작 미개나 야만의 대응어쯤으로 치부할 뿐, 그 가치는 간과하거나 무시해왔다. 그 결과 문명과 문화 간에는 차별을 넘어 괴리까지 생기고, 애당초 문명은 문화의 하위개념으로 취급되며, 문화 일변도로만 생각이 이루어졌다. 급기야 독일어 인문학 서적에서는 문명이란 용어조차 아예 사라져버렸다. 그 후과는 오늘날까지도 고스란히 재현되고 있다. 예컨대 헌팅턴(S. P. Huntington)의 '문명충돌론'이 독일어로는 '문화충돌론'으로 번역된 것이 그 일례다.

이러한 혼동과 편견, 난맥 속에서도 문화인류학을 비롯한 일부 인문학 분야에서는 나름대로 문화학이나 문명학에 대한 학문적 접근을 위한 시도가 다각적으로 모색돼왔으며 일정한 연구성과도 이루어졌다.

그 성과를 분야별로 개관하면 다음과 같다.

우선, 문화 개념의 정립을 위한 연구다. 여기서 중요한 것은 문화의 발생에 관한 동·서양의 다양한 이해를 도모한 점이다. 서양에서는 "문화는 그것이 무엇이든 인간이 자연으로부터 물려받은 유산을 능가하는 지점에서 시작된다"[28]는 다소 모호한 개론(槪論)을 제시했지만, 동양에서의 해석은 아주 구체적이고 명확하다. 즉, "인간은 가장 원시적인 생활 단계로부터 이미 사회집단을 형성해 살고 있었던 것이다. 그러나 동물은 사회집단을 만들 수는 있으나 문화를 창조하고 보존하면서 살 수는 없었다. 해석 여하에 따라서는 인간이 지구상에 탄생하던 시기로부터 문화를 창조하고 보전하여온 것으로 볼 수 있겠으나, 대체적으로 말하여 초기에는 동물과 별 차이 없이 문화와 교섭이 없는 생활을 하였던 것으로 짐작된다. 그러나 점차 시대가 발전하고 사회적 동물인 인간의 고유한 소질이 어느정도 전개되었을 때에, 인간은 문화를 창조하고 보전하면서 생활을 하게 되었던 것이다. 그리고 그러한 생활의 구체적인 형상(形像, 현상現像)은 주술적 언어·종교·예술·도구 등 원시적 기술이며, 그 시기는 원시 상태에서 훨씬 발전하였던 구석기시대다."[29]

문화 개념의 정립에서 다음으로 중요한 것은 일단 발생한 문화를 어떻게 정의할 것인가이다. 이 개념 정의에서 동·서양은 크게 다르다. 서양의 라틴어 문명권에서는 '인간이 자연을 정복하고 개조하는 행위나 그 과정'을 문화(라틴어 'cultúra'에서 영어와 프랑스어의 'culture'가, 독일어의 'kultur'가 파생)라고 한다. 이에 비해 동양의 한자문명권에서는 일찍이 문화를 폭력을 사용하지 않고 인간을 교양하는 이른바 '문치교화(文治敎化)'의 뜻으로 이해하고 사용해왔다. 중국 전한(前漢)시대의 인물인 유향(劉向, B.C. 77~6)의 저서 『설원(說苑)』 「지무편(指武篇)」에 "무릇 무가 흥하여 불복한다고 해도 문화로 개조가 안 된 연후에 꾸지람하라(凡武

之興爲不服也 文化不改然後加誅)"라는 말이 나오는데, 여기서 초견(初見)되는 '문화'는 곧 '문치교화'를 뜻한다.

동·서양은 문화 개념의 계승 문제에서도 상차를 보인다. 동양에서는 지금까지도 대체로 그 뜻이 크게 변하지 않은 채 문화가 '문치교화'의 뜻으로 습용(襲用)되고 있으나, 서양에서는 문화 개념이 근세에 와서 새로 출현한 문명 개념과 혼동되면서 복잡하게 뒤엉켜 사용되고 있다.

전술한 바와 같이 문화에 대한 동·서양 학계의 이해가 아주 다양하고 혼동스러워지자 학문적 정립 여부에 대한 회의론까지 제기되고 있다. 그렇지만 문화학에 관한 한 근 100년 동안 문화인류학(cultural anthropology) 분야의 학계가 꾸준하게 연구를 지속하면서 문화학 연구의 핵심적 역할을 담당 수행해왔으며 유의미한 연구성과를 내놓았다. 그리하여 물론 부분적으로 반론이나 문제제기가 있기는 하지만, 문화에 관해 문화인류학에서 제기한 주요 개념이나 이론을 학문적 정립의 기반으로 삼자는 의견이 중론이다. 이에 관해 『문화 이론 사전』은 다음과 같이 주장한다. 즉, "'문화'는 맥락에 따라 의미가 달라질 수 있다는 점만으로도 쉽게 정의 내리기 어렵다. 하지만 문화 연구에서 핵심적으로 사용하는 개념은 문화인류학에 기반을 둔 개념이다."[30] 따라서 필자는 문화의 개념에 관한 한 연구의 미흡함으로 인해 '술이부작(述而不作)'[31]일 수밖에 없어서 지금은 대체로 문화인류학적인 문화 이해에 동조하는 바임을 밝히면서, 점차 문명 본연의 이해에 근접하려고 한다.

문화인류학은 문화를 총체론적 관점과 관념론적 관점에서 비교 연구하는 학문이다. 총체론적 관점(totalist view)에서 문화는 한 인간집단의 생활양식의 총체(totality)를 뜻한다. 이에 관해 19세기 후반 영국의 인류학자 에드워드 버넷 타일러(Edward Burnett Tylor, 1832~1917)는 저서 『원시문화(原始文化)』[32]에서 문화를 "지식·신앙·법률·도덕·관습, 그리고 사회의 한 구성원으로서의 인간에 의해 얻어진 다른 모든 능력이나 습성의 복합적 총체"라고 정의를 내렸다. 이렇게 그는 문화란 인간 고유의 것으로, 인간이 환경에 적응하는 과정에서 축적한 지식으로서의 도구·기술·사회조직·언어·관습·신앙·도덕 등 생활양식의 복합체라고 규정한다. 이러한 관점에서 문화는 관찰할 수 있는 모든 가시적인 생활영역을 총망라하고 있다고 한다. 이는 가장 포괄적이고 명철한 문화의 정의로, 오늘날까지도 학계에서 고전적 명제로 널리 인용되고 있다. 타일러의 이 유명한 문화 정의를 접한 학계에서는 각 방면에서 문화를 연구하는 붐이 일어났는데, 문화진화론학파·문화전파론학파·문화기능학파·문화역사학파·문화심리학파·문화구조주의학파 등 여러 학파들이 우후죽순(雨後竹筍)처럼 나타나 치열한 논쟁을 벌였다.

문화의 이해에서 총체론적 관점에 대비되는 관념론적 관점(mentalist view)이란 문화 이해를 실제 소통되는 말과, 그것을 지배하는 규칙 내지는 원리에 한정시킨다는 뜻이다. 이를테면 문화는 구체적으로 관찰되는 행동 그 자체가 아니라, 그러한 행위를 하게 하거나 그것을 규제하는 규칙의 체계라는 것인데, 사람들은 이러한 규칙에 따라 행동하는 것이다. 이런 관점에서는 문화가 좀더 좁은 의미에서 집약적으로 이해되기 때문에 인간의 사고와 행위를 가능케 하는 기본적인 원리를 밝히는 데는 이같은 관점이 효과적일 수 있다. 그러나 한 사회집단의 문화현상 과정과 그 요소들 간의 상호작용을 전반적으로 이해하기 위해서는 총체론적 관점이 더 유효하다는 것이 문화인류학계의 제언(提言)이다.

이것이 문화에 관한 문화인류학적 이해라면, 문명교류학적 시각에서의 문명과 문화의 상관성 여부가 문명교류학 정립을 위해서는 큰 관심사가 아닐 수 없다. 사실 앞에서 언급했다시피 저간의 관련 연구 상황을 추적해보면, 일반적인 문명이나 문화의 개념이나 그 상관성에 관한 이해에서는 비록 이론(異論)이 분분하고 아직껏 그에 대한 학문적 정립은 이루어지지 못하고 있지만, 그런대로 여러가지 이론과 견해가 백출(百出)하며 연구의 전망을 밝히고 있다. 그렇지만 문명교류학적 시각에서의 문명과 문화의 상관성에 관해서는 연구가 상당히 미흡하다. 그런 상태일지라도 학문적 정립을 위해서 문명과 문화의 상관성에 관한 학계의 대표적인 몇가지 견해를 소개하면 다음과 같다.

① "문화는 한 사회공동체(군체群體) 특유의 문명현상의 총화다."[33]

② 프랑스의 역사학자 페르낭 브로델(Fernand Braudel, 1902~85)은 문명에 관해 "문명은 하나의 공간, 하나의 문화지역의 문화적 특성과 현상을 집약"한 것이라고 하였다.[34]

③ "문명은 크게 씌어진 문화다." "문명은 가장 광범위한 문화적 실체다."[35]

④ "현재 문화인류학이나 기타 학문에서 사용하는 '문화'라는 단어는 좁은 의미의 문명에 내재하고 있는 광범위한 인류 생활의 모든 내용을 의미한다."[36]

⑤ "문화는 문명에 의해 형성된 일종의 생활방식이다."[37]

⑥ "'문화'와 '문명' 두 단어가 때로는 물질문화와 정신문화 또는 물질문명과 정신문명과 같이 통용되기도 한다."[38]

문명과 문화의 상관성을 단순한 발생론이나 분리론 내지는 단계론의 시각에서 보면, 공시적(共時的) 관계는 무시한 채 통시적(通時的) 관계에만 착안하는 편단(偏斷)에 빠지게 된다. 사실 문명의 구성요소로서의 여러가지 문화는 문명과 공시적으로 생성되면서 문명을 진화시키고, 진화된 문명은 그에 부응하는 문화를 창출한다. 이렇게 문명과 문화는 일체적이며 상부상조적 관계에 있다.

필자는 문명과 문화의 상관성 문제에 대해서 전래되어온 여러가지 편단과 몰이해를 종합 분석한 데 바탕해, 이 문제에 관해서 나름대로 다음과 같은 비견(鄙見)을 갖고 있다. 즉, 문명과 문화의 관계는 위계적(位階的)이거나 단계적(段階的)인 관계가 아니라 총체와 개체, 복합성과 단일성, 내재와 외형, 제품과 재료의 포괄적 관계다. 요컨대 문화는 문명을 구성하는 개별적 요소이며 문명은 그 외형적 양상으로, 비유컨대 문명이 총체로서의 피륙이라면 문화는 개체로서의 재료인 실, 즉 씨줄(씨실)과 날줄(날실)에 해당한다. 여기에 부첨(附添)되는 문양 따위는 또 다른 재료로서의 문화현상이기는 하지만 그 바탕은 어디까지나 씨줄과 날줄이다.

개체와 재료로서의 문화도 물질문화와 정신문화로 크게 구분할 수 있는데, 물질문화를 씨줄이라고 하면 정신문화는 날줄에 빗댈 수 있다. 마치 씨줄과 날줄이 엮어서 피륙이라는 제품이 만들어지듯이 물질문화와 정신문화가 조합되어 문명이라는 하나의 총화물이 형성된다. 그런데 재료(문화)로서의 실도 면밀히 따져보면 또한 몇가지 재료로 구성된 제품이다. 물론 이 제품은 문명으로서의 제품이 아니라 문화로서의 제품일 뿐이며, 그것을 구성하는 재료는 층위적(層位的) 의미에서 세분문화(細分文化)라고 할 수 있다. 농경문화나 종교문화 같은 것이 이러한 세분문화에 속한다. 이런 식으로 세분문화는 또 미세문화(微細文化)로 분화된다.

끝으로, 문명교류학에서의 문명교류와 문화교류의 혼동 문제를 밝혀보고자 한다. 지금까지 동양과 서양 간의 문명교류를 다루는 대학 교과목으로 '동서문화교류사'란 명칭이 관용(慣用)되어왔는데, 과연 적절한 교과목명인지 재고가 필요한 것 같다. 왜냐하면 문명교류란 이질문명권(異質文明圈) 간의 교류이지 이질 '문화'나 이질 '문화권' 간의 교류는 아니기 때문이다. 만약 그러한 교과목이 문명을 무시하고 문화만을 일방적으로 고집하는 편단적 '독일식 문화론'에 입각해 결정된 것이라면, 반박에 앞서 문화론이나 문명론 내지는 문명교류론의 시대적 추이가 공유되었으면 하는 바람뿐이다. 그랬을 때에야 비로소 문화학이나 문명학, 그리고 문명교류학의 과학적이며 계통적인 학문 체계가 정립 가능한 것이다.

후술하겠지만, 문명교류란 이질문명권 간의 교류다. 일반적으로 무언가가 서로 달라서 유무상통이 필요할 때 문명교류는 이루어지는 법이다. 그런데 흔히들 같은 문명권 내의 교류도 '문명교류'로 오해함으로써 문명교류의 바른 이해에 혼란을 조성하고 있으며, 해묵은 난제인 이같은 문제에 대해 쉽사리 해법을 찾지 못하고 있다. 그러나 문명이나 문화의 개념에 관한 총체론적 시각에 착안한다면 이러한 혼선은 피할 수 있을 것이다. 그 구체적 해법은 이질문명권 간의 교류는 '문명교류'로 규범화하고, 동질문명권 내의 교류는 문명의 여러 구성요소인 문화의 이름을 빌려 각개의 '문화교류'로 별칭(別稱)하는 것이며, 그것이 명실상부한 지침일 것이다. 예컨대 이질문명권인 유교(한자)문명권과 기독교문명권 간의 교류는 '문명교류'로, 동질문명권인 유교문명권(한자문명권) 내의 성원국 간 교류는 '문화교류'로 별칭해야 한다는 것이다. 따라서 지금 일부에서 통용되는 '동서문화교류사'라는 교과목명은 '동서문명교류사'로 개명하는 것이 이소당연(理所當然)일 것이다.

제4절 이질문명의 바른 이해

문명교류는 본질적으로 서로 다른 문명(이질문명) 간의 교류이기 때문에 '서로의 다름'이야말로 문명교류의 필수적 전제인 동시에 불가결의 요인이다. 그러므로 각 문명권의 성원들이 이러한 '서로의 다름'을 인지하고, 그러한 이질성에 대해 불편부당(不偏不黨)한 입장을 취할 때에만 진정한 의미의 문명교류가 이루어질 수 있는 것이다.

우선, 이질문명의 이해에서 중요한 것은 그 산생 요인(배경)을 바르게 이해하는 것이다. 이러한 바른 이해를 위해서는 네가지 상이한 역사적 연원(앞에서 다룬 자연환경적 연원, 고고학적 연원, 사회경제적 연원, 가치관적 연원)에 의한 상이한(이질적) 문명의 산생 배경을 제대로 이해해야 한다.

이와 더불어 문명의 진화 과정에서 조우(遭遇)하는 현실적 자연환경이나 인문환경의 변화에 따른 이질문명의 생성과정도 바르게 이해해야 한다. 고고학적 연구에 의하면 현생 인류는 동양인이건 서양인이건, 흑인이건 백인이건 간에 형질학적(形質學的)으로 같은 종(호모사피엔스 사피엔스라는 아종亞種)에 속하여 같은 지수의 뇌 용량을 가지고 생겨난 후 불변의 육체적 속성뿐만 아니라 인간의 본성이라는 불변의 정신적 속성도 공유해왔다. 그러다가 그 진화 과정에서 맞닥뜨리게 된 자연환경이나 인문환경의 변화에 따라 서로 다른 이질문명을 창출하게 되었다.

그 대표적인 실례를 종교의 도그마(dogma, 교리나 신조)적 가르침에서 나타나는 이질성에서 찾아볼 수 있다. 오늘날 인간의 의식구조 가운데 가장 완고하다고 하는 종교적 교리나 신앙에서 종교 간의 '서로의 다름'이 극명하게 나타난다. 공자의 인(仁)이나 예수의 사랑, 석가의 자비, 무함마드의 형제애가 같은 맥락의 도그마적 가르침이기는 하나, 동양과 서양이라는 서로 다른 역사적 환경 속에서 그 설명과 표현, 내지 치장은 크게 다르다.

이러한 이질성은 동·서양인들의 의식구조 표현에서도 확연하게 나타난다. 전술한 동서 상이의 가치관적 연원에서 보다시피, 대체로 절대적·배타적·원심적(遠心的)·능동적·외향적·논리적·분석적·개인적인 것이 서양문명이라면, 동양문명은 상대적·포괄적·구심적·수동적·내향적·직관적·종합적·관계적인 것이어서, 실로 양(陽)과 음(陰)처럼 대조적이다.

다음으로, 이질문명의 이해에서 중요한 것은 이질문명의 대조관계에 대한 오해를 불식시키는 것이다. 이질문명의 대조관계에서 나타나는 착각과 오인, 오해는 이질문명의 바른 이해를 저해할 뿐만 아니라 문명교류의 추진에도 백해무익(百害無益)하다. 그러므로 반드시 극복해야 하는바, 그 극복 방도는 다음과 같다.

첫째로, 의식의 전환이다. 대조관계에 대한 오해는 이를 다분히 자연계의 수화불상용적(水火不相容的) 상극관계로 착각하고, 우열관계로 오인하여 '선진 서양'이니 '후진 동양'이니 운운하며, 불변의 절대적 관계로 생각하는 데서 나타난다. 그러므로 대조관계를 우열관계, 또는 불변의 절대적 관계로 착각하여 이질문명 간의 소통이나 교류를 부정하는 등의 미시적 단견과 편견을 지양해야 한다. 사실 작금의 '선진 서양'이니 '후진 동양'이니 하는 발상은 주로 근세 200년간 서양이 동양을 앞질러 기술문명을 발전시키고, 이에 부수된 이른바 '서양문명중심주의'의 잔영이 악몽처럼 오랫동안 인간사회를 배회했기 때문이다. '선진 서양'이니 '후진 동양'이니 하는 것은 어디까지나 역사에서 흔하게 나타나는 부침(浮沈)과 기복(起伏)에서 오는 일종의 순간적 기선(機先) 현상에 불과하다.

지난 6천여년간의 인류문명사는 동과 서가 서로 엎치락뒤치락 선후가 엇바뀌면서 만나고 나누는 교류의 역사였다. 물론 이른바 '자생문명'도 없지는 않았지만, 그것도 근원적으로 따져보면 순수한 '자생'이란 보기 드물고, 교류를 통해 외래문명과 상관된 경우가 다반사다. 그리하여 인류가 문명의 진화에 능동적으로, 그리고 성공적으로 대응하기 위해서는 이질문명에 대한 바른 이해를 도모해야 하며 편견과 착각, 오해로 점철된 진부한 의식구조의 전환을 일으켜야 한다.

둘째로, 서로의 이해 증진이다. 우리가 허심탄회(虛心坦懷)하게 성찰해야 할 것은 지난 시기 편견 때문에 서로에 대한 이해를 소홀히 했거나 포기했던 사실이다. 13세기 마르꼬 뽈로(Marco Polo, 1254~1324)는 동양에 와서 직접 보고 들은 여러가지 문명의 업적들을 여행기『동방견문록(東方見聞錄)』에 생생하게 소개하였다. 그러나 편견이나 무지에 허덕이던 서양인들은 당대는 물론, 그후 수세기 동안 그 내용을 믿지 않았다. 마르꼬 뽈로가 임종을 맞이했을 때 친구들이 영혼의 평화를 위해서는 견문록에 수록된 '거짓말'들을 회개하라고 권유했다. 그러자 마르꼬 뽈로는 한숨을 몰아쉬면서 회개는커녕 오히려 그가 직접 눈으로 본 동양의 기기묘묘(奇奇妙妙)한 일들을 절반도 기술하지 못했다고 못내 아쉬워하면서 눈을 감았다고 한다. 그런가 하면 그로부터 500년이 지난 뒤 '절대정신을 파악'했다고 자부한 헤겔(G. W. F. Hegel)조차도 "중국이란 나라가 존재한다는 것 외에는 중국에 대하여 아무것도 이해하지 못했다"[39]고 자성자백(自省自白)하였으니, 근세 이전 이질문명 간에 있어왔던 자폐증과 격색성(隔塞性)이 얼마나 심각했는가를 가히 짐작할 수 있다.

셋째로, 비교론적 연구방법의 도입이다. 대체로 이질문명에 대한 이해는 서로의 비교 연구를 통해야만 가능하다. 종래 많은 학자들, 특히 문명사학자들은 비교론적 관점에서 이질문명의 발생·발전과 상호 영향관계를 다각적으로 모색했는데, 그 모색의 초점은 이질문명의 상이성과 더불어 그 연원에 대한 비교론적 탐구였다. 즉, 생물학적으로 같은 종에 속하는 각이한 인간이 창출한 문명이 어떻게 서로 다르며, 또 왜 그럴 수밖에 없었던가 하는 문제다. 이질문명의 현상적(現狀的) 상이점에 관해서는 시공을 초월해 그런대로 파악할 수 있어, 이에 대한 이의(異意)는 크게 없었다. 그러나 이러한 상이점이 발생하게 된 역사적 배경이나 연원(앞 2장에서 밝힘)에 대한 해명에서는 적절한 비교론적 연구 방법의 결여로 인해 많은 시각적 차이와 연구의 미흡함을 드러내고 말았다.

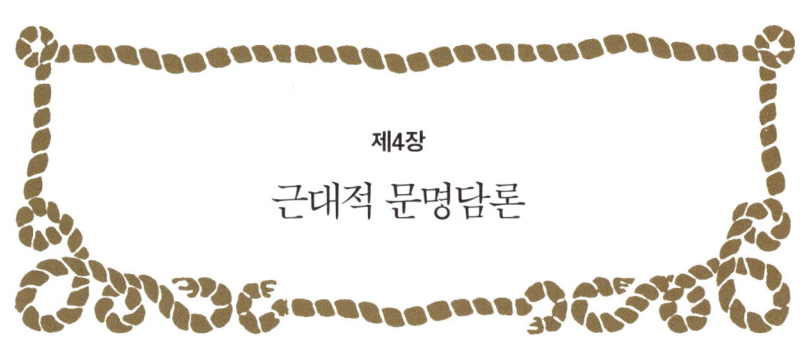

제4장
근대적 문명담론

❙ 제1절 문명담론의 부상

　18세기 프랑스 계몽주의자들에 의해 문명이란 개념이 창출된 이래 문명에 관한 담론[1]은 시대의 흐름에 따라 발전적으로 심화되어 미래의 대안론으로까지 부상하고 있다.

　문명담론은 19세기 중반 스펜서(Herbert Spencer)와 모건(L. H. Morgan), 타일러(E. B. Tylor) 등에 의한 '문명진화론'으로부터 발단되어, 같은 세기 말엽 스미스(Grafton E. Smith)와 페리(William James Perry)가 제시한 '문명이동론', 그리고 20세기 전반 토인비(A. J. Toynbee)가 주장한 '문명순환론'으로 줄곧 이어져왔다. 이들 담론은 주로 정형화된 구조로서의 문명 자체, 즉 문명의 탄생이나 성장, 이동이나 멸망에 한정되었다. 그리하여 존재론적 담론에 국한된 이 시기의 문명담론은 근대적 문명담론이라고 개괄할 수 있을 것이다. 이에 비해 20세기 후반에 이르러서는 탈냉전 시대의 도래와 더불어 이른바 '지구촌 시대'가 예단되면서 사이드(Edward W. Said)의 '오리엔탈리즘'(타자론)이나, 헌팅턴(Samuel Phillips Huntington)의 '문명충돌론', 뮐러(Harald Müller)의 '문명공존론', 그리고 '문명교류론'같이 주로 문명 간의 관계 문제를 중심과제로 설정하는 담론들이 제기되는데, 관계론적인 이들 담론을 현대적 문명담론이라고 일단 규정해본다.[2]

앞에서 언급했듯이, 약 200년 동안의 근대적 문명담론 시기의 담론들은 문명 자체의 생성(탄생과 성장)이나 이동, 멸망 같은 문명의 내재적 구조에 관한 것이었기 때문에 시대의 흐름이나 역사의 변천에 영향을 미칠 정도의 시대적 담론이 될 수 없었으며, 제한적인 논급에 머물렀다. 그러나 현대, 특히 제2차 세계대전의 부산물인 냉전체제가 무너지면서 연구자들이 도래하는 새로운 시대의 비전과 패러다임을 모색하던 중에 그 하나로 발견한 것이 바로 문명이었다. 그들은 비록 관점이나 시각은 달랐어도 한결같이 시대의 소명과 요청으로 받아들이고 문명담론에 불을 지폈다. 급기야 그에 대한 전지구적 관심이 일면서 문명담론은 시대의 화두로 급부상하였다. 하지만 이러한 부상은 갑작스럽게 이루어진 것이 아니라, 오랜 역사적 배경 속에서 그 싹이 터왔던 것이다.

그 배경은 우선, 문명에 의한 새로운 대안과 해법의 모색이었다. 지난 두세기 동안 인류의 문명사를 재량(裁量)해오던 유아독존적(唯我獨尊的)인 서구문명중심주의는 이제 설득력을 잃고 빛이 바래고 있으며, '문명화의 사명'을 자임해오던 서구문명은 서구인들 스스로가 인정하다시피 더이상 고압적인 우월주의에 안주할 수 없게 되었다. 독일의 역사철학자 슈펭글러(O. Spengler)는 제1차 세계대전이 끝난 후 대표작 『서구의 몰락』(*Der Untergang des Abendlandes*, 1920)을 출간하여 유럽문명의 몰락을 예측하였다. 그는 문명을 하나의 유기체로 보고 문명도 생성·발전·몰락한다고 주장했다. 이러한 주장은 당시 1차대전과 러시아혁명으로 인해 사상적으로 혼란을 겪던 유럽 지성계에 큰 반향을 불러일으켰다. 그러나 슈펭글러는 자신의 문명사관은 단순한 비관주의가 아니라 쇠퇴와 몰락이라는 조건을 받아들이며 살아가는 '영웅적 비관주의'에 그 본질이 있다고 강변하였다.[3]

 대신 천시되고 도외시되던 이른바 '주변문명' '저급문명'이 점차 정체성과 위상을 되찾으면서 문명 간에는 타 문명을 발견하고 이해하려는 문명타자론(文明他者論)이 대두했다. 이를 계기로 문명 간의 관계 속에서 문명을 이해하고 정의하려는 현대적 문명담론이 출현해 활성화되고, 문명에 관한 인식이 점차 편향성을 극복하며 균형을 잡아가고 있다.

 이 과정에서 미래의 비전을 지향하는 '문명대안론(文明代案論)'이 거론되기 시작하였다. 인류사회는 인간이 제기하는 갖가지 문제에 대한 해답, 그것이 상징적이건 구체적인건 간에 해답을 모색하고 실천해 나간다. 종교로 선악을 가려내고, 철학으로 사유(思惟)를 진작하고 윤리·도덕을 바로 세우며, 예술로 미의식을 함양하고, 생산으로 부를 축적하며, 교류로 유무상통하는 등 모든 것이 바로 그러한 과정이다. 이러한 과정을 추구하는 논리적 틀로서 허다한 학설과 주의주장이 안출되었고, 그 실천방도와 보장책으로 각종 제도와 규범이 마련되었다. 그러나 역사적 경험이 보여주다시피, 그 어느 것 하나도 서로가 격폐된 세계 속에서 시공을 초월한, 그리고 보편타당한 해법으로 기능하지는 못하였다.

 특히 20세기에 들어와서 미증유의 세계대전이 두차례나 발발한데다가 냉전까지 겹치다보니 종래의 해법에 대한 회의론이 일면서 새로운 대안이 각방으로 모색되었다. 그 대안의 하나가 바로 문명이다. 그 근거는 한마디로 공유(共有)를 생명으로 하는 문명만이 모든 문제 해결의 공분모로 작용해 개별 문명 간의 소통과 교류를 실현하고 보편문명을 창출함으로써 인류의 공생공영을 보장할 수 있다는 데 있다. 그런데 이러한 보편문명의 실현은 오로지 서로의 부정이 아닌 긍정, 상극이 아닌 상생 속에서 상부상조적 교류를 통해서만 가능한 것이다.

다음으로, 그 역사적 배경은 문명 의존도의 상승과 그 중요성의 증대다. 세계는 지금 개방과 교류를 통해 도래된 다문명 시대를 맞고 있으며, '문명의 홍수' 속에서 과학기술을 포함한 문명을 떠나서는 한시도 삶을 지탱할 수가 없다. 이제 문명은 국가나 민족, 이데올로기나 계급을 초월해 대량으로 양산되고 소비됨으로써 보편화·평준화되었으며, 다종다양한 문명이 전례없이 생겨나고 있다. 인류가 살아남는 길은 오로지 문명의 역군이 되는 것이며, 인간적인 삶의 척도는 인간이 얼마만큼 문명을 향유하는가에 달려 있다. 그리하여 문명은 어느 특정 집단의 전유물이 아니라, 보편성과 대중성을 띠면서 '대중문명'의 이름 아래 무한히 확장 심화되고 있다.

끝으로, 현세에 와서 문명담론이 시대의 화두로 급부상하게 된 또다른 역사적 배경은 문명에 관한 인식의 전환이다. 지금까지 문명은 마냥 서구의 전유물처럼 오인되어 이른바 '선진문명'과 '후진문명', '고급문명'과 '저급문명', '주류(중심)문명'과 '비주류(주변)문명'이란 인위적인 이분법적 차별 속에서 근본 속성과 실존적 현실에 바탕을 둔 올바른 문명 인식은 왜곡되거나 무시되어왔다. 그러나 인류가 이러한 문명 오인의 긴 터널을 가까스로 빠져나온 20세기에 이르러 비로소 문명사의 자초지종과 그 실태가 점차 밝혀지고 문명담론에 관한 관심이 높아짐에 따라 문명에 관한 인식에서 일대 전환이 일어나고 있다.

필자는 지난 28년간 종횡으로 세계일주를 수행하는 과정에서 이러한 문명 인식의 세기적인 전환을 현장에서 직접 목격하고 체험하면서 문명과 그 교류에 관한 학구적 신념을 굳혀왔다. 특히 한때 외래 식민세력들의 기반(羈絆)에 얽매여 '자기상실'을 강요당했던 '문명의 요람' 아프리카와 '문명의 십자로' 아시아, 그리고 '문명의 보고' 라틴아메리카의 여러 현장을 직접 누비면서 미흡하나마 나름대로 문명의 과거와 현재를 진단하고, 미래를 예단하는 슬기를 터득하기 시작하였다. 오늘날 이들 문명대륙들이 한결같이 부르짖는 정체성 찾기 투쟁은 다름 아닌 자신들의 문명에 관한 오인이나 왜곡, 차별 같은 역사의 잔재(殘滓)를 하루속히 거둬내고, 자신들의 찬란했던 문명을 곧이곧대로 복원하고 계승하려는 불가항력적인 시대적 대역사(大役事)임을 새삼스럽게 절감했다.[4]

이러한 역사적 배경 속에서 바야흐로 문명담론이 걸음마를 떼기 시작한 20세기 후반, 냉전 시대의 종언으로 평화와 안전을 기대하던 인류가 민족분쟁이나 종교분쟁, 국지전쟁 같은 예기치 못했던 새로운 유형의 국제적 분란에 휘말리게 되자, 그 대응논리나 분석의 틀로 이러저러한 문명담론이나 문명 패러다임이 등장하였다. 동방에 대한 서방의 지배주의적 사고방식을 갈파한 사이드의 '오리엔탈리즘'을 비롯해 동·서방을 서로 타자화(他者化)한 담론[5]을 시작으로 헌팅턴의 '문명충돌론'과 이를 정면으로 비판하며 등장한 뮐러의 '문명공존론', 그리고 필자가 입론을 시도하는 '문명교류론' 등 여러가지 현대적 문명담론이 출현해 승부를 겨루고 있다.

제2절 문명진화론

지난 약 100여년간의 근대적 문명담론사와 이어진 70여년간의 현대적 문명담론사를 합치면 170년간의 문명담론사가 엮어진다.[6] 그간의 주요

담론들을 돌아보면, 근대적 문명담론사에는 문명진화론과 문명이동론, 문명순환론이 포함되며, 현대적 문명담론사에는 오리엔탈리즘과 문명충돌론, 문명공존론, 문명교류론이 자리하게 된다. 이제 그 하나하나를 약술해보기로 하자.

문명진화론(theory of civilizational evolution)이란 문명이 장시간의 연속선상에서 단계적으로 그리고 점진적으로 그 변화(변동)가 거듭되면서 진화한다는 일종의 진화론이다. 따라서 문명진화론에서의 변화는 단기적인 진화이고, 진화는 장기적인 변화라고 할 수 있다. 그런데 여기서의 변화나 진화는 우연히 돌발적으로 일어나는 것이 아니라, 소정의 문명요소들의 여러가지 작동에 의해서 일어나는 것이다.

문명진화론에 따르면 문명의 변화는 마치 생물 진화의 돌연변이(突然變異, mutation)[7]처럼 그 문명체계 내에서 이루어지는 새로운 문명요소의 발견이나 발명에 의해서, 또는 유전자의 이동처럼 서로 다른 문명 간의 접촉으로 인해 생겨나는 문명의 전파에 의해서 일어난다. 그밖에 유전자의 제거처럼 어떤 문명요소의 작위적(作爲的)인 제거로 인해, 또는 유전자의 유실(流失)처럼 어떤 문명요소가 소멸되어 문명의 변화가 발생할 수도 있다. 요컨대 문명은 생물의 진화, 특히 유전자 진화 원리와 흡사한 원리로 변화를 거듭한다는 것이다. 일찍이 인류학자들은 이 점에 착안해 문명의 변화를 진화론적으로 고찰함으로써 이른바 '문명진화론'을 정립했다. 그 이론 가운데서 전파에 의한 문명의 진화는 문명교류와 직결되는 현상으로서 문명진화론이 문명교류의 입론에서 일익을 담당한다고 주장하였다.

흔히 문명진화론은 다윈(Charles R. Darwin)이 제창한 생물진화론의 영향을 받아 등장한 것으로 인식되는데, 기실은 문명진화론이 생물진화론보다 앞서 제시되었다. 다윈은 1859년에 저술한 『종의 기원』에서 처음으로 생물진화론을 언급했지만, 그에 앞서 사회과학자 맬서스(Thomas R. Malthus)는 1798년에 저술한 『인구론』에서 이미 적자생존(適者生存)의 원리를 논급했고, 철학자 스펜서도 1852년에 발표한 논문 「발전가설(發展假說)」에서 문명진화론을 피력하였다. 스펜서에 이어 인류학의 선구자인 모건과 타일러도 나름대로 문명진화론을 개진함으로써 한때 문명진화론이 상당한 인기를 끌었다.

그들이 제창한 문명진화론의 주요 내용을 개괄하면, 문명은 세계의 모든 사회와 지역에서 기본적으로 동일한 양식으로 연속적인 발전 단계를 거쳐 진화한다는 것이다. 이러한 진화 단계는 야만시대(Savagery, 구석기시대)에서 미개시대(Barbarism, 신석기시대)를 거쳐 문명시대(Civilization, 철기시대)에 이르는 3단계로, 초기 진화론자들은 모든 문명은 이렇게 동일한 선을 따라 단계적으로 진화한다고 생각했다. 이러한 진화를 일컬어 단선진화(單線進化, unilinear evolution)라고 하며, 그 이론을 단선진화론이라고 한다.

단선진화론자들은 각 사회와 지역의 문화적 다양성을 무시하고 구체적인 현상에 무관심하며 선교사들이나 상인들로부터 전문(傳聞)하여 신빙성이 결여된 자료들을 갖고 가만히 앉아서 인류문명의 진화과정을 자의로 재구성하는 사람들이라고 하여 '안락의자 인류학자'(armchair anthropologists)로 불렸다. 그리하여 20세기 초반부터 그들의 이러한 단순하고 비현실적인 이론은 전반적으로 거부되었다.

그들의 이러한 오류를 갈파하면서 2차대전 전후에 활약한 미국의 인류학자 스튜어드(Julian H. Steward)에 의해 단선진화론에 대응되는 이른바 다선진화론(多線進化論, theory of multilinear evolution)이 제기되었다. 이 이론의 핵심은 모든 문명이 동일한 선을 따라 같은 양상으로 진화하는 것이 아니라 여러 선을 따라 각이한 양상으로 진화한다는 것

줄리언 스튜어드

이다.[8]

 단선진화건 다선진화건 간에 문명의 진화를 교조적으로 생물 진화와 동일시하거나 후자로 전자를 대치할 수는 없다. 왜냐하면 문명과 생물 양자 간에는 근본적인 차이점이 있기 때문이다. 즉, 생물은 유기체이나 문명은 유기체가 아닌 초유기체(무기체)인 까닭에, 문명은 초유기체의 생식과정에 의해서 유전되는 것이 아니라, 학습과 모방에 의해서 계승된다는 근본적인 차이가 있다.

I 제3절 문명이동론

 종래 학계에서는 문명의 기원에 관해서 두가지 설이 유행하고 있었다. 일설은 문명이 한곳에서 발생한 후 다른 지역으로 이동했다는 이른바 문명단원설(文明單元說, theory of simple origin of civilization, 일명 문명일원설)이고, 타설은 여러 문명이 제각기 동시적으로 발생했거나 선후 다발적으로 발생한 후 나름대로 발달해왔다는 문명복원설(文明複元說, theory of plural origin of civilization, 일명 문명다원설)이다.

 문명단원설은 문명이 기본적으로 일방적인 이동에 의해 발생 확산되었다고 주장한다. 19세기 말부터 20세기 초에 영국에서 대두되어 활동한 '맨체스터학파'(Manchester School)가 대표적인 문명단원이동론자들이다. 그 학파에 속하는 스미스(G. E. Smith)는 저서『고대 이집트인들과 문명의 기원』(*The Ancient Egyptians and the Origin of Civilization*, 1923)에서, 그리고 페리(W. J. Perry)는 저서 『문명의 성장』(*The Growth of Civilization*, 1924)에서 각각 문명단원론에 입각한 문화연속설(文化連續說, theory of culture sequence, 일명 문화접촉설theory of culture contact)을 제창하였다. 그들의 주장에 따르면, 문명의 유일한

그래프턴 스미스

발상지는 이집트로서, 이곳으로부터 문명이 세계 각지로 연속해서 이동·확산되었다는 것이다. 여기에서의 핵심은 문명의 이동이기 때문에, 이들의 주장을 보통 문명이동론(설)이라고 부른다.

문명단원이동론에 의하면, 문명은 3대 간선을 따라 세계 각지로 이동·확산되었다는 것이다. 그 3대 간선은 다음과 같다.

① 문명이동 남선(南線): 이 선은 이집트-시리아-홍해-남아라비아반도-인도-인도네시아-중남미로 이어지는 길이다. 이 남선 지대의 대표적 문화는 태양과 석물(石物)을 숭배하는 양석복합문화(陽石複合文化, Heliolithic Culture)다.

② 문명이동 중간선(中間線): 이 선은 이집트-메소포타미아-이란 북부-중앙아시아 사막지대-알타이산맥-고비사막-중국으로 연결되는 길이다. 이 중 간선을 둘러싼 지대의 특징적 문화는 채도(彩陶)문화이다.

③ 문명이동 북선(北線): 이 선은 이집트-중앙아시아(러시아 남부)-시베리아-북미로 뻗은 길이다. 이 북선의 고유문화는 빗살무늬토기(즐문토기櫛文土器)문화다.

이렇듯 3대 간선을 따라 펼쳐진 지구상의 모든 문명의 발원지는 오로지 이집트로서, 고대문명은 서에서 동으로 이동한 것이 됨으로써, 문명이동설은 훗날 서방문명의 동방문명 기원설의 이론적 근저로 악용되었다. 이 3대 간선은 문명교류의 통로인 실크로드의 3대 간선, 즉 해로(Sea Road)와 오아시스로(Oasis Road), 초원로(Steppe Road)와 그 노정이 대체로 일치한다. 이 문명이동설은 일찍이 '한자서래설(漢字西來說)'[9]이나 '중국문명 바빌로니아 기원설'(일명 바크Bak족 이주설),[10] '채도서래설(彩陶西來說)'[11] 등에 이용되어 그 '이론적 전거'인 양 오도되었다.

그러나 20세기 초, 특히 제2차 세계대전 이후, 문명의 복원설(複元說)이 제기되고, 문명의 개별성(고유성)이 강조됨에 따라 이 이론은 입지를 잃고 역사의 뒤안길로 사라졌다. 물론 문명은 끊임없이 이동하지만, 그것은 결코 일방적인 단향(單向)이동이 아니라 상호이동, 즉 교류인 것이다. 때로는 후진문명에 대한 선진문명의 이동이 일방적 이동으로 비춰지기도 하지만, 그것은 어디까지나 상대적이고 일시적인 기복(起伏) 현상에 불과할 뿐이다. 시간이 흐르고 역사가 변하면 후진문명이 오히려 선진문명을 추월해 역이동(逆移動)이 일어날 수도 있음을 많은 역사적 사실이 실증해준다.[12]

제4절 문명순환론

19세기의 '알기 위한 역사'(랑케 사학)에서 20세기의 '살기 위한 역사'로의 전환기, 즉 제1차 세계대전을 계기로 유럽문명이 몰락 위기에 처했을 때 영국의 문명사가 아널드 토인비(Arnold Joseph Toynbee, 1889~1975)[13]는 주저 『역사의 연구』(*A Study of History*, 전12권, 1934~61)에서 세계사를 비교문명론적으로 고찰하는 독특한 문명사관을 제시했는데,[14] 그 핵심은 문명순환론이다. 그는 역사 연구의 기본 단위는 국가나 민족이 아니라 더욱 넓은 범위에서 이것들을 포괄하고, 또 이것들이 속해 있는 문명이라는 새로운 개념을 제시하였다. 그러면서 그러한 문명은 불리한 환경으로부터의 도전(challenge)에 대해 성공적으로 응전

아널드 토인비

(response)해야 탄생과 성장이 가능하다는 문명의 도전과 응전 원리를 밝히고, 이 원리에 따라 문명은 탄생·성장·쇠퇴·해체의 4단계 사이클(cycle, 주기)을 거친다는 이른바 문명순환론을 제시했다.

토인비는 『역사의 연구』에서 미국이나 유럽의 사가들이 품고 있던 국가 단위의 역사관과 유럽중심주의적 문명관을 배제하고 인류의 문명시대에 출현했던 30개의 문명을 일일이 복기(復棋)하였다. 그리고 그 가치와 의미를 나름대로 평가했을 뿐만 아니라, 통념을 깨고 '도전과 응전'의 원리를 문명 발생의 요인으로 새롭게 제기함으로써 문명의 탄생·성장·쇠퇴·해체의 주기적인 반복에 의한 문명 순환이라는 논리를 전개하였다. 그밖에 적잖게 중요한 역사적 의제들을 아울러 다루고 있다.

토인비는 자신이 창의적으로 개발한 이러한 이론과 원리에 근거해 자고로 인류의 문명사에 알려진 문명들을 유형화하였다. 그의 연구에 의하면, 그러한 문명은 모두 30개인데, 그중 정상적인 순환과정, 즉 탄생·성장·쇠퇴·해체의 4단계를 거친 이른바 성장문명은 21개이고, 자연재해나 전쟁 같은 불의의 원인으로 인해 이 과정을 제대로 다 거치지

제4장 근대적 문명담론 111

못하고 일부만 거친 정체(停滯)문명은 5개이며, 발생 요인은 잉태했으나 모종의 원인으로 인해 태어나지 못한 유산(流産)문명은 4개로 분류했다.

그런데 이 21개 성장문명 중에서도 이미 사라진 사(死)문명이 14개이며, 아직 생명력을 잃지 않고 살아 있는 생존문명이 7개(인도, 이슬람, 극동, 비잔틴, 동남 유럽, 그리스 정교, 서구문명)라고 분석했다.[15] 이러한 초유의 문명 유형화는 대체적으로 역사적 사실에 부합되는 학문적 성과로서 오늘날까지도 여전히 문명사 연구에 활용되고 있으며, 토인비의 중요한 문명사적 업적으로 평가된다. 그러나 유형화를 위해 설정된 기준에 종교를 비롯한 관념론적 요소가 과다하다는 비판은 면치 못하고 있다.

문명의 탄생에 관해 토인비는 1개 편 5개 장을 할애해 논리를 전개한다. 우선, 문명 발생의 요건에 관해 새로운 해석을 제시한다. 종래의 통념은 자연환경이 유리한 곳에서만 문명의 탄생이 가능하다는 것이었으나, 토인비는 이와는 반대로 오히려 불리한 자연환경이 문명 탄생의 필요조건이라고 설파한다. 왜냐하면 불리한 환경은 일종의 도전이므로, 인간이 이러한 도전에 응전해 이를 극복할 때에만 문명이 탄생하기 때문이다. 그래서 그는 고대 4대 문명을 탄생시킨 4대 강 유역은 모두가 범람이나 건조, 고온 같은 악조건에 처해 있는 지역이어서, 인간이 고도의 지혜를 발휘해 그러한 도전을 성공적으로 극복하는 과정에서 고대 4대 문명이 비로소 탄생하게 되었다고 역설한다. 그러면서 그는 이러한 성공적인 응전의 주요인은 인간의 창의력이라고 하면서, 창의력이 있는 인간만이 도전을 이겨내고 문명을 탄생시킬 수 있다고 지적한다.

토인비는 탄생한 문명의 성장에 관한 발의(發意)에는 1개 편 4개 장을 배당하면서, 문명의 성장도 도전에 대한 응전이 성공해야 가능하며, 그러한 성장은 단순한 영토의 확장이나 경제적·기술적 발전만은 아니고, 더 중요한 것은 정신적 승화(etherealization)라고 지적한다. 이러한 승화 과정은 자기결단(self-determination)과 자기천명(self-articulation)의 과정이며, 그 과정에는 일시적 후퇴(withdrawal)와 복귀(return)가 수반하는데, 오로지 복귀에 의해서만 승화가 실현된다. 이러한 복귀에서 일부의 창조적 소수가 큰 역할을 담당하는바, 이때에 대중은 이 창조적 소수의 견해와 태도를 흉내(mimésis)내거나, 즉 모방하거나 추종한다. 그러다가 이러한 창조적 소수가 지도력이 쇠잔해져 대중에 대한 매력을 상실한 나머지 대중에게 맹목적인 복종과 충성심을 강요하는 방법으로 지배권을 유지하려 한다면, 이때부터 문명은 쇠퇴기에 접어들게 된다. 이 점에서 대중의 맹목적 복종을 건전한 문명의 상징으로 본 슈펭글러와는 관점을 달리한다.

  토인비는 문명의 쇠퇴기 도래에 관해서도 1개 편 4개 장에서 그 과정을 밝히고 있다. 앞에서와 같이 창조적 소수(지도자)에 대한 대중의 자발적 '흉내'가 기계적 모방이나 강제적 훈련으로 변화했을 때 문명의 쇠퇴가 진행되는데, 이것 역시 지도자가 도전에 대한 응전에서 실패했기 때문이다. 이렇게 되면 대중은 지도자에 대해 무관심하거나 적대적 태도를 취하게 되는데, 이를 토인비는 '내적 프롤레타리아트'(inner proletariat)라고 하였다. 그러면 정치적 분열이 심화되고 사회적 통일이 파괴되어 문명은 불가피하게 쇠퇴하고야 만다. 어느 모로 보나 토인비가 역사의 진실에서 퍼 올린 십분 타당한 이런 혜안이나 판단은 오늘을 살아가는 현대인들은 물론, 미래인들에게도 명경(明鏡)의 선견지명(先見之明)이 될 것이다.

  문명의 쇠퇴는 결국 문명 순환의 최종 단계인 해체로 이어지는데, 토인비는 역시 해박한 문명사가답게 문명의 해체 문제를 1개 편 6개 장을 할애해 신중하게 다루고 있다. 그런데 문명이 쇠퇴한다고 해서 곧바로 해체로 이어지는 것이 아니라, 강력한 재기(再起, rally)가 시도됨으로써 쇠퇴가 그만 중지되고 해체기가 아닌 장기적인 화석기(化石期)가 도래하는 경우가 흔히 있다. 예컨대, 이집트문명은 기원전 16세기에 쇠퇴하기 시작해 기원후 5세기에 해체됨으로써 약 2천년이란 장기간의 화석기를 거쳤던 것이다.

같은 맥락에서 토인비가 보기에는 중국문명의 경우도 9세기에 당나라의 멸망으로 쇠퇴하기 시작해서 해체의 기미가 나타나 5대10국의 혼란기를 겪었지만, 곧바로 송조(宋朝)의 재기로 강력한 통일국가가 재건되어 쇠퇴가 일시 중지되는 성싶었는데, 이어 발생한 이방(異邦)인 몽골과 만청(滿淸)의 침입과 그 여파로 오늘날(토인비의 생전 시대)까지도 화석기 상태에 머물고 있다. 이러한 식으로 수메르문명과 인도문명도 각각 1000년과 800년간의 화석기를 거쳤다.

과도적 화석기 시대에 내적 프롤레타리아트와 함께 외부로부터의 적대적 행위인 '외적 프롤레타리아트'(external proletariat)의 도전도 받게 되며 사회는 수평적 분열과 수직적 분열을 동시에 겪음으로써 해체가 촉진된다. 이와 더불어 창조성은 자포자기나 자기억제로, '흉내'는 배척(boycott)이나 순교로 변질되어 결국 영혼의 분열도 일어난다. 그렇게 되면 복고주의나 미래주의, 유토피아적 초현실주의 등 각양각색의 도피주의가 만연하며, 그 와중에서 이른바 고대하던 '구세주'가 출현한다.

뿐만 아니라 이 단계에서는 적대국가나 적대사상 간에 전쟁이 발발하게 마련인데, 그 전쟁에 기진맥진한 대중은 세계국가나 평화를 갈구하게 된다. 이 문명의 해체기나 화석기가 지나서 새로운 문명이 탄생하기까지는 상당히 긴 '밤'을 보내게 되는데, 토인비는 이 기간을 '공위시대'(空位時代, interregnum)라고 부른다. 이 시대에는 민족이동과 대중운동이 끊임없이 되풀이되며 영웅호걸들이 등장한다. 그래서 일명 '영웅시대'(heroic age)라고도 한다. 그는 또한 이 시대를 약 400년 동안 지속되는 '고난의 시기'(a time of troubles)라고도 표현한다. 이 공위시대의 혼란 속에서 새로운 문명의 여명은 밝아온다.

토인비는 제1차 세계대전의 발발을 계기로 현대사와 유럽문명의 장래에 대한 위기의식을 절감하면서 투키디데스(Thukydides)[16]에 관해 연구하다가 고대 그리스사와 현대사 사이에 유사성, 즉 철학적 동시대성이 있다는 것을 발견했다. 그가 느끼는 역사적 위기의식이 투키디데스가 펠로폰네소스전쟁에서 느낀 역사적 위기의식과 너무나도 유사하다는 것이었다. 이것이 그가 세계사의 비교문명론적인 접근을 시작하여 마침내 도전과 응전의 원리에 의한 문명순환론을 창안하게 된 동기였다.

그는 문명의 동시대성과 유형화 및 순환론을 주창함으로써 문명사 연구의 새로운 방법론을 안출하였다. 뿐만 아니라 문명 필멸(必滅)이라는 비관주의를 지양함으로써 순환에 의한 문명의 재생이란 낙관주의적 역사관을 제시했다. 그는 또한 현재를 좌표축으로 하여 역사의 과거와 미래를 연결하며 인류의 영원한 존속 조건으로 '세계국가'의 건립까지 구상하는 역사 연구의 새 지평을 열어놓았다.

그밖에 토인비는 『역사의 연구』에서 무려 5개 편 20개 장을 할애해 세계국가, 세계교회, 영웅시대, 문명의 공간적 접촉, 문명의 시간적 접촉, 역사에서의 자유와 법칙, 서유럽문명의 전망 등 당대에 제기되는 여러가지 중차대하고 긴절(緊切)한 문제들에 관해 창의적인 견해와 주장을 피력하였다. 이렇게 토인비는 위대한 문명사가로서 불후의 학문적 공적을 쌓았다.

그러나 그도 시대의 한계성을 완전히 극복하지 못한 탓에 공적을 쌓은 것과 더불어 과실도 범하였다. 우선 그는 종교의 기능과 역할을 과대시(誇大視)하는 관념론적 사관에 집착했다. 인간은 '자연의 법칙'에 의한 지배만으로 사는 것이 아니라 신의 부름에 대한 인간의 응답이라는 '신의 법치' 아래서 살고 있다든가, 인간의 자유는 사랑 자체인 신에 의해서만 주어진다든가, '신의 법칙'에 의한 인간의 응전과 인간으로 화신한 신에 의해서만 해체기의 문명이 구제될 수 있다든가 하는 토인비의 주장들은 종교의 기능과 역할을 과대평가하는 관념론적 사관과 세계관을 반영한 것으로, 현실세계에 대한 인식과 대응에 한계성을 드러냈다.

다음으로 그 과실은 사변적(思辨的) 논리 전개에 치중한 것이다. 거대한 세계역사의 흐름이라든가, 문명 순환의 4단계(탄생·성장·쇠퇴·해체) 과정에 관한 인식이나 설명 등에서 보다시피, 토인비는 다분히 실천적 경험보다는 순수한 주관적 사유에 의거하고 있다. 그리하여 '도전과 응전에 의한 순환' 같은 단순하고 교조적인 언어적 표현들을 반복한다든가 '자기천명'이나 '내적(외적) 프롤레타리아' '흉내' 같은 애매모호한 용어들을 쓰는 것은 일종의 사변적 논리 전개로서 이해를 어렵게 하는 한편 혼동을 야기한다는 비판을 면치 못하고 있다.[17]

제5장
현대적 문명담론

20세기 후반 냉전 시대가 종식되었지만 인류의 기대와는 달리 다시 새로운 유형의 국제적 분란이 숱하게 발생하자, 다양한 문명담론이나 문명 패러다임이 그 대응논리나 분석의 틀로 등장하였다. 그중 몇가지만 추려서 소개하면 다음과 같다.

Ⅰ 제1절 오리엔탈리즘

흔히들 사이드의 오리엔탈리즘(Orientalism, 동방주의東方主義)을 현대적 인식론의 산물이나 개념으로 알고 있는데, 실은 그렇지 않고 오랜 어원적 연원과 역사적 연원을 아울러 갖고 있다.

우선 어원적 연원으로, 오리엔트(orient)란 '해돋이' '해 뜨는 방향'이란 뜻의 라틴어 '오리엔스'(óriens)에서 유래되어 '동방'이란 의미를 지니게 되었다. 여기서 '동방'은 당초 유럽(서방)으로부터 가까운 동쪽, 즉 오늘의 중근동을 가리키다가 점차 그 이동 지역인 오늘의 아시아 전

역에 대한 범칭으로 확대되었다.[1]

다음으로, 역사적 연원에는 학문적 연원과 예술적 연원 두가지가 있다. 근세에 와서 유럽은 주로 지정학적으로 가까운 지역인 아랍·이슬람세계에 대한 학문적 연구를 시작하면서 그곳에서 발생한 고대문명을 '오리엔트문명'(Orient civilization)으로 규정했을 뿐만 아니라, 아랍·이슬람문명을 연구하는 학문을 아랍어로 '일름 샤르끄'(I'lem al-Sharq), 즉 '동방학'이라 명명하고, 그 연구자들을 '무스타슈리끄'(al-Mustashriq, '동방학을 연구하는 자'란 뜻)라는 용어로 전칭(專稱)하였다.

이러한 학문적 연원과 대비해 예술적 연원을 살펴보면, 일찍부터 아랍·이슬람 예술에 매혹된 무스타슈리끄들은 그 연원에 관해서도 많은 관심을 가지고 연구에 착수했다. 19세기 초부터 서구의 낭만주의자들은 프랑스를 비롯한 서구 열강들의 동방 진출에 편승해 동방에 대한 취미나 동경을 화폭이나 소설, 심지어 장식품 등에 담기 시작함으로써 서구에서 오리엔탈풍의 예술이 탄생했다. 이렇게 근세에 이르러 서구에서는 학문적 연구와 예술적 감성을 통해 동방에 대한 나름의 이해를 심화시켜왔다.

현대에 와서는 동방에 대한 서방의 단순한 학문적 연구 및 예술적 감성을 통한 접근이나 진출은 점차 사라지고, 대신 동방에 대한 식민주의적인 우월주의와 지배주의적인 인식이나 사고가 대두해 동방 지배의 이론적 근거가 되었다.

이러한 실체는 오랫동안 베일에 가려져 있다가 2차대전 후 동방의 많은 식민지 나라들이 서방의 지배에서 벗어나 자신들의 정체성을 회복하면서 서방의 이러한 식민주의적 오리엔탈관(觀)에 제동을 거는 비판적 담론이 일기 시작하며 드러났다. 이 담론에 원초적 불길을 지핀 것이 바로 에드워드 사이드(Edward W. Said, 1935~2003)가 밝힌 오리엔탈리즘이다.

식민지 팔레스타인에서 나서 자란 에드워드 사이드는 비록 컬럼비아대학 영문학과의 비교문학 전공 교수였지만, 일찍부터 서구가 추구해온 오리엔탈리즘에 관심을 가지고 역작 『오리엔탈리즘』(*Orientalism*, 1978)에서 그 실체를 밝혀냈다. 그의 비교문학적 지식은 그가 동방에 대한 서방의 관계론적 시각

에드워드 사이드

을 해명하는 데 유리한 인식론적 바탕을 제공했다. 그가 비록 동방이라는 연구대상을 중근동 일원에 한정하고 인도나 중국 등 주요 국가들을 담론에서 소외시킴으로써 이론적·인식론적 보편성의 결여와 같은 한계를 노정하고 있지만, 오리엔탈리즘이 서방의 현대적 인식체계를 이해하는 데 하나의 중요한 전범이 되고 있음은 부정할 수 없는 사실이다.

사이드는 '동양을 지배하고 재구성하며 억압하기 위한 서양의 제도 및 스타일'로, 또는 '동방에 대한 서방의 우월론적, 식민주의적, 지배주의적 인식이나 사고'로 오리엔탈리즘에 대한 정의를 내렸다. 이런 인식이나 사고에 의하면, 동양은 비합리적이고 열등하며 도덕적으로 타락한 데 반해, 서양은 합리적이고 우수하며 도덕적이고 정상적이라는 것이다. 이러한 인식과 논리는 서구의 식민지 지배를 합리화하는 수단일 뿐만 아니라, 그것을 생성시키고 정당화하는 '근원적 힘'과 이론적 근거로 이용되었다.

차제에 한가지 상기시키고자 하는 것은 근자에 오리엔탈리즘의 대칭어로 회자되는 옥시덴탈리즘(Occidentalism, 서방주의西方主義)이다. 중국의 천샤오메이(陳小媚)는 저서 『옥시덴탈리즘』(*Occidentalism*,

1995)² 에서 에드워드 사이드의 '오리엔탈리즘'에 대응하는 차원에서 서방에 대한 동방(중국)의 사고방식을 피력하였다. 그녀는 이 책에서 최근 일련의 아시아 나라들에서 오리엔탈리즘의 반동으로 나타나 주목을 끄는 옥시덴탈리즘이란 동양에서 서양을 적대시하거나 비하하는 인식과 사고, 태도를 일컫는다고 정의를 내리고 있다. 이를테면 서양은 비인간적이고 천박하며 물질적이지만, 동양은 인간적이고 고상하며 정신적이라는 것이다. 더불어 옥시덴탈리즘의 지지자들은 "서양을 악의적으로 해석한 사상이 바로 서양과 전쟁도 불사하는 '옥시덴탈리즘'을 낳았다"는 주장을 펼친다.³

이러한 논리는 흑백논리적 구별을 통해 서양에 대한 동양의 왜곡된 이미지와 편견을 유발하는 일종의 편단이다. 왜냐하면 근세 이래 적어도 과학기술문명에서 서양이 동양을 앞선 것은 역사적 사실이므로, 이를 무시하거나 시기해서는 안 되며 배울 것은 배우고 따라잡아야 할 것은 허심하게 따라잡아야 하기 때문이다. 단, 편단으로 극복해야 할 것은 서양에 대한 교조주의적 모방이나 사대주의, 추미주의(追尾主義) 같은 부당한 이념이나 태도인 것이다.

오리엔탈리즘과 옥시덴탈리즘은 편협주의와 일방주의의 쌍생아로서, 공통점은 동양과 서양을 이분법적으로 구별짓고 대립을 조장하는 경향성이다. 따라서 동·서양은 진정한 타자론적 담론을 활성화하여 동·서양 간의 이러한 편단을 불식시킴으로써 공생공영하는 길을 함께 모색해야 할 것이다.

제2절 문명충돌론

　세계는 2차대전의 종식으로 전래의 모든 갈등과 모순, 차별이 일소 내지는 약화될 것으로 기대하였다. 그러나 이러한 기대와 달리 세계는 전대미문의 진영 논리에 의해 새롭게 여럿으로 쪼개져 아웅다웅하기를 멈추지 않았다. 갈등이 멈추기는커녕 더 심화되어갔다. 이즈음에 에드워드 사이드는 비교문학적인 시각에서 동서 간의 관계를 해석해보고자 하는 목적으로 『오리엔탈리즘』이란 책을 펴냈다. 이 책이 비록 현대적 문명담론의 고고지성(呱呱之聲)을 울렸지만, 여러가지 불급(不及)한 한계성으로 인해 그 파급은 미미하였다.

　1989년 때마침 베를린장벽이라는 동서냉전의 장벽이 무너지면서 이제 세계는 평화와 화해의 무드가 일시에 찾아오리라는 기대에 부풀었다. 그러나 또 한번 예측과 기대와는 달리 잠종비적(潛蹤秘跡)했던 정치적 갈등과 민족분쟁, 종교분쟁, 심지어 생태전쟁과 국지전 등 구래(舊來)의 각종 갈등과 모순, 차별이 백출하기 시작했다. 세계, 특히 학계는, 그중에서도 정치학계는 이 불의의 세태 앞에서 갈팡질팡 당황망조하지 않을 수 없었다. 이 희유(稀有)의 국제정세는 구각(舊殼)에서 벗어난 새로운 이론적 패러다임을 절박하게 요청하게 되었다. 이 미증유의 벅찬 도전에 '문명충돌론'이란 새로운 패러다임을 내세워 응전의 총대를 자진해서 멘 사람이 바로 미국 하버드대학의 정치학자이자 '존 올린 전략문제연구소' 소장인 새뮤얼 헌팅턴 교수다.

　헌팅턴은 변화된 국제정세에 대비하기 위한 이론적 패러다임을 제시하고자 서둘러 출간한 『문명의 충돌과 세계질서의 재편』(*The Clash of Civilizations and the Remaking of World Order*, 1996)에서 문명들 간의 충돌을 통해 미국은 자신을 핵심으로 한 서방의 안보적 패권주의 질서를

새뮤얼 헌팅턴(사진 Peter Lauth)

재편(재정립)해야 한다는 의도를 공공연히 드러낸다. 이러한 의도를 실현하기 위해서는 그 위력이 일취월장(日就月將)하며, 가치관과 이익을 둘러싸고 서구와의 충돌과 갈등이 날로 심화되고 있는 이슬람과 중국에 대하여 여타 6개 문명권이 합종연횡(合縱連衡)하여 집단적으로 대응해야 한다고 누누이 강조한다. 사실상 이것이 헌팅턴이 시류영합적(時流迎合的)인 임시방편으로 내놓은 설익은 이론적 패러다임인 '문명충돌론'이 조준하고 있는 궁극적 과녁인 것이다.

지금까지의 문명사를 되짚어보면, 슈펭글러나 토인비같이 문명으로 세계역사를 설명하는 역사가나 문화인류학자, 철학자는 있었지만, 헌팅턴처럼 정치학자가 문명으로 국제정치를 재량한 전례는 거의 없다. 지난 수세기 동안 오로지 국가나 민족만을 단위로 하여 국제정치를 분석하고 이해해오던 국제정치학계나 인문학계로서는 이는 그야말로 '태풍의 눈'으로 큰 충격이 아닐 수 없었다.

헌팅턴은 1993년 여름 『국제정세』(*Foreign Affairs*)지에 「문명의 충돌?」이란 논문을 발표했는데, 즉각 세계적으로 커다란 반향과 논쟁을 불러일으켰다. 그러자 연이어 몇편의 관련 논문을 발표했으며, 그것을 『문명의 충돌과 세계질서의 재편』이란 저서에 한데 묶어 1996년에 출간한 것이다.[4] 헌팅턴의 이른바 '문명충돌론'이 이 저서에 집약되어 있다. 그는 이렇게 말한다. "새로운 세계에서는 문화적 동질성이 한 나라의 우방과 적국을 규정하는 본질적 요인이다. 냉전 구조에 편입되는 것은 피할 수 있었지만 국가가 문화 정체성 없이 존재할 수는 없게 되었다.

'너는 어느 편인가?'라는 물음은 '너는 누구인가?'라는 훨씬 근원적인 물음으로 바뀌었다. 모든 나라는 이 물음에 답하지 않으면 안 된다. 그 답변, 곧 한 나라의 문화적 정체성이 세계 정치에서 그 나라가 차지하는 위치, 그 나라의 친구와 적수를 규정한다." "문화가 중요성을 갖는 세계에서 소대는 종족, 중대는 민족, 군 전체는 문명에 해당한다."[5] 이 두 문장에서 그가 주장하는 '문명충돌론'이란 과연 무엇인가가 명약관화(明若觀火)하게 드러난다. 그 기본 내용은 오늘의 탈냉전 시대에는 지금까지 부상하지 못하고 있던 정치나 경제 외적 가치인 역사나 조상, 언어, 종교 같은 문명적 요소('문화적 동질성' '문화 정체성')와 그 충돌이 세계를 움직여가는 핵심 변수가 된다는 것이다.

헌팅턴은 이 책의 서문에서 솔직하게 자신의 저서가 '사회과학서'가 아님을 인정하면서도,[6] 국제정세의 추이를 통찰하기 위해 자신이 제시한 '문명충돌'이란 패러다임은 그 어떤 패러다임보다도 '더 의미있고 유용한 렌즈를 제공할 것'이라고 과대망상적인 자부를 숨기지 않는다. 그러나 그는 그 '유용성'을 20세기 말과 21세기 초의 세계정세를 이해하는 데로 한정한다. 그 역시 그의 이론이 보편타당하지는 않고 한시적이라고 자인하는 것이다. 아무튼 한걸음 양보해서 그의 혼잡스러운 '이론'이 갖는 반면적(反面的) 의미라도 굳이 끄집어낸다면, 그것은 새로운 국제정세 속에서 문명을 중시하고 문명담론을 전면화했다는 점에서는 일정한 의미를 부여할 수 있다. 이러한 반면적 의미는 그의 '문명충돌론'이 내포한 몇가지 근본적인 오류에서 극명하게 나타난다.

그간 그러한 오류에 관해서 논쟁도 많았고 비판도 있었지만, 그 대부분은 정치학적 시각에서 이루어진 것들이었다. 물론 그러한 논쟁과 비판 중에는 적절한 내용도 없지 않아 있기는 하지만, 정곡(正鵠)을 찌른 것은 아니었다. 왜냐하면 헌팅턴의 문명충돌론이 속성이 서로 다른 인문학(문명)과 사회학(안보)의 어설픈 '접목(接木)'을 견강부회하게 시도했기 때문이다. 조화와 상생을 공분모로 하는 문명은 문명으로 접근하고 이해해야지, 대결과 상극을 통념으로 하는 정치로는 결코 접근할 수 없고 이해할 수도 없는 것이다. 차원이 다른 문명과 정치의 상호대입은 언필칭 논리상의 무리가 아닐 수 없다. 그렇다보니 헌팅턴 자신은 물론이고, 평론자들도 문명이라는 기본 개념에서부터 그 속성이나 상호관계에 이르기까지의 이해나 논의 전개에서 온통 혼미와 모순, 강변과 오류를 노정하게 마련이다.

헌팅턴의 '문명충돌론'을 문명 본연의 시각에서 분석해보면 적어도 다음의 세가지 측면에서 이론적·실천적 오류를 발견하게 된다.

그 오류는 첫째로, 복합적인 문명 개념을 단순한 가치체계로 축소했다는 데 있다. 그는 문명의 개념을 가치체계, 그것도 주로 종교가 결정적 역할을 한다는 종교적 가치체계로 축소하고 단순화하였다.[7] 그리하여 그는 1993년에 발표한 첫 글에서 종교를 일차적 기준으로 하여 세계문명을 ① 기독교, ② 정교, ③ 이슬람교, ④ 유교, ⑤ 불교, ⑥ 힌두, ⑦ 아프리카(비이슬람권), ⑧ 일본 등 8대 문명으로 구분하였다. 그러나 그러한 문명 유형화에 대해 신랄한 비판이 일자, 3년 후에 펴낸 책에서는 ① 중화, ② 일본, ③ 힌두, ④ 이슬람, ⑤ 정교, ⑥ 서구, ⑦ 라틴아메리카, ⑧ 아프리카 등 8대 문명으로 수정하였다. 그는 종래의 '유교문명'을 '중화(Sinic)문명'으로 개칭하면서 여기에 해외 화교공동체와 베트남, 한국을 포함시켰다. 그리고 '기독교문명'은 '서구문명'과 '라틴아메리카문명'으로 이분하였다. 그런가 하면 불교는 탄생지 인도에서 소멸되고 중국과 일본 등지에서 이미 토착문화에 통합되어 '거대문명의 바탕'이 되지 못하였기 때문에 문명에서 아예 제외시켰다. 불과 3년을 사이에 두고 헌팅턴의 문명관은 이렇게 오락가락 뒤바뀐다. 여기서의 문명 유형화는 분명히 문명권 분류이다. 그는 '기독교'를 '서구'와 '라틴아메리카'로 나누고, 불교를 제외시킴으로써 종교의 개입을 희석시키려고 시도한 것 같지만, 종교를 '문명을 규정하는 핵심적 특성'으로, '문명이 의지하는 토대'로 인지하면서 여전히 문명 유형화에서 종교를 절대적 기준가치로 삼고 있다.

문명이나 문명권의 이러한 유형화야말로 문명사에서는 전무후무한 독창적 시도이다. 원래 문명권이란 공통된 문명요소들을 공유한 문명의 역사문화적·지역적 범주를 말하는 것으로서, 그러한 문명권은 문명 구성요소의 특수성과 시대성 및 지역성이 보장되고 생명력이 오랫동안 유지되어야 비로소 형성 가능한 것이다. 정신문명과 물질문명의 여러 분야를 두루 아우르는 포괄적 문명을 어떤 개별 분야에 한정하거나, 그 구성요소들을 단순화하는 것은 문명의 본연에 어긋나는 일이다. 사실 문명의 구성요소로 본다면, 순수한 종교보다는 종교를 바탕으로 한 복합적 종교문화를 염두에 두어야 하는데, 헌팅턴처럼 종파 간에 유형과 무형의 이질성과 갈등의 소지가 많은 종교만을 문명의 가치체계로 축소하거나 단순화하는 것은 결국 사람들로 하여금 문명을 충돌의 화신으로 오해하지 않을 수 없게 한다.

또한 종래 중국의 천하 중심 사상과 모화사상(慕華思想)을 대변함으로써 이미 역사의 퇴물이 된 소위 '중화(中華)' 개념을 문명에 끌어들이는 것은 명백한 어불성설이다. 더욱이 망측한 것은 일본을 하나의 문명권으로 설정한 기상천외한 발상이다. 헌팅턴은 그 원인에 관해서는 한마디로 일본문화의 '특수성'을 들고 있다. 그는 기원후 100년에서 400년 사이에 중국문명의 영향을 받아 가까스로 출현한 일본문명을 '독자적' 문명이라고 단정하면서, "가장 중요한 고립국 일본은 일본문명의 유일한 국가이자 핵심국이다. 일본과 특이한 문화를 공유하는 국가는 전혀 없으며 일본에서 외국으로 이주한 사람들은 그 나라에서 극히 소수에 머물러 있거나 아니면 그 나라의 문화에 동화되었다"[8]라고 해석한다. 그런데 이러한 주장은 지난 1970~80년대 국세가 급상승하면서 일본 지식계가 부르짖던 '탈아입구(脫亞入歐)'[9]의 추세와 맥을 같이한다는 점에 유의할 필요가 있다. 일본이 제아무리 일탈(逸脫)에 몸부림을 친다 해도 숙명적으로 '재(在)아시아화'로 귀결될 수밖에 없을 것이다.

헌팅턴의 문명 단순화나 축소화는 문명에 대한 그의 편단에서 비롯되었다. 그는 "문명은 언어, 역사, 종교, 관습, 제도 같은 공통된 객관적 요소와 사람들의 주관적 귀속감 모두에 의해 정의된다"고 하면서도, "어떤 문명이나 문화에서든 가장 핵심이 되는 요소는 언어와 종교"[10]라고 극구 강조하며, 스스로 객관적 요소라고 한 것 가운데서 주로 언어나 종교와 같이 주관적 귀속감이 있는 요소들을 문명으로 정의한다. 이것은 문명을 인간집단의 생활양식의 총체나 노동을 통해 얻은 결과물의 총체로 보는 '총체론적 관점'(totalist view)과는 상치되는 '관념론적 관점'(mentalist view)으로, 뮐러가 지적한 대로 헌팅턴은 문명을 독일식의 전통적 문화 개념으로 이해하고 있다. 그래서 문명 개념을 주로 종교체계 같은 관념론적 가치체계로 단순화한다.

그런가 하면 그는 또 "문명과 문화는 모두 사람들의 총체적 생활방식을 가리키고 있다"거나 "문명은 가장 광범위한 문화적 실체다"[11]라고 표현함으로써, 문명에 대한 이해에서 총체론적 전망을 따르는 인상을 주기도 한다. 그리고 문명과 문화를 총체와 개체 관계로 구분짓는 것 같기도 하지만, 대부분의 경우는 혼동하고 있다. 한마디로, 문명에 대한 헌팅턴의 이해는 편단이나 무지에서 비롯된 천방지축(天方地軸) 오리무중(五里霧中)이라 해도 과언이 아니다.

'문명충돌론'이 내포한 두번째 오류는 문명 간의 차이를 문명 본연의 '충돌'인 양 착각하고 문명 간의 상생관계(相生關係)를 상극관계(相剋關係)로 오도한다는 데 있다. 헌팅턴은 현대 세계에서 문화집단들 사이의 갈등이 커짐에 따라 그러한 갈등이 세계 정치에서 "점점 중요한 뜻을 갖는다"고 하면서, 그러한 갈등과 충돌의 원인은 종교들 간의 관계를 포함한 모든 '문화적 사안들이 전부(全部) 아니면 전무(全無), 다시 말하여 제로섬 선택의 문제'이기 때문이라고 아리송한 강변을 덧붙인다. 즉, 이질문명 간의 관계는 서로 절충이나 조화를 할 수 없는, '이것이 아니면 저것'이라는 수화불상용적(水火不相容的) 상극관계이므로 충돌이 일어날 수밖에 없다는 것이다. 예컨대 프랑스 학교들에서 이틀에 한번씩 무슬림 여학생들에게 이슬람의 고유 의상을 입고 등교할 수 있게 하는 '절충안은 프랑스 당국이나 무슬림 학부형 모두가 받아들이지 않을 공산이 크다'는 것이다. 원인은 무슬림 여학생들이 이슬람 고유의 의상을 입는 일과 반이슬람적 프랑스 당국 간의 상극관계에서는 어떠한 융화적인 '절충안'이라도 통과되기 만무하기 때문이라는 것이 헌팅턴식 해석이다.

그러한 충돌의 또다른 원인을 헌팅턴은 이른바 '분쟁의 보편성'에서 찾는다. '증오는 자연스러운 인간의 감정'이며, '사람들이 스스로를 정의하고 행동 욕구를 느끼기 위해서는 적이 필요하다'는 것이 그의 '분쟁의 보편성' 논리다. 그래서 정치에서 적용되는 '우리'와 '그들'이라는 대립구조가 문명에서도 그대로 적용된다. 그 결과 "냉전의 종식은 분쟁을 종식시킨 것이 아니라, 문화에 뿌리를 둔 새로운 정체성, (…) 상이한 문화에서 유래한 집단들 사이의 새로운 갈등 양상을 낳았다"며 그는 인간들 간의 분쟁을 부채질하는 듯한 언설을 서슴지 않는다.[12]

이러한 맥락에서 헌팅턴은 국제적 무역이나 교류는 국제적 유대나 협조를 가져오는 것이 아니라, 오히려 분열과 분쟁을 야기할 소지가 있다고 오판한다. 그는 1980년대 국제무역량이 세계 총생산액의 15%밖에 되지 않았는데도 90년대의 냉전 종식을 가져왔는데, 1913년에 그 비율이 무려 33%였지만 이듬해에 세계대전이 발발했다는 사실을 예로 들면서, "무역과 교류가 평화나 유대감을 조성하는 데 실패한다는 것은 사회과학에서 밝혀진 사실과 맥을 같이한다"고 사실 불명의 '학문적 근거'까지 들먹이고 있다. 그가 말한 '사회과학에서 밝혀진 사실'이란 사회심리학의 변별이론(distinctiveness theory)과 사회학의 세계화이론을 염두에 둔 것이다.[13]

특정한 상황하에서 사람들은 타인과 자신을 구별함으로써 스스로를 정의한다고 보는 변별이론을 문명교류에 적용해서 "통신·무역·여행의 증가로 문명과 문명의 접촉이 비약적으로 늘어나면서 사람들은 차츰 자신들의 문명적 정체성에 더 큰 중요성을 부여한다"고 지적한 것은 정당하나, 그 중요성으로 인해 타 문명과의 갈등이 가중된다는 것은 '헌팅턴식 충돌론'일 따름이다.[14] 그는 20세기 후반 이슬람과 서구의 갈등이 증폭된 배경의 하나로 두 문명 간의 접촉과 교섭이 잦아지면서 각자가 자신의 정체성과 차이를 인식하게 된 것을 지목하고 있다. 여기서 한 가지 부언하자면, 그가 앞에서 언급한 국제무역량과 세계 총생산액 간의 비율에 따른 국제정세 변화의 논리는 제국주의와 식민지의 양극화가 심했던 시대의 일방적이며 독점적인 국제무역과 다극화·다중심 시대인 오늘날의 다국적 균형교역 간의 근본적인 차이점을 간과한 데서 나온 부당한 어불성설이다.

헌팅턴의 문명상극 논리를 종합해보면, 문명 간의 차이는 근본적이고, 문명 간의 '상호작용'(즉 교류)은 상호차이를 강화하며, 문화적 차이는 정치나 경제, 이념적 차이보다 변화하기 어렵기 때문에, 한마디로 문명 간의 차이 때문에 서로의 충돌이 불가피하다는 것이다. 하지만 이는 문명의 근본 속성인 자생성과 그에서 파생되는 보편성 및 개별성(차별성), 그리고 문명교류에 대한 무지의 소치이거나 왜곡이다. 문명은 인류 공동의 창조물이고 향유물이며 소유물로서 상부상조에 의해 공존한다. 따라서 문명의 절대적 독점이나 우월은 있을 수 없으며 문명 간의 교류는 필연이다. 절대적 독점이나 우월이 없는 문명 간의 교류는 다름에서 오는 일시적 갈등이나 모순을 평화적으로, 순기능적으로 극복하면서 점진적으로 실현된다. 문제는 생태적으로 없는 충돌을 인위적으로 있게 하거나 있다고 보는 견해에 있다.

끝으로, 문명충돌론이 노정한 세번째 오류는 지구촌의 분란을 숙명화한다는 것이다. 냉전 시대 이후 새로운 세기를 맞는 인류의 공동 염원은 항구적인 평화와 확고한 안전이다. 그럼에도 불구하고 헌팅턴은 문명 간의 단층선에서 문명충돌이 불가피하게 일어난다고 주장함으로써 지구촌의 분란에 불가피성을 부여하고, 평화와 안전에 대한 인류의 한결같은 염원에 찬물을 끼얹고 있다.

헌팅턴의 '문명충돌론'의 심층을 분석해보면, 그의 '충돌론'에는 허구적인 이중 잣대가 적용되고 있음을 발견하게 된다. 그의 판단에 따르면, 서구문명의 세력이 약한 곳은 서구에 대한 의존도가 높은 라틴아메리카나 아프리카 문명과는 갈등의 소지가 적으므로 원만한 관계를 유지할 수 있으며, 러시아나 일본, 인도 문명은 이미 서구에 대한 도전에서 실패했기 때문에 우려할 만한 갈등의 소지는 없이 협력의 요인을 안고 있다. 이에 반해 도전의식이 강한 이슬람문명과 중화문명의 성장, 그리고 그들 간의 제휴는 서구와 미래 세계에 대한 가장 큰 위협 요인으로서 서구문명과 이들 문명의 심각한 충돌이 불가피하다. 이를테면 문명 간의 갈등이나 충돌 여부는 문명의 본연에 기인한다기보다는 서구와의 정치적 역학관계에 의해 좌우된다는 것이다. 얼핏 봐도 그의 문명 '논리'는 순전히 정치적인 자가당착(自家撞着)의 안보논리에 불과하다는 것을 간파할 수가 있다. 속된 표현을 빌리면 '얄팍한 꼼수'일 뿐이다.

안보전략가 헌팅턴은 서구문명에 대한 이슬람문명과 중화문명의 도전을 서슴없이 이렇게 기술하고 있다. "서구는 도전의식이 강한 이슬람문명, 중국문명에 대해서는 늘 긴장감을 느끼며 이들의 관계는 대체로 적대적이다. (…) 이슬람과 중국은 판이한 문화적 전통을 가지고 있지만 둘 다 서구에 대한 크나큰 우월의식을 가지고 있다. 이 두 문명의 실력과 자긍심은 서구와의 관계에서 나날이 늘어나고 있으며 가치관과 이익을 둘러싼 서구와의 충돌 역시 다각화되며 심화되고 있다."[15] 이른바 이슬람의 비관용(intolerance)과 중화의 자기주장(assertiveness)에 바탕한 도전은 필시 충돌로 이어질 수밖에 없을진대, 여타 6개 문명권은 합종연횡하여 집단적으로 이에 대응해야 한다는 것이 '문명충돌론'이 음으로 양으로 조준하고 있는 궁극적 과녁임이 십분 분명해진다.

그는 저서의 많은 부분을 할애해 이슬람문명에 관해 언급하는데, 한마디로 이슬람문명을 매우 호전적인 문명으로 묘사한다. 그는 '검을 앞세운 종교', 타 종교와의 화합 불능성, 강한 자존심, 갈등을 조정할 만한 핵심 세력의 부재, 인구 격증 등으로 이슬람이 지닌 폭력성의 원인을 나름대로 설명하고 있다. 뿐만 아니라 20세기 후반 이슬람과 서구의 갈등이 증폭된 배경으로는 무슬림 인구의 증가와 대규모 실업자의 발생, 무슬림의 자기 문명에 대한 자긍심 회복, 경제적·군사적 우위를 고수하면서 이슬람세계의 분쟁에 간여하려는 서구의 시도, 공적(公敵) 공산주의의 소멸로 인해 갖춰진 서로가 최대의 위협이란 인식, 두 문명의 접촉과 교섭의 증가로 인한 서로의 정체성과 차이의 확인 등을 꼽는다.[16] 20세기 후반 이슬람과 서구 간의 갈등이 더욱 심각해지는 배경에 관한 분석에서 무슬림들의 자긍심 회복이나 서구의 간섭 시도 등은 그런대로 가당한 지적이지만, 이슬람을 근본적으로 폭력의 종교로 보는 것은 명백한 왜곡이다.

헌팅턴은 중화의 자기주장이 또 하나의 위협 요인으로서 서구와의 충돌을 야기할 것이라고 경고한다. 중화문명의 경제력이 커질수록 자기주장이 강해질 터이고, 그것은 결국 서구와의 문명충돌로 이어지리라는 것이 헌팅턴의 논리이다. 이 논리대로라면 서구와의 충돌을 피하기 위해서 중국을 포함한 비서구는 자승자박(自繩自縛)으로 경제발전을 포기해야 한다는 것이다.

이로써 헌팅턴이 주창하는 '문명충돌론'의 본질과 지향성, 그리고 그 허상이 명명백백해진다. 그의 논리대로라면 문명이 있는 한, 문명을 발전시키려고 하는 한, 충돌은 숙명적으로 불가피하게 된다. 그러면 결국 인류의 공생공영을 담보하는 보편적 가치이며 공분모인 문명은 항시 각축장으로 변할 수밖에 없으며, 지구촌의 분쟁과 충돌은 당위적인 일상으로 되고야 말 것이다.

제3절 문명공존론

독일 프랑크푸르트대학 국제관계학 교수 하랄트 뮐러(Harald Müller, 1949~)는 저서 『문명의 공존』(*Das Zusammenleben der Kulturen*, 이영희 옮김, 푸른숲 2000)에서 헌팅턴의 '문명충돌론'에 대해 실증적·이론적 비판을 가하면서 문명 간의 충돌 아닌 공존을 주장한다. 그는 헌팅턴이 『문명의 충돌과 세계질서의 재편』을 발간한 해인 1996년 12월 16일 독일 프랑크푸르트 소재 미국문화원이 초청한 자리에서 헌팅턴과 1 대

하랄트 뮐러
(사진 Werner Maleczek)

1로 설전을 벌인 장면을 이 저서 서문의 첫 줄에 "나는 새뮤얼 헌팅턴과 단 둘의 '결투'를 즐겼다"고 묘사하면서, 즉석에서 한 출판사의 제언을 받아들여 이 책을 썼다고 회고한다. 이와 같이 이 책은 뮐러가 헌팅턴의 허망한 '문명충돌론'에 대한 반동(反動)으로 급하게 써낸 책이다.

뮐러는 서문에서 책의 내용을 이렇게 소개한다.

이 책은 세계 정치의 복잡다단한 관계를 '우리 대 너희'의 단순한 도식 속에 억지로 끼워넣는 시도에 정면으로 반대한다. 이 책은 또한 다섯개의 대륙 위에서 벌어지는, 얽히고설켜 잘 조망되지 않은 사건들과의 힘겨운 논쟁을 독자에게 요구하고 있다. 우리 시대를 결정짓는 정치, 경제, 사회의 엄청난 동력은 분명 커다란 위험을 불러오고 있다. 그러나 다른 한편으로는 인간과 민족 간의 위험한 대립을 극복할 수 있는 기회도 함께 만들어주고 있다. '문명의 충돌'은 불가항력적인 자연현상이 아니라 인간이 만든 것이며 따라서 인간이 극복할 수 있다.[17]

다소 함축적이고 은유적인 표현들이 섞이다보니 내용이 한눈에 들어오지 않는 모호함이 감지된다. 이것은 아마 저자 자신이 인정하다시피 헌팅턴과 '결투'를 벌일 당시만 해도 자신의 반박 이론이 '제대로 정리되지 않은' 상황이었기 때문일 것이다. 그러다가 1년 반 가까운 집필과 퇴고 및 출판 과정을 거쳐 1998년 5월에야 비로소 첫 쇄(한국어 역본의 저본)를 출간하게 되었다. 출간 과정이야 어떻든 간에 '결투' 논쟁이나 이 책에서 뮐러는 시종 헌팅턴의 '문명충돌론'을 반박의 과녁으로 삼고 나름대로의 입론을 시도함으로써 그가 이 '문명충돌론'에 대한 첫 저격수였음은 자타가 인정하는 사실이다. 그래서 그의 '문명공존론'은 비록 어설프기는 하지만 현대적 문명담론의 반열에 입선(入選)하게 된 것이다.

독자들의 이해를 돕기 위해 책의 내용을 필자 나름대로 풀이하면 다음과 같다.

① 세계 정치를 '우리 대 너희'라는 단순한 이분법적 상극관계로 도식화하는 견해를 반대한다.

② 얽히고설켜 잘 조정되지도 않는 비논리적 사건들에 대해서 독자들로 하여금 인위적으로 논쟁을 벌이도록 하는 것은 부당하다.

③ 우리 시대를 이끌어가는 동력에 대한 커다란 위험을 자초하고 있다.

④ 그렇지만 역설적으로 우리 시대는 각종 대립을 극복할 수 있는 기회를 제공해준다.

⑤ '문명의 충돌'은 불가항력적인 자연현상이 아니라, 인간이 인위적으로 만든 것이기 때문에 평화적 공존으로 극복할 수 있다.

뮐러는 순전히 정치적 안보 차원에서 서구를 위협하는 '적대적인 문명들'의 존재를 설파하고 '우리 대 너희' 식의 이분법적 세계관으로 적대적 이미지만을 생산하는 헌팅턴의 주장이 얼마나 환상에 빠져 있고 위험하며 사람들을 미혹하는지를 낱낱이 지적하고 있다. 그러면서 그는 평화주의자[18]답게 21세기에도 충돌로 인한 전쟁이 발발하기보다는 국가 간의 상호의존과 문명 간의 공존을 통해 평화가 실현될 것이라는 전망을 제시한다.

그러면서 뮐러는 이러한 평화적인 문명공존의 실현 방도를 다각적으로 모색한다. 그가 제시한 방도에는 다음과 같은 여러가지 구체적 내용이 포함되어 있다.

① UN 같은 국제적 안보기구와 EU, ASEAN, APEC, ASEM, NGO, 다국적 기업 등 지역적 협력기구 등을 통해 범세계적으로 평화를 실현할 수 있는 기반을 마련하고, 그 기반 위에서 국가 간의 상호의존도를 높일 수 있다.

② 각국에서 현재 진행 중에 있는 근대화를 통해 문명이나 국가 간의 이질성이 줄어든 결과 문명의 상위적(相違的) 요소보다는 공통적인 요소가 상대적으로 증대하는 추세가 나타나고 있다. 예컨대 컴퓨터의 도입으로 사람들이 집안에 앉아서도 세계의 흐름을 수시로 파악함으로써 상호 소통과 이해를 증진시키며 서로 간의 공통점을 발견할 수가 있다.

③ 서로의 의존도가 높아지고 공통성이 증대됨에 따라 서로 간의 인위적 경계가 붕괴되는데, 이러한 붕괴는 개인 차원에서 그치는 것이 아니라 점차 사회적·국가적 차원에까지 확산된다. 이러한 확산은 근대화에 의해 더욱더 가속화되고 있다.

④ 전세계적인 현상이라고 볼 수 있는 민주화를 통해 문명 간의 충돌이 아닌 문명 간의 공존이 설득력 있게 추진되어가고 있다. 민주화의 주체인 국민들이 솔선해서 문명 간의 공조를 실현하면 '국가도 민주화된 모습으로 가게' 마련이다.

뮐러는 이렇게 다분히 정치적인 시각과 관점에서 세계 주요 지역들의 경제와 사회, 그리고 국가 간의 관계를 관찰하면서 실천 가능한 여러가지 문명공존의 시나리오를 펼쳐 보이며, 문명 간의 전쟁이 아니라 평화나 공존, 대화만이 세계(인류) 공동체의 평화로운 미래를 보장해줄 수 있다고 강조한다. 그러나 그는 문명 간의 조화를 문명 간의 차이에 대한 무시나 그 소멸로 인식하기 때문에 문명의 조화에는 회의적이다. 이러한 인식의 한계로 인해 그는 공존을 조화의 '전제'라고 하면서도 대화만이 아닌 교류를 통해서 그 조화를 진정한 공생공영으로 승화시키는 패러다임까지는 제시하지 못한다. 이것이 아마 문명에 대한 정치학적 접근이 내포한 한계성일 것이다.

문명담론이 시대의 화두로 부상하고 있는 21세기, 이 시점에서 시대적 사명이란 자각에서 비롯되어서인지, 아니면 승기(乘機)의 호기심에 끌려서인지 간에 이 문명담론에 뛰어든 서구의 논자들 대부분은 헌팅턴 같은 안보전략가가 아니면, 뮐러나 디터 젱하스(Dieter Senghaas, 1940~) 같은 학자들로, 이들 모두는 사회학 계보에 속하는 정치학자들이다. 인문학 계보에 속하는 문명은 문명으로 다루어져야 하는데, 생뚱맞게도 어깨너머의 정치학이 나서서 왈가왈부하니 그러한 한계성이 드러나지 않을 수 없다. 이렇게 문명을 아귀가 맞춰지지 않는, 아니 아귀를 맞출 수도 없는 정치로 다루려고 하는 헌팅턴이나 뮐러, 젱하스 등 정치학자들의 주장을 필자는 어불성설의 '문명정치론'이라고 외람되지만 감히 일갈하고자 한다.

뮐러는 저서에서 "문명을 완벽하게 서술하고자 한다면 (…) 기술의 발전 단계, 경제 방식, 통치체계, 사회구조, 법체계, 가치체계" 등의 국면들을 포함시켜야 할 것이라고 하면서,[19] 독일 정치학계의 석학이자 평화운동가인 디터 젱하스의 이른바 '문명의 육각형'(Zivilisatorisches Hexagon) 이론을 소개하고 있다. '사회가 어느 방향으로 나아가야 할 것인지 규범적 차원에서 방향을 가리켜주는' 이 '문명의 육각형'이란 국가의 권력 독점, 법치국가주의, 민주적 참여, 권력으로부터 자유로운 갈등 문화, 사회 정의, 격정(激情) 통제 등 여섯가지 문명의 구성요소를 일컫는다.[20]

보다시피, 이들 정치학자들이 논급하는 문명의 개념이나 구성요소는 거개가 법이나 권력, 갈등이나 정의 같은 정치학 영역에서 다루는 분야로서, 문명의 이해와는 크게 관련이 없다. 게다가 이들은 문명의 공존이나 조화를 언급하면서도 그 실현의 기본 방도와 수단인 교류에 관해서는 거의 접근조차 없이 도외시하고 있다. 따라서 문명의 갈등이나 충돌을 공존이나 조화로 치환하는 데는 속수무책일 수밖에 없다. 이같은 '문명정치론'은 내포하고 있는 치명적 한계로 인해 결코 문명 간의 진정한 공조나 조화를 이루어낼 수 없는 것이다.

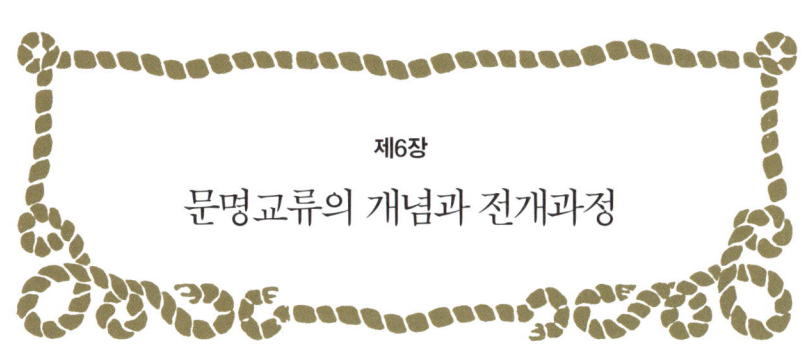

제6장
문명교류의 개념과 전개과정

┃제1절 문명교류의 개념과 시원

　문명교류란 인간이 정신적·육체적 노동을 통해 획득한 서로 다른 결과물을 유무상통과 호혜(互惠)의 원칙에 따라 주고받는 행위를 말한다. 바꾸어 말하면, 문명교류란 구성요소를 달리하는 문명(이질문명) 간의 상호 전파와 수용의 과정을 말한다. 이와 같은 문명의 교류는 문명이 지닌 근본 속성인 모방성과 공유성으로 인해 불가피하게 진행되는데, 그 구체적인 과정은 문명의 전파와 수용에 의해 실현된다. 바로 이러한 속성과 과정 때문에 문명교류는 제도적 규제나 물리적 거리 같은 이러저러한 객관적 장애 요인에 구애받지 않고 본능적으로 끊임없이 진행된다. 교류 속에서 개개의 문명집단(문명권)은 고유의 자생성과 전파성을 타 문명에 대한 수용성과 결부시키면서 자기의 고유한 문명을 창조하고 살찌워나간다. 이것이 바로 문명 발달의 통칙이다.[1]

　전술한 오리엔탈리즘과 문명충돌론, 문명공존론과 더불어 문명교류론은 중요한 현대적 문명담론의 하나다. 현대적 문명교류론자들은 공히 인류역사의 일대 전환기를 맞은 현대사회에서 문명이라는 하나의 사회구조체가 갖는 보편성과 역동성, 시대성, 그리고 인류사회의 생성과 진화, 변혁에 대한 막중한 기능과 역할, 그리고 공생공영하는 인류미래 제시의 중요성 등을 감안해 현대적 문명담론을 중차대한 시대적 의제로 설정하고 나름대로의 관점과 시각에서 입론을 시도한다. 그러나 시대적 의제로서의 문명교류론을 학문적으로 정립하는 데는 여러가지 미흡함과 착각, 오해를 드러내고 있다. 과문이지만, 문명교류론이 시대의 화두로 급부상했으나, 아직껏 그 어느 곳에서도, 그 누구에 의해서도 인문학의 새로운 한 분야(분과)로 자리매김되어 있지 못한 것이 현실이다.

문학평론가 사이드는 『오리엔탈리즘』에서 동방에 대한 서방의 관계론적 시각을 해명하는 데 유리한 인식론적 틀과 바탕을 제공했다. 그러나 동방이라는 대상을 중근동 일원으로 한정하고 인도나 중국 등 동방의 기타 주요 국가들은 담론에서 소외시킴으로써 이론적·인식론적 보편성의 측면에서 미흡함을 면치 못하고 있다. 현대적 문명담론에서 '태풍의 눈'으로 떠오른 안보전략가 헌팅턴의 '문명충돌론'은 복합적인 문명 개념을 단순한 가치체계, 그것도 종교로 축소 단순화하고, 문명 간의 차이를 문명 본연의 불상용적인 충돌로 착각하며 문명 간의 상생관계를 상극관계로 오도한다. 그러다보니 이러한 충돌과 상극관계에서 비롯된 지구촌의 분란은 불가피하게 숙명적일 수밖에 없다.

그런가 하면 헌팅턴의 '문명충돌론'을 정면으로 반박한 국제관계 전문가인 뮐러가 『문명의 공존』에서 논급한 문명의 개념이나 구성요소는 거개가 문명과는 무관한 정치학 분야의 내용들이다. 그의 문명공존론은 간혹 문명의 공존이나 조화를 언급하더라도 그 실현의 기본 방도나 수단인 교류에 한해서는 무시하는 만큼 문명의 갈등이나 충돌을 공존이나 조화로 치환하는 데는 무능할 수밖에 없다. 뜬금없는 사이비(似而非) '문명정치론'은 이처럼 치명적 한계를 내포하고 있는바, 이러한 문명정치론이 문명 간의 진정한 공조나 조화를 이루어내게 하는 이론적 지침서가 될 수 없음은 물론이다. 문명은 문명 연구가에 의해 문명학적으로 다루어지고, 인문학은 인문학자에 의해 인문학적으로 접근되어야 한다. 이것은 학문에 있어서 만고의 진리다.

이처럼 현대적 문명담론으로 부상한 '오리엔탈리즘'이나 '문명충돌론' '문명공존론' 같은 이론들은 그 자체의 논리적 모순이나 한계성, 미비점 때문에 현대인의 문명생활에서 제기되는 여러가지 현안에 대한 명철한 해답을 내놓지 못함은 물론, 미래지향적인 대안도 제시하지 못하고 있다. 이러한 현실 이해에서 출발해 필자는 이들 현대적 문명담론과는 구별되는 '문명교류론'을 제창하면서, 술이작(述而作)의 학구적 연구방법으로 교류를 통한 보편문명의 창출과 인류 공생공영의 실현을 가능하게 하는 '문명대안론'의 예시(豫示)를 시도한다.

이러한 문명교류의 시원(始原)은 막연하게나마 인류가 장거리 이동을 시작할 때쯤이라는 것이 학계의 중론이다. 지금까지의 고고학적 발굴 결과에 따르면 후기 구석기시대(1만 2천~3만 5천년 전)에 이르러 인류가 장거리 이동을 하기 시작한 것으로 추단된다. 오스트레일리아나 뉴기니에서 호모사피엔스사피엔스(Homo sapiens sapiens, 신인新人)에 속하는 자바의 와자크인(Wadjak man)이나 보르네오의 사라왁 니아 동굴인(Sarawak Niah man)과 비슷한 인골이 발굴되었는데, 이들은 모두가 약 3만 5천년 전에 바다를 건너 이곳으로 이주해 온 원시인들로 추정된다. 그밖에 최근의 지질학적 연구에 의해 약 3만년 전(유전자 연구로는 3만 4천~3만 6천년 전) 몽골 인종(Mongolian)이 베링해협(Bering Strait)을 건너 아메리카에 정착해 인디언의 조상이 되었다는 사실도 고증되었다.

후기 구석기시대에 있었던 인류의 이러한 이동은 비록 단향적(單向的)이기는 했지만, 이러한 이동에는 필히 원시적 구석기 문명이 수반되었을 것이다. 따라서 이때부터 인류의 문명은 인류의 이동과 더불어 전파와 수용에 의한 교류가 시작되었다고 말할 수 있을 것이다.

이 시대의 교류상을 비교적 확실하게 실증해주는 한가지 유물이 사계(斯界)의 큰 관심을 끌고 있는데, 그것이 바로 유명한 비너스(Venus)상[2]이다. 비너스는 로마 시대부터 르네상스 시대를 거치면서 특정한 민족 신화의 틀을 벗어나 여성의 아름다움의 원형으로서 서양 문학과 미술의 주제로 자주 등장하였다.[3] 그러다가 19세기 말엽부터 서유럽과 동유럽, 시베리아의 여러곳에서 후기 구석기시대에 속하는 여러가지 형태의 여인 나체상 유물이 줄줄이 발굴됨에 따라 유럽의 고고학자들은 이 여인상을 여성의 원형으로 간주해 그 이름을 그리스신화로 수백년 동안 전승되어온 '비너스'로 명명하고, 이 희귀 유물에 관한 연구를 각방으로 진행하였다.

비너스상은 1882년 프랑스의 브라상뿌이(Brassempouy)에서 처음으로 출토된 이래 7개 지역 19곳에서 각이한 형태의 유물이 발굴되었다. 지역별 분포 상황을 보면, 프랑스에 5곳, 이딸리아에 3곳, 남부 독일에 1곳, 오스트리아에 1곳, 우끄라이나에 5곳, 동부 유럽 지역 2곳, 동시베리아에 2곳으로, 유물 출토지가 유라시아 북방의 광활한 지역에 동서로 널리 퍼져 있다. 서유럽에 10곳, 동유럽에 7곳, 특이하게도 시베리아에 2곳으로 유럽이 절대적으로 다수를 점한다.

이들 비너스상 가운데서 오스트리아 빈(Wien)자연사박물관에 소장된 빌렌도르프 비너스상(Venus von Willendorf)은 가장 전형적인 비너스상이다. 이 상은 1908년 오스트리아를 가로질러 흐르는 다뉴브강 근처에 위치한 빌렌도르프에서 철도 공사를 시행하는 과정에서 발견되었

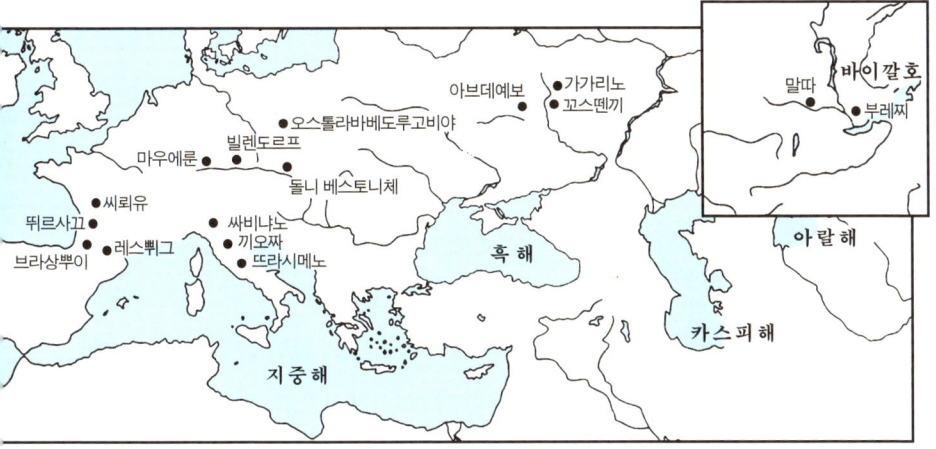

비너스상 분포도[4]

다. 높이가 11cm쯤 되는 약 2만~2만 5천년 전의 이 상은 유달리 커다란 유방과 불룩한 배, 풍만한 엉덩이, 굵은 허리 등 특이한 체형을 가지고 있다. 그래서 일부 고고학자들은 이 조각상이 실제 여인의 모습을 있는 그대로 표현한 것이라기보다 다산(多産)을 상징하는 원시적인 주술을 표현한 것이라고 주장하기도 한다.

대체로 왜소한 비너스상 조각품의 크기는 3.5~22cm에 불과하며, 조각 기법으로는 후기 구석기시대의 조형화 성향을 보여주는 환조(丸彫) 기법[5]이 그대로 사용되고 있다. 그리하여 대부분의 비너스상은 유부(乳部)와 흉부(胸部), 둔부(臀部) 등 여성적 특징을 나타내는 인체 부위가 특별히 강조되어 조형화되었다. 그러나 주제 면에서 비너스상은 희유의 독특성을 보여준다. 일반적으로 후기 구석기시대의 예술은 동물을 형상화하는 애니미즘(animism)이 주제로 채택되기 때문에 인물을 독립적으로 부각시키는 경우가 흔치 않으나, 비너스상의 경우는 이와는 달리 여러가지 형상을 한 인물(여인)이 독자적인 주제로 등장한다.

빌렌도르프 비너스

비너스상의 용도에 관해서는 여러가지 설이 있다. 첫째는 사실적 작품이라는 설이다. 초기 서유럽에서 상이 발견되었을 때 학자들은 그것이 구석기시대의 인종적 특징을 그대로 나타낸 사실적 작품으로서 당시의 여성에 대한 육체적 미의식에서 오는 이상적 여성상이라고 판단했다. 둘째는 호신(護身)의 부적(符籍)을 상징적으로 의미한다는 설이다. 이 설을 주장하는 일부 학자들은 유럽에서 풍만한 체형의 비너스상이 많이 출토되자, 이것이 풍요를 상징하거나 아니면 풍요를 기원하는 인간 심리를 반영한 것으로[6] 인간이나 동물의 생산·번식과 관련이 있는 어떤 주술적 혹은 제의적(祭儀的)인 우상, 즉 어떤 벽사진경(辟邪進慶)의 호신부(護身符)일 것이라고 해석한다.

셋째는 가족이나 종족의 수호신이라는 일설이다. 우끄라이나와 동시베리아의 화로터(노지爐址)가 있는 주거지에서 비너스상이 출토되자, 일부 학자들은 이러한 유물이 거주민(가족이나 종족)에 대한 수호의 의미를 갖고 있다고 주장하였다. 동시베리아의 부레찌(Buret')에서 수혈식(竪穴式) 집터 4곳이 발견되었는데, 집터마다 중앙에는 화로터 자리가 있고, 그 가까이에서 맘모스 이빨로 만든 비너스상 3점이 출토되었다. 이 설의 지지자들은 이렇게 화로터가 있는 주거지와 결부시켜 볼 때 거기서 나온 비너스상은 십중팔구는 가족이나 종족의 조상으로서 그들을 수호하는 조모신(祖母神) 혹은 지모신(地母神), 아니면 화로의 수호자(화로의 여주인)로 그곳에 안치되고 숭상되었을 것이라고 추단한다. 넷째로 무녀상(巫女像)이라는 설도 있다. 샤머니즘의 원시종교와 연관지어 사제(司祭)로서의 무녀를 형상화한 상으로 이해하는 일부 학자들의 주장이다.[7]

이렇게 독립적인 인간 조형물로는 가장 오래된 비너스상의 조각 목적이나 의의에 관해서 학자들은 나름대로 여러가지 상이한 견해와 주장을 펴고 있다. 이를 종합해보면 사실적 의미와 상징적 의미 두가지로 대별할 수 있다. 그러나 상징적 의의에 더 큰 비중을 두는 것이 작금의 연구 동향이다. 그것은 아마 원시적 사회진화 과정에서 부권(父權)에 대한 여권(女權)의 선행성(先行性)이라든가 중요성에서 비롯된 모성(母性)에 대한 추앙과 숭상의 상징적 표현으로서 자연스러운 일이다.

문명교류학에서 비너스상을 여러모로 다루는 것은 2만~3만년 전의 후기 구석기시대에 제작되고 유포된 이 유물이야말로 지금까지 알려진 유물 가운데 최초의 문명교류 유물이라는 점에서 특별한 의미를 지니기 때문이다. 그런데 이 유물의 교류상을 해명하려면 지금으로서는 유물의 유형화를 통한 비교 분석의 방법으로 그 단서를 파악하는 길밖에 없다.

비너스상은 대체로 환조 기법으로 조각되었기 때문에 육안으로도 그 형태적 특징을 식별하여 유형화할 수 있다. 이러한 유형화는 비너스상의 조각 기법이나 그 상징적 의미를 구명하는 데 필요할 뿐만 아니라, 비너스상의 이동이나 전파 과정을 추적하고 그에 기초하여 비너스상의 교류관계를 판단하는 데도 중요한 의의를 갖는다.

19개 지역에서 출토된 주요 비너스상의 형태를 살펴보면 지역에 따라, 혹은 같은 지역 내에서도 형태가 각기 다름을 발견하게 된다. 일본의 저명한 고고학자 에가미 나미오(江上波夫)[8]는 각이한 형태의 비너스상을 형태별로 다음과 같이 분류했다. 즉, 전면에서 본 형태를 크게 비대형(肥大形)·중비형(中肥形)·수척형(瘦瘠形)으로 나누고, 측면에서 본 형태는 크게 돌출형(突出形)·융기형(隆起形)·배면수직형(背面垂直形)으로 나누었다. 그외에 모양새나 차림새가 유별난 것은 특이형(特異形, 9종)으로 분류하였다.[9]

비너스상이 지금으로부터 약 2만~2만 5천년 전에 만들어졌다는 데는 별로 큰 이의가 없다.[10] 그러나 어디에서 처음으로 만들어졌는가 하는 제작 기원지 문제에서는 아직 불투명하거나 밝혀지지 못한 점들이 수두룩해 연구자들 간에 이견이 분분하다. 그 내용을 종합하면, 동시베리아를 포함해 우끄라이나 이동 지역에서 기원했다는 동방기원설(東方起源說, 일명 Burkitt설)[11]과 동일한 사회발전 단계에 이르러 각지에서 자생했다는 자생설(일명 Lebin설), 그리고 동유럽에서 기원했다는 동유럽기원설(일명 서방기원설, Okradnikob설)[12] 세가지가 있다. 이 가운데 동방기원설과 자생설은 신빙성이 약해 재론되지 않지만 동유럽기원설은 비교적 설득력이 있는 근거 때문에 유력시되고 있다.

동유럽기원설이 유력시되는 이유는 유고슬라비아와 우끄라이나를 비롯한 동유럽 지대에서 출토된 비너스상의 형태가 이 상의 유형화에서 기본적으로 중간형이라는 데 있다. 즉, 비너스상의 형태 분류(유형화)상으로 볼 때 전체 분포 지대의 중간에 위치한 동유럽 지대에서는 동서 형태를 절충한 중간혼재형(中間混在型, 기본형)[13]이 우세를 차지하는데, 이러한 형이 대칭적으로 동방과 서방으로 파급되었다는 것이다.

일부 연구자들은 동시베리아의 비너스상이 대체로 몸체가 여위고 각선(刻線) 같은 외식(外飾, 외부 장식)이 있다는 특이점을 근거로 이 지역 비너스상과 다른 지역 비너스상의 상관성을 부정한다. 그러나 석재(石材)를 비롯한 제작 소재와 여성의 성적 특성을 부각시킨 점 등의 공통성과 더불어 중간 지대인 동유럽 일원에서 중간형(중간혼재형)이 출토되는 사실 등을 감안할 때, 동서에 산재한 비너스상 사이에는 분명 상관성이 있는 것으로 보이는데, 이러한 상관성은 구석기인들의 이동이라든가 그들 간의 교류에 의해 발생했다고 추단해도 큰 무리는 아닐 것이다.

지금까지 비너스상은 주로 서유럽과 동유럽, 바이깔호 부근의 동시베리아 일대에서 발견되어 논의의 대상이 되었다. 그러나 근간에 중국의 둥베이(東北) 지방과 일본 북부 지역에서도 유사품이 발견되어 비너스상에 관한 연구는 물론, 이에 따른 문명교류사 연구에서도 그만큼 시야가 넓어지고 있다.

체코 돌니 베스토니체(Dolní Věstonice) 출토 비너스상(중간혼재형, 기본형)

중국 북방의 대표적 신석기문화인 홍산문화(紅山文化)[14] 지역의 중심부에 위치한 랴오닝(遼寧)의 서부 커쭤현(喀左縣, 현 카라미쭤이喀喇泌左翼몽고족자치현蒙古族自治縣) 둥산쭈이(東山嘴)에서 1979년 5월 대형 석조(石造) 제단(祭壇) 터가 발견되었는데, 유물 중에는 중국에서 처음 나오는 도질(陶質)의 여인 나체 소상(塑像) 2점이 반출(伴出)되었다.

제작 연대가 약 5천년 전으로 추정되는[15] 이 2점의 소상은 모두 머리 부분이 떨어져 나가서 온전한 형태는 알 수 없다. 잔해의 높이는 각각 5cm와 5.8cm이고, 복부와 둔부가 돌출한 임신부 형의 환조 조형물이다.

이 커줴현 둥산쮜이 발굴에 이어 1983년 둥산쮜이 서쪽으로 약 50km 떨어진 뉴허량(牛河梁)에서 역시 홍산문화에 속하는 여신묘(女神廟) 유지 한곳과 적석총군(積石冢群)과 함께 성채(城砦) 유지가 발견되었다. 이 뉴허량 유지에서 흙으로 빚어진 크기가 서로 다른 여러가지 여인 나체 소상(塑像) 조각들과 여신묘 주실(主室) 서쪽에서 거의 등신대(等身大)의 채소여신상(彩塑女神像)이 출토되었다. 두부(頭部)가 거의 온전하게 보존되어 있는 이 여인상은 특이하게도 정교한 원조(圓雕) 기법[16]으로 제작되었다. 특히 눈방울〔眼球〕로 맑고 짙은 푸른 빛 구슬〔圓玉珠〕이 박혀 있어 생기마저 돌게 하고 있다.[17]

홍산문화 유지에서 출토된 이같은 3점의 여인상과 유라시아 비너스상의 상관성에 관해서는 학자들 간에 치열한 논쟁이 벌어졌다. 형태 면에서 복부와 흉부가 돌출된 여인 나체상이란 점과 풍요나 다산을 상징하는 숭배 대상물이라는 의의 면에서는 두 지역 여인상 간에 공통성이 있음을 대체로 인정한다. 그러나 중국의 장광다(張廣達) 같은 고고학자는 홍산 여인상과 유라시아 비너스상은 무관하다고 주장하면서, 그 근거로 다음 세가지를 제기하고 있다.

그 하나는 유라시아와 홍산문화구 두 지역 간에는 연결고리 역할을 한 중간고리가 없다는 점이다. 즉, 이 두 지역의 중간 지대에서 유사한 유물이 발견되지 않음으로써 그 관련성이 실물로 입증되지 않는다는 것이다. 다른 하나의 근거는 유물의 제작 시간상에서 상차가 너무나 크다는 점이다. 즉, 유라시아의 비너스상은 늦어도 후기 구석기시대인 1만여년 전에 만들어졌지만 홍산 여인상은 기껏해야 5천년 전에 만들어졌을 터이므로, 편년상 5천년 이상의 큰 차이가 있다는 것이다. 세번째로는 역설적으로 홍산 여인상과 유라시아 비너스상 간에 조형이나 의미에서 보이는 상관성(공통성)은 문명의 속성인 보편성의 반영일 뿐,

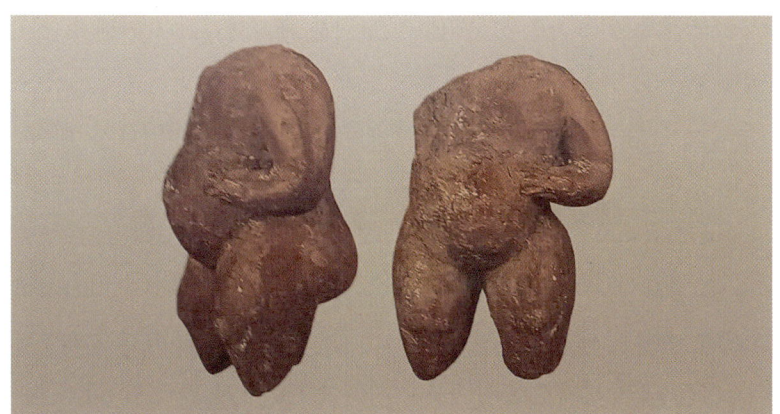

훙산문화 여인상(둥산쭈이 유지 출토)

결코 서로의 전파나 교류에서 비롯된 것은 아니라는 논리다.

장광다는 이러한 주장을 펴면서 두 지역에서 출토된 여인상 간의 공통성이나 상관성에 관해서 이중적 해석을 가하고 있다. 그는 상관성 운운하면서도 이것은 혹여 종래 서구 학자들이 터무니없이 주장해온 이른바 '중국문화서래설(中國文化西來說)'[18]에 기인한 것이 아닌가 하는 의문과 우려를 토로한다. 그렇지만 그는 두 지역 여인상 간의 무관함을 주장하더라도 상사성(相似性)을 부정하지는 않는다. 장광다는 이러한 상사성이 있게 된 원인을 미국의 인류학자 모건(L. H. Morgan)의 이른바 '공통심리설'에서 찾고 있다.[19]

비너스상의 동점(東漸)을 예시하는 또 하나의 증거는 일본에서도 유사한 여인상이 발견된 점이다. 일본 열도의 북부 지역에 남아 있는 아이누(ainu)족 유지에서 채색토기와 함께 여신상이 출토되었는데, 유방이 특별히 크고 복부가 원형으로 돌출된 형태를 하고 있다. 풍요나 생산을 상징하는 신앙 대상물로서 시베리아 비너스상과 같은 계통의 유물로 추측된다. 제작 시기는 신석기시대로, 이 시기에 시베리아로부터 북

부 일본 지역으로 이주한 아이누족에 의해 제작되었거나 전해진 것으로 추정된다.[20]

유라시아의 동서 각지에서 발굴된 여러가지 형태의 여인상인 비너스상은 선사시대 문명의 발아기(發芽期)에 문명교류사상 첫 교류물로 등장하여 유라시아의 넓은 지역에 산재하였다. 그러나 서로 간의 전파와 수용을 통해 이루어진 모티브나 의미 및 제작기법 등에서의 상관성이나 공통성 및 상사성은 선명하게 드러나고 있다. 그리고 유라시아의 비너스상은 제작 시기가 후기 구석기시대이므로 동서 간의 교류를 실증해주는 유물치고는 가장 오래된 것으로서, 그 출현과 전파는 명실공히 동서 문명교류의 효시(嚆矢)라고 추단할 수 있으며, 따라서 비너스상의 문명교류사적 의미는 자못 크다고 할 수 있다.

제2절 문명교류의 약사(略史)

이렇게 문명은 태생적으로 교류를 수반하게 되는데, 그 당초의 계기는 인류의 이동이다. 지금까지의 고고학 연구에 따르면 후기 구석기시대(1만 2천~3만 5천년 전)에 들어와서 인류가 멀리 아메리카대륙까지 장거리 이동을 하였다는 것이 입증되고 있다. 그러나 이들이 어떤 수단을 이용해 그토록 멀고 험난한 바다를 건넜는지, 그들의 도래 이전에는 어떤 인종이 그곳에 살고 있었는지, 서로의 인종적 혼합 과정은 어떠하였는지, 이 모든 것이 아직은 연구의 미흡으로 인해 풀리지 않는 수수께끼로 남아 있다. 그러나 분명한 것은, 이 이주민들에 의해 후기 구석기문화가 이동지에 전파되었으리라는 사실이다. 따라서 이때부터 문명은 인류의 이동에 따라 서로 교류되기 시작했다고 말할 수 있다. 요컨대 후기 구석기시대를 인류문명 교류의 시원으로 간주할 수 있을 것이다.

이처럼 시작된 인류문명의 교류는 여러 발전 단계를 거쳐 오늘에까지 이르렀다. 물론 무엇을 기준으로 이러한 발전 단계를 구분하는가 하는 데는 이론의 여지가 있다. 그러나 문명교류의 내용이나 전개 양상 및 특징에 따라 그 전과정을 대체로 태동기, 여명기, 발전기, 개화기의 4단계로 나눠 고찰할 수 있다. 이해의 편의상 문명교류사의 이 4단계를 일반 역사시대의 구분법에서 흔히 쓰이는 상고(上古), 고대, 중세, 근현세라는 시대 개념에 대입시켜 고찰할 수 있을 법하다.

상고시대에 해당하는 태동기(胎動期)는 인류문명의 교류가 시작된 후기 구석기시대부터 이른바 역사(문명)시대의 전반기(前半期, B.C. 4000~1000년경)까지의 약 3만년간이란 장구한 기간을 포함한다. 문자 기록이 거의 없는 이 시기의 문명교류는 오로지 고고학적 유물에 의해서만 추적이 가능하다. 그런데 이러한 유물은 대개 석기시대나 청동기시대, 초기 철기시대에 제작된 것으로서 원시적인 문명 수준에 머물러 있다. 이 시기 유라시아대륙의 교류상을 비교적 명확하게 입증해주는 최초의 유물이 바로 여인 나체상으로 알려진 비너스상이다. 이 유물의 출현과 전파는 인류 최초의 교류상을 여실히 보여준다.[21]

그러다가 지금으로부터 약 1만년 전에 충적세(沖積世)가 시작되면서 일어난 인류의 대이동으로 유라시아대륙에 몇갈래의 길, 즉 초기 실크로드가 생겨났는데, 이 길을 따라 문명교류는 여명기를 맞게 되었다. 기원전 7000년경에 메소포타미아 지방에서 발생한 농경과 목축, 토기와 방직 기술 등의 원시문명이 이 길을 통해 주변 여러곳에 전파되었으며, 서아시아와 동아시아에서 각각 기원전 6000년경과 4000년경에 생겨난 채도(彩陶)도 이 길을 따라 동서로 광범위하게 전해졌다. 그밖에 이 지역에서 전개된 거석(巨石)문화나 즐문토기(櫛文土器)문화, 세석기

(細石器)문화의 전파상을 통해서도 이 시기 문명교류의 모습을 읽을 수 있다.

그러나 이 시기의 문명교류는 주로 일방적이고도 단향적인 이동으로서 상호성에 의한 호혜적(互惠的) 교류는 극히 미미한 상태였다. 그나마 이러한 교류상을 실증할 만한 유물은 앞의 몇가지를 제외하고는 아주 드물다. 이같이 상호교류가 아닌 일방적인 이동에 불과한 편향적인 문명교류가 싹튼 태동기는 문명교류사의 상고시대라고 말할 수 있다. 유의할 것은 여기서의 '상고(上古)'는 역사시대의 구분법 일반에서 이해하는 가장 오래된 시대가 아니라, 인간의 이동에서 비롯된 문명교류가 진행되어온 역사 과정에서 가장 오래된 시대라는 개념으로 쓰인다는 점이다.

태동기에 이은 여명기(黎明期)는 문자 그대로 문명교류의 양상이 희미하게 밝아오는 시기이다. 이 시기는 역사시대의 후반기(기원전 1000년경 시작)로부터 동서 간에 실크로드의 3대 간선(초원로, 오아시스 육로, 해로)을 통한 초기 문명교류의 모습이 약간씩 드러나고 윤곽이 잡히기 시작한 기원후 4세기까지의 약 1500년간을 아우르고 있다. 이 시기의 문명교류상은 발견되는 고고학적 유물과 더불어 남아 있는 문헌 기록에 의해 비교적 뚜렷하게 가늠할 수 있다. 이 시기는 문명교류의 통로인 실크로드의 개통과 더불어 동·서양 간에 문물교류가 가시화되는 여명기(혹은 개척기)에 해당된다. 아직은 교류에서의 일방성이나 단향성, 편중성을 크게 탈피하지는 못했지만, 그나마 상호성이나 호혜성이 나타남으로써 교류의 완결성(完結性)의 조짐이 보이기 시작한다. 이것은 기원을 전후한 시기 동·서방에 한(漢)제국과 로마제국이라는 강대한 통일제국이 대치하고, 북방 유라시아 초원지대가 스키타이(Scythai)와 흉노(匈奴)를 비롯한 유목기마민족들의 활동 무대가 되는 등 최초의 이질문명권이 형성되고 서로의 만남이 불가피하게 된 시대적 상황과 깊은 관련이 있다.

기원전 1000년기에 접어들면서 지중해와 홍해, 아라비아해 사이는 물론, 남인도와 페르시아만, 바빌론 간에도 해로가 개통되어 해상교역이 시작되었다. 또한 해로 말고 북방 유라시아 초원지대에도 초원로가 동서로 뻗어, 이 길을 타고 중앙아시아의 아나우(Anau)문화와 시베리아의 카라수크(Karasuk)문화를 비롯한 청동기문화가 동서로 퍼져나갔다. 특히 기원전 1000년경에 문명 발달의 불균형에서 오는 갈등과 청동제 고삐(reins)와 재갈(bit) 등 마구의 발명에 따른 기마전술의 출현으로 인해 평화적 유목민들이 전투적 기마민족으로 일약 변신함으로써 북방 초원지대는 활발한 교역장으로 변모하였다.

기원전 8세기경부터는 남러시아 일원에서 흥기한 유목기마민족인 스키타이가 초원로를 따라 종횡무진 활동하면서 아조프해(Sea of Azov)로부터 알타이산맥 부근까지 이르는 이른바 '동방무역로'를 개척했다. 그들에 의해 페르시아나 그리스에서 수입된 공예품이나 장신구들이 동방에 수출되고, 알타이 지방에서 채취되는 황금이나 중국에서 생산되는 직물류가 서방으로 운반됨으로써 사상 처음으로 동·서방 간에 문물이 직접 오가게 되었다.

기원전 4세기경에는 동서 문명의 만남과 융합이 이루어지는 획기적인 전기가 마련된 2대 사건이 발생했다. 그것은 흉노의 서천(西遷)과 알렉산드로스의 동정(東征)이다. 기원전 4세기경 중국 북방에서 흥기하여 사상 첫 유목제국을 건설한 흉노는 약 400년간 몽골을 중심으로 한 동아시아 북방지대에서 활동하면서 시종 중국의 진(秦)·한 제국과 화전(和戰) 관계를 유지해왔다. 이 과정에서 중국의 농경문화를 수용하기도 하고, 자신의 유목기마문화를 파급시켜 특유의 호한(胡漢)문화를 창출하기도 하였다. 기원후 1세기 후반에는 한나라의 압박에 밀려 중앙아시아와 남러시아 초원지대를 지나 유럽으로 서천하면서 이러한 호한문화를 광범위한 활동지역에 전파했을 뿐만 아니라, 그리스·로마 고전문화를 비롯한 페르시아문화, 스키타이문화, 헬레니즘문화 등 서역·서구문화를 흡수함으로써 기원을 전후한 약 7~8세기 동안 북방 유라시아 대륙의 동서교류를 주도했다.

한편, 서방에서는 알렉산드로스가 단행한 11년간(B.C. 334~323)의 동방 원정으로부터 그 결과로 탄생한 프톨레마이오스(Ptolemaeos) 왕조가 로마에 병합될 때(B.C. 30)까지의 약 300년 동안, 서아시아와 중앙아시아 및 지중해 연안의 광활한 지역에 헬레니즘세계가 펼쳐졌다. 이 새로운 세계는 동서 문화를 융합시킨 새로운 세계적 문화, 즉 헬레니즘문화를 탄생시켰다. 헬레니즘문화는 고전 그리스문화와, 페르시아문화로 이어져온 고대 오리엔트문화의 첫 만남이며, 또한 인도나 중국의 고대문화와 서방문화 간의 접촉 계기를 마련한 문화로, 동서 문명교류사에 중요한 한장을 열어놓았다. 이때까지 아시아와 유럽은 그 중간지대에 위치한 페르시아의 매개에 의한 간접관계만을 맺어왔으나, 이제 그 관계는 직접관계로 전환되었다. 그 결과 헬레니즘은 고대 동서 문명의 교류뿐만 아니라, 지역 문화의 창달에도 커다란 영향을 미쳤다. 유럽에서 로마인들은 그리스인들로부터 헬레니즘문화를 이어받아 마침내 라틴문화를 산생시켰고, 서아시아에서 아랍인들은 헬레니즘문화를 수용해 불모지에서 이슬람문화를 창조·발전시킨 후, 다시 그 융합문화를 유럽에 이전시켜 근세 유럽문명의 부흥, 이른바 르네상스(Renaissance)를 촉발하였다. 인도와 중국을 비롯한 동방 제국은 헬레니즘세계를 통하여 사상 처음으로 유럽과 직접적으로 접촉하게 됨으로써 전례없는 상호 이해와 교류의 계기를 갖게 되었다.

이러한 역사적 배경 속에서 기원을 전후한 시기에 동·서방 간의 교류는 확연히 그 면모를 드러내고 서로 간의 이해가 증진되었다. 로마는 인도나 중국(한)과 동방 원거리 무역을 추진하면서 인도의 토산품이나 중국의 비단을 대대적으로 수입했으며, 이들 국가 간에는 사신도 교환되었다. 아울러 기원 전후 인도 동남단까지만 진출했던 중국의 범선이 3세기경부터는 멀리 홍해 남부까지 항해하여 로마와의 직접적인 해상 교역을 진행하기에 이르렀다.

당시 로마와 한나라 간의 교역은 직접통로가 아니라 인도나 페르시아를 매개로 한 간접통로를 통해서 이루어지고 있었다. 그 교역로 가운데 우선 육로는 중국 장안(長安, 현 시안西安)으로부터 서진해 오아시스 육로의 남도를 지나 인도 서북부에서 남하해 일단 인도 서해안에 있는 여러 항구로 이어진 후, 거기서 로마로 통하는 해로와 만난다. 이 길은 독일의 지리학자 리히트호펜(F. von Richthofen)이 처음으로 '실크로드'(Seidenstrassen, Seiden=비단, Strassen=길, 즉 Silk Road)라고 명명한 길이다. 다음으로 해로는 오늘날의 남해로에 해당한다. 즉, 홍해(혹은 지중해)에서 출항해 아라비아해와 인도양을 거쳐 믈라카해협을 지나 북상한 후 부남(扶南, 현 베트남 남부)이나 교지(交趾, 현 베트남 북부)까지 연결되는 해상 루트이다. 그런데 이 길 역시 로마에서 한나라까지 일직선으로 연결된 직항로가 아니라, 인도를 중계 거점으로 하여 크게는 그 이서와 이동의 두 구간으로 나뉘어 형성된 길이다. 당초에는 로마 대 인도, 인도 대 한나라 간의 분할무역으로 로마와 중국의 교역이 출발하였으며, 이것이 상당 기간 유지되어오다가 3세기경부터 비로소 로마와 중국 간에 직접교역이 이루어지게 된 것이다.

짧지 않은 여명기를 거쳐 문명교류는 본격적인 발전기(發展期)에 접어들었다. 문명교류사에서 발전기는 대체로 유럽의 중세와 맞먹는 시기로서 유럽의 찬란했던 고대가 물러가고 암흑의 중세가 닥쳐온 5세기부터 시작해 유럽에서 일어난 산업혁명으로 실크로드에 사용되는 교통수단이 개량됨으로써 동서교류에 획기적인 전기가 마련된 18세기 중엽까지의 약 1300년간이다. 비록 유럽은 5세기부터 일시적인 침체 상태에 빠져 문명교류에서 거의 소외되었지만, 지구의 동·서방에 강대한 당(唐)제국과 이슬람제국이란 이질적 문명세계가 출현함으로써 문명 간의 교류는 전례없이 활성화되었으며, 그 연장선상에서 13세기(1219~60)에 단행된 몽골의 3차에 걸친 서정(西征)은 동·서 세계를 전무후무한 규모로 소통시켰다. 이어 일어난 유럽의 르네상스와 대항해시대의 도래, 그리고 유럽에서의 근대 산업혁명의 태동은 동서 간의 세력관계나 교류관계에 일대 전환을 초래했을 뿐만 아니라, 문명교류가 구대륙에만 한정되었던 전래의 구각에서 벗어나 신·구대륙 전체를 아우르는 범지구적 교류가 되도록 그 범위를 확대시켰다. 그리하여 문명교류는 그 발전사에서 범지구적인 전환기를 맞게 되었다.

유럽은 중세의 암흑기로 접어듦으로써 자신의 문명을 후퇴시켰을 뿐만 아니라, 교류 전반을 위축시키는 결과를 자초하였다. 그리하여 유럽은 발전기의 전반(前半)에 걸쳐 후진 상태에서 허덕이면서 당제국이나 이슬람제국으로부터 선진문명을 일방적으로 수용하지 않을 수 없었다. 그러다가 14세기부터 자신이 이룩했던 선진 고전문명을 되찾은 데 힘입어 부흥(르네상스)을 일으키면서 기독교문명을 근간으로 하는 '유럽세계'라는 역사적 실체를 확립하기에 이르렀다. 이를 계기로 유럽에서 산업과 농업이 급속도로 발달하고 교역이 크게 진작됨으로써 당대 세계 문명의 행보에는 일대 반전이 일어나기 시작하였다. 여기에 15세기 말부터 전개된 대항해시대와 '지리적 대발견', 그리고 이에 수반된 서세동점(西勢東漸) 현상은 이러한 반전을 극대화함으로써 마침내 '선진 유럽'이니 '후진 동방'이니 하는 문명, 적어도 물질문명에서의 불균형상을 초래하였다. 그 결과 교류의 중심축도 점차 동에서 서로 기울어지게 되었다. 거시적으로 보면, 이것은 역사의 후퇴가 아니라, 부침으로 이어지는 역사의 상승적인 순환인 것이다.

한편, 7세기 선진(先秦)문명을 계승한 당제국의 등장도 동서 문명교류에 일대 전환을 가져왔다. 당대의 최고 문명 수준에 다다른 당제국은 진취적인 개방정책을 추구하면서 서역을 비롯한 서방의 문물을 적극 수용하는 한편, 중국 4대 발명품(제지법·인쇄술·나침반·화약)의 하나인 제지법을 비롯한 중국의 선진문물을 서방에 전수함으로써, 서방의 중세적 개화에 크게 기여하였다. 특히 당의 적극적인 서역 경영은 중국과 서역 간의 교류는 물론이고, 전반적인 동서교류에 적지 않은 영향을 미쳤다. 그 과정에서 오아시스 육로를 비롯한 실크로드의 기능이 강화되고, 그 노정이 최종적으로 확정되었다. 당을 이은 송(宋)은 더욱 적극적인 대외 진출에 나서서 동서 간의 교류를 가일층 활성화시켰다.

몽골은 중국 전역을 석권한 원(元)나라(1271~1368)라는 강대한 정복제국을 세움과 동시에 세차례의 대규모 서정을 단행해 아시아와 유럽의 광활한 지역을 아우르는 4대 칸국을 예하에 둠으로써 범세계적 제국 건설의 목적을 달성하였다. 막강한 군사력에 바탕을 둔 몽골제국의 건국자들은 정치적으로 세계대동주의(世界大同主義)를 제창하면서 정복욕에 불탔고, 경제적으로는 유목국가의 숙명인 중상주의(重商主義, mercantilism)를 추구함으로써 상업에 대한 욕구를 충족하고자 하였다. 이와 더불어 문화적으로는 개방주의를 표방함으로써 교류와 수용에 적극적이었다. 유라시아를 망라한 세계적인 대제국을 세운 몽골인들의 이와 같은 건국이념과 그 실천을 위한 세차례의 서정과 4대 칸국의 운영은 중세 동서교류에 미증유의 성세(聲勢)를 몰고왔다. 유라시아의 광대한 지역이 통일적인 세계제국의 판도 내에 편입됨으로써 동서교통에 대한 제반의 인위적인 장애가 제거되고 소통이 전례없이 원활해졌다. 동서 간에 전개된 이처럼 사통팔달(四通八達)한 교통망을 통해 여러가지 문물과 사람들이 오갔다.22

외래 정복국가인 원제국을 몰아낸 명조(明朝)는 건국 초기에 쇄국적인 해금(海禁)정책을 실시하여 외계와의 접촉을 일시적으로 제한했다. 그러나 거세게 밀려드는 서세동점의 물결 앞에서 결국은 문호를 점차 개방하지 않을 수 없었다. 그리하여 명말 청초에 이르러서는 선교사들을 비롯한 서양인들이 대거 몰려와 서양의 선진 과학기술을 핵심으로 하는 이른바 '서학(西學)'을 전수하고 기독교문명을 전파하기 시작했다. 이에 중국은 '중체서용(中體西用)'이란 명분으로 대응에 나섰다. 한편 그들을 통해 유학을 비롯한 중국의 전통문화가 서방에 알려져 중국에 대한 타자적(他者的) 이해가 도모되기 시작하고, 중국 연구의 기틀이 마련되게 되었다. 서학은 중국뿐만 아니라, 한국이나 일본에도 밀려들었다. 한국(조선)은 '동도서기(東道西器)'라는 능동적인 대응자세를 취했으며, 일본은 '화혼양재(和魂洋才)'를 내세우면서 '난학(蘭學)'(처음에는 남만학南蠻學)이란 이름의 서학을 받아들여 근대화의 밑거름으로 삼았다.23

중세 문명교류의 발전기에 동서교류의 가교 역할을 한 것은 이슬람문명이다. 발전기의 전반에 중국의 당·송 문명과 쌍벽을 이룬 이슬람문명은 10세기의 황금기를 거쳐 난숙기(爛熟期)에 접어들면서 유럽의 도전에 직면했다. 유럽인들은 자신들의 전통문명(그리스·로마문명)이 고스란히 응축되어 있는 이슬람문명에서 르네상스의 자양분을 찾고 있었다. 급기야 그들은 학문을 비롯한 선진 이슬람문명을 받아들이기를 주저하지 않았다. 그 과정은 곧 전통 이슬람문명과 신흥 서구문명 간의 주고받음이었으며, 그 역사는 수세기 동안 지속되었다. 한편 15세기에 신흥 서구세력이 나타나기 전까지 무슬림들은 뛰어난 상술로 남해로를 비롯한 실크로드의 전반을 장악하고 동서교역을 주도했다. 그들에 의해 중국이나 인도의 문물이 서방에 전달되어 서방의 중세적 개화를 촉진시켰다. 비록 13세기 몽골군의 서정에 의해 통일 이슬람제국이 붕괴되었지만, 오스만(Ottoman)제국으로 대표되는 신생 이슬람세력은 여전히 동·서방의 완충지대에서 교류의 가교 역할을 수행하였다.

그러다가 18세기 중엽에 이르러 서구의 산업혁명이 일어나면서 1769년 프랑스의 퀴뇨(Nicolas Joseph Cugnot)가 사상 처음으로 증기기관을 동력으로 하는 목제 삼륜 자동차를 발명한 데 이어 버스와 기차, 기선, 비행기라는 새로운 교통수단들이 잇따라 만들어짐으로써 지구는 육·해·공의 입체적 교통망으로 뒤덮이게 되었다. 이에 따라 교류의 내용과 방도, 규모가 이전과는 엄청나게 달라지게 되었으며, 낙타나 말, 범선이 주 교통수단으로 이용되던 전래의 전통적 실크로드는 기계동력을 사용하는 새로운 교통수단에 의해 교류가 전개되는 이른바 '신실크로드'(New Silk Road)로 대체되었다. 이 '신실크로드'의 등장은 곧 문명교류사의 중세와 발전기의 종말을 뜻하며, 이와 더불어 개화기의 도래를 알리는 것이기도 하였다.

앞에서 살펴본 바와 같이, 문명교류의 발전기 전과정은 교류 양상에 따라 크게 전후 2기로 나누어진다. 전기에는 당·송 문명과 이슬람문명이 교류의 주역을 담당함으로써 문명교류의 주류는 동에서 서를 향해 흘렀으나, 후기에는 이 두 문명의 상대적 조락(凋落)과 더불어 서구문명의 부상으로 인해 교류에서 일대 반전이 일어나면서 서서히 그 축이 동에서 서로 이전하였다. 문명교류사에서 일어난 이러한 역사적 전환현상은 그 자체가 혼란이나 후퇴라기보다는 오히려 문명교류의 상승

작용을 유발함으로써 명실상부한 문명교류의 발전기가 펼쳐지도록 한 것이었다. 그러나 그 전개에는 여러가지 역사적 한계성이 뒤따랐다. 그 한계성은 한마디로 문명 수준의 중세성(中世性)에서 오는 미흡함과 제약이다. 아직 교류의 내용과 수단이 다양하지 못했고, 상호성과 공정성이 결여되어 있었으며, 교류의 사회적 기능과 위상이 미약했다. 이러한 한계성은 미구에 펼쳐질 문명교류의 개화기에 이르러 궁극적으로 극복될 것이었다.

문명교류의 개화기(開花期)는 18세기 유럽에서 발생한 산업혁명을 계기로 그 막이 올라 오늘날까지 약 300년간 이어지고 있으며, 앞으로도 지속될 것이다. 서구 산업혁명은 자본주의라는 전적으로 새로운 사회체제를 인류에게 '선물'했을 뿐만 아니라, 문명집단 간의 교류에도 엄청난 변화를 가져왔다. 상품생산의 증대가 부의 축적과 교역의 확대를 불러옴으로써 교류는 미증유의 확대 양상을 보이고 있다. 그러나 억제되지 않는 자본주의 발전의 필연인 대외 팽창이나 식민지 약탈은 이질문명 간의 만남을 자극하는 요인으로 작동하기도 하지만, 본질적으로는 문명의 일방적인 강요나 이식, 교류의 편파성을 수반할 수밖에 없으며, 문명 간의 불균형과 갈등을 증폭시킨다. 이것이 개화기의 문명교류가 직면한 난제이며, 그 해결이야말로 개화기 앞에 놓인 가장 중요한 과제일 수밖에 없다.

문명교류의 개화는 그 통로인 실크로드의 획기적 변화와 궤를 같이한다. 기계동력을 사용하는 새로운 교통수단의 발명과 더불어 문명교류에도 새로운 면모가 나타났다. 기차와 비행기, 기선이라는 새로운 교통수단이 출현하면서 초원로나 오아시스 육로는 문명교류 통로로서의 태생적 기능을 점차 상실하고 지구는 육·해·공의 입체적 교통망으로 뒤덮이게 되었으며, 이에 따라 문명교류의 내용과 방법, 문명접변

(acculturation)에도 파천황적(破天荒的) 변화가 일어나고 있다. 이렇게 개화기의 문명교류는 그 이전과는 형태와 내용을 발전적으로 달리하는 새로운 통로를 통해 이루어지고 있다. 따라서 이 '새로운' 통로를 전래의 전통적 실크로드와 대비해 '신실크로드'라고 명명함이 가당할 것이다. 오늘날 '철의 실크로드'니 '경제 실크로드'니 하는 조어(造語)들은 바로 이러한 신실크로드 개념의 소산이다. 이 신실크로드는 앞으로 인류문명 교류의 환지구적 통로로 그 기능이 계속 확대될 것이다.

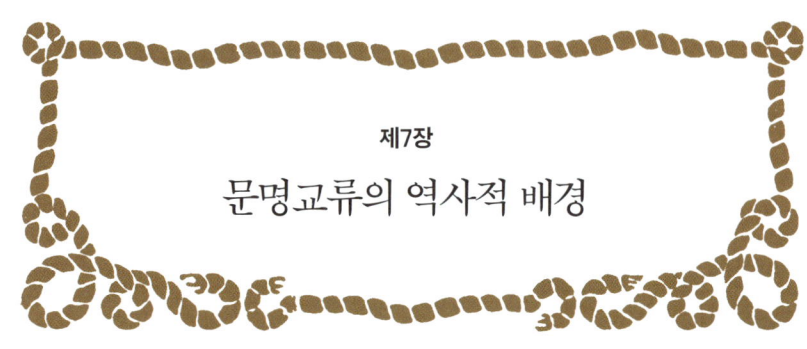

제7장
문명교류의 역사적 배경

　문명교류의 역사적 배경이란 문명의 교류를 실현 가능케 하는 특정 시대의 사회적·역사적 환경이나 여건을 말한다. 문명은 모방성이라는 근본 속성을 지니기 때문에 전파와 수용을 통해 그 교류가 진행되는데, 이러한 교류는 일정한 역사성을 띠고 특정 시대의 사회적 환경 속에서 진행된다.

　문명교류가 역사성을 띠지 않을 수 없는 것은, 우선 문명의 생성 자체가 그에 상응하는 역사적 환경 속에서만 이루어지며, 다음으로 교류의 내용이나 형식, 방법 등 구체적인 실현 양상이 불가피하게 역사적·시대적 제약을 받을 수밖에 없기 때문이다. 전파건 수용이건 간에 교류의 실현 과정은 해당 사회의 문명 발달 수준과 시대적 수요 및 수행 방도 등 여러가지 요인에 의해 결정되는바, 초역사적·초시대적 교류란 있을 수 없다. 그밖에 문명교류의 영향이나 결과 내지 평가는 오랜 역사시대를 거쳐서야 비로소 검증되고 확인된다는 사실도 문명교류가 역사성을 지니게 되는 또 하나의 이유다.

　문명교류의 이같은 역사성을 규제하는 제반 사회적 환경이나 여건이 바로 교류의 역사적 배경이다. 문명교류의 역사적 배경은 일반 사상(事象)의 역사적 배경과는 구별되는 몇가지 특징을 지니고 있다. 그 특징을 개괄하면, 내용의 다양성과 가변성, 역동성이다. 문명교류는 담당주체와 포괄 영역이 광범위함으로써 그 다변성(多邊性)을 초래한다. 그리고 교류가 항시 유동적인 만큼 이를 실현 가능케 하는 배경도 가변적이고 유동적일 수밖에 없다. 이와 더불어 역사적 배경에 의해 간혹 교류가 차단되거나 소강상태에 빠지는 경우가 있기는 하지만, 총체적으로 보면 역사적 배경은 교류에 대해 긍정적인 역할을 하며, 때로는 교류의 성패를 좌우하기도 한다. 그런가 하면 역설적으로 새로운 역사적 배경은 교류를 가일층 활성화시킬 수 있으며, 적극적인 교류를 통해 교류에 한층 유리한 역사적 배경이 조성될 수도 있다. 이렇게 교류와 그 역사적 배경은 역동적인 변증법적 관계 속에서 상호 작용한다.

교류의 다양한 역사적 배경은 그 조성 경위에 따라 작위적인 배경과 비작위적인 배경 두가지로 대별할 수 있다. 작위적인 배경이란 정치적 경략(經略)이나 군사적 정복, 민족적 이동과 같이 인간의 의식적이고 돌발적이며 단절적인 행위에 의해 우연히 조성된 배경을 말한다. 이와는 달리 비작위적인 배경이란 자연환경의 변동이나 과학의 발달, 객관적 수요에 따라 발생한 순리적 행위에 의해 자연히 조성된 배경을 일컫는다. 배경은 소정된 역사시대의 사회적 환경이기 때문에 그 사회적 기능이나 성격에 따라 내용을 분류해 고찰하는 것이 합리적인 접근방법일 것이다. 배경의 사회학적 기능과 성격에 따라 그 내용을 정치적 경략이나 식민화 같은 정치사적 배경, 군사정복사적 배경, 교역을 중심으로 한 경제사적 배경, 과학기술의 전파를 비롯한 문화사적 배경, 민족이동이나 범민족적 수용 등 민족사적 배경, 교류인들이 주도하는 인적 교류사적 배경, 교통수단의 변화에 따른 교통사적 배경 등으로 분류해 밝혀볼 수 있다.

제1절 문명교류의 정치사적 배경

　문명교류의 정치사적 배경이란 문명 간의 교류를 실현 가능케 하는 정치적 환경이나 여건을 말한다. 전래의 문명교류사를 복기해보면, 정치사적 배경은 무력을 동반한 일방적인 권력 행사에 의해 작위적으로 급조된 배경으로서 타지(他地)를 공략해 정치적 지배를 강요하는 경략(經略)[1]이 그 주내용이다. 경략은 경략자와 피경략자 간의 역량관계나 그 목적, 그리고 시대 상황에 따라 각이한 형태와 방법을 취하고 있다.

　역사적으로 경략에는 속령화(屬領化)[2] 경략과 식민지화(植民地化) 경략의 두가지 형태가 있었다. 속령이란 어떤 국가에 속한 영토라는 뜻으로 특정 국가의 외부에 속하면서 그 국가의 사법권 관할하에 있는 영토를 말한다. 속령화에는 자국 영토의 확장이라는 형식과 굴레를 씌워 말을 다루듯 책봉(冊封)이나 숙위(宿衛),[3] 조공(朝貢) 같은 수단으로 속국을 견제하고 복속시키는 기미(羈縻)정책[4]이라는 형식 두가지가 있다. 대체로 고대와 중세에는 자국 영토를 타지까지 확장하거나 기미정책으로 타지를 견제하거나 예속시키는 속령화 경략을 추구하였다면, 근대에 와서는 식민지화 경략을 위주로 하였다. 식민지화란 피경략지에 자국민을 이주시켜 실질적인 모든 권익을 장악하게 함으로써 그들을 통해 피경략지에 대한 지배를 실현하는 행위를 말한다. 이렇게 피경략지를 속령화하거나 식민지화하는 것이 경략의 두 기본 형태다.

　이러한 정치사적 배경의 특징은 우선 역동적이라는 것이다. 군사적 정복에 의한 정치적 경략이나 식민화 같은 강박적인 정치적 배경은 간혹 새로운 교류의 계기를 마련하기도 하지만, 전래의 교류 양상을 일시에 크게 바꿔놓기도 한다. 다음의 특징은 다분히 역기능적인 교류를 초래한다는 점이다. 권력 행사에 의해 조성된 정치적 배경은 왕왕 지역 간, 국가 간, 문명 간의 정치적 주종관계를 결과함으로써 필연적으로 주동적 지위에 있는 문명이 종속적 지위에 있는 문명에 역기능적 수용을 강요하게 된다. 그 결과 교류에서 일방적이고 단향적(單向的)인 편향이 생기며 급기야는 동화(同化) 현상까지 일어나게 되는 것이다.

 동서고금을 막론하고 동질문명 간이나 이질문명 간에는 기수부지(其數不知)의 경략이 발생해 서로가 옥신각신하였다. 그러나 문명교류 차원에서 보면, 동질문명권 내의 경략은 별 의미가 없고, 이질문명권 간의 경략만이 의제적(議題的) 가치가 있다. 왜냐하면 이질문명권 간의 경략만이 문명 간의 교류를 가능케 하는 외향적(外向的) 배경과 환경을 마련해줌으로써 문명교류를 촉진하는 직접적 요인으로 기능하기 때문이다. 따라서 이질문명 간의 경략을 대응관계에 따라 서방의 동방 경략과 동방의 서방 경략으로, 형태에 따라 속령화와 식민지화로 구분할 수 있다. 요컨대 문명교류사의 정치사적 배경으로 발생한 각양각색의 경략을 크게 속령화 경략과 식민지화 경략으로 대별하고, 속령화 경략을 다시 서방의 동방 속령화 경략과 동방의 서방 속령화 경략으로 나누며, 식민지화 경략을 다시 서방의 동방과 아프리카 및 라틴아메리카 식민지화 경략으로 나눠 구체적으로 고찰할 수 있다.[5]

 이 글에서는 복잡다기한 내용을 종합적으로 개괄하기 위해 문명교류의 정치사적 배경을 속령화 경략과 식민지화 경략의 두가지로 대별해 개술(概述)하려고 한다. 보다시피 이 장은 여느 장들에 비해 장황하리만치 길다. 긍정적이건 부정적이건 간에 문명교류의 생성에 영향을 미친 역사적 배경을 조명하는 데 초점을 맞추고자 했지만, 쓰다보니 각이한 역사적 배경 속에서 그 영향을 받으면서 행해진 교류이므로 요소요소에서 그 실상을 간략하게나마 논급하지 않을 수 없어 서술이 길어질 수밖에 없었다. 아무튼 졸문이기는 하지만, 한편의 문명교류사 간략본(簡略本)이나 축약본이란 느낌을 불러올 법하다. '문명교류학'이란 학문적 초야(草野)를 일궈보자는 '만용지거(蠻勇之擧)'를 마다하지 않은 이상, 이 점에 대해서는 크게 개의치 않고 나름대로 엮어냈음을 감히 고백하는 바이다.

속령화 경략

역사적으로 문명교류의 정치사적 배경으로서의 속령화 경략의 첫 경우는 페르시아의 중앙아시아 경략이다. 기원전 6세기 중엽에 페르시아의 키루스 2세(Cyrus II, 재위 B.C. 559~529)는 오늘날의 이란을 본거지로 하여 이집트를 제외한 고대 오리엔트 전역을 정복하고 아케메네스(Achaemenes) 왕조(B.C. 559~330)를 건설하였다. 그의 뒤를 이은 다리우스 1세(Darius I, 재위 B.C. 522~486)는 아케메네스조 페르시아 제3대 왕(B.C. 550~486, 일명 '다리우스 대왕')으로서 역사상 경략을 통해 문명교류에 영향을 미친 첫 인물이다. 그는 기마병을 비롯한 강력한 왕군을 이끌고 동·서정을 단행해 사상 초유의 세계적 통일 대제국을 건설하고, 광대한 정복지를 연결하는 교통망을 구축했으며, 수도 수사에서 아나톨리아의 사르디스까지 이어지는 장장 2475km(10일간의 노정)의 '왕의 길〔王道〕'(최초의 오아시스로 서단西端 구간)을 정비하였다. 뿐만 아니라 기원전 510년경에는 스킬락스(Scylax)를 파견해 인더스강 하구로부터 홍해 수에즈 부근까지 이르는 해로를 탐험하게 해 해상실크로드의 개척에 기여했다. 또한 이집트와 메소포타미아 및 인도로부터 앞선 문명을 수용하고 융합하여 고대 페르시아문명을 꽃피웠다. 다리우스 1세는 명실공히 고대 동서 문명의 만남과 교류에서 선도적 역할을 한 최초의 문명교류인이다.

영토를 동쪽으로 시르다리야(Syr Dar'ya)강까지 확장해 전대미문의 페르시아 대제국을 세운 다리우스 1세는 중앙아시아에 3개의 속주(屬州)를 설치해 경략통치를 실시했다. 페르시아의 이같은 속령화 경략을 계기로 고대 오리엔트문명이나 페르시아문명이 중앙아시아에 유입되었다. 그 실례로 도시 건물을 햇볕에 말린 연와(煉瓦)로 짓고 사방에 성벽을 두르는 오리엔트의 도시건축 양식과 시리아에서 창제된 아람(Aram)문자의 중앙아시아 전파를 들 수 있다.

페르시아의 속령화 경략에 이은 첫 서방의 동방 속령화 경략은 그리스인 알렉산드로스(Alexandros, 재위 B.C. 336~323)의 동방 원정(東征)이다. 알렉산드로스는 그의 동정 결과 출현한 대제국 시대와 그를 이은 3대 후계국(後繼國) 시대를 포함한 이른바 헬레니즘(Hellenism) 시대(B.C. 334~30)에 서양인으로서는 사상 처음으로 동방세계에 대한 경략을 시행하였다. 불과 10년밖에 안 되는 대제국 시대에 알렉산드로스는 주로 군사적 정복활동을 통하여 서아시아와 중앙아시아 일원에 대한 군사적 경략을 단행하였다. 그러나 알렉산드로스 대제국 시대의 종언과 더불어 그를 이은 3대 후계국 분립 시대가 도래하자, 이러한 군사적 경략 시대는 정치적 경략 시대로 대체되었다.

알렉산드로스의 동정을 계기로 그리스인들로 대표되는 서방의 동방 속령화 경략이라는 사상 초유의 정치사적 배경 속에서 헬레니즘 시대가 열리게 되었다. 헬레니즘이라는 용어는 독일의 사학자 드로이젠(Johann Gustav Droysen)이 1836~43년에 저술한 『헬레니즘 역사』(*Geschichte des Hellenismus*, 전2권)에서 처음으로 융합문명의 개념으로 사용했는데, 학계에서는 그 함의를 시대적 개념과 문화적 개념의 두가

알렉산드로스(테헤란고고학박물관)

지로 해석한다. 즉, 시대적 개념으로서의 헬레니즘은 알렉산드로스의 동방 원정(B.C. 334)에서 이집트의 프톨레마이오스 왕조가 종말을 고한 때(B.C. 30)까지의 약 300여년간을, 문화적 개념으로서의 헬레니즘은 이 시대에 알렉산드로스 제국과 그를 계승한 왕조들에서 동서 문명이 융합되어 개화한 문명을 뜻한다.

헬레니즘 시대 이후 서방이 단행한 동방 속령화 경략에서 장기간(650여년간, 1206~1857), 그리고 뚜렷한 흔적을 남긴 것은 무슬림들의 인도 속령화 경략이다. 여기서의 '무슬림들'이란, 8세기 초 아랍·이슬람 동정군(東征軍)이 중앙아시아와 인도 서북부 일원을 점령한 후 이슬람교로 개종한 그곳의 원주민들인 아프가니스탄계와 튀르크계 종족들이 이슬람 왕조를 세워 무력으로 인도 서북부 지역에 침입했는데, 이때 침입한 이슬람 개종자들을 말한다. 그들은 남하하면서 인도 전역에 무려 650여년간 5대의 이슬람 왕조를 세워 통치하였다. 그 5대 이슬람 왕조는 튀르크계 노예들이 세운 '노예왕조'(1206~90), 할지 왕조(1290~1320), 투글루끄 왕조(1320~1414), 로디 왕조(1451~1526), 무갈 왕조(1526~1857, 17대 331년)이다.

앞의 4대 왕조는 분명히 서래(西來)의 경략왕조이고 위정자 모두가 무슬림이라는 공통점이 있으나, 지배계층이 아프가니스탄계와 튀르크계로 대별되는 상이점 또한 가지고 있다. 이러한 공통점과 상이점으로 인해 비록 인도 경략은 이루어졌어도 경략 과정에서 정책의 일관성이 결여되고 내부 갈등이 격심했으며, 따라서 각 왕조의 통치기간도 짧았다. 그 결과 힌두문명에 미친 이슬람문명의 영향이나 두 문명 간의 교류는 미미할 수밖에 없었다. 그러나 경략기간의 전반(前半)에 발생한 이러한 난맥상을 극복하고 확고한 경략을 실현함으로써 두 문명 간의 교류에 뚜렷한 흔적을 남긴 것이 후반 300여년간을 통치한 무갈(Mughal)제국이다. 무갈제국은 인도 이슬람 왕조들 가운데서 가장 장수한 왕조였을 뿐만 아니라 인도 대부분의 지역을 치하에 두었다. 그래서 인도의 중세를 풍미한 무갈제국은 인도 이슬람 왕조의 '영광'이라는 평가를 받고 있다.

그러나 그 치세 과정은 결코 평탄치만은 않았으며, 적잖은 우여곡절을 겪었다. 제2대 왕 후마윤(Humayun)은 즉위 10년 만에 아프가니스탄 출신들의 군사쿠데타에 의해 씬드사막으로 추방되었다. 그러자 그의 아들인 아크바르(Akbar, '위대한 인물'이라는 뜻)는 13세에 제3대 왕으로 등극하여 강력한 군사력으로 판도를 부단히 확장하는 한편, 소수의 지배층인 무슬림과 다수의 피지배층인 힌두 간의 갈등을 해소하고 국민화합을 도모하기 위해 족장들과의 정략적 혼인, 족장들이나 지사들의 정부 요직 기용, 비무슬림들에게만 부과되던 성지순례세와 인두세의 폐지 등의 조치를 과감히 취했다. 그 결과 무슬림과 힌두 간의 민족적 화해를 이루었을 뿐만 아니라 외래의 이슬람문명과 토착의 힌두문명 간의 융합도 촉진하였다.

그러나 제국의 전성기를 맞은 제6대 왕 아우랑제브(Aurangzeb)는 철저한 이슬람중심주의를 통치이념으로 삼아 이슬람 율법만을 유일한 국법으로 인정하고 그 준수를 강요했으며, 선대(先代) 아크바르의 민족적 화해나 종교적 관용 정책을 이슬람에 대한 부정으로 판단함으로써 힌두의 종교적 행사를 불법화하고 이교도의 사원이나 학교를 폐쇄하는 한편 힌두교도에 대한 인두세를 부활시켰다. 뿐만 아니라 힌두 관리들을 무슬림들로 교체하고 힌두 상인에게는 무슬림 상인의 두배에 달하는 세금을 부과하는 등 종교적 차별시책을 강행했다.

아우랑제브의 배타적 이슬람중심주의는 여러 종족과 힌두교도의 불만과 반란을 불러일으켰으며, 제국을 지지해오던 부족들도 이반(離叛)함으로써 민족적 화해와 종교적 관용에 바탕을 둔 제국의 기반이 크게 흔들리기 시작했다. 그리하여 아우랑제브 사망 후 13년 동안 왕위 계승을 둘러싸고 일곱차례의 유혈참극이 벌어지는 등 극심한 혼란이 일어난 것은 물론이고, 이슬람문명과 힌두문명 간의 관계도 조화와 융합에서 대립과 반목으로 바뀌고 말았다. 이것은 무갈제국의 쇠퇴와 멸망의 주요한 요인의 하나였다.

무갈 왕조는 인도에서 가장 장수하고 강력했던 이슬람 경략왕조였다. 그 시조는 아프가니스탄에서 침공해 온 튀르크계의 무슬림 바부르(Bābur)이며, 건국이념이나 통치 기조는 외래종교인 이슬람이다. 왕조의 흥망성쇠 과정은 무슬림(외래 무슬림과 현지의 귀의 무슬림)과 힌두, 이슬람교와 힌두교, 이슬람문명과 힌두문명 간의 부단한 갈등과 충돌, 화해와 융합의 연속이었다. 무갈 왕조는 인도 아대륙 대부분의 지역을 하나의 통일제국으로 장기간 통치하면서 중세 인도사의 주역을 담당했다. 문명교류사적 견지에서 보면, 이것은 이질적인 이슬람문명과 힌두문명 간의 다양한 순응적 접변이 있어서 비로소 가능했던 것이다. 환언하면 무갈제국을 통한 무슬림들의 인도 경략은 희대(稀代)의 역사적 배경으로서 이슬람문명과 힌두문명 간의 교류에 긍·부정을 떠나 큰 영향을 미친 것이다. 그러한 영향은 여러 분야에서 두 문명 간의 융합이나 융화 내지 동화로 나타난다.

그 영향은 우선 정치제도의 융합에서 여실히 나타난다. 무갈제국은 명실상부한 정교합일(政敎合一)의 이슬람제국으로, 제3대 아크바르 왕 시대에 기틀이 잡힌 제국의 통치 형태는 이슬람의 전통적 킬라파(al-Khilāfah) 제도[6]를 표방한 중앙집권적 전제군주제였다. 계위자(繼位者)인 왕은 행정부의 수반과 군 총사령관을 겸직한 최고의 권력자일 뿐만 아니라, 유일신 알라의 대리인으로서 최고의 종교지도자라는 명분도 가지고 있었다. 한편, 당시는 원초적으로 외래인과 이질문명에 의한 경략통치기이기 때문에 정권의 군사적 성격도 강하였다. 모든 관리는 정권이 직접 관장하고 있는 군인명부에 등록되어야 하는 등 군 우위의 군정 밀착체제하에서 군인들의 세도가 대단했다. 원래 관리를 의미하는 페르시아어의 '만사브다르'(mansabdār)가 '장교'라는 뜻으로 둔갑하고, 장교의 위계질서를 확립하기 위해 그 계급을 33개 등급으로 세분화하는 조처까지 취해졌다.

제국에서는 지방행정 조직은 전래의 제도를 유지하면서, 전국의 주를 12개에서 21개로 늘리고, 주 예하에 지구(Sakar)를, 지구 산하에는 몇개 마을을 통합한 연합마을(Pargana)을 두어 지방행정 단위를 일원화했다. 국가의 사법제도는 이슬람 교법(샤리아al-Sharī'ah)에 준해 제정하고 집행하였다. 무슬림들의 민사 안건은 이슬람 교법대로 까뒤(al-Qādī, 이슬람 법관)가 처리하고, 힌두의 민사 안건은 촌민회(村民會,

panchayat)의 결정이나 브라만의 의견에 근거해 해결했다. 형벌에는 흔히 이슬람에서 전통적으로 유행되어온 전근대적인 태형(笞刑)이 도입되었다.

다음으로, 무슬림의 인도 경략이 무갈제국의 문명에 끼친 영향은 경제생활에서도 주로 융합의 형태로 나타났다. 무갈제국은 총인구 1억명 내지 1억 2천만명(17세기 초) 가운데서 약 85%가 농민인 농업국가로서 국가의 주요 재원은 지세(地稅)였다. 지세는 소출의 3분의 1로, 기타 가렴잡세(苛斂雜稅)가 다 면제되었기 때문에 결코 종전보다 무거운 세액은 아니었다. 한편, 무갈제국 시대는 힌두의 전통적인 상술과 무슬림들의 능수능란한 상술이 경합하면서 대내외 교역활동이 전례없이 활발하게 진행되었다. 그리하여 수도인 아그라(Agra)와 펀자브 지방의 라호르(Lahore)는 당대의 런던이나 빠리보다 규모가 더 크고 번화했으며 아크바르 왕 시대부터 유라시아 여러 지역 나라들과의 교역이 대단히 번성하였다. 주요한 교역로는 수도 아그라에서 아라비아해 해안의 수라트(Surat)에 이르는 길로, 이 길은 유럽이나 서아시아와의 교역이 진행될 뿐만 아니라 무슬림들이 메카로 성지순례를 다니는 통로였다. 특히 이 길을 통해 인도산 보석과 면직물, 향료 등이 메카를 비롯한 아랍 지역에 다량 수출되었다.

끝으로, 이슬람의 인도 경략이 문화 분야에 미친 영향은 그 어느 분야에 대한 영향보다도 뚜렷하며 흔적도 많이 남겼다. 우선 두드러진 것은 이슬람교와 힌두교를 비롯한 여러 종교의 융합이다. 그 대표적인 일례로 이슬람교와 신흥 시크교(Sikhism) 간의 종교적 융합을 들 수 있다. 전술했다시피 무갈제국의 건국이념이나 통치 기조는 이슬람교이며 권력자는 소수의 무슬림들이다. 이에 반해 대다수 주민의 종교는 전통적인 힌두교임에도 불구하고 다수의 힌두교도들은 권력에서 소외당하였다. 이처럼 부조리한 불평등 현상은 세월의 흐름에 따라 필연적으로 두 종교와 두 교도들 간에 갈등과 알력을 야기하고 급기야는 사회의 불안을 초래하기 마련이다. 이와 같은 갈등과 불안을 해소함으로써 두 종교 간의 지속적인 화해와 협력을 도모하는 사명을 자임하고 나선 것이 바로 시크교다.

시크교의 창시자 나나크(Nānak, 1469~1538)는 15세기 초에 활동한 종교개혁가 카비르(Kabīr)의 영향을 많이 받았는데, 카비르는 이슬람교와 힌두교의 동질성을 역설함과 동시에 두 종교에 공통적으로 존재하는 폐단인 형식적 종교의식을 극구 부정했다. 나나크는 카비르의 이러한 주장을 수용하고 발전시켜 두 종교의 장점을 섭취하고 결점을 척거(斥拒)한 시크교를 독창적으로 창시하여 그 첫 스승(Guru)이 되었다. 그는 일신교(一神敎)를 주장하면서 이슬람교의 유일신 알라를 사트카르타르(Satkartar, 진정한 창조자)로 대체하고, 힌두교의 계급차별제도인 카스트제도를 배척하였다. 시크교에서는 종교지도자로서의 계승자를 '스승'이라고 칭하며, 제5대 스승 때에 와서 경전 『그란트 사히브』(*Granth Sāhib*, 스승의 책)를 편찬했다. 이렇게 시크교는 나름대로 이슬람교와 힌두교의 교리를 절충하고 융화시켜 새로운 종교로 출범했지만, 아이러니하게도 바로 그러한 절충 때문에 무갈제국과는 물론이고 힌두교와도 교리나 교세의 확장을 둘러싸고 갈등을 면치 못하고 이들로부터 제재를 받게 되었다. 그리하여 제10대 스승까지 배출한 시크교는 제6대 스승부터 무갈제국에 대항하기 위해 교단을 군사조직으로 개편하는 등 강력한 응집력을 과시하면서 오늘날까지도 자립적 교세를 당당하게 유지하고 있다.

무갈제국은 문화적 융합을 통해 문화의 각 분야에서 빛나는 흔적을 남겨놓았다. 무갈문화는 한마디로 이슬람문화를 비롯한 외래문화와 토착 힌두문화가 순기능적으로 융합된 하나의 복합문화다. 여기서 말하는 외래문화란 총체적으로는 이슬람교에 기반한 이슬람문화라고 할 수 있겠지만, 그 민족적 양식에서는 근접한 아랍문화와 튀르크문화, 페르시아문화뿐만 아니라, 그리스·로마문화나 비잔틴문화도 직·간접적으로 영향을 미침으로써 외래문화의 구성요소를 이루었다.

외래문화 중 무갈문화에 가장 많이, 그리고 직접적으로 영향을 미친 문화는 이웃한 페르시아문화다. 무갈제국의 무슬림들은 페르시아에서 유행한 수피즘(Sufism)[7]의 신비주의 영향을 받아 아크바르 왕 같은 사람은 절충적인 경신교(敬神敎, Din-ilāhī)까지 선포하였다. 종교뿐만 아니라 무갈제국의 궁중문화도 페르시아문화의 영향을 크게 받았다. 궁내의 장식이나 의상, 의례범절 등은 거의 페르시아의 것을 본받았으며, 궁중문학은 대체로 페르시아어로 쓰였다. 페르시아어는 이미 투글루끄 이슬람 왕조 때부터 사용이 권장되어 문학이나 상업용 언어로 통용되었을 뿐만 아니라 궁중언어와 외교언어로서도 각광을 받았으며, 행정과 법률 분야에서도 페르시아어가 차용되었다.

무갈 시대의 문화적 융합상이 극명하게 나타난 분야는 건축미술이다. 건축미술에서의 문화적 융합은 이질문화 간의 단순한 섞임이 아니라 창조적이고 건설적인 융합으로서 중세 인도의 문화전원(文化田園)에 하나의 금자탑을 쌓아놓았다. 그리하여 무갈 시대의 건축미술은 당대의 세계적인 문화유산으로서 오늘날까지 생동감을 자랑하며 전해져오는데, 페르시아를 비롯한 이슬람세계와 인도 및 로마·비잔틴의 전통적인 건축미술이 조화롭게 융합되어 이루어진 결정체다. 인도인들은 14세기에 무슬림 건축가들로부터 아치 축조 기술을 습득했으며, 원래 로마·비잔틴의 고유 건축양식이었던 돔 양식을 무슬림들을 통해 전수받았다.

모티마스지드

 아크바르 왕은 페르시아에서 건축가들을 초빙해 융합성이 뚜렷한 수많은 사원·묘당·성채·학교·탑·별장·연못 등을 건설하였다. 대표적인 건축물이 델리에 조성된 후마윤 왕의 묘와 수도 아그라의 서쪽 교외에 지어진 궁전도시 파트푸르 시크리(Fathpur Sikri, 1569~84년의 수도)다. 제5대 샤자한(Shāh Jahān) 시대는 인도와 페르시아 건축양식과 미술이 가장 잘 조화된 건축미술의 전성기였다. 그 대표적인 것이 세인들이 보고 놀라는 것으로 유명한 아그라의 타지마할(Tāj Mahal)과 모티마스지드(Moti Masjid, 진주사원), 그리고 델리의 레드포트(Red Fort, Lal Qila)다. 우즈베끼스딴의 사마르칸트에서 일하던 콘스탄티노플 출신의 튀르크인 건축가가 설계한 타지마할은 샤자한 왕이 왕비 뭄타즈 마할(Mumtaz Mahal)을 기리기 위해 2만명의 인부를 동원해 22년간 500만 루피라는 어마어마한 경비를 들여 흰 대리석으로 건설한 묘당(廟堂)이다. 모티마스지드는 인도와 페르시아 건축양식이 잘 어우러진 대표적인 구조물로 유명하다.

건축양식과 더불어 회화에서도 문화적 융합의 흔적을 찾아볼 수 있다. 일찍이 중국과 몽골, 박트리아(Bactria) 같은 나라들의 미술이 13세기에 있었던 몽골군의 서정(西征)을 계기로 페르시아에 전해졌다가 그것이 다시 티무르의 정복활동과 그 후손들에 의해 인도에 도입되었다. 2대 왕 후마윤은 페르시아에 망명했다가 돌아올 때 페르시아 화가들을 데리고 와서 인도 서사시에 나오는 장면들을 소재로 그림을 그리게 하여 궁전을 장식했다. 아크바르의 궁전에서는 100여명의 인도와 페르시아 화가들이 활동했다고 한다. 이처럼 3대 아크바르 시대까지는 페르시아 미술의 영향을 많이 받았으나 5대 샤자한 시대부터는 명암법(明暗法) 등 유럽 미술의 영향을 받기 시작하였다.

이상에서 문명교류의 정치사적 배경인 서방의 동방 속령화 경략의 실상에 관해 페르시아의 중앙아시아 경략과 그리스인들의 동방 경략, 무슬림들의 인도 경략 등의 사례를 들어 알아봤다. 문명교류의 역사적 배경으로서의 속령화 경략은 서방의 동방 속령화 경략만 있는 것이 아니라, 이에 대응되는 동방의 서방 속령화 경략도 있어 문명교류사를 비롯한 세계사의 상호성을 일깨워준다. 역사상 동방의 서방 속령화 경략도 여러차례 발생해 동서 문명교류의 정치사적 배경으로서 응분의 역할을 수행하였다.

그 첫 경략은 중국의 서역(西域)[8] 경략이다. 중국의 서역 경략은 한대(漢代)와 당대(唐代)의 두 시기에 숱한 우여곡절을 거쳐 이루어졌다. 한대의 서역 경략은 전한(前漢) 무제(武帝) 때(재위 B.C. 141~87) 장건(張騫)의 서역착공(西域鑿空)을 계기로 시작되어 후한 때 반초(班超) 부자에 의한 서역 경략에 이르기까지 260여년간(B.C. 138~A.D. 127) 단절적으로 추진되었다. 그 과정을 약술하면, 서천(西遷)한 흉노를 징벌하기 위한 장건의 23년간(B.C. 138~115)에 걸친 두차례의 서역 사행(使行)으로 인해 사상 최초로 중국과 서역 간의 통로가 뚫리고 서역 국가들과의 내왕이 이루어졌으며 서역에 대한 한의 경략 의욕도 움트기 시작했다. 이것이 이른바 장건의 '서역착공'이다. 장건의 '서역착공'을 계기로 숙적 흉노를 막북(漠北, 고비사막 이북)으로 몰아내고 서역 일원에 대한 경략을 일시 확보하였다. 이를 유지하기 위해 무제가 서역으로 통하는 길목에 4개의 군, 즉 '하서 4군(河西四郡)'을 신설함으로써 서역으로 가는 통로인 '회랑(回廊)'이 형성되었다.

그러나 서역 경략을 둘러싸고 흉노와 부단한 각축을 벌여오던 전한은 흉노에서 내란이 일어나 일축왕(日逐王)이 자국에 투항해 오자 이 기회를 이용해 오루성(烏壘城, 현 신장성 룬타이輪臺 이동)에 서역 경략의 전초기지인 서역도호부(西域都護府)를 설치하고 초대 도호로 정길(鄭吉)을 임명했다. 그 기능을 강화하기 위해 18명의 도호를 번갈아 임명했다. 무제 때 한의 경략권에 속한 서역국은 36개국이었으나, 후한 초에는 55개국으로 분화되었다.

전한 말과 후한 초의 혼란한 정세를 틈타서 서역 국가들은 속속 한조를 이반해 흉노에 다시 귀부(歸附)함으로써 후한은 건국 초기부터 서역 경략을 둘러싸고 흉노와 그 예하의 서역 국가들과 힘겨운 대결을 벌이지 않을 수 없었다. 후한 건국 이전과 이후 100여년간(A.D. 16~123)에 서역과의 사이에서 이루어진 이른바 '삼절삼통(三絶三通)', 즉 '세번 단절되었다가 세번 재개'된 관계는 이러한 상황을 여실히 말해준다. 이렇게 어려운 여건 속에서도 그나마 후한이 서역에 대한 경략을 유지할 수 있었던 것은 반초 부자의 경략 의지와 노력 덕분이었다.

후한 초 명제(明帝)는 단절된 서역 경략을 다시 회복하기 위해 73년에 가사마(假司馬) 반초를 서역에 파견했다. 반초는 맹장답게 "호랑이 굴에 들어가지 않고서 어떻게 호랑이 새끼를 잡겠는가(不入虎穴 焉得虎子)"라며 웅지(雄志)를 품고 세차례의 서정을 단행해 서역 오아시스 육로상에 있는 나라들을 하나씩 평정해나갔다. 드디어 단절 50년 만에 한의 서역 통로가 다시 열리고 서역도호부가 부활되어 한의 서역 경략이 다시금 활기를 띠기 시작했다. 그런데 공교롭게도 명제가 죽어 원군(援軍)을 받을 수 없는 상황에 처했을 때 흉노가 대군을 규합해 내습하자 반초는 서역 경략의 완수라는 일념으로 새 황제의 소환령을 고사하고 남아서 여력을 다해 서역 제국들을 평정하고 15년 만에 중단되었던 서역도호부를 복구했다. 그리고 나서 30년간 이어온 서역 경략자로서의 사명을 마치고 귀조(歸朝)하였다. 그러자 서역은 기다렸다는 듯 다시 한조에 등을 돌리기 시작했다. 다급해진 안제(安帝)는 123년 반초의 아들 반용(班勇)을 서역장사(西域長史)로 임명해 서역에 파견하였다. 선친의 유지를 받든 반용은 4년 동안 서역의 주요 17개국을 차례로 정토(征討)해 모두 한조에 복속시킴으로써 한조의 서역 속령화 경략은 가까스로 명을 이어갔다.

이와 같이 260여년간 지속된 한의 서역 경략은 기본적으로 서역도호부를 거점으로 한 책봉제(冊封制)[9]에 의해 지탱되었다. 위(魏)·진(晉) 시대까지 지속된, 봉작(封爵)을 기본 내용으로 하는 책봉제의 본질에 관해 서역 경략을 주도한 반초는 "서역인으로 서역을 다스리고, 은혜를 베푸는 것과 위협을 가하는 것을 병행하는 임기응변(以夷制夷 恩威並施 臨機應變)"이 바로 책봉제라고 지적했다. 한마디로 능란한 대응책을 써서 서역으로 하여금 흉노의 기반(羈絆)에서 벗어나 한의 품에 안기도록 하는 것이다.

기원을 전후한 시기에 실행된 한조의 서역 속령화 경략은 동방문명과 서방문명 간의 교류에 획기적인 영향을 미쳤다. 그것은 우선, 동서 문명교류의 가교를 마련했다는 것이다. 역사의 이른 시기부터 동서 간에는 접촉이 시도되고 약간의 전문(傳聞)이 오갔으나 모두가 간접적이며 불확실한 것들이었다. 기원전 4세기에 있었던 알렉산드로스의 거창한 동정도 결코 동서 간의 통교라는 결과를 낳지는 못하였다. 그러다가 전한 장건의 '서역착공'으로 말미암아 유라시아와 아프리카까지를 잇는 동서 통로가 뚫리게 되었으며, 동방의 한(漢)문명과 서방의 고전문명 간에 사상 처음으로 직접적인 접촉과 내왕이 가능해졌다. 장건의 개통에 이은 반초 부자의 서역 경략을 계기로 오아시스로가 개척됨으로써 한대 말엽에 이르러서는 장안(長安)에서 출발해 파미르고원을 넘어 서행(西行)하는 오아시스로의 남북 양도(兩道)가 정비되어 본격적으로 가동되기 시작했다.

한의 서역 경략은 동서 간에 교류의 가교를 마련했을 뿐만 아니라, 문물교류의 획기적인 전기도 가져왔다. 장건의 서역착공과 반초 부자의 서역 경략을 계기로 문물을 비롯해 서역의 제반 사정에 관한 정확한 지식이 전해짐에 따라 문물교류에 대한 의욕이 생겨났다. 특히 동서 간의 내왕과 문물교류를 가로막는 난공불락의 자연장벽이던 파미르고원을 넘나들 수 있는 통로가 개척됨으로써 막혀 있던 문물교류가 트이며 본격화되었다. 한의 서역 경략을 계기로 중국의 비단과 철기, 청동거울 등의 문물과 착정(鑿井, 우물 파기)을 비롯한 주철(鑄鐵)과 제지(製紙) 등의 기술이 서방에 전해졌고, 서역의 각종 식물과 마구(馬具)·유리·불교·미술·음악·역법(曆法)·의약(醫藥) 등 여러가지 문물이 동방에 소개되었다.

동서 문명교류의 정치사적 배경으로 기능한 동방의 서방 속령화 경략의 대표적인 예로는 앞에서 고찰한 중국 한조의 서역 경략 말고도 이슬람의 스페인 경략을 들 수 있다. 이슬람제국의 스페인 경략사는 711년에 이뤄진 똬리끄 이븐 지야드(Ṭāriq ibn Ziyād, ?~720)의 이베리아반도 진출로부터 1492년 그라나다(Granada)의 나스르(Naṣr)조가 멸망할 때까지 무려 781년간이나 지속되었다.[10] 근 800년에 걸친 이슬람제국의 스페인 경략은 크게 속주(屬州)경략과 직접경략의 두가지 형태로 나눠 볼 수 있다. 속주경략은 시리아의 다마스쿠스를 수도로 한 우마위야조(al-Umawiyah, 661~750)의 속주시대(711~50)와 모로코의 마라케시(Marrakesh)를 수도로 한 무라비툰조(al-Murābiṭūn)의 속주시대(1091~1147), 무라비툰조를 이은 무왓히둔조(al-Muwāḥidūn)의 속주시대(1147~1223)를 포함하고 있다. 이러한 3대 이슬람 종주국들은 속주국에 총독(amīr)을 직접 파견해 속주경략을 실행하였다.

이러한 속주경략과는 달리 직접경략은 스페인 현지에 속주가 아닌 이슬람 왕조를 직접 세워 통치를 실행한 경략을 말한다. 스페인의 꼬르도바를 수도로 한 후기 우마위야조(756~1031) 시대와 스페인 경내의 여러 지방에 난립한 군소왕조(群小王朝, Mamlūk al-Ṭawā'if, 1009~91) 시대, 스페인 남부의 그라나다를 수도로 한 나스르조(1230~1492) 시대의 경략이 직접경략에 해당한다. 여러 시대에 걸친 속주경략과 직접경략 중에서 이슬람문명과 서구문명 간에 진행된 교류의 역사적 배경으로서 가장 큰 영향을 미친 것은 후기 우마위야조의 직접경략이다. 사실상 후기 우마위야조 이후의 경략은 속주경략이건 직접경략이건 간에 후기 우마위야조가 실행한 경략의 계승 또는 그 후광을 입은 경략이다.

근 800년에 걸친 이슬람제국의 스페인 경략은 속주경략과 직접경략을 막론하고 이슬람문명의 유럽 전파에 가교 역할을 했을 뿐만 아니라, 동서 문명의 교류에도 괄목할 만한 영향을 미쳤다. 그 영향은 한마디로 희유(稀有)의 새로운 안달루스(Andalus)문화의 창출이다. 안달루스문화란 이슬람제국의 경략에 의해 스페인에서 반달족을 비롯한 원주민들의 토착문화와 기독교문명이 선진 이슬람문명에 흡수 동화되어 태어난 새로운 동화문화(同化文化)를 일컫는다. 장기간 존속한 이 문화의 동화양상은 정치·경제·문화 등 여러 분야에서 뚜렷이 나타나는데, 이것은 중세 유럽문명에 대한 이슬람문명의 영향 내지는 기여 관계를 여실히 실증해준다.

우선, 아랍·이슬람화된 스페인을 뜻하는 안달루스는 정치적으로 이슬람세계의 한 구성부분이므로 정교합일의 중앙집권적 이슬람 정체(政體)가 수립 운영되었다. 킬라파제를 시행하는 이슬람 종주국에 정치적으로 예속되었던 속주경략 시대에는 물론이거니와, 직접경략에 의해 이슬람 정권이 현지에 수립되었을 때도 사실상 정교합일의 킬라파제를 그대로 수용해 행정계통을 일원화하였다. 이와 같은 제도하에서 유일한 이슬람 교법에 따라 무슬림과 기독교도, 유대교도 들은 장기간 큰 갈등 없이 평화롭게 공존했으며, 많은 기독교인과 원주민이 이슬람교로 개종하고 아랍어를 사용함으로써 아랍·이슬람화가 착실하게 추진되었다. 이렇게 아랍·이슬람화가 된 안달루스인을 '모사라베'(mozárabe)[11]라고 부른다.

다음으로 그 영향은 무슬림들의 경제 운영 체계와 기술을 그대로 도입한 데서 나타난다. 안달루스인들은 이슬람세계로부터 피혁업(皮革業)과 제지술 등 선진 제조기술을 수용하고 견직물이나 농산물을 수입하여 다시 유럽의 여러 지역에 재수출해 보급하였다. 특히 교역의 거점인 도시들을 이슬람식 시장(쑤끄sūq)과 건축양식을 따라 많이 건설하여 서고트 지배하에서 침체되었던 도시생활을 활성화시켰다. 우마위야 시대부터 속주경략의 본산인 총독부가 자리했던 꼬르도바는 후기 우마위야 시대에는 유럽 유수의 대도시로 번영하였다. 전성기에는 콘스

꼬르도바 대사원

탄티노플이나 바그다드와 더불어 인구 50만명에 상점 4만호를 보유한 세계 3대 도시의 하나로 부상했다. 여기에는 유명한 대사원을 비롯한 1600여채의 마스지드(masjid, 사원)와 700개의 도서관, 그리고 여러개의 화려한 궁전들이 즐비하였다.

끝으로 안달루스는 문화 면에서도 확연하게 아랍·이슬람화한 면모를 보였다. 직접경략 시대에는 아랍어가 유일한 공용어였으며, 선진 이슬람문명을 '자기화(自己化)'한 안달루스는 명실공히 이슬람문명의 한 중심지였다. 무슬림들은 정통 이슬람 법학 중 말리키야파(al-Malikiyah)[12]를 신봉했으며, 법학·철학·신비주의·역사학 등 학문 분야에서 이븐 하즘(Ibn Hazm, 법학), 이븐 루슈드(Ibn Rushd, 철학), 이븐 알 아라비(Ibn al-'Arabī, 신비주의) 등 발군의 대학자들이 배출되었다. 문학과 예술 분야에서는 안달루스 특유의 시학(詩學)과 문학이 발달하였으며, 건축미술도 고도의 경지에 이르렀다. 대표적인 안달루스식 구조물들인 꼬르도바의 대사원과 쎄비야의 히랄다 탑(La Giralda), 자흐라(al-Zahra) 궁전도시, 그라나다의 알함브라(Alhambra) 궁전 등은 이슬람문명의 찬란한 문화유산으로 각광을 받고 있다.

이상에서 문명교류의 정치사적 배경으로서의 경략의 한 형태인 속령화 경략(서방의 동방 속령화 경략과 동방의 서방 속령화 경략)에 관해 각각 두개씩의 주제를 추려 약술하였다. 이러한 속령화 경략과 함께 경략의 또다른 형태로 식민지화 경략이 있다. 대체로 근대가 시작되면서 진행된 식민지화 경략에는 아이러니하게도 서방의 동방 식민지화 경략과 서방의 라틴아메리카나 아프리카 식민지화 경략의 두가지 내용만이 포함되고, 그 반대의 경우, 즉 동방이나 라틴아메리카, 아프리카의 서방 식민지화 경략은 애당초 다루어질 수 없는 형편이다. 이것은 근현대 세계사의 비극적 불균형성의 명증(明證)이다.

식민지화 경략

서구의 식민지화 경략은 르네상스와 종교개혁 및 지리상의 발견과 산업혁명을 계기로 서구 세력이 일방적으로 팽창하면서 해외 식민지를 마구 개척한 결과로 나타난 현상이다. 따라서 이러한 미증유의 경략 과정을 통해 근대 유럽문명이 피경략지에 일방적으로 주입되는데, 그 방식과 형태에 따라 피경략지의 전통문명에서는 융합이나 융화, 동화 같은 다양한 문명접변(接變, acculturation) 현상이 일어났다. 물론 유럽 열강들의 일방적이고 강박적인 식민지화 경략인 만큼 문명교류의 차원에서 보면 유럽문명의 단향적인 주입이 대세이기 때문에 피경략지의 전통문명에 부정적이며 파괴적인 영향을 미치는 것이 상례이지만, 경우에 따라서는 경략자의 의도와는 관계없이 객관적으로 피경략지의 문명화에 일정한 기여를 하는 사실도 부정할 수는 없다. 이러한 경우를 감안하면 경략 속에서도 문명은 외압이나 방향에 관계없이 부단히 교류된다고 말할 수가 있다. 이것이 바로 문명만이 지니는 보편성인 것이다. 그래서 보편성은 문명의 생명력이라고 한다.

서양의 동방 식민지화 경략 사례는 수없이 많지만, 여기서는 두가지만 추려서 약술하려고 한다. 근현대사에서 이러한 경략의 시초는 뽀르뚜갈을 비롯한 신흥 서방 열강들의 동남아시아 식민지화 경략이다. 1497년 7월 뽀르뚜갈의 항해가이자 장교인 바스꾸 다가마(Vasco da Gama)는 대포로 무장한 120톤급의 배 4척을 이끌고 아프리카의 남단과 동해안을 거쳐 리스본 출항 10개월 만에 인도 서남해안에 있는 캘리컷(Calicut)에 도착했다. 이것이 이른바 '인도 항로의 발견'으로서 서방의 동방 식민지화 경략의 서막이고 서세동점의 효시이다.

향료 등 동방의 희귀한 산물을 싣고 돌아가 일거에 60배의 폭리를 취한 다가마의 성공적인 인도 항해는 뽀르뚜갈인들의 동방행을 즉각 촉발했다. 1500년 초 까브랄(Pedro Álvares Cabral) 휘하 6척의 상선단이 캘리컷에 내항해 현지 관청을 구슬러 상무(商務)조약을 맺고 도매상점을 매입할 수 있는 권리를 획득하면서 동방 경략에 나섰다. 뽀르뚜갈인들은 초기의 동방 경략에서 무역 거점과 무역로를 확보하는 데 주목적을 두었으며, 이런 목적을 달성하기 위해 뽀르뚜갈은 고아(Goa)에 총독부를 설치해 식민지화 경략을 총지휘하도록 하였다. 총독은 일반 행정뿐만 아니라 군통수권까지 장악하고 사법권에도 깊이 간여했다. 총독부는 주변 해상의 항해권을 장악해 항해자들로부터 공물이나 세금을 징수하고 해상무역을 엄격히 통제했다. 인도인들은 총독부의 허가 없이는 해상교역이나 항해를 할 수 없음은 물론, 심지어 해상을 통해 성지순례를 하는 종교행사마저 통제당했다. 그리하여 16세기에 이르러 전반적인 인도양 무역은 종전의 아랍·무슬림 상인들을 대체한 뽀르뚜갈인들이 독점하였다. 아울러 식민지화 경략을 장기적으로 착근시키기 위해 총독부는 의도적으로 원주민들과의 정략적 혼인을 장려하고 그들에게 가톨릭문화를 주입시키는 등 식민지화 경략 정책을 적극 추진했다. 그 결과 '루소-인디언'(Luso-Indian), 즉 '고아인'[13]이란 새로운 인종이 생겨났다.

뽀르뚜갈은 이렇게 16세기 내내 고아를 거점으로 하여 동방무역을 독점하고 이를 바탕으로 동방 식민지화 경략에 앞장섰다. 그러나 17세기에 들어서면서 네덜란드와 영국, 프랑스를 비롯한 후발국들이 속속 동인도회사를 설립해 뽀르뚜갈의 독주에 제동을 걸고 간섭이나 압력을 배제하면서 동방무역의 무대에 등단해 동방 식민지화 경략에 경쟁적으로 뛰어들기 시작하였다.

서방의 동방 식민지화 경략을 범국가적 차원에서 식민지화 법리(法理)를 내세워 공공연하게 장기적으로 추진함으로써 심원(深遠)한 흔적을 남긴 실례는 영국의 인도 식민지화 경략일 것이다. 영국이 세계를 무대로 본격적인 해상활동을 시작한 것은 엘리자베스 1세(Elizabeth I, 재위 1558~1603) 여왕 때부터인데, 1588년에 스페인의 펠리뻬 2세(Felipe II)가 파견한 이른바 '무적함대(無敵艦隊)'를 격파한 데 힘입어 동방(아시아)에 눈을 돌리기 시작했다. 영국의 동방 진출의 선봉장은 1600년에 여왕으로부터 동인도 무역권을 얻은 상인들이 설립한 동인도회사였다. 동인도회사 설립 직후부터 영국은 수차례 상선을 인도 당국(무갈제국)에 파견해 공식 접촉을 하면서 무역을 시도했으나 여의치 않았다.

끈질긴 시도 끝에 영국은 1612년 인도 당국의 허락하에 수라트(Surat)에 첫 상관을 개설하는 데 성공하였다. 이곳을 거점으로 영국 상인들은 점차 마드라스와 캘리컷, 봄베이 등 중요한 해안도시들에 진출했다. 영국 동인도회사는 경략 거점을 확보하기 위해 마드라스 부근에 세인트조지(St. George) 성을, 캘리컷에 포트윌리엄(Fort William)을 각각 축조하였다.

영국은 동인도회사를 설립한 후 약 150년 동안은 주로 무역활동과 그 거점을 확보하는 데만 주력함으로써 인도를 복속시켜 식민지화하려는 의도를 노골적으로 드러내지 않는 교활한 전략을 폈다. 그러다가 1757년 프랑스군의 지원을 받은 벵골(Bengal) 토후(土侯)의 군대와 클라이브(Robert Clive)가 지휘하는 영국군 사이의 플라시(Plassey)전투(영국군 3천명 대 토호군 약 5만명)에서 승리를 거두자, 이를 계기로 무역 위주의 대(對)인도 정책을 수정해 직접적인 식민지화 경략으로 방향을 전환했다. 이때부터 벵골이 영국의 인도 식민지화 경략에서 진원지(震源地) 역할을 하였다. 영국령 인도의 역사가 플라시전투로부터 시작되었다고 하는 이유가 바로 여기에 있다.

플라시전투에서의 승전을 기점으로 막을 올린 영국령 인도의 역사는 문자 그대로 인도에 대한 영국의 가혹한 식민지화 경략과 수탈의 역사다. 군사적 정복자인 클라이브는 벵골의 토후를 쫓아내고 꼭두각시에 불과한 다른 토후를 내세운 뒤 자신은 이듬해(1758)에 동인도회사에 의해 벵골 지사로 임명되었다. 그 결과 명목상 벵골 토후의 통치하에 있는 벵골과 비하르(Bihar) 및 오리사(Orissa) 3개 주는 영국의 실질적인 피경략지로 전락하고 말았다.

이러한 정지(整地)작업을 거친 영국 의회는 1773년 인도에 대한 식민지화 경략을 공식적으로 법제화하고 총독제 통치를 실시하기 위해 이른바 '인도통치규제법'(Regulation Act of India)이라는 법을 제정 선포하였다. 이 법에 따라 영국은 1명의 총독과 4명의 참사를 정점으로 한 총독부를 설치해 이들에게 벵골과 비하르 및 오리사 3개 주의 민사나 군사·징세 등 행정업무를 관장할 권한뿐만 아니라, 마드라스와 봄베이 등 지방의 행정을 감독 통제할 직권까지 부여했다. 또한 이 법은 포트윌리엄에 재판장 1명과 판사 3명으로 구성된 최고사법재판소를 설치하되, 이들 판사는 영국이나 아일랜드 고등법원의 법정 변호사 중에서 영국 왕이 선임하도록 하였다. 이 재판소는 민사와 형사·해군·종교 등 제반 분야에서 발생한 소송에 대한 재판권을 갖고 있었다. 이렇게 하여 18세기 후반부터 인도에 대한 영국의 식민지화 경략은 총독제 통치의 형태로 공식 출범하였다.

이상에서 유라시아 구대륙에서 발생한 식민지화 경략에서 초창성(草創性)과 대표성을 띤 뽀르뚜갈과 영국의 인도 식민지화 경략에 관해 살펴봤다. 이 과정을 통해 기타 서구 열강들의 동방 식민지화 경략이 동서 문명교류의 정치사적 배경으로서 어떤 영향을 어떻게 미쳤는가를 유추해볼 수 있다. 그 영향은 우선, 동서교류의 새 전기를 마련했다는 데서 찾아볼 수 있다. 서방의 동방 식민지화 경략을 계기로 동서 문명교류사는 중세에서 근대로 진입하는 획기적인 전환을 겪게 되었다. 교류 내용 면에서 상호 간의 수급(需給)에 의한 중세적 교류가 이윤 추구와 자본 축적을 주목적으로 한, 그리고 다분히 일방적이고 단향적인 근대적 교류로 대체되었다. 교류 형태 면에서는 영토 확장 위주의 속령화 경략을 통한 중세적 교류에서 식민지화 경략을 통한 근대적 교류로 모습이 바뀌었다. 따라서 교류 성격 면에서는 경략(종주국)문명에 피경략(식민지)문명이 일방적으로 동화되는 현상이 두드러진다.

문명교류사의 이러한 획기적인 전환은 그 통로인 실크로드의 이용에 새로운 변화를 유발하였다. 서방의 동방 식민지화 경략은 다가마의 인도 항로 발견을 시발로 한 대항해시대의 도래와 더불어 시작되었고, 러시아의 동진(東進)을 제외한 서구 열강들의 모든 동방 경략은 해상실크로드를 통해 전개되었다. 그리하여 실크로드 중에서 해로가 가장 많이 이용되게 되었으며, 오아시스 육로와 초원로의 이용도는 상대적으로 낮아질 수밖에 없었다. 사실상 근현대의 치열한 경략 시대를 맞으면서 동서 문명교류의 통로인 실크로드 3대 간선 중에서 해상실크로드가 가장 중요한 기능을 수행하기 시작했다.

또한 그 영향은 숱한 우여곡절을 겪으면서도 동서 문명교류가 쉼 없이 꾸준하게 이어져왔다는 데서 나타난다. 이 경략 시대의 교류는 주로 후진성을 띤 피경략지에 대한 교역과 수탈의 형식으로 진행되기 때문에 다분히 일방적이고 단향적이며 강박적이다. 서방 국가들은 동방 경략을 통해 각종 향료와 직물·도자기·공예품·의약품 등 동방의 특산물을 다량 수입해가는 반면에, 동방에는 약간의 모직품이나 진기한 물품과 함께 주로 종교(기독교)나 선진 과학기술, 그리고 무기 따위를 얼마간 제공하였다.

뿐만 아니라 의식적이든 무의식적이든, 자의든 타의든 동서 간의, 그리고 경략자와 피경략자 간의 이해를 증진시킨 것은 서방의 동방 식민지화 경략이 끼친 또 하나의 영향이다. 이 경략을 계기로 상인뿐만 아니라 많은 공식 사절이나 여행자, 지성인 들이 동서를 오감으로써 기존의 오해나 편견을 불식하고 올바른 이해를 도모할 수가 있었다. 또한 이 경략 시기를 기해 동·서방에서는 서로를 알리는 역사지리서나 방문여행기, 번역물 및 예술작품이 적잖게 출간되거나 창작되었다. 특히 사람들이 이주나 정착, 교역이나 집회 등 공동적인 각종 사회참여 활동을 통해 상대방의 문명을 직접 관찰하고 체험할 수 있었다.

그리고 서방 열강들의 식민지화 경략은 유라시아 구대륙에만 한정된 것이 아니라, 지구의 방방곡곡에 그 촉수를 뻗쳐나갔다. 15세기 말엽부터 16세기 초엽까지 주로 스페인의 후원을 받은 콜럼버스(Christopher Columbus)와 아메리고 베스뿌치(Amerigo Vespucci),[14] 발보아(Vasco N. Balboa),[15] 마젤란(Ferdinand Magellan) 등 서방 항해가들에 의하여 이른바 '신대륙'이라고 하는 아메리카 대륙이 '발견'된 이후 이 대륙에 대한 경략권은 우선 스페인이 장악했다. 스페인은 '꽁끼스따도르'

(conquistador, 직업적인 정복자)들을 앞장세워 적은 병력으로 짧은 기간에 중남미의 광활한 지역을 무력으로 강점하고 유럽 최초의 식민제국을 건립하였다. 스페인에 이어 뽀르뚜갈도 라틴아메리카의 식민지화 경략에 적극 나섰지만, 스페인에는 미치지 못했다. 그밖에 영국이나 프랑스 같은 열강들도 기웃거리기는 했지만, 그 결과는 극히 미미하였다.

원래 아메리카대륙에는 아득한 옛날에 아시아로부터 베링해협을 건너온 몽골로이드('몽골계 인종') 후예들이 살고 있었다. 기원전 1000년기에 멕시코와 안데스산맥의 중앙 고지에는 오리엔트와 유사한 도시문명이 이미 출현해 꽃피고 있었으며, 기원후 6세기경에는 중앙아메리카 일원에 장려한 궁전과 독특한 조각미술, 그리고 상형문자를 가진 마야(Maya)문명[16]이 창조되었다. 이 마야문명은 웅대한 피라미드형 신전과 세밀한 달력, 각종 화려한 귀금속 장신구 등을 만들어낸 아스떼까(Azteca)문명에 의해 계승되었다. 13세기에 이르러서는 뻬루를 비롯한 남미 북부의 광대한 지역에 통일제국을 건립한 잉까(Inca)문명[17]이 번영하기 시작했다. 이들 토착문명에서는 관개농경이 발달해서 옥수수와 감자가 재배되었고 금은세공 기술이 찬란했으며 태양신 숭배 등 종교도 흥성했기에 아메리카대륙에서도 다른 대륙과 마찬가지로 정상적인 발전의 궤도를 따라 역사가 전진하고 있었다. 요컨대 아메리카문명은 당대의 그 어느 문명과도 비견되는 휘황찬란한 문명이었다. 이렇게 수준 높은 독자적 문명이 엄연히 존재하던 대륙에 대해 스페인을 비롯한 서구 열강들은 이른바 새로운 '발견'을 했답시고 잔인무도한 식민지화 경략을 자행했다. 서구 열강의 아메리카대륙 식민지화 경략의 역사적 배경을 바르게 이해하기 위한 서설(序說)로 이 대륙의 장구한 문명의 역사를 이렇게 소략한 한 문단으로 약술한다.

16세기 초에 일찌감치 아이띠와 꾸바를 비롯한 서인도제도 대부분의

마야 까스띠요 피라미드신전

섬들을 점령한 스페인은 당시 중남미에서 가장 강력한 통일제국이며 최후 보루였던 잉까제국에 정복의 예봉을 돌렸다. 그리하여 스페인에서 발보아나 꼬르떼스(Hernán Cortés), 삐사로(Francisco Pizarro) 같은 악명 높은 '직업적인 정복자'들이 나타나 식민지화 경략에 물불을 가리지 않고 뛰어드는 바람에 잉까제국은 끝내 역사 무대에서 사라지고 말았다(1533). 스페인 정복자들은 잇따라 일어나는 원주민들의 반항을 잔인하게 진압하면서 잉까제국을 무너뜨리고 식민지화 경략을 달성했으며, 얼마 지나지 않은 1550년경에 이르러서는 잉까문명을 깡그리 짓뭉개고 중남미의 광대한 지역에 대한 식민지화 경략을 최종적으로 실현하였다.

스페인은 잉까제국에 대한 식민지화 경략을 유지하기 위해 국내에는 왕실회의를 설치하는 한편, 피경략지 현지에는 국왕이 임명하는 총독과 지방장관을 파견하여 행정을 관장토록 하면서, 도시와 지방에서는 자치기구를 운영하도록 하였다. 국왕의 신임이 두터운 현지 법관들에게는 총독이나 지방장관에 대한 감시권까지 부여함으로써 식민지화 경략 체제를 이중 삼중으로 강화했다. 원주민에 대한 이른바 교화(敎化)사업을 담당한 프란체스꼬파(派) 위주의 수도사와 선교사 들의 권한도 막강했으며, 그들은 식민지화 경략에서 중요한 일익을 담당하였다.

식민지화 경략에서 가장 어려운 문제는 원주민에 대한 관리인데, 이에 대해 스페인 정부는 원주민에 대하여 형식상으로는 관대하고 인도주의적인 태도를 표방했다. 예컨대 원주민은 국왕의 직접적인 신하로서 자유로우며 노예화되어서는 안 될 뿐만 아니라, 토지와 재산을 보유할 수 있고 스페인 법정에 대한 제소권을 인정받는다고 법률상의 명문으로 규정되어 있었다. 그러나 이 모든 것은 어디까지나 형식상의 기만적인 규정일 뿐, 실제로 스페인 정부는 원주민에 대한 착취와 억압을 무한정 허용하고 차별화 정책을 실시하였다. 정부는 정복자나 그 후손들, 그리고 피경략지로 자진 이주해 온 본국민들에게는 일정한 영지(領地)를 할양하고 영지 내의 원주민으로부터 지조(地租)를 징수할 수 있는 권리, 임의로 원주민에게 강제노동을 강요할 수 있는 권한까지 부여했다.

당초 식민지 사회의 지배층 구조는 법관을 비롯한 행정관료와 선교사, 정복에 참여한 군인 및 그 후손 들로 이루어졌다. 그러나 이러한 지배층과 일반 입식자(入植者)들도 세월이 지나감에 따라 원주민과 혼인을 함으로써 그 혼혈아인 메스띠소(mestizo)가 점차 사회의 주요 구성원으로 부상했다. 그 수효는 원주민과 이주해 온 스페인인을 능가하여 오늘날에 와서는 그들이 라틴아메리카 주민의 다수를 차지할 뿐만 아니라 사회의 주역을 담당하고 있다.

　유럽의 정복자들은 주로 목축업을 경영했는데, 대부분 목장주들은 원주민과 메스띠소를 비롯한 많은 고용자들(사실상 노예)을 사유(私有)하고 있었다. 목축업에 부적합한 열대 연해지대, 특히 카리브해와 멕시코만 연안 일대에서는 사탕수수와 담배를 재배하는 대농장(plantation)이 발달했는데, 이러한 농장들은 뽀르뚜갈 상인들을 통해 아프리카 흑인 노예들을 많이 구입해서 이용하였다. 정복자들은 목축업을 경영하는 외에 금과 은을 비롯한 귀금속 약탈에도 혈안이었다. 초기에는 원주민들로부터 귀금속을 마구 탈취하다가 점차 귀금속 채굴에 눈을 돌리기 시작하여 16세기 중엽에는 볼리비아의 뽀또시(Potosi)와 같은 곳에서 풍부한 광맥들이 연이어 발견되었다. 스페인 왕실은 이러한 귀금속을 안전하게 운반하기 위해 16세기 중엽부터 전함의 호송하에 20~60척으로 구성된 대선단을 정기적으로 운행하였다. 그리하여 막대한 귀금속이 '신대륙'에서 스페인으로 운반되었다.

　정치사적 배경으로서의 스페인을 비롯한 유럽의 아메리카대륙 식민지화 경략은 동서 문명교류에 미증유의 영향을 미쳤다. 그 영향은 우선, 실크로드를 환지구적 통로로 확대 연장한 것이다. 대항해시대의 개막과 함께 시작된 서방의 '신대륙' 식민지화 경략 이전 시기의 실크로드는 구대륙(유라시아와 아프리카)의 동서(육로로 중국과 로마, 해로로 중국과 동아프리카)만을 잇는 국지적인 교류 통로로만 이용되어왔다. 그러나 스페인 등 서구 열강들의 '신대륙' 식민지화 경략을 계기로 중남미와 중국을 비롯한 아시아 국가들 간에 태평양을 횡단하는 대범선(大帆船)무역이 시작되어 이른바 '태평양 바닷길' 혹은 '백은(白銀)의 길'이 트임으로써 실크로드 3대 간선의 하나인 해로가 구대륙에서 '신대륙'으로 확대 연장되었다. 이로써 문명교류 통로인 실크로드는 종전의 동반구(東

半球) 구대륙 범위를 벗어나 서반구(西半球) '신대륙'까지를 망라하는 환(環)지구적 통로로 변모하게 되었다. 이렇게 서구의 식민지화 경략이 심화 확장될수록 실크로드의 범지구성은 더욱 명확해졌다.

그 영향은 다음으로, 구대륙과 '신대륙' 간의 문명교류를 실현하고 촉진한 점이다. 스페인의 '신대륙' 식민지화 경략과 그에 수반된 신·구대륙 간의 무역은 필연적으로 두 대륙산 문물의 호환(互換)이라는 결과를 가져왔다. '신대륙'의 감자·고구마·옥수수·낙화생·담배·해바라기·코코아·사탕 등의 특산물과 금·은 같은 귀금속이 아시아와 유럽의 각지에 신속하게 전래되어 구대륙의 경제생활과 민생, 그리고 산업에, 한마디로 국민경제 전반에 새로운 변화를 불러왔다. 특히 다량의 귀금속이 유입되고 신대륙이라는 새로운 시장이 개척된 것은 유럽에서 일어난 상업혁신(Commercial Reform)과 산업혁명(Industrial Revolution)의 중요한 동력 가운데 하나로 작용했으며, 근대 유럽 경제의 부흥에 상당한 기여를 하였다. '신대륙'이 발견되고 얼마 지나지 않아 유럽의 경제와 번영의 중심은 지중해에서 '신대륙'을 마주한 대서양 연안으로 이주했는데, 그 직접적 요인이 바로 '신대륙'과의 교역이나 교류의 개척이었다. 애덤 스미스(Adam Smith)가 『국부론(國富論)』(*The Wealth of Nations*, 1776)에서 이른바 '신대륙'의 발견은 '인류역사상 가장 거대하고 가장 중요한 사건'이라고 한 것은 바로 이를 두고 한 평가다.

이와 더불어 스페인의 식민지화 경략자들은 경략에 필요한 모든 수단과 방도를 총동원함으로써 구대륙의 여러가지 문물이 '신대륙'에 전해지기도 하였다. 그들은 말·소·양 같은 가축을 들여와 대규모의 목장을 경영했을뿐더러 식민지 지배를 유지하기 위해 무기를 비롯한 각종 통치장비를 마구 끌어들였다. 뿐만 아니라 토착종교의 '후진성'을 구실로 삼아 식민교화(植民敎化)를 한다는 명목으로 이른바 서구의 '선진'

종교(기독교)를 주입시키고, 유럽식 각급 교육기관을 설치 운영하였다. 이러한 식민지화 경략 정책이 각종 기만과 강요의 방식으로 강행된 결과 라틴아메리카의 전통적 토착문명은 무참하게 말살되고 멕시코문화와 같이 이것도 아니고 저것도 아닌 생소한 제3의 융화(融化)가 창출되기도 하였다.

일반적으로 중세 이래 이른바 '선진 서구'의 '후진 지역'에 대한 경략은 그 형태가 속령화건 식민지화건 간에 피경략지의 정상적인 역사발전을 차단하거나 퇴보시키고 전통문화를 말살함으로써 각종 사회적 부조리와 악폐적 유산을 남겨놓았다. 그리하여 가까스로 이러한 경략의 멍에에서 벗어난 이들 피경략 국가들의 정체성 재확립이나 복원을 위한 행보에 많은 난관을 조성하고 문제점들을 양산하였다. 그 대표적인 일례가 바로 라틴아메리카의 경우다.

라틴아메리카의 수많은 역사유적지와 유물, 특히 역사박물관들을 탐방하고 모든 나라들의 식민지화 경략이 남겨놓은 악폐적 유산을 극복하기 위한 치열한 투쟁이나 노력의 현장을 직접 목격하고 체험하면서 라틴아메리카 식민지화 경략이 남긴 다음과 같은 두가지 악폐적인 난치의 유산을 발견하게 되었다.

그 첫째는 반객위주(反客爲主)의 역사 날조다. 스페인을 비롯한 서구의 식민지화 경략자들은 중·근세 500년 라틴아메리카의 역사 과정을 제멋대로 손님이 주인 행세를 하고 굴러온 돌이 박힌 돌을 빼내는 식의 허구적 역사 서술로 바꿔치기하거나, 아예 무시한다. 바꿔치기란 원주민이 누리거나 겪어온 사실적 역사 대신 경략자들이 꾸며낸 허깨비나 가당찮은 선교활동 등으로 이 역사의 거지중천(居之中天, 텅 빈 공중, 허공虛空)을 메꿔보려는 얄팍한 술수를 말한다. 유감스럽게도 아직껏 적잖은 박물관들이 이러한 술수의 구각을 깨뜨리지 못하고 있다. 일례로 세계에서 유일하게 적도기념비를 세워놓고 '세계의 중심'이라고 자부하면서 살아가는 중미 에콰도르의 국립박물관은 2층짜리 건물인데, 이곳을 방문했을 때 1층에는 인디오들의 유구한 역사와 문화전통을 말해주는 귀중한 유물들이 편년 시대별로 일목요연하게 전시되어 있었다. 기대를 품고 1층에서 화살표를 따라 여남은 계단을 밟고 2층으로 올라간 순간 눈을 의심했다. 문자 그대로 거지중천의 꽤 넓은 전시장에 놓인 물건은 고작 수십장의 천주교 성화와 성당 구조물 및 선교 장면 사진뿐이었다. 흡사 성화나 성물(聖物)의 미술관을 방불케 했다.

그런가 하면 아직까지도 경략자들이 불법적 식민지화를 잣대로 해 역사 변천 과정을 자의로 토막내버린 잔영이 사라지지 않고 있다. 예컨대 '우주의 중심'이라고 자부해오던 잉까제국의 수도 꾸스꼬(1983년 유네스코 세계문화유산으로 등재)의 한복판에 자리한 한 미술관은 '전(前)콜럼버스시대 미술관'(Museo de Arte Precolombino)이란 간판을 버젓이 달고 있다. 잉까제국의 찬란한 미술발달사를 마치 두부모 자르듯 싹둑 잘라내고는 오늘날 잉까인들의 한결같은 저주를 받고 있는, 식민지화 경략의 선봉장 콜럼버스의 악명을 따서 미술관 이름을 지은 것부터가 어불성설이다. 이와 유사한 현상은 곳곳에서 발견된다.

분명한 것은 서구의 식민지화 경략자들의 강점과 말살, 무시로 인해 정상적인 궤적을 밟아오던 라틴아메리카의 역사는 어느 순간 불의의 단절을 맞게 되고, 반객위주의 찬탈자들에 의해 역사의 기상천외한 희극이 벌어지게 된 것이다. 이제 더이상 '단절'을 통해 라틴아메리카의 올곧은 역사를 조롱하지 말고 있는 그대로 역사를 복원해서 인디오들에게 본래의 역사적 정체성을 되돌려주어야 할 것이다.

흔히 일국의 역사발전 과정에 대해서는 그 명확성과 계승성을 기하기 위해 단계적으로 시대를 구분하는 편년법(編年法)을 도입한다. 고대 라틴아메리카의 통사나 문명사의 시대구분에 관해서는 아직 미흡한 연구로 이견이 분분하나, 여러 설 가운데서 그나마도 무게가 실리고 있는 일설은 다음과 같다. 즉, ① 인류 시원기(始原期, B.C. 1만 5000년 전) → ② 구석기시대(B.C. 1만 5000~7000) → ③ 신석기시대(B.C. 7000~2000, 농경, 옥수수, 도자기) → ④ 전고전기(前古典期, Preclásico, B.C. 2000~A.D. 250, 종교, 마야문명 출현기) → ⑤ 고전기(Clásico, 250~900, 마야문명 전성기) → ⑥ 후고전기(Posclásico, 900~1492, 잉까문명)의 6기 시대구분이다. 이렇게 라틴아메리카 인디오들의 역사는 내재적 요인에 의해 정상적인 발전궤도를 따라 시대를 명확하게 구분지으면서 승승장구해왔다.

이러한 역사시대의 변화와 더불어 전고전기에 접어들면서 여러 지역에서 잉까문명이 잉태되기 시작해, 고전기에는 빠라까스(Paracas)문명(B.C. 400~A.D. 400), 모치까(Mochica)문명(A.D. 400~1000), 나스까(Nazca)문명(B.C. 900~A.D. 600), 띠아우아나꼬(Tiahuanaco, 일명 띠와나꾸Tiwanaku)문명(A.D. 2~8세기), 치무(Chimu)문명(A.D. 900~1450) 등이 잉까문명군을 이루었다. 그러다가 후고전기에 들어와서 강력한 중앙집권적 잉까제국이 건설되자 드디어 잉까문명권이 형성되고 라틴아메리카의 역사적 정체성이 확립되기에 이른다. 그후 서구의 식민지화 경략자들은 이러한 정체성과 계승성을 작위적으로 무시하고 이른바 서구의 '식민 역사'를 정통 역사로 둔갑시키면서 주인 행세를 하며 온갖 허구와 날조를 일삼아왔다. 이를 위해 그들은 라틴아메리카를 마치 서구의 '분가(分家)'처럼 취급하면서 라틴아메리카인들의 독립투쟁을 백방으로 회유하고 탄압하였다. 역사에서 소위 '반객위주'는 결단코 어불성설의 위작(僞作)일 수밖에 없다.

다음으로, 서구의 식민지화 경략이 라틴아메리카에 집요하게 남겨놓은 악폐적 유산은 온 라틴아메리카에 독버섯처럼 만연한 이른바 '3대

남미병(南美病)', 즉 빈부 격차와 사회적 불평등, 그리고 독재다. 이 '남미병'은 라틴아메리카 국가들이 피경략 지위에서 벗어나 나름대로의 독립을 쟁취한 이래 오늘날까지도 사회 지도층이나 일반 서민들을 막론하고, 타 지역 사람들이 만나는 이들마다 아직까지도 중구여일(衆口如一)하게 저주 섞인 어조로 토설(吐說)하는 이 시대의 유행어로 되고 있다.

이 '남미병'은 주로 여러가지 사회적 불평등과 차별에서 기인하는 격차와 권력자들의 구태의연한 독재정치에서 비롯된 근본적인 구조적 병폐이다. 전체 인구 약 6억 6천만명의 국가별 분포를 보면, 2억 2천여만명의 브라질에서 10만명도 못 되는 카리브해의 작은 도시국가들에 이르기까지 33개 나라들의 규모는 실로 다양하며 격차도 그만큼 크다. 역내 총생산의 규모에서도 브라질과 멕시코, 아르헨띠나 3개 나라가 전체 총생산의 70% 이상을, 베네수엘라와 꼴롬비아, 칠레, 뻬루 4개 나라가 약 20%를 차지하며, 그밖의 26개 나라는 10%에도 미치지 못한다. 이에 따라 국가별 1인 소득에서도 현격한 차이를 보인다. 1만 달러에 육박하는 아르헨띠나와 브라질, 우루과이 같은 나라가 있는가 하면, 500달러 미만의 아이띠나 니까라과 같은 나라도 있다. 뿐만 아니라 문화적 다양성은 각국 간의 문맹률 차이를 낳고 있다. 문맹률이 아르헨띠나 같은 상층 국가는 10% 미만이지만, 과떼말라 등 하층 국가들에서는 40%를 웃돈다.

▎제2절 문명교류의 군사사적 배경

문명교류의 군사사적 배경이란 군사적 정복과 같이 인간의 의식적이고 돌발적이며 단절적인 행위에 의해 조성된 작위적인 역사적 배경을 뜻한다. 군사적 정복이란 무력을 근간으로 하는 군사적 권력의 행사를 통해 단행되는 정복활동을 말한다. 인류역사에서 강력한 국가권력이 출현하고 기마와 전차 등 군사이동 수단과 전법이 개발 이용됨에 따라 군사적 정복활동은 대외 팽창의 주된 수단의 하나로 부상하였다. 역사적 사실이 증명하다시피, 이질문명권을 두루 아우른 세계 3대 군사원정을 비롯한 일련의 군사적 정복활동은 그 자체가 하나의 극히 역동적인 역사적 배경으로 문명교류에 상당한 영향을 미쳤다.

기원전 17세기 중왕국(中王國) 시기의 이집트는 소아시아로부터 전차를 끌고 침입해 온 아시아 계통의 힉소스(Hyksos)인들에게 정복되어 100여년간(B.C. 1680~1580, 혹은 B.C. 1648~1540) 그들의 지배하에 있다가 그들을 몰아내고 신왕국을 세웠다. 이것이 사상 처음 있었던 군사적 정복이다. 힉소스의 이집트 정복을 효시로 근대에 이르기까지 국지적으로든 범지구적으로든 수많은 군사적 정복활동이 이어지면서 인류의 문명교류에 간과될 수 없는 여러가지 영향을 끼쳐왔다. 그 가운데서도 동·서양 문명교류에 족히 범지구적인 규모로 지대한 영향을 미치고 오늘날까지도 그 흔적이 역력히 남아 있는 군사적 정복활동은 이른바 '3대 원정', 즉 알렉산드로스의 동정(東征)과 이슬람군의 동·서정(東西征), 그리고 몽골군의 서정(西征)이다.

알렉산드로스의 동정과 문명교류에 미친 영향

기원전 6세기에 서아시아에 출현한 사상 초유의 통일제국 아케메네스조(朝) 페르시아 왕국(B.C. 559~330)은 서방의 그리스와 숙명적인 적대관계에 있게 되었다. 양국은 두번의 큰 전쟁을 치르고도 관계 개선이 묘연하고 적대관계는 날로 심화되었다. 마케도니아 왕 알렉산드로스(Alexandros, 재위 B.C. 336~323)는 이러한 적대관계를 종국적으로 불식시키는 길은 원정밖에 없다고 믿었다. 그리하여 알렉산드로스는 동방원정에 대한 부왕(父王)의 유지를 받들어 기원전 334년에 마케도니아군을 주력으로 한 그리스 연합군을 이끌고 페르시아 원정길에 나섰다. 그해 6월 소아시아 상륙작전에서부터 페르시아군을 쳐부수고, 이듬해 11월에는 유명한 이수스전투에서 다리우스 3세(Darius III) 휘하의 페르시아 대군을 격파했다.

그 기세로 이집트의 멤피스(Memphis)까지 남하해 나일강 하구에 첫 알렉산드리아시(市)를 건설하고, 북상해서는 이라크의 바빌론을 점령한 데 이어 아케메네스조 수도 수사(Susa)를 함락함으로써(B.C. 332) 아케메네스조를 멸망시키려던 당초의 목적은 달성하였다. 그러나 아케메네스조 치하에 있던 중앙아시아에 대한 정복욕이 생겨 기원전 329년 봄 원정군은 힌두쿠시산맥을 넘어 약 15만명의 현지 항거자들을 무참히 살해하면서 중앙아시아 요지 박트리아와 마라칸드(Marakand, 소그디아나, 현 사마르칸트)를 연이어 공략했다. 정복자는 여기에서 그치지 않고 옛 아케메네스조 왕의 지배권을 인정했던 지역은 당연히 자신의 제국에 다시 편입되어야 한다는 침탈의 논리를 내세워 5만명의 원정군을 이끌고 인도 원정에 나선다. 그는 박트리아를 중앙아시아와 인도 경략의 요충지로 간주하고 그곳에 1만 3500명의 수하 원정군을 잔류시키고 떠났다. 원정군은 3년 만에 힌두쿠시산맥을 넘어 인도 땅 탁실라(Taxila)에 진주하였다. 여기서부터 현지인들의 환영과 저항이 엇갈린 정세 속에서 남하해 원래는 갠지스강 유역까지 진격하려고 했지만 펀자브의 베아스강(Beas River)에 이르러 8년간의 고된 원정에 지쳐버린 병사들은 진격하라는 왕명을 거부했다.

알렉산드로스는 조금만 더 전진하면 세계의 끝자락에 이르며, 그렇게 되면 '세계제국'의 야망을 실현할 수 있을 것이라고 믿었지만, 사병들은 그 미지의 세계에 대해서 호기심보다 두려움을 더 느끼고 있었다. 그리고 그들이 이미 경험한 대로 코끼리 군단은 큰 공포의 대상이 아닐 수 없었다. 결국 알렉산드로스는 19개월간의 인도 점령을 마감하고 철군을 결심한다. 그가 이끄는 주력군은 게드로시아(Gedrosia)사막을 지나면서 엄청난 희생자를 내고 가까스로 323년 초 수사를 거쳐 바빌론에 도착했다. 그러나 그해 6월 알렉산드로스는 갑자기 열병에 걸려 10일간 병고에 시달리다가 33세의 나이로 요절하고 말았다.

교류의 역사적 배경으로서의 알렉산드로스의 군사적 정복활동은 동서 문명교류에 커다란 영향을 끼쳤다. 그 영향은 우선, 동·서양 간에 사상 초유의 문명교류가 이루어졌다는 데 있다. 알렉산드로스의 동정 결과 출현한 그의 제국은 유라시아의 광활한 지역을 아우른 미증유의 대제국으로서 그 판도 내에 그리스문명과 이집트와 메소포타미아를 망라한 고대 오리엔트문명, 페르시아문명, 인더스문명 등 주변의 쟁쟁한 고대문명들을 갈무리하고 비록 한정된 범위 내이지만 영내의 소통과 교류를 실현하였다. 종래에는 왕조들 간의 격폐 속에서 이러한 소통이나 교류는 방해를 받고 차단되기까지 하였다. 그러나 알렉산드로스의 동정에 의한 통일제국의 출현이 서로 간의 장애요인들을 제거함으로써 사상 초유의 문명권 간의 교류가 이루어진 것이다.

다음으로 그 영향은 역사상 처음으로 동·서양 문명의 융합체인 헬레니즘(Hellenism)이 출현한 데서 찾아볼 수 있다. 헬레니즘이란 원래 고전기(古典期)의 그리스문화를 뜻하는 'Hellenedom'에서 유래된 말로서 '그리스 정신' '그리스풍의 문화'라는 의미로 사용되었다. 그러다가 알렉산드로스의 동정으로 인해 동서 문명이 하나로 융합된 새로운 시대와 문명이 출현함에 따라 이를 가리키는 개념으로 확대되어 지금까지 소정된 시대 개념인 동시에 문명 개념으로 줄곧 쓰여왔다. 시대 개념으로서의 헬레니즘은 알렉산드로스의 동정으로부터(B.C. 334) 그 결과로 나타난 이집트의 프톨레마이오스 왕조가 끝날 때까지의(B.C. 30) 약 300년간을 말한다. 그러나 로마제국기조차 헬레니즘의 영향을 강하게 받은 시기라는 주장도 있다. 그리고 지리적으로는 마케도니아와 그리스를 중심으로 알렉산드로스가 정복한 이집트·소아시아·메소포타미아·페르시아·인더스강 유역까지를 포함한다.[18] 이에 비해 문명 개념으로서는 알렉산드로스 대제국과 그를 계승한 여러 왕조들에서 동서 문명이 융합되어 생성된 새로운 형태의 문명인 헬레니즘문명을 일컫는다.

헬레니즘문명은 어디까지나 그리스문명과 페르시아문명을 비롯한 오리엔트문명이 서로 뒤섞여서, 즉 융합(fusion)되어 생긴 하나의 복합문명이지 결코 두 문명의 접변으로 인해 생긴 제3의 새로운 문명, 즉 융화(融化, deliquescence)문명은 아니며, 오리엔트문명이 그리스문명에 일방적으로 흡수되어 생긴 동화(同化, assimilation)문명은 더더욱 아니다. 따라서 헬레니즘이 '그리스 정신'이 깃들었다든지 '기본적으로 그리스문화'라든지 '세계화한 그리스문화'라든지 하는 주장은 일종의 부당한 편견이 아닐 수 없다.[19]

사실상 10여년간의 군사적 활동으로만 일관된 알렉산드로스 제국의 판도는 앞에서 본 바와 같이 그 대부분이 원래 오리엔트 대제국이었던 페르시아제국의 영토였을 뿐만 아니라, 이 대제국을 계승한 3대 왕조인 시리아의 셀레우코스(Seleucos)와 이집트의 프톨레마이오스(Ptolemaeos), 마케도니아의 안티고노스(Antigonos) 왕조들 중 앞의 두 왕조는 원래의 오리엔트문명권 내의 왕조들로서 비록 그리스문명의 영향을 받기는 했지만 이들 왕조가 존재하는 내내 오리엔트문명의 전통은 간단없이 줄곧 계승 유지되어왔다. 뿐만 아니라 헬레니즘 시대에 실제적으로 나타나 기능한 것은 그리스문명과 여러 오리엔트문명 간의 정치적 융합이나 사회경제적 융합 및 문화적 융합이었다는 사실이 극명하게 확인되고 있다.

이슬람군의 동·서정과 문명교류에 미친 영향

이슬람군의 동·서정은 세계 3대 군사적 정복활동의 하나로서 세계 군사사뿐만 아니라 전반적인 세계역사의 흐름에 괄목할 만한 흔적을 남겨놓았으며, 동서 문명교류에도 적잖은 영향을 끼쳤다. 그리하여 이슬람군의 동·서정과 그 영향은 문명교류의 한 역사적 배경으로 자리매김하게 된다.

이슬람군의 동·서정은 이슬람교와 그 문명의 생성과 궤를 같이한다. 이슬람교의 창시자 무함마드(Muhammad, 570?~632)는 생전에 메디나(Madīnah)에 정교합일(政敎合一)의 준(準)국가체제인 이슬람공동체(al-Ummah)를 건설하고, 아라비아반도의 대부분을 이슬람화하며 메카(Makkah)를 이슬람 성지로 성역화하였다. 이슬람공동체를 계승한 정통 칼리파(al-Khalīfah)[20] 시대(632~61, 4대 29년)에 칼리파들은 이미 건설된 이슬람공동체를 공고히 하는 한편, 이슬람 교세와 더불어 영토의 확장을 목적으로 군사적인 대외 정복활동을 펴기 시작했다. 정통 칼리파 시대에 이어 출현한 우마위야조는 세습적인 전제주의적 권력구조 위에 세워진 아랍제국으로서 전대에 시작된 군사적 대외활동을 재개하여 유라시아와 북아프리카 3대륙을 아우르는 명실상부한 세계적 대제국을 건설하였다. 우마위야조 아랍제국을 이어받은 압바스조(al-Abbāsiyah, 750~1258, 37대 508년) 이슬람제국은 비록 군사적 정복활동을 새롭게 전개하지는 않았지만, 전대의 군사적 정복활동으로 확보된 광대한 영토에 건국된, 아랍·이슬람 역사상 가장 번영하고 강력했던 세계적 대제국이었다.

이와 같이 약 한세기 동안이라는 짧은 기간 내에 이슬람군의 전격적인 군사적 정복활동에 의하여 이질적인 다양한 동서 문명이 하나로 융합된 새로운 이슬람문명[21]이 탄생되고, 그에 바탕해 세 대륙을 아우른 이슬람세계(이슬람문명권)[22]가 펼쳐지게 되었다. 아라비아반도를 중심으로 동서로 전개된 이러한 군사적 정복활동은 일시에 우연하게 이루어진 것이 아니라, 크게는 두차례의 파고(波高)를 타고 추진되었다. 그 첫 파고는 정통 칼리파 시대의 제2대 칼리파 우마르 1세('Umar, 재위 634~44)와 제3대 칼리파 우스만(Uthmān, 재위 644~56) 시대에 일어났으며, 두번째 파고는 우마위야조 시대인 8세기 초를 전후해 나타났다.

첫 파고에서의 주요한 군사적 정복활동은 '대정복시대'(634~56)였던 제2대 칼리파 우마르 시대를 시발로 하여 펼쳐진 것으로, 동방 원정군(동정군)은 일격에 비잔틴제국 치하의 시리아 다마스쿠스를 함락한 여세를 몰아 페르시아제국 치하에 있던 중앙아시아 여러 지역을 장악함으로써 400여년간 지탱해오던 강적 사산조(Sassanid) 페르시아제국(226~651)을 멸망케 하였다. 한편 서정군은 예루살렘을 공략한 데 이어 남하해 이집트의 알렉산드리아와 카이로를 석권한 후 계속해 리비아 방면으로 진격했다. 이렇게 약 16년간(634~650)에 걸친 동·서정에 의해 동쪽으로는 중앙아시아의 호라싼(khorāsān)으로부터 서쪽으로 북아프리카의 리비아까지, 남쪽으로 아라비아반도로부터 북쪽으로 아르메니아까지 이르는 광활한 지역이 이슬람제국의 치하에 들어갔다.

정통 칼리파 시대의 말기와 우마위야조 초기에 발생한 혼란 정국을 수습하고 군사력을 정비한 우마위야조 칼리파들은 8세기 초를 전후하여 일시 중단되었던 군사적 정복활동을 재개하는 제2의 파고를 일으켰다. 이 파고 속에서 이슬람군의 동정은 꾸타이브 이븐 무슬림(Qutaib ibn Muslim)이 호라싼 총독으로 임명되면서부터(705) 재개되어 약 10년간 지속되었다. 꾸타이브 휘하의 동정군은 그야말로 전광석화(電光石火) 같은 속도로 연전연승하면서 파죽지세(破竹之勢)로 중앙아시아의 서투르키스탄 전역을 일시에 공략하고 인더스강 동안까지 진출했다. 영토 확장과 정복지의 이슬람화를 사명으로 한 이슬람 동정군의 서투르키스탄 정복은 당시 그 지대를 경략(經略)하고 있던 중국 당조(唐朝)와의 정면 충돌을 불가피하게 하였다. 그로 인해 야기된 것이 바로 751년 고구려 유민 출신의 고선지(高仙芝) 장군이 이끄는 당군과 이슬람 연합군 사이에 벌어진, 세계 전쟁사에 길이 남아 있는 유명한 탈라스(Talās)전투다. 이 전투에서 이슬람군이 승리한 것은 중앙아시아, 특히 트란스옥시아나(Transoxiana) 일대의 이슬람화가 이루어지는 결정적 계기가 되었다.

한편, 이집트와 리비아에서 제2의 파고를 맞은 이슬람군도 파죽지세로 서정을 단행하였다. 뛰니지를 공략한(687) 데 이어 모로코를 정복한 서정군은 북아프리카의 원주민인 베르베르족 젊은이들을 모아 전투력을 보강한 후 지브롤터해협을 건너 스페인의 꼬르도바(Córdoba)를 일격에 점령했으며, 계속 북상하여 뻬레네(Les Pyrénées)산맥을 돌파하고 아비뇽(Avignon, 프랑스 남부 도시)을 공략했다. 여기서 벌어진 프랑크왕국군과의 격전에서 패한(732) 이슬람 서정군은 뻬레네산맥 이남으로 후퇴하였다. 그리하여 이 뻬레네산맥은 그후 수세기 동안 이슬람세계와 서구 기독교세계를 가르는 분수령이 되었다.

이와 같이 시간적으로 100여년간 지속된 이슬람군의 동·서정은 공간적으로 유라시아와 아프리카 세 대륙을 600여년간(정통 칼리파 시대~압바스조 이슬람제국, 632~1258) 석권한 이슬람세계의 출현과 이슬람문명의 전파뿐만 아니라 동서 문명의 교류라는 엄청난 결과를 가져왔으며, 그 영향과 흔적은 오늘날까지도 이슬람세계의 처처에서 유적과 유물로 확인된다.

 이슬람군의 동·서정이 동서 문명교류에 끼친 가장 큰 영향은 동서 문명의 융합체로서의 이슬람문명권의 출현이다. 무슬림들이 비교적 짧은 시간 내에 전대미문의 세계적 대제국을 세우고 하나의 강력한 통일적 문명권을 형성할 수 있었던 것은 제반의 주·객관적 요인들이 구비되었기 때문이다. 객관적 요인은 당시의 유리한 국제정세였다. 아라비아반도 북부와 지중해를 사이에 두고 대치해오던 사산조 페르시아와 비잔틴(동로마) 두 제국은 장기간에 걸친 이전투구(泥田鬪狗)로 서로가 피폐해져서 신흥 이슬람제국의 대두와 제패를 막을 수가 없었다. 그리고 이 두 제국의 압제하에서 종교적 박해와 무거운 세금 부담 등에 시달리던 피지배 국민들은 새로운 종교적·사회적 구원을 갈망하고 있었다. 이것이 이슬람 정복군의 승승장구를 가능케 한 국제적 환경이었다.

 이러한 객관적 요인과 더불어 작용한 주관적 요인은 이슬람군을 비롯한 무슬림들의 고양된 열의와 피정복지에 대한 정복자들의 적절한 시책들이다. 무슬림들은 새로운 종교(이슬람교)로 신앙을 굳건히 하고 종교적 성전(聖戰, 지하드 jihād)[23]에 헌신했을 뿐만 아니라, 이에 기반한 정치적·사회적·공동체적 단합과 유대도 이룩하였다. 특히 이슬람군 정복사를 연구하는 학자들이 일치되게 지적하는 것은 이슬람 본연의 모습인, 피정복지에 대한 미증유의 관용(寬容)[24]이 이슬람군의 정복활동이 성공할 수 있게 한 요인이란 점이다. 사실 이슬람군 정복자들은 피정복지에서 종교적 개종자에게는 면세의 특혜를 베풀어주며, 이교도에게는 신앙을 강요하지 않고 종전보다 가벼운 공납만을 부과하는 등 관대한 대민정책을 시행해 피정복지 국민들의 환심을 얻음으로써 큰 무리 없이 정복지의 이슬람화를 신속하게 추진할 수가 있었다.

바로 이러한 복합적인 요인들로 인해 정(政)·교(敎)·군(軍) 합일의 통일적인 이슬람세계가 신속하고 공고하게 형성 확대될 수 있었다. 무슬림들이 군사적 정복활동을 통하여 이질문명권 간의 장벽을 무너뜨리면서 이슬람세계라는 하나의 용광로 속에서 각이한 여러 문명 요소들을 용해 응고시킴으로써 생산된 산품(産品)이 바로 이슬람문명이다. 요컨대 이슬람문명이란 이슬람교를 바탕으로 헬레니즘문명을 비롯하여 페르시아문명과 인더스문명, 중국문명 등 주변 문명들을 두루 섭취하고, 여기에 아랍·이슬람적인 독창성을 가미하여 융화시킨 높은 수준의 국제적 문명이다. 이슬람문명은 이슬람교의 창시자 무함마드에 의해 태동된 후 정통 칼리파 시대의 여명기를 거쳐 우마위야조 아랍제국 시대에 정초(定礎)되고 압바스조 이슬람제국 시대에 전면 개화되었다. 이러한 이슬람문명에 이슬람세계라는 지역적 범주를 한정시킨 것이 바로 이슬람문명권이다. 이슬람문명권의 형성과 더불어 동서 문명교류가 가일층 촉진된 것은 이슬람군의 동·서정이 가져온 또다른 결과이다. 새로이 형성된 이슬람문명권은 문명권 내의 교류나 다른 문명권과의 교류를 촉발했을 뿐만 아니라 동서 문명을 이어주는 가교 역할도 수행하였다.

이슬람세계의 범위는 고정불변한 것이 아니라 끊임없이 변화 확대되어왔다. 우마위야조 아랍제국 시대(8세기 중엽)까지는 군사적 정복활동에 의하여 중앙아시아와 북아프리카 및 서남 유럽에 이르는 광활한 피정복지가 그 판도에 편입되었다. 그러나 그후 압바스조 이슬람제국 시대부터는 주로 교역을 통한 교류활동이나 아랍인과 무슬림의 이주와 현지인의 이슬람교 개종 등 다양한 활동을 통하여 이슬람교가 널리 전파 수용되면서 동남아시아와 중국을 비롯한 극동 지역, 사하라사막 이

이스탄불 소피아 대사원 내부

제7장 문명교류의 역사적 배경 **205**

남의 아프리카 일원까지 그 판도가 확대되었다.

이렇게 세 대륙을 갈무리한 이슬람세계의 판도 안에는 원래 이질적인 여러 문명이 혼재하였으나, 이들 문명은 상호 소통하고 교류하는 과정에서 이슬람교라는 신앙적인 공통분모와 이슬람문명에 대한 이해의 공유에 바탕하여 하나의 통합적인 이슬람문명권으로 묶이게 되었다. 이렇게 형성된 이슬람문명권은 하나의 당당한 문명 주체로서 주변의 기독교문명권이나 힌두문명권, 불교문명권, 유교문명권과 활발한 교류를 진행함으로써 문명의 인류 공유에 응분의 기여를 하였다. 한마디로 이슬람군의 동·서정에 의하여 형성된 이슬람세계와 이슬람문명권은 인류문명의 교류에 괄목할 만한 공헌을 하였다.

이것이 이슬람군의 정복활동이 결과한 순기능적 역할이라고 한다면, 정복활동이 강제적이고 폭력적인 군사적 활동이었던 만큼 그 역기능적 역할도 결코 간과할 수는 없다. 일반적으로 이슬람군은 정복지에서 관용적인 정책을 실시하였으나, 자신들이 신봉하는 유일신 신앙에 위배된다고 하여 정복지의 전통적인 다신교(多神敎) 숭배물이나 숭배대상을 우상이라고 이단시하면서 멸시하거나 비하했으며 심지어 파괴해버리는 비난받을 반문명적 비행도 저질렀음을 부인해서는 안 될 것이다.

몽골군의 서정과 문명교류에 미친 영향

중세 초반 북방 유라시아 초원의 패자가 된 신흥 몽골제국은 40여년간(1219~60) 3차에 걸친 세계 군사사상 유례없는 대규모의 서정을 단행하였다. 이른바 세계 3대 정복전사의 하나인 '몽골군의 서정'이다. 제1차 서정의 표면적 이유는 1219년 인접국 호라즘(Khorazm)의 오트라르(Otrār)에 파견된 몽골 통상사절단이 피살된 이른바 '오트라르 사건'이지만, 그 근본적인 원인은 이 제국의 건국이념에서 찾아야 할 것이다.

칭기즈칸(Chingiz Khan)과 그 자손들을 비롯한 건국자들은 정치적으로는 세계대동주의를 제창함으로써 정복욕에 불탔고, 경제적으로는 유목국가의 숙명인 중상주의를 추구함으로써 상업욕을 충족시키고자 했으며, 문화적으로는 개방주의를 표방함으로써 교류와 수용에 적극적이었다. 이와 더불어 군사적으로는 유목기마민족의 본능대로 기동력이 뛰어난 무적의 기마군단을 보유함으로써 원정에 자신감을 갖고 그 전망을 낙천적으로 예단하기도 하였다.

이와 같은 제반 요인에 고무되어 행해진 몽골의 3차에 걸친 서정은 그야말로 파죽지세로 전개되었다. 제1차 서정(1219~25)은 칭기즈칸이 직접 이끈 20만 대군의 중앙아시아 원정으로서 '칭기즈칸 서정'이라고 한다. 칭기즈칸의 4남 모두가 가담한 실로 전광석화와 같은 진격 앞에 호라즘은 일격에 무너지고 사마르칸트(Samarkand)나 부하라(Bukhara) 같은 고도도 일시에 서정군의 수중에 들어갔다. 칭기즈칸은 개선 길에 서하(西夏)를 공멸(攻滅)하고 불의에 생을 마감한다.

제2차 서정(1235~44)은 칭기즈칸의 장남 주치(Juchi)의 차남인 바투(Batu) 통솔하에 50만 대군이 투입된 유럽 원정으로서 '바투 서정'이라고도 한다. 맏아들을 출정시키면 '인마(人馬)가 늘어나고 위세가 높아진다'는 칭기즈칸의 차남 차가타이(Chaghatāi)의 제언에 따라 그의 네 형제의 장자들뿐만 아니라 기타 제후와 부마(駙馬)들의 장자들까지도 동참했다. 그리하여 이 서정을 일명 '장자 서정(長子西征)'이라고도 한다.

이 제2차 서정의 목표는 우선 러시아를 공략한 후 동유럽 나라들을 평정하고 유럽의 심장부로 진격하는 것이었는데, 9년간의 전격전(電擊戰) 끝에 이 목표가 달성되었다. 서정군 예하의 각 부대들은 주둔 중이던 영지(營地)에서 출진해 볼가강 좌안의 불가르(Bulgar)에 집결한

(1236) 뒤 출전 준비를 마치고 이듬해 봄부터 러시아 원정을 개시해 겨울 한달 동안에만 모스끄바를 비롯한 114개 도시들을 공파(攻破)하고 서남행에 올라 끄림반도와 우끄라이나의 끼예프(Kiev, 현 끼이우Kyiv)를 함락하였다. 여기서부터 바투 휘하의 서정군은 북로군과 중로군, 남로군 셋으로 나뉘어 1240~41년에 동유럽 전역을 공략했다. 진격을 계속한 서정군은 다뉴브강을 건너 오스트리아를 지나 이딸리아의 베네찌아까지 진출함으로써, 드디어 유럽 심장부에 이르렀다.

유럽 심장부에 침입한 몽골에 혼비백산한 유럽인들은 이 불의의 내습을 '황화(黃禍)'(황색인종으로부터 오는 재앙, yellow peril)라고 부르며 불안과 공포에 떨었다. 로마 교황은 각국에 친서를 보내 읍소(泣訴)하다시피 공동 항전을 호소했다. 이렇게 전유럽이 당황망조하여 운명이 경각에 달려 있을 때 황제 오고타이(Ogotai) 칸이 승하(昇遐)했다는 비보를 접한 바투는 즉시 진격을 멈추고 회군길에 올랐다. 그는 러시아 남부를 지나면서 볼가강 하류 일원에 사라이(Sarai, 현 카스피해 북단의 아스뜨라한)를 수도로 한 킵차크(Kipchak) 칸국을 세웠다.

몽골군의 제3차 서정(1253~60)은 칭기즈칸의 넷째 아들 툴루이(Tului)의 차남인 훌라구(Hulagu, 1219~65)의 지휘하에 진행된 서아시아 정벌로서 일명 '훌라구 서정'이라고도 한다. 칭기즈칸의 사남 툴루이의 장자인 몽케(Möngke)가 칸으로 등극하자 동생 훌라구를 서정군 통수로 임명하고(1253) 서아시아에 대한 원정을 독려하였다. 서정군은 우선 이란 전역을 평정하고(1257) 그 여세를 몰아 일격에 압바스조 이슬람제국의 수도 바그다드를 함락시켰다. 여기서 서정군은 이슬람제국의 마지막 칼리파를 비롯한 수많은 관헌과 시민들을 무자비하게 학살하고 도시 전체를 초토화하였다. 서정군은 잇따라 메카와 예루살렘, 다마스쿠스를 점령하고 이집트까지 공략할 계획이었다. 그러나 몽케 칸이 중국 송나라를 침공하다가 진몰(陣歿)하였다는 소식이 전해지자 훌라구는 휘하의 주력군을 이끌고 회군할 수밖에 없었으며, 돌아오는 도중에 이란고원에 이란을 중심으로 한 일(Il)칸국을 세웠다.

이처럼 칭기즈칸과 그 자손들이 40여년간에 걸쳐 세차례나 단행한 유럽 및 서아시아 원정은 군사적 배경으로서 동서 문명교류에 지대한 영향을 미쳤다. 그 영향은 첫째로 동서 문명의 교류를 촉진시킨 권력구조를 창출했다는 점이다. 몽골군의 서정에 의해 유라시아를 아우르는 인류사상 전무후무한 세계적인 대제국이 출현했는데, 이 대제국의 판도 내에서 유교문명·불교문명·힌두문명·페르시아문명·이슬람문명·기독교문명·슬라브문명 등 성격을 달리하는 여러 동서 문명들이 공존했을 뿐만 아니라, 통일적인 제국의 권력구조 속에서 이들 문명 간의 이해와 소통, 교류를 저해하고 차단하던 전래의 인위적인 요인들이 제거됨으로써 이들 문명 간의 교류가 획기적으로 추진되었다. 특히 서정의 결과로 출현한 오고타이 칸국과 차가타이 칸국, 킵차크 칸국, 일 칸국 등 4대 칸국[25]은 몽골 대제국의 중요한 구성 부분으로서 유라시아의 동서남북에 자리하고 서로 다른 문명에 기반함으로써 동서 문명의 융합과 교류에 크게 기여하였다.

다음으로 그 영향은 몽골군의 서정이 동서교통의 창달을 가져온 데서 나타난다. 서정의 결과로 등장한 4대 칸국과 몽골, 그리고 원 치하의 중국(원제국)까지 포함된 몽골 대제국의 시대는 문자 그대로 동서교통의 정성기(鼎盛期)였다. 이 정성기는 유라시아의 광대한 지역에 통일적인 대제국이 건설됨으로써 동서교통에 대한 제반 인위적인 장애가 제거된데다가 제국이 적극적인 대외 경략과 대외 교류 정책을 추구한 데서 비롯되었다. 전통적으로 동서를 이어오던 실크로드의 전개과정을 보면, 종전에는 실크로드의 연변에 자리한 국가나 민족들의 이해관계

몽골제국 전성기를 상징하는 에르데니주 사원

에 따라 동서교통이 심한 기복과 부침 현상을 보여왔으며, 실크로드의 주역도 변화무쌍하였다. 그러나 유라시아의 광활한 지역을 일괄하는 통치권을 행사하게 된 몽골 대제국의 치하에서만큼은 초원로와 오아시스로, 해로를 가릴 것 없이 실크로드 전체가, 적어도 그 주로(主路)의 대부분이 몽골인들의 관장 아래 놓임으로써 동서교통이 일원화된 체계를 통해 원활하게 이루어질 수 있었다. 특히 제국의 중앙정부는 4대 칸국과의 연계를 보장하기 위하여 역체제도(驛遞制度)를 비롯한 여러 제도와 수단을 대거 개발하거나 이용해 정연한 교통제도를 구축하였다.

 교통 제도와 수단으로 대표적인 것이 발달된 역참제도다. 역체제도란 도처에 설치된 역참(驛站, 몽골어로 잠치站赤)들을 서로 연결하여 교통과 통신 수단으로 이용하는 제도를 말한다. 역참에는 수참(水站)과 육참(陸站)의 두가지 종류가 있는데, 수참은 선박으로 전달하는 역참이고 육참[26]은 인력이나 축력으로 전달하는 역참이다. 중국 경내에만도 역참 수가 무려 1400여곳에 달했다. 이러한 일반적인 역참 외에 송대(宋代)의 급각체(急脚遞)를 이어받아 발전시킨 이른바 급체포(急遞鋪)가 있었는데, 급체포는 주로 조정과 군·읍 등의 지방기관에 긴급문서를 전달하는[27] 특수 역참으로 10리나 15리, 20리마다 하나씩 설치되었다. 그리고 역체제도의 안전한 이용과 이용자의 편리를 위해 사절이나 상인 등 신분에 따라 금패(金牌)나 은패(銀牌), 해청패(海靑牌)[28] 같은 다양한 역참 이용 허가증이 발급되었으며, 통화(通貨)로는 교초(交鈔)라는 지폐나 차가타이 화폐가 통용되었다.

그다음으로 몽골군의 서정이 동서 문명교류에 끼친 영향은 동서 간의 문물교류를 크게 촉진한 것이다. 여기서 특기할 것은 중국 문물이 직접 서양에 전해진 사실이다. 전대인 당·송 시대에 제지업·인쇄술·나침판·화약 등 중국의 선진문물이 유럽에 소개되기는 했지만, 모두가 아랍인들의 중간매개를 거쳐 이루어졌다. 그러나 몽골제국하에서는 이러한 중간매개 없이 직접적으로, 그리고 정확하게 문물이 전달될 수 있었다. 아이러니한 것은 유럽인들은 몽골 서정군으로부터 다량의 화약을 획득함으로써 병기와 전술의 개진(改進)에 결정적 계기를 맞았다는 점이다. 유럽의 왕조들은 이러한 화약병기로 그때까지만 해도 난공불락의 요새로만 여겨져온 봉건 귀족들의 성보(城堡)를 무너뜨림으로써 비로소 통일민족국가를 출범시킬 수 있었다.

그리고 제지법과 인쇄술의 수용은 서구문명의 진보에 불후의 기여를 하였다. 나침반의 사용은 항해술의 발전에 획기적인 계기를 마련함으로써 서구문명으로 하여금 미래의 지리상의 발견과 '대항해시대'의 도래를 예비할 수 있게 하였다. 그밖에도 몽골군의 서정을 통해 유럽에 전해진 주산(珠算, 수판셈)과 청자(靑瓷), 지폐 등도 유럽의 경제·문화 발전에 나름의 기여를 하였다.

차제에 몽골군의 서정이 동서 문명교류사에 미친 영향 가운데서 한반도의 문명교류사와 관련된 사례 하나를 특선해 소개하려고 한다. 그

것이 바로 몽골 서정군이 메소포타미아의 이라크에서 한반도까지 전파시킨 고려시대의 소주(燒酒, 노주露酒, 화주火酒, 한주汗酒, 백주白酒, 기주氣酒)다. 원래 소주(아랍어로 아라끄)는 곡물이나 과실을 발효시켜 증류한 고농도 증류주로서, 기원전 3000년경에 메소포타미아의 수메르(현 이라크)에서 처음 만들어진 이래 오늘날까지도 중동 아랍 지역에서 '아라끄'란 이름으로 우윳빛 소주가 전승되고 있는데, 재료는 주로 대추야자다. 아랍어로 '증류'(araq)란 뜻에 어원을 두고 있는 이 소주는 몽골어로 '아라키', 만저우(滿洲)어로 '알키', 중국어로 '아랄길주(阿剌吉酒)', 힌두어로 '알락'이라고 한다. 몽골군이 1258년 압바스조 이슬람제국(수도 바그다드)을 공략할 때 아랍인들로부터 그 양조법을 배웠으며, 그후 일본 원정을 위해 한반도의 개성과 안동, 제주도 등지에 주둔하면서 이 술을 빚기 시작하였다. 몽골 원정군이 가죽 술통에 넣고 다니면서 마시는 아라끄를 공급하기 위해 고려인들이 만들어낸 것이 바로 고려 소주이며, 그것이 오늘날까지 전승되어오면서 한국 3대 토주(土酒)의 하나가 되었다. 최근까지도 개성에서는 이 소주를 '아락주'라고 불렀다.

한편, 중세의 서구 문물이 동방에 전해진 것도 몽골군의 서정이 가져온 간과할 수 없는 결과다. 원대 이전에는 주로 인도나 페르시아인들에 의해 서역 문화가 동점(東漸)하였으나, 몽골군의 서정에 의한 몽골제국의 출범과 동서교통의 발달로 인해 아랍·이슬람문명과 서구문명이 거침없이 동방에 유입되었다. 천문학과 의학, 건축, 종교 등 다양한 분야에서 이러한 외래문명이 당대뿐만 아니라, 훗날 동방의 근대화에도 일정한 영향을 미쳤다.

끝으로, 몽골군의 서정으로 인해 출현한 '팍스 몽골리카'(Pax Mongolica)가 당대 국제정세의 변화에 미친 엄청난 영향을 간과해서는 안 된다. '팍스 몽골리카'란, 몽골군의 세차례에 걸친 서정에 의해 발생한 국제정세(혹은 국제관계)의 변화를 일컫는 말이다. 이 말은 '몽골의 평화'란 뜻으로, 그 어원은 '팍스 로마나'(Pax Romana, 로마의 평화)에서 유래되었다.

차제에 '팍스'라는 단어와 그 규정어의 언어학적 번역 문제 및 논리학적 모순 문제에 관해 필자의 미숙한 비견(鄙見) 한가지를 개진하려고 한다. 우선 언어학적 번역 문제에서 '팍스'는 보통명사이며, 그 규정어로서의 '몽골리카'나 '로마나'는 형용사다. 통상 한국어에서는 규정어인 형용사가 앞에 오고, 피규정어인 명사가 뒤에 오는 법이다. 어쨌든 이같은 한국어 어법과의 차이는 차치하고도 팍스 주체의 의도나 행위, 목적에 따라 각이한 내용과 형식의 '팍스'가 출현한다. 이를테면 '몽골식' '로마식' '아메리카식' '한국식'이라는 일률적이 아닌, 각이한 내용과 형식의 '팍스'가 존재하는 것이 현실이다. 따라서 '몽골의 평화'니 '로마의 평화'니 '아메리카의 평화'니 '한국의 평화'니 할 것이 아니라, '몽골식 평화' '로마식 평화' '아메리카식 평화' '한국식 평화'로 번역하는 것이 어법이나 내용에 명실상부한 것이다. 그리하여 필자는 이후 졸문에서 기존의 역어를 쓰더라도 '몽골식 평화'라는 의미로 사용하고자 했다는 점을 밝혀둔다.

원래 라틴어 '팍스'(pax)는 로마신화에서 '평화의 여신'이라는 뜻으로 사용되어왔는데, 인류역사에서 자주 일어나는 '비평화적' '반평화적' 수난(受難) 문제들을 해결하기 위하여 학계에서는 '팍스'의 함의와 실황(實況) 등 관련 문제들에 관한 연구를 개진(開陳)해왔다. 인문사회학 분야에서 광범위하게 학문적 접근을 시도해왔지만, 작금의 학문적인 유사성과 근접성으로 인해 국제관계학을 비롯한 정치학계의 연구가 두드러진다. 역사학계는 미미한 선택적 연구 단계에 머물고 있는 것이 현실이다.

'팍스' 연구는 일국의 내재적 평화 문제뿐만 아니라, 타국이나 지역의 외연적(관계적) 평화 문제까지 아울러 이루어져야 하기 때문에 내용이 복잡다기하다. 따라서 이론(異論)이 분분할 수밖에 없다. 아직 정설로 굳어진 것은 아니지만, 대체적으로 '팍스'를 하나의 광의의 개념으로 파악하는 것이 중론이다.

광의의 개념으로 '팍스'를 이해하는 경우, 그 함의는 '이해관계의 공유에 바탕한 팍스'와 '지역 패권에 의한 팍스'의 두가지로 엇갈린다. '이해관계의 공유에 바탕한 팍스'란, 몽골식 팍스의 일례에서 보다시피 몽골과 서구를 비롯한 피정복지 간에는 서로의 격폐를 타개해 소통하려는 이해관계의 공유성이 있음으로써 비교적 장기간 유지되어온 '팍스'를 말한다. 이에 반해 '지역 패권에 의한 팍스'란, 오늘날 미국이 유라시아와 아메리카대륙의 일부 지역에서 패권적 지위를 이용해 유지하고 있는 (혹은 유지하려는) 것과 같은 불안정한 위선적 '팍스'를 말한다. 그런가 하면 일부 연구자들은 광의의 개념에 접근하면서도 몽골식 팍스의 실현 기점을 13세기 말 쿠빌라이(Khubilai)가 몽골제국의 제5대 대칸으로 등극해(1271) 국명을 '원(元)'으로 개명한 시기로 보면서 그 실현 과정이나 종말에 관해서는 전혀 논급이 없이 용두사미(龍頭蛇尾)가 되고 만다.[29]

역대에 일어난 '팍스' 현상에 관해서는 '팍스' 주체의 지향성이나 의지와 행위, 그리고 수용인들의 객관적 평가 등에 따라 다양한 형태의 주장들이 나오고 있다. 팍스 로마나를 비롯해 팍스 아시리아카(Pax Assyriaca), 팍스 브리타니카(Pax Britannica), 팍스 몽골리카, 팍스 시니카(Pax Sinica, 중국), 팍스 아메리카나(Pax Americana), 팍스 히스파니카(Pax Hispanica, 스페인), 팍스 에우로파에아(Pax Europaea, 유럽) 등 각양각색의 '팍스'가 논급되고 있다. 근자에 한국에서도 주로 미래학자들에 의해 '팍스 코레아나'(Pax Coreana)가 미래의 장밋빛으로 회자되고 있다. 복잡하고 미묘한데다가 아직 미숙한 의제라서 연구나 논의에 있어서 신중을 기해야 할 것이다.

이와 같이 인류역사가 겪어온 여러가지 팍스 가운데서 팍스 몽골리카가 특별히 주목을 끄는 것은 그 시대성과 중세 문명교류에 대한 획기적인 기여 때문이다. 항시 전운(戰雲)과 소요, 갈등이 만연해 있던 '과도적(過渡的) 난세'인 13~14세기 유라시아대륙에 몽골군의 서정으로 인해 몽골 주도하의 새로운 국제질서가 출현함으로써 이 '난세'를 극복하는 역사의 한 계기가 마련된 것이다. 여기서의 '과도'란 중세의 봉건사회로부터 근세로의 이행을 의미하며, '난세'란 이 과도기와 맞닥뜨린 혼란했던 세상사를 빗댄 말이다.

유난히도 혼란스러웠던 13~14세기의 난세상을 한마디로 집약하면 전쟁과 사회적 혼란이다. 영국과 프랑스 간에 왕위 계승 문제를 둘러싸고 벌어진 100년전쟁(1337~1453)과 11~13세기(1096~1270) 8회에 걸쳐 진행된 십자군전쟁을 대표적인 전란으로 꼽을 수 있다. 특히 십자군전쟁은 표면적으로는 성지 예루살렘의 탈환이 구실로 내세워졌지만, 실제적으로는 서구의 연합군과 아랍·이슬람군 간의 지중해 제패권을 둘러싼 숙명적인 공방전이었다.

이 전란의 여파는 동아시아에도 파급되었다. 중국의 경우, 1127년 금나라의 침입으로 북송이 멸망하고 남송이 세워지는 비운을 맞았다. 그런가 하면 한반도의 고려는 몽골로부터 약 30년간(1231~59) 여섯차례의 내침을 당한 데 이어 근 100년간(1259~1356)의 지긋지긋한 간섭기를 넘겨야만 하였다. 다행히 자국민인 고려인들의 거국적 항몽투쟁으로 고난 속에서도 시종 자주성을 고수하였다. 동서남북 종횡무진으로 기세등등히 곳곳을 누비던 몽골 원정군 앞에서 끝까지 지배나 종속을 허용치 않고 꿋꿋이 맞서 나라의 자주성을 지키면서 난세를 극복한 나라는 오로지 고려밖에 없었다.

때마침 자의건 타의건 간에 전란에 수반된 희유의 '과도적 난세'나 천재(天災)가 불러온 각종 사회적 혼란이 빈발하였다. 14세기부터 유럽은 중세의 종말을 고하는 봉건사회의 붕괴와 더불어 봉건적 장원제도(莊園制度)가 해체되고, 원격지 통상(通商)이 축소되어 사회경제적 토대가 허물어져갔다. 동시에 종교개혁을 요구하는 주장이 대두하면서 교회가 분열되어 사회적 교화력이 약화되고, 반가톨릭적 이단설(異端說)까지 대두하기 시작했다. 게다가 14세기 초엽부터 장기적인 기후변화가 발생해 겨울이 추워지고 습도가 증가하는 바람에 곡물생산이 감소되어 심한 기근 상태에 빠짐으로써 사람들이 심지어 인육(人肉)까지 먹는다는 소문이 나돌았다.

1315~17년에 발생한 대흉년은 기근을 한층 더 심화시켰으며, 영국 같은 나라에서의 포도 재배는 아예 불가능하였다. 설상가상으로 14세기 중엽에 발생한 흑사병(黑死病)은 유럽 인구의 반감(半減)을 초래했으며, 유럽을 온통 죽음의 공포로 밀어넣었다. 이 모든 전란과 사회적 혼란, 한마디로 '과도적 난세'는 민심의 동요와 불안을 야기함으로써 결국 각종 형태의 반란으로 이어지고 말았다. 예컨대 '경제선진지역'으로 지목되어오던 플랑드르(Flandre)[30]에서 1323~28년에 대규모의 농민반란이 일어났다.

이상에서 몽골군의 서정에 의한 결과물로서의 '팍스 몽골리카'(몽골의 평화)가 문명교류사를 비롯한 세계사의 진전에 어떤 영향을 미쳤는가를 구체적으로 살펴봤다. 중세 '과도적 난세'의 약 200년 동안 위세당당히 출몰한 '팍스 몽골리카'는 세계사의 진전에 획기적인 기여를 하였다. 몽골군의 서정은 분명 파괴적이고 부정적인 전쟁 행위이다. 그렇지만 근세 초반 세계가 직면한 '과도적 난세'로부터의 탈출구가 모색될 수 있도록 한 것이자 몽골 대제국이 문명 간의 소통과 교류를 위한 교통 체계와 소통 구조를 수립 운영함으로써 획기적인 국제질서의 변화를 초래했다는 점에서 몽골의 서정이 건설적이고 긍정적인 세계사적 기여를 했다는 것은 가당(可當)한 평가라 할 수 있다.

그런데 '평화'라고 하니 일부에서는 서정 당시의 몽골제국에는 전쟁 없이 평화만 감돈 것으로 착각하면서 그 내용을 달리 해석한다. 일본의 한 역사학자는 몽골 서정군이 자행했다는 살육이나 파괴가 사실이 아닌데도 불구하고 그러한 이미지로 비치게 된 것은 '뛰어난 자에 대한 주변 사람들의 시기심' 때문이라고 엉뚱한 해석을 내놓는다. '신의 채찍'을 자부한 몽골 서정군이 도처에서 적군을 살상하고 도시를 전소(全燒)시킨 것은 엄연한 역사적 사실이다. 전쟁, 그것도 유목민이 치르는 전쟁에 살육과 파괴, 약탈이 수반되는 것은 어찌 보면 일종의 상규(常規, 일반적인 규율이나 규칙)로서 당연지사(當然之事)다.

학계에서 '팍스 몽골리카'라고 운운하는 것은 항시 전운이 감돌고 있던 난세의 13~14세기 유라시아대륙에 서정으로 인해 일시적이나마 몽골 주도하의 새로운 국제질서가 출현했기 때문이다. 통일적인 몽골제국의 관할하에 역체제도를 비롯한 동서 간의 정연한 교통 체계와 소통 구조가 구축됨으로써 각이한 문명 간의 소통과 교류가 범세계적으로 촉진될 수 있게 한 새로운 국제질서가 수립되는 등 엄청난 세기적 변화가 일어난 것이다.

이것이 인류역사상 3대 군사원정의 하나로 꼽히는 몽골군의 서정이다. 기원전 4세기의 알렉산드로스의 동방 원정과 기원후 7~8세기의 이슬람군의 동·서정을 이어 600여년의 시차를 두고 이루어진 기적적인 몽골군의 서정과 그 값진 역사적 교훈과 관련해서는 인류역사 발전의 상궤(常軌)를 이탈한, 여러가지 수수께끼를 지닌 난제로 보는 시각과 함께 숱한 의문이 제기되어왔다. 그 첫째가 어떻게 수적으로도 절대 소수인 '후진' 유목민이 공간적으로 그토록 방대한 영토 위에서 비대칭의 강력한 무장력을 갖춘 '선진' 농경민 사회를 전광석화처럼 일격에 공략할 수 있었는가 하는 것이다.

사실 인구로 보면, 칭기즈칸이 1206년 몽골제국을 선포할 당시 천호(千戶)를 단위로 한 집단이 약 95개였다고 하니 인구수는 어림잡아 50만명쯤 되었을 것이다. 그러한 몽골제국이 인구 1억명을 가진 금나라나 송나라를 손쉽게 제압했다고 했으니, 그즈음 몽골제국 인구가 배(100만명)로 늘어났다고 가정하더라도 1 대 100이라는 어처구니없는 비율의 싸움에서 승리한 것이 되는 셈이다. 몽골군은 실로 일당백의 기세로 내로라하는 강적들과 대적해 연전연승의 개가를 올린 것이다.

그리고 뭉뚱그려서 정착농경은 '선진'이고 유목은 '후진'이라고 편단하면서 전쟁의 승패를 논하는 것은 비역사주의적 단순논리다. 역사에는 정신적이나 물질적으로, 그리고 윤리·도덕적으로도 유목민이 농경민을 압도한 사례가 수두룩하다. 몽골제국 시대의 몽골 유목기마민족의 경우가 바로 그 생동한 일례다. 몽골 유목민들은 당시로서는 그 누구도, 그 어느 곳에서도 그들을 따라잡지 못한 슬기로운 사회적 전범(典範)과 도덕률을 가지고 있었다. 이로써 몽골제국은 웅비할 수 있었으며, 서정으로 일세를 풍미할 수 있었다.

서구인들이 그렇게 자랑해온 시민참여 민주주의의 표상이라고 하는 그리스의 아고라[31]나 로마의 포럼[32]이 가뭇없이 사라져버린 그 시대에 몽골 유목민들은 그것들을 능가하는 쿠릴타이(Khuriltai)[33]로 다민족사회의 통합을 이루고 거국적 사업에 힘을 모았다. '이웃을 자신처럼 사랑하라' '노인과 가난한 사람을 정성껏 돌봐주어라' '모든 종교를 차별

없이 존중해야 한다' '대칸을 비롯한 그 누구에게도 경칭 대신 이름을 부르라' '간통한 자와 고의로 거짓말을 한 자, 물에 오줌을 눈 자는 사형에 처한다' 등등의 사회계약인 칭기즈칸의 예케 자사크(Yeke Jasaq, 대법령)[34]에 의해 몽골 사회는 규율과 도덕, 친화력, 그리고 비전으로 똘똘 뭉쳤다. 칭기즈칸은 이 대법령의 준수를 이렇게 간절히 호소했다. "이후 태어날 수많은 칸들과 후예들, 노얀(noyan, 지도층 인물)들과 전사들이여! 예케 자사크를 지니지 않는다면 제국은 멸망할 것이다. 그때 가서 나 칭기즈칸을 불러도 소용이 없다."

몽골군이 성공적으로 서정을 단행할 수 있었던 것은 이러한 사회적 요인과 더불어 출중한 기마전술에 바탕을 둔 강력한 군사력을 갖추었기 때문이다. 그들은 정연한 군사운영 체계와 영활한 전략전술, 유효한 장비와 무기를 바탕으로 원정을 효율적으로 운영했다. 대외 원정일 경우 적어도 2년간의 의견수렴과 쿠릴타이의 최종 결정 등 치밀한 준비를 거쳐 수행에 착수하며, '용사(바이토르)군단' 같은 저승사자 군단들이 최선봉에서 살신의 정신과 용맹으로 전투를 이끈다. 놀라운 사실은 『원사(元史)』의 기록에 따르면 전투 시 군사보급 체계로서 '아오로크'라는 이동병참기지가 동원되는데, 이 기지에 필요한 일체의 군수품은 병사들 스스로가 부담한다는 것이다.

이와 더불어 초원의 제국을 일약 세계적 대제국으로 변모시킨 주요인의 하나가 '사건창조적 인물'(위인)인 칭기즈칸을 비롯한 대칸들의 탁월한 지휘 능력이었음을 지적하지 않을 수 없다. 그들의 지휘 능력은 믿음과 충성에 바탕한 친화력과 통합력, 그리고 결단력의 소산이다. 칭기즈칸의 지도자 됨됨은 여러 면에서 엿볼 수 있지만, 여기서는 보기 드문, 그리고 역사에서 자신이 영웅호걸이라며 호들갑을 떨었던 숱한 이들과는 견줄 수 없는 사실 한가지만을 전례로 들어볼까 한다.

그것은 그가 그야말로 평생 토사구팽(兎死狗烹)한 일이 없는 참된 의리의 사나이라는 것이다. 그 때문에 그를 배신하는 배은망덕자는 아무도 없었다고 한다. 그의 주위에는 애칭으로 '맹견(猛犬)'과 '준마(駿馬)'라 불리는 네명의 측근 수위장(守衛將)이 있었다. 그들은 일편단심 주인에게 충성을 다했고, 주인은 그들과 끝까지 생사고락을 같이하였다. 그 중 준마 모칼리는 고려 출신이라는 일설이 있다. 토사구팽과 배신을 식은 죽 먹듯 하는 오늘의 세태에 귀감으로 삼고 곱씹어야 할 역사의 교훈이다.

| 제3절 문명교류의 경제사적 배경

문명교류의 경제사적 배경이란 교류를 실현 가능케 한 경제적 환경과 여건을 말한다. 경제적 환경과 여건이란 한 문명권이 타 문명권과 교역을 비롯한 경제적 관계를 맺도록 조성된 객관적 환경과 여건 및 사회적 배경이다. 이러한 환경과 여건 및 배경은 상호 교역할 수 있는 호환물(互換物)의 존재와 그에 따르는 교역의 필요성이 전제되어야 한다. 상이물(相異物)이나 특산물을 비롯해 호환가치가 인정되는 물품이 존재할 때만 교역이 필요하고 또 가능한 것이다. 이러한 호환물은 특정 개인(교역자나 상인)이나 집단(상사나 국가)의 구체적인 행위에 의해서만 교역에 투입될 수 있다. 따라서 교역에 대한 개인이나 집단의 의지와 정책은 교류를 실현 가능케 하는 환경과 여건 및 배경으로 기능하게 된다.

문명교류의 경제사적 배경이 지닌 특징은 우선, 교류에 대하여 일반적으로 순기능적 역할을 한다는 것이다. 원래 교류는 서로의 필요에 따라 유무상통의 원칙에 근거해 진행되는 행위이기 때문에 자율적이고 생산적이며 순기능적일 수밖에 없다. 그렇지만 교류사에는 왕왕 이러한 교역 본연의 뜻과는 달리 일방적이며 강제적인 '교역', 특히 근대에 와서 자행되는 서구의 식민지적 경제수탈 같은 배리(背離) 현상이 나타나는데, 이것은 분명 상호성이 배제된 일방적이고 파괴적이며 역기능적인 경제사적 배경으로서 의당 지양되어야 한다.

다음 특징은 항시적인 기능을 수행하는 배경이라는 것이다. 인류의 문명교류사를 통관(通觀)하면 교류는 원시적인 유무상통에서 시작된 이래 그 전개과정은 시종일관 교역을 비롯한 경제적 교류와 떼어놓고 생각할 수 없다. 교류의 정치적 배경은 한시적이고 간헐적인 배경인 데 반해 경제사적 배경은 항시적이고 연속적인 배경으로 기능한다.

끝으로 그 특징은 배경을 이루는 경제 주체가 부단히 변경된다는 사실이다. 경제적 상황이나 정세의 변화에 따라 개인이나 집단, 국가나 교역권(交易圈)으로 대표되는 경제 주체가 다양해질 뿐만 아니라 자주 변경된다. 이러한 변경은 단절적인 변경이 아니라 연속적인 변경으로서 경제사적 배경은 그 기능을 멈추지 않고 지속적으로 행사한다. 단, 때로는 쇄국정책이나 해금시책 같은 불의의 이변으로 인해 교역이 중단되거나 전과는 다른 곳을 통해서 이루어지는 경우에서 보듯이 경제 주체의 의지나 정책에 따라 경제사적 배경이 돌변할 수 있다. 그러나 이러한 돌변은 어디까지나 일시적일 뿐 결코 영구적인 것은 아니다.

이러한 특징은 고대에서 현대에 이르기까지 시공을 초월해 비록 정도의 차이는 있지만 대체로 순기능적으로 문명교류에 영향을 미쳐왔다. 따라서 교역을 비롯한 문명교류의 경제사적 배경에 관한 연구는 상당히 진척되어왔다. 단, 고대의 경제사적 배경에 관한 연구는 유물이나 문헌의 불비(不備)로 인해 상대적으로 미흡한 편이다. 그리하여 이 책에서는 고대 문명교류의 여명기에 작동한 경제사적 배경에 한해서만 논급하려고 한다.

고대에 진행된 교류의 경제사적 환경이나 여건을 보면 문명 발달의 한계성으로 인해 호환물이 단순하고, 근거리 교역이나 권내(圈內) 교역 위주이며, 순기능적 역할이 두드러지고, 교역의 주체가 한정적이다.

역사상 최초의 교역활동은 이집트의 고왕국(古王國) 시대(B.C. 2686~2181)에 나타났는데, 전제주의 국가이자 '단원적 사회'(monolithic society)의 시대였던 이 시기의 교역활동은 최고의 절대적 지배자 파라오(Pharaoh, '큰 집'이란 뜻)의 의지에 따라 엄격한 통제하에서 진행되었다. 교역은 주로 이집트의 농산물과 금속공예품을 시나이반도의 구리 및 레바논의 나무와 유무상통하는 형식이었다. 이집트와 더불어 고대 오리엔트문명의 쌍벽을 이룬 메소포타미아에서는 정부와 법률, 군대의 보호를 받아 교역이 신속하게 발달하였다. 바빌로니아제국을 창건한 함무라비(Hammurabi, B.C. 1810?~1750)가 제정한 법전(함무라비 법전)[35]의 내용 중 경제활동에 관한 조항들이 절반을 차지할 정도로 교역을 비롯한 경제활동이 활발하게 이루어졌다.

고대 이집트와 메소포타미아에 이어 서방에서 페니키아(Phoenicia)와 미케네(Mycenae) 사람들도 활발한 교역활동을 벌였다. 셈족 계통의 페니키아인들은 기원전 12세기부터 9세기 사이에 지중해 동쪽 해안 여러곳에 상업도시를 건설하고 지중해를 무대로 광범위한 교역활동을 전개했으며, 방직(紡織)과 조선(造船) 등 제조업 분야에서도 출중한 기술력을 보유하고 있었다. 한편 에게문명(Aegean civilization)의 창조에 큰 기여를 한 미케네인들도 기원전 15세기부터 12세기 사이에 에게해를 제패하고 이집트와 페니키아, 히타이트 등과 교역을 진행하였다.

이상은 문명사의 여명기에 진행된 서방의 교역활동으로서 비록 활발하긴 했지만 아직은 근거리 소교역권 내에 국한된 원시적인 교역활동에 불과했다. 그러나 물질문명이 발달함에 따라 교류의 경제사적 환경과 여건이 개선됨으로써 교역 거리가 연장되고 교역권이 확대되었으며 교역 내용도 다양화되었다. 급기야 그 범위가 동양으로까지 확대되어 동서교역이 출현하였다. 문명시대의 이같은 교역변천사에 관해서는 출토 유물이나 문자 기록이 그 실상을 전해준다. 따라서 유장(悠長)하고 복잡다단(複雜多端)한 문명교류의 경제사적 배경인 동서교역을 편의상 서방의 대동방 교역과 동방의 대서방 교역으로 대별해 고찰할 수 있을 것이다.

역사상 서방의 대동방 교역은 스키타이(Scythai)[36]의 동방교역과 헬레니즘 시대의 동서교역, 그리고 로마의 동방교역에서 그 전형을 찾아볼 수 있다. 우선 스키타이의 원거리 동방교역에 관해서는 헤로도토스(Herodotos, B.C. 484~425)의 『역사』(Historiae)에서 그 윤곽이 드러난다(제4권 13장과 16~36장). 그에 의하면 스키타이인들은 흑해 동북방에 자리한 아조프해에서 출발해 돈강을 건넌 후 볼가강을 따라 북상하다가 우랄산맥을 넘어서 줄곧 동진한 끝에 이세트네스[37]에 이른다. 이것이 이른바 스키타이의 동방 원거리 육상교역로다. 『역사』에는 그들이 이 교역로를 통해 호환한 교역품이 구체적으로 무엇인가에 관해서는 언급이 없다. 다만 당시 스키타이가 그리스와 주고받은 교역품으로 미루어 동방에 가져온 교역 품목을 추측할 수 있다. 그들은 그리스에 밀·기장·콩류·아마·모피·황금 등을 수출하고 거기서는 금은 장식품·상아세공품·청동기·도기 등을 수입하였다. 동방에서 가져간 물품은 모피·견직물·도기·세공품 등일 것이다. 이러한 스키타이의 대동방 교역은 동물 문양을 비롯한 특유의 스키타이문화와 그에 수반한 그리스문화가 동전(東傳)하는 계기가 되었다.

스키타이에 이어 서방의 대동방 교역을 주도한 것은 헬레니즘 시대의 동서교역이다. 헬레니즘 시대에는 지중해세계와 오리엔트(서아시아와 중앙아시아)가 하나의 거대한 교역권을 형성하여 지중해의 시칠리아로부터 흑해 연안, 그리고 나일강 유역으로부터 인더스강 유역에 이르는 광대한 지역이 공통 화폐(아티카)가 통용되는 하나의 공동시장을 이루면서 동서교역이 활발히 진행되었다. 셀레우코스왕국과 인도 간에는 육로뿐만 아니라 페르시아만을 출발해 인도 서해안에 이르는 해로가 개척되었으며, 홍해를 경유하는 지중해와 인도양 간의 교역로도 새로이 등장했다. 이 교역로는 해로와 육로의 결합로였다. 인도 상인들이 화물을 홍해의 남단 병목에 있는 아덴(Aden)까지 해로로 운반하면 거기서 아랍이나 그리스 상인들이 화물을 넘겨받아 육로를 통해 지중해 연안 일대로 운반했다. 그밖에 프톨레마이오스왕국의 상인들은 그들에 의해 발견된 인도양 계절풍을 이용해 멀리 인도 서해안까지 진출해 교역을 진행했다. 인도 서해안 일대에서 프톨레마이오스왕국의 주화(鑄貨)가 다수 발견된 사실이 이를 입증해준다.

헬레니즘 시대에 전개된 서방의 대동방 교역을 확대 연장시킨 것이 바로 로마의 동방 원거리 무역이다. 로마는 이딸리아반도를 통일한 후 지중해에 진출해 헬레니즘세계를 차례로 정복하고 강력한 제정(帝政)을 수립하여 약 200년간 이른바 '로마의 평화'(Pax Romana)를 누리면서 해로를 통한 대동방 무역에 커다란 관심을 기울였다. 기원전 1세기 중엽에 로마의 항해사 히팔루스(Hippalus)가 아랍인들로부터 인도양의 서남계절풍[38]의 비밀을 알아냄으로써 아테네에서 홍해를 지나 인도양으로 향하는 직항로가 개척되었는데, 이것은 로마의 동방 원거리 무역에 획기적인 변화를 가져왔다. 기원후 7세기경에 동방 해상무역에 종사한 이집트 상인 그레코(Greco)의 저술이라고 전해오는 『에리트레아

옥애오 항만 유적 출토품(호찌민박물관)

항해지』(*Periplus Maris Erythraei*)[39]는 당시 홍해와 페르시아만, 인도양을 중심으로 진행되던 동방 해상무역의 항로와 항구, 운송, 화물 등을 상세하게 기술하고 있다. 1775년 이래 지금까지 인도 아대륙의 68곳에서 1~4세기에 통용되던 로마 화폐가 다수 발굴되었는데, 그중 57곳이 남부이다. 이것은 당시 로마와 인도 간에 해로를 통해 이루어진 활발한 교역관계를 말해준다.

로마의 대동방 교역망은 더욱 동쪽으로 확대되어 오늘날의 베트남 남부 락자(Rach Gia, 적석迪石)의 북면 옥애오(Oc-Éo)의 구(舊) 항구 유적지에서 묵주만 해도 수천개에 이르는 다량의 로마 제품과 함께 두명의 로마 황제 이름과 서기 52년에 해당되는 로마 기년(紀年)이 새겨진 금박휘장이 각각 1매씩 출토되었다. 또한 같은 곳에서 후한시대 중국의 구리거울〔銅鏡〕인 기봉경(夔鳳鏡) 파편도 발견되었다. 이것은 로마 화물이 인도차이나반도 남단까지 운반되어 와 이곳에서 중국 화물과 교역되었음을 시사한다.

로마와 고대 중국 간의 교역은 해로를 통해 일남(日南, 현 베트남)을 매개지로 하여 시도된 것도 있지만, 대부분은 인도 서해안의 항구들에서 릴레이식으로 이루어졌다. 비단을 비롯한 중국 화물이 오아시스 육로를 통해 인도 서해안까지 운반되면 그곳에서 로마 상인들이 이를 넘겨받아 로마로 운반하곤 하였다. 그래서 당초 독일의 지리학자 리히트호펜(Ferdinand von Richthofen)은 이 교역로를 '실크로드'라고 명명했다.[40]

동방 원거리 교역을 통해 로마가 중국으로부터 수입한 물품은 대종(大宗)인 견직물을 비롯해 피혁, 철, 육계(肉桂, 계피), 대황(大黃) 등이며, 로마가 중국에 수출한 물품은 유리, 모직물, 아마포, 홍해산 진주, 지중해와 홍해산 산호, 발트해산 호박(琥珀), 상아, 서각(犀角), 대모(玳瑁), 각종 보석, 석면(石綿), 향유(香油), 약품 등이다.

로마 상인들이 동방 원거리 무역에 종사한 것은 로마 화물의 수출보다는 수익성이 높은 동방산 물품의 수입을 위해서였다. 그 결과 수입이 수출을 크게 초과하고 다량의 로마 화폐가 동방 각지로 유출되었다. 70년대에는 세레스(Seres, 중국)와 인도, 아라비아반도로부터의 수입 총액이 매년 무려 1억 세스테르티우스(sestértius, 2500만 데나리우스denarius)⁴¹나 되었다. 인도 한곳에서만 연간 5천만 세스테르티우스어치를 수입했다. 기원전 31년부터 기원후 192년까지의 223년간 로마가 동방무역에 지출한 금액을 1930년의 영국 파운드로 환산하면 무려 1억 파운드에 달한다고 한다. 이러한 심각한 입초(入超) 현상과 다량의 화폐와 금·은의 동방 유출은 로마 경제를 피폐하게 하고 로마제국의 붕괴를 다그친 한 요인이었다. 이러한 경제사적 배경은 한때나마 동서교류의 쇠퇴를 초래하였다.

이와 같이 일찍이 기원전에 활발하게 진행된 서방의 대동방 교역에 비해 동방의 대서방 교역은 좀 뒤늦은, 기원을 전후한 시기에 주로 오아시스 육로를 통해 진행되었다. 대표적인 고대 동방의 대서방 교역으로는 한대(漢代)의 대남해 교역과 대서역 교역 및 흉노의 대서방 교역을 들 수 있다.

기원을 전후한 시기에 동아시아와 지중해 일원에는 각각 한나라와 로마라는 세계적인 제국이 양립하여 사실상 당대의 문명세계를 주도하고 있었다. '로마의 평화'에 맞먹는 '한의 평화'가 수세기간 지속되어 두 제국은 모두 안정된 환경 속에서 상호 교역을 통한 물질적 부의 향유를 기대하였다. 그러나 중간에 자리한 파르티아(Parthia, 안식安息, 현 이란)에 의해 서로의 통교는 차단되었다. 그리하여 로마는 파르티아를 우회하는 해로를 통해 한과의 교역을 시도하였고, 한은 또 한대로 감영(甘英)을 멀리 지중해 연안에 파견해(A.D. 97)⁴² 로마(대진大秦)와의 통교를 시도하면서 육·해 양로로 대서방 교역을 모색하였다.

해로를 매개로 한 한나라의 대서방 교역은 우선 남해로를 통한 인도와의 교역에서 나타난다. 『한서(漢書)』 「지리지(地理志)」에는 기원 전후 일남으로부터 인도 동남해안의 황지국(黃支國, 현 칸치푸람

Kanchipuram)까지의 항해로와 황지국과의 교역상이 구체적으로 기술되어 있다. 이에 따르면, 중국 선박이 황지에 이르면 황금과 잡회(雜繪, 각종 비단) 등의 중국 화물이 다른 '만이고선(蠻夷賈船)'(외국선)에 실려 전송(轉送)된다고 한다. 이 '만이고선'이 어느 나라 선박인지는 밝혀져 있지 않지만, 당시 인도양상에서의 해상활동 상황을 감안하면, 십중팔구는 로마 선박일 것이다.

사실 중국의 남해 교역은 진대(秦代)부터 그 흔적을 찾아볼 수 있다. 진시황(秦始皇)이 중국 천하를 통일하여 판도를 남해까지 확장한 후 번우(番禺, 현 광저우廣州)를 통해 남해 교역을 하였다는 기록이 『사기(史記)』 「화식열전(貨殖列傳)」에 남아 있다. 기록에 따르면 번우는 교역 항구도시로서 거기에서는 주기(珠玑, 주옥)·은·동·과(果)·포(布) 등의 화물이 교역되고 있었다. 이러한 기록은 이미 진대부터 번우를 통한 해상 교역이 진행되고 있었음을 시사한다.

한나라의 대서방 교역 사실은 오아시스 육로를 통한 교역에서 더욱 뚜렷하게 나타난다. 한대의 서역은 대체로 오늘날의 중국 신장성(新疆省) 타림 분지(동투르키스탄)에 해당하는 지역이지만, 안식(安息)이나 대월지(大月氏)·강거(康居)·대원(大宛) 등 서투르키스탄(중앙아시아)의 일부 지역도 포함된다. 한나라는 장건의 서역 사행(西域使行, B.C. 138~115)[43]을 시발로 서역과 통교하고, 반초의 서역 경영(73~102)[44]을 계기로 서역에 대한 공식적인 영향력을 행사하면서 서역과의 교역을 본격 추진하는 한편, 그 연장선상에서 로마와의 교역이나 접촉을 시도했다. 한이 서역에 수출한 물품은 견직물을 대종으로 하고, 기타 칠기(漆器)·철기·연옥(軟玉)·마직품(麻織品)·장식품 등이었다. 그중 가장 인기 있는 품목은 단연 비단을 비롯한 견직물인데, 로마인들은 여러 경로를 통해 수입해 갔다. 그 대부분은 중국인들의 손을 거친 것이 아니라,

서역인이나 흉노인들에 의해 서역 각지는 물론, 멀리 로마까지 운반된 것이다. 그중에는 상인들을 통한 교역품도 있었지만, 한나라에서 서역 각국과 흉노에 사급(賜給)한 것이 그대로 서방에 유출된 것도 있었다.

견직물은 주로 장거리 대상(隊商)에 의해 운반되는데, 그 가운데는 조정이 공식 파견하는 사절(使節)이란 이름의 '사절대상'도 있었다. '사절대상'은 대체로 규모가 방대하여 보통 수백에서 수천명에 이르는 인원으로 구성되며, 많은 낙타와 소, 황금 등을 동반한다. 기록에 의하면, 교역에 종사하는 대상은 전한시대에 이미 중앙아시아의 아무다리야강을 넘어 아랄해 북부나 이란고원·메소포타미아·시리아·지중해 연안의 안티오크(Antioch, 현 안타키아Antakya)까지 답지(踏至)하였는데, 출발해서 귀향할 때까지는 보통 8~9년이 걸린다.

한금(漢錦, 한대의 견직물)의 최대 고객은 로마제국이었다. 로마에서 중국 비단은 최상의 기호품으로 진중(珍重)히 여겨졌다. 로마 공화정 말기 황제 카이사르가 한금으로 지은 도포를 입고 극장에 나타나 이목을 끌자 모두가 행세깨나 하는 사람처럼 보이려고 앞을 다투어 중국 비단으로 옷을 해 입었다고 한다. 이 때문에 사치 풍조가 만연하자 제정 초기에 황제 티베리우스는 남자들의 비단옷 차림을 금지시켰다. 로마의 비쿠스 투스쿠스(Vicus Tuscus) 지역에는 중국 견직물 시장이 생겨났으며, 2세기에는 로마제국의 가장 서쪽에 자리한 런던에서까지 중국 비단이 대단한 관심을 끌었는데, 그 호황은 '중국 뤄양(洛陽)에 못지않았다'고 한다. 4세기에 이르러서는 지난 시기 귀족들만 입던 비단옷을 보통 사람들, 심지어 운반부까지 입고 다닐 지경으로 비단이 흔했다고 한다.

한나라가 교역을 통해 서역에 수출한 물품에 비해 서역에서 수입한 물품은 품종은 물론 산지마저도 다종다양했다. 그중에는 중앙아시아산 각종 모피와 오손(烏孫)산 천마(天馬, 일명 서극마西極馬)와 대원(大宛)산한혈마(汗血馬)를 비롯한 서역의 우량종 말들, 페르시아제 개갑마구(鎧甲馬具), 포도·석류 등 과실, 호두·오이(胡瓜)·호마(胡麻) 등 농산물, 이집트산 유리(로만글라스), 인도산 후추, 아랍산 유향(乳香), 소말리아산 몰약(沒藥), 동아프리카산 자단(紫檀) 등 각종 향료, 로마산 화완포(火浣布)와 야광 구슬·명월주(明月珠) 등이 포함되어 있다. 한대에 본격적으로 시작된 서역과의 이러한 교역은 한대뿐만 아니라 그 이후에도 문명교류의 경제사적 배경으로 중국의 사회경제 발전에 유익한 기여를 하였으며, 그 영향은 한반도를 비롯한 동아시아 기타 지역에까지도 미쳤다.

고대 동방의 대서방 교역으로는 한대의 교역 말고도 흉노의 대서방 교역을 짚지 않을 수 없다. 기원전 4세기경에 몽골 초원에서 흥기한 유목기마민족인 흉노는 강력한 군사력을 보유했을 뿐만 아니라, 상술(商術)에도 능하였다. 기원전 176년에 흉노는 서진하여 월지(月氏)·누란(樓蘭)·오손·호게(呼揭) 등 26개국을 일거에 공략하고 서역 지방을 지배하에 넣은 후 언기(焉耆, 카라샤르Karashahr)와 위수(危須)에 동복도위(僮僕都尉)를 신설했다. 흉노는 이 도위를 통해 예하의 서역 나라들로부터 세금을 징수하고 대서역 교역을 관장했다. 흉노는 한조와의 견마무역(絹馬貿易)을 통해 취득한 다량의 한금(漢錦)을 파르티아를 비롯한 서역 여러 나라에 재수출하는 중계무역으로 막대한 부를 축적하였다.

흉노가 한조와는 물론, 멀리 파르티아와도 교역을 활발하게 진행했다는 사실은 몽골 울란바토르 북방 110km 지점에 있는 흉노의 분묘군(墳墓群, 총 212기 고분)인 노인울라(Noin Ula) 유적[45]에서 출토된 유물이 여실히 입증해준다. 유적에서는 한금과 건평(建平) 5년(B.C. 2)이라는 글씨가 새겨진 칠기배(漆器杯) 등의 한대 유물과 함께 페르시아풍의 카펫

노인울라 고분군 6호분에서 출토된 카펫

과 스키타이의 청동제품, 흉노의 의상과 깔개, 금속제품, 다양한 마구와 발화기(發火器), 철촉(鐵鏃) 등 동서교역상을 보여주는 유물이 대량으로 일괄 반출(伴出)되었다. 이 고분군 유적은 유목 흉노문화와 농경 중국(한대)문화가 혼합된 이른바 '호한문화(胡漢文化)'의 대표적인 유적일 뿐만 아니라, 호한문화와 서역문화 간의 교류상을 뚜렷이 보여주는 유적이기도 하다.

 의제의 체계성을 고려해 고대를 이어 중세와 근세에 이루어진 문명교류의 경제사적 배경은 그 주요 특성의 개진만으로 대체하려고 한다. 고대에 이어 중세에 진행된 동서교류의 경제사적 배경(환경이나 여건)

은 교역의 범위가 전래의 권역 외로 확대되고, 교역 주체가 대체로 아랍과 중국으로 이원화되었으며, 교역의 양이나 기능 면에서 서양에 비해 동양이 우세한 것이 특색이다. 중세에 접어들면서 유럽은 세계의 교류 무대에서 거의 자취를 감추고, 대신 서아시아에서 흥기한 아랍(우마위야조 아랍제국과 압바스조 이슬람제국)이 서방세계에서 교역활동의 주역으로 등장했다. 한편, 동방세계에서는 중국(隋·唐·宋·元)이 가장 위력적인 교역 세력으로 부상했다. 그 결과 국제 무대, 특히 동서 간의 교역 분야에서는 아랍과 중국이 이원화된 주체로서 주도를 하였다. 그러나 그 과정에는 페르시아의 동서교역이나 소그드인들의 대동방 교역, 중세 말엽에 나타난 유럽 열강들의 대동방 교역 등 국부적이거나 간헐적인 교역활동이 수반되기도 하였다.

중세에 이어 근대에 전개된 동서교류의 경제사적 배경은 서세동점의 시대적 상황에 편승하여 동서무역의 주도권을 장악한 신흥 서구 열강이 교역의 호환성을 무시한 채 식민지적인 경제적 착취와 약탈 및 이윤 추구를 목적으로 일방적인 경제 침투를 강요함으로써, 동서 간의 교류가 약육강식(弱肉強食)의 치열한 경쟁과 갈등 속에서 진행되었다는 것이 특색이다. 1498년 '인도 항로'의 개척을 효시로 한 서세동점은 서방의 동방 식민지화가 최종 목표였는데, 그 출발 기조는 동방 물산의 약탈을 위한 대동방 무역이었다. 고수익성 동방무역을 독점하기 위하여 무역 주체들이 전례가 없는 치열한 경쟁을 벌임으로써 동서 간의 경제적 관계는 더이상 유무상통이나 호환의 관계가 아니라 일방적인 이익 추구만을 위한 갈등과 경쟁의 관계로 변하였다. 서구 열강들은 이른바 '인도회사'나 현지의 총독부 같은 식민기구 등을 통해 무력이나 회유의 방법으로 무역 거점과 무역로를 확보하고, 이를 통해 진귀한 동방 물산을 다량 약탈해 갔다.

근세의 이러한 경제사적 배경은 동서 간의 문명교류에 고스란히 반영되어 유무상통이나 호혜성, 공평성 같은 본연의 성격으로부터 문명교류가 이탈하도록 하였다. 식민지 약탈로 부강해진 서구 열강들이 이른바 '문명화'니 '개화'니 하는 구실을 앞세워 후진국에 대한 경제적 침탈을 합리화한 것이다. 그러면서 식민지 종주국은 교역에서의 호혜성이나 등가원칙(等價原則)은 아예 무시한 채 자신들의 산품은 터무니없는 고가로 수출하지만, 식민지의 산품은 당가(當價, 값이 서로 맞음) 이하의 저렴한 가격으로 강제 수입함으로써 엄청난 이익을 챙긴다. 이러한 역기능적인 경제적 배경은 필히 교역을 비롯한 문명교류에서의 단향적 주입이나 강요를 결과하게 된다.

제4절 문명교류의 민족사적 배경

문명교류의 민족사적 배경이란 교류를 실현 가능케 하는 민족이동을 말한다. 민족이동은 민족 구성원이 집단적으로 본향(本鄕)을 떠나서 타지로 이주하는 것인데, 문명교류의 배경으로서의 민족이동은 주로 상이한 문명을 가진 민족 간의 이동, 즉 문명권 간의 민족이동이다. 그것은 상이한 문명을 가진 민족의 이동이라야 그 이동에 수반하여 이질문명 간의 교류가 이루어지기 때문이다. 동일한 문명권 내의 민족이동은 비록 개별적 문명의 구성요소 간의 보완적 교류(문화교류)이기는 하지만, 명실상부한 이질문명 간의 교류는 아니다.

문명교류의 배경으로서의 민족이동에는 거족적(擧族的) 이동과 부분적 이동의 두가지가 있다. 거족적 이동은 민족 구성원의 전체 혹은 대부분이 이동하는 경우이고, 부분적 이동은 교민(僑民)과 같이 민족 구성원의 일부만이 이동하는 경우를 말한다. 민족이동의 동인(動因)은 각이한바, 대체로 거족적 이동은 전쟁이나 정치적 경략, 자연재해, 생계추구 등에, 부분적 이동은 교역이나 선교, 징집, 생계 추구 등에 기인한다. 민족이동사를 통관하면 민족이동의 주체는 정주적 농경민에 비해 유동적인 유목민이나 상인 들인 경우가 많으며, 거족적 이동은 고대나 중세에 많은 반면 부분적 이동은 근대나 현대에 자주 나타나는 시대성을 보여주고 있다. 거족적 이동이건 부분적 이동이건 간에 교류에 대한 영향관계의 진폭은 다를 수 있지만, 서로가 공히 다른 정도에서 영향을 주는 것만은 사실이다.

문명교류의 민족사적 배경에서 거족적인 문명 수용은 민족 구성원의 전체 혹은 대부분이 이질문명을 수용하는 것을 말하는데, 이러한 현상은 종교문화에 대한 거족적 수용 등에서 가끔 나타난다. 물론 수용 대상이 이질문명이기 때문에 전파나 접변(接變) 과정은 점진적이고 또 우여곡절을 겪을 수도 있지만, 수용만큼은 결과적으로 거족적이어서 가위 교류의 역동적인 배경이라고 할 수 있다. 그리고 교류의 성격 차원에서 볼 때 거족적인 문명 수용은 다분히 일방적인 흡수로서 일종의 동화(同化) 현상이다. 따라서 문명사회에서 이러한 현상은 보편적일 수는 없고 제한적일 수밖에 없다.

문명교류의 민족사적 배경이 지니는 특징은 우선, 한시적(限時的)인 작용과 항시적(恒時的)인 작용의 이원적(二元的) 배경이라는 점이다. 거족적인 민족이동이나 문명 수용은 문명교류에 대하여 직접적이고도 역동적인 영향을 미치지만 통상적으로 조성되는 배경은 아니고 전쟁이나 정치적 경략, 자연재해 등 특수한 여건이 마련되었을 때에만 형성되는 선택적인 배경으로서 기능은 한시적일 수밖에 없다. 그런가 하면 부분적인 민족이동은 교류에 대하여 점진적이고 잠식적(蠶食的)인 영향을 미치지만 교민처럼 통상적으로 조성되어 있는 배경으로서 그 영향은 항시적이다. 문명교류에 대한 민족사적 배경은 이렇게 한시적인 영향과 항시적인 영향이 이중적으로 배합된 배경으로서, 총체적으로 보면 연면부절(連綿不絶)하게 기능하는 역사적 배경이다.

둘째 특징은 여러가지 문명접변 현상을 분명하게 야기하는 배경이라는 점이다. 모든 문명은 인간에 의해 창조되고 발달하며 교류된다. 요컨대 문명의 주체는 인간이다. 그런데 인간은 여러 민족집단으로 구성되며, 문명은 주로 민족집단을 단위로 하여 문명권을 이루면서 구체적으로 표현된다. 따라서 민족의 이동이나 거족적인 문명 수용이야말로 문명접변을 통해 그 어느 배경보다도 가장 분명하고 직접적으로, 그리고 폭넓게 교류에 영향을 미칠 수 있는 역사적 배경이다. 이러한 특징은 많은 역사적 사실에 의해 입증된다. 고대 그리스인들이 알렉산드로스의 동정과 그 후속 제국시대에 오리엔트 지역에 대거 이주함으로써 단기간 내에 헬레니즘적 융합문명이 발생했고, 중세 튀르크족을 비롯한 중앙아시아의 여러 종족들이 이슬람문명을 거족적으로 수용한 결과 중앙아시아 일원에 이슬람적 융합문명이 착근하였으며, 역시 중세에 멕시코에 대한 스페인인들의 집단적 이주로 인해 라틴아메리카 특유의 멕시코 융화(融化)문화가 탄생한 것이다.

마지막 셋째 특징은 독특한 혼혈(混血)문화를 창출하는 배경이라는 점이다. 거족적 이동이건 부분적 이동이건 간에 일단 민족이 타지로 이동하게 되면 현지인들과의 혼인관계로 인해 부득이하게 혼혈인이 생기게 마련이다. 이러한 혼혈인은 시간이 지남에 따라 비단 체질인류학적으로뿐만 아니라 문화형질학적으로도 자연스럽에 현지화하면서 궁극적으로 혼혈문화인이 되고 만다. 이들에 의해 창출되는 혼혈문화는 대체로 초기에는 융합 형태를 취하다가 점차 현지 문화에 동화되는 것이 상례다. 앞에서 언급했듯이 뽀르뚜갈은 16세기 전반 인도 고아에 총독부를 설치하고 식민지화 경략에 착수하면서 이곳에 이주한 뽀르뚜갈인과 현지인 간의 혼인을 의도적으로 장려했는데, 그 목적은 혼혈관계를 이용해 고아에서 영구적으로 식민지 통치를 유지하기 위해서였다. 그 결과 이른바 '루소-인디언', 즉 '고아인'이라는 신종 혼혈인종이 생겨났다. 그들은 생태형질적으로는 혼혈인으로서 종교는 가톨릭이고 사고는 서구적이지만, 인도 토착문화를 완전히 탈피하지 못한 혼혈문화인이다. 이와 같이 민족의 이동으로 생긴 혼혈문화는 그 자체가 곧 교류의 산물인 것이다.

문명시대부터 시작된 문명교류의 변화무상한 민족사적 배경은 서술 편의상 크게 서양인들의 동방 이동 배경과 동방인들의 서방 이동 배경으로 대별해 살펴보고자 한다.

서방인들의 동방 이동 배경

서방인들의 동방 이동 배경이란, 서방인들이 동방으로 이동(이주)할 때 조성되어 교류에 영향을 미친 역사적 배경을 말한다. 일반적으로 지중해를 중심으로 한 서방 해양민족과 서아시아 및 중앙아시아의 유목 위주의 아랍족이나 튀르크족 들은 선천적으로 유동성이 강하고 활동범위가 넓기 때문에 서방인들의 동방 이주 배경도 그만큼 다양하다. 시간적으로는 고대 아리안족의 인도 침입으로부터 근대 서구의 동방 식민지화 경략에 편승한 서방인들의 동방 이주에 이르기까지 서방인들의 동방 이동은 장기간 지속되어왔다. 그리고 공간적으로는 초원로를 통한 스키타이들의 동점(東漸)과 오아시스로를 통해 동전(東傳)한 이슬람문명에 대한 중앙아시아와 동남아시아 등지의 거족적 수용, 해로를 통한 아랍인들과 서방인들의 동방 이동 등에서 볼 수 있듯이 서방 민족들의 동방 이동은 지속적이고 광폭적이었다.

　서방인들의 동방 이동의 민족사적 배경으로 문명교류에 영향을 미친 첫 민족이동은 아리안족의 동진과 인도 침입이다. 인도·유럽어족에 속하는 아리안족은 원래 깝까스를 중심으로 한 카스피해 연안과 남러시아 늪지대에 살던 유목민이었는데, 점차 유럽과 소아시아, 중앙아시아, 인도 등 여러 방향으로 분산 진출하였다. 언어와 신앙의 유사성을 고려할 때, 인도에 침입한 아리안족은 본향을 떠나 페르시아 북부에 얼마간 체류하다가 동진한 일파라고 추단된다. 언어 면에서 고대 페르시아어와 힌두어는 다 같이 인도·유럽어족에 속하며, 신앙에서도 유사성을 공유했다. 인드라(Indra)나 바루나(Varuna), 미트라(Mitra) 등 아리안족의 주신(主神)들이 페르시아어 경전인 『젠드아베스타』(Zend-Avestā)에서도 발견된다. 중앙아시아 일원으로 옮겨온 유목민인 아리안족은 기원전 2000년경부터 서서히 동쪽으로 이동하여 아프가니스탄을 거쳐 1500년경 인도의 서북부 펀자브 지역에 이르렀다. 아리안족이 머나먼 초원의 길을 따라 인도까지 침입하게 된 이유로는 한발(旱魃)이나 추위 같은 천재지변이나 전염병 혹은 외적의 침입 등이 거론되기도 하지만, 이는 신빙성 있는 증거는 없는 역사가들의 추론에 불과하다. 이에 비해 주로 유목생활을 해오던 아리안족이 인구가 증가함에 따라 새로운 목초지를 찾아 동진해 인도 아대륙에까지 발길이 닿았다는 일설이 한결 설득력이 있다.

　어느 순간 아리안족이 인도에 침입하자 찬란했던 고대 인더스문명을 창조한 선주민인 문다(Munda)족 및 드라비다(Dravida)족들과 이들의 이해충돌이 일어나지 않을 수 없었다. 결국 말이 끄는 전차(戰車)로 무장한 아리안족은 농경민인 토착 선주민들을 무력으로 몰아내고 주인으로 둔갑하였다. 이 충돌은 본질적으로 유목문명과 농경문명 간의 불가피한 문명충돌이었다. 아리안족의 동향(東向) 이동으로 인해 발생한 이러한 충돌과 그것을 계기로 한 아리안족의 인도 정착은 이질적인 두 문명 간의 접촉과 상호 영향 속에서 이루어졌다. 아리안족은 농경 위주의 선주민들에게 말과 양 등의 가축과 더불어 철기를 전해주고 성우(聖牛) 사상 같은 숭배의식도 주입하였다. 한편, 그들 자신은 점차 전통적인 유목생활에서 탈피해 철제 쟁기로 주식인 밀이나 보리를 경작하면서 정착농경생활을 시작했다. 이 모든 것은 아리아인들의 민족이동에 따른 두 이질문명 간의 교류과정이며 문명접변 현상이었다.

문명교류의 민족사적 배경으로 기능한 서방인들의 동방 이동의 또 다른 전형적인 일례로는 헬레니즘 시대에 있었던 그리스인들의 동방 이동을 꼽을 수 있다. 알렉산드로스의 동정을 계기로 막이 오른 헬레니즘 시대에 이루어진 그리스인들의 대규모 동방 이동은 헬레니즘이라는 융합(融合)문화 창출에 결정적 역할을 하였다. 헬레니즘세계의 지배자들은 대체로 마케도니아 태생이거나 그리스문화의 세례를 받은 사람들이었다. 그들은 마케도니아인이나 그리스인, 또는 그리스화한 베르베르인[46] 출신의 용병대에 의존해 통치를 유지하고, 그리스식 도시를 건설하는 등 그리스문화의 도입을 시종 추구하면서 그리스인과 마케도니아인의 이민을 적극 권장하는 정책을 실시했다. 이러한 정책은 기원전 4세기를 전후해 경제적 쇠퇴와 정치적 혼란에 시달리던 그리스인들로부터 큰 호응을 불러일으켰다. 그들은 피폐해진 폴리스(도시)를 떠나 희망을 품고 용병으로서, 이민자로서, 상인으로서, 혹은 관리로서 새로 정복되고 개척되는 곳으로 자진하여 대거 이주했다. 사실상 그들의 주도하에 처처에 그리스식 도시가 건설되고 그리스문명이 오리엔트 지역에 침투되어 헬레니즘문화가 탄생한 것이다. 이는 민족사적 배경으로서의 그리스인들의 동방 이동이 동서 문명교류에 미친 영향의 결과다.

문명교류의 민족사적 배경에는 이러한 민족이동과 함께 거족적 문명 수용이 있다. 그 대표적인 일례로 이슬람문명에 대한 중앙아시아 튀르크족의 거족적 수용을 들 수 있다. 중앙아시아 각지에 산재해 있던 튀르크족은 7세기 중엽에 동점하는 이슬람문명을 처음으로 접한 후 10세기에 이르러 거족적으로 수용함으로써 그들 자신의 의식구조에서 질적 변혁을 가져왔을 뿐만 아니라 이슬람문명의 전파와 이슬람세계의 건설에서 중요한 일익을 담당했다. 이슬람문명에 대한 튀르크족의 거족적 수용 과정은 크게 세 단계로 나눠 고찰할 수 있다.

첫째, 접촉 단계(7세기 중엽~8세기 중엽). 튀르크족이 처음 이슬람과 접촉한 것은 초기 이슬람의 '대정복시대'이다. 이슬람 동정군은 642년에 네하완드(Nehawand)전투에서 사산조 페르시아군의 최종 반격을 분쇄하고, 그 여세를 몰아 계속 동진해 650년 사산조 치하에 있던 중앙아시아의 호라싼과 토카리스탄(Tokharistan)을 점령하였다(650). 그후 8세기 초 동정을 재개한 우마위야조 이슬람군은 호라싼 총독으로 임명된(705) 꾸타이브 이븐 무슬림의 지휘하에 10여년간 중앙아시아 일원에 대한 본격적인 군사적 정복을 단행했다. 이슬람 동정군은 주요한 도시들을 잇따라 공략하여 715년경에 이르러서는 트란스옥시아나 전역을 장악하게 되었다. 이러한 군사적 정복과정은 이슬람교의 전파가 수반되었지만, 당시 토착 튀르크족들의 반응은 기대에 미치지 못하고 미미하였다. 그것은 우마위야조가 아랍인 우위(優位) 정책을 실시함으로써 이슬람으로 개종한 비(非)아랍인들에게는 어떠한 혜택도 주어지지 않았기 때문이다. 일부 개종한 튀르크인들에게 인두세(人頭稅)가 감면되고 급료가 좀 인상되기는 했지만, 전반적으로 과중한 세금이 여전히 부과되고 아랍인에 비해 여러 면에서 차별정책이 실시되었다.

둘째, 전파 단계(8세기 중엽~9세기). 우마위야조 아랍제국 시대에 이어 출현한 압바스조 이슬람제국 시대에 와서는 상황이 크게 달라졌다. 압바스조 건국의 주역이 호라싼의 개종한 비아랍인인 마왈리(Mawālī)들이었으므로 자연히 그들에 대한 우대책이 뒤따랐다. 압바스조는 튀르크족 개종자들에게는 인두세를 폐지하고 그들을 요직에 기용했을 뿐만 아니라, 이슬람 선교사들을 파견하여 튀르크인들 속에서 선교사업을 공세적으로 전개했다.

한편, 9세기 후반부터 압바스조와 튀르크족 국가들 간에 교역이 활발하게 진행되었다. 압바스조의 옷감·곡물·금속공예품과 튀르크족 국가들의 가축·모피·금속광·노예가 교역되었다. 교역자(상인)들을 통한 선교가 일관되게 이스람교 전파의 주요 수단의 하나였음을 감안할 때, 이러한 교역과정은 곧 튀르크인들 속에서 이슬람교가 전파되는 과정이기도 하였다. 그 결과 9세기 전반(前半)에 이르러 중앙아시아 튀르크족 내부에서는 이슬람교 전파의 붐이 일어났다.

셋째, 거족적 수용 단계(10~14세기). 이슬람교가 중앙아시아 튀르크족 정복지에 광범위하게 전파되고 튀르크족 국가들이 속속 이슬람교를 국교로 선포함에 따라 이슬람교는 이제 튀르크족 속에 거족적으로 수용되기에 이르렀다. 이들 국가 중 최초로 이슬람교를 국교로 받아들인 나라는 발라사군(Balāsāghūn)을 중심으로 한 카라한(Karakhan) 왕조(840~1212)이다. 892년 이슬람교로 개종한 카라한조 왕 사투크 부그라 칸(Satuq Bughra Khan, ?~955)은 이슬람교를 공식 국교로 선포했다. 이것은 중앙아시아 튀르크족 사이에 이슬람교가 확산되는 결정적 계기가 되었다. 이어 오우즈(Oğuz) 튀르크족과 셀주크(Seljuk) 튀르크족 등 여러 분파의 튀르크족들이 연쇄적으로 이슬람교에 귀의하였다. 아랍의 중앙아시아사 대가인 이븐 알 아시르(Ibn al-Athīr)의 기술에 의하면 960년경에 이슬람교로 개종한 튀르크족은 20만호(약 100만명)나 되었다. 발칸반도에 자리한 튀르크족 불가르왕국도 이와 때를 같이해 10세기에 이슬람교를 국교로 수용했다. 이리하여 14세기에 이르러서는 모든 튀르크세계가 이슬람교를 유대로 하여 하나의 종교적·정치적 공동체로 통일되었다. 이러한 맥락에서 튀르크족은 오스만제국(1299~1922)을 축으로 하여 제1차 세계대전까지의 600여년간 이슬람세계의 주역으로, 지배자로 군림하였다.

이와 같이 튀르크족은 이슬람교를 거족적으로 수용함과 동시에 강력한 왕조를 세우고, 그 과정을 통해 중앙아시아 전역을 튀르크화하였다. 이와 더불어 유목기마민족이던 튀르크족은 일단 중앙아시아에 산재한 오아시스를 점령하고는 그곳에 집단적으로 이주하여 국가권력 구조를 확립하면서 점차 농경민처럼 정주(定住)생활을 하게 되었다. 요컨대 튀르크족은 이슬람화와 정주화를 통해 중앙아시아를 튀르크화한 것이다.

튀르크족이 큰 갈등 없이 이슬람문명을 거족적으로 수용하고 짧은 기간 내에 중앙아시아 전역을 튀르크화할 수 있었던 데는 주·객관적 요인이 존재했다. 주관적 요인에서 가장 중요한 것은 종교이념적·도덕적 일체감과 유사성이다. 튀르크족은 자고로 유일신인 천신(天神)을 신봉하고 있었기 때문에 이슬람교의 근본 신앙인 유일신 신앙을 별다른 이질감 없이 받아들일 수 있었고, 이슬람의 지하드 정신도 진취적인 튀르크족의 정복정신에 부합되었던 것이다. 뿐만 아니라 법질서나 도덕규범의 엄수를 강조하는 이슬람의 도덕관과 튀르크족 유목사회의 전통적 관습인 퇴레(Töre)[47]도 일맥상통한다. 이러한 주관적 요인과 더불어 튀르크족으로 하여금 이슬람문명을 거족적으로 받아들이게 한 객관적 요인은 이스람문명의 선진성과 이슬람교의 관용성(寬容性)이다. 유목민인 튀르크족에게 당시 이슬람문명은 그 신이성(神異性)과 선진성으로 인하여 추종하고 수용할 수밖에 없는 선망(羨望)의 대상이었다. 이슬람과의 초기 접촉 단계에서는 비록 민족적 차별이나 신앙적 차이에서 오는 거부감이나 갈등이 없지는 않았지만, 접촉이 잦아지고 전파가 확산됨에 따라 점차 이슬람 고유의 형제애나 관용성에 대한 공감대가 이루어짐으로써 구경(究竟)에는 튀르크족이 자진해서 이슬람문명을 수용하는 데 이른 것이다.

동방인들의 서방 이동 배경

앞에서는 문명교류에 영향을 미친 민족사적 배경으로서 서방인들의 동방 이동에 관한 역사적 사실 몇가지를 살펴봤다. 이러한 민족사적 배경으로는 서방인들의 동방 이동에 상응하는 동방인들의 서방 이동도 있어왔다. 그 내용은 거족적 이동과 부분적 이동 및 거족적 문명 수용의 세가지로 나눠볼 수 있다.

동방 민족의 거족적 서방 이동으로 시·공간적 규모 면이나 동서 문명교류에 미친 영향관계 면에서나 첫 자리를 차지하는 것이 흉노의 서천(西遷)이다. 흉노는 중국 북방에서 첫 유목민족국가를 세운 민족으로서 기원전 4세기부터 중국 사서(史書)에 등장한다. 흉노의 종족적 기원에 관해서는 여러 설이 있는데, 알타이계 언어를 사용하는 튀르크족이라는 설이 우세하다. 즉, 몽골과 퉁구스 및 기타 북방 민족들의 혼합체이기는 하나 지배층과 민족구성원의 본체는 튀르크족이라는 것이다. 한편, 문화 면에서는 몽골의 노인울라나 미누신스끄(Minusinsk) 유적지에서 발굴된 흉노 유물에서 보다시피, 흉노는 한(漢)문화뿐만 아니라 스키타이문화와 고대 그리스·로마문화, 페르시아문화 등 여러 문화의 영향도 다방면적으로 받아들임으로써 혼성문화를 이루었다. 그리하여 흉노문화를 일명 '호한문화(胡漢文化)' 또는 '유럽·아시아문화'라고도 한다.

흉노는 역사 무대에 등장하면서부터 지정학적으로 접경해 있는 중국 한조와의 갈등이 숙명적이었다. 전한이 흉노에 대해 60여년간 화친정책(和親政策)을 써오다가 무제 때에 이르러 강경한 정벌정책으로 전환하자 흉노는 쇠퇴하기 시작해 급기야 기원전 57년에는 동·서 흉노로 양분되어, 서흉노의 질지(郅支) 선우(單于)는 일족을 이끌고 중앙아시아의 시르다리야강 중류까지 서천하여 견곤(堅昆, 추강과 탈라스강 사이, 현 끼르기스스딴)을 수도로 한 새 흉노제국을 건립하였다. 이것이 흉노의 제1차 서천이다. 그러나 신생 흉노제국은 내부 갈등으로 인해 남·북 흉노로 다시 양분되어(A.D. 48) 북흉노만이 막북(漠北)으로 이동해(흉노의 제2차 서천) 한과 대치하였다. 그러다가 후한 명제(明帝, 재위 57~75) 때부터 한의 정벌전에 직면하자 일부는 막북을 떠나 서천(91년에 시작)의 길에 올라 페르가나(Fergana, 현 우즈베끼스딴 동부 지역) 분지를 지나 발하슈호와 아랄해 사이의 강거(康居) 땅에 도착했다(흉노의 제3차 서천). 여기까지가 중국 사서의 기록을 따라 흉노의 서천 과정을 추적한 것이다. 그러나 151년의 기록을 마지막으로 중국 사서에는 흉노에 관한 기록이 더이상 나타나지 않는다.

그 이후의 흉노 관련 소식은 서구의 문헌 기록에 의해서만 추적 가능하다. 이 기록에 의하면 4세기 후반에 훈족(Hun)이 카스피해 북부에 나타나 서쪽으로 볼가강과 돈강 유역에 있는 알란(Alan)국을 공략한 후 돈강을 넘어 동고트를 점령하고 이어 드네스뜨르강을 건너 서고트를 압박하였다. 이에 서고트인들이 다뉴브강 이남의 로마제국 경내로 밀려들게 되었는데, 이것이 역사적으로 유명한 유럽의 민족대이동의 서막이다. 5세기 초 훈족은 발라니아(Balania)를 중심으로 한 중유럽 일대를 장악하고 아틸라(Attila, 재위 434~53)의 주도하에 훈제국을 창건하였다.

전성기에 훈제국이 차지한 강역은 동쪽의 아랄해에서 서쪽의 라인 강, 북쪽의 발트해에서 남쪽의 다뉴브강에 이르는 광대한 지역이었다. 한때 훈족은 동로마제국을 공격하여 조공을 바치도록 했으며, 서로마제국에 대한 훈족의 침입은 제국의 멸망을 촉진하는 한 요인이었다. 그러나 아틸라가 사망하자 내분이 일어나 국력이 급속하게 약화된 끝에 454년에 결국 훈제국은 게르만족에게 멸망하고 말았다. 그러자 훈족의 본류(本流)는 카스피해 북부로 귀향하고, 일부는 발라니아에 잔류했다가 훗날 마자르인들과 융합하여 헝가리 민족을 구성했다.

훈족이 유럽에 진출해 활동한 것은 전후 80여년이라는 짧은 기간이다. 그러나 그들의 활동은 유럽 민족의 대이동을 비롯해 유럽 역사에 중차대한 영향을 미쳤다. 유럽 무대에 혜성처럼 나타나 일세를 풍미한 훈족의 정체에 관하여 일찍이 학자들 간에는 여러가지 논의가 끊이지 않았다. 1750년대에 프랑스의 드 기네(Joseph de Guignes, 1721~1800)가 처음으로 훈족이 흉노에서 연유했다는 설을 내놓은 이래 그 관계를 놓고 국제 학계에서는 200여년간 갑론을박의 치열한 논쟁이 벌어졌으나 아직껏 정설은 없는 상태다. 그러나 20세기에 들어와서 언어학과 고고학 및 문화인류학 등 학제 간의 다양한 연구가 심화되면서 훈족의 출현과 흉노의 서천 사이에는 일정한 상관성이 있다는 점과 서천한 북흉노가 훈족의 주요한 원류라는 점에 대해서는 다양한 견해들이 대체적인 합의를 보고 있다.

훈족의 유럽 출현과 북흉노의 서천을 관련짓는 근거는 약 2세기에 걸쳐 북흉노를 비롯한 흉노 잔여세력들이 연속적으로 서천하여 유럽에까지 이르렀다는 것이다. 중국 사서의 기록과 유럽의 관련 문헌 기록을 종합해보면, 기원전 1세기에 서흉노가 패망하자 새로운 보금자리를 찾아 흩어졌던 흉노들은 서투르키스탄 일대에서 민족적·문화적 동질성을 회복 유지해오다가 소그디아나(Sogdiana) 동부와 깝까스 북부, 드네쁘르 강변, 아랄해 동부 초원지대에서 새로운 흉노공동체를 형성했다. 그들은 주변 튀르크 종족들을 병합하고, 1세기 말에서 2세기 후반 사이에 동쪽으로부터 이동해 온 북흉노 일족을 흡수함으로써 그 세력을 한층 강화하였다. 그들은 그곳에서 약 2세기 동안 주변 국가들과 큰 마찰 없이 비교적 안정된 생활을 영위했다. 그러다가 기후의 변동과 자연재해 등으로 인한 생태계의 파괴와 생물자원의 고갈 등 때문이거나, 아니면 350년경에 동쪽으로부터 이동해온 또다른 동족인 우아르 훈(Uar-Hun)의 압력 때문에 다시 서천하여 마침내 카스피해 북부 지방까지 이르러 정착하게 된 것이다. 역대 흉노의 이러한 서천 과정을 감안해 유럽의 훈이 아시아 흉노에서 연유했으며 훈제국을 세운 아틸라는 북흉노 선우의 후예라고 하는 주장이 신빙성 있는 설로 대두하였다.

기원전 1세기 서흉노의 거족적인 서천으로부터 기원후 4세기 유럽에서의 훈족 출현까지 약 400년간 흉노집단은 초원로를 중심으로 한 유라시아 북부지대를 가로질러 서천하면서 수많은 민족들과 혈연관계를 맺고 문화적 융합을 이루었다. 이 자체가 거족적인 민족이동에 의한 동서 문명의 교류과정인 것이다. 유목민인 아시아의 흉노는 서천의 대장정에서 호한문화를 서방에 전파했을 뿐만 아니라, 티베트·인도·페르시아·그리스 등의 문화를 광범위하게 수용하고 다양한 문명요소들을 유럽에 전해주어 유럽문명을 가일층 풍부하게 하였다.

동방 일우(一隅)에서 서천한 흉노 고유의 문화요소를 수렴하고 계승한 훈족의 맹렬한 활약으로 인해 정치적으로는 유럽에서 민족대이동이 유발되어 유럽 민족이 재편성되는 기틀이 마련되고 서로마제국의 멸망으로까지 이어짐으로써 유럽 역사의 획기적인 전환이 일어났다. 문화적으로는 헝가리를 비롯한 튀르크계 종족들의 민족국가가 형성되어 튀르크 고유의 문화요소들이 유럽에 이식되고 그것이 장기간 보존되었을 뿐만 아니라, 동물 의장과 문양을 비롯한 유목민족 특유의 예술이 유럽에 전파되고, 강력한 기동력을 바탕으로 한 훈족의 유목기마적인 군사 조직과 전술이 유럽에 도입되어 유럽의 군사적 부흥과 전술 개발에 기여하였다.[48]

문명교류의 민족사적 배경으로는 이러한 거족적 이동뿐만 아니라 부분적 민족이동도 흔히 볼 수 있다. 그 대표적 일례로 중국 한인(漢人)들의 해외 진출을 꼽을 수 있는데, 여기서의 해외 진출이란 문명교류 차원의 해외 진출이며, 그 주역은 화교(華僑, Overseas Chinese)들이다. 중국 헌법에는 화교란 "국외에 정주(定住)하면서 중국 국적을 소유한 자연인(自然人)이다"라고 규정하고 있다. 자연인이란 민법상 권리 주체로 보통 사람을 일컫는다.[49]

화교 인구가 도대체 얼마나 되는가와 관련해서는 아직 '정확한 과학적 수치'가 없어 각인각설로 그 수가 크게 들쑥날쑥하다. 저간에 발표된 몇가지 통계자료를 종합해보면 다음과 같다. 즉, 화교는 약 4천만~6천여만명으로 세계 198개국과 161개 지역에 분포되어 있으며, 5대주의 대륙별 분포 비율은 아시아주 78~83.9%, 아메리카주 9.9~15%, 유럽주 4.9~5%, 대양주 1.2~1.7%, 아프리카주 0.3%이다. 가장 많은 화교가 사는 곳은 동남아시아(세계의 80~85.5%)인데, 그중 인도네시아에 600만~750만명, 태국에 1천만명, 말레이시아에 509만~710만명(이상 아시아 3국이 세계의 60%)이 상주한다. 100만명 이상의 화교가 사는 나라는 인도네시아와 태국 등 아시아 국가가 일곱이며 기타 세 나라는 뻬루와 캐나다, 미국이다. 이상의 화교 분포 상황을 통관하면, 다분히 인구의 다소가 문명교류에 대한 민족사적 배경으로서의 기능과 역할 여부를 결정한다는 역사적 사실을 명증해주고 있다.

한인들이 해외에 천거(遷居)한 역사는 자그만치 2천년 전으로 거슬러 올라간다. 한인들은 일찍이 실크로드로 서역과 내왕하였고 선박으로 일본이나 동남아에 항행하여 이르는 곳마다 족적을 남겨놓았다. 드디어 당대(唐代)에 이르러서 많은 한인들이 해외에 천거함으로써 화교사는 막을 올렸다. 1300여년간의 한인들의 해외이민사는 대략 4개 시기로 나눠 고찰할 수 있다.

첫 시기는 당대부터 남송(南宋, 618~1279)까지의 화교 출현 시기다. 이 시기에 중국 봉건사회의 상품경제는 상당히 발전하고 있었던 데 반해 동남아시아는 여전히 비교적 후진 상태에 머물러 있었다. 이에 적잖은 한인 상인들이 동남아 각지에 진출해 교역활동을 벌였는데, 그중 일부는 현지에 남아 정주해 제1대 화교가 되었다. 대부분의 화교들이 정착한 곳은 오늘날의 인도네시아·싱가포르·말레이시아·베트남·태국·필리핀 등의 나라였는데, 총인구는 약 10여만명에 달하였다.

제2시기는 원대부터 청대 중엽(1271~1840)까지 화교 진출이 대거 증가하고 소재국에서 화교의 사회경제적 기초가 점차 마련된 시기다. 이 시기에 명조(明朝)의 해금(解禁)이 해제되어 해외무역이 크게 촉진되었으며, 동남아 일부 지역은 신흥 서방 열강들의 식민지와 무역중계지로 전락함에 따라 중국의 저렴한 노동력에 대한 수요가 높아짐으로써 더 많은 중국 상인과 파산한 농민, 수공업자의 해외 진출을 유혹하였다. 게다가 명나라 태감(太監) 정화(鄭和)는 2만여명의 선단을 이끌고 7차에 걸쳐 '하서양(下西洋)'을 함으로써 아시아와 아프리카의 30여개의 나라와 지역을 역방하며 국위를 선양하고 중국과 아시아·아프리카 나라들 간의 친선을 도모했을 뿐만 아니라, 중국인들이 해외로 진출해 무역활동을 전개하며 정착하는 데 유리한 환경과 여건을 조성했다. 그 결과 이 시기에 동으로는 일본과 한국, 서로는 인도 동부 해안, 북으로는

필리핀 옹핀(Ongpin, 왕빈王彬) 거리. 원래 왕빈은 평범한 화교 인쇄공이었는데, 필리핀인들과 함께 반스페인투쟁에 참가해 혁혁한 공을 세웠다. 후세들은 그를 기리기 위해 이 거리에 그의 이름을 붙여 부르고 있다. 입구에는 '친선문(親善門)'이라는 아치가 가로걸려 있다.

미얀마 이라와디강 상류, 남으로는 인도네시아 군도에 이르기까지 도처에서 화교들을 만날 수 있었으니, 그 인구는 100만명을 넘어섰다.

제3시기는 아편전쟁부터 중화인민공화국 성립 전야(1841~1949)까지 화교의 대규모 진출 고조기다. 이 시기는 국내외의 요인으로 인해 해외에 진출한 화교의 숫자나 규모의 크기, 분포의 너비, 그들이 겪은 고통의 정도 등의 면에서 단연 전대미문이었다. 국내적으로는 암울한 정치, 끊임없는 전쟁, 파탄난 경제, 피폐해진 민생 등 극한 상황이었고, 국제적으로는 제국주의로서도 식민지에 대한 광란적 정치 탄압과 경제 약탈을 위한 염가 노동력이 그 어느 때보다도 절박한 때였다. 그리하여 중국은 이른바 '계약 화교노동자'란 미명하에 대규모의 화교들을 상품처럼 매출해 해외로 떠나보냈다. 이것이 이 시기 중국인 이민의 주요 방식이었다. 이러한 반인륜적 인신매매 활동은 18세기 말에서 19세기 중엽까지의 시기에 최고조에 달했는데, 18세기 말에서 20세기 초까지의 약 100여년 동안 약 700만명의 중국인들이 세계 각지로 팔려 나갔으며 급기야 오늘날과 같이 화교가 전세계 곳곳에 흩어지게 된 국면이 생기게 되었다. 이리하여 이 시기에 화교 인구는 1200여만명에 이르렀다.

제4시기는 1949년 중화인민공화국 성립에서 1990년대 말까지의 시기다. 이 시기에는 비록 중국인들이 집단적으로 해외에 팔려가 화교가 되던 역사는 뒤안길로 사라지고 말았지만, 동·서방 간의 경제 수준 차이와 미국과 캐나다, 오스트레일리아 등의 나라들에서 이루어진 이민정책의 조정 등 정세의 변화 때문에 이전과 같이 적잖은 중국인들이 친인척들과 모여살기 위해서나 또는 유학의 방법으로 해외로 이주했다. 타이완이나 홍콩, 마카오 등지의 주민들도 적잖게 국외로 이사하였다. 이 시기에 화교들의 경제가 성장하고 인구가 증가함에 따라 해외에 사는 화교 인구가 급속히 증가해 그 수가 3천만명으로 추산된다. 그중 90%가 거주국 국적을 취득하였다. 결과 21세기 초엽의 화교 인구 총수는 약 3979만명이며, 그중 약 200만명은 최근 20년여년 간에 대륙에서 천거한 신세대 화교인 것이다. 요컨대, 이러한 신세대 화교의 급증은 중국 대륙(중화인민공화국)이 안고 있는 사회문제의 한 단면이라고 추측된다.

이렇게 1300여년 동안 세계 방방곡곡에 천거하면서 역사의 흐름을 좇아 살아온 수백수천만의 화교들이 민족사적 배경으로서 문명교류에 영향을 미치고 기여한 바는 의심의 여지가 없다. 필자는 중국에서 30년 간의 유년기와 청년기를 보냈으며, 대학 동창 중에는 동남아에서 유학 온 화교 출신 동창생이 몇명 끼여 있다. 후일 28년간 세계 여러곳을 역방하면서 방방곡곡에 있는 당가(唐家)에 현지 화교들과 그들의 고국 중국에서 만든 각종 상품들이 산더미처럼 수북이 쌓여 있는 광경을 목격했고, 'made in china'란 국제적 상표가 부착된 각양각색의 제품들을 접했으며, 지식의 사회적 환원에 헌신하는 숱한 화교 출신 학자들을 만났다. 모두가 문명교류에 흔쾌히 재투입되는 귀중한 존재들이다. 이 과정에서 화교들의 이주는 비록 중국인들의 부분적 민족이동이기는 하지만, 문명교류에 대한 민족사적 배경으로서 간과할 수 없는 기여를 하였다는 역사적 사실을 감지할 수가 있었다.

이에 중국의 몇가지 고전 문헌에 나오는 화교의 해외 진출 관련 기술들 몇가지를 간추려서 소개하려고 한다.

1) 당대 현장(玄奘, 600~64)의 『대당서역기(大唐西域記)』에 의하면, 서투르키스탄의 톈산(天山)산맥 서북단에 자리한 달라사성(呾羅私城, 탈라스성) 남쪽 10여리 거리에 있는 자그마한 성에 300여호의 한인들이 모여 살고 있는데, 그들은 돌궐(突厥)에 의해 이곳으로 강제로 이주하게 된 사람들이다. 비록 의상은 돌궐인과 다를 바 없으나, 말이나 예의 범절은 여전히 본국, 즉 중국 그대로이다. 당시로서는 민가가 300여호면 적잖은 수로서 그들에 의한 중국 문물의 전파는 십분 가능했을 것이며, 그들은 비교적 장기간 한 민족집단(공동체)으로 계승 보존될 수 있었을 것이다.

2) 당대 두환(杜環)의 『경행기(經行記)』에 의하면, 대식국(大食國, 아랍의 압바스조 이슬람제국)에 화가 번숙(樊淑)과 견직공 여례(呂禮)를 비롯한 여러가지 직능을 가진 한인 공장(工匠)들이 다수 살고 있었다고 한다. 두환은 당 천보(天寶) 연간의 탈라스(Talās, 현 우즈베끼스딴)전투(751) 때 이슬람군의 포로가 되어 대식국에 12년간 체류한 후 해로로 광저우(廣州)에 돌아와 『경행기』라는 견문록을 저술했다. 고선지(高仙芝) 장군이 이끈 약 7만명의 당군이 탈라스전투에 투입되었는데, 패전으로 인해 그중 2만명이나 이슬람군에게 포로로 잡혀갔다. 이들 중에는 각종

기술자들이 포함되어 있었다. 그들은 이슬람제국 예하의 여러곳에 끌려가 각종 직업에 종사하면서 중국 기술을 전수하였다. 특히 제지기술자들에 의하여 중국의 제지법이 사마르칸트를 비롯한 이슬람세계 곳곳에 소개되었으며, 12세기부터 제지술은 중국인들로부터 이를 전수한 아랍인들에 의해 유럽에 전해졌다.

3) 남송대 조여괄(趙汝适, 1170~1231)이 쓴 『제번지(諸蕃志)』의 '발니(渤泥)'조에 의하면, 인도네시아인들이 그곳 화교들을 통해 알게 된 중국 음식을 선호하기 때문에 그곳에 가는 중국 상인들은 인심을 끌기 위해 꼭 한두명의 재간 있는 요리사를 대동한다고 한다. 근래에 자바나 칼리만탄 등지에서 당·송대의 고전(古錢)이 다량 발견되었으며, 싱가포르에서는 후량(後梁, 907~23)의 연호와 남송 함순(咸淳, 1265~74) 연호가 새겨진 한나라식 묘가 발굴되기도 하였다. 이것은 중국인들의 현지 진출을 실증해준다.

4) 원대 왕대연(汪大淵, 1311~?)의 『도이지략(島夷志略)』(1350) '토탑(土塔)'조에 따르면, 남인도 카불리강 하구의 네가파타나(Negapatana) 평원에 한문 제자(題字)가 있는 옛 탑이 하나 남아 있는데, 거기에는 함순 3년(1267) 8월에 화공(華工)이 이 탑을 건립했다고 명기되어 있다. 그런가 하면 가스빠르 꼬레이아(Gaspar Correia)의 저서 『바스꾸 다가마』(Vasco da Gama)에는 남인도의 말라바르에 중국인들의 거주지가 있다는 기록이 있고, 마르꼬 뽈로의 『동방견문록』에는 캘리컷 부근에 '지나한'(支那漢, Chini Bachagan)이라는 한인 후예들이 사는 부락이 있다는 기록이 있다. 실란(Sillan, 현 스리랑카)의 사서에 의하면 심지어 실란 군대 내에도 한인 병사가 있다고 하였다. 그밖에 송인(宋人)들은 무역을 위해 아랍 지역의 여러 항구에 내왕하면서 장기간 체류하는 경우도 종종 있었다.

5) 명대 장섭(張燮, 1574~1640)은 저서『동서양고(東西洋考)』(1616)의「서양열국고(西洋列國考)」에서 말라카(Malacca)왕국을 소개하면서 일반적으로 주민의 피부색은 검은색인데 간혹 흰색의 화인(華人, 화교華僑)이 눈에 띈다고 함으로써 이들이 이미 상당한 기간을 이곳 원주민들과 어울려 화교로 생활해왔음을 시사한다. 명대의 남양(南洋, 즉 동남아시아)에는 한인들이 이미 곳곳을 개척할 정도로 대거 진출하였다. 한인들의 진출은 특히 정화의 하서양 이후 급증했다. 명초에 자바의 투반(Tuban)이나 그레시크(Gresik, 수마트라의 팔렘방) 등지에는 화교들의 집거지(集居地, 공동체)가 생겨났다. 이 장섭의『동서양고』를 비롯해『명사(明史)』등의 사서는 한인들의 남양 진출과 개척 활동에 관해 구체적으로 전해주고 있다.

제5절 문명교류의 교통사적 배경

문명교류의 교통사적 배경 개념

문명교류의 교통사적 배경이란 문명교류의 실현을 위한 교류수단의 이용과 발달을 뜻한다. 교류수단의 이용과 발달이 문명교류의 배경이 되는 이유는, 우선 문명교류는 그것이 정신문명이든 물질문명이든, 유형이든 무형이든 간에 문물의 공간적 이동으로서, 이동을 가능케 하는 교통수단이 필수라는 데 있다. 문물의 교류는 전파지에서 피전파지까지 이르는 문물의 물리적 이동에 의하여 실현된다. 그런데 문물의 이러한 물리적 이동은 축력(畜力)이나 기계동력에 의한 교통수단을 통해서만 비로소 가능한 것이다. 물론 인력에 의한 문물의 이동이 있기는 하지만, 그것은 극히 제한적인 경우다. 따라서 교통수단을 떠난 문명교류란 상상할 수가 없는 것이다.

  교통수단이 문명교류의 배경이 되는 두번째 이유는 교통수단의 발달 여하에 따라 문명교류의 내용이나 규모, 양이나 속도 등이 영향을 받는다는 데 있다. 교류는 교통수단에 의한 문물의 이동이기 때문에 교통수단의 제약을 받지 않을 수 없다. 육로(초원로와 오아시스로)에 이용되는 가축이나 차량 같은 교통수단으로는 직물이나 모피, 금은세공품 같은 가볍거나 깨지지 않는 단단한 물품들만이 운반될 수 있다. 이에 반해 해로에 투입되는 선박으로는 도자기나 향료, 금속제품처럼 무겁거나 부피가 크고 깨지기 쉬운 물품들이 운반된다. 그리고 조선술과 항해술의 발달에 따라 해상교통수단인 선박의 규모가 커지고 항속이 빨라지며 항정(航程)이 단축됨으로써 육로보다 해로를 통한 교류의 비중이 점차 높아진다. 요컨대 문명교류의 양상은 교통수단의 제약을 받게 마련이다. 이러한 이유로 문명교류상을 구명할 때는 기타의 역사적 배경과 함께 반드시 교통사적 배경도 함께 고찰해야 한다.

  문명교류의 교통사적 배경은 여타의 역사적 배경과 구별되는 몇가지 특징을 지니고 있다. 그 특징은 첫째로, 문명교류에 대하여 순기능적 역할을 하는 배경이라는 것이다. 교통수단과 문명교류는 정비례적인 역학관계에 있다. 즉, 교통수단은 발달한 것만큼 교류에 유리한 배경으로 기능한다. 따라서 교통수단은 교류에 대하여 항시 순기능적 역할을 하게 되는 것이다. 둘째 특징은 문명교류를 실현 가능케 하는 총체적인 역사적 배경의 매개체라는 것이다. 문명교류의 정치사적 배경이나 군사사적 배경, 경제사적 배경, 민족사적 배경 중 어느 것 하나도 교통사적 배경의 뒷받침 없이는 제구실을 할 수가 없다. 왜냐하면 여타 배경들은 교통수단에 의해서만 배경으로서의 역할을 할 수 있기 때문이다. 문명교류에 영향을 미치는 그 어떠한 역사적 배경도 교통수단에 의지하지 않고서는 조성될 수 없다. 셋째 특징은 과학기술의 발달과 직결되는 배경이라는 것이다. 모든 교통수단은 과학기술의 산물이며, 과학기술의 변화와 발달에 따라 교통수단의 양상이 좌우된다. 기마기술의 보급과 차량의 출현은 육로의 교통수단에 획기적인 변화를 가져왔으며, 조선술과 항해술의 발달은 해로의 교통수단(선박)을 부단히 개선시켰다.

문명교류를 실현 가능케 한 교통수단은 크게 육로의 교통수단과 해로의 교통수단으로 대별할 수 있다. 육로의 교통수단에는 오아시스 육로의 전통적 교통수단인 대상(隊商, caravane)과 초원로의 말과 차량이 속하고, 해로의 교통수단으로는 선박이 유일하다. 이러한 교통수단들은 기술 개발에 따라 끊임없이 개량되어왔으며, 개량된 만큼 문명교류를 촉진시켰다.

육로의 교통사적 배경

육로에는 오아시스로와 초원로가 포함되는데, 오아시스로의 주된 교통수단은 통상 대상에 무리로 편성된 낙타들이고, 초원로의 주된 교통수단은 말이나 차량이다.

대상이란 사막 지방에서 주로 운반수단으로 낙타를 이용해 교역에 종사하는 상인들의 무리를 말한다. 드넓고 메마른 사막에 점재(點在)한 오아시스가 연결되어야 이루어지는 모든 교류는 이들 무리에 의해 진행됨으로써, 대상은 오아시스 육로를 통한 교류의 주역이라고 말할 수 있다. 용수(用水)가 보장된 오아시스의 주민, 즉 오아시스민은 주로 농경민이지만, 그밖에 교역을 주업으로 하는 상인들도 있다. 그런데 오아시스는 어디까지나 황막한 사막에 에워싸인 잠재적 고립지이기 때문에 일반 농경지와는 달리 농경 면적이 협소하고 농산물을 비롯한 물산이 제한적일 수밖에 없다. 그리하여 이곳의 주민은 인근 오아시스, 때로는 멀리 떨어진 오아시스 주민과의 물물교환이 필수적이다. 여기에 교역을 생업으로 하는 일부 오아시스민이 가세함으로써 교역을 비롯한 교류가 오아시스 간에 성행하게 되는 것이다.

그런데 오아시스 간의 교류는 예외없이 결수(缺水, 물의 부족)나 열풍 같은 사막의 간고한 자연환경 말고도 왕왕 산적(山賊)이나 유목민들의 상습적인 공격과 약탈의 피해를 입게 된다. 이처럼 열악하고 위험한 환경은 사람들이 개별적으로는 대응할 수 없고 오로지 집단적인 공동방어를 통해서만 극복할 수 있는 것이다. 바로 이 때문에 사막에서 교역에 종사하는 사람들끼리 무리를 지어 집단적으로 교역의 안전을 보장하기 위해 구성한 것이 대상이다.

대상의 운반수단은 주로 '사막의 배'라고 불리는 낙타이고, 그밖에 당나귀나 말, 야크 같은 가축이 쓰일 때도 있다. 대상은 지역과 용도에 따라 편성 규모나 행로(行路)가 일정하지 않다. 내몽골을 비롯한 중국 서북지방의 대(對)중앙아시아 대상을 일례로 들면, 낙타 20두가 최소 단위인데 그것을 1연(練)이라고 하며, 이것이 몰이꾼 한 사람의 책임 두수다. 2연을 1파(把, 40두)라고 하며, 5파를 1정방(頂房, 200두)이라고 한다. 일반적으로 낙타 200~300두로 하나의 대상이 편성되는데, 그중 4분의 3은 교역품을 운반하고, 나머지 4분의 1은 사람이나 물·일용품·사료 등을 싣는다.

대상은 대체로 편대별로 일렬종대를 지어 행진하는 것이 상례다. 대상이 도중에 머무르는 숙관(宿館)은 '카라반사라이'(Caravan sarai)라고 불리는데, 숙영지가 오아시스인 경우에는 대체로 이러한 숙관이 마련되어 있다. 하물(荷物)을 싣고 가는 거로(去路)에서는 대상장(隊商長)과 요리장(料理長), 그리고 중환자를 제외하고는 모두가 낙타를 따라 걸어가야 하며, 하물을 처리하고 난 귀로(歸路)에서는 모든 이들이

사막을 누비는 오아시스로 대상들이 묵던 카라반사라이

낙타를 타고 이동한다. 통상 대상은 정오를 지나서 숙영지를 떠나 해질 무렵까지 약 7~8시간을 행진하며, 하루에 30~40km(75~100리)를 답파한다.

사막이라는 자연환경이 변하지 않는 이상, 대상은 동서고금을 막론하고 시종일관하게 오아시스 육로의 전통적인 교통사적 배경으로 작용하고 있다. 장구한 교통사가 보여주다시피, 비록 외래문명의 영향을 받아 오아시스 육로를 통한 교류에 얼마간의 변화가 불가피하지만, 불변의 자연환경 때문에 대상 같은 교류수단은 큰 변화 없이 여구(如舊)할 것이다. 이것이 바로 오아시스 육로의 교통사적 배경이 갖는 한계성이다.

같은 육로이지만 초원로에서 이용되는 교통수단은 오아시스 육로의 낙타와는 달리 주로 말과 차량(우마牛馬와 동력 차량)이다. 말[50]은 유라시아 북방의 초원지대에서 활동한 유목기마민족 등에 의해 교통수단을 비롯한 여러가지 용도로 이용되어왔다. 말은 축력으로 농경이나 차량 견인에 쓰이기도 했고, 승용(乘用)으로 이용되기도 했으며, 전마(戰馬)로 각광을 받기도 했다. 스키타이와 흉노를 비롯한 유목기마민족들의 이동과정과 활동상을 추적해보면 말은 승용뿐만 아니라, 축력이나 전투용으로서도 문명교류의 교통수단 역할을 톡톡히 해왔음을 알 수 있다.

특히 야생 말이 순화과정을 거쳐 승용으로 활용되면서부터 시간적·공간적 측면 모두에서 인간의 이동이나 문물의 교류에 미증유의 획기적인 변화가 일어났다. 승마는 시간적으로 인간의 이동과 문물의 교류를 크게 가속화했으며, 공간적으로도 원거리로의 이동과 교류를 가능케 하였다. 말은 물론 사막의 교통수단인 낙타에 비하면 운반수단으로서는 적재량이 적은 것 등 불급(不及)한 점이 있지만, 시·공간의 단축이라든가 높은 기동성 및 용도의 다양성 등 전반적인 면에서 교통수단으로서는 비할 바 없는 우월성을 지니고 있다. 이뿐만 아니라 말은 그 자체가 가치 있는 교역품이기도 하다. 중국 한대에 서역 개통을 계기로 중국에 들어온 오손(烏孫)의 천마(天馬, 일명 서극마西極馬)나 대원(大宛)의 한혈마(汗血馬), 월지마(月氏馬) 등 당대의 명마들은 사회경제적으로나 군사적으로 명불허전(名不虛傳)의 중요한 역할을 하였다.

말 말고 초원로에서 문명교류의 교통사적 배경으로 기능한 것은 차량이다. 메소포타미아의 우루크(Uruk, B.C. 3500~3100) 유적지에서 발견된 이륜차(二輪車) 유물에서 보듯이, 바퀴 달린 차량은 인류가 청동기 시대인 기원전 4000년기 말엽에 이미 발명한 교통수단의 일종이다. 당초부터 소나 당나귀 등 축력으로 가동되던 차량은 기원전 2000년경에 이르러 말이 끌기 시작했다. 기원전 1500년경의 것으로 추정되는 우랄 남방의 유적과 중국의 은허(殷墟)[51]에서도 이륜차 유물이 출토되었다.

연대기적으로 비교하면, 차량은 서아시아로부터 동전(東傳)했다고 볼 수 있다. 특히 말이 끄는 차량, 즉 마차는 그 기동력과 운반력으로 인해 문물교류의 교통수단과 전투장비(전차)로 크게 이용되었다. 여기서 한 가지 유의할 점이 현대에 와서는 초원로의 교통수단으로 가축이 끄는 차량 말고 기계동력에 의해 움직이는 차량도 있다는 사실이다.

해로의 교통사적 배경

해로의 교통사적 배경의 실상은 주로 조선술과 항해술의 변화와 발달 과정에서 확인할 수 있다. 동·서양을 막론하고 바다는 역사시대 이전부터 개발 이용하기 시작했다. 그러나 그 흔적을 유물로나 기록으로 확실하게 남겨놓은 것은 서양보다는 동양(중국)이다. 중국에서는 선박이나 조선술, 항해술에 관한 유물이 연해 도처에서 발굴될 뿐만 아니라, 역대의 여러 사적에도 그 기록이 명확하게 남아 있어 해로의 역사적 배경이 비교적 구체적으로 밝혀지고 있다.

중국에서의 해상활동은 신석기시대 중기부터 시작된 것으로 추정된다. 이 시기의 것으로 추정되는 대륙의 채도문화(彩陶文化, 황허黃河 유역) 유물이 바다 건너 타이완과 저우산군도(舟山群島)를 비롯한 연해 도서에서 발견되었을 뿐만 아니라, 연해지대인 저장성(浙江省) 허무두(河姆渡) 유적지에서 약 7천년 전에 만들어진 나무 노가 출토되었다.[52] 랴오둥반도(遼東半島)의 황하이(黃海) 연안에 면한 다롄(大連)과 안둥(安東) 일대에서도 기원전 6000~5000년경의 유물로 추정되는 배 모양의 도기가 여러점 출토되었다. 아직은 배 모양일 뿐, 배라고 단정할 수는 없다.

그러나 역사시대에 접어들면서 동·서양 고대인들은 해상 교통수단인 배를 고안해냈다. 다들 최초의 배는 신통하게도 통나무배(마상이,

독목주獨木舟)였다. 중국의 경우 하대(夏代, B.C. 21~16세기)에 이런 독목주가 띄워졌고, 상대(商代, B.C. 16~11세기)에는 갑골문(甲骨文, B.C. 1300~1100) 중의 '주(舟)'자 형태로 미루어볼 때 이미 독목주가 아니라 나무판을 묶어 만드는 목판선(木板船)이 발달한 것으로 추측된다. 목판선은 독목주에 비해 안정정과 항침성(抗沈性)이 월등하기 때문에 조선술에서는 획기적인 진전인 것이다. 은대(殷代)에 이르러서는 풍력을 이용하는 범선(帆船, 돛단배)이 출현하였다. 은대의 범선은 초보적인 추진과 조정 장치가 장착되어 있어서 군사와 교역에 다같이 이용되었다. 그 덕분에 은대에는 세력을 해외에까지 뻗칠 수가 있었다. 은대를 이은 주대(周代)에는 해상활동이 더욱 활발하게 전개되어 '주목(舟牧)'이라는 선박관리관이 임명되고 사상 초유의 선박 검사 제도까지 도입되었다.

춘추전국시대는 중국에서 해상활동이 본격적으로 시작된 시대다. 역사상 처음으로 주사(舟師), 즉 해군이 건설되고 2층 갑판을 가진 전함을 비롯해 규모가 큰 누선(樓船, 층배)이 건조되었다. 특히 남방 연해 일대에 위치한 오(吳)·월(越)에서는 조선술과 항해술이 크게 발전했다. 오국에서는 이미 기원전 6세기에 여러가지 형태의 전함을 만들어냈다.[53] 전국을 통일한 진조(秦朝)는 처음으로 남해로를 이용해 무소의 뿔과 상아 등 남해의 특산물을 수입했으며, 조선술에서는 적재량 28~30톤의 큰 목선을 건조할 수 있는 활강로(滑降路) 기법을 도입했다.

한대(漢代)에 이르러서는 조선술에서 전대미문의 여러가지 새로운 변화가 일어났다. 선박의 형태가 다양해지고 규모가 커졌으며 선박이 더욱 견고해지고 구조도 달라졌다. 형태 면에서는 2층·3층·4층짜리 등의 누선과 대형 전함이 건조되었다. 한대의 조선술에서 특기할 점은 조선기술상 초유의 창안인 못을 사용해 선체를 조립하는 정선(釘船) 기법과 함께 선미타(船尾舵, 고물키)를 도입한 것이다. 중세의 중국 선박이 아랍이나 서구 선박에 비해 조선술에서 드러나는 가장 뚜렷한 차이점이 바로 이 정선 기법이다. 이 정선법은 중국 선박의 견고성을 확보한 결정적 요인이었다. 당시 로마제국(4~5세기)에서는 가죽으로 선체를 묶었고, 아랍을 비롯한 인도양 연안 각국의 선박은 15세기까지도 야자수 섬유나 호두나무 껍질로 꼰 밧줄로 선체를 묶는 식이었다. 이렇게 중국만이 일찍이 춘추전국시대부터 정선법을 도입하게 된 것은 주철법(鑄鐵法)이 발달했기 때문이다.[54] 정선법과 더불어 선미타가 도입된 것은 한대 조선술에서 이루어진 또 하나의 특출한 진보였다. 서구에서는 12세기 말(1180) 벨기에의 한 석각(石刻) 작품에서 선미타가 초견된다. 유럽 선박은 일반적으로 우현(右舷)에 하나 달린 노로 방향을 조절한다.

한대를 이은 삼국과 위진남북조시대도 비록 할거 시대로서 국력이 분산되었지만, 오(吳)와 진(晉)을 비롯해 연해에 면한 여러 나라들은 전대의 조선술을 전승해 각종 대형 선박들은 물론, 지남주(指南舟)니 천리선(千里船)이니 하는 진일보한 신형 선박들도 건조해 전래의 조선술 전통을 계승 발전시켰다. 근 300년간의 분열을 극복하고 나라를 통일한 수조(隋朝)는 해상활동의 새로운 전기를 맞이하여 방대한 수사(水師), 즉 수군을 건설하고 용주(龍舟)나 오아(五牙)[55] 같은 대형 선박을 건조했다.

수조를 이은 당대(唐代)에는 조선사업에서 일대 번영기를 맞이하였다. 홍저우(洪州) 같은 한 주에서 한해에 1100척의 배를 건조했는데, 길이 20장에 600~700명이 승선할 수 있는 대형 선박은 보통이었으며, 1만 석(1석=120근)을 적재할 수 있는 내하선(內河船)도 수두룩하였다. 당대 조선술에서 특기할 것은 수밀격벽술(水密隔壁術)의 도입과 윤선(輪船)의 건조다. 선박의 충돌이나 좌초 등에 의해 선체가 파괴되어 침수할 경우에, 이를 일부분에만 국한시키기 위해 선박의 내부를 여러 부분으로

복원한 송선(닝보박물관)

나누어서 막는 수밀격벽술이 처음으로 도입되어 선박의 안정성을 획기적으로 향상시켰다. 이 선진적인 조선술을 유럽에서는 17세기에 이르러서야 겨우 받아들였다. 또한 당나라 사람들은 전대인 제국(齊國)의 기술을 수용해 인력으로 추진하는 윤선을 본격적으로 건조하였다. 이 윤선은 항속이 향상됐을 뿐만 아니라, 무풍일 때도 항시적으로 가동될 수 있다는 장점을 지녔다.

해외교류를 대대적으로 장려한 송대(宋代)에 이르러 조선사업을 비롯한 해상활동은 전례없는 전성기를 맞이했다. 송나라 배는 규모가 클 뿐만 아니라 형태가 다양하고 견고했다.[56] 이즈음에 송선(宋船)의 조선술상의 몇가지 특징을 구체적으로 분석해보는 것이 당대(當代) 조선술 자체의 실태를 파악하는 데뿐만 아니라, 문명교류의 교통사적 배경, 특히 서구의 교통사적 배경과 이를 대응시켜 이해하는 데도 유의미한 일이라고 사료된다.

그 특징은 다음과 같다.

① 첨저형(尖底型, V형)이다. 이러한 형태의 선박은 부딪히는 항력(抗力)을 줄이고 항속을 높이며 파도를 헤쳐나가기 쉽다.

② 중판(重板) 구조이다. 선피(船皮)는 목판을 이중 삼중으로 덧붙여 만들고 결합 부분의 틈은 동유석회(桐油石灰)로 땜질함으로써 선체가 견고할 뿐만 아니라, 침수도 막을 수 있다.

③ 수밀격벽 장치의 보편적인 채용이다. 수밀격벽에 의해 만들어진 수밀구획은 통상 100개 이상이다.

④ 상하로 이동하는 정부타(正副舵, 키)를 장착한 것이다. 이러한 키를 장착함으로써 수심이 얕을 때는 키를 올려 키의 손실을 막고 항력을 줄이며, 수심이 깊을 때는 키를 내려 고물에서 일어나는 난류(亂流)나 소용돌이의 영향을 줄일 수 있다. 그밖에 역시 상하로 움직이는 평형타(平衡舵)도 장착해 배의 항진을 조종한다. 유럽에서는 18세기에 와서야 이러한 평형타를 이용하기 시작하였다.

⑤ 여러개의 돛대와 돛을 사용한 것이다. 송선은 보통 3~4주(柱)의 돛대를 사용했는데, 주 돛대의 높이는 10장(약 30m)이나 되며 돛대를 자유로이 눕혔다 세웠다 할 수 있었다. 돛은 풍향에 따라 각각 다른 것을 사용하였다. 그밖에 배 양쪽에 피수판(披水板)을 설치해 역풍에도 항진할 수 있게 하였다. 유럽의 선박은 13세기까지도 높이가 약 20m인 돛대 하나만을 달고 다니다가 15세기에 이르러서야 2~3개로 늘렸으며, 유럽은 16세기에야 중국으로부터 피수판을 배워갔다. 마르꼬 뽈로의 기술에 따르면 아랍 선박도 당시는 높이가 약 25m의 돛대 하나뿐이었으며, 돛대는 입도(立倒) 장치 없이 고정되어 있기 때문에 일단 폭풍을 만나

기만 하면 부러지기 일쑤였다.

　⑥ 흘수(吃水, 배의 밑이 물에 잠기는 깊이나 정도)의 조절이다. 송선은 흘수선의 표시로 선체 양쪽에 큰 대나무 전대(纏帶, 양쪽 끝이 터진 자루)를 달아매놓고 흘수 상태를 가늠한다. 중세 아랍 선박은 종종 흘수 조절이 미흡하여 적재량이 과중해지기도 함으로써 침몰 사고를 일으키곤 하였다.

　⑦ 전대(前代)의 전승이지만, 선박 건조에서 선거(船渠, 독)와 활강법(滑降法)을 보편적으로 철저하게 도입했다.

　원대는 대외 교역의 번성과 더불어 식량을 운반하는 해운업이 일정하게 발달했으나 선박의 건조량이나 규모, 형태 등 조선술에서는 전대인 송대와 큰 차이가 없었다. 단, 조선술에서 평저선과 첨저선의 건조에 다 같이 관심이 있었던 점은 특이하다. 원대를 이은 명대는 비록 국내외 정세로 말미암아 해금(解禁)정책이 취해질 수밖에 없었지만, 교역을 위한 해상활동과 해외 진출은 끊임없이 시도되었다. 이 과정에 조선술이나 항해술에서 새로이 진전된 것은 별로 없었으나, 규모의 확대나 기술의 완숙이 여실히 나타났다. 그 대표적인 실례가 명초에 있었던 정화의 '하서양'[57]이다. 정화는 27년간(1405~33) 일곱차례나 대선단을 이끌고 중국에서 동아프리카에 이르는 긴 해로를 성공리에 왕복하면서, 이 지역 국가들과의 교역이나 내왕의 길을 터놓았다. 청대에 이르면 조선술은 더 한층 정밀화되었다.

　이상에서 고대에서부터 중세에 이르기까지 중국 역대의 조선술 발달과정을 통찰하였다. 그 발달과정은 독목주(선사시대)→목판선(상·은)→범선(은)→누선(춘추전국)→전함(오)→활강법(진)→정선과 선미타(한)→용주와 오아(수)→수밀격벽법과 윤선(당)→첨저선, 중판구조, 정부타, 여러개의 돛대, 피수판, 흘수 조절(송)→평저선(원)→보선(寶船,

명)으로 이어지는 다단계로 귀납할 수 있을 것이다.

이러한 중국 역대의 조선술 발달과정을 추적하면서, 역대 중국문명의 발달과정이 바로 이러한 교통사적 배경과 맥을 같이하며 그 영향하에 이루어져왔음을 이해하게 되었다. 조선술의 발달과 함께 항해술의 발달과정을 고찰한다면 그런 이해를 심조자득(深造自得)하게 될 것이다.

중국의 해상교통사를 점검해보면, 조선술의 발달과정에 상응하게 해로의 교통사적 배경의 일익인 항해술도 점진적으로 발달해왔음을 발견하게 된다. 항해술은 조선술의 발달과 더불어 항로의 변화와 각종 항해기술의 도입을 통하여 부단히 개선됨으로써 해로의 교통사적 배경으로 적극 기능해왔다. 항해술과 조선술은 마치 수레의 두 바퀴처럼 상부상조적 관계에 있다. 이러한 관계가 잘 유지될 때에만 해로 전반이 발달하며, 교통사적 배경으로서의 기능도 강화되는 것이다.

망망대해에 떠 있는 선박은 반드시 정해진 항로를 따라 항진해야 하는데, 통상적으로 그 발달과정은 연해로(沿海路)에서 심해로(深海路)로, 구간로(區間路)에서 전장로(全長路)로 이어지면서 진행된다. 동·서양을 막론하고 해상활동 초기에는 조선술이나 항해술의 미발달로 인해 선박은 예외없이 해안에 가까운 연해로(혹은 우회로迂廻路)를 따라 항해하지 않을 수 없었다. 중국의 경우 누선이 발명된 춘추전국시대 이전인 선사시대나 상·은 시대에는 인력이나 간단한 풍력에 의한 연해로 항해를 하다가 춘추전국시대를 계기로 누선이나 전함, 정선(釘船) 등 진일보한 조선술에 의한 선박들이 건조됨에 따라 점차적으로 심해로(혹은 직항로直航路) 항진을 하게 되었다.

서양의 경우도 중국과 마찬가지로 항해 초기에는 인력이나 간단한 풍력에 의해 연해로 항해를 하다가 기원전 1세기 중엽에 로마의 항해사

히팔루스가 아랍인들로부터 여름에는 서남풍이 분다는 등의 인도양 계절풍의 비밀을 알아낸 후, 그 계절풍을 이용해 아테네로부터 홍해를 지나 인도 서해안까지 직항할 수 있었다. 이 항로는 이미 연해를 벗어나 멀리 인도양 한가운데를 횡단하는 심해로(직항로)인 것이다. 일찍부터 해양문명에 익숙해 이렇게 대범하게 모험적인 항해에 나선 서양인들과는 달리 오랫동안 대륙문명에 안주하면서 '돌다리도 두드려보고 건너는' 동양인들로서는 이미 상당히 발달한 조선술을 보유하고도 심해로의 진출에는 우유부단했는데, 중국이 뒤늦게 6세기에 이르러서야 비로소 믈라카해협에서 인도양을 가로질러 실란(현 스리랑카)까지 이르는 직항로를 택하게 되었다. 항로상 연해로는 심해로에 비해 항해가 불안전하고 소요시간도 몇배를 요한다.

　서양인들의 인도양 심해로의 개척은 항해사에서의 일대 사변이었다. 그리하여 후일 서양인들은 이 인도양상의 계절풍을 그 발견자의 이름을 따서 '히팔루스 계절풍'(Hippalus Monsoon)이라고 명명했다. 당시 그리스 선박은 일반적으로 7월에 이집트에서 출발해 서남계절풍이 가장 강하게 부는 8월에 인도양을 횡단하며 약 40일간 항행해서 남인도의 무지리스(Mouziris)에 도착한다. 거기서 약 3개월간 정박했다가 12월이나 이듬해 1월에 북동계절풍을 타고 회항하곤 하였다.

　연해로의 심해로로의 발전과 거의 동시에 구간로의 전장로로의 변경도 일어났다. 기원 초기까지만 해도 서방 선박은 대체로 홍해나 페르시아만으로부터 인도 서해안이나 실란까지는 구간별로 항행하였다. 동방 선박도 중국 동남해에서 믈라카해협을 거쳐 인도 동해안이나 실란까지는 구간별로 나눠 항행하였다. 그리하여 항해로상에는 중간 기착지 혹은 중계지가 생겨나 연결고리 역할을 했다. 그러나 6세기부터는 장거리에 적응되는 조선술이 나타나고 중계지 역할이 원활해짐에 따라 중간 기착지 역할이 무의미해지면서 구간 간의 연계가 유기적으로 이루어지자 서아시아에서 중국에 이르는 전구간이 하나의 전장로로 이어졌다. 그 결과 장거리 항해와 원거리 무역이 발생하여 동서교류를 크게 촉진하였다.

항로의 변화와 더불어 각종 항해술의 도입은 인간이 편리하고 안전하게, 그리고 정확하고 신속하게 항행을 할 수 있게 하였다. 인간이 항해에 도입한 첫 기술, 즉 항해술은 풍향(風向)의 이용이다. 그런데 풍향은 계절에 따라 변하기 때문에, 이 계절에 따라 방향이 변하는 바람, 즉 계절풍을 파악하고 이용하는 것은 범선 항해 시대의 가장 기본적인 항해술이었다. 인간이 계절풍이 이는 시기와 풍향, 풍속 등을 알아내고, 그것을 일종의 기술로 승화시켜 항해에 도입한 것은 조선술이 일정하게 발달하고 항해 경험도 어느정도 축적된 기원후의 일이다.

중국은 선진(先秦)시대에 이미 바람과 풍향, 계절에 관해 초보적인 지식을 갖고 있었다.[58] 중국은 계절풍에 관한 이러한 지식에 근거해 기원전 2세기경에 최초로 계절풍을 항해에 이용했다. 전한 무제 원정(元鼎) 5년(B.C. 112) 누선장군(樓船將軍) 양부(楊仆)가 남월(南越)을 원정할 때 남향 항진은 가을철에 단행되었는데, 이것은 분명히 이 계절에 부는 북동계절풍을 이용한 것으로 추단된다.

계절풍의 풍력도 풍향처럼 계절에 따라 변화한다. 그 변화 여하를 알아내어 그에 따라 항진하는 것은 중요한 항해술의 한가지다. 인도양과 중국 남해상의 계절풍은 똑같이 여름철과 가을철에는 남서풍이, 겨울철과 봄철(10~4월)에는 북동풍이 불지만, 바람의 세기에는 확연한 차이가 있다. 인도양에서는 여름철의 남서풍이 겨울철의 북동풍보다 강하나, 중국 남해에서는 이와 정반대다. 그리고 계절풍의 전환기에는 왕왕 기상이변이 일어나는데, 이에 각별히 유의해야 한다. 예컨대 중국 남해

상에서 남서풍이 북동풍으로 바뀔 때는 자주 태풍이 일어난다.[59]

당대에 이르러서는 지리학의 발달과 더불어 한해 방지나 기타 용도에 필요한 풍력 관련 연구가 놀라울 정도로 심화되었다. 당나라 사람들은 풍력을 강도에 따라 다음과 같이 8등급으로 세분화하였다. 즉 ① 동엽(動葉, 잎 움직임), ② 명조(鳴條, 가지 울림), ③ 요지(搖枝, 가지 흔들림), ④ 타엽(墮葉, 잎 떨어짐), ⑤ 절소지(折小枝, 작은 가지 꺾임), ⑥ 절대지(折大枝, 큰 가지 꺾임), ⑦ 절목비사석(折木飛砂石, 나무 꺾임과 모래자갈 날림), ⑧ 발대수급근(拔大樹及根, 큰 나무가 뿌리째 뽑힘). 이러한 풍력분급법(風力分級法)은 근대 영국에서 풍력을 등급화한 것보다 약 1천년이나 앞선다.

망망대해를, 그것도 칠칠암야(漆漆暗夜)에 항해할 때 절박하고도 어려운 것은 방향 잡기다. 나침반이 도입되기 전에는 항해의 방향이나 위치를 정할 때 주로 성좌(星座) 등 천문학 지식에 의존했다. 그리하여 천문학 지식은 일종의 항해술이기도 하였다. 지금은 대부분이 소실되었지만, 전한시대에 항해에 소용되던 천문관측 서적만도 136여권이나 있었다고 전한다. 중국에서는 기원전 2세기 한대부터 북극성을 비롯한 별자리에 준해 항해의 방향이나 방위를 정하는 이른바 성좌도항법(星座導航法)을 도입하였다.

초기의 항해술인 성좌도항법에 이어 출현한 견성술(牽星術)은 일종의 천문도항술(天文導航術)로, 선박에 견성판(牽星板)을 설치해놓고 성신(星辰, 별)의 고도를 관찰한 다음 이에 준해서 선박의 위치를 확인하는 것이다. 명대『정화항해도(鄭和航海圖)』에 첨부된「과양견성도(過洋牽星圖)」는 견성술에 의한 항해도로서 선박의 항해 위치를 구체적으로 정확하게 기록하고 있다. 이 해도는 현대의 경위도 측정법으로 제작된 지도와 비교해도 큰 오차가 없을 정도로 정밀하다.

항해는 수세(水勢, 조수潮水나 수심)의 영향을 받기 때문에 조수와 수심

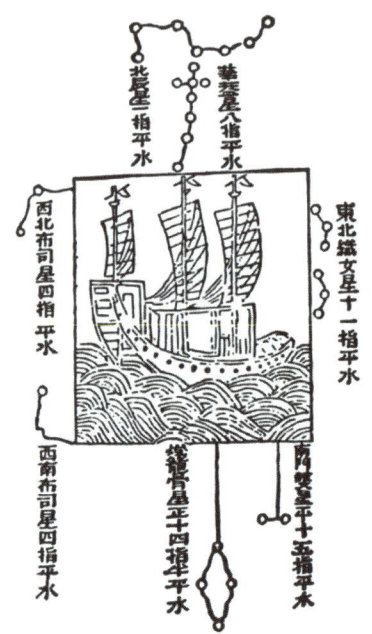

『정화항해도』에 수록된 「과양견성도」

을 제대로 알고 잘 이용하는 것도 일종의 항해술이다. 중국은 삼국시대부터 이미 조수에 관한 연구가 상당히 축적되어왔다. 오(吳)나라의 엄교(嚴畯)는 현재는 소실되어 전하지 않는 『조수론(潮水論)』에서 조수의 변화에 관해 구체적으로 언급했으며, 당나라 대종(代宗) 연간(762~79)에 두숙몽(竇叔蒙)이 저술한 『해교지(海嶠志)』는 조수 현상에 관한 전문 연구지로서 조수의 성인(成因)과 만·간조 순환의 규칙 등을 상세히 밝히고 있다.[60] 그는 조수의 고저 계산표까지 작성했는데, 이것은 영국의 『런던교(橋)만조시간표』(1213)보다 450년이나 앞선 것이다.

수심(水深)은 가벼이 보아서는 안 되는 수세인데, 그 측량은 항해의 안전을 위해서나 선박의 위치를 선정하기 위해서나 필수불가결한 기술이다. 송대에는 긴 줄 끝에 분동(分銅, 저울판에 올려놓는 추)을 매달아 드리워서 수심을 측정했는데, 분동 밑바닥에 묻은 흙이나 모래를 보고 수심이나 해저 상황 및 항해 위치를 판정하였다. 명대에는 긴 줄 끝에 주로 연추(鉛錘)를 매달고 연추 밑바닥에는 쇠기름을 발라 여기에 묻은 것을 보고 해저가 흙인지 모래인지 암석인지를 판명하였다. 수심 단위로 탁(托)을 사용하는데, 1탁은 두 팔을 편 길이이다.

동·서양 항해술에 획기적 변화를 가져온 것은 나침반의 사용이다. 중국은 전국시대 말엽에 자석과 그 지극성(指極性, 혹은 지극남성指極南性)을 알아낸 후 오랫동안 여러가지 형태로 방위를 판명하는 데 자석을 활용하였다. 그러다가 11세기 말엽 북송시대에 와서 처음으로 수부법(水浮法)의 형태로 나침반이 항해에 도입되기 시작했으며, 13세기에는 드디어 항해의 유일한 도항용기(導航用器)로 쓰이게 되었다. 이 놀라운 도항용기는 12세기 후반 남송시대에 아랍인들에게 전해진 후 얼마 지나지 않은 12세기 말엽에 유럽인들이 아랍인들을 통해 다시 전수받기에 이르렀다.[61]

그밖에 항해의 안전과 도항을 보장하기 위한 일련의 기술도 개발 도입되었다. 8세기에 이집트 알렉산드리아항(港)에 항해사상 처음으로 도항등대가 등장하여 야간 항해를 인도한 데 이어 페르시아만의 몇군데 항구에도 등대가 설치되었다. 한편, 중국에서는 명대부터 이른바 '바라보면서 항행할 수 있는 표식물로'서의 '도항표망(導航標望)'으로 강가나 해변가에 등불을 켜놓거나 천조각을 높이 매달아두었다. 특히 산 같은 자연 표식물이 없는 곳에 이러한 표망을 많이 설치해놓았다. 또한 '입표지천(立標指淺)', 즉 표식물을 세워 얕은 곳을 가리킨다고 하여 여울이나 얕은 물목에 배를 정박시킨다든지 깃발을 꽂아 위험을 알리면서 안전항해를 유도하기도 하였다.

예나 지금이나 항해도(航海圖)는 항해의 정확성이나 안전성을 보장하기 위한 것이라는 점에서 항해술의 결정체이며 그 수준을 가늠하는 척도라고 한다. 그리하여 자고로 해양국들은 항해도의 제작에 명운을 걸고 앞을 다투어 수많은 항해도를 제작하였다. 중국에서는 북송 때부터 항해도를 제작하기 시작했다. 1123년에 고려에 사신으로 다녀온 서긍(徐兢)이 쓴 『선화봉사고려도경(宣和奉使高麗圖經)』에 의하면, '신주(神舟, 선박명)'는 '해도(海圖)'를 따라 도서를 빠져나간다고 하였다. 이것은 서긍 일행이 항해도를 구비하고 있었음을 시사한다. 15세기 전반 명대의 『정화항해도』는 중세 항해도의 백미이다. 중국 동남해안에서 아프리카 동안까지의 전항로에 걸쳐 선박의 항행 방향, 정박 항구, 각 별자리의 높낮이, 암초, 천탄(淺灘, 여울)의 분포 등 제반 사항을 상세하고도 정확하게 기록하고 있다. 지명만도 500여개(그중 외국 지명 300여개)나 된다.

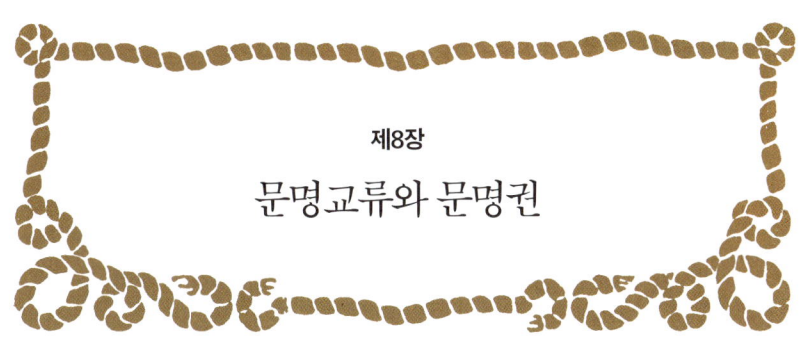

제8장
문명교류와 문명권

Ⅰ 제1절 문명권의 개념

 일반적으로 문명교류는 이질문명으로 경계지어지는 문명권(文明圈) 사이의 교류를 의미한다. 물론 같은 문명권 내의 교류도 문명교류(사실은 문화교류)¹의 범주에 속하기는 하지만, 유무상통과 호혜의 원칙에서 진행되는 좀더 확실하고 효과적인 교류는 문명권 간의 교류다. 이것이 이 시대의 화두로 부상하고 있는 문명교류의 상을 참되게 반영한 문명권의 교류사적 위상에 대한 적절한 현대적 이해다.
 이러한 이해를 도모하자면 무엇보다 먼저 문명권에 관한 바른 이해가 전제되어야 한다. '도대체 문명권이란 무엇인가?' '문명권을 경계짓는 요건과 기준은 어떠한 것인가?' '문명권이 문명교류에서 차지하는 위상과 역할(기능)은 무엇인가?' '문명권은 어떠한 과정을 거쳐 형성되는가?' '6천년 문명사에서 인류가 창조한 문명은 어떤 것이 있으며, 그것이 곧바로 문명권인가?' '문명의 유형화는 가능한가?' '현존(생존)문명이나 문명권으로는 어떤 것이 있는가?' 등등 문명권에 관한 담론이야말로 외면과 자의(恣意) 속에 문자 그대로 중구난방이어서 이 시점까지 학문적으로 거머쥘 만한 것이 별로 없는 것이 현주소다.

문명권과 문명 유형화

문명과 문명권에 관한 학술적 의제가 제기된 지는 어림잡아 200년을 상회한다. 그러나 앞에서 거론된 여러 질문 가운데서 그 어느 것 하나에 대해서도 제대로 된 답안이 제시된 바 없다. 가장 근원적인 '문명권'이란 단어 자체가 제자리를 잃고 있다. 관련 사전류 어느 것에도 '문명권'이란 근원적인 단어의 해석에 관한 표제어는 애당초 올라 있지 않다.[2] 그렇다보니 문명권의 개념(정의 포함)에 관해서는 학술저서 어디에서도 논급된 바가 없다. 오히려 매체 쪽에서는 문명을 "인류가 이룩한 물질적·기술적·사회구조적인 발전"이라고 하며 색 바랜 '문명선진(우월)론'을 내세우면서 "물질적·기술적·사회구조적으로 발전한 지역"이니, "문명을 같이하는 지역범위"니 하는 모호하고 진부한 유설(謬說)로 문명권의 개념을 호도하고 있다.

이와 같이 협애한 지역성에 매몰되어 문화를 문명의 상위개념으로 이해하고 이른바 문명의 '선진성'과 '후진성'만을 논제로 삼고 집착하던 '문명선진론'의 영향은 후일 '문명권'이란 단어의 외국어 역출(譯出)에도 고스란히 반영되었다. 그리하여 독일을 비롯해서 일부 서구의 라틴어문화권에서는 지금까지도 일괄하여 '문명권'을 'culture sphere'(혹은 'culture circle'), 즉 영어의 '문화권'으로 영역(英譯)하고 있다. 같은 맥락에서 20세기 초엽에 이르러 독일과 오스트리아 등 비(非)영어·비(非)불어권에서 반(反)진화론적인 이른바 문화 '전파론(傳播論)'파[3]가 득세하면서 문화인류학이 인문학계를 풍미하자 가뜩이나 유약(幼弱)했던 문명학은 일시 퇴조에 빠져 갈피를 잡지 못하고 허둥거리고 있었다. 그런가 하면 한자문명권에서는 한자 '圈'(권역이란 뜻) 자가 이미 관행적으로 굳어진 글자인데도 불구하고 '區'나 '區域' '地域' '範圍'라는 대체 표기가 임의로 묵시(默示)되고 있었다.

문명학이 이러한 난조(亂調)에 직면한 1930년대, 전파론이나 문화인류학의 한계성을 갈파한 영국의 문명사가 토인비(A. J. Toynbee)는 좀 더 거시적인 시각에서 인류문명사 전반을 복기하고 반추(反芻)한 결과 문명순환론을 비롯한 일련의 혁신적 문명이론을 제시함으로써 이러한 퇴조를 반전시키고 문명학의 새로운 지평을 열었다. 그러나 토인비의 창의적인 문명론도 옥석(玉石)이 섞여 있는 등 시대적 한계성을 극복하지 못한 채 문명권 문제에 관한 한 편단과 협애성(狹隘性)을 노정했다. 앞에서 지적하다시피, 그는 현대를 살아가면서도 문명순환론 같은 전근대적 담론의 틀을 벗어나지 못하였다. 시대적·학문적 한계성으로 인해 문명교류나 문명권에 관한 담론은 아직 그에게는 미지의 세계일 수밖에 없었으며, 그에 대한 해명은 전후의 현대적 문명담론의 몫으로 남게 되었다.

그 과정에서 토인비의 문명 유형화 이론(성장문명·정체문명·유산문명·생존문명)이 비록 문명권 분류(2분법·3분법·5분법·7분법 등)의 기폭제가 되기는 하였지만, 그는 시공을 초월한 유형화나 분류법이 근거해야 할 보편적 기준이나 규범적 요건은 제시하지 못함으로써 인류가 창조한 수많은 상이한 문명들을 선명하게 구별되는 권역별 문명으로 유형화하지 못하고 그저 갯수로만 헤아릴 뿐이다. 이를테면 수적으로만 30개의 문명을 산출했을 뿐, 그것들을 소정의 기준이나 요건에 근거해 '○○문명권' 등 몇가지로 유형화하지 못하고 말았다. 그 결과 가위 문명 전문서라고 할 수 있는 토인비의 방대한 문명비평서 어디에서도 '문명권'이란 단어는 찾아볼 수 없다. 여기서의 문제점은 문명권 형성의 핵심적 기준이나 요건이 무엇이며, 독특한 지역 문명을 하나의 문명권으로 간주할 수 있는가 하는 것이다. 지금까지는 주로 외표(外表)상 쉽게 가려낼 수 있는 종교문화를 문명권 형성의 주요(핵심) 기준이나 요건으로 삼아왔으며, 여타 기준이나 요건은 도외시해왔다. 그 결과 대부분의 관련 사전이나 저서에서 문명과 문화 간의 차별성이 무시되고, 이질문명권 간의 문명교류와 동질문명권 내의 문화교류가 혼동되고 있다. 토인비의 문명론이 내포한 흠결의 하나로 남겨진 이러한 혼동과 편향은 작금의 현대적 문명담론에서 그 극복을 위한 접근이 미미하게나마 시도되고는 있지만, 제대로 극복되지 못한 채 여운을 남기고 있다.

바야흐로 문명교류 시대가 무르익어가고 있는 이 시점에서 우리는 진부한 구각에 갇혀 있지 말고, 창신적(創新的)인 이론과 학구열을 바탕으로 지금까지 학계에서 유기되어온 문명학의 본연(本然)을 하나씩 복기 재정립해야 할 것이다. 졸저에서는 그 첫번째 과제로 문명교류의 주역인 문명권의 본연에 관해 밝혀보려고 한다.

문명권 개념

문명권이란 문명의 전승이나 전파를 통해 이루어지고, 공통적인 문명 구성요소를 공유한 여러 국가나 민족, 지역을 망라하여 형성된 문명의 역사적·지리적 범주를 말한다. 그러나 공통적인 문명 구성요소를 공유한다고 하여 모든 문명이 곧바로 하나의 문명권을 이루는 것은 아니다. 한 문명권이 형성되려면 다음과 같은 세가지 기준(요건)을 구비하고, 그 기준에 도달해야 한다.

첫째로, 문명의 구성요소에서 독특성(獨特性, 상이성相異性)이 있어야 한다. 즉, 다른 지역 문명과 구별되는 일련의 문명 구성요소들을 공유하여야 한다.

둘째로, 문명의 시대성과 지역성이 보장되어야 한다. 즉, 시대적으로 장기간 존속해야 하고, 지역적(공간적)으로 한정된 국가나 민족의 범위를 벗어나서 비교적 넓은 지역과 민족들 속에 유포되어야 한다.

셋째로, 문명의 생명력이 유지되어야 한다. 즉, 장기간에 걸쳐 지역사회 전반에 영향력을 지속적으로 행사해야 한다.

이러한 세가지 요건을 두루 충족시킨 문명권이라야 명실상부한 문명권으로 인정된다. 그런데 실제로 지금까지 주장되어온 여러 문명권들의 실태를 살펴보면, 이러한 요건들이 무시된 채 대체로 공통적인 문명 구성요소나 문명의 역사성 및 지역성만 고려된 나머지, 소정된 요건이나 기준이 없이 문명권이 자의(恣意)로 설정되곤 하였다.

이러한 구분법에는 2분법, 3분법, 5분법, 7분법 등이 있다. 2분법은 세계문명을 크게 동양문명권과 서양문명권으로, 3분법은 전세계가 거의 일체화된 약 1세기 전까지의 세계문명을 유럽문명권과 중근동문명권, 한자문명권으로 대별하는 분류법이다. 원래 지중해 연안의 그리스·로마문명으로부터 비롯된 유럽문명권은 그 중심이 점차 서북유럽대륙으로 옮겨가 상당 기간 그곳에 정착해왔다. 그러다가 지금은 이른바 '신대륙'이라고 하는 아메리카대륙 전역으로 이전되는 추이를 보인다. 중동문명권은 고대 이집트와 메소포타미아를 비롯한 오리엔트문명으로부터 페르시아문명과 아랍·이슬람문명으로 이어지고 있다. 한자문명권에는 동아시아의 중국과 한국, 일본, 몽골, 인도차이나 등의 나라와 지역들의 문명이 속한다.

5분법은 세계문명을 서유럽과 러시아정교, 힌두, 이슬람, 동아시아 문명권으로 나누는 분류법이다. 7분법은 토인비가 제시한 분류법으로서 여기에는 20세기 현재 생존해 있는 인도, 이슬람, 극동(한자), 비잔틴(로마 포함), 동남유럽, 그리스 정교(동유럽 포함), 서구의 7개 문명권 등이 망라되어 있다. 보다시피, 토인비는 서구문명중심주의 입장에서 7개 문명 중 4개 문명을 복합적 서구문명권에 편입시키는 서구문명 일변도의 문명 유형화를 주장하였다. 그런가 하면 앞에서 살펴본 바와 같이 미국의 정치학자이자 안보전략가인 헌팅턴은 문명과 문명권 간의 개념 구별도 없이 그 명칭도 오락가락해가며 문명을 싸잡아서 8개(일본 포함)로 유형화하고 있다.[4]

이같이 토인비를 비롯한 문명사가나 문명담론가들이 문명권의 유형화를 시도하여 이러저러한 여러가지 분류법을 제시하였다. 그러나 이들은 무엇을 기준(요건)으로 하여 어떻게 그러한 분류법을 도출했는지에 관한 논리적 해명은 없이 다분히 주관적인 천박한 지식에 바탕해 신빙성이 희박한 전근대적 견해와 주장만을 되풀이해왔다. 그 결과 문명권의 개념이나 내용에 대한 규범화나 정형화 같은 학문적 탐구는 실종되고 각인각설의 혼동만이 야기되고 있는 것이 문명권 연구의 현주소다.

필자는 문명권 연구나 이해에서 보이는 이러한 혼동과 미흡함에서 벗어나고, 창의적인 의견 개진을 진작하기 위해 나름의 학문적 정립을 시도해왔다. 워낙 이 의제는 복잡다단한 신생 학문의 중추적 구성 부분인데다가 선행 연구의 집적이 거의 전무한 상태이고 필자 자신이 미력함을 감안하면 일시에 문명권 전반에 관한 학문적 규범화나 정형화가 이루어지기를 기대하는 것은 일종의 과분한 만용임을 깨닫고 실사구시하게 초야(草野)의 기초적 정지작업에서부터 연구의 걸음마를 떼었다.

그러한 정지작업은 문명권의 개념 정립부터 시작해, 소정된 문명의 전개과정에서 전술한 문명권 형성의 3대 기준(3대 요건, 즉 문명의 독특성과 시·공간성 및 생명력)이 어떻게 구체적으로 실현되었는가를 추적함으로써 문명권 형성 여부를 확인하고, 문명권마다 지니고 있는 특성을 밝혀내는 데 초점을 맞추고 있다. 이것은 문명권의 생성 여부를 가늠하는 일종의 학술적 실험 작업이다. 지난 수천년간 흥망성쇠를 거듭해온 방대한 인류문명 모두를 실험대상으로 삼을 수는 없다. 다만 필자가 지난 28년간 종횡으로 세계일주를 단행하면서 현지에서 접한 수많은 문명과 문명권 가운데서 대표적(전형적)인 함의를 지닌 6개 문명권을 견본(sample)으로 선정해 다루어본다.

보다시피, 선정된 6개 문명권 가운데서 4개(라틴아메리카, 아프리카, 유럽, 아시아)는 대륙명을 딴 문명권이고, 나머지 2개는 지역명을 딴 문명권이다. 이 두가지 문명권은 문명교류학에서 새롭게 부상한 이른바 복합문명권(複合文明圈, 전자)과 단일문명권(單一文明圈, 후자)이라는 대칭 개념의 문명권으로, 복합문명권은 넓은 의미에서의(광의廣義의) 문명권인 데 반해, 단일문명권은 좁은 의미에서의(협의狹義의) 문명권이라고 말할 수 있다. 복합문명권이란 여러개의 단일문명권이 중합적(重合的, 겹치기)으로 형성된 문명권이며, 단일문명권이란 하나의 문명으로 이루어진 문명권을 말한다.[5]

예컨대 아시아문명권 안에는 불교문명(권)과 유교문명, 힌두교문명이 겹쳐 있는데, 여기서 아시아문명권은 복합문명권이고, 그 안에 겹쳐 있는 개개의 불교문명이나 힌두교문명은 단일문명인 것이다. 문명사를 관통하면, 이 두 문명권이 종교 본연의 도그마적 교의에 바탕해 상호이해와 상부상조, 평화공존, 공생공영의 관계를 맺는 경우가 있지만, 역설적으로 그와 반대되는 상호시기와 적대시, 비하와 충돌의 악순환이 거듭되는 불행이 발생하기도 한다. 이럴진대 문명과 문명권에 관한 바른 이해가 절실한 것이다.

| 제2절 유목기마민족의 '준문명권'

유목기마민족의 문명권

유라시아 북방 초원지대를 2천여년 동안이나 활보하던 유목기마민족들은 초원이라는 자연지리적 환경 속에서 특유의 사회구조와 문명패턴을 가지고 다른 문명들과는 구별되는 고유의 유목기마민족문명을 창조하고 향유하면서 인류의 문명교류에 간과할 수 없는 기여를 해왔다. 그럼에도 불구하고 유목기마민족문명은 문명담론이 범지구적으로 공론화되면서 부상하기 시작한 근세에 이르러 이른바 '중심문명'에 밀려 하찮은 '변방문화'로 폄척(貶斥)당함으로써 공론화된 문명권 분류에서 애당초 제외되어왔다.

필자는 일찍이 대학 시절 몰상식하고 천만부당한 이런 문명사의 기형(奇形)과 맹점에 눈을 뜨기 시작했을 때 실로 어리둥절했던 일이 삼삼히 떠오른다. 그후 수십년간 초양노금(草洋撈金)[6]을 위해 유라시아와 아프리카, 라틴아메리카의 여러 초원지대를 전전하면서, 필자를 어리둥절하게 했던 그 난마(亂麻)처럼 얽힌 타래를 풀어보려고 각 지역의 초원문명에 관해 세세히 살펴봤다. 그러나 동분서주하다보니, 종시 차분히 앉아서 문제를 풀어볼 기회는 찾아오지 않았다. 다행히 인생의 후반기에 접어들어서라도 문명교류의 학문적 정립을 위한 하나의 의제로 이 문제와 새롭게 맞닥뜨리게 되어 그동안 사색해오던 어설픈 비견이나마 이렇게 피력할 수 있게 되었다.

아이러니하게도 신석기문화를 갓 벗어난 근 5천년 전의 원시 에게 해 지역의 문화는 서양인들에 의해 '에게문명'으로 둔갑되었는데, 이보다 3천년 후에 화려한 금속문화(청동기와 철기 문화)를 꽃피운 유목기마민족들의 문화는 그 서양인들에 의해 문명 밖의 '미개'와 '야만'으로,

스키타이 유목기마민족 전사들

그리고 '중심문명'에서 멀리 동떨어진 이른바 '주변문화'로 홀대당해 왔다.[7] 그리하여 일찍이 인류문명사를 빛나게 수놓았던 하나의 문명 주체인 유목기마민족의 문명에 관한 추적과 연구는 학계에서 무시되어왔다. 간혹 키메르문화니 스키타이문화니 흉노문화니 하며 여러 유목기마민족문화를 논하는 경우에도 이들을 서로 관련이 없는 고립적인 문화현상으로 간주하고 개별 문화의 계승성 같은 것은 언급하면서도, 개체들로 구성된 총체, 즉 하나의 문명이나 문명권으로 묶어 보지 않음으로써, 유목기마민족문명은 여타 문명이나 문명권과의 동위개념(同位概念)이 아니라고 애당초 무시되며 '저급문화'나 '후진문화'로 천시되어 왔다.

문제는 유목기마민족들이 창조한 개개의 초원 문화나 문명이 동질문명으로 통합되어 하나의 문명권을 형성할 수 있었는가이다. 지금까지는 그들의 문명을 '미개한 주변문화'쯤으로 치부하는 편견에다가 문명의 출현이나 문명권 형성의 요건에 관한 이해의 결핍으로 인해 유목기

제8장 문명교류와 문명권

마민족의 문명이나 문명권에 관한 의제는 그 누구에게서도, 그 어디에서도 일언반구의 흔적조차 찾아볼 수 없다.

그러나 문명교류가 시대의 화두로 부상하고 있는 오늘에 와서 우리는 지난날 무지나 편견에 의해 구겨졌던 역사를 더이상 방치할 수가 없게 되었다. 하루속히 그 역사를 바로 펴야 한다. 다행히 이제 우리에게는 이를 바로잡을 수 있는 무기가 주어졌다. 그 무기가 바로 문명권 형성을 가늠할 수 있는 요건과 기준이다. 그 요건과 기준에 유목기마민족들이 가꾼 제반 문명요소들을 대응시켜보면, 그들 역시 다른 민족들과 마찬가지로 나름의 고유문명을 창조하고 문명권을 이루어놓았음을 발견하고 확인할 수 있다. 그들은 자신들의 육체적·정신적 노동을 통해 그들 간의 공유의 결과물인 문명을 창조하고 문명권을 이루어 인류문명의 공영에 응분의 기여를 한 것이다. 특히 그들이 창조한 유목문명은 다른 민족들의 문명과 구별되는 일련의 특징을 지녔을 뿐만 아니라, 특유의 문명권을 이루어 시·공간적으로 장기간, 그리고 광범위하게 유포되었으며, 소정의 지역사회에 지속적인 영향력을 행사해왔다. 요컨대 그들이 가꾼 문명권은 문명권 구성요소의 독특성과 시대성 및 지역성이 보장되고 생명력이 장기간 유지됨으로써 문명권 형성의 제반 요건(기준)들을 기본적으로 구비했던 것이다.

유목기마민족문명권의 특징과 준(準)문명권

유목기마민족들이 창조한 문명은 자연지리적 환경의 다양성 및 생계활동의 유동성과 이동성 등의 사회적·역사적 배경으로 인해 상대적으로 그 성격의 순수성이 약하고 혼합성이 강한 혼성문명이며, 그러한 문명으로 이루어진 문명권은 으레 혼성문명권일 수밖에 없다. 일반적으로 이러한 문명권은 유목문명이라는 기본 성격은 유지하면서도, 주변의 농경문화나 도시문화와의 부득이한 접촉에 의해 여러 분야에서 이질적인 문명요소들의 영향을 받고 점차 이를 수용하게 된다. 이러한 수용은 유목사회의 생존을 위해 필수적이며, 유목사회 운영의 '불문율(不文律)'이기도 하다. 흉노가 한(漢)문화를 받아들여 융화적 혼성문화인 '호한문화(胡漢文化)'[8]를 창조한 것은 그 대표적 일례다. 아이러니하게도 이러한 혼성은 유목문명을 진화시키기도 하지만, 한편으로는 전래되어온 유목사회의 순수성을 희석시킴으로써 급기야 유목문명의 체질을 약화시키거나 심지어 그 멸망을 초래하는 요인으로 작용하는 경우도 종종 있다.

역대의 유목기마민족사를 돌이켜보면, 그들은 강력한 군사력이나 기동력을 발동하여 일시적으로 농경지나 도시를 공략하고는 자연스럽게 이질문명과 접촉하고 교류하지만, 그 속도나 심도에서 뜻밖에도 쉽사리 피경략지 문명에 융화되거나 동화·함몰되어버리기가 일쑤다. 프랑스의 역사학자 르네 그루쎄(René Grousset, 1885~1952)는 명저 『유라시아 유목제국사』(*L'Empire des steppes*)에서 중국과 페르시아에 대한 유목민들의 정복을 실례로 들면서, "중국과 페르시아의 문화는 비록 정복되었지만 도리어 저 거칠고 야만적인 승리자들을 압도하고 도취시키고 잠에 빠지게 하여 소멸시켜버렸다. 정복된 지 50년만 지나도 마치 아무 일도 없었던 것처럼 전과 같은 생활이 계속되는 경우가 많았다"[9]고 지적하였다. 이러한 융화성이나 동화성은 유목문화의 상대적 후진성과 불완정성(不完整性)에 기인한다고 판단된다.

우선 유목문명은 이러한 성격상의 혼성과 더불어 항시 불완정성을 면치 못한다. 유목민들은 자연조건이나 생활환경의 변화에 민감하고 늘 유동적이기 때문에 일정한 정착지나 활동 권역을 확보하지 못하며, 통일적이고 집중적인 국가권력이나 사회조직을 갖추기 어렵다. 남러시아 일원에서 수백년 동안 위력적인 존재로 활동하던 스키타이마저도 줄곧 분산적이고 할거적인 부족연맹 상태에나 머물렀지, 끝내 통일국가는 건설하지 못했다. 흉노의 경우는 이례적으로 유목민족 국가를 건립하고 일세를 풍미하기는 했지만 이를 오래 유지하지는 못하였다.

또한 유목민들은 생존을 위한 생활필수품이나 무기를 주변 농경민이나 도시민들로부터 얻어야 하는 의존성을 지닐 수밖에 없다. 문명이 발달할수록 이러한 의존성은 더욱더 심화되기도 한다. 이와 더불어 부단한 유동으로 인해 유목민들은 거개가 문자를 갖지 못하는 등 문명의 후진성을 면치 못하기도 한다.

이와 같이 북방 유목기마민족들은 나름대로 문명을 창조하고 일정한 문명의 권역을 형성했지만, 이러한 문화적 혼성과 불완정성, 그리고 의존성 때문에 그들이 창조한 문명은 궁극적으로 확연한 유목문명으로 완결될 수가 없었다. 그리하여 그들이 이루어놓은 문명의 권역은 완결된 문명권이 아니라, 바야흐로 '완성된 문명권'으로의 진입을 준비하는 '준문명권(準文明圈)'에 해당한다고 사료된다. 그렇다고 해서 이러한 유목문명권의 미완결성을 절대시하거나 확대해석하면서 그것을 비문명적 '주변문화'로 격하하는 우를 범해서는 안 될 것이다. 사실 준문명권에 속하는 흉노나 몽골인들이 창조하고 향유한 문명의 수준은 5천년 전 '에게문명인'들이 도달한 문명 수준과는 비교가 안 될 정도로 월등하였다. 이 점을 감안하면 유라시아 북방 초원지대에서 2천여년 전 문명시대에 활동한 유목기마민족들의 문명을 고작 '준문명권' 수준으로 평가하는 것은 역사의 형평성 문제를 차치하고도 역사적 사실에 대한 외면과 무시라는 자성과 오판에서 자유로울 수가 없다.

제3절 라틴아메리카문명권

라틴아메리카문명권의 개념

　라틴아메리카문명권은 라틴아메리카의 원주민인 인디오들이 창조한 토착문명과 인디오와 유럽 백인의 혼혈인종인 메스띠소(mestizo)들이 이루어놓은 혼성문명, 그리고 유럽 백인 식민주의자들에 의해 이식(移植)된 서구문명을 갈무리한 중층적(重層的) 복합문명권이다. 이러한 특이성을 지닌 라틴아메리카문명권은 세계 육지 면적의 5분의 1(유럽 면적의 3배)을 차지하는 광활한 지역의 33개 나라를 아우르고 있으며, 마야문명을 시발점으로 한 4천여년간의 문명시대를 누리고 있을 뿐만 아니라, 숱한 우여곡절과 흥망성쇠를 거듭하면서도 오늘날까지 400여년간의 중층적 복합문명으로서의 생명력을 잃지 않고 유지해오고 있다. 요컨대 전술한 문명권 생성의 3대 요건(문명의 독특성과 시·공간성 및 생명력)을 나름대로 충족시켜오고 있는 희유의 문명권이다.

　원주민인 인디오들의 토착문명은 일찍이 신석기시대(B.C. 7000~2000)부터 싹트기 시작해 15세기 말 서구 식민주의자들이 침입해 오기까지 약 4천여년간 올메까(Olmeca)문명[10]과 마야문명, 잉까문명을 비롯한 여러 문명이 꽃피어왔다. 그러나 서구 식민주의자들의 무자비한 파괴와 약탈, 학살,[11] 그리고 '후진문명'이란 날조와 역사의 단절 등 작위적인 장막으로 인해 유구하고 찬란했던 라틴아메리카문명은 왜곡과 비하, 무시 속에 그 실상이 세계에 제대로 알려지지 않았다. 그러나 작금에 역사적 정체성을 복원하려는 인디오들의 각성이 이루어지는 것과 더불어 그 생생한 문명의 흔적들이 곳곳에서 발견됨으로써 라틴아메리카는 인류문명의 무진장한 보고(寶庫)라는 사실이 만천하에 드러나고 있다.

아스떼까력을 도형화한 태양석(멕시코 국립인류학박물관 제7실)

 우리가 라틴아메리카를 문명의 보고라고 하는 것은 우선, 인디오들이 남겨놓은 잉까문명이나 마야문명, 아스떼까문명 같은 휘황찬란한 고대문명이야말로 인류 공유의 귀중한 문화유산이기 때문이다. 이러한 문화유산 가운데 우리가 현실적으로 접할 수 있는 것은 현장에 고스란히 남아 있는 유적·유물과 박물관이나 전시관에 옮겨져 소장되어 있는 유물이나 모조품, 모사도 등이다. 대부분의 나라들은 정체성 복원과 관련해 유적·유물의 발굴에 진력할 뿐만 아니라, 박물관이나 전시관을 마련해 유물을 잘 보존하며 재현하고 있다. 그 대표적인 일례가 세계 유수의 멕시코 국립인류학박물관이다.

 다음으로 그 이유는, 인류문명사에 대한 지대한 기여 때문이다. 올메까문명으로부터 시작해 마야문명과 잉까문명과, 아스떼까문명, 그리고 메소아메리카(Mesoamerica)문명[12]에 이르기까지 라틴아메리카에서 발생한 모든 문명들은 명실공히 그 높은 수준으로 인해 인류문명사에 불멸의 업적을 남겼으며, 인류에게 값진 혜택을 베풀었다. 고대 인디오들에 의해 창조된 황금문화나 도자(陶瓷)문화는 유라시아 구대륙의 황금문화나 도자문화를 뺨칠 정도로 월등해 사람들의 경탄을 자아내기에 충분하다. 세계 농작물 절반의 원산지가 바로 라틴아메리카라는 사실 하나만으로도 인류문명에 대한 그 절대적인 혜택과 기여를 가히 짐작할 수 있다. 은을 비롯한 풍부한 부존자원은 서구 산업화의 동력으로 기능했으며, 빼어난 자연경관은 인류에게 정신적 활성소를 부어넣고 있다. 다양한 생태계는 『종의 기원』(On the Origin of Species by Means of Natural Selection)을 비롯한 여러가지 과학 연구의 장을 제공해주었으며, 근래에는 라틴아메리카 자체가 여러 사회이론의 '고향'으로도 주목받고 있다.

인구의 약 79%를 차지하는, 인디오와 유럽 백인종의 혼혈인종인 메스띠소(mestizo, 45%)와 백인과 흑인의 혼혈인 물라또(mulato, 34%)에 의해 이루어진 혼성문명은 라틴아메리카문명권의 주요한 구성요소로서 중세 이래 라틴아메리카문명의 다양화와 개방에 간과할 수 없는 기여를 하였다.

이같은 인디오의 토착문명과 혼혈인들의 혼성문명 말고도 라틴아메리카문명이 중층적 복합문명권의 성격을 띠지 않을 수 없었던 다른 한가지 요인은 서구 식민주의자들에 의해 강제로 이식된 이질적 서구문명이다. 그런데 문제는 반객위주(反客爲主)의 서구 식민주의자들의 강점과 침탈, 말살과 무시에 의해 조금은 더디지만 정상적인 역사의 궤적을 밟아오던 라틴아메리카의 문명사는 단절 아닌 단절의 비운을 맞게 되고, 역사의 거지중천(居之中天)이라는 기상천외한 비극이 벌어지게 되었다는 점이다.[13] 이렇게 '강제로 이식된 이질적 서구문명'은 결코 순리적(順理的) 중층이나 중합으로 이루어진 것이라고 말할 수 없을 터이다. 분명한 것은 오늘날까지도 라틴아메리카가 시달리고 있는 3대 악폐, 즉 빈부 격차와 사회적 불평등, 부패라는, 라틴아메리카문명권을 좀먹고 있는 이른바 '남미병'은 서구문명에서 결과한 악과(惡果)라는 점이다.

라틴아메리카문명권의 특징

라틴아메리카문명권은 구조 면에서 성격이 서로 다른 세가지 문명(토착문명·혼성문명·서구문명)요소로 형성된 중층적 복합문명권으로, 다양성(多樣性)과 일체성(一體性)을 동시에 갈무리하고 있다. 이 다양성과 일체성 각기 다섯가지 가운데 먼저 다양성을 약술하면, 다음과 같다.

1) 명칭의 다양성: 지금까지 알려진 바에 의하면 명칭에는 40여가지가 있는데, 그 연혁을 간추려보면, 그리스 시대의 지리학자 프톨레마이오스(Claudios Ptolemaeos)가 처음으로 '인디아 동부와 카티가라(Cattigara)'라고 언급하면서 동쪽 저편의 신비의 도시를 '카티가라'라고 이름하였다. 그 즈음에 원주민들은 스스로를 '수아니아'(Suania)라고 불렀으며, 잉까에서는 '네 방위의 땅'이란 뜻의 '따완띠수유'(Tawanti Suyu)가 공용되었다.

15세기 말, 이 땅을 처음 찾은 서구 식민주의자들은 '신세계'니 '성스러운 땅'이니 '은혜로운 땅'이니 하는 이름을 붙여오다가, 이딸리아 출신의 항해가 아메리고 베스뿌치가 3회(1497~1504년 사이)나 중남미 일원을 탐험한 끝에 이곳이 유럽인들에게는 미지의 '신세계'라는 견해를 발표하자, 이때부터 사람들이 '미지의 세계'를 그의 이름을 따서 '아메리카'라고 부르기 시작했다.

19세기에 들어와 라틴아메리카를 둘러싼 서구 열강들 간의 각축전이 벌어지자 '히스패닉아메리카'나 '이베로아메리카' '인도아메리카' '라틴아메리카' 등 여러가지 생뚱맞은 이름이 나돌았다. 그러나 그 어느 것 하나도 구색이 맞는 것이 없어 왈가왈부 입씨름만이 오늘날까지 이어지고 있다. '히스패닉아메리카'는 스페인 중심의 아메리카를 시사하므로, 전영토의 절반 가량을 차지한 브라질의 종주국 뽀르뚜갈이 수용할 리 만무하다. '이베로아메리카'는 이베리아반도의 스페인과 뽀르뚜갈을 두루 망라한다는 데서 '히스패닉아메리카'보다는 포괄성이 있지만, 영어나 프랑스어를 사용하는 나라들에게는 마찬가지로 배타적인 것이라고 받아들여져 거부당하고 만다. '인도아메리카'는 원주민 인디오를 배려한 명칭이기는 하지만, 절대다수를 점하는 백인이나 메스띠소 같은 비인디오 인종들은 소외를 우려해 볼멘소리를 내뱉고 있다.

　이베리아반도와 이딸리아, 프랑스를 아우르는 '라틴'이라는 단어가 붙은 이른바 '라틴아메리카'란 말은 오늘날 은연중 관용어로 되어버렸지만, 영어나 네덜란드어를 공용어로 하는 일부 나라들은 정복자적 배타성이 묻어 있다며 이를 받아들이기를 망설인다. 모든 나라들이 골고루 취할 만한 명칭은 없는 셈이다. 급기야 유엔이 궁여지책으로 '라틴아메리카와 카리브 유역 국가'라는 애매모호하고 긴 합성어를 고안해 냈는데, 다들 '울며 겨자 먹기'로 겉으로는 수긍하는 척하지만 속내평으로는 각자가 이해관계를 앞세움으로써 이 명칭이 선뜻 쓰일 리가 만무하다.

　2) 지리적 다양성: 광대한 영토는 원천적으로 지리적 다양성을 갖게 마련이다. 북위 33도에서 남위 54도(위도 88도), 서경 34도에서 118도(경도 84도) 사이에 위치한 라틴아메리카는 북단에서 남단까지의 길이는 약 1만 3000km이고, 동서 너비는 약 5000km나 되며, 총면적은 세계

육지 면적의 5분의 1(유럽 면적의 3배)을 차지한다. 이 드넓은 땅은 저지와 고지, 초원과 사막, 하천과 산맥, 밀림과 평야 등 지구가 처한 갖가지 자연환경을 골고루 품고 있다. 세계에서 수량이 가장 많은 아마존강이 있는가 하면, 사하라사막보다 더 메마른 아따까마사막(Atacama Desert, 칠레 북부)이 있다. 이러한 다양한 지리적 환경 속에서 다종다양한 식물이 서식한다. 지구 면적의 0.02%밖에 안 되는 에꽈도르(적도)에 세계 식물종의 10%가 서식하며, 뻬루는 지구상에 존재하는 103가지 생태계 중 무려 84개나 보유하고 있으니, 지리적 다양성이 베푼 천혜의 선물이라고 아니할 수 없다.

3) 인종적 다양성: 라틴아메리카의 다양성을 가장 극명하게 보여주는 것이 인종적 다양성이다. 여러 인종을 순혈종과 혼혈종의 2대군으로 대별하는데, 순혈종은 원주민(인디오)과 백인, 그리고 아프리카 등지에서 도래한 흑인이다. 혼혈종은 백인과 원주민의 혼혈인 메스띠소와 백인과 흑인의 혼혈인 물라또로 나뉜다. 인종을 구별할 때도 라틴아메리카에서 태어난 백인은 '끄리오요'(criollo)라고 부르며, 정복되지 않은 원주민은 따로 '아라우까노'(araucano)라고 한다. 그런가 하면 중미에서는 '라디노'(ladino)로 혼혈을 총칭하기도 한다.

물론 세계 어느 곳에도 혼혈은 다 있지만, 라틴아메리카만큼 혼혈도가 높은 곳은 없다. 인구 1천만명 이상의 10개 나라의 통계를 보면, 혼혈인 비율은 약 51%(메스띠소 38%, 물라또 13%)에 달하며, 백인은 약 33%, 흑인은 6%, 그리고 원주민은 약 10%에 이른다. 아메리카대륙에서 원주민인 인디오는 대체로 북방에서 남방으로 이동했기 때문에 그 출현 시기가 지역에 따라 다르다. 알래스카에는 3만년, 캘리포니아에는 2만 7천년, 멕시코에는 2만 2천~3만 1천년, 베네수엘라와 뻬루에는 1만 4천년, 빠따고니아에는 1만 2천년 전에 온 것으로 추정된다.

이렇게 라틴아메리카에서 혼혈 비중이 높은 데는 역사적 연원이 있다. 같은 아메리카대륙인 북미(미국이나 캐나다)의 경우는 주로 앵글로색슨 청교도들이 종교적 탄압을 피해 가족별로 이민을 와 정착했기 때문에 원주민이나 타인종과의 혼혈이 흔치 않았다. 그러나 라틴아메리카의 경우는 침략전에 참전하거나 약탈적 무역에 종사하는 것을 계기로 해서 온 터이기에 동행한 동족 여성은 극히 적었을 젊은 층 남자들이 주로 정착했기 때문에 부득이하게 현지 원주민이나 타 인종과 결혼하지 않을 수 없었다. 게다가 식민주의자들의 무자비한 원주민 말살 정책으로 인해 원주민의 수가 급감하였다. 식민 초기 100년간(1500~1600) 인디오 인구는 10분의 1(8천만명→800만명)로 격감했으며, 오늘날은 3천만 명밖에 살아남아 있지 않다. 결국 혼혈종이 급증하면서 다수를 차지하게 된 것이다.
　이렇게 인종이 다양한, 특히 혼혈종이 우세를 점하는 사회에 민족학 일반에서 논하는 민족이나 민족주의라는 개념이 과연 적용될 수 있을까 하는 의문이 생긴다. 라틴아메리카 역사에서 간혹 '혼혈민족' 같은 용어가 눈에 띄기는 하지만, 그에 관한 학문적 해명이 별로 이루어진 바 없어서 한낱 수수께끼로만 남아 있다. 다른 세계에서 다반사로 거론되는 '민족독립'이나 '민족해방' 같은, '민족'의 명의를 걸고 일어난 근현대의 민족적 사회변혁운동 같은 것을 라틴아메리카에서는 거의 찾아볼 수 없는데, 그 원인은 바로 인종이 다양하고 혼혈종이 우세를 차지하고 있는 상황에서 민족이라는 하나의 혈통적 공동집단이나 사회가 이루어지기 쉽지 않기 때문이라고 추단해본다.
　4) 국력의 천차만별: 전체 인구 약 6억 6천여만명의 국가별 분포를 보면, 2억 2천여만명의 브라질에서 10만명도 못 되는 카리브해의 작은 도서국가들에 이르기까지 33개로 나눠진 나라들의 국력은 실로 천차만별

이다. 역내 총생산의 규모에서도 브라질과 멕시코, 아르헨띠나 3개 나라가 전체의 70% 이상을, 베네수엘라와 꼴롬비아, 칠레, 뻬루 4개 나라는 약 20%를 차지하며, 그밖의 26개 나라는 10%에도 미치지 못한다. 따라서 국가별 1인당 국민소득에서도 현격한 차이가 나타난다. 1만 달러에 육박하는 아르헨띠나와 브라질, 우루과이 같은 나라가 있는가 하면, 500달러 미만의 아이띠나 니까라과 같은 나라도 있다.

5) 문화의 다양성: 문화의 다양성은 언어의 다양성에서 잘 드러난다. 지금 통용되고 있는 각국의 언어 상황을 보면, 식민 역사의 후과로 18개국은 스페인어를, 나머지 나라들은 뽀르뚜갈어와 프랑스어, 영어, 네덜란드어, 이딸리아어를 각각 사용하고 있다. 흥미로운 것은, 스페인어의 경우 스페인 본토 언어와 어휘나 문법에서 차이가 있을 뿐만 아니라, 지역적 특성에 따라 발음의 차이도 보인다는 점이다. 예컨대 발음할 때 고지대의 사람들은 모음을, 저지대의 사람들은 자음을 '먹어버리는' 특성이 있다. 그리고 스페인어를 비롯해 전래된 서양어들은 토착어의 영향을 적잖게 받고 있다. 멕시코의 스페인어에는 토착어 나우아뜰어(náhuatl) 어휘가, 뻬루의 경우는 께추아어(quechua) 어휘가 섞여 있다. 그리고 이러한 외래 공용어와 더불어 아직까지도 여러 토착어들이 살아남아 있어 언어의 다양성을 보여준다.

1492년 콜럼버스가 카리브해에 상륙했을 때만 해도 토착어[14]가 남미에만 100개, 중미와 북미를 합치면 200여개, 그리고 없어진 언어까지 합하면 약 300개 언어가 존재했다. 식민시대에는 이러한 토착어가 거의 멸종되다시피 하였으나, 독립 후 원주민들의 정체성 문제가 제기되면서 일부 나라들에서는 원주민들의 토착어를 복원해 공용어로 쓰고 있다. 예컨대 멕시코는 나우아뜰어를 포함해 63개의 토착어를 공식어로 인정한다. 토착어와 더불어 문자도 잉까에서는 매듭문자[15]를, 마야에서는 상형문자를 사용해 상이함을 보여준다. 문화적 다양성은 각국 간의 문맹률 차이에서도 여실히 드러나고 있다. 아르헨띠나 같은 상위 국가에서는 그 비율이 10% 미만이지만, 과떼말라 등 하위 국가들에서는 40%를 웃돈다. 문맹률의 상차는 국가 간의 문화적 다양성을 고스란히 반영한다.

비록 이와 같은 다양성을 지니고 있다고 해서 라틴아메리카문명권의 정체성을 한마디로 다양성에 바탕을 둔 문명권이라고 규정하기에는 무리가 따르지 않을 수 없다. 왜냐하면 문명권을 형성하고 있는 제반 구성요소들이 다양성 못지않게 일체성을 공유하기 때문이다. 역설적으로 일체성에 기초해 자칫 다양성으로 인해 분열이나 이반(離反)이 심각해지는 것을 극복하고 정형화된 '라틴아메리카문명권'이라는 하나의 중층적 복합문명권을 형성, 유지할 수가 있었다.

그 일체성은 다음과 같다.

1) 유사한 역사적 경험의 공유: 여기서 선차적으로 제기되는 것은 아직까지 미제(未濟)의 과제인 원주민 인디오 역사의 시대구분 문제다. 앞에서도 얘기했듯이 여러 설 가운데서 ① 인류 시원기(始原期, B.C. 1만 5000년 전)→② 구석기시대(B.C. 1만 5000~7000)→③ 신석기시대(B.C. 7000~2000, 농경, 옥수수, 도자기)→④ 전고전기(前古典期, Preclásico, B.C. 2000~A.D. 250, 종교, 마야문명 출현기)→⑤ 고전기(Clásico, 250~900, 마야문명 전성기)→⑥ 후고전기(Posclásico, 900~1492, 잉까문명)의 6기 시대구분이 그나마 무게가 실리고 있는 학설이다.

콜럼버스의 이른바 '신대륙의 발견'을 계기로 공통적인 인디오 토착문명을 창조하고 향유해오던 라틴아메리카는 약 300년 동안 반객위주의 식민지 지배를 받은 데 이어 꾸바를 제외한 여느 나라들은 거개가 1810년에서 1825년 사이에 서구 종주국의 '분가(分家)' 혹은 '분조(分

朝)'에 불과한 독립을 얻었다. 독립 후 오늘에 이르는 약 200년 간의 역사도 흡사한 공유의 전개과정을 밟고 있다.

2) 언어적 집중성: 세계 인구의 약 8%를 차지하는 6억 6천여만명의 라틴아메리카인들 가운데서 아이띠(프랑스어)와 자메이카, 벨리즈, 카리브해 도서국가(영어), 수리남(네덜란드어) 국민을 제외한 95% 이상의 사람들은 스페인어(18개국)와 뽀르뚜갈어(1개국)를 사용한다. 게다가 이 두 언어는 친족어로서 상호 간의 소통에 큰 문제가 없다. 언어소통은 문화소통의 징표이며, 일체성 확보의 매개수단이다.

3) 식민지 지배구조의 존속: 라틴아메리카문명권에 속해 있는 나라들은 사회경제적으로 규모나 정도에서 얼마간의 상차가 있기는 하지만, 기본적으로 식민지 지배구조에서 비롯된 종속성을 탈피하지 못하고 있으며, 빈부 격차와 사회적 불평등, 부패로 상징되는 이른바 '남미병'에 너나없이 감염되어 신음하고 있다. 이러한 형국 속에서도 일부 지성인들은 창의적인 '종속'이론을 제시해 종속 상태에서의 탈피를 시도하고 있다.

4) 종교적 단일성: '가톨릭의 대륙'이라 할 만치 라틴아메리카는 인구의 70% 이상이 가톨릭을 신봉하고 있다. 그 가운데서도 브라질(74%), 멕시코(88%), 뻬루(81%), 베네수엘라(87%) 등 주요 국가들에서 가톨릭 신자의 비중이 상당히 높은 편이다. 워낙 가톨릭 세력이 종교적 신앙뿐만 아니라 사회 전반에 미치는 영향력이 절대적이기 때문에 토착종교를 비롯한 기타 종교들과의 마찰은 크게 표면화되지 않고 있다. 그러나 그 마찰의 뿌리는 역사의 현장에서 유적과 유물로 확인된다. 아무튼 종교적 단일성은 왕왕 사회적 통합에 유용되기도 한다.

5) 통합운동의 전개: 이와 같이 라틴아메리카문명권은 세계의 어느 문명권보다도 일체성이 다분하고, 그 일체성으로 다양성을 극복하며

복합적 문명권을 이루어놓았음은 틀림없는 사실이다. 바로 이 점에 근거해 일찍부터 라틴아메리카에서는 단일국가 건설을 위한 통합운동이 시도되었다. 19세기 초엽 여러 나라의 독립운동을 이끈 '해방의 아버지' 씨몬 볼리바르는 비록 항구적인 성공에는 이르지 못했지만, 많은 호응 속에 라틴아메리카의 단일(통합)국가를 건설하기 위한 몇차례의 실험을 단행했다. 그 대표적인 예로 1822년 베네수엘라와 에꽈도르, 꼴롬비아 3국으로 대꼴롬비아공화국을 창건하고, 이어 1826년 빠나마시티에서 처음으로 '아메리카회의'를 개최해 통합운동의 '전대륙화'를 지향하였다. 그 정신을 계승해 오늘날에도 정치적 및 경제적 통합이나 단일화를 위한 역내의 움직임이 간헐적으로 일고 있다.

이와 같이 라틴아메리카문명권은 일체성을 지니면서도 다양성을 동시에 갈무리하고 있는 중층적 복합문명이며, 그것이 바로 라틴아메리카 전역의 존재적 의미를 개괄할 수 있는 고유의 정체성이기도 하다.

제4절 아프리카문명권

아프리카문명권의 개념

지금까지 서구 식민주의자들이 아프리카문명을 '후진문명' 또는 '미개문명'으로, 그리고 아프리카대륙을 '암흑의 대륙'으로 매도하고 비하하는 바람에 아프리카문명권은 제대로 된 위상을 되찾지 못하였다. 무지인지 아니면 고의인지는 원인이 밝혀진 바가 없어서 단정할 수는 없지만, 어쨌든 토인비를 비롯한 문명사가들 가운데서 그 누구도 아프리카문명권을 문명권 유형의 하나로 자리매김시키지 않았다. 그러나 아이러니하게도 유독 안보전략가로서 비문명사가인 미국 하버드대학 정치학 교수 헌팅턴만이 저서에서 아프리카문명인지 아프리카문명권인지 분간이 되지 않는 애매모호한 개념의 '아프리카'를 8대 문명권 유형화의 후미 순서에 억지로 끼워 넣었다.[16]

유장한 역사를 지닌 문명의 요람 아프리카[17]에서 형성된 아프리카문명권은 오랫동안 인류의 문명권을 선도해오다가 서구 식민세력의 침탈과 자연환경의 변화로 인해 그 진화성(進化性)을 잃은 복합문명권이다. 아프리카대륙은 크기에서 아시아대륙 버금가는 대륙으로, 총면적은 3024만 4050km²로 육지 면적의 20.3%를 차지하며, 인구는 세계 인구의 5분의 1로 15억 4800만명(2025)에 달한다. 이 넓은 대지에는 무려 54개국(세계 국가의 25%)이나 자리하고 있다. 이러한 드넓은 대륙에서 아프리카문명권은 나름대로의 독특성(상이성)과 생명력 및 유구하고 광범위한 시·공간적 범주 등 문명권 형성과 유지의 제반 요건(기준)을 그 어느 문명권보다도 이른 시기에 구전(俱全)하고 선발(先發) 문명권의 역할을 다해왔다.

아프리카의 지형지세가 복잡하고 역사가 오랜 것만큼이나 아프리카문명권의 사회문화적 구조 역시 다양하며 복합적이다. 아프리카 원주민은 주로 서부 수단과 콩고 분지, 남아프리카에 산재한 아프리카 니그로(Negro, 흑인), 아프리카 니그로와 코카서스 백인종의 혼혈인 네로익 니그로(Neroic Negro), 니그리토(Negrito)와 피그미(Pygmy) 같은 키 작은 종족, 호텐토트(Hottentot) 같은 키 큰 혼혈종족 등 4대 종족군으로 구성되어 있다. 그밖에 토착인과 백인, 아랍인과 인도인 등 다양한 인종이 혼재해 있으며, 인구의 80%가 사하라 이남 지역에 집중 거주하고 있다.

인종의 다양성에서 언어의 다양성이 결과하는바, 지금까지 이 대륙에는 무려 1천여개의 언어가 쓰여왔다. 언어학계에서는 그 언어 구성을 아프리카·아시아어족(240여개의 방언, 2억 8520만명의 최다 인구), 나일·사하라어족(100여개의 방언, 약 3천만명), 니제르·콩고어족(중남부 아프리카, 대부분이 반투어군), 코이·산어족(50여개 방언, 주로 1200만명 이상의 남아프리카 첫 토착민인 코이코이족과 산족을 코이산족이라 함, 지금은 멸종 위기에 처함) 등 4대 어군으로 대별한다.

다양한 인종과 언어는 필연적으로 다양한 문명을 창출하게 마련이다. 흥미로운 것은 오늘에 이르기까지도 전대륙이 사회·경제·문화의 발전 수준과 지역적 특성에 따라 서로 구분되면서도 상부상조적 관계를 유지하고 있는 6대 문화지역으로 나눠져 있다는 사실이다. 그 6대 문화지역은 ① 칼라하리사막 주변에서 사냥과 채집에 종사하고 석기를 사용하며 혈거(穴居)와 유목생활을 하는 부시먼 지역, ② 서부 아프리카에서 주민들이 털가죽 옷을 입고 사냥과 채집에 종사하며 돔형 초가집에 사는 호텐토트 지역, ③ 농업과 목축을 병행하고, 가축을 사육하며, 진흙과 짚으로 가옥을 짓고, 철기를 사용하는 아비시니아(에티오피아)와 남부 고지대의 동아프리카 목축지역, ④ 화전(火田)농업과 목축, 어업을 생계수단으로 하고, 철과 동을 채광하며 집단생활을 영위하는 기니·콩고 지역, ⑤ 농업과 목축업, 상업에 골고루 종사하면서 유목·이동생활을 하는 서부 사바나 지역, ⑥ 동남아·말레이 일원에서 서천(西遷)해 여전히 말레이어를 사용하고 관개 및 계단식 벼농사를 짓는 마다가스카르 지역 등이다.

아프리카문명권 연구에서 달성한 성과

아프리카의 역사나 문명을 밝혀내는 작업에서 아직은 넘지 못한 한계, 이를테면 연구의 난점들이 수두룩하다. 우선, 그것은 사료의 결핍이다. 사하라 이남의 구조물의 소재는 대체로 흙이나 나무이기 때문에 파괴되거나 부식되기 쉬워 유적이나 유물로 오래 남아 있을 수가 없었다. 그리고 고대문자가 없었기 때문에 기록 유물은 자체의 것이 거의 없고, 7세기 이후의 아랍 문헌과 15세기 이후의 유럽 문헌 기록뿐이다. 그것도 영성(零星)한데다가 왜곡된 내용도 적지 않아 그리 신뢰가 가지 않는다.

다음으로 그 난점은 주민들의 빈번한 이동이다. 이러한 이동은 역사 기술을 위한 집단적 기억이나 전승, 사료 축적에 차질을 빚게 하며, 일관성이나 통일성, 관계성이 유지되기 어렵게 한다. 문자가 없는 곳의 역사나 전통은 주로 구전(口傳)에 의해 전승되는데, 주민들의 빈번한 이동과 그에 따르는 잦은 집산은 이러한 전승이 제대로 이루어질 수 없게 한다. 끝으로, 식민사관을 비롯한 사이비 사관이나 허전(虛傳)이다. 이러한 사관과 허전은 아프리카의 역사와 문명사의 올곧은 연구와 이해에 작위적인 혼란과 왜곡을 초래한다. 대표적 식민사관으로는 아프리카를 '역사 없는 암흑대륙'으로 호도하면서 아프리카의 유구한 역사와 문명을 무시할 뿐만 아니라, 설혹 그 역사와 문명에서 어떠한 발전의 실존을 인지한다고 하더라도 그것은 자생이 아니라 외부의 영향을 받은 결과라고 하는 이른바 '외래설'이나 '영향설'을 들 수 있다.

비록 이러한 난점들이 발목을 잡았어도, 2차대전 이후 활발하게 전개되기 시작한 반식민주의 독립운동의 물결 속에서 역사의 진실과 고유의 정체성을 되찾기 위해 설욕을 다짐하면서 각성한 아프리카 출신 학자들과 사계(斯界)의 지성적 학자들의 연구성과에 의해 각양각색의 오해와 편견, 왜곡이 하나씩 해명되고 극복됨으로써 아프리카 역사와 문명 연구에서 괄목할 만한 성과가 이루어졌다. 그 성과를 한마디로 요약하면, 아프리카 역사와 문명의 요람으로서의 모습을 복원한 것이다.

구체적으로 그 성과들을 더듬어보면, 고인류 유골과 석기를 비롯한 각종 선사시대 유물이 발견됨에 따라 범지구적인 인류의 진화과정이 밝혀지기 시작했으며, 아프리카의 역사발전 과정도 부분적으로나마 정립되기에 이르렀다. 아프리카는 지구상의 기타 지역에 비해 석기의 출현 연대가 이를 뿐만 아니라 그 모양새도 다르기 때문에, 유럽식 분법과는 달리 대체로 석기시대를 전기(前期)석기시대(Early Stone Age) → 제1이행기(移行期) → 중기(中期)석기시대(Middle Stone Age, 12만년 전에 진입) → 제2이행기 → 후기(後期)석기시대(Late Stone Age, 2만년 전에 진입)의 5기로 구분한다. 이 과정에서 지금까지 동서남북 여러 지역에서 미지의 세계로 남아 있던 고대 문명국들(예컨대 악숨Axum, 쿠시Kush, 가나Ghana, 말리Mali, 상하이Sanghai, 베냉Benin 등)의 실상이 밝혀지기 시작했다. 아울러 아프리카의 식민지화와 이 대륙 특유의 노예무역 등 중·근세의 암울했던 역사상과 한때 '암흑의 대륙'으로 전락하게 된 역사적 요인 등이 점차 밝혀지고, 그 잔재를 극복하기 위한 연구도 상당히 진척되었다.

   연구성과에서 특기할 만한 사항은 인류의 진화과정이 밝혀진 사실이다. 이는 인류역사의 해명에 대한 거대한 기여인 것이다. 지금까지의 체질인류학적 연구에 의하면, 인류의 조상은 약 1억년 전에 진화를 시작한 영장류(靈長類) 중 인류와 가장 가까운 유인원군(類人猿群)인데, 발견된 유인원군 중 가장 오래된 유인원은 약 1400만년 전에 살았던 드리오피테쿠스(Dryopithecus)다. 이 유인원은 프랑스에서 처음 발견된(1885) 후 이어 동아프리카와 인도, 중국 등지에서도 발견되었다. 드리오피테쿠스를 시작으로 인류는 5단계의 진화과정을 거쳐 오늘에 이르고 있다는 것이 지금까지의 통설이다.[18]

   여기서 주목되는 것은 아프리카는 이상의 5단계 모두의 유골이나 유물이 발굴된 유일한 대륙이라는 사실이다. 바꿔 말하면, 다른 곳에서는 아프리카처럼 모든 단계의 유골이나 유물이 발견되지는 않았다는 것이다. 그런 만큼 아프리카만이 실재의 유골로 인류가 밟아온 진화과정을 체계적으로 완벽하게 보여줄 수 있는 곳이다.

아프리카문명권의 연구와 이해에서 제기되는 마지막 문제는 '실크로드의 아프리카 연장' 문제다. 아프리카가 근현세 수백년 동안 '암흑의 대륙' '비문명의 대륙' '문명화의 대상'으로 치부되다보니 그 누구도 아프리카문명이나 문명권에 대해서 거들떠보지 않는 터에 그 문명 혹은 문명권과의 소통이나 교류에 관해서 눈길을 돌리는 이가 있을 리 만무하였다. 아프리카를 아우른 유라시아대륙을 망상(網狀, 그물 모양)으로 뒤덮었던 실크로드에 대해서는 고작 중국 명대(明代)의 정화 선단이 해로로 동아프리카의 케냐 해안까지 한두번 다녀온 것이 알려진 전부였다.

그러나 그 엄혹한 노예무역과 전역의 식민지화 시대에도 비록 서구 식민주의자들의 채찍질로 인한 일이기는 하지만, 아프리카인들의 지혜와 노력(勞力)에 의해 문명교류 통로인 실크로드가 개척되었으며, 이를 통한 아프리카문명권과 여타 문명권의 교류는 부단히 이어져왔다. 그 내용은 시대적 수요에 따라 달랐지만, 문명권들 간의 교류는 문자 그대로 연면부절(連綿不絶)하였다. 그런데 이 시점까지도 '실크로드의 아프리카 연장설'은 논외로 무시당하고 있다. 이러한 무시는 곧 아프리카문명권에 대한 무시이기도 하다. 이제 아프리카문명권의 실태와 정체성, 역사적 위상을 제대로 파악하기 위해서는 '실크로드의 아프리카 연장'을 학문적 일설(一說)로 승화시켜야 할 것이다.

주지하다시피, 중세 '대항해시대'의 개막 무대는 아프리카를 위요(圍繞)한 해상실크로드를 선점하기 위한 서구 식민세력들 간의 쟁탈전이었다. 15세기에 다가마에 의해 이루어진 '인도 항로'의 개척은 그의 선단이 아프리카의 서해안을 기점으로 남해안과 동해안을 통과함으로써 비로소 가능했으며, 그 개척은 서세동점의 효시였다. 16세기 마젤란 일행의 세계일주는 아프리카의 연해 해로에 의해 드디어 그 완수를 보게 되었다.

동양의 경우, 15세기 초엽 중국 명나라의 정화 선단이 아프리카 동해안까지 항행함으로써 해상실크로드를 통한 중국과 아프리카 간의 교류가 시작되었다. 그뿐만 아니라, 중세 400년간 아프리카의 해상실크로드를 통해 숱한 아프리카 노예들이 아메리카대륙을 비롯한 세계 각지에 수출되었고, 그에 수반해 아프리카와 세계 간의 첫 소통이 이루어졌으며, 문물이 교류되었다. 19세기 이래 아시아와 아프리카의 경계를 이루는 수에즈운하는 지중해를 매개로 해 대서양과 인도양, 나아가 태평양을 잇는 환지구적 해상실크로드의 중계지로 동서 문명교류에 지대한 기여를 하였다.

해상실크로드와 더불어 아프리카의 국제성을 보장하는 데 일익을 담당하고 있는 통로로는 육상통로, 즉 실크로드 육로가 있다. 지금까지 이 아프리카 실크로드 육로에 관한 연구는 극히 부진해서 그 실체는 두터운 베일에 싸여 있다. 기원전 3세기부터 기원후 1세기 사이에 오늘의 요르단에 터를 잡았던 페트라왕국 시대에 아라비아반도 남부에서 홍해 동안을 끼고 북상해 페트라를 지나 시리아의 다마스쿠스를 거쳐 오아시스 교역 도시 팔미라(Palmyra)까지 이르는 이른바 '왕의 길'이 개통되고 있었다. 이 길은 실크로드 오아시스로 서단(西段)의 한 갓길로 시나이반도를 거쳐 이집트에 이르는 '모세의 출애급로(出埃及路)'와 연결되어 있었다. 이 길을 따라 아프리카 동북방 일우(一隅)에 자리한 이집트와 서아시아 레반트(Levant) 지역[19] 간의 대상교역이 활발하게 진행되었다.

아프리카대륙 역내에서도 교류 통로의 기능을 수행하는 실크로드 육로가 사통팔달하였다. 일찍이 사하라 남부에서 모로코나 리비아를 경유하는 노예무역로가 몇갈래 있었으며, 식민시대에 들어와서는 서구 열강들이 수탈 물자를 운반하기 위한 길들을 앞을 다투어 연해에서 내륙 깊숙이까지 종횡무진으로 터놓았다. 영국이 1856~57년에 아프리카 최초의 철도를 이집트의 지중해 연안 지역에 부설한 데 이어 황금해안(현 가나)의 카카오철도와 나이지리아의 팜철도 등도 부설되었다. 특히 영국은 아프리카 전체를 장악할 야망으로 수립한 이른바 '2C계획'에 따라 북단 이집트의 카이로에서 남단 남아공의 케이프타운까지(실제는 탄자니아의 다르에스살람까지) 이르는 아프리카 최장의 남북 종단철도를 건설했다. 1934년의 통계에 의하면, 영국은 아프리카 투자 총액의 근 80%에 해당하는 2억 7070만 파운드를 철도 건설에 투자했다.

영국에 뒤질세라 프랑스도 제1차 세계대전 전까지 다카르-나이저철도(일명 '땅콩철도'), 우간다철도(일명 '면화철도'), 아디스아바바철도, 코나크리-칸칸철도 등 여러 철도를 건설하였다. 프랑스가 아프리카에서 최초로 부설한 철도는 알제리철도인데, 1870년부터 제1차 세계대전까지의 기간에 이루어진 알제리에 대한 투자에서 철도 투자액 비율은 평균 33~34%나 되었다. 벨기에령 콩고에서도 바콩고-카탕가철도(일명 '동철도')가 뚫렸다. 요컨대 식민통치 시대를 기해 아프리카에서는 동서남북을 아우르는 망상적(網狀的) 도로망이 형성되었다.

이렇게 아프리카대륙에도 유라시아대륙과 마찬가지로 육상과 해상에서 문명교류 통로로서의 실크로드 교통망이 형성되어 작동하고 있었으며, 그 모든 전개과정은 남아 있는 유적과 유물에 의해 명백한 역사적 사실로 입증된다. 그러나 불행하게도 유라시아 실크로드만을 실크로드로 간주하는 진부한 통념 때문에 엄연하게 문명교류의 통로 역할을 해온 아프리카대륙의 실크로드는 무시되고 소외되어왔다. 지금까지 유네스코를 비롯해 세계의 어느 나라 학계도 아프리카의 해로나 육로를 이른바 '실크로드 지도'에 자리매김시켜주지 않고 있다. 작금 '일대일로(一帶一路)'를 범지구적 전략구상으로 제시하면서 실크로드의 붐을 선도하고 있는 중국도 고작 정화가 선단을 이끌고 종착한 아프리카 동해안의 케냐까지만을 '21세기 해상실크로드'의 서단(西端)으로 인정한다.

이와 같이 실크로드를 구대륙(유라시아대륙)에만 국한시키는 진부한 국한론적(局限論的) 통념에 의해 아프리카의 육·해상실크로드는 실크로드 범주에서 제외되고, 실크로드의 환지구성(環地球性)은 무시당하고 있다.

아프리카문명권의 특징

문명권 형성의 여건을 제대로 갖추고 있는 아프리카문명권은 다음과 같은 몇가지 특색을 지닌다.

1) 자연의 보고

풍부한 부존자원이 매장되어 있는데, 그 가운데서 석유는 세계 확인 매장량의 약 9.5%이고, 부존량 잠재력은 세계 최고로서 리비아, 나이지리아 등 20여개 산유국을 보유하고 있으며, 앙골라는 석유 덕분에 매해(2004~2008) 17%의 고성장률을 기록하였다. 아프리카 자연의 보고에는 석유뿐만 아니라 그에 못지 않은 광물자원이 있다. 세계 매장량에서 백금은 89%, 크롬은 80%, 코발트는 52% 등이며, '광물의 메카'인 남아공은 매장량에서 금, 크롬, 현석(玄石)이 각각 세계 1위, 망간은 2위, 인광석은 3위(2019)를 차지한다.

흔히들 원시적 노천 유원지쯤으로 알고 간과하기가 일쑤인 자연의 보고 하나가 더 있는데, 그것이 바로 원초적 자연경관이다. 아프리카를 '문명의 요람'이라고 하는 것은 인류문명의 발상지라는 인문학적 요인과 더불어 원초적 자연경관이 보존되어온 지리적 요인 때문이기도 하다. 이 원초적 자연경관을 그대로 보존해오는 대표적 나라(지역)가 바로 탄자니아인데, 이 나라는 원초적 자연경관이 보존된 국립공원 15개, 야생동물 보호구 21개, 명산(名山) 10개소를 보유하고 있다. 이러한 경관지는 인류의 진화과정이라든가 문명사를 연구하는 데 귀중한 자료원이 되고 있다.

2) 문명의 요람

아프리카는 인류의 탄생지이고 문명의 요람이다. 지구상에서 오로지 아프리카만이 인류 진화의 전(全)단계(5단계)를 경과해 오늘날로 이어지고 있다. 체질인류학적으로 인류의 조상은 약 1억년 전에 진화를 시작한 영장류 중 인류와 가장 가까운 유인원군이다. 이들 유인원군 중 가장 오래된 것은 약 1400만년 전의 드리오피테쿠스로서, 인류는 이 유인원을 시작으로 5단계의 진화과정을 거쳐 오늘날에 이르고 있다.[20]

아프리카대륙에서 출토되는 선사시대의 각종 석기문화나 금석기(金石器)문화, 그리고 농경문화의 유물들은 문명의 요람으로서의 아프리카의 선진성을 여실히 입증해준다. 탄자니아의 올두바이(Olduvai) 유적에서 호모하빌리스가 만든 최초의 석기(한쪽이 얇고 다른 쪽이 두터운 돌도끼 위주의 '올두바이'형 석기)가 발견되었는데, 다른 대륙에서는 아직 발견된 예가 없다. 납작한 복숭아형이나 계란형 석기, 손도끼, 돌공(石球), 찌르개 석기 등 호모에렉투스가 만든 아슐리안(Acheulean) 복합형 석기(일명 '아슐리안문화')가 서구와 서아시아, 인도, 중국(산시陝西, 25만년 전) 등지에서 발견되기는 했으나, 케냐에서 발견된 170만년 전 유물이 가장 오래된 것이다. 그래서 아프리카의 호모에렉투스들이 다른 대륙으로 이동(아프리카 고인류의 최초 이동)했을 개연성이 제기되고 있다.

금석기시대에 들어서도 아프리카는 나름대로의 선사문명을 꽃피웠

올두바이 계곡

다. 사하라 이북은 석기시대를 거쳐 기원전 2000년경에 청동기시대에 진입하고, 기원전 1000~500년대에는 철기시대를 맞는다. 그러나 관련 유물의 미발견으로 사하라 이남의 지역 대부분이 석기시대에서 청동기시대를 거치지 않고 9세기경에 철기시대로 도약하였다는 이른바 '청동기시대 부재론(不在論)'은 의문의 여지가 많다. 1721년 모잠비크에서 첫 암각화가 발견된 이래 남아프리카를 비롯해 동서남북 각지에서 원시인들의 생활상을 묘사한 암각화가 수만점 발견되었다. 가장 오래된 것은 모잠비크에서 발견된 1만년 전 후기석기시대에 속하는 암각화인데, 원시인들의 수렵 위주의 생산과 생활 모습을 생생하게 전해준다. 그림의 주역으로는 멧돼지, 코끼리, 물소, 하마, 코뿔소, 타조 등 다양한 동물들이 등장하며, 목제 가옥과 가구, 소젖 짜는 모습 등 일상생활 모습도 엿보인다.

아프리카에서는 2만년 전에 진입한 후기석기시대에 이미 상당히 다양하고 높은 수준의 농업과 목축업이 성행하였다. 모리타니의 남부 사막지대에서는 3천년 전 촌락 유지가 발견되었으며, 농업지대인 서아프리카에서도 후기석기시대에 이미 옥수수와 향료, 카카오, 참깨, 수박, 벼가 재배되었다. 동아프리카에서는 수수와 참깨, 밀, 보리, 흑맥(黑麥) 등의 농작물이 생산된 흔적이 확인되었다. 서아프리카 농업지대에서는 농업과 더불어 기원전 4000년경에 목축업이 출현했으며, 동아프리카의 한 계곡 유적에서는 약 1만년 전의 동물 유골이 발견되었는데, 95%가 가축이고, 그중 57%는 산양과 면양이며 39%는 소로 밝혀졌다.

3) 문명권 전역의 식민지화

아프리카문명권은 근세에 와서 반객위주의 서구 식민세력의 침입과 강점에 의해 전래의 정상적 진화가 막혀버린 복합문명권이다. 아프리카 식민 약탈의 원흉인 벨기에의 레오폴드 2세는 1876년 자신이 소집한 브뤼셀 지리학회에서 "우리 세계에서 아직 문명이 침투하지 못한 지역을 문명의 길로 인도하고, 많은 인구를 감싸고 있는 어둠을 걷어내기 위해서는 이 진보의 시대에 걸맞은 십자군이 있어야 할 것입니다. (…) 우리는 사방에서 미지의 지역으로 쳐들어갈 것입니다"라고 이른바 '비문명 지역'인 아프리카에 대한 군사적 식민지화의 야욕을 공공연히 드러냈다.

역사상 한 대륙, 한 문명권 전역이 통째로 외국의 식민지로 전락한 선례는 일찍이 없었다. 전역의 식민지화는 아프리카대륙이 수세기 동안 침탈과 능욕의 대상이 되어 빈곤과 후진, 몽매의 악순환을 겪게 된 단초가 되었다. 그뿐만 아니라, 전역의 식민지화로 아프리카대륙은 문명의 요람으로서 여타 문명이나 문명권을 선도해오던 선진성이나 진화성이

소거되어 '미개문명' '후진문명권'으로 멸시의 대상이 되었으며, 급기야 '암흑대륙'의 누명까지 쓰게 되었다.

서구 식민주의자들은 이렇게 초보적인 탐험과 항로 개척을 마치고 나서 곧바로 식민지화 정지작업에 돌입했는데, 그 구체적 실행방도로 이른바 '4C 정책'을 제시하고 추진해나갔다. 1760년대에 이르러 산업혁명이 일어나기 시작한 유럽은 자본주의의 발전에 따라 해외 상품판매시장과 원료공급지가 절실히 필요해지자 세계인들의 저주를 받아오던 노예무역은 포기하고, 대신 아프리카의 식민지화 정지작업으로 네마리 토끼를 동시에 좇는 이른바 '4C 정책'을 제시한 것이다. '4C 정책'이란 상업(commerce), 기독교(Christianity), 문명(civilization), 식민(colonization)이란 영어의 첫 글자(C)를 따서 붙인 이름으로서, 그 함의는 네가지의 동시 추진 정책이다. 그 본질은 합법적 상업(교역)으로 노예무역을 대체하고, 기독교 복음과 서구문명의 전파를 수단으로 삼아 궁극적으로 아프리카를 서구의 완전 식민지로 만든다는 중장기적인 아프리카 말살 식민지화 정책이다. 특히 서구 열강은 18세기 말과 19세기 초에 기독교 전파 붐을 일으켜 종교시설을 확충하고 선교활동을 대대적으로 벌이면서 식민화에 필요한 정보를 수집하고 기독교 서구문명의 주입에 혈안이 되었다.

4C 정책은 서구 열강들 간의 아프리카 식민지에 대한 분할과 재분할의 치열한 각축전 속에서 추진되었다. 그 일례로 베를린서아프리카회의'(약칭 '베를린회의')가 소집되었다. 본래는 콩고강 유역 분쟁을 해결하기 위한 당사국 간의 소규모 회의였으나, 열강들 간의 이해관계가 얽히면서 영국·프랑스·뽀르뚜갈·벨기에·독일·스페인·이딸리아 등 주요 서구 열강 7개국이 참가하는 국제회의로 범위가 확대되었으며, 회의 기간도 장장 100일(1884. 11. 15~1885. 2. 26)로 연장되었다. 회의에서는

크게 두가지 결의가 채택되었다. 하나는 콩고강과 나이저강은 모든 국가들에게 자유롭게 개방한다는 것과, 다른 하나는 실효지배(實效支配, effective occupation) 원칙이다. 실효지배 원칙이란, 실효지배가 이루어지기만 하면 그 지역에 대한 보호령 선포가 가능하다는 원칙이다. 이러한 결의 내용에서 명백하다시피, '베를린회의'는 아프리카 식민지 분할을 위한 서구 열강들 간의 이해 조정안과 식민지 분할의 규범을 마련하는 아프리카 '식민화 회의'라고 그 성격을 규정할 수 있다. '베를린회의'를 계기로 아프리카 식민지 분할은 가속화되어 20세기 초에 이르면 기본적으로 완성되기에 이른다. 외형상 독립국인 에티오피아와 라이베리아를 제외한 모든 아프리카 나라와 지역 들이 열강들에 의해 공식 분할되었다.[21] 이렇게 제2차 세계대전 전까지 아프리카대륙은 서구 열강들의 쟁탈전에 의해 분할과 재분할의 과정을 거쳐 전역이 서구의 식민지로 전락했다. 이 과정은 아프리카문명권의 운명에서 전대미문의 수난기였다.

4) 아프리카문명의 정체성 복원을 위한 흑인주의 운동

원래 흑인주의(黑人主義, 네그리뛰드négritude) 운동은 "나는 흑인이다. 나는 흑인으로 남을 것이다"라는 유명한 말을 남긴 카리브해 프랑스령 마르띠니끄(Martinique) 출신의 흑인 유학생 세제르(Aimé F. Césaire)에 의해 제창된(1939) 흑인의 정체성 복원을 위한 사회운동이었다. 후일 프랑스의 사상가 장 뽈 싸르트르(Jean Paul Sartre)[22]에 의해 이론적 체계화가 시도되었으며, 아프리카 통일운동의 선도자 세네갈의 쌍고르(L. S. Senghor)[23]에 의해 이론적 체계화가 완성되었다. 서구 열강들의 동화주의(同化主義)에 반발해 생긴 사회·정치운동으로서 그 지향점은 유럽 문화의 우월성이나 배타성을 부정하면서 '검은 것은 아름답다'라는 캐치프레이즈하에 아프리카문명의 전통적 가치와 우수성, 그리고 인류문명에 대한 기여를 주장하는 것이었다. 이것은 근현세의 반인종주의적 흑인운동사에서 미증유(未曾有)의 '신사조(新思潮)'로서, 아프리카 독립투쟁과 흑인들의 정체성 복원 운동의 사상적·이론적 기조가 되었다.

5) 미래가 창창한 문명권

1994년 집권한 남아프리카공화국 수임(首任) 대통령 만델라(Nelson R. Mandela)는 취임사에서 "흑인과 백인 모두가 가슴속에 어떤 두려움도 없이 당당하게 걸어 다닐 수 있는 무지개 나라를 만들겠다"고 이 나라의 미래를 다짐했다. 여기서의 '무지개'는 7색 찬연한 무지개처럼 아름다운 아프리카의 미래에 대한 상징어다. '암흑의 대륙' 아프리카를 '무지개의 나라'로 만들겠다는 만델라의 심원한 포부는 모든 아프리카인들의 격정(激情)을 불러일으키기에 충분했다. 삽시간에 '무지개의 나라'는 모든 아프리카인들의 미래에 대한 한결같은 신념과 숙원으로 인구회자(人口膾炙)되었다. 그 모습이 반세기를 지난 이 시점까지도 필자의 뇌리에는 아프리카에 대한 가장 아름답고 뜻깊은 추억으로 길이 남아 있다.

'여는 글'에서 언급했다시피, 필자는 설욕을 다짐했던 정든 땅 아프리카를 떠난(1963) 후 반세기 만에 5년을 사이에 두고 두번(2009, 2014)이나 그 땅, 아프리카를 찾아갔다. 내심의 목적은 사정에 의해 중도 절필하고만 아프리카 '설욕기(雪辱記)'를 끝맺음하자는 것이었다. 그래서 중요한 것은 아프리카 현실의 파악이었다. 오늘날 아프리카는 비록 잠재(潛在)의 땅, 기회의 대상, 블루오션 마켓(blue ocean market)[24]이라는 찬사 속에 일신(一新)의 면모를 보여주기는 하지만, 어딘가 모르게 그 내면으로는 독재정치의 잔영, 부패, 빈부 격차, 인권침해, 불공정, 과도한 대외의존도 등 수백년 동안의 식민통치와 독립 후의 혼란기가 남겨놓은 난제들과 후유증이 여전히 발목을 잡고 있었다. 그럼에도 불구하고 다행스러운 것은 신세대의 아프리카인들은 이러한 난제들과 후유증에 주눅이 들지 않고, 소기의 '무지개' 미래를 실현할 수 있다는 자신감에 차 있는 모습이었다는 점이다. 창창한 '무지개의 미래' 모습!

자신감이 넘치는 그들의 이러한 모습은 고속성장에 의해 명불허전(名不虛傳)임이 명증(明證)된 것이었다. 아프리카인들은 독립 직후의 일시적 혼란기(암흑기, 1980~90년대)를 성공적으로 극복하고 정상적인 발전궤도에 진입해 고성장으로 면모를 일신하고 있었다. 2011년 세계 최고의 경제성장률을 기록한 10개국 중 8개국이 나이지리아, 탄자니아, 콩고 등 아프리카 나라이며, 21세기 첫 10년간 아프리카 1인당 GDP는 1700달러로, 외국의 투자는 5배(550억 달러)로 급증하였다. 그리고 2010년 이후에는 평균성장률이 5~6%로 유지되고 있다. 놀라운 것은 아프리카인들 가운데서 100억 달러의 억만장자(22명)와 세계적 대기업의 출현 등 미증유의 새로운 기상도가 펼쳐지고 있다는 사실이다.

세인들이 아프리카의 미래를 영롱한 무지개에 비유하며, 아프리카문명권을 미래가 창창(蒼蒼)한 문명권이라고 칭찬하는 것은 결코 허설(虛說)이 아니며, 당당한 제반 요인들에 확고한 근거를 두고 있었다. 그 요인들을 살펴보면, 정치적으로는 네그리뛰드(흑인주의)에 바탕한 정체성 복원과 민주주의의 확산 및 정치적 안정성의 실현 등을 들 수 있으며, 경제적으로는 풍부한 부존자원 개발과 경제의 고성장이 튼튼한 버팀목이 될 것이라는 점이다. 그리고 기경지(旣耕地)가 25%(2억 헥타르)에 불과한 데 비해 가경지(可耕地)는 무려 8억 헥타르(한국 면적의 80배)에 달하며, 연간 3모작이 가능한 것 등에서 드러나듯이 농업생산의 잠재력 또한 대단하다.

정치적 요인이나 경제적 요인 못지않게 중요한, 어떤 의미에서는 더 중요한 것이 사회적 요인으로서의 풍부한 인적 자원이다. 아프리카는

2050년이 되면 인구가 2010년 대비 2배(20억명)로 증가하는데, 우간다 등 5개 나라가 세계 15대 인구 대국에 편입되며, 2030년이면 세계 최다 노동력(11억명, 중국은 7억 6천만명)을 보유하게 된다. 흥미로운 것은 유일하게 젊어지는 대륙이라는 점으로, 이는 다출산(평균출산율 5%) 때문인데, 2050년이면 10명 중 7명이 30세 미만이 된다. 더욱 놀라운 것은 새로운 '인류 진화'가 바야흐로 일어나고 있다는 현실이다. 즉, 소극적이며 우유부단한 보수 성향의 '하마(河馬) 세대'는 서서히 물러나고, 대신 적극적이며 창의적인 개혁 성향의 아프리카판 '신인류'인 중산층 중심의 '치타 세대'[25]가 등장하고 있다.

제5절 유럽문명권

유럽문명권의 개념

유럽[26]문명권은 다원적(多元的)인 모자이크식 복합문명권이다. 여기서 다원이란 '많은 근원'이라는 뜻으로, 유럽문명권은 지중해문명과 그리스·로마문명, 게르만문명, 해양문명 등 근원적으로 여러 문명들을 아우르고 있다는 것이다. 모자이크식이란 마치 다채로운 돌이나 유리조각을 바닥이나 벽에 접착시켜 장식 효과를 내는 미술기법인 모자이크처럼 세계 여러 문명의 다종다양한 요소들을 받아들여 융합시켰음을 말한다. 그리고 복합성(복합적)이란 문명교류 과정의 접변(接變) 현상이 융합(融合, fusion)이면 융합, 융화(融化, deliquescence)면 융화, 동화(同化, assimilation)면 동화[27]의 단일성에 그치지 않고 몇가지가 동시에 복합적(중층적 혹은 중합적)으로 일어나는 것을 일컫는다. 예컨대 근세 식민주의 시대에 이르러서는 식민지 종주국의 문명은 왕왕 자체의 융합성을 유지하면서도 동시에 식민지 문명을 융화시키거나 동화시킨다. 이럴 경우 식민지 종주국의 문명은 더욱 다양화되고, 그만큼 모자이크의 폭도 넓어지게 된다.

　복합성을 띤 유럽문명의 경우, 그 교류과정을 추적해보면 이상의 세 가지 접변 현상 가운데서 융합 현상이 두드러진다. 특히 중세 말엽 유럽 세계의 정체성이 확립되고 독자적인 유럽사상이 부각된 후, 근세의 산업혁명과 자본주의·제국주의화 및 대외 식민활동의 본격화를 거치며 이른바 '유럽문명중심주의'가 기승을 부리면서 범세계적인 '문명 맹주'로 군림함에 따라 여타 이질문명들은 유럽문명의 용매가 되어 그 융합성만을 키워왔다. 급기야 유럽문명은 모자이크식 융합문명의 성격을 확고하게 지니게 되었다. 그렇다고 하여 유럽문명이 순수 융합문명만은 아니다. 왜냐하면 이질문명의 수용 과정에 시종 타 문명에 대한 우월주의나 중심주의, '선진성'을 표방하거나(융화) 일방적인 흡수를 강요해왔기(동화) 때문이다.

　지금까지 대부분의 논자들은 왜곡된 유럽문명 우월주의와 중심주의에 편승한 나머지 주로 세계 문명에 대한 유럽문명의 일방적인 '선도'나 주입 내지는 기여를 논급하는 데 급급하였지, 반대로 세계 문명에 대한 유럽문명의 부정적 영향이나 모자이크식 침식에 관해서는 외면하거나 간과해왔다. 이것은 문명교류에서의 상호성과 호혜성을 무시하는 작태로서 문명교류의 본연에 대한 일탈이다. 그런데 이러한 융합성은 장기간 여러가지 가림색으로 교묘하게 덧칠해져 민낯이 가려져왔기 때문에 그 속내를 제대로 파헤치기는 결코 쉽지 않았다.

유럽문명권 형성의 자연지리적 배경

　유럽은 세계 6대주 가운데의 하나로 오세아니아주를 제외하고는 가장 작은 대륙으로서 면적은 약 1018만km²로 중국 면적(약 960만km²)과 엇비슷하다. 자연지리적으로 통상 북유럽(스칸디나비아반도 일대), 남유럽(알프스산맥 이남에서 지중해 북안. 고대 유럽문명의 발상지), 서유럽(서부 대서양 연안), 중유럽(발트해 이남에서 알프스산맥 이북의 중부 유럽 지역), 동유럽(러시아를 비롯한 동부 지역)의 다섯개 지역으로 구분한다. 지역마다 복합적 유럽문명권의 형성에 상이한 자연지리적 배경으로 작용해왔다.

① 3면이 광활한 대양으로 에워싸여 있고 연해(緣海)와 내해(內海)가 다수 분포되어 있으며,[28] 많은 반도와 도서를 거느리고 있는데, 그 면적만도 전체 대륙 면적의 3분의 1 이상(반도가 27%)을 차지한다. 이렇게 유럽은 바다와 섬, 수로로 촘촘한 망을 형성하고 있었기 때문에 대륙치고는 일찍부터 해양문화가 발달했다.

② 북위 36도에서 71도 08분 사이에 자리한 유럽은 6대주 가운데서 적도와 가장 멀리 떨어진 북온대에 속한 대륙으로, 인류문명의 진화에 비교적 유리한 자연환경을 제공받고 있다. 그리고 6대주 가운데서 해양성 기후가 가장 많이 나타나는 전형적인 중(中)온대 해양성 기후가 특징인 유럽은 뜨거운 열대성 기후 지역이나 메마른 사막이 거의 없는 유일한 대륙으로서 한랭한 지역도 그리 많지 않고 사시장철 온화하며 연중 강수량도 비교적 균형적이다. 이 모든 것은 문명의 생성에 유리한 자연지리적 배경으로 역할하였다.

③ 유럽은 6대주 가운데서 지세가 가장 완만한 대륙으로 평균고도가 340m에 불과하며, 고도 200m 이하의 평원지대가 전체 면적의 60%나 되어 6대주 중 평원 비중이 가장 높은 대륙이다. 대서양 연안에서 시작해 우랄 산록까지 이어지는 대유럽평원의 너비는 수천 킬로미터에 달한다. 이 대평원지대는 몇개의 비옥한 곡창지대를 품고 있다. 평원이 많은 만큼 산지는 흔치 않으며 높은 산도 몇 안 된다. 해발 2000m 이상의

고산 지역은 총 면적의 2%에 불과하다.

④ 유럽의 지형은 발트해 동안으로부터 시작해 흑해 서안까지를 계선으로 하여 동과 서 두 부분으로 나뉘진다. 동부는 평원이 절대적으로 우세하기 때문에 지형이 비교적 단순한 데 반해 서부는 산지와 평원이 뒤섞여 지형이 비교적 복잡하다. 각이한 지형적 분포는 농경이나 목축업의 다양성을 유발한다.

⑤ 지질학적으로 제4빙하기에 이르러 유럽에는 두개의 대형 빙하 중심이 조성되었는데, 그 하나는 스칸디나비아반도의 대륙빙하 중심이고, 다른 하나는 알프스산맥의 산악빙하 중심이다. 그중 전자의 영향으로 인해 오늘날 보는 바와 같이 스칸디나비아반도를 비롯한 서북 유럽 일원에는 광대한 빙하 지세가 장관으로 남아 있어 지질학 연구의 소재와 관광의 명소로 각광을 받는다.

⑥ 하천망이 조밀하고 수량도 풍부하며 연안 경관도 빼어나서 자고로 볼가강(3690km)이나 돈강(1970km)과 같은 큰 강들은 예외 없이 역내 여러 나라들을 경유하면서 중요한 내륙 수운(水運) 역할을 수행한다.

유럽문명권의 특징

이상과 같은 자연지리적 배경과 환경 속에서 생성된 다원적인 모자이크식 유럽복합문명권은 다음과 같은 여러가지 특색을 지닌다.

① 인구의 종족 구성에서의 단일성: 유럽은 인구(약 7억 4천만명, 2025)의 절대 다수인 90%가 백인종으로, 그 어느 대륙의 종족 구성에서도 찾아볼 수 없는 독특한 종족적 단일성을 지니고 있다.

② 인구 분포의 상대적 균형성: 대부분 지역의 인구밀도는 평균 70명/km^{2}으로서 상대적 균형성이 유지된다. 단, 라인강 중류 계곡과 빠리 분지, 벨기에 동부지역, 템스강 하류지역 등 서유럽의 일부 지역은

200명/km² 이상에 달해 인구밀도가 높은 편이다. 도시 인구도 대륙 인구의 64%를 점해 6대주 가운데서 대양주와 북아메리카주에 이어 세번째로 비교적 균형 잡힌 밀도를 유지하고 있다.

③ 다양한 어종(語種): 어군(語群)은 인구의 절대다수인 95%를 아우르는 인도·유럽어군으로서 단일성 어군이라고 말할 수 있다. 그러나 그 어군이 게르만어족, 라틴어족, 슬라브어족, 켈트어족, 그리스어족, 발트어족, 튀르크어족, 우랄어족 등 여러갈래의 어족과 아(亞)어족으로 분화되어 있다. 그렇지만 문자는 90% 이상의 유럽인이 라틴문자(로마자) 혹은 키릴(Cyrill)문자를 사용하는데, 그중에서도 대체로 라틴문자를 쓰고 있다.

④ 여러 이질문명 요소의 수용: 이른바 유럽문명의 '주역'을 자처해 온 열강들은 앞을 다투어 세계 도처에서 식민지 경략과 수탈에 혈안이 됨으로써 막대한 부를 축적함은 물론, 이질적인 여러 문명들과 불가피하게 접촉할 수밖에 없었다. 이 과정을 통해 의식적이건 무의식적이건 간에 여러 이질문명 요소들을 수용하거나 그 영향을 받아 유럽문명 자체를 살찌워왔다.

⑤ 문명권 내의 부단한 갈등: 유럽은 상대적으로 일찍이 근대화와 산업화로 상징되는 이른바 '선진화'를 이루어냈으며, 그 힘에 의거해 세계적 자원과 재부의 많은 몫을 독식해왔다. 그 과정에서 권내(圈內) 국가들이나 지역 간에는 끊임없는 자멸적인 갈등과 소모전이 연면부절하였다. 그뿐만 아니라 권내 44개 구성원 국가들은 국토와 인구, 국력과 선진화 수준에서 천차만별이고, 정치체제에서도 공화정과 왕정, 신정(神政)같이 다양함으로써 역사의 고비마다 사욕적(私慾的) 이해관계로 인해 숱한 갈등과 이합집산을 거듭해왔다.

⑥ 토착종교와 외래의 이질종교 간의 융합종교인 기독교의 신봉: 작

베네찌아 싼마르꼬 성당의 모자이크 벽화

금 유럽인들의 정신적 지주로서 인구의 다수가 신봉하고 있는 기독교는 원래의 발상지인 서아시아의 팔레스타인 지역으로부터 유입된 외래종교로, 유럽 지면(地面)이라는 캔버스 위에 그려진 한 조각의 이색적인 모자이크식 융합종교라고 말할 수 있다.

유럽문명권 이해에서 제기되는 몇가지 문제

유럽문명이나 문명권은 장기간 여러가지 가림색으로 교묘하게 덧칠해져 민낯이 가려졌기 때문에 미제의 수수께끼가 많거니와, 그 속내를 제대로 알아낸다는 것은 결코 쉬운 일이 아니다. 다각도의 입체적 조명이 필요하다. 이러한 제언하에 유럽문명권을 제대로 연구하고 이해하기 위한 몇가지 문제점을 간추리면 다음과 같다.

1) 유럽문명권을 지탱하는 유럽 사상의 2대 근원 문제

주지하다시피, 학계에서 헤브라이즘과 헬레니즘이 유럽 사상의 2대 근원이라는 주장은 의심의 여지가 없는 정설로 줄곧 여겨져왔다. 그러

나 실상은 이 두 사상의 발상지와 성숙지가 유럽이 아니라 서아시아 일원인 오리엔트(오늘의 팔레스타인과 이란)이며, 후출(後出)한 '유럽 사상'은 어느 모로 보나 두 사상에 대해서는 직접적인 연유(緣由)관계나 계승성이 희박하다. 때문에 헤브라이즘과 헬레니즘이 유럽 사상의 2대 근원이라는 설은 신빙성이 약한 가설로 재고되어야 할 것이다.

여기서는 헬레니즘이 유럽 사상의 근원이 아니라, 서양의 그리스문명과 동양의 전통문명 간의 융합물(融合物)이라는 사실(史實)을 밝히고자 한다.[29] 이 새로운 헬레니즘문명은 어디까지나 그리스문명과 오리엔트문명(이집트문명, 메소포타미아문명, 페르시아문명 등)의 여러 요소가 서로 섞인, 즉 융합(融合)되어 생긴 하나의 복합문명이지 제3의 새로운 문명, 즉 융화(融化)된 문명은 아니다. 그렇다고 오리엔트문명이 그리스문명에 일방적으로 흡수되어 동화(同化)된 문명은 더더욱 아니다. 따라서 헬레니즘은 '기본적으로 그리스문화'라든가, 또는 '세계화한 그리스문화'라는 주장[30]은 몇그루의 나무만 보고 전체 숲은 보지 못한 일종의 편견이라 아니할 수 없다.

사실상 10년간의 군사적 정복활동으로만 일관된 이른바 알렉산드로스 제국의 판도는 그 대부분이 본래의 오리엔트인 페르시아제국의 영토였다. 그뿐만 아니라 이 대제국 페르시아를 계승한 시리아의 셀레우코스 왕조와 이집트의 프톨레마이오스 왕조는 분명히 원래의 오리엔트문명권 내의 왕조들로, 비록 그리스문명의 영향을 받기는 했지만 오리엔트문명의 전통을 지속적으로 유지해왔다. 게다가 헬레니즘 시대에 실제적으로 나타난 정치적 융합이나 사회·경제적 융합, 문화적 융합은 헬레니즘문명이 결코 그리스문명과 오리엔트문명의 융화나 동화가 아니라 융합이었다는 사실을 명증(明證)해준다.

사실상 헬레니즘 시대의 동서 문명교류상은 여러 분야의 융합에서 뚜렷이 나타나고 있다.[31] 그 융합상은 우선 정치적 융합에서 나타난다. 헬레니즘세계의 지배자들은 당초 그리스문명의 세례를 받은 사람들이기는 했지만, 통치체제에서는 그리스의 폴리스적 민주체제를 지양하고 오리엔트식 신정(神政) 전제정치를 채택했다. 알렉산드로스는 이집트에서는 이집트의 파라오와 마찬가지로 태양신 '아멘 라'(Amen-Ra)의 아들이라는 신탁(神託)을 받고 그렇게 행세했으며, 페르시아와 중앙아시아에 가서는 현지의 전통적 전제군주 체제를 표방하였다.

그리고 요지마다 그리스식 도시를 건설한 데서도 그 융합상이 드러난다. 알렉산드로스는 정복지에 통치 거점을 확보하기 위해 약 79개소에 알렉산드리아라는 동명(同名)의 시(市)를 건설했다고 전한다. 그러나 실제로 고증된 것은 그중 13개소뿐이다. 또 그는 도시에 원정군을 주둔시켰을 뿐만 아니라, 원정군에 종군하거나 이민해 온 수많은 그리스 학자나 행정관료, 상인, 공장(工匠)들을 예우하며 취직시키고 상주시켰다. 그 결과 이러한 도시들은 명실공히 그리스식의 시민적 운영 시스템을 갖추고 있었다. 이와 같이 총체적으로 볼 때, 헬레니즘세계는 오리엔트의 전통적 전제통치 체제를 유지하면서 이에 폴리스식 도시 운영과 같은 그리스적인 정치제도를 가미해 융합한 혼합정치 제도를 실행하고 있었다.

다음으로 헬레니즘 시대라는 정치사적 배경 속에서 진행된 동서 문명교류의 융합상은 사회·경제 분야에서도 나타났다. 헬레니즘 시대에는 지중해세계와 오리엔트세계는 하나의 거대한 교역권과 경제권으로 결합됨으로써 알렉산드로스가 제정한 기준의 주화(아티카)가 통용되고, 그리스 상인들은 오리엔트의 상술과 관습을 익히면서 교역을 확대해갔다. 상공업의 급속한 발달에 힘입어 대외 교역의 중추인 도시들이 크게 번영하였다. 이집트의 알렉산드리아는 인구 50만명을 헤아리는 대도시로서 헬레니즘세계의 심장이었다.

끝으로 헬레니즘 시대 동서 문명교류의 융합상은 문화적 융합에서 두드러지게 나타났다. 이 시대에 전례없이 발달한 학문이나 예술은 동서 문명 간에 발생한 융합의 소산이다. 이 시대를 풍미한 스토아학파(Stoicism)[32]의 창설자인 셈족 출신의 제논(Zenon)은 보편적인 정의에 의해 지배되는 세계국가를 이상형으로 구상하면서도 현실적으로는 오리엔트적인 전제주의 지배를 인정하고 이에 적응하였다. 아울러 그는 동방적인 금욕주의를 실천적 생활윤리로 제시했다. 뿐만 아니라 헬레니즘 시대에는 광활한 지역의 일체화를 실현하기 위한 목적으로 아티카의 방언인 코이네(Koinē)가 공용어로 채택되었는데, 그리스 이주민들이 원주민의 의상을 착용하고, 그리스인들이 인도철학을 배우며, 인도인들이 그리스의 화폐주조법과 천문학, 건축양식 등을 수용하는 것 등도 모두 헬레니즘세계의 일체화를 위한 문명적 융합인 것이다.

2) 유럽문명권이 다양한 모자이크식 구도를 갖추게 된 원인 문제

오늘에 와서 유럽문명권은 그 민낯이야 어떻든 간에 표면적으로는 어느 문명권보다도 다양하고 다채로운 모자이크식 구도를 뽐내고 있다. 그렇다면 그 다양성과 다채로움은 어디서 비롯된 것일까? 그 원인은 다음과 같다.

① 유럽문명의 다원성이다. 역사 무대가 지중해로부터 유럽대륙으로 옮겨가면서 탄생한 유럽문명은 고전적 전통문명이라고 할 수 있는 그리스·로마문명과 기독교의 원조 격인 동방 기독교에서 분립된 서방 기독교(그리스도교), 그리고 남하한 게르만족의 고유문화 등 다종다기한 문명 계보와 요소들로 이루어지기 시작했다. 한편, 로마제국이 붕괴한 후에는 그 고지(故址)에 유럽문명 및 이후 1천년간 이어질 비잔틴(동로마)문명과 7세기에 출현한 아랍·이슬람문명 등 3대 문명이 장기간 공존하

면서 서로가 영향을 주고받음으로써 유럽문명은 미증유의 다양성을 띨 수밖에 없었다.

② 유럽세계 안에서 끊임없이 일어난 사회적 변동이다. 동로마제국의 몰락에서 비롯되어 11세기까지 지속된 이른바 유럽의 '암흑시대' 뒤를 이은 르네상스 시대, 종교개혁, 과학혁명(16~17세기), 프랑스대혁명, 열강 간의 해외 식민지 약탈을 위한 각축전, 산업혁명, 각종 과학기술의 발명, 중세 봉건사회로부터 근세 자본주의 사회로의 이행 등 1천여년간의 각종 사회변동은 유럽문명의 다양성과 다채로움을 유발한 직접적인 요인이었다.

③ 광범위한 식민지 경략을 통한 여러 이질문명의 유입과 혼합이다. 15세기 대항해시대의 개막을 계기로 세계 5대양 6대주 가운데 유럽대륙을 제외한 나머지에 식민지 침탈을 위한 유럽 열강들의 촉수가 뻗치지 않은 곳이 없었다. 급기야 400~500년간 식민지에 대한 열강들 간의 분할과 재분할의 과정을 거쳐 세계는 유럽문명권을 모체로 하고 유럽 종주국 언어문화를 기준으로 한 다수의 문명권, 즉 영어문명권, 프랑스어문명권, 스페인어문명권, 독일어문명권, 이딸리아어문명권, 뽀르뚜갈어문명권, 벨기에어문명권 등으로 산산조각났다. 기본적으로 유럽문명의 동화정책에 의해 생성된 이러한 식민지 문명권들은 유럽 종주문명에 대한 '수동적인 공급자 역할'을 강요당했으니, 후안무치(厚顔無恥)한 유럽문명권은 가차없이 다양한 영양소를 탐욕적으로 빨아들여 비대할 대로 비대해졌던 것이다.

3) 이른바 '유럽문명권 우월의식'이 상당 기간 존속되어온 원인 문제

한 시대를 풍미하던 '유럽문명 우월론'의 잔영(殘影)이 오늘날까지도 녹록잖게 남아 있는 원인은 무엇일까? 그것은 과학기술에서 서양인들이 보여준 발군의 선진성에 대한 맹신에서 벗어나지 못한 탓이다. 그

렇다면 그 선진성은 어디서 비롯되었는가 하는 연역(演繹) 문제다. 자타가 공인하다시피 14세기 유럽에서 일어난 르네상스 이전의 유럽은 과학기술 수준이 결코 당대의 동양보다 나은 것이 없었다. 동양은 고사하고 아프리카와 비교해서도 고만고만할 정도였다. 그러던 유럽의 과학은 일시에 코페르니쿠스에서 케플러와 갈릴레이 등 과학기술자들의 연이은 과학기술의 창안과 발명을 거쳐 뉴턴에 이르는 동안 엄청난 변화의 선진화를 이루었다. 특히 16세기부터 일어난 '과학혁명'(Scientific Revolution)은 유럽의 과학기술에 획기적인 일대 전환을 가져왔다. 그 결과 유럽은 '선진화'의 기틀을 마련하게 되었다.

그렇다면 왜 유독 유럽에서만 중세에 이르러 '과학혁명'을 일으킬 수 있었을까 하는 의문이 든다. 한마디로 그것은 논리적 사고를 중시하는 그리스 시대로부터 축적된 지적 풍토가 있었기 때문이다. 그리스인들의 논리적 사고방식은 후세 유럽의 과학 발달에 중요한 지적 유산이 되었다. 예컨대 유클리드는 인간의 생활 주변에서는 있을 수 없는 이상(理想) 상태의 직선이나 원, 삼각형 등을 연구의 대상으로 삼고 거기에 순수한 논리적 사고만을 적용하여 기하학을 창출하였다.

물론 이러한 지적 풍토가 있었다고 해서 언젠가 자동적으로 과학혁명이 일어나는 것은 아니다. 사실 중세 초 유럽이 '암흑시대'로 전락함으로써 이러한 지적 풍토는 한때 소실되어버렸다. 그런데 다행히도 인접한 아랍·이슬람세계에서 그 풍토를 고스란히 되살려서 '저장·보관'했을 뿐만 아니라, 어떤 면에서는 진일보시켰다. 그것을 포착한 유럽은 14세기 '암흑'의 터널을 빠져나와 르네상스 시대를 맞으면서 잠시 망각했던 선대의 논리적 사고방식을 자성(自省) 속에 복기하고 계승 발전시키는 과정에서 새로운 중세적 '실험정신'을 터득하게 되었다. 그 결과 17세기에 들어와 크게 발달한 이러한 '실험정신'과 전승되어오던 그리스의 논리적 사고방식이 결합되어 드디어 미증유의 '과학혁명'이 일어나 동양문명을 비롯한 세계의 여타 문명들에 앞선 과학기술문명을 창출할 수가 있었다.

이렇듯 과학기술문명에서 성취된 유럽의 선진성은 유럽이 특유의 '지적 풍토'와 그 계승인 '실험정신'에 의거해 한정된 중세의 르네상스 시대에 일시 역사의 기선을 잡음으로써 그 지평선 위에 부상한 현상이다. 그렇지만 역사의 긴 안목에서 보면 동양문명을 비롯한 여타의 문명들과 서양문명은 일시적인 선후(先後)의 상대적 대조관계일 뿐 결코 절대적 우열관계는 아니다. 그럼에도 불구하고 이러한 상대적 대조관계를 절대적 우열관계로 착각하거나 고집하는 현상이 이따금씩 돌출해 문명사 인식에 혼란을 불러오곤 한다.

4) 유럽문명의 지정학적 범주에 대한 확대 포장 문제

부당하게 확대된, 유럽문명의 지정학적 범주나 구도가 마치 유럽문명의 본연인 양, 전통인 양 호도하는 현상이 좀처럼 근절되지 않고 있다. 몇가지 실례를 들어 그 속내평을 훑어보기로 하자.

학교에서 가르치는 교과서나 시중에서 팔리는 서양사나 서양문명과 관련된 숱한 서적들을 펼쳐보면, 한결같이 책 이름은 분명 '서양'으로 시작하는데, 내용은 과장하면 99%가 '유럽의 것'뿐이다. 통상 '서양'이라고 하면 지구 동반구의 유럽과 서반구의 남북아메리카를 포함한 지리적 개념인데, 동반구의 서양(유럽)보다 몇배나 큰 서반구의 서양은 되레 무시당해 설 자리가 없다. 실로 어이없는 일에 그저 개탄할 뿐이다.

이러한 개탄스러운 현실은 전혀 관련이 없는 아랍·이슬람사가 서양사 서술 체계 가운데 몇군데에 '양념'처럼 대충 끼워 맞춰져 있는 사실에서도 극명하게 드러난다. 내로라하는 서양사 명저들을 펼쳐보면, 엉뚱하게도 '오리엔트'란 이름으로 고대 아랍사(이집트와 메소포타미아 역사)를 유럽사의 서장(序章)으로 둔갑시키고, 바야흐로 개화(開花)하던 이슬람세계로 암흑 속에서 헤매던 중세 유럽세계를 환치(換置)해오다가, 근세에 이르러서는 아랍·이슬람세계를 싹둑 잘라버리고 아예 다루지도 않고 있으니, 이것이야말로 누가 봐도 얼토당토않은 무법(無法)의 역사 서술 체계라 아니할 수 없다. 이와 맥락을 같이한 모 서양사 연구자는 '유럽과 이슬람세계 근대사 인식의 문제를 중심으로'라는 그럴듯한 부제를 단 글 「유럽중심주의 극복을 위한 일(一) 모색」(『대구사학』 100집, 2010)에서 유럽의 사학계가 이 문제에 관해서는 일언반구도 섞지 않고 있다고 지적한다.

유럽사나 아랍·이슬람사에 웬만한 상식이라도 갖고 있는 사람이라면 이러한 비학문적인 얼치기 서술은 다름 아닌 '유럽문명중심주의'의 잔영이라는 것을 일견에 간파할 수가 있다. '달면 삼키고 쓰면 뱉는다(昔以甘茹 今乃苦吐)'는 한국의 속담은 이런 경우를 두고 하는 말이다. 아전인수(我田引水)도 유분수(有分數)지, 제언하건대 유럽 사학계는 더 이상 저만치 물러간 유럽중심주의적 사관을 고집하지 말고, 철저한 역사주의 관점에서 허심탄회하게 성찰하고 창신(創新)하기를 바라 마지 않는다. 학문은 밝혀진 사실의 기록이어야 하며, 학자는 학문에 대한 '자기부정'에 인색하지 말아야 한다.

세계사가 고증하다시피, 로마제국의 멸망으로 인해 유럽 역사 무대는 지중해로부터 유럽대륙으로 옮겨가면서 지중해를 중심으로 한 서방세계는 유럽문명권과 동로마(비잔틴)문명권(약 1000년간), 이슬람문명권(7세기 이후)의 3대 문명권으로 나눠졌다. 게르만족이라는 새로운 역사의 주인공이 등장한 유럽문명은 그리스·로마문명과 그리스도교, 그리고 게르만적 요소가 새로이 접합된 융합문명의 성격을 띠게 된다. 문명사에서 보면, 이렇게 적어도 5세기부터 이슬람문명은 더 말할 나위가 없거니와 비잔틴문명마저도 그 구성요소나 성격이 유럽문명과는 판판 다른 별개의 문명으로 성장하였다. 흔히들 동·서로마라는 호도된 개념의 함정(혼동)에 빠져 동로마, 즉 비잔틴문명을 유럽문명으로 착각하고 있는데, 그 원인은 역시 잘못된 서양사 서술 체계가 제공한 것이다. 비잔틴 역사를 아전인수식 서양사 서술 체계에 억지로 '편입'하는 것은 전술한 바와 같은 아랍·이슬람사에 대한 서양사의 아전인수식 편취 작태와 진배가 없다.

사실 11세기까지만 해도 유럽세계는 비잔틴세계나 이슬람세계에 비하여 '문화적으로 훨씬 뒤떨어져' 있었다. 특히 게르만족의 민족이동을 비롯한 여러 외래족의 침입으로 인해 사회는 혼란과 무질서에 빠져 불안해졌고, 휘황찬란했던 그리스·로마의 고전문화는 사이비 종교세력에 의해 여지없이 피폐해졌다. 급기야 유럽은 전대미문의 '암흑시대'(Dark Age)를 맞게 된다. 이 유럽문명이 처한, 암울하기 이를 데 없는 중세 시대의 공백을 메꾸기 위해 유럽의 연구자들이 작위적으로 안출한 것이 바로 비잔틴사나 아랍·이슬람사의 '차용(借用)'이라는 일침은 일리가 있어 보인다.

5) 중국문명 서방기원설

중세에 들어와서 유럽문명권은 식민지 탐지(探知)와 종교 전파 및 학문 연구라는 다각적 자기개발 목적을 달성하기 위해 한자문명권을 비롯한 동방의 전통문명권에 대해 깊은 관심을 갖게 되었다. 그 관심은 문명권 간의 관계를 이해하고자 할 때 사론(邪論)과 정론(正論)으로 표출되었다. 사론의 전형적인 예는 이른바 '중국문명의 서방기원설'이고, 정론의 대표적인 예는 동방 전통문명에 대한 새로운 긍정적 개안(開眼)이다.

일찍이 서구 학계에서는 이른바 '중국문명 서방기원설(西方起源說)'이 몇가지 거론되어왔다. 대표적인 예로는, 한자서래설(漢字西來說)과 중국문명 바빌로니아 기원설(일명 바크족 이주설), 중국 채도(彩陶)의 서아시아 기원설 등 세가지를 들 수 있다.

① 한자서래설: 1758년 프랑스의 동방학자 드 기뉴(Joseph de Guignes)는 중국에서 사용하는 한자는 이집트의 상형문자에 원류를 두고 있으며, 이집트인들에 의해 창제되었을 뿐만 아니라 중국에 유입되었다는 '한자서래설'을 내놓았다.

② 중국문명 바빌로니아 기원설(일명 바크족 이주설): 프랑스 태생의 영국 동양학자 드 라쿠페리(Albert Étienne Jean Baptiste Terrien de Lacouperie, 1845~94)는 저서 『중국문명 서방기원설』(Western Origin of the Early Chinese Civilisation from 2,300 B.C. to 200 A.D., London 1894, 8 Vol.)에서 중국 고대사에 나오는 전설, 예컨대 황제(黃帝) 전설은 유프라테스강과 티그리스강 유역(바빌로니아)의 고대사에 나오는 전설의 재현으로서 이것과 맥을 같이한다고 주장한다. 그는 그 근거로 두 지역 간에 존재하는 극히 소수의 이음동의어(異音同意語, 예컨대 황제黃帝와 나훈테Nakhunte, 신농神農과 사르곤Sargon)를 제시한다. 그간의 어음 변화 여부를 고증할 수 없는 작금의 상황하에서는 다분히 견강부회(牽強附會)한 해명일 수밖에 없다. 아무튼 저자의 주장에 의하면, 한족(漢族)은 기원전 2300년경에 서아시아에서 동진(東進)해 중국의 신장과 간쑤 일대로 이주한 바빌로니아의 바크(Bak, 파크巴克)족이라고 한다.

③ 중국 채도의 서아시아 기원설: 스웨덴의 지질학자 요한 군나르 안데르손(Johan Gunnar Andersson)은 저서 『유사(有史) 이전의 간쑤(甘肅)』(Preliminary Report on Archaeological Research in Kansu, 1925)에서 양사오(仰韶)를 비롯한 중국 허난성(河南省)과 간쑤성 일대에서 출토

된 채도가 중앙아시아 뚜르끄메니스딴의 아나우(Anau)를 비롯하여 서아시아 지대에서 출토된 채도와 계통을 같이한다고 속단하였다. 즉, 양사오나 간쑤의 채도는 서아시아 채도의 영향을 받아 발생했다는 이른바 '중국 채도 서아시아 기원설'을 주장한 것이다.

그밖에 독일의 리히트호펜(Ferdinand von Richthofen)은 '중국문화 동투르키스탄 기원설'을, 영국의 포어(C. J. Pore)는 '중국인 수메르 기원설'을 각각 주장했다.

6) 동방 전통문명에 대한 유럽 학계의 개안 문제

유럽문명은 토착문명과 인근의 오리엔트문명이나 페르시아문명, 비잔틴문명, 이슬람문명뿐만 아니라, 멀리 인도문명이나 불교문명, 한자문명, 라틴아메리카문명, 아프리카문명까지 원근을 불문하고 여러 외래 이질문명 요소들을 닥치는 대로 수용해 다채롭게 모자이크한 복합문명이다. 앞에서 본 바와 같이 유럽문명권과 동방의 전통문명권 간의 관계 문제에 대해서는 구태의연한 유아독존적 '유럽문명중심주의'의 입장에서 '중국문명의 서방기원설' 같은 터무니없는 사론(邪論)을 주장하는 이들이 있는가 하면, 유럽문명권의 여러가지 몰상식한 폐단을 직시하고 자성하면서, 동방 전통문명에 대한 개안을 보여주는 정론(正論)을 과감하게 피력하는 일군의 지성(知性)도 있었다.

그 대표적 지성들이 바로 독일 고전사변철학(古典思辨哲學)의 창시자인 라이프니츠(Gottfried W. Leibniz, 1646~1716)와 프랑스의 백과전서파(百科全書派) 성원들이다. 이들 모두의 선구자인 라이프니츠는 21세 때부터 중국 철학을 연구하기 시작한 후 재화(在華) 선교사들의 저서와 보고서 등을 참고해 1697년에 『중국근황(中國近況)』(*Novissima Sinica*)을 저술·출간하고, 1699년에는 재화 프랑스 선교사 부베(Joachim Bouvet)의 라틴어 저서 『강희제전(康熙帝傳)』을 프랑스어로 번역하였다. 그는 송유이학(宋儒理學, 일명 송학宋學)에 심취해 자연신관(自然神觀)과 자연법칙론을 신봉하면서, 서구 교회의 계시신학(啓示神學)을 비판했다. 라이프니츠는 중국문명이 서구문명의 발달에 유용함을 주장한 최초의 서구 철학자이다.

『중국근황』서문에서 그는 서구인들의 무지와 오만을 이렇게 개탄한다. "이때까지 우리들 중 누구도 이 세상에 우리의 윤리보다 더 완벽한 윤리를 갖고 있으며 우리의 처세지도(處世之道)보다 더 진보한 처세지도를 걷고 있는 민족이 존재한다는 사실을 믿지 않았다. 그러나 이제 동방의 중국은 우리로 하여금 각성토록 하고 있다." "내가 보기에는 지금 우리의 도덕은 자구(自救)할 수 없는 지경으로 타락하였다. 급기야 나는 중국에서 사람을 보내와 우리에게 자연신학의 목적과 실천을 가르쳐주어야 한다고 주장하는 바이다. 마치 우리가 선교사를 중국에 파견해 하느님이 계시한 신학을 전수하는 것과 마찬가지로 말이다."

그러면서 그는 서구문명과 중국문명을 비교하여 이르기를 "유럽문화의 장점은 수학적이고 사변적인 과학이라는 데 있으며, 군사 면에서 중국은 유럽만 못하다. 그러나 실천철학 면에서는 유럽인들이 중국인들보다 퍽 못하다"고 갈파했다. 그는 중국의 '실천철학'을 실제 적용하기 위하여 베를린과 빈, 그리고 뻬쩨르부르그에서 과학원 설립을 창도하고, 베를린과 뻬쩨르부르그 과학원 내에 중국학 연구를 필수과목으로 설정하도록 하였다.

라이프니츠와 거의 같은 시기에 근대 프랑스의 사상과 정치 혁명을 주도한 백과전서파도 중국의 인문사회학에 관해 큰 관심을 가지고 연구에 임했으며, 그 합리성과 보편성을 인정하고 수용하는 데 진력하였다. 볼떼르(Voltaire, 본명 프랑수아 마리 아루에François-Marie Arouet, 1694~1778)와 몽떼스끼외(Charles Louis de Secondat Montesquieu, 1689~1755), 돌바크(Paul Henri Dietrich d'Holbach, 1723~89)를 비롯한 백과전서파 주역들은 재화 선교사들의 저서와 보고서, 그리고 유럽에서 출간된 중국 관련 서적들을 섭렵하면서 중국의 역사·사상·정치제도·형법·사회풍습 등 여러 방면에 관해 깊이 연구했다. 그들 중 볼떼르의 연구와 대(對)중국관이 학문적 깊이에서 돋보였다.

볼떼르는 중국 역사와 『도덕경(道德經)』에 조예가 깊은 재화 프랑스 선교사 푸께(Jean-François Fouquet, 傅聖澤, 1699년 내화來華)와 교분을 유지하고 중국문명에 관해 함께 연구하면서 폐쇄적인 기독교 신학으로 인해 일그러진 유럽사회를 비판하였다. 그는 역작 『철학사전(哲學辭典)』(Dictionnaire philosophique, portatif, 1764)의 '영광(榮光)' 항목에서 중국을 "세상에서 가장 아름답고, 가장 유구하며, 가장 넓고, 인구도 가장 많은, 그리고 치세(治世)도 가장 잘 된 국가"라고 격찬했다. 그는 중국의 유구한 연대기를 근거로 성서의 하나님 창세설을 가차없이 논박했다. 『구약성서』에 나오는 창세 연대는 기원전 3761년이지만, 중국이 하나의 민족으로 집거(集居)하고 번영을 누린 지는 50세기 이상이라는 것이다. 그에 따르면, 중국인들이 중국의 드넓은 땅에서 완벽하고 명철한 제도를 가지고 국가를 다스리고 있을 때, 유럽인들은 소군(小群)으로 떼지어 '삼림 속을 방황하는 야인(野人)'에 불과했다. 인류의 문명이나 과학기술의 발달사는 모두 중국에서 시작되었으며, 중국은 장기간 앞서갔다. 중국의 역사 기록에는 조그마한 허구나 기담괴설(奇談怪說)도 거의 없다. 중국인들은 이집트인이나 그리스인들처럼 자신들을 신의 계시를 받은 하느님의 대변인이라고도 절대 말하지 않는다. 중국인들의 역사는 처음부터 이성에 맞도록 씌어 있다. 전세계 민족들 중에서 유독 그들(중국인)의 사적(史籍)에만은 일식(日蝕)과 천체(天體)의 회합이 끊이지 않고 지속적으로 기록되어 있다. 프랑스 천문학자들이 그들

의 계산을 검증하고 나서는 깜짝 놀라는데, 모든 기록이 거의 진실해 신뢰할 수밖에 없다는 것이다.[33]

볼떼르는 중국문명에 관한 격찬이나 논평과 더불어 공자의 유학(儒學)에 관해서도 냉정하게 사견(私見)을 피력하였다. 그는 공자의 유학은 일종의 자연신론(自然神論)으로서 유럽에서 유행하는 미신적인 '신계시종교(神啓示宗敎)'와는 완전히 다른 '이성(理性)종교'라고 하면서, 그 자신은 숭고한 이성을 가지고 자연과 도덕에 부합되는 이러한 '이성종교'의 신봉자라고 자처했다. 볼떼르가 말하는 자연신관은 천부적(天賦的)인 자연도덕과 상관성이 있는 개념으로, 천부와 이성, 문명의 발달과 이성의 통일을 뜻한다.

백과전서파들은 중국의 도덕정치를 찬양하는 한편, 신권(神權)통치를 부르짖는 유럽의 군주정치를 부정하였다. 돌바크는 저서 『덕치(德治) 혹은 도덕을 기초로 한 정부』(*Éthocratie ou Le gouvernement fondé sur la morale*, 1776)에서 '덕치'(德治, éthocratie)라는 용어를 쓰면서 중국이 신봉하는 덕치주의를 극구 찬양했다. 그는 "중국은 세계에서 유일하게 정치와 윤리·도덕을 결합시킨 나라이다. 이 제국의 유구한 역사는 모든 위정자들로 하여금 나라가 번영하려면 반드시 도덕에 의거해야 한다는 것을 명료하게 인식케 하였다"라고 하면서 "유럽 정부는 중국을 귀감으로 삼아야 한다"고 역설했다. 이와 같이 중국 유가의 자연관과 도덕관, 정치관은 백과전서파의 절대적 지지와 공감을 불러일으켰을 뿐만 아니라, 그들의 사상 구도가 형성되는 데 직접적인 영향을 미친 것이다.[34]

제6절 북유럽(비크)문명권

비크문명권의 복원

지금까지 해적의 별칭으로 잘못 알려진 '바이킹'(Viking)은 역사의 여명기부터 대서양 서북방의 드넓은 해역에서 항행과 교역의 개척자적·선도자적 역할을 해왔지만, 웬일인지 동·서양의 그 어느 정사(正史)나 야사(野史)에도 그 정체가 제대로 밝혀져 있지 않다. 밝혀지기는커녕 각양각색의 무지와 오해가 허전(虛傳)되어 사실(史實)을 호도해왔다. 우리네 대학교 교재로 쓰이고 있는 한 서양사의 개론서는 느닷없이 고대 오리엔트 시대에 동지중해 국가들을 침범한 정체불명의 한 민족이 '해상민족'(Sea Peoples)이라고 얼버무리고 있는가 하면,[35] 서양문화의 지식을 소개한다는 한 '문화지식사전'에는 그 어디에서도 게르만어족의 조어(祖語)[36] 격인 '비크'(Vik)는 물론이고 '바이킹'이나 '해적' 같은 낱말은 눈에 띄지 않는다.[37]

더 어이없는 것은 북유럽 지역사라고 출판된 『북유럽 세계사』(1·2권)는 부제를 '현대의 모든 것은 북유럽에서 출발한다'라고 과대 포장을 하고는 바이킹의 해상 출범 시점을 기원후 700년경으로 못박는다. 그리고 그들의 정체는 침략과 약탈, 노예 사냥밖에 모르는 '적(敵)'이고 '이방인'이라고 힐책한다.[38] 그런가 하면 교양총서 격인 세계사 사전들에서도 바이킹이 중세 유럽 역사에서 상업과 교통의 발전에 크게 기여했다고 하지만, 대체로 내용은 몇줄밖에 안 된다. 한마디로 지금껏 바이킹과 해적에 관한 지식은 오리무중이며, 비크에 관해서는 거의 무지한 상태다. 그리하여 필자는 몇년 전 떠난 유럽일주 답사(2017)에서 북유럽 비크문명권에 관한 '지식의 공백'을 메꾸기 위해 노르웨이를 비롯한 북유럽 4개국을 아우른 서구 해양문명의 비조 격인 비크문명권에 관한 현장 답사에 초점을 맞췄다. 사실 필자는 그 3년 전 카리브해 바하마의 나소 해적박물관[39] 참관을 전후해 수집한 사료와 이 북유럽 바이킹의 고지(故址)를 답사하면서 얻은 생생한 현장 지식을 취합해 바이킹세계의 애벌 밑그림이라도 한번 제대로 그려봐야겠다는 용단을 내렸다. 그 첫걸음은 근 2천년 동안 유럽 역사에서 마냥 고착어로 습용(襲用)되어버린 '바이킹'이란 낱말의 정체부터 밝혀내는 것이었다.

지금까지 유럽인들조차도 '바이킹'의 어원은 막연하게 라틴어의 '해적'으로만 알면서 그들을 무턱대고 적대시해왔다. 그런가 하면 바하마의 나소 해적박물관처럼 중세 270여년간 찬란한 해양문명을 꽃피웠던 '비크 시대'의 비크인과 중세 말 식민지 약탈 시대의 해적 '바이킹'을 혼동하는 비(非)역사적 역설(逆說)이 마냥 정설로 회자되고 있었다.

그리하여 유럽일주 여행의 첫날 첫 일정으로 찾아간 곳이 바로 덴마크에서 가장 오래된 고대 도시의 하나이자 최초의 바이킹 정착지로 얼려진 유명한 리베(Ribe)라는 항구도시다. 오늘날 이곳에는 옛터 자리에 조성된 현대 도시와 그 근교에 이른바 '바이킹문화센터'(일명 '바이킹촌')가 자리하고 있다. 시내에 있는 바이킹박물관과 바이킹촌은 스칸디나비아반도 일원에 뿌리를 둔 바이킹 연구의 핵심 산실이다. 특히 바이킹촌은 '바이킹(비크) 시대'(8~11세기)의 생활 모습을 그대로 계승 재현하고 실습을 통해 사람들이 체험까지 할 수 있게 해주는 현장이어서 바이킹 연구자들이 필히 탐방하는 곳이다.

입구에는 밧줄로 서로를 묶은 흑색 대형 남자 목각상이 가로세워져 있어 대문 역할을 한다. 가축 방목장 말고는 울타리가 없으며 사방이 탁 틔어 있다. 운영 목적은 바이킹의 일상생활을 재현(복원)할 뿐만 아니라, 현장 실습이나 체험을 통해 그것을 보존하고 계승하려는 데 있다. 그리하여 모든 것을 전통방식으로 제작하고 복원하며 운영하는 풀무를

덴마크 최초의 비크족 정착지 리베 근교의 비크촌 입구 조형물

갖춘 대장간과 목공소, 제분틀(맷돌), 풍차, 물레방아 등이 갖춰져 있어 그 옛날 '바이킹'들이 필요로 하는 일체의 생산(주로 농경과 어업) 도구, 생활필수품의 제작과정을 생생하게 보여준다. 유명한 '바이킹검'을 단조하고 이물이 용의 머리처럼 생겼다고 해서 이름이 붙여진 용두선(龍頭船)을 건조하는 기술은 대단히 신기롭다. 아낙네들이 삼삼오오 모여 양털에서 실을 뽑아 즉석에서 갖가지 천을 짜고, 염소에서 젖을 짜내는 모습도 흥미로웠다. '바이킹 시대'부터 전승되어오는 각종 기념품은 그 제작술이 범상치 않다. 건초로 이엉을 얹은 나지막한 토벽 살림집은 아늑하고 정갈스럽다.[40]

경이로운 것은 이들 전통 비크인들은 느슨한 울타리 하나를 사이에 두고 비크족의 후예일 법도 한 현대 덴마크인들과 공존하면서 자신들의 전통문화를 보존 선양하고 있는 장면이다. 어찌 보면 개명과 '비개명' 간의 위화감에 주눅이 들 법도 한데, 그러한 기색은 조금도 내비치

지 않은 채, 오로지 자신들의 전통을 지키고 이어가려는 일념에서 땀방울을 흘리는 이들 '바이킹촌' 촌민들의 철심석장(鐵心石腸)의 의지와 숭고한 정신 앞에 저절로 머리가 숙여졌다.

안내원의 전언에 따르면 촌은 기본적으로 관광 수입으로 운영되는데, 평시 운영원들만도 100여명에 달한다고 한다. 그중 절반은 비크족 후예로 한두가지 기술을 소유하고 있는 상주 직원이고, 나머지는 체험차 자발적으로 찾아오는 직장인들이라고 한다. 더러는 해맑은 얼굴에 비지땀을 흘리며 유난히 열심히 일하는 모습이 눈에 띄는데, 그들은 예외 없이 임시 체험생들이다. 짧은 시간 안에 전통을 익히려는 진정성과 결기가 돋보이는 것이다. 체험 기간은 보통 주말의 1박 2일이지만 수주간 지속하는 경우도 있다고 한다.

촌 입구 전시실에서 바이킹에 관한 자료는 있는 대로 몽땅 구입했는데, 뜻밖에도 그 가운데에 '비크용두선(龍頭船)'이란 제하의 선박 홍보물 한장이 끼여 있었다. 영문을 몰라 판매원에게 물어보니, 배를 가리키며 옛날 비크인들, 즉 오늘날의 바이킹들이 타고 다니는 용두선이라고 설명해준다. 순간 눈앞에서 섬광이 번뜩이고 온몸에 전율이 흐른다. '오늘의 바이킹이 어제의 비크'라니. 수십년간 가슴을 옥죄던 응어리가 눈 녹듯 사르르 사그라지는 순간이다. 필자가 의아해하는 기색을 눈치챈 판매원은 노르웨이 오슬로의 비크 선박 박물관에 가면 비크용두선의 실제 유물을 볼 수 있다고 친절하게 안내까지 해준다.

이제 기대했던 행보에 날개가 돋치기 시작했다. 이튿날 한달음으로 노르웨이 오슬로에 자리한 '바이킹선박박물관'(Vikingskipshuset, Viking Ship Museum)으로 달려갔다. 이 박물관은 오슬로대학교 문화역사박물관의 부설 박물관으로, 오슬로 피오르[41]에서 발견된 세척의 원양 바이킹선을 복원해 전시하고 있었다. 첫 관에서는 전시된 배 가운데 가장 큰 고크스타(Gokstad)호(길이 23m, 폭 5m, 890년경 건조, 1880년 출토)의 입체복원도가 동영상으로 생생하게 재현되고 있다. 배의 이물과 고물이 둥글게 말려 올라간 것이 이색적이다. 이 바이킹 범선은 노를 젓는 32명의 사공과 돛에 의해 항진한다. 배에서는 열두마리의 말과 여섯 마리의 개 유골, 그리고 짐승 머리로 장식된 침대 등의 유물이 발견되었다.

두번째인 오세베르그(Oseberg)호(843년 건조, 1904년 출토)에서는 각종 화려한 장식품과 가구류, 부엌 용품이 발견되었는데, 50년 정도 사용된 후 오사(Åsa) 여왕의 관으로 쓰인 배는 여왕과 함께 수장되어 배로서의 임무를 마쳤다고 전한다. 세번째 투네(Tune)호(900년경 건조, 1867년 출토)는 배 밑바닥만 남아 있어 선체의 구체적 사항은 알려지지 않고 있다. 배들의 이름은 발견된 지명에 따라 붙여졌다. 우아한 용머리 은세공 장식과 섬세한 목각품에서 보다시피, 당시 노르웨이의 조각술과 은세공술은 상당히 발달된 수준에 이르렀음을 알 수 있다. 그리고 배 세척 중 오세베르그와 고크스타호는 현존하는 세계의 선박 유물 가운데서 가장 완벽한 형태로 남아 있는 것으로 평가받는다. 그것은 깊은 진흙 구덩이 속에 매장됨으로써 공기와의 접촉이 차단되어 있었기 때문이라는 설이 유력하다.

이 박물관에서 동영상으로 재현되는, '비크 선박'이라는 낯선 이름의 대형 선박의 입체복원도를 살펴보고 다른 두척의 비크 침몰선 유물들을 카메라 렌즈에 빠짐없이 주워 담으며 유심히 관찰할 뿐만 아니라, 입구에 나붙어 있는 비크 선박에 관한 소략한 소개문(6개국 언어)을 반복해 읽는 순간, '비크'와 그에 연동된 '바이킹' 수수께끼의 매듭을 풀 전망이 주마등처럼 눈앞을 스쳐 지나가면서 일말의 신심을 북돋아주었다. 유럽 답사를 마치고 귀국한 후 그간 수합한 자료를 하나씩 세심하게 점검하는 과정에 '비크'의 진명(眞名, 본연의 이름)과 실체가 밝혀졌으며 아울러 그와 직결된 비크문명과 비크문명권의 개념이 윤곽을 드러냈다.

지금까지 회자되어온 유설(謬說)에 의하면, '바이킹'은 8세기 중엽부터 11세기 초엽까지 스칸디나비아반도 연해 일대에서 활동하던 게르만족(북게르만족) 가운데서 일부 해양에 진출한 해양민에 대한 유럽인들의 비칭이다. 그들이 해상에 진출해 생계를 위한 기습과 약탈을 일삼게 되자 주변 유럽인들은 그들을 일괄해서 라틴어로 '바이킹', 즉 '해적'으로 부르기 시작했다. 그러나 당시는 물론 오늘날까지도 '바이킹'의 후예들은 자신들을 '해적'으로서의 '바이킹'이 아니라, 본연대로 스칸디나비아반도 연해 일대에 산재해 있던 '비크(vik)에서 온 게르만족의 해양민'으로 자임하고 있다. '비크'는 고대 스칸디나비아어로 '만(灣)'이나 '강 입구', '협강(狹江)'(좁은 강)이란 뜻으로, 그들은 본래부터가 어민이었음을 시사한다.

여기서 명약관화한 것은 '바이킹'이란 지칭은 같은 유럽세계, 같은 유럽문명권 내에서 이주해 와 혼거(混居)하게 된 동조동근(同祖同根)의 선진 해양민에 대해 인접 유럽인들이 부르는 멸시와 왜곡의 비칭에 불과하다는 사실이다. 설혹 명명(命名)은 그렇다손 치더라도 그 비칭이 오늘날까지도 민낯을 드러내지 않고 마냥 정명(正名)처럼 비호 회자되고 있는 사실은 유럽인들이 무어라고 변명해도 유럽문명사의 한 치부라고 지적하지 않을 수 없다. 만시지탄이지만, 이 유구한 역사와 찬란한 문명을 간직하고 있는 해양민의 본향을 복원하는 것은 그들 스스로가 자임하는 대로 '비크(Vik)족' 혹은 '비크인'으로 이름을 되돌려놓는 것, 즉 '바이킹'(해적)의 '비크'로의 복명(復名)이며, 이것이야말로 이 시대를 살아가는 유럽문명의 '지킴이'들이 자성하고 시비를 가려내야 할 역사적 책무인 것이다.[42]

'바이킹해양사'의 위작(僞作)

지금까지 비크족과 그들이 창조한 찬란한 비크해양문명이 역사에서 소외되고 호도된 것은 이른바 '변방종족'이나 '변방문명'에 대한 배타적 서구중심주의의 비하와 무시가 근본적인 원인이다. 그동안 서구 학계가 개진한 해적사의 요지는 다음과 같다.

해적이란 일반적으로 바다에서 전문적으로 다른 선박을 공격해 재물을 빼앗는 범죄자를 말한다. 관행이나 국내법상으로는 대체로 이렇게 정의되지만, 국제법상으로는 명확한 개념이 정립되어 있지 않아서 해적들의 법적 지위 문제를 놓고 가끔씩 논쟁이 벌어지곤 한다. 범죄 행위로서의 해적 활동의 특징은 대부분의 경우 단독이 아니라 집단적으로 행해진다는 것이다. 이러한 집단적 범행은 인류가 배를 만들어 바다에 띄워놓은 그 시기, 즉 약 3천년 전부터 시작되었다. 해적 행위에 관한 기술은 기원전 9~8세기에 활동한 고대 그리스의 맹인 시인 호메로스(Homeros)가 쓴, 기원전 12세기 소아시아반도에 있는 트로야(Troja)성에 대한 그리스인들의 원정 이야기 중에서 초견된다. 그후 해적에 관한 해석이 분분하자 기원후 100년경에 그리스 사학자 플루타르코스(Ploutarchos)가 해적에 관한 정의를 시도했다. 그에 따르면, 해적이란 비합법적으로 선박이나 연해 도시를 공격하는 자들을 말한다. 그러다가 '비크 시대'(9~11세)가 열리면서 노르웨이인들(해양 비크인들)의 스칸디나비아반도 연안과 인근의 영국 도서에 대한 침략과 약탈이 빈발하자, 유럽인들은 해적 행위를 감행하는 이들을 가리켜 라틴어의 '해적'이란 뜻의 '바이킹'(Viking)으로 불렀다. 후일 바이킹을 북유럽 해적이라고 정식으로 부르기도 하였다.

'비크 시대'를 거쳐 15세기에 이르러 중세의 대항해시대가 막을 올리면서 서구 열강들의 해상교역이 급증하자, 바이킹(해적)의 사회적 관계는 복잡해지기 시작했다. 이때까지는 바이킹이라는 순수 민간집단이 해적 행위를 감행해왔지만, 이제부터는 국가라는 권력기구가 개입해 해상무역을 관장해야 하는데, 아직은 그 힘이 부족하였다. 그래서 열강들은 해적들에게 적의 선박을 공격해 항해의 안전을 보장하도록 함은 물론, 재부의 약탈도 위임하게 된다. 이른바 '약탈면허장'(letter of marque)의 발부다. 위임을 받은 해적들은 국가를 대신해 해적 행위를 공공연히 합법적으로 단행한다. 이러한 민간해적들을 사략선업자(私掠船業者, privateer)라고 한다. 그런데 왕왕 이러한 사략선업자들은 국가와의 위임계약은 무시한 채 사리사욕만 채우면서 국가의 공익에는 무관심하다. 그들은 1690~1720년대의 '황금시대'를 비롯해 해적사상 최대의 번영기를 맞는다.[43]

한편, 재력과 무력이 막강해진 국가는 더이상 해적에 불과한 사략선업자들을 대리로 내세울 필요가 사라져가면서 양자 간에는 갈등과 충돌이 발생한다. 그러자 국가는 무력으로 해적들을 제압하고 해체한다. 그 과정이 자그만치 200~300년(1500~1800년)이란 긴 세월이 걸렸다. 이것이 중세의 굴곡된 해적사의 단면이다. 해적사는 여기에서 그치지 않고 오늘도 진행 중이다. 당장 끝날 것 같지도 않다. 인류가 선진문명을 공유하고 공정한 글로벌 해상교역이 실현되었을 때 해양사의 암적 존재인 해적사는 종언을 고하게 될 것이다.

비크 시대

비크인들이 본향을 떠나 스칸디나비아반도를 비롯한 해양지대에 정착하면서 활동한 역사시대를 '비크 시대'(Vik Age)라고 부른다. 이 시대의 구체적인 상한선과 하한선에 관해서는 아직 정설은 없지만, 대체로 8세기 중엽부터 11세기 초엽까지의 약 270여년 간을 '비크 시대'로 보는 것이 중론이다. 지금까지 남아 있는 비크족에 관한 첫 기록은 영국의 유명한 중세 역사서인 『앵글로색슨 연대기』(Anglo-Saxon Chronicle, 9세기 후반, 저자 미상)의 789년 비크인들이 잉글랜드(영국)를 습격했다는 기사에서 나타난다. 저자는 이 책에서 영국인들은 생면부지의 그들을 상인으로 오인했는데, 사실 그들은 현지의 징세관(徵稅官)을 살해하고 재물을 마구 빼앗아 간 '바이킹'(해적)이었다고 묘사하고 있다. 그로부터 4년 후인 793년의 연대기에도 비슷한 내용의 기사가 반복된다.

일단 궁벽한 내륙에서 탁 트인 해안가에 진출해 정주하기 시작한 비크인들은 강렬한 해양 정복 의지를 불태우면서, 고유의 호전성과 용맹성, 그리고 출중한 무기와 발달한 조선술 및 항해술 등에 의거해 불과 2~3세기밖에 안 되는 짧은 기간 내에 넓은 해역을 종횡무진 누비며 문자 그대로 동정서벌(東征西伐)의 전승 가도를 달렸다. 또 그에 따라 스칸디나비아반도를 중심으로 한 서북 유럽 일원에 숱한 비크 정착지와 소형 왕국들을 건설함으로써 그 실체를 숨김 없이 드러냈다. 이 대목에서 역사가들이 특히 중구여일(衆口如一)로 경악을 금치 못하는 것은, 그들이 전장에서 발휘한 높은 기동성과 민첩성이다. 그들의 신출귀몰한 진격과 전광석화(電光石火)와 같은 퇴각은 그 누구도 저지하거나 추적할 수 없었다고 한다. '무적의 바이킹'이란 말은 여기서 나온 것이다.

한편 그들은 주변 국가들이나 지역들과 활발한 무역거래를 진행하고, 멀리 아메리카대륙에까지 진출함으로써 세계 무역사와 해양사에 불멸의 업적을 남겨놓았으며, 인류 공동의 문화유산 창조에도 불후의 기여를 하였다. 다행히 지금까지 베일에 싸여 있던 그 모든 것이 영성적(零星的)이기는 하지만 이제 지성들의 양식에 의해 베일이 조금씩 벗겨지며 드러나고 있다. 특히 그들이 단행한 미증유의 동정서벌의 전사(戰

史)와 해양민으로서 개척한 생활의 궤적은 놀랍기만 하다.

  비크인들은 비크 시대를 맞아 해양을 통한 4대 동정서벌로 유럽 해전사와 유럽 해양문명의 서막을 열었다. 그 4대 동정서벌은 다음과 같다.

  첫째가 동정(東征)이다. 동정은 비크인들의 최초 해상 진출로서 그 대상은 주로 오늘날의 러시아 중부 우끄라이나 지역이다. 러시아 측 고문서 기록과 출토 유물에 의하면, 비크족은 기원후 6세기부터 발트해 동부 연안으로 이동해 얼마 동안 정착하다가 8세기 말경에 오늘날의 러시아 돈강 하류를 따라 내지로 침투하면서 정착지와 방어 요새를 구축했다. 그들은 계속 동진해 9세기 중엽에 이르러서는 동유럽 평원에 끼예프를 수도로 한 봉건국가인 '끼예프 루스'(Kiev Russ)⁴⁴를 건국하였다. 당시 현지 슬라브인들은 훗날 '러시아'의 어원이 된 '루스'란 말의 뜻을 '항해에 정통한 사람', 즉 '비크인'으로 이해하고 있었다. 따라서 이 '끼예프 루스', 즉 비크대공국은 최초의 러시아 국가인 셈이다. 러시아의 현존하는 가장 오래된 연대기인 『원초 연대기』(Primary Chronicle)의 912년과 945년의 항목은 루스를 무역에 종사하는 상인으로 묘사하면서, 그들과 그리스인들 사이에 체결된 통상조약 두가지를 기록으로 남겨놓고 있다. 중요한 것은 끼예프 루스를 대표해 이 조약에 서명한 이의 이름이 명백히 비크인들만이 사용하는 고유한 인명이었다는 점이다.

  그런데 정착생활이 길어짐에 따라 비크족들의 정치적 지배는 그런대로 유지되어가고 있었지만, 기타 생활의 여러 영역에서 비크족들은 점차 슬라브인들에게 흡수 동화되어갔다. 그러다가 11세기 초반에 비크인들은 동방을 향해 새로운 이동을 시작했는데, 여기서 주목되는 것은 끼예프 루스를 거점으로 하여 그 세력을 비잔틴제국으로 확장했다는 점이다. 그리하여 비잔틴과 유럽 간의 교통 요지에 자리하게 된 끼예프

루스는 두 지역 간의 무역을 비롯한 교류(넓은 의미에서는 동·서방 간의 교류)의 중계 역할을 수행하였다. 급기야 비크인들은 2천척의 선박과 8만명의 군사를 동원해 비잔틴제국의 수도 콘스탄티노플까지 진출해 황제의 바랑기아 근위대(Varangian Guard)까지 조직해 용병으로 복무하였다. 비크 출신인 그들 가운데서 군 총사령관이 배출되기까지 하였다고 한다.

둘째로, 잉글랜드 침입이다. 비크인들이 해양활동을 시작하면서 내세운 첫 타깃은 지리적으로 가까울 뿐만 아니라, 당시로서는 가장 발달한 해양국의 하나로서 '얻을 것'(전리품)이 많았던 잉글랜드였다. 789년 일군의 비크인들이 처음으로 잉글랜드 서남부의 도싯(Dorset)주(州) 해안 일대에 나타나 소요를 일으키고 재물을 약탈해 갔으며, 이를 계기로 잉글랜드 해안에서는 비크인의 출몰이 자주 일어났다. 그럴 때마다 현지인들은 데인겔트(danegeld),[45] 즉 속금(贖金)을 지불해 침략자들을 돌려보내곤 하였다. 그러다가 웨섹스(Wessex)왕국의 앨프레드 대왕(Alfred the Great, 849~99) 시대에 이르러 왕은 침입한 몇개의 주요 비크인 부족들과 협약을 맺고, 그들이 잉글랜드 동북부 지역에 정주하는 것을 법적으로 허용했는데, 이 지역에서 시행된 법을 데인로(Danelaw)라고 한다.

865년 비크인들은 덴마크 대군을 앞세워 잉글랜드에 대한 대대적인 침략을 감행한 이래 200년(865~1066) 동안에 걸쳐 잉글랜드 영토 대부분을 강점하고 비크식 통치를 강행하였다. 이 200년은 비크 시대의 3분의 2에 해당하는 전성기였다. 아이러니하게도 이렇게 가장 왕성하게 활동하면서 번영기를 누리던 땅에서 비크인들은 스스로 죽음의 무덤을 파고 말았다. 1066년 9월 25일 영국 앵글로색슨의 마지막 왕 해럴드 2세(King Harold II of England) 지휘하의 영국 군대와 노르웨이 국왕 하르

드라다 3세(King Hardrada III of Norway)가 이끄는 비크 침략군 간에 유명한 스탬퍼드교(橋) 전투가 벌어졌다. 이 전투에서 노르웨이 왕이 전사하고 비크군도 거의 전몰하는 비운을 맞게 되었다. 그리하여 200여 년간 서북 유럽에 발호하던 비크인들의 시대는 역사의 뒤안길로 사라지고 말았다.

셋째로 아일랜드 침입과 정착이다. 아일랜드를 비롯한 북유럽 서해 일원에는 일찍부터 동방 노르웨이 방면에서 이주한 비크인들의 팽창의 손길이 미치지 않은 곳이 거의 없었다. 그 첫 대상은 795년에 서해에서 가장 큰 섬인 아일랜드의 부속 섬 레크루섬(위치 미상)이었다. 내침한 비크인들은 이 섬을 거점으로 하여 아일랜드 전역에 더블린 등 몇개의 왕국을 건설하고 정착지를 마련하였다. 이어 통치 지반을 확대하고 공고히 하기 위해 1014년에는 내전까지 일으켜 통합을 시도했으나 뜻을 이루지 못하였다. 비록 통합에는 실패했지만 아일랜드의 영토 대부분은 비크세력의 지배하에 놓이게 되었다. 일취월장하던 비크세력은 12세기에 이르러 영국의 아일랜드 침공을 막아낼 수 있으리만큼 강력한 해양세력으로 성장하였다.

지금까지도 아일랜드 사람들 속에서는 이곳 비크인들이 세계 최대의 섬인 그린란드(Greenland)를 발견했다는 이른바 '에이리크 이야기'(Eiriks saga)가 전승되고 있다. 이 이야기에 의하면, 아일랜드섬에 살고 있던 노르웨이 출신의 에이리크(Eirik Raude)란 비크인이 살인죄를 범해 3년간 쫓겨나게 되자 982년 가축과 가족을 배에 싣고 정처 없이 항해하다가 280km 떨어진 곳에 표착했는데, 그곳이 바로 오늘날의 그린란드였다. 그가 3년의 형기를 마치고 아일랜드에 돌아와서 자기가 발견한 땅이 풀과 숲이 우거진 살기 좋은 곳이라고 널리 홍보하자, 그 선동에 유혹된 350여명의 아일랜드인들이 그를 따라 그린란드에 도착하였다.

그들은 작은 포구에 첫 비크 마을을 이루어놓고 비크식 개척에 나섰다. 얼마 안 가서 300여개의 농장이 생겨나고, 인구는 약 4천명까지 불어나 제법 비크족 정착지가 마련되었다.

 넷째로 아메리카대륙의 발견이다. 앞의 '에이리크 이야기'에 따르면, 그의 세 아들 중 둘째인 레이브 에릭손(Leiv Eriksson)은 1000년경 그린란드에서 노르웨이로 돌아와서 그리스도교로 개종하고, 이듬해 그린란드의 비크 정착민들에게 그리스도교를 보급하라는 노르웨이 왕 올라프 1세의 명령을 받고 1002년 그린란드로 돌아가기 위해 노르웨이를 떠났다. 그는 항해 도중 의도적으로 항로를 바꿔 북아메리카대륙으로 향하였다. 이때 상륙한 곳이 바로 북아메리카 캐나다의 빈랜드(Vinland)다.

 사실 일찍이 역사학계 일부에서는 북아메리카의 동북부 대서양과 북극해 사이에 위치한 그린란드는 북아메리카대륙에 속하는 세계 최대의 섬으로서 지리적으로 북아메리카와는 그리 멀지 않은 거리에 있으며, 비크인들이 이미 그린란드에 정착 기지를 꾸리고 주변 해양에서 활발한 해상활동을 전개하고 있었다는 사실 등을 감안해 그들이 북아메리카의 어딘가에 활동 흔적을 남겼을 개연성을 짐작하고 있었다. 가짜 유물이 진품으로 둔갑해 이러한 개연성을 과신하던 학계를 흥분시킨 일도 있었다.[46] 그러다가 다행히 1969년 덴마크의 한 해적 묘에서 석조 활촉 한점이 발견되었는데, 그것이 아메리카산이라는 것이 고증되면서 비로소 비크인들이 아메리카대륙에 도착했었다는 물증으로 간주되게 되었다.

 이러한 물증과 더불어 문헌 기록에서 증거를 찾아내려는 학계의 연구도 산발적으로 지속되어왔으나 괄목할 만한 학문적 성과는 거두지 못하고 엉거주춤해 있는 형편이다. 그간 이러저러한 관련 기록들이 상정되었지만, 그 가운데서 가장 신빙성이 있는 기록은 스웨덴의 역사학자 헬게 잉스타드가 발굴한 『노래책』(Plateyjarbok, 13~14세기)에 실린 '그린란드인들의 이야기'(Groenlendinga saga)다. 이 이야기는 레이브 에릭손이 이끄는 일군의 비크인들이 낯선 바다를 건너 새 땅을 발견했는데, 그 땅을 '빈랜드'라고 불렀다는 내용을 담고 있다. 실제로 에릭손 일행은 북아메리카 땅에 닿았으며, 헬룰란드(현 래브라도)와 마르클란드(현 뉴펀들랜드), 빈랜드 등지를 두루 탐방하였다. 이렇게 레이브 에릭손이 아메리카에 도착한 것은 지금까지 알려진 콜럼버스의 이른바 대서양 횡단 항해에 의한 아메리카대륙의 발견보다 약 500년이나 앞서 일어난 역사적 장거이며 세계 원양사(遠洋史)의 선구다. 그들의 운명에 관해서는 훗날 아메리카의 토착민이 되었다고도 하고, 또는 토착민인 인디언들에게 추방되었거나 죽임을 당했다는 등 여러가지 설이 있다.

이와 같이 8세기경에 스칸디나비아의 척박한 협강 지대를 탈출해 드넓은 해양세계로 진출한 게르만족(혹은 북게르만족)의 일족인 비크인들은 불과 300년도 채 못 되는 기간에 뛰어난 조선술과 항해술, 그리고 누구도 따를 수 없는 높은 기동력과 능수능란한 약탈 수법으로 유럽의 서북부 대부분과 중부와 남부의 광활한 지역, 심지어 북아메리카에까지 진출해 정착지를 확보하면서 중세 '암흑기'를 맞아 절망에 신음하는 유럽에 해양문명이란 소생제(蘇生劑)를 공급하였다.

비크문명권의 개념

비크문명이나 비크문명권은 지금까지는 문명사에서 생소한 개념이다. 인류의 문명사를 통관(通觀)하는 문명순환론이나 문명유형화론 같은 참신한 문명이론과 문명 연구 방법론을 제시한 문명학의 태두 토인비마저도 그토록 일세를 풍미하던 비크문명이나 비크문명권에 관해서는 도외시하였다. 아마도 비크인들과 그들의 문명에 대한 무지, 아니면 학계에 습염(習染)한 이 문명에 대한 작위적인 멸시나 오해에서 비롯된 것으로 추측된다.

비크문명이란, 고대 게르만족계의 일족인 비크인들이 스칸디나비아 반도를 비롯한 서북 유럽의 대서양 연안 일원에서 육체적·정신적 노동을 통해 창출하고 향유해온 대륙문명과 해양문명의 복합적 융합문명을 말한다. 그러다가 비크인들이 집단적으로 해양에 진출하면서 8~11세기에 이르러서 전성기를 맞은 비크문명은 점차 복합적 융합문명의 이중성(대륙문명과 해양문명)을 탈피하여 단성적(單性的) 해양문명으로 급변해서 서구 해양문명의 시원(始原)과 선도(先導)의 역할을 하였다. 그러나 배타적 '서구문명중심주의'의 왜곡과 멸시, 시기(猜忌)와 비하에 의해 비크문명은 그 실체가 오랫동안 베일에 가려져 드러나지 않았음은 물론, 문명이 아닌 '야만'으로까지 치부되어왔다. 그리하여 비크사는 서구인들에 의해 시종 그 서술이 저주와 공포로 일관된 해적사의 한 토막에 불과한 것으로 취급되어왔다.

그러다보니 비크문명권은 비록 완숙한 문명권 형성의 3대 구성요건 (상이성과 지역성 및 생명력)을 구전(俱全)하고 있었음에도 불구하고 문명사에서 완전히 무시당해왔다. 그러나 그동안 극히 소수이긴 하지만 일부 연구자들이 영성적으로 남겨놓은 연구물이나 기록, 비크인들이 생활하고 활동한 지역에서 발견되는 각종 유적·유물과 전승, 특히 덴마크 리베의 '바이킹촌'을 비롯한 여러곳에서 비크인들 스스로가 자부심을 굳건히 간직한 채 전통을 그대로 이어가며 살아가는 현실의 모습 등에서 우리는 비크문명권의 개념이나 특징, 역사적 기여 등에 관한 파악에 한걸음씩 다가설 수 있게 되었다.

비크문명권은 문명권 형성의 3대 구성요건들을 두루 구전함으로써 여타 문명권들과 마찬가지로 완벽한 하나의 문명권을 이루어놓았다.

그 형성의 첫째 요건인 타 문명과의 상이점(相異點)은 비크문명이 독특한 해양문명이라는 데서 뚜렷이 나타난다. 그리고 비크문명은 농경문명인들의 해양 진출에 의해 형성된 것이기 때문에 그 형성과정에서도 상이점을 노정하고 있다. 둘째 요건인 광활한 지역성 확보에서 비크문명권의 형성 요건은 충분하다. 전성기인 '비크 시대'의 영역을 보면, 비크인들은 서부의 영국과 아일랜드, 북부의 발트해 연안, 동부의 러시아, 남부의 프랑스의 노르망디와 이딸리아의 남부, 비잔틴제국, 지중해의 시칠리아섬, 팔레스타인, 서부의 그린란드와 북미까지 실로 광활한 북반구의 태반을 제패함으로써 문명의 확장성이 보장되었다. 셋째 요건은 장기간 존속되면서 지속적으로 생명력을 발휘하는 것인데, 비크문명권은 약 270년 동안의 전성기를 비롯해 일세를 풍미하면서 유럽 곳곳에 비크족공동체를 조직 운영하였다. 그후 쇠퇴기에 접어들어서는 공동체가 점차 소재지에 동화(同化)됨으로써 빛이 바래갔지만 결코 소멸되지는 않았으며, 비크인들은 해양민으로서의 특성을 살려 해상교역이나 해양 개척에 지속적인 기여를 하였다. 1500여년이 지난 오늘날까지도 '바이킹촌'에서 보다시피 비크인들은 자신들의 전통을 끈질기게 계승해나가고 있다.

이상과 같은 비크문명과 비크문명권의 개념이나 특징은 비크인들이 추구해온 다음과 같은 구체적인 삶의 궤적에서 실감나게 나타나고 있다. 그런데 우리가 이 궤적을 추적할 때 한가지 유의할 점은 그들은 8세기 중엽에 이르러 맞이한 이른바 '비크 시대'를 기해 전통적인 농경문명에서 이질적인 해양문명으로 변신함으로써 삶의 궤적에서 적잖은 변화를 겪었지만, 근본적인 문명의 전통은 줄곧 계승해왔다는 사실이다. 그들은 원래 고대 게르만족의 일족으로서 스칸디나비아반도의 내륙지대를 본향으로 하는 농경문명인이었으나, 민족대이동의 시류에 영합해

본향을 등지고 일약 대서양 해양문명인으로 변신해 오늘날에 이르기까지 1500여년간 민족적 멸시와 동화 같은 모진 세파를 헤가르며 나름대로 전통을 이어가면서 정체성을 고수하고 있다. 비크인들의 삶의 궤적에서 나타나는 이러한 전통은 농경문명시대에 착근(着根)된 후 그들이 해양민이 되었건 '해적'으로 호도되었건 간에 공히 삶의 지침으로, 비크문명의 고갱이로 기능해왔다.

그럼에도 불구하고 비크문명과 비크문명권은 지금까지 문명권 반열에서 애당초 탈락되고 무시되어왔다. 필자는 그 실체를 있는 그대로 소환하기 위하여 미흡하기는 하지만 관련 유적·유물에 대한 현장 탐구와 문헌 기록이나 전승의 섭렵 등을 통해 그간 습득한 다음과 같은 구체적 내용들에 준거(準據)해 나름대로 복원한 비크문명과 비크문명권의 모습을 감히 새롭게 개진해보려고 한다.

1) 공동체 운영체제

비크인들은 농경문명시대나 해양문명시대를 막론하고 시종 중앙집권적 국가체제 같은 국가 운영체제를 갖추지는 못하고, 도처에서 소집단적 공동체 운영체제를 취하였다. 그들의 사회는 기본적으로 3대 계층, 즉 다수가 대영주(lord)인 왕후나 세습귀족(jarl)과 군인 위주의 무사와 자유인(karl), 그리고 최하층 노예(thrall)로 구성되어 있었다. 그러나 이러한 사회계층적 분화는 고정불변한 것이 아니라 변경될 수 있었다. 가령 자유인이 나누어 가진 모든 땅을 상실했을 경우에는 노예로 전락한다. 그런가 하면 노예가 주인의 시중을 잘 들어 속죄의 기회를 얻었을 때 그는 자유인으로 승격될 수가 있다.

그리고 공동체 운영체제는 그 수령 격인 왕의 주최하에 귀족과 자유인 들이 정기적인 집회(Thing)를 열어 중대한 국사를 결정하고 분쟁을 해결하는 것이다. 아일랜드처럼 왕이 없는 경우는 해마다 정기적으로 지방에서 2주간의 부족대회를 열기도 한다. 비크인들은 최고 통치자인 왕이나 부족집회에서 결정한 법령이나 조처는 무조건 받아들여 숙지하고 집행한다. 이것에 반하는 자는 부락에서 쫓겨나 한뙈기 땅도 붙일 수 없고, 어떤 사람의 도움도 받을 수 없이 사회의 기아(棄兒)가 되어 산의 동굴에서 홀로 살며, 오로지 도둑질만으로 잔명을 유지한다. 비크족 사회 구성원 모두는 탁월한 공장이고 배꾼이며 탐험가와 상인이기도 했다.

2) 가족제도

비크족은 대가족제를 좇고 있어 부모와 자녀, 조손(祖孫, 조부모와 손주)이 한 처마 밑에서 함께 생활하면서 서로의 충정을 중히 여긴다. 가족 성원 중 한 사람이 족외로부터 어떤 수모를 당했다면, 가족 성원 전체가 부락대회에 몰려가 공정한 판결을 요청한다. 한 남자가 피살된 경우 피해자의 가족은 대체로 금전이나 토지를 배상으로 요구하며, 가해자의 가족이 그 배상에 동의하면 그것으로써 사건은 마무리되지만, 피해자의 가족이 대회의 판결이 불공정하다고 여기면 왕왕 몰래 가해자의 가족 성원 중 한명을 암살해버리는데, 이렇게 되면 양가의 상호 복수는 세세대대 이어진다고 한다.

여성의 혼담은 가족 사이에서 결정된다. 여자는 결혼 후에도 자신의 재산을 보유할 수 있으며, 남편이 멀리 출타했을 때는 부인이 가족의 소유지를 관리한다. 이혼은 매우 간단해서, 부부가 공증인 면전에서 이혼 사유를 밝히기만 하면 이혼이 곧바로 성사된다. 남편이 부인이 바지만 입고 치마를 입지 않는 것에 불만이면 그것도 이혼의 사유가 된다.

아이들은 성년이 되어 집을 떠나 가정을 이룰 때까지 어른들과 함께 살아야 한다. 출가 전 남자애들은 반드시 농사짓는 법과 전투기술, 항해술, 도구 다루는 법, 무기 제조법 등을, 여자애들은 실을 뽑고 길쌈하는 일과 버터와 요구르트를 만드는 법을 배워야 한다. 대다수 비크인들은 평시의 직업이 농업이기 때문에 시골에 살며, 황막한 대지에 큰 도시를 건설한다는 것은 애당초 상상 밖의 일이다. 많은 사람들은 가족과 함께 소농장에서 산다.

3) 농장

농장들의 형태는 거의 비슷하다. 장방형의 주 건물 외에 축사나 공방 용도로 자그마한 집을 따로 짓기도 한다. 농민들은 공방에서 도구나 무기를 만든다. 대부분의 농장은 가족 단위로 운영되는데, 규모는 작다. 비교적 큰 농장은 노동력이 부족하기 때문에 농장주는 땅 없는 자유인을 고용하거나 노예를 구입해 농장을 운영하기도 한다. 이러한 농장 운영 방법은 오늘까지도 큰 변화 없이 줄곧 그대로 이어져오고 있다. 보통 이모작으로 봄에 파종했다가 가을에 수확하며, 추운 겨울을 나기 힘든 가축들은 농작물 사료로 한껏 살찌웠다가 도살해서는 훈제하거나 소금에 절여 말리거나 아니면 염장해서 식용으로 보존한다. 농장을 운영하는 농부는 농민이라는 신분 외에 해적(바이킹)이라는 신분 하나를 더 갖게 된다. 그리하여 이들은 약탈과 농경이라는 두가지 생계수단을 엇바꿔가면서 해적과 농민이라는 이중 신분으로 행세를 한다.

4) 주택

초기의 주택들은 대체로 통간집으로 온 가족이 여기서 한데 모여 살았는데 가축들과 함께 살기도 했다. 보통 이러한 집의 크기는 길이가 20m, 너비는 6m쯤 되며, 화장실은 욕실과 겸용이다. 북유럽인들은 자고로 증기욕을 즐기는데, 정문 맞은편에 화당(火塘, 방바닥을 파서 만든 화로)이 설치돼 있다. 가정의 취사라든가 난방 문제는 여기서 해결한다. 이 화당방은 창고로도 쓰인다. 사면의 벽에는 긴 나무 의자가 고정되어 있는데, 가족들이 낮에는 그 위에 앉아 휴식하고 밤에는 그 위에서 잠을 잔다. 그밖에 집집마다 한두개의 높은 등받이의자가 마련되어 있는데, 가장이나 특별한 귀빈만이 거기에 앉을 자격이 있다. 비크족에게는 침대라는 개념이 없다.

이 장방형 통간집 내부는 어두컴컴하고 습하다. 방바닥이 따로 없이 맨 진흙땅을 사람들이 그대로 밟고 다니게 되어 있다. 북유럽은 몹시 추운 동토라서 수목이 희귀하고 평평한 돌을 구하기란 여간 어렵지 않다. 그래서 주민들은 풀과 진흙을 섞어서 약간 구워낸 터프(turf)란 풀벽돌로 벽을 쌓는데, 이 벽은 겨울에 보온 기능이 뛰어나다. 어떤 집에서는 벽돌벽 내측에 약간의 사이를 띄우고 목판으로 겹벽을 쌓는다. 사이를 두는 것은 통풍으로 목판의 부식을 막기 위해서인데, 실용적인 지혜의 소산이다.

집에는 보통 문 두개만 달려 있고 창문은 몇개 안 된다. 간단한 구멍 하나라도 더 있으면 좋겠으나, 그렇지 않다. 마음대로 여닫을 수 있는 창문 한개가 그들에게는 쓸모없는 장식으로 비쳤을 수도 있다. 어쩌면 이러한 그들의 소박한 사고방식이 이웃 유럽인들로 하여금 그들에게 '비크인'이 아닌 '바이킹'이란 낙인을 찍게 한 명분이 아니었을까 하는 생각이 든다. 이러한 구조를 가진 집은 자그마한 두 문으로밖에 채광의 혜택을 받지 못하다보니 결국 어두컴컴하고 습할 수밖에 없다. 그래도 있을 것은 제법 다 있어 화로 위에는 연기를 뽑아내는 작은 연통 구멍이 있으며, 밤이면 동물의 지방으로 만들어진 촛불이 방안을 밝힌다.

5) 종교

비크인들은 다양한 남녀 신령(神靈)[47]을 신봉하는데, 각이한 신령들은 신자들의 다양한 일상생활 영역에 수시로 나타나 신자들의 '적당한 소원이, 적당한 시간에, 적당한 곳에서 이루어지도록' 한다. 신령들은 모두가 아스가르드(Asgard, 천당 소재지)란 곳에서 모여 살며, 지하세계에는 니플하임(Niflheim)이란 지옥도 있다. 만약 비크족의 남자가 영광스럽게 전사했다면 그의 영혼은 으레 천국 아스가르드의 발할라(Valhalla)라는 신궁(神宮)에 들어가 거기서 항시 연회를 즐기고 노래를 부르며 다른 영혼들에게 전기(傳奇, 기이한 일)를 들려주곤 한다. 만일 보통 전사로 살다가 평범하게 침대 위에서 죽었다면 그저 황천(黃泉)[48]에 나 갈 뿐이다.

비크족에게 사람의 죽음이란 다음 세계에서의 여행에 불과하므로, 이들은 사자의 묘에서 배장품(陪葬品)을 꺼내 '여행자'의 여비로 충당한다. 왕이나 대영웅이 죽으면 그가 생전에 애용하던 전선(戰船) 같은 것을 함께 매장한다. 비크인들은 미래 예언자의 존재를 믿고, 그들을 진언자(眞言者, Soothsayer)라고 존칭하면서 따른다. 이들 진언자들은 멀리 떨어진 궁벽한 마을에 은거하며, 주변 숭배자들로부터 공양을 받아 생계를 유지한다. 비크족은 사람뿐만 아니라 동물에게도 신성이 있다고 믿으면서 동물을 선한 동물과 악한 동물 두가지로 대별함으로써 그들의 신화에는 왕왕 악귀 같은 괴물이 등장하기도 한다.

그밖에 널리 회자인구(膾炙人口)되던 신화나 전설로는 인간창조설과 지옥설, 천공설(天空說), 신추설(神錘說) 등이 있었다. 비크인들은 인류 최초의 남녀는 한 거인의 겨드랑에서 흘러나온 땀으로부터 탄생했으며(인간창조설), 천공(하늘)은 동서남북이란 네 난쟁이가 높은 네개의 산봉우리에서 떠받들고 있다고 믿었다(천공설). 또한 그들의 뇌신(雷神)인 소르(Sor, Thor)가 여장을 하고 거인이 도둑질해 간 신추(神錘, 신성한 쇠망치)를 도로 찾아왔다는 전설(신추설)이 유행했다. 그리고 전사자(戰死者)는 천당에서 온갖 아름다움을 만끽하게 됨을 강조하는 반면에 범죄시되는 비전사자는 나락에 떨어져 먹을 것이라곤 산양의 오줌밖에 없고, 머리 위에서는 독약물이 줄줄 흘러내리는, 꽁꽁 얼어붙는 비좁은

방에 쇠고랑을 찬 채로 갇혀 있게 된다는 인간 훈육의 무시무시한 지옥설도 파다하였다.

6) 식생활

발굴되는 집터와 여기에 아직까지 생생하게 남아 있는 쓰레기 더미에서 비크인들의 식생활 구조와 식성을 어림잡을 수 있다. 그들은 육류와 어류 따위가 주식으로 돼지와 닭, 오리, 거위, 소, 양을 길러 고기와 젖, 알을 얻으며, 가끔씩 수렵과 어업에도 나선다. 호밀과 보리로 빵을 만들어 먹고, 양배추와 양파로 조미료를 만들어 쓰고, 마늘과 미나리를 조미료로 쓰기도 한다. 그들은 나무잔이나 구멍이 뚫린 소뿔잔으로 맥주나 소젖, 꿀로 빚은 술을 마시며, 오전 8시경에 아침, 밤 8시경에 저녁 이렇게 하루에 두끼씩을 먹는다. 온 가족이 한데 모여 식사하며, 식기는 몽땅 목제 그릇들이고, 나이프는 사용하나 포크는 없다.

7) 복식

비크인들, 특히 부녀자들은 복식에서 원색에 가까운 선명한 색깔을 선호한다. 가족들이 입는 옷가지는 모두 부녀자들이 집에서 양털이나 아마 섬유에서 뽑은 실로 짠 천으로 만든다. 야채즙으로 염색하는 옷 색깔은 노란색이나 검은색, 푸른색, 하늘색, 갈색 등 몇가지 단색으로 제한되어 있다. 이와 같이 한벌의 옷을 짓기 위해서는 방적으로부터 염색, 길쌈에 이르기까지 적잖은 시간을 요하는 여러 과정을 거쳐야 하므로 한 사람이 여러벌의 옷을 갖고 있을 수가 없다. 그래서 비크인들은 한벌의 옷을 몇년 내내 입는 것이 다반사이며, 따라서 옷의 패션에는 별로 신경을 쓰지 않는다. 그러다보니 비크족의 복식 전통은 수백년이 지나도 별 변화 없이 고스란히 그대로 유지되어왔다고 한다.

8) 뛰어난 예능의 보유

낙천적인 비크인들은 자신들이 즐기는 이야기와 노래, 춤으로 역사를 기록하고 묘사하는 등 뛰어난 예능의 보유자들이다. 부락마다 전문적으로 이야기를 기록하는 서기가 있어 새로운 이야기나 전설을 빠짐없이 기록으로 남긴다. 그들은 장편의 이야기를 자기들 고유의 문자로 뼛조각에 새겨두기도 하며, 긴긴 겨울철이면 집안에 틀어박혀 선조들로부터 전승되어오는 이야기들을 서로가 주고받는다.

직업적인 예술인이나 음유(吟遊)시인 들은 가는 곳마다 민요를 수집하고, 해마다 세차례의 명절 행사와 기타 각종 혼례나 연회에 하객으로 참석한다. 이러한 모임에는 노래와 춤, 그리고 이야기가 빠질 수 없다. 이야기꾼에게는 사례로 반지나 목걸이 같은 선물이 기증된다. 솔직히 오늘날의 시각에서 보면, 이야기 중에는 우스꽝스럽게 과장된 내용이 없지 않다. 예컨대 집채만 한 멧돼지를 포획했다든가, 주부 혼자서 하루에 1천마리의 염소 젖을 짰다든가 하는 황당한 이야기다.

비크인들은 문자놀이(유희)를 좋아하는 탓에, 중세 북유럽에서 발달한 산문문학인 그들의 사가(Saga)[49]는 온통 비유적 복합어휘 일색이다. 어떤 사물을 지칭할 때 직접적으로 붙여진 이름으로 부르지 않고 비유적으로 약속된 복합어로 간접 표현한다. 예를 들면 '검(劍)'은 검이라 부르지 않고 엉뚱하게 '전투의 조미료'라는 복합어로 부른다. 그래서 비크족 유물이나 문헌 기록을 연구하는 고고학자나 역사학자 들에게 가장 큰 난점이 바로 이러한 임의(任意)의 복합어를 풀이하는 일이라고 한다. 그들은 또한 문자 수수께끼에도 일가견이 있어 서로 간의 의사소통이나 교류에 이용한다고 한다. 역설적으로 이 모든 것은 비크족이 지니고 있는 남다른 예지의 표상이라고도 말할 수 있을 것이다. 오늘날 영어의 'January' 'Sunday' 등의 시간에 대한 명칭이 고대 비크족이 사용하던 것에 연원을 두고 있다는 일설이 있으나, 확실치는 않다.

9) 강인한 기질

비크인들은 어려서부터 마술이나 역기, 카누나 범선 타기, 수영 같은 강인한 기질과 치열한 경쟁을 요하는 운동과 유희를 즐긴다. 해마다 거행되는 부족대회는 동시에 북유럽 올림픽이기도 하였다. 그들이 가장 즐기는 운동은 레슬링이다. 경기방법은 널찍한 마당의 한복판에 끝이 뾰족한 경계석을 세워놓고는 경쟁하는 쌍방이 그 경계석을 사이에 두고 서로 밀치락달치락하면서 승부를 겨루는 것인데, 승자건 패자건 간에 너나없이 온몸이 피투성이다. 그밖에 한랭지대에 사는 사람들답게 사격이나 스키, 스케이팅 같은 시합도 마다하지 않으며 겨울철에는 집안에 틀어박혀 아랍에서 들어온 장기로 소일한다. 이 모든 운동이나 경기, 유희의 내용은 진공과 방어의 기교를 연마하는 것이며, 목적은 단 하나, 비크인을 강인한 기질을 가진 건장한 전사로 키우는 데 있다.

이러한 환경에서 자라난 비크인들은 자연히 강철 같은 전사가 되어 전투에서 비범한 전의를 불태우며 목숨을 초개와 같이 버린다. 통상 그들은 전투에서 수적으로 열세에 놓이게 되므로 주도면밀한 전술과 사전준비, 그리고 돌격이나 기습을 위한 기동성이나 민첩성이 필수다. 가령 돌격전에 임해서는 우선 원거리에서 긴 창을 투척하거나 횃불을 한데 묶은 화살을 발사한 후 근거리에 접근해서 도검이나 전투도끼로 육박전을 벌이는 것이 상투적 전술이었다.

해양민인 비크인들이 겪는 전투의 대부분은 해전이며, 해전에서 그들의 용맹성과 전술·전법이 여실히 드러난다. 특이하게도 그들은 인해전술로 허장성세를 부리며 선상에 몰려들어 마구 난투극을 벌이는 고금의 일반 해적들과는 달리, 그 옛날의 고전 전법을 답습, 소리 소문 없이 적선(敵船)에 접근해서 적아(敵我) 쌍방의 선박을 한데 묶어놓고는 이물 사이에 도약판을 설치한다. 그리곤 쌍방에서 한명씩 도약판에 올라가 단독으로 무예를 겨룬다. 한명이 죽으면 같은 편의 다른 한명이 뒤를 따라 올라가 역시 혈혈단신 대결한다.

어떤 경우든 집단 대결이나 후퇴는 허용되지 않는다. 모두에게 주어진 임무는 적을 몽땅 쓸어버리는 것이다. 만약 겁에 질린 누군가가 바다에 뛰어내려 도망간들 추적당하지는 않는다. 아무도 도망병을 추적하지는 않지만, 모두가 그에게 비겁쟁이라며 멸시의 눈총을 보낸다. 이러한 전법은 고대 중국에서도 유행했는데, 한적(漢籍)에는 '타뢰대(打擂臺)'(무술 겨루기)라는 이름으로 그와 유사한 전법이 기록되어 있다.

10) 조선술의 달인

중세 북유럽의 '바이킹'으로 호도된 비크족이라고 하면 마치 대명사처럼 떠오르는 것이 '불가사의' '신출귀몰' '전광석화' '기습' '광전사(狂戰士)'(미친 전사) 혹은 육중한 '바이킹 도끼' 같은 전법이나 전투와 관련된 상징어들인데, 또한 이들은 외모와 관련해서는 뿔 달린 투구에 험상궂은 얼굴을 한 '괴물'로 표현되고 있다. 이 모든 상징적 표현들은 약탈을 포함한 비크인들의 무자비한 해상활동에 관해 유럽인들이 후세에 남겨놓은 공포와 분노에 찌든 증언인 동시에 그들이 왜 멀쩡한 비크인들을 난폭한 '해적'으로 매도했는가에 대한 방증이기도 하다.

비크인들의 해양활동에서 필수불가결한 수단은 선박이다. 따라서 조선술은 비크문명의 중요한 구성요소를 이룬다. 당시로서는 그들이 특유의 용두선 같은 선진적인 조선술을 보유하고 있었기에 광활한 해양을 제패할 수 있었으며, 그들의 조선술은 후일 유럽의 대항해시대를 여는 선도적 기술토대가 되었다. 선박의 주 제작 원료는 밋밋하게 뻗어간 참나무(oak)의 일종인 상수리나무다. 배에는 전선과 화물선 두 종류가 있었는데, 전선은 선체가 비교적 좁고 경쾌하지만 풍랑에는 강하다. 반면에 화물선은 선체가 높고 넓으며 육중하므로 풍랑이 거센 대양을 항행할 때도 균형과 안정이 잘 보장된다. 개중에는 상수리나무에 통째로 정밀하게 새김질한 굽은 이물을 뱃머리에 부착해 화려함을 돋보이게 한 것도 더러 눈에 띈다. 전선이건 화물선이건 간에 겉보기에는 대단히 화려하다.

 2003년 9월 11일 로이터사는 노르웨이 남부의 한 호수에서 소나무 독목선(獨木船, 1인용 목선)이 발견됐다는 소식을 보도했다. 현지 고고학자들에 의하면, 이 '비크선'은 800~1200년 전 '바이킹'(비크) 시대에 제작된 것으로 길이는 약 3.5m에 달한다고 한다. 남아 있는 유물의 길이가 이 정도이니 당초의 길이는 약 4.5m로 몇 사람은 탈 수 있었을 것이라고 학자들은 추단하였다. 비크 독목선 유물은 처음 발견된 것이어서 학계의 큰 관심을 불러일으켰다.

 이어진 연구에 의하면, 비크선은 흘수(吃水)가 얕기 때문에 항속이 빠르고 방향 전환이 민활해 적지에서의 기습적인 약탈 행위에 여러모로 적격이다. 그러나 갑판이 노천이라서 비바람을 막지 못하고, 선원들이 차고 거센 폭우나 풍랑에 노출되어 동사하거나 바다에 떨어져 익사하는 일이 불가피하게 발생한다. 사실 이러한 경우 비크인들이 비상한 용기와 의지, 자기희생 정신이 없다면 한치의 바다도 누빌 수가 없다.

11) 빈번한 해상교역

 농경민으로부터 해양민으로 일약 변신한 비크인들은 농경사회에서 터득하고 연마한 천부적인 재능을 해전과 조선술 및 항해술 등 해상활동에 신속하게 접목시켜 불과 한세기도 되기 전에 용두선 같은 선진 선박의 건조에 성공하고, 여러가지 기민한 전법으로 해전에서 불패를 이어갔다. 이와 동시에 그들은 영역의 확대와 정착지의 개척, 그리고 부의 축적을 위해 해상교역에도 시종일관 관심을 돌렸으며, 이 분야에서도 두각을 나타냈다. 그들이 이렇게 할 수 있었던 주관적 요인은 본향과 해외 정착지에서 각종 교역품의 제작과 공급이 원활히 이루어진 것이었다. 교역이란 어디까지나 상호성이 전제되어야 하기 때문에 어느 쪽이든 우선 상대방에게 제공 가능한 교역품이 마련되어 있어야 한다. 자신의 교역품이 우수할수록 교역에서 능동적인 주도권을 행사할 수 있다는 것은 교역활동의 상식이다. 비크족들의 해상교역 활동이 이 평범한 상식을 곧이곧대로 입증해준다.

해외에 진출하기 전의 비크족 사회는 상당히 발달된 농장제하에서 일상용품이나 의상, 도구 등 모든 필수품을 농장 자체가 제조 생산한, 명실상부한 자급자족적 부족공동체 사회였다. 시간이 지남에 따라 농장 내에 전문 공방이 생겨나 더욱 정교하고 수준 높은 장식품이나 도구, 무기, 금속가공품들이 생산 제작되었다. 제품의 높은 질은 물론이거니와 자급량을 초과하는 잉여 수량은 수출이나 교역을 가능케 하였다. 오늘날까지도 전승되어오는 백랍(白蠟, 백랍벌레의 분비액) 브로치, 상감채석보석(象嵌彩石寶石), 호박(琥珀) 목걸이, 흑석(黑石)이나 녹송석(綠松石)제 주사위나 산가지(수효를 셈하는 데 쓰는 기구) 등은 해양 진출 이전 농장제 시대부터 비크인들이 손수 만들어오던 귀중한 장식품들이다. 그들은 백은을 특별히 선호해 상인들은 항시 손저울을 휴대하고 다니면서 백은과의 교역 비율을 책정했다고 한다. 그들이 진출해서 정착했던 곳의 여러 유적에서 이러한 귀중품 유물이 발굴된다는 사실은 그러한 유물들의 십중팔구는 수출 교역품(일부는 정착지에서 제작 가능)이었을 개연성을 짙게 시사해준다.

비크인들이 언제부터 해외교역에 종사하기 시작했는가는 아직 미상이나, 남아 있는 첫 기록은 이들이 860년 볼가강을 따라 루스(현 러시아)에 이르러 현지의 슬라브인들과 교역을 하고, 계속 강을 따라 남하해 도착한 폴가(Polga)라는 곳에서는 노예와 꿀이나 모피를 교환했다고 전한다. 교역선은 여기에 멈추지 않고 볼가강을 따라 더 남하해 흑해에 이른다. 그리고 비크인들은 해로의 종착지인 이곳에서 하선해서는 낙타로 이라크의 바그다드까지 가서 비단과 향료를 교역해 오곤 하였다. 한편, 다른 교역로로는 러시아의 드니쁘로강을 따라 끼이우를 지나 흑해에 진입해서는 그곳에서 많이 생산되는 포도주 및 비단과 비크의 정교한 귀금속 장식품을 교환한다. 당시 다른 나라들의 배는 선체가 육중해 원양항해에는 물론 유리했겠지만, 웬만큼 작은 하천은 다닐 수가 없어 교역활동에 제약이 많을 수밖에 없었다. 그러나 이에 비해 비크 교역선은 경쾌한데다가 선체가 좁아서 작은 하천이라도 자유자재로 항행할 수 있었다. 그리고 비크 상인들은 교역지 곳곳에서 현지 교역상들과 촘촘한 교역망을 형성해 다양하고 폭넓은 교역을 진행할 수 있었다.

 이상에서 필자는 지금까지 무시되었거나 제대로 알려지지 않은, 그러나 인류역사의 한때를 빛나게 장식한 비크족의 역사와 문화에 관한 단편적이고 영성적인 조각들을 한데 모아 그들의 실체를 있는 그대로 돋을새김해 한편의 모자이크로 부각시켜보려고 시도했다. 미흡하기 그지없는 시도이지만, 그 시도가 후학들 연구의 디딤돌이 되었으면 하는 바람이 간절하다. 그러자면 그 출발선에서 비크인들이 인류사에 남겨놓은 족적들을 제대로 헤아려야 하겠기에, 끝으로 그들의 업적을 다음 몇가지로 귀납해본다.

비크문명권의 역사적 업적

 ① 중앙집권적 전제통치 제도가 국가나 사회의 기본 운영체제였던 중세에 비크인들의 공동체에서 민의를 반영한 부족대회를 개최해 왕을 정점으로 한 권력구조를 선출을 통해 만들었을 뿐만 아니라 엄격한 사법제도를 수립해 공동체의 기강을 바로잡아나간 것은 희유의 공동체

운영으로서 정치사와 문명사에 유의미한 경험과 교훈을 남겨놓았다.

② 비크인들은 콜럼버스의 대서양 횡단 항행보다 500년 앞서 북아메리카대륙에까지 도착해 정착기지를 구축해놓음으로써 인류의 항해사에서 개척자적 역할을 수행했다.

③ 비록 약탈성을 탈피하지는 못했지만, 용두선 같은 선진 선박을 제작해 해운이나 해전에 적극 투입하고, '타뢰대'나 신출귀몰하고 전광석화 같은 기습 해전법을 창안 도입하여 일시에 적을 제압하고 해상권을 장악함으로써 미증유의 해전 전범(典範)을 세웠다.

④ 권역 내 도처에 교역 거점을 개설하고, 전문적인 무역선에 의해 유럽과 지중해 및 북아메리카 사이에 촘촘한 해상교역망을 구축하여, 광활한 해역 내에서 활발한 교역활동을 전개함으로써 중세 유럽의 해로 개척과 경제적 부흥의 기틀을 마련했다.

⑤ 정교한 금은보화 가공술과 장식예술, 비유적 복합어휘 사용을 특징으로 하는 사가(saga)문학(산문)과 뛰어난 가무, 사회적 신분의 변경, 겹벽주택 등 비크인들이 사회·문화·생활 분야에 남긴 우수한 유물과 유산들은 인류 공동의 귀중한 사회·문화유산으로서 계승 발전시켜야 한다.

본 절은 필자가 다년간 그 학문적 정립의 개연성을 놓고 거듭 심사숙고해오던 끝에 결행에 이른 절이다. 그 원인의 첫째는 비크인들은 애당초 문명 밖의 호전적 '야만인'으로서 문명과는 무관하다는 사계의 부정적 중론에 대한 의문이고, 둘째는 토인비를 비롯한 문명사가들이 펼친 고담준론(高談峻論) 어디에도 비크문명에 관해서는 일언반구조차 없다는 짙은 실망감이며, 그 셋째는 필자 자신이 관련 지식에 불급(不及)한 데서 오는 오기(傲氣)였다. 그런데 천만다행으로 이 세가지 '악연(惡緣)'을 털어버릴 수 있는 호기가 찾아왔다. 그것은 2014년 카리브해의 바하마 수도 나소에서 규모가 꽤 큰 해적(바이킹)박물관 참관을 통해 세계 바이킹사(史)를 실감나게 한번 훑어보고 나서, 비크의 본향인 북유럽 4개국 현장을 탐사할 수 있었던 하늘이 준 기회였다. 이렇게 전후 10여년간 동분서주하면서 나라 안팎에서 수집한 유적·유물과 문헌자료들을 바탕으로 미흡하나마 비크문명을 이 『문명교류학』에 가까스로 학문적으로 편입시킬 수 있었다.

졸저 내용의 고갱이이자 과녁은 한마디로 지금까지 완전히 무시되어 온 비크문명과 비크문명권을 문명사, 특히 유럽 해양문명사의 기반(基盤)에서 성장문명, 생존문명으로 원상 복귀시키는 것이다.

| 제7절 아시아문명권

아시아의 개념

'아시아'의 어원은 고대 아시리아어의 '아쑤'(assu, '일출'이란 뜻)에서 연유한 히타이트어 '아쑤바'(Assuva)이며, 이 '아쑤바'가 그리스 시대에 와서는 그리스어 '아쓰바'(Aseva, 동쪽 지역)로 전의되었는데, 근세에 이르러 서양인들이 동양에 대해 관심을 가지며 그 명명에 고심하다가 유사음인 '아시아'(Asia)로 부르면서 이를 고착시켰다.

아시아는 인문지리학적으로 세계 6대주 중 가장 큰 대륙이라는 특징을 지니며, 그 면적은 세계 육지 면적의 29.4%를 차지하는 4459만 9000km^2(48개국)이고, 인구도 6대주 중 최다로서 세계 인구의 60.5%(2010)에 해당하는 약 40억명(1억명 이상이 6개국)에 달하며, 약 1천개의 종족과 민족으로 구성되어 있다. 그리고 우랄·알타이, 인도·유럽, 셈, 한장(漢藏) 어족 등 다양한 어족으로 구성되어 있다.

땅이 넓은 만큼 지형적 기복이 심한바, 남극주 다음으로 높은 대륙(평균해발 950m)으로서 세계의 최고봉 에베레스트산(8848m)과 최저지 사해(死海, 해면 이하 392m)가 공존하고 있다. 지형이 복잡한 것만큼이나 기후도 대륙성과 해양성, 계절풍, 습윤한 열대, 온대, 건조, 반습윤, 반건조, 태풍 등 그 특징이 다양하다. 지하에는 원유, 철, 주석, 마그네슘(각각 매장량 세계 1위) 등 무진장한 부존자원이 매장되어 있다.

지정학적 중요성으로 인해 역대로 아시아와 유럽 간의 경계 문제가 무시로 제기되어왔는데, 18세기 러시아 지리학자 따찌셰프(Vasily Nikitich Tatishchev)가 수자원 원천과 식물 분포가 서로 다른 자연지리적 조건에 근거해 우랄산맥-우랄강-카스피해-흑해-보스포루스해협으로 이어지는 경계선 안을 제기한 후, 이 경계선이 암묵적으로 받아들여져왔다. 그러다가 훗날 좀더 남하해 지중해 동안과 수에즈운하까지 연장된 선이 두 대륙 간의 경계선으로 공인되어 지금껏 유지되어오고 있다.

아시아문명의 개념

아시아문명이란 역사적으로 아시아인들의 육체적·정신적 노동에 의해 창조되고 향유되어온, 다원적인 공통 문명요소들을 공유하는 복합적 융합문명이다. 아시아문명에서 공통적인 문명 구성요소는 다음과 같은 여러 영역에서 나타나고 있다.

① 체질인류학적 공통성: 대부분이 니그로이드(Negroid, 흑색인종), 코카소이드(Caucasoid, 백색인종)와 함께 인류 3대 인종군인 몽골로이드(Mongoloid, 황색인종)에 속해 있다.

② 의식구조에서 보편가치로서의 민족주의의 공유: 아시아에서 민족주의[50]는 유럽과 달리 아시아의 각 나라들이 일찍부터 강력한 봉건적

중앙집권제하의 통일적 민족국가를 형성하고 발전시키는 데 줄곧 보편 가치로 기능해왔다.

③ 정주적(定住的) 농경문화: 가을비에 적은 강우량(동아시아의 절반이나 3분의 1인 500~600mm)으로 유동적인 목축업에 의존하지 않을 수 없는 유럽과는 달리, 여름비와 고온을 이용한 논농사와 그에 기초한 생산구조 및 사회조직이 발달해온 문화, 이를테면 정주적인 농경문화는 아시아문명의 공통적인 근간을 이루어왔다.

④ 생활문화에서의 공통성: 쌀과 곡물의 알곡을 삶아서 조리하는 자립식(煮粒式) 식생활 문화(유럽은 곡물을 빻아서 구워 먹는 소분식燒粉式), 주거에서의 좌식(坐式) 가옥, 의상에서의 전개형(前開型, 카프탄형) 등에서 공통성을 보인다.

아시아문명권의 개념

전술한 바와 같이 아시아대륙은 면적과 인구 면에서 세계 6대주 중에서 최대, 최다의 위치를 점하고 있다. 그만큼 역사가 오래고 문명도 다양하다. 그리하여 학계에서는 넓은 의미에서 보면 아시아대륙만을 역대로 이슬람문명권과 불교문명권, 유교(한자 혹은 동북아시아)문명권의 3대 문명권으로 구분해 고찰해왔으며, 기타 대륙들은 각각 하나의 문명권으로 묶는다. 오로지 아시아문명권만을 3대 문명권으로 세분하는 것은 이들이 전술한 네가지 공통적인 문명 구성요소들을 지니고 있기 때문이다.

이와 같은 구성요소들을 공유하는 아시아문명권은 애초부터 문명권 구성의 3대 요건들(상이성과 지역성, 생명력)을 구전하고 있었으며, 지정학적으로 세계의 중심에 자리하면서 중추적 역할을 수행해왔다. 아시아문명의 본질적 특성인 관용성(寬容性)을 비롯한 다원성이나 다양

기원전 9세기 수메르·바빌론 설형문자

모헨조다로 유적

성은 여타 문명권들과 엄연히 구별되는 특성(상이성)이다. 그리고 아시아문명권은 지구 육지 면적의 근 30%를 차지하는 아시아대륙의 전지역을 골고루 갈무리하고 있는 세계 최대의 문명권으로서(지역성) 문명시대의 전과정에 걸쳐 생존문명으로서 끊임없이 생명력을 발휘하였다(생명력).

아시아문명권의 특징

아시아문명권은 여느 문명권에서는 찾아보기 힘든 다음과 같은 몇가지 특징을 지닌다.

1) 연원의 다원성

아시아문명권은 그 유례를 찾아볼 수 없는 유구하고 다양한 연원(淵源, 뿌리)을 가지고 있다. 그것은 태생적으로 다원적인 연원에서 발아(發芽)하고 성장해 결실을 맺어왔기 때문이다. 그 다원적인 연원으로는 다음과 같은 것들이 있다.

① 메소포타미아문명: 기원전 3000년경 메소포타미아문명의 주역인 수메르인들은 인류 최초로 설형문자를 창제해 약 3천년 동안 사용했으며, 팔레스타인의 예리코 부근에서 세계 최초인 1만여년 전(중석기시대)의 농경문화로 추정되는 나투프문화 유적(가축 사육 흔적)이 발견되었다.

② 인더스문명(B.C. 2500~B.C. 1500): 모헨조다로(Mohenjo-Daro) 유지에서 도시 유적과 함께 상형문자가 새겨진 각종 인장이 발굴되었다.

③ 황허·양쯔강문명(B.C. 5000~B.C. 3300): 신석기시대의 농경문화에 속하는 허무두 유적에서는 벼농사(메벼)와 나무보습 유물이 발견되었으며, 산시성(陝西省) 양사오문화(仰韶文化, B.C. 5000~3000) 유적에서는 채도(彩陶, 채색도기)가 출토되었다.

이와같이 아시아문명권은 다원적 연원에서 상이한 시기에 생성되었기 때문에 그 역사가 유구할 뿐만 아니라 내용도 다양하고 풍부하다.

2) 문명의 다양성

세계 30개 문명 가운데서 생존문명은 7개인데, 그중 이슬람문명과 한자문명이 생명력이 가장 강한 문명이며 서구문명에 가장 위험한 문명(헌팅턴)으로 여전히 병존하고 있다. 오늘날 아시아문명의 다양성을 극명하게 실증해주는 것은 이질적인 여러 종교의 공존이다. 3대 이성종교(불교·이슬람교·기독교)와 더불어 각종 원시종교, 토속신앙, 다신교, 그리고 수조(獸祖), 천손(天孫), 지신(地神), 해신(海神), 지모신(地母神) 같은 여러가지 다양한 이질적 종교신앙이 공존 공생하고 있다.

3) 사회경제구조의 다양성

아시아인들은 생업으로 농업과 목축업, 어업 등에 종사하고 반농반목(半農半牧)의 경우도 있으며, 아시아에서는 공화정과 왕정, 군주제, 천황제, 추장제 등 다양한 정치제도가 존재하는 한편, 신분제도에서도 전근대적 카스트(Caste)제도(인도) 같은 신분차별제도가 남아 있다.

4) 문명의 관용성

아시아문명권이 지닌 가장 두드러진 특징은 문명의 관용성이다. 문명의 관용성이란, 한 문명이 이질문명에 대해 순기능적 융합과정을 통해 너그럽게 수용하거나 그것과 공존하는 것을 말한다. 아시아문명의 이러한 특징은 다음과 같은 여러 방면에서 구체적으로 나타난다.

① 다양한 인종과 언어의 공존: 아시아는 세계에서 유일하게 원초적 3대 인종군, 즉 몽골로이드와 코카소이드 및 네그로이드가 공생하며, 3대 어족, 즉 우랄·알타이어족과 인도·유럽어족 및 셈어족이 공존하는 문명권이다.

② 종교적 관용: 아시아문명권은 여러가지 종교들을 아우르고 있는 다종교 문명권으로서 교리를 달리하는 여러 종교 간에 종교적 마찰과

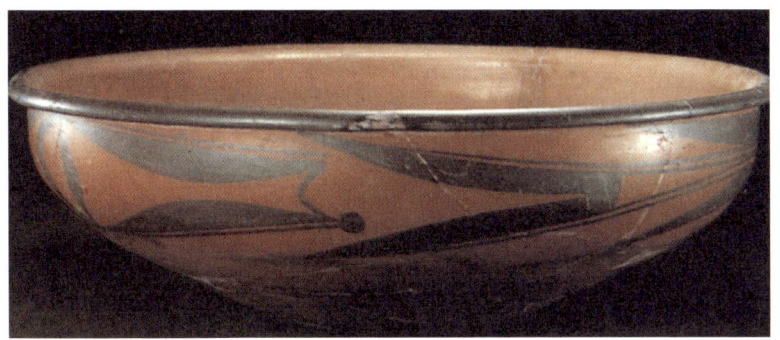
양사오 유적지에서 출토된 채도

갈등이 일어날 수 있는 소지를 내장하고 있다. 실제로 간헐적인 마찰과 갈등이 발생한 경우가 없지 않았으나, 그럴 때마다 시종 관용으로 해결의 실마리를 찾아 나름대로의 공생공영을 도모해왔다.

이러한 종교적 관용과 화해의 전범은 아시아의 대표적 신앙 국가인 인도의 종교사에서 여실히 나타났다. 인도에서는 토착종교인 힌두교와 외래 정착 종교인 이슬람교 간의 갈등을 해소하기 위해 시크교란 새로운 종교가 탄생하였다. 창시자 나나크는 두 종교의 번다한 형식적 종교의식을 부정하고, 두 종교의 장점을 섭취한 일신교(一神敎)를 주장하면서 이슬람의 신 알라를 사트카르타르(Satkartar, 진정한 창조자)로 대체하였다. 또한 그는 인도의 전통적 신분차별제도인 카스트제도를 반대하며, 종교지도자를 '스승'으로 지칭하고, 경전 『그란트 사히브』(Granth Sāhib, 스승의 책)를 창제해 힌두교와 이슬람교의 종교적 절충과 융합을 시도했다.

이러한 시도는 비단 외래종교(이슬람교)에 대한 관용에서뿐만 아니라 자국 내의 토착종교 간의 관계에서도 오롯이 찾아볼 수 있다. 아우랑가바드 북서쪽 20km 지점의 바위산 기슭에 축조된 길이 2km에 달하는 엘

롤라 석굴군(Ellōla Caves)에는 모두 34개의 석굴이 나란히 줄지어 있는데, 그중 1~12굴은 불교(6~7세기), 13~29굴은 힌두교(17개), 30~34굴(5개)은 자이나교 석굴이다. 세계에서 유일하게 한곳에 각이한 3개의 종교적 성지가 이웃으로 병존하고 있다.

　종교적 관용성을 이슬람교만큼이나 경전(經典)으로 담보하고 행동으로 실천하는 종교는 흔치 않다. 이슬람교의 6대 신앙 중 셋째는 모든 종교의 경전에 대한 신앙이고, 넷째는 모든 종교의 창시자들에 대한 경배다. 헤롯 왕에게 참수당한 사도 요한의 머리가 안치된 무덤은 시리아 다마스쿠스의 우마위야 사원(706년 건립, 1997년에 유네스코 세계문화유산으로 등재) 예배당 안에 있는데도 기독교도들의 순례 성소가 되어 이들이 찾아가는 것이 허용되고 있다. 한 종교(이슬람교) 사원 안에 다른 종교(기독교)의 성자가 묻힌 희유의 현상으로서, 이것은 이슬람교가 추구하는 관용성의 뚜렷한 증좌다. 2001년 5월 이 사원을 찾은 교황 요한 바오로 2세는 연설에서 "우리의 위대한 종교공동체인 이슬람교와 기독교를 더 이상 갈등이 아니라 존경할 만한 대화의 집단으로 만드는 게 나의 열렬한 소망입니다"라고 언명하였다. '고귀한 적' 살라딘의 관용에 관한 전설 같은 이야기는 영웅의 미담으로 오늘날까지도 회자인구되고 있다. 3차 십자군전쟁(1189~92) 때 아랍군 총사령관이던 살라딘은 패전을 만회하려고 야파전투에서 무모하게 달려들던 영국의 사자왕(獅子王) 리처드가 낙마하자 "고귀한 사람은 그렇게 땅에서 싸우면 안 된다"고 하면서 자신의 말 두필을 보내고, 리처드가 열병에 걸리자 위로편지와 함께 약과 얼음을 보냈다. 곁에서 이 광경을 지켜보던 십자군 지휘관들은 이구동성으로 그를 가리켜 '고귀한 적'이라고 존칭했다고 한다.

　③ 동아시아 3국의 서학(西學)에 대한 관용적 수용: 서학이란 조선 중기 이후 동아시아 3국에 전래된 서구의 선진 사상과 문물을 말하는데,

좁은 의미에서는 가톨릭교를 가리키기도 한다. 그래서 일명 서교(西敎) 또는 천주교(天主敎)라고도 한다. 동아시아 3국은 사상과 문물의 후진성에서 탈피하기 위해 서로 경쟁적으로 나름의 수용 기준을 세우고 서학을 받아들이기에 급급했다. 한국은 전통사상과 제도를 지키면서 서구의 과학지식을 수용하는 동도서기(東道西器)를, 중국은 중국 학문을 바탕으로 서구의 학문을 수용하는 중체서용(中體西用)을, 일본은 일본의 정신 위에 서양의 유용한 것을 수용하는 화혼양재(和魂洋才)를 각각 수용의 방략(方略)으로 채택했다.

④ 문화의 관용적 융합: 아시아인들은 외래문화를 통째로 삼키는 것이 아니라 그 유용한 것을 창의적으로 취사선택함으로써 발달한 토착문화와 더불어 관용적 융합을 이루었다. 그 대표적인 실례가 간다라 미술과 무갈제국의 문화, 그리고 헬레니즘문화에 대한 관용적인 섭취다.

간다라 미술은 기원전 4세기 알렉산드로스의 동방 원정을 계기로 전래된 그리스문화와 토착문화인 불교문화가 만나서 파키스탄 북서부의 페샤와르(Peshawar)를 중심으로 한 인도의 서북부 간다라 지방에서 생긴 불교의 융합미술이다. 그 주요 기법은 헬레니즘 미술의 양식과 수법으로 불교의 주제를 표현한 불상 조각 위주의 융합미술 기법이다. 이 기법은 역대 불교문명권에서 계승한 융합미술의 기틀이었다.

인도 무갈제국(1526~1857)의 문화는 전래된 이슬람문명과 토착 힌두문명의 융합물로서, 무갈제국은 이슬람의 킬라파제를 표방한 정교합일의 중앙집권적 전제군주제의 통치 형태를 취했지만, 문화 면에서는 전통적 페르시아문화(문학과 세밀화 등)를 다분히 수용하고 그 표현수단으로서는 페르시아어를 통용하였다. 그런가 하면 이슬람문명으로부터는 아치와 돔 등의 건축기법을 도입해 타지마할릉 같은 중세의 화려한 융합건축 유산을 남겨놓았다.

니사 출토 각배

　또한 전술한 바와 같이 헬레니즘문화(약 300년간)는 기원전 4세기 알렉산드로스가 단행한 동방 원정을 계기로 전래의 그리스문화와 토착 페르시아문화를 비롯한 여러 아시아문화가 만나서(이른바 '유럽과 아시아의 결혼') 탄생한 동서 문명의 첫 융합문화로서, 초기의 유적·유물이 증언하다시피 그 주 탄생지는 파르티아왕국(안식安息, B.C. 247~A.D. 226)의 수도 니사(Nisa, 현 뚜르끄메니스딴)다. 이 문화는 명실공히 아시아에서 탄생한 융합문화이지 아시아문화가 그리스문화에 일방적으로 흡수되어 생긴 동화문화는 결코 아니다. 따라서 헬레니즘이 '기본적으로 그리스문화'라든가, '그리스문화화한 세계문화'라고 하는 주장은 서구문명중심주의에서 비롯된 무근(無根)의 오견(誤見) 내지 허무한 가설에 불과한 것으로서 의당 시정되어야 할 것이다.
　⑤ 고려의 관용적인 '내자불거'의 귀화정책: 고려는 튼튼한 국력과 높은 문화적 자신감을 바탕으로 귀화인에 대해 '내자불거(來者不拒)' (오는 자 막지 않는다)의 포용과 우대의 선정을 베풀었다. 즉, 호적 편입, 사

성(賜姓, 성姓을 하사함), 적격한 관직 제수, 주택과 전답, 미곡, 의복, 기물, 가축 등의 시여(施與), 신변 보호 위해 안전한 곳에 정주 등등 미증유의 선정을 베풀었다. 그리하여 고려 초 100년간 17만명의 외국인이 귀화(당시 인구 200만명의 8.5%)하였다. 이것은 역사상 고려가 다민족 문제 해결에서 수범을 보인 일대 쾌거다.

아시아 불교문명권의 말살론

불교[51]는 범아시아적인 종교로서 그 역사는 2600여년(B.C. 6~)을 헤아리며, 세계 3대 이성종교 중 가장 오래된 종교다. 불교는 인도에서 탄생한 후 그 내재적 고유성과 역동성으로 인해 인도 영외(領外)의 광범위한 지역으로 전파 확산되었다. 불교의 전파란 종교로서의 불교와 그에 바탕을 둔 복합적 불교문화의 지역적 확장을 뜻하는데, 그 영외로의 지역적 확장이 곧 불교문명권 형성의 시점이다.

구체적으로 그 시점은 기원전 3세기 인도 마우리아(Maurya) 왕조의 제3대 왕 아소카(Asoka, 아육왕阿育王, 재위 B.C. 268~232, 혹은 B.C. 273~232)가 불교 포교단을 파견했을 때이다. 호불덕치주의(護佛德治主義)를 표방한 아소카 왕은 스리랑카와 미얀마, 실론, 이집트, 마케도니아, 그리스, 북아프리카 등 유라시아와 아프리카 등 3대륙에 불교 포교단을 공식 파견해 불교를 지방 종교(북인도)의 지위에서 세계종교로 격상시켰다.

기원전 3세기 실론에 대한 포교를 기점으로 전개된 불교의 전파는 기원후 9세기에 이르러 서아시아를 제외한 대부분의 아시아 지역을 망라해 이루어짐으로써 불교는 명실상부한 범아시아적 종교로 확산 정착되었다. 이 2천여년간에 걸쳐 진행된 불교의 전파과정은 아시아 지역에서 불교문명권이 형성되는 과정이었다. 그 과정은 다음과 같은 4개 시기를 거쳐 완성되었다.

① 제1기: 문명권 형성의 초기 단계로서 기원전 3세기 아소카 왕이 실론을 비롯한 3대륙에 포교단을 파견해 불교 전파를 시작한 시기였다. 그 결과 실론에는 상좌부(上座部)를 비롯한 여러 부파(部派)가 정착하게 되었으며, 페르시아의 경우 이슬람세력이 진입할 때까지 불교가 남아 있었다.

② 제2기: 불교의 동북아 확산기. 기원전 1세기부터 불교가 서역(西域)을 거쳐 동북아 일대로 확산한 시기로서 대승불교가 출현과 더불어 중국과 한국, 일본 등에까지 전파되어 대승불교에 바탕을 둔 최대의 동북아 불교문명권이 확보되었다.

③ 제3기: 불교의 동남아 확산기. 기원후 5세기 실론과 가까운 미얀마가 실론의 상좌불교(소승불교)를 수용한 후, 잇따라 7~8세기 태국과 캄보디아, 라오스, 말레이반도, 그리고 멀리 자바섬까지 불교가 전파되었다.

④ 제4기: 밀교(密敎)의 흥성기. 9세기 인도 불교가 쇠퇴 일로를 걷기 시작하면서 그 구제책의 일환으로 출현한 밀교의 실험장이 바로 티베트와 네팔 등 히말라야산맥 오지 일원이었다. 인도 불교 최후의 보루로까지 간주되었던 이 지대는 원시 불교도 일시 회생의 기미를 보였지만, 주로 후발(後發)한 밀교가 극성을 부려 독실한 불교지역으로 비쳐졌다.

이와 같이 불교가 범아시아적인 세계종교로 전파 확산된 것은 우연한 일이 아니었다. 그것은 불교 자체의 종교적 교리와 수용자들이 처한 역사적 환경에서 비롯된 주·객관적 요인에 의한 당연한 귀결이었다.

우선 주관적 요인으로는 불교가 갈무리하고 있는 보편타당한 교리다. 극심한 계급적·신분적 차별을 강요하는 브라만교의 질곡과 구각(舊殼)을 깨고 나타난 불교는 만민평등사상을 제시하면서 하층민을 포함한 모든 중생이 중도(中道)를 따르면 누구나 똑같이 구원을 받으며 열반(涅槃)에 도달할 수 있다고 했을 뿐만 아니라, 자비·사랑·탐욕·절제 등 일상생활의 덕목도 아울러 제시했다. 이러한 교리와 사상은 만민, 특히 서민들의 마음을 사로잡기에 충분했다.

다음으로 각국이 불교의 전파를 수용하게 된 객관적 요인은 한마디로 당시에 나타난 종교적 공백이었다. 이러한 공백은 특히 유교문명권에서 극명하게 나타났다. 중국을 비롯한 유교문명권 내의 나라들에서는 현실 정치나 윤리·도덕의 법치(法治)에만 치중하는 유교나 유학이 안고 있는 한계를 분명히 절감하고 있었다. 유교만으로는 복잡한 현실의 삼라만상을 제대로 설명하고 다스릴 수는 없음은 물론, 미래(내세)에 대한 비전도 제대로 제시할 수가 없었다. 이를테면 사상 및 종교적 공백이 생겨남으로써 이를 채워줄 새로운 사상과 종교의 출현이 역사의 필연으로 제기되고 있었던 것이다. 1세기 이후의 아시아 지역은 대체로 이러한 절박한 시대적 요청에 직면했다. 바로 이때에 업보(業報)와 윤회(輪廻) 사상에 바탕을 둔 불교가 인간과 사회의 제반 문제에 대한 나름대로의 해석과 궁극적 해결책을 제시함으로써 그같은 요청에 부응한 것이다.

끝으로 불교에 대한 외압(外壓)과 타 종교로의 흡수 내지는 스스로의 변질로부터 자구책을 찾아야 하는 주·객관적 요인도 불교의 전파를 불가피하게 하였다. 4세기 초에 세워진 굽타 왕조(320~550)는 복고적인 브라만 보호 정책으로 불교에 타격을 가했다. 이를 계기로 힌두교는 불교를 탄압하기 시작했으며, 불교는 점차 힌두교에 흡수되어갔다. 이것이 이른바 불교의 '힌두화'다. 이와 더불어 7세기경에 흥기한 밀교는 결국 불교의 변질을 불러왔으며, 이즈음에 시작된 이슬람교의 동점은 불교에 커다란 외압으로 작용했다. 이러한 외압과 흡수, 변질로 인해 불교는 9세기경부터 발생지인 인도에서 점차 사양길을 걸을 수밖에 없었으며,

13세기 초에 이르러서는 인도 땅에서 거의 자취를 감추었다.

그렇지만 훗날 범아시아의 세계종교로서 불교가 걸어온 궤적을 돌이켜보면, 인도 내에서 불교가 맞이한 이러한 쇠퇴와 몰락이 결코 세계적 보편종교로서의 불교의 쇠퇴나 종말을 의미하지는 않는다는 사실(史實)을 인지하게 된다. 오히려 역설적으로 그러한 상황은 불교로 하여금 역동적으로 그 생존과 발전을 위해 새로운 지역으로 진출하도록 하거나, 이미 전파된 지역에서 교학 연구나 교세 확장을 추진하도록 하는 요인으로 작동하였으므로 오늘날에 와서도 불교가 그 위상을 이어가고 있는 것이다. 요컨대 불교와 그 문명은 문명사에서 출몰한 30개 문명 중에서 유산(流産)문명이나 사(死)문명이 아니라, 당당하게 성장한 성장(成長)문명이며 현재에도 여전히 그 본연의 역할을 다하는 살아 있는 역동적 생존문명이다.

그럼에도 불구하고 앞에서도 얘기했듯이 미국의 안보전략가인 하버드대학의 헌팅턴은 저서 『문명의 충돌과 세계질서의 재편』에서 세계문명권을 유형화하면서 아시아의 불교문명권을 말살해버린다. 그 이유에 관해 헌팅턴은 불교는 탄생지 인도에서 소멸되고 중국과 일본 등지에서는 이미 토착문화에 통합되어 '거대문명의 바탕'이 되지 못했기 때문이라고 후안무치한 부지무식(不知無識)의 변을 늘어놓았다.[52] 이 두 마디 변 가운데서 어느 것 하나 맞는 말이 없으니 하는 쓴소리다.

그렇다면 헌팅턴의 변처럼 불교가 인도에서는 이미 '소멸'되고, 중국이나 일본 등지(한국 포함)에서는 '토착문화에 통합'(동화)되어 자취를 감추었는가? 몇가지 측면에서 그 진실을 구명해보기로 하자.

1) 앞에서 밝힌 바와 같이 불교는 탄생지 인도에서 외압과 흡수, 변질 등 불가피한 요인으로 인해 쇠퇴하게 되자 능동적으로 그 전파지를 영외로 옮겼는데, 이는 불교가 인도에서 '소멸'되는 것이 아니라, 불교문

명권 형성의 기반이 마련되고 불교가 세계적 보편종교로서의 자신의 위상을 알리는 계기가 되었다. 사실 종교사에서 보면 이와 유사한 현상이 종종 일어났다. 예컨대 기독교는 소아시아의 안티오크(Antioch)에서 독립된 종교단체로 출범한 후 역시 동방의 나라 에데사에서 국가종교로 첫 공인을 얻었으며, 다시 서방의 로마에 옮겨가 흥기하기 시작했다.

  2) 불교가 '중국이나 일본(한국 포함) 등지에서 토착문화에 통합되어 거대문명의 바탕이 되지 못했다'는 변 역시 무근의 유설(謬說)이다. 불교는 전파과정과 그 결과에서 일련의 특징을 보여주었는데, 그중 하나가 바로 심한 변용성(變容性)이다.[53] 불교는 인도문화를 대동하고 전파되어 전파지, 특히 후진 지역 전파지의 사회와 문화에 커다란 영향을 미치면서 그 사회의 변용을 야기하는 한편, 자신도 전파지의 사회·문화에 순응 영합하면서 스스로를 변용시키는 변용성과 융통성을 발휘했다. 이것이 불교가 출현지를 떠난 외래종교였지만 쉽게 이방에 정착하고 생명력을 유지한 요인이었다. 따라서 불교는 신속하게 정착하고 착근하는 과정에서 종합적인 불교문화를 창출해 거의 토착화된 양상을 보여주었다. 그리하여 헌팅턴은 불교가 '토착문화에 통합'되었다고 하는데, 도대체 무슨 문화를 토착문화라고 말하는지? '거대문명의 바탕' 운운하는데, 거대문명이란 어떤 문명을 지칭하는지? 불교가 중국이나 일본 '토착문화에 통합'되었다고 하는데, 과연 사실인지? 역사에서 그 반대의 경우는 종종 있어왔다. 한마디로 이 변도 신빙성 없는 요설(妖說)에 불과하다.

  3) 과거는 차치하고 오늘날 불교문명이 생존문명으로서 존재하며 그 불교를 세계 3대 이성종교의 하나로 세계가 공인하고 있는 사실이 인도에서의 불교 '소멸'이나 불교의 '토착문화로의 통합' 같은 허설(虛說)과 과연 양립할 수 있겠는가. 인도에서의 불교 '소멸'이라는 허전(虛傳)

제8장 문명교류와 문명권 **371**

하나만 봐도 의문이 든다. 불교 '소멸' 이후에도 인도는 오늘에 이르기까지 누가 뭐라고 해도 줄곧 불교의 성지다. 연간 수십만명에 이르는 세계 각국의 불교도들이 성지순례차 인도를 찾고 있으며, 웬만한 불교국에서는 불교 성지 곳곳에 자국의 사원이나 선원(禪院), 불상을 세워 불교의 무궁번영을 기원한다.

4) 2500년의 유장한 역사를 지니고 있으며 거대한 신앙공동체와 문명공동체를 이루어 인류문명 발전에 괄목할 만한 기여를 한 불교를 문명유형화에서 제외한다는 것은 반문명적 어불성설이다. 거대한 신앙공동체를 이룬 불교 신자들의 나라별 상황을 보면 표와 같다.(2010년 통계, 百度)

국가명	불교 인구	비율(%)
캄보디아	13,701,660	96.90
태국	64,419,840	93.20
미얀마	48,415,960	87.90
부탄	563,000	74.70
스리랑카	14,222,844	70.2
라오스	4,092,000	66.00
몽골	1,520,760	55.1
일본	45,820,000	36.2
싱가포르	1,725,510	33.90
한국	11,050,000	22
타이완	8,000,000	35
말레이시아	5,620,483	19.8
중국	244,130,000	18.2
베트남	14,380,000	16.4
합계	약 4억 7800만	

도표에서 보다시피, 불교는 아시아의 인도에서 탄생한 아시아 종교로서 대부분의 동남아 지역과 중국과 몽골, 한국과 일본 등 동북아 지역을 망라한 광활한 아시아 지역에 집중적으로 분포되어 거대한 문명권을 형성하고 있다. 분포의 집중성과 인접성은 불교문명권 형성과 생성에 여러가지 유리한 환경과 여건을 제공해준다.

5) 불교는 변용성과 더불어 시대성도 출중해 항시 생명력을 유지하면서 '소멸'이나 도태, 탈락 없이 생존·성장문명으로서의 위상을 지켜왔다. 그 한 예로 불교의 현대화를 살펴보기로 하자. 현대는 생존경쟁 시대다. 현대를 살아가려면 음으로 양으로 벌어지는 경쟁에서 승자가 되어야 한다. 신앙으로서의 불교도 마찬가지다. 이 글에서는 불교 현대화의 두가지 모델을 소개하려고 한다.

그 한가지는 미얀마 불교의 대중화다. 현대의 미얀마 불교는 전통적인 승가의 역할을 수행하면서 대중성을 확보하기 위해 세속화에 좀더 노력을 기울이는데, 도심의 수행센터를 설립하고 재가자들이 자유롭게 참여할 수 있는 도시 불교를 확대하면서 대중설법회를 개최해 전통적 불교 교리부터 세속생활에서 제기되는 문제까지 다양한 주제를 다룬다. 뿐만 아니라 소외계층을 대상으로 한 사회복지활동 등을 통해 대중성을 확보하고 있다.[54]

다른 한가지는 '인간불교'의 세계화다. '인간불교'를 세계화한 타이완 불교의 상징인 성운 스님(星雲, 1927~2023)의 불교 현대화와 관련된 해박한 지식을 소개한 글을 그대로 옮긴다. 즉, "성운 스님의 '인간불교'는 현담(玄談)보다는 현실을, 개인보다는 대중을, 산림보다는 사회를, 자리(自利)보다는 이타(利他)를 강조한다. 현담보다 현실을 중요시하니 선문답 대신 일반인들이 알아듣기 쉬운 언어로 설법한다. 개인보다 대중이 더 중요하기에 출가자는 물론 재가자들도 조직화된 단체에서 수행하게 한다. 산림보다 사회를 중시하기에 때문에 사찰은 출가자만의 수행 공간이 아니라 대중이 언제나 불법을 배우러 갈 수 있는 도량이 된다. 그리고 자리보다 이타가 우선시되기 때문에 스님들도 신도들도 대중을 위해 봉사하는 삶을 살아야 한다."[55]

| 제8절 이슬람문명권

지난 두 세기 동안 유아적(唯我的)인 '문명화 사명'을 자임해오던 서구문명은 이제 더이상 고압적인 우월주의를 내세워 인류의 문명사를 자의로 재량할 수 없게 되었다. 대신 천시되던 이른바 '주변문명' '저급문명'이 점차 위상을 되찾으면서 문명 간에는 타 문명을 발견하고 이해하려는 '타자관'(他者觀, view of the other)이 부상함으로써 문명 인식이 점차 균형을 잡아가고 있다. 이러한 시류의 한복판에서 그 입지를 제공한 주역의 하나가 바로 이슬람문명이다. 따라서 이슬람문명에 관한 바른 이해를 도모하는 것은 절실한 문명사적 과제가 아닐 수 없다.

이슬람과 이슬람교

'이슬람'(Islam)이란 아랍어 단어는 원래 '순종'과 '평화'란 뜻이나, 그 뜻이 승화되어 인간이 유일신 '알라'에게 절대적으로 순종함으로써 몸과 마음이 진정한 평화에 도달할 수 있다는 종교적 함의를 갖게 되었으며, 급기야 그것이 이슬람의 종교적 신조로 굳어졌다. 이슬람을 신봉하는 사람은 알라에게 복종해야 하기 때문에 복종자, 즉 '무슬림'이라고 부른다. 보편종교는 대체로 종교 창시자의 이름(불교와 기독교)이나 소속 지명(힌두교) 혹은 인종명(유대교)에 따라 종교명이 지어지지만, 이슬람만은 이러한 관례에서 벗어나 종교의 고유 이념인 순종과 평화의 뜻을 그대로 담은 '이슬람'으로 명명한다고 경전 『꾸르안』(al-Qurān)은 규정하고 있다(3장 19절). 그리하여 서양에서 부르는 '마호메트교'(Mohammedanism)니 동양에서 쓰는 '회교(回敎)'니 하는 '교명'은 본의에 위배되는 오칭으로서 그 사용이 의당 지양되어야 할 것이다.

흔히들 이러한 종교적 함의 때문에 '이슬람'이 마치 '이슬람교'의 대용어인 양 착각하고 있는데, 넓은 의미에서의 이슬람이란 이슬람교와 이슬람교에 바탕을 둔 이슬람문명 전반에 대한 범칭이다. 이러한 개념 규제는 타 종교와 달리 이슬람교가 단순한 신앙체계가 아니라 사회생활 전반을 포괄하는, 이를테면 정교합일을 특징으로 하는 일종의 복합적인 사회체제라는 데서 비롯된다.

이슬람교는 다른 종교들에 비해 교리나 종교적 의무가 비교적 단순하고 명료하며 관용적이다. 유일신 계약종교로서의 이슬람교가 추구하는 근본 교리는 "Lā Ilah Ilā Allah wa-Muhammad Rasūl Allah"(라 일라흐 일라 알라 와 무함마드 라쑬 알라), 즉 "신은 오로지 알라뿐이고, 무함마드는 알라가 보낸 사람(라쑬 알라)이다"라는 일곱 단어(아랍어)다. 이러한 근본 교리에서 6신(信, 믿음)과 5행(行, 행동, 일명 주柱, 기둥), 즉 여섯가지 신앙(al-Imānah)과 다섯가지 행동(al-Ibādah, 종교의무)의 구체적 실천 교리가 파생한다. 6신은 ① 알라의 유일성, ② 신과 인간의 매체로서의 천사(天使, 10명), ③ 여러 시대에 각이한 예언자들을 통해 내려진 경전들(114부, 그중 4부 중요), ④ 모든 시대, 모든 민족들에게 온 예언자들(12만 4천명, 그중 4명은 알라가 파견한 예언자), ⑤ 최후심판,[56] ⑥ 정명(定命, 인과율적 정명)[57]에 관한 믿음을 말한다. 5주는 ① 신앙고백(샤하다shahāda, 일생에 1회), ② 예배(쌀라ṣalā, 1일 5회), ③ 종교부금(자카트al-Zakāt, 수입의 2.5%), ④ 금식(禁食, 쏴움ṣawm, 1년에 1달 음력 9월), ⑤ 성지순례(핫즈hajj, 일생에 1회)다.

이슬람이라는 단어의 의미에서나 교리의 내용에서 보다시피 이슬람교는 태생적으로 평화적이며 관용적인 종교다. 경전에 나오는 "종교에는 강요가 없나니, 이성은 미로에서 스스로 밝혀지느니라"(2장 256절)나 "그대 주님이 원하시면 지구상의 모든 사람들이 믿음을 가지게 될 것일진대 그대는 어찌하여 사람들을 강요해서 믿음을 갖게 하려는가"(10장 99절)라는 경문은 이슬람교야말로 평화를 지향하고 종교의 강요를 배제하며 신앙의 자유를 강조하고 있음을 여실히 말해준다. 이슬람교의 평화적 전파를 시기하고 폄하하는 사람들 가운데는 아직까지도 '한 손에 꾸르안, 다른 한 손에 검'이라는 말이 마치 이슬람교 경전의 한 경문인양 호도하는 이들이 있는데, 사실 이 망언은 13세기 중엽 십자군 원정이 최후의 패배를 당하고 있던 시기, 이슬람교에 대한 저주와 공포증을 야기하기 위해 이딸리아 신학자 토마스 아퀴나스(Thomas Aquinas)가 의도적으로 내뱉은 막말이다.

제2차 세계대전 후 중근동 아랍·이슬람 국가들을 비롯한 이슬람세계에서 반식민주의 독립투쟁과 정체성 복원을 위한 투쟁의 불길이 세차게 타오르자 당황망조한 서방 식민주의자들은 각방으로 그 진화를 모색했다. 그러던 끝에 이른바 이슬람교의 '호전성'에서 '억지 춘향(春香)'으로 여러가지 진화책을 꾸며냈는데, 그 대표적인 것이 이슬람 지하드(al-Jihād)의 왜곡과 이슬람 근본주의(Islamic fundamentalism)의 조작이다.

원래 이슬람교에서 지하드라는 단어는 '정신적·육체적으로 최선을 다해 노력한다'는 평범한 뜻인데, 그것이 종교적 함의로 승화되어서는 '신(알라)의 길, 즉 이슬람을 위한 길에서 헌신적으로 노력한다'는 이중적 내용을 함유하고 있다. 그 내용에서 다시 자신을 순화하기 위한 개인적 신앙 차원의 노력을 대(大)지하드로, 이슬람 영역의 확대나 방어를 위한 집단적 공헌 차원의 노력을 소(小)지하드로 대별한다. 여기서 대지하드는 내면적이고 평화적인 성격을 띠는 데 반해, 소지하드는 외향적이고 전투적인 양상을 보이는데, 이 소지하드가 확대 과장되면서 이슬람의 지하드는 오로지 소지하드뿐인 양 비쳐지고 있다. 그리하여 지하드가 서구식 성전(聖戰, holy war) 개념으로 호도되면서 마치 이슬람교의 호전성의 대명사처럼 회자되기까지 하였다.

서구의 이슬람학계에서는 이슬람교의 '호전성'을 부각시키기 위해 이슬람의 지하드에 대한 왜곡과 더불어 '이슬람 근본주의'라는 허상(虛像)까지 조작하는 데 급급하였다. 허상이라고 지적하는 것은 우선, 용어와 개념의 비조화로 인한 괴리 때문이다. 원래 근본주의라는 용어는 미국에서 기독교의 세속화가 심화되자 그 근본 교리[58]를 지킨다는 명분 하에 프로테스탄트 교파가 일으킨 보수주의 종교운동에서 비롯되었다. 1902년 '미국성서연맹'이 결성되고 1910~15년 사이에 『근본적인 것들: 진리의 증언』(The Fundamentals: A Testimony to the Truth)이라는 제하의 소책자 12권을 시리즈 형식으로 발간해 자신들의 반모더니즘적 입장을 설교하였다. 이에 사람들은 이들의 주장을 '근본주의'라고 지칭했는데, 이들은 20세기 전반 박해를 받자 비타협적 전투성을 띠고 근본주의 수호를 위한 지하활동을 전개했다.

전후 특히 아랍·이슬람세계에서 반식민주의 독립투쟁과 각종 정체성을 복원하기 위한 사회·정치운동[59]이 치열하게 일어나자 그 개념화에 고심하던 서구 이슬람 연구자들은 기독교 근본주의와 이슬람 '부흥운동' 사이에 이른바 '전투성'이라는 상사성이 있다는 이유로 '근본주의'란 용어를 차용하기로 했다. 그러나 한두가지 상사성, 그것도 표출형식이나 행동방식에서 나타나는 비본질적인 현상을 근거로 하여 정연한 내재적 논리구조를 가진 판이한 주의나 학설을 무턱대고 연관시키거나 짜맞추는 것은 허상에 사로잡힌 어불성설일 수밖에 없다.

다음으로, 허상이라고 지적하는 것은 1400여년간의 이슬람사상사에 근본주의라는 개념은 없기 때문이다. 따라서 이슬람사상사에는 이슬람교의 '근본'이 세속화되거나 훼손되어 그것을 지키기 위한 운동 같은 것이 발생한 적이 없다. 그리하여 아랍어에는 '근본주의'란 낱말 자체가 아예 없다.

서구에서 이슬람교의 '호전성'에 대한 오판(誤判)이 시들먹해지자 미국의 안보전략가 헌팅턴은 이른바 '문명충돌론'(1996)을 통해 더욱 격하고 노골적인 '폭력성'이라는 표현으로 '호전성'을 설교하고자 어불성설을 늘어놓았다. 작금의 '문명충돌'이 일어날 수밖에 없는 불가피한 요인은 이슬람의 '폭력성'이라고 집어 말하면서, 그 '폭력성'의 원인은 이슬람교가 ① 검을 앞세운 종교로서, ② 타 종교와의 화합이 불가능하며, ③ 자존심이 강한데, ④ 갈등을 조정할 만한 핵심 세력이 부재한 데다가, ⑤ 인구가 격증하는 것 등에 있다고 오진(誤診)하고 있다.

이성종교로서의 이슬람교의 가장 두드러진 특징은 포용성과 융통성이다. 주지하다시피 대소를 막론하고 어느 종교건 타 종교의 경전이나 창시자를 자신의 신앙 대상으로 명시하고 경배하는 경우는 거의 없다. 다분히 아집과 배타로 치닫는 오늘의 종교 현실은 더더욱 그러하다. 그러나 이슬람교만은 예외다. 이슬람교는 다른 모든 종교의 경전과 예언자의 보편성을 인정함으로써 타 종교의 경전이나 창시자들에 대한 믿음을 셋째와 넷째의 신앙으로 명문화해 규정하고 있으며, 무슬림들은 이를 행동으로 실천하고 있다. "예수님을 믿지 않으면 무슬림이 아니다"는 이슬람세계 방방곡곡 무슬림들의 중구일사(衆口一辭)한 언명이다.

이슬람교에서는 종교의 창시자를 비롯한 모든 예언자(prophet, 선지자)들이 설교한 경전은 각기 다른 시대 다른 장소에서 다른 민족들에게 내려진 알라의 계시이기 때문에 무슬림들이 경전으로 믿고 존중하며 신봉해야 한다고 주장한다.[60] 『꾸르안』에는 알라의 계시로 내려진 경전이 무려 114부에 이른다고 명시되어 있다. 그러나 이슬람교에서는 그중 가장 중요한 경전으로 '모세 5경', 다윗의 「시편」, 예수의 '복음서', 무함마드의 『꾸르안』 등 4부를 꼽는다. 이 4부 중에서도 『꾸르안』을 더이상 없는, 천상의 원형 그대로의, 완결된 최후의 경전으로 간주한다.

경전과 마찬가지로 종교의 창시자들을 비롯해 여러 민족이 배출한 예언자들은 모두 알라가 서로 다른 시기에 인간에게 파견한 사람들이기 때문에 그들을 믿고 존중하며 경배해야 한다[61]는 것이 이슬람교의 예언자관이다. 『하디쓰』(Hadith)는 알라가 인류에게 보낸 예언자가 총 12만 4천명이나 된다고 하면서 그중 25명을 선별해 거명한다. 그러나 그중에서도 여섯명(아담·노아·아브라함·모세·예수·무함마드)만이 경전을 가진 예언자라고 지목하며, 다시 그중 아브라함과 모세·예수·무함마드 네명만을 알라가 직접 파견한 사람으로 경배한다. 이들 네명 가운데서도 무함마드를 마지막 예언자로 가장 우대한다.[62]

이렇듯 이슬람교는 타 종교의 경전이나 예언자들에 대해 포용적일 뿐만 아니라, 이들을 경배하고 섬긴다. 무함마드는 "아브라함은 나의 조상이며, 예수는 나의 선배다"라고 하면서 예수를 존대하며, 예수의 어머니 마리아에 대해서도 경전에서 무려 34회나 거명하고 '모든 여성들의 윗자리'에 모신다.[63] 그래서 튀르키예 마르마라대학교의 수앗 일디암(Suat Yildirim) 교수는 "우리는 다른 기독교인들과 마찬가지로 예수님의 이름만 들어도 하나님을 생각하고 또 그가 겪었던 어려움을 생각하면서 눈물을 흘리기도 한다"[64]고 이슬람교의 너그러움을 토로한 바 있다. 관용은 종교다움을 가늠하는 하나의 시금석이다. 타 종교의 경전이나 예언자를 자기화하는 것이 신학적으로 타당한지의 여부를 떠나서 포용이나 관용은 종교 일반이 실로 추구해야 할 보편가치가 아니겠는가. 이럴진대, 이슬람교의 포용성은 종교의 본연에 입각한, 종교의 본연을 추구하는 값진 종교 유산이 아닐 수 없다.

이슬람교의 관용성은 종교의무 수행에서의 융통성과 성선설(性善說)에서도 여실히 나타난다. 종교의무를 수행할 때 여비나 건강이 허락하지 않는 이는 성지순례 의무를 포기해도 되고, 허약자나 산모, 여행자는 금식을 하지 않아도 무방하며, 먹을 것이 없을 때는 평소 금기시되는 돼지고기가 허용된다. 이것은 필요가 금기에 우선한다는 이슬람 특유의 가변법리(可變法理)다. 그리고 이슬람교는 인간의 본성에 관한 섭리에서도 성선설을 주장한다. 즉, 인간은 본래가 착한 존재로서 무모한 고행이나 죽음을 택해서는 안 되며 삶을 즐겁게 보내야 한다. 준(準)경전 격인 성훈(聖訓)『하디쓰』에서는 "인간은 순수 결백하게 태어난다" "오래 살고 좋은 일을 많이 한 사람이 최상의 인간이다" "범죄자도 죽음을 원하지 말라"고 설교한다.

이슬람교의 현대사(2차대전~현재)에서 가장 역동적인 사건은 이유 여하를 불문하고 이슬람문명과 기독교문명 간의 갈등과 충돌임은 누구도 부정할 수 없을 것이다. '중동의 화약고'라는 말도 있듯이 양 문명은 100년도 채 못 되는 사이에 서로 간에 일곱차례의 전쟁을 겪었으니 그 치열함은 역사상 희유의 기록으로 남게 될 것이다. 문제는 그러한 갈등과 충돌, 분쟁의 근원에 대한 정확불오(正確不誤)의 진단이다. 흔히들 그 근원을 두 문명의 기반인 두 종교, 즉 이슬람교와 기독교의 극단적 이질성과 상극성에서 찾고 있다. 과연 정당한 구명일까? 그렇다면 두 종교의 이질성과 상극성을 어떻게 이해할 것인가?

필자는 젊은 한 시절, 이슬람세계의 현장에서 이러한 문제의식에 눈

뜨기 시작해 나름대로의 답을 찾아내려고 부심해왔다. 그 과정에서 쌍방에 공통점과 상이점이 있음을 발견했다. 서로는 공통점이 있기에 시종 친연종교(親緣宗敎)로서 공생공영의 관계를 유지해왔으며, 그런가 하면 상이점이 있기에 세계 이성종교의 2대 산맥으로 공존하면서 상호 조화와 보완으로 일시적 갈등을 슬기롭게 극복하곤 하였다. 그리하여 제2차 세계대전 이전까지만 해도 적어도 서로 간에 전쟁 같은 불행한 충돌이 발생한 전례는 없었다.

앞에서 말했다시피 이슬람교와 기독교는 친연종교의 관계이다. 그 친연성을 비유하면 이슬람교와 유대교는 숙질간이고, 이슬람교와 기독교는 종형제라고 할 정도로 세 종교는 태생적으로 친연관계에 있다. 그 관계를 구체적으로 살펴보면 다음과 같다.

① 혈연(血緣): 같은 혈통적 조상인 아브라함의 적자인 이삭의 후예가 유대인과 기독교인이고, 서자인 이스마일의 후손이 아랍·무슬림이라는 혈연적 인연을 지닌다.

② 지연(地緣): 같은 지역인 아랍 팔레스타인 땅에서 세 종교가 출현했다는 지정학적 인연이 있다.

③ 교연(敎緣): 세 종교 모두가 유일신교이자 계약종교로서 교리 면에서도 서로가 영향을 주고받아 유사성이 짙다는 종교적 인연을 갖는다.

그렇다고 이슬람교와 기독교가 꼭 같은 종교라는 뜻은 아니며, 서로에게는 무시할 수 없는 상이점도 존재한다. 그 주요한 상이점은 다음과 같다.

① 교조의 신인성(神人性)에서의 차이점: 이슬람교에서 무함마드는 인성뿐이지만, 기독교에서 교조 예수는 신인 양성을 겸비하고 있다. 따라서 교조(인간)에 의한 종교의 창시를 부인하는 이슬람교에서 무함마

드는 '교조'가 아니라, 알라가 보내 알라의 종교(이슬람교)를 인간에게 전달하고 그 수행을 담당하는 한 인간일 따름이다.

② 성직자관의 상차: 이슬람교에서는 성직자의 매개 없이 인간과 신이 직접 대면하지만, 기독교에서는 성직자가 신의 '대행 역'을 수행한다.

③ 인생관의 상이점: 이슬람교는 성선설로 인간의 후천적 죄에 대한 회개를 계도하지만, 기독교는 원죄설로 인간의 원죄 회개를 설교한다.

④ 종교의 창시관에서의 차이점: 이슬람교에서는 종교(이슬람교)를 피조물이 아니라 본래부터 존재한 것의 복원이나 완성으로 간주하지만, 기독교에서는 예수 그리스도에 의한 종교(그리스도교) 창시를 주장한다.

문제는 이러한 상이점이 결코 두 종교 간, 두 문명 간에 충돌을 야기할 만한 화근이 될 수 없다는 사실이다. 작금 '중동의 화약고'에서 무시로 발생하는 여러가지 충돌이나 전쟁을 밝은 눈으로 엄밀하고 불편부당하게 분석해보면, 그 어느 것 하나도 두 종교 간, 두 문명 간의 충돌에서 비롯된 것은 없으며, 모두가 종교나 문명을 구실로 하여 발생하는 정치적 갈등이나 경제적 이해관계의 표출이라는 사실을 간파할 수 있다. 오늘날 중동 일원에서 일어나는 충돌이나 전쟁을 놓고 서구 여론들은 걸핏하면 그 원인(遠因)을 까마득한 700~800년 전 이른바 '성지 탈환'이란 미명하에 이루어진 십자군 원정에서 찾으면서 구원(舊怨)을 부채질한다. 마치도 십자군이 '정당'하게 기치를 올린 '종교전쟁'의 재현인 것처럼.

십자군 원정은 사실 종교를 명분(구실)으로 이슬람세계와 신흥 유럽세계 간에 지중해 일원에 대한 정치적 패권과 경제적 이권을 둘러싸고 벌어진 다툼이지 결코 수세기 동안 공생공영해온 두 종교나 두 문명 간의 대립이나 '충돌'이 아니라는 것이 학계의 중론이다. "서유럽의 성직자와 귀족들이 합작하여 엮어낸 성지탈환 전쟁-십자군 원정-이란 곧 동방 이슬람의 경제적 번영과 문화적 우월에 대한 서유럽의 질투와 갈망이 빚은 발작이었다"라고 한 서양 사학자가 내린 평가는 시사하는 바가 크다.[65]

이슬람문명과 이슬람문명권

이슬람문명이란 이슬람교를 근간으로 한 범세계적인 성장문명·생존문명이다. 이것은 영국의 문명사가 토인비가 문명유형화 이론에 근거해 이슬람문명에 관해 내린 명석한 정의다.[66] 이러한 이슬람문명은 이슬람교란 특정 종교에 바탕을 둔 문명으로서, 그 탄생과 성장 과정에서 다원적이고 융화적인 문명이라는 특색을 여실히 보여준다. 7세기 초, 씨족연맹 단계에도 채 미치지 못했던 사막의 후진 유목사회인 사우디아라비아는 문자 그대로 사상과 종교의 불모지였다. 이런 곳에서 탄생의 고고성(呱呱聲)을 울린 이슬람은 애당초 생존을 위해서 주변의 그리스·로마문명이나 페르시아문명, 인도문명 등을 직수입해 이슬람이라는 용광로 속에 용해시켜 다원적이며 융합적인 특유의 이슬람문명으로 응고(凝固) 착근시켰다. 그뿐만 아니라 성장과정에서도 이러한 다원성과 융합성은 시종 순기능적으로 작동해 마침내 중세의 찬란한 이슬람문명을 꽃피웠다. 바로 이 때문에 슈펭글러나 토인비 같은 문명론자들은 한 문명의 이상적인 존속기간을 1천년으로 잡으면서도 1400여년이란 긴 세월 동안 지속된 이슬람문명을 가장 역동적인 문명으로 평가하는 데 주저하지 않았다.

이처럼 범세계적인 성장문명·생존문명인 이슬람문명은 유럽의 중세에 문명 부흥의 중개자적 역할을 수행했다. 그리스·로마 고전문명이 중세 초 암흑기의 도래와 더불어 발진(發振)된 사이비 문명에 밀려 무시되고 매장되었을 때, 무슬림들은 그리스·로마의 선진문명을 고스란히 받아들여 자신들의 특유한 이슬람문명을 꽃피웠을 뿐만 아니라, 꺼져가는 그리스·로마문명의 불씨를 되살려 13세기경부터 전통의 계승과 복원을 암중모색하던 유럽인들에게 전수해줌으로써 유럽문명의 부흥을 가능케 하였다. 이러한 이슬람문명의 중개자적·기폭제적 역할이 없었던들 유럽문명은 전통의 단절이란 역사적 비운에서 벗어나지 못했을 것이다. 한편 이슬람문명은 동서 문명의 완충지라는 입지적 조건을 활용해 동서 문명 간의 가교 역할을 수행해왔다. 중국의 4대 발명품을 비롯한 동방의 문물은 아랍·무슬림들의 손을 거쳐 유럽에 전달되었으며, 그리스 천문학자 프톨레마이오스의 명저 『알마게스트』(*Almagest*, 행성체계)와 고대 기하학의 비조 에우클레이데스(Eukleides, 유클리드Euclid)의 『기하원론』(*Stoicheia*) 등 서양의 고대 학문은 무슬림들의 역본으로 13세기 중국에 소개되었다.

그 자신의 상보적 역할에 의해 유럽문명이 부흥을 맞을 때까지 약 700년(7~13세기) 동안 중국문명과 더불어 세계 2대 문명 산맥으로 우뚝 섰던 이슬람문명이 인류문명사에 미친 영향은 지대했으며, 그 유산은 오늘날까지도 인류문명의 공동 재부로 진중(珍重)되고 있다.[67] 문명의 특징이 다원성이나 융합성이니만큼 그 유산은 내용이 풍부하고 형식이 다양하다.

이슬람의 세계사적 기여나 유산은 종교로서의 이슬람이나 문명으로서의 이슬람문명에 의해서만 창출된 것이 아니라, 범세계적 문명권인 이슬람문명권의 구성원들이 공동으로 안출하고 전파한 결과물이다.

이슬람문명권이란 1400여년간 이슬람문명을 공동으로 창조하고 향유하는 범지구적 문명공동체로서, 주민의 다수가 무슬림인 나라(2025년 현재 이슬람협력기구OIC 가입 57개국)와 지역이 이 문명권역에 속한다. 이슬람문명권은 구성요소에서 이슬람문명이라는 상이성(독특성)과 함께 문명의 시대성과 지역성을 지니고 있으며, 장기간 문명의 생명력을 유지하는 등 문명권 구성의 3대 요건을 구전하고 있는 명실상부한 문명권이다. 이슬람 고유의 종교적·정치적·사회적·문화적 양상을 띤 이 문명권은 지정학적으로 이슬람의 발상지 사우디아라비아를 원심(圓心)으로 하여 동서로 활 모양의 호형(弧形)을 이루면서 문명권에 속한 국가들이 서로 인접하여 이어져 있는 집중성을 보여준다.

지구상의 140여개 나라에 산재해 있는 19억명의 무슬림을 아우르는 이슬람문명권의 구성체를 구체적으로 살펴보면, 무슬림의 80% 이상이 아시아에 편재하고, 아시아 나라들의 근 60%(40개국 중 23개국)가 이슬람 국가다. 이슬람교는 아시아 땅(사우디아라비아)에서 출현했고, 그 주역은 시종 아시아인인 것이다.[68] 이러한 제반 사실을 감안할 때, 이슬람교는 아시아 종교이고 이슬람문명은 아시아문명(동양문명)이며 이슬람문명권은 아시아문명권이라는 사실이 새삼스레 확인된다. 그럼에도 불구하고 일부에서는 이 극명한 사실을 지금까지도 외면한 채 이슬람교와 이슬람문명의 역사적·지정학적 위상을 은연중 호도하고 무시해왔다. 그 대표적 사례를 바로 오늘까지도 버젓이 사용되고 있는 아전인수(我田引水) 격의 서양사 서술 체계에서 찾아볼 수 있다.

이슬람의 가족관

작금 이슬람문명권에 관해 이해하고자 할 때 가장 많이 제기되는 문제는 혼인관과 여성관을 비롯한 가족관이다. 그도 그럴 것이 비교문명론적 시각에서 보면 이슬람문명의 가족관은 여느 문명의 가족관에 비해 특이한 점이 많을 뿐만 아니라, 전통과 현대가 혼효불명(混淆不明, 뒤섞여 명확치 않음)하기 때문이다.[69] 따라서 본서에서는 이슬람문명의 본연을 터득하기 위해서 경전의 계시와 전통적 관행에 따라 내용을 설명한다.

우선, 결혼은 알라와의 약속으로서 종교의무의 절반에 해당한다. 근친결혼을 장려하는데, 그 이유는 종족의 동질성을 보장하고, 재산 유출을 방지하며, 친족애착심(샤아비야sha'abiyah)을 함양하기 위해서다. 남녀 결합의 상징으로 신랑은 형편에 따라 소정의 마흐르(mahr, 신부값 bride price)를 신부에게 지불하는데, 마흐르는 신부의 소유가 된다. 이혼은 "알라가 허용하는 일 중 가장 혐오하는 일이다." 이혼 조건은 남자의 부양 불능과 성 장애, 여자의 부정(不淨) 등이다. 논란이 많은 일부다처제에 관한 이슬람적 해답은 원래 일부다처제는 동서고금에 존재하는 일종의 결혼제도로서 여성에 대한 일종의 보호와 부양의 윤리적 요청이라는 것이다. 이슬람의 일부다처제는 조건부 제도인데, 그 조건은 전쟁으로 인해 남자 수가 부족할 때 허용된다는 것으로, 공동 거주와 공정 부양, 공평 상속이 전제되어야 한다. 작금 이 제도의 폐지 여부와 관련해 논란이 많이 일고 있는데, 이 제도를 튀니지와 튀르키예는 법적으로 금지했으며, 보수 왕정 국가들에서는 계속 유지하고 있다. 이란과 이라크, 파키스탄 등 일부 나라들에서는 재판부의 허락 등의 절충 방법을 모색하고 있다.

다음으로, 여성관에서 이슬람문명권은 원래 여성동격관(女性同格觀)과 여성유별관(女性有別觀), 여성보호관(女性保護觀)을 제창하였다. 여성동격관이란 여성은 남성과 인격적으로 동등하다는 뜻으로, '여성은 남성의 옷으로, 남성은 여성의 옷으로 태어난다'는 남녀의 공공창조설과 재산권과 상속권 등에서 남녀가 평등한 권리를 행사하는 것 등에서 나타나고 있다. 여성유별관이란 남녀는 생리적·육체적·사회문화적 여건이 다르므로 역할과 책임에서 차별이 있을 수밖에 없다는 관념이다.

이러한 관념에 의해 남성은 여성을 보호하고 가족을 부양해야 한다. 그러기 위해서는 남녀가 상속에서 유별해야 한다. 그리고 남녀의 성차심리(性差心理)[70] 때문에 예배 때 남녀가 분리되어야 한다. 여성유별관에서 여성에 대한 최고의 유별 예우는 "천국은 어머니 발밑에 있다"는 경전의 계시다. 여성보호관은 여성을 남성과 사회로부터 보호해야 한다는 것이다. 예컨대 보호를 위한 히잡(ḥijāb, 얼굴가리개) 착용이 오랜 논쟁거리인데, 여성의 얼굴 노출로 인한 사회적 문란을 예방하기 위한 관행이지 결코 제도는 아니라고 일부 이슬람 법학자들은 주장한다.

이슬람문명의 지적 유산

어떠한 문명이든 간에 그 유산은 전통의 기반과 증좌로서 역사발전과 사회변동에 정신적·물질적 자양분을 제공한다. 일반적으로 물적 유산은 유물로 구현되기 때문에 그 유지가 쉽지 않으며 마멸이나 소실이 불가피하다. 이에 반해 지적 유산은 대부분 무형적 관념물의 온축이기 때문에 비록 망각이나 소외의 여지가 없지는 않지만, 상대적으로 장기간 보존되고 그 기능이 지속된다. 이슬람문명의 경우도 예외는 아니다.

1400여년간 유지되고 발전해온 이슬람문명이 남겨놓은 물적 유산과 지적 유산은 실로 방대하고 풍부하며, 인류문명사에 불후의 빛나는 기여를 하였다. 이 글에서는 이슬람문명의 고갱이를 이루며, 따라서 의제와 담론의 여지를 많이 남겨놓고 있는 지적 유산의 몇가지 문제―종교적 유산, 학술적 유산, 예술적 유산―에 관해 비견을 피력하고자 한다.

1) 종교적 유산

이슬람문명은 이슬람교라는 특정 종교에 의해 비로소 그 생성과 발달이 가능했다. 그리하여 이슬람문명의 다양한 지적 유산 가운데서 종교 유산은 단연 그 근간이 되는 것이다.

앞에서도 언급했듯이, 유일신 계약종교로서 이슬람교가 추구하는 근본 교리는 "Lā Ilah Ilā Allah wa-Muhammad Rasūl Allah"(라 일라흐 일라 알라 와 무함마드 라쑬 알라), 즉 "신은 오로지 알라뿐이고, 무함마드는 알라가 보낸 사람이다"[71]라는 단출한 일곱 단어(아랍어)다. 여기에서 6신(信) 5행(行), 즉 여섯가지 신앙(al-Imānah)과 다섯가지 행동(al-Ibādah, 종교의무)의 구체적 실천 교리가 파생한다. 6신이란 알라(하나님)와 천사, 경전, 예언자, 최후심판, 정명(定命)에 대한 여섯가지 믿음을 말한다. 그런데 경전『꾸르안』은 앞의 다섯가지 믿음에 관해서는 명문화해 규정하고 있으나,[72] 정명에 관해서는 명문화한 것이 없다. 그렇지만 정통파인 순니파는 경전의 저변에 정명을 설파하는 내용이 관류되어 있다는 이유로 정명까지 포함해 6신으로 규정한다. 이 6신을 보편적인 종교철학적 관점에서는 크게 신관·성관(聖觀)·내세관·정명관으로 나눠 고찰할 수 있다. 5행은 신앙고백, 예배, 종교부금(al-Zakāt), 금식, 성지순례라는 다섯가지 종교적 의무를 내용으로 한다.

6신은 알라를 비롯한 우주 만물에 대한 무슬림들의 종교적인 믿음이기 때문에 내재적이고 정태적이다. 이에 비해 5행은 그러한 믿음을 실천하는 행동이기 때문에 외형적이고 동태적이다. 때문에 이 6신과 5행은 이슬람교라는 '장엄한 수레'를 움직여나가는 '쌍축(雙軸)'에 비유되기도 한다. 또 5행은 6신뿐만 아니라 이슬람교의 모든 것을 말이 아닌 행동으로 떠받치는 기둥의 역할을 한다고 하여 '다섯 기둥', 즉 5주(柱, al-Arkān) 또는 '실천 5주'라고도 불린다.[73]

이러한 신앙체계를 갖춘 이슬람교는 다음과 같은 몇가지 특이한 종교 유산을 남겨놓음으로써 인류문명사에 나름의 기여를 하였다.

① 종교 개념에 대한 새로운 이해를 제공한 것이다. 종교 개념에 대한 전통적인 해석에 의하면 종교란 초인간적 실재와 인간의 신앙적 관계

라는 것이다. 이것이 이른바 종교 개념에 대한 신학적(고전적) 해석이다. 이에 따르면, 종교란 어디까지나 탈세속적인 관념적 신앙체계로서, 종교에서는 내세만 있을 뿐 현세는 없으며, 현세의 모든 것은 내세를 위함이다.

그러나 이슬람교는 신학적 해석에 덧붙여 사회학적 해석으로 종교를 이해하며 그 해석을 실천에 옮기고 있다. 이에 따르면, 종교란 인간의 사회생활에서 제기되는 모든 문제들(인생관·우주관·세계관·도덕관 등)에 대한 해답의 상징적 체계이며, 그러한 체계는 지적 구조물(경전 등)이나 정형화된 행동(예배·제의 등), 그리고 공동체 운영(교회·교단 등)에서 구체적으로 표현된다. 이것이 같은 사회문제에 대한 해답의 상징적 체계로서의 철학과 다른 점이다. 종교에 대한 이러한 사회학적 해석의 이론적 근거는 정교합일이라는 이슬람교 고유의 복합적 사회체제이며, 이는 이슬람사회의 현실 속에서 실행되고 있다. 종교에 대한 이러한 이슬람식 해석은 여러 종교의 실체를 구명하는 하나의 선험적(先驗的) 모본이 될 수 있을 것이다.

② 영육조화(靈肉調和)의 정교합일적 일원론 체제를 창출하고 그 시범을 보여준 것이다. 이것은 미증유의 종교 유산이다. 이슬람교는 단순히 신앙체계에 머무르는 것이 아니라 사회생활 전반이 합일된 생활양식이고, '인간생활의 모든 분야를 망라하는 조화로운 전체'이며, 종교와 세속 쌍방을 갈무리하는 '신앙과 실천의 체계'이다.[74] 이슬람사회는 종교를 기조로 한 이슬람법(al-Sharī'ah)에 준해 통치되는 정교일치의 사회다. 여기서의 '정(政)'은 세속사회 일반을 지칭한다. 따라서 이슬람에는 정치·경제·사회·문화·종교·군사 등 사회의 제반 영역에 관한 고유의 사상과 이념, 규범과 제도가 있다. 이것이 이슬람교가 다른 종교들과 구별되는 가장 큰 차이점이자 특징이다.

이슬람교 고유의 정교합일은 이슬람의 역사 과정에서 형성된 필연적 이념이고 제도이다. 이슬람은 출현 초기부터 정치와 종교를 분리할 수 없었다. 어느 종교사에도 종교 창시자가 종교와 더불어 국가권력을 창출한 예는 없다. 유독 무함마드만이 종교에 바탕을 둔 이슬람공동체 움마(al-Ummah)를 건설했다. 그는 메카에서 알라의 계시를 전달하는 선지자로 출발했지만, 메디나로 성천(聖遷)한 후에는 최고의 종교지도자일 뿐만 아니라 공동체를 꾸리고 이끌며 전쟁을 지휘하는 1인 3역의 통솔적 최고 권력자였다. 그의 뒤를 이은 칼리파(al-Khalīfah, 계위자)들도 무함마드의 계위자란 공식 직함을 갖는 한편 그가 행사했던 종교와 정치를 포함한 세속 두 분야의 대권도 그대로 계승했다.[75] 그들은 공동체를 통치하는 정신적·세속적 지도권이 자신들에게 부여되었다고 믿었으며, 무슬림들 또한 그렇게 인지했다. 이러한 정교일치의 신념은 알라의 계시로도 보증을 받았다.

경전 『꾸르안』은 알라에 대한 종교적 복종과 현세 통치에 대한 정치적 복종을 동시에 강조한다. "오, 믿는 자들이여! 알라께 복종하라. 그리고 알라가 보낸 사람과 너희들 가운데 권위를 지닌 자들에게 복종하라"(4장 59절)고 알라는 계시한다. 여기서 '권위를 지닌 자들'이란 현세의 통치자들을 말한다. 알라께 복종하듯 무함마드와 칼리파들에게도 복종해야 하며, 그렇게 하는 것이 믿는 자들(al-Mu'minīn, 즉 무슬림들)이 간직해야 할 신앙이라는 것이다. 공동체를 통치하는 칼리파들의 주요 역할은 무슬림들을 경전에 명시된 이슬람법에 복종시키고 그 법에 따라 사회를 운영하는 것이다. 그리하여 경전에는 종교뿐만 아니라 정치와 사회 전반에 관한 원리들이 구구절절 천명되어 있다. 이와 같이 종교적 명분과 세속적 명분이 항시 상보상조적 관계를 유지하면서 공동체 운영의 근본 이념으로 작동해왔다. 1400여년간의 장구한 역사 속에서 시대의 흐름에 따라 정치관이나 경제원리, 사회도덕률 등 세속적 영역에서는 적지 않은 변화가 일어났지만, 정교합일적 일원론이라는 핵심만은 불변율로 지탱되어왔다. 근자에 와서 일부 논자들이 이 정교합일적 일원론에 대해 이러저러한 이의를 제기하지만, 아직은 이렇다 할 공명을 얻지 못하고 있으며 그 위상은 요지부동이다.

③ 종교가 지향해야 할 포용성이다. 이에 대해서는 앞에서도 말한 바 있으므로 중복되겠지만, 다시 한번 설명함으로써 이슬람교의 포용성을 강조하고자 한다. 주지하다시피 한 종교가 타 종교의 경전이나 창시자를 자신의 신앙 대상으로 명시하고 경배하는 경우는 거의 없으나 보편 종교인 경우 적어도 이슬람교만은 예외다. 이슬람교는 타 종교의 경전이나 창시자들에 대한 믿음을 6신 가운데 셋째와 넷째의 신앙으로 명문화하고 무슬림들은 이를 행동으로 실천하고 있다. "예수님을 믿지 않으면 무슬림이 아니다"라는 말은 이슬람세계 방방곡곡의 무슬림들이 한결같이 하는 언명이다. 보통의 종교 상식으로는 도무지 이해가 되지 않는 이 말의 속뜻은 과연 무엇인가.

이슬람교에서는 종교의 창시자를 비롯한 모든 예언자(prophet, 선지자)들의 설교가 담긴 경전은 비록 이슬람교 경전 『꾸르안』에 비하면 불완전하더라도, 각기 다른 시대에 다른 장소에서 다른 민족들에게 내려진 알라의 계시이기 때문에 믿고 존중하며 신봉해야 한다고 주장한다(3장 84절; 17장 88절). 『꾸르안』에 따르면, 알라의 계시로 내려진 경전이 무려 114부에 이른다. 그러나 그중 가장 중요한 경전으로는 '모세 5경', 다윗의 「시편」, 예수의 '복음서', 무함마드의 『꾸르안』 등 4부가 꼽힌다. 이 중에서도 『꾸르안』이 천상의 원형을 그대로 간직한, 완결된 최후의 경전으로 간주된다.

경전과 마찬가지로 종교의 창시자들을 비롯해 여러 민족이 배출한 예언자들은 모두 알라가 서로 다른 시기에 인간에게 파견한 사람들이 므로 그들을 믿고 존중하며 경배해야 한다(16장 36절)는 것이 이슬람교의 예언자관이다.『하디쓰』는 알라가 인류에게 보낸 예언자가 총 12만 4천명이나 된다고 하면서 그중 25명을 선별해 거명하고 있다. 그러나 그중에서도 아담·노아·아브라함·모세·예수·무함마드 여섯명만이 경전을 가진 예언자라고 지목하며, 다시 그 가운데 아브라함과 모세·예수·무함마드 네명만을 알라가 직접 파견한 사람으로 경배한다. 이들 네 명 중에서도 무함마드를 마지막 예언자로 가장 높이 평가한다.[76]

이렇듯 이슬람교는 타 종교의 경전이나 예언자들에 대해 포용적일 뿐만 아니라, 이들을 경배하고 섬긴다. 무함마드는 "아브라함은 나의 조상이며, 예수는 나의 선배다"라고 하면서 예수를 존대하며, 예수의 어머니 마리아도 경전에서 무려 34회나 거명하고 '모든 여성들의 윗자리'에 모신다(3장 42절). 그래서 "우리는 다른 기독교인들과 마찬가지로 예수님의 이름만 들어도 하나님을 생각하고 또 그가 겪었던 어려움을 생각하면서 눈물을 흘리기도 한다"[77]는 튀르키예 마르마라대학교의 수앗 일디얌(Suat Yildirim) 교수처럼 많은 무슬림들이 이슬람교의 너그러움을 강조한다. 관용은 종교다움을 가늠하는 하나의 시금석이다. 타 종교의 경전이나 예언자를 자기화하는 것의 신학적 타당성 여부를 떠나서 포용이나 관용은 종교 일반이 추구해야 할 보편적 가치가 아닐까. 그렇다면 이슬람교의 포용성은 종교의 본연에 입각해 있으며, 종교의 본연을 추구하는 값진 종교 유산이 아닐 수 없다.

그밖에 이슬람문명의 종교 유산은 이슬람교 고유의 인생관이나 세계관, 우주관, 도덕관 등에서도 여실히 나타난다.

2) 학문 유산

이슬람문명에서 학문은 특별한 위치를 차지하고 있다. 중세 700~

800년 동안 이슬람문명이 지구의 동반구에서 문명사의 주역을 담당하면서 세계적 문명으로 위상을 굳히게 된 것은 높은 학문 수준 때문이었다. 이슬람 학문은 중세 유럽의 르네상스 도래에 촉매제가 되었을 뿐만 아니라, 지구인 모두가 직·간접적으로 그 혜택과 결실을 크건 작건 함께 누리도록 한 것이다. 이슬람 학문이야말로 이슬람문명이 남긴 지적 유산 가운데서 가장 심원한 의미를 지닌 유산이라고 말할 수 있다.

 이슬람은 지식과 학문의 탐구를 속세와 내세를 포함한 모든 곳을 위한 인간생활과 활동의 필수로 의무화하고 있다. 경전 『꾸르안』의 첫 계시절(96장 1절)에서 바로 "읽으라, 창조자이신 그대 주님의 이름으로"라고 무지로부터의 탈피를 계시하며, 무함마드의 언행록인 『하디쓰』에서도 "그 누가 현세를 원한다면 지식을 얻어야 하고, 그 누가 내세를 원한다 해도 지식을 얻어야 하고, 또 그 누가 이 두가지를 다 원한다 해도 역시 지식을 얻어야 한다"며 지식 습득의 당위성을 강조한다. 그런가 하면 이슬람의 학문을 언급할 때 으레 인구회자되는 "학문은 멀리 중국에까지 가서라도 구할지어다"라는 말은 학문 탐구에 대한 간곡한 독려를 시사하는 것이기도 하다.

 이슬람교의 출현과 더불어 경전이 편찬되고 아랍어가 유일 공용어로 정착됨에 따라 신학과 문법학을 비롯한 이슬람 고유의 학문이 싹트기 시작했다. 그러다가 9세기 전반 바그다드에 전문번역기관인 '지혜의 집'(Dār al-Ḥikmah)이 개설되어 본격적으로 그리스·로마 고전을 비롯한 외국 서적이 번역 소개되면서 새로운 학문이 수혈되었다. 그 결과 아랍 고유학문과 외래학문이 조화를 이룬 이른바 '이슬람 학문체계'가 정립되기에 이르렀다.[78] 학문이 발달함에 따라 그 영역이 부단히 확대되고 세분화되었지만, 학문체계의 기본 틀은 시종 유지되어왔다. 이러한 체계하에서 분야별 학문은 각이한 학문적 경지를 개척해 풍부한 유산

세계에서 가장 오래된 『꾸르안』 고사본古寫本으로 알려진 오스만 『꾸르안』 정본(따슈껜뜨 바라크 칸 마드라사Barak-Khan Madrasah 소장). 바그다드에서 필사한 것으로 추정된다.

을 남겨놓았다.

 이슬람 학문에서 전통이 가장 오래된 학문은 단연 신학이다. 신학이란 종교신앙에 관한 일체 지식의 총칭으로서, 그 요체는 신앙과 이성(자유의지)의 관계를 해명하는 것이다. 이슬람 신학은 신앙과 이성을 조화시킴으로써 신학의 근본 문제인 신(알라)의 존재를 증명하는 데 이론적 근거를 마련했다. 즉, 이슬람 신학자들은 이성보다 신앙을 앞세워 유일신의 존재를 절대화하고, 지적·이성적 노력으로 신앙을 심화하는 방법으로 신학의 근본 문제를 해명했다. 이러한 신학을 구성하는 세부 학문으로는 경전을 해석하는 주석학(註釋學, Tafsīru'l Qurān), 무함마드의 언행을 연구하는 성훈학(聖訓學, al-Ḥadīth), 이슬람교의 법과 교리를 연구하는 성법학(聖法學, al-Sharī'ah)과 교의학(敎義學, al-'Aqīdah),

경전 속에 은폐되거나 내재된 심오한 함의를 구명하는 은둔학(隱遁學, al-'Ilmu'l Bataniyah) 등이 있다.[79]

이슬람 철학은 그리스 아리스토텔레스의 형이상학적 관념철학을 체계화해 그 진수를 부활시켰을 뿐만 아니라, 논리학, 영혼불멸론, 종교와 철학의 관계 등 새로운 분야를 개척해 고전철학의 맥을 잇고 중세 철학의 학문적 영역을 넓히는 불멸의 기여를 했다. 그리고 그것이 유럽에 전달됨으로써 유럽식 스콜라철학의 모태가 되었다. 그 과정에서 이른바 '무슬림-아리스토텔레스파'라는 특유의 이슬람 철학이 탄생했다. 이슬람 철학은 비록 신관을 비롯한 이슬람 신학의 종교적 한계를 완전히 극복하지는 못했지만, 그리스·로마 철학과 기타 동양 철학사상의 영향을 받아 경험지식을 중시하고 이성의 역할을 강조하면서 자연철학과 논리학에 관심을 두었으며, 심지어 범신론적·유물론적 경향까지 보였다.

12세기 이후 이슬람 철학사상을 담은 논저들이 속속 유럽어로 번역되어 알려짐으로써 유럽인들은 망각되고 단절되었던 그리스·로마의 고전철학을 복원 계승하고 중세 유럽 철학의 기틀을 마련할 수가 있었다. '제2의 아리스토텔레스'라고 불린 파라비(al-Farābī, 878~950)는 아리스토텔레스의 형이상학과 자연학 등에 주석을 가했으며, 이슬람 철학의 체계를 확립한 이븐 시나(Ibn al-Sīnā, 980~1037, 라틴어명 아비켄나Avicenna)는 철학의 기본 개념들을 정리하고 아리스토텔레스 철학을 총정리했다. 이슬람 철학을 최종 집대성한 이븐 루슈드(Ibn Rushd, 1126~98, 라틴어명 아베로에스Averroës)는 물질과 운동의 영원성을 논증하고 개인의 영혼 불멸과 사후 부활을 부인하면서 철학과 과학의 진리가 종교의 진리와 병존한다는 이른바 '이중진리설'을 제창했다.

인문사회학 분야의 다양한 내용을 두루 아우른 이슬람 역사학(al-Akhbār)은 선지자 무함마드와 그 제자들의 생애나 영웅담을 기술한 일종의 성훈학 분과로 출범해 점차 사실(史實)을 집대성하여 편집하는, 편년체(編年體)나 기전체(紀傳體), 기사체(記事體)의 체계를 갖춘 독립학문으로 발달했다. 무슬림 역사학자들은 각지를 편력하면서 직접 보고 들은 것을 토대로 편년체나 기사체 같은 서술체계로 방대한 역사서를 찬술하였다. 중세 이슬람 역사학의 태두인 마스우디(al-Mas'ūdī, ?~956)는 기사체로 장장 30권에 달하는 세계역사 전서『황금초원(黃金草原)과 보석광(寶石鑛)』(Murūj al-dhahab wa ma'ādin al-jawāhir)을 저술했다.

14세기 통일 이슬람세계가 사분오열하던 격동기에 활동한 역사학자이자 사회학자인 이븐 칼둔(Ibn al-Khaldūn, 1332~1406)은 자신이 직접 목격하고 겪은 현장과 경험을 바탕으로 아랍과 페르시아, 베르베르(북아프리카 원주민)의 역사를 3부작『교훈의 서』(Kitāb al-'Ibar)로 엮었다. 그중 서론 격인 제1부가『서설(序說)』(al-Muqaddimah)로, 이 책은 최초의 문명비판서이자 역사철학서이며, 최초의 사회학서라는 학계의 평가를 동시에 받고 있다. 그는 이 책에서 자연조건 등 제반 환경이 사회현상의 변화를 규제하는 요인이라는 점, 개인과 계급 및 민족 간의 역학관계가 역사발전에 영향을 끼친다는 사회현상과 역사발전의 상호관계, 그리고 아랍세계에서는 정주민과 유목민의 교체에 따라 왕조나 문명의 성쇠가 결정된다는 경제생활과 문명 성쇠의 함수관계 등 사회변화와 역사발전에 관한 근본 문제들을 처음으로 밝혔다. 그는 역사학의 진가는 사실(史實)들 간의 변증법적 상관성을 규명하여 역사발전의 법칙을 발견하는 것이라며 역사의 법칙성을 주장해 역사철학의 비조(鼻祖)가 되었다. 아울러 그는 고전사회학의 개조(開祖)로서 그의『서설』은 사회학의 제1호 고전으로 평가되고 있다.

이슬람 학문 중에서 지리학 및 그와 밀접한 관계에 있는 천문학이 차지하는 비중은 매우 크며, 두 학문이 남겨놓은 유산 또한 괄목할 만하다. 무슬림 지리학자들은 승위섭험(乘危涉險, 위태롭고 험난함을 무릅씀)으로 지구의 방방곡곡을 종횡무진 누비며 그때까지 알지 못하던 숱한 지리 지식과 천문 지식을 탐지해냈다. 그들은 프톨레마이오스 이래 통설이 되어온 지구중심설을 부정하고 지구공전설을 제창했다. 지구 둘레 측정에서 무슬림 지리학자들(204,000스타디아stadia)은 그리스인들(180,000스타디아)이나 인도인들(331,770스타디아)보다 훨씬 더 정밀한 수치(실제 둘레 216,000스타디아)를 계산해냈다. 또한 그들은 그리스 지리학의 영향을 받아 적도선에 평행해 육지를 7등분하는 이른바 '7지대설(地帶說)'(일명 7기후대설)을 제시하기도 했다.

이슬람 지리학의 백미는 지도 제작이다. 무슬림 지리학자들은 9세기 초부터 점과 선, 면 등의 정성적(定性的) 기호를 이용해 지형·행정경계·도시·교통로 등을 표시한 일반지도를 제작하기 시작했다.[80] 중세의 걸출한 무슬림 지리학자인 이드리시(al-Idrīsī, 1100~66)는 전래의 지리 지식을 집대성하여 명저 『천애(天涯) 횡단 갈망자의 산책』(*Nuzhatu al-Mushtāq fī Ikhtirāqi al-Afāq*, 1154)이라는 지리총서를 찬술하고, 그 속에 1장의 세계지도와 70장의 지역별 세부 지도를 첨부하였다. 이 책은 당대의 어떤 지리서도 필적할 수 없는 지리학의 진서로서 17세기 초부터 라틴어로 번역되어 유럽 대학들에서 지리학 교재로 채택되었다. 그는 또한 무게 400라틀(1 latl=약 3.944g)의 타원형 은제 지구의도 제작했는데, 여기에는 국가와 지역의 이름, 해양, 하천, 지역 간의 거리까지도 상세히 음각되어 있다.

지리학과 더불어 천문학도 상당히 발달했다. 이슬람제국 초기부터 도처에 건립된 천문대를 통해 황도(黃道)의 경사와 세차(歲差)운동 및 태양년의 길이가 관측되고, 지구 궤도의 불안전이동설이 제시되었으며, 여러가지 천문정수가 개정되었다. 무슬림 천문학자들의 저서는 대부분 번역되어 유럽에 소개되었다. 아직까지도 천정(天頂, zenith), 천저(天底, nadir), 반대측(反對側, nazir), 각종 성좌의 별이름 등 아랍어에 어원을 둔 천문학 용어들이 여러 유럽어에 그대로 남아 있는 것이 그 증좌이다.

중세 유럽인들이 무슬림들로부터 받은 가장 큰 혜택은 의술이다. 무슬림 의학자들은 페르시아나 그리스·로마의 의학서적을 고스란히 번역하고 의술을 받아들여 임상에 도입하는 과정에 새로운 이슬람식 의학을 개발 정립하였다. 그리고 그들의 이론 연구와 임상실험에서 얻어진 모든 결과는 의학 개설서나 전문서에 빠짐없이 수록되었는데, 그것이 또 번역되어 유럽의 의학학교들에서 교재로 채택되고 임상치료에 도입됨으로써 유럽 현대의학의 밑거름이 되었다. 이슬람 의학의 선구자 라지(al-Rāzī, 865~925)는 이론과 임상 경험을 총망라한 『의학집성』(*Jāmiʿ al-Hasīd*, 20권)을 비롯해 무려 117권의 의학 전문서를 찬술하였다. 그의 『천연두와 홍역』(*al-Hasbah wa-al-Judarī*)은 천연두와 홍역의 병원(病源)과 치료방법을 밝힌 최초의 의학 전문서로서 라틴어로 번역된 후 유럽어로 중역되어 1860년까지 약 40판이나 증판되었다. 그의 뒤를 이어 혜성같이 나타난 이가 철학자이기도 한 이븐 시나로, 그는 이슬람 의학서의 권위서로 평가받는 『의학전범』(*al-Qānūn fi al-Tibb*, 총 5부 약 100만 단어)에서 병리 현상과 심리 현상을 겸섭(兼攝)하는 '심신의학'(psychosomatic medicine)으로 많은 질병을 치료한 경험을 기록하고 있다.

이슬람 의학계는 일찍부터 약초를 비롯한 약물학의 개발에도 많은 관심을 기울여 괄목할 만한 성과를 거두었다. 13세기 초 약초학자인 이븐 바이타르(Ibn al-Baiṭār, 1197~1248)가 이슬람 약물학을 종합해 저술한 『약초학』(Kitāb al-Mughnī fi al-Adawiya al-Mufrada)은 출간 즉시 라틴어로 번역되어 15세기 이래 25판이나 증판되었으며, 영국 의과대학이 약국법을 제정하는 데 이론적 기초를 제공하였다. 이와 같이 오늘날까지도 전승되는 이슬람 의학의 방대한 유산은 이론과 임상의 결합, 천연두와 홍역의 병원 구명과 치료, 혈액순환, 식이요법, 병리와 심리의 결합, 각종 염증의 병원과 전염성 구명, 각종 약초의 제조 등의 업적으로 집약할 수 있다.[81]

무슬림들은 수학에서도 남다른 재능을 과시했다. 수학의 혁명이라고 하는 영(zero)의 도입과 대수학의 정립은 그들이 남긴 특출한 수학 유산이다. 대수학의 아버지로 불린 카와리즈미(al-Khawārizmī)의 「집합과 분할의 서」(Kitāb al-Jabr wa-al-Muqābalah)라는 논문이 12세기 '인도 숫자에 대한 카와리즈미의 서'라는 제목으로 라틴어로 번역된 것이 계기가 되어 유럽인들은 처음으로 영을 포함한 숫자를 알게 되었다.[82]

3) 예술적 유산

예술의 개념에 대한 이슬람과 동·서양의 이해는 아이러니하게도 상통한다. '예술'이란 말은 이슬람이나 동·서양 모두 '기술'이라는 어원에서 유래된 것이다. 원래 그리스어의 '테흐네'(téchnē)나 라틴어의 '아르스'(ars), 영어의 '아트'(art), 프랑스어의 '아르'(art), 독일어의 '쿤스트'(kunst), 그리고 중국어의 '예(藝)'나 아랍어의 '판느'(fann)는 모두 기능이나 재주, 즉 기술을 뜻하는 단어였으나 근대 학문이 정립된 18세기경부터 넓은 의미의 기술과의 구별을 위해 그 뜻이 좁혀져 '예술'이라는 학술적 범주로 한정되었다. 그리고 예술도 크게 공간예술(건축·미술)과 시간예술(음악·연극)로 분류되었다. '아름다운 예술'을 '미술'이라고 부르는 것도 영어나 프랑스어, 중국어나 아랍어, 한국어의 경우 모두 다를 바 없다.

이렇게 어원에서뿐만 아니라, 다 같이 창의적으로 미적 이념을 표현한다는 점, 정신을 정화하는 배설 기능을 수행한다는 점, 색과 형태가 있는 직접재료를 사용한다는 점 등에서도 예술은 이해의 보편성을 공유한다. 이러한 공유 속에서 이슬람 예술은 오랜 전통에 외래 요소들을 융화·접목시켜 이슬람 고유의 예술을 창조하고 유산을 남김으로써 세계 예술사에 나름의 기여를 하였다.

여러가지 이슬람 예술 장르에서 오늘날까지도 끈끈한 전승성을 보이는 것은 음악이며, 그만큼 음악 유산은 역사가 유구하다. 음악은 전통적으로 무슬림들의 일상과 밀접한 관계를 유지하면서 한갓 오락에 그친 것이 아니라 이슬람 학문의 한 분야로 위상을 굳혀왔다. 장기간의 전승 과정에서 다양한 영역을 아우른 음악은 내용과 형태, 역할에 따라 귀족이나 도시사회의 취향에 맞는 전문성과 심미적 가치를 추구하는 예술음악과 서민들의 삶을 진솔하게 반영하는 소박한 대중음악, 각종 종교 행사에 이바지하는 종교음악, 속인들의 애환을 표현하는 세속음악 등으로 구분되었다.

이슬람 음악은 일정한 음절 조절에 의해 노랫가락이 편성되고 이에 춤사위가 곁들여지며, 운율적 시구가 노래 가사로 바뀌기도 한다. 한편, 아랍어 시 특유의 시행(詩行)이 음악적 리듬(운율)을 갖기 때문에 음악과 시는 불가분의 관계에 있으며 음악의 선법(旋法, mode)은 다양하고 폭넓다. "이슬람의 음악은 선율의 선(melodic line)에 많은 관심을 두고 있기 때문에 서구의 경우보다 훨씬 더 범위가 넓고 미묘한 형태의 음정을 둔다."[83]

이슬람 음악사에는 음악이 자칫 쾌락과 타락의 '안내자'가 될 수 있다는 세속적 기우에서 음악을 백안시(白眼視)하거나 심지어 그 추방을 주장하는 극단적 편향이 나타나[84] 논쟁이 벌어지기도 했으며, 오늘날까지도 그 여파가 채 가시지 않고 있다. 그렇지만 역설적으로 그런 과정에서 음악이론을 확립하기 위한 학자들, 특히 철학자들의 연구가 이어져왔으며, 음악사에 길이 남을 불후의 연구성과들이 속출하였다. '아랍의 철학자'로 알려진 알 킨디(al-Kindī, ?~873)의 음악 관련 논문 13편, '제2의 아리스토텔레스'로 불리는 파라비의 『음악전서』(*Kitābu'l Mūsīqī'l Kabīr*), 이스파하니(al-Isfahānī, ?~966)의 『노래의 책』(*Kitābu'l Aghānī*) 등 다수의 음악 관련 연구에서는 음악의 윤리와 미학 문제, 작곡이론, 음성학, 악기 제작 기술 같은 다종다양한 음악이론과 실천 문제들이 구체적으로 다루어지고 있다.

이슬람은 일찍이 그리스 음악을 받아들여 이슬람 음악을 정립하는 데 적절히 활용했으며, 그것이 다시 스페인 안달루시아를 거쳐 유럽에 전수되어 유럽 음악의 진흥에 크게 기여하였다. 그레고리안 성가 중심의 교회음악에 지배되던 중세 유럽 음악은 신선한 이슬람 음악의 이론과 악기를 받아들여 르네상스 시대의 세속음악으로 변신했다. 또한 아랍의 대표적 악기인 우드('Ūd, 페르시아의 현악기 바르바트Barbat를 개량한 악기)가 유럽에 전해져 중세의 류트(Lute, 14~17세기의 기타 같은 현악기)가 만들어졌다. 요컨대 이슬람 음악은 중세 유럽 음악을 교회음악에서 세속음악으로 전환시키는 계도적 역할을 하였다.

융합적 성격이 짙은 이슬람 미술은 내용과 형식에서 일련의 특색을 보이면서 지적 유산으로서 응분의 가치를 발휘해왔다. 이슬람 출현 이전 아랍 유목민들에게는 조형예술 문화가 거의 없었다. 그리하여 이슬람은 정복지에서 건축술과 공예·직조술·세밀화(細密畵, miniature) 등 조형예술의 기법과 모티브를 수입해 이슬람 미술의 기반을 구축하고, 여기에 그리스나 비잔틴의 다양한 미술 요소들을 첨가해 가일층 발전시켰다.

이슬람 회화는 내용에서 인물이나 정물(靜物)의 표현은 삼가고, 기법에서는 색채의 구성과 선의 효과를 기본으로 하는 것이 특징이다. 그 특징이 잘 드러나는 것이 벽화인데, 모자이크 벽화는 초기 이슬람 시대 사원의 벽면이나 궁전의 바닥에서 많이 찾아볼 수 있으며, 비잔틴 회화의 영향을 받은 것으로 보인다. 우마위야조와 압바스조 시대의 궁전에서는 로마나 헬레니즘, 사산조 페르시아 화풍의 영향이 역력한 수렵도나 기마도의 프레스코 벽화가 적지 않게 발견된다.

또한 이슬람 회화의 개화기를 대표하는 화법은 세밀화다. 12세기부터 1258년 몽골의 침입으로 이슬람제국이 멸망할 때까지 창작된 세밀화는 '바그다드파' 세밀화에 속한다. 이 파의 세밀화는 도상(圖像)은 매우 사실적이지만 표현의 섬세성이나 장식성은 떨어진다. 이어 몽골의 침입으로 인해 원대 중국 화풍의 영향을 받은 이른바 '몽골파' 세밀화가 등장한다. 입체감을 살리고 부감(俯瞰) 구도를 채용하며 산수나 수목으로 원근을 조절하는 기법이 바로 그러한 영향의 결과다. 이같은 화법은 이슬람화한 중앙아시아의 티무르제국이나 인도의 무갈제국, 튀르키예의 오스만제국의 회화에도 도입되어 마침내 이슬람 회화의 전성기가 구가되기에 이르렀다.

이슬람 공예는 오랜 전통을 자랑하는 미술 분야로서 금속공예·유리·도자기·직물·카펫 등 그 내용이 다종다양하다. 이슬람의 공예 무늬로 명성을 떨친 것이 아라베스크(arabesque)이다.[85] 아라베스크란 장식무늬의 일종으로 좁은 의미로는 이슬람 공예나 건축의 평면 장식에 사용되는 아름다운 곡선과 부분적인 직선 혹은 직각으로 된 좌우대칭의 무늬를 말하며, 넓은 의미로는 유동적인 선에 꽃이나 과실·짐승·인물 등이 섞인 공상적인 무늬를 말한다. 그리고 금속세공에서 대표적인 기법은 다채장식양식(多彩裝飾樣式, polychrome)으로 알려진 누금감옥(鏤

金嵌玉)이다. 이 기법은 이집트에서 발생한 후 이슬람 시대에 널리 퍼져 중앙아시아를 거쳐 중국과 한반도에까지 전파되었다. 그밖에 신상(神像) 제작과 인간이나 동물의 표현이 극도로 억제된 이슬람사회에서 조각은 제한적으로 발달할 수밖에 없었다.

끝으로 이슬람의 건축은 '예술의 여왕'으로 군림할 정도로 상당히 발달해 오늘날까지도 이슬람세계의 도처에 이슬람문명의 빛나는 지적 유산으로 남아 있다. 스페인의 알함브라 궁전과 튀르키예의 토프카프(Topkapi) 궁전, 인도의 타지마할릉(陵)은 이슬람 건축예술의 압권이다. 이러한 건축물들은 비록 민족적·지역적 특성을 지녔지만, 내용이나 형식에서 이슬람 예술의 통일성을 상징하는 공통 요소들을 두루 갖추고 있다. 예배 장소인 마스지드(모스크)는 시대와 지역에 따라 모양새에서 약간의 차이가 있기는 하지만, 이슬람세계 전체를 하나로 묶는 중요한 문화적 요소 중 하나다.

이슬람 건축예술의 공통점은 돔과 아치에서도 찾아볼 수 있다. 원형 지붕인 돔(qubbah)은 원래 사산조 페르시아에서 유행한 것인데, 이슬람 건축에 전승되었다. 초기에는 정사각형의 기둥 위에 세워진 목조건축물이었으나 점차 기둥 토대가 높아지면서 벽돌로 대치되었다. 건축양식의 하나인 아치는 기원전 4000년경 메소포타미아문명에서 선을 보인 이래 고대 인도나 중국, 그리스나 로마 시대에도 각기 다른 형태로 사용되어왔다. 이슬람 건축에서 아치는 대체로 회랑을 높이기 위한 용도로 도입되었으며, 주요 형태는 첨두형(尖頭形)과 마제형(馬蹄形)이다. 그중 첨두형 아치는 12세기 후반에 유럽에 전파되어 유럽 건축양식의 하나가 되었으며, 오늘날까지도 그 유산으로 곳곳에 남아 있다.

제9절 동아시아문명권

동아시아의 개념

동아시아[86]는 지리적 개념과 인종적 개념 및 문화적 개념의 삼중적 복합개념을 지니고 있다. 지리적 개념으로는 준령과 대사막으로 격리된 아시아 동북부 지역을, 인종적 개념으로는 몽골인종 거주 지역을, 문화적 개념으로는 중국의 고대 문명에서 연원한 문명 지역을 말한다. 이 삼중적 복합개념에서 문화적 개념이 동아시아 개념 이해의 핵심이다. 이 복합개념을 적용하면 동아시아는 지역적으로 중국·한국·일본·베트남·몽골 등 5개국을 포함한다. 그밖에 지리적 방위에 따라 동아시아를 협의와 광의로 나누어 정동(正東)을 협의의 동아시아로, 북동의 몽골과 동시베리아, 남동의 동남아시아 지역을 광의의 동아시아라고 부르는 경우도 있다.

동아시아의 인문지리적 개황을 살펴보면, 동아시아는 아시아 동부 지역, 태평양 서안의 북위 4~53도, 동경 73~145도 사이에 자리하고 있으며, 면적은 1170만km²(지구 육지 면적의 9%)에 달한다. 이 땅 위에 약 15억명(아시아의 40%, 세계의 4분의 1)의 인구가 살고 있는데, 인구밀도는 1km²당 130명(세계는 40명, 3배)이며, 인종은 몽골로이드 위주이고, 기타는 한장어(漢藏語) 계통의 한족(漢族, 중국인)과 장족(藏族), 알타이어계의 몽골족과 만족(滿族), 언어 계통이 불명확한 한족(韓族, 한국)과 야마또족(大和族, 일본) 등이다.

지세는 서쪽이 높고 동쪽이 낮은 다산(多山) 지세에 알프스·히말라야지진대와 환태평양지진대의 교착지대로서 화산 활동과 지진이 많다. 기후는 전형적인 아열대 계절풍기후로서, 여름은 덥고 비가 많이 오는 데 비해 겨울은 온화하고 비가 적으며, 여름과 가을(5~10월)에는 태풍이 잦다. 세계적인 물산으로는 세계 총생산액의 40%를 차지하는 쌀과 25% 이상의 차, 20%의 대두(콩)가 생산된다.

동아시아문명권의 개념

지금까지 동아시아문명권(East Asian Cultural Sphere)에 관한 인문학적 연구가 간헐적으로 있어왔지만, 주로 전통적 개념을 연구하는 데 치중하다보니 진부성(陳腐性)을 면치 못했다. 그리하여 다음과 같은 필요성으로 인해 시대의 흐름에 따라 새롭게 정립되어야 한다는 주장이 제기되고 있다.

① 동아시아 이해에서의 핵심적 개념인 문화적 개념이 내포하는 유교사상이나 율령(律令) 같은 문명적 공통성이나 유대가 이미 많이 변화했다.

② 동아시아문명권 주체들 간의 조공(朝貢)이나 정치적 주종관계 같은 관계가 이미 근본적으로 달라졌다.

③ 글로벌시대를 맞아 지역화(블록화)가 중요한 역할을 하는 현실에서 동아시아문명권의 주체성과 정체성을 인문학적으로뿐만 아니라 사회학적으로도 새롭게 정립해야 한다.

이러한 현실적 요구를 반영해 '동아의식(東亞意識)'이니 '동아공동체'니 '동아협력체'니 하는 등 새로운 관계론적 구상들이 나오고 있다. 그러나 일부에서는 이러한 구상들이 아직은 시기상조라는 반박도 제기된다.

동아시아문명권이란 동아시아 일원에서 유교와 불교, 한자 등 문명 구성요소를 장기간 공유해온 중층적 복합문명권이다.[87] 지금껏 동아시아문명권의 개념이 제대로 정립되어 있지 않기 때문에 그 지칭이 다양하다. 동아시아문명권, 동아시아문화권, 유교문화권, 한자문화권, 중화문명권, 한족문화권, 화북(華北)불교문화권, 젓가락(筷子)문화권 등 각인각설의 주장이 난립하고 있다. 이 책에서는 지정학적 특성을 살려 '동아시아문명권'으로 명명하였다.

동아시아문명권도 기타 문명권들과 마찬가지로 문명권 형성의 제반 여건, 즉 공통적 문명요소들을 두루 갖췄기 때문에 비로소 형성 가능했던 것이다. 흔히 그 공통요소로 꼽는 것이 유교·불교·한자·율령·문물(文物)·전장제도(典章制度)·관제(官制)와 법제(法制) 등 8대 요소다. 그 가운데서 오늘날까지도 동아시아문명권에서 여력을 잃지 않고 계속 기능하고 있는 유교와 불교 및 한자 세가지가 중국·한국·일본·베트남에 유입되어 융합적인 유교문명권을 형성한 과정을 약술하면 다음과 같다. 사실상 기타 요소들은 이미 그 기능을 상실한 상태다.

1) 유교

유교의 한국 유입에 관해 한국 학자들은 전국(戰國)시대 말엽 연(燕)나라 때(B.C. 4세기) 혹은 위만조선(서한西漢 4군 시대, B.C. 2세기) 때 유교가 유입되었다고 주장하지만, 중국 학자들은 한반도 삼국~신라 통일 시기(3~7세기 중엽)에 유교가 유입되고 조선조 건국 시대(중국 당조~명조, 7세기 중엽~14세기 말)까지가 발전기, 그후 일제 강점(1910)까지가 전성기라고 늦춰 잡고 있다.

일본은 5세기 초(405) 백제의 왕인(王仁) 박사에 의해 10권의 『논어』와 1권의 『천자문』이 처음으로 전달된(720년의 『일본서기』 기록) 후 7세기 중엽 봉건사회에 진입하며 유학이 발전했고, 에도(江戶)시대(1603~1867)가 전성기라는 것이 통설이다.

베트남은 기원전 2세기 전후 한 무제(漢武帝)가 남월(南越)을 평정하고 9군을 설치하면서 유교 경전과 유가의 인의교화(仁義敎化) 사상이 유입되었으나, 봉건국가 성립 초기(응오吳·딘丁·띠엔레前黎 삼국 시기, 10세기)에는 일시 숭불억유(崇佛抑儒) 정책으로 인해 유교가 부진하였다. 그러다가 첫 중앙집권적 국가인 레(黎) 왕조 시대(1009~1225)에 들어와서는 유학이 다시 부흥하기 시작했다.

이렇게 동아시아 유교문명은 문명권 내 성원국들의 각이한 시기에 각이한 여건 속에서 형성되었다. 중국은 기원전 2세기 한 무제가 '여러 학파를 버리고 오직 유가만을 존중한다(罷黜百家 獨尊儒術)'고 선포했고, 한국은 14세기 고려 말 조선 초에 주자학(朱子學, 성리학性理學)을 신봉하기 시작했으며, 베트남은 15세기 레(黎, 1428~1789) 왕조에서 정주이학(程朱理學)[88]만을 존중한 한편, 일본은 17세기 토꾸가와(德川) 시대(1603~1868)에 주자학을 관학(官學)으로 삼았다. 그렇다면 유교문명이 공통 요소를 구비한 중합(重合) 시기는 17세기이며, 따라서 이때부터가 진정한 유교문명권의 형성기라고 말할 수 있다.[89]

2) 불교

중국은 불교의 자국 초입(初入) 시기 문제에 관해서 의견이 구구하다. 그러나 근간의 중론은 서한 애제(哀帝) 원수(元壽) 원년(B.C. 2)에 대월지(大月氏) 왕의 사신 이존(伊存)이 장안에 와서 조정 내의 박사 제자인 경려(景廬)에게 『부도경(浮屠經)』을 구수(口授)한 때를 시전(始傳)으로 보고 있다. 중국 불교는 유입 시기와 유입 경로가 다르므로 한전(漢傳)불교(한나라 때 유입, 국내외에 광범위하게 전파), 장전(藏傳)불교(티베트·칭하이靑海·내몽골 등지), 남전(南傳)불교(윈난雲南성 여러 소수민족 거주 지역) 등으로 나뉜다. 교파별로 나누면, 한전(漢語)과 장전(티베트어)은 대승불교 계통이고, 남전(팔리어)은 상좌부불교 계통에 속한다.

한국의 불교 초입 시기와 관련해서는 크게 두가지 설이 있는데, 하나는 4세기 중엽 고구려를 시작으로 삼국에 유입되었다는 북래설(北來說, 지금까지의 전통설)이고 다른 하나는 기원 초 가야시대에 남해로를 통해

유입되었다는 남래설(南來說)이다.⁹⁰

일본의 경우 불교의 초입을 522년 중국 양조(梁朝)의 사마달(司馬達) 등이 야마또(大和)에 도래해 불상을 안치하는 건물을 건립하고 예를 올린 때로 하는 데는 이견이 없지만, 이것은 불교의 사전(私傳)이다. 552년 백제의 명왕(明王)이 석가불 금동상 1존과 『경론(經論)』을 보냄으로써 불교 전파가 공식적으로 시작되었는데, 이것은 불교의 공전(公傳)임이 분명하다.⁹¹ 일본에서는 불교 유입 후 숭불(崇佛, 소가씨蘇我氏)과 배불(排佛, 모노노베씨物部氏) 간에 갈등이 발생했는데, 쇼오또꾸태자(聖德太子)의 숭불로 불교가 신승(辛勝)하고 그후 흥성하였다.

태자 사후 25년 만에 '타이까개신(大化改新)'이 일어나 국가적 통일이 이루어졌을 때 10사(師)의 임명 등으로 승려들이 중용되고, 천황의 보조로 사찰이 건립되었다. 나라(奈良)시대(710~94)에 이르러서는 불교가 전성기를 맞아 5대 사찰과 도오다이지(東大寺, 745, 전국 본산)가 세워지고, 당대(唐代)의 고승 감진(鑑眞)이 요청을 받고 도일(渡日)해 나라에 토오쇼오다이지(唐招提寺)를 건립하였다(759). 헤이안(平安)시대에는 전통적 신또오(神道)와 불교의 이른바 '신불습합(神佛褶合)' 현상이 나타나, 사찰 내에 신사(神社)를, 신사 내에 불사를 짓는 것이 허용되었으나 메이지유신(明治維新) 후에는 신또오와 불교가 분리되었다.

그러다가 토꾸가와 시대에 유학(儒學, 특히 朱子學)이 불교를 대신해 통치사상으로 둔갑하면서 불교에 여러가지 제재가 가해지자 불교의 영향력은 점차 축소되었다. 메이지유신 이후에는 신또오와 불교가 분리되었을 뿐만 아니라, 불교 탄압과 불승들의 환속(還俗)이 이어짐과 동시에 승려들의 대처육식(帶妻肉食)과 사회활동이 허용됨으로써 일본 불교는 본연을 잃고 세속화되어갔다.

3) 한자

한국에서는 한자가 기원전 3세기경에 중국으로부터 유입된 후 한국어 발음과 의미를 한자로 표기하는 이두문(吏讀文)으로 발전해오다가, 1443년 세종대왕 때 순한글 문자인 훈민정음(訓民正音)이 창제되면서 한자 일변도의 문풍(文風)은 사라지고, 한글과 한자의 병용(倂用) 시대가 시작되었다.

고유문자가 존재하지 않았던 일본은 238년 중국 조위(曹魏, 위나라)가 일본 야마따이국(邪馬臺國) 여왕 히미꼬(卑彌呼)가 보낸 사절 난쇼오메(難升米)를 통해 여왕에게 보낸 국서에서 한자로 일본어를 표기한 것이 한자의 최초 일본 전파로 알려져 있다.[92] 한편, 5세기 초 일본 조정의 요청에 의해 백제 왕인(태자의 궁전 교사)이 『논어』 10권과 『천자문』 1권을 휴대하고 도일하였다. 이것은 한자의 공식 일본 전파의 효시라고 짐작된다. 그후 한자에 준해 일본어 훈독(訓讀) 문자가 창제되었다.

베트남의 한자 수용과 변용은 좀 독특하다. 한자는 한대(漢代)에 초전(初傳)되었는데, 당시는 '쯔뇨'(字儒, 𡨸儒, Chữ Nho)라고 칭해졌다. 점차 정부와 민간의 주요 문자로 통용되면서 광범위하게 전파되자 8세기에 이르러 한자에 바탕해 베트남어를 표기하는 새로운 문자, 즉 쯔놈(字喃, 𡨸喃, Chữ Nôm, '베트남사람들의 글'이란 뜻)[93]이 창제되었다. 쯔놈의 구조상의 특징은 다음과 같다. ① 변형적으로 한자 원형을 유지하는데, 여기에는 음과 뜻이 같은 것(예를 들어 命-멩)과 뜻은 같으나 음이 다른 것(예를 들어 孤-꼬이), 음은 같으나 뜻이 다른 것(戈-꽈, 건너가다) 등 세가지가 있다. ② 至(뜻)+典(음)=덴(도착하다), 口(뜻)+內(음)=노이(말하다)라는 두 단어 결합에서 보다시피, 두 한자를 합쳐서 한 단어를 만드는 방법이다. 이렇게 한자가 합쳐져서 만들어진 단어의 비중이 전체 쯔놈에서 점차 높아졌는데, 14~16세기는 10.3%, 17세기는 10~12%,

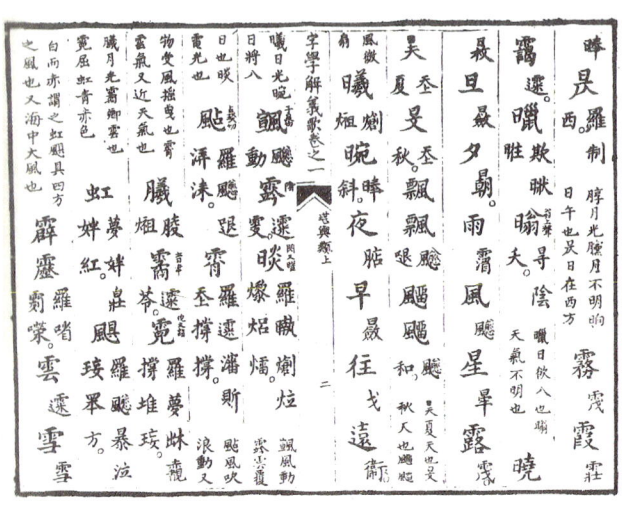

베트남 문자 쯔놈으로 한자를 풀이하기 위해 19세기에 편찬된 『사덕성제자학해의가(嗣德聖製字學解義歌)』 일부

18~19세기는 약 20%를 차지하였다.

이 창의적으로 창제된 쯔놈 문자는 베트남에서 몽골 침략을 물리치고 민족의식이 고양되던 쩐(陳) 왕조 시대(1225~1400)에 널리 쓰이기 시작하였다. 그러나 속자(俗字)로 취급되어 공식 문서에서는 제외되고 한자가 계속 사용되다가 20세기에 들어와 꾸옥구(quoc ngu, 국어國語)라고 부르는 로마자 표기법이 등장하면서 전래의 한자나 쯔놈 문자는 모두 무용지물이 되어버렸다.

동아시아문명권의 특징

무릇 문명권이라고 하면 상당히 긴 역사 과정을 거치면서 생성되는데, 그 과정에서 시대의 흐름이나 요청에 따라 시·공간적 범주나 영향력이 변화할 수 있다. 심지어 고유의 독특성마저 근간은 유지되더라도 부차적 내용이 첨삭될 수 있다. 따라서 한 문명권이 지니는 특징을 고정불변으로 고착시키지 말고 시대성의 반영 여부에 유념해야 한다.

2천여년의 유구한 역사를 갈무리하고 있는 동아시아문명권은 그 생성과정에서 시대성에 걸맞은 나름의 특징을 보이면서 오늘에 이르렀다. 앞에서는 주로 이 문명의 근간을 이루는 유교문명을 염두에 두고 개념이라든가 특징에 착안하였다. 그러나 전지구적 다(多)문명 시대를 맞은 오늘의 동아시아문명권에 관한 이해는 이것만으로는 부족하고 미흡하기 때문에 21세기의 시대적 현실에 부응하는 다방면적 이해를 요청받고 있다. 그 이해의 일환으로 동아시아문명권의 특징에 관한 학계의 이해와 지적을 분야별로 소개하고자 한다.

1) 정치 분야

① 대국적 갈등이 확산되면 제3차 세계대전에 돌입할 가능성이 높은 문명권: 과거사 정리와 2차대전 이후 전후 처리 및 냉전 후의 관련 사안 재논의에 실패함으로써 세계 수위권을 다투는 국방력을 갖춘 한·중·일 3국이 서로 사이가 좋지 않은 만큼 갈등이 확산되면 제3차 세계대전에 돌입할 가능성이 높다.

② 단일 협의체가 없는 문명권: 모계 유전자로 볼 때 한국·만저우·일본이, 그리고 중국·몽골이 가깝다. 그런 탓인지 유럽연합이나 아세안(동남아) 같은 단일 협의체가 없다.

③ 민족주의와 정치적 이념 대립: 역사 문제로 인한 국가 간의 알력이 심하다.

④ 국가 간 상호 신뢰관계의 진공 상태: 그 원인은 근대 서구 열강의 침투와 일제의 대동아공영권, 그리고 냉전 시기의 체제 경쟁 등에 있다. "결국 품속에 칼을 숨기지 않으면 제대로 된 소통을 할 수 없는 상황으로 귀결되었고, 포용이란 개념은 갈수록 희박해지는 악순환이 반복되

는 중이다. (…) 동아시아는 타 대륙과 달리 노선과 진영이 극단적으로 갈리는 곳으로, 거시적인 관점에서 본다면 자본주의 국가이자 서방에 속한 대한민국, 일본, 대만, 그리고 (…) 미국을 견제하며 반(反)서방을 대표하는 중국과 러시아와 북한이 첨예하게 대치하고 있다."[94]

⑤ 아시안 패러독스: 현재 동아시아 3국은 무역을 통해 서로 긴밀하게 얽혀 있으며, 하나의 거대한 경제권을 형성하고 있다. 이렇게 경제 분야에서 서로에 대한 의존도가 점점 높아짐에도 불구하고 정치와 외교, 안보 면에서는 오히려 갈등이 더욱 심해지는 현상이 나타나는데, 이를 일컬어 학계에서는 '아시안 패러독스'(Asian Paradox) 또는 '이스트 아시안 패러독스'(East Asian Paradox)라고 한다. 2010~20년대를 거치면서 영토와 역사, 정치적·외교적 입장을 둘러싼 긴장이 급격히 고조되자, 예컨대 중국은 주한미군의 사드(THAAD, 고고도미사일방어체계) 배치에 반발해 한국 상품에 대한 불매운동과 군사적 압박을 가하였다.[95]

⑥ 강한 민족주의: '우리끼리 뭉쳐서 이겨내자'라는 민족주의와 집단적 의식(국가주의)이 구미권(歐美圈)보다 강하다

⑦ 다양한 정치체제의 스펙트럼: 한국은 미국식 대통령제 공화국, 일본은 영국식 의원내각제, 몽골과 타이완은 이원집정부제, 중국과 북한은 사회주의체제 등 정치체제의 스펙트럼이 다양하다.

2) 경제 분야

① 세계 경제의 중심지: 동아시아 경제권은 북미 경제권(미국) 및 서유럽 경제권과 더불어 세계 3대 주요 경제권 중 하나이다. 2021년 IMF(국제통화기금) 자료 기준으로 이 3대 경제권의 규모를 비교해보면, 동아시아가 가장 커서 25조 달러에 달하며, 다음으로 북미는 24.6조 달러, 서유럽은 10.3조 달러 순이다. 세계 경제력 2위와 3위, 10위인 중국과 일본, 한국이 자리하고 있어 세계 경제의 중심지 중 하나이다.

② 경제의 급속도 성장: 산업화의 후발 주자 문명권인데 경제가 급속도로 성장하였다. 그 요인은 다음과 같다.
ⓐ 상호 경쟁이 치열하고 교육열이 높다.
ⓑ 유교문화의 국가주의적, 통제 중심적 성향이 강하다.
ⓒ 2차대전과 냉전의 유산에 대한 청산은 미진하나, 제국주의(혹은 식민지) 청산은 비교적 잘 되었다.
ⓓ 근대 국민국가의 틀이 어느 정도 마련되어 있었다.
ⓔ 미국이 우방국인 한국과 일본, 타이완의 수출품을 집중적으로 사들임으로써 이 3국이 선진국으로 도약할 수 있었다.

같은 맥락에서 중국의 경제성장에 미국이 주요한 역할을 한바, 중국이 세계 자유무역체제에 편입할 수 있도록 미국이 많이 도와주었다. 중국은 WTO(세계무역기구)에 가입한 후 수출 관세가 줄어들자 세계의 공장이 되어 폭발적인 경제성장이 가능해졌고, 미국 역시 중국의 싼 인건비를 이용하여 싼 값으로 중국 제품을 사들일 수 있었다. 원래 미국은 중국이 자유무역체제에 들어와 서양의 각종 문물을 맛보고 나면 자연스럽게 민주주의가 이루어질 것이라는 희망회로(希望回路)를 돌렸지만, 그 결과는 중국이 성장한 경제로 미국을 겨냥하는 상황으로 돌아왔다.

③ 높은 1인당 GDP 수준: 권내 대부분의 국가나 지역의 1인당 GDP(국내총생산)는 이미 선진국 수준에 이르렀다. 그 순위를 보면, 1위는 마카오로서 5만 577달러(2022)이고, 2위는 타이완으로 3만 5510달러(2022. 10), 3위는 일본으로 3만 4360달러(2022. 10), 4위는 한국으로 3만 3590달러(2022. 10)이다. 중국의 경우는 19세기 초반만 해도 세계 강대국 중 하나였으나 아편전쟁 등 서구 열강의 침탈로 나라 전체가 피폐해졌다. 2차대전 후 승전국이 되어 UN의 유일한 아시아 상임이사국으로서 정

치외교적 위상은 회복되었지만, 공화국 성립 이후의 대약진운동 등 무모한 실책으로 인해 경제가 침체의 늪에 빠졌다. 그러다가 1980년대에 들어와 시장경제를 도입한 이른바 개혁·개방 정책을 펴면서 경제가 점차 살아나기 시작해 2000년대 말의 세계 금융위기 속에서도 유유히 성장함으로써 마침내 2010년에는 세계 2위의 경제대국으로 부상하였다. 그러나 워낙 인구가 14억명인데다가 경제적 기반도 단기간 내에는 다져질 수가 없어 1인당 GDP는 중위권인 1만 2974달러(2022. 10)에 머물러 있으며, 경제적으로는 아직 선진국에 불급(不及)한 형편이다.

3) 문화 분야

① 후발 문명권: 지정학적으로 구대륙 주요 문명권 중에서 제일 늦게 등장한, 막내뻘 문명인 셈이다. 세계 4대 문명 중 가장 늦게 탄생한 문명으로, 세번째 생긴 인더스문명보다 1천년 정도 늦게 나타났다. 이것은 인류의 기원 및 이동경로와 관련이 있는바, 아프리카에서 출발한 호모사피엔스사피엔스 무리들이 가장 먼저 정착한 곳이 서아시아 지역이며 이곳을 기점으로 서쪽과 동쪽으로 퍼져나갔다. 따라서 거리상 서아시아와 멀리 떨어진 동아시아가 그로 인해 문명이 시작된 시기가 상대적으로 늦을 수밖에 없었다. 게다가 문명시대가 도래한 이후에도 동아시아는 여느 지역과 달리 서북쪽에 타클라마칸사막과 고비사막 지대, 남쪽에 히말라야산맥이 병풍처럼 둘러져 있어 사방이 차단된 상태에서 타 문명권과의 접촉이나 교류가 힘들다보니 개화 속도가 늦지 않을 수 없었다.

② 무종교자·무신론자가 다수인 세속사회: 동아시아에서 종교는 있어도 그만 없어도 그만인 삶의 옵션(option, 자의로 선택 가능한 조건이나 권리) 정도에 불과하다. 전세계에서 서유럽과 함께 무종교 인구와 무신론자의 비중이 가장 높은 지역이다. 한국과 일본은 인구의 약 절반이 무종

교인이며 젊은 층일수록 무종교인 비율이 높다. 정치판은 세속적이며 현실적인 요소로 작동되고, 종교 정당은 안중에도 없다. 종교적 색채를 띠고 출마하는 사람은 일단 마이너스 점수를 감수해야 한다. 이렇게 사회가 세속적인 이유의 한가지는 유교문화의 짙은 영향이다. 대부분의 사회 구성원들이 유교적 사고관에 따라 사회적 성공인 입신양명(立身揚名)을 장려하고, 군주에 대한 충(忠)과 부모에 대한 효(孝)를 강조하는 한편 사후세계나 윤회, 부활 같은 초자연적인 개념은 괴력난신(怪力亂神)[96] 취급을 하는 등 극도로 세속적인 사회를 지향해왔기 때문에 역사적으로 종교가 뿌리내릴 만한 토양이 마련되어 있지 않았다. 도교나 신또오(神道), 무속신앙 같은 토착종교가 있기는 했지만, 거대한 관념적·철학적 이념이나 색채를 갖추고 사회담론을 주도할 수 있는 세력으로 성장하지 못했으며 그저 출세나 재물운 같은 개인의 세속적 성공이나 기원하는 일차원적 기복신앙 정도의 기능에서 그치고 말았다.

③ 어족의 다양성: 한자(漢字)라는 문자적 공통점이 있는데도 불구하고 주요 언어의 어족(語族)이 서로 다르다. 한국어는 고립어(孤立語) 내지는 한국어족으로 취급되고, 일본어는 오끼나와의 류우뀨우어(琉球語)와 함께 일본어족에 포함되며, 중국어는 중국·티베트어족에 속한다. 몽골어는 몽골어족에, 베트남어는 오스트로·아시아어족에 속한다. 한국어와 일본어는 어순뿐만 아니라 조사 사용 등 독특한 특징을 공유한다. 그리하여 한국어와 일본어를 같은 어족으로 볼 것인가에 관한 논의가 있어왔다. 그러나 구조 면에서는 두 언어가 매우 비슷하더라도, 어휘 면에서는 한자를 제외한 고유어에서 공통점을 찾기 어렵다.

4) 사회 분야

① 인구의 고밀도: 동아시아문명권은 세계에서 인구가 가장 많이 집결해 있는 문명권의 하나로서 세계 인구의 5분의 1이 넘는 인구가 살

고 있다. 그 가운데서 중국 인구는 약 14억명으로 동아시아 인구의 85%를 차지하며, 그밖에 일본(1억 2500만명, 세계 11위)과 한국(5200만명), 북한(2500만명), 타이완(2300만명) 등의 나라들도 영토의 크기에 비해 상당히 비대한 인구를 가지고 있다. 타이완과 한국, 일본의 인구밀도는 각각 661명/km^{2}과 515명/km^2, 334명/km^{2}이다. 인구 1천만명 이상의 국가들 중 인구밀도에서 타이완과 한국이 각각 2위와 3위다. 인구의 고밀도는 산업활동과 국가 운영에서 여러가지 불편함을 수반한다.

② 저출산: 동아시아문명권은 세계에서 출산율이 가장 낮은 문명권이다. 그간 중국과 한국은 국가의 정책으로 저출산을 규제한 결과 출산율이 급감하였다. 심지어 한국에서는 한때 세명의 자녀를 낳으면 야만인 취급을 하는 반인륜적 기류마저 감돌았다. 그리하여 1990년대 출산율이 중국 둥베이(東北) 3성은 0.5명이 되고, 서울은 0.8명(2019년에는 0.92명) 내외로 내려가면서 한국은 마침내 전세계 최저 출산율 국가로 추락하였다. 저출산은 인간사회의 건전한 발전을 도모하는 인적 자원의 원천적 저애(沮礙)와 약화를 초래하는 인재(人災)다.

5) 군사 분야

① 무예(武藝)와 강군(強軍) 중시의 전통: 고대 중국은 『손자병법(孫子兵法)』을 비롯한 다양한 병법서들을 찬술하였으며, 왕조 교체기나 유목민족들의 침탈을 받았을 때 강한 국방력의 중요성을 절감하였다. 한반도의 역대 왕조들도 중원 국가들이나 유목민족들과의 부단한 충돌로 인해 국방력 강화에 심혈을 기울이지 않을 수 없었으며 고구려와 발해는 막강한 군사력으로 만저우 일원을 평정하기도 하였다. 일본도 역시 사무라이와 같은 전문 무사계층들의 권세가 강해지고 전국시대라는 전쟁시대를 거치면서 시종 강력한 군사력을 보유했다.

② 대규모 병력의 동원: 유사시에는 체계적인 중앙집권제에 기반해

대규모의 병력을 동원했다. 고구려 원정의 경우 유럽 같으면 3만명 투입으로 족했을 텐데 중국 수(隋)나라는 113만명의 대군을 동원했으며, 고려는 중국 요(遼)나라에 맞서 40만명의 대군을 징집해서 대규모 야전(野戰)을 펼치기도 하였고, 임진왜란에 동원된 일본군은 20만명에 달했다. 이와 같이 동아시아문명권 내의 나라들은 같은 시기 유럽 국가들보다 훨씬 거대하고 체계적인 군사동원체계를 갖추고 있었다.

③ 대규모 전면전이 일어날 가능성: 동아시아문명권은 막강한 군사력을 보유하고 있는 세계적 군사력 강국권(强國圈)이다. 2023년 기준 세계 군사력 평가에서 중국은 3위, 한국은 6위, 일본은 8위를 차지했다. 동아시아문명권으로 분류되지는 않지만, 중국이나 북한과 연해주에서 국경을 접하고 있을 뿐만 아니라, 서로가 반서방 전선에서 협력관계를 유지하고 있는 러시아는 세계 2위의 군사강국이다. 그런가 하면 한국과 일본에 자국 군대를 주둔시키며, 상호방위협정 등으로 동아시아에서 군사적 사건이 발생할 때는 당사국 중 하나가 되는 미국을 포함하면 동아시아는 군사강국들 간의 각축장이라고 말할 수 있다.

더욱이 핵무기 보유 여부가 군사강국의 기준이 되는 현실에서 지금은 각축의 심도나 전쟁의 위험성이 날로 깊어만 가는 판국이다. 한국과 일본은 핵을 보유하고 있지는 않지만, 미국의 싱크탱크에서는 이 두 나라를 단기간 내에 핵무기를 제조할 수 있는 '준(準)핵보유국'으로 분류하고 있다.[97] 이를테면 오늘날의 핵기술은 '마치 불판 위로 올라가기만을 기다리는, 손질이 다 된 요리 재료와도 같은 셈이다.' 일찍이 2010년대 중반 미국 육군참모총장은 국제정세에서 일어날 최악의 상황으로 한반도에서 벌어질 전쟁을 꼽았다.

그러나 아이러니하게도 한반도를 포함해 동아시아문명권 내에서 실제로 무력충돌이 발생할 가능성은 화약고 중동 등지에 비하면 높지 않다는 것이 일반적인 평가다. 그 까닭은 동아시아 국가들이 지불해야 할 전쟁의 기회비용(機會費用)[98]이 너무 크기 때문이다. 동아시아는 세계에서 경제적으로 가장 중요한 지역의 하나이며, 다른 지역과의 상호의존도도 매우 높다. 또한 중국이나 러시아가 한국이나 일본을 상대로 군사적 충돌을 벌일 경우 반드시 주한미군과 주일미군의 존재를 염두에 두어야 한다. 동아시아에서 일어날 전면전은 핵무기를 수반하는 핵전쟁으로 번질 개연성이 있는데, 이는 곧 세계대전으로 비화할 가능성이 매우 높다. 따라서 국지적 분쟁이나 각축이 전면전으로 확대될 가능성은 상대적으로 미약하다는 것이다.

동아시아문명권의 통일성과 5대 발전 단계

동아시아문명이 문명권 형성의 공통적 3대 요소(독특성과 시·공간성 및 생명력)를 구비할 수 있었던 요인은 다음과 같다.

① 중국문명이라는 원천의 단원성(單元性).
② 역내의 활발한 교류에 의한 상호수용과 공진(共振).[99]
③ 외래문명(불교와 서구문명 등)의 동아시아문명화.

이러한 통일성(문명권의 공통요소)을 유지해온 동아시아문명권은 다음과 같은 5단계의 발전, 변화 과정을 거쳐왔다.

제1단계 형성기: 상고(上古)→한(漢)·위(魏)/ ~3세기(265년)
제2단계 정착기: 양진(兩晉)→수·당/4~9세기
제3단계 발전기: 송→청/10~17세기
제4단계 쇠퇴기: 18~19세기
제5단계 부흥기: 2차대전~현재[100]

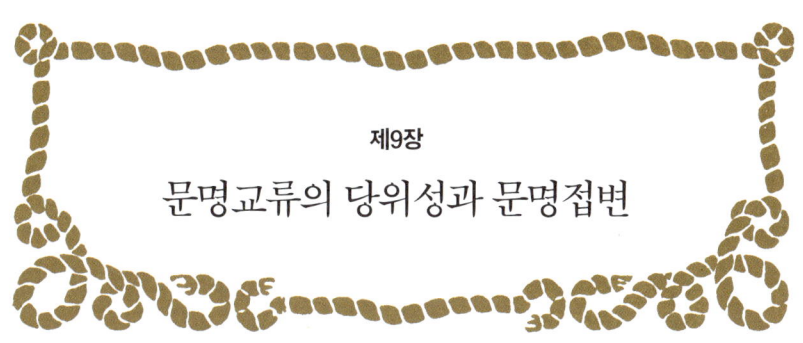

제9장
문명교류의 당위성과 문명접변

I 제1절 문명교류의 당위성

문명의 교류는 원천적으로 문명의 근본 속성에 의해 규제된다. 문명은 자생과 모방이라는 두가지 근본 속성을 지니며, 그에 의해 탄생하고 발달하며 전파되고 수용된다. 자생성은 문명의 내재적이고 구심적인 속성으로서 문명의 보편성과 개별성을 규제하고, 모방성은 문명의 외연적이고 원심적인 속성으로서 문명의 전파성과 수용성을 결과한다. 따라서 자생성과 모방성은 문명의 2대 속성인 동시에 그 발생, 발전과 전파 및 수용의 2대 요인이기도 하며, 서로가 상보상조적인 관계이다. 그 어느 하나가 결여되거나 미흡하면 문명은 침체나 기형을 면할 수 없다. 그중 문명의 모방은 그것이 창조적이건 기계적(답습적)이건 간에 문명 간의 교류를 통한 전파와 수용 과정에서 현실화된다. 그리하여 교류는 모방에 의한 문명의 발달을 촉진하는 필수불가결의 매체이다.[1] 이와 같이 문명은 자생성과 함께 모방성이라는 고유의 속성을 지니기 때문에 그 생성과 발달은 필히 타 문명과의 교류를 수반한다.

문명교류란 구성요소를 달리하는 문명(이질문명) 간의 상호 전파와 수용을 말한다. 문명교류는 문명이 지닌 근본 속성의 하나인 모방성으로 인해 필연적으로 진행되는데, 그 구체적인 과정은 문명의 전파와 수용에 의해 실현된다. 바로 이러한 속성 때문에 문명교류는 물리적 거리나 여러가지 인위적 장애에도 불구하고 간단없이 진행된다. 교류 속에서 개개의 문명은 자신의 자생성을 다른 문명에 대한 모방성과 결합시키면서 자체의 고유문명을 키우고 살찌워나간다. 이것이 바로 문명 발달의 통칙이다. 따라서 교류사 연구는 문명의 속성과 문명교류의 특성을 올바르게 파악한 토대 위에서 여러 문명집단(문명권) 간에 이루어진 교류의 과정과 성격, 그리고 결과를 면밀히 검토·구명함으로써 인류 공동의 문명 창달에 기여해야 한다.

문명교류의 특성을 포괄적으로 구현하는 것이 동서 문명교류이다. 넓은 의미의 동서 문명교류란 신·구대륙의 광활한 지역에서 발생한 여러 문명이 시·공간적 한계를 넘어 서로 교류하고 영향을 주고받으면서 상호의존적으로 발전·풍부화되어가는 문명 발달 과정을 말한다. 고대에는 오리엔트문명을 비롯해 중국과 인도, 그리스, 로마, 페르시아 등 고대국가들에서 고전문명이 개화함으로써 동서 문명교류가 비로소 시작되었다. 그러다가 중세에 이르러서는 이른바 '신대륙'의 발견과 이에 따른 환지구적(環地球的) 문명 통로인 실크로드의 개척과 더불어 이러한 문명교류가 구대륙(유라시아와 아프리카)에서 이른바 '신대륙'인 아메리카대륙으로 확대됨으로써 명실상부한 범세계적 문명교류가 전개되었다. 이 범세계적인 문명교류는 단순한 방향적(공간적) 개념에서 동양(동방)과 서양(서방) 간의 단선적이고 일방적인 교류가 아니라, 지구의 동서남북을 두루 아우르는 전 인류문명 간의 복선적이고 망상적(網狀的)인 상호교류로 그 폭이 부단히 확대되었다.[2]

문명은 모방이라는 근본 속성으로부터 산생되는 전파성과 수용성으로 인해 그 교류가 불가피하다. 따라서 어떠한 물리적 힘도 이 당위적인 문명교류를 제어 차단할 수는 없다. 간혹 외연적인 요인으로 교류가 잠시 정체되거나 지체되는 현상이 발생할 수는 있으나, 이것은 어디까지나 우발적인 일시적 현상에 불과하며 영원한 정지란 있을 수 없다.

문명의 전파성이란 일단 창조된 문명은 물리적 거리나 인위적 장애에도 불구하고 의식적이건 무의식적이건 간에 주위에 조만간 보급·확산된다는 것을 의미한다. 문명의 전파는 문명교류의 필수적 과정으로서 그 양태에 따라 교류상이 좌우된다. 전파성에 대응되는 문명의 수용성이란 전파된 문명이 피전파문명에 합류·정착되는 것을 뜻한다. 다른 문명이 수용될 때에만 실질적인 문명교류가 실현되었다고 할 수 있기 때문에 문명의 수용은 문명교류의 징표라고 말할 수 있다. 아울러 다른 문명에 대한 수용성 때문에 문명교류는 비로소 가능한 것이다.

문명교류는 또한 문명의 다른 근본 속성인 자생성에서도 그 당위성을 찾아볼 수 있다. 그것은 문명교류가 자생성에서 산생되는 보편성과 개별성에 의해서 보장되기 때문이다. 문명의 보편성(공통성)이란 같은 환경이나 여건하에서는 물론이고 때로는 다른 환경이나 여건 속에서도 시공을 초월해 내용과 형태가 유사한 문명이 창조된다는 것을 뜻한다.[3] 인류는 언제나 보편성에 바탕을 둔 문명의 공유를 염원하는데, 문명교류가 이러한 보편성 형성의 첩경이 될 수 있다. 이에 비해 문명의 개별성(고유성)은 매개문명이 자기 특유의 개성을 지님으로써 다른 문명과 구별되는 것을 말한다. 이러한 개별성은 문명 간의 이질성을 조건지어 주기 때문에 문명교류의 결정적 전제가 된다.[4]

문명교류는 본질적으로 서로 다른 문명(이질문명) 간에 오고 가는 것으로서 '서로의 다름'이야말로 문명교류의 전제인 동시에 필수적인 요인이다. 이러한 '서로의 다름'을 바로 인지하고, 그에 대해 불편부당한 타자론적(他者論的)·상대주의적 입장을 취할 때에만 진정한 의미의 문명교류가 이루어질 수 있는 것이다. 포괄적인 동양문명과 서양문명 간의 상차(相差)에서 이와 같은 문명교류의 당위성이 여실히 입증됨과 동시에, 그 상차에 대한 합리적인 이해가 절실함을 간파하게 된다.

원래 인간은 동양인이건 서양인이건 간에 생물학적으로는 같은 종(種, 엄격히 말하면 '호모사피엔스사피엔스'라는 아종亞種)에 속하여 같은 지수의 뇌 용량을 가지고 생겨난 후 변하지 않는 육체적 속성뿐만 아니라, 인간의 본성이라는 불변의 정신적 속성도 공유한다. 그러나 자연환경이나 인문환경이 달라짐에 따라 서로 다른 문명을 창출하고 말았다. 동양과 서양 간의 문명적 격차가 바로 그 대표적인 일례이다.

공자의 인(仁)이나 예수의 사랑, 석가의 자비나 무함마드의 형제애가 같은 맥락의 도그마적 가르침이기는 하나, 동양과 서양의 서로 다른 역사적 환경 속에서 그 설명과 치장은 그토록 다를 수가 없다. 정신문명의 측면에서 볼 때, 대저 절대적·배타적·원심적·능동적·외향적·논리적·분석적·개인적인 것이 서양문명이라면, 동양문명은 상대적·포괄적·구심적·수동적·내향적·직관적·종합적·관계적인 것이어서 정말로 음과 양처럼 대조적이다. 요컨대 동은 동대로 서는 서대로의 사고와 행동양식이 있다는 것이다.

그런데 이러한 대조관계를 자연계의 수화불상용적(水火不相容的) 관계처럼 보아서는 안 된다. 단지 이것은 다름에서 오는 대조관계일 뿐이다. 이러한 대조관계를 우열관계로 오인하여 '선진 서양'이니 '후진 동양'이니 운운하거나, 이러한 대조관계를 절대관계로 착각해 서로의 만남이나 섞임을 부정하는 것은 일종의 단견이고 편단이다.

작금 '선진 서양'이니 '후진 동양'이니 하는 발상은 주로 근세(최근

200년간)에 와서 서양이 기술문명에서 동양을 앞질러 가고, 이에 따라 이른바 서구문명 '중심주의'나 '우월주의'의 잔영이 작동하고 있기 때문이다. 그러나 이는 어디까지나 역사에서 일어나는 일종의 기선 잡기(forestall)일 따름이다. 돌이켜보면 6천년 인류문명사는 그 활동 무대에서 동과 서가 서로 엎치락뒤치락하면서 만나고 나누는, 즉 교류의 역사이다. 물론 자생문명도 있지만, 그것도 근원적으로 보면 교류를 통해 외래문명과 관계된 경우가 다반사이며, 문자 그대로의 순수문명이란 사실상 존재하지 않는다.

그래서 문명교류사 연구는 이질문명에 대한 이해를 전제로 한다. 인류가 문명의 발달에 능동적으로, 그리고 성공적으로 대처하기 위해서는 이질문명에 대한 정확한 이해가 선행되어야 한다. 인류의 미래는 생물학적 진화보다 상호의존적인 문명의 발달에 절대적으로 의존하게 될 것이다. 지난 시기 각 문명의 구성원들은 협애한 편견 때문에 서로에 대한 이해를 소홀히 하였거나 포기한 것이 사실이었다. 주지하다시피, 13세기 마르꼬 뽈로는 동방에 와서 직접 견문하고 체험한 여러가지 타 문명의 업적들을 『동방견문록』이라는 여행기에 실감나게 소개했다. 그러나 서양인들은 당대는 물론이고 그후 수세기 동안 그 내용을 믿으려 하지 않았다. 마르꼬 뽈로가 임종을 앞두었을 때, 그의 친구들이 영혼의 평화를 위해 이 견문록에 수록된 '거짓말'들을 회개하라고 권유했다. 그러자 마르꼬 뽈로는 한숨을 몰아쉬며 회개는커녕, 오히려 그가 본 동양의 놀라운 일들을 절반도 기술하지 못했다고 못내 아쉬워하면서 눈을 감았다. 그런가 하면 그로부터 500년이 지난 뒤 절대정신을 파악했다고 자부한 철학자 헤겔조차도 "중국이란 나라가 존재한다는 것 외에는 중국에 대하여 아무것도 이해하지 못했다"[5]고 고백하였으니, 근세까지도 이질문명 간에 존재한 폐쇄성(閉鎖性)이나 격색성(隔塞性)이 얼

마르꼬 뽈로 『동방견문록』 프랑스어 판본. 쿠빌라이 칸이 돈을 이용해 무역상들과 거래하는 장면이 묘사되어 있다. (사진 프랑스국립도서관)

마나 심각했는지를 가히 짐작하고도 남음이 있다.

이질문명에 대한 이해는 문명 각개에 대한 이해일 뿐만 아니라, 서로의 비교연구에 의한 이해를 수반하기도 한다. 따라서 이러한 이질문명 간의 비교연구는 문명교류사 연구에서 필수이지만, 이질문명 자체의 심층적 연구를 위해서도 유효한 연구방법이다. 그리하여 종래 많은 학자들, 특히 문명사학자들은 비교론적 관점에서 이질문명의 발생·발전과 상호 영향관계를 다각적으로 모색해왔다. 그 초점은 이질문명의 상이성과 그 연원에 관한 해명이다. 즉, 생물학적으로 같은 종에 속하는 각이한 인간이 창출한 문명이 어떻게 서로 다르며, 또 왜 그럴 수밖에 없는가 하는 문제의 고구(考究)와 해명이다.

| 제2절 문명교류 과정과 접변

문명교류의 전개상

 전술한 바와 같이 문명은 자생성과 모방성, 그리고 공유성이라는 3대 근본 속성으로 말미암아 태생적으로 교류를 수반하게 되는데, 그 시원(始原)과 계기는 인류의 장거리 이동이다. 지금까지의 고고학 연구에 의하면 인류는 후기 구석기시대(1만 2천~3만 5천년 전)에 장거리 이동을 하기 시작한 것으로 추정된다. 오스트레일리아나 뉴기니에서 호모사피엔스사피엔스에 속하는 자바의 와자크인(Wadjak man)이나 보르네오의 사라와 니아 동굴인(Sarawak Niah man)과 비슷한 인골이 발굴되었는데, 이들은 지금으로부터 약 3만년 전에 험난한 바다를 건너 이곳에 이주해 온 것으로 추단(推斷)된다. 또한 수만년 전에 몽골 인종이 베링 육교(陸橋, 베링해협Bering Strait)를 건너 아메리카에 정착해 인디언의 조상이 되었다는 사실도 밝혀지고 있다. 이때부터 문명은 인류의 장거리 이동에 따라 소통되고 교류되기 시작한 것이다. 그리하여 문명사에서는 후기 구석기시대를 인류문명 교류의 시원으로 간주하고 있다.

 이렇게 시작된 인류문명의 교류사는 교류의 내용이나 전개 양상 및 특징에 따라 편의상 태동기(胎動期), 여명기(黎明期), 발전기(發展期), 개화기(開花期) 네 시기로 나눠 고찰할 수 있다. 상고시대에 해당하는 태동기는 문명의 교류가 시작된 후기 구석기시대부터 이른바 역사(혹은 문명文明)시대의 전반기(前半期, B.C. 4000~1000년경)까지의 약 3만년간이라는 장구한 기간을 포함한다. 문자 기록은 거의 없고 암벽화만이 국지적으로 약간 산재해 있는 이 시기의 문명교류상은 오로지 고고학적 유적·유물에 의해서만 추적이 가능하다. 그런데 그 유물은 대개가 석기시대나 청동기시대, 초기 철기시대에 제작된 각종 석기와 청동기로 몽매시대의 원시적 문명 수준에 머물러 있는 것이어서, 이를 바탕으로 교류상을 복기(復棋)하는 데는 절대적인 한계가 있다.

그러나 다행스러운 것은 유라시아대륙 몇곳에서 당시의 교류상에 그나마 비교적 근접한 모습을 시사해주는 초기의 유물이 출토되었는데, 그것이 바로 여인 나체상으로 알려진 비너스(Venus)상이다. 19세기 말엽부터 서유럽과 동유럽, 시베리아의 7개 지역 19곳에서 후기 구석기시대에 속하는 여러가지 형태의 비너스상 수백점이 출토되었다. 지금으로부터 약 2만년 전에 환조(丸彫) 기법으로 제작된 이 유물의 출현과 전파는 문명교류의 태동기에 있었던 인류문명 최초의 교류상을 여실히 보여준다.[6]

그러다가 지금으로부터 약 1만년 전에 충적세(沖積世)가 시작되면서 일어난 범지구적 지각변동은 인류의 대이동을 초래했다. 그 결과 유라시아대륙에 몇갈래의 길, 즉 초기의 실크로드가 생겨나기 시작했으며, 이 길에 의해 문명교류가 여명기를 맞았다. 기원전 7000년경에 메소포타미아 지방에서 발생한 농경과 목축업, 그리고 형형색색의 토기와 방직 기술 등 원시문명이 이 길을 따라 점차 주변 여러곳에 전파되었으며, 서아시아와 동아시아에서 각각 기원전 6000년경과 4000년경에 제작된 채도(彩陶)도 이 길을 따라 동서로 광범위하게 파급되었다. 이와 더불어 이 지역에서 전개된 거석(巨石)문화나 즐문토기(櫛文土器)문화, 세석기(細石器)문화 등 동서를 아우르는 원시문명의 전파상을 통해서도 이 시기에 작동한 문명교류의 여명상을 여실히 읽을 수 있다.

그러나 이 시기의 문명교류는 주로 일방적이고도 단향적(單向的)인 이동이기 때문에 상호성에 바탕을 둔 호혜적(互惠的) 교류는 극히 미미한 상태이며, 교류상을 실증할 만한 유적과 유물은 앞의 몇가지를 제외하고는 드문 형편이다. 이처럼 상호교류가 아니라 일방적인 이동에 불과한 편파적(편향적) 문명교류가 싹튼 태동기는 문명교류사의 상고시대라고 말할 수 있다.

태동기에 이은 여명기는 문자 그대로 어둑새벽의 터널을 갓 벗어나 희미하게 밝아오는 새벽 무렵을 맞은 역사시대의 후반기(기원전 1000년경 시작)를 상상케 한다. 이 시기에 이르면 동서 간에 실크로드의 3대 간선(초원로와 오아시스 육로, 해로)을 통한 초기 문명교류의 모습이 약간씩 드러나고 그 윤곽이 잡히기 시작하는데, 이러한 여명기는 기원후 4세기경까지 약 1500년간 지속된다. 이 시기의 문명교류상은 곳곳에서 발견되는 고고학적 유적·유물과 더불어 이른바 '고전(古典)'이라고 평가되는 문헌 기록에 의해 비교적 오롯이 밝혀지고 있다. 요컨대 이 시기는 문명교류의 통로인 실크로드의 개통과 더불어 동·서양 간에 문물교류가 가시화되는 역사시대·문명시대에 해당한다.

아직은 교류에서의 일방성이나 단향성, 편파성(편향성)을 크게 탈피하지는 못했지만, 문물교류에서 상호성이 나타남으로써 교류의 호혜성이나 완결성[7]의 조짐이 보이기 시작한다. 그리하여 기원을 전후한 시기 동·서방에 한(漢)제국과 로마제국이라는 강대한 통일제국이 대치하고, 북방 유라시아 초원지대가 스키타이와 흉노를 비롯한 유목기마민족들의 활동 무대가 되면서 문명들 간의 이질성과 차별성이 표출되어 문명권의 태아(胎兒, 전신前身)인 초기의 문명공동체가 형성되기 시작했다. 기원전 1000년기에 접어들면서 지중해와 홍해, 아라비아해 사이는 물론, 남인도와 홍해, 바빌로니아 사이에도 해로가 개통되어 해상교역이 시작되었다. 해로뿐만 아니라 북방 유라시아 초원지대에도 초원로가 동서로 뻗어, 이 길을 타고 중앙아시아의 아나우(Anau)문화와 시베리아의 카라수크(Karasuk)문화를 비롯한 청동기문화가 동서로 퍼져나갔다. 특히 기원전 1000년경에 문명 발달의 불균형에서 오는 갈등과 청동제 고삐(reins)와 재갈(bit) 등 마구의 발명에 따른 기마전술 출현의 결과로 평화적 유목민들이 일약 전투적 기마민족으로 변신함으로써 북방 초원지대는 활발한 교역장으로 변모했다.

기원전 8세기경부터는 남러시아 일원에서 흥기한 유목기마민족인 스키타이(Scythai)가 초원로를 따라 종횡무진 활동하면서 아조프해(Sea of Azov)에서 알타이산맥 부근까지 이르는 이른바 '동방무역로'를 개척하였다. 그들에 의해 페르시아나 그리스에서 수입된 공예품이나 장신구들이 동방에 수출되고, 알타이 지방에서 채취되는 황금이나 중국에서 생산되는 비단을 비롯한 직물류가 서방으로 운반됨으로써 사상 처음으로 동·서방 간에 문물이 직접 오가게 되었다.

기원전 4세기경에는 동서 문명의 만남과 융합에 획기적인 전기를 마련한 2대 사건이 발생하였다. 그것은 흉노의 서천(西遷)과 알렉산드로스의 동정(東征)이다. 당시 중국 북방에서 흥기하여 사상 첫 유목제국을 건설한 흉노는 약 400년간 몽골을 중심으로 한 동아시아 북방지대에서 활동하면서 시종 중국의 진(秦)·한(漢) 제국과 화전(和戰) 관계를 유지했다. 이 과정에서 중국의 농경문화를 수용하기도 하고, 자신의 유목기마문화를 중국에 파급시켜 특유의 융합문화인 호한(胡漢)문화를 창출하기도 했다. 기원후 1세기 후반에는 한나라의 압박에 밀려 중앙아시아와 남러시아 초원지대를 지나 유럽으로 서천하면서 이러한 호한문화를 광범위한 활동지역에 전파했을 뿐만 아니라, 그리스·로마의 고전문화를 비롯해 페르시아문화, 스키타이문화, 헬레니즘문화 등의 서역·서구문화를 흡수함으로써, 기원을 전후한 약 7~8세기 동안 북방 유라시아대륙의 동서교류를 주도하였다.

한편, 서방에서는 알렉산드로스가 단행한 11년간(B.C. 334~323)의 동방 원정으로부터 그 결과로 탄생한 프톨레마이오스 왕조가 로마에 병합될 때(B.C. 30)까지의 약 300년 동안, 서아시아와 중앙아시아 및 지중해 연안의 광활한 지역에 헬레니즘세계가 펼쳐졌다. 이 새로운 세계는 동서 문화를 융합시킨 사상 초유의 세계적 문화, 즉 헬레니즘문화를 탄생시켰다. 헬레니즘문화는 고전 그리스문화와, 페르시아문화로 이어져 온 고대 오리엔트문화의 첫 만남이며, 또한 인도나 중국의 고대문화와 서방문화의 접촉 계기를 마련한 문화로서 동서 문명교류사에 중요한 한장을 열어놓았다.

이때까지 아시아와 유럽은 그 중간지대에 위치한 페르시아의 중개로 간접관계만을 맺어왔으나, 이제 직접관계로 그 관계가 일신되었다. 그 결과 헬레니즘은 고대 동서 문명의 교류뿐만 아니라, 지역 문화의 창달에도 커다란 영향을 끼쳤다. 유럽에서 로마인들은 그리스인들로부터 헬레니즘문화를 이어받아 마침내 라틴문화를 산생시켰고, 헬레니즘문화를 수용한 아랍인들은 서아시아라는 불모지에서 이슬람문화를 창조·발전시킨 후, 다시 그 융합문화를 유럽에 이전시켜 근세 유럽문명의 부흥, 이른바 르네상스(Renaissance)를 촉발시켰다. 인도와 중국을 비롯한 동방 제국은 헬레니즘세계를 통하여 사상 처음으로 유럽과 직접적으로 접촉함으로써 미증유의 상호 이해와 교류의 전기를 마련하게 되었다.

이러한 역사적 배경 아래서 기원을 전후해 동·서방 교류의 면모가 확연히 드러나고 서로 간의 이해는 증진되었다. 로마는 인도나 중국(한)과 동방 원거리 무역을 추진하면서 인도의 토산품이나 중국의 비단을 대대적으로 수입했으며, 이들 국가들은 사신도 교환했다. 아울러 기원 전후 인도 동남단까지만 진출했던 중국의 범선이 3세기경부터는 멀리 홍해 남부까지 항행해 로마와의 직접적인 해상교역을 진행하기에 이르렀다.

당시 로마와 한나라 간의 교역로는 직접통로가 아니라, 인도나 페르시아를 매개로 한 간접적인 통로였다. 우선, 육로는 중국 장안(長安)에서 서진해 오아시스 육로의 남도를 지나 인도 서북부에서 남하해서 일단 인도 서해안에 있는 여러 항구로 이어진 후, 거기서 로마로 통하는 해로와 만난다. 이 길은 독일의 지리학자 리히트호펜(F. von Richthofen)이 처음으로 '실크로드'(Seidenstrassen, Seiden=비단, Strassen=길, 즉 실크로드Silk Road)라고 명명한 길이다. 다음으로, 해로는 오늘날의 남해로에 해당한다. 즉, 홍해(혹은 지중해)에서 출항해 아라비아해와 인도양을 거쳐 믈라카해협을 지나 북상한 후 부남(扶南, 현 베트남 남부)이나 교지(交趾, 현 베트남 북부)까지 연결되는 해상 루트이다. 그런데 이 길 역시 로마에서 한나라까지 일직선으로 연결된 직항로가 아니라, 인도를 중간 기착지로 하여 그 서쪽과 동쪽의 두 구간으로 나뉘어 형성된 길이다. 당초에는 로마와 중국의 교역이 로마 대 인도, 인도 대 한나라 간의 분할무역으로 출발했는데, 이것이 상당 기간 유지되다가 3세기경부터 비로소 로마와 중국 간에 직접교역이 이루어진 것이다.

이러한 연장선상에서 문명교류는 본격적인 발전기에 접어들었다. 문명교류사에서 발전기는 대체로 유럽의 중세와 맞먹는 시기로, 유럽의 찬란했던 고대가 물러가고 암흑의 중세가 닥쳐온 5세기부터 시작해 유럽에서 일어난 산업혁명과 기술혁명으로 말미암아 실크로드에 사용되는 교통수단이 개량됨으로써 동서교류에 획기적인 전기가 마련된 18세기 중엽까지의 약 1300년간이다. 비록 유럽은 5세기부터 일시적인 침체

상태에 빠져 한때 도도한 문명교류의 흐름에서 거의 비켜서 있게 되었지만, 지구의 동·서방에 강대한 당(唐)제국과 이슬람제국이라는 이질적 문명세계가 출현해 자웅(雌雄)을 겨루는 대치 국면이 조성됨으로써 문명 간의 교류는 활기를 띠게 되었다.

한편 역사 앞에서 겸손을 잃고 허세에 자만자족(自慢自足)하던 유럽은 중세의 암흑기로 빠져듦으로써 자신의 문명을 후퇴시켰을 뿐만 아니라, 교류 전반을 위축시키는 결과를 자초했다. 그리하여 유럽은 발전기의 전반(前半)에는 후진에 허덕이면서 당제국이나 이슬람제국으로부터 선진문명을 일방적으로 수용하지 않을 수 없었다. 그러다가 14세기부터 자신이 이룩했던 선진 고전문명을 되찾은 데 힘입어 부흥(르네상스)을 일으키면서 기독교문명을 근간으로 하는 '유럽세계'라는 역사적 실체를 확립하기에 이르렀다. 이를 계기로 유럽에서 산업과 농업이 급속히 발달하고 교역이 크게 진작됨으로써 당대 세계 문명의 흐름에는 일대 반전이 일어나기 시작했다. 여기에 15세기 말부터 전개된 대항해시대와 '지리적 대발견', 그리고 이에 수반된 서세동점의 풍조는 이러한 반전을 극대화하여 마침내 '선진 유럽'과 '후진 동방'이라는 문명, 적어도 물질문명의 불균형상을 가져왔다. 그 결과 교류의 중심축도 점차 동에서 서로 경도(傾倒)되어갔다. 거시적으로 보면, 이는 역사의 후퇴가 아니라, 부침으로 이어지는 역사의 상승적인 순환인 것이다.

7세기 선진(先秦)문명을 계승한 당제국의 등장은 동서 문명교류에 일대 전환을 가져왔다. 당대 최고의 문명 수준을 지녔던 당제국은 진취적인 개방정책으로 서역을 비롯한 서방의 문물을 적극 수용하고, 중국 4대 발명품(제지법·인쇄술·나침반·화약)의 하나인 제지법을 비롯한 중국의 선진문물을 서방에 남김없이 전수하여 서방의 중세적 개화에 크게 기여했다. 특히 당의 적극적인 서역 경영은 중국과 서역 간의 교류는 물론, 전반적인 동서교류에 적지 않은 영향을 끼쳤다. 그 과정에서 오아시스 육로를 비롯한 실크로드의 기능이 강화되고, 그 노정이 최종적으로 확정되었다. 당나라를 이은 송(宋)나라는 대외 진출에 더욱 적극적으로 나섬으로써 동서 간의 교류를 한층 더 활성화시켰다.

13~14세기 북방 유라시아 초원 일대에서 홀왕홀래(忽往忽來)한 몽골제국은 중국 전역을 석권한 원조(元朝, 1271~1368)라는 강대한 정복제국을 건설함과 동시에 세차례의 대규모 서정(西征)을 통해서 아시아와 유럽의 광활한 지역을 관통하는 4대 칸국을 세우고 자신의 예하에 둠으로써 범세계적 제국 건설의 목적을 달성했다. 막강한 군사력에 바탕을 둔 몽골제국의 건국자들은 정치적으로는 정복욕을 불태우며 세계대동주의(世界大同主義)를 제창했고, 경제적으로는 유목국가의 숙명인 중상주의(重商主義, mercantilism)를 추구함으로써 상업욕을 충족하고자 했으며, 문화적으로는 개방주의를 표방함으로써 교류와 수용에 적극적이었다.

유라시아를 망라한 세계적인 대제국을 세운 몽골인들의 이같은 건국이념과 그것을 실천하기 위한 세차례의 서정 및 4대 칸국의 운영은 중세 동서교류에 미증유의 성세(聲勢)를 가져왔다. 유라시아의 광대한 지역이 통일적인 세계제국의 판도 내에 들어감으로써 동서교통에 대한 제반의 인위적 장애가 제거되어 전례없이 소통이 원활해졌다. 동서 간에 전개된 이러한 사통팔달된 교통망을 통해 여러가지 문물과 사람들이 오갔다.

13세기(1219~60)에 세차례 단행된 몽골의 서정은 전무후무하게 한명의 전제군주 치하에 동·서 세계를 규합함으로써 광범위한 소통과 교류를 불러왔다. 이어 맞이한 유럽의 르네상스와 대항해시대의 도래, 그리고 유럽에서의 근대 산업혁명과 기술혁명의 태동 등은 동서 간의 세력

중세 남러시아 첼랴빈스끄 국제시장의 교역 모습을 그린 회화(첼랴빈스끄 남우랄 국립박물관)

관계나 교류관계에 일대 전환을 가져왔을 뿐만 아니라, 문명교류가 구대륙에만 한정되었던 전래의 구각에서 벗어나 신·구대륙 전체를 아우르며 범지구적으로 이루어지도록 그 범위를 확대시켰다. 이 대목에서 강조하고 싶은 것은 동시대의 파천황적(破天荒的) 대사변으로 16세기 후반부터 라틴아메리카로의 해로('바다의 비단길' '태평양의 대범선무역로大帆船貿易路')가 개척된 것이 원주민 인디오로 하여금 주체성을 회복하고 라틴아메리카 문명교류의 주역으로 자리매김하도록 했다는 사실이다.

서구 식민주의자들이 비하조로 덮어씌운 '후진'과 '야만'이라는 누명을 벗어버린 인디오들은 그후 수백년 동안 자신들의 피땀으로 가꿔온 희유의 풍부한 부존자원과 농산물(세계 농작물 3분의 2의 원산지)로, 그리고 고유의 근면성과 성실성으로 범지구적인, 특히 서구의 근대

제9장 문명교류의 당위성과 문명접변　433

적인 문명화와 문명교류에 지대한 기여를 하였다. 라틴아메리카의 시의적절한 원료 공급과 시장 개방, 저렴한 노동력 제공 등이 없었던들 서구의 산업혁명이나 그에 따른 자본주의로의 이행은 도저히 불가능했을 것이라는 서구 학자들의 통절한 회고는 시사하는 바가 크다. 이렇게 문명교류는 그 전개사에서 초유의 범지구적인 전환기를 맞게 되었다.

외래 정복국가인 원제국을 몰아낸 명나라는 건국 초기에 쇄국적인 해금(海禁)정책을 실시해 외계와의 접촉을 일시 제한하였다. 그러나 거세게 밀려드는 서세동점의 물결 앞에서 마냥 문을 닫아걸 수는 없어 결국 문호를 점차 개방하고야 말았다. 그리하여 명말 청초에 이르러서는 선교사들을 비롯한 서양인들이 대거 몰려와 서양의 선진 과학기술을 핵심으로 하는 이른바 '서학(西學)'을 전수하고 기독교문명을 전파하기 시작하였다. 이에 중국은 '중체서용(中體西用)'이란 명분으로 대응에 나섰다. 한편 그들을 통해 유학을 비롯한 중국의 전통문화가 서방에 알려짐으로써 중국에 대한 타자적(他者的) 이해가 도모되기 시작하고, 중국 연구의 기틀이 마련되기 시작했다. 또한 서학은 중국뿐만 아니라 한국이나 일본에도 밀려들었다. 한국(조선)은 '동도서기(東道西器)'라는 능동적인 대응자세를 취했으며, 일본은 '화혼양재(和魂洋才)'로 '난학(蘭學)'(처음에는 남만학南蠻學)이란 이름의 서학을 받아들여 근대화의 밑거름으로 삼았다.[8]

이슬람문명은 이같은 문명교류의 발전기에 동서교류의 가교 역할을 했다. 발전기의 전반에 중국의 당·송 문명과 쌍벽을 이룬 이슬람문명은 10세기의 황금기를 거쳐 난숙기(爛熟期)에 접어들면서 유럽의 도전에 직면했다. 자신들의 전통문명(그리스·로마문명)이 고스란히 응축되어 있는 이슬람문명에서 르네상스의 자양분을 찾고 있던 유럽인들이 급기야 학문을 비롯한 선진 이슬람문명을 받아들이는 데 주저함이 없게 된 것이다. 그 과정은 곧 전통 이슬람문명과 신흥 서구문명 간의 주고받음이었으며, 그 역사는 수세기 동안 지속되었다.

한편 15세기에 신흥 서구세력이 나타나기 전까지 무슬림들은 뛰어난 상술로 남해로를 비롯한 실크로드의 전반을 장악하고 동서교역을 주도하였다. 그들을 통해 중국이나 인도의 문물이 서방에 전달되어 서방의 중세적 번영이 촉진되었다. 비록 13세기 몽골군의 서정에 의해 통일 이슬람제국이 붕괴되었지만, 오스만제국으로 대표되는 신생 이슬람세력은 여전히 동·서방의 완충지대에서 교류의 가교와 조절 역할을 수행했다.

그러다가 18세기 중엽에 이르러 서구의 산업혁명이 일어나며 1769년 프랑스의 뀌뇨(N. J. Cugnot)가 사상 처음으로 증기기관을 동력으로 하는 목제 삼륜 자동차를 발명한 데 이어 버스와 기차, 기선, 비행기라는 새로운 근대적 교통수단들이 잇따라 만들어짐으로써 지구는 육·해·공의 입체적 교통망으로 뒤덮이게 되었다. 이에 따라 범세계적인 문명교류의 내용과 수단 및 규모는 크게 달라지게 되었으며, 낙타나 말, 범선이 주 교통수단이던 전래의 전통적 실크로드는 기계동력에 의한 새로운 교통수단에 의해 교류가 이루어지는 이른바 '신(新)실크로드'(New Silk Road)로 대체되었다. 이 '신실크로드'의 등장은 곧 문명교류 발전기의 종말과 더불어 새로운 시대인 개화기의 시작에 대한 장엄한 역사적 선언이기도 하였다.

이같이 1300년에 걸친 문명교류의 발전기 전과정을 훑어보면, 그 전개 양상에 따라 교류가 크게 전후 2기로 나뉘어 진행되었음을 알 수 있다. 전기에는 당·송 문명이 교류의 주역을 담당함으로써 그 주류는 동에서 서로 흘러갔으나, 후기에는 당·송 문명이 쇠퇴하고 서구문명이 부상함으로써 교류에서 일대 반전이 일어나면서 서서히 그 축이 동에서 서로 이전하였다. 문명교류사에서 일어난 이러한 역사적 전환 현상은 그 자체가 혼란이나 후퇴라기보다는 오히려 문명교류의 상승 작용을 유발함으로써 인류로 하여금 명실상부한 문명교류의 발전기를 맞게 하였다. 그러나 그 전개에는 여러가지 역사적 한계가 뒤따랐다. 그것은 한마디로 그때까지 중세를 벗어나지 못한 문명 수준에서 비롯된 미흡함과 제약이다. 아직 교류의 내용과 수단이 다양하지 못했고, 상호성과 호혜성이 결핍되었으며, 교류의 사회적 기능과 위상이 미약했다. 이러한 한계는 미구(未久)에 닥칠 문명교류의 개화기에 궁극적으로 극복될 것이었다.

18세기에 이르러 유럽에서 광야의 불길처럼 타오른 산업혁명과 기술혁명, 그리고 그에 따른 자본주의적 사회구조로의 개편은 범지구적 문명교류의 개화 속도를 크게 가속화하였다. 그것이 계기가 되어 막을 올린 문명교류의 개화기는 오늘날까지 약 300년간 이어지고 있으며, 앞으로도 지속될 것이다. 인류는 서구 산업혁명에 의해 자본주의라는 전적으로 새로운 사회체제를 '선물'받았을 뿐만 아니라, 문명집단 간의 교류에도 엄청난 변화가 일어났다. 상품생산의 증대로 부의 축적과 교역의 확대가 이루어짐으로써 교류는 미증유의 확대 양상을 보이고 있다. 그러나 억제되지 않는 자본주의 발전의 필연인 대외 팽창이나 식민지 약탈은 이질문명 간의 만남을 자극하는 요인으로도 작동하지만, 본질적으로는 문명의 일방적인 강요나 이식, 그리고 교류의 편향성을 야기하게 마련이며, 문명 간의 불균형과 갈등을 증폭시킨다.

문명교류의 개화는 그 통로인 실크로드의 획기적 변화와 궤를 같이한다. 새로운 기계동력에 의한 교통수단의 발명과 더불어 문명교류에도 새로운 면모가 나타났다. 기차와 비행기, 기선이라는 새로운 교통수단이 출현함에 따라 초원로나 오아시스 육로는 문명교류 통로로서의 태생적(胎生的) 기능을 점차 상실하게 된 반면 지구는 육·해·공의 입체적 교통망으로 뒤덮이게 되었으며, 이에 따라 문명교류의 내용과 방법, 문명접변에도 엄청난 변화가 일어나고 있다. 이렇게 개화기의 문명교류는 이전과는 그 형태와 내용을 발전적으로 달리하는 새로운 통로를 통해 이루어지고 있다.

지금 인류는 시원으로부터 2만여년을 지난 문명교류의 개화기를 맞고 있다. 그러면서 모두는 공생공영의 미래사회를 건설하려는 인류 공동의 지향과 염원에 부합하는 평등하고 공정하며 호혜의 원칙에 바탕을 둔, 백화가 만발한 문명교류의 참된 개화기가 되기를 학수고대(鶴首苦待)한다. 그런데 이 길은 전인미답의 미개척로이며, 쟁기를 대보지 못한 불모의 처녀지다. 그렇지만 인류가 문명교류의 개화기를 맞아 '문명대안론'의 방향타를 굳건히 잡고 범지구적인 보편문명의 교류를 옹골차게 추진한다면 개화기의 당면 난제는 물론, 거시적인 과제도 능히 수행해내리라 믿어 의심치 않는다.

문명접변의 과정

문명은 탄생 이래 여러가지 형태와 내용의 전파와 수용을 통해 교류를 진행하는데, 그 과정에서는 의식적이건 무의식적이건 간에 전파문명이나 피전파문명의 문명적 요소에 변동이 일어난다. 이러한 변동을 문화인류학에서는 '문화접변'(文化接變, acculturation) 또는 '문화변용(文化變容)'이라고 하지만, 필자는 그 용어들을 '문명접변(文明接變)' 또는 '문명변용(文明變容)'으로 대체한다.[9]

2만여년간의 인류문명사 전개과정을 돌이켜보면, 문명교류는 부단히 다양한 문명접변을 수반해왔다. 그러한 문명접변은 성격상 두가지 주요 유형으로 대별되는데, 그 하나는 긍정적이며 건설적인 접변이다.

그 역사적 배경을 보면, 군사적·정치적 지배관계에 있지 않은 문명들이 상호교류를 지속할 때 문명요소들의 자유로운 차용(借用)이나 수용(受容, 혹은 수정修正)이 가능하며, 새로운 문명요소들은 통합과정을 거쳐 현존하는 문명체제 속으로 흡수된다.

예컨대 백인(미국)에게 정복당하지 않은 미국 내 나바호족(Navajo)[10] 인디언 등의 경우가 그러하다. 나바호족은 18세기 스페인 식민주의자들과의 빈번하고 다양한 교류를 통해 의복과 금속세공술 같은 스페인 문명의 여러 요소들을 받아들여 그들 고유의 문명 속에 독자적인 방식으로 통합하였다. 이러한 문명접변은 이질적인 문명에 변화를 일으켜 양쪽 문명권에 있는 인간집단 사이의 소통을 원활하게 한다. 특히 다민족국가의 경우 혼인과 같은 문명권 사이의 교류가 일으키는 문명접변이 민족 사이에 알력이 생기는 것을 막고 민족 간의 협력이 이루어지도록 하는 데 중요한 역할을 하기도 한다.

다른 하나의 유형은 부정적이며 파괴적인 접변이다. 그 역사적 배경을 보면, 전술한 유형의 역사적 배경과는 정반대의 경우다. 즉, 규제된 문명접변으로, 한 민족이 다른 민족의 고유한 문명요소들을 군사적·정치적으로 지배하고 그 변화를 강요할 때 일어나는 부정적이며 파괴적인 접변이다. 이 두 상반되는 문명접변은 이질문명의 전파·수용 과정과 내용 및 성격과 결과에서 극명하게 나타난다. 한편, 그 표출 방식에서는 융합(融合)과 융화(融化) 및 동화(同化)의 세가지 형태를 취하고 있다.

전파에는 한 문명요소가 다른 문명에 직접 전파되는 직접전파와 제3자를 통해 간접적으로 전파되는 간접전파가 있다. 직접전파는 문명 간의 직접적인 통로나 수단에 의해 실현되는 전파로서 좀더 신속하고 원형적인 문명요소의 전파가 가능하다. 이에 반해 간접전파는 제3자에 의한 전파이기 때문에 더욱 완만하고 다분히 변형적인 문명요소의 전파가 이루어질 수 있다.

　다음으로, 문명의 전파에는 연파(延播)와 점파(點播)의 두가지 경우가 있는데, 그것은 전파가 간단없이 연속적으로 이어진다는 연파설과, 이에 반해 문명이 연속성 없이 군데군데 점재(點在)한 곳에 전파된다는 점파설이다. 연파가 문명의 자연적이고 광폭적인 확산이라면, 점파는 대체로 우연적이고 소폭적인 확산에 머문다. 문명 전파의 직·간접성과 더불어 전파의 폭을 가늠하게 해주는 이 연파와 점파는 전파문명의 수용과 그 결과로 일어나는 문명접변[11] 현상을 고찰하는 데 중요한 의미를 갖는다.

　문명교류에서 전파는 기본 전제이며 출발점이다. 그것은 전파 없는 문명교류란 있을 수 없으며, 전파는 문명교류의 시발점이기 때문이다. 따라서 문명교류 연구에서 전파를 정확히 진단하고 이해하는 것은 대단히 중요한 선차적 문제이며, 또한 그 과정을 파악하는 일은 그만큼 복잡하고 어려운 과제다.

　이렇게 문명교류의 전개 과정에서 우선적으로 제기되는 것이 전파 문제라면, 때로는 즉각적으로, 때로는 얼마간의 시차를 두고 '실이 바늘을 따라가듯' 수반되는 현상이 바로 수용이다. 전파 없는 수용이란 있을 수 없고, 수용 없는 전파란 무의미하다. 다른 문명에 대한 수용이 필요하고 가능한 것은 문명이 모방성이라는 속성을 지니기 때문이다. 모방(수용)은 자생적인 창조보다 쉽고 덜 소모적이며 더 나은 문명이 창조될 수 있게 한다. 전파에 의해 이동된 문명이 다른 문명 속에 합류·정착하는 수용 과정은 어디까지나 선택적인 과정(selective process)이다. 전파문명이라고 해서 무턱대고 모든 것이 다 받아들여지는 것이 아니라, 피전파문명에 적응하거나 합류할 수 있는 것만이 선택적으로 수용되어 정착하게 되는 것이다. 이렇게 선택된 전파문명만이 살아남을 수 있으며, 따라서 그것만이 문명교류로서의 가치와 의미를 지니게 되는 것이다.

그런데 전파문명에 대한 수용에는 정상적인 전파 과정을 통해 전파문명이 피전파문명에 자연스럽게 적응·합류하는 순기능적 수용과 그렇지 않고 비정상적인 전파 과정을 통해 피전파문명에 강요되는 역기능적 수용의 두가지 형태가 있다. 이러한 상반되는 수용의 성격은 수용에 의해 일어나는 문명접변에 절대적인 영향을 미친다. 어떤 경우를 막론하고 전파문명에 대한 피전파문명의 수용은 불가피한 접촉 과정을 겪는데, 이 과정에서 피전파문명 속에서는 이른바 문명접변이라는 문명적 변동이 일어나게 된다. 일반적으로 순기능적 수용에 의한 접변은 선진문명의 창조라든가 전통문명(피전파문명)의 풍부화 등 창조적이고 건설적인 선과(善果)를 초래한다. 이렇게 문명접변에서 순기능적이며 긍정적인 결과를 초래하는 접변을 융합(融合, fusion) 현상이라고 한다.

이에 반해 역기능적 수용에 의한 접변은 피전파문명의 해체나 퇴화 등 파괴적이고 부정적인 악과(惡果)를 낳는다. 보통 이러한 악과로 나타나는 것이 두 문명의 접변으로 인해 피차(彼此)가 아닌 제3의 문명이 형성되는 융화(融化, deliquescence)와 일방적 흡수에 의한 동화(同化, assimilation)라는 두가지 현상이다.

문명의 전파와 수용 과정에서 일어나는 이러한 여러 현상들을 구체적으로 헤아릴 때에만 문명교류의 실태와 성격, 그리고 그 결과와 의미를 올바르게 판명할 수 있다.

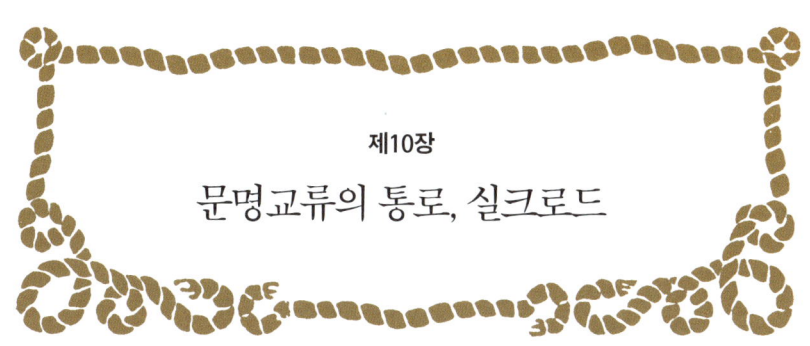

제10장
문명교류의 통로, 실크로드

Ⅰ 제1절 실크로드의 바른 이해

　문명교류가 시대의 화두로 부상하면서 실크로드에 관한 연구가 새로운 붐을 맞고 있으며, 괄목할 만한 성과들이 축적되어가고 있다. 그 속에서 한자문명권에 속한 한·중·일 3국은 실크로드 연구의 후발성을 털어버리고 연구를 선도하고 있다. 특히 근간에 이른바 '일대일로(一帶一路)', 즉 '실크로드 경제대(經濟帶)'와 '21세기 해상실크로드'[1]라는 어마어마한 세계적 전략구상을 내놓고 그 실현을 위해 전력투구하는 중국의 실크로드에 대한 관심과 연구는 타의 추종을 불허하고 있다.

　그렇지만 아직까지도 중·일 양국을 비롯한 세계의 실크로드학계는 여전히 진부한 통념에 사로잡혀 실크로드의 개념을 비롯한 일련의 문제에서 정론(正論)을 비껴가고 있다. 그리하여 이론(異論)만이 무성해 학문적 정립이 제대로 이루어지지 못하는 것은 물론이고, 여러가지 혼란과 편향이 연구에서 나타난다. 그리하여 이 시점에서 실크로드에 관한 바른 이해에 바탕을 둔 정론의 정립이 미룰 수 없는 절박한 시대적

과제로 제기된다.

한국 학계는 비록 연구 역사가 일천하고 연구 역량이 넉넉지 못하지만, 나름대로의 '술이작(述以作)'의 창의적 탐구와 실사구시의 학문적 판단에 의해 실크로드 연구의 선도자의 반열에 서 있다고 감히 자부한다.

실크로드의 개념

실크로드란 인류문명의 교류 통로에 대한 범칭(汎稱)이다. 문명은 정형화된 구조이면서 동시에 항상 변화 이동하는 생물(生物)이다. 그 공간적 변화와 이동 과정이 곧 교류이며, 그 교류의 길이 바로 실크로드다.

실크로드는 인류의 장거리 이동과 더불어 개척되었다. 인류는 후기 구석기시대(1만 2천~3만 5천년 전)에 장거리 이동을 시작해, 약 3만년 전에 자바의 와자크인(Wadjak man)이나 보르네오의 사라왁 니아 동굴인(Sarawak Niah man)이 오스트레일리아나 뉴기니에 이주했으며, 역시 1만~2만년 전에는 몽골 인종이 베링해협을 건너 아메리카에 정착해서 인디오의 조상이 되었다. 그후 약 1만년 전에 충적세가 도래하면서 인류의 이동이 늘어나 유라시아대륙에 몇갈래의 문명 이동의 길, 즉 최초의 실크로드가 생겨났다.

실크로드는 문명교류 통로의 역할을 계속해오다가 18세기 중엽에 이르러 일대 전기를 맞게 된다. 이때부터 일어나기 시작한 서구의 산업혁명으로 인해 1769년 프랑스의 퀴뇨(N. J. Cugnot)가 사상 처음으로 증기기관을 동력으로 하는 목제 삼륜차를 발명하게 된다. 이에 연동되어 19세기에 자동차와 기차, 기선, 비행기라는 새로운 현대적 교통수단들이 잇따라 만들어짐으로써 지구는 육·해·공의 입체적 교통망으로 뒤덮이게 되며, 이에 따라 교류의 내용과 방도, 규모는 미증유의 양상으로 달라진다. 그리하여 18세기 중엽부터 21세기인 오늘날에 이르는 약 300년간의 실크로드는 구각을 벗은 신형의 문명교류 통로란 뜻에서 '신실크로드'라고 불린다. 작금 회자인구(膾炙人口)되고 있는 '신실크로드'와 대비해 그 이전의 실크로드는 '전통적(혹은 고전적) 실크로드'라고 한다.

전통적 실크로드건 신실크로드건 간에 실크로드라는 조어(造語)는 유럽문명중심주의의 소산이다. 원래 실크로드라는 명칭은 중국 비단의 일방적인 대서방 수출에서 유래되었을 뿐만 아니라, 비단이 로마제국에서 큰 인기를 얻은 진귀품이었음을 기리는 목적으로 계속해서 사용되어온 것이다. 사실 비단이 동서 교역품의 주종으로 오간 것은 기원을 전후한 짧은 한때의 일에 불과하므로, 실크로드가 진정한 문명교류의 차원에서 유래된 말은 아니다. 따라서 사용하는 것이 적절치 못한 명칭이기는 하지만, 실크로드는 비단이나 비단 교역이 오랫동안 지녀온 상징성 때문에 하나의 아칭(雅稱)으로 그냥 관용되어오고 있다.

실크로드 개념의 확대

실크로드에 대한 연구 과정을 살펴보면, 실크로드의 내용은 물론이거니와 개념마저도 이해의 범위가 부단히 넓어지는 과정이었음을 발견하게 된다. 실크로드 개념의 확대란 끊임없이 확장되어온 이 길이 포괄하는 공간적 범위와 그 기능에 대한 인식의 심화를 의미한다. 문명교류 통로로서의 실크로드의 확장은 단선적(單線的)인 연장일 뿐만 아니라, 여러가닥이 겹쳐 있는 복선적(複線的)인, 내지는 그물처럼 엉켜 있는 망상적(網狀的)인 확장을 말한다. 실크로드 자체는 인류의 문명사와 더불어 장기간 기능해온 객관적 실재이지만, 인간의 지적 한계로 인해 당

리히트호펜

초부터 그 실재가 그대로 인식된 것은 아니다. 그 실재가 인간에 의해 인지되기 시작한 것은 불과 140여 년 전의 일이다. 그간 학계의 꾸준한 탐구에 의해 이 길의 공간적 범위와 그 기능에 대한 인식의 폭은 점진적으로 확장되어왔다.

 실크로드를 통해 전개된 교류의 실상이 점차 밝혀지는 데 따라 이 길의 개념도 그만큼 확대되었으며, 역으로 이러한 개념 확대는 교류에 대한 시야를 그만큼 넓히면서 교류를 확장시켰다.[2] 인류가 오늘날에 이르기까지 치열하게 몸부림치며 문명교류의 통로인 실크로드를 개척함으로써 이루어온 5천~6천년간의 개념 확대 과정을 반추해보면, 그 과정은 크게 3대 간선 확대 단계와 국지적 확대 단계 및 환(環)지구적 또는 범(汎)지구적 확대 단계의 세가지로 나눠 고찰할 수 있다. 그 과정에서 실타래처럼 얽히고설킨 큰길(간선)과 작은 길(지선)들의 개척과 형성 및 확대 과정을 구체적으로 살펴보면 다음과 같다.

 1) 실크로드의 간선 확대는 3대 간선을 따라 3단계로 구분할 수 있는데, 그 효시라 할 수 있는 첫 단계는 중국-인도로(오아시스 육로) 단계다. 독일의 지리학자 리히트호펜(F. von Richthofen)은 1868~72년 기간에 중국을 답사한 후 1877년부터 5권으로 된 방문기 『중국』(*China*)을 출간했다. 그는 1권 후반부에서 동서교류사를 개괄하면서 고대에 중국으로부터 중앙아시아의 시르다리야(Syr Dar'ya, 시르강)와 아무다리야(Amu Dar'ya, 아무강) 두 강 사이의 트란스옥시아나(Transoxiana) 지방을 경유해 서북 인도로 수출되는 주요 교역품이 중국의 비단이었던 사실을 감안해 중국으로부터 인도까지의 이 교역로를 독일어로 '자이덴

슈트라쎈'(Seidenstrassen), 즉 '실크로드'(Silk Road)라고 명명하였다. 이리하여 실크로드라는 이름이 처음으로 세상에 나타나게 되었으며, 이 길의 면모가 드러나기 시작했다.

2) 3대 간선 확대의 둘째 단계는 중국-시리아로 단계다. 이 단계로의 개념 확대는 탐험가와 고고학자들에 의한 비단 유물의 발견이 기폭제가 되었다. 20세기 초의 탐험가들인 스웨덴의 헤딘(Sven Anders Hedin, 1865~1952)과 영국의 스타인(Mark Aurel Stein, 1862~1943) 등은 중앙아시아 각지에서뿐만 아니라, 멀리 지중해 동안의 시리아 팔미라(Palmyra)에서까지 중국 비단, 즉 한금(漢錦, 한나라 비단) 유물을 발견했다. 그리하여 독일의 동양학자 헤르만(Albert Herrmann)은 1910년에 이 비단 교역의 길을 시리아까지 연장하고, 선학을 따라 그 이름을 '실크로드'라고 재천명했다.

그런데 전 단계와 마찬가지로 이 단계에서도 비단 유물은 주로 동서로 펼쳐진 여러 사막에 점재(點在)한 오아시스들에서만 발견된다. 그리하여 이 길은 오아시스들이 연결되어 이루어진 길이므로 일명 '오아시스로'(Oasis Road)라고도 한다. 이 길의 동단은 중국 장안(長安, 현 시안 西安)이고, 서단은 시리아의 팔미라였다. 실크로드 개념의 확대 차원에서 보면, 둘째 단계의 길은 첫 단계 길의 단선적인 연장이라고 할 수 있다. 실크로드 역사에서 이 오아시스로는 시종 큰 변화 없이 중요한 역할을 수행해왔으며, 그 노선도 비교적 명확하므로 오늘날까지도 많은 사람들은 이 오아시스로를 마냥 실크로드의 대명사로 착각하고 있다.

3) 3대 간선 확대의 셋째 단계는 3대 간선로(幹線路) 및 5대 지선로(支線路) 단계다. 2차대전 후 학계에서는 문명교류와 그 통로에 관한 연구를 심화시켜 오아시스로의 동·서단을 각각 중국 동쪽의 한반도와 로마까지 연장했을 뿐만 아니라, 실크로드의 포괄 범위도 크게 넓혔다.

즉, 유라시아대륙의 북방 초원지대를 지나는 초원로(Steppe Road)와 지중해로부터 중국 동남해안에 이르는 해로(Sea Road)까지 포함시켜 동서를 횡단하는 이른바 '3대 간선'(초원로, 오아시스로, 해로)으로 그 주로(走路) 개념을 확대하였다.

유라시아대륙의 북방 초원지대(북위 40~50도 사이)를 횡단하는 초원로는 가장 오래된 실크로드로, 그 주로는 흑해 동북부-카스피해-아랄해-까자흐스딴 초원-알타이산맥 남부-중가리아 분지-몽골의 오르콘강 연안-화베이(華北)-둥베이(東北)-한반도로 이어진다. 이에 비해 중앙아시아를 중심으로 한 건조지대(북위 40도 부근의 사막)에 점재한 오아시스들을 연결하는 오아시스로(로마에서 장안까지 1만 2000km)는 시리아사막-이란의 카비르사막과 루트사막-중앙아시아의 카라쿰사막과 키질쿰사막-중국의 타클라마칸사막-몽골의 고비사막 등 여러 사막지대를 동서로 관통한다. 이 길은 오아시스들이 연결된 육로이기 때문에 지형적으로 초원로나 해로에 대응시켜 오아시스 육로라고도 부른다. 남방의 해로는 지중해에서 홍해와 아라비아해를 지나 인도양과 태평양에 이르는 바닷길(로마에서 중국 동남해안까지는 1만 5000km)이다. 그런데 중세에 와서는 이 바닷길을 오가는 주종(主宗) 교역품이 비단이 아니라 도자기와 향료라는 사실을 감안해 일명 '도자기의 길' 또는 '향료의 길'이라고도 불렀다.

이 단계에 이르러서는 이상의 3대 간선에 유라시아대륙의 남북을 종관(縱貫)하는 마역로(馬易路, 몽골의 오르콘강 유역-베이징-광저우廣州), 라마로(喇嘛路, 중가리아 분지-라싸-갠지스강 하구), 불타로(佛陀路, 까자흐스딴-페샤와르-중인도 서해안), 메소포타미아로(깝까스-바그다드-페르시아만), 호박로(琥珀路, 발트해-콘스탄티노플-알렉산드리아) 등의 5대 지선(支線)까지 합쳐지다보니 실크로드의 개념은 전례없이 확대되었다.

이리하여 이제 실크로드는 문자 그대로 동서남북으로 종횡무진 얽히고설킨 그물망의 교류로로 인식되기에 이르렀다. 실크로드 개념의 확대 차원에서 보면, 이제부터는 앞 두 단계의 단선적인 연장 개념에서 벗어나 복선적이며 망상적인 다선화(多線化) 개념으로 복잡다기화(複雜多岐化) 개념으로 증폭된 셈이다. 그러나 실크로드 개념이 이렇게 3단계를 거쳐서 확대되어왔음에도 불구하고 그에 대한 담론과 연구가 아직은 주로 유라시아 구(舊)대륙에만 한정되어 있으니, 언필칭(言必稱)이 진부한 통념에 대해 개탄과 자성을 하지 않을 수 없는 일이다.

앞에서 얘기했듯이, 고대에서 중세에 이르기까지 유라시아 대륙의 남북을 종횡하는 교류 통로로는 5대 지선이 있었다. 동서를 횡단하는 3대 간선은 주로 같은 위도상에 나타나는 지형적인 특징을 반영하여 초원로, 오아시스로, 해로라고 명명해온 반면, 남북 지선에 한해서는 지형적인 공통성을 찾아볼 수 없으므로 주로 교류나 교역의 내역이나 내용상의 특징을 살려 각 지선의 이름을 지어왔다. 그에 따라 명명된 실크로드의 남북 5대 지선은 다음과 같다.

① 마역로(馬易路): 남북로의 동단로(東端路)로서 초원로의 동쪽 끝인 막북(漠北)의 오르콘(Orkhon)강 유역에서 카라코룸(Karakorum, 화림和林)을 지나 장안(長安, 현 시안)이나 유주(幽州, 현 베이징)와 연결되며, 여기에서 계속 화난(華南) 일대로 뻗어 항저우(杭州)나 광저우(廣州)에 닿아 해로와 접한다. 고대에 이 길은 북방 유목민족과 한(漢)민족 간의 동아시아 쟁탈전에 이용되던 전쟁로였으며, 이 길을 따라 양대 민족 간에 군사적·사회경제적으로 큰 역할을 한 말(馬)이 교역되고, 북방 유목기마문화와 남방 농경문화가 교류되었다. 또한 이 길을 따라 북방 유목기마민족문화가 동북아시아 일원에 유입되었다.

② 라마로(喇嘛路): 북단(北端)은 중가리아 분지로서 고창(高昌) 서

1. 비너스상
2. 포틀랜드 화병
3. 파로스의 등대가 새겨진 로마 동전
4. 알렉산드로스
5. 아멘호테프 2세의 유리제 두상
6. 페르시아 왕의 알현 부조
7. 설형문자 점토판
8. 아시리아 아슈르바니팔 왕 사자사냥 부조
9. 간다라 불상
10. 모헨조다로 동물 문양 인장
11. 견왕녀도
12. 둔황 출토 비단
13. 비천상
14. 대방정
15. 옥벽사
16. 장건
17. 당식 5현 비파
18. 시집가는 왕소군과 흉노 선우
19. 고인돌
20. 인면유리구슬(일명 미소짓는 상감옥 목걸이)
21. 황금장식보검

실크로드 전도

(정수일 『고대문명교류사』, 사계절 2001에서 일부 수정)
• 지도의 지명 표기가 본문과 다를 수 있음.

북의 투루판(Tulufan, 토로번吐魯蕃)과 타림 분지 동편에 있는 차르클릭(Charklik, 뭐창若羌)을 지나 티베트의 라싸를 거쳐 히말라야 산록을 따라 북인도의 시킴(Sikkim, 석금錫金)에 이른 후 계속 남하해 인도 갠지스 강 어구까지 이어진다. 이 길은 기원후 5세기부터 주로 토욕혼(吐谷渾)에 의해 이용되다가, 7~8세기에 와서는 토번(吐蕃, 티베트)이 중국 경내의 라마로 주변을 장악하게 되자 토번의 서역 원정로 역할을 하였다. 당과 토번 간에 화친관계가 유지되는 동안에는 당의 사신이나 구법승(求法僧)들이 첩경인 이 길을 따라 인도에 왕래하였다. 후세에 와서 중가리아 일원에서 통일국가로 출현한 타타르가 가끔 이 길을 따라 티베트와 중국 서북방에 대한 공략을 감행하기도 했다. 특기할 것은 티베트에서 발생한 라마교가 바로 이 길을 따라 북상해 몽골에 널리 전파된 사실이다.

③ 불타로(佛陀路): 중앙아시아의 까자흐스딴(Kazakhstan)에서 출발해 따슈껜뜨(Tashkent)와 사마르칸트(Samarkand)를 거쳐 동서남북의 십자로상에 위치한 아프가니스탄 북부의 발흐(Balkh, 현 마자르에샤리프 Mazār-e Sharīf)와 페샤와르(Peshawar, 간다라Gandhara)를 지난 후 인더스강 유역을 따라 중인도 서해안의 바루가자(Barugaza, 현 수라트Surat)까지 줄곧 남하하는 길이다. 예로부터 이 길은 동서남북 간의 중심 교차점에 자리한 교통 요로(要路)로서 동서 문명의 교류와 교역에서 중요한 역할을 하였다. 기원전 2000년경 아리아인들을 비롯해 후세의 알렉산드로스나 티무르(Timūr) 등의 외래인들의 인도 침입은 모두 이 길을 통해 자행되었다. 특히 불교는 이 길을 따라 북상한 다음 중앙아시아를 거쳐 동북아시아에 전파되었으며, 법현(法顯)과 현장(玄奘) 같은 구법승들이 이 길로 천축(天竺, 인도)에 가서 수도·성불하였다.

④ 메소포타미아로: 흑해와 카스피해 중간지대에 있는 코카서스

(Caucasus, 일명 깝까스Kavkaz)의 북부를 기점으로 하여 뜨빌리시(Tbilisi) 와 타브리즈(Tabriz)를 경유해 티그리스강과 유프라테스강 유역을 따라 바그다드와 그 이남에 펼쳐진 메소포타미아를 관통한 후 페르시아만의 바스라(al-Basrah)까지 이르는 길이다. 일찍이 고대 메소포타미아 문명이 개화한 지대를 지나는 이 길은 수메르문화와 바빌론문화, 페르시아문화, 이슬람문화 등 고대문화를 전파하는 데 크게 기여했다.

⑤ 호박로(琥珀路): 북유럽의 발트해(Baltic Sea)에서 시작해 러시아의 모스끄바와 끼이우(Kyiv)를 거쳐 유럽과 아시아 대륙의 접경지대인 튀르키예의 콘스탄티노플(현 이스탄불)과 에페수스(Ephesus)를 지나 지중해 연안을 따라 이집트의 알렉산드리아까지 남하하는 길이다. 이 길에는 유럽의 라인강에서부터 헝가리의 부다페스트를 지나 콘스탄티노플로 이어지는 지선과 발트해에서 부다페스트와 로마를 지나 알렉산드리아까지 연결되는 지선이 포함된다. 이 길은 일찍이 페니키아 시대부터 유럽산 호박(琥珀, amber)의 교역로였다.

이상과 같이 동서남북으로 거미줄처럼 뻗어간 교류망을 통해 동서 문명은 종횡무진으로 교류되어왔다. 이 여러갈래의 간선과 지선으로 이루어진 교통망을 통틀어 실크로드라는 하나의 상징적인 아칭으로 부른다.

4) 마지막 넷째 단계는 실크로드의 환지구적 또는 범지구적 확대가 이루어지는 환지구로(環地球路) 단계다. 앞의 세 단계를 거쳐 실크로드 개념이 부단히 확대되어왔지만, 그것은 아직 구대륙의 범위를 벗어나지 못했다. 바꾸어 말하면, 문명교류의 통로인 실크로드가 지구의 다른 한 부분인 '신대륙'(적절치 못한 표현이나 관용에 따라 사용)에까지는 이어지지 못함으로써 신대륙은 인류문명의 교류권에서 소외되어왔다. 그렇지만 역사적 사실이 증명하다시피, 늦어도 15세기 말엽부터는 남해로

에 의한 문명교류의 통로가 구대륙으로부터 신대륙에까지 뻗어감으로써 실크로드는 명실상부하게 지구 전체를 갈무리하는 환지구적(범지구적) 문명교류 통로로 자리매김되어갔다. 그러나 아직까지 이러한 인식과 연구가 공론화·보편화·공유화되지 못함으로써 실크로드의 범위에 대한 사람들의 인식은 종래의 진부한 통념에 머물러 있다.

이렇게 문명교류의 통로가 신대륙에까지 이어졌다고 보는 근거는 우선, 신대륙으로 통하는 해로가 개척되었다는 사실에 있다. 1492년 이딸리아 항해가 콜럼버스(C. Columbus)가 대서양을 가로질러 카리브해에 도착한 데 이어 뽀르뚜갈 항해가 마젤란(F. Magellan) 일행이 1519~22년에 스페인→남미의 남단→필리핀→인도양→아프리카의 남단→스페인으로 이어지는 세계일주 항해를 단행함으로써 '신대륙'으로 연결되는 바닷길이 처음으로 트이게 되었다.

다음으로, 신·구대륙 간에 교역이 진행되었다는 점에도 그 근거를 두고 있다. 교역은 문명교류의 중요한 징표다. 16세기부터 스페인인과 뽀르뚜갈인들이 필리핀 마닐라를 중간 기착지로 하여 중국의 비단과 도자기를 중남미에 수출하고 중남미의 백은(白銀)을 아시아와 유럽에 수출하는 등 신·구대륙 간에는 이른바 '태평양 비단길' '백은의 길'을 통한 '대범선(大帆船) 교역'이 활발히 진행되었다. 이 교역을 통해 고구마·감자·옥수수·땅콩·담배·해바라기 같은 신대륙의 농작물과 백은을 비롯한 광물이 아시아와 유럽 각지에 유입되어 이 지역의 산업화와 근대화 및 사회경제 발전을 크게 진작시켰으며, 오늘날까지도 그 여파가 면면히 이어지고 있다.

일례로 원대 말엽에서 청대에 이르기까지의 기간에 중국에 들어온 라틴아메리카의 농작물은 앞에서 언급된 것에 더해 호박·고추·토마토·강낭콩·파인애플·파파야·육지면(陸地棉) 등 14가지나 된다.[3]

16~17세기 태평양상에서 '대범선무역(大帆船貿易)'이 시작되자 해상 실크로드의 하나인 '백은의 길'이 열리면서 라틴아메리카산 백은(세계 생산량의 60%)의 2분의 1~3분의 1이 중국에 유입되어 중국의 물가와 기타 사회생활에 큰 영향을 미쳤다고 중국 학자들은 입을 모으고 있다.[4]

  이러한 제반 사실을 감안할 때, 비록 해로의 단선적인 연장이기는 하지만 15세기를 기해 확실히 문명교류의 통로인 해상실크로드는 구대륙에서 신대륙으로 이어진 것이다. 따라서 실크로드의 개념은 구대륙에 머물렀던 종래의 한계를 벗어나 지구 전체를 망라하는 환지구적 통로로 확대되었다고 봐야 한다.

실크로드의 문명사적 역할

  실크로드는 3대 간선과 5대 지선을 비롯한 교통망의 총체로서, 이 교통망을 통해 인류문명은 동서남북으로 종횡무진 교류되어왔다. 문명교류를 포함한 인류역사의 전개과정에서 실크로드가 담당 수행한 역할은 실로 막중하였다.

  그 정의 자체가 말해주다시피 실크로드의 역할은, 첫째 문명의 생성을 보듬고 교류를 추진하는 근본 요인이었다는 점이다. 태고에 비록 원시적이기는 하지만, 실크로드에 의한 인간의 승위섭험(乘危涉險)한 장거리 이동이 없었던들, 인간은 거지중천(居之中天, 허공)에서 덧없이 배회하던 문명이 싹을 틔우는 그 천혜의 순간을 애당초 맞이하지 못했을 것이다. 그러나 다행히 인간의 원거리 이동에 의한 실크로드의 개척과 확대로 문명도 그에 수반되어 원시와 야만의 시대를 훌쩍 벗어나 오늘날 문명개화의 시대를 맞게 된 것이다.

  둘째는 명실상부한 문명교류의 가교 역할을 수행한 것이다. 문명이란 교류를 통한 상보상조(相補相助) 속에서만 발달할 수 있으며, 또 그 생명력을 발휘하게 된다. 예로부터 동서남북으로 진행된 많은 문명들의 상호 교류가 한 문명의 발생 요인이 되거나 발달의 촉진제가 되기도 했다는 것은 많은 역사적 사실에서 확인되었다. 예컨대 청동기의 동방 전파는 아시아 민족의 문명 전환을 야기한 중요한 요인의 하나였으며, 제지법의 서방 전파는 유럽의 개화를 이끌었다. 그런데 이러한 당위적인 문명교류가 현실화되려면 반드시 가교로서의 일정한 공간적 매체와 물리적 수단이 있어야 하는데, 그러한 매체와 수단이 바로 실크로드다.

셋째로 세계사 전개의 중추적 역할을 수행한 것이다. 실크로드는 환지구적인 대동맥으로서, 이 길을 따라 중요한 세계사적 사변들이 전개되고, 수많은 민족과 국가의 흥망성쇠가 거듭되면서 인류역사는 전진해왔다. 고대 오리엔트문명의 창조자들에서 그리스·로마제국, 페르시아제국에서 이슬람제국, 선진(先秦)시대의 중국부터 몽골제국, 석가 시대의 인도에서 티무르제국의 출현에 이르기까지, 그리고 북방 유목민족들의 흥망에서부터 중앙아시아 제국들의 출몰에 이르기까지, 이 모든 역사적 사변은 한결같이 실크로드의 연변(沿邊)을 따라 전개되고, 또 이 길에 의해 서로가 연계되고 관련됨으로써 비로소 모든 변화와 발달이 가능했던 것이다. 다리우스, 알렉산드로스, 한 무제, 당 태종, 이슬람 칼리파들, 칭기즈칸, 티무르 등 수많은 세계의 영웅호걸들이 이 길 위에서 역사의 지휘봉을 휘두른 것이다. 이 길이 없었던들 세계사는 인류가 일찍이 경험한 그것과는 사뭇 다른 양상으로 전개되었을 것이다.

끝으로 세계 주요 문명의 산파역을 감당한 것이다. 원래 문명의 탄생은 교통의 발달과 불가분의 관계에 있다. 교통의 불편은 문명의 후진을 초래하며, 교통의 발달이 없는 문명의 창달이나 전파는 상상할 수 없다. 이러한 문명론의 원리가 바로 실크로드에서 그대로 실증되었다. 고대 오리엔트문명을 비롯한 황허문명, 인더스문명, 그리스·로마문명, 스키타이문명, 불교문명, 페르시아문명, 이슬람문명 등 동서고금의 중요한 문명은 모두가 이 실크로드를 둘러싼 지역에서 발아한 다음, 이 길을 타고 개화·결실하였다. 그 가장 뚜렷한 일례가 바로 불교와 이슬람교가 이 길을 따라 동서남북으로 전파되어 세계적인 종교가 된 사실이다.

실크로드에 관한 몇가지 오해

실크로드 역사에 관한 연구가 일천한데다가, 특히 실크로드 개념의 확대에 대한 인식이 부족한 탓에 실크로드의 기능과 구성 및 범위 등 기본 문제를 둘러싸고 일련의 오해와 편견이 분분해 작금 실크로드 연구에 적잖은 혼란과 혼동이 일어나고 있다. 이러한 기본 문제에 관한 바른 이해가 없이는 실크로드의 학문적 정립은 고사하고, 연구의 진일보한 진척도 그 전망이 불투명하다. 이에 필자는 일본과 중국을 비롯한 일부 국제 학계가 실크로드 연구에서 아직껏 진부한 통념을 고집하거나 개의(改議)에 함구불언(緘口不言)하는 사실 몇가지에 대해 미숙한 비견이나마 개진해보고자 한다.

실크로드의 기능 문제

오늘에 이르기까지 2천여년간 실크로드가 인류문명의 발달에 지대한 기여를 할 수 있었던 것은 인류문명의 교류 통로로서의 본연의 기능을 발휘했기 때문이다. 인류문명의 교류 통로라는 실크로드의 기능은 일반적인 교통이나 어떤 특정 문물의 단순한 교류나 호환에만 한정된 기능이 아니라, 인류문명 전반을 아우르는 다각적인 기능이다. 이러한 기능은 결코 소진되거나 약화될 수 없으며, 오히려 날로 강화된다. 이것은 너무나 이소고연(理所固然)한 사실이다. 그럼에도 불구하고 일부 학계에서는 이에 역행하는 주장을 마다하지 않고 있다.

① 무역기능론: 이 논리에 따르면 실크로드는 다만 무역로의 기능만을 가졌다는 것이다. 중국의 『실크로드 대사전(絲綢之路大辭典)』은 실크로드가 "고대 중국이 중앙아시아를 통해 남아시아와 서아시아 및 유럽과 북아프리카와 육상무역을 진행하는 통도"라며 그 기능에 관해 기술하고 있다.[5] 해상실크로드에 관해서도 이 책은 "중국이 고대에 연해 성진(城鎭)으로부터 해로를 따라 동남아시아와 서아시아 및 북아프리카와 유럽과 해상무역을 진행한 통도를 지칭한다"고 밝히고 있다.[6] 이 두 문장의 요체는 육상이건 해상이건 간에 실크로드는 시종 하나의 무역 통로일 뿐, 다른 교류 통로는 결코 아니었다는 것이다.

원래 실크로드란 말은 중국 비단의 유럽 수출 때문에 생겨난 하나의 조어(造語)다. 그러나 앞에서 언급한 바와 같이, 실크로드는 그 개념이 부단히 확대된 결과 원래의 단순한 비단 무역로 개념에서 벗어나 단선에서 복선으로, 다시 망상으로 확장되었을 뿐만 아니라, 그 내용도 경제·정치·문화·군사·예술, 심지어 인간의 왕래 등 다종다양한 교류를 갈무리하고 있다. 이것은 실크로드가 이미 단순한 비단 무역로가 아니라 여러 분야의 인류문명 교류를 종합적으로 아우르는 통로로 변신 확충되었음을 의미한다.

② 교통기능론: 실크로드를 역사의 한 구성요소로서 중시하는 것은 이 길이야말로 인류문명의 교류와 소통의 기능을 부여받고 그에 응분의 기여를 다해왔기 때문이다. 따라서 우리는 이러한 기능을 발휘함으로써 역사발전, 특히 문명교류의 발전에 특유의 기여를 해온 길만을 실크로드라고 부르는 것이다. 이것은 일반 운수업의 교통로와는 엄연하게 구별된다. 이 점에서 일본 학계는 나름의 견해를 갖고 있는 성싶다. 저명한 실크로드 연구자인 나가사와 카즈또시(長澤和俊)는 역작 『실크로드 지식 사전(シルクロードを知る事典)』에서 "실크로드는 상고(上

古)이래 동아시아와 서아시아, 아시아와 유럽 및 북아프리카를 연결하는 동서 교통로의 총칭이다"[7]라고 못박으면서, 이 교통로를 초원로와 녹주로(綠州路, 오아시스로), 해로의 3대로로 나눈다. 이렇게 그는 실크로드의 3대 간선과 3대 교통로를 혼동하고 있다.

이러한 논리에 따라, 일본에서 가장 먼저 해로를 '바다의 실크로드'라고 명명했다는 미스기 타까또시(三杉隆敏)도 해상실크로드를 "동남아시아에서 인도양을 지나 홍해에 이르는 바닷길이다"[8]라고 정의한다. 여기서 미스기가 말한 '바닷길'은 일반 교통로에 속하는 해로이지, 결코 교류 통로로서의 해상실크로드는 아니다. 이러한 오해로 말미암아, 1980년대 초 일본 NHK가 제작 방영한 대형 기록영화「실크로드」(30편)는 실크로드라는 이름은 취했어도 오아시스로만을 다루고 해상실크로드는 배제했다.[9]

③ 기능종결론: 구체적으로는 해상실크로드의 종결론이다. 중국의 일부 연구자들은 해상실크로드를 "1840년 이전에 중국이 세계 기타 지역과 소통한 해상통도"라고 규정하면서, 이해에 발생한 아편전쟁이 "중국의 대외관계의 성격을 근본적으로 변화시켰으며, 이에 따라 해상실크로드의 역사는 종결이 지어졌다"[10]고 주장한다. 그러면서 소위 해상실크로드의 '5단계론'을 제기한다. 그것은 진(秦)·한(漢) 시대의 개척기, 위(魏)·진(晉)부터 당(唐)·오대(五代)까지의 지속발전기, 송·원대말의 번영기, 명대의 성쇠기, 청대의 정체 및 쇠락기의 5단계다. 그들의 주장에 따르면, 200년 전에 해상실크로드는 이미 활동을 멈추고 '종결'을 맞았어야 했다. 그러나 사실(史實)은 그들의 주장과는 정반대로 해상실크로드는 '종말'을 고하기는커녕 오히려 날로 번영의 일로를 걸어왔음을 보여준다.

실크로드의 구성론

문명교류 통로로서의 실크로드의 총체론적 구성요소에 대해 편협하고 교조주의적인 오해가 학계를 잠식하고 있는데, 시급한 시정이 요망된다. 그중 두가지만을 추려서 논하고자 한다.

① 실크로드의 이원론: 문명교류 통로로서의 실크로드 본연의 변천 과정, 특히 개념 확대의 전개 과정에서 보다시피, 실크로드는 원천적으로 '문명교류 통로'라는 하나의 단원론(單元論, 일원론一元論)적 구성으로 이루어졌지, 결코 오아시스 육로나 해로, 초원로가 각각 별개의 구성요소를 가진 '이원론(二元論)'적(혹은 다원론多元論적) 실체로 존재하지는 않았다는 것을 알 수 있다. 요컨대 우리는 이론적·실천적으로 '실크로드'라는 총론(또는 총칭總稱) 아래 초원로와 오아시스로, 해로를 각론으로 설정해 다분히 실크로드를 일체화된 학술 분야로 조명하고, 문명교류의 통로로 고찰해왔다.

그럼에도 불구하고 일부 학계에서는 본래부터 단원적으로 일체화된 실크로드를 인위적인 다원론(이원론이나 삼원론)으로 분리하는 오류를 범하고 있다.

중국의 『실크로드 대사전』은 편제에서 실크로드를 '실크로드의 길(絲路之路)'(제1편)과 '해상실크로드(海上絲路)'(제11편)로 편장(編章)을 완전히 달리해 분류하고 있다. 하지만 이는 '지식의 규범서'라고 하는 사전, 그것도 초간(初刊)에서 가히 납득할 만한 전거(典據)도 별로 없이 단원적인 실크로드를 육상실크로드와 해상실크로드의 병행적인 이원론으로 갈아치울 것이 아니라 어불성설(語不成說) 여부를 충분하게 따지고 나서 결론을 내려야 했던 중차대한 문제인 것이다.

이것은 전형적인 실크로드 이원론의 한 실례다.[11] 이러한 이원론에서는 해상실크로드가 단원적이며 일체적인 실크로드에서 이탈한 별개의 무역 항로를 형성해 해사(海事, 무역사貿易事)에만 전념하는 항로라고 주장하는데, 이것은 분명히 논리적 편견이다. 왜냐하면 해상실크로드는 근세에 와서 실크로드 개념의 확대로 인해 초원실크로드 및 오아시스 육로와 함께 산생한 개념으로서, 실크로드의 하나의 간선이며 그 구성 부분이기 때문이다.

이원론의 다른 오해는 이른바 협의의 실크로드와 광의의 실크로드를 역시 병행적으로 함께 거론한다는 점이다. 중국의『실크로드 대사전』은 실크로드를 무역 통도라고 단정한 후에 "우리가 말하는 실크로드는 주로 원래 의미상의 실크로드, 즉 협의의 실크로드이다"[12]라고 부언한다. 한데 여기서 말하는 '원래 의미상의 실크로드'란 도대체 무슨 길을 가리키는지가 분명치 않다. 육상무역로, 즉 오아시스로를 가리키는지, 아니면 초기에 중국과 로마 간에 있었던 비단 무역로를 의미하는지 확연치 않은 것이다. 이 사전의 다른 편(제11편)에서는 광의의 해상실크로드는 "중국 연해로부터 한반도와 일본 군도까지의 해상교통도 포함한다"고 지적하고 있다.[13] 여기서는 중국 연해 이동(以東)의 해상실크로드를 '광의의 해상실크로드'라고만 하고, 그 이서(以西)의 해상실크로드에 관해서는 언급이 없다. 사전치고는 규범성이나 통일성이 결여된 허술함을 보이는 것 같아서 못내 아쉽다.

일본의 일부 학자들도 이 이원론에 동조하면서, 그 이유와 근거를 명시한 바는 없지만 오아시스로를 협의의 실크로드라고 주장하며, 여기에 초원로와 해로를 더해 광의의 실크로드라고 칭한다.[14] 학문 연구에서 때로는 이해의 편의에서 출발해 하나의 연구방법으로 협의나 광의의 개념을 도입하고는 있지만, 우리가 실크로드를 연구하며 복잡다기성(複雜多岐性)이나 경중(輕重) 여하를 가리지 않고 무턱대고 이러한 방법을 도입하는 데는 무리가 따를 수 있다. 그래서인지 일본 학계에서도 이러한 주장은 한두권의 사전에 제시되었을 뿐, 학계 전반이 이를 공유하는 것은 아닌 성싶다.

② 실크로드 시종론(始終論): 이것은 실크로드의 시점(始點)과 종점(終點), 즉 동·서단의 구성과 관련된 문제의 담론이다. 무릇 길이라면 언필칭 기점과 종점이라는 두 끝이 있게 마련이지만, 문제는 그것을 어떻게 설정하는가이다. 사실(史實)에 근거해 불편부당하게 설정하는가, 아니면 사실을 무시한 채 자의(恣意)로 설정하는가 하는 것이다.

역사가 증명하다시피, 시대의 변화에 따라 실크로드의 시·종점도 변화해왔다. 고대의 단향식(單向式) 교역 시대와 중세 이래의 쌍향식(雙向式) 내지 다향식(多向式) 교류 시대의 실크로드 양단(兩端)은 고정불변한 것이 아니었으며 끊임없이 변화를 거듭해왔다. 심지어 출몰·부침 현상까지 나타났다. 사실상 초기 실크로드의 양단이었던 중국(한대漢代)의 중원(中原)과 로마는 몇세기 지나지 않아서 비단 무역의 쇠퇴와 함께 양단의 지위를 상실하고 말았다. 이어 도자기와 향료 무역이 부상함에 따라 실크로드의 양단은 자연스럽게 중국의 화베이(華北)나 동남아 해안, 이딸리아의 베네찌아로 이동하였다.

이러한 역사주의적 관점에 입각해 오늘날 우리가 실크로드의 시·종점을 운운하는 실태를 한번 고찰해보면 이러한 주장들 사이에도 상당한 괴리가 있음을 발견하게 된다. 중국을 실크로드의 기점(혹은 종점)으로 인정하는 것은 거의 의심할 바 없는 통설이 된다. 일반적으로 실크로드 3대 간선의 기점은 모두가 중국으로, 즉 오아시스로는 장안(長安, 현 시안)으로, 초원로는 화베이 지역으로, 해상실크로드는 동남해안으로 설정되어 있다.

그러나 구체적인 지점에 관해서는 각인각설(各人各說)이다. 린스민(林士民)은 만당(晚唐) 이래의 도자기로가 바로 해상실크로드라고 단정하면서 중국 동남해안의 명주(明州)를 그 출발점으로 지목하지만,[15] 리광빈(李光斌)과 천룽팡(陳榮芳)은 취안저우(泉州)를 해상실크로드의 '동방 기점'과 '시발점'으로 간주한다.[16] 그런가 하면 딩위링(丁毓玲)은 중세 아랍과 페르시아 무슬림 상인들이 구축한 무역네트워크의 종점은 중국이기 때문에 그들은 더이상 북상해 고려나 일본으로는 가지 않았다고 강변한다.[17]

바로 이러한 편파적인 종점론 때문에 한반도는 줄곧 해상실크로드상에서 소외되어왔다. 그러나 많은 문헌 기록과 출토 유물들은 해상실크로드의 네트워크가 중국에서 멎은 것이 아니라, 그 동쪽의 한반도와 일본에까지 연장되었다는 사실을 실증하고 있다. 물론 중국이 실크로드의 시·종점을 이룬 시대가 일찍이 있었다는 사실을 우리는 부정하지 않는다. 그러나 그것은 1500년 전 비단이 단향식 수출품이던 시대의 일이다. 21세기에 이른 오늘날 실크로드가 환지구적인 교류 통로가 된 상황에서 이런 유의 시종론은 이미 때가 지난 진부한 어불성설이 되어버렸다고 아니할 수 없다.

실크로드의 범주에 대한 오해 문제

전술한 바와 같이, 실크로드의 환지구성(環地球性)은 실크로드 개념 확대(제4단계)의 결과이며 실크로드의 전지구성(全地球性)의 문제로 실크로드 담론사에서 새롭게 부상한 중요한 의제다. 그러나 유감스럽게도 오늘날에 이르기까지 실크로드의 환지구성 문제에 관해 학계에서는 심층적인 검토와 연구가 거의 이루어지지 않은 형편이다. 바로 그 때문에 이러한 오해와 편견, 심지어 자가당착적인 주장까지 생겨나고 있는 것이다.

문명교류의 해상통로로서의 해상실크로드는 결코 지구상의 어느 특정 국가나 지역의 전유물이 아니라 지구상의 모든 해양을 아우르는 전지구적인 바닷길이므로 의당 해양국가들과 지역의 공유물일 수밖에 없다. 해상실크로드의 환지구성은 바다의 일체성과 연결성에 의해 산생된 필연적인 현상[18]으로서, 그 항로는 시종 일체성과 연결성을 유지해왔으며 수로(물길)는 서로가 이어져 단절된 적이 없었다. 이것이 바로 해상실크로드만이 지니는 특유한 환지구성이다. 이 환지구성은 일찍이 일련의 역사적 사실에 의해 확증되었다. 특히 15세기 '대항해시대'의 도래와 더불어 전지구적인 교류와 교역이 이루어짐으로써 환지구성의 면모가 점차 갖추어지게 되었다. 아울러 대양 간의 환지구적인 원거리 항로를 통해 해상실크로드는 구대륙(유라시아대륙)에서 신대륙으로 연장되었으며, 구역 간의 항해가 세계일주와 같은 환지구성 항해로 확장되었다.

비록 이러하지만, 중·일 양국을 비롯한 대부분의 국제 학술계는 여전히 실크로드 개념 확대의 제3단계에 안주하면서 실크로드의 범주를 구대륙에만 한정하고 있다. 이것이 바로 실크로드 범주의 국한론(局限論)이다. 그간 각국에서 제작한 실크로드 지도나 약도를 유심히 살펴보면, 그 대부분은 실크로드를 유라시아대륙상에만 표시함으로써, 지구의 기타 서반구(西半球, 한·일 양국 포함)는 소외되고 있음을 금방 알 수 있다. 중국의 『실크로드 대사전』이나 일본의 『실크로드 지식 사전(シルクロードを知る事典)』은 실크로드의 환지구성이나 국한론 문제에 관해서는 일언반구의 논급도 없다.

근간에 중국은 실크로드의 명의를 빌려 이른바 '일대일로(一帶一路)'라는 전지구적 전략구상을 내놓았다. '일대'는 중국에서 출발해 중앙아시아와 서아시아를 경유, 유럽에 이르는 실크로드(오아시스 육로) 연변에 '경제대(經濟帶)'를 구축하는 것이며, '일로', 즉 '21세기 해상실크로드'도 역시 중국에서 출발해 동남아시아와 인도양 및 아라비아해를 지나 동아프리카 연안에 이르는 해상실크로드 항로를 말한다. 문자대로 해석한다면, 여기서의 '일대'는 여전히 한국과 일본 등 동아시아 나라들을 배제한 '경제대'이며, '일로'는 15세기 전반 정화가 '하서양(下西洋)'을 할 때의 서단(西端)을 계선으로 해서 해상실크로드의 항로를 인위적으로 설정한 것으로, 모두가 지구의 절반을 점하고 있는 동반구에 한정되어 있다.[19] 실크로드학의 시각에서 보면, 이것은 실크로드의 환지구성을 외면하고 현실에 역행하는 편파적이며 구태의연한 실크로드 국한론의 재판에 불과한 것이다.

그러나 과문이지만, 중국 학술계에서 비록 국한론이 여전히 우세를 차지하더라도, 천루이더(陳瑞德) 같은 몇몇 학자들은 해상실크로드의 환지구성을 조심스레 제기하고 있다. 천루이더는 저서 『해상실크로드의 친선사절: 서양편(海上絲綢之路的友好使者: 西洋篇)』에서 "해상실크로드는 또한 조선과 일본으로 항행하는 동해 항선(東海航線)과 태평양을 횡단해 아메리카대륙으로 항행하는 태평양 항선(太平洋航線)을 포함해야 한다"[20]고 언급한다. 이렇게 천루이더는 해상실크로드에는 남해 항선과 동해 항선뿐만 아니라, 태평양을 가로질러 아메리카대륙에 이르는 태평양 항선도 응당 포함되어야 한다고 주장한다. 그가 여기서 지적한 '태평양 항선'은 바로 아메리카대륙에 이르는 해상실크로드상의 하나의 환지구적 해로를 말하는 것이다.

이러한 주장은 시진핑(習近平) 주석의 언사 중에서도 찾아볼 수 있다. 그는 2014년 11월 4일에 개막된 '중앙재경지도소조' 제8차 회의에서 "'일대일로'는 유럽과 아시아대륙을 관통해 동변에서는 아태(亞太, 아시아·태평양)경제권과 접해 있으며, 서변은 유럽경제권에 진입하고 있다"[21]고 언명하였다. 여기서 시주석은 해상실크로드('일로')의 동변은 이미 하나의 환지구적 해로(태평양)를 통해 아·태경제권과 맞닿아 있는 현실을 인정한다. 사실상 중국과 라틴아메리카의 관계는 이미 전반적인 동반자 관계와 운명공동체 관계로 승격되었다. 이것은 실크로드의 국한성은 불식된 반면 실크로드가 환지구성을 지니고 있는 현실에 대한 명증이다.

제2절 초원로

초원로의 개념

초원로(草原路, Steppe Road)란 유라시아대륙의 북방 초원대를 동서로 횡단하는 동서교류의 통로다. 실크로드의 3대 간선 중 가장 오래된 초원로는 다음과 같은 몇가지 특징이 있다. 첫째, 일망무제(一望無際)한 초원지대에 펼쳐진 길로서 이용이 자유자재로 편리하다. 일반적으로 이 길은 사람들이 지형이나 기후(건조기 제외)의 제약을 별로 받지 않고 수시로 이용할 수 있으며, 길의 너비나 길이에 대한 특별한 제한도 없이 자유롭게 활용할 수 있다. 이로 인해 초원로는 다른 두 간선인 오아시스로나 해로와 달리 노선이 분명하지 않다. 둘째, 유목기마(遊牧騎馬)민족들 전용(專用)이다. 이 길은 대개 유목기마민족인 스키타이(Scythai)에 의해 개척된 뒤 흉노(匈奴)와 몽골 등 북방 유목기마민족의 교역과 이동 및 정복활동에 이용되었다. 초원은 말을 타고 이동하면서 유목생활을 하는 민족들만이 적응할 수 있는 지형적 특성을 지녔기 때문이다. 따라서 그에 필요한 장비도 기마 유목에 적합한 단단하고 경량화된 마구류(馬具類)가 주종을 이룬다.

헤로도토스의 저서 『역사』의 기술(제4권의 13장과 16~36장)에 의하면 초원로는 기원전 7세기 전반에 스키타이인들이 흑해로부터 우랄산맥을 넘어 알타이(Altai) 지방에 이르러 동방교역을 할 때부터 알려지기 시작했다. 『역사』의 기술과 함께 그간 북방 유라시아의 초원지대에서 속속 발굴된 일련의 유물들을 참고로 하면, 스키타이를 비롯한 고대 유목기마민족들이 개척·이용한 초원로의 윤곽이 대체로 드러난다.

그 주로(主路)를 추적해보면 북유럽의 발트해에서 출발해 아랄해(Aral Sea) 연안을 지나서 동진하여 까자흐스딴과 알타이산맥 이남의 중가리아 분지에 도착한 후 더 나아가 몽골 고비사막의 북변 오르콘강 연안으로 접어든다. 여기에서 남하해 중국의 화베이(華北) 지방에 이른 후 다시 동남향으로 중국의 둥베이(東北) 지방을 거쳐 한반도까지 이어진다. 고대부터 초원로의 주변에는 주로 유목기마민족문화가 발생·번영하였으며, 이 길을 따라 동서로 널리 전파되었다.

초원로를 통해 최초로 동서에 전파된 문물로는 비너스(Venus)상이 있다. 지금으로부터 1만여년 전에 제작된 것으로 추정되는 이 비너스상은 지금까지 서유럽의 삐레네산맥 북쪽 기슭에서 시베리아의 바이깔호 부근에 이르기까지 광활한 지역에서 수백점이 발견되었다. 거의 20군데나 되는 출토지를 연결하면 서부 유럽에서 출발해 다량 발굴된 중부 및 동부 유럽과 우끄라이나를 지나 동진하여 동시베리아에 이르는 이른바 '비너스의 길'이 형성된다. 또한 비너스상에 이어 한때 초원로를 누빈 것은 채도(彩陶)로서, 그 출토지가 연결된 길이 이른바 '채도의 길'이다. 이 길의 서단(西端)은 중앙아시아의 서남부에 있는 초기 농경문화의 대표적 유적인 아나우(Anau) 유적(B.C. 5000년경) 지대다.

아무다리야강 하류의 호라즘(Khorazm) 지방과 중앙아시아와 중국의 접경지대인 페르가나(Fergana) 분지의 나망간(Namangan) 일대에서 이 아나우문화에 속하는 유물이 다수 출토되었다. 그런데 아나우 채도와 유사한 채도가 중국의 양사오(仰韶)문화 유적(B.C. 5000~3000)에서도 발굴되어 그 관련성 여부를 놓고 지금까지도 학계에서 의견이 분분하다. 서구와 일본 등 외국 학계에서는 대체로 그 상관성을 인정해 서아시아 채도가 초원로를 거쳐 중국 중원지대에 전해진 것으로 보고, 그 전파로(초원로)를 일명 '채도의 길'이라고 한다.

설혹 자생설을 주장하는 중국 학자들의 견해처럼 서아시아의 채도가 중국까지 전파되지는 않았다손 치더라도, 아나우의 채도가 초원로를 통해 동쪽으로 전해진 것은 확실하므로 그 전파로인 초원로를 '채도의 길'이라고 설정해도 결코 무리는 아닐 것이다. 기원전 1000년대의 청동기시대에 접어들면 초원로의 동쪽 끝에서는 몽골 인종이 주도하는 카라수크문화(Karasuk culture, B.C. 1200~700)가 흥기한다. 러시아의 미누신스끄주에 있는 카라수크강 유역에서 발아한 이 문화는 동쪽으로 바이깔호 부근에서부터 서쪽으로 알타이산맥과 까자흐스딴에 이르는 광활한 초원지대에서 번영하였다. 초원의 유목경제를 바탕으로 한 이 문화는 청동제 칼·창·도끼 등 유사 유물에서 보듯이 중국 은상문화(殷商文化)의 영향을 받은 흔적이 역력하다. 이것은 이 문화가 초원로를 통해 은상이 할거하던 중국의 화베이 지방과 연관되었음을 시사해준다.

기원전 8세기경에 남러시아 일원에서 흥기한 스키타이문화도 역시 초원로를 통해 동쪽으로 전해져 몽골고원을 지나 중국 화베이 지방의 쑤이위안(綏遠, Ordos) 일대에까지 영향을 미쳤다. 유목민족인 스키타이는 초원로의 서단(西端)을 통해 흑해 연안의 그리스 식민도시들과 활발한 교역을 진행했으며, 그 동단(東端)을 따라 동방무역로를 개척하였다. 헤로도토스의 저서 『역사』의 기술에 의하면, 스키타이의 동방무역로는 아랄해로부터 볼가강을 지나 북상해 우랄산맥을 넘은 다음 동진해 알타이산맥 부근에까지 이른다. 이 길의 연변에서는 스키타이문화

초원로의 전사들이 부상당한 전우의 다리를 감싸주는 장면

특유의 동물 문양이나 금은세공품 등의 유물이 다량 출토되었으며, 특히 알타이산맥 북방의 파지리크(Pazyryk) 유적에서는 스키타이문화 유물과 함께 중국 진대(秦代) 유물이 다수 출토되었다. 이것은 당시(B.C. 8~3세기) 초원로를 통해 이루어진 스키타이문화 동점의 모습과 동서 간의 교류를 실증해주는 것이라 할 수 있다.

기원전 4세기 말에 몽골고원에서 흥기한 흉노는 노인울라(Noin Ula) 유적에서 볼 수 있듯이, 스키타이문화를 비롯한 북방 유목기마민족문화와 한(漢)문화를 흡수·융합한 이른바 '호한문화(胡漢文化)'라고 일컬어지는 특유의 유목기마문화를 창출했고, 초원로를 따라 서천(西遷)하면서 이 호한문화를 서구에까지 유포시켰다. 기원전 3세기 후반부터 카스피해 동남부에 자리한 파르티아(Parthia, 안식安息)왕국과 비단무역을 하는 등 서역과의 교류를 활발히 전개해오던 흉노는 기원후 후한(後漢)에 쫓겨 서천을 거듭하다가 마침내 4세기 후반에는 초원로의 서단을 따라 유럽에까지 진출했다. 훈족(Huns, 흉노)의 이 서진(西進)으로 인해 흑해 연안에 살고 있던 게르만의 한 부족인 서고트족(Visigoth)은 로마제국으로 밀려들어갔다. 이것이 게르만민족 대이동의 서막이었으며, 이로 인해 서양사에서 중세의 막이 오르게 되었다.

뿐만 아니라 기원전 3세기 후반에는 중국 쑤이위안 지방에 진출하고, 기원전 2세기 후반에는 동호(東胡, 현 중국 둥베이 지방)까지 정복하는 등 흉노의 동진 과정을 통해 그들의 유목기마문화가 고조선과 한반도, 그리고 일본에까지 영향을 미쳤다는 것을 알 수 있다. 한반도에서 출토된 청동기와 철기, 각종 마구와 동물 문양 등 북방 유목기마문화의 유물들은 흉노에 의해 초원로를 거쳐 유입된 것이라고 추정된다. 지금까지 동아시아에서 발굴된 청동기 유물의 분포대를 추적해보면, 그 길은 몽골로부터 중국 화베이의 러허(熱河) 일대로 방향을 바꿔서 랴오둥(遼東)을 거쳐 한반도 내로 이어졌음을 알 수 있다. 따라서 이 청동기 유물 분포대의 연결선을 한반도까지 이어지는 초원로의 연장으로 간주할 수 있으며, 이는 곧 한반도가 초원로의 동단(東端)임을 시사해준다.

흉노에 이어 초원로를 횡적으로 누비며 동서교류의 주역을 담당한 민족은 돌궐족(突厥族)이다. 기원전 4세기경부터 몽골 초원의 각처에 산재한 유목민의 일족인 돌궐이 기원후 552년에 유연(柔然, 연연蠕蠕) 등 여러 부족을 정복·통합해 강대한 국가를 건립했다. 돌궐은 초원로를 따라 동편으로는 중국 화베이 지방의 북주(北周)나 북제(北齊)와 견마(絹馬)무역을 진행하는 한편, 서편으로는 알타이산맥을 넘어 중앙아시아의 에프탈(Ephtalite)을 격파하고 소그디아나(Sogdiana)까지 정복하였다.

6세기 말 소그디아나 일원에 건국된 서돌궐은 동로마제국과 수차례에 걸쳐 사절을 교환하고 교역도 활발히 진행함으로써 초원로는 명실공히 동서교류의 간선 역할을 수행했다. 657년에 서돌궐이 당에 의해 멸망한 후 중앙아시아를 중심으로 한 초원로의 중간 지점은 일시적으로 당의 수중에 들어가게 되었다. 그러나 얼마 지나지 않아 8세기 초엽부터 아랍·이슬람군이 이 지역에 진출해 당 세력을 축출함으로써 중앙아시아의 이슬람화가 전개되는 한편, 초원로의 중간 지점은 아랍·이슬람 세력의 활동 무대가 되었다. 이러한 국면은 13세기 몽골제국이 출현해 서정(西征)을 시작할 때까지 지속되었다.

13세기 초에서 중엽까지 아시아 전역과 유럽 및 러시아마저 석권한 대몽골제국 시대는 문자 그대로 초원로의 전성기였다. 몽골인들은 1219년부터 1260년까지의 기간에 단행한 세차례의 서정을 계기로 서방의 광활한 정복지에 오고타이(Ogotai)·차가타이(Chaghatai)·킵차크(Kipchak)·일(Il) 칸 등 4개의 칸(汗)국을 세우고, 동방의 중국 본토에는 원(元)나라를 세움으로써 유라시아를 석권한 세계적 대제국을 건설했다. 유목기마민족인 몽골인들의 대규모 서정은 주로 초원로를 따라 진행되었다.

초원로의 주로

초원로의 주로는 몽골의 카라코룸으로부터 서쪽으로 알타이산맥을 넘어 발하슈(Balkhash)호 북안을 돌아 카스피해 북부에 있는 킵차크 칸국의 수도 사라이(Sarai)에까지 이르며, 사라이를 중계지로 하여 다시 서쪽으로 끼이우·안티오크·베네찌아·콘스탄티노플 등 러시아와 유럽의 여러 도시로 연결되는 길이다. 이 길을 따라 서구에서 몽골까지 왕복한 까르삐니(Giovanni de Piano Carpini, 1182~1252)와 루브루퀴스(Gulielmus de Rubruquis, 1220~93), 마르꼬 뽈로 등 여러 여행가들의 기술에 의해 이 길의 실체가 알려졌다. 제국은 이 초원로를 원활하게 운영하기 위하여 완벽한 역체제(驛遞制)를 실시했다. 마르꼬 뽈로의 여행기 『동방견문록』에 의하면, 제왕으로부터 받은 여행용 금패(金牌)나 은패(銀牌)만 소지하면 누구나 초원로에서 음식과 말 등을 보급받는 것은 물론 안내자까지 대동하고 안전하게 여행할 수 있었다.

몽골제국의 멸망과 더불어 얼마간 부진 상태에 처했던 초원로는 16세기 후반에 와서 러시아의 시베리아 진출로 인해 다시 활기를 띠게 되었다. 1581년 러시아는 예르마끄(Timofeyevich Yermak, ?~1584)를 대장으로 한 탐험대를 동방에 파견하였다. 무력을 동반한 탐험대는 오비강을 넘어 이르띠시강 유역에 있는 시비르칸국을 공략하고, 이 땅을 이반 4세에게 기증했다. 그후 우랄산맥 이동의 광활한 초원지대를 일괄하여 '시베리아'라고 지칭했다.

1587년에 러시아인들은 시베리아의 초원로를 따라 시비르 부근에 또볼스끄시(市)를 건설하고 계속 동진해 1638년에는 태평양 연안에까지 도달하였다. 그들은 이에 머물지 않고 여기에서 다시 남하해 러시아와 중국 청(淸)나라의 국경지대인 헤이룽강(黑龍江) 일대까지 세를 확장했다. 이 우랄산맥 동쪽으로부터 남러시아의 광활한 초원지대를 지나 부분적으로 북방 침엽수림대(taiga)를 관통하여 헤이룽강 일대까지 이어지는 길을 '시베리아 초원로'라고 한다. 이 길의 서단은 전통적인 초원로의 일부지만, 동단은 새로 개척된 초원로이다. 러시아는 이 초원로를 통해 시베리아, 특히 동시베리아에서 양산되는 모피를 대거 수입해 갔다. 그리하여 이 초원로를 일명 '모피로(毛皮路)'라고 하는데, 이 '모피로'는 근세에까지 상당히 활발하게 가동되어왔다. 이에 앞서 볼가강의 카스피해 입구에 있는 하자르(Khazar, 630~965)왕국과 볼가강과 까마강의 합류지에서 흥기한 볼가 불가르(Volga Bulgar, 9세기~13세기 초)왕국으로부터 우랄산맥 남부를 지나 시베리아와 알타이, 몽골을 거쳐 중국 화베이 지방에 이르는 전통적인 초원로에서도 모피가 교역되었다고 하는바, 그에 따라 이 길이 '모피로'라고 불린 것이다.

이처럼 초원로는 다른 두 간선(오아시스로와 해로)에 비해 일찍부터 개통되었을 뿐만 아니라, 상당히 오랫동안 동서교류의 중요한 통로의 기능을 수행해왔다. 특히 13~14세기에 이루어진 몽골제국의 치세는 초원로의 전성시대였다. 몽골제국의 멸망과 더불어 부진 상태에 처했던 초원로는 16세기 후반에 시베리아 초원로(모피로)가 개척되면서 다시 활기를 띠기 시작했지만, 전통적인 초원로는 점차 왕래가 격감하면서 쇠퇴기에 접어들게 되었다.

초원실크로드의 복원

유목문명의 대동맥으로서의 초원실크로드는 인류문명의 교류 통로인 실크로드 3대 간선 가운데서 역사가 가장 오래된 길이다. 인류문명 교류의 최초 유물로 알려진 비너스상(Statue of Venus)이 지금으로부터 2만~2만 5천년 전 후기 구석기시대에 바로 북방 유라시아 초원지대를 가로지른 이 길 위에 동서 간의 첫 교류 흔적을 남겨놓았다. 그것이 초원실크로드를 통한 동서 문명교류의 효시다. 그때부터 초원실크로드는 문명교류 통로의 기능을 수행하기 시작했으며, 이에 따라 노선을 비롯한 길 자체에 관한 연구와 더불어 이 길을 통한 교류와 그 역사 전개에 관한 연구가 주목을 끌었다.

그동안 길 자체에 관한 연구는 주로 비너스와 채도, 청동기 같은 물질문명의 교류 동선(動線)이나, 스키타이와 흉노, 돌궐 같은 유목기마민족들의 민족적 이동로나, 몽골군의 서정 같은 전로(戰路)를 조명하는 데 초점을 맞춰왔다. 물론 그 과정에서 초원실크로드의 실체가 어느 정도 밝혀지고, 노선의 윤곽도 드러났다. 그러나 이 시·공간적으로 다양한 동선이나 이동로, 전로를 고립적으로, 단절적으로, 그리고 현장이 아닌 책상머리에서 자를 대고 긋다보니, 각인각설로 정확한 그림을 그려낼 수가 없었다. 작금 유행하는 '초원실크로드' 지도들은 대개 확실한 증거나 현장 검증 없이 어림짐작으로 만들어진 것으로 추측된다. 초원실크로드가 유목문명의 대동맥으로 부상하는 이 시점에서 이러한 현황을 더이상 수수방관해서는 안 된다. 이를 극복할 수 있는 길은 오로지 근본으로 되돌아가 원초적 길을 복원하는 것이다.

그리하여 필자는 이 길의 원초적 개척자인 스키타이를 비롯한 초기 유목기마민족들의 활동에 관한 실증적 증거로 남아 있는 쿠르간(Kurgan)의 연결로에 착안하였다. 그것은 쿠르간이야말로 초원 유목민들의 가장 보편적인 묘제(墓制)였을 뿐만 아니라, 그 내장물(內藏物)이 그들의 생활상과 활동상을 가장 신빙성 있게 증언해줄 터이므로 쿠르간의 연결로가 바로 다름 아닌 초원실크로드의 복원된 원래의 모습일 것이라는 확신에서였다. 실제로 북방 유라시아 초원지대에 산재한 여러가지 형태와 내용의 쿠르간들을 현장에서 탐사하면서 이같은 착안이나 확신이 빗나가지 않았다는 것을 실감했다. 물론 쿠르간 말고도 다른 역사적 유적·유물이나 기록에 근거해 이 길의 복원에 다가설 수도 있겠지만, 길의 개척자들이 그 길 위에 직접 남겨놓은 유적과 유물은 그 어느 유적·유물보다도 신빙성이 높다.

일찍이 북방 유라시아 초원지대에서 활동한 유목기마민족들이 각이한 형태의 쿠르간을 묘제로 채택하고 운영하면서 쿠르간문화를 꽃피웠지만, 따지고 보면 그 원류는 혈통적으로나 문화적으로 친연관계에 있는 스키타이로 거슬러 올라간다. 아랄해 부근에서 흥기해 한때 남러시아 일원을 석권했던 사르마트(Sarmat)족과 스키타이는 언어를 공유한 친족관계에 있으며, 흔히들 중앙아시아 유목민의 시조로 알고 있는 사

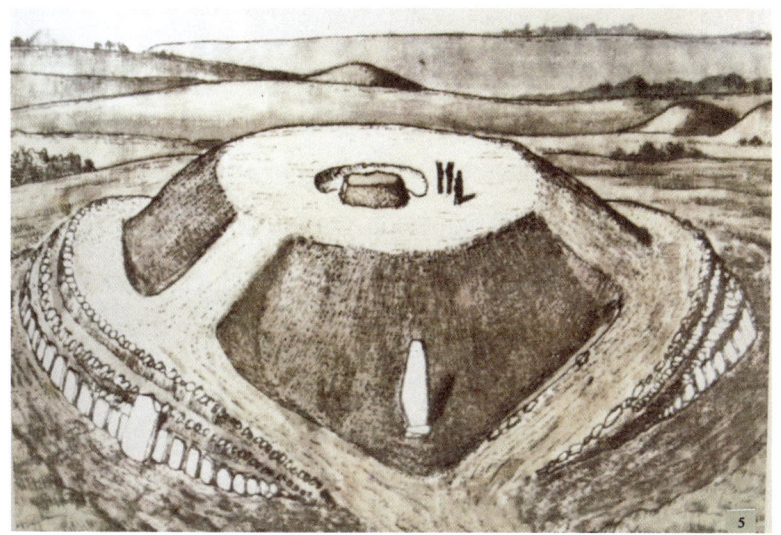

쿠르간 단면도

카(Saka)족은 스키타이의 그리스어 별칭이다. 이와 더불어 현존 쿠르간의 실태가 보여주다시피, 스키타이는 명실공히 찬란한 황금문화와 동물의장을 비롯한 유목기마민족문화의 창시자로서 유목문명의 전파와 교류, 그리고 그 교류 통로인 초원실크로드의 개척과 전개에 불멸의 업적을 남겨놓았다. 바로 이 때문에 스키타이의 쿠르간 추적에 초점을 맞춰 초원실크로드의 복원을 시도한 끝에 마침내 미흡하지만 소기의 복원에 한걸음 다가설 수 있었던 것이다.

초원실크로드의 복원 작업은 한마디로 스키타이를 비롯한 북방 유라시아 유목기마민족들이 조영(造營)한 고분 쿠르간들을 동서로 관통하는 한 선으로 엮는 일이다. 그 방법은 쿠르간의 거점지(據點地)들을 서로 연결하는 것이다. 쿠르간의 거점지란, 마치 부족사회의 집성촌(集姓村)처럼 쿠르간이 집중적으로 몰려 있는 곳을 말한다. 대체로 이러한 거점지는 유목문화의 개화지로서 교통의 요로에 자리하고 있다. 그런데 이러한 거점지 연결로는 지정학적 수요나 여건에 따라 단선일 수도 있고 복선일 수도 있지만, 일반적으로 단·복선 복합형이 많다. 이럴 경우 주로(主路, 대체로 북위 40~50도 사이)와 지로(支路, 갓길)로 구분된다. 예컨대 초원실크로드의 동단(東段)인 다싱안링(大興安嶺)에서 극동 시베리아에 이르는 길(거란도契丹道)을 주로라고 한다면, 그 영향하에 삼국시대 고구려나 신라로 뻗어간 길은 이 주로의 지로라고 설정할 수 있을 것이다. 초원실크로드의 주로로부터 뻗어나간 크고 작은 숱한 지로를 통해 초원 유목문명이 교류되었다. 이렇게 초원실크로드의 복원에서 주로와 지로의 개념을 도입하는 것은 실크로드 본연의 '간선과 지선'에 의한 망상(網狀, 그물망) 개념에 부합된다.

이러한 인식에 바탕을 두고 현장에서 탐사한 쿠르간과 스키타이의 유적을 따라 북방 유라시아 초원실크로드 주로의 구체적 노정(서→동)을 설정하면 다음과 같다.

〔우끄라이나〕야뜨라네(Ятрань) 마을 농장과 부근의 26기 쿠르간→또보스따 모길라(Товоста Могила) 쿠르간(황금 가슴장식과 금관 출토)→체르똠리끄(Чертомлык) 쿠르간(금관 출토)→쏠로하(Solokha) 쿠르간(황금빗 출토)→〔러시아〕씸페로뽈의 옛 스키타이 거주지(Scythai Neo Polis)→께르치(인근에 1200여기)의 베시 오바(Besh Oba) 소재 13기 쿠르간, 알뚠(Золтон, 황금) 쿠르간, 멜렉 체스멘스끼 쿠르간(시내), 각추형(角錐型) 짤스끼 쿠르간(왕릉), 꿀오바(Kul'oba) 쿠르간→마이꼬프 인근의 약 1천기 쿠르간(그중 5기 탐사)→볼고그라드의 마마이(Mamay) 쿠르간(대형 어머니 동상)→볼샤야 이반노프까(Bol'shaya Ivannovka) 마을 사르마트(Sarmat) 쿠르간 80여기→첼랴빈스끄(Chelyabinsk)의 끼치기노(Kichigino) 쿠르간→쿠르간시(Kurgan City)의 쿠르간

2기→〔까자흐스딴〕꼭셰따우(Kokshetau) 고분군과 선사시대부터 존재한 스키타이 마을→아랄해 북방의 위가라끄(Uygarak) 고분군→잠불(Dzhambul, 탈라스) 계곡의 제찌또베(Jetytobe) 고분군→이시끄(Issyk) 사카 고분군→제찌수(Jetysu, 쎄미레체Semirech'e, 칠하七河) 고분군→〔러시아 알타이〕파지리크 고분군(우꼬끄Ukok 쿠르간)→〔몽골 알타이〕바얀올기-호브드 지역 쿠르간→노인울라 고분군(흉노 쿠르간)→할흐골(Халхгол=Халхын нол) 고구려 유적→〔몽골-중국 관문〕주언가다부(珠恩嘎達布)→다싱안링→발해의 거란도→발해 상경(上京) 유적→쑤이펀허(綏汾河)→발해 솔빈부(率賓府, 소그드 은화 발견지 노보고르데예프까, 발해 거란도).

이상은 한정된 지역에 대한 현장 탐사와 현지 연구자들의 증언, 그리고 빈약한 문헌 기록과 필자의 천식(淺識)에 근거해 나름대로 북방 유라시아 초원실크로드의 노선을 추적하고 엮은 것이다.

제3절 오아시스로

오아시스로의 개념

오아시스로(Oasis Road)란 로마에서 경주(慶州)에 이르는 광활한 사막지대에 산재한 오아시스들이 연결된 육로를 말한다. 이 길의 서단(西端)은 로마이고, 동단(東端)은 한반도의 동남단(경주)이다. 지금까지의 통념으로는 이 길의 동단을 중국의 장안(長安, 현 시안西安)으로 인정해왔다. 이럴 경우 그 길이는 1만 2000km(약 3만리, 직선거리 9000km)다. 그러나 각종 서역 문물이 장안과 경주를 잇는 육로를 통해 전래된 사실을 감안할 때, 이 오아시스로는 분명히 한반도의 남단까지 연장되었음을 알 수 있다. 따라서 오아시스로의 동단은 장안이 아니라 그 이동(以東)인 한반도의 남단 '경주'이며, 총 연장거리는 약 1만 2700km(약 3만 1750리)나 된다.

유라시아대륙의 북위 40도 부근에 동쪽에서 서쪽으로 고비사막(몽골), 타클라마칸(Taklamakan)사막(중국), 키질쿰(Kyzyl-Kum)사막과 카라쿰(Kara-Kum)사막(남러시아)이 잇닿아 있다. 그리고 이란에서 루트(Lut)사막과 카비르(Kavir)사막(이란)이 시리아(Syria)사막으로 이어져 지중해 동안에까지 이른다. 이러한 사막대의 곳곳에 오아시스가 산재해 있는데, 그것이 연결되어 동서로 이어진 길이 바로 '오아시스로'다.

오아시스로는 실크로드의 여러갈래의 길(간선과 지선) 가운데 가장 중요한 역할을 해왔다. 이 길은 시대의 변화에 따라 용도에서나 이용도에서 많은 기복을 겪어온 초원로나 해로와는 달리 고대로부터 근세에 이르기까지 크게 변동 없이 줄곧 이용되어왔으며, 또한 이 두 길에 비해 연도(沿道)의 포괄 범위도 넓다. 그뿐만 아니라 이 길의 범박(汎博)한 연변에서 아케메네스조, 파르티아조(안식安息), 박트리아조(대하大夏), 사산조, 아랍·이슬람제국, 에프탈조, 카라한조, 카라키타이(Kara Khitai)조, 호라즘조, 티무르조, 셀주크조, 오스만조 등 수많은 왕조와 민족 들이 흥망성쇠를 거듭했다. 요컨대 오아시스로는 동서교통로에서 문자 그대로 중추적인 역할을 수행하였다.

실크로드에 대한 인지(認知) 면에서도 초기의 리히트호펜이나 헤르만은 오아시스로만을 실크로드로 간주했다. 보통 (혹은 좁은 의미에서) 이 오아시스로를 '실크로드'라고 지칭하는 이유가 바로 여기에 있다. 이와 같이 전반적인 인류역사 발전과 동서교류에 커다란 기여를 해온 오아시스로이지만, 아직은 그 노정, 특히 기원전 8~7세기부터 기원을 전후한 시기까지의 개척기 노정에 관해서는 관련 사료가 매우 부족하고 연구도 미흡하다. 오아시스로에 관한 서방 측 사료는 극히 적다. 헤로도토스가 처음으로 저서 『역사』에서 서아시아의 이른바 '왕의 길'에 관해 기술한 것을 비롯해 그리스 지리학자 이시도로스(Isidoros)가 기원전 1세기 후반에 『파르티아 도정기(道程記)』(*Parthian Stations*)를 찬술하여 파르티아왕국 내의 교통을 언급한 바 있다.

서아시아로부터 중국 경내에 이르는 오아시스로에 관한 기록은 기원후 2세기에 활약한 그리스의 지리학자 프톨레마이오스(Ptolemaeos)의 저서 『지리학입문』(*Geographike Hyphegesis*)에서 비로소 처음 발견된다. 그러나 그 기록은 동시대의 지리학자 마리누스(Marinus)가 기원후 1세기 말~2세기 초 동서교역에 종사한 상인 마에스 티티아누스(Maes Titianus)의 견문록을 인용한 것을 재인용한 것이다. 그 내용은 발흐(Balkh, 현 아프가니스탄 북부의 고도)로부터 파미르고원을 지나 타림 분지와 장안에 이르는 노선 주변 상황인데, 매우 모호하고 불명확한 점이 많다.

오아시스로의 전개

오아시스로는 극동에서 로마까지의 동서 구간이 처음부터 일시에 개통된 것은 아니다. 원래 파미르고원을 중심으로 동서 각지에 단절적으로 널려 있던 길이 파미르고원 횡단로가 뚫리면서부터 서로 연결되어 동서 관통로가 생기게 되었다. 현존 기록에 의하면 파미르고원 이서의 서아시아 지방에는 기원전 6세기경에 이미 정비된 교통로가 존재하였다. 페르시아 아케메네스조의 다리우스 1세(Darius I, 재위 B.C. 522~486) 시대에 동은 인도 서북부의 간다라 지방으로부터, 서는 이집트, 북은 소그디아나(서투르키스탄)에 이르는 광대한 지역에는 정연한 교통로가 사통팔달해 영내 23개 주(州)들 간의 연계가 원활하였다. 당시 아케메네스조는 심지어 나일강과 홍해 사이에 운하까지 파서 이집트와 통교하기도 했다. 헤로도토스는 저서『역사』에서 수사(Susa, 현 이란 서단, 페르시아만 북안)로부터 아나톨리아(Anatolia, 현 튀르키예), 리디아(Lydia)의 사르디스(Sardis)까지를 연결하는 길을 '왕의 길'(오아시스로 남도의 서부 구간)이라고 명명하고 그 실태를 기술했다. 그에 의하면, 약 2475km에 달하는 450파란산케스(faransankes) 길이의 '왕의 길'에는 대개 25km(1일 보행거리)마다 여장(旅莊)을 배치하고(총 111개소) 요소요소마다 감시소를 설치했다. 배로 건너야 하는 큰 강의 연안에는 검문소가 있어 검문과 함께 행인의 숙식과 안전을 보장했다. 준마로 달리는 왕의 사신은 이 구간을 10일 만에 돌파하곤 하였다. 이와 같이 기원전 6세기경에 이미 서아시아 일대에는 상당히 발달된 교통로가 줄줄이 뻗어 있었다.

그러나 파미르고원 이동 지대의 교통에 관한 기록은 이서 지대에 대한 기록보다는 뒤늦은 기원전 2세기에 와서야 처음으로 나타난다. 그 첫 기록자는 기원전 138~115년 서역 사행(西域使行)을 단행한 전한(前漢) 무제(武帝) 때의 장건(張騫)이다. 그의 현지 견문을 근거로 한『한서(漢書)』「서역전」을 비롯하여 그 이후의 중국 정사(正史)에는 오아시스로의 시대별 변천 과정이 비교적 명확하게 소개되어 있다. 우선 전한 때(B.C. 202~A.D. 8)에 한으로부터 서역으로 통하는 오아시스로는 남도와 북도의 두갈래 길이 있었다.

남도는 둔황(敦煌)의 북방에 위치한 옥문관(玉門關)이나 그 서남방에 자리한 양관(陽關)으로부터 선선(鄯善, 누란樓蘭)을 지나 쿤룬(崑崙)산맥의 북쪽 기슭을 따라 타림 분지의 남변(南邊)에 점재한 우전(于闐) 등 오아시스 제국(諸國)을 지나면서 두갈래로 나뉜다. 한 길은 계속 서행(西行)해 사처(莎車, 야르칸드Yārkand)를 거쳐 파미르고원을 넘어 중앙아시아의 대하(大夏, 박트리아)와 대월지(大月氏, 사마르칸트) 및 서아시아

옥문관

의 안식(安息, 파르티아)에 이른다. 다른 한 길은 사처에 이르기 전 장안(長安)으로부터 1만 50리 거리에 있는 피산(皮山)에서 서남쪽으로 오차(烏秅)와 계빈(罽賓, 간다라)을 지나 장안에서 1만 2200리 떨어진 오익산리(烏弋山離, 아프가니스탄의 칸다하르Kandahar)에 이른 후(계빈-오익산리도道) 계속 서남 방향으로 100일간 가면 조지(條支, 현 시리아)에 이른다.

북도는 역시 옥문관이나 양관에서 출발하여 차사전왕정(車師前王廷, 현 투루판)을 지나 톈산(天山)산맥의 남쪽 기슭을 따라 타림 분지의 북변(北邊)에 점재한 언기(焉耆, 카라샤르)·위리(尉犁, Koral)·오루(烏壘, Chādir)·구자(龜茲, 쿠처Kuche) 등 오아시스 제국을 지나 장안에서 9350리 떨어진 거리에 있는 소륵(疏勒, 카슈가르Kashgar)에 이르러서 파미르고원을 넘은 다음 장안에서 1만 2250리 떨어진 대원(大宛, 페르가나Ferghāna)에 도달한다.

이 길은 대원에서 다시 두갈래로 갈라지는데, 한 길은 서북향으로 전진하여 강거(康居)를 지나 이곳에서 약 2천리 되는 엄채(奄蔡)에 이른 후 계속하여 시르다리야강 연안을 따라 서북향으로 북해(北海, 현 아랄해)의 북단까지 이어진다. 다른 한 길은 서남쪽으로 690리 지점에 있는 대월지로 뻗어가서, 그곳으로부터 계속 서남 방향으로 49일간의 여정이 걸리는 안식까지 이어진다.

이와 같이 기원전 59년 서역도호부(西域都護府)가 설치된 이래 한인(漢人)들은 타림 분지 내의 오아시스 제국과 내왕함은 물론, 분지의 남북을 횡단해 멀리 파미르고원 이서의 중앙아시아와 서아시아 제국까지 이어지는 오아시스로 남도와 북도를 알고 있었으며, 이 길들을 통해 서역 제국과 사절을 교환하고 교역도 진행하였다. 당시 전개된 오아시스로의 노정이나 그것을 통한 교역 상황에 관해서는 『한서』「서역전」을 비롯한 사적에 비교적 상세하게 기록되어 있다. 후한대(後漢代, A.D. 25~220)에 와서는 대(對)서역 관계가 확대됨에 따라 기존 오아시스로의 이용이 더욱 빈번해졌을 뿐만 아니라 새로운 노선이 개척되기도 하였다.

영평(永平) 16년(B.C. 73)에 한군이 이오(伊吾)를 공략하고 그곳에 선화도위(宣禾都尉)를 설치한 것을 계기로 둔황으로부터 북상하여 이오를 거쳐 서북향으로 고창(高昌, 전한대의 차사전왕정)에 이르는 '신도(新道)'가 개척되었다. 그 결과 서역으로 가는 길로는 남도(南道)와 중도(中道), 북도(北道, 신도)의 세 길이 있게 되었다. 남도는 전한대의 오아시스로 남도이고, 중도는 그 북도이며, 북도는 새로 개척된 둔황-고창도다. 한대 이후 위진남북조시대에 이르러서는 서역과의 내왕이 더욱 더 빈번해짐에 따라 서역으로 통하는 오아시스로에 대한 이해는 점차 구체화되어갔다. 전술한 바와 같이 전한시대에는 오아시스로가 남·북 양도로, 후한시대에는 남·중·북 3도로 갈라졌다. 후한을 이은 북위(北

魏)시대에 와서는 전대에 개척된 기본 노선은 변함이 없으나 지선이 확장되고 그 이용도가 늘어남에 따라 구간이 4도로 세분화되었다.

그 4도는 다음과 같다. ① 옥문관으로부터 서행 2천리 거리에 있는 선선까지의 길, ② 옥문관으로부터 북행 1200리 거리에 있는 차사(車師)까지의 길, ③ 사처로부터 서쪽으로 100리를 가서 파미르고원을 넘은 후 서행 1300리 거리에 있는 가배(伽倍, 와칸Wakhan 계곡)까지 이르는 길, ④ 사처로부터 서남쪽으로 500리를 가서 파미르고원을 넘은 후 서남행 1300리 거리에 있는 파로(波路, 길기트Gilgit)까지 이르는 길이다. 전대의 오아시스로 분법과 비교해보면, ①은 전한시대부터 이미 있어온 옥문관－선선, ②는 후한시대에 개통된 옥문관－이오－고창, ③은 전한시대부터 개통된 사처－타슈쿠르간(Tashkurgan, 타스쿠얼간塔什庫爾幹)－와칸 계곡(가배), ④는 전한시대부터 이용된 피산－군주라트령(嶺)－길기트(파로) 노선이다.

이렇게 보면 4~5세기의 오아시스로는 전·후한 시대의 그것과 별로 다를 바가 없음을 알 수 있다. 6~7세기 수(隋)·당(唐)대에 이르러서는 서역과의 교섭이 그 어느 때보다 활발해짐에 따라 오아시스로가 동서교류의 주요 통로로서 감당한 역할은 한층 증대되고 그 노정에 대한 지식도 더욱더 보완되어 급기야는 노선이 종국적으로 고착되기에 이르렀다.

당시 오아시스로의 전모에 관한 최상의 기록은 중국 수대의 배구(裵矩)가 찬술한 지리풍물서 『서역도기(西域圖記)』에서 찾아볼 수 있다. 배구는 동단(東端) 둔황에서 시발하는 오아시스로(둔황으로부터 서해西海까지의 길)를 북·중·남도의 3도로 나누었다. 우선 북도는 전대의 사적에는 언급되지 않은 신도(新道)로서 그에 의해 처음으로 밝혀졌다. 이 길은 이오(합밀哈密)로부터 톈산산맥의 북쪽 기슭을 따라 서진해 포류해

(蒲類海, 바르쿨Bar-kul 호수), 철륵부(鐵勒部), 추(Chu)강 연안과 돌궐가 한(突厥可汗)을 지나고 북류하(北流河, 시르다리야)를 건넌 뒤 계속해서 아랄해와 카스피해의 북안을 거쳐 불름국(拂菻國, 동로마제국)과 서해(西海, 지중해)에 이른다.

다음으로 중도는 고창으로부터 톈산산맥의 남쪽 기슭을 따라 서진하여 언기·구자·소륵을 거쳐 파미르고원을 넘은 후 발한(鏺汗, 페르가나 분지 소재)·소대사나(蘇對沙那, 우스루샤나Usrushana, 일명 스토리시나Suturshana, 현 우리주테 부근)·강국(康國)·조국(曹國)·하국(何國)·대안국(大安國)·소안국(小安國)·목국(穆國)·파사(波斯, 페르시아)를 지나 서해에 이르는 길이다. 이 노정은 대체로 전한 때의 북도에 해당한다. 마지막으로 남도는 선선으로부터 주구파(朱俱波, 카르갈리크Kargalik)·갈반타(喝槃陀, 타슈쿠르간)를 지나 파미르고원을 넘을 때까지의 전반은 전한 때의 남도(선선—사처도)와 일치하며, 이어지는 후반 길은 호밀(護密, 와칸 계곡, 가배)·토화라(吐火羅, 아무다리야강 유역의 토카리스탄Tokharistan, 아프가니스탄 북부)·읍달(挹怛, 에프탈, 아프가니스탄 북부의 군토즈 지방)·범연(帆延, 바미안Bāmiān)·조국(漕國)·북파라문(北婆羅門, 간다라 지방)을 경유해 서해에 이른다.

배구는 동서를 횡단하는 이같은 3도의 노정을 밝히면서, 3도 경유국들이 모두 남북을 종관(縱貫)하는 길을 갖고 있다고 하였다. 이것은 오아시스로(3도) 전체가 동서남북을 망라한 망상적(網狀的)인 교통망으로 뒤덮여 있음을 말해준다. 그러면서 그는 각지와 사통팔달하는 이오·고창·선선은 서역의 문호이고, 모든 도로가 종착하는 둔황은 오아시스로의 관문(choke point)이라고 지적했다.

이상에서 보다시피 한대 이후 수대에 이르기까지 오아시스로의 간선은 크게 변화한 것이 없다. 그러나 노선 주변의 정세 변화에 따라 노선의 개척이나 존폐, 단축이나 확장 등 국부적인 변화 현상은 가끔 나타나곤 하였다. 그러나 당대에 와서는 비록 짧은 기간이지만 당조가 타림 분지에 대한 지배권을 확립하여 파미르고원 이서에 22개의 도호부(都護府)를 설치하는 등 서역에 대한 경영을 본격화하였다. 이들 지역과의 교통이나 교역은 서역 경영을 계기로 새로운 전환기를 맞이했다. 게다가 신흥 아랍·이슬람제국과의 다방면적인 교류로 인해 서역을 관통하는 오아시스로의 중요성은 전례없이 제고되었다.

이러한 여건하에서 오아시스로의 노정은 점차 고착화되어갔다. 종래에는 각종 교류가 오아시스로의 구간별로 간접적이며 단절적으로 진행되었으나, 이제는 전노선을 관통하며 직접 교류하는 새로운 형태의 교류가 추진되기 시작했다. 그 결과 서역의 지역적 개념도 파미르고원을 훨씬 넘어 인도와 이란, 아랍과 로마까지 확대되었으며, 오아시스로의 동·서 양단도 그만큼 멀리 옮겨졌다. 아울러 오아시스로의 동·서편을 각각 타림 분지와 파미르고원 일대로 국한하고 그외의 노선은 한낱 연장선이나 보조선으로만 치부하던 종래의 오아시스관이 발전적으로 극복되고, 여러갈래의 오아시스로가 크게 남·북 양도로 통합 고착되었다.

즉, 남도는 뤄양(洛陽)이나 장안에서 출발해 안서(安西, 둔황 이동)에서 북도와 갈라진 뒤 둔황·누란·우전을 지나 피산에서 서남진해 인도의 인더스강 상류에 이른다. 여기서부터는 서행해 카불·칸다하르(Kandahar)·케르만(Kerman, 이란 고원 남단)을 지나 바그다드(이라크)·팔미라(시리아 중부)·베이루트(레바논, 이곳에서 해로로 콘스탄티노플이나 로마에 이르기도 함)에 도착한다. 계속해서 지중해 남안을 따라 최종적으로 알렉산드리아(이집트)에 닿는다.

이에 비해 오아시스로의 북도는 역시 뤄양이나 장안에서 시발해 안서에서 남도와 분기(分岐)된 후 이오·고창·언기·구자를 지나 소륵에서 파미르고원을 넘는다. 이어 따슈껜뜨·사마르칸트·부하라(Bukhara)·메르프(Merv)·니샤푸르(Nishāpūr)·라가에(현 테헤란)·예레반(Yerevan)·콘스탄티노플(현 이스탄불)을 지나 마지막으로 로마에 이른다.

이상은 주로 한적(漢籍)의 기록에 의해 당대(唐代)까지의 오아시스로 전개과정을 살펴본 것이다. 이에 따르면 오아시스로의 동단은 중국의 장안(혹은 뤄양)으로 설정되었으며, 이것이 지금까지의 통념이었다. 그러나 실제에 있어서 이 길은 더 동진하여 중국 경내를 벗어나 한반도에까지 뻗었다. 일찍이 삼국시대(B.C. 1세기~A.D. 7세기)에 벌써 서역 문물이 한반도에 간헐적으로 유입되기 시작했으며, 통일신라시대(A.D. 7~10세기)에는 중국을 사이에 두고 한반도와 서역 간에 교역과 내왕이 끊이지 않고 이어졌다. 이러한 한반도의 대서역 관계는 초원로나 해로를 통해 진행되기도 했지만, 많은 경우 오아시스로를 통해 성사된 것이었다. 따라서 오아시스로의 동단을 동진시켜 한반도에까지 연장하는 것은 결코 무리가 아니며, 사실(史實)에 대한 응분의 복원인 것이다.

한반도의 통일신라시대(중국의 당대)를 기준으로 하여 동단인 금성(金城, 신라의 수도, 현 경주)으로부터 서단인 로마까지의 오아시스로를 연결해보면 금성에서 시발해 한주(漢州, 현 서울)·평양(平壤)·동황성(東黃城, 현 강계江界)을 지나 압록강(鴨綠江)을 도하, 퉁거우(通溝)에서 남·북 2도로 각각 광주(廣州, 현 랴오중遼中)와 심주(瀋州, 현 선양瀋陽)를 거쳐 양어무(梁魚務, 남도)와 통정진(通定鎭, 북도)에서 랴오허(遼河)를 도하한 뒤 영주(營州, 현 차오양朝陽)에서 합류하여 임유관(臨渝關, 현 산하이관山海關)을 뚫고 평주(平州)를 지나 유주(幽州, 현 베이징北京)에 이른다. 유주로부터 계속하여 서·중·동도의 3도로 각각 허베이성(河北省)과 허난성(河南省)을 누비고 뤄양을 거쳐 장안에 도착하여 로마까지의 남·북 2도와 연결된다. 지구의 허리를 가로지르는 이 오아시스로의 길이는 금성에서 장안까지 약 6840리이고, 장안에서 로마까지는 약 3만리(1만

2000km, 직선거리 9000km)이다. 그러므로 한반도의 금성에서 로마까지의 총 길이는 약 3만 6840리(약 1만 4750km)로 추산된다. 하루에 100리를 걷는다면 꼭 1년간 걸려야 전노정을 소화할 수 있다.

 이상과 같은 오아시스로 전구간의 전개과정을 통관하면 기원전 6세기부터 기원후 6세기까지 약 1천년 동안은 개척기로서 초기에는 '지구의 장벽'인 파미르고원을 사이에 두고 서단(西段)과 동단(東段)에서 제각기 개척·정비되다가, 기원전 2세기 장건의 서역착공을 계기로 동·서 양단이 비로소 연결·소통되었다. 기원후 6세기까지는 주변 정세의 변화에 따라 노선이 가변적이었다. 그러나 7세기(중국의 수·당대)에 들어서면서 대체로 노선이 남·북 2도로 고착되었고, 그 길을 따라 동서교류가 활발히 진행되었다. 당제국이나 아랍·이슬람제국, 몽골제국, 티무르제국 등 강대국들의 세계사적인 활동이 전개된 것이다. 따라서 기원후 7세기부터 15~16세기까지는 오아시스로의 번영기라고 할 수 있다. 17세기 이후 해로를 통한 서세(西勢)의 동점(東漸)이 강화되면서 오아시스로는 점차 쇠퇴기에 접어들었다.

제4절 해로

해로의 개념

 해로(海路, Sea Road)란 고대에서 근대에 이르기까지 지중해에서 홍해와 아라비아해를 지나 인도양과 태평양 및 대서양에 이르는 광활한 해상에서 동서교류와 교역이 진행된 환지구적(環地球的) 바닷길을 지칭한다. 해로는 실크로드의 개념이 확대(제3단계)됨에 따라 제2차 세계대전 이후에 그 일부인 이른바 '남해로(南海路)'가 실크로드 3대 간선의 하나로 인정되면서 부상하였다. 그러나 그 서단(西端)은 로마, 동단(東端)은 중국의 동남해안으로 설정되었다. 포괄하는 해역은 동서로 지중해·홍해·아라비아해·인도양·남중국해(서태평양) 해역을 망라하며, 로마에서 중국 동남해안까지의 길이는 약 1만 5000km(약 3만 7500리)로 추산된다. 그러나 늦어도 15세기부터는 이 '남해로'가 동서로 각각 태평양과 대서양으로 연장되어 신대륙, 즉 아메리카대륙(미주美洲)에까지 이어졌을 뿐만 아니라, 이 길을 통해 신·구대륙 간에 문물도 교류되었다. 이러한 사실을 고려하면 이 바닷길은 구대륙의 울타리를 벗어나 신·구대륙의 해역을 두루 아우르는 명실상부한 환지구적 통로로 자리매김되어야 한다. 따라서 그 이름도 '남해로'가 아니라 범지구적 해로의 의미를 담을 수 있는 이름으로 바뀌어야 할 것이다.

해로는 일찍부터 비록 부분적이고 단절적이긴 하나 문명교류의 통로로 계속 기능해왔다. 특히 중세에 이르러 조선술과 항해술의 발달에 힘입은 아랍·무슬림들과 중국인들의 진취적인 해상활동에 의해 해로가 본격적으로 가동되기 시작했다. 게다가 근세에 와서 해로를 통한 급격한 서세동점으로 인해 해로의 역할은 전례없이 증대하였다. 사실상 초원로나 오아시스로가 쇠퇴기를 맞은 근세에 와서 유독 해로의 역할은 줄곧 상승일로를 걸어왔으며 해로는 오늘에 이르기까지 계속 번영기를 이어가고 있다. 중세에 이 해로를 통해 동방에서 많이 생산되던 비단·도자기·향료·차 등의 문물이 서방으로 대량 수출되었다. 이에 이 바닷길이 일명 '도자기로(陶瓷器路)'나 '향료로(香料路)'라고 불리기도 하였다.

해로의 시원(~B.C. 4세기)

항해는 선사시대 원시인들의 활동에서 그 흔적을 찾아볼 수 있으며 고대문명에서 그 여명기가 시작되었다. 동방의 경우, 지금으로부터 6천~7천년 전에 중국의 랴오둥(遼東)반도와 산둥(山東)반도가 근해의 도서들과 해상으로 관계를 맺고 있었다는 것이 고고학적으로 증명되었다. 약 4천년 전 상대(商代)에는 그 영토가 해외로 확장되었으며, 주대(周代)의 성왕(成王) 때는 해동(海東)의 일본이나 남방의 베트남(越南)과 해상 왕래가 있었다고 한다.

서방의 경우, 이집트 고왕국 시대에 이미 나일강과 홍해 사이에는 운하가 개통되어 기원전 1000년경에는 지중해와 홍해, 아라비아해 사이에 해상교역이 발생했다. 여명기에 있었던 이러한 항해의 실태에 관해서 명확하게 헤아리기는 어렵지만, 대체로 항해는 원시적인 수단에 의거해 이루어졌을 텐데, 당시의 항로가 아직 이질문명 간의 통로 역할을 하지는 못한 것으로 보인다. 문명교류의 통로로 해로가 언제 개통되었는지에 관해서는 아직 정설이 없다. 지금까지의 연구결과에 의하면 기원전 8세기 말경부터 인도 서남부의 소비라(Sovira)와 수파라카(Supparaka)·바루카차(Bharukacha) 등의 항구와 바빌론 간에 해상교역이 진행되었으며, 그 주역은 남인도의 드라비다(Dravida)인들이었다. 교역로는 인도 서남부로부터 아라비아해를 횡단한 후 페르시아만을 북상해 바빌론까지 이어지는 바닷길로 추정된다.

해로의 시원에 관한 최초의 확실한 기록은 헤로도토스의 저서 『역사』에서 찾아볼 수 있다. 이 기록에 의하면 기원전 510년경 아케메네스조 페르시아의 다리우스 1세(Darius I)에게 인더스강 하구에서 홍해에 이르는 바닷길을 탐험하라는 명을 받은 카리안다(Caryanda) 출신의 부장 스킬락스(Scylax)는 바다로 서진해 29개월 만에 아르시노에(Arsinoe, 현 수에즈 부근)에 도착하여 탐험을 성공적으로 마쳤다. 탐험 이후 다리우스 왕은 고대 이집트 제26왕조의 네코 왕의 명으로 설치되었다가 폐기된 나일강과 홍해 간의 운하를 복원하게 되었다. 또한 그후 기원전 325년 9월에 알렉산드로스의 부장 네아르코스가 인더스강 하구로부터 페르시아만의 유프라테스강 하구까지 항해한 사실이 전해지고 있다.

한편 동방에서도 일찍부터 해로를 이용한 흔적과 기록을 찾아볼 수 있다. 인도의 경우 기원전 3000년경의 모헨조다로(Mohenjo-Daro) 유적을 비롯해 아잔타(Ajanta) 석굴(B.C. 2세기~A.D. 7세기) 등에는 고대 선박에 관한 유적이나 벽화가 남아 있다. 특히 여러 문헌에는 고대 인도인들의 항해에 관한 생생한 기록이 소개되어 있다. 아리안족의 고전인 『리그베다』(*Rig-veda*, 기원전 1500~1000)의 송시(頌詩) 중에는 해상 원정과 상인들의 해상활동에 관해 묘사하고 있는 시가 있으며, 특히 남전(南傳) 불전(佛典)들도 항해에 관한 여러 기사를 전하고 있다.

『대사(大史)』는 기원전 6세기에 비자야(Vijaya) 왕자가 먼 바다를 건너 실론(현 스리랑카)에 상륙했다는 전설(아잔타 석굴 벽화에도 있음)을 전하며, 경장(經藏) 『잡부(雜部)』(*Samyuitha Nikaga*)에는 어떤 사람이 6개월간이나 장기 항해를 했다는 기사가 실려 있다. 또 『본생담(本生譚)』(*Jātaka*)은 20가지에 달하는 항해 기사를 소개하는데, 그중에는 인도 서해안의 항구와 금주(金洲) 등 동남아시아 도서들이 거론되며 「바베라 본생」편에는 인도 상인들이 공작새를 배에 실어 바베라국까지 운반하는 기사가 있다. '바베라'는 고대 메소포타미아의 바빌론을 말한다. 이것은 기원전 4세기경에 인도와 바빌론을 비롯한 서아시아 간에 해로를 통한 왕래가 있었다는 것을 시사한다.

인도와 서아시아 간의 해상교통에 관한 기록은 서방 측 문헌에서도 찾아볼 수 있다. 『구약성서』 「열왕기 상(列王記上)」에 의하면 솔로몬(Solomon, B.C. 10세기) 왕이 홍해 연안의 에시온 게벨(Ezion Geber)

에서 선박을 건조하자 히람(Hiram) 왕이 해사(海事)에 익숙한 자신의 노복들과 솔로몬의 노복들을 오피르(Ophir)에 파견해 그곳으로부터 약 14.2톤에 이르는 420달란트(talent)의 황금을 가져왔는데, 항해에는 3년이나 걸렸다고 한다. '오피르'는 산스크리트어로는 'Sauvira' 혹은 'Suppara'로, 남인도를 지칭한다. 이 기사는 기원전 10세기경에 남인도와 홍해 사이에 해로가 개통되어 있었음을 말해준다.

해로의 여명기(B.C. 3세기~A.D. 6세기)

남인도 원주민인 드라비다인들의 해상활동은 서아시아뿐만 아니라 동남아시아에서도 전개되었다. 남인도의 동부 해안에 건국된 촐라(Chola)왕국은 기원전 2세기경에 말레이반도와 수마트라(Sumatra) 등 동남아시아 지역과 해상교역을 진행하였다. 이 지역에서 출토된 비석들에 새겨진 타밀(Tamil)어 비문들이 이를 입증해준다. 기원전 3세기에 전성기를 맞은 인도 동해안의 칼링가(Kalinga)왕국은 미얀마나 말레이반도와 해상교역을 하면서 이 지역으로 이민까지 와서 싱가포르에는 그 후예인 클링(Kling)족이 지금까지도 남아 있다. 인도와 함께 중국도 일찍부터 이 해로를 이용했다. 그 시항(始航) 시기는 진대(秦代)로 거슬러 올라간다. 기원전 221년 중국 천하를 통일한 진시황(秦始皇)은 판도를 남해까지 확장해 번우(番禺, 현 광저우廣州)를 통해서 남해무역을 진행했다. 당시 번우는 대외무역 도시로, 그곳에서는 주기(珠玑)·서(犀)·대모(玳瑁)·과(果)·포(布) 등 남방 열대지방 산물이 교역되었다. 이것은 진대에 이미 광저우를 통한 해상무역이 이루어지며 해로가 이용되고 있었음을 시사해준다.

남방 해로의 노정을 구체적으로 밝힌 최초의 기록은 『한서(漢書)』 「지리지(地理志)」로, 일남(日南, 현 베트남 남치성南治省)의 요새인 쉬원(徐

聞, 현 광둥廣東 레이저우雷州반도 남단의 쉬원현徐聞縣)과 허푸(合浦, 현 광시廣西 베이부만北部灣 변의 허푸현合浦縣)로부터 황지국(黃支國, 현 남인도 동해안의 칸치푸람)까지의 노선이 구체적으로 기록되어 있다. 황지로부터의 귀로를 보면, 거기서 8개월간 항행해 피종(皮宗, Pulaw Pisan, 현 말레이반도 서남해안)에 이르고, 다시 거기서 2개월간 항행해 일남과 상림(象林)의 경계에 도착한다. 황지의 남쪽에 이정불국(已程不國, 현 스리랑카)이 있는데, 한의 역사(譯使)가 그곳으로부터 귀환했다고 한다. 이 기술을 통해 기원전 시대에 전개된 중국과 인도 간의 교역상과 항해로를 대략이나마 짐작할 수 있다. 당시 일남과 인도 동남해안 간의 항해에는 11개월(송대에는 70일) 남짓이 걸렸다.

여기에 제시된 기원전의 중·인 해로를 오늘의 지리적 위치로 추정해 보면, 광저우(廣州)에서 출항해 베트남과 말레이반도 동안으로 남하한 다음 수마트라에서 서전(西轉)해 믈라카해협을 지나 서북행으로 미얀마 남안에 이르고, 또 그곳에서 계속 서남행으로 인도 동해안을 따라 인도 동남단의 칸치푸람에 도착하는 바닷길에 해당한다. 말레이반도 남단에 있는 코린치(Korintji)에서 '초원(初元) 4년'(한漢 원제元帝 연간, B.C. 45)이란 글씨가 새겨진 명기(明器)가 출토된 바 있다. 이것은 기원전 1세기에 벌써 중국 상선이 말레이반도 남단까지 왕래했거나, 이곳을 경유했다는 것을 시사한다.

당시 중국(전한前漢) 상인들은 인도에 도착한 후에 인도인들로부터 서방에 있다고 하는 대진(大秦, 로마)으로 통하는 해로가 있다는 사실을 전문하고, 인도 상인들을 수행해 로마까지 갔다는 기록도 남아 있다. 로마 시대의 역사가 플로루스(Lucius Annaeus Florus)도 기원후 1세기 말에 찬술한 저서 『로마사 개요』(*Epitome of Roman History*)에서 기원전 30년경에 한 세레스(seres, 중국)인이 인도 사신과 함께 로마 궁전을 방문해 코끼리와 보석·진주 등을 헌상했다고 기술하고 있다. 이들은 로마로 오는 길에서 4년이란 긴 시간을 보냈으며, 피부색으로 보아 그들은 분명히 '별천지'에서 온 사람들이라고 저자는 덧붙인다.

기원전에 동·서양에서 전개된 해로를 종합해보면, 바빌론―유프라테스강 하구―페르시아만(혹은 이집트―아라비아해)―인더스강 하구―인도 서남해안의 소비라(혹은 수파라카나 바루카차)―인도 동남해안의 황지국―미얀마 서남해안―믈라카해협―수마트라 서북해안―말레이반도 동안―일남―광저우의 항해 노선으로 엮을 수 있다. 이것은 기원전에 이미 구대륙의 동서를 잇는 해로가 개척되어 자주 이용되었음을 말해준다. 기원후 해로를 통한 동서교류는 더욱 활발해졌다. 동방에서 후한(後漢)은 해로를 통한 동남아시아 및 서아시아와의 교류에 관심을 나타냈다. 특히 서방에서는 전성기에 접어든 로마제국이 해로를 통한 대동방 교역에 적극 나섬으로써 대동방 원거리 교역 항로가 뚫리기 시작했다.

기원전 1세기 중엽에 로마의 항해사인 히팔루스(Hippalus)가 아랍인들에게서 인도양 계절풍의 비밀을 알아낸 후 아테네에서 홍해를 지나 인도양으로 향하는 직항로를 처음으로 개척했다. 그가 계절풍을 인도양 항해의 주요 수단으로 활용했기 때문에, 후일 유럽에서는 상당한 기간 인도양 계절풍을 그의 이름을 따서 '히팔루스 계절풍'이라고 불렀다. 히팔루스에 이어 기원 초기에는 로마의 상인 플로카무스(Annius Plocamus)가 경영하는 홍해 부근 영토의 징세 감독관인 푸블리우스(Publius)가 홍해를 항해하던 중 폭풍을 만나 15일간 표류한 끝에 실론(현 스리랑카)에 표착하였다. 그곳에 반년간 체류하다가 실론의 대로마 사절인 라시아스(Rachias)와 함께 기원후 6년 7월 5일에 귀국했다. 그가 왕래한 길은 홍해와 아라비아해 및 인도양을 가르는 해로였을 것이다.

히팔루스와 푸블리우스의 인도양 항해를 계기로 로마인들은 동방으로의 해로를 발견하게 되었으며, 이에 따라 대(對)동방 교역을 적극 추진하였다.

고대 그리스의 지리학자 스트라본(Strabon, B.C. 64~A.D. 23년경)의 『지리지』(Geographiē)에 의하면 당시 매해 인도로 향하는 로마 선박이 120여척이나 되었다. 선박은 로마에서 출항한 후 인도양 계절풍을 이용해 3개월쯤 걸려서 10월에 인도에 도착했다. 그곳에 몇달 동안 체류하면서 중국 등 동방 각지의 특산물을 구입해서 이듬해 4월에 역시 계절풍을 따라 귀향했다. 이로 인해 로마의 대동방 원거리 무역에 획기적인 전기가 마련되었다. 오아시스로를 거쳐 중국에서 인도로 반출된 견직물이 인도 서해안에서 해로로 로마에 직접 수송되기 시작했다. 기원후 70년경에 해상무역에 종사해 실론까지 항해한 바 있는 이집트 알렉산드리아 출신의 상인인 그레코의 저술이라고 전해오는 『에리트레아 항해지』에는 당시 홍해와 페르시아만, 인도양을 중심으로 진행되던 해상무역의 항로와 항구, 운송과 화물 등에 관한 상세하고도 정확한 기록이 남아 있다.

이 안내기에는 타프로바네(Tapróbānē, 현 스리랑카)로부터 현 미얀마의 페쿠(Suvarna Bhumi, 황금국)와 말레이반도를 지나 데이나(친니秦尼, 중국)까지 이어지는 항로와 이 항로를 통해 진행되는 교역에 관한 기술이 있다. 이 기술에 의하면 인도 항구에서 선적되는 중국 물품에는 비단뿐만 아니라 피혁·후추·계피(桂皮)·향료·금속·염료·의약품 등 다양한 품목도 포함되어 있다. 로마인들은 그들이 동방에 직접 진출해 그 실존을 확인하기 전까지는 계수(桂樹)가 아라비아반도에서만 성장하는 것으로 알고 있었다. 계피는 로마에서 각종 화장품과 약품·향료품 등을 제조하는 데 꼭 필요한 재료여서 수요가 많았으며, 그 가격도 상당히 높았다.

양질의 계피 1로마파운드의 가격은 1500고(古)로마은화였다. 그리하여 중국산 계피는 대로마 교역의 주종품의 하나로 부상했다.

3세기에 접어들면서 유라시아대륙의 정세에는 큰 변화가 일어나 해로의 전개에 일정한 영향을 끼쳤다. 중국의 남북조시대에 북조로 인해 서역과의 오아시스로 교역이 막힌 남조는 동남아시아 나라들과의 해상무역에 관심을 돌렸다. 특히 삼국시대에 강동(江東)에 위치해 교지(交趾)까지 그 영토로 확보한 오(吳)나라는 5천여척의 선박을 보유했으며, 조선술이나 항해술에서 당대 최고였다. 특히 손권(孫權) 시대는 해상활동의 전성기로, 교주자사(交州刺史) 여대(呂岱)가 파견한 주응(朱應)과 강태(康泰)는 부남(扶南, 현 캄보디아)과 임읍(林邑, 현 베트남 중부), 당명(堂明)을 비롯한 동남아시아 제국에 10여년간 체류하면서 100여개국의 정보를 수집했다.

귀국 후 주응은 『부남이물지(扶南異物志)』를, 강태는 『오시외국전(吳時外國傳)』과 『부남토속전(扶南土俗傳)』을 각각 저술하였다. 그들은 저서에서 아라비아반도 남부의 가나조주(迦那調州, Bandar Hism Ghorah)로부터 로마까지 이르는 항로를 구체적으로 밝혔다. 이에 따르면 가나조주로부터 페르시아만에 들어가 약 700~800리 북상하면 지호리강(枝扈利江, 티그리스강) 하구에 이르는데, 여기서 도강한 후 서행해 대진(大秦, 로마)에 당도하며, 도착하는 데 소요되는 기간은 1개월 남짓 되었다.

4~5세기에는 해로의 서단(西段)에서 활동 주역을 맡고 있던 로마제국이 동서로 분열되자, 서방에서의 해상활동은 잠시 소강상태에 들어갔다. 이에 반해 동방에서 이루어진 중국과 인도의 해상활동은 더욱 활기를 띠었다. 동진(東晉)의 남천(南遷)으로 인해 중국의 남해 진출은 더욱 강화되어 양(梁)나라 한 국가에서만 2만척의 '대선(大船)'을 보유할 정도였다. 5세기 말엽에 이르면 중국 상선이 동남아시아는 물론, 인도

와 실론을 거쳐 멀리 페르시아와 이라크의 유프라테스강 하구까지 출몰하였다. 중세 아랍 사학의 태두인 마스우디(al-Mas'ūdī)는 저서 『황금초원과 보석광』에서 6세기경 중국 상선들이 수시로 페르시아만을 지나 유프라테스강 하구까지 와서 히라(Hira, 현 이라크 쿠파 부근)에 정박하곤 했다고 기록했다. 뿐만 아니라 오만(Oman)·시라프(Sirāf)·바레인(al-Bahrain)·오볼라(Obollah, al-Ubullah, 유프라테스강 하구 입해처入海處)·바스라(al-Basrah) 등 여러 항구에도 중국 상선들이 자주 드나들었으며, 그곳 선박들도 중국으로 자주 항해하였다고 한다.

당시 실론은 해로상의 요로였다. 중국 동진(東晉)의 도축승(渡竺僧) 법현(法顯, 338~422)은 귀국할 때 인도 갠지스강 하구에서 곧바로 동진해 귀로에 오르지 않고 남행해 사자국(獅子國, 실론, 현 스리랑카)으로 갔는데, 이유는 그곳에서 귀국선을 구하기 위해서였다. 그는 희망대로 그곳에서 200여명이나 승선한 중국 대상선을 타고 귀로에 올랐다. 6세기 그리스의 기독교 수도사인 코스마스(Cosmas)도 그가 청년 시절에 페르시아·인도·실론 등지를 편력(遍歷)하면서 해상교역에 종사하던 일을 회술한 『기독교풍토기(基督敎風土記)』(*The Christian Topography*)에서 인도와 페르시아·에티오피아 등 여러 나라의 많은 선박들이 실론에서 출항해 멀리 중국까지 왕래한다고 기술하였다. 법현의 귀로와 코스마스의 기술은 모두 실론이 인도양상에서 동서 항해의 길목에 있으면서 중간 기착지로서 중요한 역할을 하고 있었음을 말해준다.

이와 같이 시간이 흐름에 따라 해로는 더욱 활발하게 이용되고, 그 노선이 점차 확대되어갔다. 『양서(梁書)』 「제이전(諸夷傳)」의 기록에서 보다시피, 이 시대에 와서 해로의 동단(東端)은 후한 때의 일남(현 베트남 남부)에서 베트남 북부와 중국 양광(兩廣, 광둥廣東과 광시廣西) 일대를 포괄한 이른바 '교지(交阯, 交趾) 7군'으로 북상하였다. 해로의 부단한 확

스리랑카 콜롬보항 전경

장은 조선술의 발달이나 항해술의 진보와 떼어놓고 생각할 수 없다. 당시 조선술의 발달에서 특이한 점은 선박의 대형화다. 장거리 항해에 임한 중국이나 인도의 선박은 대개가 '대선(大船)'이었으며, 승선 인원은 수백명에 달하였다.

조선술의 발달과 더불어 항해술의 개선도 뚜렷했다. 그 대표적인 것이 중국 선박에서 돛이 개진(改進)되고 천문도항법(天文導航法)이 도입된 사실이다. 삼국시대 때 오나라의 단양태수(丹陽太守) 만진(萬震)이 저술한 『남주이물지(南州異物志)』에 의하면 종전에는 순풍에만 제한적으로 이용되던 돛이 선박의 앞뒤에 각각 2개씩 증설되어 편풍(偏風)에도 배가 항진할 수 있게 되었다. 이에 항해의 안전성은 물론 정확성이나 정시성(定時性)이 전례없이 확보될 수 있었다. 이와 함께 육지의 지형지물을 기준과 표적으로 삼아 어림짐작으로 항해하던 종전의 원시적 지문도항법(地文導航法)과는 달리 해와 달·별 등 천문 대상을 기준과 표적으로 삼아 항해하는 천문도항법이 새롭게 도입되어 원거리 항해가 가능해졌다.

이와 같이 기원전 1세기부터 6세기까지의 해로 항정을 종합하면, 로마-이라크(유프라테스강 하구)-페르시아만(혹은 로마-홍해-아라비아해)-인도 서해안-실론(현 스리랑카)-인도 동해안-미얀마 서해안-믈라카해협-수마트라-부남(현 캄보디아)-일남-교지로 정리된다.

해로의 전개기(A.D. 6~14세기)

7세기에 접어들면서 유라시아의 정세에 새로운 변화가 일어나 신흥 세력들이 역사 무대에 등장했다. 그중 가장 활동적인 세력은 지정학적으로 이들 세력들의 완충지대에 자리한 신흥 아랍·이슬람 세력과 동방의 당나라 세력이었다. 당대에 해로의 노정을 가장 상세하고 정확하게 밝힌 기록은 『신당서(新唐書)』「지리지(地理志)」에 수록된 가탐(賈耽, 730~805)의 「광주통해이도(廣州通海夷道)」다. 가탐은 이 글에서 당시 광저우에서 페르시아만의 오랄국(烏剌國, 오볼라)까지 이어지는 해로의 노정과 구간 간의 항해 일정 등을 자세하게 기술하고 있다. 가탐이 제시한 노정은 크게 4구간으로 나누어볼 수 있다.

제1구간은 광저우에서 수마트라까지로, 광저우-[200리] 둔문산(屯門山, 광동 해안과 비파주琵琶州 사이, 현 주룽九龍반도 서북해안 일대)-[2일] 구주석(九州石, 현 하이난섬海南島 동북부, 치저우열도七州列島)-[2일] 상석(象石, 현 하이난섬 완닝萬寧 동남해상의 다저우섬大州島)-[3일] 점불로산(占不勞山, Cu Lao Cham, 현 베트남 점파도占婆島, 짬파Champa)-환왕국(環王國, 임읍林邑, 점파占婆)-[200리+2일] 능산(陵山, 현 베트남 동남해안의 퀴논Qui Nhon, 귀인歸仁 이북의 Long-song)-〔1일〕 문독국(門毒國, 현 베트남 퀴논의 바렐라곶Cape Varella 일대)-〔1일〕 길달국(吉笪國, 카우타라Kauthara, 현 베트남 냐짱Nha Trang, 아장芽莊 일대)-〔반일半日〕 분타랑주(奔陀浪州, 판두랑가Panduranga, 현 베트남 콘손섬Con Son, 곤륜도崑崙島)-〔5일〕 신가파(新加波, 현 싱가포르)해협-〔100리〕 불서국(佛逝國, 현 수마트라)의 순이다.

제2구간은 수마트라에서 사자국까지로, 수마트라-〔3일〕 갈승저국(葛僧祗國, 수마트라의 Brouwers 군도)-〔4~5일〕 승등주(勝鄧州, 수마트라의 들리Deli와 랑카트Langkat 일대)-〔5일〕 파로국(婆露國, 수마트라 서북부의 브루어Breueh섬)-〔6일〕 파국가람주(婆國伽藍洲, 니코바르Nicobar 제도)-〔4일〕 사자국 순이다.

제3구간은 사자국에서 이라크의 말라국(末羅國, 바스라Basrah)까지로, 사자국-〔4일〕 몰래국(沒來國, 말레Male, 인도 서남해안의 말라바르Malabar)-파라문(婆羅門, 인도 혹은 인도 서해안의 마하라슈트라Maharashtra)-〔2일〕 발율국(拔颶國, 인도 서북해안의 브로치Broach)-〔10일〕 제율국(提颶國, 인더스강 하구 서안의 디울Diul, 혹은 현 파키스탄의 다이블Daibul 일대)-〔20일〕 제라로화국(提羅盧和國, Dierrarah, 혹은 현 페르시아만 입구의 아바단Abadan 부근)-〔1일〕 오랄국(오볼라 혹은 유프라테스강 하구)-〔2일〕 말라국(이라크의 바스라 혹은 그 서남부의 주바이르Zubair)의 순이다.

제4구간은 인도 서남해안의 몰래국에서 아프리카 동해안의 삼란국(三蘭國, 현 탄자니아의 다룻 살람Daru'd Salām)에 갔다가 페르시아만의 오랄국으로 돌아오는 길로, 몰래국-삼란국-〔20일〕 설국(設國, 시흐르Shihr, 현 남부 예멘의 al-Shahr)-〔10일〕 살이구화갈국(薩伊瞿和竭國, 현 오만 동남단의 샤르자Shāriqah 혹은 무스카트Muscat)-〔6~7일〕 몰손국(沒巽國, 메조엔Mezoen, 현 오만의 소하르Sohar)-〔10일〕 발리가마난국(拔離謌磨難國, 현 바레인의 마나마Manāmah)-〔1일〕 오랄국 순이다.

이 노정의 항해에 소요된 시간을 보면 광저우에서 말라국까지는 약 100일이 걸렸다. 가탐이 언급하지 않은 광저우에서 둔문산과 몰래국에서 파라문까지의 두 구간의 소요시간을 제외하면 85일이며, 삼란국에서 오랄국까지는 48일이다. 이 노정에 포함된 경유지(국가나 지역)는 무려 33개소나 된다. 가탐이 기술한 이 해로의 항정을 살펴보면 다음과 같은 몇가지 특징을 발견할 수 있다.

첫째는 원양항행(遠洋航行)을 했다는 사실이다. 전대까지의 해로는 예외없이 해안선을 따르는 연해나 근해의 항해였으나, 이때부터는 조선술과 항해술의 발달로 수마트라 서북단으로부터는 미얀마나 인도의 해안을 따르지 않고 심해(원해遠海)에서 니코바르제도를 거쳐 곧바로 사자국으로 직행하였다. 물론 전반적으로 보아 아직은 접안(接岸) 항해의 양상에서 크게 벗어나지는 못했지만, 원양항해가 시도되어 항정이 크게 단축되었다.

둘째는 해로의 주역이 신흥 아랍·무슬림들이라는 점이다. '사막의 아들'로부터 일약 '바다의 아들'로 변신한 아랍·무슬림들은 멀리 극동까지 대거 진출해 동서교역의 주도권을 장악하고 해로를 제패하기 시작했다. 가탐이 채록한 지명이나 국명 대부분이 아랍어의 역명(譯名)이라는 사실은 이를 잘 보여준다.

셋째로는 홍해를 통한 항해가 제시되지 않았다는 점을 들 수 있다. 종전에는 홍해가 동서교역의 통로로 자주 거론되었다. 그러나 아라비아해와 인도양, 그리고 홍해와 지중해의 전역에 걸쳐 항해권과 상사권(商事權)이 아랍·무슬림들에게 장악되어 지중해 연안의 유럽인이나 이집트인들은 해상교역이나 전송(轉送)만이 허용되었고, 게다가 7~8세기에는 이슬람제국의 대이집트, 대아프리카 정복전으로 인해 홍해 일대의 안전이 보장되지 못하였다. 그 결과 홍해를 통한 교역이나 항해는 일시적으로 정체되고 말았으며, 유럽과의 교역이나 왕래는 주로 당시 아랍·이슬람세계의 심장부인 이라크나 시리아를 통해 진행되었다. 그 주요 통로는 페르시아만-이라크-시리아-아나톨리아(현 튀르키예)-유럽으로 이어지는 길이었다.

가탐의 「광주통해이도」에 제시된 해로의 항정과 유사한 기록은 중세 아랍·무슬림들의 여행기나 지리서에서도 찾아볼 수 있다. 우선 여행가이며 상인인 술라이만 알 타지르(Sulaimān al-Tājir)가 자신의 견문을 수록한 여행기 『중국과 인도 소식』(Akhbāru'd Sin wa'l Hind, 851)에서 언급한 페르시아만으로부터 중국에 이르는 항로와 대체로 일치한다. 이것은 이 항로가 중세에 보편적으로 통용된 동서 간의 항해 노선이었음을 말해준다.

술라이만의 기술에 의하면, 우선 화물을 이라크의 바스라나 오만 등지에서 배에 싣고 출발해 페르시아만 중부 동안에 있는 시라프를 거쳐 소하르(Sohar)와 무스카트(Muscat, 오만 동북단)를 지나 약 1개월 항해하면 인도의 퀼론(Quilon)에 도착한다. 이로부터 사란딥(Sarandip, 현 스리랑카)·안다만(Andaman)섬·니코바르(Nicobar)제도·람브리(Lambri, 수마트라의 서북단)를 지나, 칼라(Kalah, 현 말레이반도 서해안의 케다Kedah)에 도착하는데, 이 구간의 항해 시간도 역시 1개월 정도 걸린다. 이곳으로부터 20일간 북상해 베트남의 짬파(Champa)에 이르며, 다시 1개월간 북행해 창해(漲海, Tchang-Khai)를 지나 광부(廣府, Khānfū, 현 광저우)에 종착한다.

술라이만이 언급한 경유 국가나 경유 지역은 모두 13개소로 전술한 가탐의 그것과 대체로 일치한다. 그러나 그가 시라프로부터 광저우까지 항해하는 데 소요된 시간은 약 130일로 가탐의 약 100일보다는 길다. 그 내역을 따져보면, 페르시아만으로부터 수마트라까지의 항해 소요시간은 2개월 정도로 서로 비슷하나, 수마트라부터 광저우에 이르는 시간은 큰 차이를 보인다. 특히 짬파에서 광저우까지의 항해에서 가탐의 경우는 10일 미만이지만, 술라이만은 1개월이나 걸렸다. 이것은 이 구간이 암초가 많고 풍랑이 심한 시사군도(西沙郡島) 부근이어서, 지형에 익숙하지 못한 외방인이 항해하는 데는 상당한 어려움이 있었기 때문일 것이다. 따라서 항해 시간도 그만큼 많이 걸릴 수밖에 없었을 것이다.

중세 아랍 지리학자인 이븐 쿠르다지바(Ibn Khurdādhibah, 820~912)도 저서 『제 도로(諸道路) 및 제 왕국지(諸王國志)』(*Kitābu'l Masālik wa-al-Mamālik*, 845)에서 이라크의 바스라로부터 중국에 이르는 해로를 비교적 상세히 기술하고 있는데, 그 노정은 가탐이 제시한 것과 대동소이하다. 이러한 해로는 10세기를 전후한 시기에도 노정상에는 큰 변화가 없었으나 그 용도는 훨씬 높아졌다. 그것은 조선술과 항해술의 커다란 발달에 기인한다. 중국에서 은정접합법(隱釘接合法)에 의해 건조되고 완벽한 수밀격벽(水密隔壁)까지 갖춘 견고한 대형 선박이 출현하고, 천문도항법의 지속적인 개진과 더불어 지남침(指南針)이 도항의기(導航儀器)로 항해에 도입되었으며(12세기 초), 항해에서 계절풍(monsoon, 일명 신풍信風)이 동력으로 이용되기 시작했다. 이리하여 이 시기 해로를 통해 동서 간에는 전례없이 활발한 교역이 진행되었다. 이 과정에서 동서교역의 중심 통로가 초원로나 오아시스로에서 해로로 점차 옮겨졌을 뿐만 아니라, 교역 내용에서도 상당한 변화가 일어났다. 특히 중국 송대에 이르러 질 좋고 우아한 도자기가 해상 교역품의 주종을 이루어 서방으로 다량 수출되었다. 그래서 당시의 해로를 일명 '도자기의 길'이라고도 한다. 한편 동남아시아·인도·아랍 등지에서 많이 생산되는 각종 향료도 해로를 따라 중국과 유럽으로 다량 반출되었다. 그리하여 당시의 해로를 또한 일명 '향료의 길'이라고도 한다.

이 시기 해로의 노정을 전대와 비교해보면 심해 횡단로를 택한 것이 특징이다. 그 대표적인 일례가 『송사(宋史)』「주련전(注輦傳)」에 소개된 주련국(注輦國, Chola, Culiyan, 인도 동남부) 특사 사리삼문(娑里三文)의 송나라 입국 노정이다. 사리삼문은 주련국 왕 나다라사(羅茶羅乍, Rajaraja)의 송진봉사(宋進奉使)로 특명을 받고 부사(副使)·판관(判官)·방원관(防援官) 등 52명을 인솔하고 해로로 대중상부(大中祥符) 8년(1015) 9월에 송도(宋都)에 도착하였다. 그의 노정을 보면, 주련(인도 동남부의 코로만델Coromandel 해안)-나물단산(郍勿丹山, 인도 동남부의 네가파탐Negapatam)-사리서란산(娑里西蘭山, Soli-Silam, 현 스리랑카)-점빈국(占賓國, 안다만제도)〔여기까지 77주야〕-이마라리산(伊麻羅里山, 현 미얀마 서단의 네그라이스Negrais곶 일대)-고라국(古羅國, 말레이반도 북부의 끄라Kra 일대)〔여기까지 61주야〕-가팔산(加八山, 말레이시아 서부의 클랑Klang항 밖의 파생도巴生島 혹은 말레이시아 서부의 랑카위Langkawi섬)-점불뢰산(占不牢山, 말레이반도 서남부의 슴빌란Sembilan)-주보룡산(舟寶龍山, 탐브라우Tambrauw, 싱가포르해협 일대)-삼불제국(三佛齊國, 탐비Tambi-팔렘방Palembang, 수마트라)〔여기까지 71주야〕-만산수구(蠻山水口, 싱가포르 이남의 링가Lingga군도의 해협 혹은 인도네시아의 방카Bangka해협 서부)-천축산(天竺山, 말레이반도 동남해안의 아우르Aur섬 혹은 베트남의 콩도르Condore섬)-빈두랑산(賓頭狼山, 베트남 판랑Phan Rang 남부의 파다란Padaran)〔여기까지 18주야〕-양산(羊山, 베트남 퀴논 동남부의 감비르Gambir섬)-구성산(九星山, 하이난섬 동부의 치저우열도 혹은 광둥 주하이珠海 일대)-광저우의 비파주(琵琶州, 광저우 황푸항黃埔港 서부 일대 혹은 홍콩 서북부의 툰먼만屯門灣)〔여기까지 20주야〕로 이어지는 심해 횡단로다. 전체 항해 소요시간은 247일(주야)이나 된다.

이상과 같은 해로의 전개 상황에 근거해 최근까지 국제 학계에서는 전반적으로 해로의 동단(東端)을 중국의 동남해안으로 보는 것이 통설이었다. 즉, 당대(唐代)에는 광저우와 양저우(揚州), 송대(宋代)에는 항저우(杭州)와 명주(明州), 취안저우(泉州)가 해로의 동단에 위치한 국제무역항이었고, 또한 그 이후 시기에도 그러한 상황은 대체로 변하지 않았기 때문에 이들 해안도시들을 포함한 중국 동남해안 일대를 해로의 동단으로 간주했던 것이다. 그러나 중국 이동 지역인 한국이나 일본까지 서역 문물이 전파되고 대식(大食, 아랍)을 비롯한 서역의 선박이 내항했다는 사실을 감안한다면, 중국 동남해안에서 멈추지 않고 더 동진해 한국이나 일본까지 연결되는 해로가 분명 있었던 것이다. 따라서 이 시기 해로(유라시아의 해로)의 동단을 한반도의 서해나 남해를 거쳐간 일본의 나라(奈良) 일원으로 추정하는 것이 타당할 것이다. 이상에서 고찰한 10세기 전후 해로의 전(全)노정을 정리하면, 일본 나라−한반도 남단−중국 동남해안−베트남 동해안−자바−수마트라−믈라카해협−니코바르제도−스리랑카−인도 서해안−페르시아만−바그다드−〔육로〕콘스탄티노플(아나톨리아)−로마(혹은 페르시아만−남부 예멘−아프리카 동해안)의 순으로 연결되어 있었다.

13세기에는 유라시아를 아우르는 방대한 영토에 몽골제국(1206~1368)이 건립되면서 부진한 상태에 있던 오아시스로와 초원로가 활기를 되찾았다. 그뿐만 아니라, 제국의 동남아 진출과 서아시아에 건립된 일 칸국과의 필수적인 연계, 그리고 해상무역에 대한 적극적인 의욕 등으로 인해 해로도 더욱 활발하게 이용되었다. 이러한 상황에서 동서 간에는 많은 사절과 상인·종교인·여행가 등에 의한 인적 왕래가 끊이지 않고 지속되었다. 이 시기 해로에 관한 대표적인 기록으로는 마르꼬 뽈로와 오도릭(Odoric da Pordenone, 1265?~1331)의 여행기를 들 수 있다. 마르꼬 뽈로의 『동방견문록』에는 귀향차 중국 취안저우를 떠나서(1291) 이딸리아의 베네찌아에 이르기까지(1295)의 항해 노정이 구체적으로 밝혀져 있다.

그 노정을 보면, 중국의 자동(刺桐, 취안저우)[1291년 1월경]-〔서남행〕하이난섬(海南島, Keinan)-짬파(베트남 중부)-형제도(兄弟島, Two Brothers)인 콘두르섬(Condur, 베트남 동남해안 콩도르섬)과 손두르섬(Sondur, 현 베트남 동남해안의 순다라Sundara)-로칵(Locac, 현 태국 남부의 롭부리Lopburi 일대)-〔남행〕 펜탄(Pentan, 싱가포르해협 남부 혹은 인도네시아의 빈탄Bintan섬)-〔남행〕 소(小)자바(Jaba Lesser, 현 수마트라섬)〔여기까지 3개월, 여기에서 5개월 체류〕-〔1291년 9월 북행〕 네쿠베란섬(Necuveran, 현 인도의 니코바르제도)과 안가만섬(Angaman, 현 인도의 안다만제도)-〔서행〕 세일론(Seilon, 현 스리랑카)-〔서행〕 마아바르(Maabar, 현 인도 동남단의 마나르Manaar만 연안 일대)-〔서남행〕 코일룸(Coilum, 현 인도 서남해안의 퀼론)-〔북행〕 코마리(Comari, 현 인도 서남부의 코임바토르Coimbatore)-〔북행〕 멜리바르국(Melibar, 현 인도 서해안의 말라바르 해안)-타나(Tana, 현 인도 서북해안의 뭄바이Mumbai 북부)-캄바에트(Cambaet, 현 인도 서북해안의 캄베이Cambay만 일대)-세메나트(Semenat, 현 인도 서북해안의 솜나트Somnath)-케스마코란(Kesmacoran, 현 파키스탄의 카라치Karachi부터 이란의 마크란Makran 해안까지의 일대)-호르무즈(Hormuz, 페르시아만 입구의 항구)까지 이어지는 바닷길이다. 소요시간은 총 2년 2개월이었다.

마르꼬 뽈로는 호르무즈에서 내려 육로로 당시 일 칸국의 수도인 타우리스(Tauris, 현 타브리즈Tabriz)를 거쳐 계속해서 육로로 콘스탄티노플에 들른 후 배편으로 고향 베네찌아에 귀향하였다. 이 여행기에는 자신이 직접 항해한 것은 아니지만, 인도 서북해안에서 아프리카 동남해안까지의 해로를 다음과 같이 소개하고 있다. 그 항정은 케스마코란-〔남행〕 남·여(Male and Female) 2도(현 인도양 상의 래카다이브Laccadive제도, 혹은 몰디브Maldives제도)-소코트라(Socotra, 현 예멘 속령)-〔남행〕 모그다시오

섬(Mogdasio, 현 아프리카 동남단의 마다가스카르Madagascar)-〔북행〕잔지바르섬(Zanzibar, 현 탄자니아)-아바쉬(Abash, 현 에티오피아, 옛 이름은 아비시니아Abyssinia)-〔동북행〕아덴(Aden)-에쉬에르(Eshier, 현 아덴의 동북부 해안의 시흐르Shihr)-도파르(Dhofar, 현 아라비아 반도 남해안의 주파르Zufar)-호르무즈로 연결되는 바닷길이다.

마르꼬 뽈로보다 약 30년 후에 그와는 반대 방향으로 호르무즈에서 중국 명주(明州)까지 해로를 따라 여행한 이딸리아의 프란체스꼬 수도회(Fransiscans)의 선교사 오도릭도 여행기『동방기행』(*The Eastern Parts of the World Described*)에서 자신이 경유한 해로를 기술하고 있는데, 그 노정은 마르꼬 뽈로의 노정과 대체로 일치한다. 즉, 호르무즈(1321년 여름)-〔28일간〕타나-〔남하〕미니바르(Minibar, 말라바르 해안의 망갈로르Mangalore 일대)-프란드리나(Frendrina, 현 캘리컷Calicut 북부의 Pandalayini)-킨길린(Cyngilin, 현 코친Cochin 혹은 크랑가노르Cranganor)-폴룸붐(Polumbum, 혹은 콜룸붐Columbum, 현 퀼론)-마바르(인도 동남단)-실란(Sillan, 현 스리랑카)-니코베란(Nicoveran, 현 니코바르제도)-라모리(Lamori, 현 수마트라 북단)-〔남행〕수몰트라(Sumoltra, 현 록스마웨Lhokseumawe 일대)-〔남행〕-레센고(Resengo, 현 소순다Lesser Sunda나 순다Sunda해협 일대)-펜탄-잠파(Zampa, 베트남의 짬파)-만지(Manzi, 만자蠻子, 중국 남방의 센스칼란Censcalan, 현 광저우)-자이톤(Zayton, 자동刺桐, 현 취안저우)-푸저우(福州)-벨사(Belsa, 백사白沙, 저장성 원저우溫州나 리수이麗水 일대)-칸사이(Cansay, 경재京在, 현 항저우)-〔6일간〕칠렌푸(Chilenfu, 금릉부金陵府, 현 난징南京)-얌자이(Iamzai, 양저우揚州)-멘주(Menzu, 명주)로 이어지는 바닷길이다. 오도릭이 페르시아만의 호르무즈에서부터 중국의 명주까지 항해하는 데 소요된 시간을 구체적으로 밝힌 바는 없으나, 그가 1321년 여름에 호르무즈를 떠난 후 1322년부터 중국에 머물렀다는 사실을 감안하면, 항해 소요시간은 적어도 6개월 이상이었다고 추산할 수 있다.

대항해시대의 해로(15~17세기)

15세기에 접어들면서 동양이나 서양에서는 해로에 대한 새로운 관심이 대두하였다. 중국에서 몽골의 외족통치를 전복하고 출현한 명조(明朝, 1368~1644)는 건국 초기 왕조의 기반을 다지고, 특히 당시 동남해 연안에서 창궐한 왜구(倭寇)의 소요를 제압하기 위해 쇄국적인 해금(海禁)정책을 실시했다. 그 결과 해외무역이 쇠퇴하고 전통적인 대외 조공관계가 약화하면서 '천조상국(天朝上國)'을 표방한 명조의 국제적 위상이 추락하기 시작했다. 이러한 추락상을 감지한 성조(成祖)는 등극하자마자(1402) 동남아시아 각국에 사신을 파견하고 푸젠(福建)·저장(浙江)·광둥(廣東) 등 연해지역에 시박제거사(市舶提擧司)를 설치하는 등 조치를 강구하면서 해금을 완화하고 해외 진출을 권장하였다. 그 결과 정화(鄭和, 1371~1435)의 7차에 걸친 '하서양(下西洋)'(1405년 10월~1433년 7월)과 같은 파천황(破天荒)적인 해상 진출이 있게 되었다. 한편 서방에서는 14세기에 르네상스가 일어나기 시작한 것을 계기로 근대적인 경제와 문화의 맹아가 싹트면서 물산, 특히 동방 물산에 대한 수요가 급증했다. 이즈음에 서양인들은 십자군의 동정(東征)과 몽골제국 시대에 서구인들(여행가·선교사·상인들)이 남긴 동방 관련 기록을 통해 물산이 풍족한 동방의 실상을 알게 되었다. 이것은 동방 진출에 대한 그들의 호기심을 자극하였다. 그러나 당시 동서교통은 육로든 해로든 아랍인과 신흥 튀르크인들에 의해 모두 저지당했다. 그리하여 그들은 동방 진출의 새로운 항해로를 모색하는 데 진력하였고, 급기야 '지리상의 발견'에 따른 새 항로가 개척되었다. 정화의 '하서양'과 더불어 이러한 '지리상의 발견'에 의해 개척·이용된 항로는 새로운 번영기를 맞은 당대(當代) 해로의 전개 상황을 여실히 보여준다. 중국 명대의 흠차총병태감(欽差總兵太監, 세칭 삼보三寶 혹은 三保) 정화는 28년 동안 모두 7차에 걸쳐 중국에서부터 동아프리카 연안까지 이르는 해로를 왕복하면서 30여개국을 역방하였다.

이른바 이 7차례의 '하서양' 중에서 가장 멀리까지 항해한 제7차 (1430~33, 참가 인원 총 2만 7550명)의 왕복 항정을 『정화항해도』와 축윤명 (祝允明)의 『전문기(前聞記)』 「하서양」의 기술에 근거해 살펴보면 다음과 같다. 즉, 용만(龍灣, 난징 소재, 1430년 윤12월 6일 출항)-〔윤12월 10일〕서산(徐山)-〔윤12월 20일〕부자문(附子門)-〔윤12월 21일〕유가항(劉家港)-〔1431년 2월 26일〕장락항(長樂港)-〔11월 12일〕복두산(福斗山)-〔12월 9일〕오호문(五虎門)-〔12월 24일〕점성(占城, 짬파, 현 베트남 중부)-〔1432년 2월 6일〕조와(爪哇, 자바)-〔6월 27일〕구항(舊港, 현 팔렘방)-〔7월 8일〕만랄가(滿剌加, 믈라카Melaka)-〔8월 18일〕소문답랄(蘇門答剌, 수마트라, 사무드라Samudra)-〔11월 6일〕석란산(錫蘭山, 실론Ceylon, 현 스리랑카)-〔11월 18일〕고리국(古里國, 캘리컷, 인도 서남해안)-〔12월 26일〕홀로모사(忽魯謨斯, 호르무즈)-〔1433년 2월 18일 호르무즈에서 회항〕-〔3월 11일〕고리국-〔4월 6일〕소문답랄-〔4월 20일〕만랄가-〔5월 10일〕곤륜양(崑崙洋, 인도차이나 반도 남단)-〔5월 23일〕츠칸(赤坎)-〔5월 26일〕점성-〔6월 3일〕외라산(外羅山)-〔6월 14일〕기두양(崎頭洋)-〔6월 15일〕완설서(碗碟嶼)-〔6월 21일〕타이창(太倉, 양쯔강 하구)-〔7월 6일〕난징으로 이어지는 바닷길이다. 이 항로에서 보면 난징에서 호르무즈까지 가는 데 2년(1430년 윤12월 6일~1432년 12월 26일)이 걸리고, 회항에는 약 5개월(1433년 2월 18일~7월 6일)이 소요되었다. 한편 규모가 방대한 정화 휘하의 선단(船團)은 대종(大䑸)과 소종(小䑸)의 두 편대로 나뉘어 활동하였다. 대종은 전체 선단이고, 소종은 대종에서 분견(分遣)되는 분선대(分船隊)다. 대종은 주요 간선에서 항해하다가 특정한 항구에 도착하면 거기서 소종, 즉 분선대를 각지에 파견한다. 분선대는 활동을 마친 후 다시 분견지(分遣地)에 돌아와서 여러 분선대와 합류, 대종을 이루어 회항한다. 전술한 제7차 '하서양' 경우에는 대종이 고리(인도 서남해안의 현 캘리컷)까지 항해하는데, 도중 여러곳에 파견된 소종이 동남아시아·서아시아·동아프리카의 각지에서 활동하다가 다시 고리를 비롯한 분견지에 집결한 후 대종 선단을 이루어 회항길에 올랐다.

정화의 '하서양'은 15세기 말 콜럼버스나 다가마의 항해보다 시간적으로 반세기나 앞섰을 뿐만 아니라, 선단의 규모나 선박의 구조 면에서 그들과 비교가 되지 않을 정도로 월등했다. 제1·3·4·7차 출항시 매 선단의 승선 인원은 2만 7천여명이나 되고, 매 출항 선박은 대소 선박 200여척이었다. 선박 중에서 가장 큰 것이 '보선(寶船)'인데, 매번 20~30척의 보선이 참가하였다. 보선의 길이는 44장 4척(현 41장 4척, 약 125m) 내외이고, 너비는 18장(현 16장 8척, 약 51m) 내외이며, 적재량은 약 1500톤으로 1천명이 승선할 수 있었다. 9주(柱)의 돛대에 12장의 대형 돛을 단 대범선이었다. 이에 비해 1492년에 대서양을 횡단한 콜럼버스의 선단은 고작 3척의 경범선(輕帆船)에 선원이 90명에 불과했으며, 기함(旗艦)의 적재량은 250톤이었다. 1497년 인도 항해에 나선 다가마의 선단도 4척의 소범선에 승선인원이 160명이었으며, 기함은 전장(全長)이 25m도 채 안 되고 적재량도 120톤에 불과했다. 정화보다 약 100년 후에 환지구(環地球) 항해를 단행한 마젤란 선단의 경우에도 5척의 소범선에 265명이 승선했다. 적재량을 보면 5척 중 2척은 각각 130톤, 2척은 90톤, 1척은 60톤이었다.

유럽에서 15~16세기는 이른바 '지리상의 발견'이라고도 하는 '대

항해시대'다. 이 시대에 유럽 항해가들에 의해 인도 항로가 열리고, 대서양 횡단로의 개척과 더불어 아메리카대륙(이른바 '신대륙')의 '발견'이 이루어졌으며, 사상 초유의 환지구적 항해도 실현되었다. 그리하여 해로는 종전의 구대륙, 즉 유라시아와 아프리카를 동서로 연결하던 한정된 해로로부터 '신대륙', 즉 아메리카대륙까지 망라하는 환지구적인 해로로 확대되고, 새로운 번영기에 진입하였다. 유럽에서 대항해시대는 뽀르뚜갈의 항해 왕자 엔히끄(Henrique, Henry the Navigator, 1394~1460)가 아프리카 서해안에서 진행한 항로 탐험으로 그 막이 올랐다. 여러 항해 장비와 항해 기술자들로 이루어진 엔히끄 탐험대는 아프리카의 서해안을 남하해 인도에 이르는 새로운 항로를 개척하는 과정에서 뽀르뚜 싼뚜(Porto Santo)섬(1418)과 마데이라(Madeira)군도(1419), 아조레스(Azores)군도(1427), 베르데곶(Cape Verde)군도(1444) 등을 발견하고 사금(沙金)과 노예 등을 약탈해 본국으로 운반하였다. 엔히끄가 사망한 지 얼마 되지 않아 탐험대는 시에라리온(Sierra Leone)을 지나(1462) 적도를 넘었다(1471). 그후 탐험은 일시 중단되었다가 역시 뽀르뚜갈의 항해가인 디아스(Bartholomeu Diaz, 1450?~1500)에 의해 재개되었다. 그가 이끄는 3척의 범선이 1488년에 드디어 아프리카의 최남단에 도착했다. 그는 심한 폭풍우 끝에 발견했기 때문에 이곳을 '폭풍의 곶'(Cape of Storms)이라고 명명했는데, 디아스의 보고를 들은 국왕은 '희망봉(希望峰)'(Cape of Good Hope)이라고 개명하였다.

　이러한 선인들의 탐험 성과를 기반으로 뽀르뚜갈의 항해가인 바스꾸 다가마(Vasco da Gama, 1469~1524)는 국왕의 하명을 받고 1497년 7월에 4척의 범선을 이끌고 이미 개척된 항로를 따라 아프리카 서해안을 남하하였다. 그는 적도의 무풍지대를 피해 육지에서 멀리 떨어진 심해를 항해해 희망봉을 우회한 후 아프리카의 동해안을 따라 북상했다. 1498년

4월에 케냐의 말린디(Malindi)에 도착해 아랍 항해가 이븐 마지드(Ibn Mājid)의 안내하에 그해 5월 20일, 출항 10개월 만에 드디어 인도 서해안에 있는 캘리컷에 종착하였다. 이로써 그는 유럽에서 아프리카 남단을 돌아 인도로 직행하는 이른바 '인도 항로'의 개척자가 되었다. 그는 60배의 이익을 남기게 될 후추와 육계(肉桂) 등 향료를 싣고 다음 해에 리스본으로 귀향했다. 그는 새로운 항로에서 2년이 넘는 시간(그중 해상에서 약 300일간)을 보냈으며, 항해 중 3분의 1 이상의 선원을 잃었다. 다가마에 의한 '인도 항로'의 개척은 서세동점의 효시였다. 그후 다가마는 두차례(1502~1503, 1524)나 더 인도를 찾았다.

뽀르뚜갈 항해가들이 한창 '인도 항로'를 개척하고 있을 때, 이딸리아 제노바(Genova) 출신의 콜럼버스(이딸리아어로는 끄리스또포로 꼴롬보 Cristoforo Colombo)는 1476년 뽀르뚜갈에 이주하였다. 지구가 둥글다는 학설을 믿고 대서양으로 서항(西航)하면 인도나 중국에 도착할 것이라고 생각한 그는 뽀르뚜갈 국왕에게 서쪽으로의 항해를 건의했으나 거절당했다. 1485년에 에스빠냐로 이주한 콜럼버스의 서항 계획은 이사벨 여왕(Isabel I, 1451~1504)과 페르난도 2세(Fernando II, 1452~1516)의 지지를 얻었다. 이에 고무된 콜럼버스는 '인도 계획'이란 포부를 안고 대서양 횡단 항해에 나서 1492년 8월 3일 3척의 범선에 약 90명의 선원을 태우고 스페인의 서남항 빨로스(Palos)를 출항하였다. 같은 해 10월 12일 바하마군도(Bahama Islands)의 어느 한 섬에 도착했는데, 그는 이 섬을 '싼쌀바도르'(San Salvador, '성스러운 구세주'란 뜻)라고 이름지었다. 이어서 꾸바(Cuba)와 아이띠(Haiti) 등의 섬에도 들렀다. 그후에도 그는 세차례(1493, 1498, 1502)에 걸쳐 같은 항로를 따라 자메이카(Jamaica)·푸에르토리코(Puerto Rico) 등의 제도(諸島)와 중미·남미의 연해 일대를 항해하였다. 당시 콜럼버스는 금은보화나 향료 대신 모

콜럼버스가 항해에 사용한 싼따마리아호

기만 있는 곳을 발견했다고 해서 '모기제독'(Admiral of Mosquitoes)이란 별명이 붙었는데, 자신이 도착한 곳이 실제로 인도의 어느 지방이라고 착각하여 향료와 황금을 찾았으나 허사였다. 그는 그곳을 '인도 땅'이라고 믿었기 때문에 현지인들을 '인디언'으로, 바하마 등의 여러 섬을 '서인도제도'라고 지칭하였다. 콜럼버스의 대서양 횡단은 무위로 돌아갔을 뿐만 아니라 그는 '인도 계획'에서 아무런 소득을 얻지 못하고, 그저 아메리카대륙에 대한 식민지 침략의 '원흉'이란 오명만 얻고 말았다.

영국에 이주한 베네찌아 출신의 캐벗(John Cabot, 1450~99)은 1496년에 헨리 7세의 후원을 받아 대서양을 건너 지금의 캐나다 동해안에 이르렀다. 그에 이어 이딸리아 피렌쩨(Firenze) 출신의 아메리고 베스뿌치(Amerigo Vespucci, 1454~1512)는 콜럼버스가 '발견'한 중남미 일원을 1497~1504년 기간에 세번이나 탐험한 끝에 이곳이 유럽인에게는 미지의 '신세계'(New World)라는 견해를 발표했다. 그 결과 유럽인들은 이 신대륙을 이른바 그 최초의 '발견자'인 콜럼버스는 무시하고 아메리고라는 이름을 따라 '아메리카'(America)라고 명명하게 되었다.

 독일의 지도 제작자 발트제뮐러(Martin Waldseemüller)는 1507년에 간행한 세계지도에서 유럽과 아시아 사이에 기다란 육지를 하나 그려넣고는 이를 '아메리카'라고 명기했다. 1517년에 에스빠냐로 이주한 뽀르뚜갈의 항해가 마젤란(F. Magellan)은 에스빠냐 왕의 명령에 따라 1519년 9월 20일 5척의 범선과 265명의 선원을 인솔하고 쎄비야(Sevilla)를 출항하였다. 그는 그간의 탐험 기록을 검토해본 결과 남미의 남단을 돌아 인도로 가는 항로가 있을 것이라고 추단하였다. 그는 대서양을 횡단해 남미의 브라질 연안을 따라 남하해 남미의 남단과 푸에고(Tierra del Fuego)섬 사이의 해협(후일 마젤란해협Strait of Magellan이라 명명)을 지나 태평양에 진입했다. 난항에 난항을 거듭한 끝에 이 해협을 통과해 태평양에 들어서니 바다는 의외로 평온하고 넓었다. 그는 이 평온한 데서 영감을 얻어 이 바다를 '태평양'(Pacific Ocean)이라 이름지었다. 그는 현 인도네시아 동부 태평양상에 있는 말루쿠제도(Maluku Islands)를 목표로 삼아 계속 서행하다가 1521년 3월 우연히 필리핀에 도착했는데, 토착민과의 싸움에서 40명을 잃고 자신도 전사했다. 잔존 인원은 엘까노(Juan Sebastián Elcano)의 지휘하에 2척의 배에 나누어 타고 말루쿠제도의 티도레(Tidore)에 당도하였다. 여기서 향료를 실은 한척은 태평양으로 동항(東航)하다가 뽀르뚜갈인들에게 나포되었지만 엘까노가 이끈 다른 한척(빅토리아호)은 서항해 인도양을 횡단, 아프리카 남단의 희망봉을 거쳐 1522년에 마침내 에스빠냐로 회항하였다. 결국 마젤란은 도중에 사망했지만, 그가 발족한 선단은 대서양→태평양→인도양→대서양으로 이어지는 사상 초유의 환지구적 항해를 실현하였다.

이같이 15~16세기의 이른바 '대항해시대'를 거치면서 해로는 구세계와 '신세계'를 망라하는 환지구적 바닷길로 확대·연장되었다. 이 길을 따라 서세(西勢)의 동점(東漸)과 서점(西漸)이 동시에 진행되었다. 1510년 인도의 고아(Goa)에 대한 뽀르뚜갈의 강점을 시발로 18세기 말에 이르기까지 뽀르뚜갈에 이어 에스빠냐와 네덜란드, 그뒤로는 영국과 프랑스 등 서방 국가들의 식민지 개척과 경영은 동방뿐 아니라 새로 '발견'된 '신대륙'에 대해서도 마찬가지였다. 특히 에스빠냐는 멕시코를 비롯한 중남미 나라들을 식민지로 만들고, 그 경영을 위해 대서양 횡단 해로를 적극적으로 이용했다. 이렇게 근대에 와서 식민지화라는 서세의 물결을 타고 전개된 환지구적 해로는 동서 간에 새로운 교역과 교류 관계가 형성되는 데 가교적 역할을 수행했다. 이 시기의 해로는 주로 해외 식민지 구축과 해외교역에 국운을 걸고 경쟁을 벌이던 서방 제국과 그 상대편인 동방 및 '신대륙'을 연결하는 바닷길이었다. 여기서 특기할 것은 그 일환으로 동방과 '신대륙' 간의 새로운 항로가 개척된 사실이다. 16세기에 멕시코와 뻬루 등 중남미 지역과 더불어 동방에 진출해 필리핀 군도를 강점함으로써(1571) 유럽 최초의 광대한 식민제국을 건립한 에스빠냐는 필리핀의 마닐라항을 중간 기착지와 중계 무역지로 삼아 중국과 이른바 '대범선무역'을 진행하였다. 에스빠냐 상인들은 주로 뻬루산 백은(16세기 말 전세계 산량의 60% 이상을 뻬루가 생산)을 배에 싣고 필리핀에 기착해, 그곳에 반입된 중국산 견직물이나 도자기와 교역한다든가, 중국 동남해안의 장저우(漳州)나 취안저우·광저우 등지에 와서 직접 교역하기도 하였다. 이 시기 중국과 중남미 간에 태평양을 횡단하는 대범선무역이 진행된 이 항로를 '태평양 비단길' 혹은 '백은의 길'이라고도 한다. 이 '태평양 비단길'을 통해 중국의 견직물이 중남미로 대거 수출되었다. 이상과 같은 해로의 전개 과정을 통관하면 기원전 8세기부터 기원후 7세기까지의 약 1500년간은 해로의 개척기라고 볼 수 있다.

해로의 특성

해로는 그 전개나 이용 과정에서 초원로나 오아시스로와는 다른 일련의 특성을 보여준다. 그 특성은 우선 변화성(變化性)이다. 초원로나 오아시스로는 자연환경의 제약성 때문에 노정이 거의 불변하거나 변하더라도 그 차이가 크지 않았다. 이에 반해 해로는 조선술과 항해술의 발달, 그리고 교역의 증진에 따라 노정이 끊임없이 확대·변화되었으며, 그 이용도 특별한 기복이나 우여곡절이 없이 줄곧 증가 추세를 보여왔다. 다음으로 그 특성은 범지구성(汎地球性)이다. 초원로나 오아시스로는 주로 유라시아대륙(구대륙)에 국한되어 지리적으로나 교류 측면에서 국부적인 기능밖에 수행할 수 없었다. 이에 비해 해로는 모든 면에서 구세계와 '신세계'를 두루 포괄하는 명실상부한 범지구적 교류 통로로 기능하고 있다. 끝으로 그 특성은 항구성(恒久性)이다. 초원로나 오아시스로는 대체로 고대에서 중세까지만 문명교류의 통로로 이용되었고, 근대문명에 의한 교통수단이나 날로 활성화되는 해로로 인해 불가피하게 쇠퇴기를 맞게 되었다. 그러나 이와는 달리 해로는 고대와 중세에도 존재한 것은 물론, 근세와 현세까지 존속하면서 문명교류 통로로서의 본연의 역할을 수행해오고 있으며 미래에도 그러할 것이다.

| 제5절 '일대일로'의 개념 탐구

'일대일로(一帶一路)'는 시진핑 시대의 중국이 국가의 명운을 걸고 추진하고 있는 '범지구적 전략구상'이다. 이 어마어마한 구상은 제시된 후 지난 12년 동안 유라시아와 아프리카 여러 나라들의 동참과 호응 속에 보람과 시련이 함께한 항정을 이어왔다. 그 과정에서 이 구상에 대해 정치공학적·경제논리적·지정학적·문명교류사적 접근 등 다양한 접근 방법이 시도되어 여러가지 유의미한 평가와 더불어 논란도 분분하다. 특히 이 구상의 기조를 담고 있다고 할 '일대일로' 개념의 정립에는 상당한 혼선과 미숙성이 나타나며, 그 번잡하고 엇갈린 시각과 주장들이 처처에서 고스란히 드러나고 있다. 요컨대 용어나 표현, 내용이나 평가의 개진(開陳)에서 중화식 백가쟁명 분위기가 물씬 풍긴다.

필자는 그간 관방(官房)이나 학술계에서 우후죽순처럼 등장한 숱한 관련 발표문이나 연설문, 논문 등에서 '일대일로' 개념의 정립과 관련해 논의될 법한 몇가지를 나름대로 추려서 담론장에 출시(出示)함으로써 완숙한 '일대일로' 개념의 정립에 근접하고자 한다.

'일대일로'의 개념

주지하다시피, '일대일로'는 시진핑 시대의 중국이 야심 차게 추진하는 포괄적 전략구상으로서 애당초 복합적인 함의를 지닌 개념으로 부상하였다. 따라서 그 개념을 바르게 이해하려면 어원으로부터 시작해 '일대일로' 특유의 성격이나 정신, 사명, 그리고 그 내재적인 내용이나 공간적인 범위 등 일련의 근본적인 문제들을 올곧게 설파한 데 기초해 그에 대한 정확한 논리적 정의를 내려야 할 것이다.

우선, 어원적으로 '일대일로'는 합성조어다. '일대일로'는 시진핑 주석이 2013년 9월과 10월 각각 까자흐스딴과 인도네시아를 방문할 때 발표한 '실크로드 경제대'와 '21세기 해상실크로드'라는 두 표현이 하나로 집약된 신조어다. 이렇게 '일대일로'는 고대 실크로드(이하 '실크로드'

중국 일대일로 전도

로 약칭)가 갈무리하고 있던 동·서양 교류의 이미지를 차용해 유라시아와 아프리카 지역을 새로운 하나의 지역공동협의체로 만들자는 전략구상인 것이다.

  이러한 전략구상을 함축한 '일대일로'는 지난 12년 동안 연구가 거듭된 끝에 중국어나 영어의 역법(譯法)에서 한층 진화한 것이다. 중국어의 경우, '일대일로'의 개념 표현에서 초기부터 '전략구상'이란 용어가 사용되다가 최근에는 '창의(倡議)[22]구상'이라는 새로운 표현으로 대체되는 추이를 보인다. 한편 영역의 경우 초기에는 공식적으로 'Silk Road Economic Belt and the 21st-Century Maritime Silk Road' 혹은 'The Belt and Road'(2015년 9월 23일 국가발전개혁위원회 발표)가 쓰이고, 이에 'One Belt One Road'('OBOR')가 병용됐으나, 최근에는 중국어 표현을 따라 'The Belt and Road Initiative'('BRI')가 공식화되고 있다.[23]

  이렇게 어원적으로는 두 표현이 집약된 조어인 '일대일로'의 실체는 유라시아와 아프리카 내의 발전도상국(후발국)들이 소통을 통해 서로의 발전을 함께 도모하기 위해 결성하는 지역공동협의체인 것이다. 이러한 기본 성격에서 출발해 시진핑은 '일대일로'가 견지해야 할 정신, 이른바 '일대일로 정신'을 ① 평화합작, ② 개방과 포용, ③ 호학호감(互學互鑑, 서로 배우고 서로가 거울이 되어주는 것), ④ 호리공영(互利共贏, 서로에게 이로움을 주며 함께 번영하는 것)[24]의 네가지로 명료하게 규정했다.

이와 더불어 '중화인민공화국국가발전개혁위원회'는 '일대일로'가 수행해야 할 막중한 사명 세가지도 명시하였다. 그 사명은 첫째로, 경제성장의 길을 모색하는 것이다. '일대일로'라는 창의적 구상을 통해 중국 개혁·개방의 '홍리(紅利)'(성과, 순이익)와 중국의 발전 경험의 교훈을 '일대일로' 참여국들과 공유하고, 그들과의 협력과 소통을 강화함으로써 더욱 평등하고 균형 잡힌 새로운 지구화 동반관계를 구축하며 세계경제가 장기적으로 건전하게 발전할 수 있는 기틀을 마련하는 것이다.

둘째 사명은 지구화의 재균형을 실현하는 것이다. 통상 전통적 지구화는 바다에서 시작해 연해지역이나 해양국가가 기선(機先)을 잡고 추진한 데 반해, 육상국가나 내륙지역은 후진을 면치 못함으로써, 해·륙 간에는 상당한 빈부 격차가 발생했다. 또한 전통적 지구화는 유럽에서 발흥한 후 미국에서 크게 빛을 발한 결과 '서방 중심'의 국제질서가 형성되고 동방이 서방에, 농촌이 도시에, 육지가 해양에 예속되는 등 일련의 불균형적이고 비합리적인 현상이 나타났다. 이를 감안해 '일대일로'는 전래의 전통적 지구화에서 나타난 모든 '비이상적인 괴현상'들을 극복하고 평등하고 공정하며 균형 잡힌 명실상부한 지구화를 이루어내야 한다.

끝으로 그 사명은 새로운 지역 간의 합작(협력)모델을 창출하는 것이다. '일대일로'는 전방위적 대외개방 전략인 경제대(帶)이론, 경제회랑

(回廊)이론, 21세기 국제합작이론, 구역간합작이론, 지구화이론 등 당면 과제로 제기되는 중요한 지역 간 협력 문제에 관한 창신(創新)한 대응 이론들을 제시한다. 이 이론들을 관통하는 핵심 포인트는 바로 '일대일로'가 사명의 하나로 제시한, 지역 간의 원활하고 유효한 협력모델의 창출인 것이다.[25]

이러한 실크로드 본연의 정신을 구현하고, 주어진 역사적 사명을 수행하기 위한 '일대일로'라는 창의적 구상은 구체적으로 다음과 같은 이른바 '5통(五通)'을 기본 내용으로 삼고 있다. 따라서 이 '5통'은 '일대일로'의 기조(基調)이며 그 성패를 가늠하는 가시적 지표라고 말할 수 있다. 그 '5통'은 다음과 같다.

1) 정책구통(政策溝通): 각종 국제협력기구를 통해 '일대일로'의 전략구상을 실현하기 위한 다자간 협력을 조절하고 추진하는 내용으로서, '일대일로'를 보장하는 중요한 역할을 수행한다.

2) 시설연통(設施聯通): 도로와 항만, 철도, 발전소, 통신시설 등 인프라(산업기반)의 입체적 연결 역할을 담당 수행하는 내용으로서, '일대일로'를 추진하며 우선적으로 관심을 돌려야 할 분야다.

3) 무역창통(貿易暢通): 무역의 자유화, 상호투자 영역의 개척, 무역의 구조적 전환 등 상호 간의 무역 증진에 관한 내용으로서, '일대일로'를 건설할 때 중점 고려대상으로 꼽힌다.

4) 자금융통(資金融通): 투자기금의 관리, 관련 은행들의 자금유통 상황에 대한 감독, 유통화폐의 국제화 추진 등의 내용으로서, '일대일로'의 운영에서 중요한 기둥 역할을 맡는다.

5) 민심상통(民心相通): 교육문화와 과학기술 협력의 강화, 인적 자원의 교류, 관광의 추진, 의료사업의 관리 감독 등 '일대일로'의 추진을 위한 사회적 기반의 확충 기능을 수행한다.[26]

이러한 '5통'의 지향점은 참여국들 간에 이익공동체와 책임공동체, 운명공동체라는 이른바 '삼동(三同)'을 실현하는 것이다. 그것은 서로가 이익을 공유하는 이익공동체와 부과된 책무를 충실히 수행하는 책임공동체를 거쳐 궁극적으로 '그대 속에 내가 있고, 내 속에 그대가 있다(你中有我 我中有你)'라는 운명공동체를 이루는 과정에서 실현된다.

다음으로, 중국이 창의적 전략구상에서 밝힌 '일대일로'의 공간적 범위를 보면 비록 총체적인 구성은 구태의연한 실크로드의 국한론(局限論)[27]을 답습한 것이지만, 구체적인 노선을 설정하면서는 중국을 중심으로 연장과 단축, 신설과 세분화 등 면밀한 수정을 가했다. 이에 따라 국가발전개혁위원회와 외교부, 상무부 등 중앙 3부서가 2015년 3월 28일 공동으로 발표한 성명에서 밝힌 '일대일로'의 지리적 범위와 노선은 다음과 같다.

① 북선(北線)A: 북미주(미국·캐나다)−북태평양−일본·한국−동해−블라지보스또끄(자루비노Zarubino항·슬라비얀까Slavyanka 등)−훈춘(琿春)−옌지(延吉)−지린(吉林)−창춘(長春, 즉 창지투長吉圖개발개방선도구)−몽골−러시아−유럽(북유럽·동유럽·서유럽·남유럽). 신설한 이 노선은 종래의 초원로와 오아시스 육로를 혼성한 길로서, 그 포괄 범위가 상당히 넓다.

② 북선B: 베이징−러시아−독일−북유럽

③ 중선(中線): 베이징−정저우(鄭州)−시안−우루무치(烏魯木齊)−아프가니스탄−까자흐스딴−헝가리−빠리

④ 남선(南線): 취안저우−푸저우−광저우−하이커우(海口)−베이하이(北海)−하노이−쿠알라룸푸르−자카르타−콜롬보−콜카타−나이로비−아테네−베네찌아

⑤ 중심선(中心線): 롄윈(連雲)항-정저우-시안-란저우(蘭州)-신장-중앙아시아-유럽[28]

이 '일대일로'의 신설 노선을 실크로드의 노선과 비교해보면 다음과 같은 몇가지 특징이 발견된다. 그것은, ① 종래의 지세 중심의 노선 개념에서 벗어나 교류 위주로 노선을 설정한 것, ② 물류의 편의와 원활성을 보장하기 위해 간선과 지선을 섞어서 설정한 것, ③ 해상실크로드는 변화 없이 원상을 그대로 유지하고 있는 것, ④ 북유라시아와 북아메리카에 대한 진출을 예비해 그 두곳에 이르는 2개의 노선을 신설한 것, ⑤ 4대선(북선B, 중선, 남선, 중심선)의 기점을 일괄 중국으로 정한 것이다. 이 다섯번째 특징 한가지만을 미루어봐도 '일대일로'가 3대 간선의 동방 기점을 모두 중국으로 설정한 실크로드의 '중화중심관'의 재현이란 지적이 한낱 기우만은 아니라고 할 수 있을 것이다.

이상에서 보다시피, '일대일로'와 관련해 관방이나 학계에서는 어의로부터 시작해 성격이나 기본 정신, 사명, 내용, 지리적 범위 등에 이르기까지 각방으로 그 개념의 정립을 시도해왔음을 십분 짐작할 수 있다. 그러나 그 시도는 아직 끝난 것이 아니라 여전히 진행 중에 있으므로, 그 개념 정립에 관해 어떤 최종 단안(斷案)은 쉬이 내릴 수가 없다. 단, 지금까지의 다양한 연구 내용을 종합해보면, 가급적으로 '일대일로'의 개념을 다음과 같이 정의할 수 있을 것으로 본다. 즉 '일대일로'란 실크로드가 갈무리했던 동·서양 교류의 이미지를 거울로 삼아(借鑑) 오늘날의 지구화 시대에 유라시아와 아프리카 지역에 새로운 지역공동협의체를 형성하기 위한 창의적(倡議的) 전략구상이다.

명실불부한 지구화

전술한 바와 같이, '중화인민공화국국가발전개혁위원회'는 '일대일로'의 3중 사명 가운데 두번째로 '지구화의 실현을 통한 재균형(實現地球化再平衡)'을 제시하면서, '일대일로'를 통해 지구화를 실현할 수 있다는 이유를 들어 '일대일로'를 추진하는 것이 지역공동협의체의 전략구상을 초월한 범지구적 전략구상이라고 강조한다. 그러나 소위 '일대일로'가 지향하는 지구화와 그 구체적 구상을 검토해보면, 그 어디에서도 전지구를 아우르는 지구화의 흔적을 찾아볼 수가 없다. '일대일로'가 주장하는 '지구화'는 명실상부한 지구화가 아니라, 지구의 동반구(東半球, 유라시아와 아프리카)만 염두에 두고, 서반구(아메리카대륙)는 애당초 배제하는 편파적이며 차별적인 반(半)지구화에 불과하다.

아이러니한 것은 중국이 표면적으로는 '일대일로'의 지구화를 언급하더라도, 실제적으로 이는 전지구를 아우르는 지구화가 아니라, '일대일로'의 연변에 자리한 '잠재력이 가장 크고, 활력이 가장 넘치는' 60여 개의 일부 국가들만이 참여하는 지역공동협의체를 형성하려는 것으로서, 말과 행동, 명분과 실제(현실) 간의 모순과 괴리, 그리고 표리부동 같은 명실불부(名實不符)의 이중성을 내포하는 자가당착적인 '반쪽짜리 지구화'에 불과한 것이다.[29]

여기에 더해 서반구에 속해 있는 베네수엘라와 아르헨띠나, 자메이카가 어떠한 이유에서인지는 알 수 없으나, 뜻밖에 '일대일로'의 전략구상에 동참해 회원국 행세를 하고 있는데, 이것은 국제관계의 관행을 무시하는 일종의 '반칙'인 것이다. 그뿐만 아니라 중국(특히 학술계)은 오늘날까지도 진부한 실크로드의 국한론에 사로잡혀 일관되게 '일대일로'의 2대 구성요소 가운데 하나인 해상실크로드의 아메리카대륙 연장을 표면상 묵살하고 있다. 이는 또 하나의 분명한 자충악수(自充惡手)인 셈이다.

이러한 일련의 명실불부의 이중성은 일대일로가 전(全)지구화가 아닌 반(半)지구화로 귀결될 수밖에 없는 다음과 같은 구체적 통계자료에 의해서도 방증되고 있다.

전지구적 규모에 대비한 '일대일로'의 지역적 규모(%)

사항 연도	참여국 (개)	인구 (%)	GDP (%)	교역량			
				총량(%)	중고수입국 (개)	중저수입국 (개)	저수입국 (개)
2013, 출범 시	57	63(40억)	29	23.9			
2020. 12.	63	70	32	석유 57.9; 발전량 47.9	22	18	5

표에서 보다시피, '일대일로' 참여국 대부분은 발전도상국으로서 그 국내총생산(GDP)의 합계는 범지구적 규모의 국내총생산의 3분의 1 정도밖에 되지 않는다. 따라서 '일대일로'라는 지역적 공동체의 형성을 범세계적 지구화로 둔갑시키는 것은 어불성설이다.

이와 같이 중국이 묵시적으로나마 추진하고 있는 '일대일로'의 지구화라는 사명을 수행하며 당면하는 가장 큰 고민거리는 라틴아메리카가 포함된 지구화를 모색하는 것이다. 중국은 단기적으로는 미국과의 직접적 충돌을 피하되 장기적으로는 미국을 고립시킴으로써 라틴아메리카를 포함한 범세계적 지구화의 패권을 장악하는 것이 '일대일로'를 통해 라틴아메리카까지 포괄된 지구화를 지향하는 전략적 목적이다.[30] 중국은 이 목적을 달성하기 위해 당장에는 미국의 '앞마당'인 라틴아메리카에 대해 이중적 행보의 지구화 정책을 추진하고 있다. 그리하여 이른바 '일대일로'의 지구화 구상의 대상을 표면상으로는 유라시아와 아프리카에 한정하지만, 실제적으로는 라틴아메리카와도 '일대일로'에 망라된 어느 나라, 어느 지역에 못지않은 수준과 규모에서 '5통(通)'을 실행하고 있다.

남아 있는 여러 문헌 기록과 발굴 유물에 의해 중국과 라틴아메리카 간에는 일찍부터 바다를 통한 소통과 교류가 이어져왔다는 사실(史實)이 고증된다. 1761년 프랑스의 한학자 드 기네(Joseph de Guignes)가 '중국인들이 최초로 아메리카주를 발견'했다는 주장을 최초로 내놓은 이래 200년간 이 문제에 대한 갑론을박이 계속되어오다가 1962년에 덩튀(鄧拓)가 제시한 '혜심동도부상(慧深東渡扶桑)'설에 의해 이 주장이 긍정되다시피 했다. 그러나 이 설은 얼마 못 가서 반론이 분분하게 일자 지금껏 결론이 나지 못하고 있다.[31]

이 설에 이어 영국의 한학자 메드허스트(Walter Henry Medhurst)는 1846년에 기원전 1000년경에 은나라 사람들이 아메리카주로 도항(渡航)했다는 이른바 '은인항도미주(殷人航渡美洲)'설을 제기해 세인을 놀라게 했는데, 이 설에 대한 부정파와 긍정파 간에 치열한 논쟁이 벌어졌다.[32]

한때 '법현항도미주(法顯航渡美洲)'설도 떠돌았으나, 대부분의 학자들에 의해 부정되었다. 그러다가 근간에 와서 영국의 퇴역 해군 잠수함 장교인 개빈 멘지스(Gavin Menzies)는 2002년 영국 '왕립지리학회'에서 '신대륙' 발견자는 콜럼버스가 아니라 정화 선단이란 폭탄선언을 하였다.[33] 그가 제시한 증거에 대해 많은 학자들은 의문을 제기하면서 부정하지만 일부 학자들은 긍정하고 있다.

두 지역 간에는 태평양을 통해 대범선무역이 이루어져 아메리카의 백은[34]과 농작물[35]이 중국에 수입되고, 중국의 비단과 차, 도자기가 중국-동남아-마닐라(필리핀)-아까뿔꼬(Acapulco, 멕시코)의 태평양 항로를 따라 아메리카에 수출되었다. 이것은 해상실크로드의 아메리카 연

라틴아메리카가 원산지인 각종 농산물(부에노스아이레스 후안 암브로세띠 민속박물관)

장과 해상실크로드의 환지구성을 시사한다.

최근 중국은 '일대일로'의 건설을 제창하면서 라틴아메리카와의 관계를 '전면적 동반관계'와 '운명공동체' 관계로 격상시키고, 그 실현을 적극 추진하고 있다. 이러한 구상은 시진핑을 비롯한 국가 최고지도자들에 의해 직접 선포되고, 그들의 진두지휘하에 가시화되어왔다. 1990년 5월부터 2014년 사이 양상쿤(楊尚昆), 후진타오(胡錦濤), 시진핑이 11회에 걸쳐 라틴아메리카 20개국을 방문하고, 1990년대 이후 30여개 라틴아메리카 나라 수반들이 중국을 연이어 답방하였다.

2008년 중국정부는 이른바 「중국의 대(對)라틴아메리카와 카리브해 정책문건」[36]을 발표해 두 지역 간의 동반자관계를 확인했으며, 2015년 1월 베이징에서 중국과 라틴아메리카·카리브해 국가공동체 간에 제

1차 부장급 논단이 개최되어 두 지역 간의 관계 발전에 관한 3대 문건이 채택되기도 하였다. 그 결과 두 지역 간의 무역 총액이 2000년부터 2013년까지의 13년 사이에 20여배로 급등했다. 문화교류 분야에서도 2016년을 '중국·라틴아메리카 문화교류의 해'로 정하고 향후 5년간 6천명에게 장학금을 지불하기로 결정하였다.

2014년 7월 시진핑은 라틴아메리카 및 카리브해 정상들과의 회담에서 경제교류에 대해 이른바 '1+3+6' 합작관계 수립안을 제시했다. '1'은 두 지역 간에 실현될 하나의 '공동합작기획'(2015~19)을 말하며, '3'은 무역과 투자 및 금융 3대 분야에서의 합작 추진을 의미하는데, 향후 10년 내에 두 지역 간의 무역 총액을 5천억 달러로 끌어올린다는 기획이다. 2013년 두 지역 간의 무역 총액은 2616억 달러로, 이것은 2000년 126억 달러의 20여배에 달한다. 그만큼 두 지역 간의 무역은 이미 급증 추이를 보이고 있다. '6'은 에너지자원과 기초인프라 건설, 농업, 제조업, 과학기술, 통신기술 등 경제합작의 6개 분야를 말한다.

이렇게 '일대일로'의 시대에 접어들어 급부상하는 중국과 라틴아메리카 간의 동반자적 관계의 모습을 중언부언하는 것은, 중국이 동반구에 못지않게 서반구에 대해서도 실제적으로 유사한 전략구상을 추진하고 있음에도 불구하고, 표면상으로는 여전히 진부한 '실크로드론'에 집착함으로써 '일대일로'의 지구화 구상에서 자의 반 타의 반으로 노출되는 자가당착적 이중 행보의 실상을 제대로 파악하기 위해서이다.

여기서 적시(摘示)하는 '진부한 실크로드론'이란, 15세기를 기해 문명교류의 통로인 실크로드가 유라시아 구대륙에서 아메리카 '신대륙'으로 연장되어 환(環)지구적 통로가 되었음에도 불구하고(실크로드 개념 확대의 넷째 단계) 여전히 그 통로를 구대륙에만 국한시키는(실크로드 국한론) 구태의연한 이론을 말한다.[37] 아직까지도 중국이나 일본을 비롯한 대부분의 나라들의 학술계는 이러한 '진부한 실크로드론'의 구각을 혁파하지 못한 채 여전히 음으로 양으로 국한론을 따르고 있다. 중국의 '일대일로'가 바로 그 대표적인 일례다. 그러다보니 결국 명실불부의 이중 행보를 취하지 않을 수 없게 된다.

경제 일변도의 전략 구상

앞에서 정의했다시피, '일대일로'는 오늘날의 지구화 시대에 대비해 유라시아와 아프리카의 여러 나라들과 많은 인구를 망라하는 광대한 지역에 새로운 지역공동협의체를 형성하려는 중국의 창의적 전략구상이다. 이러한 지역공동협의체는 그 추진과정에서 '일대일로'의 개념을 구성하는 제반 요소들 간에 복합적인 연동(聯動) 작용이 일어나지 않을 수 없다. 이러한 연동성은 구체적으로 정치와 경제, 사회와 문화, 심지어 군사안보 면에서의 상호관계로 표출된다. 따라서 공동번영을 추구하는 범지역적 공동협의체로서의 '일대일로'의 행보는 어느 한 분야에만 치우치는 편향성을 범해서는 안 된다. 물론 '일대일로' 참여국은 대체로 경제의 후진성을 극복하는 것이 절박한 당면 과제이기 때문에 경제발전에 대한 편심(偏心) 경향이 이해는 되지만, 그렇다고 해서 경제 일변도가 허용된다면 '일대일로'는 파행을 면치 못하게 될 것이다.

작금 주도국 중국도 인정하다시피, '일대일로'라는 전략구상을 실천하는 과정에서 참여국들 가운데서 이러저러한 잡음과 불화 심지어 반발까지 일어나는 것은 이들이 태생적으로 이해의 상충이 불가피한 경제 문제에만 집착한 나머지 돌아오는 응분의 업보(業報)일 것이다. 사실 첨예한 국제분쟁 문제는 더 말할 나위가 없거니와 한 공동체 안에서 일어나는 분쟁이나 갈등 문제는 일반적으로 '경제구통'에 앞서 정치구통(政治溝通, 즉 정치적 협상이나 조율)에 의해 매듭되는 것이 상례다. 이 점에 유념하면서, '일대일로'라는 전략구상을 추진하는 데서 나타난 경제 일변도 문제를 한번 깊이 짚어보기로 하자.

'일대일로'라는 전략구상에서 경제 일변도란, '일대일로'의 추진 요인이나 동력을 오로지 경제성장에서만 추구하는 일종의 기형적(畸形的) 현상을 말한다. 이처럼 경제 일변도의 주장을 하는 이들은 '일대일로'의 추진에서 정치적·사회문화적 요인이나 동력은 도외시한 채 경제성장 요인이나 동력만을 일방적으로 강조하고 우선시한다. 그러한 경제 일변도 주장은 다음과 같은 경제전략 구상에서 구체적으로 나타난다. ① 대내적으로 서부대개발[38]과 중부굴기(中部崛起),[39] 둥베이 3성 진흥[40] 등 대형 국가급 프로젝트의 추진과, 대외적으로 중앙아시아와 동남아시아, 아프리카 등 주변의 신흥 시장으로의 적극적 진출을 위한 경제성장 동력의 확보에 집중하고, ② 중국이 세계 최대의 에너지 소비국으로서 지속적인 경제성장을 위한 안정적인 에너지 비축을 서두르며, ③ '일대일로'를 통해 자국의 경제 영토를 중앙아시아와 동남아시아로 최대한 확대함으로써 지역 경제통합의 주도권을 장악하려고 한다. 요컨대 '일대일로' 프로젝트는 중국의 지속 가능한 질적 경제성장 동력을 확보하고, 중국의 과잉생산이나 과잉산업 문제 해결의 열쇠를 마련하기 위한 것이다.[41]

이러한 '일대일로'의 추진 요인과 동력에서 비롯된 경제성장을 원만하게 실현하기 위해 중국정부는 2014년에 참여국들 간의 경제소통을 위한 통로로 이른바 '6대 국제 경제합작 회랑'(약칭 6대 회랑)을 발표했다. 그 6대 회랑은 ① 신아시아-유럽대륙교(대륙로), ② 중국-몽골-러시아회랑, ③ 중국-중앙아시아-서아시아회랑, ④ 중국-중남반도(인도차이나반도)회랑, ⑤ 중국-파키스탄회랑, ⑥ 중국-방글라데시-인도-미얀마회랑이다. 이 회랑들에서의 주요 사업은 도로와 철도, 항만 등 경제성장과 소통의 기반을 구축하기 위한 인프라 건설이다.

차제에 한가지 상기할 것은 중국의 아프리카 진출이다. 왜냐하면 앞에서 밝혔다시피, 중국이 '일대일로'를 추진하는 첫째 요인 가운데서 아프리카 시장 진출에 의한 경제성장이 주요한 한 요인으로 꼽힐 뿐만 아니라, 당초부터 '일대일로'에 관심이 가장 많고 가장 적극적으로 호응한 지역이 바로 아프리카이기 때문이다. 따라서 '21세기 해상실크로드'(일로一路)를 통한 중국의 아프리카 진출에 관해 정확한 이해가 필요한 것이다.

중국의 아프리카 진출은 오랜 역사적 과정을 통해 이루어졌다. 명대인 1405년에 처음 이루어진 정화의 '7차례의 하서양'부터 식민시대에 걸쳐 중국의 쿨리(苦力, 막노동자)들이 아프리카에 대거 진출했다. 영국은 1904~1905년에 남아공의 광산 개발을 목적으로 무려 5만명의 중국 쿨리를 강제로 끌고 갔다. 훗날 그들은 아프리카에서 화교공동체를 형성해 중국과의 가교 역할을 하였다. 이러한 역사적 맥락에서 중화인민공화국이 성립된 후에는 친선관계 수립을 비롯한 각종 명목의 지원이 이루어지는 가운데 아프리카에 대한 중국의 진출이 미증유의 규모로 가속화되었다.

1960년대부터 중국은 탄잠철도(Tanzam Railway, 탄자니아와 잠비아 간 철도) 부설을 시작으로 아프리카에 대한 공세적인 경제지원과 국가관계 수립을 추진하였다. 급기야 1960~70년대에 아프리카 54개국 가운데서 50개국과 거의 동시에 수교하고, 47개 나라에 대사관을 설치했다. 1996년 장쩌민(江澤民) 주석의 방문을 계기로 아프리카에 대한 본격적인 진출이 시작되었다. 후진타오 주석과 원자바오(溫家寶) 총리가 12번이나 번갈아 아프리카를 방문하고, 시진핑 시대에 와서는 3년마다 중국·아프리카협력포럼(FOCAC)을 개최키로 하였다. 2015년 첫 포럼에는 단 4명의 아프리카 정상이 참석했으나, 2018년 9월 제2차 포럼에는 무려 53개국 정상이 참가함으로써 이 포럼은 '중국에서의 아프리카정상회의'라는 전대미문의 별칭을 얻기까지 하였다.

중국과 아프리카 간의 교역은 1996년의 56억 달러에서 2012년의 1984억 달러로 근 36배나 급증했는데, 중국이 1950~2009년 기간에 개도국에 제공한 396억 달러 중 45.7%가 아프리카에 제공되었다. 지금은 1천여개의 중국 기업이 아프리카의 거의 모든 나라에서 활동하며, 금세기 초반 10년간 아프리카에 온 중국인이 지난 400년간 아프리카에 온 유럽인보다 더 많다보니, 지금은 100여만명의 중국인이 아프리카에 상주하고 있다. 아프리카를 '제2의 중국'이라고 호칭하는 소이연(所以然)이 바로 여기에 있다. 흔히들 아프리카의 변화를 주도하는 3대 요소로 인구 증가와 중산층 형성, 그리고 중국의 진출을 들고 있다. 일리가 있는 주장이다.

다음으로, '일대일로'의 종국적 전략목표의 설정에서도 경제 일변도의 편파적 추이가 드러난다. 학술계의 일부에서는 '일대일로'의 종국적 전략목표의 달성을 '일대일로'의 3대 사명이나 '5통'과 같은 복합적인 내용의 완수로 보지 않고, 순수 경제지표만의 실현으로 수치화(數値化)·단순화하고 있다. 그 순수한 경제지표로서의 전략목표는 다음과 같다.

첫째, 인민폐의 국제화 실현으로, 인민폐가 비(非)지구적인 지역적 성격의 유통화폐로 자리잡게 함으로써 부분적인 국제화폐의 신용을 얻어 응분의 기능을 수행하도록 한다.

둘째, 중국이 주도하는 새로운 국제시장을 개척하여 미국과 유럽에 이은 제3의 국제시장으로 발돋움하게 한다.

셋째, 앞의 두가지 전략목표를 달성한 바탕에서 필요한 국지적인 국

모잠비크섬에서 출토된 중국 명대의 도자기 유물(해사박물관)

제경제 규범을 새로이 수립하되, 미국 주도하의 현행 국제규범 체제를 뒤집지는 않고 기존의 국제경제 질서 속에서 중국의 발언권을 강화하는 방향으로 나아간다.[42]

이상의 세가지 내용에서 명약관화한 것은 이들 '경제일변도주의자'들의 견해대로라면 '일대일로'의 종국적 전략목표는 소정의 순수 경제지표 달성에 있는데, '일대일로'라는 창의적 구상 전반에 비춰볼 때 이러한 주장은 일종의 억설이나 어불성설에 불과하다고 판정할 수밖에 없다는 것이다. 그럼에도 불구하고 이러한 주장이 '베이징대학국제전략연구원'과 같은 신망 높은 연구전문기관에서 나온 데 대해서는 적이 경악을 금치 못하며 그에 대해 신중을 기하게 된다.

끝으로, 앞에서 보다시피 '일대일로'의 개념과 관련된 제반 규범들(정의, 성격, 정신, 기본 원칙, 5통 등)이 경제와 밀접한 관계가 있는 내용들이기는 하지만, 아이러니한 것은 그 어디서도 정치나 국제관계, 사회나 문화의 제 영역을 제쳐놓고 경제만을 내세우는 경제 일변도의 편파성 같은 것은 찾아볼 수 없다는 점이다. 아마도 그것은 중국과 상대국의 협약 관계자들이 자국의 이해 타산으로 이같은 속내를 감추기에 급급하고 민낯을 드러내기를 꺼렸기 때문일 것이다. 그렇지 않았던들 협약서의 잉크가 채 마르기도 전에 그들 내부가 술렁일 수는 없을 터이다.

'일대일로'와 실크로드의 무관론

최근 중국 학계와 언론계는 유라시아와 아프리카를 아우르는 문명교류 통로로서의 실크로드와 그 공간적 범위가 유사한 현대의 지역공동협의체로서의 '일대일로' 간의 관계 문제를 놓고 치열한 논쟁을 벌이고 있다. 논쟁의 핵심은 양자 간의 상관성 여부다. 시진핑 주석은 2017년 5월 14일 '"일대일로"국제합작고봉(高峰)논단' 개막식 연설에서 "'일대일로' 건설은 실크로드의 역사적 토양에 뿌리를 내리고 있다"[43]고 실크로드와 '일대일로'의 관계에 관해 명료한 규정을 내렸다. 이것은 '일대일로' 건설이야말로 아무런 연고도 없이 허공에서 갑자기 떨어진 것이 아니라, 오랫동안 역사의 풍상 속에서 가꿔지고 다듬어진 토양에 깊이 뿌리내린 전략구상이라는 뜻이다. 이러한 비유관계를 반영한 표현들로는 차감(借鑑, 거울로 삼다)이나 차용(借用),[44] 전승(傳承),[45] 계승,[46] 연속, 재현 등 양자 간의 상관성을 시사하는 여러 유사어들이 널리 사용되고 있다.

이처럼 상관성[47]을 인정하는 주장은 역사의 전통성이나 계승성 일반에서 오는 당위성 말고도, 다음과 같은 몇가지 구체적 사실에 확실한 근거를 두고 있다.

① '일대일로'라는 명칭 자체가 실크로드와의 상관성을 그대로 시사한다. '일대일로'는 '실크로드 경제대'와 '21세기 해상실크로드'의 약어로, 이 명칭 속에 이미 실크로드와의 상관성이 예시(豫示)되어 있다.[48]

② 공간적(지리적) 범위에서 높은 중합성(重合性, 겹치기)을 지니고 있다. '일대일로'가 추구하는 육상 경제대와 21세기 해상실크로드가 전개되는 공간적 범위는 각각 실크로드의 육로와 해로의 공간적 범위를

크게 벗어나지 않고 대부분 겹친다. 이러한 중합성으로 인해 양자는 사회·경제나 문화 면에서 상관성에 바탕을 둔 공통적 요소들을 다분히 공유하고 있다.

③ 내용 면에서의 계승성이다. '일대일로'는 '5통(五通)'을 기본 내용으로 삼고 있는데, 이 '5통'은 서로 간의 소통을 전제로 한다. 그러한 소통은 문명교류 통로로서의 실크로드를 통해서 이루어졌으며, 또한 이루어지고 있다. 오늘날의 소통도 그 어느 것 하나 지난날 실크로드를 통한 소통이나 교류와 무관한 것은 없으며, 그 명실상부한 계승이다.

④ 정신 면에서의 공유성이다. 시진핑이 당 논단의 개막연설에서 제시한 4대 '실크로드 정신'은 지난 시기 실크로드인들이 간직해왔으며, 또 오늘날 '일대일로인'들도 필히 간직하고 실천해야 할 귀중한 정신적 자산이다.

그럼에도 불구하고 근자에 와서 실크로드와 '일대일로'의 이러한 긍정적이며 건설적인 상관성 담론이 부정적 도전에 부딪히고 있다. 우투샤(烏圖俠)를 비롯한 일부 학자들은 실크로드와 현재의 '일대일로' 간의 상관성을 전면 부정하면서 '본질적인 부동(不同)'이니 '구별점'이니 하는 역설(逆說)을 강조할 뿐만 아니라, 심지어 실크로드의 존재 자체마저 부정하는 지경에 이르렀다.

우투샤는 각 분야에 걸친 실크로드와 '일대일로' 간의 '구별점'을 다음과 같이 요약한다. 시대적 배경에서 실크로드는 농업사회의 자연경제 환경에서 생겨났으나, 오늘날의 '일대일로'는 공업화와 정보화, '경제의 지구화(經濟全球化)'라는 전혀 다른 시대 환경을 배경으로 하며, 포괄 범위 면에서 고대 육상실크로드는 유럽과 아시아를 연결하는 육상통로일 뿐이고 해상실크로드는 중국과 인도양 각국 간의 해상통로에 불과했지만, 오늘날의 '일대일로'는 남·북아메리카와의 경제·문화교류 네트워크까지 포함해 지구 전체를 아우르고(覆蓋全球) 있다.

그런가 하면, 경제교류 방식으로 볼 때 실크로드에서는 상품 수출, 즉 동·서방 간의 물산이나 상품의 교역이 이루어지는 데 그쳤다면, 오늘날의 '일대일로'에서는 상품 수출과 동시에 자본 수출, 즉 대외투자도 경제교류의 중요한 수단이 되고 있다. 또한 교통 방식에서도 고대 해상실크로드에는 주로 구식 범선이, 육상실크로드에는 인력이나 축력이 이용됐지만, 오늘날의 '일대일로'에는 도로나 철도(유라시아대륙교), 항공, 원양해운 등 현대적 교통기술과 통신기술이 자유자재로 이용됨으로써 전례없이 효능이 높고 민첩한 교류와 내왕이 이루어지고 있다.[49]

이렇게 우투샤는 시대적 배경과 포괄 범위, 경제교류 방식, 교통수단 등 여러 분야에서 보이는 실크로드와 현재의 '일대일로' 간의 차이를 일방적으로 부각시키면서 마치 양자가 무관(無關)한 별개의 두 길인 양 호도하고 있다. 우투샤는 '일대일로'의 창신성(創新性, 새로운 창조)에 집착한 나머지 불합리하고 비과학적인 비교연구 방법을 교조적으로 도입함으로써, 결국 실크로드와 현대의 '일대일로' 간의 무관성을 주장하는 부당한 결론에 귀착되고 만다.

실크로드를 2천년 전 고대 농경사회의 산물로만 간주하고, 오늘날까지도 간단없이 변화 발전해오고 있는 그 동태적(動態的)인 변모는 외면한 채 정태적(情態的)인 단순비교 논리로 문제시하는 것은 어불성설이라 하지 않을 수 없다. 학문 연구에서 상관성을 무시한 통시적(通時的) 비교는 무의미하며 있을 수가 없다. 또한 세상사에서 '창신성'이라는 상대적 상관 개념을 떠난 순수한 '새로움'이란 있을 수가 없다. 그래서 법고창신(法古創新)은 동서고금 언제 어디서나 만사에 통섭되는 만고의 통념인 것이다.

실크로드와 현재의 '일대일로' 간의 상관성 부정론의 또다른 주창자인 역사지리학자 거젠슝(葛劍雄) 교수[50]는 한 통신사 기자와의 인터뷰에서 고대(그는 '역사상의'라는 표현 사용) 실크로드의 존재 자체를 부정하고 그 역사적 가치를 비하하는 한편, 여러 글을 통해 이른바 '일대일로'의 창신성과 실크로드와 '일대일로' 간의 무관성에 관한 자신의 견해를 피력하고 있다. "많은 사람들은 중국인이 걸어서 이 역사상의 실크로드를 개척했다고 생각한다. 그런데 이름조차 몰랐으니 애당초 그런 생각은 할 수가 없었던 것이다. (…) 이 역사상의 실크로드가 중국 역사에 미친 작용은 아주 한정적(很有限)이었다." "우리가 '비단'이란 개념을 습용(襲用)해오기는 했지만, 실제에 있어서 오늘날의 '일대일로'는 역사상의 실크로드의 재현(再現)이나 연속(延續)은 아니며, 일종의 창신(創新)이다. (…) 역사상의 실크로드는 객관적으로 형성된 것이었으며, 그 존재를 유지해온 주요 동력은 외계(外界)에서 온 것이지, 결코 중국 내부에서 생긴 것은 아니다. 무역을 놓고 봐도 그러하다. 중국에는 역사상 대외무역이라는 개념이 없었다. 중국인들은 자신들을 '없는 것이 없는(無所不有)' 천하의 대국이라고 여겼기 때문에 외계에 의지할 필요가 없었다." "역사상의 조공(朝貢)무역은 기본적으로 중국이 밑지는 장사였다. 청나라 말엽에 이르러서까지 중국은 시종 대외무역을 개척할 적극성이 부족해 늘 피동적이었다. 그러나 오늘날의 '일대일로'는 우리가 주동이 되어 추진하고 있는 것이다."[51]

앞글에서 보다시피, 거젠슝은 오늘날의 '일대일로'는 '역사상의 실크로드'와 거의 무관하다며 그 창신성을 일방적으로 강조하면서, '역사상의 실크로드'는 중국이 개척하고 주도한 것이 아니므로 중국 역사에서 그 역할은 아주 미미하고 한정적이라고 본다. 그런데 이러한 실크로드가 그나마도 명맥을 이어올 수 있게 한 동력은 중국 내부에서가 아니라 외계에서 제공된 것이다. 그리고 중국은 무소불유의 천하대국으로서 아예 대외무역이라는 개념조차 없었다. 그리하여 밑지는 조공무역에만 안주한 나머지 무역이나 교류에는 소극적이고 피동적으로 대응해온 것이다. 그러다가 이제 자신의 동력에 의지해 능동적으로 전무고인(前無古人)의 '일대일로' 홍도(鴻圖)를 실현해나가고 있으니, 이 '일대일로'야말로 역사상의 실크로드와는 판판 다르다. 따라서 전자는 후자의 재현이나 연속일 수가 없고, 오로지 창신일 뿐이라는 것이 역사지리학 거젠슝의 주장이다.

또한 거젠슝은 역사상의 실크로드는 중국이 개척한 것이 아니라 외계의 힘에 의해 개척되고 운영되었다는 이른바 '외계론'을 내세워 실크로드와 '일대일로' 간의 상관성을 부정한다. 그러나 엄존하는 사실(史實)은 이 '외계론'의 신빙성에 대해 심각한 의문을 던진다. 두세가지 사실만을 들어보기로 하자. 기원전 2세기 중앙아시아의 대월지(大月氏, 현 아프가니스탄)에 파견된 전한(前漢)의 사신 장건(張騫)에 의해 파미르고원 이동의 오아시스실크로드(육로) 동단(東段)이 개척되었다. 이 길이 기원전 6세기 파미르고원 이서의 페르시아제국 경내에서 개척된 이른바 '왕의 길'[52]과 잇닿으면서 유라시아 동서를 관통하는 실크로드 육로가 탄생되었다. 이것은 적어도 실크로드 육로의 반분(半分)은 중국인들에 의해 개척되고 운영되었음을 증언하는 것이다. 거젠슝은 이러한 엄연한 역사적 사실을 잊은 듯하다.

그리고 중앙아시아와 서아시아, 남시베리아, 흑해, 로마 등 서역 수십곳에서 출토된 한금(漢錦, 한나라 비단)이나 당금(唐錦, 당나라 비단) 유물은 현지인들(외계인들)의 수입품만이 아니고, 오아시스실크로드나 초원실크로드를 통한 중국인들의 활발한 비단 수출이 남긴 흔적이다. 뿐만 아니라 북아프리카 이집트의 카이로 근교에 자리했던 고도 푸스타트(Fustat) 한곳에서만도 형형색색의 중국 송·원·명대 도자기가 1만 2천여점이나 출토되었는데, 이것은 해상실크로드를 통한 두 지역 간의 빈번한 통상으로밖에 그 이유를 달리 설명할 수 없을 것이다.

실크로드와 '일대일로'의 관계 문제에 관한 지금까지의 설왕설래를 대별하면, 서로 팽팽히 맞서고 있는 상관설(相關說)과 무관설(無關說)의 두가지로 나누어볼 수 있다. 앞에서 논급한 바와 같이, 시진핑 주석의 '토양착근설(土壤着根說)'을 비롯해 '차용설(借用說)'이나 '전승설(傳承說)' '계승설(繼承說)' 등은 상관설에 속하며, '본질적 부동설(不同說)'이나 '외계설(外界說)' '창신설(創新說)' 등은 근자에 대두한 무관설 범주 내의 설들이다. 이 두 설 간의 논쟁은 진행형이라서 섣불리 전망을 예단할 수는 없지만, 지금까지 중국 내외에서 발표된 관련 논술을 통계학적으로 종관하면, 상관설에 무게가 쏠린다. '실크로드학'의 학문적 정립에 부심해온 필자는 나름대로의 논리에 준해 상관설에 공감한다.

필자의 판단으로는 실크로드와 '일대일로' 간의 무관설은 적어도 다음의 두가지 문제에서 오판을 범하고 있다고 사료된다. 첫째는, '실크로드'를 순수하게 비단천만이 오간 길로 착각하는 허상(虛像)이다. 사실 비단이 실크로드 교역품의 주종으로 각광을 받은 기간은 기원을 전후한 수세기 동안(로마제국 시대)에 불과하다. 일단 동·서방을 잇는 통로로 실크로드가 개척되고, 7세기경부터 서방에서 비단이 생산되기 시작하자, 이 길로 오가는 교역품의 주종은 비단에서 도자기나 향료 같은 여타 물질문명 품목으로 대체되어버렸을 뿐만 아니라, 뒤이어 예술과 학문 같은 정신문명도 줄곧 교류되기에 이르렀다. 따라서 실크로드는 범지구적 인류문명의 교류 통로로 그 위상이 자리매김되어갔던 것이다. 이러한 위상과 기여, 그리고 그 역사적 보편성이 인정되어 140여년 전에 인류문명의 교류 통로에 대한 상징적 아칭(雅稱)으로 '실크로드'

(Silk Raod, 絲綢之路)란 조어(造語)가 비로소 생겨났다.

둘째로 무관설이 범하고 있는 또다른 오판은, 오늘날 '일대일로'라는 전략구상의 실현을 위해 육지나 바다에서 이루어지는 소통과 교류, 운송, 내왕 같은 제반 행동의 기본적 인프라는 '일대'건 '일로'건 간에 길이며, 그 길은 기본적으로 고대 실크로드에 의해 개척된 길임에도, 이러한 역사적 계승 관계를 부정하는 착시(錯視)이다. 조상들은 불후의 개척 정신과 지혜로 변화무상한 자연지리적 환경에 창의적으로 적응해 당대 최적의 교류 통로를 개척하고 운영해왔다. 의심의 여지 없이, 오늘날 '일대일로'가 관통하고 있는 길의 원초적 기반은 '일대'건 '일로'건 간에 고대 실크로드인들에 의해 자리가 잡히고 다져진 길인 것이다. 물론 시대의 변화에 따라 노선의 변화나 수정이 없을 수는 없겠지만, 그렇다고 해서 그들이 닦아놓은 기반과는 완전히 동떨어진 무관(無關)의 신제품일 수는 없는 것이다.

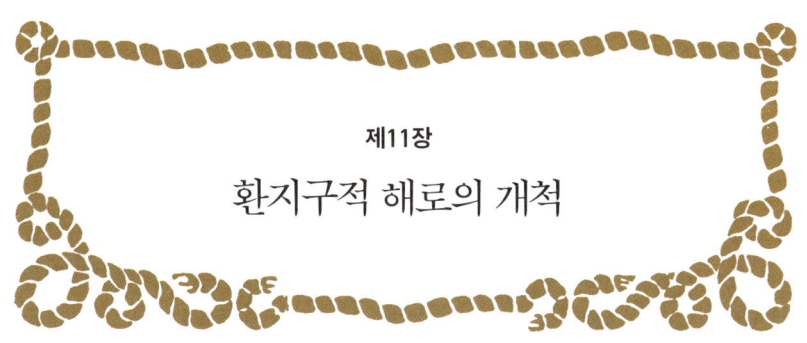

제11장
환지구적 해로의 개척

I 제1절 콜럼버스 행각의 삼성론적 모색

이딸리아 탐험가 크리스토퍼 콜럼버스(Christopher Columbus, 이딸리아어 이름은 끄리스또포로 꼴롬보Cristoforo Colombo, 1451~1506)는 인디오를 비롯한 유색인종에 대한 민족적 차별과 멸시가 사회의 윤리·도덕적 기조를 이루고 있는 불평등하고 불공정한 중세사회에서 나서 자랐다. 비록 평범한 가정 출신이지만 희세의 입신양명(立身揚名)적인 풍운아(風雲兒)로, 랜드마크(landmark)로 일세를 풍미하였다. 특이하게도 그는 평생 동안 인성(人性)과 지성(知性) 및 신성(神性)의 3개 영역을 두루 넘나들면서 인류 탐험사에 불가사의한 행각의 족적을 적잖게 남겨놓았다.[1]

1. 고대 인디오의 아메리카 정착

콜럼버스는 '신대륙'(아메리카대륙)의 '발견자'[2]로 500여년간 행세해왔으며, 그 잔영(殘影)은 아직까지도 처처에서 끈질기게 현혹자들을 농락하면서 배회하고 있다. 콜럼버스가 발견했다고 하는 이 땅, 아메리카에 인간들은 언제부터 살아왔으며, 그 원주민은 누구인가? 자생한 사람들인가 아니면 이주해 온 사람들인가? 이것은 서구 식민주의자들이 이 땅에 발을 붙인 그 시각부터 줄곧 제기되어온 해묵은 물음이다. 그러나 지금껏 제대로 된 해답이 주어지지 못한 미제(未濟)의 진행형 수수께끼로 남아 있었다.

그 해답을 찾는 긴 여정을 돌이켜보면, 크게는 전설과 실증이라는 상이한 시각과 방법론을 발견하게 된다. 역사학이나 고고학, 문화인류학, 언어학, 지리학, 민속학, 생물학, 유전학 등 학문이 발달하기 이전에 사람들은 다분히 구전(口傳)에 의한 전설이나 신화를 어렴풋한 가정으로 삼고 있었으며, 실증은 이러한 학문에 바탕을 둔 사실적 고증과 추정을 논리적으로 엮는 것이다. 그렇다고 전설을 마냥 일고의 가치도 없는 황당한 허상으로만 치부할 수는 없다. 왜냐하면 신화나 전설도 역사에 대한 '인간 기억'의 전승으로서, 추리 여하에 따라 전설이 사실을 밝힐 수 있는 단서를 제공해주기 때문이다.

고대 인디오들의 아메리카 이주와 정착에 관한 전설적 족적

1) 아틀란티스설

한때 전설로 입에 오르내린 것은 태평양 속으로 사라져버린 대륙(국가 혹은 섬) 아틀란티스의 후예들이 바로 라틴아메리카의 원주민(인디오)이라는 이른바 아틀란티스(Atlantis)설이다. 아틀란티스는 플라톤의 저서 『티마이오스』(*Timaios*)와 『크리티아스』(*Kritias*)에 나오는 국가의 이름이다. 그에 따르면, 아틀란티스는 해상국가로 기원전 9600년경에 서유럽과 아프리카의 여러 나라를 정복하고, 아테네를 침공하다가 실패한 후 하룻밤 사이에 모종의 재난으로 대양(대서양) 속에 가라앉아 '잃어버린 대륙'이 되고 만다. 원래 빙하기에는 대서양 한가운데 남북으로 뻗어 있는 해령(海嶺)에 의해 아프리카와 라틴아메리카가 육지로 연결되어 있었는데, 해빙기를 맞아 해수면이 상승하면서 해령에 자리했던 아틀란티스는 수몰되고, 사람들은 동서 두 대륙으로 뿔뿔이 흩어져 원주민의 조상이 되었다는 가설에서 비롯된 일설로, 아메리카문명이 고산지대에서 발달한 원인을 설명하는 데 이용되기도 한다. 문제는 아프리카와는 달리 아직까지 아메리카에서는 고인류 유골이나 구석시시대 유물이 별로 발견되지 않고 있다는 사실이다.

2) 뮤대륙설

이 설에 의하면, 기원전 7만년경에 남태평양에서 갑자기 사라진 뮤(Mu)대륙 사람들이 해류를 타고 동쪽으로 가다 아메리카대륙에 이르렀다는 것이다. 가상이나 전설로만 전해져온 이 대륙의 규모는 동서로 오늘날의 칠레의 이스터섬에서 일본 동해안까지, 남북으로 뉴질랜드 북쪽 해안에서 하와이까지의 광활한 남태평양 해역에 상당한다.

3) 이스라엘의 '잃어버린 10개 지파'설

불가지(不可知) 전설과 더불어 가톨릭교가 미지의 세계에 대한 '개척'에 앞장섰던 초기에 유포된 것으로 성경에 나오는 이스라엘의 잃어버린 10개 지파(支派)가 이 땅에 와서 시조가 되고 문명을 개척했다는 설이다. 이것은 선교에는 '유용'할망정 역사를 설명하기에는 황당 그 자체일 뿐만 아니라, 여기에는 인디오에 대한 참을 수 없는 모멸(侮蔑)이 깔려 있다.

콜럼버스는 첫 대서양 횡단 항해를 마치고 나서 원주민 6명을 데리고 스페인에 돌아왔다. 당시 스페인 사람들이 그들을 '말하는 원숭이'라고 천대하자 국왕을 비롯한 고관대작들은 그들을 동물 취급 하면서 귀를 당기기도 하고 꼬집어보기도 했다. 그러자 신학계에서는 원주민이 과연 동물인가 아니면 인간인가를 놓고 격론이 벌어졌다. 이것을 지켜보던 교황 율리오 2세(Julius II)는 소모적인 논쟁을 막기 위해 1512년 원주민도 아담의 후예라는 교지를 반포한다. 덕분에 인디오는 비로소 인간이 된다. 그렇다면 인간의 어느 종족에 속하는지가 문제시되었다. 신학자들은 그 답을 『구약성서』에 나오는 이스라엘의 '잃어버린 10개 부족(지파)'이라고 강변한다. 신성한 경서에 나오는 이야기라서 누구 하나 감히 거역할 수 없는 전설로 묶이되어왔다.

고대 인디오들의 아메리카 이주와 정착에 관한 실증적 족적

이러한 전설과 더불어 실증을 시도한 다양한 주장들도 제기되었다. 그 대표적인 주장 몇가지를 소개하면 다음과 같다.

1) 아꼬스따의 대륙유입설

가장 주목을 끈 것은 아메리카대륙의 여러 고대 문명지역을 현장 답사한 호세 데 아꼬스따(José de Acosta, 1539~1600) 신부의 역작 『원주민들의 자연과 인간의 역사』(Historia natural y moral de las Indias, 1590)다. 저자는 이 책에서 유럽이나 아시아 혹은 아프리카대륙에서 이미 수만년 전에 유목생활을 하던 사람들이 아메리카대륙에 들어와 살기 시작했으며, 이들은 바다보다는 육로를 통해 들어왔을 확률이 더 높다고 기술하고 있다.

2) 흐르들리치카의 북방유입설

19세기 초반에 동시다발적으로 독립을 쟁취한 라틴아메리카 나라들은 물론, 종전의 종주국들마저도 20세기에 들어와서 라틴아메리카의 정체성 확립에 주목하였다. 그리하여 20세기에 접어들면서 인디오의 기원에 관한 논쟁이 다시 불붙기 시작했다. 이제 구태의연한 전설적 요소들은 논쟁에서 제거되고, 대신 역사적 사실에 입각한 실증론이 중론으로 부상하고 있다. 실증론의 내용은 크게 북방유입설과 남방유입설로 나뉘는데, 북방유입설이 우세를 점하는 추세다. 1926~38년 사이에 열차례나 알래스카 지역을 탐사한 미국 인류학자 알레스 흐르들리치카(Aleš Hrdlička, 1869~1943)를 비롯한 북방유입설 주장자들의 견해에 의하면, 수만년 전 위스콘신(Wisconsin)빙하기(마지막 빙하기)에 캄차카반도 근방에서 유목 및 채집생활을 하던 몽골로이드 계통의 북방인류가 베링해협을 건넌 다음 알래스카를 거쳐 수천년간 남하해 라틴아메리카 남단까지 이르렀던 것이다. 그러나 이 설은 스스로 안고 있는 허점과 더불어 남방이주설 등 일련의 여타 지역으로부터의 이주설이 제기되면서 일시 흔들리는 듯했다.

3) 몽골로이드의 베링해협 도하설

그러다가 1960년대에 접어들면서 새로운 지질학 연구의 성과에 의해 이 북방유입설은 소생의 동력을 얻게 되었다. 1967년에 위스콘신빙하기에 낮은 기온으로 인해 베링해협이 얼어붙어 해수면이 지금보다 120m나 낮아졌다는 이론이 발표된 것이다. 이에 따라 유목생활을 하던 몽골로이드 일부가 시베리아에서 베링해협을 건너 빙하로 뒤덮인 거대한 평원인 알래스카에 이르렀다가 해빙기가 되자 살길을 찾아 남하했다는 일설이 설득력을 얻게 되었다. 그들의 활동 흔적에 근거해 정착 연대를 추정해보면, 지금으로부터 알래스카는 3만년, 캘리포니아는 2만 7천년, 멕시코는 2만 2천~3만 1천년, 베네수엘라는 1만 4천년, 뻬루는 1만 4천년, 칠레 빠따고니아는 1만 2천년 전으로 거슬러 올라간다.

4) 월리스와 토로니의 미토콘트리아 공통계통론

비록 이러한 지질학 연구의 성과를 바탕으로 북방이주설이 인디오의 기원을 밝혀내는 데 있어 더이상의 타의 추종을 불허할 만큼의 입지를 굳혀가는 듯했지만, 아직은 시베리아와 북미 간의 문화적 상관성이나 원주민들의 다양한 유전자 분포, 언어학적 기원 등이 명확히 드러나지 않음으로써 의문의 여지를 남겨두고 있었다. 그러다가 결정타를 날린 것은 1980년대 유전자 연구의 성과가 도입된 것이다. 미국의 유전학자들인 더그 월리스(Doug Wallace)와 앤토니오 토로니(Antonio Torroni)는 1992년에 아메리카 원주민과 동북아시아인들이 멀지 않은 과거까지 생명진화의 열쇠인 미토콘드리아가 동일한 계열에 속해 있었으며, 원주민들의 아메리카로의 이동 시기는 대략 3만 4천~3만 6천년 전이라는 놀라운 주장을 내놓아 학계에 큰 파문을 일으켰다.

5) 히데오의 유전자(DNA) 공통설

이후에도 동북아인과 인디오 간의 유전자(DNA) 공통성과 그에 따르는 인디오의 북방이주설이 간단없이 제기되었다. 앤토니오 토로니가 속한 미국 에머리대학 연구소는 '세계 종족별 DNA 분석'을 발표하면서 바이깔호 부근의 야꾸뜨인과 부랴뜨인, 아메리카 인디오, 한국인의 DNA가 거의 같다고 했으며, 일본 오오사까의과대의 마쯔모또 히데오(松本秀雄)는 바이깔호 부근의 이 부족들과 인디오들이 몽골로이드 고유의 감마유전자(GM) ab3st를 공유하고 있다고 밝혔다. 그런가 하면 한국 고려대학교 의과대학 법의학교실에서는 미트콘드리아 DNA를 구성하는 총 735개의 염기서열을 비교해보니 부랴뜨인을 100으로 할 때 한국인은 98.91(가장 가까움), 울치족은 98.76, 속치족은 98.65, 멕시코 인디오는 98.43, 북미 인디오는 98.39로, 이 6개 종족이 유전적으로 매우 근사하다는 분석 결과를 발표했다. 역설적으로 아메리카 인디오들이 남방이나 유럽 등 기타 지역으로부터 이주했다는 유전자적 증거는 아직 발견되지 않고 있다.

6) 중국의 여러가지 아메리카대륙 발견설

중국이 일찍부터 해로를 통해 아메리카대륙과 통교하고 교류했다는 사실은 중국 내외에서 여러가지 설과 관련 연구에 의해 주장되고 있다. 고대의 중국과 아메리카대륙의 관계에 관한 설들의 사실 여부를 떠나 이들의 내밀한 함의는 두 지역 간에 일찍부터 해로, 즉 해상실크로드를 통해 내왕과 접촉이 있어왔다는 사실이다. 태평양상의 대범선무역을 통해 아메리카의 백은과 농작물이 중국에 수입되고, 역으로 중국의 비단과 차, 도자기가 중국-동남아-마닐라(필리핀)-아까뿔꼬(Acapulco, 阿作普彌科, 멕시코)의 태평양 항로를 통해 아메리카에 수출되었다. 이것은 해상실크로드의 아메리카 연장과 해상실크로드의 환지구성을 뜻한다. 이러한 역사적인 환지구성이 없었던들, 오늘날 두 지역 간의 '동반관계'는 이루어질 수가 없었을 것이다.

7) 비크족의 북아메리카 이주설

스칸디나비아반도의 비크해양문명권에 속하는 비크족들이 11세기경에 북대서양 항로를 따라 북아메리카 일대의 섬에 이주해 정착했었다는 사실이 최근 그들이 남겨놓은 유물이 유적지에서 발견되면서 드러났다. 그들은 오랜 전통을 이어온 민족문학인 사가(saga)를 채록해 낭송한다고 하는데, 이에 따르면 그들이 여름철에는 갈수기라서 물이 없어 섬을 떠나 대륙에 돌아와 살았다고 한다. 이것은 그들이 섬에 가기 전부터 원주민들이 이미 그곳에 살고 있었을 수도 있음을 시사한다.

8) 한국인과 인디오 간의 체질인류학적 상관성

문화인류학자들과 민속학자들은 유전자적 공통성에서 오는 체질인류학적 상관성을 들어 북방유입설에 신빙성을 보태주고 있다. 이를테면 몽골로이드와 아메리카 인디오들 간에는 검은색 직모, 황색 피부, 적은 털(안면과 신체 부위), 검은 눈동자, 찢어진 눈, 눈꺼풀 모양, 광대뼈, 막

대형 치아, 몽골반점 등에서 서로 닮은 꼴이라는 것이다. 그 가운데서도 한국인과의 상사성은 비단 체질인류학 측면에서뿐만 아니라 생활관습이나 언어 면에서까지 지금도 발견할 수 있다. 복식에서 두루마기, 갓, 색동옷, 가연(加緣, 옷단 두르기), 상투, 봉잠, 비녀, 땋은머리, 수건, 연지, 가체(加髢, 쪽 지은 머리 위에 얹는 큰머리나 어여머리) 등이나, 관습에서 윷놀이, 머리에 이기, 등에 업기, 고수레, 생선회, 옹관 등에서, 그밖에 쟁기나 낫 같은 농기구 등에서도 두루 나타나고 있다.

9) 리베의 남방유입설

인디오의 북방유입설과 대비되며 그 유력한 상대로 부상한 것이 남방유입설이다. 프랑스의 인류학자 뽈 리베(Paul Rivet)는 남미의 띠에라델푸에고(Tierra del Fuego) 지역의 원주민 언어가 오스트레일리아 원주민 언어와 비슷하며 두 지역의 문화도 유사하다는 점을 근거로 1926년에 남아메리카 원주민은 오스트레일리아와 말레이-폴리네시아, 그리고 아시아 등지의 원주민에서 유래되었다는 견해를 내놓았다. 그런데 리베는 베링해협을 통한 아시아계 인종의 아메리카로의 이주 가능성을 부정하지는 않는다. 그에 1년 앞서 안또니우 멘드스 꼬헤아(António Mendes Correa)도 아메리카의 역사는 오스트레일리아 원주민이 남아메리카에 이주하며 시작됐다는 가설을 내놓은 바가 있다.

칠레에서 3700km나 떨어져 있는 태평양상의 고도 이스터섬에서 '라파누이 예술의 집'(Casa de Arte Rapa Nui)을 운영하면서 남방유입문화 연구에 집중하고 있는 로도또(Rodoto)와의 대면 담화에서 그는 5천년 전부터 이곳에서 살아온 원주민 라파누이는 원래 폴리네시아에서 이주해 온 사람들로서 인디오들과는 문화나 언어가 다르다고 하면서, 지금 그 문화를 복원하는 데 진력하고 있다고 역설한다. 사실 태평양과 접한 라틴아메리카의 안데스산맥 서해안 일대를 다니다보면, 태평양 해양문화의 흔적이 눈길을 끈다.

10) 그린맨의 기타 지역으로부터의 유입설

서구유입설이나 아프리카유입설도 일찍이 나돌았다. 1920년대 북미지역에서 프랑스나 스페인 지역에서 출토되는 후기 구석기시대의 찌르개 석기와 초기 인간의 거주 흔적이 발견된 데 근거해 그린맨(Emerson Frank Greenman)은 1963년에 서유럽 사람들이 구석기시대에 배를 타고 아메리카대륙에 이르렀다는 주장을 내놓았다. 그러나 별 주목을 끌지 못했다. 이에 비해 아프리카유입설은 좀더 구체성을 띤다. 이 설에 따르면, 피라미드 같은 건축양식의 유사성으로 볼 때 아프리카와 이집트의 일부 부족이 대서양을 건너 아메리카대륙에 유입되었다는 것이다. 그 증거로 '아메리카의 그리스문명'이라고 불리는 '올메까(Olmeca)문명'의 멕시코 라벤따(La Venta) 유적에서 발견된 한 두상(頭像)이 제시되는데, 큰 쌍꺼풀과 넓은 코, 두툼한 입술은 영락없이 아프리카인 두상이다. 이 문명은 기원전 1400년경 아메리카대륙에서 발달한 문명으로 추측된다.

이상에서 아메리카의 원주민 인디오의 기원에 관한 몇가지 설(전설과 실증)을 살펴봤다. 지금으로는 북방유입설이 정설에 근접한 일설로 보이지만, 결코 단정할 수는 없다. 왜냐하면 아메리카의 고생인류에 관한 연구가 상대적으로 미흡하며, 아직까지도 신빙성이 담보된 관련 유물이 나오지 않고 있어, 속단은 폐단이 될 수 있다. 여기에 더해, 다른 설들도 일리가 없지 않은 주장들을 개진하고 있어 고려할 여지가 있다. 요컨대 인디오의 기원에 한해선 단선설(單線說)만 좇지 말고, 복선설(複線說), 즉 각이한 시대에 다양한 인종이 서로 다른 루트를 통해 몇번의 파고(波高)을 타고 이주해 정착했을 수 있다는 다면적 시각을 동시에 취해야 할 것이다. 여기에는 거의 무시되어온 자생설도 포함된다. 브라질 리우데자네이루의 국립역사박물관과 칠레 우수아이아의 야마나박물관, 멕시코시티의 국립인류학박물관에 전시된 고대 인디오들의 이동 루트 지도에 따르면 이러한 복선설의 개연성에 무게가 실린다.

2. 콜럼버스의 인성론적 행각

콜럼버스의 출신

이딸리아 제노바의 평범한 직조공 집안에서 태어난 콜럼버스는 유년 시기에는 아버지의 가업을 이어 직조공으로 일하다가 바다에 흥미를 느끼고는 선원 생활을 하기도 했다. 그러는 사이 그는 정규교육을 받지 못한 대신 독학에 열중했다. 그것을 자랑하듯, 고등교육을 받지도 못한 그가 국왕에게 보낸 편지에서는 자신이 성경과 더불어 천체학과 자연과학, 역사, 지리, 신학 등에 정통하다고 자만한다. 그러다가 1476년 우연히 전투 중 파선 사고를 당해 가까스로 헤엄쳐 뽀르뚜갈 해안에 상륙한다. 이때부터 당시 유럽의 해상 팽창의 전위였던 뽀르뚜갈에서 약 10년간 원양항해에 관해 배우고 익히면서 미래에 대서양을 통해 인도까지 항해할 원대한 '인도사업'의 꿈을 키우며 준비에 착수한다. 그 일환으로 아이슬란드까지 항해하고, 항해 왕자 엔히끄가 개척한 서아프리카 해안 루트를 따라 남하하는 항해를 경험하며, 설탕 교역에도 종사한다.

이즈음에 콜럼버스는 뽀르뚜갈의 해외 식민사업을 주도하고 왕실과 교분이 있는 가문의 펠리빠 모니스(Felipa Moniz)와 결혼한다. 이를 계기로 해양사업과 관련된 많은 정보를 입수할 수 있었을 뿐만 아니라, 자신의 신분 상승에도 발판을 마련하게 되었다. 펠리빠는 1480년 장남 디에고(Diego)를 낳고 5년 뒤에 사망했다. 이러한 상황에서 콜럼버스는 뽀르뚜갈 국왕 주앙 2세에게 아시아로의 항해에 관한 '인도사업' 계획을 제안했다. 그러나 왕의 위임을 받은 특별위원회는 아시아까지의 항해 거리가 짧고 금이 많이 산출된다는 지팡구의 존재가 의심스럽다는 이유로 콜럼버스의 계획을 기각했다. 이에 실망한 콜럼버스는 1485년 중반에 5살이 된 아들 디에고를 데리고 리스본을 떠나 바닷길로 스페인의 빨로스항에 도착한다.

크리스토퍼 콜럼버스

스페인에 와서 처음에는 항해지도와 책 판매업으로 생계를 유지하면서, 자신의 '인도사업' 꿈을 실현하려고 각방으로 노력한다. 그는 지인의 소개로 꼬르도바에서 당시 스페인의 공동국왕인 페르난도 왕과 이사벨 여왕을 알현해 자신의 사업계획을 상주(上奏)한다. 그후 체류 7년간 두번이나 두 왕에게 사업계획을 제출하지만, 왕명에 의해 조직된 자문위원회와 딸라베라 위원회는 실현 불가능한 계획이라고 일축한다. 그러나 두 왕은 당시 뽀르뚜갈과 해양 패권을 둘러싸고 경쟁이 벌어지고 있는 상황을 감안해 콜럼버스를 영영 버리지는 않은 채, 그에 대해 일말의 미련을 갖고 때를 기다리고 있었다.

실의에 빠진 콜럼버스는 프랑스로 갈 목적으로 꼬르도바로 향한다. 콜럼버스의 '사업'이 비용은 얼마 안 들지만, 일단 성공하기만 하면 대박을 안길 수 있다는 회계담당관의 제의에 설득된 이사벨 여왕은 수비병을 급파해 막 인근의 삐노스(Pinos) 다리를 건너려던 콜럼버스를 불러 세워 데려오게 한다. 여왕의 은총으로 꺼져가던 희망의 불씨가 되살아나게 된 순간이다. 재정이 고갈난 상태에서 여왕은 보석을 전당 잡혀서라도 후원하려고 애썼다고 한다.

'인도사업' 계획과 '그라나다 각서'

이에 왕과 콜럼버스 양측은 1492년 4월 17일 싼따페(Santa Fe)에서 사업계획을 공식 문서화한 이른바 '싼따페 각서'를 기안하고, 같은 달 30일에는 이 각서를 보완한 '그라나다 각서'를 정식 채택했다. 각서는 일종의 쌍방 간의 계약서이기도 하다. 각서에 따르면, 콜럼버스가 해야 할 일이 대양에서 '섬들과 본토'를 찾는 것이라고 규정되어 있는 대신 그에게 다음과 같은 특권들이 부여되었다. 즉, 그는 발견한 땅에서 일어나는 모든 문제에 대한 재판권을 행사할 수 있는 '대양제독'에 봉해지고, 발견한 땅에 대한 총독(Gobernador)과 부왕(Virrey) 직도 부여받는다. 그는 또한 발견한 지역에서 국왕이 획득하는 금과 보석 및 기타 산물의 10분의 1을 차지할 권리를 갖는다. 교역을 위한 선박 출항 비용은 국왕이 제공하되 콜럼버스는 그 8분의 1까지 투자할 수 있으며, 그 비율만큼의 수익을 추가로 누리게 된다.

콜럼버스의 네차례 대서양 횡단 항해 출항

만반의 준비를 갖춘 콜럼버스 선단은 드디어 1492년 8월 3일 수많은 시민들의 열렬한 환송 속에 스페인의 서남해안에 자리한 빨로스항에서 대서양을 향해 닻을 올렸다. 환송자들은 장도에서의 무사귀환을 기원했지만 '암흑의 바다'로 떠나는 그들의 앞날이 못내 걱정스럽기도 하였다. 이것이 콜럼버스가 이끈 선단의 12년(1492~1504)에 걸친 네차례의 대서양 횡단 항해 중 장장 224일(1492. 8. 3~1493. 3. 15)이 걸린 첫 항해다. 이 제1차 항해에 관해서는 다행히 콜럼버스가 직접 써놓은 『항해일지』

(*Libro de la Primera Navigación*)가 있어 날짜별로 항해 상황을 소상히 알 수 있다. 이 일지의 원본은 소실되어 전해지지 않지만, 라스까사스 (Bartolomé de Las Casas) 신부의 필사본이 남아 있다. 나머지 세차례에 관한 기록은 소실되어 남아 있지 않다.

라스까사스 신부를 비롯한 일부 수행 기록자들과 통신 연락자들이 남겨놓은 극히 일부에 지나지 않는 여행기를 일독해보면, 콜럼버스가 '인도 계획'에 따라 수행하려는 카리브해 식민화의 목적과 그 목적을 달성하기 위한 학살과 파괴, 노예무역 등 만인이 공분(公憤)할 각종 말세적인 악행들을 다 동원한 식민지 개척의 원흉으로서 그가 보인 추악한 면모가 적나라하게 드러난다. 급기야 19세기까지만 해도 '최고의 지성'으로 회자인구되던 '영웅'이 20세기에 들어서서는 졸지에 '최악의 악당'으로 문전박대를 받는 소이연(所以然)을 간파할 수 있는데, 그것은 바로 이 4차에 걸친 대서양 횡단 항해의 민낯이자 실체가 만천하에 속속 드러나기 시작했기 때문이다. 이 네차례의 모험 항해는 콜럼버스의 인성 행각에서의 핵심이며, 따라서 그의 한평생의 전시장이기도 하다.

네차례 항해의 상황

이 4차에 걸친 항해의 간략한 상황을 원전을 참고하여 정리하면 다음과 같다.

제1차 항해(1492~93): 1492년 8월 3일 금요일. 콜럼버스는 싼따마리아호(기함), 니냐호, 삔따호, 세척을 이끌고 빨로스항을 떠나 일주일 만에 카나리아제도에 도착하였다. 카나리아제도에서 약 한달을 머물며 추가 보급을 받고 선박을 수리했다. 9월 8일 카나리아제도를 출발해 서쪽으

1992년 콜럼버스의 대서양 횡단 항해 500주년에 즈음해 스페인 정부는 그의 제1차 항해의 상륙지점인 대서양 연안의 롱베이(Long Bay, 롱만)에 십자가와 석비를 기증하였다.

로 향했는데, 항해를 시작한 지 한달이 지났음에도 불구하고 육지가 보이지 않자 선원들이 귀항을 주장하며 반란에 가까운 사태가 벌어졌다. 콜럼버스가 2~3일 더 항해해보자고 선원들을 설득한 끝에 항해를 이어갈 수 있었다. 아직 섬은 발견되지 않았으나 이미 바닷물에 육지에서 흘러 내려온 것으로 보이는 나무 등이 보여 육지 발견 조짐이 있었기 때문이다. 콜럼버스는 드디어 카나리아를 떠나 항해한 지 33일 만인 10월 12일 새벽에 섬을 발견하였다.

 탐험대는 육지에 상륙해 원주민들이 과나하니라고 부르는 섬을 싼쌀바도르(San Salvador, 구세주)라고 명명하고는 스페인 왕의 영토임을 선언했다. 콜럼버스는 도착한 곳이 아시아의 일부라고 생각했다. 이후 꾸바, 에스빠뇰라섬을 탐험하여 금광과 향신료 산지를 찾았으나 발견하지는 못했다. 다만 그곳을 인도의 일부라고 생각하고 원주민을 인디오

(indio)라 칭하였다. 12월 24일에 기함인 싼따마리아호가 좌초되며 파손되는 사고가 발생하자 배를 버리고 니냐호와 삔따호만을 가지고 탐험을 이어나갔다. 3개월이 넘게 지속된 탐험에도 원하던 금과 향신료를 찾지 못했으나 식량이 떨어져가고 피로가 누적되어 항로 개척이라는 성과에 만족해야만 했다. 1493년 1월부터 귀국 준비에 들어갔다. 에스빠뇰라섬에 요새를 건설하고 약 40명의 선원을 현지에 남긴 후에 순풍이 불기 시작한 2월에 니냐호와 삔따호를 이끌고 귀국길에 올랐다. 귀환 항해는 순탄치 못했다. 섬에서 실은 고구마가 요긴한 식량이 되기는 했으나 탐험대는 식량부족으로 돌고래나 상어를 잡아먹어야 했다.

또한 항해 초와는 달리 역풍을 만나 고생했고, 두차례의 큰 폭풍도 만났는데, 첫 폭풍은 아소르스제도로 피난하여 모면했다. 유럽대륙 도착을 앞두고 만난 두번째 큰 폭풍에 떠밀린 콜럼버스의 배들은 스페인으로 바로 가지 못한 채 폭풍을 피해 어쩔 수 없이 급히 뽀르뚜갈의 리스본에 입항할 수밖에 없었다. 이때 콜럼버스는 뽀르뚜갈의 주앙 2세를 만나 탐험 결과에 대해 대화를 나누기도 했다. 이때 주앙 2세가 스페인 탐험대의 알까소바스조약(Treaty of Alcáçovas, 1479) 위반 사실을 인지하고 스페인에 항의함으로써 양측 간에 영토분쟁이 벌어졌고 1494년에 또르데시야스조약(Treaty of Tordesillas)이라는 새로운 조약이 체결되기도 했다. 콜럼버스 선단은 1493년 3월 13일에 스페인 빨로스항에 입항함으로써 1차 항해를 마쳤다. 3월 31일에 콜럼버스 일행은 쎄비야로 이동하였고 대단한 환영을 받았다. 아메리카대륙에서 끌고 간 6명의 인디오와 녹색 앵무새는 어디를 가든지 대중의 관심을 끌었다. 4월에 콜럼버스는 바르셀로나에 머무르고 있던 이사벨 1세 여왕과 페르난도 2세 왕을 만나 직접 탐험 결과를 설명하고 정리한 항해일지를 탐사보고서로 바쳤다.

제2차 항해(1493~96): 1차 항해 이후 콜럼버스는 가급적 빨리 다시 탐험을 떠나길 원했고 두달 만에 왕명으로 선단을 꾸리기 시작했다. 1493년 9월 25일에 출발한 2차 항해의 참가자는 그의 선전에 따라 금을 찾으러 가는 사람이 대부분이었는데, 1200명이라는 많은 사람이 참가했으므로 콜럼버스는 17척의 대선단을 꾸렸다. 배에는 농부와 장인 그리고 가축과 각종 종자를 실었다. 카나리아제도를 경유한 선단은 11월 3일에 서인도제도에 도착하였다. 그러나 1차 항해 때 에스빠뇰라에 남겨졌던 식민지 개척자들은 모두 사망하고 없었다. 원주민들의 전언으로는 이웃 부족들이 쳐들어와서 전투가 있었다고 했다.

콜럼버스는 원주민들의 말을 신뢰하지는 않았으나 우선 식민지 요새인 이사벨라시 건설을 서둘렀다. 식민지 총독으로서 스페인에서 건너온 경영자에게 토지를 분할해 주었고 원주민들을 경작과 금 채굴에 강제 동원했다. 그러나 금의 산출량이 보잘것없자, 식민지 경영자들은 원주민을 살육, 성폭행하고 노예로 만들면서 학대하기 시작했다. 사냥개를 풀어서 도망친 원주민들을 물어뜯게 하는 만행도 자행하였다. 콜럼버스는 이사벨라 요새가 어느정도 안정되어가자 1494년 4월부터 9월까지 꾸바와 자메이카 해안 지역을 탐사했다. 보급품을 요청하는 연락선을 통해 금과 향신료가 많다고 중간보고를 했으나 실상은 이와 달랐으며, 또 스페인 왕실이 반대했음에도 그는 생포한 원주민 노예들을 스페인으로 송출했다. 1494년 6월 24일에는 동생 바르똘로메오(Bartolomeo)가 보급선과 함께 에스빠뇰라에 들어왔다. 금은 식민지 경영자들이 원주민으로부터 약탈한 것과 채취한 사금 등 소량뿐이었고, 콜럼버스는 식민지 통치에 무능력함을 드러냈다. 1496년 6월 11일에 귀국했는데, 중간보고서와는 달리 특별한 성과가 없자 왕실로부터 크게 문책을 당했고 신뢰도 잃게 되었다.

제3차 항해(1498~1500): 콜럼버스는 제3차 항해에는 칼데아 신아람어와 히브리어에 능통한 선원 두명을 데리고 갔다. 목적지인 남아시아에 다다르면 에덴동산의 거주자들이 이 두 언어를 쓸 가능성이 가장 높다고 생각했기 때문이다. 또한 이번 항해에는 반드시 금을 찾고자 먼저 적도 부근으로 내려간 후 아메리카대륙으로 가는 것으로 항로를 정했다. 이런 결정을 콜럼버스가 내린 이유는 당대의 유럽인들은 강렬한 태양에 의해 금이 생성되며 따라서 적도 부근에 금이 많다고 생각했기 때문이다. 그러나 이런 항로는 자칫 배가 적도 부근의 무풍지대(無風地帶)에 진입할 수 있기 때문에 범선 항해에는 매우 위험한 것이었다. 탐험대는 무모한 항로 선택으로 무풍지대에 들어서서 위험에 빠졌으나 다행히 이상기후로 발생한 폭풍우 덕에 무풍지대를 벗어날 수 있었다.

남미대륙으로의 항해 끝에 트리니다드 토바고와 오리노꼬강 하구(河口)를 발견했다. 콜럼버스는 오리노꼬강 하구를 에덴동산의 관문이라고 착각했다. 하지만 신의 명으로 불꽃의 검을 들고 그곳을 지키는 케루빔이 자신의 배들을 공격하지 않을까 하는 두려운 마음에 그 강을 거슬러 올라가지는 않았다. 항해 도중에 에스빠뇰라에서 내부 반란이 일어났는데, 이를 알게 된 왕이 파견한 조사관에 의해 콜럼버스는 체포되어 쇠사슬로 묶인 채 스페인으로 송환되는 굴욕을 당했다.

제4차 항해(1502~1504): 1502년 4월에 네척의 캐러벨선으로 135명의 선원과 함께 출발했다. 선원 중에는 그의 친동생 바르똘로메오가 포함되어 있었고 14살이 된 콜럼버스의 둘째 아들 페르난도를 비롯한 어린아이들도 있었다. 선단의 규모는 같은 해 2월에 먼저 출발한 오반도(Nicolas Ovando)의 선단과 비교할 때 상대적으로 작고 초라했다. 국왕에 의해 새로운 총독으로 임명된 오반도는 32척의 배와 2500명의 선원을 이끌고 출발했기 때문이다. 4차 항해 허가는 바스꾸 다가마의 성공에 자극받은 것으로 보이나, 그 사정은 명확하지 않다. 콜럼버스는 모로코를 거쳐 6월 15일, 마르띠니끄(Martinique)섬(카리브해상의 프랑스 식민지)에 도착해 머물던 중에 허리케인이 다가오는 것을 인지하고 피난처를 찾기 위해 서쪽으로 항해했다. 싼또도밍고에 도착했지만 신임 총독 오반도가 입항을 불허하여 리오자이나강 어귀에 배들을 정박할 수밖에 없었으나 다행히 큰 피해를 입지는 않았다. 그러나 허리케인에 대한 콜럼버스의 경고에도 불구하고 이를 무시한 채 총독 오반도가 보낸 20척의 귀국 함선은 폭풍을 만나 거의 대부분이 침몰하고 말았다. 콜럼버스는 이후 자메이카에 잠시 머물다가 중앙아메리카로 항해하여 7월 30일 온두라스 해안에 도착했다.

　선단은 온두라스, 니까라과, 꼬스따리까의 해안을 탐험하며 두달을 보냈다. 니까라과 해안을 따라 남쪽으로 항해하여 10월 5일 빠나마의 알미란떼만으로 통하는 해협을 발견했다. 1503년 6월에 꾸바 해안에서 폭풍을 만나 자메이카섬에 좌초된 후 고립된 생활이 시작되었다. 콜럼버스는 선원들과 여러차례 노력한 끝에 200km나 떨어진 에스빠뇰라섬과 연락이 닿아 구조 요청을 하였으나 총독이 이들 일행의 구조에 대해 소극적이었기 때문에 조난 생활 1년 만인 1504년 6월이 되어서야 구조되어 자메이카를 빠져나올 수 있었다. 1504년 11월 7일에 스페인으로 귀국하며 마지막 항해를 마쳤으나 이번에도 금광이나 향신료를 발견하지 못했고 특별한 성과를 올리지 못했다.

　그렇지만 그 자신은 물론이거니와 세상 사람들도 허세에 현혹되어 그에게 '신대륙'(아메리카대륙)의 '발견자'라는 '인생 랜드마크' 호칭을 수여하는 데 주저하지 않아왔다. 그 허깨비는 무려 400여년 동안이나 곳곳에서 행세를 하다가 20세기 초엽부터 신생 아메리카대륙에서부터 불어오는 탈식민주의의 '문화적 충격'으로 말미암아 그의 칭호를 둘러싼 논쟁이 일어나기 시작하였다. 그 결과 이에 영향을 받은 라틴아메리카 국가들의 주민들이 그를 '최악'의 식민지 개척자, 침략의 원흉으로 낙인찍는 한편 (베네수엘라와 볼리비아에서 목격됐듯이) 그의 동상을 짓밟아버릴 정도의 공분과 격론이 일어났는데, 이제는 양측의 주장자들이 서로 지쳐서 그 화두가 일시 잠행(潛行)에 들어갔을 뿐, 잠재워지지는 않고 호시탐탐 재기를 노리고 있다.

콜럼버스는 아메리카대륙의 '발견자'가 아니라, 식민지 침략의 원흉이다

1) 반객위주의 시각: 작금 아메리카 전역에서 광야의 불길처럼 일어나는 '반콜럼버스 운동'은 인디오들이 지난 400여년간 그를 무작정 '영웅시'하던 반객위주(反客爲主, 손님이 주인 행세를 하다)의 허망스러운 식민지 민중의 지위에서 벗어나 자신들의 역사적 정체성을 복원하기 위한 힘찬 투쟁으로 걸음을 이어가고 있다. 여기에는 인디오 사회뿐만 아니라 세계 지성계가 동참하고 있다. 그러나 워낙 라틴아메리카에 대한 서구 식민주의자들의 악랄한 비하와 무시에서 비롯된 왜곡과 농간질이 심하고 오래다보니 콜럼버스의 랜드마크 하나의 민낯을 드러내는 일만도 힘겹고 벅차다. 아직도 너무나 많은 수수께끼가 바닥에 두터이 가라앉아 질퍼덕거리고 있다.

2) 콜럼버스의 제1차 대서양 횡단 항해와 『항해일지』: 콜럼버스 선단이 1492년 8월 3일 스페인 서남해안의 빨로스항에서 대서양을 향해 닻을 올렸는데, 이는 콜럼버스의 4차에 걸친 대서양 횡단 항해 중 첫 항정으로, 이에 관해서는 다행히 콜럼버스의 『항해일지』 잔본(殘本)이 남아 있어 항정이나 항정별 항해 상황을 대충 알 수 있다. 이 일지의 원본은 소실되었지만, 라스까사스 신부의 필사본(일부 교정을 가함)이 남아 있는

것이다.

앞에서도 말했듯이, 라스까사스 신부를 비롯한 일부 수행 기록자들과 통신 연락자들이 남겨놓은 극히 일부에 불과한 여행기는, 콜럼버스가 '인도 계획'에 따라 수행하려던 카리브해 식민화의 목적과 그 목적을 달성하기 위한 약탈과 학살, 파괴와 강간, 노예무역 등 온갖 말세적인 수단들을 다 동원한 식민지 개척의 원흉으로서의 콜럼버스의 진면모를 적나라하게 드러내준다. 19세기까지만 해도 '최고의 지성'으로 회자인구되던 '영웅'이 20세기에 들어와서는 졸지에 '최악의 악당'으로 처처에서 공분을 사는 소이연이 바로 이 네차례의 대서양 횡단 항해의 참상이 만천하에 밝혀지기 시작했기 때문이다.

그동안 아메리카 전역에서 요원의 불길처럼 일어난 인디오들의 '반콜럼버스 투쟁'은 지난 400여년간 그를 무작정 '영웅시'해온 과거와 그가 인위적으로 조작해낸 반객위주의 '역사적 단절과 찬탈'에 종지부를 찍고, 자신들의 역사적 정체성을 복원하기 위한 보람찬 투쟁이었다. 필자는 그러한 투쟁을 안팎에서 지켜보면서 아메리카 인디오들의 인종적 연원과 그와 연동된 콜럼버스의 대서양 횡단 항해의 실체에 관한 해명을 시도해왔다. 그 결과 미숙한 비문(卑文)이지만 아메리카의 원주민인 인디오들은 수만년 전에 인류문명의 발상지인 아프리카에서 진화과정을 거쳐 대륙과 대양을 건너 동진해 늦어도 후기 구석기시대 말엽에는 아메리카의 여러 해안지대에 이주 내지 정착한 현생인류(호모사피엔스 사피엔스)의 한 분파의 후예일 개연성을 제시하였다. 아울러 아메리카 인디오들의 인종적 연원과 콜럼버스의 대서양 횡단 항해의 시말에 대해서는 고고학을 비롯한 역사학과 문화인류학 등 각이한 연구분야의 성과들을 수합해 나름대로 전래와는 달리 조금은 색다르게 인간 중심의 개념과 시각에서 삼성설을 설정해 접근하고자 모색해왔다.

비록 한편의 소략한 졸문이지만 궁극적 조준점은 콜럼버스의 아메리카대륙 '발견'이라는 기상천외한 허상을 논파(論破)하는 데 맞췄다. 논제는 크게 아메리카 원주민인 인디오의 진화론적 연원과 콜럼버스의 식민지 개척의 선봉장과 원흉으로서의 실체를 곧이곧대로 밝혀보는 두 가지를 택했다. 지금으로는 북방유입설이 정설에 가장 근접한 일설로 보이지만, 이를 단정할 수는 없다. 아직까지 아메리카의 고생인류에 관한 연구가 상대적으로 미흡하며, 신빙성 있는 관련 유물이 발굴되지 않고 있기 때문이다. 여기에 더해, 일리가 있는 다른 설들도 참조할 여지가 있다고 사료된다.

요컨대 인디오의 기원에 한해선 단선설(單線說)만 좇아서는 안 되며, 복선설(複線說), 즉 각이한 시대에 다양한 인종이 서로 다른 루트를 통해 몇번의 파고(波高)을 타고 아메리카대륙에 이주 정착했을 개연성도 있다는 점을 감안할 때 심사숙고를 배제할 수 없는 것이다. 또한 심사숙고의 대상에는 거의 무시되어온 자생설도 포함되어야 한다. 브라질 리우데자네이루의 국립역사박물관과 칠레 우수아이아의 야마나박물관, 멕시코시티의 국립인류학박물관에 전시된 고대 인디오들의 이동루트 지도는 이러한 복선설(북방유입설과 남방유입설)을 시사해주는 일례라고 할 수 있다.

3. 콜럼버스의 지성론적 행각:
   콜럼버스의 대서양 횡단 항해의 역사적 의미

서양의 활동 무대의 확대

비록 아메리카대륙의 '발견'은 아니고 탐험이었을지라도, 카리브해 대서양이 콜럼버스에 의해 그 수문(水門)이 열림으로써 유럽인들의 활동 무대가 되었고, 그의 항해가 중세 초기 국제해양문명의 교류에 신호탄을 발사했으며, 이로 인해 현재의 아메리카대륙의 국가들이 탄생할 수 있었던 토대가 마련된 점 등에서 그의 4차에 걸친 항해는 중요한 역사적 의의를 지니고 있다. 서양인의 관점에서 볼 때 역사의 무대를 전지구로 확장시키는 계기가 되었을 뿐만 아니라, 지중해 중심이던 서양 역사가 대서양 중심으로 확대되는 전환점이기도 했다. 서양인들은 자신들이 사는 세계가 더 큰 세계의 일부라는 것을 깨닫게 됨으로써 국제적 안목을 키워나갔다.

풍운의 기인 콜럼버스

대양에 대한 개척 열기는 콜럼버스 사후에도 사그라지지 않았다. 거대한 신대륙을 발견하고 대서양보다 훨씬 더 넓은 태평양의 존재를 알게 하는 등 콜럼버스를 비롯한 당대의 지식인들에게 놀라운 지적 자극과 각성을 가져왔다. 급기야 구습(舊習)에 안주해오던 그들이 전통적으로 '주어진 것'에 대한 회의(懷疑)를 품게 되고, 진부한 고전적 권위에 대한 교조주의적 존경이 사라지며, 닫혔던 사고의 문이 점차 넓어짐으로써, 유럽에는 생기발랄한 '르네상스식 학풍'이 일기 시작했다.

특히 전통적으로 지리학과 천문학이 발달해온 유럽에서 중세의 지식인들은 지구가 구형이란 사실을 알고 있었기 때문에 서회(西回)항로가 가능하다(서쪽으로 항해하기만 하면 제자리로 돌아오게 된다)고 판단했다. 콜럼버스만이 이러한 유별난 사고를 지닌 것은 결코 아니고, 다른 유수의 탐험가들도 그 개연성에 동조하는 마음을 품어온 것이다. 다만 콜럼버스는 당대의 지리학 지식이나 천문학 지식에 능통해 그것을 체계화하고 실행에 옮겨 달성했다는 점에서 남다른 평가를 받을 수가 있었던 것이다. 그의 집요한 노력 덕분에 세계 항해사의 한 부분에 불과한 카리브해의 대서양 세계사는 새로운 방향으로 나아가게 된 셈이다. 그러나 아이러니하게도 이 또한 아시아까지의 항해 거리가 잘못 계산된 탓이었으니 '인도 계획'이라는 홍도(鴻圖)는 그만 무위로 돌아가고 말았다.

당시의 간고한 항해나 조선 기술의 수준으로 볼 때, 미개척 지역에 대한 원양항해 탐험이란 오산(誤算)과 희생이 다반사인 지극히 위험한 모험적인 행위에 속했다. 범골(凡骨)이라면 누구도 감히 엄두를 내지 못하는 장거였다. 단순히 속세의 횡재나 신분 상승 같은 부귀영화를 갈망했다고 해도 목숨을 걸고 원양선에 몸을 맡기는 항해를 결행할 수는 없는 일이었다. 이런 점으로 볼 때 콜럼버스는 남다른 종교적 사명 의식이나 확고한 식민지 개척 의지를 신념으로 간직하고, 그것을 평생 동안 몸소 실천에 옮기면서 체득한 '희세의 위인'이며 '풍운(風雲)의 기인(奇人)'이라고 평가해도 큰 무리는 없을 법하다. 단, 그러한 위인의 인성(사람 됨됨이)에 관한 한 시시비비와 실상과 허상, 긍정적 측면과 부정적 측면을 실사구시하게 가려내어 역사의 엄정한 심판을 받도록 해야 할 것이다.

콜럼버스의 범죄 행각

그렇다면, 아메리카대륙 '발견'의 위조자이며 식민지 침략의 원흉이자 '최악의 악당'으로서 콜럼버스가 저지르고 만들어낸 비리와 허상과 부정은 과연 무엇일까? 식견에 따라 다를 수 있는데, 필자가 골라낸 주요한 몇가지와 그 증거를 헤아려보면 다음과 같다.

1) 아메리카 역사의 정상적인 발전궤도가 무시되고 차단되면서 멸문지화(滅門之禍)를 당한 것이다. 전술한 바와 같이, 콜럼버스의 식민지

경략화로 인해 아메리카 원주민들이 숱한 고초를 당했다는 엄연한 사실(史實)에 대해서는 그 누구도 감히 부정하지 못할 것이다. 그러나 그로 인해 아메리카 역사의 정상적인 발전궤도가 상도(常道)에서 어긋났다고 하면, 선뜻 그 뜻이 짐작 가지 않을 수 있다. 솔직히 말하면 필자도 아메리카 현장을 몸으로 맞닥뜨리기 전에는 이 대륙이 겪어온 참상에 대해서 어느정도 어림하기는 했지만, 사태가 상상 이상으로 심각할 줄은 미처 가늠하지 못했다. 아이러니한 것은 그러한 참상이 가져졌다고 하는 아메리카 현장에서마저도 아직은 그 무시나 차단, 멸문지화가 마냥 '정상(正常)'으로 공연시(公然視)된다는 사실이다.

필자가 들른 대소 박물관의 구조를 보면 태반은 좁게는 일국의 역사를, 넓게는 범아메리카대륙의 역사 과정 전반을 콜럼버스의 도래를 기준으로 삼아 전후 2단계로 시대구분을 하고 있다. 어떤 곳에서는 아예 '콜럼버스 이전의 역사유물박물관'이란 공식 문패를 버젓이 달아놓았다. 2층짜리 박물관인 경우 들어가보면, 대체로 1층은 고대부터 콜럼버스가 도래하기 이전까지의 이른바 '석기시대'(잉까나 아스떼까)의 유물만을 전시해놓고 있다. 그렇지만 일단 안내선을 따라 2층에 올라가면 '1층 시대의 유물'과는 판판 다른, 계승관계가 전혀 없는 식민지 개척이나 기독교 전도와만 관련된 성당이나 성화와 같은 식민시대의 유물(간혹 독립운동 관련 유물 몇점)이 띄엄띄엄 선을 보이고 있을 뿐이다. 일견해 누군가가 역사발전의 상도에 작위적인 멸문지화를 가했음을 간파하게 된다.

콜럼버스 침략 선단이 뚫어놓은 바닷길로 물밀듯이 들이닥친 서구 식민세력의 침투에 의해, 라틴아메리카 역사상의 인류의 출현-구석기-신석기-고전기-문명기(기원전 1만 5000년~15세기 말)라는 역사발전의 정상궤도를 아메리카대륙의 역사발전 단계로 인지해오던 대륙은 갑작스레 그 궤도의 차단과 왜곡을 당하게 되었다. 15세기 서구 식민세력이 등장할 때만 해도 석기문화와 도자기문화 및 황금문화를 비롯해 발달한 고전 전통문명을 향유하고 있던 아메리카 사회는 결코 서구를 포함한 기타 지역으로부터 '구제'를 받아야 살아가는 그러한 후진 사회가 아니라, 도리어 '문명의 보고'로서 시은(施恩)과 구제를 베푸는 선진 사회였다.

한편 서구 식민세력은 평화로이 살아가던 인디오들을 모진 고역과 학살, 역질(疫疾) 등으로 마구 사라지게 하고는 '인구공동(人口空洞)'을 메운다는 구실하에 서구 백인들과 아프리카 흑인들을 다량으로 끌어들여 어느새 원주민 인디오 세상을 백인이나 혼혈인 세상으로 변색시켰다. 1500년대 세계 인구가 약 4억명일 때, 인디오는 무려 그 5분의 1에 해당하는 8천만명이나 되었다. 그러다가 식민화의 광풍이 불어닥치던 1600년대에 이르러서는 인디오 인구가 그 10분의 1밖에 안 되는 800만명(일설은 500만명)으로 급감했다. 그들 대부분은 문명세계에서 쫓겨나 산간 오지에서 간신히 명맥을 이어갔다.

2) 콜럼버스는 아메리카 식민화의 길을 터놓았다. 콜럼버스는 황금 획득과 신대륙 발견, 식민지 개척, 기독교 전파, 궁극적으로는 인도 도착이라는 야심 찬 주관적 과녁을 내걸고 자신이 나름대로 터득한 지리지식에 의거해 탐험가로서의 만용을 부리면서 대서양의 해로를 개척했다. 물론 그는 자신이 내건 과녁 가운데서 어느 것 하나도 정곡(正鵠)을 맞힌 것 없이 흐지부지해버렸을 뿐 아니라, 오히려 중세사에 지울 수 없는 깊은 상흔(傷痕)만을 남겨놓고 말았다. 그리하여 그의 삶과 활동을 놓고 지금은 태반의 사람들이 부정적인 혹평을 서슴지 않고 있다. 그것은 다음과 같은 사실에 근거한다. 미국원주민민족해방운동의 지도자 브루스(Louis R. Bruce)는 콜럼버스의 '공적'을 전면 부인하면서 다음

과 같이 절규한다.

　콜럼버스가 신대륙을 발견했다고 말하는 것은 우리 아메리카 원주민에 대한 최대의 모욕이다. 콜럼버스가 아메리카에 왔을 때, 우리의 선조들은 이 땅에서 이미 천만년을 살아왔다. 그러하건대 어떻게 그가 이 대륙을 발견했다고 말할 수 있는가? 그는 후에 온 방문객에 불과하다. 그런데 이 방문객이 되레 주인 행세를 하면서 백인 강도 무리들을 불러들여 우리의 동포들을 살육하고, 우리의 토지를 약탈하며, 우리의 문화를 소멸함으로써 우리는 자신의 땅에서 멸종 위기에 처한 희유(稀有)의 민족이 되고 말았다. 그러므로 콜럼버스가 상징하는 것은 무슨 대발견이니 대항해니 대탐험이니 하는 따위가 아니라, 한편의 대침략과 대고역, 대도살의 피눈물의 역사다. 그런데 유감스럽게도 지난날의 역사는 이러한 백인종 강도들에 의해 자의로 풀이되고, 그들에 의해 시비가 전도되었다. 사람들은 아무런 성찰도 없이 맹목적으로 콜럼버스의 신대륙 발견 같은 감언(甘言)을 함부로 내뱉고 있다.

이와 같이 브루스는 콜럼버스의 소위 신대륙 '발견'이란 허상을 폭로하면서, 그가 '불러들인' 서구 식민주의자들이 자행한 잔인무도한 식민통치 행태를 신랄하게 규탄하며, 오도된 역사 해석에 대한 준엄한 성찰을 촉구하고 있다.
　콜럼버스는 제2차 항해 중이던 1493년 카리브해의 도미니카 북부 해안에 첫 식민도시 이사벨라를 건설한 후 두 국왕의 공식 위임을 받아 자신뿐만 아니라 동생까지도 '발견' 지역의 식민총독으로 행세하면서 행정은 물론 교역이나 노예 매매, 황금 채굴 같은 이권을 독점했다. 스페인을 비롯한 서구 식민정복자들은 그가 터놓은 바닷길을 타고 라틴아메리카 땅에 침입해 무력으로 잉까나 마야, 아스떼까 제국을 강점하고 잔혹한 식민통치를 실시했다. 정치적 탄압과 군사독재, 경제적 수탈, 문화적 파괴, 종교적 강요, 9천만 인디오의 학살 등 이루 헤아릴 수 없는 식민통치의 만행을 저질렀다. 그럼에도 서구 국가들은 200여년간의 이러한 만행이나 악폐를 '은혜'나 '자선'으로 미화하고 합법화하는 데 혈안이 되었다.

3) 콜럼버스로 인해 아메리카는 혈연 정체성이 급격한 변화를 겪고 만성적 병폐에 시달리고 있다. 작금 라틴아메리카 16개국의 통계에 의하면, 백인과 그 혼혈이 전체 인구의 82%를 차지하며, 원주민 인디오는 겨우 14%를 점하고 있다. 그래서 오늘의 라틴아메리카는 인디오들의 대륙이라기보다 유럽 백인들의 영역이라고 해도 무방할 지경이다. 그리하여 오늘날은 사정이 좀 다르지만, 적어도 20세기 이전의 라틴아메리카 나라들은 비록 명목상 독립국가였지만, 백인과 혼혈의 지배하에 서구의 종주국에 예속되어 있는 '분조(分朝)'에 불과했으며, 진정한 이 땅의 주인인 원주민 인디오가 권력을 행사하는 나라들은 아니었다. 그 결과 가난과 불평등, 부패의 이른바 라틴아메리카 3대 병폐는 오늘날까지도 극복되지 못한 채, 악순환이 계속되고 있다.

19세기까지만 해도 사람들은 콜럼버스를 희세의 영웅으로 보았다. 그러나 20세기 들어 그에 대한 심도 있는 연구가 진행되어 민낯이 하나씩 드러나면서 오늘날에 이르러 그는 '악마'라며 화풀이를 당하는 '저주'의 대상이 되고 말았다. 콜럼버스가 아메리카 식민지를 통치하며 원주민을 노예로 삼고, 고문 등 잔혹한 행위를 일삼은 사실이 역사적 고증으로 밝혀졌기 때문이다. 따라서 '콜럼버스 데이'에 반대하는 운동이 미 전역에서 비일비재로 벌어지고 있다. 최근 몇년 사이 미국의 주요 도시와 주(州)에서는 '콜럼버스 데이'를 '원주민의 날'로 바꾸기까지 했다.

4. 콜럼버스의 종말론적 행각

말년과 사망

1504년 11월 26일에 콜럼버스의 후원자였던 이사벨 1세 여왕이 사망한 뒤 그의 지위는 더욱 하락하고 처우도 나빠졌다. 콜럼버스는 자신의 지위 향상과 처우 개선을 왕실에 끊임없이 요청했으나 좋은 결과를 얻지는 못했다. 말년에 생활이 찌들어가기는 했어도 크게 궁핍하게 지내지는 않았지만, 잃어버린 명예만은 회복하고자 했던 것이다.

아울러 자신이 평생 신봉하던 말세론적이고 광신론적(狂信論的)인 종말론(終末論)을 담은 『예언서』(*Libro de las profecías*)라는 미완성의 책을 집필하는 데 전념했다. 이 책에서 콜럼버스는 당시 인류역사가 마지막 '때'에 들어서 있으며 성경에 언급된 '솔로몬의 금광'을 신의 선택을 받은 자신이 아시아에서 찾아내겠다고 결심한다. 그러면서 찾아낸 이 금광의 자금으로 십자군을 조직하고 '새로운 다윗'과 함께 이슬람을 물리쳐야 한다고 역설함과 동시에 1656년이 '종말의 해'가 될 것이라고 무모한 예단까지 한다.

콜럼버스의 『예언서』

이처럼 콜럼버스는 빗나간 광신론적 종말론자였다. 여기서 '빗나간'이란 말은, 지리적 발견 같은 속세의 현실적 과제를 저승에서나 통할 법한 허황된 비현실적 종말론 신앙의 과녁으로 잘못 잡고 한평생을 소모했다는 뜻이다. 이를테면, 현실은 현실대로 '종말'을 맞지 않았고, 또 '종말'이 올 수도 없다는 것이다. 콜럼버스의 종말론을 비롯한 신관(神觀)은 그의 평생에 걸친 신학 연구를 집대성한 『예언서』에 잘 드러나 있다. 이 책에서 그는 자신의 종말론적 환상에 대한 예언들을 국왕에게 알리면서 국왕의 후원을 요청한다. 그는 자신의 지리적 발견을 인류에 대한 신의 구제로 포장하면서 새로 발견된 땅의 주민을 비롯한 모든 인류를 기독교로 개종하고, 십자군으로 기독교의 적을 격퇴해야 한다고 강변한다.

'인도사업'은 예언된 사업

그는 자신의 독서 능력을 신이 그에게 부여한 '영적 이해력'으로 해석하면서, 동서남북의 방위가 완전히 다르고 지구의 중심에 예루살렘이 위치하는 등 기독교적 종교관이 반영된 평면지도 「마파문디」(Mappa Mundi)를 신주(神主)나 금과옥조처럼 항해 시에 들고 다니며 '만능 교본'으로 삼는다. 과연 이런 지도를 항해에 실제로 사용했는지부터가 의문이거니와, 만약 그랬다고 하면 항해가 제대로 이루어지기는 만무했을 것이다. 그는 프란체스꼬 엄수파의 신자로서 자신을 신에게 선택된 사자(使者, messenger)로, 신의 도구로 인식하면서, 신이 자신에게 '새 하늘과 새 땅'을 보여준 이상, 자신이 그곳에 가서 전도와 식민화를 수행하는 것은 신에 의해 이미 예정된 운명이라고 확신했다. 따라서 그가 '인도사업'을 구상하고 항해를 통해 '신대륙'을 '발견'하는 것은 신에 의해 이미 예정된 일이며 신으로부터의 은총으로서, '인도사업'은 단순한 세속적 사업이 아니라 예언의 실현 사업이라고 믿었다.

역사의 지속 시간 문제

콜럼버스가 『예언서』에서 고백하고자 한 최종적인 '세계의 비밀'은 다름 아닌 종말이다. 여기서의 요체는 앞으로 역사가 언제 종말을 고할 것인가 하는 문제다. 사실 지난 시기 심심찮게 종교계에서 이러저러한

'종말론'이 튀어나와 세인의 마음을 흉흉케 했던 해프닝을 역사는 생생하게 기억한다. 그러나 종말론자들이 그렇게도 밑도 끝도 없이 호들갑을 떨던 '종말'은 한번도 일어난 적이 없이, 우주는 제멋대로 돌아가고 있지 않은가. 콜럼버스를 포함한 종말론자들은 역사의 지속 시간에 관한 나름대로의 아리송한 계산법에 의해 '종말 시간'을 추산한다. 일부에서는 성경에 등장하는 예언자들의 기록으로 연대를 계산한 다음, 이를 더 추산해 종말의 시간을 어림셈한다. 일찍이 아우구스티누스가 그러했고, 뉴턴도 그런 식이었다.

『예언서』에 따르면, 세계의 창조부터 예수의 강림까지 5343년 318일이 지나갔으며, 여기에 천문학과 성경 및 역사 기록 등과의 일치를 감안해 1501년을 더하면, 지금까지 인류는 종말이 오기를 총 6845년 동안 기다렸다. 그런데 이 세상의 최종 수명은 7천년이므로, 이제 종말까지 남은 시간은 155년에 불과하다. 정확하게는 서력 1656년이 종말의 해라는 것이다. 콜럼버스는 국왕에게 이제 종말까지는 155년밖에 남아 있지 않다고 정중히 아뢴다.

콜럼버스의 종말론이 추구하는 주요 대상

그의 종말론의 주요 타깃의 하나는 이슬람세력이 언제 몰락하는가의 문제, 즉 무슬림들의 말세는 언제인가 하는 문제다. 13세기 말까지 약 200년 동안 8차에 걸쳐 시도된 십자군전쟁은 결말 없이 기독교세력과 이슬람세력 간의 갈등만 격화시켰다. 이런 상황에서 기독교 측이 '종말론'으로 이슬람의 몰락을 재량하는 것은 어찌 보면 있을 수 있는 일이다. 문제는 그 역시 허상(虛像)일 수밖에 없다는 사실이다. 콜럼버스는 '무함마드의 법'(이슬람)은 693년 이상 버티지 못할 것이고, '무함마드의 법 다음에는 아무것도 오지 않고 오직 적(敵)그리스도만이 올 것이며,

종당에 이슬람세력은 타타르(몽골)나 기독교도들에 의해 멸망하게 될 것'이라고 예단한다. 친연(親緣)중인 이슬람교에 대한 기독교의 이런 편협하고 배타적인 종말론은 어제도 그렇고 오늘도 그러할 것이며 내일도 딴 길은 없을 것이다. 이미 그 허망스러움이 드러난 지 오래다.

콜럼버스의 세속적 욕망에 대한 인류 구제의 사이비 교리

콜럼버스는 '인도 계획'의 수행 과정에서 자신의 부를 축적하기 위한 일확천금의 세속적 욕망을 영혼을 낙원으로 보내는 '인류 구원'이라는 성업(聖業)으로 교묘하게 포장한다. 그는 "금을 소유한 자는 이 세상에서 그가 원하는 일을 다 할 수 있을 뿐만 아니라, 영혼을 낙원에 보낼 수도 있다"고 세속적인 일과 성스러운 일을 하나로 뒤섞어가면서, 자신의 부의 축적과 입신양명을 위한 금 획득이라는 세속적 일과 '영혼을 낙원으로 보내는 인류 구원'을 위한 금 획득이라는 성스러운 일은 결국 일맥상통으로 불가분의 관계에 있다는 것이다. 이것은 세속과 꼭 마찬가지로 영혼도 물질의 개입이 있어야 낙원으로 가고 구제를 받을 수 있다는 자가당착적 사이비 교리인 것이다.

광신적 종말론자 콜럼버스

콜럼버스는 황금 획득과 식민시대의 개척, 기독교 전파, 궁극적으로는 인도 도착이라는 스스로의 야심 찬 목적을 내걸고 자신이 나름대로 주관적으로 터득한 종말론적 지리 지식에 의거해 탐험가로서의 만용을 부리면서 '사건창조적 위인'만이 감당할 수 있는 초유의 대서양 횡단 항해라는 거사(巨事)로 일시 명성을 올렸다. 그러나 말년에 이르러 광신론적 종말론에 빠져 중세 르네상스 시대의 출중한 지성을 희석시키고 '지고의 지성'에서 '최악의 악당'으로까지 추락하는 비운을 겪게 되었다.

5. 콜럼버스에 대한 역사적 평가

필자는 '환지구적 해로의 개척'이라는 이 장의 여러 의제들을 다루면서 콜럼버스 부분이 가장 난삽(難澁)해 단안(斷案)이 필요할 때마다 머뭇거릴 수밖에 없었는데, 그 원인은 '신대륙의 발견'이란 주제 자체가 '위조'로 인한 것이고, 위조자 콜럼버스의 세가지 정체성이 기묘하게 서로 엉켜 있으며, 시혜자와 수혜자, 가해자와 피해자 등 평가자들 간의 이해가 심한 상극성(相剋性)을 띠고 있기 때문이다. 따라서 콜럼버스에 대한 시각은 시대에 따라 사람에 따라 달라질 수밖에 없었다. 19세기 사람들은 대체로 그를 영웅시했다. 정체(停滯) 상태에서 허덕이는 유럽세계를 탈출해 새로운 세계를 지향한 진취적인 사람, 진부한 전통과 억압적 권위에 반기를 들고 새로운 아이디어를 수용한 사람, 당대 학자들의 보수주의적 사고 수준을 뛰어넘어 르네상스의 과학정신을 계승한 지성 등등, 한마디로 그를 선진과 진보의 상징과 아이콘으로 대별해 평가하면서 각종 기념물과 기념행동 및 문헌 기록 등의 유물에 대한 보존과 파괴라는 상이한 태도를 취하였다.

기념활동(기념물과 기념행동)에서 나타난 가시적 평가

이러한 기념활동은 '은혜를 가장 많이 입었다'고 하는 미국이 내내 선도했다. 미국 뉴욕의 태머니홀(Tammany Hall)은 콜럼버스의 미대륙 '발견' 300주년인 1792년에 처음으로 기념활동을 시작한 이래 '발견' 400주년이 되는 1892년에는 시카고에서 '콜럼버스 세계박람회'를 열어 기념활동을 세계적 규모로 확대했다. 그후 미국의 대다수 주에서도 이

스페인 쎄비야 무리요공원에 설치된 콜럼버스 기념탑

를 본받아 거리시위 같은 기념활동을 펼쳤다. 이어 캐나다의 일부 주들과 이딸리아, 그리고 적잖은 라틴아메리카 나라들이 해마다 기념활동을 거르지 않고 있다.

    이러한 기념활동을 절정으로 이끈 것은 1982년 11월 제37차 유엔총회에서 스페인과 이딸리아, 도미니까 등 34개 나라가 연명으로 '콜럼버스의 미국 '발견' 500주년 경축'에 즈음해 제출한 결의 초안이다. 초안은 콜럼버스에 의한 아메리카대륙의 '발견'은 후세에 대해 다음과 같은 기여를 해왔다고 어처구니없는 찬사를 늘어놓았다. 그 기여란,

  ① 역사상 처음으로 지구가 구형임을 증명한 것,

  ② 인류를 새로운 시대로 진입하게 함으로써 과학기술과 경제, 사회 방면에 거대한 진보를 이룬 것,

③ 신·구세계 간에 접촉이 시작되어 지구상의 각이한 문명사회와 민족들이 '유엔헌장'이 강조하는 보편적 이상을 실현하고 상호이해를 증진시킨 것,

④ 신·구 두 세계로 하여금 인간, 문화, 경제, 사회, 동식물 품종 등 제 분야에서 호혜적이며 유익한 교류를 진행하게 한 것,

⑤ 신·구대륙이 만남으로써 새로운 종족, 즉 유럽인과 인디오의 혼혈인이 산생하게 되었으며, 워싱턴이나 제퍼슨 같은 위대한 인물이 배출된 것 등이라고 한다.

이 유엔총회 '결의 초안' 5개 항목의 내용을 분석해보면, 콜럼버스의 대서양 횡단 항해의 역사적 의미 가운데서 전체를 관류(貫流)하는 기조는 서양의 활동 무대 확대다. 아메리카대륙을 비롯한 세계의 식민지 약탈에 혈안이 되어 있거나 이에 동조하는 나라들로서는 당연한 시각일 것이다. 앞에서도 언급했듯이, 비록 아메리카대륙의 '발견'은 아니고 탐험이었을지라도 콜럼버스에 의해 카리브해 대서양이 수문이 열림으로써 자유출입구가 되었고, 그의 항해가 중세 초기 유럽인들이 기대하던 해양문명의 교류에 신호탄이 되었으며, 이로 인해 현재의 아메리카대륙의 국가들이 탄생할 수 있었던 토대가 마련된 점 등에서 콜럼버스의 네차례에 걸친 대서양 항해는 중요한 역사적 의의를 지닐 수밖에 없었다.

그러나 많은 나라의 대표들이 반대의견을 표명했다. 서방 진영의 아일랜드 대표를 비롯해 많은 나라, 특히 참혹한 서구 식민통치를 직접 받아본 나라의 대표들은 한결같이 부결표를 던졌다. 결국 초안은 유산되고 말았다.

이를 계기로 라틴아메리카 국가의 국민들은 이른바 기념활동을 견결히 반대하고 나섰다. 1987년 10월 7~12일 꼴롬비아 수도 보고따에서 거

행된 '라틴아메리카 농민 및 토착민 조직 회의', 1990년 8월 과떼말라 끼또회의 등 일련의 국제회의에서 성명이나 결의를 채택해 기념활동을 적극 반대해왔다. 특히 1991년 7월 22일~8월 2일에 19개 원주민 조직들이 유엔 제네바 사무처 만국궁(Palais des Nations)에서 원주민문제사업 회의를 개최해 유명한 '1991 유엔 원주민문제 제네바회의 결의문'을 채택했는데, 결의문은 서방 국가 특히 스페인이 획책하는 기념활동은 아메리카 원주민의 존엄에 대한 모욕이라고 통척(痛斥)하고 나섰다.

기념 개념의 다양화

이러한 분위기 속에서 콜럼버스가 처음 아메리카대륙에 도착한 10월 12일(싼쌀바도르 상륙일)에 대한 기념 개념도 나라에 따라 대중의 성향에 따라 각양각색으로 달라지기 시작했다. 미국에서는 일반적으로 '콜럼버스 데이'(Columbus Day)라고 하지만, 지역에 따라 사우스다코타주에서는 이날을 '아메리카 원주민의 날'(Native Americans' Day)이라고 부르는가 하면, 하와이주는 폴리네시아인이 하와이를 처음 발견한 날이란 뜻으로 '발견자의 날'(Discoverers' Day)이라고 한다. 이에 비해 베네수엘라와 꼴롬비아, 아르헨띠나, 멕시코, 칠레 등의 나라에서는 유럽인과 아메리카인이 처음 만난 것을 기념한다는 의미에서 '인종의 날'(Día de la Raza)이라고 달리 부른다.

이와 같이 콜럼버스에 대한 인물 평가에서는 그의 항해를 부르는 이름에 대한 통일 시도가 계기마다 숱하게 이루어졌지만, 번번이 실패하였다. 그렇다고 희세의 풍운아의 위상이나 공과에 대한 평가를 언제까지나 미룰 수는 없는 터이므로, 실사구시한 연구를 통해 불편부당한 단안을 내놓아야 할 것이다.

필자는 이러한 뜻에서 차제에 비견이나마 그 얼거리를 간략하게 개진해보려고 한다. 요체는 편단이 아닌, 긍정과 부정을 아우르는 균형 잡힌 정평(正評)이다. 여기서의 긍정과 부정을 가늠하는 잣대는 역사와 시대의 흐름에 순행(順行)하는가 역행(逆行)하는가이며, 여기서의 균형은 몇 대 몇이라는 단순한 계량적 대비가 아니라, 여러 면을 종합적으로 고려하는 포괄성을 뜻한다.

콜럼버스는 중세의 피조물이며 시대인이다

사람은 시대의 피조물인 만큼 개인의 삶이나 활동은 시대상에서 자유로울 수 없다. 시대의 변화와 흐름에 수동적으로 순응만 하는가, 아니면 능동적으로 대처하는가에 따라 평가에서의 긍정과 부정이 가름된다. 콜럼버스는 기독교의 정신문화가 풍미하고 있던 중세 유럽에서 신비적인 기독교 지리관을 능동적으로 탈피해 그의 숙원인 대서양 횡단 항해를 실현하려고 시도하였다. 그 과정은 보수적인 전통 지리관에서 새로운 르네상스식 지리관으로 전환하려는 몸부림이었다. 당시의 지리는 한마디로 기독교적 세계관의 반영으로, 하나님의 뜻이 구현된 터전이고, 성경상의 사건들이 일어난 현장이다. 이것을 가시화한 것이 이른바 「마파문디」라고 하는 중세의 TO형 지도(TO map, 일명 바퀴형 지도wheel map)다. 방위는 위가 동쪽이고 아래가 서쪽, 오른쪽이 남쪽, 왼쪽이 북쪽이다. 중앙에는 지구의 배꼽이며 기도교세계의 중심이라고 하는 예루살렘이 자리하고 있다. 지중해가 인간이 거주하는 아시아와 아프리카, 유럽 세 대륙을 T자 모양으로 갈라놓는다. 그리고 낙원은 동쪽인 윗부분의 어디엔가 있다.

이런 지도는 종교적 정신 함양에는 의미가 있을지 몰라도, 검푸른 파도를 헤가르며 항진해야 하는 항해에서의 실용성은 있을 수가 없다. 그러나 당시에도 지형과 거리, 항구, 섬, 조류, 바람 등을 정확하게 기록한

뽀르똘라노해도(바띠스따 베까리오 제작, 1426)

르네상스식 지도, 이른바 뽀르똘라노해도(Portolano chart)라는 것이 있었다. 콜럼버스는 항해 시에는 이 두가지 지도를 지참하고 이용했다고 한다. 실제로 「마파문디」가 항해에 얼마나 유용했는지는 미상이다.

 콜럼버스는 항해를 준비하면서 시중에 떠도는 정보뿐만 아니라, 새롭게 발전하는 과학 지식도 적극 받아들였다. 그는 의사이자 사업가이며 동시에 지도학과 수학에도 조예가 깊은, 당대 피렌쩨의 대표적 지식인 가운데 한명인 빠올로 또스까넬리(Paolo Toscanelli)로부터 서쪽으로 5천 마일 가면 킨사이(Quinsay, 중국 항저우)에 도착하며, 그 전에 지팡구를 만나게 된다는 것과 아시아와 유럽 사이의 거리는 짧다는 것을 알아냈다. 그밖에 콜럼버스는 중세 유럽의 지리학에 완전히 혁신적인 방법론을 제시한 프톨레마이오스의 『지리학입문』(1406년경 라틴어로 번역)을 1차 항해에서 돌아온 후 구입해 연구한 것으로 알려지고 있다. 이러한 선진 지리학을 수용하고 활용하는 과정을 통해 서반구에 대척지(對蹠地)가 존재하고, 적도를 비롯한 열대 바다의 항해도 가능하며 그 너머에 아담의 자손들이 사는 대륙이 있다는 것 등 새로운 지리 지식을 습득함으로써 지구관에서의 일대 전환을 가져왔다.

해양 개척 능력과 기여에 대한 응분의 평가

중세 해양 항로를 개척한 콜럼버스의 주관적 능력과 의지, 역사적 기여에 대해서도 응분의 평가가 내려져야 할 것이다. 물론 중세 해양 항로의 개척자로 콜럼버스를 내세우는 것은 부적절한 유럽중심주의적 발상일 수 있다. 왜냐하면 그보다 근 90년 전에 중국 명나라의 정화(鄭和)가 콜럼버스의 선단보다 훨씬 큰 규모의 대선단을 이끌고 7차에 걸쳐 '하서양(下西洋)'(서양에 다녀옴)을 했기 때문이다. 단, 콜럼버스는 비록 선단의 규모나 항해 거리에서는 정화에 비할 바 못 되게 왜소했지만, 정화가 선행자들이 이미 개척해놓은 해로를 따라 답습한 것인 데 반해 콜럼버스는 대서양 횡단이라는 전대미문의 험준한 새 항로를 개척했다는 데 각별한 의미가 부여된다. 그는 1차의 『항해일지』를 비롯해 관련 서한 등을 통해 구체적 항로라든가 지명(주로 도서 지명), 거리 등을 밝혀놓고 있다. 특히 그가 개척한 유럽과 아메리카 간의 대서양 항로는 해상실크로드의 환지구로(環地球路)의 서단(西段)으로, 북방 해상실크로드의 개척과 전개에 중요한 기여를 하였다.

대서양 횡단 항해가 결과한 지리관의 변화라든가 항해사에 대한 기여는 콜럼버스의 출중한 탐험가로서의 기질과 갈라놓고 생각할 수 없다. 그의 이러한 기질은 탐험의 성공을 위한 지식 습득을 중시하고 선단을 직접 이끌며 동분서주(東奔西走)의 험난한 항해를 하는 과정에서 그가 발휘한 리더십에서 여실히 나타난다. 제노바의 빈천한 직조공 가문에서 태어나 어린 시절부터 직조공과 선원 등 여러가지 직업에 종사하다보니 정규교육을 거의 받지 못한 그는 초등학교 정도의 학력에 불과했고, 중등이나 고등 교육과정은 제대로 이수하지 못했다. 콜럼버스 자신도 "나는 모든 것을 경험을 통해 배웠다"고 솔직히 토로한 바 있다. 그러나 그는 자신이 꿈꾸는 항해 위업을 달성하고 입신양명으로 신분 상승을 실현하려면 해양 지식을 습득해야 함은 물론이고 정신적 자질을 갖춰야 하는데, 그러기 위해서는 학습과 연구가 필수라는 것을 일찍이 깨닫고 놀라울 정도로 많은 서적을 꼼꼼히 독파했다. 그 결과 그는 국왕에게 보낸 편지에서 자신은 성경과 천체학, 자연과학, 역사, 지리, 신학 등에 정통하다고 서슴없이 밝힌다. 성실한 독학에다가 깊은 '영적 이해력'이 없이는 도달할 수 없는 지성적 경지다.

콜럼버스는 평생 1만 5천권의 장서를 가지고 있었는데, 대부분은 소실되어 그중 2천권만 현재 쎄비야 대성당의 '콜럼버스 장서'로 남아 있다. 그의 독서 목록에는 심지어 이슬람 경전 『꾸르안』을 비롯해 여러권의 아랍어 서적까지 포함되어 있다. 그는 책을 읽으며 반드시 상세한 주를 달아놓았다. 그가 정독한 대표적 서적으로는 삐에르 다이(Pierre d'Ailly)의 『이마고 문디』('세계의 형상'이라는 의미, 주 898개), 삐꼴로미니의 『히스토리아』(1권에만 주 861개), 마르꼬 뽈로의 『동방견문록』(주 366개), 쁠리니우스의 『박물지』(주 24개), 플루타르코스의 『전기(傳記)』(주 437개) 등이 있다. 그는 이 많은 책을 섭렵하며 '인도사업'을 비롯한 해양활동에 관한 탐험가로서의 사고체계를 형성하고 전망을 설계한 것이다.

탐험가로서의 콜럼버스의 탁월한 기질과 지혜는 네차례의 대서양 횡단 항해 과정에서 잘 드러났다. 『항해일지』가 보여주다시피, 그는 선단의 제독으로 하루에 최소한의 잠을 자며 늘 갑판에 나와 앉아 항행을 지켜보면서 지휘에 임했다. 그리고 발생하는 상황에 따라 임기응변의 조치를 능수능란하게 취했다. 파손된 선박은 제때에 수리하고, 수리에 자신이 없을 경우는 기함이라도 대담하게 포기하며, 경험과 천문 지식에 의거해 폭풍이나 격랑의 징조를 예단해 사전에 안전조치를 취하거나 방비책을 강구함으로써 항해와 생명의 안전을 백방으로 보장했다. 또한 날아다니는 새떼나 노을 빛깔, 흘러가는 부유물이나 해초를 보고 육지로의 접근을 판단하곤 했다. 선단 내에서 일어나는 반란이나 불만을 적절한 강·온책으로 대처하고 무마하는 출중한 지략도 보여주었다.

이렇게 콜럼버스는 당대의 지리학과 천문학 지식 및 탐험가로서의 탁월한 기질과 지혜를 바탕으로 초유의 대서양 횡단 항해를 성공했다. 그러나 이것이 '사건창조적 위인'만이 실행할 수 있는 일이기는 하더라도, 그는 아메리카 식민화의 원흉이자 온갖 잔혹한 행위를 일삼은 악당이라는 평가를 면할 수 없다. 그와 그가 행한 행위의 긍정적 측면과 부정적 측면에 대한 역사의 엄정한 평가가 내려져야 할 것이다.

ㅣ 제2절 중세 항해사 개척자 정화의 '하서양'

정화의 출생과 성장

1997년 미국 『라이프』지가 지난 1천년을 만든 세계인 100명을 선정했는데, 그중 동양인으로는 정화가 가장 앞선 순위(14위)를 차지하였다. 그리고 영국의 항해가인 개빈 멘지스는(Gavin Menzies)는 2002년 3월 15일 권위 있는 런던 왕립지리학회에서 행한 강연에서 '신대륙을 발견한 것은 콜럼버스가 아니라 중국 명나라의 정화 함대'라며, 『1421: 중국, 세계를 발견하다』(*1421: The Year China Discovered The World*)라는 이름으로 뒤에 출판된 그의 논저에 담긴 가위 '폭탄선언'과도 같은 내용의 주장을 하였다.[3] 『베이징과기보(北京科技報)』(2004. 7. 26)는 한술 더 떠서 미국 인디언은 중국 은(殷)나라의 후예라는 일설도 선을 보였다.

『라이프』지의 선정 취지에서도 나타나듯이, 정화는 지난 1천년을 만든 세계인이라는 평가를 받을 만하다. 중세의 선봉에 서서 격폐된 동서의 해양 장벽을 뚫어 세계를 하나로 소통시키는 데 불후의 역사적 기여를 한, 중세 시대 정화의 7차에 걸친 '하서양'이야말로 명실상부한 역사적 장거(壯擧)로서 청사에 길이 남을 역사(役事)이기 때문이다.

정화의 출생지 윈난(雲南)은 티베트와 미얀마, 베트남, 태국, 중국의 쓰촨(四川)과 후난(湖南)을 연결하는 군사적 요지로서, 13세기 몽골이 유라시아를 점령할 무렵에는 남송의 주변부로 태국인들이 세운 대리국(大理國, 혹은 백만白蠻, 22대 300여년)에 속해 있었으며, 수도 대리는 티베트와 미얀마 지역을 연결하는 요충지와 무역도시로서 대리석 산지였다. 1253년 쿠빌라이가 10만명의 군사를 이끌고 점령한 뒤 운남행성(雲南行省)을 설치해 부하라 출신의 무슬림인 사이이드 아잘(Sayyid Ajall, 싸이덴츠賽典赤, 본명 샴스 앗딘Shams al-Din)의 치하에 있게 되면서, 원제국 초기부터 윈난 전체가 이슬람화되었다. 당시 윈난은 중요한 금·은·동 산지였다. 일례로 1328년 원제국이 전국에서 거둬들인 세금에서 윈난이 차지하는 비율은 금이 약 1/3, 은이 약 1/2에 해당했다. 또 윈난의 동 전량은 대도(大都, 수도)로 유출되어 지배층에게 분배되었다.

한가지 특이한 것은 윈난지방의 고유한 풍토병인 페스트의 만연이다. 몽골인들의 말의 안장에 묻어간 페스트균 벼룩이 광활한 초원지대에 침습해 병을 전염시킨 것이다. 14세기 전반 교역망을 통해 중국·동유럽·이집트·북미·서유럽에 퍼져 사회의 황폐화를 초래하였다. 미국의 역사학자 맥닐(William H. McNeill)의 『전염병의 세계사』(*Plagues and Peoples*, 1976)에 의하면 이집트 맘루크(Mamluk)조 때의 인구

1/3이, 마그레브(북아프리카)에서는 인구의 1/2~1/3이 병사했다고 한다.

이러한 사회와 가정환경 속에서 정화는 1371년 이주한 회회인(回回人, 색목인色目人)인 부 마합지(馬哈只)와 모 온(溫)씨의 사이에서 2남으로 태어났다. 가정에서 유년기를 보내던 그는 나이 12세 때 부친이 항명(抗明) 전쟁에서 전사하자 명군에 생포되어 난징(南京)을 거쳐 1383년 대도(大都, 베이징)로 끌려갔다가, 치안유지를 위해 대도에 주둔하던 연왕(燕王, 영락제永樂帝, 성조成祖)에게 환관으로 보내졌다. 포로를 비롯한 피정복민 중 미소년을 환관으로 삼는 것은 중국을 비롯한 각국의 일종의 관례로, 윈난에서 많은 포로가 환관이 되었는데, 그 이유는 '만적(蠻狄)들이 장차 반란을 일으키지 못하도록 씨를 말리기 위해서였다.'

일본의 미따무라 타이스께(三田村泰助)는 저서 『환관(宦官: 側近政治의 構造)』(1963)에서 중국의 정화 연구가 주설의 주장을 인용해 그가 생활고에 시달려 스스로 연왕의 밑에 들어가 환관이 되었다고 하며(13세), '정난(靖難)의 변(變)'(28세) 때 연왕을 위해 무공을 세웠기 때문에 논공행상에서 일약 장인태감(掌印太監)인 내관감(內官監)에 발탁되었다고 한다(34세). 내관감은 각종 토목과 건축 공사, 집기 구입 등 다양한 업무를 관장하는 직책이다. 그 덕에 영락 2년(1404) 1월 1일에 '정(鄭)'씨 성을 황제로부터 하사받았다. 원래 명나라 황제들은 환관을 천하게 여겨 벼슬에 등용하지 않았는데, 태조는 궁문에 "내신은 정치에 간여할 수 없고, 간여한 자는 참한다"는 철패(鐵牌)까지 게재하였다.

당대 관상의 대가이며 성조의 측근인 원충철(袁忠徹)은 저서 『고금식감(古今識鑑)』에서 "내시 정화, 즉 삼보(三寶)는 윈난 사람으로 신장은 9척이고 허리 둘레는 10위(圍)이며, 얼굴은 각이 지고 코는 작지만 참으로 귀상이다. 미목이 수려하고 귀는 하얗고 길며 이빨은 조개를 포개놓은 듯하고 호랑이처럼 걸으며 목소리는 낭랑하다. 나중에 정난

(靖難)의 공으로 내관(환관)의 태감 지위를 받았다"(9척은 180cm, 10위는 약 1.5m)고 했다. 성조(成祖)가 정화에게 지휘를 맡기는 일에 대해 물으면, 원충철은 "정화는 용모와 자태가 훌륭하고 재지(才智)도 뛰어나 내시 중에서는 그에 비교될 만한 자가 없습니다. 신이 통찰한 바로는 반드시 임용하는 것이 지당하옵니다"라고 대답을 했다고 한다.

정화는 중세의 항해 개척자답게 28년간 총 7차에 걸쳐 '하서양'을 단행해 약 18만 5000km의 바다를 종횡무진으로 누볐다. 그러다가 노익장도 수명의 한계가 있는 법이니, 나이 62세(1433)에, 제7차 '하서양' 중 어디선가 유명을 달리하였다. 언제 어디서 어떻게 사망했는지는 추측만 무성할 뿐 종시 미상이다. 캘리컷에서 사망했다는 설(『서양기西洋記』 부록인 「비환암향화성상기非幻庵香火聖象記」, 베이징대학 도서관 소장)과 거기서 죽은 후 난징 중화먼(中華門) 밖 뉴서우산(牛首山) 자락에 매장되었다는 타설(동치同治 연간인 1862~74년 사이에 쓰여진 『상강양현지上江雨縣志』)이 있으나 미제의 수수께끼로 남아 있을 뿐이다. 일세를 풍미한 환관 천민의 종말은 이렇게 초라하다.

정화의 7차에 걸친 '하서양'

몽골의 외족통치를 전복하고 출현한 명조(1368~1644)는 건국 초기 지반을 다지기 위해, 특히 당시 동남해 연안에서 창궐한 왜구(倭寇)의 소요를 제압하기 위해 쇄국적인 해금(海禁)정책을 실시하였다. 그 결과 해외무역이 쇠퇴하고 전통적인 대외 조공관계가 약화되면서 '천조상국(天朝上國)'을 표방한 명조의 국제적 위상이 추락하기 시작했다. 이러한 추락상을 감지한 성조는 등극하자마자(1402) 동남아 각국에 사절을 파견하고 푸젠·저장·광둥 등 연해지역에 시박제거사(市舶提擧司)를 설치하는 등의 조치를 강구하면서 해금을 완화하고 해외 진출을 권장하려고 각방으로 시도하였다. 그 결과 정화의 7차에 걸친 '하서양(下西洋)'(1405. 10~1433. 7)과 같은 파천황(破天荒)적인 해양 진출이 있게 되었다.

중국 명대의 흠차총병태감(欽差總兵太監), 세칭 '삼보'(三寶, 혹은 三保)감 정화는 영락 3년(1405)에 성조의 명을 받고 부사 왕경홍(王景弘) 등과 함께 방대한 선단을 이끌고 해로로 첫 출사한 이래 선종(宣宗) 선덕(宣德) 8년(1433)까지 28년간 모두 7차에 걸쳐 중국에서 동아프리카 연안에 이르는 해로를 왕복하면서 30여개국, 500여 지방을 방문하고 무려 18만 5000km의 대항정을 마쳤다.

일곱번에 걸친 이 '하서양' 가운데 가장 멀리까지 항해한 제7차 하항 및 회항(1430~33, 참가 인원 총 2만 7550명)의 항정을 『정화항해도(鄭和航海圖)』와 축윤명(祝允明)의 『전문기(前聞記)』「하서양」의 기록에 근거해 살펴보면 다음과 같다. 1430년 윤12월 6일 용만(龍灣, 난징南京 소재) 출항—윤12월 10일 서산(徐山)—윤12월 20일 부자문(附子門)—윤12월 21일 유가항(劉家港)—1431년 2월 26일 장락항(長樂港)—11월 12일 복두산(福斗山)—12월 9일 오호문(五虎門)—12월 24일 점성(占城, 짬파)—1432년 2월 6일 조와(爪哇, 자바)—6월 27일 구항(舊港, 현 팔렘방)—7월 8일 만랄가(滿剌加, 현 말레이시아 서남해안의 믈라카)—8월 18일 소문답랄(蘇門答剌, 수마트라 혹은 사무드라Samudra)—11월 6일 석란산(錫蘭山, 실론 Ceylon, 현 스리랑카)—11월 18일 고리(古里, 현 캘리컷, 인도 서남해안)—12월 26일 홀로모사(忽魯謨斯, 호르무즈)—1433년 2월 18일 호르무즈에서 회항—3월 11일 고리—4월 6일 소문답랄—4월 20일 만랄가—5월 10일 곤륜양(崑崙洋, 인도차이나 남단)—5월 23일 츠칸(赤坎)—5월 26일 점성—6월 3일 외라산(外羅山)—6월 14일 기두양(崎頭洋)—6월 15일 완설서(碗碟嶼)—6월 21일 타이창(太倉, 양쯔강 하구)—7월 6일 난징(南京)으로

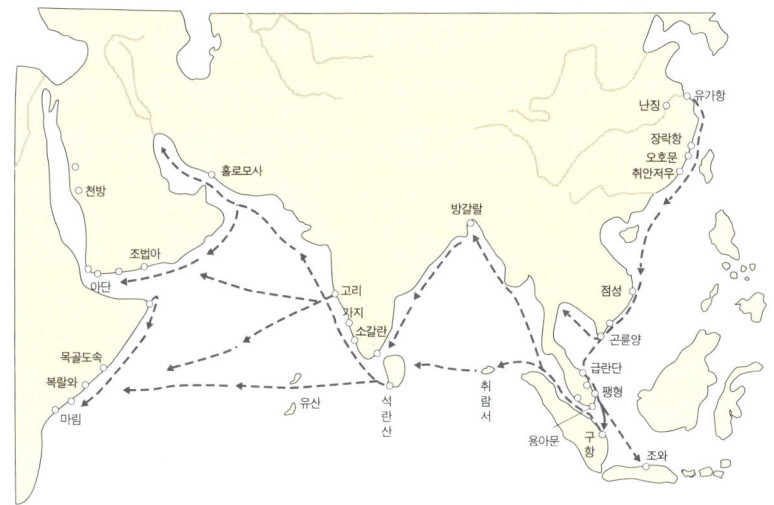

정화의 제7차 '하서양' 항로도(1430~33년)

이어지는 바닷길이다. 이 항정에서 보면 난징에서 호르무즈까지는 2년 (1430년 윤12월 6일~1432년 12월 26일)이 걸렸고, 회항에는 약 5개월(1433년 2월 18일~7월 6일)이 걸린 셈이다.

규모가 방대한 정화 휘하의 선단(船團)은 대종(大綜)과 소종(小綜)의 두 편대로 나뉘어 항진했는데, 대종은 전체 선단이고, 소종은 대종에서 분견(分遣)되는 분선대(分船隊)이다. 대종은 주요 간선에서 항행하다가 특정한 항구에 도착하면 거기에서 소종, 즉 분선대를 각지에 기동적으로 파견한다. 분선대는 활동을 마친 후 다시 분견지(分遣地)에 돌아와서 여러 분선대와 합류해 대종을 이루어 회항한다. 제7차 '하서양'의 경우에는 대종이 고리까지 항행했는데, 도중 여러곳에 파견된 소종이 동남아시아와 동아프리카 각지에서 활동하다가 다시 고리를 비롯한 분견지에 집결한 후 대종 선단을 이루어 본국에 돌아왔다. 정화 선단의 소종 분견지와 그 항행지는 다음과 같다.

1) 점성: ① 진랍(眞臘, 현 캄보디아와 베트남 남부)-섬라(暹羅, 현 태국, 당시는 아유타야Ayutthaya왕국), ② 교란산(交欄山, 현 칼리만탄섬 서남해안의 글램Gelam섬)-조와-구항-만랄가-소문답랄, ③ 급란단(急蘭丹, 켈란탄Kelantan, 현 말레이시아의 코타바루Kota Bahru 일대)-팽형(彭亨, 현 말레이시아의 파항Pahang주 일대)-용아문(龍牙門, 현 싱가)-만랄가-소문답랄.

  2) 소문답랄: ① 취람서(翠藍嶼, 현 인도의 니코바르제도)-방갈랄(榜葛剌, 현 인도의 벵골 일대), ② 취람서-석란산(혹은 스리랑카의 항구 벨리감Belligamme), ③ 취람서-유산(溜山, 현 몰디브제도).

  3) 석란산: ① 소갈란(小葛蘭, 현 인도 서남해안의 퀼론)-고리, ② 유산-복랄와(卜剌哇, 현 소말리아 동남해안의 브라바Brava).

  4) 소갈란: ① 가지(柯枝, 현 인도 서남해안의 코친Cochin)-고리, ② 목골도속(木骨都束, 현 소말리아의 모가디슈Mogadishu)-복랄와.

  5) 고리: ① 홀로모사, ② 조법아(祖法兒, 현 오만 영내의 주파르Zufar)-아단(阿丹, 현 예멘 남부의 아덴)-천방(天方, 현 사우디아라비아의 메카), ③ 목골도속-복랄와-마림(麻林, 현 케냐의 말린디).

  정화의 '하서양'은 15세기 말 콜럼버스나 바스꾸 다가마의 항해보다 시간적으로 반세기나 앞섰을 뿐만 아니라, 선단의 규모나 선박의 구조 면에서도 그들과는 비교가 안 될 정도로 월등하였다. 제1·3·4·7차 출해 시 매번 선단 승선 인원이 2만 7천여명이나 되고, 출항 선박은 매번 대소 200여척이나 되었다고 하니 대단히 큰 규모다. 선박 중에서 가장 큰 것이 보선(寶船)인데, 매번 20~30척의 보선이 참가했다. 보통 보선의 길이는 44장 4척(현 41장 4척, 약 125m) 내외이고 너비는 18장(현 16장 8척, 약 51m) 내외이며, 적재량은 약 1500톤으로 1천명이 승선 가능하고, 보통 9주(株)의 돛대에 12장의 대형 돛을 단 대범선이었다. 이에 비해 1492년 대서양을 횡단한 콜럼버스의 선단은 고작 3척의 경범선에 90명의 선원

7차례의 '하서양' 개황

차수	기간	규모	도착지	비고
1	영락 3~5년, 1405. 10~ 1407. 7. 9.	대박 62척, 승선 2만 7800명	짬파, 자바, 팔렘방, 믈라카, 아루(Aru), 수마트라, 실란, 퀼론, 코친, 캘리컷	자바에서 명군 170명 피살, 구항에서 해적 진조의(陳祖義) 생포
2	영락 5~7년, 1407년 겨울~ 1409년 여름	선박 249척	1차 외에 시암(Siam), 라무 리(Lamuri), 칼리(Cail), 코 얌패디(Koyampaedi), 팟타 나푸르(Pattanapur)	석란산에 건비(建碑)
3	영락 7~9년, 1409. 12~1411. 6.	승선 2만 7천명	새 경유지: 신주항(新州港), 빈동룡(賓童龍), 풀로 콘도 르(Pulo Condore)	
4	영락 11~13년, 1413. 12~1415. 7	승선 2만 7670명	새 도착지: 파항, 켈란탄, 리데(Lide), 몰디브, 호르 무즈, 압드 알 쿠리(Abd al Kuri)섬, 소코트라섬	처음으로 서아시아 와 아프리카 동해안 도착
5	영락 15~17년, 1417년 가을~ 1419. 7.		새 도착지: 아덴, 목골도속 불랄와(不剌哇), 마림, 모가 디슈, 브라바, 말린디	견직물을 각국 왕에 게 진상
6	영락 19~20년, 1421. 4~1422. 8.		새 도착지: 주파르	아프리카 동해안까지 항행. 호르무즈 등 환 국하는 16개국 사절 과 동행
7	선덕 6~8년, 1430. 윤12~1433. 7.	대박 61척, 승선 2만 7550명	새 도착지: 메카, 죽보(竹步, Giumbo)	대종과 소종으로 나 뉘어 활동
계	1405. 10~1433. 7. 28년간, 항해 11년간		유가항(난징)에서 동아프 리카 케냐의 몸바사까지의 18만 5000km 항정, 30개국 500여개 지방 역방	

이 승선했으며, 기함의 적재량은 250톤에 불과했다. 1498년 인도양 항해에 성공한 바스꾸 다가마의 선단도 4척의 소범선에 승선 인원 160명이었으며, 길이가 25m도 안 되는 기함의 적재량은 120톤에 불과했다. 정화보다 약 100년 후에 환지구 항행을 단행한 마젤란 선단의 경우도 5척의 소범선에 265명이 승선했는데, 적재량을 보면 5척 중 2척은 각각 130톤, 2척은 90톤, 한척은 고작 60톤밖에 안 되었다.

정화 선단과 기타 서양 선단의 비교표

	정화	엔히끄, 디아스	콜럼버스	다가마	아메리고 베스뿌치	마젤란, 엘까노
연대	1405~33	1460, 1488	1492	1497~98	1497~1504	1519~22
선박 수	200	3	3	4		5
선박 크기 (m)	보선 125, 최대 151.8			25		
인원 (명)	1·3·4·7차 2만 7천, 보선 1천, 의관 180		90	160		265
적재량 (t)	보선 2500		기함 250	120		2척 130, 2척 90, 1척 60
경유지	28년간 7차, 30여개국 500여 지방	아프리카남단, 희망봉	대서양 횡단 3회	'인도양 항로' 개척	아메리카대륙, 명명	지구일주

    명나라가 여러가지 사회문제와 내홍(內訌)에 휩싸여 정화의 승승장구하던 '하서양'이 하강선을 긋기 시작하자 영락제는 회의론에 빠진다. 그는 제5차 '하서양'이 가까스로 마쳐진 이후인 1421년 4월 베이징 황궁 삼궁전(三宮殿)의 화재사건이 발생하자 한림원 시독(侍讀) 이시면(李時勉)에게 그 원인과 의미를 묻는다. 그러자 이시면은 "중화제국의 전통을 무시하고 서양에 함대를 파견한 데 원인이 있다"고 하면서 함대 파견 중단을 주장한다. 그러자 영락제는 남해국 항해나 북방 민족과의 차마(茶馬)무역을 중지시켰으며, 이에 따라 정화는 급거 귀항해야 했다.

    뒤를 이은 홍희제(洪熙帝)가 1424년 8월 등극했으나 1년도 못 돼 사망하자 장자 선종(제5대) 선덕제(宣德帝)가 즉위하였다. 그림에 뛰어난 '문인 황제' 선종은 외국 사절들의 발길이 끊기는 것을 안타깝게 여겨 호르무즈를 비롯한 17개국에 조공을 촉구하기 위해 1430년 6월 29일 정화에게 제7차 '하서양'을 명령한다. 정화는 선단을 꾸리고 1430년 윤12월 출발하여 분종을 호르무즈까지 파견해 메카 등 아랍 지방과 사치품 및 보물 교역을 하고 귀항하던 도중 사망한다.

정화의 '하서양' 원인

정화가 7차례나 '하서양'을 단행하게 된 동기와 원인에 관해서는 의견이 구구하나 종합하면 다음과 같다.

1) 건문제(建文帝)의 향방을 추적하기 위함이었다. 명 태조 주원장(朱元璋, 재위 1368~98)이 사망한 후 일찍이 요절한 장자 주표(朱標)의 아들인 황태손 주윤문(朱允炆)이 혜제(惠帝, 1398~1402, 연호 건문)로 계위하였는데, 주원장의 넷째 아들인 주체(朱棣)는 이에 불만을 품고 '정난지변(靖難之變)'을 일으켜 건문제를 폐위하고 자신이 성조(成祖, 재위 1402~24)로 등극했다. 그런데 정변 시 건문제가 궁화(宮火)에 타 죽었다고도 하고, 해외에 도피했다고도 하여 그 행방이 묘연해지자, 후환이 걱정된 성조가 남해 제국에 정화를 파견해 건문제의 종적을 탐지하게 한 것이 '하서양'의 이유라고 한다. 그러나 이것은 일회적이거나 부차적인 동기는 될 수 있어도 항시적인 주요 동기는 아니다.

2) 해외에 국위를 선양하기 위함이었다. 명나라는 건국 초에 해금정책을 실시한 결과 대외무역이 위축되고 번국(藩國)들의 조공도 격감하며 대외 통교도 부진해 국제적 지위가 크게 추락했다. 이것은 '천조상국(天朝上國)'을 표방해온 명조의 국제적 위상과는 전혀 어울리지 않는 것이다. 그리하여 성조는 국면 전환용으로 대규모 선단을 해외에 파견해 추락한 국제적 위신을 회복하고 국위를 선양하려고 시도하였다.

3) 경제적으로 대외무역을 진작시키기 위함이었다. 성조는 대외무역의 쇠퇴를 막고 전통적인 조공무역을 부활시키기 위해 시박사(市舶司)

를 증설하고 '사해일가(四海一家)'를 제창하면서 대외무역을 권장했다. 그리하여 국내 생산이 점차 회복되어 대외무역의 물질적 기반이 조성되기는 했는데, 서북방과 중앙아시아에서 흥기한 타타르와 티무르제국에 의해 오아시스로를 통한 대서방 교역은 저애(沮礙)를 받았다. 이에 따라 성조는 해로를 통한 대서방 교역에 주력함으로써 사실상 '하서양'은 대규모 해상교역이었다.

4) 황족과 귀족들의 부귀영화에 필요한 이방의 진귀한 보물을 취득하기 위함이었다. 선단은 매번 중국의 각종 특산물을 싣고 가서는 향료를 비롯한 외국의 여러가지 진귀품들과 대량으로 교역해 황족이나 귀족을 비롯한 특권층들에게 이를 공급하거나 상납함으로써 그들의 재욕(財慾)과 사치욕을 만족시켰다.

그밖에 파견 지역 국가들의 세력이나 연안 방위 상황 및 해도 등을 조사하기 위함이었다는 주장도 있다.

정화의 7차에 걸친 '하서양'의 세계사적 의미

정화의 '하서양'은 중세 항해사와 교류사에 불멸의 개척자적 업적을 남긴 희유의 장거로서 그 세계사적 의미는 다음과 같다.

1) 중국과 해로 연안 제국의 통교를 활성화시킨 것이다. 정화는 아시아와 아프리카의 30여개 해로 연안국을 역방하면서 명조의 국위를 선양하고 전통적 조공관계를 회복했으며 상호 내왕을 촉진시켰다. 영락 연간(1402~24)에는 각국으로부터 내화 사절이 연면부절했는데 영락 19년(1421) 한해에만도 호르무즈·아덴·모가디슈·수마트라·시암 등 21개 나라가 견사 조공하였다. 영락 21년 9월에는 캘리컷 등 16개국으로부터 1200명의 사절이 한꺼번에 도래하고, 보르네오나 술루 같은 나라에선 국왕이나 왕족들이 직접 내화했으며, 중국도 여러 나라에 대등

한 사절을 파견하였다.

2) 중국과 여러 지역 나라들 간의 교류가 추진된 것이다. '하서양'을 계기로 남해 교역이 크게 번성하기 시작했다. 수출품은 청자기·사향·장뇌·차·칠기·비단·면포·금은세공품 등이고, 수입품은 총 180여종으로, 금(金) 17종, 목재 3종, 보물(사자·흰코끼리·기린 등) 23종, 일용품 8종, 옷감류 51종, 안료 8종, 향료 29종, 약품 22종, 식품 3종, 동물 등 21종이었다. 한편, '하서양'을 계기로 중국인들이 남양 각지에 이주함으로써 교역과 현지 발전에도 기여했다. 중국인들의 남양 이주는 당·송·원대에도 부분적으로 있었지만 명대에 본격적으로 진행되었다. 믈라카 일대에서 발견된 화교들의 묘비에 나오는 '황명(皇明)'이란 명문은 묘주들이 명대에 이주했음을 실증해준다. 그밖에 캄보디아와 수마트라의 삼보묘(三寶廟), 자바의 삼보공묘(三寶公廟), 방콕의 삼보선사(三寶禪寺), 믈라카의 삼보산(三寶山), 인도의 삼보석각상(三寶石刻像), 스리랑카의 삼보태감보시비(三寶太監佈施碑) 등 '삼보(三寶)'라는 글자가 섞인 기록유물에서 '삼보'는 명나라의 관직 '삼보'를 뜻함으로써 명대에 이미 화교들의 이주가 있었음을 시사한다.

3) 세계 항해사에서 선구적 역할을 수행한 것이다. '하서양'은 항정거리나 항행기간, 선박의 규모와 수량, 선박의 적재량, 승선인원 수, 선단조직, 항해술 등 모든 면에서 15세기 당시로서는 세계 최대 규모의 원양항행으로, 유럽인들이 자랑하는 중세의 '지리상 대발견' 때의 항행보다 단연 앞섰다는 것이 학계의 중론이다. 1차 '하서양'은 콜럼버스의 아메리카 도착보다 87년, 다가마의 인도 항로 개척보다 93년이나 앞섰다. 더욱이 용선의 규모나 항해술에서는 월등하게 우월하다. 7차 '하서양' 항로를 그린 『정화항해도』는 500여개의 지명(그중 외국지명 300여개)과 방위, 정박 항구, 암초 등을 구체적이고도 정확하게 표시하고 있어 세계

원양사의 귀중한 문헌으로 평가되고 있다.

정화 사후 44년이 지난 1477년 병부(兵部) 부책임자인 유대하(劉大夏)는 정화 선단이 만든 지도라든가 기록 등을 몽땅 불태워버렸다. 이는 환관들과 대립해오던 유학자들의 소행으로, 이 분서(焚書)는 지난 1천년 사이에 중국에서 일어난 최대의 비극이라고 한다. 그 이후로 중국에서는 대형 선박의 제조가 불가능하고 중소형 평저선이나 겨우 제작할 정도로 조선업과 항해술이 후퇴 일로를 걸었다. 30년 후에는 드디어 왜구가 침입했으며, 그후 600년 동안 중국은 강대국 자리를 잃고 말았다.

제3절 마젤란–엘까노의 '세계일주'

15~16세기의 이른바 '대항해시대'에 접어들어 엔히끄와 디아스, 콜럼버스, 그리고 다가마 등의 항해로 확대되어가던 해로는 마젤란(Ferdinand Magellan, 1480~1521) 선단의 '세계일주'라는 사상 초유의 환지구적 항해가 실현됨으로써 환지구적 해로로서 완수되었다. 이같은 마젤란 선단의 세계일주에 대해서는, 다소 장황하고 개론서라는 책의 형식에도 어울리지 않지만 졸저 『문명의 보고 라틴아메리카를 가다』 1권(창비 2016)에 실린 2012년의 문명기행 기록(226~36면)을 최소한으로 손질해 전재하는 것으로 서술을 대신하고자 한다.

오늘(7월 2일)의 일정은 라틴아메리카 남단의 푸에고(Tierra del Fuego)섬에 있는 아르헨띠나령 우수아이아를 출발해 리오그란데(Rio Grande)를 거쳐 칠레의 마젤란해협을 건너 남극행 전초기지인 뿐따아

레나스까지의 장거리를 이동해야 한다. 자동차로 12시간(아침 5시~오후 5시)이나 소요되는 녹록지 않은 여정이다. 3시 반에 기상해 캄캄칠야 속에 짐을 끌고 미끄러운 비탈길을 한걸음 한걸음 더듬으면서 가까스로 버스터미널에 도착해 5시 첫차를 탔다. 새벽 기온은 영하 3~4도쯤 되었다. 허름한 중형 버스에 승객은 달랑 12명뿐인데, 차 바닥과 창 틈새로 칼바람이 스며드는데다 난방시설도 없어 차내 온도는 바깥 온도와 별 차이가 없다. 닳을 대로 닳은 종잇장 같은 모포 한장으로는 도저히 엄습하는 추위를 막아낼 수가 없었다.

오돌오돌 떨면서 3시간 10분을 달려 우수아이아에서 230km 떨어진 푸에고섬 북부의 중심도시 리오그란데에 도착했다. 세찬 바닷바람까지 덮쳐 체감온도는 영하 10도로 느껴진다. 이곳은 아르헨띠나 각지에서 버스로 우수아이아에 갈 때 필히 들러야 하는 중계지다. 석유 정제공장과 양모나 양가죽 가공공장의 육중한 굴뚝이 띄엄띄엄 보인다. 그제 저녁 우수아이아의 한 식당에서 만난 삼성 직원 일가족이 바로 이곳에 살고 있다. 그들의 말에 의하면, 비록 작은 항구이지만 교통 요로에 위치하고 있기 때문에 면세지역(zona franca)으로 지정되어 상품거래가 활발하다고 한다. 여기서 다시 비슷한 유형의 버스로 갈아탔다. 어둠이 차츰 가시고 햇살이 돋기 시작한데다 승객 20여명이 증원되다보니 차내에는 콧김 같은 온기가 감돌기 시작한다. 움츠러들었던 몸이 조금씩 펴진다. 예상 밖의 추위에 대비하지 못한 댓가를 톡톡히 치른 셈이다. 초행길은 대저 이런 법이다. 차내에서의 아침이나 점심 식사도 추위만큼이나 냉랭하고 푸대접이다.

차는 오른쪽에 검푸른 대서양을 끼고 북쪽을 향해 황량한 푸에고섬을 숨가쁘게 달린다. 이 섬은 라틴아메리카의 남단에서 마젤란해협을 한 변으로 해서 이루어진 세모꼴 모양의 섬으로, '불의 섬'이란 뜻이다.

섬의 면적은 4만 8187km²인데, 그 3분의 2를 차지하는 서쪽 지역은 칠레에, 3분의 1인 동쪽 지역은 아르헨띠나에 속한다. 인구는 오히려 칠레령이 7080명인 반면 아르헨띠나령은 12만 6천명이나 된다(2010년 기준). 그 경계는 1881년 영국 왕실의 조정에 의해 대서양에서 비글해협까지의 서경 68도 36분 38초로 설정되었다. 두 나라의 경계는 식민주의자들이 책상머리에 앉아 임의로 휘두른 펜촉에 의해 그어졌다. 여태껏 몇번이고 국경을 넘나들어봤는데, 경계선이 보통 지형지물에 의해 설정되는 국제 관례와는 다르게 임의로 그어졌다는 것을 실감했다. 그러다보니 국경분쟁이 빈발할 수밖에 없다.

양국 간의 국경분쟁은 멈추지 않고 계속되어왔다. 특히 1970년대 원유가 발견되면서부터는 분쟁이 더욱 치열해졌다. 결국 비글해협 동쪽 세개 섬을 칠레에 할양하는 선에서 분쟁은 일시 봉합되었다. 사실 이러한 분쟁은 영국을 비롯한 서구 식민주의자들의 식민정책에 의해 좌우되었으며, 그 과정에서 원주민은 멸족의 운명에 처하게 되었다. 마젤란이 이 섬을 발견할 당시에는 이 섬에 오나(Ona)·야간(Yaghan)·알라깔루프(Alacaluf) 등의 원주민들이 거주하고 있었다. 당시 그들은 스스로를 '오니신'(오나 민족의 땅)이라고 불렀다. 지금은 이 섬에 살았던 원주민들을 일괄해서 '푸에고섬 사람'이라고 한다. 스페인과 뽀르뚜갈에 이은 후발 식민국가 영국은 19세기 초부터 포교활동과 더불어 이곳을 남대서양 및 남극해양 진출의 전초기지로 삼았다. 이를 위해 영국 식민 당국은 야간어 사전까지 만들어 식민통치의 영구화를 시도했다.

1880년대 동부와 동남 연해 일대에서 금광이 발견됨에 따라 유럽인들의 도래는 급증한 반면 억압과 약탈에 시달린 원주민들의 인구는 급감했다. 오늘에 이르러 원주민들은 거의 멸족 상태다. 전일 띠에라델푸에고국립공원을 찾았을 때 기사에게 원주민의 존재에 관해 물었더니,

지금은 어디서도 찾아볼 수 없다고 대답했다. 아마 라틴아메리카 전체에서 푸에고섬만큼이나 원주민 말살이 철저하게 자행된 곳은 없지 않나 싶다. 따라서 서구 식민주의자들이 감행한 부의 약탈과 인종 말살을 가장 적나라하게 드러내주는 현장이 바로 이곳 푸에고섬인 것이다. 이러한 역사적 비극이 다윈이 제창한 생물진화론의 발상지에서 일어나고 말았다는 사실은 역사의 아이러니다. 다윈은 '종의 기원'에 관해서는 불후의 진화론적 일가견을 정립했지만, 그 '종'(인종)에 대해 파렴치한 서구 식민주의자들이 일으킨 반진화론적이며 인위적인 멸종에 관해서는 외면하고 비껴갔다. 이것은 다윈주의의 한 한계점이라고 지적하지 않을 수 없다.

흙길과 포장길이 뒤섞인 길 양옆, 특히 왼편은 황량한 고지대 초원이다. 풀이래야 촘촘한 잔디풀이 아니라 엉성한 갈대풀이다. 희읍스름한 눈밭에서 양떼들이 한가히 풀을 뜯고 있다. 방목은 양이 위주이고 소는 드물다. 신기한 것은 양이나 소를 모는 목동이 별로 눈에 띄지 않는다는 점이다. 아무리 자연방목이라도 주인은 있을 텐데, 도시 신기하기만 하다. 목축 보호용 철책을 길에서 10m쯤 떨어진 곳에 높이 1m 정도로 길과 병행해서 한줄로 쭉 늘어 세웠다. 철책은 2m 간격으로 나무기둥을 세워 유지하고 있다. 아르헨띠나 쪽은 대체로 높은 고원지대라 몇시간 가니 갑자기 경사가 나타난다. 약 30분간 후미진 내리막길을 달리니 곧바로 아르헨띠나 국경 관문에 이르러 간단한 출국수속을 밟았다. 여기부터는 평지 초원으로 토질이 아르헨띠나 쪽과는 사뭇 다르다. 기름진 흑토에서 풀이 싱싱하게 자라고 있다. 두 나라의 국경지대 몇군데서는 석유 시추작업이 한창이다. 사실 이 유전의 소유권을 놓고 양국 간에 쌓인 앙금은 지금까지도 가시지 않고 있다. 양국의 국경 관문초소 사이에는 약 10km 너비의 완충 중립지대가 설정되어 있다. 이 중립지대의 경계선은 어떤 지형지물에 따라 설정된 것이 아니라, 역시 자로 제멋대로 그어진 일직선이다.

칠레 쪽 국경 관문에서 약 140km를 달려 오후 2시 40분에 드디어 마젤란해협의 남안에 다다랐다. 아득한 꿈으로만 그려오던 마젤란해협, 그 얼마나 현장에서 실재를 확인하고 족적을 남겨놓고 싶었던 곳인가. 가슴팍에서는 마냥 저 검푸른 물결처럼 격정이 일렁이기 시작한다. 필자가 통념을 깨고 실크로드가 범지구적 문명교류 통로라고 단정한 주근거의 하나가 바로 마젤란이 이 해협을 통해 대서양과 태평양을 잇는 바닷길(해상실크로드)을 열어놓음으로써 실크로드가 비로소 환지구적 문명교류의 통로가 되었다는 엄연한 사실이다. 그 증거의 현장에 서 있다고 생각하니 실로 감개무량하며, 꿈만 같았다. 차에서 내리자마자 한달음에 달려가 그 차디찬 마젤란해협의 물에 한참 손을 담그고 다시 한번 피부로 그 현실을 체감했다. 이름 모를 물새도 '어서 오라!'고 반기는 듯, 날개를 퍼덕이며 머리 위를 배회한다. 리오그란데에서 우리를 태우고 온 버스는 여기서 되돌아간다.

도하 승객과 차량을 함께 실은 페리에 시동이 걸렸다. 때는 2012년 7월 2일(월) 현지 시각 오후 3시 12분(서울과는 13시간 차)이다. 필자의 항해사나 해상실크로드 연구에서 현장 확인의 한 전범(典範)으로 남게 될 언필칭 역사적인 한순간이다. 건너는 데 29분이 걸렸으니, 그 너비는 어림잡아 3km는 족히 된다. 물결은 별로 심하지 않으나 바람은 모자를 날릴 정도로 비교적 세차다. 도해 내내 맞바람을 맞으며 갑판에 서서 검푸르접접한 물결과 아스라이 멀어져가는 지평선을 번갈아 바라보노라니, 그 옛날 마젤란을 비롯해 이 험난한 바닷길을 개척한 항해자들의 고난에 찬 구릿빛 얼굴들이 삼삼히 눈앞에 떠오른다. 모름지기 숱한 난파선과 해골들이 이 물밑에 깔려 있고 묵묵히 묻혀 있을 것을 생각하면서 경

마젤란 도해 기념비

건한 마음으로 옷깃을 여몄다. 몇척의 화물선이 저만치에서 느릿느릿 오가고 있다. 어느새 접안의 고동소리가 울린다. 뱃머리에서 내려놓는 철갑 부교(浮橋)를 타고 뭍에 내렸다. 바람은 잦아들고 날씨는 한결 온화하다. 하루 종일 움츠렸던 허리를 펴고 심호흡을 하면서 바닷가에 세워진 '마젤란 도해 기념비'로 다가갔다. 근 500년 전 마젤란 선단이 이 해협을 지나던 그 장엄한 '역사적 사건'을 몇줄의 금석문(金石文)으로 압축해놓았다. 이제 자초지종 그 해석문을 적으면 다음과 같다.

  1519년 9월 20일 스페인 국왕 까를로스 1세(재위 1516~56)의 명을 받은 마젤란(Ferdinand Magellan, 1480?~1520)은 빅또리아호(85톤), 싼안또니오호(120톤), 꼰셉시온호(90톤), 싼띠아고호(75톤), 뜨리니다드호(기함, 110톤) 등 5척의 배로 이루어진 선단과 선원 265명을 이끌고 스페인의 쎄비야(Sevilla)

항을 출발했다. 출항 목적은 신대륙인 남미의 남단을 에돌아 향료의 산지 말루쿠제도(Maluku Islands)에 이르는 항로를 발견하는 것이었다. 마젤란은 이 고가의 향료가 생산되는 말루쿠제도가 1494년 스페인과 뽀르뚜갈 사이에 맺어진 또르데시아스조약(Treaty of Tordesillas)에 의해 결정된 경계선의 서쪽, 스페인의 지배 해역 내에 있는 것으로 알고 그곳을 찾아 떠났던 것이다.

까를로스 1세는 마젤란이 신항로 발견에 성공하면 그로 인해 얻어지는 수입의 20분의 1을 보수로 주겠노라 약속했다. 원래 마젤란은 뽀르뚜갈의 하급귀족으로 25세 때부터 7년간 인도와 동남아시아 일원에서 활약했다. 그는 1509년 이집트 맘루크조의 함대를 격파하고 인도양의 제해권을 장악하는 해전에서 혁혁한 전과를 거뒀음에도 그 공적을 제대로 인정받지 못하고 냉대를 받았다. 뿐만 아니라, 마젤란은 일찍이 서쪽으로부터 말루쿠제도에 이르는 해로의 개척을 뽀르뚜갈 왕에게 제언했으나 거절당했다. 그즈음 해양 진출에 자신을 잃은 뽀르뚜갈 왕은 해양탐험 사업을 스페인에게 매각했다. 이에 실망한 마젤란은 1517년 스페인으로 아예 이주하고 말았다. 이때부터 그는 해양 진출에 대한 원대한 꿈을 키워나갔다.

마젤란이 탄 기함 뜨리니다드호를 선두로 한 5척의 선단은 대서양을 남하했다. 그는 선수에 칸델라를 달고 길을 밝히면서 야행(夜行)도 강행했다. 대서양을 순항하며 횡단한 선단은 1519년 12월 23일 브라질에 도착, 리우데자네이루항에서 식량을 보급받는다. 이어 1520년 3월 3일 선단은 현 아르헨띠나의 싼프리안항에 입항해 월동한다. 강풍이 휘몰아치는 황량한 땅에서 겨울을 나기란 여간 힘들지 않았다. 그리하여 왜 이렇게 험난한 항해를 해야 하느냐며 스페인 출신 선장들이 단합해 이방인 뽀르뚜갈 지휘관에게 반기를 들었다. 급기야 꼰셉시온호와 싼안또니오호, 빅또리아호가 연대해 선상 반란을 일으키면서 즉각 귀국을 요구했다. 마젤란은 반격에 나서서 반란을 진압하고, 스페인 국왕으로부터 위임받은 재판권에 따라 반란을 일으킨 스페인 선장들을 가차 없이 처단했다.

그리고 나서 선단은 다시 남하해 1520년 10월 21일 이른바 '1만 1천 성모(聖母)의 곶'이라고 하는 지금의 비르헤네스곶(Cape Virgenes, 영어로는 버진곶Cape Virgins)에 도착해 라틴아메리카의 남단과 푸에고제도 사이의, 대서양과 태평양을 잇는 미지의 해협인 마젤란해협(Magellan Strait, 스페인어로는 마가야네스Magallanes해협) 도해에 도전한다. 해협의 길이는 약 600km, 너비는 3~30km, 최대 수심은 570m에 달한다. 동쪽 대서양의 비르헤네스곶에서 중간의 프로워드곶에 이르는 구간은 폭이 넓고 양안의 지형도 평탄하다. 그러나 거기서부터 서쪽 태평양의 필라르곶까지 이르는 구간은 깊고도 좁은 협곡이다. 깎아지른 듯한 절벽 사이로 강풍이 휘몰아치고 유속은 빠른데다 곳곳에 암초가 도사리고 있어 문자 그대로 난항이었다. 사실 이러한 멀고도 험한 해협을 36일 만에 통과한다는 것은 기적에 가까운 일이었다. 싼안또니오호는 도중에 선단을 이탈해 행방불명이 되었다. 후에 밝혀진 일이지만 겁을 먹은 이 배의 선장과 선원들이 배를 몰고 몰래 선단을 이탈한 것이었고, 1521년 5월 스페인으로 돌아왔다.

구사일생으로 마젤란해협을 빠져나온 선단은 갑자기 평온하고 드넓은 일망무제의 바다에 들어섰다. 그 평온함에 감격한 마젤란은 이 바다를 '평화로운 바다'라는 뜻의 '태평양'(El Mar Pacifico, The Pacific Ocean)으로 명명했다. 태평양은 지구상에서 가장 큰 대양이다. 마젤란이 범한 치명적인 과오는 이 태평양의 크기를 과소평가한 것이다. 그 결과 먹을 것과 마실 것을 제대로 장만하지 못했으니 기아가 선단을 엄습한 것은 당연지사다. 100일 이상 먹을 것과 마실 것의 절대 부족 상태가 지속되다보니 괌에 도착할 때까지 19명이나 패혈증에 걸려 쓰러졌다.

그런 난관 속에 항진을 계속하던 끝에 필리핀의 세부(Cebu)에 도착했다. 막탄섬 상륙을 시도하던 마젤란은 이곳 추장인 라프라프가 이끄는 민간군과의 일전에서 많은 선원들을 잃고 그 자신도 전사하고 만다. 지휘관을 잃은 선원들은 꼰셉시온호 선장인 후안 쎄바스띠안 엘까노(Juan Sebastián de Elcano)를 새로운 지휘관으로 추대하며 선단의 지휘를 위임한다. 그러고는 꼰셉시온호는 포기하고 나머지 두 배에 분승, 무조건 서쪽을 향해 항진을 계속했다. 드디어 말루쿠제도의 티도레(Tidore)에 기착했다. 여기서 한척(뜨리니다드호)은 향료를 싣고 태평양으로 동항(東航)하다가 뽀르뚜갈인들에게 피랍되었는데, 그 말로는 전해지지 않고 있다. 도중 해저 화산의 폭발로 인해 침몰했다는 일설이 있으나 확실치는 않다. 엘까노가 이끄는 다른 한척(빅또리아호)은 향료를 만재하고 서항해 인도양을 횡단, 아프리카 남단의 희망봉을 거쳐 1522년 9월 6일 마침내 스페인의 쎄비야항에 귀항의 닻을 내렸다. 출항시의 선원 265명 가운데 생존자는 겨우 18명뿐이었다.

이상은 마젤란 선단의 첫 세계일주를 항로에 따라 살펴봤다. 독자들이 이 세계 항해사에 길이 빛날 한 인간의 장거를 제대로 이해하고 기려야 하기 때문에 필자는 장황한 기술을 마다하지 않았다. 세계일주를 성공리에 마친 공로로 엘까노에게는 500도카드의 연금이 하사되었으며, "그대는 나를 첫 세계일주자로 되게 하였느니라"라는 라틴어가 적힌 지구의를 개인 문장(紋章)으로 하는 것이 허용되었다. 그러나 이 세계일주의 실질적 발기인이자 선도자인 마젤란에게 그 어떤 보상이 주어졌는지는 전해오는 바가 없다. 엘까노는 다시 7척의 선단을 조직해 1525년 마젤란해협을 경유, 말루쿠제도를 향해 가다가 이듬해 8월 괴혈

병으로 태평양 항해 중 운명했다. 그후 몇번이고 말루쿠제도를 향한 항해 시도가 있었지만, 이렇다 할 성공 예는 없다. 흔히 '마젤란 세계일주'라고 말하는데, 사실은 노정에서 보다시피, '세계일주'는 그와 엘까노의 합작품이다. 마젤란-엘까노의 세계일주를 통해 지구가 둥글다는 것과 아메리카와 아시아 및 유럽은 서로가 연결되지 않은 별개의 대륙이라는 것이 확인되었다.

제4절 지구의 허파를 잇는 빠나마운하

남북 아메리카대륙을 잇는 육지의 가장 좁은 지협(地峽)에 자리한 해안 도시인, 빠나마의 수도 빠나마시티의 관광은 빠나마운하 참관으로 유명하다. 문명교류의 역사를 탐구해온 필자에게도 빠마나운하는 남다른 의미를 지닌다. 빠나마운하의 개통이 마젤란-엘까노의 항해로 완수된 환지구적 해로 가운데 대서양과 태평양 간의 항해거리를 획기적으로 단축시킨 의의를 갖기 때문이다. 이같은 빠나마운하의 개통과 관련해서는, 다소 장황하지만 졸저『문명의 보고 라틴아메리카를 가다』2권(창비 2016)의 관련 내용(85~88면, 97~112면)을 최소한의 손질과 첨삭을 가해 전재하는 것으로 설명을 대신하고자 한다.

보통 지리적 개념으로 아메리카 혹은 미주(美洲)라고 하면, 북미와 중미, 남미를 아우르는 통칭이다. 그중 라틴어 계통 언어를 많이 쓰는 중미와 남미를 합쳐 라틴아메리카라고 부른다. 그러나 문명사적 개념에서 메소아메리카(Mesoamerica, '메소'는 '중앙'이란 뜻)문명은 남미의 고대 안데스문명에 대비되는 중미 여러 문명의 복합체로, 여기에는 대체로 멕시코와 중미 일원에서 흥성했던 문명들이 포함된다. 빠나마는 이 메소아메리카의 남단(南端)에 자리한 나라다.

　메소아메리카는 태평양과 멕시코만, 카리브해에 면해 있는, 북회귀선에서 북위 13도 사이의 광활한 열대-아열대 지대에 펼쳐져 있으며, 계절은 우기와 건기로 나뉜다. 자연환경은 다양한데, 크게는 춥고 건조한 고지대와 고온다습한 저지대로 대별된다. 메소아메리카에서 가장 오래된 문명은 기원전 1200~400년의 올메까(Olmeca)문명이며, 뒤를 이어 시대와 지역에 따라 다양한 문명들이 흥망을 거듭했다. 마야 고지대와 저지대에서 개화한 마야(Maya)문명(B.C. 600~A.D. 16세기)은 스페인 식민지 이전 시기 남북 아메리카대륙에서는 가장 발달한 문자체계와 역법·산술·천문학을 창출했으며, 멕시코 고지 남부의 오악사까(Oaxaca) 분지에서는 메소아메리카에서 가장 오래된 도시인 몬떼알반(Monte Albán)을 중심으로 한 사뽀떼까(Zapoteca)문명(B.C. 500~A.D. 750)과 믹스떼까(Mixteca)문명(A.D. 900~1522)이 번영했다. 멕시코 중앙 고지에서는 떼오띠우아깐(Teotihuacán)문명(B.C. 150~A.D. 650)과 뚤라(Tula)를 수도로 한 똘떼까(Tolteca)문명(A.D. 900~1150), 떼노치띠뜰란(Tenochtitlán)을 수도로 한 아스떼까(Azteca)문명(1350~1521)이 흥망성쇠를 거듭했으며, 멕시코 서부에서는 후기 메소아메리카에서 두번째로 컸던 따라스꼬(Tarasco)왕국이 번영을 누렸다.

　중앙안데스가 잉까제국에 의해 종국적으로 통합된 데 반해, 메소아메리카가 정치적·경제적으로 통일을 이룬 적은 없었다. 그러나 역내 문명 간에 각 방면에 걸쳐 밀접한 교류가 진행되었고, 그 결과 문자체계, 260일 역법, 365일 역법, 천문학, 회화, 구기(球技), 제기(祭器), 신전 피라미드, 돌조각이나 채색토기의 미술양식, 비의 신, 깃털이 난 뱀, 태양신, 흑요석(黑曜石) 칼, 비취 제품, 행정조직, 왕묘, 옥수수, 콩류, 호박

등 많은 문화요소들을 공유하고 있었다. 이러한 문화적 공통요소들에서도 나타나지만, 메소아메리카문명은 다음과 같은 몇가지 특징을 지니고 라틴아메리카문명 발달에 응분의 기여를 했다.

첫째로 메소포타미아문명이나 인더스문명, 황허문명은 농경이 정착한 수천년 후에야 비로소 형성된 데 반해, 메소아메리카문명은 불과 600년이라는 짧은 기간 내에 형성되었다는 것이다.

둘째로 구대륙의 4대 문명처럼 금속기가 실용화되지 못했다는 것이다. 고대 안데스문명과 마찬가지로 철은 일체 사용되지 않았다. 금·은·동제 장식품이나 의례용기가 사용되기 시작한 것은 9세기 이후의 일이다. 주요 이기는 석기로, 기타 생활도구는 나무나 뼈, 뿔 등으로 만들어 썼다.

셋째로 가축은 개나 칠면조 등으로만 한하고, 유제품을 얻는다든가 땅을 경작한다든가 사람이나 무거운 물건을 운반하기 위해 대형 가축을 쓰는 일은 일절 없었다. 구대륙의 4대 문명에 비하면 문명 형성 과정에서 가축이나 동물의 역할이 적었던 것이다. 메소아메리카 사람들은 석기를 주요 이기로 해서 신석기 기술을 발달시켜 거대한 신전 피라미드나 도시문명을 건설했다. 따라서 이 문명에 구대륙처럼 석기시대-청동기시대-철기시대 순으로 시대가 발달해왔다는 도식을 교조적으로 적용할 수는 없다.

넷째로 유라시아 구대륙 문명과의 교류 없이 독자적으로 발달한 몽골로이드 선주민들의 토착문명이다. 지금까지는 대체로 이러한 견해가 지배적이었지만, 근간에 고대 한국과 아스떼까문명 간의 비교에서 발견되는 복식과 언어상의 공통적 요소 등을 감안할 때 구대륙과 메소아메리카 간에 교류가 없었다는 단정은 재고되어야 할 것이다.

이와 같은 문명의 제반 특징을 고려해, 메소아메리카문명은 나름대로 다음과 같은 5기로 구분한다. 즉 ① 인류가 출현한 때부터 수렵·채집에 의존한 석기(石期, B.C. 8000년경까지), ② 농경 시작으로부터 정주 촌락이 형성될 때까지의 고기(古期, B.C. 1800년경까지), ③ 토기가 출현하고 농업을 기반으로 한 정주 촌락이 정착됨으로써 신전 피라미드를 가진 도시문명이 제한된 지역에서 성립된 선고전기(先古典期, A.D. 250년경까지), ④ 신전 피라미드를 가진 도시문명이 각지에서 흥망을 거듭한 고전기(古典期, A.D. 900년경까지), ⑤ 16세기 스페인이 침입할 때까지의 후고전기(後古典期)의 다섯 시기다.

서구 식민주의자들의 침탈로 인해 정상적인 역사발전이 무시되고 뒤죽박죽 파행을 겪어온, 그래서 역사나 문명의 발달에 관한 우리의 일반 개념이나 상식과는 다르게 전개되어온 복잡다기한 메소아메리카문명을 개략적이나마 종합적으로 설명해봤다. 이러한 이해가 앞설 때 우리는 메소아메리카를 비롯한 전반적인 라틴아메리카 내지는 전(全)아메리카를 제대로 이해할 수 있을 것이다. 필자가 입문으로 조금은 딱딱하고 장황한 토설(吐說)을 마다하지 않은 이유가 바로 여기에 있다.

1999년 미국이 운하(빠나마운하)에 대한 통제권을 포기하고 철수하기 전까지 85년간 이곳(옛 미군기지 구역)에는 14개의 해군기지와 미국 대사관이 자리하고 있었다. 이 기지는 국내용 비행장을 비롯해 대소 수백동의 벽돌건물과 시설들이 그 안에 응집해 있어 소도시를 방불케 했다. 지금은 휑하니 빈집들이 눈에 띠기는 하지만, 식민시대의 그 등등한 기세는 여전하다. 유엔 등 몇몇 국제기구들이 여기에 자리하고 있다.

빠나마운하 갑문이 있는 전망대 지하의 운하개굴박물관에서는 운하개굴의 역사와 그 과정을 보여주는 유물과 영상물을 공개하고 있다. 무려 2만 7500여명의 원혼이 감도는 이 운하에는 물이 아니라 피와 저주

운하 개굴 기념 조각(운하개굴박물관)

가 흐르고 있다. 이 '세계 7대 기적공사(奇迹工事)의 하나'이며 '세계의 다리'라고 하는 빠나마운하의 개통 역사는 곧 근세 서구가 추구해온 세계 식민역사의 축도라고 해도 과언이 아니다. 그래서 그 과정을 한번쯤 짚어보는 것은 라틴아메리카를 비롯한 근대 세계 식민사를 실증적으로 바로 이해하는 데 일조가 될 것이다.

16세기 초반 스페인을 비롯한 서구 식민주의자들은 라틴아메리카에 정복의 마수를 뻗치기 시작한 때부터 식민지 고혈을 더 빨리, 더 많이 짜내기 위해 대서양과 태평양을 잇는 단거리 운하 개굴에 주의를 돌렸다. 1520년 소수의 무력으로 멕시코를 정복하고 총독이 된 스페인의 에르난 꼬르떼스(Hernán Cortés)는 처음으로 운하 개굴을 제의했으나, 개굴 지점은 제시하지 못했다. 이미 그 전에 바스꼬 발보아가 빠나마를 강점하기도 했기에, 스페인 국왕 까를로스 1세는 1523년 중미 어디에 운하를 꼭 파야 한다는 주장을 내놓았다. 1534년 까를로스 1세는 미래의 운하 개굴을 염두에 두고 빠나마 지협에 대한 지층 조사와 도로 부설을 명한다. 이 명에 따라 식민 당국은 정지작업으로 산등성이를 따라 지협을 관통하는 자갈 포장도로를 부설한다.

이로부터 200여년이 지난 18세기에 이르자, 스페인 식민 당국은 관원들을 각지에 파견해 운하 적지를 본격적으로 물색한다. 그 결과 멕시코 남부의 떼우안떼빽(Tehuantepec) 지협과 꼴롬비아 서북부의 아뜨라또(Atrato)강 부근, 니까라과 지협, 빠나마 지협 등 네곳이 물망에 올랐다. 1771년 가까스로 멕시코의 떼우안떼빽 지협에 대한 최종 조사를 마치고 나서 1814년 당국은 이곳에 운하를 파기로 결정한다. 그러나 이때 마침 라틴아메리카의 독립전쟁이 일어나는 통에 이 결정은 무위로 돌아갔다. 그러다가 1823년 과떼말라와 엘쌀바도르, 온두라스, 니까라과, 꼬스따리까 등 5개국이 중앙아메리카연방공화국을 세우고 미국에 운하 건설에 대한 지원을 요청했다. 이듬해 라틴아메리카 독립운동의 대부인 씨몬 볼리바르(Simón Bolívar)가 빠나마에서 열린 국제회의에서 중미의 운하 개굴을 정식 의제로 상정하고, 빠나마 지협을 그 적지로 선정했다. 이때부터 빠나마가 세인의 주목을 끌기 시작했다. 미국의 제26대 대통령 루스벨트(Theodore Roosevelt)도 그 개굴에 찬성했다.

일단 빠나마운하의 개굴이 가시권에 들어오자, 그 선점을 노리는 서구 식민주의자들 간의 각축과 계략이 꼬리를 물고 일어난다. 앞장은 언제나 코앞의 미국이 섰다. 19세기에 들어와서 빠나마는 꼴롬비아(1831~58년 신그라나다로 개명)의 관할로 들어간다. 이 작고 가난한 나라의 정부는 빠나마운하의 개굴과 운영을 꿈꾸고 있었지만, 역부족임을 감안해 1843년에 미국·영국·프랑스·스페인·네덜란드 등에 합자(合資)로

운하를 개굴하고 나서는 공동으로 운하의 중립을 보장하는 협약을 제의했는데, 미국 말고는 모두 아랑곳하지 않았다.

사실 일찍이 1835년 미국과 꼴롬비아 사이에 운하 개굴에 관한 한차례 협상이 있었으나 성과 없이 끝났다. 그러던 차라서 미국은 이번 협약 제의를 흔쾌히 수락했다. 1846년 12월 1년간의 협상 끝에 '미국-신그라나다 간의 평화와 우호, 항해 및 통상에 관한 조약'(일명 '마야리노-비들랙' Mallarino-Bidlack조약)을 체결했다. 36조로 된 유효기간 20년의 이 조약에는 미국의 치외법권적인 특혜(35조)가 명문화되어 있다. 즉, 조약은 미국 국민이나 선박, 상품은 운하지역에서 꼴롬비아인들과 꼭 같은 권리(면세 등)를 향유하고, 빠나마 지협을 통과하는 미국의 국민이나 우편물 및 상품도 같은 특혜를 받으며, 앞으로 빠나마에 어떤 교통시설이든 건설되면 꼴롬비아 정부는 미국 국민으로부터 꼴롬비아 국민보다 더 높은 통행세를 징수할 수 없으며, 미국 상품에 대한 수입세도 징수할 수 없다고 규정하고 있다.

1849년 캘리포니아에서 금광이 발견되자 운하 개굴에 관한 각계의 관심이 더욱 높아졌다. 그즈음 미국은 강력한 잠재력을 가진 영국이 앞으로 '운하개굴전'에 뛰어들 가능성에 대비하기 위해 거듭 영국에 운하의 중립화를 제의한다. 드디어 1850년 4월 미국과 영국은 '대서양과 태평양을 잇는 통항운하에 관한 조약'을 체결하고 운하의 중립화에 관한 각종 규정을 신설했다. 쌍방은 운하의 요충지와 그 부근에 요새를 건설할 수 없고, 쌍방 간에 전쟁이 발생할 경우라도 상대방의 운하 이용을 봉쇄해서는 안 되며, 운하 개굴 공사에 소요된 자산은 보호하고 침범해서는 안 된다는 등의 내용이 바로 그것이다. 이렇게 해서 미국은 영국의 운하에 대한 무력강점 가능성을 배제하기에 이르렀다. 그러나 허점투성이인 이 조약에 대해 안심할 수 없는 미국은 1850년부터 일방적으로 5년간 750만 달러를 들여 빠나마 지협에 두 대양을 잇는 철도를 부설했다.

미국이 한창 득세를 하며 의기양양할 때, 1856년 미국과 파나마 사이에 우연히 유혈사건이 발생했다. 그해 4월 한 미국인이 빠나마 기차역에서 수박을 구입하면서 가격을 놓고 판매상과 티격태격 입씨름을 벌인 것이 발단이었다. 미국인이 값을 치르지 않자 이를 지켜보던 빠나마인들은 격앙되기 시작했다. 결국 쌍방 간에는 몇시간 동안 총격전이 벌어져 미국인 31명, 빠나마인 15명이 사망했다. 사건 발생 후 미국은 특사를 파견해 배상을 강요했지만, 꼴롬비아 정부는 '불공평하고 무도한 짓'으로, '이런 굴욕을 용인하는 민족은 살길이 없다'라고 하면서 단호히 거부했다. 그러자 미국은 그해 7월 2척의 순양함 '인디펜던스호'와 '세인트마리아호'를 파견, 9월 160명의 해군육전대를 상륙시켜 빠나마 역을 강점했다.

이듬해 2월 두 정부는 담판을 짓기 위해 접촉했는데, 이때 미국은 고답적인 조건을 제시하면서 꼴롬비아 정부를 압박했다. 미국이 제시한 조건은 다음과 같다. '태평양 쪽의 빠나마와 대서양 쪽의 꼴론(Colon)을 자치의 자유항으로 만든다. 빠나마 철도를 중심으로 한 연변 40km 지협을 양국이 공동 관리한다. 빠나마만의 일부 도서를 미국에 할양한다. 유혈사건에서 미국인들이 입은 일체의 손상에 대해 배상한다. 만일 꼴롬비아 정부가 이상의 조건을 받아들이면 미국은 200만 달러의 보상금을 지불한다.' 그러나 꼴롬비아 측은 배상 외에는 일체 응하지 않겠다는 의연한 태도를 표명한다. 협상은 1865년 미국의 남북전쟁 종전 후까지 지연되다가 꼴롬비아 측이 41만 달러를 지불하기로 합의하면서 5년간의 갈등이 막을 내렸다.

1867년 1월, 1848년의 20년짜리 조약이 만기에 이르자 꼴롬비아 정부는 미국에 협상 재개를 요구하고 12월에 새로이 마련한 조약 초안을 보내 심의를 요청했다. 미국은 남북전쟁과 대통령선거를 구실로 근 2년간이나 회답을 피해오다가 1869년 1월 새 조약에 서명했다. 꼴롬비아는 빠나마운하 개굴권과 운하지구를 미국에 100년간 조차(租借)로 양도하고, 미국은 조차 만기 후 꼴롬비아에 반환하며, 조차권을 타국에 양도할 수는 없으나 사영(私營) 회사에는 양도할 수 있다고 신조약은 규정했다. 그러나 이 조약에 대한 민중의 세찬 반발로 꼴롬비아 의회는 이를 부결하는 결의안을 채택한다. 이듬해 양국 간에 보충조약을 체결했는데, 중심 내용이 미국 군함의 운하 자유통과와 교전국에 대한 미국의 운하봉쇄권 행사여서, 역시 꼴롬비아 민중의 분노를 불러일으켰다. 미국은 운하 개굴에는 소극적이면서 다만 운하지구에 대한 독점만을 노렸던 것이다.

  미국의 진짜 속셈을 간파한 꼴롬비아는 이제 더이상 미국에 기대지 않고 유럽으로 눈을 돌린다. 때마침 1869년 프랑스가 주도한 수에즈운하가 개통되고 유럽 금융자본이 중남미에서 활로를 모색하고 있었다. 1876년 프랑스가 통제하는 이른바 '대양 간 운하공사를 위한 국제민간협회'가 빠리에서 발족되었고, 프랑스는 꼴롬비아 정부의 묵인하에 빠나마운하 개굴에 대한 욕망을 표출하기 시작했다. 얼마 후 협회는 대표단을 꼴롬비아에 파견해 운하지구 현지 조사를 하고 1878년 3월 꼴롬비아 정부와 프랑스가 운하 개굴을 책임진다는 협의를 이룬다. 구체적으로 협회는 5년 내에 운하공사회사를 조직해 준비를 마친 후 12년 내에 운하 건설을 마무리하기로 했다. 운하 통행 후 꼴롬비아 정부는 매해 운하회사로부터 수익 중 일정 비율을 수납한다. 첫 25년간은 5%를, 다음 세번의 25년간은 각각 6%, 7%, 8%를 수납하되, 최저 수익은 매해 25만 달러로 하며, 조차기한은 99년이다. 만기 후 운하는 꼴롬비아 정부에 귀속되며, 만기 이전에라도 조차권은 다른 회사에 양도할 수 있으나 기타 대국 정부에는 양도할 수 없다.

1879년 5월 협회는 수에즈운하 개굴에서 탁월한 솜씨를 발휘한 프랑스 외교관 페르디낭 드 레셉스(Ferdinand Marie de Lesseps)를 회장으로 추대하고 빠나마운하 문제를 심의하는 국제회의를 소집했다. 영국·미국·독일 등 대국 대표들이 참석한 가운데 미국의 강력한 반대 속에서 빠나마운하 개굴 결의가 채택되었다. 7월 프랑스는 '대양 간 운하공사 총회사'를 설립하고 운하 개굴 조차권을 거머쥔 다음 운하 개굴 준비에 본격적으로 착수했다.

레셉스의 주도하에 프랑스 총회사는 몇년간의 준비 끝에 여덟가지 시공방침을 세우고 드디어 1883년 2월 운하 개굴에 착수했다. 수에즈운하의 성공적 개굴에 도취된 레셉스는 빠나마의 특수한 지형에 대한 고려와 구체적 조사도 없이 수에즈운하의 개굴 경험을 모방하려 했다. 그러나 빠나마 지협은 열대우림지대로 고온다습하고 밀림이 우거졌으며, 지형이 복잡한데다 우글거리는 독충과 무시무시한 역질(疫疾)은 숱한 인명을 앗아갔다. 55개 나라에서 모집된 4만의 시공자들에게는 문자 그대로 '인간지옥'이었다. 게다가 시공설계의 오판도 발목을 잡았다. 수에즈운하처럼 빠나마 지협에 널려 있는 많은 호수들을 이용하며 바다의 해수면을 기준으로 하는 해평식(海平式) 운하로 설계했는데, 시공 4년 만에 그 오판을 발견했다. 빠나마 지협의 태평양 쪽 해수면이 대서양 쪽 해수면보다 20cm나 낮기 때문에 해평식으로는 운하를 건설할 수 없었던 것이다.

이것은 프랑스 총회사의 행보에 대한 치명적인 타격이 아닐 수 없었다. 여기에 더해 미국인들의 시기와 방해는 공사를 더더욱 어렵게 했다. 자재의 수송 편의를 위해 운하는 미국이 운영하는 철도와 평행선을 달리도록 개굴하기로 설계하고 미국의 협조를 기대했다. 그러나 미국 측은 협조는커녕 곳곳에서 훼방만 놓고 방해를 일삼았다. 급기야 프랑스 총회사는 750만 달러어치의 철도를 근 3.3배에 달하는 2550만 달러를 주고 몽땅 사들였다. 그럼에도 고용이 승계된 미국인 철도원들이 몰염치하게도 태업과 방해, 파괴를 계속해 철도를 도저히 정상적으로 운영할 수가 없었다. 설상가상으로 프랑스 총회사의 관리층 내부에서 극심한 부패가 횡행했다. 레셉스를 비롯한 고위 관리층은 공개적으로 발행한 운하의 주식자금을 착복하고 채권을 난발하며 뇌물수수와 매수 행각을 벌였다. 150명이나 되는 장관과 의원 들이 뇌물을 받은 혐의가 드러났다. 궁지에 몰릴 대로 몰린 총회사는 더이상 명맥을 이어갈 수 없게 되자 마침내 1889년 파산을 선고하고 레셉스 자신도 법정에 서게 되었다. 헛되이 보낸 10년간의 공사기간에 14억 프랑을 탕진하고 2만여명의 희생자만을 내고 말았다.

이러한 난장판을 수습해보려고 프랑스 정부는 1894년 9월 새로운 회사를 꾸려 운하 개굴을 이어가려고 했다. 여기서 관건은 원래의 해평식 운하 계획을 포기하고, 대신 갑문을 만들어 수위를 끌어올리는 수갑제승식(水閘提升式) 운하 계획으로 변경하는 것이다. 그런데 문제는 3분의 1밖에 진척이 안 된 공사에 예산의 배 이상을 탕진한 탓에, 더 험악한 나머지 3분의 2 구간의 건설을 남은 6년 안에 마무리하는 것이 불가능하다는 것이었다. 그래서 프랑스 정부는 '울며 겨자 먹기'로 1898년 11월 꼴롬비아 정부에 공사 준공일을 1910년 10월까지로 연장하며, 그 보상으로 2천만 프랑을 지불하겠다는 제의를 한다. 프랑스 정부의 처지를 가긍하게 여긴 꼴롬비아 정부는 대표를 빠리로 파견해 공기를 4년 더 연장하고, 보상금은 500만 프랑만 받겠다는 약속을 한다. 프랑스로서는 일시 숨통이 트이는 듯했지만, 대서양 너머에서 발원된 난조(亂

調)는 프랑스를 궁지에 몰아넣고 있었다.

미국은 프랑스가 그토록 쉽게 빠나마운하의 조차권을 획득한 데 대해 시종 불만을 품고, 막후에서 음해 활동을 하면서 호시탐탐 일격을 노려왔다. 당시 미국 대통령 러더퍼드 헤이스(Rutherford B. Hayes)는 "미국은 반드시 빠나마운하를 장악해야 한다. 절대로 운하가 어느 한 유럽 나라에 넘어가도록 해서는 안 된다"고 선언한 바 있다. 미국은 프랑스 총회사에 대항할 수 있도록 꼴롬비아와 유럽 나라들에 압력을 가하기 위해 '빠나마운하공사임시협회'를 결성하고, 남북전쟁의 맹장이었던 전직 대통령 율리시스 그랜트(Ulysses S. Grant)를 협회장에 임명했다. 협회의 주도하에 미국은 각개격파 전술로 운하 지협의 소유자인 꼴롬비아의 양보를 얻어내기 위해 1880년 순양함 두척을 꼴롬비아에 파견해 위협을 가했다. 이듬해 2월 양국은 지협의 요충지에 군사기지를 구축하되, 평시에는 꼴롬비아 측에서 관리하고 전시에는 미국 해군육전대가 통제한다는 내용의 협정을 맺었다. 그렇지만 꼴롬비아 국회에서 부결되었다.

꼴롬비아는 미국의 압력에 대항하기 위해 유럽 국가들과 공동으로 운하의 중립적 지위를 보장하는 것이 급선무라고 여겼다. 이런 기미를 알아차린 미국은 유럽 국가들 가운데서 일찍부터 개입을 시도해온 강적 영국을 회유하고 압박해 운하에 대한 분권(分權) 요구를 철회하도록 했다. 이제 미국의 포화는 프랑스에 집중된다. 1899년 8월 미국은 기술위원회를 빠리에 보내 운하조차권의 양도 가능성을 타진한 데 이어, 이듬해 4월에는 프랑스 총회사를 아예 매입하겠다는 제안을 내놓았다. 그러나 회사 측과 프랑스 정부로부터 거절당했다. 이에 화가 북받친 미국은 프랑스에 대한 압박을 일층 강화한다. 1899년 12월 뉴저지주에서 빠나마운하회사를 발족하고는 프랑스 총회사를 매입한다느니, 니까라과와 합작해 빠나마운하의 대항마로 새로운 운하를 개척한다느니 하며 여론몰이에 나선다. 그러한 여론이 한때 꼴롬비아에서 상당한 혼란과 긴장을 초래했다. 그즈음 미국이 배후에서 부추긴 빠나마 독립운동은 꼴롬비아를 풍전등화(風前燈火)의 궁지에 몰아넣었다.

꼴롬비아는 할 수 없이 1903년 1월 미국과 '헤이-에란조약'(Hay-Herrán Treaty)을 맺는다. 운하의 조차권이 100년간 미국에 양도되고, 미군이 운하구역에 주둔하며, 미국은 그 댓가로 해마다 꼴롬비아 정부에 60만 달러의 보상금을 지불한다는 내용을 담은 조약이다. 이 조약은 망국의 불평등조약으로 꼴롬비아 여론의 일치된 지탄을 받았다. 그해 3월 이 조약은 미국 참의원에서는 비준되지만, 8월 꼴롬비아 국회에서는 부결된다. 정세가 이쯤 되자 더이상 참을 수 없었던 미국은 독립파들을 매수하고 회유해 그해 11월 4일 꼴롬비아로부터의 빠나마 분리와 독립을 공식 선포하고 아마도르(Manuel Amador Guerrero)를 공화국 초대 대통령으로 추대한다. 아마도르는 수락 연설에서 감격에 겨워 "빠나마공화국 만세! 루스벨트 대통령 만세! 미국 만세!"를 목청껏 외쳤다고 한다.

그해 11월 미국과 빠나마공화국은 이른바 '미국과 빠나마공화국 간의 대서양과 태평양을 연결하는 통항운하 건설에 관한 전문(專門)조약', 일명 '헤이-뷔노 바리야 조약'(Hay-Bunau Varilla Treaty)을 체결했다. 조약 내용을 간추리면 다음과 같다. '미국이 빠나마의 독립을 보증하는 대신 미국은 너비 16.09km, 면적 1432km²의 운하구역을 영구히 점령해 빠나마는 이 구역 내에서 주권을 행사할 수 없으며, 미국은 빠나마만에 있는 일부 도서들을 임의로 사용한다. 그 댓가로 미국은 1차 연도에 빠나마에 1천만 달러를, 1913년부터는 매해 25만 달러씩 지불한다. 미국은 운하와 철도회사의 재산 전부를 영구히 독점하며, 프랑스는 운하회사와 철도회사의 재산과 권리 전부를 미국에 양도한다. 빠나마 국내 정세에 어떠한 변동이 있어도 본 조약에 규정된 미국의 권리에 대해서 영향을 미칠 수 없으며, 미국은 빠나마시와 꼴론시의 공공질서 유지를 위해 임의로 간섭할 수 있다' 등이다. 보다시피, 미국에 빠나마운하의 경영권을 통째로 갖다바칠 뿐 아니라, 빠나마공화국의 주권도 무시한 불평등조약이다.

이제 미국은 이 조약에 근거해 운하의 개굴에 본격적으로 착수했다. 그해 미국은 시공 9년 만인 1889년에 공사를 중단한 프랑스운하회사로부터 운하굴착권과 기계설비 일체를 4천만 달러에 구입하는 데 성공하고, 이듬해 5월 프랑스로부터 운하 건설 공사를 정식으로 인계받았다. 미국은 굴착기(steam shovel)와 준설선(浚渫船) 등 새로운 선진 공법을 도입해 운하 개굴을 진척시켜나갔다. 미국은 건설인력으로 유럽에서 1만 2천명, 서인도제도에서 3만 1천명 등 방대한 숫자의 노동력을 끌어들였다. 드디어 1914년 8월 15일 운하가 완공되어 8만 1237톤의 퀸엘리자베스호가 사상 처음으로 길이 81.3km의 이 운하를 통과했다. 이후 공사를 보완해 1920년부터 정식 통항이 시작되었다. 최종적으로 운하구역은 운하 중류선(中流線)을 기준으로 좌우 너비 16.09km로 총면적 1432km²로 확정되었다. 이때부터 대서양과 태평양 간의 항해거리는 1만여km나 단축되었다.

미국은 운하구역을 완전한 치외법권적 식민지로 전락시켰다. 구역 내에서는 미국 국기를 게양하고, 미국 법률을 실행하며, 미국 대통령이 운하구역 행정총독을 임명할 뿐만 아니라 여기에 14개의 군사기지와 각종 군사학교를 세워 운영하고 미국남방사령부를 설치했다. 빠나마의 불만을 어루만지기 위해 미국은 1903년 조약 규정에 의해 보상금으로 1936년부터 1945년 사이에는 43만 달러를 지불하다가 1955년부터는

태평양 측의 파나마운하

193만 달러로 증액했다. (그러다가 1977년에 양국이 맺은 '빠나마운하의 영구적 중립성과 운영에 관한 조약'Treaty Concerning the Permanent Neutrality and Operation of the Panama Canal에 의해서는 여기에 더해 매년 통행세로 5300만 달러, 사용비로 1천만 달러를 추가 지불했다.) 더불어 운하관리기구 내 빠나마 직원 수도 점차 늘려나갔다. 1960년 아이젠하워 대통령은 개정된 조약에 의해 운하구역 내에서의 빠나마 국기 게양을 허용했으나 운하구역 내 미국인들의 저항으로 인해 무산되었다. 이것이 빠나마 국민들의 반미감정을 크게 자극했다.

1964년 1월 애국심으로 불타는 빠나마의 한 열혈 학생이 운하구역에 몰래 들어가 국기를 게양하다가 미국 주둔군에게 발각되어 총살되는 사건이 발생했다. 이에 격분한 빠나마 시민 3만명은 운하구역에 진출해 국기 게양을 요구하며 시위를 벌였다. 미군의 무자비한 진압에 이틀 동안 400여명의 사상자가 나왔다. 이에 맞서 시민들은 미국 대사관을 습격하고 미국 공보관을 불태워버렸다. 시위 둘째날 빠나마 정부는 미국과 외교관계를 단절하고 1903년 운하조약의 폐기를 선포했다. 잇따라 전국적 범위에서 미국의 만행을 규탄하는 시위가 벌어졌다. '미 제국주의를 타도하자!'라는 구호가 천지를 진감(震撼)했다. 이를 계기로 빠나마 국민들 속에서 운하반환운동이 본격적으로 전개되기 시작했으며, 이에 국제적인 지지여론도 가세했다.

미국은 할 수 없이 1974년 운하의 관할권 문제를 조속한 시일 안에 매듭짓겠다는 뜻을 밝힌 데 이어 1977년 9월 빠나마와 워싱턴에서 새로이 '빠나마운하 조약'(Panama Canal Treaty)과 '빠나마운하의 영구적 중립성과 운영에 관한 조약'을 맺었다. 이 조약에 의해 1903년의 낡은 조약은 폐기되고 운하는 양국 정부의 관리들로 구성된 운하위원회가 책임지고 운영하되, 빠나마는 주로 해관과 이민, 우정(郵政), 사법관리 등을 책임진다. 중요한 것은 1999년 12월 31일이 조약의 만기로 정해지고 영구중립이 보장된 운하의 주권이 빠나마에 넘겨지는 것이었다. 후일 조약은 지켜져서 미국은 이날을 기해 운하에서 완전히 손을 뗐다.

숱한 댓가를 치르고 운하의 주권을 되찾은 빠나마 정부는 세계 해운 발전의 추세에 걸맞게 운하 확충 사업을 적극 추진하고 있다. 현재 운하는 수문 길이가 304.8m, 너비가 33.53m, 깊이가 12.55m에 불과해 7만 6천 톤 이하의 화물선만 통과할 수 있기 때문에 세계 화물운송량의 5%밖에 감당하지 못하는 형편이다. 미국과 아시아 간 화물운송량의 23%가 이 운하를 통과해야 하므로, 일찍부터 병목현상이 심하게 나타났다. 그래서 빠나마 정부는 2006년 4월 총투자액 52억 2천만 달러의 운하 확충 계획을 발표하고 국민투표에서 78%의 지지를 얻어냈다. 운하의 양쪽 끝에 새로이 3단계 수문과 부대설비를 건설해 수문의 길이를

427m로, 너비를 55m로, 깊이를 18.3m로 늘려 연간 화물통과량을 지금의 3억 톤에서 배가인 6억 톤으로 올리는 계획이다. 2007년 9월에 시공해 운하 개굴 100주년인 2014년 준공을 목표로 했으나, 2년 뒤인 2016년 6월 26일 준공되었다. 그밖에 미국과 일본, 빠나마 3국은 1985년 빠나마운하 서쪽 15~20km 지점을 지나는 멕시코-꼴롬비아 간 신운하(길이 100km)를 건설하기로 합의했다. 이 신운하 건설에는 3국 말고도 영국·독일·프랑스·캐나다·오스트리아 등이 참여하는데, 총투자액 200억 달러 중 미국과 일본이 70%를 감당하기로 하고, 공사기간은 14년간으로 잡았으나 아직 이렇다 할 성과 없이 부진 상태에 빠져 있다.

거듭 이야기하지만, 라틴아메리카의 식민사와 독립사에 여러가지 상징성을 던져주는 대표적인 일례이기 때문에 작심하고 이 빠나마운하의 건설과 운영의 연혁을 지루하리만치 장황하게 늘어놓았다.

제5절 헤위에르달의 3대양 뗏목 일주

1. 갈대 뗏목으로 3대양 누빈 탐험가 헤위에르달

탐험(exploration)은 미지의 세계에 대한 탐구심과 미지의 세계에서 얻을 수 있는 이익이나 성과에 대한 기대가 결합해 야기되는 인간의 비범한 행위를 말한다. 미지의 세계를 상대하는 탐험은 다분히 험지(險地)에서 이루어지기 때문에 희생까지 강요되는 모험을 수반하게 마련이다. 따라서 탐험가는 출중한 지적 탐구심과 호기심, 견인불발(堅忍不拔)의 의지, 그리고 강건한 체질을 구비한 '사건창조적 위인'으로서 인간의 발이 닿지 않은 미개척지가 더이상 존재하지 않는 날까지 간단없이 배출되어 세인의 주목을 끌 것이다. 사실 미지의 세계나 미개척지가 발견되는 것은 탐험가들에 의해서이고 그리하여 탐험가들은 탐험사가 곧 문명사라는 자부심을 안고 지난한 탐험의 길을 흔쾌히 돌파하는 것이다.

지금까지 인류역사상 자의 반 타의 반 명수죽백(名垂竹帛, 이름이 청사에 길이 빛남)할 탐험가로 이름을 올린 위인은 부지기수이며, 그들에 관한 전설 같은 기록은 가위 오거서(五車書)로도 남음이 있을 정도다. 그런데 문제는 그 위인의 기준이며, 그에 관한 각이한 평가다. 이를테면 어떤 목적을 가지고 어떤 과정을 거쳐 어떤 결과에 이르렀는가 하는 문제에서 인류 공동의 번영과 복지, 진화를 위한 개발을 본연으로 하는 탐험인가, 아니면 그에 반하여 사리(私利) 추구나 헛된 공명욕(功名慾)에 집착한 탐험인가에 따라서 평가가 판이하게 달라진다. 심지어 작위적 기준이나 편협한 판단에 따라 탐험의 성과가 영영 무시되거나 무위로 돌아가기도 한다. 그리하여 미지의 세계에서 행해지는 탐험의 공과(功過)나 허실(虛實)을 가려내는 일은 복잡하고 어려운 작업으로 신중을 기하지 않을 수 없다.

더욱이 넓은 의미에서 탐험의 손익(損益)은 탐험사에서 시종 논쟁이 분분한 문제로 남아 있다. 그 동기나 목적, 과정이나 후과에는 관계없이 탐험의 수익(受益)이나 혜택만을 일방적으로 과장 미화하는 경향이 있다. 반면, 이에 대한 대척점(對蹠點)에서 '미지의 세계'니 '미개척지'니 하는 구실하에 기존 세계나 토착지에 무자비한 탐험의 칼날을 들이댄 결과로 발생한 파괴나 병폐 역시 그 무엇으로도 상쇄하거나 보상할 수 없을 만큼 엄청나므로 탐험은 미화할 것이 아니라 도리어 배척해야 마땅하다는 주장이 맞서고 있다. 물론 편협하거나 극단적인 '탐험배척론'은 지양해야 하지만, 그와 동시에 탐험에 대한 인간의 오만이나 맹목적

추종도 경계해야 한다. 부지기수의 탐험가들이 나서서 오거서의 기록을 남겨놓았다고는 하지만, 아직은 조족지혈(鳥足之血, 새발의 피)에 불과하다. 거의 미지의 세계로 남아 있는 우주 탐험을 놓고 봐도 그러하다. 이제 막 시작된 새로운 탐험의 시대 앞에서 여러 면을 다시 한번 면밀하게 성찰해야 할 것이다.

우리는 이러한 탐험사의 한 단면을 여기 노르웨이 출신의 위대한 탐험가 토르 헤위에르달(Thor Heyerdahl, 1914~2002)의 문명 탐험과 그 진실 공방에서 찾아볼 수 있을 것이다. 이 절에서는 해양탐험가로서 그의 65년에 걸친 14차례의 탐험 과정과 그 진실 공방에 관한 분석을 주로 할 것이다.

토르 헤위에르달

그의 파란만장한 탐험사를 시사하듯 그를 수식하는 명칭만 해도 탐험가, 모험가, 인류학자, 역사학자, 지리학자, 생물학자, 과학탐험가 등 여러가지다. 한 사람이 감당하기에는 자못 버거운 직함이지만, 여러 사람이 각이한 시각에서 지목한 것이라서 있는 그대로 옮겨본다. 그만큼 헤위에르달은 천부적으로 다양한 탐구욕과 다면적인 호기심을 지닌 희유의 탐험가였다. 독일 문호 괴테는 "호기심이 모든 걸음에 날개를 달아준다"라고 호기심의 잠재적 추동력을 극구 찬양했다. 바로 이러한 탐구욕과 호기심에 힘입어 그는 여러가지 파천황적(破天荒的) 기사이적(奇事異蹟)에 감히 도전할 수 있었다. 물론 그의 모든 도전이 성공한 것은 아니었고 그 역시 실패의 고배를 마시기도 하였다. 그러나 그는 결코 패배자가 아니었으며, 사상 처음으로 탐험을 통해 문명교류에 관한 '영감의 원천'을 밝힘으로써 개척적 탐험가로서의 업적을 남기고 빛나는 한생을 마감하였다.

헤위에르달은 1914년 10월 6일 노르웨이의 남부 베스트폴(Vestfold)주에 위치한 해안 소도시 라르비크(Larvik, 면적 535km²)에서 출생했다. 아버지는 고향에서 맥주공장을 운영했고, 어머니는 라르비크와 주변 지역 박물관협회 회장직을 맡고 있었다. 어머니는 헤위에르달로 하여금 동물과 자연과학에 관심을 갖도록 끊임없이 이끌어, 그는 어린 시절을 시골에서 보내면서 유달리 깊은 관심을 가지고 자연을 관찰했다. 한편, 그는 어릴 적부터 남다른 그림 재간이 있었는데, 8세 때 상당한 상상력이 돋보이는 한폭의 열대섬 풍광을 그려 사람들을 놀라게 하기도 했다. 그의 이러한 천부적인 재능은 후일 탐험 시 유적·유물의 소묘와 촬영에서 크게 빛을 발했다.

비록 어머니의 권유에 의해 오슬로대학에 진학해서는 동물학을 전공했지만 전공에는 별로 흥미를 갖지 못했고 한가지 전공이라는 좁은 굴레에 얽매이는 것을 탐탁지 않게 여겼다. 좀더 넓고 다양한 시각에서 세상을 이해하고 싶었던 것이다. 그리하여 식물학과 해양학, 인류학 등 다양한 인접 학문에 눈길을 돌리면서 그는 장차 탐험가가 될 것을 결심한다. 이를 위한 수련으로 청년 시절부터는 삼림이나 야외에서의 도보 여행을 즐겼으며 친구와 함께 장기간 노천이나 눈 동굴 속에서 풍찬노숙(風餐露宿)하면서 산맥을 탐사하기도 했다. 그 과정에서 소박한 도구만으로 대자연 속에서, 오로지 대자연에만 의존해서 살아가는 생존방식을 터득하기 시작했다. 여행이나 탐사에는 늘 반려견을 동반했다고 한다.

성장과정을 통해 헤위에르달은 태평양상의 폴리네시아야말로 그가 그토록 궁금해하던 인류학의 수수께끼를 풀어줄 곳이라고 내심 확신하게 되었다. 드디어 그곳으로의 출발은 연인 리브 토르프(Liv Torp)를 만나면서 행동으로 옮겨진다. 그들의 첫 만남은 산림 속에서 이루어졌는데, 연인과 만나자 헤위에르달이 그에게 던진 첫 질문은 함께 열대의 섬으로 갈 수 있겠는가였다. 그의 속내를 누구보다도 잘 꿰뚫고 있던 토르프는 추호도 주저함 없이 동의로 화답한다. 완전무결의 의기투합이었다. 그러자 천군만마의 조력을 얻은 헤위에르달은 용기백배하여 탐험계획을 촘촘히 세우게 된다.

1936년 성탄절 전날, 약관을 갓 넘긴 의지의 사나이와 2살 연하의 신부는 결혼식을 마치자마자 여흥도 뒤로한 채 이튿날 '문명의 뒤틀린 궤도'를 바로잡고 지상낙원을 찾겠다는 유토피아적 환상을, 그러나 아름다운 꿈을 품고 세계에서 가장 드넓은 대양인 태평양상의 프랑스령 폴리네시아 마르끼즈(Marquises)제도를 향해 장도에 오른다.

신혼의 밀월은 풍랑 사나운 뱃길에서 보내고, 신혼살림은 제도의 원시림 속 오두막에 차렸다. 그들이 지상낙원이라며 정착한 곳은 마르끼즈제도에 속한 파투이바(Fatu-Hiva, 3개 마을이라는 뜻)라는 궁벽한 시골로, 면적 85km²에 인구는 고작 612명(2007)뿐이다. 얼마 안 가서 2차대전이 발발해 독일이 노르웨이를 침공하자(1940) 부부는 제도에서의 첫 탐험을 마치고 귀국한다. 귀국할 때 그들은 오슬로대학 동물실험실의 한 교수로부터 위탁받은 임무를 위해 폴리네시아 현지에서 수집한 달팽이와 곤충 표본을 가지고 왔다. 이러한 수집품은 후일 헤위에르달이 학위논문을 작성할 때 실증적 자료로 이용되었다. 헤위에르달은 비록 폴리네시아에서 그가 바랐던 '물리적 천국'은 찾지 못했지만 '심리적 천국'은 발견했으며, 보다 중요한 것은 고대 남미인들의 폴리네시아 이주설을 확인한 것이라고 그곳에서의 탐험생활을 회상했다.

이 별천지에서 원주민들의 생활을 흥미롭게 탐사하던 어느날 그는 한 노인이 "티키티키"라고 노래하는 것을 가까이에서 듣게 된다. 문득 호기심이 동한 그는 그 노인에게 다가가 '티키'가 어디서 온 누구인지를 캐묻는다. 노인은 그의 조상들을 바다 건너 이곳으로 데리고 온 신왕(神王)이 바로 콘티키(Kon-Tiki)이며 동쪽에서 왔다고 대답한다. 그때까지만 해도 폴리네시아인의 조상은 서쪽에서 왔다는 것이 거의 정설이었다. 동쪽이라면 그것은 분명히 아메리카대륙으로 굉장히 멀리 떨어져 있는 곳이 아닌가라고 생각하면서도 헤위에르달은 노인의 말이 거짓이 아니라 사실일 것이라고 믿었다. 그 근거는 섬 여러곳에서 석상(石像)을 비롯해 고대 남미 인디언들이 남겨놓은 예술작품들과 유사한 유물들을 발견한 것이다.

헤위에르달은 이 파투이바에서의 탐험생활을 회고하는 저서 『안식일에 지구는 푸르렀다』(*Green Was the Earth on the Seventh Day*, 1991)를 출간하였다. 지상낙원이라고 찾아간 이 작은 섬에서의 모든 것이 문명세계와 달리 새롭고 생소한 첫 경험이었으며, 삼림 속에서 오두막을 짓는 일부터 우물을 파는 일에 이르기까지 모든 것을 자력으로 해결해야만 했다. 신혼부부는 미래에 대한 보다 큰 꿈을 간직하고 이방에서의 어려운 탐험생활을 낙천적으로 대하면서 자연생태계를 세심하게 관찰하고 일상을 헤쳐나갔다. 그리하여 헤위에르달이 저서에서 회고하다시피 일상이 역사이고 환상이었으며 사랑 이야기였다. 이 책은 독자들로부터 "지구에 띄운 한통의 연서(戀書)"이며, 담긴 내용은 "1급에 해당하는 이야기이며 문장은 힘과 매력이 넘쳐나는" 참된 책이라는 평을 받기에 이르렀다. 이 책에서 특기할 점은 헤위에르달이 이때부터 벌써 환경의 파괴로부터 지구를 지켜야겠다는 참된 열정을 불태웠다는 사실이다. 탐험가로서, 학자로서 그는 이러한 '지구 보위 이념'이 그의 온 탐험 생애의 저변을 관류하는 '영혼'이었다고 긍지 높이 술회했다.

파투이바의 노인이 전해준 이야기에 대한 믿음은 탐구욕과 호기심 많은 젊은 탐험가 헤위에르달의 일생을 송두리째 바꿔놓았다. 그는 그 때부터 콘티키 추적에 나섰다. 그 첫걸음이 바로 5세기 고대 잉까인들처럼 뗏목을 타고 뻬루에서 출발해 태평양을 가로질러 폴리네시아까지 항해함으로써 잉까인들의 태평양 이주설을 실증하는 이른바 '콘티키호'의 태평양 횡단이다. 전설 같은 그의 항해기는 세인들을 크게 놀라게 했으며, 그는 일약 세계적인 탐험가로 추앙받게 되었다.

2. '토르 헤위에르달 문명전파론'의 실(實)과 허(虛)

헤위에르달은 당초 목적지를 이스터섬으로 잡고 진행한 콘티키호의 1차 탐험이 뗏목의 상륙 불가로 실패한 후에도 집요하게 2차, 3차 탐험을 추진했다. 그 이유는 태평양상의 어느 지역보다도 이스터섬에서 남미와 상관된 유물이 많이 발견되어 자신이 주장하는 남미 인디언의 폴리네시아 이주설(약칭 '남미이주설')의 유물적 전거를 쉽게 확보할 수 있었기 때문이다. 그리하여 탐험 내내 남미와의 상관 유물을 찾아내는 데 초점을 맞추고 심혈을 기울였다. 급기야 그가 남미이주설의 전거로 찾아낸 상관 유물들은 다음과 같다.

1) 유럽인들이 들어오기 전에 이스터섬 원주민들은 이미 원산지 남미에서 유입된 고구마를 재배하고 있었다.

2) 섬 서남단에 자리한 오롱고(Orongo) 유적지에 있는 라노카우(Rano Kau) 화산호(수심 약 10m, 섬 유일의 식수원)는 수면의 절반을 남미 볼리비아의 띠띠까까호(Lake Titicaca)가 원산지인 또또라(totora, 갈대)가 뒤덮고 있다.

태평양 이스터섬 라노카우호에서 자라고 있는 또또라

3) 섬 남쪽 해변가에 있는 아후 비나푸(Ahu Vinapu) 제단의 아후(ahu, 신성한 곳, 즉 제단이란 뜻) 축조법이 뻬루 잉까문명의 성벽 축조법을 닮았다. 구체적으로 돌들이 그 사이로 종이 한장 들어갈 수 없을 정도로 빈틈없이 맞물려 있으며, 돌을 직각으로 맞물리고 끝부분을 살짝 호형(弧形)으로 처리하는 축조법이 유사하다.

4) 이스터섬과 남미의 일부 고대문명이 반인반조(半人半鳥, 사람과 새가 절반씩 섞인 존재)의 새사람(birdman, 鳥人) 전설을 공유하고 있다.

5) 콘티키 전설에 의하면 잉까제국을 세운 인디오의 태양신 콘티키가 전쟁에서 패하자 부족들을 이끌고 잉까의 이카다(Ikada)에서 이스터섬으로 이주했다고 한다.

6) 이스터섬에는 귓불을 인위적으로 길게 늘어뜨리는 아나우에페(Anauepe)라는 부족이 있었는데, 남미 잉까의 지배계급인 온오네(Onone)족도 이와 똑같은 풍습을 가지고 있었다.

보다시피, 헤위에르달이 탐험 과정에서 남미이주설의 전거로 발견해 제시한 내용 가운데는 수긍이 가는 것들도 있다. 그러나 두 부족이나 지역 간의 문화적 공통성이나 상사성을 구체적인 교류 과정의 확인이나 증빙 없이 일방의 전파의 결과로 여기거나 한쪽을 원류로 간주하는 것은 다분히 과학성이 결여된 견강부회적 억측에 불과할 수 있다. 전설 같은 것은 더욱 그러하다. 또한 상이한 지역 간에 문화적 공통성이나 상사성이 있다 해도, 그것이 상호 교류의 결과일 개연성의 단서는 될 수 있어도 그 자체가 교류의 결과라고 단정하는 것은 문명교류 연구에서 지양해야 할 방법론이다.

헤위에르달의 남미이주설은 인류문명교류론의 최초 창의(創意)로서 문명사에서 갖는 의미가 대단히 크다고 할 수 있다. 그러나 앞서 본 대로 그 전거에 내재한 이러저러한 미흡함과 후출한 여러가지 새로운 이론에 의해 학계로부터 거센 반발이 일었으며, 이 때문에 헤위에르달의 남미이주설은 선을 보이자마자 학계에서 부정되거나 도외시되었다. 당시 학계에서 제기한 반론의 주요 전거들을 그 정확성 여부를 떠나서 종합하면 다음과 같다.

1) 훔볼트해류의 도해 문제: 콘티키호는 이 탐험 항해에서 가장 어려운 구간인 뻬루의 훔볼트해류를 뗏목의 자력에 의해서가 아니라 예인선에 끌려 도해했는데, 예인선이 없던 고대에 남미인들이 어떻게 이 해류를 건넜는지에 관한 해명이 없다. 실제로 헤위에르달 이후에 고대 선박으로 그 해류를 도해하려고 시도한 경우 모두 해류의 훨씬 북쪽으로 떠밀려갔을 뿐 아니라, 그곳에서는 헤위에르달이 남미의 영향이라고 한 유물들이 아무것도 발견되지 않았다.

2) 콘티키호의 제작 문제: 콘티키호는 고대 남미의 배를 재현한 것이 아니라 원주민들이 유럽인들과 접촉한 후 유럽 선박을 본떠 개량한 형태이며, 방향 조절을 위해 원래 뗏목에는 아예 없던 유럽식 타륜(舵輪, 선박의 키를 조종하는 손잡이 달린 바퀴 모양의 장치)을 사용했다. 따라서 헤위에

르달이 주장하는 콘티키호 탐험 항해는 실험 항해로서의 가치를 인정할 수 없다.

3) 폴리네시아와 남미 간의 혈통적 상관성 문제: 인류학과 고고학, 역사학, 유전학 등의 학문적 고증에 의하면, 폴리네시아를 비롯한 태평양 섬사람들의 이주 과정은 남미에서부터가 아니라, 동남아시아에서 멜라네시아(Melanesia, 오스트레일리아 북동쪽 남태평양의 180도 경선상에 이어져 있는 여러 제도)로, 멜라네시아에서 다시 폴리네시아로 이어졌으며, 유전자 역시 남미와는 무관하다. 전설 속의 조상이주설도 헤위에르달이 주장하듯 동쪽에서보다 서쪽에서 왔다는 설이 더 우세하며, 언어적 상관관계에서도 공통점을 찾아볼 수가 없다.

4) 폴리네시아와 남미 간의 문화적 상관성 문제: 남미와 관련된 문화적 유물이 폴리네시아에서는 발견되지 않고 있다. 예컨대 폴리네시아 일원에는 도기 제작 재료가 풍부함에도 남미의 오랜 전통예술품인 도기류를 이곳에서는 찾아볼 수 없으며, 흑요석(黑曜石)으로 만들어진 석기는 남미와는 완전히 계통이 다른데다가 남미보다 형태가 비효율적이다. 또한 폴리네시아인들이 시종 카누만으로 항해했으며 바람을 이용할 줄 몰랐다는 사실은 그 조상의 남미이주설을 믿을 수 없게 한다.

5) 헤위에르달의 비학자적 아집 문제: 학계에서는 헤위에르달을 "모험가로서는 열정적인 사람이 분명하지만, 학자로서는 문제가 있다"고 평가하면서 그는 "자신이 지지하는 학설 이외의 증거는 의도적으로 무시한다"라고 그의 아집을 지적했다.

당시 일부 학계에서 쏟아낸 이러한 반박과 부정에도 불구하고 헤위에르달은 남미이주설을 비롯해 고대문명 간에 분명 전파와 피전파 관계가 있었기에 그토록 유사한 문명들이 생성될 수 있었다는 '문명전파설'을 확신했다. 한편, 일부에서는 그에게 노르웨이의 걸출한 탐험가이자 인류학자라며 찬사와 지지를 보내면서 "콜럼버스보다 더 험난한 탐험을 재현하고, 마젤란보다 더 신기한 영웅서사를 기록했다"라고 그를 높이 평가했다. 헤위에르달은 아마 이에 고무되어 더욱 자기 학설과 주장에 대한 아집을 버리지 못했을 것이다.

그는 고대 인디언문명과 이집트문명 간에는 피라미드와 미라, 역법(曆法)과 원시적 갈대배 같은 유사문화가 있다는 사실을 탐험을 통해 확인하면서 이러한 공유문명은 어디서 왔는지, 자생한 것인지, 아니면 콜럼버스의 아메리카대륙 '발견' 2천여년 전에 이미 개화한 이집트문명에서 온 것은 아닌지, 그렇다면 어떤 수단이나 루트를 통해 온 것인지 등등 세계적인 수수께끼의 해명에 잠심몰두하였다. 이처럼 그가 두 문명의 상사성에 몰두하여 '각이한 나라에서 온 7명의 청년들이 이집트식 갈대배를 만들어 타고 아프리카를 떠나 대서양을 횡단해 중남미에 도래하였다'는, 당시 유럽에 널리 유행하던 '이집토마니아(Egyptomania)적' 유설(遊說)에 경도되었던 것에도 그런 배경이 있다.

이집토마니아에서 '마니아'는 그리스어로 '광기(狂氣)'라는 뜻으로, 한가지 일이나 분야에만 몰입하는 사람을 일컫는다. 따라서 이집토마니아는 고대 이집트의 것에 대해서는 무조건 열광하는 사람을 지칭한다. 그만큼 19세기 말엽까지만 해도 유럽에서는 고대 이집트문명을 타의 추종을 불허하는 가장 오래되고 찬란한, 모든 고대문명의 '모태'로 오해하고 있었다. 그러한 오해의 주원인은 당시까지는 유일하게 이집트에서만 고대문명에 관한 유적과 유물이 발견되고, 그것을 학문적으로 해석하는 고고학이 나타나기 시작했기 때문이다. 사실 고대 이집트문명을 제외한 이른바 세계 3대 문명(메소포타미아문명, 힌두문명, 황허문명)과 기타 오래된 문명들에 관한 발굴이나 고고학적 연구는 그로부터 반세기 후인 20세기 전반에 이르러서야 비로소 시작되어 관련 유

적과 유물이 세상에 알려지게 되었던 것이다

그리하여 기타 지역의 고대문명들은 모두가 이 '선진' 이집트문명을 계승 모방했거나, 그것의 영향을 받은 것쯤으로 간주하면서 유럽은 고대 이집트문명에 열광했다. 탐험가이자 여러 학문 분야의 연구자로 자처한 헤위에르달이 주장한 이집트문명의 아메리카 전파설도 이와 맥락을 같이한다. 이렇게 바로 한때 유럽 학계를 풍미한 '이집토마니아'적 학설의 전형적인 예가 이른바 '문명단원이동론(文明單元移動論)'이다. 영국에서 대두하여 19세기 말부터 20세기 초까지 맨체스터학파(Manchester School)가 주장한 이 이론에 의하면, 문명의 유일한 발상지는 이집트로서, 거기에서 발생한 문명이 세계 각지로 계속해서 이동하고 확산되었다는 것이다. 이러한 문명의 이동과 확산은 다음과 같은 3대 간선을 따랐다.

① 남선(南線): 이집트-시리아-홍해-남아라비아반도-인도-인도네시아-중남미로 이어지는 길이다. 남선 지대의 대표적 문화는 태양과 석물(石物)을 숭배하는 양석복합문화(陽石複合文化)다.

② 중간선(中間線): 이집트-메소포타미아-이란 북부-중앙아시아 사막지대-알타이산맥-고비사막-중국으로 연결되는 길이다. 중간선 지대의 특징적인 문화는 채도(彩陶)문화다.

③ 북선(北線): 이집트-중앙아시아(러시아 남부)-시베리아-북미로 뻗은 길이다. 북선의 고유문화는 즐문(櫛紋, 빗살무늬)토기문화다.

이 이론에 따르면 3대 간선을 따라 펼쳐진 모든 지구상 문명의 발상지는 오로지 이집트이며, 따라서 문명은 서에서 동으로 이동한 것이 된다. 이 3대 간선은 문명교류의 통로인 실크로드 3대 간선, 즉 해로와 오아시스로 및 초원로와 그 노정이 대체로 일치한다. 이 문명단원이동론은 일찍이 '한자서래설'이나 '중국문명 바빌로니아 기원설'(일명 '바크족

이주설') '채도서래설' 등 이른바 문명의 서래설에 아전인수 격으로 이용되어 그 이론적 전거인 양 오도되었다.

그러나 20세기 초, 특히 2차대전 이후에 문명의 다원설(多元說)이 주창되고, 문명의 개별성·고유성이 강조됨에 따라 이 이론은 입지를 잃어가고 있다. 물론 문명은 부단히 이동하지만, 그 이동은 결코 일방적인 하향(下向) 운동이 아니라 상호이동, 즉 교류인 것이다. 때로는 후진문명에 대한 선진문명의 이동이 일방적인 것으로 비치기도 하지만 그것은 어디까지나 상대적이고 일시적인 기복(起伏) 현상일 따름이다. 시간이 흐르면 후진문명이 오히려 선진문명을 추월해 역(逆)이동이 일어날 수도 있음을 많은 역사적 사실이 실증해주고 있다.

나이 일흔넷이 된 1988년, 백발이 성성한 탐험가 헤위에르달은 노익장을 자랑하듯 중남미 고대문명의 상관성·전파성에 관한 고고학적 발굴과 연구를 위해 40여년 전 자신이 처음으로 탐험 항해에 나섰던 땅 뻬루를 다시 찾았다. 당시 뻬루 북부 해안에서 내륙으로 20km 떨어진 고도 뚜꾸메(Túcume) 교외는 유수의 유물 발굴지로서 세계 고고학계의 주목이 쏠리고 있던 곳이다. 이미 폐허가 된 뚜꾸메는 1100년경에 세워진 도시로, 이 도시를 중심으로 뻬루 북부 해안지대에는 일찍이 잉까와 아스떼까문명이 꽃피어 많은 유물들이 매장되어 있다. 조개껍질 등 해양 유물이 많이 출토되는 점으로 미루어볼 때 이곳은 원래 해안지대였음을 알 수 있다. 발굴 작업은 헤위에르달의 직접 감독하에 대형 피라미드 라 라야(La Raya) 언저리에서 진행되었다.

이 유적지에서 그가 주장하던 고대 남미문명의 전파설을 고증할 수 있는 숱한 유물들이 출토되었다. 한 왕실묘에서는 왕의 황금 가면과 함께 부장품으로 칠레산 청금석(靑金石)과 아르헨띠나에서만 채취되는 녹색 터키석으로 만들어진 장식품이 나왔다. 비교적 온전하게 남아 있는 흙벽돌 벽에는 두명의 '새사람〔鳥人〕'이 각각 대형 갈대배 위에 서 있고 그 주위를 각종 물고기와 바닷새들이 에워싸고 있는 신비하고 낭만적인 그림이 새겨져 있기도 한데, 이것은 잉까 예술에서 흔히 목격되는 모티브다. 그런가 하면 두 사람이 자그마한 발사나무 뗏목에 앉아 있는 형상이 그려진 흑색 도자 항아리와 에꽈도르 내지 빠나마산 조개껍질도 출토되었다.

이 모든 유물은 콜럼버스가 이곳에 오기 이전부터 이곳 사람들이 뗏목을 만들어 타고 해양교역에 종사했음을 시사해준다. 아울러 헤위에르달이 일관하게 주장해온 고대 중남미문명의 전파설과 인디언들의 해외이주설의 개연성을 뒷받침해주는 전거가 되기도 한다. 헤위에르달은 뚜꾸메 발굴 작업이 갖는 의의에 관해 "나는 이곳에서 거대한 피라미드를 축조한 잉까의 고대문명이 중앙아메리카와 이집트, 메소포타미아, 인더스, 나아가서는 사라진 대륙 아틀란티스를 서로 연결해주는 고리의 구실을 했다고 믿는다"라고 자신감을 피력했다.

헤위에르달은 뻬루에서 1988~92년 4년간 유의미한 발굴 작업을 마치고 귀국해서는 이딸리아로 이주해 만년을 보내다가 2002년 4월 18일 향년 88세로 이딸리아 북부의 작은 마을 꼴라 미께리(Colla Micheri)에서 곡절 많은 한생을 마감하고 '태양호'의 유택에서 영면에 들었다.

헤위에르달은 일찍이 어린 시절부터 자연과 우주에 관한 천부적인 탐구심과 다양한 호기심을 가지고 탐험가의 청운지지(靑雲之志)를 착실하게 키워왔으며, 60여년간 14회나 주로 뗏목과 갈대배를 타고 험난한 3대양을 누비면서 대륙 간의 고대문명 전파설을 고증하기 위해 모험적인 대탐험에 헌신했다. 그리하여 세계 탐험사와 문명교류사, 해양사에 여러가지 창의적인 업적을 남겼다. 그 과정에서 학계에서는 그의 행적과 이론의 허와 실, 사실성과 허위성에 관한 논쟁이 분분했으며 이는 지금도 여전히 진행형이다. 헤위에르달이 탐험사와 문명교류사, 해양사 분야에 남긴 업적과 논점을 정리하면 다음과 같다.

첫째, 헤위에르달은 미지의 세계에 대한 탐구에만 일로매진한 철저한 탐험가의 표상이다. 탐험사에서 우리는 사리사욕과 손익만 따지거나 '발견'이라는 허영에 들뜬 현상들을 흔하게 목격한다. 콜럼버스는 대서양 횡단 항해에 나서기에 앞서 스페인 이사벨 여왕과 일종의 계약서인 이른바 '그라나다 각서'를 체결했는데(1492), 이 문서는 그가 해야 할 일을 '섬들과 본토'를 찾는 것으로 규정하면서 그에게 다음과 같은 특권을 부여했다. 즉, '발견한 땅'의 '대양제독'에 봉해지고 '발견한 지역에서 국왕이 획득하는 금과 보석 및 기타 산물의 10분의 1을 차지할 권리를 가진다.' 그런가 하면 뽀르뚜갈의 항해가이자 '인도 항로의 개척자'인 바스꾸 다가마는 대포로 무장한 범선 4척을 이끌고 리스본을 떠나 아프리카 남단을 에돌아 1498년, 출항 10개월 만에 인도 서해안의 캘리컷(현 코지코드)에 도착한다. 이듬해에 그는 60배의 이익을 남겨줄 향료를 싣고 귀향한다. 역사상 서세동점의 효시라고 할 이 해양 탐험의 목적은 어디까지나 동방에 대한 서방의 식민지 약탈을 위한 바닷길을 트는 데 있었다.

이렇게 중세의 두가지 대표적인 탐험 사례만 봐도 자고로 이러저러한 미명하에 행해진 대부분의 '탐험'은 '미지의 세계를 탐구'하는 본연의 것이 아니었음을 알 수 있다. 이에 반해 헤위에르달의 탐험은 문자 그대로 철두철미한 탐험이었다. 오로지 해양을 통한 고대문명의 전파를 탐구하는 데만 초점을 맞추었다.

탐험은 왕왕 모험을 수반한다. 역설적으로 '탐험다움'이란 비범한 모험을 뜻하며, 역경에 대한 도전으로 탐험은 빛이 나고 그 가치를 평가받게 된다. 대저 탐험가라면 한두가지 모험담은 필수지만, 헤위에르달처럼 과거 역사의 실증을 위해 며칠도 아닌 몇달 동안 도무지 상상도 할 수 없는 고대의 엄청난 모험을 재현하고 그것을 탐험으로 승화시킨 것은 역대 탐험사에서 실로 보기 드문 일이다. 1947년 뗏목 콘티키호로 101일간 장장 8000km를 항해한 것이며 1969년과 1970년 라 1, 2호의 대서양 탐험 항해와 1977~78년 티그리스호의 인도양 탐험 항해도 마찬가지다. 탐험에서 역경의 극복은 담력과 지략이 모두 갖추어졌을 때만 가능한 법이다. 헤위에르달이야말로 바로 이러한 자질의 소유자였다.

둘째, 헤위에르달은 평화적 글로벌리즘(globalism, 세계통합주의)의 선구적 역할을 했다. 헤위에르달이 이집트의 고대 선진문명에 열광하는 이른바 이집토마니아의 유혹에서 완전히 탈피하지 못한 채 고대 이집트문명과 중남미문명이나 카리브해문명, 인도문명의 상관성에 관한 탐구를 지속한 것은 사실이다. 그러나 탐험을 통해 세계 인식을 넓혀감에 따라 한편으로 그는 이집트문명과는 무관하게 중남미문명과 태평양상의 폴리네시아문명 같은 여러 지역 문명들 간의 상관성이나 뻬루문명과 기타 중남미 지역 문명 같은 동질문명권 내의 문명요소들 간의 상관성도 놓치지 않고 다면적으로 탐구했다. 요컨대 남북 극지를 비롯한 제한된 프런티어(frontier)에만 탐험의 발길을 내딛는 전래의 협애한 관행을 깨고 그 범위를 지구의 중심을 관류하는 3대양으로 확대함으로써 탐험의 글로벌리즘이 실행되는 데 미증유의 선구적 역할을 수행하였다.

이와 더불어 헤위에르달과 그 일행은 반전평화운동에도 적극 참가하여 활동함으로써 글로벌리즘적 면모를 보여주었다. 이들은 장기간에 걸친 탐험의 현장에서 바다와 문명의 소중함을 절감했으며, 그것을 지키기 위한 활동에 적극 참가함으로써 탐험사에 진정한 탐험가로서의 전범을 세웠다. 1978년 티그리스호의 인도양 탐험대가 목적지 이집트를 눈앞에 두고 홍해 입구의 기착지 지부티에 도착했을 때 뜻밖의 전란으로 항로가 차단되어 숙의 끝에 수개월간 고락을 같이해온 배를 바다에 띄운 채 소각하는 비운을 맞자, 전체 대원들 이름으로 유엔에 인류문명의 요람인 발전도상국에 대한 무기 수출과 판매를 금지할 것을 촉구하는 진정서를 보낸 것이 그 하나의 예이다. 인류문명의 귀중한 공동유산의 파괴를 미연에 막기 위한 충정의 간청이었던 것이다.

그런가 하면 콘티키호 탐험에서 생사고락을 함께했던 헤위에르달과 대원들인 크누트 헤울란(Knut Haugland)과 토르스테인 로뷔(Torstein Raaby)는 2차대전에 전우로 참전했는데, 헤울란은 독일의 원자폭탄 개발을 저지하는 작전과 독일이 노르웨이 공장에서 핵분열 통제에 필수인 중수를 생산하는 것을 저지하는 작전에 참여하였다. 그리고 로뷔는 정보장교로서 독일 전함 티르피츠(Tirpitz)의 동정을 살피는 정찰활동을 했으며 티르피츠 격침 작전에도 자진해서 참여했다. 이들 모두 이러한 평화적 글로벌리즘 활동에 몸 바친 경력을 자랑으로 회고하고 있다.

셋째, 헤위에르달의 탐험으로 문명전파론이 활성화되었다. 헤위에르달의 문명전파론은 앞서 보다시피 중남미문명의 폴리네시아 전파의 전거를 놓고 학계와 치열한 공방이 벌어진 것을 계기로 전례없는 주목을 끌었다. 발생론적으로 보면 문명 발생의 요인은 자생론과 전파론으로 대별되는데, 자생론은 내재적 요인에 의한 발생 담론인 데 비해 전파론은 외연적(外延的) 요인에 의한 발생 담론이다. 일단 발생한 문명은 타자(他者)에게 전파되어(전파론) 타자가 수용하게 되는데(수용론), 이 전파와 수용 과정이 곧 문명교류다.

이렇게 모두가 딱딱하게 여기는 문명담론을 약술이라도 하는 것은, 헤위에르달의 탐험이 문명사에서 차지하는 위상을 제대로 가늠하고, 그 허와 실을 똑바로 가려내기 위해서다. 무한대의 문명교류 시대로 불리며 문명교류가 시대의 화두로 부상하고 있는 21세기에 이러한 문명담론을 반추해보는 것은 그 나름대로 현실적 의의가 있을 듯하다.

헤위에르달이 탐험의 전과정을 통해 주장한 것은 이질문명(권) 간이나 동질문명(권) 내에서 발생한 문명 전파로 요약된다. 물론 문명전파론이 근세에 와서 중요한 담론으로 부상했거나 헤위에르달에 의해 의제화된 것은 아니다. 넓은 의미에서 보면 전파는 상고시대에 문명이 탄생한 그 시각부터 주로 문명의 이동이나 보급이라는 표현으로 통념화되면서 논제로 자리잡기 시작했다. 급기야 중세에 이르러서는 문명의 외연적 확대가 가속화되면서 문명 전파가 종횡무진으로 확산되었다. 문제는 그 명분과 의도다. 서구 식민주의자들은 이른바 '후진국의 문명화'라는 구실하에 제국주의적 식민문명의 일방적 주입이나 강요를 문명의 '전파'나 '선진화'라는 허울로 포장한 것이다. '선진'과 '후진'이라는 우열주의를 바탕으로 한 이러한 억압적이며 편파적인 제국주의적 문명전파론은 오늘날까지도 그 폐해가 다 해소되지 못한 채 문명담론을 좀먹고 있다.

헤위에르달이 확신하고 주창한 문명전파론은 이러한 제국주의적 문명전파론과는 명분과 의도에서 본질적인 차이가 있다. 그는 문명 우열주의나 편파성을 의도한 것이 아니라, 문명 간의 상사성·공통성에 착안해 그 전파성과 상관성을 추론했던 것이다. 예컨대 중남미와 이스터섬의 재배식물인 갈대의 공통성에서 중남미 원주민의 이스터섬 이주설을 제기하거나, 이집트와 중남미 간 피라미드의 상사성을 감안해 이집트문명의 중남미 전파설을 제기한 것이 그렇다. 그러나 헤위에르달의 이와 같은 문명전파론 주장에도 시대와 학문의 한계에서 비롯된 허점과 흠결이 있다는 점을 간과해서는 안 된다. (아울러 역설적으로 이러한 허점과 흠결로 말미암아 당대 문명 전파 담론이 활성화되었다는 점도 망각해서는 안 될 것이다.) 헤위에르달은 문명 간의 상사성·공통성을 교조주의적으로 전파의 근거로 삼고 그러한 상사성은 곧 전파의 결과라고 단정하면서 여러 이질문명 간의 전파론을 고집했다. 이것은 그의 전파론이 범한 편단으로서 결정적인 흠결이며 한계이다.

　원래 수용에 의한 상사성이 전파의 근거가 되는 것은 그 전파 과정이 명명백백히 밝혀졌을 경우에만 한한 것이다. 전파 과정이 밝혀지지 않았는데 상사성 일면만 보고 그것이 전파의 결과나 근거라고 지레짐작하는 것은 일종의 비과학적 속단에 불과하다. 헤위에르달 자신도 이러한 결점을 인지하고 그 극복에 여생을 바쳤지만, 전파를 아우르는 문명교류가 학문적으로 정립되기는 고사하고, 인문학의 한 분야로도 인정받지 못하는 상황에서 학계로부터 온갖 불가론과 비난, 조소가 쇄도함으로써 거의 고군분투하지 않을 수 없었다. 그럼에도 그는 시대적 제약과 난관을 뚫고 문명 전파라는 초야를 개척하려는 의지를 결코 굽히지 않았다.

　헤위에르달의 문명전파론도 그렇지만 70여년이 지난 오늘도 문명전파론에서 가장 껄끄러운 난제의 하나가 문명 간의 상사성·공통성 문제다. 유적과 유물이나 기록에 의해 합리적이며 구체적으로 전파 고리나 경로가 밝혀진 경우, 인과관계가 명백한 경우에 한해서만 상사성을 전파의 결과라고 단정지을 수가 있는데, 문명교류사의 실제에서 이러한 경우는 드물고 거지반은 그 실상이 애매모호하거나 가려져 있어 그에 접근하기가 여간 어렵지 않다. 60여년을 그러한 접근을 시도한 헤위에르달도 세상을 납득시킬 만한 결론을 얻지 못한 채 고작 가상적 접근에 머물렀을 뿐이다.

　헤위에르달보다 앞서 학계 일각에서는 이 난제의 해답이랍시고 궁색한 이론을 내놓기도 했다. 그것이 바로 미국의 인류학자 루이스 모건이 근 150년 전에 궁여지책으로 개진한 이른바 '공통심리설'이다. 그는 역작 『고대사회』에서 "인류는 같은 뿌리에서 출현하여 동일한 발전단계에 이르러서는 유사한 수요가 생겨나고, 또 유사한 사회환경에서는 동일한 심리작용을 한다"라는 주장을 폈다. 이 이론을 문명교류사에 대입하면, 문명 전파와 상사 문명의 발생을 형이상학적 인과관계로 이론화할 수 있다. 그러나 문명은 전파나 수용 과정에서 많은 접변(接變, acculturation)을 일으킨다는 사실을 감안할 때, 공통심리설의 교조주의적인 적용은 자칫 무리를 빚을 수 있어 신중한 개진이 필요하다.

문명전파론을 핵심으로 하는 헤위에르달의 신선하고 충격적인 탐험기들은 학계는 물론 사회 여론 일반에서도 큰 반향을 불러일으켰다. 그는 폴리네시아 군도 탐험기인 『안식일에 지구는 푸르렀다』와 갈대 뗏목인 콘티키호를 타고 태평양을 횡단한 탐험항해기 『콘티키 탐험기』(*The Kon-Tiki Expedition: By Raft Across the South Seas*, 1948) 외에도 이스터섬의 탐험기 『아쿠아쿠: 이스터섬의 비밀』(*Aku-Aku: The Secret of Easter Island*, 1958), 라 1, 2호의 카리브해 탐험기인 『태양호 갈대배 원정기』(*The Ra Expeditions*, 1971)를 비롯해 평생 22권의 탐험기를 출간했는데, 72종의 각국 언어로 역출되어 100만권이나 판매되었다. 콘티키호의 모험 과정을 재현한 다큐멘터리 「콘티키」는 1951년 아카데미 오스카상을 수상하기도 하였다. 그런가 하면 유럽의 일부 나라에서는 그의 저서가 중학교의 과외필독서로 지정될 정도로 인기가 높았다. 거명된 4종의 책은 '4대 탐험 경전'으로까지 평가되며 독자들의 사랑을 받았다.

넷째, 헤위에르달은 지구와 해양환경 보호의 선각자다. 그는 첫 마르끼즈제도의 탐험을 마치고 돌아와 쓴 탐험기 『안식일에 지구는 푸르렀다』에서 탐험 내내 인간의 무자비한 자연생태계 파괴를 통탄하면서 "환경파괴로부터 지구를 지켜야겠다는 참된 열정을 불태웠다"라고 심정을 토로했다. 만년에 저술한 한 탐험기에서는 탐험가로서, 학자로서

카리브해의 갈대배 모형

"지구 보위의 이념"이 그의 온 탐험생활의 저변을 관류한 "영혼"이었다고 술회하기도 했다. 이처럼 헤위에르달은 지구 보호의 가치를 인간의 정신세계를 지배하는 '영혼'으로 승화시키고 이를 몸소 실천한 참된 글로벌리스트였다.

해양민족의 후예답게 헤위에르달은 어릴 적부터 바다를 유난히 사랑했다. 청운의 꿈을 바다에서 꽃피우리라 작심하여 '지상낙원'으로 찾은 곳이 남태평양 폴리네시아의 마르끼즈제도였으며, 이를 기점으로 평생에 걸친 14회의 탐험 대상이 모두 3대양과 해양문명이었다. 그의 '바다 보호'는 '지구 보호'와 동의어로서 '바다 보호'를 떠난 '지구 보호'는 있을 수 없다는 것이 그의 확고한 신념이었다. 헤위에르달의 이러한 생각은 그만의 독특한 항해 원칙으로 표현되었다. 그의 3대 항해 원칙은, 첫째 탐험은 인류 공동의 문화유산에 관한 탐구활동이기에 다국적 출신의 여러 분야 전문가들로 탐험대를 구성하고, 둘째 배에 항상 평화와 공조의 상징인 유엔 깃발을 달고 다니며, 셋째 바다와 항해에 관한 효과적이고 지속적인 탐구를 위해 준비부터 항해의 전과정을 일기 형식으로 기록한다는 것이다.

이상에서 살펴본 바와 같이 토르 헤위에르달은 탐험사와 항해사, 문명교류사, 고고학 등 여러 학문 분야에서 불후의 업적을 쌓고 당대의 최고 탐험가의 반열에 우뚝 섬으로써 학계와 여론계의 격찬을 받았다. 고국 노르웨이에서는 헤위에르달이야말로 역대 노르웨이 출신 가운데 이름을 가장 널리 알리고 국위를 선양한 '국가의 자랑' '사건창조적 위인'으로 알려져 있다. 이런 위인을 기리는 자취도 노르웨이 곳곳에서 찾아볼 수 있다. '콘티키호'의 이름을 따 1957년 완공된 오슬로 소재 콘티키박물관은 세계적 박물관으로 국내외에서 찾아오는 관광객이 연간 1700만명(2014)에 달한다. 또한 노르웨이 해군의 이지스함인 프리드쇼프 난센(Fridtjof Nansen)급 호위함은 그의 이름을 따서 '토르 헤위에르달함'이라고 명명되었다. 그런가 하면 구글(Google)은 2014년 10월 6일 메인 화면에 헤위에르달 탄생 100주년을 기리기도 하였다.

이것으로 토르 헤위에르달에 관한 소략한 탐구를 마치면서, 끝으로 그 탐구 과정에서 절감한, 실로 놀랍고도 기기괴괴(奇奇怪怪)한 일이라 하지 않을 수 없는 서구문명의 민낯 한가지를 적시해보고자 한다. 그것은 이렇듯 명망 있는 탐험가를 무모하게도 탐험가 반열에서 싹둑 잘라내버린 서구 학계의 비학문적인 집단적 비행(非行)이다. 이 비행을 두 권의 관련 저서로 확인해보자. 한권은 미국의 저명한 고대사가 너새니얼 해리스(Nathaniel Harris)를 비롯한 8명의 연구자들의 공저『탐험가와 탐험』(*Explorers and Exploration*, 1998)으로, 이 책은 선사시대부터 1969년 '아폴로호'의 달 착륙까지 인류의 탐험사를 총 10개 부문으로 세분화해 어림잡아 230여명의 탐험가들을 다루면서도 토르 헤위에르달에 관해서는 조금도 언급하지 않았다.

다른 한권은 영국의 유명한 탐험가이자 1991년 『선데이타임스』가 '20세기를 만든 인물' 1천명 중 한 사람으로 선정한 영국 왕립지리학회 부의장 로빈 핸버리 테니슨(Robin Hanbury-Tenison)이 2010년에 엮은 『위대한 탐험가들』(*The Great Explorers*, Thames & Hudson 2010)이다. 이 책 역시 해양 탐험, 육지, 강, 극지 빙하, 사막, 지구상의 생물, 새로운 개척자들 순으로 항목을 나누어 각 부분에서 '엄선'한 위대한 탐험가들 총 40명을 소개하고 있다. 혹시나 했는데 역시 헤위에르달의 명함은 보이지 않는다. 도대체 어찌된 영문인가?

필자는 오슬로의 콘티키박물관을 찾아갈 때나 가서 직접 관련 자료를 접했을 때만 해도 헤위에르달이 '위대한 탐험가'의 일원이라는 데 대해서는 추호의 의문도 있을 수 없다고 확신했다. 그러나 정작 그에 관한 글을 쓰느라 이것저것 뒤지는 과정에 뜻밖에 이러한 기괴한 집단비행에 맞닥뜨리게 되었다. 당황망조(唐慌罔措)를 가까스로 가라앉히고 차분히 자초지종을 알아보려 하니, 요체는 그네들이 왜 그렇게 했을까 하는 원인 규명이다. 그리고 이 글에 종지부를 찍으려는 순간까지도 신빙성 있는 답은 찾지 못한 것이 사실이다. 민낯 감추기에 이골이 난 그네들이 오랫동안 작심하고 짜맞춘 공모를 필마단기(匹馬單騎)로 일거에 갈파한다는 것은 애당초 역부족일 수밖에 없기도 했다.

그저 짐작건대, 영국 같은 나라는 한때 노르웨이를 비롯한 북방 해양민족(비크족)의 속국으로 시달림을 받았으므로, 그 수모로 인해 콜럼버스에 앞서 이 해양민족 탐험가들이 아메리카대륙을 발견했다는 역사적 사건을 무마하려 했거나, 아니면 역사의 상대적 승세(勝勢)나 선도에 대한 본능적 시기(猜忌)에서 비롯된 것이 아니겠는가. 혹여 그도 아니라면 무주공처(無主空處)의 탐험을 통한 식민지 쟁탈과 이익 추구에 이골이 난 유아독존적이고 배타적이며 이기적인 악심(惡心)에 기인하는 것은 아니겠는가. 그런가 하면, 학문적으로 중남미 인디언들의 태평양 이주설을 비롯한 문명전파론에서 야기된 심각한 논쟁과 갈등이 혜위에 르달이 학계에서 버림받게 된 원인의 하나가 아니겠는가. 요컨대 복합적인 원인이 작동했으리라는 짐작을 해본다.[4] 최종적으로 제대로 된 해명은 가려졌던 서구의 민낯이 속속 드러나는 그날, 당사자인 서구 학계의 자성을 바탕으로 한 실사구시의 연구에 의해 이루어질 것이다.

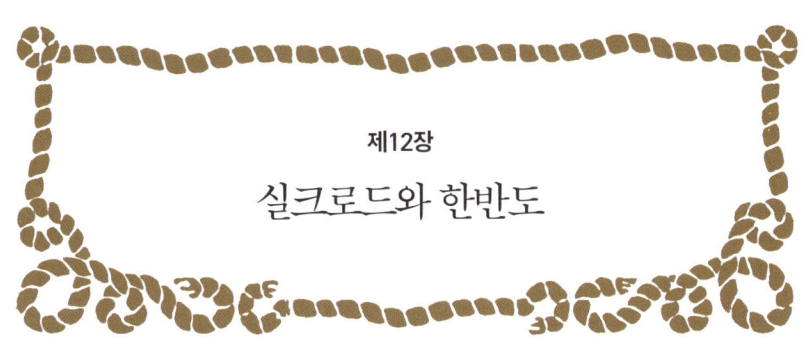

제12장
실크로드와 한반도

| 제1절 한반도로의 실크로드 복원

 작금 우리는 한반도와 범인류적 문명교류 통로인 실크로드의 관계 설정에서 큰 착각에 빠져 있다. 그 착각은 한마디로 '복원(復原)'을 '연장(延長)'으로 오인(誤認)한 것이다. 이를테면 문명의 여명기부터 실크로드는 실존체(實存體)로서 한반도와 세계를 이어주는 교류 통로였는데, 역사의 어느 순간 그 실존체가 자타(自他)의 실수나 무시에 의해 가뭇없이 사라져버렸다. '원래(原來)'를 잃어버리게 된 셈이다. 그런데 우리는 오늘에 와서 느닷없이 그 '원래'는 망각한 채 마치 한반도와 실크로드 관계의 요체(要諦)가 언제 어디로부터의 '연장'인 양 착각하고 있다. 원래부터 지구는 둥글다보니, 그 위에 사는 방방곡곡 사람들 간의 왕래나 주고 받음을 이어주는 길인 실크로드는 어디가 시작이고 어디가 끝이란 개념이 없다. 어디로부터의 '연장'이란 개념도 물론 없다. 그저 서로를 연결해주는 하나의 둥근 고리일 뿐이다.

 그런데 지금까지 서양에서는 이 둥근 고리로서 하나로 이어진 실크로드를 자신들의 비위(우월주의나 중심주의 등)에 맞춰 자의로 토막내어 시말(始末)을 정하고, 어디로부터의 '연장'이라고 못박으며, 심지어 '미개'를 구실로 한반도를 포함한 지구상의 많은 나라나 지역들을 토막난 고리의 변방으로 밀어내는 일까지 서슴지 않아왔다. 그리하여 우리 한반도도 동쪽으로는 중국에서 끝난 실크로드와는 무관한 존재로 도외시되어왔다. 중국의 취안저우(泉州)해상박물관장 딩위링(丁毓玲)은 중세 아랍과 페르시아 무슬림 상인들이 구축한 무역네트워크의 종점은 중국이기 때문에 그들은 더이상 북상해 고려나 일본으로는 가지 않았다고 주장한다.[1] 환언하면 중세 해상실크로드는 중국까지이고 한반도나 일본과는 무관하다는 것이다. 그간 유네스코가 출간한 해상실크로드 관련 문헌이나 지도도 이와 같은 내용이다.

이러한 편견에서 출발해 근자에 와서 한반도로의 실크로드 '연장'이라고만 하는 작위적인 의제에 착안하다보니, 한반도 내의 실크로드는 원래부터 엄존(儼存)한 실체가 아니라, 그 길이가 고작 중국 영내의 실크로드 동단(東端)에서 뻗어간 짤막한 길에 불과했으며, 그 길을 통한 이방(異邦)과의 교류나 만남은 극히 제한적일 수밖에 없는 것이었다. 그러나 그간의 숱한 문헌자료와 유물에 관한 연구를 통해 한민족의 광범위한 민족사적·교류사적 외연성(外延性)이 확인됨으로써 우리는 한반도 영내의 실크로드가 훗날 어디로부터의 '연장'이 아니라, 망각되었던 원래의 실존에 대한 복원이라는 사실을 인식하고 확신하게 되었다. 따라서 이 길이야말로 한민족이 뿌리를 내리도록 한 복원의 길이며, 한민족을 세계와 소통시키고 한민족의 위상을 드높인 자랑스러운 복원의 길인 것이다.

지금까지의 통설로는 구대륙 내에서 전개된 실크로드의 동단은 일괄해서 중국이다. 즉, 그 동단이 초원로는 중국의 화베이(華北) 지방이고, 오아시스로는 장안(長安, 현 시안)이며, 해로는 중국의 동남해안이라는 것이다. 그러나 한반도에서 발견된 여러가지 중국과 서역 및 북방계에 속하는 유물과 관련 기록들은 일찍부터 한반도와 이들 지역 간에는 소통과 문물 교류, 내지는 인적 내왕까지 있었음을 엄존의 사실로 입증해주고 있다. 그렇다면 분명한 것은, 이러한 소통과 교류, 내왕을 실현 가능케 한 공간적 매체로서의 길이 있었을진대, 그 길은 다름 아닌 주로 중국을 관통하는 실크로드의 동쪽 구간, 즉 한반도로 이어지는 길이라는 사실이다. 그런데 언젠가부터 인간의 작위적인 작업에 의해 이 길 모두가 한반도까지 이어진 것이 아니라 중국에서 끝난 것으로 위조되어왔다. 동·서양의 학계는 이러한 사실(史實)을 몰랐거나 아니면 제대로 캐내지 못한 탓에 실크로드의 한반도 '복원'이 아닌 '연장'에 급급해하는 오류를 범해왔다.

주지하다시피, 중국까지의 실크로드 3대 간선이나 5대 지선은 선학들의 연구에 의해 그 시말이 대체적으로 조명되었다. 따라서 이 글에서 시도하는 실크로드의 한반도 복원은 한반도와 중국 사이에 이어졌다가 지워져버린 실크로드의 3대 간선을 각각 복원하는 작업임을 부언(附言)하는 바다.

한반도의 오아시스로 복원

원래 중국과 로마 사이의 광활한 사막지대에 점재(點在)한 여러 오아시스들이 연결되어 이루어진 실크로드 오아시스로는 중국과 서역 간의 소통과 교류를 위해 개척되고 이용되어온 육상통로(육로)이다. 그리하여 사적(史籍)은 물론이고 연구자들도 이 길의 노정을 동단은 장안(당대 唐代에는 동도東都 뤄양洛陽까지)이고 서단은 로마로 인식해왔으며, 이것이 지금까지의 통설로 굳어져왔다. 그러나 이러한 주관적인 인식과는 달리 실제로 이 길은 중국 경내를 벗어나 한반도에까지 뻗었다. 다양한 서역 문물이 삼국시대에 벌써 한반도에 유입되었으며, 중국을 사이에 두고 한반도와 서역 간에는 교류와 내왕이 이어졌다. 따라서 한반도가 오아시스로의 동단이었음을 밝히는 것은 엄존한 사실(史實)에 대한 응분의 복원인 것이다.

이 복원에서의 요체는 통설의 구각(舊殼)을 깨고 장안부터 한반도 영내까지 이어진 원래의 길을 복원하는 문제다. 고조선시대 한·중 간의 육로에 관한 기록은 별로 남아 있는 것이 없어서 명확하게 밝힐 수는 없지만, 출토 유물의 분포대를 연결하는 방법만으로도 당시 육로의 실상을 추적해볼 수 있다. 그 대표적인 유물이 바로 한·중 각지에서 출토된 명도전(明刀錢)이다. 명도전은 중국 전국(戰國)시대 연(燕)나라에서 유통되던 동폐(銅幣)다. 이러한 화폐가 중국 허베이성(河北省)과 고조선 영역이었던 랴오닝성(遼寧省) 및 한반도 북부 일대에서 대량으로 출토되었다. 연나라의 화폐에는 도전(刀錢)과 포전(布錢) 그리고 원전(圓錢) 등 세가지 종류가 있었는데, 그 가운데서 도전, 즉 명도전이 주요 화폐였다.

명도전은 일종의 칼 모양의 동폐로서 표면에 전서(篆書)로 '명(明)'자가 새겨져 있어서 그 주조지를 명시하고 있다. 그런데 그 '명'자가 가리키는 곳이 어디인가에 대해서는 학자들 간의 견해가 서로 다르다. 이좌현(李佐賢)은 저서 『고천회(古泉匯)』에서 '명'자는 조(趙)나라의 신명읍(新明邑)을 가리키는 것으로 명도전은 조나라의 화폐일 가능성이 크다고 주장하였다.[2] 그러나 근래의 연구결과에 따르면 명도전이 조나라의 화폐가 아니라 연나라의 화폐임이 고증되고 있다. 초상령(初尚齡)은 『한서』 「지리지」의 "우북평군평명현(右北平郡平明縣)"이란 기록을 근거로 '명'자를 평명현(현 허베이성)의 약자로 보고 명도전은 조나라의 화폐가 아니라 평명현에 소재했던 연나라의 화폐라고 단정했다.³ 최근 연나라의 소재지였던 이현(易縣)과 허젠(河間), 북평(北平) 등 허베이성 일대와 허베이성에 인접한 랴오닝성 서부와 랴오둥반도(遼東半島), 그리고 한반도 북부 지방에서 명도전 유물이 많이 발굴되었는데, 모두가 표면에

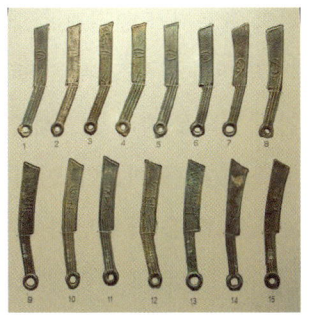

연나라 화폐 명도전

'명' 자를 비롯한 여러가지 전서체 모양의 글자가 새겨진 것이었다. 이로써 명도전은 연나라에서 주조되어 한대(漢代) 초기까지 유통되어온 연나라 화폐였음을 확인할 수 있다. 아울러 그 사용기간도 대략 기원전 317~228년, 즉 주신왕(周愼王) 4년~진시황(秦始皇) 19년임이 고증되었다.⁴

명도전은 연나라와 고조선 고지(故址) 여러곳에서 발굴되었다. 주요 출토지를 보면 연나라 수도였던 계(薊, 현 베이징 서남쪽 다싱현大興縣 부근), 허베이성의 허난(河南)과 이현 일대, 랴오닝성의 남평(南平, 현 청더承德 이남 12리), 랴오둥반도의 룽청쯔(榮城子)와 판룽산(盤龍山) 및 반도의 남단 10여곳이다. 한반도의 경우는 1917년부터 20여곳에서 발굴되었는데, 출토된 양은 많게는 4천여매(예컨대 자강도 길다동吉多洞 유지)에서 적게는 몇매에 이르기까지 각이하다. 이같은 출토 유물에 관한 다양한 연구가 한·중·일 학계에서 일찍부터 진행되어왔다.⁵

추측건대 일종의 통화(通貨)로서 교역과 지불의 수단이었던 명도전의 출토지는 교역의 장소였을 것이다. 그런데 교역이 이루어지려면 이러한 교역 장소들이 반드시 어떠한 통로로 이어져야 한다. 이러한 교역 장소들이 서로 이어진 길이 바로 당대의 교통로였음은 자명하다. 명도

전의 출토지가 연결된 길, 즉 이른바 '명도전로'를 추적하면 다음과 같다. 연나라의 수도 계로부터 동북행하여 청더에 이른 후 랴오둥반도의 연해 일대를 따라 동진해 압록강(일명 만변한滿潘汗) 중류의 퉁거우(通溝, 현 지안集安)에 이른다. 여기서 강을 건너 한반도 영내의 동황성(東黃城, 현 강계江界)을 거쳐 남하해 청천강(淸川江) 중류의 영변(寧邊)과 대동강(大同江) 상류의 영원(寧遠)을 지나 평양성에 이른다. 그 노정을 약술하면, 연도(燕都) 계-청더-랴오둥반도-퉁거우-동황성-영변-영원-평양성이다. 이 고대 한반도(고조선)와 중국(전국시대)을 연결하는 육로를, 연결수단이 명도전이므로 그 뜻을 살려 일단 '명도전로(明刀錢路)'라고 명명함이 타당하다고 사료된다.

명도전로의 동단은 한반도 영내의 고도 평양이다. 평양은 지리적으로 중국 산둥반도와 랴오둥반도를 가까이에서 상대하며, 자연환경도 인간이 살기에는 편리한 곳으로 인구가 집중되고 교역과 교통도 발달했다. 고조선 판도 내의 둥베이(東北) 지방에서 평양으로 통하는 첩경은 바로 압록강 중류를 거치는 이 길이었다. 이 길의 요지에 위치한 퉁거우는 중국 둥베이 지방의 중심부나 평양과도 얼마 멀지 않은 곳으로, 일찍부터 개발되어 명도전로의 중추가 되기에는 적소(適所)였다.

고조선에 이어 한반도와 중국 둥베이 지방에는 고구려·신라·백제가 정립(鼎立)하는 국면이 나타났다. 삼국 중 가장 강성한 나라는 북방의 고구려였기 때문에 고구려와 항시 대치 상태에 있던 그 이남의 신라나 백제는 이 북방 육로를 이용할 수 없어 중국과의 통교는 해로에만 의존할 수밖에 없었다. 요컨대 중국과의 육상통로는 고구려가 독점한 것이다. 고구려는 이 북방 육로를 통해 중국(양한~위진남북조)과 시종 복잡한 화전(和戰) 관계를 유지해왔다.

삼국시대에 이르러 한·중 두 나라는 이용 여하에 관계없이 이 북방 육로에 관한 기록을 남기고 있어서 그 노정을 비교적 명확하게 추정할 수 있다. 우선, 한국 측의 『삼국사기(三國史記)』「고구려본기(高句麗本紀)」는 고구려와 중국 전국시대 말엽에 허베이성과 랴오닝성 일원에서 건국한 전연(前燕) 간의 통로 두개에 관해 다음과 같이 비교적 구체적으로 기술하고 있다.

> (고국원왕故國原王 12년) 10월에 연왕(燕王) 황(皝)은 국도를 용성(龍城, 현 차오양朝陽)으로 옮겼는데, 입위장군(入威將軍) 한(翰)이 청하기를 먼저 고구려를 취하고 다음에 우문씨(宇文氏)를 멸하고서야 중원(中原)을 도모할 수 있다고 하였다. 고구려에는 두 길이 있으니 그 북쪽 길은 평활(平闊)하고 남쪽 길은 험하고 좁으므로 군중(軍衆)은 북도를 가기를 좋아하였다. 한은 말하기를 오랑캐(虜, 고구려)가 상식으로 헤아리면 필연코 대군이 북도로 오리라고 하여 북쪽을 중히 여기고 남쪽을 가볍게 여길 것이니 왕은 정예병을 거느리고 남도로 진격하면 뜻밖의 일이어서 북도(北都, 북北은 환丸의 오자)는 쉬이 취할 것이다.⁶

이 글에 의하면 고구려 고국원왕 12년(342) 10월 전연 왕 모용황(慕容皝)이 고구려를 침공하려고 할 때 부하 입위장군 한이 고구려의 두 길, 평활한 북도와 험하고 좁은 남도 가운데 고구려의 의표를 찔러 남도로 진격하면 쉽게 고구려 수도 환도(丸都)를 취할 수 있을 것이라고 제언했다. 황은 한의 제언대로 남도를 택해 손쉽게 환도를 함락시켰다. 그리하여 고구려는 수도를 동황성으로 천도하였다.

영주(營州, 일명 유성柳城 또는 용성龍城, 현 차오양)가 전연의 수도였기 때문에 앞의 글에서 언급된 남·북 두 길의 서단(西端)은 당연히 영주이며, 고구려군이 전연군과의 접전을 위해 이 두 길 오른쪽(동쪽)에 포진했다는 점으로 미루어보아 이 남·북 양도의 동단(東端)은 고구려의 수도 환도성(丸都城, 현 지안현집안현集安縣 퉁거우)으로 추정할 수 있을 것이다. 한대(漢代)에 유성(柳城)이 설치됐다[7]는 점을 고려할 때 이 남·북 양도는 그때부터 이미 개통된 것으로 보이며, 연대(燕代)를 거쳐 남북조와 수·당대에 이르기까지 줄곧 이용되어왔음이 여러 사적에 기록되어 있다.

중국 사서 『자치통감(資治通鑑)』에 따르면, 정관(貞觀) 19년(645)에 이세적(李世勣)이 고구려를 정벌할 때 그는 유성(영주)을 출발해 회원진(懷遠鎭)을 지나 북진 끝에 통정(通定)에서 용도(甬道, 양쪽에 담을 쌓은 길)로 랴오허(遼河)를 건너 고구려 땅인 현도(玄菟, 현 중국 둥베이 선양瀋陽 부근)에 이르니 고구려는 불의의 일로 당황망조하였다.[8] 이 책의 호주(胡注)에 의하면 통정진(通定鎭, 현 신민현新民縣)은 수(隋) 대업(大業) 8년(612)에 랴오허 근서(近西)에 설치된 진이며, 용도는 수대에 랴오허의 도하를 위해 건설된 부교(浮橋)다. 그리고 회원진은 수·당대 때 고구려와의 접경지에 있던 중진으로서 여주(閭州, 현 베이전北鎭) 이북에 자리하고 있었다.[9] 이세적의 이 행군로는 오늘날의 차오양(당대의 영주)으로부터 동향으로 이현(義縣, 연주燕州)에 이르러 북상한 다음 푸신(阜新)에서 다시 동진해 통정진에서 랴오허를 건넌 후 선양에 도착하는 철로와 대개 노선이 일치하며,[10] 고대의 북도에 해당한다.

이 북도는 현도(선양)에서 해룡현(海龍縣, 현 메이허커우梅河口시)·류허현(柳河縣)·퉁화현(通化縣)을 거쳐 고구려의 수도 환도로 이어지는데, 선양에서 해룡현 사이에는 250리의 평원이 펼쳐져 있으며 큰 고개나 개천은 없다. 물론 해룡현으로부터 퉁화나 환도에 이르는 구간에 산이 있기는 하나 첫 구간이 평탄한 길이기 때문에 이 북도는 '평활한 길'이라고 인식되었을 것이다. 이 북도는 수·당이 거란과 교섭할 때도 많이 이용된 것으로 보인다. 왜냐하면 거란 아장(牙帳)인 샤오쿠룬(小庫倫, 일명 쿠룬치庫倫旗, 현 쑤이둥현綏東縣)으로 통하는 길이 바로 영주에서 동쪽으로 연주(燕州, 현 이현)를 지나 북상해 푸신(북도는 여기서 갈라져 동진)을 경유하기 때문이다.

한편, 남도는 북도와 마찬가지로 영주에서 시발해 연주를 거쳐 여주까지 와서 북도와 갈라진 후 직동진해 양어무(梁魚務)에서 랴오허를 도하한 후 광주(廣州, 현 랴오중遼中)에서 동남행으로 안동도호부(安東都護府)의 치소인 랴오둥(遼東, 현 랴오양遼陽)에 이른다(랴오중에서 일선은 동북행으로 선양과 연결). 여기로부터 다시 싱징현(興京縣)을 거쳐 환도까지 연장되는데, 이 길은 수·당이 요(遼)·금(金)과 교섭할 때 많이 이용하였다.[11] 남도는 랴오중 이동에서 싱징현과 지안(集安)에 이르는 구간에 험준한 산령이 많을 뿐만 아니라, 랴오허 이서의 도하 지점인 양어무는 최악의 요택지(遼澤地)여서 교통이 불편하였다.

이상의 남·북 양도는 모두가 랴오허 중류를 도하 지점으로 택했는데, 요택 지대를 지나가야 하였다. 요택 지대란 내몽골의 사막에서 흘러내린 유사(流沙)로 인해 랴오허 이서의 발착수(渤錯水, 현 랴오양허饒陽河) 양안 일대에 펼쳐져 있는 소택 지대를 이르는 것으로, 통행에 많은 지장을 주었다. 고구려 보장왕(寶藏王) 4년(645)에 당 태종이 고구려를 침공할 때 당주(唐主)가 요택에 이르니 이택(泥澤, 진흙탕)이 200여리나 되어 인마가 통행할 수 없었다고 한 『삼국사기』 등 사적의 기록[12]은 이러한 상황을 여실히 전해주고 있다.

고구려 수도가 두차례나 남·북 양도의 동단인 퉁거우에서 평양으로 천도된 점으로 미루어 퉁거우에서 평양까지의 연결로가 당시 한반도 내에서의 주로(主路)였다고 사료된다. 동천왕(東川王) 18년(244)에 위장(魏將) 관구검(冊丘儉)의 침입이 있은 다음 해에 평양으로 천도했고, 장수왕(長壽王) 15년(427)에는 평양으로 최종 천도했으며, 또한 그 사이에 전술한 바와 같이 전연 왕 모용황의 침입으로 말미암아 왕이 동황성으로 도주했다가 얼마간 평양에 머문 적도 있었다. 이러한 여러가지 사실로 보아 당시 남·북 양도의 한국 내 연결로는 퉁거우-동황성-평양으로 이어지는 길로 추정할 수 있을 것이다.

이 남·북 양도의 중국 본토와의 연결로는 후대인 당대의 동북 새외(塞外) 교통로와 큰 차이가 없는 것으로 보인다. 고구려와 교빙(交聘) 관계가 가장 빈번했던 나라는 위(魏)이고, 다음이 당·동위(東魏)·수·양(梁)·한(漢)·북제(北齊)·진(陳)·송(宋)·연(燕)이었으며, 그밖에 고구려는 후조(後趙)·진(秦)·남제(南齊)·주(周) 등과도 사신 교환이 있었다. 이때는 주로 이 남·북도 양도가 이용되었을 것이다.

고구려와 중국 각조 간의 교섭과 내왕의 통로였던 이 남·북 양도의 연결 상황을 종합하면, 북도는 평양-동황성(강계)-환도성(퉁거우)-심주(선양)-통정진(신민현)-회원진-여주(베이전)-연주(이현)-영주(차오양)로 이어지는 길이고, 남도는 평양-동황성-환도성(퉁거우)-랴오둥(랴오양)-광주(랴오중)-양어무-연주-영주까지 통하는 길이다. 이 남도는 대체로 영주(청더 이동)까지는 전술한 고대 명도전로와 그 노정이 일치한다. 즉, 다 같이 평양에서 출발하여 동황성에서 압록강을 건너 퉁거우로부터 서남행으로 랴오둥반도를 지나 남도는 영주에, 명도전로는 영주의 이서에 위치한 청더에 이른다.

이 양도 가운데 역대로 한반도와의 관계에서는 랴오둥을 통하는 남도가 주도(主道)인 것으로 알려져 있다.[13] 이 남도의 거리를 살펴보면, 영주에서 연주(옌권청燕郡城)까지는 180리이고, 연주부터 양어무에서 랴오허를 건너 안동도호부 치소인 랴오둥까지는 500리다.[14] 다시 랴오둥에서 압록강(중류 퉁거우)까지는 420리이고, 여기서 평양까지는 약 600리다. 이렇게 영주에서 평양까지의 남도 총연장 길이는 약 1700리로 추산된다.

  삼국시대를 이은 통일신라시대에 이르러 당과의 교섭은 조공무역(朝貢貿易)을 위주로 하여 숙위(宿衛)와 유학 등 여러 방면에 걸쳐 활발하게 전개되었다. 사신만도 거의 해마다 파견되었다. 통일 이전의 신라는 고구려나 백제 때문에 북방 육로를 이용할 수 없었으나 한반도를 통일한 후에는 해로와 더불어 육로도 고구려를 이어 계속 이용하였다. 이 시대에 한반도 경내에서 북방 육로와 연결되는 주요 육로는 수도 금성(金城, 현 경주)에서 추풍령(秋風嶺)을 넘어 한주(漢州, 현 서울, 약 900리)를 지나 평양(약 500리)으로 이어진 후 다시 압록강 중류(약 600리)로 뻗은 길로서 총거리는 약 2000리에 달한다.

  이상에서 고조선시대부터 삼국시대를 거쳐 통일신라시대에 이르기까지 한반도 내의 동남부에 위치한 신라 수도 금성으로부터 한주와 평양을 지나 동황성(강계)에서 압록강을 건너 남·북 양도로 영주까지 이어지는 실크로드 오아시스로(육로)를 살펴봤다.

  오아시스로를 통한 동서교류가 가장 활발했던 당대(唐代, 통일신라시대)에 한반도까지 잇닿은 이 육로의 동행(東行) 전체 노정을 연결하기 위해서는 영주로부터 유주(幽州, 현 베이징)를 경유해 당의 배도(陪都) 뤄양(洛陽)과 수도 장안(長安)까지 이어지는 노정을 밝혀야 할 것이다. 다수의 중국 문헌이 이에 관한 기록을 남기고 있지만, 오아시스로의 노정 구명이 논지이기 때문에 주요 기록들에 의거해 당대 이 구간의 교통 간선만을 추려서 약술하려고 한다.

  우선, 북중국의 중심지인 유주로부터 영주까지의 노정을 살펴보면, 유주에서 동행 60리에 노현(潞縣, 현 통현通縣 이동 8리의 간탕샹甘棠鄕, 노수潞水 이동)이 있고, 거기서 90리 거리에 있는 삼하현(三河縣, 린허臨河 구청 故城)을 지나 80리 가면 계주(薊州)의 치소 어양현(漁陽縣, 우중구청無終故

城)에 이른다.¹⁵ 다시 계주에서 동남행으로 80리 가면 위톈현(玉田縣)에 이르고, 여기서 100리 거리에 있는 석성현(石城縣, 현 평문豐潤 이동, 전쯔진 榛子鎭 이서)을 지나 140리 가면 평주(平州) 치소인 루룽현(盧龍縣)에 도착한다.¹⁶

평주에서 동북행으로 180리 전진하면 중원(中原)에서 동북방에 있는 새외지(塞外地)인 랴오둥이나 발해, 그리고 한반도로 가는 길에서 인후(咽喉) 역할을 하는 임유관(臨渝關, 현 산하이관山海關)에 이른다. 임유관이란 이름은 수나라 개황(開皇) 후의 사적에서 종종 보이는데, 『자치통감』의 여러곳에서는 수·당군이 이 관을 통해 랴오둥과 거란 및 고구려를 징벌하였고, 또 그들과 교섭했다고 전하면서¹⁷ 유주에서 임유관까지의 거리를 700리로 계산하고 있다.¹⁸ 임유관의 위치는 수·당대까지는 한대(漢代)의 위치 그대로였으나, 요·금시대에 서천해 오늘날의 창리(昌黎)와 산하이관 사이에 있다가 명대에 와서 다시 수·당의 위치로 돌아갔다.

임유관을 나선 후 동북행으로 백랑고성(白狼故城, 현 커라신쭤치喀喇沁左旗)을 지나 480리 가면 영주 치소인 유성(柳城, 현 차오양)에 이른다. 이 길의 북단은 백랑수(白狼水, 현 다링허大凌河)의 하곡을 따라 뻗어간다. 이 유주-영주로는 다시 한반도로 가는 영주-평양로로 이어진다. 이 유주-영주로의 노정과 거리를 정리해보면, 유주-노현(60리)-삼하현(90리)-계주(80리)-위톈현(80리)-석성현(100리)-평주(140리)-임유관(180리)-영주(480리)까지로 총거리는 약 1210리다.

이상의 3대 육로, 즉 유주-영주로와 영주-평양로, 그리고 평양-금성로의 총연장 거리는 약 4310리인데, 그중 한주부터 유주까지의 거리는 약 3410리다. 조선조 문신 이의현(李宜顯)이 그의 「임자연행잡지(壬子燕行雜識)」(1732)에서 청조 때 서울에서 베이징을 왕복한 총거리는 대략 6435리(57일간 소요)라고 기술했으니[19] 그 편도가 3218리임을 감안할 때 양자의 차이는 불과 190리밖에 안 된다. 또 『통문관지(通文館志)』(권 3)의 『중원진공노정기(中原進貢路程記)』에도 압록강에서 베이징까지의 여행 거리를 2045리(28일간 소요)로 기록했는데, 이 숫자는 전술한 통거우(압록강 중류)-유주 간 거리 2310리와 260여 리쯤 상차가 있다. 이와 같은 이수 대비에서의 근사치는 상술한 노정의 신빙성을 방증해준다.

금성-유주 간 육로에 관한 『신당서』를 비롯한 사적 8권의 기록(금성으로부터의 거리와 역명)을 종합해보면 다음과 같다.

거리 단위: 리

역명	한주	평양	환도성	랴오둥	영주	임유관	유주
금성	900	1400	2000	2420	3100	3580	4310

중국 경내의 오아시스로는 유주로부터 뤄양(洛陽)과 장안(長安)으로 이어진다. 유주-뤄양-장안로에 관해서는 여러 사적과 지리지의 '각주목(各州目)'조에 역명은 물론, 각 주 사이의 이수까지 구체적으로 명기되어 있다.

당대의 문헌 기록에 따르면 유주에서 뤄양으로 이동하는 길로는 서도(西道)·중도(中道)·동도(東道)의 3도가 있다. 서도는 서부 타이항(太行)산맥의 동쪽 기슭을 따라 남쪽으로 뻗은 역도(驛道)이고, 중도는 유주로부터 영주(瀛州)·기주(冀州)·위주(魏州) 등을 지나 뤄양에 이르며, 동도는 유주에서 창저우(滄州)·박주(博州)·위주(衛州) 등을 지나 뤄양에 닿는 길이다. 3도 모두는 황허(黃河) 이북의 허베이성과 허난성을 남북으로 관통하는 통로로서 유주를 중간 기착지나 경유지로 하여 한·중 영내의 실크로드 오아시스로를 연결하는 육로의 중단(中段)이라고 말

명도전 출토지로 본 고대 한·중 육로

할 수 있다.[20]

　이상에서 동서 문명교류의 주요한 동맥인 실크로드 오아시스로의 동단과 관련해 중국의 장안(또는 뤄양)까지만 이어졌다는 종래의 통념에서 탈피해 동단을 원래의 한반도(금성)까지로 복원하여 그 노정을 구체적으로 고찰했다. 결론적으로 통일신라 시기(중국은 당대) 오아시스로의 동서 통로를 개관하면, 금성(경주)에서 시발해 한주·평양·동황성(강계)을 지나 퉁거우에서 남·북 2도로 각각 광주(랴오중)와 심주(선양)를 거쳐 양어무(남도)와 통정진(북도)에서 랴오허를 도하한 후, 영주(차오양)에서 합류하여 임유관(산하이관)을 통과하고 평주를 지나 유주(베이징)에 이른

650

다. 유주부터 다시 3도(서·중·동도)로 각각 허베이성과 허난성을 누비고 뤄양을 거쳐 장안에 도달한 후 계속 서진하여 안서(安西)에서 남·북 양도로 갈라져 북도는 파미르고원을 넘어 남러시아와 페르시아(현 이란), 그리고 콘스탄티노플을 지나 대진(大秦, 현 로마)에 이르고, 남도는 누란(樓蘭)을 지나 피산(皮山)에서 인더스강 상류를 따라 서진해 아프가니스탄과 파키스탄 북부, 이란고원 남단을 지나 바그다드(이라크)와 베이루트(레바논)를 거쳐 알렉산드리아(이집트)나 로마(이딸리아)에 종착한다.

이 지구의 허리를 가로지르는 실크로드 오아시스로의 총길이는 시대에 따라 노정이 변경되었으므로 다소 차이는 있었으나 전술한 내용을 기준으로 하여 계산하면, 동단(東端) 금성에서 유주까지는 약 4310리이고, 유주에서 장안까지는 약 2530리이며, 장안에서 서단(西端) 로마까지는 약 3만리(1만 2000km, 직선 거리는 9000km)이므로 금성에서 로마까지의 총연장 거리는 3만 6840리(약 1만 4750km)로 추산된다. 하루에 100리(40km)를 걷는다면 꼭 1년이란 시간이 걸려야 전체 노정을 돌파할 수 있는 것이다.

한반도의 해로 복원

지금까지 학계의 통설에 의하면 실크로드 3대 간선의 하나인 해상실크로드(해로)의 서단(西端)은 로마이고 동단(東端)은 중국의 동남해안으로서 해로의 동서 직항 거리는 약 1만 5000km(3만 7500리)이며, 포괄 해역은 지중해·홍해·아라비아해·인도양·서태평양 등이다.

그러나 고대 동서교류의 전모를 구체적으로 추적해보면, 이 해로가 결코 중국의 동남해안에서 그 동진 항로를 멈춘 것이 아니라 한반도까지 이어졌다는 사실(史實)을 발견하게 된다. 그것은 동남아시아를 비롯한 남방 유물의 유입과 해로를 통한 불교의 전래, 아랍·무슬림들의 신라 내왕 관련 아랍 문헌 기록 등에서 그 근거를 찾아볼 수 있다. 따라서 해로의 동쪽 종착지(동단東端)와 그 구간(동단東段)을 새로이 밝혀내야 할 것이다.

해로의 동단 요로(要路)는 다름 아닌 고대 한·중 간 해로이다. 이 해로는 조선술과 항해술의 발달, 그리고 양국의 기복무상(起伏無常)한 정세와 상호관계의 변화에 따라 항로와 기능을 달리하면서 해로의 동단(東段) 역할을 수행해왔다. 두 나라의 해안을 서로 이어주는 해로는 크게 연해로(沿海路, 우회로)와 횡단로(橫斷路, 직항로)의 두갈래로 나뉘어 각각 기능하였다.

고대 한·중 연해로(우회로)란 한반도의 서남해 연안과 중국의 동남해 연안을 따라 이어지는 한·중 간의 바닷길을 말한다. 이 해로는 이용도와 기능 및 이용 주체에 따라 한반도의 서남해 연안과 중국의 산둥(山東)반도 연안을 잇는 해로(북방연해로)와 계속 남하해 산둥반도 연안과 중국의 동남해 연안을 잇는 해로(남방연해로)의 두 구간으로 구분할 수 있다.

한반도 서남해 연안과 산둥반도 연안을 연결하는 북방연해로의 이용은 고조선 시기와 맞먹는 중국 하대(夏代, B.C. 21~17세기)로 소급할 수 있다.『시경(詩經)』'상송(商頌)'에는 지금의 허난성 다추(大邱)에 자리잡고 있던 상토(相土, 탕왕湯王의 제11대조)가 해외에 질서정연한 속지(屬地)를 가지고 있었다는 기록이 나온다. 여기에서의 '해외'란 대체로 고조선의 서쪽 일원을 지칭하는 것으로서 그 영역을 산둥반도와 발해, 랴오둥반도 및 황해의 북부 내지는 한반도 서해 연안 지역을 포괄한 것으로 학자들은 지목한다. 따라서 하대의 유력자들이 속지를 관리하기 위해서는 교통로로서의 연해로를 이용했을 것이다. 상대(商代)와 서주(西周) 시기에도 이 연해로가 이용된 흔적이 은허(殷墟, 은나라 유적지)를 비롯한 유적과 그밖의 고적 기록에서도 나타나고 있다. 후한의 왕충(王充)이 쓴 『논형(論衡)』에는 서주의 성왕(成王) 때 "왜인(倭人)이 창(鬯, 일종의 향료)을 바쳤다"는 기사가 있는데, 왜인 즉 일본인이 서주까지 오는 길은 연안 바닷길이었을 것이다.

고조선 후기에 해당하는 중국의 춘추전국시대와 진대(秦代)에 오면 이 북방연해로의 이용이 가시화된다. 산둥반도에 자리한 해상왕국 제(齊)나라 사람들은 이 연해로의 존재를 알고 있었을 뿐만 아니라, 이 길을 통해 고조선과 통교했다. 전국시대의 지리서이기도 한 『산해경(山海經)』은 "조선이 '동해', 즉 오늘날의 황해 수역 내와 '북해', 즉 오늘날의 발해 기슭에 자리하고 있다"고 하여 당시 바다를 통한 고조선과의 내왕을 시사한다. 랴오둥반도의 남부와 동남부 일대에서 출토된 전국시대의 구리 칼과 구리 방울은 두 지역 간의 교류를 시사해준다. 춘추전국시대 노나라의 성인(聖人) 공자가 뗏목을 타고 바다를 건너 현자들이 사는 구이(九夷, 고조선)에 가서 살고 싶어했다는 유명한 전언도 공자 시대의 제나라 사람들 역시 발해와 랴오둥반도를 거쳐 고조선으로 통하는 바닷길을 이미 알고 있었음을 뜻하는 것이다.[21]

전국시대 말엽부터 제나라에서 성행하기 시작한 선인(仙人) 사상의 영향을 받아 천하를 통일한 진시황은 삼신산(三神山), 즉 고조선에 선인이 산다는 방사(方士) 서복(徐福, 일명 서불徐巿)의 청을 듣고 서복과 함께 동남동녀(童男童女) 수천명(일설은 3천명)을 배로 보내 선인을 구해오도록 명하였다.[22] 그러나 선인은커녕 서복 일행마저 황양지객(黃壤之客)으로 영영 돌아오지 않았다. 서복은 선인이나 불사약을 구할 수 없게 되자, 진시황의 추적을 피해 한반도 남해안을 거쳐 일본까지 동도(東渡)했다는 것이 학계의 중론이다.

한반도는 실크로드 3대 간선의 하나인 해상실크로드(해로)의 경우에

해로의 한반도 연장도

   도 중국과는 물론이고 멀리 동남아시아나 서역까지 일찍부터 바닷길을 통해 교역이나 인적 내왕을 진행하였다. 기원전 진시황 시대에 중국 산동반도에서 출발해 한반도 남해안에 이른 것으로 추정되는 서복 선단의 경우를 비롯해 고대 한·중 간의 해상 내왕은 연락부절(連絡不絶)하였다. 그 바닷길은 대체로 중국 동남해안에서 출발해 연해로(우회로)나 횡단로(직항로)를 따라 한반도의 서남해안까지 이른다. 이 한·중 간의 바닷길은 두 나라의 문헌 기록에 의해 구체적으로 구명되고 있다. 이 점에서 해로는 중국 동남해안을 매개로 하여 해상실크로드가 한반도와 연결되었다고 말할 수 있는 근거인 것이다.

   한편, 한국은 삼국시대부터 동남아시아는 물론이고 멀리 아랍세계를 비롯한 서역과도 교류하고 있었음이 여러가지 유물과 기록에 의해 입증된다. 동남아 특산의 유리구슬이 백제 왕릉에서 출토되고, 자단(紫檀)과 침향(沈香), 공작새 꼬리와 비취색 털이 신라인들의 기호품으로 애용되었다. 그런가 하면 중세 아랍 문헌에는 신라로부터의 수출품이 열거되고 있으며, 아랍·무슬림들의 신라 내왕, 내지는 정착까지 기록되어 있다. 고려 초기에는 아랍 상인들이 100여명씩이나 집단적으로 상역(商易)차 뱃길로 개경에 오곤 하였다. 이 모든 사실은 실크로드의 한 간선인 해로의 종착지는 결코 중국 동남해안이 아니라, 그 이동의 한반도까지 이어졌음을 입증해준다. 조선술과 항해술의 발달 수준으로 미루어볼 때 동남아 지역과는 직접적 해상교통이 전개되었음직한데, 연구의 미흡으로 아직 실증적 증거가 확보되지는 못했다.

초원로의 한반도 연장

끝으로, 초원로의 한반도 연장 문제가 남는다. 스키타이와 흉노를 비롯한 북방 유목기마민족문화의 영향이 역력한 한반도가 일찍부터 그들과 교류하고 있었으며, 그 교류 통로가 바로 초원로였다는 사실은 의심의 여지가 없다. 북방 유목기마민족문화와의 접촉은 지역적으로 폭넓게 진행되었기 때문에 한반도로 이어지는 초원로는 하나만이 아니고 여러갈래였을 것이다. 그러나 관련 기록이나 유물이 별로 없는데다가 연구가 일천하기까지 하니 아직은 오롯하게 밝혀진 바가 없다. 요체는 지금까지의 통설대로 중국 화베이 지방까지 이르렀다는 초원로를 한반도로 이어줌으로써 한반도를 초원로의 동단으로 자리매김하는 것이다.

역사적으로 보면, 고구려나 발해의 서변 출구는 영주다. 전술한 바와 같이, 고구려시대에 한반도를 이어주는 오아시스 육로의 남·북 2도도 이곳에서 만난다. 영주는 고구려의 서역행 육로의 요지일 뿐만 아니라, 여기로부터 화베이와 몽골로 이어지는 초원로의 시발점이기도 하

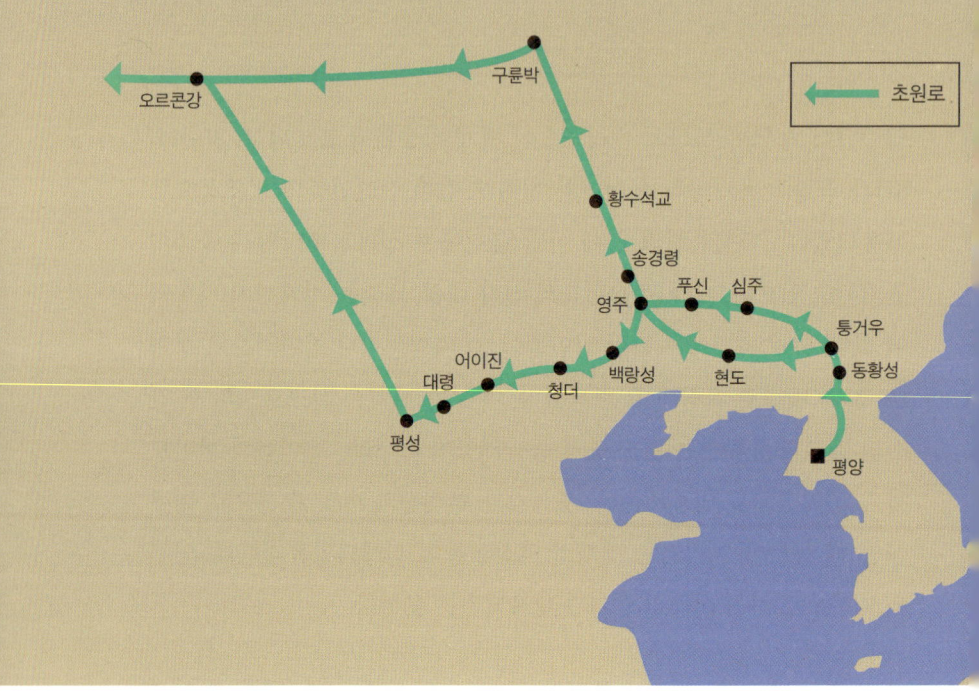

초원로의 한반도 연장도

다. 『위서(魏書)』와 『구당서(舊唐書)』 등 중국 사적에 소개된 교통로 관련 기록들을 참고하면, 한반도와 초원로의 연결 루트를 두 길로 갈라 설정할 수 있다.

우선, 영주-평성(平城)로다. 『위서』에는 북위 도무제(道武帝) 등극 2년(387)부터 태무제(太武帝) 연화(延和) 원년(432)까지의 45년 동안에 일곱차례에 걸쳐 위나라 수도 평성(平城, 현 산시성山西省 다퉁大同)에서 화룡(和龍, 현 차오양)까지 이루어진 위나라 왕의 순유(巡遊)나 동정(東征)에 관한 기록과 더불어 그 노정이 구체적으로 기술되어 있다. 그 기술에 의하면, 이 길은 평성-[동행] 대령(大寧, 현 장자커우張家口)과 유원(濡源, 롼허灤河)의 어이진(禦夷鎭)-[동남행 90리] 서밀운술(西密雲戌, 현 다거진大閣鎭)-[동행] 안주(安州, 현 룽화隆化)-삼장구(三藏口, 현 청더

북부)-〔동북행〕백랑성(白狼城, 현 링위안凌源 남변)-〔동행〕화룡으로 이어지는 초원로다. 이 길은 평성에서 유주와 몽골의 오르콘강을 남북으로 잇는 마역로(馬易路, 실크로드 5대 지선의 하나)와 합쳐져 북방 몽골 초원을 관통하는 초원로와 연결된다.

다음은, 영주-실위(室韋)로다. 『구당서』「해국(奚國)」전의 기록에 의하면, 이 길은 영주-〔서북행〕송경령(松徑嶺, 현 다칭산大靑山)-〔서북행〕토호진수(吐護眞水, 현 라오하허老哈河)-〔서북행〕해국의 아장(衙帳)인 황수석교(潢水石橋, 현 바린차오巴林橋)-〔북행〕구륜박(俱輪泊, 현 후룬츠呼倫池)의 오소고부(烏素固部, 실위의 최서부)로 이어지는 초원로다. 이 길은 몽골의 동부 초원로에 가닿는다. 고구려의 서변 출구인 영주로부터 이어져간 이상의 두 초원로는 실크로드 초원로의 동단(東段)으로서 고대 한반도와 북방 유목기마민족을 연결하는 통로로 많이 이용되었다.

이와 같은 3대 간선을 통해 실크로드는 한민족의 혈통적·역사문화적 뿌리가 내려지도록 한 길이자 한민족이 세계와 소통하는 길이 되었다. 이 길이 없었던들, 한민족은 궤를 달리해 뿌리를 내리게 되었을 것이며, 세계와의 교류나 내왕, 소통은 도시 불가능했을 것이다.

제2절 한민족의 뿌리를 내리게 한 길

한민족의 혈통적·역사문화적 뿌리는 단원적(單元的)이 아니고, 다원적(多元的)이다. 즉, 어느 한 방면의 뿌리가 아니라, 북방과 남방 그리고 자생 등 다방면의 뿌리에서 탄생하고 성장하였다.[23]

지금으로부터 약 1만년 전 해빙기에 북방의 바이깔호가 범람해 홍수가 일어나자 주변에 살던 구석기인이자 순록 유목민인 코리족(Khori,

Qori, Kholri)이 홍수를 피해 순록의 먹이인 이끼를 따라 오늘날의 몽골 초원과 다싱안링(大興安嶺)을 넘어 중국 만저우(滿洲) 지역으로 남하했다. 여기서 코리족은 목축과 농업이 혼합된 고조선·부여·고구려·발해 등 여러 고대국들의 생태적·경제적 토대를 이루어놓은 후 일부는 더 남하해 한반도에 이르러서는 경제적 토대를 농업구조로 전환하면서 한반도 고대 국가 건설의 주춧돌이 되었다. 이것이 이른바 '순록민족이동설'이다.

 이 '순록민족이동설'을 안받침하듯 한민족의 조상으로 추정되는 코리족의 원조는 아프리카에서 기원해 동방으로 이동한 현생인류(호모사피엔스사피엔스)의 고대 동아시아인 집단의 한 분파다. 그리하여 코리족과 함께 바이깔호 부근에 거주했거나 거주하고 있는 다양한 민족들은 여러가지 체질인류학적·문화적 상관성의 흔적을 공유한다는 사실이 과학적으로 밝혀지고 있다. 유전학적 지표인 Y염색체와 미토콘드리아 DNA에 근거해 동아시아인들의 초기 이동 경로를 추적해보면, 약 6만 년 전에 아프리카에서 기원한 현생인류가 동남아시아나 시베리아 쪽으로 이동해 오늘날의 동아시아인 집단을 형성하였다.

 또한 과학적 실험의 결과에 의하면 몽골로이드(황색인종) 특유의 ab3st라는 감마유전자는 바이깔호를 중심으로 확산되었는데, 그 비율이 몽골, 만저우, 한국, 부랴뜨(바이깔호 부근에 정주)를 비롯한 동시베리아 지역 사람들에게는 높을 뿐만 아니라, 이들은 유전학적으로 서로 아주 가깝다고 일본 오오사까의과대 마쯔모또 히데오(松本秀雄)는 주장한다. 그밖에 미국 에머리대학 연구소가 발표한 세계 종족별 DNA 분석 자료에 의하면, 바이깔호 주변의 야꾸뜨인과 부랴뜨인, 아메리카 인디오, 그리고 한국인의 DNA가 거의 같다는 놀라운 사실도 전해지고 있다.

 이러한 체질인류학적 상관성과 함께 문화적 상관성도 여러 면에서

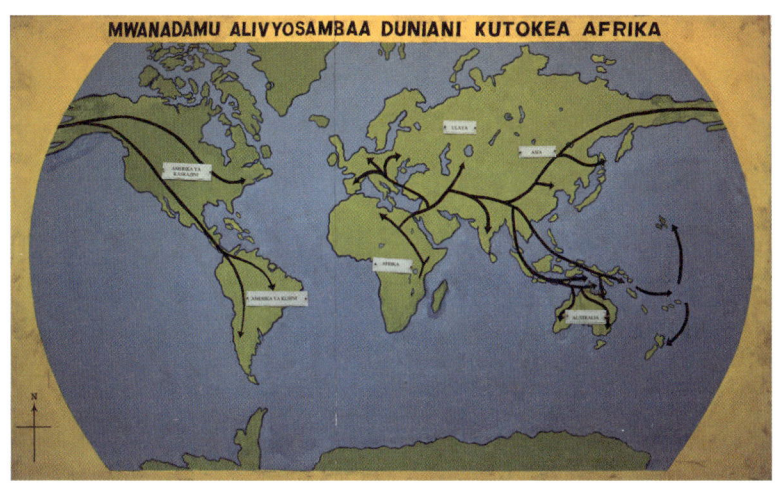

아프리카 고대인류의 이동로 지도(다르에스살람 국립박물관)

그 흔적을 찾아볼 수 있다. 바이깔호 주변에 거주하는 인종들의 정신적 근간은 친환경주의 사상의 결정체인 샤머니즘인데, 주문(呪文)이나 무구(巫具)로 보아 한국 무속의 원류는 이 시베리아 샤머니즘임이 분명하다. 바이깔호 한가운데 있는 올혼섬의 불칸산(不咸山)은 샤머니즘의 발상지로 한국 무속인들의 성지순례지가 되고 있다.

그리고 두 지역에 전승되어오는 전통복식은 모두 앞섶이 열린 전개형(前開型, 카프탄) 복식이다. 뿐만 아니라 구비전승(口碑傳承)에서도 바이깔호 주변의 코리인과 부랴뜨인은 순록을, 몽골인은 늑대를, 한국인은 곰을 시조로 삼는 수조(獸祖)신앙을 숭상하고 있으며, 이들은 부랴뜨의 '나무꾼과 선녀' 설화, 솟대와 성황당, 그리고 적석목곽분(積石木槨墳) 등 여러가지 문화현상들도 공유하고 있다.

이같은 것들이 한민족의 북방 뿌리와 관련된 여러가지 체질인류학적·문화적 공통요소라고 하면, 한민족의 남방 뿌리와 상관된 유적·유물의 흔적도 적잖게 발견되고 있다. 아프리카에서 출현한 현생인류는 지금으로부터 약 6만년 전에 동남아시아와 시베리아로 이동해 동아시아인 집단을 형성하고, 약 1만 5천년 전에는 계속 동진해 태평양을 건너 아메리카대륙에 이르러서 인디오의 조상이 됨으로써 오늘날까지도 그들의 전통적 생활문화가 전승되어오고 있다.

동방으로 이동한 현생인류의 일파는 아프리카 동해안으로부터 인도양과 태평양을 거쳐 아메리카대륙에 이르는 광활한 해상실크로드상에서 고유의 남방해양문명을 창조했는데, 그 흔적이 오늘날까지도 남아서 남방해양문명의 공유성을 역력히 입증해주고 있다. 태양과 거석을 숭배하는 양석문화(陽石文化)는 남방해양문화의 대표적인 문화다. 양석문화의 대표적 유물은 거석(巨石)과 옹관(甕棺), 그리고 벼농사다.

알다시피, 거석은 선사시대에 무엇을 기리거나 상징하기 위해 큰 돌로 만들어진 구조물, 즉 거석기념물(megalithic monument)을 지칭하며, 거석문화란 선사시대의 거석기념물을 수반하는 여러 문화를 통칭한다. 거석문화는 대체로 신석기시대에 출현해 청동기시대를 거쳐 철기시대 초기까지 긴 세월 동안 성장해온 보기 드문 문화다. 거석기념물은 영국으로부터 동남아시아 도서들을 지나 태평양과 라틴아메리카에 이르기까지 광활한 지역에 분포되어 있으며, 종류도 다양하다. 거석유물 중 가장 많은 것은 돌멘(dolmen, 지석묘支石墓)인데, 그 숫자는 약 10여만기에 달한다. 그런데 그중 가장 많은 4만기가 한반도(남한에 2만 5천기, 북한에 1만 5천기)에 집중되어 있다. 그래서 한반도를 '돌멘의 나라'라고 부르는 것이다. 놀랍게도 석기문화가 고도로 발달한 라틴아메리카에서는 다종다양한 거석기념물이 오늘날까지도 처처에서 여전히 그 빛을 발하고 있다.

지석묘와 함께 남방해양문화의 존재를 실증하는 유물로는 옹관이 있다. 옹관이란 인간의 유해를 안장하는 항아리식 관을 말한다. 남방해양

한반도 옹관(좌, 나주박물관)과 남아메리카 빠라과이의 옹관(우, 바르베로박물관)

문화인들은 자고로 고온다습한 남방 해안지대에서 인간의 유해가 습기에 의해 쉽게 부식되는 것을 방지하기 위해 옹관을 만들어 사용해왔다. 한반도에서는 일찍이 남해안을 비롯한 제주도에서 일종의 묘제(墓制)로 유행하였으며, 동남아시아에서는 좀더 철저하게 방부하기 위해 통풍이 잘되는 다락에 묘관을 올려놓는 관습이 생겨났다. 옹관은 라틴아메리카 남부에 자리한 빠라과이의 한 박물관에도 전시되어 있다.

남방해양문화에서 빠뜨릴 수 없는 전통유산이 벼농사다. 벼는 고온다습한 자연환경에서 생장하는 남방해양문화의 대표적 농작물로, 수천년간 범지구적 문화대를 형성하고 있다. 지금 이 문화대에는 6대주의 110여개 나라가 망라되어 있으며, 그 주역은 경작면적의 90%를 차지하는 아시아다.[24]

우리가 인류문명의 3대 교류 통로의 하나인 해상실크로드를 통해 연안 지역과 한반도 간에 발생한 여러가지 상관성을 근거로 하여 한민족의 남방 뿌리를 추적할 때 100여년 전 남인도 타밀(Tamil)과의 언어문화적 상관성이 발견된 것은 각별한 의미를 지닌다. 최근에 간간이 이어져오는 연구 결과에 의하면 한민족과 인도 원주민인 현 남인도 타밀인들 사이에는 여러가지 언어문화적 상관성이 있음이 점차 밝혀지고 있다. 일찍이 미국의 내한 선교사 호머 헐버트(Homer B. Hulbert, 1863~1949)는 1905년 「한국어와 인도 드라비다어의 문법 비교」란 초유의 논문을 발표했다. 그는 80면에 불과한 이 소논문에서 한국어와 타밀어가 공유하고 있는 40여개의 동음동의어(同音同義語)를 실례로, 두 언어와 두 지역 사이의 언어문화적 상관성을 주장했다. 그의 주장과 후학들의 연구에 의하면 두 언어 사이에는 다음과 같은 몇가지 상관성이 발견된다.

① 두 언어는 약 1천개의 동음동의어를 공유하고 있다. 예: 암마(엄마), 안니(언니), 궁디(궁둥이), 풀(풀), 날(날, 날자), 큰길(대로), 모땅(몽땅), 니사금(이사금, 왕), 석탈에(석탈해).

② 문법적으로 어순이 같다. 예: '난 그건 모린담(나는 그것을 모른다)'.

③ 가야 상층어가 타밀어였다는 일설이 있다.

물론 아직까지는 이러한 상관성이나 유사성은 개연성에 불과하지만, 연구가 심화되면 확인될 것이라는 믿는 연구자들도 있다.[25]

한반도의 대척점(對蹠點)에 위치한 라틴아메리카의 인디오와 한민족 간의 체질인류학적·생활문화적 및 역사적 상관성이야말로 아이러니한 역사적 기적이라 아니할 수 없다. 이 기적은 다분히 해상실크로드의 전개에 의해 이루어진 것이다. 그 흔적은 내륙지대에서도 발견되지만, 해안지대에서는 도처에 산재해 있다.

필자는 청년 시절(대학 시절) 어렴풋이나마 세계일주의 대망(大望)을 일생의 과녁으로 삼고 짬이 나는 대로 간간이 그 실현에 도전해왔다. 그러다가 만년(晩年)에 다행히 연구소라는 보금자리가 차려져서 '종횡(縱橫) 세계일주'란 호기(好機)를 맞게 되었다. 그 일주의 첫 코스를 라틴아메리카로 잡았다. 그 이유는 단 한가지, 즉 한민족과 아득히 먼 곳인 라틴아메리카의 인디오 간의 혈통적·역사문화적 상관성에 관해 국내외에서 떠도는 저간의 풍설(風說) 시비를 현장에서 가늠하고자 하는 데 있었다. 당시만 해도 이 문제에 관한 연구는 거의 백지상태였다.

그후 몇년을 지나서 배재대학교 교수 손성태가 '아스떼까인의 한민족 조상설'로 이 난제에 대한 해제(解題)의 포문을 열었다. 그러나 오늘날까지도 전통 학계에서는 거의 여출일구(如出一口)로 손성태의 주장을 불신하거나 반박한다. 이런 분위기 속에서 필자는 비전공자로서 왈가왈부하는 것이 분에 넘치는 일일 수도 있지만, 문명교류 연구자로서 우리 민족의 역사적 뿌리나 위상을 제대로 밝혀내는 것이 이 시대의 소명이라는 자각을 깊이 간직해오던 터여서 이 난제의 탐구에 흔쾌히 나섰다. 그리하여 불원천리 현장을 찾아가서 발로 누비면서 직접 목격했거나 전문(傳聞)한 내용을 추호의 덧칠 없이 민낯 그대로 기술 재현함으로써 문제의 해명에 근접하는 데 일조를 기하고자 하였다.

필자는 2012년 6월과 2014년 6월 2차에 걸쳐 총 80일간 중남미(中南美, 라틴아메리카)[26] 20개국 51개 지역의 유적·유물과 박물관 등 총 284개소를 탐방했다. 탐방기간에 한민족과 아스떼까민족을 비롯한 인디오들 간의 상관성에 관한 문헌 기록은 접할 기회가 별로 없었지만, 상관성을 시사하거나 실증하는 유적과 유물, 복식과 식품을 비롯한 생활관행과 문화 등에 남아 있는 흔적들은 실로 다종다양하다. 고고학이나 문화인류학, 민족학 같은 인문학 지식의 끈이 짧음을 후회하면서, 연구에 일말의 참조가 되었으면 하는 기대에서 나름대로 카메라 렌즈에 담아낸 사진자료들을 탐방지 순서대로 다음과 같이 복기(復碁)해본다.

① 2012. 6. 17. / 브라질 리우데자네이루 국립박물관의 고대 라틴아메리카 인디오들의 이동로 지도 / 1: 61(『문명의 보고 라틴아메리카를 가다』

1권 61면 표기)

② 2012. 6. 24. / 빠라과이 수도 아순시온 인근의 마까족 마을 사람들이 즐기는 윷놀이 장면(한국 윷놀이와 유사) / 1: 144

③ 2012. 6. 24. / 빠라과이 수도 아순시온의 바르베로박물관에 소장된 토기 옹기 / 1: 150

④ 2012. 6. 28. / 아르헨띠나 수도 부에노스아이레스의 '후안 암브로세띠 민속박물관'에 전시된 옥수수와 감자 등 특산물 / 1: 188

⑤ 2012. 6. 30. / 아르헨띠나 우수아이아(인간 거주 최남단 지역)의 야마나 박물관(민간인 운영의 작은 박물관)에 소장된 고대 인디오의 이동로 지도(이동로가 한반도를 경유) / 1: 214

⑥ 2012. 7. 3. / 칠레 수도 싼띠아고의 한국식당 '인심 좋은 숙이네'에서 보쌈 요리를 즐기는 칠레인 일가족 / 1: 258

⑦ 2012. 7. 4. / 칠레 북부 해안도시 비냐 델 마르(Viña del Mar)의 해변가에 자리한 '칠양(七洋)'식당의 메뉴로 나온, 당근과 붉은 고추 조각을 각각 한개씩 섞은 차진 단립형(短粒型) 쌀밥(기사의 말에 의하면 이곳에서는 육도(陸稻)만 생산한다고 하며, 싼띠아고의 '인심 좋은 숙이네' 식당 주인은 칠레 북부에서 벼농사를 한다고 함) / 1: 274

⑧ 2012. 7. 5. / 칠레 이스터섬 해변가의 생선회 요리 쎄비체 / 1: 303

⑨ 2012. 7. 6. / 칠레 이스터섬의 아후 통가리키의 15구 모아이상 / 1: 316~17

⑩ 2012. 7. 10. / 뻬루 꾸스꼬의 꼬리깐차유적박물관(Museo de Sitio Qorikancha, 잉까문명 박물관) 지하 1층에 소장되어 있는 황금 솟대 / 1: 366

⑪ 2012. 7. 12. / 뻬루 마추삑추 유적지의 오얀따이땀보 마을 옥수수

밭에서 두마리 소가 끄는 쟁기 / 1: 384

⑫ 2012. 7. 14. / 볼리비아 수도 라빠스의 악기박물관에 전시된 각종 관악기와 해금류의 악기 / 1: 420

⑬ 2012. 7. 20. / 에꽈도르 수도 끼또의 적도(赤道)박물관에 전시된 색동옷과 쟁기 및 물건을 머리에 인 여성과 머리 땋는 부녀들 사진 / 1: 479

⑭ 2012. 7. 22. / 꼴롬비아 수도 보고따의 황금박물관에 소장된 금제 가면과 목걸이, 각종 금제 조류 모형 등, 4층의 세계적 규모의 대황금박물관에는 몇기의 금관과 장식품이 소장되어 있으나 촬영이 금지 / 1: 509, 512

⑮ 2012. 7. 24. / 베네수엘라 수도 까라까스에서 거행된 건국자 볼리바르의 탄생 기념 행사 등에 참석한 여성들이 착용한 가선(加襈)[27] 복식 / 2: 60, 119

⑯ 2012. 7. 28. / 엘쌀바도르 수도 싼쌀바도르의 민예품 시장에서 구입한, 여인들이 머리에 짐을 이고 다니는 모습을 그린 민화 / 2: 125

⑰ 2012. 7. 28. / 엘쌀바도르 수도 싼쌀바도르의 국립인류학박물관에 전시된 각종 옥수수 / 2: 128

⑱ 2012. 7. 29. / 과떼말라 수도 과떼말라시티의 '고고학 및 민족학 박물관'에 전시된, 인디오들이 사용했던 각종 악기류 / 2: 162

⑲ 2012. 7. 29. / 과떼말라 수도 과떼말라시티의 '고고학 및 민족학 박물관'에 전시된 각종 농작물 / 2: 167

⑳ 2012. 7. 31. / 멕시코 수도 멕시코시티의 국립인류학박물관 제1실에 전시된 고대 인디오들의 이동로 지도(주로 태평양 해로를 경유) / 2: 178

㉑ 2012. 8. 1. / 라틴아메리카 최대의 도시 유적인 멕시코의 떼오띠우아깐의 께뜨살꼬아뜰(Quetzalcóatl) 신전 벽면에 새겨진 쌍어문(雙魚文) / 2: 196

㉒ 2012. 8. 1. / 세계에서 세번째로 큰 인공구조물인 멕시코의 떼오띠우아깐의 '태양의 피라미드'(신라 천마총류의 초대형 쿠르칸) / 2: 199

㉓ 2012. 8. 2. / 멕시코시티의 뗌쁠로마요르박물관에 소장된 옥구슬(아스떼까문명) / 2: 211

㉔ 2012. 8. 2. / 멕시코시티의 뗌쁠로마요르박물관에 전시된 아스떼까산 각종 농작물 / 2: 213

㉕ 2012. 8. 2. / 멕시코시티의 뗌쁠로마요르박물관에 전시된 아스떼까인들의 상투, 땋은머리, 가체, 머리꽂이 등 복식문화를 극명하게 표현한 그림 / 2: 217

㉖ 2012. 8. 2. / 멕시코시티의 떼노치띠뜰란신전박물관에 전시된 쟁기와 채색 세라믹의 연주문(連珠文, 마야문명) / 2: 257

㉗ 2014. 6. 5. / 카리브해 도미니까의 수도 산또도밍고 북방 인근의 윤작 벼농사 모습 / 2: 407

이상과 같이 한민족과 라틴아메리카 인디오들 간의 상관성을 시사하는 여러가지 유적과 유물, 흔적 들의 내용을 종합해보면 다음과 같은 결론을 도출할 수 있을 것이다.

① 현생인류에 속하는 라틴아메리카의 고대 인디오 조상들은 아프리카를 떠나 동남아시아 해로를 따라 동진해 동북아시아에 정착한 후, 그 일파인 몽골로이드가 한반도 등 태평양 연안지대를 따라(혹은 태평양을 건너) 라틴아메리카에 이르러 정착한 것으로 '고대 인디오들의 이동로 지도'들은 추정하고 있다.

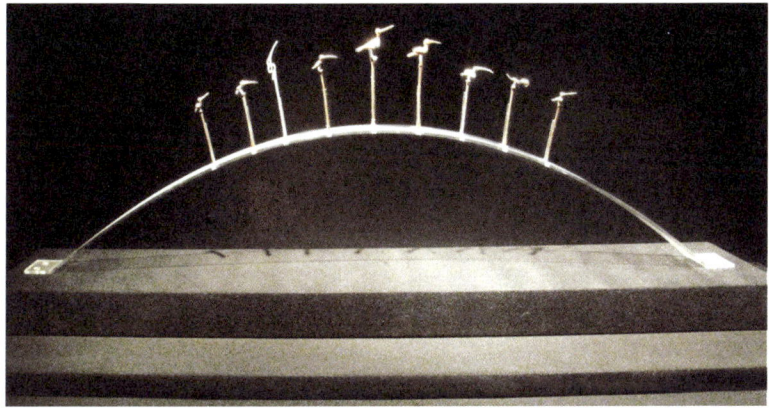

잉까문명의 황금 솟대(꾸스꼬)

② 체질인류학적 상관성: 일본과 미국의 관련 연구기관들의 과학적 실험 결과에 의하면 한민족과 라틴아메리카 인디오들의 DNA가 거의 동일할 뿐만 아니라, 광대뼈, 검은 직모(直毛), 작은 키, 적은 체모(털), 검은 눈동자 등 체질인류학적 특징도 상당히 유사하다.

③ 생활문화적 상관성: 남성들의 도포(두루마기), 갓, 상투, 여성들의 땋은머리, 가체(加髢, 쪽진머리 위에 큰머리를 얹기), 머리에 이기, 등에 업기, 연지 찍기, 색동옷, 고수레, 5일장 보기, 윷놀이[28] 등에서도 상당한 상사성을 보여준다.

④ 농작물과 농경에서의 상관성: 원산지가 라틴아메리카로 알려진 옥수수, 감자, 땅콩, 고추, 강낭콩, 토마토 등의 농작물을 공유하는 점과 사용된 쟁기 등 농업도구의 형태와 기능의 공통성에서 그 상관성이 나타나고 있다.

⑤ 언어의 상관성: 한국어와 멕시코의 나우아뜰어(náhuatl)의 형태소 구조를 비교 분석한 결과 어음이나 어의에서의 상관성이나 일치성뿐만 아니라, 어순에서도 일치성이 발견된다. 예: 마이즈(maiz, 맛 있어),

끼또의 적도(赤道)박물관에 전시된 색동옷

콘(corn, 콩), 바돌린(patollin, 발 돌림 놀이), 진꼬(tzinco, -진 곳, 패배한 곳), 마까기뜰(macahuitl, 막까기틀, 막 패는 도구) 등.29

⑥ 역사의 공유성: 멕시코 역사 기록에 의하면, 몽골로이드에 속하는 7개 민족이 각각 다른 시기에 북서쪽에서 남하해 오늘날의 멕시코시티에 도착한 후 이곳을 중심으로 널리 퍼져 살았다. 그중 네 번째로 도착한 민족이 꿀우아인(Culhua)이며, 마지막으로 10세기말~11세기 초에 도착한 사람들이 바로 아스떼까인들이다. 꿀우아인은 고조선 부여계의 일족인 고리족을 가리키는 것이다. 그들은 기원후 멕시코 땅에 들어오기 시작해 소규모 집단으로 도착하다가 670년경에는 대규모로 들어왔다. 한편, 마지막으로 도착한 아스떼까인들은 자신들을 맥이(貊夷)라고 부르고, 살던 중심도시를 떼노치띠뜰란(Tenochtitlán, 땅), 또는 '맥이 사람들이 사는 곳'이라는 뜻의 '맥이 곳'(México)이라고 불렀다. '아스떼까'라는 말에 관해서는 아직 밝혀진 바가 없다. 손성태에 따르면 아스떼까인과 한국인 간에는 지금까지 상상도 못했던 많은 공통점이 발견되었으며, 그러한 공통점은 인간 생활의 한 단면에서 나타나는 것이 아니라, 언어, 종교, 모든 방면의 생활풍습에서 그리고 그들이 남긴 유물에서 나타난다. 아스떼까인들이 우리 한민족과 이렇듯 많은 공통점을 갖는 것으로 볼 때 아마도 그들이 우리 민족일 수 있다고 생각된다.30

핀란드 출토 빗살무늬토기(좌)와 서울 암사동 출토 빗살무늬토기(우)

제3절 세계와 소통시킨 길

한반도는 지난 100여년간 실크로드학계에 집요하게 남아 있는 진부한 통념에 의해서 인류문명 교류의 통로인 실크로드에서 제외됨으로써 일찍이 세계와 소통해왔다는 엄연한 사실(史實)이 무시되어왔다. 그러나 최근 이러한 통념이 이론적·실천적으로 극복된 결과 한반도와 세계의 소통상이 원상 복원되기 시작했다. 한반도가 역사의 여명기부터 실크로드 3대 간선을 통해 인접 국가들은 물론, 멀리 서역과 서구 나라들 그리고 아메리카대륙과도 각방으로 소통해왔다는 분명한 사실이 여러 가지 전거에 의해 오롯이 밝혀지고 있다. 그 대표적인 전거 몇가지씩을 들어 해명해보기로 하자.

지금까지의 연구결과에 의하면 한반도가 세계와 첫 소통을 하기 시작한 역사는 신석기시대에 초원실크로드 연도의 여러 지역을 동서로 관통한 빗살무늬토기문화대를 통한 소통으로 거슬러 올라간다. 빗살무늬토기(즐문토기櫛文土器)란 토기의 겉면에 빗살 같은 기하학적 무늬가 새겨진 토기로, 기원전 4000~1000년 사이에 산림이나 하천에서 수렵이나 어업으로 생계를 유지하던 인간들이 제작해 사용하였다. 한반도에서는 서울 암사동(巖寺洞)을 비롯한 60여곳에서 출토되었는데, 신석기시대(B.C. 3000~1000) 토기의 주류를 이룬다.[31]

빗살무늬토기문화대는 신석기시대의 4대(빗살무늬, 거석, 채도, 세석기) 문명권의 하나로, 그 문양적 공통성은 빗살무늬와 기형에서의 반달걀 모양, 그리고 가장자리에 구멍이 있는 것이다. 분포지는 시베리아를 중심으로 한 북위 55도 이북의 초원지대로 핀란드→시베리아→바이깔호→한반도→일본을 잇는 선사시대의 한 문화대를 이루고 있다. 이 문화대는 한반도 문물의 세계와의 첫 만남을 보여주는 증거이다. 특히 주목되는 것은 토기문화의 편년 문제에서 중국과의 만남의 시비를 가려주는 준거(準據)유물이라는 점이다. 왜냐하면 청동기시대 이전의 한반도 고대문화가 중국과는 무관하다는 것을 시사해주기 때문이다.

그리고 국제결혼은 자고로 그것이 자의건 타의건 간에 인종을 초월한 소통을 유도한 시범(示範)으로 역사에 흔적과 기록을 남기는 경우가 많다. 한민족사에서 그 첫 경우가 바로 가락국 수로왕(首露王)과 인도 아유타국(阿踰陀國) 공주 허황옥(許黃玉) 간의 국제결혼이다.

『삼국유사』「가락국기」에 의하면, 16살의 아유타국(아요디아로 추정) 공주 허황옥은 하늘이 내린 가락국 왕을 찾아가 배필이 되라는 부모의 분부를 받들어 서기 48년에 20여명의 수행원과 함께 붉은 돛을 달고 파사석탑(婆娑石塔)을 실은 큰 배를 타고 해상실크로드를 따라 장장 2만 5천리의 긴 여행 끝에 (한반도) 남해의 별포(別浦) 나룻목에 도착한다. 영접을 받으며 상륙한 다음 비달치고개(능현綾峴)에서 입고 있던 비단바지를 벗어 신령에게 고하는 의식을 치르고는 장유사(長遊寺) 고개를 넘어 수로왕이 기다리고 있는 행궁에 가서 그를 상면한다.

하늘이 내린 황금알에서 태어나 배필도 역시 하늘이 점지할 것이라고 믿어오던 가락국 시조 수로왕은 허황옥을 반가이 맞이한다. 둘은 2박 3일의 합환식(合歡式, 결혼식)을 마치고 왕궁으로 돌아온다. 그후 140여년을 해로(偕老)하면서 아들 10명과 딸 2명을 두었는데, 둘째와 셋째에게 왕비와 같은 허씨 성을 따르게 하여 그들이 김해 허씨의 시조가 되었다. 아들 가운데 7명은 지리산에 들어가 선불(仙佛)이 되고, 왕후는 189년 157세로 생을 마감한다.

허황옥의 도래는 인도와 한국 및 일본 간에 문물이 교류되고 서로가 소통하는 첫 계기를 열어놓았다. 그녀가 가져온 옥함에는 수놓아진 비단옷과 갖가지 금은주옥(金銀珠玉)의 패물 말고도 차의 씨앗이 담겨 있었다. 흔히들 9세기 초 신라 흥덕왕(興德王) 때 대렴(大廉)이 당나라로부터 차 씨앗을 가져온 것으로 알고 있는데, 사실은 그보다 800년 앞서 허황후가 최초로 가져다 심은 차 씨앗에서 머리·귀·눈을 밝게 하는 9덕을 갖추고 있다는 죽로차(竹露茶)가 자라났다고 한다. 딸 묘견공주(妙見公主)는 불교와 함께 차의 씨앗과 부채를 일본에 전해주었다. 수로왕은 왕후가 타고 온 배의 뱃사공 15명에게는 각각 쌀 10섬과 비단 30필씩을 주어 돌려보냈다. 나눔과 교류를 통한 한-인도-일본 간의 첫 소통이었다.

수로왕과 허황옥의 만남은 한국의 첫 국제결혼으로, 한국과 인도 간의 혈연과 소통이 이루어지는 시초였다. 그 만남이 있었기에 수백만 김해 김씨와 허씨가 왕후를 시조할머니로 모시고 오매불망 할머니의 고향을 찾아가기도 한다. 2004년 8월 17일 열린 한국유전체학회 모임에서 한림대와 서울대 연구팀은 허황옥의 인도 도래설과 관련해 흥미로운 연구결과를 발표하였다. 미토콘드리아 유전물질을 추출해 분석하는 방법으로 허황옥의 후손으로 추정되는 김해 예안리(禮安里) 고분에 묻힌 왕족 유골을 분석했다. 그 결과 우리 민족의 기원으로 분류되는 몽골의 북방계가 아닌, 인도의 남방계라는 결론을 내렸다.

이처럼 2천년 전 이 땅에 온 허황옥은 혈연과 불연(佛緣), 그리고 교류와 소통의 인연을 맺어준 메신저이자 교류인으로서 오늘날까지도 우리와 함께 있다. 문명은 이러한 메신저와 교류인에 의해 알려지고 교류되며 소통된다. 인간의 만남, 문명의 만남이라는 교류사관에서 보면, 허황옥이 어디서 온 누구라는 것이 중요한 것이 아니라, 그녀를 통해 우리는 세계와 어떻게 만나서 소통했는가, 세계를 향한 우리 마음의 여닫이는 어떠했는가를 살피는 일이 중요하다. 설혹 그녀의 정체가 허구라고 할지라도 우리네 조상들은 어떻게 그녀라는 '허상'을 통해 세계를 이해하고, 세계와 만나고 있었는가를 알아보는 것이 오늘날을 살아가는 우리가 어제를 되짚어보는 의미인 것이다.

그런데 수만리 상거(相距)한 지구의 동단(東端) 신라 땅에 '로마문화의 왕국'이 세워졌다면, 이것이야말로 놀라운 역사의 아이러니이며 수수께끼가 아닐 수 없다. 그러나 알고 보면 이것은 허상이나 윤색이 아니라, 실상이며 사실이다.

일본의 저명한 유리 전문가이며 고미술사가인 요시미즈 쓰네오(由水常雄)는 신라의 로마 관련 유물들을 30년 동안 연구한 끝에 상당한 논리적 근거를 제시하면서 신라는 '로마문화의 왕국'이라는 파격적인 평가를 내렸다. 그 전거로는 동아시아에서는 그 유례를 찾아볼 수 없을 정도로 신라에 로마문화가 넓고 깊게 스며들었다는 사실을 들고 있다. 지금까지는 신라문화가 북방 대륙문화(중국 포함)의 영향을 많이 받은데다가 남방 해양문화가 가미되어 발달했다는 것이 학계의 통설이다. 간혹 서역이나 로마문화 계통에 속하는 유물 몇점을 놓고 논의가 벌어지기도 했지만 모두 단편적이고 영성적(零星的)인 것에 불과했다. 요시미즈

경주 98호분 남분 출토 로만글라스계 유리 제품

는 자신의 논지가 지금까지의 통설에 '하나의 바람구멍을 뚫는' 신선한 주장이 될 것이라고 설파하고 있다. 그가 주장하는 로마문화 유물로는 4~6세기 신라 고분에서 집중적으로 나타나는 로만글라스, 그리스·로마의 전통적인 누금세공(鏤金細工) 장신구, 황금보검(黃金寶劍)을 비롯한 금은제품, 말머리 등을 장식한 뿔잔(rhyton, 각배角杯)이나 와인잔풍의 토기류, 손잡이 달린 칼, 그리스신화의 성수사상(聖樹思想)을 반영한 수목관(樹木冠) 형식의 왕관 등이 있다.

요시미즈 쓰네오의 '로마문화의 왕국 신라설'을 방증하듯 로마문화와 신라문화 사이에는 여러가지 교류를 통한 공유성과 상관성이 엿보인다. 두 문화의 공유성을 말해주는 대표적 유물로 나뭇가지를 형상화한 수목형금제관식(樹木型金製冠飾)이 있다. 원래 성수숭배(聖樹崇拜)는 스키타이를 비롯한 북방 유목민족들의 전통사상으로, 그리스를 비롯해 서방에 널리 영향을 미쳤다. 그리스신화에서는 숲의 여신인 아르테미스(Artemis)가 숭배대상이 되고, 이를 계기로 성수숭배가 보편화되었다. 기원 전후 알타이 지방을 중심으로 동서에 황금문화대가 형성되면서 그런 사상을 반영한 수목형관식을 갖춘 금관이 동서 여러곳(총 10점, 그중 가야와 신라 유물 7점, 알타이와 아프가니스탄 유물 3점)에서 발견되었다. 그러나 중국이나 일본에는 없고, 백제나 고구려에는 드물다.

경주 황남동 출토 인물무늬 상감구슬

　교류를 통해 로마문화를 원형 그대로 수용한 모습은 여러 유물에서 뚜렷이 나타나고 있다. 그 대표적인 것이 각종 유리제품인데, 유리용기류만도 80여점에 달한다. 그중 출토지가 분명한 22점은 모두 9기의 신라 고분에서 출토된 것이다. 소재나 제조기법, 장식무늬, 색깔 등으로 보아 거개가 후기 로만글라스계에 속한다.

　특이한 것은 미추왕릉지구(味鄒王陵地區) 고분(5~6세기)에서 출토된 '인물무늬 상감구슬'(일명 '미소 짓는 상감옥象嵌玉') 목걸이다. 지름 1.8cm의 작은 상감옥 속에는 앞뒤로 6명(그중 2명은 왕과 왕비로 추정)의 인물과 6마리의 백조, 2개의 나뭇가지가 장식되어 있다. 인물은 피부가 희고 눈이 동그라며 눈썹이 맞닿아 있고 콧날이 오뚝하고 얼굴이 길며 목걸이를 하고 있다. 이러한 외관상의 특징을 감안하면 인물은 백조가 사는 북방계 백인종(아리아인)으로, 로마 식민지였던 흑해 부근에 살던 인

경주 계림로 황금장식보검

종이라고 추정된다. 로마세계(알렉산드리아 중심)에서는 1세기경부터 모자이크 무늬의 상감옥을 만들기 시작하였다.

그리고 미추왕릉지구 계림로(鷄林路) 14호분에서 출토된 황금장식보검(黃金裝飾寶劍, 일명 계림로단검鷄林路短劍)의 칼자루는 반타원형(半橢圓形)이고, 칼집은 끝이 넓으며 표면은 금알맹이와 옥으로 상감하는 다채장식양식(多彩裝飾樣式)으로 장식되어 있다. 동아시아에서는 유일무이하고, 까자흐스딴 보로보에와 이딸리아의 랑고바르드족 묘에서 유사품이 출토되었을 뿐이다. 이 보검의 제작에 관해서는 전래설과 창조설 두가지가 있는데, 누금상감 양식의 기법이나 표면에 있는 나선(螺旋)무늬와 메달무늬 등 전형적인 그리스·로마 무늬 등을 고려할 때, 로마문화의 영향을 받은 곳으로부터 선물이나 교역품으로 전래된 것으로 추측된다.

그밖에 가야와 신라 고분에서 손잡이가 달린 토기가 적잖게 출토되었는데, 이것은 십중팔구 로마세계에서 들어온 것이다. 왜냐하면 한국 등 동양문명권에서는 잔이나 용기에 손잡이를 달지 않는 것이 예의상 관행이지만, 유럽에서는 이를 다는 것이 전통이기 때문이다.

이처럼 로마문화를 그대로 수용한 모습과 더불어 창의적으로 변형해 수용한 모습을 보여주는 유물들도 더러 발견되고 있다. 신라인들은 로마문화를 일회적으로 수용한 것이 아니라, 생활정서나 환경에 맞게 창의적으로 변용하고 발전시킴으로써 신라문화를 한층 풍부화하는 지혜도 발휘하였다. 예컨대 귀고리나 팔찌, 목걸이 같은 장신구는 그리스·로마문화에서는 필수이나 동아시아문명권에서는 관심 밖이다. 그리하여 이런 유의 장신구는 중국이나 일본에는 없고 고구려에도 거의 없으며, 백제는 신라와 관계가 좋을 때의 유물에서만 얼마간 나온다. 그러나 신라는 천마총 금반지에서 보다시피, 모양은 대체로 로마 금반지의 기본 형식인 마름모 꼴이지만 신라인들의 취향에 맞게 변형이 가해졌다. 같은 고분에서 출토된 허리띠와 띠드리개는 로마 것보다 더 정교하고 화려하다.

그밖에 창의적인 변형적 수용물로는 각배(角杯)가 있다. 각배 유물은 중국이나 일본, 고구려나 백제의 경우는 출토 예가 상대적으로 적다. 그리스신화에서 짐승의 뿔은 '코르누코피아', 즉 '풍요'를 상징하므로 각배는 복을 가져다주는 '풍요의 잔'으로 숭상되었다. 그러나 신라는 일단 수용했을 뿐만 아니라, 수용한 다음에는 다양한 형태와 용도로 변형하였다.

이렇게 신라는 삼국을 통일한 후 이웃 나라들과는 물론, 멀리 아랍 나라들과도 육로와 해로를 통해 교역을 활발히 진행했다는 사실이 중세 아랍 문헌의 여러곳에서 발견되었다. 무슬림들의 신라 내왕에 관한 첫 기록을 남긴 아랍 지리학자 이븐 쿠르다지바는 저서 『제 도로 및 제 왕국지』에서 신라의 지리적 위치와 황금의 산출, 그리고 무슬림들의 신라 내왕에 관해 기술한 후 신라로부터 무슬림들이 수입하는 물품(11종)에 관해 다음과 같이 언급하였다. 즉, "중국의 동해(東海)에 있는 이 나라(신라)로부터 가져오는 물품은 비단·검·단자(緞子, kiminkhau, 무늬 있는 견직물)·사향(麝香)·침향(沈香)·말안장·담비가죽·도기(陶器)·범포(帆

布)·육계(肉桂)·쿨란잔(khulanjan, 미상) 등이다."[32]

 이러한 신라의 대이슬람세계 수출품에 관한 대부분의 국내외 학자들의 연구결과를 살펴보면, 품명이라든가 가짓수에서 원전과 적잖은 차이가 있음을 발견하게 된다.[33] 이 수출품 가운데서 7~8종은 신라의 토산품이고 나머지 2~3종은 외래품으로서 중계무역품인 셈이다. 수출품 중 검이나 도기는 신라의 대당(對唐) 조공품목에도 들어 있어 수출품임이 확실하다. 특히 검은 울산(蔚山) 지방의 특산품으로서 역대 울산의 은장도(銀粧刀)는 '천하일품군자보도(天下一品君子寶刀)'로, '울산병영공예명품(蔚山兵營工藝名品)'[34]으로 각광을 받아온 명품 중 명품이다. 검을 전쟁의 주무기로 사용하고 패검(佩劍)을 존엄의 상징으로, 호신(護身)의 필수품으로 진중(珍重)히 여기면서 신라를 내왕하던 아랍·무슬림 상인들에게 질 좋고 이색적인 신라의 검은 호기심을 불러일으키기에 충분했을 것이며, 따라서 교역의 선차적 대상품으로 선정되었을 것이다.

 그리고 지금까지 한국에서 질그릇이나 오지그릇(도기, ghadár)은 토기시대가 남긴 하나의 평범한 유물로나 간주되어왔을 뿐, 그 문화사적 가치는 소홀히 여겨져왔다. 다만 중국 송나라에서 만들어지기 시작한 자기(瓷器, 사기그릇)의 영향을 받아 고려 때부터 자기가 제작되어 비로소 세계적 명성을 얻게 된 것쯤으로 알려져 있었다. 그러나 신라 때부터 벌써 도기가 생산되었을 뿐만 아니라 해외에 수출되고 있었다는 사실은 한국의 도자기사와 문명교류사에서 자못 유의미한 일이라고 평가하지 않을 수 없다.

 그밖에 마안(馬鞍, 말안장)이나 범포는 유목기마민족으로부터 일약 해양민족으로 변신한 아랍·무슬림들에게는 필수불가결의 교역품이었을 것이다. 특히 한때 남방 해양실크로드를 제패한 아랍·무슬림 항해자들은 풍력선(風力船)을 가동하는 데 필수인 고품질의 범포가 다량 필요했으며, 그 수요의 일부를 대신라 교역에서 해결했을 것이다. 이것은 역설적으로 두 지역 간의 교역이나 내왕, 소통이 남방 해양실크로드를 통해 이루어졌음을 방증하고 있다.

신라인들은 이렇게 아랍·이슬람세계를 비롯한 여러 나라들과 토산품 교역을 활발하게 진행했을 뿐만 아니라, 수입품을 재수출하는 중계무역에도 종사하였다. 일본 나라(奈良)의 쇼오소오인(正倉院)에 소장되어 있는 『조모입녀병풍하첩문서(鳥毛立女屛風下貼文書)』 중의 「매신라물해(買新羅物解)」(신라 물품 구입명세서)에 의하면, 신라 경덕왕(景德王) 11년(752)의 이 신라 물품 구입명세서에 기재되어 있는 총 42종의 물품 중 침향·육계·용뇌향(龍腦香)·필발(蓽茇) 등 7종은 서역이나 동남아시아의 물산이다. 이것은 신라가 이러한 물산을 일본에 재수출하는 중계무역지 역할을 했음을 시사한다.

신라의 천년 고도 경주 일원에서는 당시 저 멀리 서역(西域)과 교류를 통한 소통이 이루어졌음을 실증해주는 이색적인 유물이 여러점 발견되었다. 그 대표적인 유물이 바로 심목고비(深目高鼻, 눈이 움푹 들어가고 코가 높음)한 무인석상(武人石像)과 토용(土俑)이다.

경주시 남쪽 외동면(外東面) 괘릉리(掛陵里)에 위치한 성덕왕릉(聖德王陵) 형식의 괘릉에는 외호석물(外護石物)로 특이한 용모와 복장을 한 한쌍의 무인석이 동서로 마주하고 있다. 석상은 신장이 약 2.5m쯤 되는 장대한 체구로, 상체를 약간 뒤로 젖히고 허리를 튼 자세로 서 있다. 주먹을 불끈 쥔 한 손은 가슴에 대고, 다른 한 손은 발등까지 처진 길이 1m 정도의 막대기(무기?)를 잡고 있다. 부릅뜬 큰 눈이 치켜올라갔고, 쌍꺼풀진 눈은 푹 들어가 눈썹이 두드러졌다. 큰 코는 콧등이 우뚝하고 코끝이 넓게 처진 매부리코이며, 콧수염이 팔자로 말려 올라갔다.

경주 괘릉의 무인석

큰 얼굴에 광대뼈가 튀어나오고 큰 입은 굳게 다물고 있다. 귀밑부터 흘러내린 길고 숱 많은 곱슬수염이 목을 덮고 가슴까지 내리 닿고 있다.

이러한 외모는 한마디로 심목고비한 전형적인 서역인 상이다. 이 능은 신라 38대 원성왕(元聖王, 재위 785~98)릉으로 추정된다. 이와 유사한 무인석상이 경주시 안강읍(安康邑)에 있는 42대 흥덕왕(興德王, 재위 826~36)릉에서도 발견되었다. 두 왕릉의 지킴이인 이 무인석상들은 비록 위치나 새김기법에서 약간의 변화와 차이를 보이지만, 총체적인 모습이 심목고비한 서역인(최근 중앙아시아 소그드인이란 주장이 있음)의 형질적 특색을 공유한다. 생동하고 사실적으로 조각된 이러한 무인석상은 서역인에 대한 직관, 즉 현장의 서역인을 직접 모본(模本, 모델)으로 삼았기 때문에 가능했던 것이다. 그 현장 모델은 바로 일찍이 이상향 신라를 찾아온 서역인들이었을 것이다.

괘릉의 무인석상과 더불어 1986년 경주 용강동(龍江洞)에 있는 한 폐분(廢墳)에서 남자상 15점, 여자상 13점, 총 28점의 채색 토용(흙으로 빚은 인형)이 출토되었다. 7세기 말~8세기 초에 만들어진 이 무덤의 주인공은 진골 왕족으로 추정된다. 순장(殉葬)하는 풍습이 사라진 뒤에 이를 대신해 무덤의 주인공을 지키도록 토용을 만들어 같이 묻은 것으로 짐작된다. 그런데 남자 중 용모가 괘릉의 무인석상과 매우 유사한 한 인물(키 17cm 정도)이 손에 홀(笏)을 잡고 흡족한 표정으로 서 있다. 그 말고는 홀을 잡은 사람이 한두명밖에 안 된다. 홀은 임금을 알현할 때 신분을 상징하는 조복에 갖추어 손에 쥐는 패물이다. 조복이나 홀로 보아 그는 지체가 높은 문관임에 틀림없다.

7세기 것으로 추정되는 경주 황성동(隍城洞) 돌방무덤(석실분石室墳)에서도 여러점의 토용이 나왔는데, 그 가운데도 서역인들이 쓰는 모자인 고깔모자를 쓴 이색적인 남자상이 보인다. 지금까지 서역 일원에서 출토된 유물은 물론이고 중국이나 한국에서 출토된 고깔모자 유물의 주인공들을 살펴보면, 심목고비한 서역인의 모습이 다수를 점한다. 이것은 이러한 형태의 모자가 서역인들 고유의 모자였다는 사실을 말해준다.

이러한 무인석상이나 토용은 단지 어떤 상징적인 염원만을 반영한 단순한 조각품이 아니라, 늦어도 7세기부터는 서역인들이 신라 땅에 와서 살면서 무장(武將)이나 문관으로까지 기용되었음을 시사하는, 상당한 정도의 사실성이 투영된 증거물인 것이다. 이 석인상과 토용은 한민족과 서역인들이 서로의 문화를 주고받으면서 소통하고 삶을 함께해온 그 옛날의 만남과 어울림의 역사를 무언으로 증언하고 있는 귀중한 역사유물이다.

이러한 무인석상이나 토용 같은 유물 말고도, 그 유입과정은 명확지 않으나 몇점의 서역 유물이 더 있다. 1928년 경주 교외의 본원사(本願寺) 정원에서 용도 불명의 입수쌍조문석조유물(立樹雙鳥文石造遺物, 300×68.5cm)이 발견되어 국립경주박물관에 소장되어왔다. 그러다가 1966년 10월 경주 황룡사(黃龍寺) 목탑지 사리공에서 직경 2.5cm밖에 안 되는 작은 금구(金具) 하나가 발견되었다. 이 금구의 문양은 용도 불명의 앞 유물과 같은 계통의 것으로, 신라 고유의 문양과는 전혀 다르다. 석조유물을 발견한 일본의 사이또오 타다시(齊藤忠)는 유물의 구도와 내용을 참조해 '입수쌍조문석조유물'이라 불렀고, 금구의 경우는 한국의 진홍섭(秦弘燮)이 '화수대금문금구(花樹對禽文金具)'라고 명명하였다.

입수쌍조문석조유물은 원의 중앙 밑에서 한 줄기 나무가 수직으로 올라가고, 위에는 잎이 무성하며, 줄기 밑에는 줄기 앞뒤에서 긴 목을 교차한 두마리 새가 상대하고 있다. 새 머리 위에는 벼슬이 있고, 굵고

국립경주박물관의 입수쌍조문석조유물

긴 꼬리는 반원을 그리면서 위로 올라가 위의 나뭇잎까지 이르고 있다. 발은 모으고 머리는 숙인 자세가 먹이를 찾고 있는 형상이다. 이러한 문양 밖으로는 외주(外周)를 쳐서 원주대(圓周帶)를 만들고, 그 안에 연주(聯珠)를 촘촘히 돋을새김하였다.

이에 비해 금구의 문양을 보면 외주에 윤곽이 없이 연주 22개가 돌려져 있고, 중앙에는 밑으로부터 위로 수직으로 뻗은 나무가 있다. 나무 끝에 가지 3개가 나고, 가지 끝에는 인동초(忍冬草)와 같은 오엽식(五葉式) 꽃이 피어 있으며, 중심에 자방(子房)으로 보이는 부분이 있다. 나무 밑에는 끝이 뾰족한 날개를 활짝 편 두마리 새가 고개를 들고 상대해 있다. 문양의 간지(間地)에는 몇 군으로 나뉘어 평행선을 그리면서 어자문(魚子紋)이 가득 새겨져 있고, 바깥에는 연주대(聯珠帶)가 둘러져 있다. 앞의 석조유물과 닮은 꼴이다.

이 두 유물의 문양상 공통점은 평면이 원형이고, 중앙에 나무가 수직으로 서 있으며, 나무 좌우에 쌍금(雙禽)을 배치해 나무를 중심으로 좌우 대칭이며, 원 둘레에 연주대를 돌린 것이다. 이렇게 두 유물에는 대칭구도와 연주대라는 페르시아 특유의 문양(그밖에 고리 문양)이 선명하게 나타난다. 따라서 이 두 유물은 전래 시기는 확정할 수 없으나 페르시아, 특히 사산조 페르시아의 유물임에는 의문의 여지가 없다.

한민족의 조상들은 일찍이 전인미답의 초원실크로드 동단(東段)을 개척해 멀리 떨어진 서역의 중앙아시아와 모피 교역을 진행하였다. 러시아 블라지보스또끄에 있는 극동대학교 역사연구소 금고에는 8세기에 주조된 것으로 추정되는 중앙아시아 소그드(현 우즈베끼스딴) 은화 한 점이 소중히 보관되어 있다. 이 은화는 블라지보스또끄에서 북방으로 280km 떨어진 아르세니예프 지역의 발해성 노보고르데예프까성 밖 취락지에서 발견되었다. 은화의 앞면에는 왕관이 부조되어 있는데, 그 좌우에 아랍어로 '알마흐디', 소그드어로 '브하라의 군주 짜르'라고 새겨져 있다. 이 취락지에서는 은화 외에도 주물틀, 도가니, 줄, 장신구 등 청동제 유물이 반출되었다. 러시아 극동고고역사연구소의 에른스뜨 블라지미로비치 샤프꾸노프(Ernst Vladimirovich Shavkunov) 박사는 이 은화가 중앙아시아의 사마르칸트(소그드)에서 주조된 것으로 교역에 쓰인 것이 분명하다고 증언했으며, 출토 현장을 안내한 동 연구소의 유리 겐나지예비치 니끼찐(Yury Gennadiyevich Nikitin) 교수는 반출된 청동제 장신구가 중앙아시아 계통의 유물이라고 주장하면서, 이 취락지를 이주한 이방인들의 수공업단지로 추정했다.

이 유물을 집중적으로 연구해온 샤프꾸노프 박사는 초피(貂皮, 담비의 모피)가 발해의 특산물로서 중앙아시아 상인들이 그것을 구입해 갔으리라는 추단과 더불어 중간지점 격인 치따(Chita)에서 고구려의 등자(鐙子) 유물과 동서 문물이 동시에 발견된 점 등을 감안해 사마르칸트→치따→상경(上京, 발해 수도)으로 이어지는 이른바 제2의 동아시아

노보고르데예프까 발해 성터에서 출토된 소그드 은화 앞면(좌)와 뒷면(우)

교역로, 즉 '초피로(貂皮路)' 가설을 제시하기도 하였다.

발해의 유지에서 교역수단인 소그드의 은화가 발견되었다는 사실은 두 지역 간에 교역이 진행되었음을 실증한다. 당시 천부적인 상술을 바탕으로 동방 교역에 적극적으로 종사하던 소그드인들로서는 발해를 포함한 극동 지역에까지 교역망을 뻗쳤을 개연성이 충분히 있다. 문제는 그 루트인데, 지금까지는 16세기 러시아의 동점(東漸)을 계기로 '시베리아 초원로'가 개척되면서 그 길을 일명 '모피로(毛皮路)'라고 한다는 일설은 있어도, 10세기 전후의 이른바 '제2의 동아시아 교역로'에 관해서는 누구도 논급한 바가 없다.

역사상 북방 나라들 가운데서 한국과의 교류나 소통이 가장 빈번했던 나라는 몽골이었다. 그것은 두 지역이 유구한 공통적 역사 배경을 공유하고 있었기 때문이다. 한·몽은 3대 인종군과 3대 어족에서 동군(同群), 동족(同族)으로, 유전적 공통성(감마유전자 ab3st와 DNA의 공유)과 역사적 공동 원류를 가지고 있다. 6만년 전 아프리카에서 기원한 현생인류가 동남아시아나 시베리아로 동진해 오늘날의 동아시아 인간집단을 형성하였다. 그리고 기원전 6000년경 몽골 초원에서 기원한 훈육

발해의 5대 국제로와 초피로

(葷粥)을 비롯한 여러 종족이 이합집산을 거듭하다가 중국 전국시대(기원전 403~221)에 이르러 국가권력을 갖춘 흉노(匈奴)와 부족연맹체인 동호(東胡)로 분열되었다. 그 결과 현 몽골인은 흉노계이고, 한국인은 동호계로 정착함으로써 한·몽은 공동 조상에서 발원한 셈이다.

뿐만 아니라 체질인류학적으로도 황색 피부, 직모, 적은 체모, 중간 신장, 짧고 넓은 두형, 중간 높이의 코, 적은 귀지, 몽골주름의 부재, 대다수의 아반(兒斑, 몽골반점) 등의 공통성을 지닌다. 또한 암각화, 적석총, 석인(石人), 오워(ovoo, 서낭당), 각종 마구, 각종 농기구(쟁기, 탈곡기, 맷돌), 복식, 음식 등 여러 분야에서 생활문화 유산도 공유하고 있다.

이러한 역사적 맥락에서 양국 간의 교류나 소통은 연면부절(連綿不絶)하였다. 그러한 현상은 고려시대 이후에 나타난 이른바 '몽골의 고

부랴뜨인들의 담뱃대. 칭기즈칸 시대부터 500여년간 몽골 치하에 있을 때 부랴뜨인들이 담배와 담뱃대를 받아들였을 것이다.

려풍(高麗風)'과 '고려의 몽골풍'에서 여실히 찾아볼 수 있다. 우선, '몽골의 고려풍'은 여러 방면에서 나타난다. 원 세조는 '고려유학제학사(高麗儒學提學司)'를 설치해 고려 유학을 수용하고, 충선왕은 원나라 수도에 '만권당(萬卷堂)'을 세워 양국 학자들 간의 학문교류를 추진했으며, 명의(名醫) 설경성(薛景成)이 원 세조와 성종의 병을 치유하고, 고려 바둑 고수들이 초빙되어 바둑을 전수하였다.

몽골은 고려 간섭 기간에는 고려에 해마다 숱한 조공품과 공녀(貢女)들을 바치도록 했다. 인삼 등 특수약재와 비단·청자·종이·담비가죽·사냥매 등 진귀품을 조공 명목으로 요구하고, 양곡을 징발했으며, 납질(納質, 왕족과 지배층의 자제들을 볼모로 보냄)로 세자들을 세뇌 교육하였다. 또한 매해 '처녀조공사신'을 보내 150명의 공녀를 징발했는데(수시로 뽑아간 여성은 부지기수임), 공녀들이 원의 황족 궁인이나 시녀로 전락함으로써 원말 궁중 시녀는 태반이 고려 여인이었다. 최후 황제 순제의 정비가 된 기황후(奇皇后)처럼 일세를 풍미한 고려 여인도 없지는 않았으며, 그녀들에 의해 원 천지에 고려식 복식과 음식, 기물이 유행하게 되었다.

그밖에 고려의 음식이나 기호품도 몽골에 전수되었다. 어갱(魚羹, 생선국)·닭고기·잣·인삼주·고려양(樣, 무늬) 과자 등 고려 음식이 전수되어 과자 무늬 같은 것은 오늘날까지도 전승되고 있다.

담배 수입에는 아이러니한 일화가 있다. 조선이 1636~37년 우역(牛疫)으로 축력이 부족해지자 1638년 인조는 성익(成釴)을 몽골에 파견해 조선 담배와 몽골 소를 교환해 오도록 하였는데, 그 몽골 소가 오늘날 황우의 조상이라고 한다. 이를 계기로 몽골에 코담배를 피우고 코담배 통을 선물하는 풍습이 생겨났다.

다음으로 '고려의 몽골풍'을 살펴보면, 1259년 고려 원종이 태자 신분으로 원 세조 쿠빌라이와 '불개토풍(不改土風)'(풍습을 바꾸지 않음) 약속을 맺었지만 교류에 의한 접변(接變)은 불가피하였다. 몽골풍은 주로 복식과 음식, 언어 등 생활문화 영역에서 일어났으며, 그 여파는 오늘날까지도 남아 있다. 복식에서는 윗옷과 아랫도리를 따로 재단해 이어 붙이며, 아랫도리에 주름을 잡아 활동에 편리하게 한 철릭을 입고, '고고(姑姑)'라는 몽골 여인의 외출용 모자가 예모(禮帽)로 변한 족두리를 착용하며, 상투를 트는 대신 머리를 깎고, 가운데 머리카락을 뒤로 땋아 내리는 두발형인 개체변발(開剃辮髮)을 하며, 신부 뺨에 연지를 찍는 분장을 하는 등의 풍습이 있다.

음식으로는 '아락주'인 소주, 고기소 넣은 만두 같은 육식품, 양을 잡아 대강 삶아 먹는 '슐루'에서 유래되었다는 설렁탕이 있으며, 언어 중에는 '마마' '마누라' '수라' '-치'(접미사) '보라매' '아질게말'(새끼 말) 같은 말이 모두 몽골풍에서 나온 것이다. 기타 제주도 조랑말, 응방(鷹坊), 교초(交鈔, 지폐) 등 몽골풍을 대변하는 말들도 아직 남아 있다.

신라는 고대동방기독교(네스토리우스파, 경교)의 전래를 통해서도 서구와의 소통을 이어갔다. 기독교는 팔레스타인에서 출현한 후 1천여년이 지나서 동·서 기독교로 나눠졌는데, 이렇게 분열되기 이전의 기독교를 통칭 고대동방기독교라고 한다. 그런데 이 고대동방기독교는 넓은 의미에서는 서아시아에서 탄생한 초기 기독교와 동전(東傳)된 기독교를 통틀어 말하지만, 대개는 좁은 의미로 동전된 기독교만을 말한다. 기독교의 동방 전파는 5세기 중엽에 이단으로 몰린 네스토리우스파(Nestorianism)의 주도하에 이루어져 페르시아와 인도, 중앙아시아를 거쳐 7세기 중엽에 중국에까지 이른다. 중국에서 경교(景敎)라고 불린 이 고대동방기독교는 635년 당 태종 때 처음으로 중국에 들어오는데, 그 특유의 매력 때문에 일시에 정식 공허(公許)를 얻어 250년간 몇만명의 신도를 포섭할 정도로 흥성하였다. 그런데 9세기에 '회창법란(會昌法難)'(845)과 '황소(黃巢)의 난'(878) 등 일련의 배타적 소요에 휘말려 경교는 중국 본토에서는 거의 멸절되다시피 하고, 잔존 세력이 몽골과 한반도 인접 지역인 만저우 등 변방으로 뿔뿔이 흩어졌다.

경교의 동전 물결은 중국에서 중단되지 않고 한반도에까지 그 여파를 몰고와 초전(初傳) 단계의 모습을 보여주었다. 이러한 초전을 시사하는 증거로는 다음과 같은 몇가지 유물이 남아 있다. 즉, 1965년 경주 불국사 경내에서 출토된 돌십자가(24.5×24×9cm, 7~8세기)와 성모 마리아 소상(7.2×3.8×2.8cm, 7~8세기), 그리고 경주에서 발견된 2점의 철제 십자 무늬장식(7~8세기, 이상의 유물들은 숭실대학교 한국기독교박물관 소장), 발해의 동경용원부(東京龍原府, 현 훈춘琿春) 팔련지(八連址)에서 출토된, 목에 십자가를 건 삼존불상(전쟁기념관 소장), 발해의 솔빈부(率賓府, 현 연해주 우수리스끄) 아브리꼬스 절터에서 출토된 십자가 등이다.

아직은 고증에서 불확실성이 적지 않고 개연성의 범위를 크게 벗어나지 못함으로써 경교가 공식적인 수용에 의한 공허에까지 이르렀다고 보기는 힘들겠지만, 초전이 이루어졌다는 증빙으로 삼는 데는 큰 하자가 없다고 사료된다. 그렇다면 한반도와 기독교 간의 만남의 역사는

1200여년 전으로 거슬러 올라갈 수 있다고 봐야 할 것이다.

중세 아랍 문헌에 따르면 한반도와 서역의 아랍·이슬람세계 사이에는 일찍이 신라시대부터 내왕을 통한 소통이 있었다. 고려시대에는 경기도를 중심으로 한 일원에 무슬림공동체까지 형성되어 한민족과 무슬림들은 공생공영을 누리면서 소통하고 있었다. 그 여파가 조선조 초기까지 파급된 흔적이 역력하다. 그 대표적인 것으로 조선조 초기 이슬람역법의 도입을 예시(例示)할 수 있다. 세종(世宗)은 새로운 역법을 창제하기 위해 정인지(鄭麟趾)를 비롯한 학자들에게 명해 원나라의 수시력(授時曆)과 명나라의 대명력(大明曆), 이슬람의 회회력(回回曆)을 구해다가 연구토록 하였다. 수시력이나 대명력은 모두 당시로서는 가장 발달한 이슬람력을 참조로 하여 만들어지긴 했으나 여러가지 미흡한 점이 발견되어 이순지(李純之) 등의 학자들은 별도로 이슬람력 연구에 진력했다.

마침내 만들어낸 것이 바로 이른바 『칠정산내편(七政算內篇)』과 『칠정산외편(七政算外篇)』이라는 조선의 새로운 역법이다. 이 중 『칠정산외편』은 순태음력인 이슬람력의 원리를 도입해 만든 것으로서 가위 '조선의 이슬람력'이라고 할 수 있다. 이 새로운 역법은 기원(紀元)에서 이슬람력의 기원인 622년, 즉 성천(聖遷)[35]의 해를 그대로 수용하고, 전래의 태양태음력에 따르는 윤달을 따로 설정하지 않으면서 30태음년에 11일의 윤일(閏日)을 두었다. 또한 분도법(分度法)에서도 중국의 100진법이 아닌 이슬람력의 60진법을 받아들였다. 이처럼 『칠정산외편』은 이슬람 역법의 기본 원리와 특성을 그대로 수용하고 있다.

그밖에 천문관측의기의 제작에서도 이슬람 천문학의 영향을 찾아볼 수 있다. 조선조에 제작된 간의(簡儀)나 혼천의(渾天儀), 해시계인 앙부일구(仰釜日晷), 물시계인 자격루(自擊漏) 등 여러가지 천문관측의기들은 원나라 때 중국에 도입되었던 같은 종류의 이슬람 천문의기들과 구조나 기능에서 대동소이하다. 우즈베끼스딴 사마르칸트 울루그베그 천문대박물관이 소장하고 있는 14세기에 제작된 지구의와 혼천의는 조선의 그것들과 거의 같다.

| 제4절 한민족의 위상을 드높인 길

한국을 세계 속의 한국으로서 자리매김시킴으로써 한민족의 위상을 드높인 길은 다름 아니라 환지구적 문명교류 통로인 실크로드다. 한민족은 망상적(網狀的)인 실크로드 교통망을 통해 일찍부터 대소원근(大小遠近)을 불문하고 세계와 소통하고 교류했을 뿐만 아니라, 숭고한 민족적 위상을 만천하에 과시하고 드높인 것이다. 그러나 그러한 통로가 무시되고 소외되는 바람에 민족적 위상이 제대로 알려지지 않아 '은둔의 나라' 후진국의 국민이란 누명까지 뒤집어쓰게 되었다. 다행히 근간에 이 길의 연도(沿道)에서 발굴되는 유물과 선현(先賢)들이 남겨놓은 활동기록 등에 의해 이 길을 통해 제고된 민족적 위상의 실태가 복원되어가고 있다.

복원된 자랑스러운 위상 가운데서 첫째로 꼽히는 것은 황금문화대의 동단에서 전성기를 구가한 사실이다. 황금문화는 가장 값지고 귀중한 고차원 문화로서, 황금문화를 창조하고 향유한 나라나 민족은 극소수다. 금의 산지인 알타이 지방을 중심으로 시베리아 동서를 관통한 황금문화대는 북방 유목기마민족들이 주축이 되어 이룬 문화대로서 기원전 5세기부터 기원후 6세기까지 약 1천년 동안 존재하였다. 알타이 지방에서 발생한 황금문화는 스키타이가 개척한 초원로의 동방무역로를 통해 서방으로 그리스까지 전해졌으며, 알타이족을 비롯한 북방 유목기마민족들의 동진에 의해 한반도의 신라까지 유입되었다. 황금문화의 이와 같은 동서 전파는 모두 스키타이를 비롯한 북방 유목기마민족들과 한민족 및 그리스·로마인들에 의해 개척된 유라시아 북방 초원로를 통해 이루어진 것이다.

유물 중 금관(金冠)은 황금문화대를 형성한 북방 유목기마민족문화와의 상관성을 시사한다. 금관을 비롯한 황금유물은 신라 1천년 역사 중에서 김알지(金閼智, A.D. 65~?)의 후예인 김씨 마립간(麻立干, 마루한, 군왕 혹은 대수장)들이 통치하던 5~6세기의 돌무지덧널무덤(적석목곽분積石木槨墳)에서 집중적으로 출토되는데, 이런 무덤은 전형적인 북방 유목기마민족들의 무덤으로 스키카이·알타이식 고총(高冢, 쿠르간)의 영향을 받은 것이다.

뿐만 아니라 외관의 형태나 장식에서도 그런 상관성이 엿보인다. 외관의 형태는 수지녹각형(樹枝鹿角形) '山'자('出'자라고도 함) 3~4개가 아래로 붙어 있고, 그 좌우에 사슴뿔 모양의 장식 가지가 세워져 있으며, 거기에 곡옥(曲玉)이나 영락(瓔珞, 달개장식), 새의 날개(천마총 출토) 같은 장식이 달려 있다. '산'자 형태는 신수사상(神樹思想, 자작나무 숭상)에서 나온 나무 도안이며, 새의 날개는 새가 땅과 하늘을 연결하는 매개자 역할을 한다는 신조(神鳥)사상에서 유래한 것이다. 알타이 부근 우꼬끄(Ukok) 고분에서 출토된 '얼음공주' 머리에 앉아 있는 새(솟대를 연상)가 바로 그 일례다.

신라는 황금문화대의 동단에서 황금문화의 전성을 구가하였다. 그것은 금관에서 집중적으로 나타난다. 현존하는 세계의 고대 금관 유물은 모두 10점인데, 그 가운데서 한국이 7점(가야 1점, 신라 6점)을 점하고 있다. 게다가 제작술이나 장식문양에서도 단연 압권이다. 신라 금관이 경주 일원의 150기 무덤 가운데 발굴된 금관총(金冠冢)과 서봉총(瑞鳳冢) 등 30여기의 무덤 중에서 나온 점을 감안할 때, 앞으로 더 나올 가능성은 충분하다. 그래서 한국을 가리켜 '금관의 나라'라고 하는 것이다.

다음으로 벼문화의 세계사적 기여는 한민족의 위상을 광폭적으로 드높인 일례다. 벼문화는 주로 해상실크로드와 일부 오아시스실크로드(육로)를 통해 수천년 동안 지구의 방방곡곡으로 확산되어 범지구적 문화대를 형성하고 있다. 이 문화대에는 6대주의 110여개 나라가 망라되어 있는데, 그중 주역은 재배면적의 90% 이상을 차지하는 아시아다. 인간의 주식 10가지 가운데서 밀과 쌀, 옥수수는 3대 주종이며, 벼에는 서아프리카 나이저강 유역에서 발생한 서아프리카벼(Oryza glaberrima)와 아시아벼(Oryza sativa)의 2대 종류가 있다. 벼의 기원에 관한 지금까지의 통설은 7천~8천년 전 인도 동북부의 아삼(Assam) 지대나 중국 남부까지 포함된 아삼·윈난(雲南) 지대에서 재배되기 시작했다는 것이다. 벼의 기원에 관한 논쟁은 오늘날까지도 진행형이다.

이러한 와중에 가장 오랜 것으로 추단되는 볍씨가 한반도에서 출토되어 세계 학계의 이목을 끌고 있다. 1970년대 중반까지 한국의 학계에서는, 1920년대 김해(金海) 조개더미에서 나온 기원전 1세기 볍씨 유물에 근거해, 한국의 벼농사는 기원전 3세기경에 농사가 시작된 일본의 벼가 유입되어 시작되었다고 주장한 일본 학자들의 학설이 유행하였다. 그러다가 1970~80년대에 경기도 여주군 흔암리와 평양시 삼석구 남경, 충남 부여군 송국리 등지에서 기원전 1000년경의 탄화미(炭化米)가 발견되자, 벼 경작 연대의 상한선을 청동기시대로 올려 잡았다. 다시 1990년대 경기도 김포시 가현리와 경기도 고양시 일산 가와지 유적에서 기원전 2000년경의 탄화 볍씨가 발견되자, 그 상한선을 신석기시대로 다시 고쳐 잡았다.

충북 청원군 옥산면 소로리 구석기 유적에서 출토된 볍씨

이렇게 볍씨 편년(編年)이 부단히 상승하는 가운데 1998년과 2001년에 충북대, 서울시립대, 단국대, 한국지질자원연구원 등 4개 팀이 발굴한 충청북도 청원군 옥산면 소로리 오창과학산업단지의 구석기 유적에서 약 1만 3천~1만 7천년 전(미국 GX방사성연구소는 1만 3010~1만 4820년 전)의 토탄층(土炭層, 유적이 보존되어 있는 흙층)에서 탄화 볍씨 59톨이 발견되었는데, 그중 고대 벼와 유사한 벼가 2종이었다. 길고 짧은 것이 섞여 있는 고대 벼 중에는 완전한 낟알 9알이 포함되어 있었다. 이 볍씨들의 발견 사실이 1999년 필리핀에서 열린 제4회 유전학국제회의와 2001년 제1회 소로리볍씨 국제학술대회(한국)에서 발표되었으며, 2002년 워싱턴에서 열린 제5회 세계고고학대회에서도 소개되어 큰 국제적 반향을 불러일으켰다. 그때까지만 해도 세계에서 가장 오래됐다고 알려져 있던 중국 양쯔강 유역의 위찬옌(玉蟾巖) 유적 볍씨(약 1만 1천년 전)보다 수천년 앞선 셈이다. 필자는 이 볍씨를 일단 '소로리카'로 잠정 명명해 졸저 『실크로드 사전』(창비 2013, 413면)에 표제어로 올렸다.

한반도에서 출토된 '소로리카'는 적어도 다음과 같은 두가지 측면에서 그 세계사적 기여를 적시(摘示)할 수 있을 것이다. 첫째는 벼 시조의 개연성이고, 둘째는 벼의 생태적 진화에 대한 큰 기여다. 벼 시조의 개연성과 관련해서는 고고학적으로 구석기시대에 벼농사가 과연 가능한가, 그리고 소로리카가 육도(陸稻)인가 수도(水稻)인가 등 몇가지 근본 문제에서 찬반(贊反)이 엇갈리고 있는 상황에서 비견(鄙見)에 의하면 지금까지 여러곳에서 고고학적 실험기기로 측정한 출토 편년(編年)에서 소로리카를 앞선 측정은 없다는 사실을 '시조의 개연성'의 근거로 삼고자 한다.

벼의 생태적 진화에 대한 소로리카의 기여에 관해서는 의문의 여지가 없을 성싶다. 중국의 여러 문헌에 보면, 고온다습 작물인 벼를 한랭건조 작물로 순화시켜 양질의 쌀을 생산했다는 기록이 나온다. 북위 53도나 되는 한랭건조한 발해 땅에서 생산된 쌀은 당시 중국 중앙에 바쳐지는 공미(貢米, 『신당서』)였고, 명대에는 황제만이 먹는 '황량미(皇糧米)'로, 1960년대에는 '특별미'로 지정되었으며, 1970년대부터는 국가의 특별관리미가 되었다.

한편으로 신라는 이방인에 대한 차원 높은 수용성으로 말미암아 그 위상이 실크로드를 통해 만방에 알려지게 되었다. 그 대표적인 실례를 신라시대에 회자인구(膾炙人口)된 '처용설화(處容說話)'[36]에서 찾아보게 된다. 『삼국사기(三國史記)』[37]에 따르면, 신라 49대 헌강왕(憲康王) 5년(879) 3월 왕이 동쪽 지방의 주와 군들을 돌아보던 중에 어디서 왔는지 알 수 없는 네 사람이 어전에 나타나 노래하고 춤을 추는데, 모양이 괴상하고(形容可駭) 의관도 이상야릇하므로(衣巾詭異) 사람들은 산해정령(山海精靈)이라고 하였다.

이에 비해 『삼국유사(三國遺事)』[38]에 나오는 '처용설화'와 「처용가」는 좀더 설화적으로 다른 내용을 기술하고 있다. 즉, 헌강왕이 개운포(開雲浦)를 주유하다 안개로 길을 잃었을 때 일관(日官)이 권유하자 근처에 절을 세우도록 하였다. 그러자 동해용(東海龍)이 아들 7명을 대동

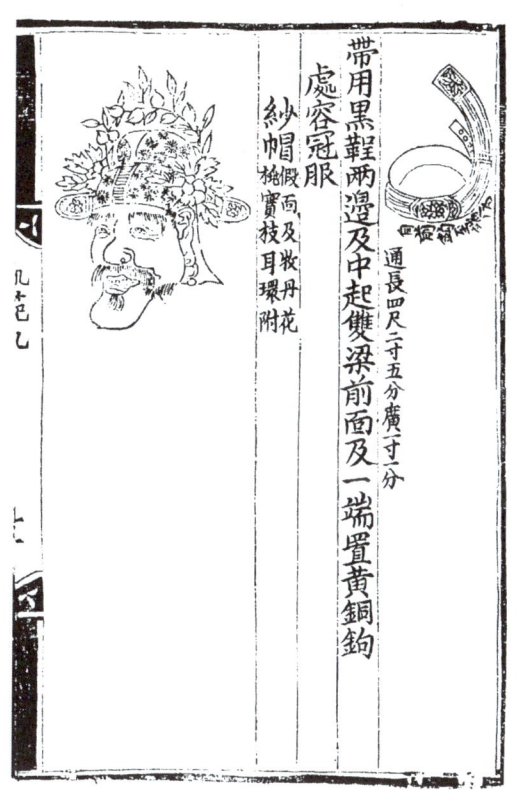

「악학궤범」에 나오는 처용 모습

하고 나타났다. 그중 한명(처용)을 서울에 데려와 급간직(級干職)을 주어 왕의 정사(政事)를 보좌하도록 하고 미녀와 결혼까지 시켰다. 그러자 이를 시샘한 역신(疫神)이 어느 달 밝은 밤에 처용의 처와 동침하였다. 처용이 이를 발견하고도 노래를 부르며 물러서자 역신은 사죄하였다. 이때 처용이 부른 노래, 즉 「처용가」의 대범한 가사는 다음과 같다.

서울 밝은 달밤에 밤늦도록 노닐다가,

들어와 잠자리를 보니 다리가 넷이로구나.

둘은 내 것인데 둘은 누구의 것인가,

본디 내 것이지만 빼앗겼으니 어찌하리.[39]

　이 이색적인 신라 향가에 관해 실로 오랫동안, 그리고 각이한 시각에서 연구가 거듭되어왔다. 지난 80여년간 관련 논문이 300편 가까이 발표되어 다방면적 접근과 입체적 조명을 시도했으나 처용의 실체는 종시 제대로 밝혀지지 못한 채 호족의 자제, 무당, 호국호법의 용, 영험한 화랑, 유행병 고치는 의사, 외래 무슬림 등 '각인각설'로, '천(千)의 얼굴'을 가진 인물로 이견(異見)이 분분하다. 그리고 이러한 이견들을 집대성한 『처용연구전집(處容研究全集)』이 2005년에 출간되었다.

　신라인들은 이방인인 처용을 너그러이 수용해 급간직이란 직급을 수여하며 정사를 돕게 하고, 미녀와 결혼까지 시켰을 뿐만 아니라, 신라의 대표적 향가의 주인공으로 윤색 승화시켰다. 이는 신라인들의 차원 높은 수용성을 시사한다. 이와 더불어 울산까지 잇닿은 해로(해상실크로드)가 처용과 같은 이방인들이 '이상향(理想鄕)' 신라를 찾아오게 한 길잡이 역할을 했음을 말해주고 있다.

　한반도의 대외적 위상은 근세에 해상실크로드를 통해 한반도 연해 일원을 탐사하고 돌아간 서양인들에 의해서도 세상에 알려졌다. 그 대표적인 실례가 한 영국 선장의 찬사 섞인 전언을 듣고 즉석에서 한 나뽈레옹의 유명한 유언이다. 1816년 9월 조선을 탐사하기 위해 온 최초의 서구인인 영국의 선장 배질 홀(Basil Hall)은 함선을 이끌고 10일 동안 서해안의 백령도에서 장한만, 고군산열도, 신안해협, 제주도까지 항해하면서 몰래 이것저것을 탐지했다. 이어 일본 류우뀨우섬까지 탐사하고는 439면에 달하는 『조선 서해안과 대(大)류우뀨우섬 탐험 항해기』

(1818)를 남겨놓았다. 그는 이 항해기에서 처음 맞닥뜨린 조선의 신기한 풍물들과 근면하고 낙천적인 조선인들의 풍모를 사실대로 전했다. 조선에서 만난 주민들은 자신들을 이방인인데도 다정하게 맞아주어 이들과 함께 술을 마시고 즐겁게 보냈다고 기록하기도 하였다. 특히 문정(問情)하러 온 비인(庇仁, 현 충남 서천군) 현감 이승렬(李升烈)에 대한 인상을 회고하면서 "세계 어느 곳에 갖다 놓아도 손색없는 교양과 통찰력을 지니고 있는 사람"이라고 찬사를 아끼지 않았다.

배질 홀은 동아시아 항해 임무를 마치고 돌아가는 길에 아프리카 서남단에 자리한 유명한 유배지 세인트헬레나(Saint Helena)섬에 들렀는데, 그곳에서 우연히 유배 중인 나뽈레옹을 만났다. 원래 나뽈레옹과 배질 홀의 아버지는 빠리 군사학교 동창이었다. 나뽈레옹과 만난 자리에서 배질 홀은 조선에 다녀온 사실을 이야기하면서 조선은 유서 깊은 나라인데도 조선인들은 남의 나라를 침략해본 적이 없는 선량한 민족이라고 소개하였다. 그러자 이 말을 들은 나뽈레옹은 깜짝 놀라는 표정을 지으면서 "이 세상에 남의 나라를 쳐들어가보지 못한 민족도 있단 말인가. 내가 다시 천하를 통일한 다음에는 반드시 그 조선이라는 나라를 찾아가보리라"라고 기대와 아쉬움이 섞인 유언을 남겼다.

이렇게 천하의 용장 나뽈레옹마저도 한민족의 놀라운 모습 앞에 승복(承服)하고야 만다. 이처럼 이승에서 한민족에게 찬사를 보내는 배질 홀의 전언을 듣고 선한 한민족의 위상에 탄복한 나뽈레옹이 저승에서 영국 탐험가 스타인(Mark Aurel Stein)이 고선지가 힌두쿠시(대설령大雪嶺)의 험로를 정복한 것에 대해 "나뽈레옹의 알프스 돌파보다 더 성공적"이라고 경악을 금치 못하며 이야기한 현장 목격담을 들었다면, 아무리 천하 무적을 자부해오던 그일지라도 한민족의 드높은 기상에 또 한번 승복하면서 기가 한풀 꺾였을 법도 하다.

아프라시아브 궁전 벽화의 사신도(복원도)

　북방 초원로나 해로뿐만 아니라 그 사이를 횡단하는 오아시스 육로를 통해서도 한반도의 국제적 위상이 확인되었던 역사적 사실들을 여러 곳에서 찾아볼 수 있다. 그 가운데서 유물로 확연하게 실증되는 일례가 중앙아시아 사마르칸트 소재 아프라시아브(Afrāsiyāb, 현 아프로시요브 Afrosiyob) 도성 유적에서 발견된 한반도 사절단 관련 벽화다. 이 도성의 내성지(內城址) 제23호 발굴지점(Loc. 23) 1호실 서벽에서 7세기 후반의 사마르칸트 왕 바르후만(Varxuman, 『신당서』의 불호만拂呼縵)을 진현하는 12명의 외국 사절단 행렬이 그려진 채색 벽화가 발견되었다. 그 행렬의 마지막에 조우관(鳥羽冠)[40]을 쓰고 황색 원령포(圓領袍)에 환두대도(環頭大刀)를 패용한 채 공수(拱手, 팔짱을 낌)한 자세로 서 있는 2인의 모습이 보인다. 발견 당시부터 학계에서는 이들이 한국의 사절들이라는 데

견해를 같이하였으며, 이 사절도는 당시 한반도와 서역 간에 존재한 공식관계를 시사해줄 뿐만 아니라, 사절단원들의 외형이나 복식 및 한반도와 중앙아시아 간의 교통로 등의 연구에서 귀중한 유물 증거를 제공한다는 점에서 큰 관심을 불러일으켰다.

발굴 당시부터 인물상과 복식 및 패용물에 관한 고증에 근거해 학계에서는 이 두 사람을 한국인이라고 단정했다. 그 근거는 우선, 인종적으로 이들이 검은 머리카락에 밝은 갈색 얼굴을 하고 있는 점으로 미루어 보아 몽골인종에 속하는 것이 분명하다는 점이다. 다음으로 복식을 살펴보면, 상투머리에 새의 깃이 꽂혀 있는 모자(조우관)를 쓰고 있으며, 무릎을 가릴 정도의 긴 황색 상의에 허리에는 검은색 띠를 두르고, 헐렁한 바지에 끝이 뾰족한 신발을 신었으며, 양팔은 팔짱을 끼고 있는데, 이러한 인종학적 특징과 복식은 한국인의 것과 매우 유사하다. 특히 조우관은 당시 한국인들 외에는 사용하는 예가 거의 없었다. 그리고 사절이 패용한 대도가 당시 한국, 특히 고구려에서 패용하던 대도와 동일한 형태이다. 머리가 환상(環狀)이고, 칼코등이가 비교적 크며, 칼집에 M자형 장식이 있는 이러한 형태의 대도는 삼실총(三室冢)을 비롯한 고구려 고분벽화에서만 발견된다.

사절단의 파견 연대에 관해 갑론을박의 논쟁이 있었지만, 필자를 포함한 한국 전문 연구팀과 현지 우즈베끼스딴 고고학연구소 연구팀은 공동 연구 및 합의를 바탕으로 바르후만 왕의 등극 연대와 멸망기에 이른 고구려의 대돌궐 관계 및 중앙아시아 지역과의 접촉 관계,[41] 그리고 복식이나 패용물에서 고구려적 요소가 다분한 점 등 여러가지 주·객관적 요인과 국제관계를 종합적으로 고려해 사절단의 파견 연대를 일단 650~55년 사이로 추정하였다.

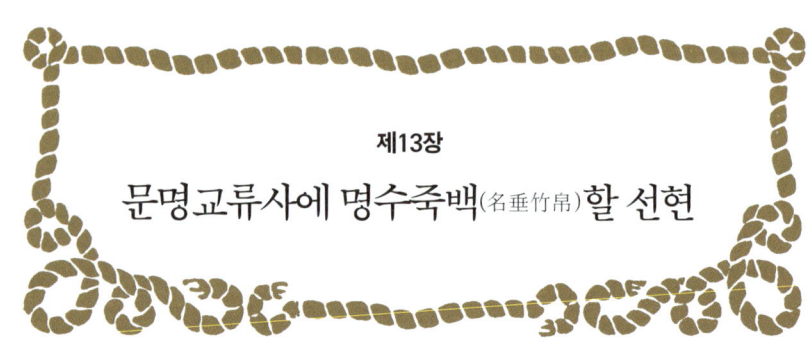

제13장
문명교류사에 명수죽백(名垂竹帛)할 선현

실크로드는 우리의 위대한 선현들이 민족적 위상을 선양했던 통로이며 활동 무대이기도 하였다. 한민족의 문명교류사에서 이러한 선현들을 추대한다면, 혜초(慧超) 스님과 고선지(高仙芝) 장군을 앞자리에 모셔야 할 것이다.

| 제1절 해동(海東)의 첫 세계인 혜초

혜초의 생애는 1천여년 동안 미궁 속에 빠져 있다가 지난 세기 초 그의 서역기행문 『왕오천축국전(往五天竺國傳)』이 발견된 후 극히 제한된 사료에 근거해 오늘날까지 약력 정도로 그 윤곽이 드러나고 있다.
혜초의 향국(鄕國)은 기행문이 발견된 7년 후인 1915년 처음으로 일본 학자 타까꾸스 준지로오(高楠順次郞)에 의해 신라라는 것이 밝혀졌다. 그 전에는 다만 그가 밀교승(密敎僧)으로 불공(不空, Amoghavajra, 705~74) 삼장의 제자라는 것만 알려졌을 뿐, 그의 국적은 미지로 남아 있었다. 타까꾸스는 논문 「혜초전고(慧超傳考)」[1]에서 당대(唐代) 밀교 최성기의 중요 문헌인 『대종조증사공대판정광지삼장화상표제집(代宗朝贈司空大辦正廣智三藏和尚表制集)』(약칭 『표제집』)[2] 속에 수록되어 있는 사료를 인용하여 혜초는 신라인으로서 유년기에 입당(入唐)해 중국 밀종(密宗)의 시조인 금강지(金剛智, Vajrabodhi, 671~741) 삼장을 사사하고 불경의 한역에 지대한 공헌을 했다고 고증하였다.[3] 약칭 『표제집』이라고 하는 이 책에는 대력(大曆) 9년(774) 5월 7일 불공이 입적할 때 남긴 유서가 실려 있는데, 불공은 여기서 혜초가 그의 6대 제자 중 한 사람일 뿐만 아니라, 신라인이라는 것까지 밝혔다.[4]

이밖에 혜초가 신라인이었음을 말해주는 또 하나의 전거는 그의 기행문으로, 그는 남천축으로 가는 도중 사향(思鄕)의 오언시(五言詩)에서

　　내 나라는 하늘가 북쪽에 있고(我國天岸北),
　　(…)
　　누가 소식 전하러 계림(신라)으로 날아가리(誰爲向林飛).

라고 읊조림으로써 자신이 계림인, 즉 신라인이라는 것을 스스로 밝혔다.

그의 출생년에 관해서는 700년설과 704년설 두가지가 있다. 그런데 그가 719년(신라 성덕왕 18년) 무렵 열여섯살 때 입당했다고 전하니, 그의 출생년은 704년일 개연성이 크다. 유년 시절이 전해지지 않고 있어 그의 입당 동기를 정확히 알 수는 없으나, 그가 그곳에 간 후 인도에서 온 밀교승 금강지를 사사했다는 등의 기록으로 미루어볼 때 구법(求法)차 중국에 간 것으로 짐작된다. 그의 입당 구법 행각은 우연한 것이 아니라, 당시 성행하던 신라인들의 입당 구법이나 유학의 물결을 타고 이루어졌을 것이다. 신라가 멸망할 때까지 약 400년 동안에 구법을 위해 수·

당에 들어간 승려의 수는 수백명에 달하였다.[5] 신라승들은 당에서 구법한 뒤 대부분 귀국했으나 일부는 천축으로 갔으며, 일부는 중국에 남아서 불사를 주재하기도 하였다.

이와 같은 구법 열기가 혜초로 하여금 불원천리 당을 찾아가게 한 동기였을 것이다. 입당 경로는 알려지지 않고 있으나, 그는 입당 후 광저우(廣州)에서 천축 밀교승 금강지와 그의 제자인 불공을 만나 금강지를 사사하였다. 금강지는 남천축 출신으로 제자 불공과 함께 실론(현 스리랑카)과 수마트라를 거쳐 719년에 중국 광저우에 도착해 그곳에 얼마간 머물러 있다가 뤄양(洛陽)과 장안(長安)에 가서 밀교를 전도했다. 혜초는 스승인 금강지를 광저우에서 만나 밀교를 처음 접했으며, 스승의 권유로 광저우를 떠나 천축으로 향했다. 약 4년 동안 천축과 서역의 여러 지방을 역방하고 개원(開元) 15년(727) 11월 상순에 당시 안서도호부(安西都護府) 소재지인 구자(龜玆, 현 신장위구르자치구 쿠처)를 거쳐 장안에 돌아왔다.[6]

이와 같이 혜초는 해상실크로드의 동단(東段)인 중국 동남해안의 요항(要港)인 광저우에서 배로 서역기행의 장도에 올라 인도양을 가로질러 인도의 동천축국에 상륙하였다. 이 구간의 항로는 잔존 여행기에서 결락되었기 때문에 아직껏 구체적으로 밝혀지지 않았다. 오천축국에 상륙한 혜초는 동·중천축의 성지와 불교 사적지를 두루 돌아보고 나서 남천축과 서천축, 북천축을 순방하는 등 종횡으로 오천축국 기행을 이어갔다. 서쪽으로 당시 대식국의 치하에 있던 파사(波斯, 페르시아)의 니샤푸르까지 이른 후 발길을 돌렸으며, 동향(東向)으로 중앙아시아의 여러 호국(胡國)들에 들르고 나서 '지구의 지붕'이라고 일컬어지는 파미르고원을 넘어 신장 지역의 구자와 언기(焉耆)를 거쳐 장장 4년간의 서역기행을 마치고 장안에 종착한다. 이 기나긴 여정은 전형적인 오아시

혜초의 서역기행노정도(지도의 지명 표기가 본문과 다를 수 있음)

스 육로(내륙실크로드)의 답파길이었다. 이렇게 혜초는 중국을 포함한 아시아의 여행인으로서는 최초로 실크로드 해로와 육로를 연속적으로 답파하고, 그 과정을 생동한 기록으로 남기면서 우리 겨레의 자랑스러운 위상을 만방에 떨친 우리 겨레와 아시아의 첫 세계인이다.

여행 노정은 경주에서 출발해 중국 광저우→(남중국해→수마트라→동인도양)→동천축 상륙→불교 성지들 참배→중천축→남천축→서천축→북천축→대식국의 파사→중앙아시아의 호국(胡國)들→파미르고원→구자→언기→(둔황敦煌)→장안으로 이어진 왕래 장도였다.

귀당 후 혜초의 행적에 관해서는 그가 건중(建中) 원년(780) 5월 5일에 직접 쓴 『대승유가금강성해만수실리천비천발대교왕경(大乘瑜伽金剛性海曼殊室利千臂千鉢大敎王經)』(약칭 『대교왕경』)의 서문[7]에 개략적인

제13장 문명교류사에 명수죽백할 선현 **703**

내용이 기록되어 있다. 이 기록에 따르면 혜초는 개원 21년(733) 정월 1일 신시(辰時)에 젠푸쓰(薦福寺) 도량에서 금강지 삼장으로부터 『대교왕경』을 받은 후 약 8년 동안 그곳에서 금강지를 모신다. 그러다가 개원 28년(740) 4월 15일 황제(현종)가 이 도량에 직접 행차하였을 때 이 경전의 역경(譯經) 건을 상주한다. 5월 5일까지 역경하라는 칙령을 받아 그날 새벽에 향불을 사르고 번역에 착수한다. 금강지가 구연(口演)하고 혜초가 필수(筆受)하는 방법으로 진행하다가 다음 해(741) 중추에 금강지가 입적하자 이 작업은 일시 중단되고 만다. 그후 금강지의 유언에 따라 이 경전의 범어(산스크리트어) 원문은 그가 사망한 다음 해에 천축으로 보내졌다고 한다.

혜초는 스승인 금강지가 타계하자 대력 8년(773) 10월부터 장안 다싱산쓰(大興善寺)에서 금강지의 제자인 불공으로부터 『대교왕경』을 수강하다가 이듬해 5월 7일 불공이 또 입적하자 그의 유언에 따라 6대 제자 중 한명이 되었다. 불공 사후 혜초와 그의 동료들은 황제에게 표문을 올려서 스승의 장례에 대해 황제가 베풀어준 하사와 부조에 감사하는 한편, 스승이 세웠던 사원을 존속시켜줄 것을 주청하였다. 혜초가 직접 쓴 이 표문으로 인하여 그가 불공의 6대 제자 중 둘째 제자임이 확인되었다.

혜초는 다싱산쓰 등 밀교사원에서 관정도량(灌頂道場)을 개최하는 데도 혜랑(慧朗)과 함께 앞장섰다. 대종(代宗) 때는 가뭄이 심하게 들자 대종의 명에 따라 주질현(盩厔縣, 현 저우즈현周至縣)에 있는 한대의 명찰 셴유쓰(仙遊寺)를 에워싸고 흐르는 헤이허(黑河)의 옥녀담(玉女潭)에 가서 기우제를 주관했는데, 마침 비가 내리자 기우에 효험이 있었음을 경하하는 「하옥녀담기우표(賀玉女潭祈雨表)」라는 표문을 지어 대력 9년 2월 5일 황제(대종)에게 상주했다.[8] 그러다가 건중 원년(780) 4월

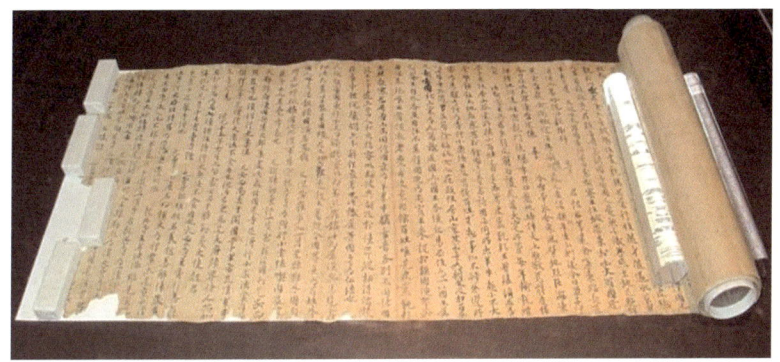

『왕오천축국전』 잔간본

15일 우타이산(五臺山) 건원보리사(乾元菩提寺)에 들어가 5월 5일까지 20일간 『대교왕경』의 낡은 한역본을 얻어 다시 필수하고 서문을 쓰고 나서 그해 이곳에서 향년 76세로 입적하였다.

　혜초는 6400여자의 잔간본(殘簡本, 3권) 여행기 『왕오천축국전』을 남겨놓았다. 『왕오천축국전』은 그가 답파한 여정과 그 과정에서 보고 들은 것을 사실적으로 기술한 탐험기이다. 그 내용의 대부분은 그가 직접 목격한 것이지만, 일부는 전문을 기록한 것도 있다. 또한 거개가 한 나라를 단위로 해서 기술했지만, 일부는 한 지역을 개괄해서 서술하기도 했다. 나라에 따라 기술 내용이나 분량은 다르지만, 대체로 출발지에서 목적지로 가는 방향과 소요시간, 그리고 왕성(王城), 즉 치소의 위치와 규모, 통치 상황, 대외관계, 기후와 지형, 특산물과 음식, 의상과 풍습, 언어, 종교, 특히 불교의 성행 정도 등을 간명하게 기술하고 있다. 내용 중에는 전후 다른 여행기들에서 언급된 것도 있지만, 독특한 것도 적지 않다. 특히 주목되는 것은 현존 잔본에 오언시(五言詩)가 다섯수나 실려 있다는 점으로, 이로써 '서정적 기행문'이라는 평가를 받는다.

　그간 잔본의 성격과 관련해 논란이 많았는데, 그 핵심은 탐험기 원본이 3권으로 된 분권본(分卷本)인가, 아니면 분권되지 않은 단행본인가와 현 잔간이 원본의 절략본(節略本)인가, 아니면 (전부 혹은 일부를) 그대로 베낀 사록본(寫錄本)인가 하는 문제이다. 혜초가 사망하고 나서 약 30년 후에 찬술되어 잔본 해명에 유일무이한 원초적 전거로 이용되는 혜림(慧琳)의 『일체경음의(一切經音義)』(1300여권의 불전 어휘 해석집)에는 분명히 3권이라고 되어 있고, 또 이 책에서 주석된 85개의 어휘도 상권(39)·중권(18)·하권(28)으로 분간(分揀)되어 있으므로 이 여행기의 원본은 3권으로 된 분권서임이 분명하다. 그러나 그것의 단행본 여부는 단정할 근거가 없다.

혜초의 서역기행과 여행기는 한민족의 문명사뿐만 아니라, 세계문명사에서도 불후의 위업으로 그 빛을 발하고 있다. 그 빛 자체가 실크로드를 통해 이룩한 한민족의 드높은 국제적 위상인 것이다.

혜초는 문명교류사에서 개척자적·선구자적 역할을 수행했다. 동양에서 혜초에 앞서 아시아대륙의 중심부를 해로와 육로로 일주한 사람은 없었으며, 더욱이 아시아대륙의 서단까지 다녀와서 현지 견문록을 남긴 전례도 없었다. 그리고 귀당(歸唐) 후 대덕고승(大德高僧)의 반열에 오른 그는 중국 밀교의 제6대조로 밀교의 정착과 보급에 큰 역할을 하였다. 그의 선구자적 역할은 『왕오천축국전』이 세계 4대 여행기 중 가장 오래된 여행기(마르꼬 뽈로의 『동방견문록』보다 무려 550년이나 앞섬)로, 인류의 귀중한 공동 문화유산이라는 데서도 나타난다.

그는 한민족사에도 불후의 업적을 남겨놓았다. 그의 여행기는 가장 오래된 서지(書誌)로 국보급 진서(珍書)이며 불후의 고전이다. 그는 겨레의 세계정신을 선양한 한국의 첫 세계인으로서 한민족의 얼과 넋, 슬기를 만방에 과시하였다. 여행기는 높은 사료적 가치를 지닌 인류 공동의 문화유산이기도 하다. 8세기 인도와 중앙아시아에 관한 으뜸가는 명저로 공히 평가되고 있다. 이 명저는 여행기이자 역사서이며 문학서이 기도 하다. 세계 4대 여행기를 비롯한 여러 여행기 중에서 혜초의 『왕오천축국전』은 각지의 국명과 지명을 정확하게 음사하고, 이국 풍물을 생생하게 기술한 명저로 정평이 나 있다.

이렇게 혜초는 어려서 고국인 신라를 떠나 23세 무렵에 인도와 서역의 탐방을 마치고 귀당한 후 70여세의 고령으로 세상을 떠날 때까지 50여년간 당에서 밀교 연구와 전승에 전념하여 밀교의 전통을 확립하는 데 큰 기여를 한 대덕고승이다. 그는 비록 신앙의 선경(仙境)에서 한평생을 보냈지만, 타향만리에서 고국과 겨레에 대한 수구초심(首丘初心)은 시종 변함이 없었다.

우리의 민족사에 명수죽백(名垂竹帛, 이름이 청사靑史에 길이 빛남)할 대덕고승 혜초와 그의 서역여행기 『왕오천축국전』에 관한 연구는 국내외에서 그런대로 지속되어왔다. 특히 그가 우리 겨레의 첫 세계인일 뿐만 아니라, 그의 이 여행기가 세계 4대 여행기 중에서는 가장 오래된 여행기라는 사실이 고증됨에 따라 학문적 연구나 그를 기리는 사업에 가일층의 탄력이 붙어 괄목할 만한 연구성과가 이루어졌다. 그렇다고 불초(不肖)를 말끔히 가셔낼 만한 만족스러운 성과는 아니며, 천착(穿鑿)까지는 아직 갈 길이 멀다. 관심과 연구가 조금은 저조해진 이 시점에서 지난 한세기 남짓 동안의 연구와 사업 등을 허심탄회하게 한번 소환해보면서 새로운 진작(振作)의 의지를 다지는 것은 시의적절한 행보라고 믿는다.

1908년 프랑스의 동양학자 뻴리오(Paul Pelliot)는 중국 둔황(敦煌) 모가오쿠(莫高窟, 첸푸둥千佛洞) 창징둥(藏經洞, 17동)에서 서명도 저자명도 결락된 두루마리 필사본 잔간(殘簡)을 발견했다. 그는 이미 그 4년 전에 혜림의 『일체경음의』 제100권에 실려 있는 어휘들을 보고 8세기 말경에 중국으로부터 두 여행자가 도축(渡竺)하였다는 단서를 포착했지만, 그 구체적 내용은 알아내지 못하였다.[9] 그러다가 뻴리오가 잔간을 발견한 1년 후인 1909년에 당시 베이징대학당(北京大學堂) 학장이던 석학 뤄전위(羅振玉, 일명 뤄수관羅叔官, 1866~1940)는 뻴리오가 제시한 사진을 사록(寫錄)하고, '찰기(札記)'를 붙여「오천축국기(五天竺國記)」라는 이름의 글을 다른 10종의 석실유서(石室遺書)와 함께『둔황석실유서』제2책(총 4책)에 수록했다.

뤄전위는 여행기의 내용을 면밀히 검토하여 오자를 바로잡고 다른 책과 비교해 모호한 자구들을 밝혀냈다. 그는 혜림의『일체경음의』에 수록되어 있는 주석 어휘와 이 결락본의 문면을 비교 검토한 결과 15개 어휘가 서로 합치될 뿐만 아니라, 어휘의 순서도 일치한다는 것을 알아냄으로써 이 사본이 혜초의『왕오천축국전』이라는 뻴리오의 견해에 동의하였다. 또한 그는『일체경음의』에 이 여행기가 상·중·하 세권으로 되어 있는 것과 달리, 그 중권과 하권에 들어 있는 어휘들이 결락본에는 분간(分揀) 없이 한권 속에 들어 있기는 하지만, 어휘 구성이 다른 형태로 해체되거나 합성된 흔적은 발견하지 못했다. 이로써 이 잔간이 원래 3권으로 되어 있던 원본의 절략본이라고 단정했다. 이렇게 뤄전위는 여행기 연구의 기초를 닦아놓았으며, 후학들은 대체로 뤄전위의 절략본설을 통설로 받아들이고 있다.

뤄전위의 연구가 발표된 2년 후에 일본의 후지따 토요하찌(藤田豐八)가『혜초 왕오천축국전 전석(箋釋)』이라는 첫 주석서를 찬술했고, 1926년에 뻴리오와 일본의 하네다 토오루(羽田亨)는 공저『둔황유서』에 처음으로 실물 크기의 사진 판본을 실었다. 교감본의 출간에 잇따라 외국어로의 역출(譯出) 작업이 시작되었는데, 1938년 독일의 푹스(Walter Fuchs)는『726년경 서북 인도와 중앙아시아를 통과한 혜초의 순례행기』(Huei-ch'ao's Pilgerreise durch Nordwest-Indien und Zentral-Asien um 726)라는 제하에 현대어(독일어)로 된 최초의 번역본을 출간해 서구 학계에 큰 반향을 불러일으켰다. 푹스는 번역문에 기존 여러 판본과 비교·교감한 한문 본문을 첨가했을 뿐만 아니라, 역문 난외(欄外)에『대일본불교전서(大日本佛敎全書)』『대정신수장서(大正新修藏書)』『둔황유서』각 판의 면수까지 표기함으로써 이용과 검출에 편의를 제공하였다. 몇년 후인 1941년에 하네다 토오루가 다시 이 독일어 역문을 참고하고 빠리 국립도서관 소장의 원문과 대조해『혜초 왕오천축국전 이록(迻錄)』을 찬술했는데, 현재로서는 가장 신빙성 있는 교감본으로 인정받고 있다.

2차대전을 전후해서는 학계의 연구가 일시 저조를 보여오다가, 1984년 한국·중국·일본·미국 등 4개국 학자들이 공동으로『혜초의 일기: 5개 인도 지역 순례기』[10]를 영어로 펴냈다. 이어 일본 학계는 1986년 4월에 공동연구반을 조직하여 1991년 3월까지 5년간 독회와 판독, 교감과 주석, 현대 일본어로의 번역에 이르기까지 다양한 학문 연구를 진행한 결과 드디어 1992년에 동·서양 학계가 달성한 기존의 연구성과를 집대성한『혜초 왕오천축국전 연구』[11]를 펴냈다. 이 공동연구에는 이 책의 편집자인 쿠와야마 쇼오신(桑山正進)을 비롯한 18명의 일본 학자와 이딸리아 동방학연구소(쿄오또 소재) 소장인 안또니노 포르떼(Antonino Forte) 등 총 19명의 각 분야 학자들이 함께 참가하였다.

이 책에는 여행기의 원문(영인본)과『일체경음의』의『혜초(惠超) 왕오천축국전』의 교감문, 본문의 일역문, 풍부한 주석이 실려 있으며, 부록으로 두편의 논문, 즉 타까다 토끼오(高田時雄)의「혜초 '왕오천축국전'의 언어와 둔황 사본의 성격(慧超 '往五天竺國傳'の言語と敦煌寫本の性格)」과 안또니노 포르떼의 논문「7~8세기의 중국 승원」(Chinese State

Monasteries in the Seventh and Eighth Centuries)이 수록되어 있다. 뿐만 아니라 혜초의 노정도를 비롯한 각종 그림과 지도 22장도 첨부되었다. 일본 학계의 이러한 관심과 적극적인 연구활동에 비해 중국 학계의 연구는 너무나 미흡하다. 1994년 장이(張毅)의 소략한 역주본이 하나 나왔을 뿐이다.[12]

혜초의 향국인 한국에서도 뒤늦게나마 선학들의 연구가 간간이 이어져왔다. 광복 전에는 대체로 혜초와 『왕오천축국전』에 관한 소개글이 주류를 이루었다. 1924년 권덕규(權悳奎)가 『조선유기(朝鮮留記)』(尙文館 1924)에 첫 글을 게재했으며 이능화(李能和)도 1924년 『조선사강좌: 분류사』에 관련 글을 발표하였다. 홍순혁(洪淳赫)이 『한빛』(2권 2호, 1928)에 「세계적 학계에 대경이(大驚異)를 준 신라승 혜초에 대하여」를 싣고, 문일평(文一平)이 『호암사화집(湖巖史話集)』(人文社 1939)에 유사 글을 실은 데 이어, 홍순혁이 『조선명인전(中)』(방응모 편, 조선일보사 1939)에 「혜초」란 글을, 최남선(崔南善)이 『신정 삼국유사(新訂三國遺事)』(三中堂書店 1943)에 부록으로 해제와 원문을 담은 「혜초 왕오천축국전(잔문殘文)」(17~29면)을, 홍이섭(洪以燮)이 『조광(朝光)』(1943년 4월호)에 「인도에 구법한 신라승의 전기잡초(傳記襍鈔)」란 글을 각각 실었다.

광복이 얼마 지나서부터는 고병익(高柄翊)이 종래 국내외 학계의 연구성과를 종합한 「혜초 왕오천축국전 연구사략」[13]과 「혜초」,[14] 「혜초의 왕오천축국전」[15] 등 여러 논저들을 잇따라 발표하여 혜초의 여행기에 관한 개괄적인 소개와 더불어 일련의 탁견도 제시하였다. 그밖에 일부 동양사학자들 속에서 영성적(零星的)인 연구가 진행되어왔다. 그러다가 다행히 문화관광부가 1999년 2월에 혜초를 '이달의 문화인물'로 선정한 것을 계기로 기념학술세미나를 열어 4편의 연구논문이 발표되고 여행기의 우리말 번역본이 새로 출간되었다. 이것을 한데 묶어 가산불교문화연구원이 『세계정신을 탐험한 위대한 한국인 '혜초'』(1999)라는 이름의 논문집을 발간했다. 이제 혜초가 당당한 신라인임이 밝혀진 지 82년 만에 그의 위상이 '세계정신을 탐험한 한국의 자랑스러운 첫 세계인'으로 자리매김되기에 이르렀다. 이것은 우리 민족사의 큰 경사가 아닐 수 없다.

이와 더불어 그동안 한국의 학회들이 연구의 부진 속에서도 그나마 혜초 연구에 기여한 두가지만을 꼭 짚고 넘어가려고 한다. 첫째로, 그 기여는 신라의 첫 세계인이자 불후의 세계적 여행기의 저자로서 혜초가 지닌 응분의 위상을 변함없이 확고하게 강조해온 점이다. 그동안 국내외 일부 학계에서는 혜초의 정체성에 관해 의문을 제기하면서 논쟁을 벌였다. 그 요체는 '황당숭악소림사비(皇唐嵩嶽少林寺碑)' 중 소림제자 혜초(惠超)의 기록, 『당동하사자정전(唐東夏師資正傳)』(불법 계보 기술)의 저자 혜초(慧超), 쿠무투라석굴(庫木吐喇石窟)에 기술된 쿠처의 혜초(惠超) 관련 자료 등 6가지 유물 속에서 동명인 '慧超'(혹은 '惠超')가 출현하는 만큼 신라의 혜초, 『왕오천축국전』의 혜초 말고도 다른 '혜초'가 따로 있었다는 뜬금없는 주장이다. 이와 같은 주장은 1992년 중국의 저명한 불교학자 원위청(溫玉成)에 의해 처음 제기되었다.[16] 이 충격적인 사실을 순천향대 중문과 교수 박현규(朴現圭)가 국내의 학술지나 언론매체에 거르는 내용 없이 곧이곧대로 소개함으로써 한국 학계에 커다란 충격을 던졌다.

이것이 기폭제가 되어 국내 학계, 특히 변인석(卞麟錫)을 비롯한 동양사학계에서 대응논리 개발에 적극 나섬으로써, 혜초 연구는 한 단계 업그레이드되는 계기를 맞게 되었다. 그리하여 이 시기에 대표적인 연구서들[17]이 줄줄이 출간되었다. 연구서들은 한결같이 혜초의 불변의 위상을 정립하는 데 초점을 맞추고 그 정체성 확립에 진력하였다. 과문인지는 몰라도, 이에 대한 중국 측 대응은 더이상 없는 것으로 알고 있으며, 박현규도 2010년 학술논문「혜초 인물 자료 검증」의 중문 초록에서 "본 논문은 이러한 자료들을 검토한 후『왕오천축국전』의 혜초는 신라 혜초와 동일인일 가능성이 대단히 큰 반면에 기타 여러 혜초들과는 동일인이 아닐 가능성이 대단히 크다고 본다"고 판단하며 논쟁에 종언을 고하였다.

둘째로 유의미한 기여는 혜초의 서역기행 노정을 구체적으로 정확하게 확정하는 데 시문구(始文句)에 의한 직접 답사지와 간접 전문지(傳聞地)의 식별법을 제시한 것이다. 본문을 해독하며 혜초의 들쑥날쑥하고 복잡한 답파 여정을 제대로 그려내는 것도 중요하지만, 더 중요한 것은 그가 직접 들른 곳과 들르지 않고 먼발치에서 전문한(얻어들은) 곳을 가려내는 것이다. 그것은 전노정에 관한 기술의 신빙성과 사실성을 가늠하는 잣대가 되기 때문이다. 사실 선행 연구자들은 직접 답사지와 간접 답사지를 식별할 수 있는 기준이나 근거를 제시하지 못한 채 자의로 노정을 설정했기 때문에 기행문의 전반적인 내용을 정확히 이해하는 데서 혼동을 면치 못하였다. 이에 필자는 기행문을 역주(譯註)하며[18] 여행기 전문을 누차 세심히 훑어보는 과정에서 서로 다른 두가지 시문구 패턴(문형文型)을 발견하였다. 그것은 "從(又從, 卽從) (…) 行(入, 隔) (…) 日(月, 程) (…) 至"(어디서부터 어느 방향으로 얼마 동안 가서 어디에 이르렀다)의 패턴 1과 "從(又從) (…) 巳(東·西·南·北) (…) 是(卽, 有)"(어디의 어느 방향에 어떤 곳이 있다)의 패턴 2이다. 문맥에서도 확인되다시피, 패턴 1은 그가 직접 답사한 곳이고, 패턴 2는 들르지 않고 전문한 곳이다. 이러한 시문구 패턴을 잣대로 하여 살펴본 결과 여행기 전반에서 모두 23곳의 패턴 1을 발견하였다. 이것은 혜초가 적어도 23곳은 직접 탐방하고 사실적 기록을 남겼다는 증좌다.

근간에는 한국의 학계는 물론이고 정부 차원에서도 실크로드의 복원과 운영 및 연구에 선도적 역할을 수행함에 따라 한국의 첫 세계인이자 문명교류의 선구자인 혜초와 인류 공동 문화유산인 그의 여행기에 대한 관심이 전례없이 높아졌다. 물론 아직은 그 관심만큼 이를 기리는 사업이나 현장답사가 이루어지지는 못하고 있지만, 그동안 간간이 뜻있는 행사들이 거행되어왔다.

앞에서도 얘기했듯이, 1999년 문화관광부는 혜초를 그해 '2월의 문화인물'로 선정하고 기념 학술세미나를 개최했으며, 가산불교문화연구원은 세미나에서 발표된 4편의 논문을 엮어 『세계정신을 탐험한 위대한 한국인 '혜초'』라는 제하의 논문집을 간행하였다. 논문집에서 눈길을 끈 것은 처음으로 혜초를 한국의 첫 세계인으로 추앙하고, 세계에 대한 그의 창의적 탐구를 높이 평가했다는 점이다. 이러한 학구적 분위기에 고무된 필자(정수일)는 2004년 4월 20일 도서출판 '학고재'가 주관한 '문명기행' 시리즈 제1호로 『혜초의 왕오천축국전』 역주서를 출간하였다. 역주자는 그간 다른 나라들에서 이루어진 주해나 역주를 종합적으로 검토한 데 기초해 가급적으로 필요한 역주(총 503항)를 넉넉히 달려고 최선을 다했다. 역주서에서는 소정의 논제에 관한 각국 학자들의 각이한 견해를 비교 분석하기도 하고 오견(誤見)에 대한 나름의 판단이나 시정도 서슴지 않았다.

선현의 위대한 공적을 기리는 사업의 일환으로 2009년 1월 평택시는 관련 연구자들로 구성된 '평택 혜초기념비 건립준비위원회'를 발족시켰다. 평택시 심복사 주지 정견 스님과 필자가 공동준비위원장으로 선출되어 곧바로 기념비 추진사업에 착수했으며, 다섯달도 채 안 되는 기간에 건립 공정을 전격적으로 마치고 그해 5월 28일 평택항 예술공원에서 기념비 제막식을 거행하였다. 일말의 불초(不肖)가 사그라지는 순간이었다.

 필자는 30여년 전 한 일간지에 「이역의 왕오천축국전」(『조선일보』 1991. 4. 4)이라는 제하의 짤막한 글을 쓴 적이 있다. 이 글에서 혜초의 여행기를 발견한 이도, 신라라는 그의 향국을 밝힌 사람도, 여행기에 관한 초기의 연구자들도 다 외국 학자들일 뿐만 아니라, 오늘날 당당히 국보로서 대접을 받아야 할 이 보물이 저 멀리 빠리의 한 도서관 진열장 속에 외로이 주인을 기다리며 갇혀 있는 현실에 대해 뼈저리게 개탄하면서 이런 글로 후손의 불초를 뉘우쳤다. "이제 불초의 지난날을 앉아서 통탄만 할 것이 아니라 분발하여 주역(主役)의 지혜를 발휘해야 할 것이다. 여행기의 원문 복원 작업을 비롯해 연구해야 할 일도 많거니와 동서 문명의 만남의 길을 터놓고 세계 속의 한국을 빛낸 스님의 위훈을 기려 서산(西山) 기슭에 아담한 사적비 하나쯤 세우는 것도 이 땅에서 이 시대를 사는 사람들의 응분된 도리가 아닐까. 『왕오천축국전』이 다름 아닌 신라의 대덕고승 혜초가 지은 진서(珍書)일진대, 이제 그 유품은 저자의 고고지성(呱呱之聲)이 메아리친 이 땅에 옮겨져야 하지 않겠는가." 혜초의 거룩한 공적을 기리는 기념비를 이 땅에 세워 응어리진 숙원 하나라도 실현했다는 자부를 간직하게 된 이 순간, 그 감개무량함은 이루 다 헤아릴 수가 없었다.

 기념비 제막식에는 UN대표와 실크로드 연도 20여개국 시장들이 참석했다. 필자가 이미 말했듯이, 『왕오천축국전』이 다름 아닌 신라의 대덕고승 혜초가 지은 진서일진대, 이제 그 유품은 저자의 고고지성이 메아리친 이 땅에 옮겨져야 하지 않겠는가.

 서투른 글솜씨지만 필자가 기안한 기념비문의 전문은 다음과 같다.

 혜초는 단장의 향수를 읊은 시편에서 "내 나라는 하늘가 북쪽에 있고(我

國天岸北), (…) 누가 소식 전하러 계림(신라)으로 날아가리(誰爲向林飛)"라고 하여, 자신이 신라인임을 밝힌 바 있다. 704년경 신라에서 태어난 그는 열여섯의 나이에 구도의 푸른 꿈을 안고 당나라로 건너가, 723년에 다시 천축(인도)을 향한 위험천만한 대장정에 나섰다. 장장 4년간에 걸쳐 천축과 서역을 두루 답사하고, 727년에 당나라로 돌아와서 세계적 문명탐험기이며 한국 최고(最古)의 서지로서 불후의 국보급 진서인 『왕오천축국전(往五天竺國傳)』을 찬술하였다. 그후 50여년간 장안의 여러 명찰에 주석하면서 궁중 원찰인 내도량의 지송승(持誦僧)으로서 도화원력(道化願力)이 지고의 경지에 이르렀다. 780년 한생의 마감을 예감한 듯, 노구를 이끌고 우타이산 건원보리사(乾元菩提寺)로 옮겨 역경본을 적다가 조용히 붓을 놓은 채 입적하였다. 당대 동아시아에서 아시아대륙의 서단까지 해로로 갔다가 육로로 돌아와 현지 견문록을 남긴 것은 일찍이 없었던 장거이다. 혜초는 이역만리 험난한 여정에서도 구수지심(丘首之心)을 내내 간직한 채 고국과 겨레 사랑의 얼, 극기와 창의의 넋, 탐구와 구지(求知)의 슬기를 만방에 과시한 위대한 한국의 첫 세계인이다. 1200여년이 지나, 이제 후손으로서 불초의 응어리를 풀었다는 후련함 속에 온 국민과 평택 시민의 한마음 한뜻을 모아 여기 서해(西海)를 오간 구법고승들의 발자국이 찍혀 있는 평택 땅, 서기(瑞氣) 어린 이곳에 억겁에 빛날 그의 위업을 기리는 기념비를 세워 영원토록 기리고자 하는 바이다.

2009년 5월 28일

필자는 공교롭게도 연구소 산하 실크로드학교가 조직한 티베트 답사 일정과 겹쳐서 아쉽게도 이 평택의 혜초기념비 개막식에는 직접 참석하지 못했는데, 비록 먼발치인 티베트 라싸에서이긴 해도 지켜보는 순간 실로 만감이 교차하였다. 대학 시절 혜초의 여행기『왕오천축국전』

을 도서관에서 처음 접했을 때 어안이 벙벙해서 도저히 믿기지 않아 먼지가 켜켜이 쌓인 책을 대출해 한달음으로 은사이신 동방학부장 지셴린(季羨林) 교수님을 찾아갔다. 중국의 국보급 대학자로서 한학과 인도학, 산스크리트학의 태두이신 교수님은 일견에 필자가 찾아간 사연을 짐작하시고는 혜초와 여행기에 관해 소상하게 가르쳐주시는 것이었다. 아, 우리 선조 중에도 이토록 위대한 분이 계셨구나! 교수님의 친절한 가르침에서 비할 바 없는 귀중한 정신적 자양분을 섭취하였다. 그로부터 혜초의 존영(尊影)이 내내 머릿속에서 감돌고 있었다.

그로부터 근 40년 세월이 흘러서 1992년 봄 단신으로 시안(西安, 옛 장안長安) 탐방길에 올랐다. 처음 달려간 곳이 바로 혜초가 기우제를 주관했다고 하는 헤이허 연안에 위치한 왕사(王寺) 셴유쓰였다. 혜초가 기우제를 주관하자 곧바로 효험을 봤다는 내용을 담은 「하옥녀담기우표(賀玉女潭祈雨表)」에 의하면 혜초는 몇년간 가뭄이 지속되자 당 대종(代宗)의 명을 받들어 셴유쓰를 찾아가 발원(發願)한 후 인근 헤이허의 옥녀담 거북바위에서 주야로 기우제를 지냈는데, 그러자마자 바로 단비가 내렸다고 한다. 거북바위에는 '혜초기우제평(慧超祈雨祭坪)'이란 돋을새김 글자가 남아 있었다.

그때 동행한 안내원의 전언에 의하면, 그해 가을부터 이 셴유쓰 고지(故址)에 댐 건설이 시작되면 이 고찰은 수몰되지 않도록 다른 곳으로 이축(移築)된다고 하였다. 그로부터 꼭 20년이 흘러간 2012년 12월 사업차 시안에 갔을 때, 셴유쓰가 이축되어 있었고, 더불어 저우즈현(周至縣) 헤이허 언덕바지에 '신라고승혜초기념비(新羅高僧慧超紀念碑)'가 덩그러니 세워져 있었다. 알고 보니 한·중 정부와 불교계의 협력으로 2001년에 혜초기념비와 기념비각이 이곳에 세워졌다. 반가운 김에 한달음으로 찾아갔는데, 기념비와 기념비각의 관리가 말이 아니었다.

해괴망측한 낙서가 비문을 짓뭉개버렸는가 하면 깨진 유리병과 담배꽁초, 휴지가 흉물스럽게 널려 있었다.

그때까지만 해도 세상에 혜초의 기념물이라곤 이곳 한곳밖에 없는데 이 꼴이니, 정말 울분과 자괴, 불초의 죄송함이 마구 섞인 흙탕물이 가슴을 꽉 메웠다. 얼결에 주지 스님(한인)을 찾아가서 사연을 물었다. 인자하신 주지 스님은 몇년째 한·중 양국으로부터의 후원이 거의 끊기다시피 했기 때문이라고 난색을 표하며 거듭 합장(合掌)했다. 일행은 한국에 돌아와서 관련 기관을 찾아다니며 읍소(泣訴)하다시피 실태를 알리고 구제대책을 간청했다. 지상 보도에 의하면 다행스럽게도 1년 후(2013)에 비문과 비각 보수공사가 있었으며, 그 이후에는 시안 주재 한국총영사관에서 몇차례의 청소작업을 진행했다고 한다.

공영방송인 KBS도 나름대로 그동안의 연구성과를 바탕으로 혜초와 여행기에 대한 새로운 조명에 나섰다. KBS는 한국문명교류연구소와 공동으로 2010년 3월 23일부터 4월 2일까지 11일간 인도 현지를 방문해 주요한 여행지의 유적·유물에 대한 촬영을 마치고 귀국하자마자 4월 19일 전격적으로「해동의 첫번째 세계인, 혜초」라는 제하의 '역사스페셜' 프로그램을 방영하였다. 이는 한국의 첫 세계인이라는 혜초의 위상이 한국인의 뇌리에 확고히 각인되는 계기가 되었다.

그런가 하면 국립중앙박물관도 그동안 국보급 진서인『왕오천축국전』절략본의 귀환 문제를 놓고 소장소인 프랑스 국립도서관을 비롯한 관련 기관과 끈질긴 줄다리기식 협상을 벌여왔다. 그러나 종시 해결책을 찾지 못하자 급기야 양국 정부 당국자 간의 공식 의제가 되어 결국 한국 측으로는 만족할 수 없는, '울며 겨자 먹기' 식의 절충안이 마련되기에 이르렀다. 그 내용인즉 1개월간 한시적으로 한국 국립중앙박물관에『왕오천축국전』절략본을 전시한다는 것이었다. 드디어 2010년 12월 국립중앙박물관에 한국 독자들로서는 1300년 만에 이 진서를 '친견(親見)'하는 행운이 차려졌다. 한가지 아쉬웠던 것은 유품 두루마리 길이의 6분의 1 분량만 노출 전시가 허용되어서 전장(全長)을 볼 수 없었던 점이다. 프랑스 측 호송원들의 말에 의하면 그들은 유품을 아무도 모르게 이른 새벽 특수밀봉차에 싣고 드골공항을 정문 아닌 옆문으로 들어가 비장운송(祕藏運送)했다고 한다. 흡사 비밀작전을 방불케 한다. 그만큼 프랑스 측은 이 진서를 귀중히 여기고 보존에 만전을 기하는 것이었다. 외람되게도 이 '작전 밀담'을 듣는 순간, 이 국보급 진서의 영구 환국(還國)은 그만큼 멀어지겠구나 하는 씁쓸한 예감이 들었다. 이 전시회를 계기로 필자의 역주본이 '공식 역주본'으로 선정되어 영인되었다.

한편, 혜초의 구법 인생의 수련장이기도 했던 천축국(현 인도) 현장에 깊고도 넓게 찍힌 위훈의 발자취를 후세에 영원히 각인시키기 위해 비록 만시지탄(晚時之歎)이 없지는 않았지만, 유의미한 첫걸음마를 떼기도 하였다. 2014년 경상북도가 추진한 '코리아 실크로드 프로젝트'의 일환인 '2014 해양실크로드 글로벌 대장정'의 분견대(分遣隊)인 '인도순례길대'가 11월 부처의 초전(初傳)설법지인 녹야원(鹿野苑, 사르나트 Sarnath)에 1300년 전 혜초의 이곳 순례를 기리기 위한 '혜초기념비'를 세웠고, 인근 국립공업대학교 내에 '혜초도서관'도 개관하면서 기념강연회를 열었다. 한국문명교류연구소 연구위원 차광호 박사가 지도교수로 동행했으며, 귀국 후 대장정 결산대회에서 「해양실크로드 글로벌대장정과 한국인의 해양 정체성」이라는 제하의 논문을 발표하여 해양실크로드를 통한 선현들의 국위 선양 정신을 심층적으로 밝혔다.

『왕오천축국전』과 같이 고대 이방의 인문지리나 풍물에 관한 고전적 저술은 현장 탐방을 통한 사실성 확인이나 비정(比定)이 없이는 현대인들이 제대로 이해할 수가 없다. 필자는 이러한 문제의식에서 출발해 여건상 제한적이기는 하지만 첫 12일 동안(2007. 8. 18~29)에 바이살리(Váisalī)→쿠시나가라(Kuśinagara)→바라나시(Varanasi)→사르나트→왕사성(王舍城)→(혜초는 날란다Nālandā에 들르지 않음)→마하보디(Mahabodhi)→룸비니(Lumbini)→기원정사(祇園精舍)→삼도보계탑(三道寶階塔) 등 4대 탑과 4대 성탑을 비롯한 불교 성지를 두루 탐방하면서 불교 성지의 개념과 그 이해를 위한 기본 지식을 터득하였다. 그후 10여차례에 걸쳐 북인도와 서인도 및 남인도와 스리랑카, 그리고 인도네시아와 캄보디아를 비롯한 동남아시아와 뚜르끄메니스딴을 비롯한 중앙아시아와 이란 등 범아시아 지역의 초전(初傳) 불교지에 산재한 유적지와 유물 들을 탐방했다. 이 과정에 불교에 관한 지식이 심화되었음은 물론이거니와 필자의 전공과 관련된 불교 전파사(각 지역으로의 전파 과정과 특징, 전파 범위 등) 입론(立論)의 바탕을 마련할 수가 있었다.

혜초의 입적지(入寂地)를 찾아 확인하기 위한 두차례의 중국 산시성(山西省) 우타이산 현장 탐방은 특별한 의미를 지닌다. 혜초의 생애 연구에서 최대의 미스터리는 그의 입적지의 미확인이다. 문헌에는 우타이산 건원보리사로 전해오고 있으나, 지금은 그곳이 어디인지 도시 확인할 수가 없다. 오랜 침묵을 깨고 둔황 모가오쿠 61호 굴 주벽에 그려져 있는 「우타이산도(五臺山圖)」가 한가닥 불빛을 던져주었다. 여기에는 '신라승탑(新羅僧塔)'을 비롯한 신라승들의 묘지를 시사하는 지도가 그려져 있다. 1차로 2006년 5월 한달음으로 달려간 데 이어, 단단히 준비를 하고 2차로 2009년 8월에 현장을 다시 찾아가 혜초와 동시대의 사찰인 진거쓰(金閣寺, 787년 창건)와 후일 창건된 대표적 사찰인 칭량쓰(淸涼寺)를 집중 탐방해 건원보리사의 실체를 고구(考究)하려 하였다.

그러나 결과적으로 몇가지 상황적 단서만 포착했을 뿐 정곡은 맞히지 못한 채 불초(不肖)의 무거운 마음을 안고 이 중국 4대 불교 성지의 하나인 우타이산 성역을 떠나야만 하였다. 뇌리에 혜초 스님을 재소환하는 이 순간까지도 그 처량한 모습이 주마등처럼 눈앞을 스쳐 지나가며, 가슴을 짓누르는 응어리로 남아 괴롭히고 있다.

이 세계적인 명저가 지니고 있는 진가를 감안할 때, 더욱이 한국의 첫 세계인이 남긴 국보급 진서에 대하여 우리가 가져야 할 응분의 민족사적 관심에 비추어볼 때, 또한 한세기 가까이 소모된 긴 연구기간에 비할 때, 연구성과는 기대치에 크게 미치지 못함으로써 연구의 심화 내지 완결은 여전히 미제의 과제로 남아 있다.

제일 큰 과제는 여행기 원문을 복원하는 일이다. 현존 여행기는 원본을 절략한 필사본이므로 그 원본을 찾아내는 것이 원문 복원의 선결조건이다. 그러나 아직까지 원본의 실존에 관한 어떤 단서도 포착되지 않고 있어 이 난제는 쉬이 풀릴 것 같지 않다. 이런 상황에서 현존 잔본의 원문이라도 제대로 반듯하게 복원하는 것이 급선무다. 이를 위해서는 공백으로 남아 있는 160여개의 결락자(缺落字)와 이론(異論)이 분분한 약 107개의 자구(字句)를 가급적으로 원상 복원하여 정확한 교감(校勘)과 판독을 기해야 할 것이다.

이와 더불어 한 차원 높은 시각에서 혜초와 그의 여행기가 지닌 민족사적 업적과 세계사적 보편가치를 재조명하고 평가하며 온전한 '혜초 평전'도 찬술해야 할 것이다. 이를 위해서는 일찍이 혜초가 오랫동안 주석하고 밀교를 연찬한 장안과 우타이산 등지에 남아 있는 여러 고찰에 대한 현장조사를 정밀하게 실시하며, 그가 전수받고 필수한 밀교 경전들에 대한 연구도 심화시켜 혜초의 일생에 걸친 행적을 흠결 없이 완벽하게 추적 재현해야 할 것이다.

끝으로, 이제 우리는 이 '위대한 한국인'을 기리는 일에 더 적극적으로 나서야 할 것이다. 이를 위해 편취당한 채 저 멀리 무연고지 빠리에 유폐되어 있는 이 국보급 진서의 반환운동을 적극적으로 벌이고, 국보뿐만 아니라 유네스코의 세계문화유산 등재도 추진하는 등 그를 기리는 제반 사업에 국가기관과 학계의 지혜를 한데 모아야 할 것이다.

제2절 세계의 지붕 '파미르의 주인' 고선지

혜초 스님과 동시대인으로서 실크로드의 초원로와 오아시스 육로를 종횡무진 누비면서 세계 전사(戰史)와 문명교류사에 불멸의 업적을 쌓음으로써 우리 겨레의 민족적 위상을 드높인 또 한분은 고선지(高仙芝) 장군이다. 그러나 그가 쌓아올린 불후의 공적에 비해 학문 연구나 그를 기리는 사업은 턱없이 부족하다. 안타깝게도 남북 분단의 현실은 학문 연구의 '남북 분단'과 '균형 파괴'라는 악과(惡果)를 결과했으며, 게다가 '재당처세(在唐處世)'를 문제삼아 민족사에서 소외시키는 대국주의와 중화중심주의(중국 측), 민족허무주의와 사대주의(향국인 한국 측) 탓에 그는 제대로 된 역사적 조명을 받지 못하였다. 그리하여 필자는 지금으로부터 꼭 32년 전인 1992년에 졸저 『신라·서역교류사』(단국대학교출판부)를 펴내면서 「고선지의 서역 원정」(396~436면)이라는 제하의 글을 발표했다. 퍽 미흡한 내용의 글이지만 그동안 그의 족적이 찍혀 있는 곳곳(파미르고원의 험산준령은 제외)을 누빌 때마다 현장 확인과 논리적 검토를 거듭해 이 졸문을 수정 보완하였다.

뿐만 아니라, 기회가 생길 때마다 '지식의 사회적 환원'이란 명분 하에 '고선지 알림'을 대중강연의 주제나 화두로 삼아왔다. 다행히

탈라스강(카자흐스탄)

2012년 경주세계문화엑스포에서는 처음으로 '고선지의 서역 원정' 코너를 설치해 그의 행적과 업적을 표시하는 실크로드 지도를 함께 전시하고 영상을 방영하기도 하였다. 그로부터 9년이 지난 2021년 5월 27일에는 필자가 20여년 전에 탈라스전투의 결정전이 펼쳐진 곳으로 고증한 현 끼르기스스딴 탈라스강 우안의 뽀끄롭까(Pokrovka) 평원 입구에 '고선지 장군의 탈라스전투 기념비'가 세워졌다.

　기념비는 동양문명과 이슬람문명을 상징하는 2개의 기둥과 3개의 원형으로 구도가 짜여 있다. 기단(基壇)은 지름이 각각 7m와 5m인 2개의 원형 기단석으로 되어 있고 지붕도 역시 지름 1m의 원형 금속물로 구성되었는데, 이 지름 숫자들은 탈라스전투가 벌어진 751년을 상징한다고 한다. 원형 천장은 이곳 유목민들의 전통가옥 유르트(yurt)의 원형 천장인 툰둑을 본뜬 것이라고 한다. 그리고 비면에는 필자가 초안한 다음과 같은 소략한 비문이 돋을새김되어 있다.

　　세계 전쟁사와 문명교류사에 뚜렷한 발자국을 남긴 탈라스전투와 전사들을 기린다.

4방 비면에는 한글과 영어, 중국어, 아랍어, 끼르기스어, 러시아어 등 6개 언어의 역문(譯文)이 새겨져 있다.

이 유일무이한 탈라스전투 기념물의 건립은 끼르기스스딴 측에서는 관광청과 탈라스주 정부, 한국 측에서는 '끼르기스스딴 코이카(KOICA) 사무소'와 'KF(Kyrgyz Friends) 실크로드 프로젝트' 팀의 공동 노력과 후원에 의해 추진되었다. 전언에 의하면, 2022년에는 전 프랑스 주재 끼르기스스딴 대사가 사재를 쾌척해 기념비 곁에 탈라스전투 기념관을 세웠다고 한다.[19] 진심으로 감사하고 축하를 드릴 만한 기념비적 역사(役事)다.

작금 고선지가 쌓아올린 업적에 비해 그에 관한 연구는 너무나도 미흡하다. 그는 '당객향(唐客鄉)'(당 객지)에 온 이방인인데다가 군인 출신이기 때문에 중국 사서에 간단한 열전만 남아 있을 뿐이어서 학계에서는 거의 도외시되어왔다. 그의 당당한 모국인 한국에서조차 그에 관한 연구로는 고작 민영규(閔泳珪)의 「파미르 서쪽에 찍힌 한국인의 발자국: 고선지」(『한국인의 인간상』 2권, 신구문화사 1965)와 현규환(玄圭煥)의 「고선지와 중앙아세아 경략(經略)」(『한국유이민사韓國流移民史』 상권, 어문각 1967) 등 몇편의 논문이 있다.[20]

당나라는 668년 고구려를 멸망시킨 후 이듬해에 고구려 유민(遺民)에 대한 추호이식(抽戶移植) 정책을 결정해 2만 8천~3만호의 고구려 유민들을 내지 각지로 강제 이주시켰다. 당나라가 이러한 정책을 추진한 것은 주로 고구려 유민의 항당복국(抗唐復國) 투쟁을 저지하기 위해서였다. 따라서 고구려인들이 당으로 이치(移置)된 경위는 각이하며, 이치 후의 처우도 같지 않았다. 전쟁포로로 끌려간 사람들은 대체로 노예의 신세가 되어 관부의 사역에 시달리거나, 아니면 농노나 황무지의 개척자로 모진 고역에 시달렸다. 고구려가 멸망한 후 이치된 유민들은 그 대부분이 호민(豪民, 세력이 있고 부자인 백성)이나 장정들로서 전자들보다는 처지가 나은 편이었으나 역시 망국노로서의 비운은 면치 못한 채 당이 필요로 하는 곳에 배치되었다. 특히 당은 고구려 유민들의 호무(好武) 정신을 이용하여 청장년들을 군사에 많이 복무케 한바, 후일 당의 전쟁사에 혁혁한 발자국을 남긴 고구려 명장들이 많이 배출되었다. 그들 가운데서 특히 대당(大唐) 건설에서뿐만 아니라 중세 문명교류사에 불멸의 업적을 남긴 사람이 다름 아닌 고선지 장군이다.

고선지의 부친 고사계(高舍鷄)는 초기에 하서군(河西軍, 당시 하서절도사는 양주涼州에 주둔, 현 간쑤성甘肅省 우웨이현武威縣)에서 중급장교로 있다가 점차 공을 세우자 안서군(安西軍, 당시 안서절도사는 구자龜玆에 주둔, 현 신장성新疆省 쿠처현庫車縣) 장교로 승격되었다. 이처럼 무가(武家)에서 태어난 고선지는 어려서부터 부친에게서 무예를 배우고 부친을 따라 안서군에 있었다. 그는 용자가 빼어나고(美姿容) 말을 잘 타며 활을 잘 쏘고(善騎射) 용감 대담하여(勇決驍果) 약관 20여세에 벌써 부친과 동등한 계급에 올랐다고 하니 그는 어려서부터 천부적인 무인으로서의 출중한 자질을 소유하고 있었음을 알 수 있다.

고선지는 청소년기(8세기 초)를 안서도호부의 치소 구자에서 보내다가 음보(蔭補, 벼슬자리를 조상의 덕으로 얻는 것)로 약관 20세에 유격장군(游擊將軍)에 임명되었다. 그러나 초기에는 절도사들의 신임을 얼마 받지 못하다가 부몽영찰(夫蒙靈察)이 절도사로 오자 그의 재식(才識)과 능력이 인정되어 승진 일로의 가도를 걷기 시작하면서 일약 안서부도호(安西副都護)에 이어 사진도지병마사(四鎭都知兵馬使)라는 파격적인 승진을 하게 된다. 이와 같은 그의 급속한 진급은 그 자신의 출중한 자질에 주요인이 있었겠지만 이것만으로는 부족하였다. 그의 등용은 당시 당조의 번장(蕃將, 이민족의 장군) 기용 정책과 관련되어 있었다. 당나라가 이런 정책을 채택한 이유는, 첫째로 이들 번장들은 파쟁에 휘말려 있던 한장(漢將)들과는 달리 당파의 후원이 없으므로 쉽사리 조종 통제할 수 있었으며, 둘째로 막강한 군권을 장악하고 있는 장군들이 재상이 되는 길을 막기 위해서는 빈천하고 무식한 번장들을 기용하는 것이 유용했기 때문이다. 그리하여 현종(玄宗)은 재상인 간신 이임보(李林甫)의 건의에 따라 번인(蕃人) 중 고선지와 가서한(哥舒翰), 안녹산(安祿山) 등을 골라 파격적으로 절도사로 기용하고 지방의 군정 대권을 장악토록 하였다.

때마침 번장 기용 정책의 호기를 타고 요직에 오른 고선지는 이제 망국 유민의 치욕을 털어버리고 명실상부한 파미르고원의 주인으로서의 역할을 하기 시작했다. 747년 토번(吐蕃, 티베트)과 동진하는 아랍제국(우마위야조)이 결맹해 서진하는 당 세력을 견제하기 위해 공격해 오자 고선지는 행영절도사(行營節度使, 전선 총사령관)로 임명되어 군사 1만명을 거느리고 제1차 서역 원정(소발률小勃律 원정) 길에 나섰다. 이 원정에서 72개 서역 제국을 일격에 굴복시키고 아랍제국의 동진을 저지한 공로로 홍로경어사중승(鴻臚卿御史中丞)에 등용되었다. 이어 750년에는 다시 서역 원정에 나서 아랍제국과 동맹을 맺고 당의 통제권에서 벗어나려는 석국(石國, 현 따슈껜뜨)을 정벌하고 국왕을 잡아 장안에 호송한 공으로 개부의동삼사(開府儀同三司)가 되었다. 그러나 이듬해 석국·아랍제국 동맹군과의 탈라스전투에서 대패함으로써 그의 승승장구하던 인생은 이제 사양길에 접어들게 되었다.

당나라의 대서역 관계를 판가름하는 결전장인 탈라스전투에서 패한 고선지는 귀국 후 좌천되었다. 밀운군공(密雲郡公)에 봉해져 열혈(熱血)을 식혀오던 패장 고선지는 755년 안녹산이 반란을 일으켜 국운이 위태롭게 되자 회생의 기회를 맞았다. 현종은 그를 정토군부원수(征討軍副元帥, 우금오대장군右金吾大將軍)으로 임명하였다. 그는 경사(京師, 서울, 즉 장안)에서 모병한 약 10만명의 병졸로 천무군(天武軍)을 꾸려 섬주(陝州)에 출진했다. 그런데 당시 뤄양(洛陽)을 지키고 있던 고우(古友) 봉상청(封常淸, 범양평로절도사范陽平盧節度使)이 패전해 섬주까지 후퇴하자, 고선지는 그로부터 적정을 들은 후 그의 진언에 따라 천애의 요새인 통관(潼關)까지 작전상 후퇴하여 대응키로 했다. 고선지의 이와 같은 수비책은 당시의 급박한 정세하에서는 시의적절한 전술적 조치였다.

고선지는 후퇴하면서 적 수중에 들어가는 것을 사전에 막기 위해 창고를 열어 재고품을 장병들에게 나눠주었다. 그러나 그는 이것이 훗날 안녹산과 일전도 치르지 못한 채 억울한 누명을 쓰고 세상을 하직해야 하는 죄 아닌 죄가 될 줄은 상상도 못하였다. 그의 부관이었고 소발률(小勃律, 장안에서 9천리 떨어진 지금의 파키스탄 카슈미르 북서부의 길기트 지역) 원정 시 감군(監軍)[21]이었던 변영성(邊令誠)은 금품을 요구하다가 거부당하자 현종에게 봉상청과 고선지가 전투다운 전투도 없이 통관으로 후퇴한 것을 신랄하게 지탄할 뿐만 아니라, 천자의 하사품을 사적으로 도둑질했다는 거짓 죄상까지 써서 비밀리에 상주(上奏)를 하였다. 이 글을 받아본 현종은 당사자의 변명도 들어보지 않고 참형(斬刑)을 결정했다. 고선지는 외출했다가 돌아오는 길에 맥도(陌刀)를 든 100여명의 병졸을 이끌고 기다리고 있던 변영성이 은명(恩命)이라고 하며 참형의 제지(制旨)를 제시하자 조금도 당황하는 기색이 없이 조용히 죽음을 받으면서 "퇴각한 죄는 달게 받겠으나 병량(兵糧)을 멸절(滅截, 없애버림)하고 군사에게 주는 천자(天子)의 사물(賜物)을 잘라먹었다고 하는 것은 나를 모함하는 전혀 당치도 않은 누명이다"라는 말을 남겨놓고 무장으로서의 당당한 일생을 마쳤다. 그때가 바로 천무군을 편성한 지 한달도 채 안 되는 756년 1월 27일(일설은 1월 24일)이었다.[22]

고선지의 역사적인 서역 원정은 개원(開元) 말년(741)에 있은 달해부(達奚部, 톈산산맥 서쪽 끝에 있는 튀르크족의 거주지) 원정을 시작으로, 747년의 소발률 원정과 750년의 갈사국(竭師國, 중앙아시아의 아무다리야강과 시르다리야강 유역에 있는 사마르칸트 지역) 정토, 곧장(750년 9월이나 751년 정초) 이어진 석국(현 따슈껜뜨) 정토, 그리고 마지막인 751년 7월에 발발한 이슬람 연합군과의 탈라스(Talās)전투[23]에 이르기까지 15년간 총 다섯번에 걸쳐 단행된 서역 원정을 말한다. 고선지는 이 다섯차례의 서역 원정에서 1~4차는 승전고를 울렸으나, 마지막 5차 원정에서는 비참한 패전의 고배(苦杯)를 마셨다. 결과적으로 그의 전적(前績)은 휘황하였으나, 이 최후 결정전에서의 패전으로 인해 당의 서역 경영과 고선지 자신의 운명에 치명적인 타격이 가해졌을 뿐만 아니라, 각양각색의 평가와 이론(異論)이 분출하였다. 가장 많은 평가와 이론은 서정(西征)의 동인(動因)과 4차 원정의 승리 요인 및 서정이 갖는 역사적 의미였다.

우선, 서정, 특히 석국 정토의 동인에 관하여 논의가 구구하였다. 『구당서』와 『신당서』의 「고선지전」「이사업전(李嗣業傳)」「단수실전(段秀實傳)」「석국전(石國傳)」「대식전(大食傳)」과 『자치통감』 등의 원전들이 이 문제에 관해 상이하게 기술함으로써 문제의 해명에 상당한 혼란을 야기하고 있다. 이 원전들의 상이한 내용을 종합해보면, 대체로 그 동인이 두가지로 대별된다. 우선 징벌, 즉 석국을 비롯한 서역 제국이 당을 배반하고 당과 적대관계나 비우호적 관계에 있는 토번(티베트)이나 아랍·이슬람제국에 복속되어가는 추세를 보이자, 그들을 징벌하기 위한 것이 첫 동인이고, 이와 더불어 보물에 대한 탐욕이 동인이 되어, 즉 물질적 사리사욕에 사로잡혀서 슬슬(瑟瑟)을 비롯한 보물을 탐내 출정하였다는 것이다. 환언하면, 서정은 정치적 동인과 물질적 동인에 의해 발동되었다는 것이다.

물론 동서고금의 전쟁사를 살펴보면 지하자원을 비롯한 물자를 약탈하기 위한 목적 때문에 발발한 전쟁의 예가 없지는 않다. 그러나 고선지의 경우 물욕적 동기가 그로 하여금 수천수만리의 험산준령을 넘어 패전의 고배까지 감수해야 할 원정의 길에 나서게 했다고는 볼 수 없다. 고선지는 비록 석국 정토를 통해 본의 아니게 집안 재산이 아주 많아졌지만(家財鉅萬), 이러한 재산에 대해서 기부를 요구하는 이가 있으면 거절 한마디 없이 이를 나눠주곤 하였다.[24] 이와 같은 행동은 그의 비물욕적인 도덕성과 성품을 말해주며, 그의 서정이 어떤 물욕적인 동기에서 이루어진 것이 아니라는 점을 방증해준다. 그를 비속한 탐욕적 인간으로 묘사한 것은 아마 그가 만년에 역신으로 매도되어 참수까지 당하는 데 이른 '비행(卑行)'을 이유로 그의 인격을 멸시한 데서 나온 편단이라고 추정된다.

다음으로, 서정에서 고선지가 혁혁한 승리를 거둘 수 있었던 요인에 관해서 다양한 해명이 있었다. 그는 총 5차에 걸친 서정에서 네번은 승전하고 한번은 패전하였다. 그 패전으로 인해 유종의 미는 거두지 못했지만, 총체적으로 보아서는 그의 서정이 빛나는 전과로 수놓인 것이었음은 부인할 수 없는 엄연한 사실이다. 고선지가 '세계의 지붕'이라 일컬어지는 파미르고원의 주인으로서 전인미답의 정토에서 이러한 전과를 거둘 수 있었던 것은 우선 당시 서역 일원의 후견(後見) 역할을 하고 있던 아랍제국이 건국 초기의 내분과 분열 등 국내 문제 때문에 중앙아시아를 비롯한 서역에 대해 관심을 가질 수 없었으며 강대한 당군의 서정에 대응할 만한 여력이 부재했다는 점 등의 객관적 요인과 관련된다.

구체적으로 보면, 고선지가 1~4차 서정을 단행한 시기는 페르시아와 서아시아 및 중앙아시아 일대를 장악하고 있던 아랍제국(우마위야조)이 내분으로 인해 사양길에 접어들기 시작한 때에 해당된다. 747년 아랍제국의 치하에서 서역 제국을 총괄하던 압바스 가문 출신의 호라싼(Khorāsān) 총독 이브라힘(Ibrāhīm, 아브라함)이 새로운 왕조(압바스조)를 건설하기 위해 아랍제국에 반기를 들고 이라크에 돌입해 아랍군과 격전을 벌이다가 전사하자 그의 동생 아부 알 압바스(Abū al-ʻAbbās)가 형의 유지를 이어 750년에 아랍제국을 멸하고 이라크의 쿠파(al-Kūfa)를 수도로 한 압바스조 이슬람제국을 건립하였다. 이와 같이 호라싼 일대에서 일어난 압바스인들의 반란으로 인해 '하외지역(河外地域)'(중앙아시아의 옥수스Oxus강, 현 아무다리야강 이동 지역)에 대한 통제가 마비됨으로써 아랍제국으로서는 당군의 서정에 대한 대비책을 강구할 수 없는 공백 상태가 일시 조성되었다. 이것은 고선지의 이 지역 원정에 유리한 객관적 여건을 제공해주었다. 그 결과 1~4차 서역 원정은 아랍군과의 접전이 한번도 일어나지 않은 채, 큰 난관 없이 순조로웠다.

그러나 이와 같은 정세는 어디까지나 객관적이고 부차적인 요인에 불과했고, 결정적 요인은 주관적 여건에 달려 있었다. 주관적 요인 중에서도 기본은 이 미증유의 험난한 원정을 진두에서 지휘한 총사령관 고선지가 지니고 있던 천부적 재능과 출중한 전략·전술, 그리고 고매한 성품이었다. 그는 불굴의 투지와 인내력, 강한 책임감과 탁월한 전략·전술적 자질과 지휘 능력의 소유자였다. 2차 원정(747)이었던 소발률 공략 시 겁을 먹고 전진을 거부한 감군 변영성 등의 제지를 단호히 물리치면서 원정군 병사들의 사기를 북돋는 가장기계(假裝奇計)[25]를 고안해 파미르의 준령험로(峻嶺險路)를 극복하고 승전고를 울린 연운보(連雲堡) 공략 사례는 백전백승의 용장으로서, 지휘관으로서 그가 지닌 뛰어나고 기발한 지략을 그대로 반영하고 있다. 고선지의 소발률 정벌의 결과 서역의 72개 호국(胡國)들이 당에 다시 복속되게 되었으며 파미르고원을 통하는 당과 서역 간의 교통이 복원되었다.

고선지의 인격에서 두드러진 것은 명민하고 아량이 넓으며(明敏有度量) 사람의 능력을 잘 파악해 적소에 임용을 잘한다(知人善任)는 점이다. 고선지가 소발률 원정에서 개선하는 도중에 사람을 경사(京師, 서울, 즉 장안)에 보내 주첩(奏捷, 승리의 소식을 아룀)한 데 대해 그의 직접적 상관인 안서절도사 부몽영찰은 자신에 대한 일종의 '불경(不敬)'으로 오해해 대로하며 이른바 배은망덕을 질책한답시고, 죄로 보아서는 참수(斬首)가 마땅하나 대공(大功)을 참작해 잠시 문책하지는 않겠다고 엄포를 놓고 나서는 "개똥이나 먹을 고구려놈, 개똥이나 먹을 고구려놈(啖狗腸 高麗奴, 啖狗腸 高麗奴)"이라며 민족을 멸시하는 참을 수 없는 비어(卑語)를 마구 뱉어냈다.[26] 분명히 억울한 질책임에도 불구하고 고선지는 자신의 상관이자 은사인 그에게 일언반구의 대꾸도 없이 여전히 '중승(中丞)'(당대 변방 절도사들에게 하사된 직함)이라고 존칭하면서 사과를 표하였다. 이 사실을 통보받은 현종은 시비를 가려 부몽영찰을 즉시 해임하고 고선지를 그 후임으로 임명했다. 그러자 부몽은 불안에 잠겨 고선지를 피하려 했으나, 고선지는 종전과 조금도 다를 바 없이 그를 존대하며 대우했다.

고선지가 소발률 정토에서 세운 전공으로 안서사진절도사(安西四鎭節度使)로 임명되니 평시 그를 시기하던 부도호와 감군, 압아(押牙, 내부 사무를 관장하는 비서장), 행관(行官, 경사 내왕과 대외 사무를 관장하는 외사관外事官) 등이 불안에 떨게 되자, 고선지는 그들을 한자리에 모아놓고 "제공

(諸公)은 얼굴은 사나이 같으나 마음은 계집과 같으니 어찌된 일인가"라고 한바탕 꾸짖고 나서 몇 사람을 채찍으로 갈기는 시늉을 하고는, 다시 "제공들이 회개하니 이로써 다 풀렸다"고 하면서 "제공들이 품고 있는 두려움에 대해 만약 내가 이렇게 말을 꺼내지 않으면 오히려 걱정할 것이 아닌가. 이제는 할 말을 다 하였으니 속이 후련하다"라고 태연자약한 태도로 엄숙히 말하였다. 이는 영걸(英傑)스러운 고선지의 호방한 성격과 기상천외한 사태 처리 방법의 일단을 생동하게 보여주는 것이다.[27]

고선지가 그토록 간고한데다가 민족적 멸시까지 당하면서도 1~4차 서정에서 혁혁한 승리를 거둘 수 있었던 것은 그의 지인선용(知人善用)의 지략과도 크게 관련된다. 독불장군(獨不將軍)이란 고선지를 두고 나온 말인 듯한 것이, 그는 유능한 부하들을 선임하여 그들을 믿고 키워서 자신의 유력한 협조자로, 참모로 선용했다. 그중 가장 대표적인 일례가 부장 봉상청이다. 봉상청은 본래 의씨(猗氏, 현 산시山西) 출신으로 어려서 집안이 구차해 체구가 왜소한데다가 지체장애를 갖고 있었으나 냉철하고 과감하며 지략이 출중한 재사(才士)여서 외조부를 따라 안서군(安西軍)에 종사하였다. 그러나 나이 삼십이 되도록 출세를 하지 못하고 있었다. 그는 항상 선명한 군복에 위용이 당당한 30~40명의 병사들을 이끌고 출영하는 고선지의 모습을 흠모해 입대를 원했기에 투서까지 하였다.

그러나 고선지는 그의 초라한 외모가 마음에 들지 않아 종군은 이미 만원이라는 구실을 붙여 그의 청원을 거듭 받아들이지 않았다. 그러자 봉상청은 외모가 아니라 재지(才智)에 따라 인재를 선용할 것을 면전에서 권유했다. 그런데도 고선지가 여전히 불응하자 그의 문전에서 수십일간 대기하고 있었다. 마침내 고선지는 그의 집념에 감동되어 그를 종관(從官)으로 채용하였다. 봉상청은 출전의 고비마다 뛰어난 지략으로 고선지를 보좌하여 전승에 크게 기여했다. 그는 고선지가 안서절도사로 발탁됨과 동시에 판관(判官, 군내에서의 후방총책으로서 부사副使 다음의 직위)으로 기용되었고, 고선지와 탈라스전투의 고배도 함께 마셨으며, 판관 변영성의 모함으로 최후의 운명도 함께하였다.

고선지는 봉상청 말고 부장 이사업(李嗣業)과 단수실(段秀實) 등 수많은 부하와 전우 들에 대해서도 시종일관하게 깊은 신뢰와 우정을 베풀면서 그들과 생사고락을 같이하고 전심으로 협력하였다. 요컨대 고선지는 무장으로서의 탁월한 전략·전술적 지략과 지휘관으로서의 우수한 품성과 인격을 겸비함으로써 어떠한 역경 속에서도 항시 군대 내의 인화와 단합을 도모했다. 바로 이것이 전투력으로 집결되어 승전의 원동력으로 승화된 것이다.

고선지에 대한 이상의 평가는 그가 1~4차의 서역 원정에서 승승장구함으로써 일부 중국 사서(史書)와 역사가들에 의해 그나마도 객관적으로 내려진 역사적 평가다. 그러나 제5차 석국 원정의 패전으로 인한 고선지 평가는 오늘에 이르기까지도 이론(異論)이 분분하며 편단(偏斷)을 벗어나지 못한 성싶다. 멀리 중앙아시아에 위치한 석국에 대한 당의 원정은 탈라스전투로 판가름이 났다. 5일간의 결전으로 막을 내린 이 전투는 외형상으로는 당을 일방으로 하고 석국과 이슬람제국을 타방으로 한 대결전의 양상이었으나, 실제적으로는 각방의 상이한 이해관계가 서로 뒤엉킨 전쟁이었다. 석국은 당에 생포된 왕이 피살된 데 대한 한풀이 보복으로 이슬람군이나 카를루크족과 연합해 구자(龜玆)·언기(焉耆)·우전(于闐, 현 허톈和田, 호탄Khotan)·소륵(疏勒, 현 카스喀什, 카슈가르Kashgar) 등 당의 4진(鎭)을 공략하기 위해 대당전을 선포했고, 당은 석국의 보복전에 대응해 그 경영권을 계속 유지하기 위해 대(對)석국 징벌전에 나섰다. 그런가 하면 이슬람제국은 승세를 타고 서역 일원에 대한 당의 영향력을 제어 약화시킴으로써 그 지역에 대한 새로운 지배권을 확립하기 위해 군사적으로 당과 대결하지 않을 수 없었다. 이와 같이 탈라스전투는 어느 일방만의 타산이나 도발로 인해 일어난 것이 아니고, 당과 석국, 그리고 이슬람제국 이 3대 세력의 이해관계가 상충함으로써 발발한 국지전이었다.

　탈라스전투는 비록 5일간이란 단기 격전으로 막을 내렸으나, 교전 일방인 당군 측으로 볼 때 전황(戰況)은 매우 급박했으며, 전패(戰敗) 또한 비참하였다. 서역 원정에서 승승장구하던 당군의 패전을 놓고 여러 가지 엇갈린 분석이 있는데, 그것을 종합해보면 주원인은 전략·전술상의 착오에 있었다. 우선 고선지는 상승일로에 있는 신생 이슬람군의 위력을 과소평가함으로써 사전 대비책이 부족했으며, 다음으로 당과의 결맹(結盟)을 가장한 카를루크족의 배신을 예견하지 못하고 방심한 결과 카를루크족과 이슬람군의 좌우협공을 받아 전멸의 위기에 몰리게 되었다. 끝으로 원정군은 수십일간 강행군을 지속해왔기 때문에 심신이 지칠 대로 지쳐 사기왕성한 적군에 도저히 대항할 수가 없었다.

　고선지는 진퇴양난 속에 결전의 최후 순간을 기다릴 수밖에 없었다. 때마침 다행히도 임기응변의 전술로 백석령(白石嶺)에 퇴각한 부장 이사업과 단수실이 몇천명의 패잔병들을 재편성해 고선지의 퇴각을 엄호함으로써 그는 구사일생으로 살아남게 되었다. 이러한 과정에서 대부분의 당군이 사살되고 일부(아랍 사서에 의하면 2만명)는 이슬람군에게 포로가 되어 중앙아시아와 서아시아 이슬람제국에 끌려가고 말았다.

　이렇게 고선지는 평생 총 다섯차례의 서역 원정에서 네차례(1~4차)는 전승으로 의기양양하게 개선했으나, 이 마지막 원정에서는 참패의 고

배를 마시고 의기소침해져 무거운 발걸음으로 귀환하였다. 비록 그의 전적(前績)은 휘황찬란했으나 이 최후 결전에서의 패전으로 인해 고선지 자신의 명예와 운명에 치명적인 타격이 가해진 것은 안타까운 일이 아닐 수 없다.

고선지에 대한 지금까지의 평가를 더듬어보면, 흔히 이 한차례의 패전을 이유로 네차례 승전의 혁혁한 공적을 무시할 뿐만 아니라, '역신(逆臣)의 최후'라는 무고(誣告)까지 덧씌워 희세의 용장(勇將)이었던 그를 '과다공소(過多功少)'의 패장으로, '횡포 무도한 탐욕자'로까지 매도 폄훼해왔다. 비록 전쟁사의 견지에서 볼 때 탈라스전투는 일단 패전으로 끝났으며 그 결과 당제국에 부정적 영향을 상당히 끼치는 것이었다. 그러나 중세 국제관계사, 특히 동서 문화교류사의 시각에서 조명할 때 고선지는 중대한 역사적 의의를 갖는다. 이 석국 정벌 및 이슬람제국과의 충돌은 동서 역사상 특기될 만한 일이며 고선지의 명성과 공헌이 세계에 알려지는 계기가 되었다.[28]

석국 원정을 포함한 고선지의 서역 원정은 세계 전쟁사와 중세 국제관계사 및 문명교류사에 불후의 업적을 남겨놓음으로써 그 역사적 의의는 자못 크다.

그 의의는 첫째로 중세 동서교섭사에 일대 전기를 마련하였다는 데 있다. 8세기 중엽 아시아대륙에는 중흥기를 맞은 동쪽의 당제국과 서쪽의 신흥 아랍제국 및 그 뒤를 이은 이슬람제국이 중앙아시아를 사이에 두고 상치하는 국면이 형성되었다. 그런데 이 완충지대인 중앙아시아(중국으로 보면 서역)는 근 한세기 동안 당나라의 경영권 내에 있다가 이때부터 당의 영향권에서 서서히 이탈하는 경향을 보이기 시작했다. 이것은 이 지역에 대한 신흥 아랍제국의 진출과 관련되어 있다. 아랍군은 이미 7세기 말엽부터 중앙아시아의 '하외지역'(옥수스강 이동 지역)에 대해 부단한 원정을 단행해 그곳에 정치와 군사 및 종교(이슬람교)적 지반을 구축했으며, 그 결과 호라싼에 총독부(Imārah)를 설치하고 이 지역을 관리하였다. 바로 이러한 시기에 단행된 고선지의 잇따른 서정은 이슬람의 중앙아시아와 중국으로의 동진을 제어하기 위해서였다. 한편, 고선지의 원정 실패는 이슬람이 중앙아시아에 정착할 수 있는 계기를 만들어주었다. 특히 탈라스전투는 이슬람군과 당군 간의 처음이자 마지막인 직접적 군사충돌로서 그 결과 파미르고원을 경계로 이슬람제국과 당제국이 병립하는 미증유의 세계사적 국면이 열리게 되었다.

이와 같은 병립 상태가 기정사실화되자 당과 이슬람제국 간의 관계는 군사적 충돌을 일으키는 대립관계에서 벗어나 정상적인 우호관계로 탈바꿈하였다. 탈라스전투 종료 이듬해부터 상당한 기간 당과 압바스조 간에는 사절이 호환되는 등 통호(通好)관계가 지속되었으며, 탈라스전투에서 포로가 된 2만여명의 당나라 사람들은 이슬람제국에서 각별한 대우를 받으면서 나름대로의 기능을 발휘할 수 있었다. 755년 당조에 항거하는 '안사(安史)의 난'이 일어나자 당 숙종은 압바스조 칼리파에게 원병을 요청하고 칼리파가 즉시 2만여명의 이슬람 원병을 파견해줌으로써 난을 진압하는 데 성공했으며, 원병 전원은 중국 땅에 남아서 중국 무슬림의 시조가 되었다.[29] 이와 더불어 고선지의 누차에 걸친 서정으로 파미르고원 이동 지역의 항당(抗唐) 세력이 제거됨으로써 이 지역에 대한 당의 경영권이 확고히 보장되었으며, 이를 계기로 오늘날 중국의 서부 변경이 확정되는 역사적 기틀이 마련되었다.

고선지의 서정이 갖는 두번째 의의는 동서 문명교류사에 빛나는 업적을 남겨놓았다는 데 있다. 고선지의 서정을 마지막으로 중앙아시아에 대한 당의 경영권은 사실상 종식되고, 이를 계기로 이 지역에 이슬람교가 본격적으로 진출하며 점차 정착되어갔다. 중앙아시아의 이슬람화는 이 지역의 문명사에서 획기적인 일대 사변이었을 뿐만 아니라 송대를 거쳐 원대에 이르기까지 중국 서북방 일대의 이슬람화를 결과한 전주곡이었다. 이러한 맥락에서 세계적 문명권인 이슬람문명권과 한(漢)문명권 간의 직접적 접촉과 교류가 이루어지고 상호 이해도 증진되었다. 탈라스전투에서 포로가 된 두환(杜環)은 압바스조의 수도 쿠파에 10여년간 체류하면서 목격한 제반 사실을 『경행기(經行記)』[30]에 엮었는데 이것은 이슬람세계에 관한 중국인의 첫 현지 견문록이라는 데서 그 문헌사적 가치가 높이 평가되고 있다.

고선지의 서정을 통해 서역 문물이 동전된 것 또한 문명교류사에서 중요한 일이라 하지 않을 수 없다. 석국 정벌에서 당군은 슬슬(瑟瑟, 보석의 일종)·양마(良馬)·보옥(寶玉, 보석) 등의 귀중한 보물과 전리품을 노획했는데, 이러한 보물은 중국에는 처음으로 알려진 것들이었다. 신라 귀족들이 즐겨 장식품으로 쓰던 슬슬도 바로 고선지의 원정을 계기로 당에 유입된 것이 신라에까지 전해진 것으로 짐작된다. 고선지의 서정이 문명교류사에 남긴 불후의 공적으로 세인들에게 회자인구(膾炙人口)되고 있는 것은 비록 의도되지 않은 우연한 전파이기는 하지만, 탈라스전투로 인해 중국의 제지술이 아랍·이슬람세계를 거쳐 유럽세계에 전수됨으로써 인류문명사에 하나의 획기적인 전변을 결과하였다는 사실이다.

셋째로 간과하지 말아야 할 것은 고선지와 그의 서정이 갖는 심원한 민족사적 의미이다. 안타깝게도 강산이 100번이 훨씬 넘게 바뀐 이 시점까지도 이 점이 무시나 소외 속에서 간과되거나 제대로 밝혀지지 않고 있다. '파미르의 주인'으로 무비(無比)의 명성과 위세를 떨친 고선지는 당의 무장이기에 앞서 고구려 땅에 태를 묻은 한민족의 후예로서 범접할 수 없는 민족적 유전자를 물려받은 명실상부한 고구려 유민이었다. 그는 고국에서 멀리 떨어진 당나라의 서쪽 변방, 황량하기 이를 데 없는 그곳에서 유년기를 보내면서 고국에 대한 한없는 그리움과 온갖 민족적 멸시, 그리고 망국 유민의 한을 오로지 무를 닦는 정열로 승화시켜 마침내 희세의 용장으로 성장하였다.

그는 '죽음의 벌판'으로, 공포의 상징이 되고 있는 타클라마칸사막을 누비고 '세계의 지붕'이라 일컬어지는 파미르고원을 넘나들면서 인류 전쟁사에 희유의 전공을 쌓아올렸다. 소발률 정토를 위해 거의 반년에 걸쳐 힌두쿠시(대설령大雪嶺)의 험로를 답파한 고선지의 위용을 평가하여 이 지역을 실지 답사한 바 있는 저명한 영국의 탐험가 스타인(M. A. Stein)은 "현대의 어떠한 참모본부도 다룰 수 없는 것으로서 나뽈레옹의 알프스 돌파보다 더 성공적인 것"이라고 극찬을 아끼지 않았다.[31] 고선지야말로 망국의 유민으로서 부득이하게 이역 땅에서 걸출한 용장으로 당 건설에 헌신하고 세계 전쟁사와 문명교류사에 빛나는 공적을 남겨놓았지만, 어디까지나 위대한 한민족의 얼을 세계만방에 드날린 자랑스러운 고구려 유민이었으며, 명실상부하게 한국인의 민족적 자존심과 긍지, 그리고 위상을 온 세상에 과시한, 우리 민족사에 문자 그대로 길이 빛날 '사건창조적 영걸'이었다.

그럼에도 불구하고 돌이켜보면, 우리는 이러한 선현에 관해 남의 장단에 맞춰 춤을 추다보니 제대로 알려고도 하지 않음으로써 언필칭 귀곡천계(貴鵠賤鷄)[32]의 인간적 상정(常情)마저도 짓뭉개버린 감이 없지 않다. 그럴진대 이것은 선현에 대한 불경(不敬)이고 불초(不肖)이며 망은(忘恩)이다. 그런가 하면 제대로의 앎도 추구하지 않은 채 허풍(虛風)에 휘몰려 '유럽문명의 아버지 고선지'란 식의 한심한 평판도 공공연히 내돌린다. 8세기의 고선지가 수천년 전에 나온 '문명의 아버지'가 될 수 없다는 것은 너무나도 자명한 이소당연(理所當然)이 아닌가! 자랑도

종이의 길과 종이 전파시기

분수가 있어야 하지, 분수를 넘으면 남의 웃음거리가 된다. 이것은 또한 선현에 대한 공경이나 찬미가 아니라, 욕보임이요 폄격(貶格)이다.

각설하고, 주지하다시피 고선지의 서정이 행한 문명교류사적 기여에 관해서 다들 하는 중구일사(衆口一辭)는 제지술의 세계적 전파다. 종이는 문명의 전승수단이며 문명 발달의 척도다. 인류는 문자를 발명한 후부터 그것으로 기록을 해두기 위해 각종 서사(敍事) 재료를 사용하였다. 고대 이집트와 아라비아반도에서는 양피(羊皮)와 석판(石板), 골판(骨板)에 문자를 기록했다. 특히 고대 이집트에서는 기원전 3000년경에 파피루스(papyrus)라고 하는 풀〔草〕의 섬유로 종이(파피루스)를 만들었는데, 이것이 오늘날 영어의 페이퍼(paper, 종이)의 어원이 되었다. 선진(先秦) 중국에서 사용한 서사 재료로는 죽간(竹簡, 죽간서竹簡書, 죽서竹書), 목판(木版, 목독木牘), 백서(帛書) 등이 있었다.

식물성 셀룰로스(cellulose)를 주원료로 하여 만들어지는 현재의 종이는 중국 동한(東漢)시대의 채륜(蔡倫)에 의해 처음으로 발명(A.D. 105)되었다는 것이 통설이다. 이에 관한 『후한서(後漢書)』의 기록을 보면, 채륜은 수부(樹膚, 나무껍질), 마두(麻頭), 폐포(敝布, 넝마), 어망(魚網) 등을 원료로 하여 제지(채후지蔡侯紙)했는데, 이것은 식물성 섬유로 제지하는 시원이다.[33]

아무튼 솜으로건 식물성 섬유로건 최초로 중국에서 만들어진 종이는 곧 동아시아 각지에 전파되었으며, 3~4세기에는 투르키스탄과 톈산산맥 남북 각지에서도 종이가 이미 사용되었다는 것이 유물로 확증되었다. 한국 고대의 한지(漢紙, 창호)는 삼지닥나무·안피나무·닥나무·뽕나무 등의 나무껍질 섬유를 원료로 하여 만들어졌는데, 그 기원과 산지는 아직 미상이다. 그러나 고구려 승려 담징(曇徵)이 7세기 전후에 종이를 일본에 전파했다는 기록으로 보아 7세기 이전에 한국에서는 이미 종이가 사용되고 있었음을 알 수 있다. 신라 종이는 질이 우수하여 백추지(白錘紙)라고 불렸으며, 중국에서는 '천하제일지(天下第一紙)'라는 칭찬을 받았다고 한다.

전술한 상황을 종합해보면 현재 유행하는 종이는 일찍이 중국에서 발명되어 동아시아 각국에서 널리 사용되었는데, 이러한 종이가 아직은 양피지(羊皮紙)나 파피루스를 쓰고 있던 이슬람제국과 그를 발판으로 하여 유럽세계에 전해지게 된 계기는 바로 고선지가 주도한 탈라스 전투였다. 2만명에 달하는 중국 전쟁포로 가운데는 화가 범숙(樊淑), 직락인(織絡人) 여례(呂禮) 등 많은 기술자(공장工匠)가 있었는데, 그들 중에는 제지기술자도 포함되어 있었다.[34] 이들 제지기술자들에 의해 처음으로 강국(康國)의 수도 사마르칸트에 제지소가 건설되었다. 독일의 무스타슈리끄(Mustashriq, 동방학 연구자)인 카라바체크(Joseph Karabacek)는 이에 관해 다음과 같이 언급하였다.

**사마르칸트 제지공장(좌)과
제지공의 작업 현장(우)**

사마르칸트에는 일종의 면지(綿紙)라고 하는 특산물이 있었다. 이 면지가 유행된 후부터는 이집트에서 풀로 만든 종이가 점차 밀려나고, 또한 일상적으로 사용되던 양피지(parchment)도 모두 폐기되고 말았다. 이 면지는 앞의 2종의 종이에 비해 비단 미관상 좋을 뿐만 아니라 사용에도 극히 편리하였다. 『여행과 제왕국지(諸王國志)』(*Journeys and Kingdoms*)[35]란 책의 저자에 의하면 제지술이 중국으로부터 사마르칸트에 전래된 것은 아랍인들이 전쟁(탈라스전투)에서 얻은 중국인들에 의한 것인데, 이들을 생포한 자는 당시 동방 사마르칸트 주재 진장(鎭將)인 지야드 이븐 살리흐(Ziyād Ibn Sālih)였다. 살리흐 장군은 중국군을 타승(打勝)한 후 많은 포로들을 사마르칸트에 보냈는데 그들 중에는 면지 제지공들이 들어 있었다. 그들은 앞을 다투어 공장을 짓고 종이를 널리 사용하고 보급하였다. 사마르칸트의 제지업은 점차 번성하여 그 명성이 높았다. 여기서 생산된 종이는 현지 수요를 충족시켰을 뿐만 아니라 각지에 매출(賣出)되어 사마르칸트의 대외무역 수출품이 되었다. 제

지업의 성행으로 말미암아 필사가 편리해졌을 뿐만 아니라 모든 사람들에게도 복리가 제공되었다.[36]

13세기의 저명한 아랍 철학자인 까즈위니(Zakariyā Ibn Mohammad al-Qazwīni, 1203~83)도 카라바체크와 같은 견해를 다음과 같이 피력하였다.

> 사마르칸트의 귀중품은 형형색색인데 모두가 각지의 칭찬을 받았다. 그중 사마르칸트인들이 만든 종이는 동방 중국을 제외하고는 그 어느 지방의 제지업자도 따를 수 없으리만큼 우월하였다. 『여행과 제왕국지』란 책의 저자에 의하면 사마르칸트의 종이는 전장(戰場, 탈라스전투)에서 얻은 중국 포로들에 의해 전래되었다고 한다. 그들 중에는 제지술을 아는 공장(工匠)들이 있는데 그들이 공장을 세워 종이를 생산함으로써 사마르칸트의 제지업은 비로소 시작되었다. 훗날 제지업이 날로 흥성함에 따라 이른바 '사마르칸트지'는 사마르칸트의 수출품이 되었으며 각지에서 판매되었다.[37]

프랑스의 동방학자 샤반(Édouard Chavannes)도 본래 제지업은 중국인들이 독점했으나 탈라스전투에서 포로가 된 중국 제지기술자들이 사마르칸트에 집중되어 제지업을 일으킨 다음 그것이 이슬람세계에 전파되었다고 하였다.[38]

이와 같이 일단 중국 제지공들에 의해 사마르칸트에서 제지업이 발흥한 후 점차 이슬람제국의 큰 도시들에 전파되었으며, 다시 도시에서 지방으로 퍼져나갔다. 전성기 이슬람제국에서 제지업이 번성했던 주요 도시들로는 이라크의 바그다드와 시리아의 다마스쿠스, 이집트의 카이로, 모로코의 페스 등이 있었다. 이슬람제국에서 날로 번성해가던 제지술이 급기야는 그와 밀접한 관계에 있는 인근 유럽 나라들에 알려지자 유럽인들은 12세기 중엽부터 앞을 다투어 여러 루트를 통해 제지술을 적극 전수해 감으로써 유럽의 제지술 전파는 급물살을 탔다.

이슬람세계로부터 유럽으로의 제지술 전파 루트는 크게 세갈래가 있었다. 첫째 루트는 시리아의 다마스쿠스로부터 바다로 이집트의 알렉산드리아나 지중해의 시칠리아섬을 거쳐 아프리카 서북단에 위치한 모로코의 페스에 유입된 후 거기서부터 다시 바다를 건너 안달루스(현 스페인)에 상륙한 다음 육로로 프랑스 각지에 이르는 길이다. 둘째 루트는 다마스쿠스에서 튀르키예의 이스탄불을 경유하고, 거기서 육로로 발칸반도에 이른 후 다시 이딸리아의 베네찌아에 이르는 길이다. 셋째 루트는 다마스쿠스나 알렉산드리아로부터 바다로 시칠리아섬을 거쳐 프랑스의 마르세유에 상륙해 프랑스 내지로 들어가는 길로서 여기서 다시 유럽 내륙 각지로 이어진다.

유럽의 주요 국가들과 미국의 제지업 개시 연대를 보면 다음과 같다.

나라	스페인	프랑스	이딸리아	영국	독일	오스트리아	스위스	덴마크	스웨덴	네덜란드	미국
연도	1150	1189	1276	1309	1312	1356	1380	1540	1550	1586	1690

종이의 전파와 사용이 중세 이슬람세계와 유럽의 문명 발달에 미친 영향이 자못 컸음을 상기할 때 고선지의 서역 원정이 남긴 불멸의 문명교류사적 업적은 의당 높이 평가되어야 할 것이다. 이를 반영해 유일하게 실크로드 3대 간선을 종횡으로 이어주는 범세계적 '종이의 길'(Paper Road)이 생겨나게 되었다.

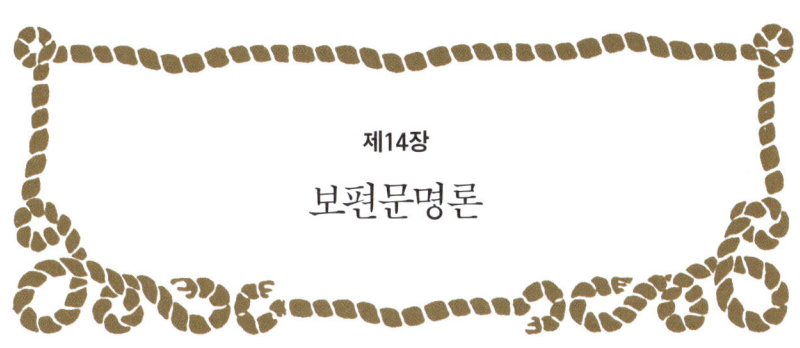

제14장

보편문명론

제1절 서구적 보편문명

문명사에서 보편문명(普遍文明, universal civilization)이란 말은 근세에 와서 출현해 그리 생소한 낱말은 아니다. 그렇지만 그 개념이나 내용 및 성격의 근원적인 상이성(相異性)에서 오는 이해의 수화상극(水火相剋)이나 관련 담론에 대한 학문적 연구의 부진으로 인해 연구의 수준이나 내용이 겨우 '변죽이나 울릴' 정도에 불과한 것이 현실이다. 이러한 척박한 풍토에서 연구가 영성적(零星的)으로, 그것마저도 이른바 '서구적 보편문명' 담론 일변도로 이루어지다시피 하다보니 작금의 보편문명 담론은 격심한 편파성과 흠결을 면치 못하고 있다.

보편문명은 인류의 이상적 미래사회 건설을 위한 한 대안인 '문명대안론'의 기간(基幹)으로서, 범지구적 보편문명의 실현 여하에 따라 '문명대안론'의 성공 여부가 좌우된다. 이처럼 보편문명은 인류의 미래사회 건설을 위한 중차대한 의제로 제기되고 있다. 그리하여 늦게나마 문명사의 전환점을 맞게 된 이 시점에서 보편문명 담론사를 실사구시하게 반추하면서, 그 허실(虛實)을 제대로 가려내 올곧은 미래지향적 보편문명론을 바로 세우는 것은 절박한 시대적 요청이 아닐 수 없다.

지금까지 보편문명 담론은 주로 근세 서구에서 회자되어온 서구적 보편문명 담론에 거의 일변도라 할 정도로 치중된 나머지, 보편문명 이해에서의 역사성과 균형성이 무시되었을 뿐만 아니라, 미래지향적인 범지구적 보편문명 담론은 거의 도외시되어왔다. 더이상 이러한 학문적 편파성과 기형성(畸形性)이 지속되어서는 안 될 것이다.

서구적 보편문명의 개념

일찍이 19세기 초 근대 역사학의 정립자이자 '아버지'라고 불린 독일의 사학자 랑케(Leopold von Ranke, 1795~1886)가 이른바 '보편사'의 개념을 정리하면서 보편문명의 개념 정립을 시도한 이래, 20세기 말 인도계 영국인인 노벨문학상 수상자 나이폴(Vidiadhar Surajprasad Naipaul, 1932~2018)이 '우리의 보편문명'(Our Universal Civilization. 강연문의 중국어판은 『我們的普世文明』으로 출간)이란 강연에서 서구적 보편문명에 관해 단편적으로 언급한 바 있다. 알려진 바에 의하면, 이것이 보편문명 담론의 효시라고 할 수 있다.

뒤를 이어 헌팅턴은 저서 『문명의 충돌과 세계질서의 재편』(1996)에서 인류의 공통적 문명요소인 가치관이나 믿음, 관습, 제도 등을 인류 전체가 받아들여야 한다는 보편문명관에 심한 거부감을 나타내면서, 문명 충돌의 불가피성을 강조한다. 그는 나이폴이 언급한 '보편문명'이란 말 자체의 재현(再現)에 대해 은근히 비아냥거리는 아리송한 사족(蛇足)을 이렇게 달고 있다. 즉, 나이폴이 말한 '보편문명'이 "비로소 등장하고 있다고 주장하는 사람들이 있다."[1] 그렇다면 "이 말은 무엇을 뜻하는가. 여기에는 대체로 인류의 문화적 융합, 세계 곳곳의 사람들이 점차로 공통된 가치관, 믿음, 지향점, 관습, 제도를 받아들이게 된다는 뜻이 담겨 있다. 그런데 이런 생각은 심오하지만 진부한 내용일 수도 있고, 진부하지는 않지만 피상적인 생각일 수도 있고, 그런가 하면 진부하고도 피상적인 내용일 수도 있다."[2]

이렇게 서구 학계에서는 그동안 이른바 '유럽문명중심주의'에 바탕을 두고 그 범주를 '선진' 서구에만 한정시킨 보편문명 담론을 펴왔다. 비록 그들의 산발적이고 단편적인 각인각설의 발설이지만, 그 흐트러져 있는 내용들을 꿰맞춰보니 서구적 보편문명의 개념은 물론이거니와 그 민낯까지도 속속 드러난다. '서구적 보편문명'이란 한마디로 인류문명의 보편가치를 무시하면서 모순과 비리로 얼룩진 '서구문명'을 비서구사회에 강요하는 유아독존적 서구식 보편문명을 지칭한다. 이 용어는 현대 서구문명이 기반하고 있는 제반 문화현상이나 가치관, 원칙을 통틀어 가리키는 말이며, 18~19세기 서구에서 진행된 일방적인 '근대화 과정의 결과물'로서 비서구사회에 대한 '문명중심주의'와 '우월주의'를 강제적으로 파급시켰다.

급기야 20세기에 이르러서는 이러한 서구적 보편문명의 수용을 제국주의적 식민정책의 일환으로 비서구사회에 강권으로 주문하기 시작하였다. 그리하여 비서구적 사회, 특히 서구의 예속 아래 있게 된 식민지 국가들에서는 사회제도나 교육, 노동, 기술, 계급구조 심지어 세세연년 이어오던 윤리도덕이나 생활관습 같은 전통마저도 '서구식 패턴'으로 그저 숙명적으로 받아들이지 않을 수 없는 사회현상으로 호도되어 왔다.

요컨대, 서구적 보편문명론자들은 "서구 국가들에 의해 구현된 이러한 근대사회는 지역과 문화, 인종을 초월하여 지구상의 모든 국가들이 따라갈 수밖에 없는 문명의 보편적인 모델"이며, "비(非)서구사회에서의 발전이란 곧 이러한 문명의 보편적 모델에 빨리 동화(同化)되는 것을 의미한다"[3]라고 억설(臆說)을 부리면서 각방으로 그에 대한 모방과 동화를 강요하고 그 실현을 꾀하였다.

뿐만 아니라, 서구적 보편문명론은 아직 근대화되지 못한 비서구사회의 근대화를 위한 이른바 '책임과 의무'를 운운하면서 서구의 정치적·경제적 구조의 확산을 정당화하였다. 주제넘게도 여기서의 '책임'이란 서구 나라들이 비서구 나라들에 대한 '보편문명화'의 '책임'을, '의무'란 비서구 나라들이 서구 나라들로부터 '서구적 보편문명'을 무조건 모방해야 할 '의무'를 지니고 있다는 억지 주장이다. 그러다가 20세기 말 냉전이 종식되고 21세기에 들어와 세계화의 물결이 거세게 일렁이자 서구적 보편문명론자들은 기괴망측(奇怪罔測)한 수단과 방법을 다 동원해 비서구 나라들로 하여금 서구의 경제적·문화적 구조를 조속히 수용하도록 강요의 고삐를 바싹 조이고 있다. 그들이 비서구사회의 문명화를 위한 '책임'과 '의무'를 구실로 삼아 비서구사회에 식민지 침략의 촉수를 뻗음으로써 그들로 하여금 후진과 '암흑'의 명에에서 벗어나지 못하도록 강제한 통탄스러운 반문명적·반인륜적 사례들이 어제는 물론 오늘에 이르기까지도 지구상의 처처에서 발견된다.

근세에 와서 '서구적 보편문명'의 식민지적 '문명화'를 구실로 비서구 지역에 대한 침투를 선도한 나라는 일찍이 '선진 열강'의 반열에 올랐던 벨기에다. 선친 레오폴드 1세가 남긴 제국주의적 식민 약탈의 유지를 받들고 왕위에 오른 뒤 호시탐탐 기회만 노리며 그 앞장에 섰던 식민지 침략의 원흉 레오폴드 2세(Leopold II)가 주동이 되어 1876년에 소집한 브뤼셀 지리학회 회의에서 그는 다음과 같은 요지의 유명한 연설을 발표한다.

오늘 우리가 이곳에 모인 이유는 인도주의를 애호하는 분들의 관심을 촉구할 만한 중대한 사안이 있기 때문입니다. 우리 세계에서 아직 문명이 침투하지 못한 지역을 문명의 길로 인도하고 많은 인구를 감싸고 있는 어둠을 걷어내기 위해서는 이 진보의 시대에 걸맞은 십자군이 있어야 할 것입니다. 저는 이 십자군을 지지하는 공중의 원망이 대단히 강하다는 것을 알고 무척 기쁜 마음입니다. 시대는 우리의 것입니다.

(…) 여러분을 브뤼셀로 모신 목적은 결코 제 이기적인 욕심에 있지 않습니다. (…) 저는 오로지 벨기에의 안녕을 위하는 것 이외에는 어떤 야심도 없습니다. (…) 하지만 브뤼셀이 이 문명화 운동의 본부가 될 수 있다면 저는 더 없이 행복할 것입니다.

(…) 이 자리에 모인 여러분께서 기탄없이 토론하고 주어진 권한을 바탕으로 장차 중앙아프리카 땅(콩고 중심의 땅—인용자)에 문명의 기치를 확고히 꽂기 위한 수단과 방법을 강구해주실 것에 저는 기쁜 마음을 감출 길이 없습니다.

위대한 진보의 걸음은 이미 내디뎠습니다. 우리는 사방에서 미지의 지역으로 쳐들어갈 것입니다.

사흘 동안 진행된 회의에는 영국, 프랑스, 독일, 러시아, 이딸리아, 오스트리아-헝가리 등지에서 온 기업가, 정치인, 지리학자, 탐험가, 선교사, 박애주의자 24명이 참석했다. 레오폴드 2세는 7천개의 촛대 하나하나에 자신의 십자가가 장식된 화려한 궁전에서 베푼 연회에서 스스럼없이 이러한 앙큼스러운 연설을 한다.

이렇게 그는 이른바 '문명화의 운동'이니 '문명의 기치'니 '진보의 걸음'이니 '비이기적인 욕심'이니 하는 따위의 기만적인 너스레와 감언이설로 아프리카 침략과 식민화에 대한 흑심을 감추려 하고 있다. 그러면서 그는 '아프리카 땅에 문명의 기치를 확고히 꽂기 위한 수단과 방법'으로 '기지(基地)'들을 건설할 것을 제안한다. 이 제안에 따라 침략과 식민화의 거점인 '기지'의 재정과 건설, 인력, 운영 등의 문제를 전담하기 위한 기구로 이른바 '국제아프리카협회'(IAA)가 창설되었다. 이때부터 아프리카 지도에는 난데없이 두개의 선이 가로질러졌다. 하나는 사헬(Sahel, 사하라사막 남쪽 가장자리 지역)을 따라가는 선이고, 다른 하나는 르완다 정남쪽의 대서양 연안에서 인도양의 모잠비크까지 이어지는 선이다. 두 선 사이의 지역은 폭이 2000km 이상으로 대부분의 중앙 아프리카 지역이 망라된다.

서구 식민주의자들은 이렇게 초보적인 탐험과 항로 개척을 마친 것을 바탕으로 식민지화 정지작업에 돌입했는데, 그 구체적 실행방도로 이른바 '4C 정책'을 제시하고 추진해나갔다. 1760년대에 이르러 산업혁명이 시작된 유럽은 자본주의의 발달에 따라 해외 상품판매시장과 원료공급지가 절실히 필요해짐으로써 세계인들의 저주 속에 행해지던 노예무역은 포기하고, 대신 아프리카의 식민지화 정지작업으로 네마리 토끼를 동시에 쫓는 이른바 '4C 정책'을 제시하였다. '4C 정책'이란 상업(commerce), 기독교(christianity), 문명(civilization), 식민(colonization), 이 네가지의 동시 추진 정책이다. 그 본질은 합법적 상업(교역)으로 노예무역을 대치하고, 기독교 복음과 서구문명('서구적 보편문명')의 전파를 수단으로 삼아 궁극적으로 아프리카를 서구의 완전 식민지로 만든다는 중장기적인 아프리카 말살 식민지화 정책이라는 것이 적나라하게 드러난다.

유럽은 특히 18세기 말과 19세기 초 기독교 전파 붐을 일으켜 종교시설을 늘리고 선교활동을 대대적으로 벌이면서 식민화에 필요한 정보를

프랑스를 상징하는 여신이 아프리카인에게 부를 가져다주는 장면으로 폭력적 '문명화'를 정당화하는 그림(*Le Petit Journal* 1911년 11월 19일자 표지화)

수집하고 기독교 서구문명을 주입하는 데 혈안이 되었다. 이로써 후일 이루어지는 식민통치의 사회문화적 기반을 쌓아놓았다. 한편, 각종 탐험과 '4C 정책'의 실행과정을 통해 식민주의자들은 연해지대에 성채와 요새, 주둔지 등 식민 거점과 행정기구 및 군사기지들을 공개적으로 구축해 침략전쟁에 대비하였다. 1870년대까지 이러한 식민 거점에 할양된 면적만도 아프리카 면적의 10.8%에 달했다.

그러면서 그들은 문명화라는 자신들의 '책임'을 다하기 위해서는 비서구사회에 대하여 허망한 미명하의 반문명적 폭거를 서슴지 않고 공공연히 자행하고 있다. 일례로 1870년 미국 와이오밍(Wyoming)주에서 인디언 수족(Sioux) 소유의 땅을 겁탈하는 데 주도적 역할을 한 빅혼(Bighorn) 협회의 백인들이 이른바 '명백한 운명'이란 관념, 즉 '축복받은 문명과 저주받은 야만'이라는 관념을 예시하면서 미국의 백인 이주자들은 이같은 극단적인 관념 아래 부녀자와 어린아이를 가리지 않는 잔인한 학살로 저항할 힘조차 없는 인디언들을 멸족시키면서도 아무런 양심의 가책을 느끼지 않았다. 이것은 백인우월주의가 보편문명이라는 관념을 악용해 자신의 폭력적 행위를 정당화하려고 한 잔인무도한 전례로 역사는 기록하고 있다.

한편, 유감스러운 것은 작금 비서구사회에서 '서구적 보편문명론'에 현혹되어 서구사회에 대한 '모방'과 그들로의 '동화' 의무를 앞장서서 부르짖는 일부 반지성적 주장자들을 심심찮게 맞닥뜨리게 된다. 그러한 실례는 역대 문명사 연구에서 이웃 일본이 추구해온 연구 맥락을 짚어보면, 쉽게 찾아볼 수 있다.

일본계 미국인인 정치학자 프랜시스 후꾸야마(Francis Fukuyama, 1952~)는 논문「역사의 종말?」(The End of History?, 1989)에서 이렇게 주장했다. "자유주의적 시각에서 역사는 끝났고,[4] 지구촌의 모든 사회는 서구문명을 지향해야 할 당위만 필요하다. 서구가 축적해온 인류 보편문명과 자유민주주의는 거의 완벽한 정치체제이기 때문에 비서구 문명의 국가들은 서양 국가들의 본을 따라가야 할 의무가 존재할 뿐이다."[5]

후꾸야마의 대선현(大先賢)인 후꾸자와 유끼찌(福澤諭吉)는 100여년 전에 본질적으로 '서구의 보편문명론'과 맥을 같이하는 한편의 글을 발표해 일본의 개화를 선도했다. 동방의 일본이 주장한 '탈아입구론(脫亞入歐論)'(아시아를 떠나 유럽에 들어가다)이 바로 서구의 '후진동방론'에 바탕을 둔 서구적 보편문명론의 판박이다. 근대 일본 최고의 계몽사상가라고 하는 후꾸자와 유끼찌는 1884년 그가 성원한 김옥균(金玉均) 등 조선 개혁파의 갑신정변이 실패하자 1885년 『지지신보(時事新報)』에 「탈아론(脫亞論)」이란 사설을 발표하였다. 사설의 요지는 다음과 같다.

일본은 조선과 중국의 개명(開明)을 기다려 함께 아시아를 흥하게 할 이유가 없다. 일본은 그들과 결별하고 서양의 문명국들과 진퇴를 같이해야 한다. 나쁜 친구를 사귀면 함께 오명(汚名)을 피할 수가 없다. 우리는 아시아의 나쁜 친구를 사절(謝絶)해야 한다. 남루한 형색의 친지를 멀리하듯, 조선과 중국을 상대하지 말고 오로지 서양의 사상과 문명을 받아들여 일본을 근대화해야 한다. 청일(淸日)전쟁은 문명(일본)과 야만(중국) 간의 전쟁이다.

이 몇마디 글만 읽어봐도 도대체 일본이 추구하는 '탈아입구론'의 실체가 무엇인가는 구태여 사족이 달리지 않아도 자명해진다. 이로부터 한세기 남짓 지나서 미국의 헌팅턴은 저서 『문명의 충돌과 세계질서의 재편』(일명 『문명의 충돌』, 1996)에서 이른바 '일본문명권론'을 제기한다. 그 변인즉 일본은 '일본문명의 유일한 국가이자 핵심국가'로서 '일본의 특이한 문화를 공유하는 국가는 전혀 없다'는 것이다. 이렇게 헌팅턴은 일문명의 '특수성'을 내세워 기상천외하게도 일본문명을 하나의 독자적인 문명권(제8문명권)으로 설정한다. 따지고 보면, 그 본질은 일찍이 '화혼양재(和魂洋才)'의 슬로건을 내걸고 아시아의 '문명국'과

'맹주'를 자처해온 일본의 편에 서서 일본이 시종 추구해온 '야만적' 아시아문명으로부터의 탈피와 '선진' 서구문명으로의 '편입'이나 그와의 '동화'를 기조로 한 '탈아입구론'을 재탕한 것에 불과하며 철두철미 '아시아분열론'일 따름이다.

서구적 보편문명의 허점

전술한 바와 같이 '서구문명중심주의'를 기조로 한 이른바 '서구적 보편문명'은 그 지향점이나 내용 및 성격에서뿐만 아니라, 실천적 전파나 교류 과정에서 문명의 본연을 심각하게 왜곡하거나 역행(逆行)하는 허점, 즉 문제점을 수두룩하게 노정하고 있다. 그 몇가지를 추려보면 다음과 같다.

① 문명의 근본 속성인 자생성과 모방성, 공유성에서 비롯된 문명의 보편성에 배리(背理)되는 어불성설이다. 기복무상(起伏無常)하며 한계가 없이 오로지 상대적일 뿐인 사회현상인 문명에 '개명'과 '야만', '선진'과 '후진' 같은 인위적인 '칸막이'를 쳐놓고 일방적인 강요를 허울 좋은 '책임'이나 '의무'로 포장하는 것은 반문명적 악폐다.

② 보편문명을 정신적 보편가치 일변도로만 알고 있는 착각이다. 헌팅턴은 자유, 평등, 평화, 인권, 남녀평등, 민주주의 등 이른바 연성권력(軟性權力, soft power)인 정신적 가치체계만을 보편문명으로 이해하면서, 이러한 연성권력은 영토, 인구, 생산력, 군사력 같은 경성권력(硬性權力, hard power)에 뿌리를 박고 있기 때문에 후자가 쇠퇴하거나 무너질 때는 매력을 잃고 무의미하게 되며, 결코 보편문명으로 전파될 수 없다고 단정한다. 하지만 오늘날의 서구가 바로 그러한 쇠퇴 상태에 빠져 있는데도 보편문명 운운하면서 굳이 서구문명을 비서구권에 전파하려고 하는 것은 서구의 오만(arrogance)이자, 다른 문명에는 제국주의로

다가온다는 것이다.[6]

③ 보편문명은 '선진 서구'에 의해서만 창조됨으로써 서구의 전유물일 수밖에 없다는 '서구문명중심주의'의 망상이다. 이른바 '선진 서양'이니 '후진 동양'이니 하는 반역사주의적 '서구문명중심주의'는 지난날과 마찬가지로 앞으로도 인류의 진정한 보편문명의 실현을 각방으로 저해하는 당면 요인으로 작용할 것이다. 단언컨대 이러한 저해 요인의 극복 없이 참된 보편문명의 실현은 불가능할 터이며, 나아가 보편문명에 바탕을 둔 공생공영의 미래사회 건설도 결코 담보될 수 없을 것이다.

제2절 범지구적 보편문명

범지구적 보편문명의 개념

원래 문명은 그 본연의 속성인 자생성과 모방성, 공유성에 의해 인간이 평등하고 골고루 창조하고 향유하도록 규제되어 있다. 그리하여 앞에서도 말했듯이, 문명에서의 '개명(開明)'과 '야만', '선진'과 '후진'이라는 인위적인 '칸막이'를 쳐놓고 문명에 대해 일방적인 제재를 가하거나 편견에 빠져서는 시비를 가릴 수 없다. 제재를 당하거나 편견에 둘러싸여 있을 때 문명은 본연의 속성이 위축되어 기능을 제대로 발휘할 수 없으며, 보편성이 상실되어 문명으로서 제구실을 할 수 없게 된다. 이러한 통념적 사실(史實)은 어제는 물론이거니와 오늘도 여전히 문명세계를 휘젓고 있는 이른바 '서구적 보편문명'의 왜곡된 행태에서 오롯이 나타난다.

원래 보편문명이란 문명사회에서 인류의 보편적 가치관[7]을 치우침 없이 골고루 평등하고 공정하게 갈무리하고 있는 문명을 말한다. 보편문명의 기조와 기준이 되는 이러한 보편적 가치관은 선(善)이나 정의, 자유, 평등 같은 정신적 보편가치관과 더불어 발달된 산업이나 기술, 교역, 복지 같은 물질적 보편가치관을 아울러 통칭한다. 이것이 보편문명에 대한 균형 잡힌 올바른 이해다. 그런데도 불구하고 앞절에서 지적한 바와 같이, 헌팅턴 같은 일부 사이비 문명사가들은 자유, 평등, 평화, 인권, 민주주의 등 이른바 연성권력인 정신적 가치체계만을 보편문명이라고 하는 편향된 억지 주장을 마다하지 않고 있다.

사실 보편문명에 관한 이러한 억지 주장들은 어제오늘 우연히 돌출한 것이 아니다. 그 화근은 400~500년 전 서구 열강들이 이른바 '문명화'의 허울을 쓰고 비서구 지역을 향해 침탈과 식민화의 촉수를 뻗기 시작한 때로 거슬러 올라간다. 이때부터 아이러니하게도 공유와 평등, 공정을 상징해오던 사회학의 한 용어였던 '보편'(universal)이란 보통명사가 '문명'이란 인문학의 한 용어와 접목되면서 점차 '패권'처럼 무시무시하고 살기(殺氣)가 서렸거나 '차별' '부정'같이 배타적이며 능욕적(凌辱的)인 함의를 지닌, 사회현상을 미화하고 음폐(陰蔽)하는 인문학의 한 합성어로 둔갑하게 되었다. 필자는 그 전형을 소위 '서구적 보편문명'이란 낯선 합성어에서 찾아냈다.

'서구적 보편문명'이란, 한마디로 서구의 선진적 '보편문명'이라는 미명하에 비서구 지역에 침투해 보편문명 본연의 가치관과는 상반되는 서구식 식민주의 문명의 패권과 차별, 부정을 일방적으로 강요하는 '반(反)보편문명'을 지칭한다. 놀라운 것은 서구와 비서구 간의 면적이나 인구수를 비교해보면, 후자가 전자의 몇 곱절이나 되는데도 이렇게 일방적인 능욕의 대상이 되었다는 사실이다. 유럽은 지구상 오세아니아주 버금가는 가장 작은 주(洲)로서 지구 육지 면적(1억 4800km^2)의 6.9%(1016만km^2)밖에 안 되는 변두리의 자그마한 땅이다. 그런가 하면, 여러 인종집단으로 구성된 인구는 다음과 같이 역대로 세계 인구의 28~9.2% 사이를 오르내렸다. 이러한 인종집단이 근세에 와서 골육상쟁(骨肉相爭)을 벌이는 몇개의 열강으로 쪼개지면서 이곳저곳에서 주로 비서구 지역을 움켜쥐고 마음대로 문명세계를 재량해왔다.

연도별 유럽의 인구

(단위: 100만명)

연도	인구(전세계 인구의 %)
기원후 1	34(15%)
1000	40(15%)
1500	78(18%)
1600	112(20%)
1700	127(21%)
1820	224(21%)
1913	498(28%)
2000	742(13%)
2024	745(9.2%)

출처: https://www.rug.nl/ggdc/historicaldevelopment/maddison/?lang=en
World Population Prospects 2024: Summary of Results

인류의 6천년 문명사에서 보면, 이것은 분명히 일시적 기선(機先)의 문제로서 인류가 그간 집적해온 문명 진화의 퇴행이며 역사발전의 질곡이다. 바야흐로 문명이 시대의 화두로 떠오르고, '범지구적 보편문명'이 인류의 미래사회 건설의 대안으로, 추이로 담론화되어가고 있는 이 문명사의 변곡점에서, 문명 본연의 뜻과는 달리 '보편문명'에서 일어나는 이러한 퇴행을 차단하고 질곡을 제거하는 것은 미룰 수 없는 긴요하고 절박한 시대적 요청임을 거듭거듭 강조하게 된다.

급기야 '범(汎)지구적 보편문명'론이 '반(反)서구적 보편문명'론의 대응논리이자 시대적 의제로 제기되고 있다. '범지구적 보편문명'이란, 한마디로 공유와 평등, 공정에 바탕해 인류의 공생공영을 지향하는 범세계적인 보편문명을 말한다. 보다시피, 상충되는 이 두 논리는 출현의 역사적 배경(서구 열강의 식민지 개척과 인류의 미래사회 건설의 대안으로 문명이 부상)과 시·공간적 범주(중세의 서구와 현세의 세계)의 상차(相差), 특히 보편문명(서구적 문명 패권과 범지구적 문명 공유)에 대한 수화상극적(水火相剋的)적 시각과 통념으로 인해 이러한 상충적 문명현상의 병존과 평행을 결코 허용하지 않을 것이다.

역사가 보여주다시피 '서구적 보편문명'이 기승을 부리는 시기와 지역에는 '범지구적 보편문명'이 설 자리를 갖지 못하게 되었으며, 역으로 '범지구적 보편문명'이 '문명대안'으로 입지를 굳혀갈 즈음이면 '서구적 보편문명'은 이미 수명을 다하고 역사의 뒤안길에 묻혀버릴 때가 될 것이다. 요컨대 역사의 대척점에서 맞서고 있는, 보편문명을 둘러싼 '서구적' 및 '범지구적' 문명담론은 문명의 어느 한 장르나 부문에 관한 단순하고 단편적인 논급이 아니라, 인류의 문명사 전반에 대한 서언적(序言的, prologue) 성찰이다. 특히 공생공영하는 인류의 미래사회를 건설하는 하나의 대안('문명대안')으로까지 점지되고 있다는 점은 '범지구적 보편문명'이 불가피한 시대적 소명이며 그 필요성과 중요성이 막중함을 말해준다.

한가지 첨언할 것은 '서구적 보편문명'과 '범지구적 보편문명'의 주역 간에 뒤늦게나마 400~500년간의 시간적·공간적 격차를 두고 배턴터치(baton touch)가 이루어져야 한다는 역사의 준엄한 판결이 내려지고 있다는 점이다. 문제는 40~50번 강산은 변해도 인간, 특히 수백년간 진부한 식민사관에 찌들어온 서구인들의 구태의연한 언행은 큰 변화 없이 여전히 고리탑탑하다는 사실이다. '서구적 보편문명'권 내에서는 여전히 수단과 방법은 좀 달라도, 살육과 파괴, 패권과 독점, 차별과 능욕, 기만과 갈취 같은 반(反)문명적 폭거와 비리가 버젓이 자행되며, '보편문명'의 왜곡으로 인한 허점이 무시로 백출하고 있다. 그만큼 천양지차의 근본 속성에서 비롯된 두 '보편문명' 간의 배턴 터치는 필시 버거운 과정일 수밖에 없다. 유장한 인류문명사에서 보면, 일대 혁명적 변혁과정이라고 말할 수 있다. 그러나 그것이 인류의 공생공영을 위한 보편문명사회 건설의 과녁일진대, 만난을 극복하고 반드시 천착해야 할 인류 공동의 위업임에는 의문의 여지가 없다.

끝으로, '범지구적 보편문명'의 개념에서 강조하고자 하는 것은 이 두 보편문명의 주역들이 지닌 근본적 상반성(相反性)이다. 앞에서 누누이 설명했다시피, '서구적 보편문명'의 주역(또는 주연主演)은 하나같이 심술궂기 이를 데 없어 온갖 악역(惡役)을 마다하지 않는 서구의 식민주의 열강들이다. 이에 반해 '범지구적 보편문명'의 주역은 영락없이 문명의 불편부당한 범지구적 보급과 전파를 주도하는 미래지향적 선구자들이다.

'범지구적 보편문명'의 실행과제

21세기 인류는 마치 릴레이 경주에서 배턴 터치 구역에 막 들어선 주자(走者)처럼, 작금 '범지구적 보편문명'의 패턴으로 '서구적 보편문명' 패턴을 넘겨받기 위해 배턴 터치 구역의 문턱을 가까스로 넘고 있다. '변방에서 변죽이나 울리다'가 막상 미증유의 담론 초야(草野)에 접어드니 앞길이 막막하다. 그래서 당면 실행과제, 그것도 주로 기초적 이해와 인식의 전환이 필요한 몇가지 문제를 추려서 논급하고자 한다.

1) 문명 본연의 속성에서 비롯된 문명의 보편성에 관한 확고한 이해

를 도모하는 것이다. 앞에서(3장 2절) 해명했다시피 문명은 창조에서 전파에 이르기까지 불변의 3대 속성(자생성·모방성·공유성)을 지니고 있는데, 그 3대 속성을 관통하는 고갱이는 다름 아닌 보편성이다. 원초적으로 모든 문명은 처한 사회환경이나 자연환경에 부합되게 자생함으로써(자생성) 문명의 보편성(공통성)과 개별성(특수성)이 규제된다. 자생성에 의해 규제된 보편성이란, 같은 환경이나 여건하에서는 물론이고 때로는 다른 환경이나 여건일지라도 시공을 초월해 내용과 형식에서 유사한 문명이 창조된다는 것이다. 많은 경우 이 유사문명이 음으로 양으로 보편문명의 징검다리 역할을 한다.

문명의 두번째 속성인 모방성에 연유되어 문명이 보편화되는 것은 자명(自明)한 일이다. 문명의 보편화는 오로지 문명의 모방성에 의한 전파와 수용 과정을 통해서만 이루어진다. 모방의 원인은 다분히 적은 소모로 더 나은 문명을 창조할 수 있기 때문이다.

문명이 지니는 세번째 속성은 공유성(共有性)이다. 지금까지 학계에서는 문명의 속성을 주로 자생성과 모방성에 한정시켜 고찰해왔다. 그러나 필자는 문명의 속성을 고찰하며 공분모(公分母, common denominator)의 비중이 여타 자생성이나 모방성, 그리고 보편화의 속성에 못지않다는 점을 감안해 문명의 공유성(共有性)을 문명의 생명력으로 자리매김하였다.[8] 사실 문명만이 제도와 관행, 혈통과 언어, 윤리·도덕과 예의범절, 문화 수준과 기술 발달, 부(富)의 축적과 소비, 교역과 거래, 전쟁과 평화 등 제반 사회현상을 하나로 아우르고 조화시킬 수 있는 기능을 특징으로 하는 고유의 공분모성을 지니고 있다. 이러한 공분모성으로 말미암아 문명은 어느 특정 집단의 전유물이 될 수 없으며 사회나 국가, 민족 등 공동체의 공동 소유물이고 수혜물(受惠物)이라는 공속성(共屬性), 그리고 공간적 원근(遠近) 여하에 관계없이 유사성에 바탕한 문명 간의 공통성(共通性)을 지니며, 공분모성과 공속성, 공통성 이 세가지 성격과 특색 및 기능 자체가 문명의 보편성과 진배없이 같은 맥락에 속한다.[9]

한가지 첨언할 것은, 자생성와 모방성, 공유성은 문명의 3대 속성인 동시에 문명의 발생·발전과 전파·수용의 3대 요소이기도 하며, 서로가 상보상조적 관계에 있다는 점이다. 그 어느 것 하나가 결여되거나 미흡하면 문명은 침체나 기형 내지는 소멸을 면할 수 없다. 이 대목에서 특히 유념해야 할 것은 문명의 모방은 그것이 창조적이건 기계적(답습적)이건 간에 문명 간의 교류를 통한 전파와 수용 과정에서 현실화된다는 점이다. 따라서 교류는 모방에 의한 문명의 발달을 촉진하는 필수불가결의 촉매제인 것이다.

2) 아직까지도 회자되고 있는 '서구적 보편문명'론의 허점(문제점)을 정확하게 파악하고 시급히 시정을 가하는 것이다. 전술한 바와 같이 '서구문명중심주의'를 기조로 한 이른바 '서구적 보편문명'은 그 지향점이나 내용 및 성격에서뿐만 아니라, 실천적 전파나 교류 과정에서 문명의 본연을 심각하게 왜곡하거나 역행하는 허점을 수두룩하게 노정하고 있다. 그 전형적인 몇가지를 추려보면 다음과 같다.

① 문명의 근본 속성인 자생성과 모방성, 공유성에서 비롯된 문명의 보편성에 배리(背理)되는 어불성설이다. 기복무상(起伏無常)하며 오로지 상대적일 뿐인 문명현상에 '개명'과 '야만'이니 '선진'과 '후진'이니 하는 인위적인 '칸막이'를 쳐놓고 허울 좋은 '책임'이나 '의무'로 포장하는 것은 전대미문의 반문명적 악폐다.

② 보편문명을 정신적 보편가치로만 알고 있는 것은 균형감각을 잃은 기형적 착각이다. 헌팅턴은 자유, 평등, 평화, 인권, 남녀평등, 민주주의 등 이른바 연성권력인 정신적 가치체계만을 보편문명으로 이해하면

서, 이러한 연성권력은 영토, 인구, 생산력, 군사력 같은 경성권력에 뿌리를 박고 있기 때문에 후자가 쇠퇴하거나 무너질 때는 매력을 잃고 무의미하게 되며, 결코 보편문명으로 전파될 수 없다고 단정한다. 바로 그러한 쇠퇴 상태에 빠져 있는 오늘날의 서구가 보편문명 운운하면서 서구문명을 비서구권에 전파하려는 것은 서구의 오만이며, 다른 문명에는 제국주의로 다가온다는 것이다. 그러면서 그는 서구와 비서구 간의 관계에서 가장 핵심적인 문제는 "서구문화의 보편성을 관철하려는 서구―특히 미국―의 노력과 서구의 현실적 능력 사이에서 생겨나는 부조화"인데, 이러한 부조화는 서구의 이념이 보편타당하다는 견해가 확산되면서 "한층 심화되었다"고 평한다.[10] 자신의 저서에서 이와 같이 얘기한 헌팅턴은 같은 책에서, 그럼에도 "서구문화의 보편성"('서구적 보편문명'―인용자)을 관철하려는 노력을 앞으로도 계속하겠다는 야욕을 공공연히 시사한다.

③ 보편문명은 '선진 서구'에 의해서만 창조됨으로써 서구의 전유물일 수밖에 없다는 것은 '서구문명중심주의'의 망상이다. 이른바 '선진 서양'이니 '후진 동양'이니 하는 반역사주의적 '서구문명중심주의'는 지난날과 마찬가지로 앞으로도 인류의 진정한 보편문명의 실현을 각방으로 저해하는 당면 요인으로 작용할 것이다. 단언컨대, 이러한 저해 요인의 극복 없이는 참된 보편문명의 실현은 불가능할 것이며, 나아가 보편문명에 바탕한 공생공영의 미래사회 건설도 결코 담보될 수가 없게 될 것이다.

3) 서로의 '조우(遭遇)'를 증진시켜 보편문명 실현의 지평을 넓혀나가는 것이다. 문명사가 토인비는 일찍이 "서양과 동양의 조우는 우리 시대의 가장 의미심장한 세계사적 사건 가운데 하나였다"라고 지적했다.[11] 현실적으로 20세기가 남긴 가장 보람있는 세계사적 유산은 격폐

되어 '벙어리 대화'만을 해오던 동양과 서양이 하나가 된 세계 속에서 서로 떳떳이 만나서 나눔을 시작했다는 데 있다. 이제 '국제화'나 '세계화'라는 새 조어(造語) 속에 응축되어 있는 이러한 만남과 나눔, 그리고 그 확대는 불가항력적인 역사의 큰 흐름으로 굳어지고 있다.

동서 간의 오래된 문명관계사에서 마침내 '조우'가 그 변곡점이 된 이 시점에서 우리는 동서관계사를 단순한 기선(機先) 잡기와 기복이나 부침의 연속으로 보아온 진부한 통념에 대한 불편부당한 성찰을 요청받고 있다. 작금 이에 관한 사계의 구구한 담론이 시도되고는 있지만 아직 시도에 그칠 뿐, 모두가 납득할 만한 정론(正論)은 별로 눈에 띄지 않는다. 일시에 근시안(近視眼)으로 이 넓디넓은 시대의 한계를 뛰어넘을 수는 없을 터이므로, 필자도 종횡 세계일주를 수행하며, 특히 유럽 답사 내내 이 난제의 해답 찾기에 잠심몰두하였다. 지금까지의 얄팍한 식견에서나마 짜낸 결론은 동서를 아우르는 세계의 일체성(一體性)과 그를 모체로 해 파생된 자연환경이나 인문지리로 인해 동서 간에 발생한 상이점을 촘촘히 살피면서, 특히 그 민낯을 낱낱이 밝혀야 '범지구적 보편문명'의 속내평을 제대로 깊이 파악할 수 있다는 것이다.

4) '범지구적 보편문명'의 밑거름인 세계의 일체성을 더욱 튼튼히 다져나가야 할 것이다. '범지구적'이니 '보편문명'이니 하는 용어 자체가 '세계의 일체성' 개념을 함유하고 있다. '사해일가(四海一家), 사해시일(四海是一)' '세계일화(世界一花)', 즉 세계는 하나라는 '세계의 일체성'이란 다분히 색 바랜 구두선(口頭禪)일 뿐, 세계가 무시로 갈등과 분열을 겪고 있는 현세에서는 짐짓 진부한 개념으로서 무의미하다고 생각하기 일쑤다.

그러나 사고의 초점을 미래지향적 과녁에 맞추다보면, 이 '세계의 일체성'이야말로 공생공영의 미래사회를 건설하는 데서 명실상부한 공분모로, 범지구적으로, 보편문명으로 기능하리라는 전망을 예단케 한다. 따라서 '세계의 일체성'은 미래를 향한 인류 공통의 '일체성 세계관'이 되어야 할 것이다. 그러기 위해서는 이 '일체성 세계관'을 구성하는 다음과 같은 네가지 공통요소를 굳건히 보듬고 지키며 공유 의식을 부단히 함양해야 할 것이다. 그 '일체성 세계관'의 4대 구성요소는 다음과 같다.

a) 인류가 공통적 조상을 갖고 있다는 인류의 혈통적 동조(同祖).
b) 세계역사가 공통적인 발전법칙을 공유하고 있다는 역사의 통칙(通則).
c) 각이한 문명들 간에는 부단한 소통과 교류가 이어지고 있다는 문명의 통섭(通涉).
d) 숭고한 보편가치를 다 같이 누리려 하고 있다는 보편가치의 공유(共有).

세계의 일체성을 규정하는 이 4대 공통요소의 발현은 보편문명에 바탕한 인류의 미래를 결정짓는 시금석으로서 무한한 동력의 원천이 될 것이며, 궁극적으로는 '일체성 세계관' 확립의 필수적 전거가 될 것이다.

5) 유무상통과 호혜(互惠)의 원칙에 따라 범지구적 보편문명의 교류를 활성화하는 것이다. 인류가 지향하는 공생공영의 미래사회는 오로지 유무상통과 호혜의 원칙에 준한 면면부절(綿綿不絶)의 범지구적 보편문명의 교류를 통해서만 실현 가능한 것이다. 따라서 범지구적 보편문명의 교류야말로 '문명대안론'의 실천적 향도인 것이다.

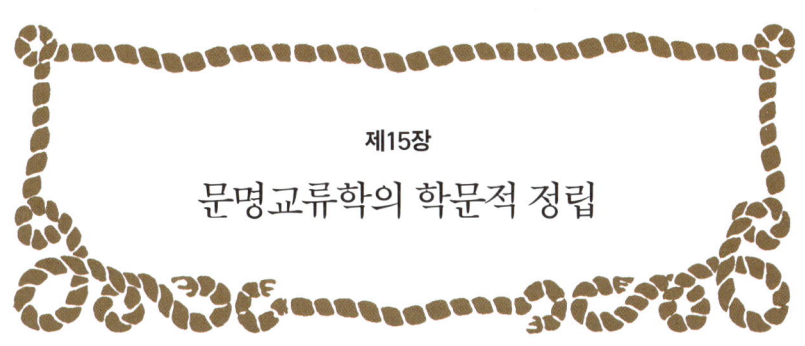

제15장
문명교류학의 학문적 정립

▎제1절 문명교류학 정립의 절박성

문명담론의 역사는 200여년 전으로 거슬러 올라가지만, 아이러니하게도 문명교류담론의 역사는 30년을 채우지 못하고 있다. 필자가 기피되어온 이 학문의 편린(片鱗)들을 이 시점에서 주섬주섬 주워다가 굳이 학문적 정립을 고집하면서 그 절박성을 역설하는 것은 도대체 무슨 까닭일까?

이에 대한 천박한 비견이나마 토설(吐說)하면, 첫째로 그 절박성은 시대적 요청이라는 데 있다. 흔히 문명의 출현을 기준으로 까마득한 진화과정을 구분해서, 5천~6천년 전까지를 원시시대로, 그 이후 오늘에 이르기까지를 역사시대 혹은 문명시대로 대별한다. 인류는 이 수천년간의 '문명부지(文明不知)'의 몽매(蒙昧)한 역사시대에 문명의 혜택을 받아 진화해오면서도 문명의 실체에 관해서는 제대로 알지 못한 채 살아왔다. 그러다가 18세기 프랑스에서 나타난 혁신적 계몽주의의 영향하에 영국과 독일을 비롯한 서구 나라들에서 문명담론이 싹트기 시작했다. 담론은 주로 문명의 진화나 이동, 순환 같은 내재적 구조로서의 문명 자체에 관한 담론으로서 시대성이나 사회성과는 큰 관계가 없이 순수한 학문적 탐구에만 한정되었다.

그러나 이러한 초창기의 계몽주의적 문명담론은 19세기에 서구의 식민지화 경략이 본격화되면서 점차 시대성과 사회성을 띠게 되었다. 급기야 식민주의자들은 이른바 '문명화'라는 구실 아래 침략적 식민지화 정책을 합리화하거나 폭력으로 그 실행을 강요하였다. 이에 일부 몰지각한 부화뇌동자(附和雷同者)들과 위선적 종교인들은 각종 유설(謬說)을 조작해 이른바 식민지 '문명화'나 '선진화'에 앞장섰다. 그 여독은 오늘날까지도 세계 처처에서 문명의 바른 담론에 해독을 끼치고 있다.

문명사를 복기(復棋)해보면, 200여년간 유지되어온 계몽주의적 문명담론은 시종 내재적 구조로서의 문명 자체의 탐구를 핵심 과제로 삼아왔지만, 연구결과의 집적과 사회환경의 변화 등 주·객관적 여건의 변동에 따라 연구의 범주와 내용, 대상과 방법 등에서 일련의 창의적 성과를 거두었다. 그 대표적 인물이 바로 영국의 문명사가 토인비다. 그는 비록 시대의 한계로 인해 시대성이 투철한 문명교류론까지는 불급(不及)했지만, 불후의 명작 『역사의 연구』에서 문명사 연구의 새로운 방법론을 선보였을 뿐만 아니라 1차대전 후 서구에 팽배했던 문명 필멸(必滅)이라는 비관주의를 지양하고 순환에 의한 문명의 재생이란 낙관주의적 역사관을 제시하였다. 이제 문명담론은 바야흐로 새로운 단계로 도약하는 성싶었다. 그러나 새로운 절박한 시대적 요청이 없었기 때문에 근대적 문명담론은 2차대전 후 냉전 시대의 막바지에 이르러 두세기 남짓하게 이어오던 발걸음을 멈추고 말았다.

20세기 말엽 베를린장벽이 홀연히 무너지면서 동서냉전 시대가 종언을 고하자 세계는 파천황(破天荒)의 격변을 맞게 되었다. 전래의 그 어떤 학문이나 이론과 담론도 명쾌한 해답을 줄 수 없는 일련의 전지구적 문제들이 일시에 봇물처럼 터져나오자 모두가 갈피를 잡지 못하고 허둥지둥했다. 문명학에서도 사정은 마찬가지였다. 아니, 순수 학문에만 잠심몰두(潛心沒頭)하면서 시대성이나 사회성을 등져오던 문명학에서는 사태가 더 심각하였다. 이제 격변기를 맞아 종래의 근대적 문명담론에 안주할 수는 없었다. 안주는 곧 퇴보이고 자멸이다.

  문명이 문명답게 생성되기 위해서는 문명과 사회의 관계에서 혁신적 패러다임이 구축되어야 한다. 그것이 바로 관계론에 바탕을 둔 현대적 문명담론이고, 그 핵심은 인류가 교류를 통해 보편문명을 창출하며 나아가 문명대안론에 입각한 이상적 미래사회를 건설하는 것이다. 이 모든 것을 대비하는 첫걸음이 바로 문명교류학의 학문적 정립이다. 지금 우리는 문명교류의 무한확산 시대에 살고 있다. 이제 문명교류론을 학문적으로 정립하는 일은 담론 차원의 과제일 뿐만 아니라 실천적인 과제로서 절박한 시대적 요청이 되고 있다.

  다음으로, 그 절박성은 어긋난 것을 시급히 바로잡아야 한다는 시정(是正)의 시의성에 있었다. 우리는 변변한 과도기도 거치지 않고 홀연히 나타난 이 희세의 격변 앞에서 그 대응을 놓고 망지소조(罔知所措) 허둥지둥하지 않을 수 없었다. 왜냐하면 지금까지 관용(慣用)되어오던 그 어떤 정치논리나 사회학 이론으로도 격변기의 발생이나 극복방도에 대한 설득력 있는 진단과 처방을 내놓지 못하고 있었기 때문이다. 특히 당초 근대적 담론 수준에 머물러 있던 문명학계는 유구무언(有口無言)일 수밖에 없었다. 학계는 '일시적 공백'이란 슬럼프에 빠지게 되었다.

  이 슬럼프의 해소자로 자임하고 나선 것이 미국 하버드대학 정치학 교수이며 저명한 국제안보 전략가인 헌팅턴을 필두로 한 정치학계다. 이것은 잠정적이나마 학문의 공백에서 오는 슬럼프라는 도전에 대한 일종의 '울며 겨자 먹기' 식의 부득이한 소극적 응전에 불과했다. 왜냐하면 응전자 대부분은 문명학과는 일면식(一面識)도 없는 학자나 연구자들로서 응전이 결국 일종의 만용(蠻勇)에 그칠 수밖에 없었기 때문이다. 그렇다보니 소기의 성과는 애당초 기대할 수 없었으며 도리어 문명의 본연에 '어긋나는 것'이 적잖으므로 문명교류학을 바로세우기 위한 '바로잡기'가 절박했다.

그 몇가지 대표적 실례를 들어보면, 우선 아직까지도 문명학의 고전으로 중요시되는 토인비의 문명순환론은 근대적 문명담론이기는 하다. 그렇지만 그가 거대한 세계역사의 흐름을 도전과 응전에 의한 순환이라는 단순하고 교조적인 논리로 설명하는 일종의 사변적(思辨的) 역사철학을 펼친다든지, 창조적 소수(지도자나 영웅)의 역할을 과대평가하고 있다든지, '신의 법칙'에 의한 인간의 응전이나 인간으로 육화(肉化)된 신에 의해 해체기 문명이 구제된다는 주장을 펴는 것은 그의 문명순환론이 분명히 관념론적 사관에 바탕을 둔 것임을 보여준다.

또한 '21세기 세계 정치의 현실을 포착하는 강력한 해석들을 제시하고 있다'고 미국의 정치학자 키신저가 높이 평가한 헌팅턴의 현대적 문명담론의 역작 『문명의 충돌과 세계질서의 재편』을 자세히 분석해보면, 근본적인 기조이론이라든지 문명론의 전개에서 자가당착적인 모순과 흠결이 수두룩하게 발견된다. 헌팅턴은 복합적인 문명 개념을 단순한 가치체계, 그것도 주로 종교적 가치체계로 축소 단순화하며, 문명 간의 차이를 문명 본연의 '충돌'인 양 착각하고, 문명 간의 상생관계를 상극관계로 오도하며, 지구촌의 분란을 숙명화하는 등 근본적인 오류를 범하고 있다. 뿐만 아니라 정치학자인 헌팅턴은 문명을 유형화하며 자의로 일본문명을 하나의 독립된 문명권으로 간주해 세계문명권을 7개 아닌 8개로 획분한다. 특히 이 책에서 저자는 작금의 세계에서 가장 위험한 것이 이슬람세계와 중국의 성장 및 그 제휴라고 지적하면서 기타 문명권들은 합종연횡(合縱連衡)해 집단적으로 대응해야 한다고 강조한다. 이 책을 읽다보면 문명 서적이 아닌 하나의 정치충돌론 관련 서적이라는 느낌을 지울 수가 없다. 이렇게 헌팅턴의 '문명충돌론'이야말로 시종 '어긋남'으로 일색화(一色化)된 어불성설의 집성(集成)이다.

독일의 정치학(국제관계) 교수인 뮐러는 헌팅턴이 제시한 '문명충돌론'의 부당성을 적시하고자 내놓은 저서 『문명의 공존』에서 문명 간의 조화를 문명 간의 차이에 대한 무시나 그 소멸로 인식하기 때문에 문명의 조화에는 회의적이다. 이러한 인식의 한계로 인해 그는 공존을 조화의 '전제'라고 하면서도 대화만이 아닌 교류를 통해서 그 조화가 진정한 공생공영으로 승화되는 패러다임까지는 제시하지 못하고 있다. 이것이 아마 문명에 대한 정치학적 접근이 내포하는 한계성일 것이다.

그밖에 실크로드를 유라시아 구대륙에만 한정시키는 '실크로드 한정론'이라든가 '선진문명'과 '후진문명'의 이분화, '유럽문명중심주의', 문명과 문화의 개념과 상관성, 중심문명과 주변문명의 차별시 등 일련의 문명과 문명교류 관련 문제들에서 노출된 '어긋남'은 기수부지다.

이상이 작금 현대적 문명담론이란 이름 아래 시중에 나도는 몇 안 되는 서적에서도 발견되는 '어긋남'들이다. 이제라도 이같은 '어긋남'을 바로잡지 않고 더 방치하면 사회는 문명이란 무진장한 동력을 잃고 고사(枯死)하고야 말 것이다. 이것을 경구(警句)로 삼고 이제부터라도 슬기롭게 해결의 출구를 찾아야 한다. 이 대목의 요체는 '문명은 문명으로 다루어야 한다'는 것이다. 작금 떠돌기 시작한 이른바 '문명정치학' 따위의 구색도 안 맞는 강다짐 식의 접목에 한눈팔지 말고 오로지 문명은 문명으로 다스려나가야 한다. 그럴진대 '바로잡기'가 구질구질한

'어긋남'을 밀어내면서 올곧은 문명교류학이 정립될 것이다.

제2절 문명교류학의 학문 계보

문명교류학이란 인간이 정신적·육체적 노동을 통해 획득한 서로 다른 결과물을 유무상통(有無相通)과 호혜(互惠)의 원칙에 따라 서로 교류하는 행위나 과정을 문명교류학적 방법으로 연구하는 학문을 말한다. 바꾸어 말하면, 문명교류학은 구성요소를 달리하는 이질문명(異質文明) 간의 상호 전파와 수용의 행위나 과정을 문명교류학적 방법으로 연구하는 학문이다.

무릇 학문이라면 고유의 학문 계보(學問系譜)에 소속되게 마련이다. 학문 계보란 특정 학문이 속한 학문 영역을 말한다. 오늘날 학문 영역은 인문학[1]·사회학[2]·자연과학[3]의 3대 분야로 대별되는데, 그 구분은 주로 해당 학문의 연구대상과 연구방법에 의해 결정된다. 학문 계보는 학문의 '칸막이'와 자리매김으로서 소정 학문의 정립에 중요한 의미를 가진다. 학문의 소속 계보가 명확해야 그것의 적절한 연구대상과 연구방법이 설정될 수 있으며, 학제 간의 통섭과 연계가 원활하게 이루어질 수 있다. 더욱이 과학문명과 교류가 급속도로 그리고 다방면으로 발달함에 따라 새로운 학문이 부단히 창출되고 학문의 세분화와 통합이 복잡하게 진행되고 있는 현실에서 학문 계보의 확정은 더욱더 절박하고 중요한 의미를 지닌다.

문명교류학이 다른 학문 분야와 근본적으로 차이가 나는 점은 문명의 교류가 정신적 노동(학문 연구 포함)의 결과물이든지 육체적 노동의 결과물이든지 간에 그 결과물의 교류라는 것이다. 물론 각이한 정신적 노동이나 육체적 노동 자체 간에 교류가 발생하는 경우가 있지만, 현실적으로 문명교류는 인문학이나 사회학, 내지는 자연과학의 3대 학문 계보가 공히 복합적으로 생산해낸 결과물의 교류인 것이다. 그렇지만의 기술문명이 발달함에 따라 이 3대 학문 계보 가운데서 자연과학에 의해 결실되는 결과물의 몫이 질적으로나 양적으로나 더 큰 비중을 차지하게 될 것이라고 학계는 예단하고 있다.

그리하여 오늘날의 문명교류학의 범주 안에서는 인간의 정신활동을 반영한 철학·문학·언어·예술·미술·종교 등 다양한 인문학적 내용과 인간의 사회활동과 직간접적으로 관련된 정치·경제·군사·제도·법률·대외관계 등 각종 사회학적 내용뿐만 아니라, 물질문명에 대한 인간의 욕망을 충족시켜주는 물리학·화학·생물학·천문학·지리학·수학·해양학 같은 다양한 자연과학 분야가 학문적 '칸막이'에 구애받지 않고 자유로이 넘나들고 통섭(通涉)하면서 문명의 결과물을 공동으로 창출하며 증진시키고 있다. 따라서 문명교류학의 학문 계보를 인문학과 사회학의 교차 영역으로 축소하고 그 연구방법을 인문학적·사회학적 연구방법으로 제한하는 구태의연한 오류[4]는 의당 복합적인 '인문학적·사회학적·자연과학적 연구방법'으로 시정되어야 할 것이다.

결론적으로 졸저는 단일 계보의 전문 서적이 아니라, 3대 학문 계보의 교차 영역에 자리하면서 다양한 계보의 문명교류 내용을 복합하여 저술한 다(多)계보 복합서라고 말할 수 있다.

제3절 문명교류학의 내용

이러한 급박한 상황에서 필자는 여러가지 미흡함을 무릅쓰고 복합적 학문으로서의 문명교류학에 관한 개략적인 요지를 엮은 초유의 졸저 『문명교류학』을 감히 상재(上梓)하게 되었다. 졸저의 제1편 문명담론편은 공유성에 바탕을 둔 문명의 개념 이해(1~5장)와 상이성에 바탕한 문명교류의 개념 이해(6~13장)를 주 내용으로 하고 있다. 공유성에 바탕을 둔 문명의 개념 이해란 문명의 개념에 관한 여러가지 견해들을 분석 평가하여 이해의 공유나 합의를 도출하는 것이며, 상이성에 바탕한 문명교류의 개념 이해란 문명의 상이성이나 이질성이라는 전제하에서만 이루어지는 문명교류의 제반 배경이나 전개과정 및 매체들을 정확하게 파악하는 것을 의미한다. 그밖에 문명교류학의 지향점과 그 내용(14~15장)을 개괄적으로 다룬다.

독자들의 이해를 돕기 위해 이상의 소략한 개괄적 내용을 좀더 구체적으로 개진하면 다음과 같다.

공유성에 바탕을 둔 문명의 개념 이해 부분에서는 우선, 상이한 이질 문명을 대표하는 동양문명과 서양문명 간의 상이성에 관한 역사적 연원(淵源)을 밝히고 있다. 문명교류사를 포함한 문명학 일반에서 시종 가장 이론이 분분하거나, 아니면 난제로서 도외시당하는 의제가 바로 문명은 언제부터 왜 그토록 서로가 다를 수밖에 없었는가 하는 문제다. 필자는 이 의제의 해답을 원초적인 자연지리적 연원과 고고학적 연원, 사회경제적 연원, 가치관적 연원 등 각이한 역사적 연원 속에서 찾아내려고 부심하였다. 특히 가치관적 연원에서는 동·서양 가치관과 철학의 비교와 대조를 통해 상이성의 연원을 밝히는 데 유념했다.

졸저의 중심 의제 가운데 하나인 문명 개념의 정립에서는 자생성과 모방성이라는 구래의 두가지 문명의 속성에 공유성이라는 속성 하나를 첨가하는 창의성을 발휘하였다. 그리고 지금까지도 미제(未濟)로 남아 있는, 어찌 보면 영원한 미제로 남을 성싶은 문명과 문화의 관계 문제에서도 그 관계는 위계적(位階的) 관계가 아니라 총체와 개체, 복합성과 단일성, 내재와 외향, 제품과 재료의 포괄적 관계라는 새로운 견해를 피력했다. 그러면서 문명의 '선진성'이니 '후진성'이니 하는 반역사적·반문명사적 착각을 통척(痛斥)하고 문명교류의 전제가 되는 이질문명에 대한 바른 이해를 문명권 유형화를 통해 강조하였다.

200여년 동안 문명담론을 이끌어온 문명진화론이나 문명이동론, 문명순환론 같은 근대적 문명담론의 창신성(創新性)을 긍정하면서 동시에 한계성에 대해서도 지적을 아끼지 않았다. 문명진화론에 대해서는 무생물인 문명이 생물처럼 진화한다든가, 문명은 동일한 선(단계)을 따라 진화한다는 이른바 문명단선진화론(Theory of unilinear evolution of civilization)의 맹점을 지적했다. 근대적 문명담론에서 가장 주목받는 영국의 문명사가 토인비의 문명순환론에 대해서도 나름대로 시비를 오롯이 밝히는 분석을 내놓았다. 토인비는 세계사를 비교문명론적으로 고찰하는 독특한 문명사관을 제시했는데, 그 핵심은 문명순환론이다. 그는 문명은 도전(challenge)에 대해 성공적으로 응전(response)해야 탄생과 성장이 가능하다는 이른바 '도전과 응전 원리'를 천명하면서 이 원리에 따라 문명은 탄생·성장·붕괴·해체의 4단계 사이클(cycle, 주기)을 겪는다는 이른바 문명순환론을 주장하였다. 그는 이 순환론에 근거해 인류가 창조한 30개 문명을 성장문명(21개)과 정체(停滯)문명(5개), 유산(流産)문명(4개)으로 유형화했다.

토인비는 이렇게 문명의 '도전과 응전 원리'와 문명순환론을 주장하고 문명유형화를 시도함으로써 문명사 연구의 새로운 방법론을 도출하였으며, 1차대전 후 유럽에 팽배했던 문명 필멸(必滅)이란 비관주의를 지양하고 대신 순환에 의한 문명의 재생이란 낙관주의적 역사관을 제시했다. 그러나 거대한 세계역사의 흐름을 도전과 응전에 의한 순환이라는 단순한 교조주의적 논리로 설명하는 것은 일종의 사변적 역사철학에 불과하고, 또한 그가 창조적 소수(지도자나 영웅)의 역할을 과대평가하며, '신의 법칙'에 의해 해체기 문명이 구제될 수 있다고 하는 주장 등은 명백한 관념론적 역사관으로 비판을 받고 있다.

1990년대 냉전체제가 무너지면서 전래의 연구기반이 거의 없는 상태에서 갑작스레 나타난 현대적 문명담론은 이상야릇하게도 문명 연구자들의 붓끝에서 나온 것이 아니라, 미국의 안보전략가 헌팅턴이나 독일의 국제관계학 교수 뮐러 같은 정치학자들의 '만용'에 의해 염출(捻出)되었다. 그러다보니 표제야 어떻게 장식되었든지 간에 내용은 한마디로 말하면 '문명'이 아니라 정치다. 헌팅턴의『문명의 충돌과 세계질서의 재편』(1996)을 대충 해부해보면, 적어도 세가지 근본적인 오류를 범하고 있다. 그 첫째는 복합적인 문명 개념을 단순한 가치체계(주로 종교)로 축소한 것이고, 둘째는 문명 간의 차이를 문명 본연의 '충돌'인 양 착각하고 문명 간의 상생관계를 상극관계로 호도하는 것이며, 셋째는 지구촌의 분란을 숙명화한다는 것이다. 명약관화(明若觀火)한 이런 근본 오류 때문에 한때 학계를 풍미했던 이 명저는 출간된 지 10년도 채 되지 않아 실질적으로 폐기처분을 받은 것과 다름없게 되었다.

문명담론사에서 보면 여기까지가 문명 자체의 내재적 변화에 관한 담론, 즉 근대적 문명담론이고, 이제부터는 문명의 교류를 다루는 외향적·관계론적 담론, 즉 현대적 문명담론이다. 현대적 문명담론의 초성(初聲)이 울린 지도 근 30년이 되어가지만, 이 문명담론의 계승이나 완성 차원에서의 연구 소식은 여태껏 감감하다. 필자는 간혹 관련 학술지에서 단편적인 유사 정보를 접하기는 하지만, 아직 체계적인 학술 전문서는 맞닥뜨린 바가 없다. 차제에 부언하고자 하는 것은 졸저가 현대적 문명담론, 특히 그 핵심인 문명교류 관련 일서(一書)라는 점이다. 막중한 시대적 소명을 절감하는 바이다.

 인류의 통시적(通時的)인 문명사를 복기해보면, 문명교류는 18세기에 뒤늦게 시작된 문명담론과는 무관하게 일찍이 문명시대 이전의 몽매시대부터 줄곧 이어져왔다. 그동안 학계에서는 문명교류가 언제부터 시작되었는가 하는 시원 문제에 관해 장기간 왈가왈부하다가 근세에 인류학과 고고학, 지리학 등의 학문이 발달함에 따라 후기 구석기시대(1만 2천~3만 5천년 전)에 인류의 장거리 이동이 시작되자 초기 원시적 문명이 이동 전파되었다고 보는 것이 중론이다. 그러면서 유럽 7개 지역 19곳에서 출토된, 2만~2만 5천년 전(후기 구석기시대)에 제작된 나체 여인상 조각물인 비너스(venus)상을 그 실증 유물로 제시한다. 이 상은 후기 구석기시대인 1만 2천~2만 5천년 전에 제작된 가장 오래된 후기 구석기시대 유물이다. 이 상은 동유럽으로부터 시베리아를 지나 중국 홍산문화에도 그 흔적을 남겨놓음으로써 명실상부한 후기 구석기시대의 교류 유물인 것이다. 비너스상 말고도 이 시대의 유물이 유라시아 곳곳에서 발굴되고 있다.

 이렇게 3만여년 전 후기 구석기시대부터 시작된 문명교류는 오늘에 이르기까지 다음과 같은 4단계를 걸쳐 장족의 발전을 이어왔다. ① 태동기: 약 3만년 전, 후기 구석기시대, 인류의 장거리 이동에 동반된 문명교류의 개시, ② 여명기: 1만년 전, 충적세, 초기 문명교류 통로로서의 실크로드 흔적, ③ 발전기: 기원 전후~18세기 중엽, 중국의 한(漢)·당(唐)조와 로마제국 및 이슬람제국 간의 교류, ④ 개화기: 18세기~현재, 기계동력 이용과 산업혁명 및 식민지 개척 등으로 인한 활발한 교류활동, 오늘날의 신실크로드로 이어짐.

 문명교류, 특히 발전기와 개화기에 진행된 문명교류의 흥망성쇠는 당면한 정치사적 배경이나 군사사적 배경, 경제사적 배경, 민족사적 배경, 교통사적 배경 등 입체적 역사 배경 여하에 따라 좌우된다. 문명교류사의 역사가 보여주다시피 인류가 소정의 역사적 배경을 순리적으로 잘 이용할 때는 교류가 순탄하고 성공리에 추진되나, 그렇지 않고 인류가 배경에 역행하거나 배경을 무시할 때는 영락없이 역풍을 맞아 교류가 부진하거나 실패하기 마련이었다. 그리하여 문명교류와 그 역사적 배경의 상관성이나 영향관계를 실례를 들어 밝히는 데 적잖은 분량을 할애하였다.

문명교류는 본질적으로 이질문명권 간에 유무상통하는 행위다. 동질문명 간의 교류는 무의미하다. 토인비를 비롯한 선행 문명 연구자들은 문명의 유형화에서 흔히 몇 '개(個)'의 문명이란 용어는 써도, 몇 '권(圈)'의 문명권이라는 용어는 언급하지 않았다. 그들의 문명 논의는 근대적 문명담론의 수준을 크게 벗어나지 못한 채 현대적 문명담론의 수준으로 승화되지 못하였다. 그리하여 현대적 문명담론에서 가장 중요한 문제의 하나는 문명권의 개념과 문명권 설정의 기준(여건) 문제다. 과문이지만 아직껏 그 누구에 의해서도 명확한 해답이 적출(摘出)되지 못하고 있다. 필자는 나름대로 다음과 같은 해답으로 이에 응전하였다.

"문명권이란 문명의 전승이나 전파를 통해 이루어진, 공통적인 문명 구성요소를 공유한 여러 국가나 민족, 지역을 망라하여 형성된 문명의 역사적·지리적 범주를 말한다."[5] 그리고 문명권 설정의 기준으로, ① 문명 구성요소의 독특성(상이성), ② 문명의 시대성과 지역성의 보장, ③ 문명의 생명력 유지 등 세가지를 제시했다. 이 기준에 따라 유목기마민족의 '준문명권'과 라틴아메리카문명권을 비롯한 8개 문명권을 시범적으로 설정하였다.

그리고 문명교류의 역사적 배경과 문명권 설정의 기준을 적시(摘示)하고 나서 문명의 3대 속성(자생성·모방성·공유성)에서 발원되는 문명교류의 당위성과 문명교류의 전개과정을 밝혔다. 전개과정에서 중요한 것은 교류의 성격이나 결과를 결정짓는 접변(接變, acculturation) 현상으로서의 융합(融合, fusion)과 융화(融化, deliquescence) 및 동화(同化, assimilation)를 면밀히 관찰하고 현실과 결부시켜 그 함의를 정확하게 이해하는 것이다.

문명교류의 개념과 시원, 그리고 그 역사적 배경과 문명권 및 전개과정을 개진한 데 이어 범지구적 문명교류의 통로인 실크로드 3대 간선(중국의 '일대일로' 포함)과 한반도로의 실크로드 복원 문제를 비교적 상세하게 다루었다. 자고로 문명을 실어나르는 실크로드는 그 자체가 교류의 생명을 유지케 하는 동맥일 뿐만 아니라 그 연도를 끼고 문명교류가 가장 왕성하게 개화하였으며, 따라서 그 언저리에는 가장 많은 교류 유물이 산재해 있다. 그리하여 실크로드학은 문명교류학의 기초학문으로 인지되고 있으며, 실크로드학과 문명교류학이 등식화되기도 한다. 작금 실크로드학이 각광을 받는 소이연(所以然)이 바로 여기에 있다.

이 대목에서 졸저의 대표적인 창의성은 실크로드의 범주를 유라시아(구대륙)에만 한정시켰던 진부한 통념을 깨고 5대양 6대주를 아우르는 환지구적(環地球的) 문명교류 통로로 실크로드의 개념을 확대하고, 우끄라이나에서 동시베리아(한반도 포함)에 이르는 광활한 북방 유라시아 초원지대에 산재한 쿠르간(kurgan)들에 대한 현장조사를 통해 지금까지 수천년간 어림짐작으로 탁상 위에서 제멋대로 그어진 초원실크로드의 노선을 확실한 근거에 바탕한 교류 통로로 자리매김한 것이다.

더불어 한반도와 실크로드의 관계 문제에서 필자를 포함한 연구자들은 지금껏 실크로드의 한반도 '연장 문제'라고 입론(立論)을 시도해 왔는데, 이것은 천부당만부당한 억설(臆說)이다. 왜냐하면 한반도의 주민은 실크로드가 생겨나면서부터 그 길을 소통과 교류의 통로로 활용해왔는데 어느날 실크로드가 구래(舊來)의 '통로'였다는 사실이 망각된 채 느닷없이 그것의 '연장'이란 시각이 자리잡았기 때문이다. 요컨대 한반도와 실크로드의 관계에서 긴요한 것은 엄존(嚴存)했던 사실(史實)에 대한 망각의 회복이지, 결코 오늘날에 와서야 밝혀진 듯한 작위적(作爲的)인 연장이 아니다.

실크로드를 연장 아닌 복원이라는 관점에서 복기해보면, 실크로드야말로 우리 민족의 역사문화 발전에 불멸의 발자국을 남긴 고맙고 자랑스러운 길이다. 졸저에서는 우리 겨레가 세계인들과 더불어 함께 다듬고 보듬어온 이 길이 우리 겨레가 뿌리를 내리게 하고, 우리 겨레를 세계와 소통시키며, 세계 속에 우리 겨레의 위상을 드높인 길이라는 것을 여러가지 생생한 역사적 사실들을 곁들여 일일이 고증하는 데 최선을 다했다. 특히 1300여년 전 실크로드 3대 간선을 골고루 누비면서 으뜸가는 세계적 여행기 『왕오천축국전』을 불후의 세계적 문화유산으로 남겨놓은 해동(海東)의 첫 세계인 혜초와 세계의 지붕 '파미르고원'의 주인으로 다섯차례의 서역 원정을 단행해 세계 전쟁사에 불멸의 전공을 세웠을 뿐만 아니라 문화개벽(文化開闢)의 신호인 제지술의 세계적 전파에 원인 제공자로서 절대적 기여를 한 고선지 장군은 일찍이 실크로드를 통한 문명교류의 역사에 실로 명수죽백(名垂竹帛)[6]할 위대한 선현들이다.

140여년 전 문명교류의 통로이며 가교이기도 한 실크로드가 발견된 이래 실크로드를 의제로 한 여러가지 논란이 벌어졌는데, 그 핵심은 실크로드의 유한론(有限論)과 무한론(無限論)이다. 유한론이란, 실크로드의 범주가 유라시아 구대륙에만 국한되었다는 설이며, 이에 반해 무한론은 그 범주에 한계가 없이 지구의 곳곳으로 실크로드가 뻗어나갔다는 설이다. 중국이나 일본을 비롯한 서구 대부분의 국가들과 유네스코마저 주장해온 유한론은 다분히 서구문명중심주의나 대국패권주의에서 비롯된 '눈 가리고 아웅 하는 식' 억지 주장임이 실크로드 개념의 확대 과정에서 드러났다. 즉, 실크로드의 공간적 포괄 범위와 그 기능에 대한 인식의 폭이 중국-인도로 단계, 중국-시리아로 단계, 3대 간선로 단계, 환지구로(環地球路) 단계를 거치며 확대되면서 유한론은 자리를 잃게 되었다. 그럼에도 불구하고 중국의 '일대일로' 전략구상에서 보다시피 유한론의 암운(暗雲)은 오늘날까지도 가시지 않고 짙게 드리워 있다.

필자는 유한론의 이러한 본질과 한계성을 감안해 저서 『실크로드학』(창작과비평사 2001)과 『실크로드 사전』을 비롯한 관련 논문(해외 발표 논문 포함)에서 유한론의 맹점을 지적하면서 신랄하게 비판했다. 그러면서 15~16세기 신·구대륙을 연결하는 태평양 항해로와 라틴아메리카 농산물(옥수수·감자·땅콩 등)의 구대륙 수출 등을 실례로 들며 무한론에 대한 설득을 시도하였다. 이를 안받침하기 위해 무한론에 기초한 초유의 「실크로드 전도(全圖)」를 제작해 졸저 『고대문명교류사』(사계절 2001)에 첨부했다. 뿐만 아니라 졸저 『실크로드 도록: 초원로편』(한글판·영문판, 창비 2019)에는 우끄라이나로부터 동시베리아까지 이르는 「초원실크로드 전도」를 쿠르간의 전파 루트에 대한 현장 고증을 거쳐 제작해 수록했다.

이상에서 교류의 통로이자 물리적 수단인 실크로드까지 문명교류학의 학문적 정립을 위한 연구 내용으로서 다루었다. 뒤에 나올 「맺는 글」에서 문명교류의 궁극적 지향성을 예단(豫斷)하였거니와, 그 과정은 문명 간의 이질성을 극복하고 보편문명(universal civilization)을 창출하는 과정이다. 보편문명이란 인류의 보편적 가치관을 갈무리하고 있는 문명을 말하는데, 이러한 인류의 보편가치는 선이나 정의, 자유, 평등 같은 정신적 보편가치와 발달된 산업이나 기술, 교역, 복지 같은 물질적 보편가치를 아울러 통칭한다. 이와 같은 개념은 문명이 정신노동과 육체노동에 의한 결과물의 총체로서, 정신문명과 물질문명을 포괄한다는 총체론적 전망에서 추출된 것이다. 물론 아직까지 보편문명의 개념이라든가 그 실현 방도나 과정에 관한 구체적인 연구가 대단히 미흡하지만, 그간의 관련 연구동향을 살펴보면 몇가지 문제점들을 발견할 수 있다. 그중 가장 문제시되는 것은 보편문명을 정신적 보편가치 일변도로만 이해하며, '선진 서구'에 의해서만 보편문명이 창출 가능하다고 보는 편단이다.

제4절 문명교류학의 연구방법

전술한 바와 같이 문명교류학은 다계보 복합학문으로 인문학과 사회학 및 자연과학의 3대 학문 계보에 소속된 다종다양한 학문의 교류상을 연구하는 학문으로서 연구대상이 복잡다기할 뿐만 아니라, 그에 효용(效用)이 되는 연구방법도 다양할 수밖에 없다. 게다가 연구대상인 문명교류의 진행과정은 어느 한 시점에서 파악되는 공시적(共時的, synchronic)인 정태(靜態)가 아니라, 시·공간을 초월해 움직여가는 통시적(通時的, diachronic)인 동태(動態)인 것이다. 이러한 동태는 연구방법의 다양성과 구체성을 증폭시키는데, 주요한 연구방법은 다음과 같이 네가지로 귀납할 수 있다.

우선 총체론적 연구방법이다. 총체론적 연구방법이란, 학문적으로 다양한 영역과 내용이 망라되어 있는 제반 교류상을 상호 연관시켜 종합적으로 연구하는 방법을 말한다. 이러한 연구방법을 적용하는 선결

조건은 교류의 역사적 배경을 정확하게 파악하고, 여러 학문 간의 인위적 '칸막이' 장벽을 헐어버리며, 상호 통섭과 연관 속에서 교류의 양상이나 흐름을 총체론적으로 파악하는 것이다.

다음은 비교론적 연구방법이다. 이는 교류의 실상을 확인하기 위하여 원(原)문명과 전파문명, 전파문명과 피전파문명 간의 접변 현상을 비교 연구하는 방법을 말한다. 이 연구방법을 적용할 때 중요한 것은 다음과 같다.

① 문명이란 때로는 다른 환경이나 여건 속에서도 내용과 형태가 유사하게 창조될 수 있다는 문명의 보편성과, 매개문명은 자기 특유의 개성을 가지고 타 문명과 구별된다는 문명의 개별성에 유의하면서 교류문명을 비교하는 것이다.

② 원문명과 전파문명, 전파문명과 피전파문명 간의 동일성(同一性)이나 상사성(相似性), 상이성(相異性)을 면밀히 비교 검토하고 그 원인을 구명하며, 융합과 융화 및 동화 같은 접변의 성격과 그 영향관계를 구명하는 것이다.

③ 전파문명과 피전파문명을 비교하고 교류의 성격과 영향관계를 판단함에 있어서 상대론적 입장을 견지하는 것이다. 문명교류에 대한 상대론적 입장이란 문명의 산생(産生)과 그 성격, 전파와 피전파(수용) 등 제반 현상을 구체적 환경과 역사적 맥락 속에서 이해하고 평가하는 입장이다. 여기에서 유의할 점은 배타적인 자기중심주의(국수주의國粹主義)와 허무한 타자중심주의(사대주의事大主義)를 다 같이 배격하고 철저하게 실사구시적인 상대주의적 입장을 견지하는 것이다.

다다음으로 실증적 연구방법이다. 현장조사(field work)에 의한 실증적 연구방법이란 문명교류의 현장에 대한 직접적 관찰을 통해 교류의 사실 여부를 고증 확인하는 방법을 말한다. 현장조사에 의한 실증적 연구방법은 일반적으로 인문학이나 사회학, 자연과학에서 다 같이 적용하는 방법이지만, 문명교류학에서는 더욱 절실한 연구방법으로 요청된다. 그것은 문명교류학의 연구대상은 공간적으로 광활한 지역에 산재하거나 점재(點在)해 있고, 시간적으로 장기간 노출됨으로써 변화무상하며, 또한 오로지 실문실물(實文實物, 실제적인 문헌과 유물)의 비교 대조에 의한 현장의 실증적 연구방법에 의해서만 비로소 그 교류가 고증 확인되기 때문이다. 뿐만 아니라 교류에 관한 기록이 매우 희소하고 늘 생소한 이물(異物)의 이동인 만큼 기록이 부정확하거나 애매한 점이 많다는 사정은 현장으로의 접근을 불가피하게 한다. 여기서 중요한 것은 계획적 조사와 종합적 조사, 그리고 연대적(連帶的) 조사를 실시하는 것이다. 문명의 전파는 보통 연속적으로 이어지기 때문에 단절적인 토막조사로는 그 실상을 제대로 파악할 수가 없다.

끝으로 통시적 접근방법(diachronic approach)이다. 통시적 접근방법이란 시간적인 연속선상에서 문명교류의 진행과정을 고찰하는 방법을 말한다. 전파와 수용, 그리고 접변이라는 문명교류의 전과정은 부단한 시간의 연속 속에서 일어나는 문명의 이동과정이다. 따라서 으레 통시적인 접근방법이 채용되게 마련이다. 통시적 접근방법을 적용할 때 중요한 것은 다음과 같다.

① 교류를 통한 문명요소들의 이동과정을 시·공간적으로 면밀히 추적하는 것이다.

② 문명의 전파와 수용, 접변과 영향 등 이동과 변화의 과정을 통일적으로 고찰하고 그 과정의 완정성(完整性) 여부를 구명하는 것이다.

이상의 네가지 연구방법은 연구대상이나 내용에 따라 각기 다르게 적용할 수 있다. 즉, 복합적으로 적용할 수도 있고 개별적으로 적용할 수도 있다.

| 제5절 문명교류학의 학술적 특징

연구대상(구성 내용)이나 연구방법에서 보듯이 문명교류학은 여타 학문과 구별되는 몇가지 학술적 특징을 지니고 있다. 그 특징은 다음과 같다.

우선, 포괄성이다. 포괄성이란 다방면적인 내용을 함께 포함하고 있음을 말한다. 문명교류학 고유의 포괄성은, 문명교류학이 학문 계보에서 인문학과 사회학 및 자연과학 영역을 두루 포함하고 있고, 연구대상으로는 물질문명과 정신문명의 교류만이 아니라 인적 왕래까지도 아우르고 있으며, 연구방법에서도 여러가지 방법을 복합적으로 적용한다는 점 등에서 나타난다.

다음은 상대성이다. 상대성이란 모든 교류상이 상대적인 비교 대조를 통해 밝혀짐을 말한다. 문명교류학은 본질적으로 문명 간의 교류를 다루는 학문이기 때문에 교류의 진상은 오로지 문명 간의 비교 대조를 통해서만 확인 가능하다. 문명의 전파는 원문명과의 비교 속에서 헤아릴 수 있고, 문명의 피전파는 전파문명과의 비교에 의해 가려낼 수 있다. 그렇기 때문에 문명교류학에서는 문명요소들의 교류를 고찰할 때 원문명과 전파문명 및 피전파문명 삼자 간의 접변 등 상호관계에 대한 비교연구가 불가피하다. 바로 이러한 상대성 때문에 문명교류학에서는 문명 전반에 관한 광범위한 고찰이 요구되며, 비교론적 연구방법이 필수적이다. 또한 상대적으로 교류가 피전파자에 대한 강요에 의해 이루어진 것인가, 아니면 피전파자의 자발적 수요에 의해 이루어진 것인가에 따라 교류의 성격이 규정되는 것이다.

다다음은 난공(難攻)의 학문이다. 필자의 경험에 의하면 문명교류학은 공략(攻略)이 만만찮은 상대다. 왜냐하면 남다른 공략 장비가 필요하기 때문이다. 3대 학문 계보를 두루 아우르는 복합학문인 만큼 다양하고 넓은 학식, 여러 문명권에 비장(祕藏)된 각이한 문헌이나 자료를 자유로이 섭렵할 수 있는 다중어자(多重語者, polyglot)적 어학 능력, 공생공영의 인류 미래사회 건설을 위한 원경지명(遠景之明)의 혜안과 비전, 험지를 누빌 수 있는 건강한 체력 등등이 바로 그러한 '공략 장비'인 것이다. 짐작건대 지난 시기 구전(俱全)한 이런 '공략 장비'가 미비했기 때문에 문명학이나 문명교류학이 종시 기를 펴지 못했고 오늘날까지 지지부진(遲遲不進)한 것이다.

그러나 문명교류학은 결코 난공불락의 철옹성이 아니다. 공략은 곧 학문적 정립이다. 학문적 정립이 이 시대의 절박한 요청인 만큼 만시지탄을 분발의 동력으로 삼고 심조자득(深造自得)해 이 땅에 '문명교류학 정립의 기념비'를 세우기 위해 심지(心志)를 굳게 가다듬어야 할 것이다. 이를 위해 연구자들에게는 배가의 노력이 필수다.

맺는 글

'문명대안론'과 미래사회의 예단

돌이켜보면, 인류사회의 역사는 인간이 제기되는 갖가지 문제에 대해 상징적이건 구체적이건 해답을 모색하고 실천해나가는 과정이다. 종교로 선악을 가려내고, 철학으로 사유를 진작시키고 윤리·도덕을 바로 세우며, 예술로 미의식을 함양하고, 생산으로 부(富)를 축적하며, 교류로 유무상통하는 등의 모든 것이 바로 그러한 과정이다. 이러한 과정을 추구하는 논리적 틀로서 허다한 학설과 주의주장이 백출하였고, 그 실천방도와 보장책으로서 각종 제도와 규범이 안출(案出)되었다. 그러나 역사적 경험이 보여주다시피, 그 어느 것 하나도 서로가 격폐된 현실 속에서 시공을 초월한, 그리고 보편타당한 해법으로 기능하지는 못하였다.

특히 20세기에 들어와서 인류가 미증유의 세계대전을 두차례나 겪은데다가 냉전까지 겹치다보니 종래의 진부한 해법에 대한 회의론(懷疑論)과 불신이 일면서 새로운 대안이 각방으로 모색되었다. 그 대안의 하나가 바로 문명이다. 그 근거는 한마디로 공유(共有)를 생명으로 하는 문명만이 모든 문제 해결의 공분모(公分母)[1]로 작용하므로 인류가 이를 바탕으로 서로 간의 소통과 교류를 실현하고 궁극적으로 보편문명을 창출함으로써 인류의 공생공영이 보장되는 미래의 이상사회를 건설할 수 있다는 데 있다.

이처럼 다종다양한 이질문명이 끊임없는 교류를 통해 범지구적(global) 보편문명을 창출하게 된다는 것을 알기 때문에 '문명대안론(文明代案論)'이 지향하는 이상사회 건설의 당위성이나 개연성은 우리가 그런대로 예단할 수 있지만, 문제는 구체적으로 그 복잡다기(複雜多岐)하고 유장(悠長)한 실천과정은 어떻게 설정해야 하는가이다. 작금 미래를 예단한다며 이 사회를 떠돌고 있는 이른바 '미래학'에서 이러저러한 관련 의제들을 내놓고는 있지만, 비전이 비전답지 못하다보니 통갈피가 잡히지 않고 신뢰성도 높지 않아 이렇다 할 학문적 정립은 요원해 보인다. 거개가 '뜬구름 잡기'의 한계를 크게 벗어나지 못하고 있는 성싶다.

이러한 상황 속에서 아직은 인류가 경험해보지 못한 미래학에 속하는, 하나의 의제에 불과한 보편문명을 이 시점에서 굳이 구구히 논급하는 것은 궁극적으로는 보편문명의 완숙(完熟)에서 이상적인 인류사회 건설의 대안, 이를테면 '문명대안론'을 모색하기 위해서이다. 문명대안론이란 인류사회 진화의 공분모이며 기조(基調)인 보편문명의 실현을 통해 공생공영하는 인류의 이상적 미래사회의 면모를 밝히는 대안적 이론을 말한다. 대안적 이론이란 지금까지 제시된 여러가지 유사이론에 견주어 비교적 가당(可當)한 이론이란 뜻이다.

새로운 비전과 패러다임을 요청하는 탈냉전 시대를 맞아 문명담론은 절박한 시대적 화두로 부상하고 있다. 지난 두세기 동안 인류의 문명사를 재량해오던 유아독존적 '서구문명중심주의'는 이제 설득력을 잃고 빛이 바래가고 있으며, '문명화의 사명'을 자임해오던 서구문명은 서구인들 스스로가 인정하다시피 더이상 고압적인 우월주의에 안주할 수 없게 되었다. 대신 천시되고 도외시되던 이른바 '주변문명' '저급문명'이 점차 본연의 위상을 되찾으면서 문명권 사이에서는 타 문명을 발견하고 이해하려는 문명타자론(文明他者論)이 대두되고 있다. 이를 계기로 문명 간의 관계 속에서 문명을 이해하고 정의하려는 현대적 문명담론이 화제가 되면서 문명 인식이 점차 균형을 잡아가고 있다.

이 과정에서 미래의 비전을 지향하는 하나의 대안으로서 '문명대안론'이 거론되기 시작하였다. 공유를 생명으로 하는 문명만이 모든 문제해결의 공통분모로 작용하여 인류로 하여금 보편문명을 창출하도록 함으로써 인류의 공생공영을 보장할 수 있기 때문이다. 그런데 인류가 염원하는 이러한 보편문명은 결코 어떤 특정 집단에 의해서만 성취되는 것이 아니며, 또 그 누구의 전유물로 전락할 수도 없다. 보편문명은 오로지 서로의 부정 아닌 긍정, 상극 아닌 상생 속에서 유무상통과 상호성에 바탕을 둔 문명 간의 부단한 상부상조적 교류를 통해서만 실현 가능하며, 급기야 인류의 공유물이 될 것이다.

'문명대안론'에 입각해 실현될 보편문명 사회의 미래상은 아직 전인미답의 홍도(洪圖)에 불과함으로써 마냥 '유토피아(utopia)적 환상'으로 다가올 수밖에 없다. 그러나 이제 보편문명은 큰 흐름으로 우주의 삼라만상 모든 것을 아우르며 도도히 흘러가고 있다. 그 속에서 인류는 이제까지 겪어온 길고도 험난한 길이나, 그런대로 모색되어온 탐탁잖은 대안에 대해서는 짐짓 식상해 몸부림치고 있다. 이러할진대 작금 시대적 만곡점(彎曲點)에 서서 현실을 직시한다고 자부하는 지성(知性)들이 아직 출구를 찾지 못한 채 미로를 헤매는 듯한 인류를 일깨우기 위해 당면해서 해야 할 일은 과연 무엇일까? 그것은 그들에게 미래지향적인 바른 길과 대안을 제시해주고 이끌어가는 것이 아니겠는가! 필자의 단답(單答)이다.

　이에 필자는 문명 본연의 속성, 특히 모방성과 공유성에서 '문명대안론'의 당위성과 단서를 적출하려고 시도해왔다. 이 속성들이 최대한 올곧게 발휘되고 기능하게 된다면, 보편문명은 무한한 확장성을 갖고 순기능적으로 창출되고 교류되며, 확산되고 완숙해질 것이다. 그렇게 되면 '문명교류의 무한확산 시대' '현대적 문명담론 시대'인 오늘의 이 시점에서 예단한 '문명대안론'은 명실상부한 미래사회 건설의 대안이 될 것이다.

　끝으로 '문명대안론'인 이 '맺는 글'을 한마디로 줄이면, 문명교류학은 문명의 교류와 소통을 주제로 하고 범지구적 보편문명의 보급(확산)을 기조로 하여 평등하고 공정하며 부유한 (새) 사회 건설을 목표로 하는 국제적 인문과학의 신생 분과다. 따라서 그 습득을 위해서 각고정려(刻苦精勵)가 필수다.

주

여는 글

1 '현거(懸車)'는 '수레를 매달다'라는 뜻으로, '늙어서 벼슬을 그만두다' 또는 '70세'라는 의미로 쓰인다. 중국 한(漢)나라 때 설광덕(薛廣德)이 나이가 많아 벼슬을 그만둘 때 천자가 안거(安車, 앉아서 타고 다니는 수레)를 하사하자 이를 집 앞에 걸어놓고 자손들에게 길이 전하도록 한 고사에 나온다.
2 서문에 첨부된 '연구총람' 일람표를 참고.
3 '학술적 자기부정(自己否定)'의 뜻과 그 시정(是正)에 관해서는 본서 15장 2절 '문명교류학의 학문 계보'와 같은 장의 주 4 참고.
4 독일의 유명한 시인이자 철학자인 프리드리히 니체(Friedrich W. Nietzsche, 1844~1900)는 『차라투스트라는 이렇게 말했다』에서 "모든 책 중에서 나는 그 사람이 피로써 쓴 책만을 좋아한다"라고 말한다. 임병주 엮음 『세계의 명언』, 다솔 1994, 378면.
5 심조자득(深造自得)이란 학문을 깊이 파고들어 스스로 터득한다는 뜻이다.
6 위소당가(爲所當家)는 남의 집 일도 제집 일 챙기듯 한다는 뜻이다.
7 소풍(所風)은 연구소 특유의 기풍이라는 신조어다.

서문

1 그러나 1970년대 이후 고고학과 인류학이 진일보함에 따라 인류의 최초 문명인인 호모 하빌리스(Homo habilis)의 출현 연대는 홍적세가 아니라, 그보다 앞선 300만~400만년 전인 신생대 제3기의 선신생(鮮新生) 때란 일설이 있다.

2 오늘날까지도 독일은 '문화'로 '문명'을 대체하면서 '문명'이란 말을 회피하고 있다. 예컨대, 미국 새뮤얼 헌팅턴(Samuel P. Huntington)의 저서 『문명의 충돌과 세계질서의 재편』(The Clash of Civilizations and the Remaking of World Order) 독일어 역본에서 '문명'이라는 단어를 일괄 '문화'로 역출하고 있다.
3 이 글에 첨부한 '연구총람' 일람표다.
4 사회과학이란 인간관계의 모든 현상을 연구의 대상으로 하는 학문으로 정치학, 경제학, 법학, 사회학이 이에 속한다. 반면 사회학이란 사람의 온갖 현상, 사회의 구조, 질서, 발전, 변동의 법칙을 연구하는 학문이다. 『뉴에이지 새국어사전』, 교학사 1989, 918면, 920면.

제1장

1 『アジア歷史事典』 9卷, 平凡社 1985, 418면 '東洋' '西洋'條; 山本達郎 「東西洋といふ稱號の起源に就いて」, 『東洋學報』 21卷 1號, 1933 陳佳榮 『中外交通史』, 香港: 學津書店 1987, 437~38면.
2 침로(針路, ship's course)란 나침반의 지시에 따라 움직이는 항로를 말한다.
3 '서양포'(西洋布, 일명 번포蕃布)란 인도 일원에서 생산되는 일종의 천으로서 송(宋)·원(元) 시대 인도양을 '서양'이라고 칭한 데서 유래된 것으로 짐작된다. 고려 충렬왕(忠烈王) 때 인도 동안에 위치한 쇄리국(瑣理國, 일명 마팔아馬八兒)에서 보내온 예물 중 '토포'(土布)라는 것이 있는데, 이것이 아마 '서양포'이거나 그 일종인 것으로 추측된다. 최남선(崔南善)의 『고사통(故事通)』(三中堂書店 1943) 제3편 근세 제57장 '남만(南蠻)의 내항(來航)' 참고.
4 陳大震·呂桂孫 『南海志』(元), 元大德刻本; 汪大淵 『島夷誌略校釋』(元), 中華書局 1981.
5 『明史』 卷2 「本紀 第2」 '太祖 洪武 3年(1370) 12月 壬午'條.
6 『明史』 卷6 「本紀 第6」 '成祖 永樂 3年(1405) 夏6月 己卯'條.
7 陳佳榮, 앞의 책 440면.
8 張燮 『東西洋考』(明) 卷5, 卷9, 臺灣商務印書館 1971.
9 鄭若曾 『海運圖說』(明).
10 『アジア歷史事典』 1卷, 16면 'アジア(Asia)'條.

제2장

1 지구의 생성 과정에서 오늘날의 지구와 가장 흡사한 신생대는 제3기(紀)와 제4기로 양분되고, 또 제3기는 효신생(曉新生)·시신생(始新生)·점신생(漸新生)·중신생(中新生)·선신생(鮮新生)으로, 제4기는 홍적세(洪積世)와 충적세(沖積世)로 세분된다.

2 민석홍·나종일·윤세철 『세계문화사』, 서울대학교출판부 1988, 4면 그림 인용.
3 몬순은 계절풍이란 뜻의 아랍어 단어 'mausim'(계절)에서 유래되었다. 몬순이란 겨울에는 대륙에서 해안으로, 여름에는 이와 반대로 해양에서 대륙으로 약 반년을 주기로 하여 부는 바람을 말한다. 세계에서 전형적으로, 그리고 대규모로 몬순이 발달하는 곳은 인도로부터 인도차이나와 중국, 일본 열도에 걸친 지역으로, 이 지역을 '몬순아시아'(monsoon Asia)라고 부른다. 이 지역은 여름에 비가 많이 오고 기온이 높아 벼가 대표적인 작물이며 삼림도 울창하다. 세계 인구의 약 절반이 이 지역에 살고 있다.
4 '신대륙' 발견 이전의 동·서양 주요 도시들의 연평균 강우량(단위: mm)을 보면, 런던 594, 빠리 585, 모스끄바 575, 로마 653, 아테네 402, 다마스쿠스 234, 바그다드 156, 테헤란 208, 카이로 25, 방콕 2282, 홍콩 2265, 상하이 1135, 인천 1503, 토오꾜오 1503이다. 吉良龍夫 『生態界から見た自然』, 河出書房新社 1971; 藤本強 『東は東, 西は西: 文化の考古學』, 平凡社 1994, 16~17면 참고.
5 초원의 이름은 지역에 따라 다르다. 유라시아 초원은 '스텝'(steppe), 북아메리카 초원은 '프레리'(shortgrass prairie), 아르헨띠나와 우루과이 초원은 '팜파스'(pampas), 남아프리카 초원은 '벨트'(veld)라고 한다. 자고로 초원지대에 사는 사람들은 용감한 기마민족으로서, 그들을 북아메리카에서는 인디언(Indian)이나 카우보이(cowboy)로, 남아메리카에서는 인디오(Indio)나 가우초(gaucho, 스페인어로 '말을 모는 목동'이라는 뜻)로 부르고 있다.
6 청동기시대를 문명사적 시각에서 하나의 시대로 구분하는 데는 무리가 따른다고 본다. 그 근거로는 ① 동서를 막론하고 청동기는 대체로 사회의 구성원 중 일부 상층에게만 사용이 한정되었던 용기로서 문명의 근본 속성인 공유성이 결여되어 있으며, ② 청동기는 주로 제기(祭器)나 장식품 등 특수 생활용기로만 충당되었지, 생산도구로는 별로 쓰이지 않은 문명의 기형성(畸形性)을 내재하고 있다는 데 있다. 이에 따라 청동기시대의 존재 여부와 성격을 재고할 필요가 있다고 필자는 주장한다.
7 藤本強, 앞의 책 43면 그림 참고.
8 미국의 문화인류학자인 엘먼 서비스(Elman Service, 1915~96)는 저서 『원시사회조직』(*Primitive Social Organization*, Random House 1971)에서 사회조직의 변천과정을 무리(band, 구석기시대와 중석기시대)와 부족(tribe, 신석기시대 전기), 추방(酋邦, chiefdom, 신석기시대 후기), 국가(state, 청동기시대)의 4단계로 구분하고 있다.
9 역석(礫石)이란 강이나 바다의 바닥에서 오랫동안 갈리고 물에 씻겨 반질반질하게 된 잔돌을 말한다.
10 최무장 『한국의 구석기문화』, 집문당 1994, 49면; 藤本強, 앞의 책 43면 그림 참고.
11 내리쳐깨기와 때려내기란 가장 원시적인 석기 가공기법으로서, 전자는 깨서 쓰려는 돌을 땅바닥에 놓은 돌(모루, anvil)에 내리쳐서 깨거나 깨려는 돌을 평탄한 돌 위에 놓고 다른 돌로 내리쳐 깨는 가공법이며, 후자는 쓰려는 돌을 돌마치(percuteur dur, doux) 같은 것으로 직접 때려내는 가공법이다.
12 아슐리안(Acheulean)형이란, 구석기시대의 주먹도끼가 다량 출토된 프랑스의 쌩아슐

(St. Acheul)에서 유래된 석기명으로서 주먹도끼의 일종이며, 한국어로는 '양면핵석기(兩面核石器)'라고 한다. 이런 유형의 석기가 한반도의 구석기시대 유적인 연천 전곡리에서도 출토되었다.

13 Hallam L. Movius, Jr., "The Lower Palaeolithic Cultures of Southern and Eastern Asia," *Transactions of the American Philosophical Society*, Vol. 38, No. 4, 1948.

14 1966년 평양시 상원군 상원읍의 검은모루 유적에서 약 70만~100만년 전의 것으로 추정되는 주먹도끼가 출토되었다(사회과학원 고고학연구소「상원 검은모루 유적발굴 중간보고」,『고고민속론문집』1호, 평양: 사회과학출판사 1969). 중국에서도 저우커우뎬(周口店) 제13지점에서 주먹도끼가 발굴되었다(W. C. Pei, "Report on the Excavation of the Locality 13 in Choukoutien," *Bulletin of the Geological Society of China*, Vol. 8, No. 3, 1934).

15 후기 구석기시대에 유럽을 비롯한 서·북아시아 일원에서 석인(돌칼)류의 석기가 많이 제작 사용되었다고 하여 유럽 고고학자들은 이 시대를 일명 '석인시대'라고 이름지었다. 그러나 아프리카나 동남아시아 지역에서는 이런 유의 석기가 거의 제작되지 않았다는 사실을 감안할 때, 이러한 명명이 범칭(泛稱)으로는 적절치 못하다.

16 藤本強, 앞의 책 124면 그림 참고.

17 르발루아 기법이란 깨질 박편의 모양을 예측하여 석핵을 조절하고 타격함으로써 2차의 박편 가공을 면하도록 하는 기법이다. Michel N. Brézillon, *La dénomination des objets de pierre taillée. 4e supplément à 'Gallia Préhistoire'*, Paris: Centre National de la Recherche Scientifique 1968 참고.

18 무스띠에(Moustier) 석기문화는 중기 구석기문화를 대표하는 석기문화로, 주요하게는 박편석기(剝片石器)인 뾰족끝석기(pointe, 첨두기尖頭器)와 긁개(side-scraper, 단삭기端削器) 두가지 석기가 있다. 뾰족끝석기는 뾰족한 끝으로 찌르는 데 쓰는 석기이며, 긁개는 깎고 자르는 데 쓰는 석기다. 이러한 석기는 전기 구석기시대의 간단하고 만능적인 석기를 대체했는데, 용도에 따라 분화된 석기로 석기 제조사에서 일대 전기가 되었다. 무스띠에 석기는 제작기법이나 형태가 모두 초원에서 살면서 초식동물을 포획하는 주인공들의 거주환경과 생활조건 및 생업활동에 적합하도록 되어 있다. 졸저『실크로드 사전』, 창비 2013, 252면 참고.

19 유럽을 비롯한 여러 지역에서 전개된 이 시대의 문화를 석기의 제작기법과 기형에 따라 조기문화(粗器文化, Grobgerätige Kultur), 일명 대기문화大器文化 Grossgerätige Kultur)와 정기문화(精器文化, Feingerätige Kultur, 일명 소기문화小器文化, Kleingerätige Kultur), 혼성문화(混成文化, Misch Kultur, 앞의 두 문화의 혼성)의 3대 문화로 구분한다. 이 시대의 대표적 석기는 세석기다. 지질 연대는 홍적세가 끝나고 충적세가 시작될 무렵(1만~1만 5천년 전)에 해당한다.

20 藤本強, 앞의 책 171면 그림 참고.

21 같은 책 169면 그림 참고.

22 농경 발생의 요인에 관한 주요 이론으로는 자연환경에 의해 발생하였다는 '환경결정

론(環境決定論)'과 인류가 일정한 발전 단계의 수준에 이르면 생활의 수요를 충족시키기 위해 자연히 농경으로 이행한다는 '문화주인론(文化主因論)', 그리고 증가하는 인류의 생계 타개를 위해 인구의 포화 상태에 직면한 1만년 전에 농경이 발생하였다는 '인구압이론(人口壓理論)' 등이 있다. 농경의 시원에 관해서는 주로 한곳에서 발생한 후 다른 곳으로 전파되어 새로운 농경이 산생되었다는 '일원론(一元論)'과 여러곳에서 다발적으로 자생하였다는 '자생설(自生說)' 두가지가 있다. 구천서 『세계의 식생활문화』, 향문사 1994, 44~45면 참고.

23 Robert J. Braidwood, *The Near East and the Foundations for Civilization*, Eugene: Oregon State System of Higher Education 1952.
24 Dorothy A. E. Garrod, *The Natufian Culture*, London: Oxford University Press 1957. 중기 나투프문화 유적에서 출토된 석겸(石鎌, 돌낫)에 관하여 개러드 같은 학자들은 이는 농기구로서 초기 농경을 시사해준다고 주장하지만, 다른 학자들은 여전히 수렵이나 식량채집 시대이기 때문에 농기구가 아니라 야생 식물을 베는 데 쓰인 도구일 것이라고 추정한다.
25 졸저 『문명교류사 연구』, 사계절 2002, 55면 참고.
26 아시아와 아프리카 재배 벼의 기원에 관하여 아프리카의 들벼에서 기원했다는 단원설(單元說)과 각각 서로 다른 들벼에서 기원했다는 다원설(多元說)이 있다. 벼는 경작방법에 따라 밭벼(육도陸稻)와 논벼(수도水稻)로 나누기도 하는데, 육도는 상대적으로 나락이 크고 내한성(耐旱性)이 강하다. 渡部忠世 『稻の道』, 日本放送出版協會 1977, 10~23면; 藤本強, 앞의 책 37면 참고.
27 미국 GX방사선연구소는 한국 '소로리카'의 편년을 1만 3010~1만 4820년 전으로 측정하였다.
28 중국에서는 1970년대에 170만년 전의 위안머우인(元謀人) 유골이 발굴된 윈난성(雲南省) 위안머우현 다둔쯔(大墩子)의 신석기시대의 유적(B.C. 1260±90로 추정)에서 탄화된 메벼(갱도粳稻)와 저장굴이 발견되었다.
29 굽는다는 것은 직접적으로 열을 가하는 것을 말하는데, 돌이나 솥을 달구어놓고 거기에 곡물을 넣는 것이 보통 방법이며, 삶는다는 것은 물을 매개로 한 가열 방법으로서 끓이고 데치며 찌는 방법이 여기에 속한다.
30 서아시아에서는 초기 농경문화인 선토기(先土器) 신석기문화의 두가지 양상인 선토기 신석기문화A(Pre-Pottery Neolithic A, PPNA)와 선토기 신석기문화B(Pre-Pottery Neolithic B, PPNB)가 비록 혼성되어 있지만, 이 둘을 구분하고 있다. 이 두 문화는 다같이 초기 농경문화적 요소를 공유하지만, PPNA는 다분히 초기 신석기문화의 양상을 띠는 데 반해, PPNB는 동물의 가축화나 석기의 기형, 기법의 통일성 등에서 좀더 발달된 신석기문화의 양상을 보인다.
31 동아시아 북부의 일부 초원지대에서는 부분적이기는 하지만 일찍부터 맥류나 조, 기장 같은 밭곡식이 재배됨에 따라 소분식 문화가 나타났으며, 이에 영향을 받아 중국의 화이허(淮河)나 황허(黃河) 유역을 비롯하여 둥베이(東北) 지방, 헤이룽강(黑龍江) 유

역, 연해주(沿海州), 한반도 등지에서도 제분기(공이, 절구, 맷돌)가 제작 사용된 것으로 보인다.

32 도시 관련 용어만 해도 서양에서는 라틴어 키위타스(cívitas)에서 유래된 'city'(영어)나 'cité'(프랑스어)가 통용되고 있으나, 그밖에 외적 방위를 위한 요새로서의 'fort' 'furt' 'burg' 'pur'와 담으로 둘러싸인 취락으로서의 'town', 단순히 장소를 나타내는 'stadt'(독일어) 같은 용어도 있다. 동양어에도 '도시(都市)' '도성(都城)' '도회지(都會地)' '성시(城市)' '진(鎭)' 등 여러가지가 있다. 현대적 의미의 도시의 개념을 정의하면, 도시란 정치적·경제적·사회적 활동의 중심지로서 많은 사람들이 집단적으로 모여 살며 가옥이 밀집되고 교통로가 집중된 곳이다. 이 책에서는 도시 출현의 전제와 관련하여 도시를 '많은 사람들이 모여 사는 곳'이라고 일단 간단히 정의한다.

33 우루크는 이라크의 메소포타미아에 위치한 세계 최고(最古)의 도시로서, 기원전 3000년경에 출현하여 약 4천년간 한곳에서 요지부동으로 존속되어왔다. 1849년부터 발굴되기 시작한 유적에서는 금속 청동기·점토판·회화문자·원통 인장 등과 함께 여러기의 신전(석회석신전石灰石神殿·원주신전圓柱神殿·백색신전白色神殿 등) 유적이 발견되어 초기 도시문명을 입증해준다.

34 중국 허난성(河南省) 옌스현(偃師縣) 얼리터우(二里頭) 유적의 편년은 기원전 1600년경으로 추정되는데, 이 유적은 중국 최초의 청동기 유적으로 하대(夏代) 후기나 상대(商代) 전기에 초기 문명 단계로 발전한 후에 도시가 이루어졌을 가능성을 시사해준다.

35 가치관이란 인간과 사회에 대한 인간의 주관적 요구를 만족시키는 가치를 중심으로 한 관점과 시각으로서, 여기에는 자연관·우주관·철학관·인생관·도덕관 등 다양한 내용이 포괄되어 있다. 이러한 가치관은 본질적으로 인간의 심적 활동에 의해 규제되며, 주로 종교·예술·학문 등 정신문명 영역에서 표출된다.

36 정관(靜觀, 프랑스어와 영어로 contemplation, 독일어로 beschauung)이란 실천적 태도를 버리고 내외의 대상을 조용히 심적(心的, 영적靈的)으로 관찰하는 활동을 말한다. 지관(止觀, 산스크리트어로 śamatha-vipaśyanā, 불교에서는 정혜定慧·숙조寂照·명정明靜)이란 온갖 망념(妄念)을 버리고 맑은 지혜(智慧, 명지明智)로 사물을 관찰하는 것인데, 종교적 명상이나 활동이 이에 해당된다. 관조(觀照, 영어로 enjoyment, 프랑스어로 jouissance, 독일어로 genuss, betrachtung)란 대상을 직감에 의해 구상적(具象的, 구체적인 형상을 갖추고 있는 상태)으로 관찰하는 것인데, 예술적(藝術的, 미적美的) 감상이 이에 속하며, 사유(思惟, 영어로 thinking, 프랑스어로 pensée, 독일어로 Denken)란 경험을 통하여 얻어진 감각과 표상을 마음속에서 구별·결합하여 판단을 내리는 이성의 작용으로서 학문이 그 전형적인 표현이다.

37 田村德治『東洋文化と西洋文化: 新文化への構想』, 同文館 1942, 103~106면.

38 『회남자(淮南子)』「천문편(天文篇)」의 중국 천지창조 신화를 보면, 우주 다음에 생긴 것이 하늘과 땅이고, 인간에게 가장 가까운 물체는 땅이며, 천지만물의 움직임을 기술한 『주역(周易)』도 세계의 중심은 흙이라고 주장한다. 중국인들은 우주의 구성요소를 토(土)·금(金)·목(木)·수(水)·화(火)의 다섯가지로 보는데, 그중 제일 중요한 것은 역

시 흙이다. 그러나 서양의 『구약성서』「창세기(創世記)」나 그리스신화 속의 천지창조 과정을 보면, 천공(天空)은 물에서 갈라져 생겨났고 천지창조의 신은 모두 물 표면을 춤추며 다닌다. 그런가 하면 메소포타미아 사람들은 하늘과 땅을 물 위에 떠 있는 것으로 생각하면서, 최초의 점토판 세계지도를 그렇게 그렸다. 또한 그리스의 첫 철학인 탈레스(Thales)는 물을 우주를 구성하는 기본 물질로 간주하고 다른 구성 물질인 흙이나 공기, 불은 물에서 파생되었다고 믿었다.

39 서양문명의 중추를 이루는 그리스·로마 전통이나 유대교·기독교는 모두가 인간과 자연, 정신과 육체의 분리로부터 출발한다. 서양 종교에서는 한 인간이 자연보다 우월하므로 자연으로부터의 인간의 분리는 당연시된다. 소크라테스나 플라톤, 아리스토텔레스의 고대 철학은 자연으로부터의 인간의 격리나 육체로부터의 정신의 소외(疏外)를 전제로 한다. 근대 철학자 데까르뜨(R. Descartes)의 "나는 생각한다. 고로 나는 존재한다"라는 명제는 이러한 철학 사상에서 비롯된 것이다.

40 음양론(陰陽論)이란 자연 현상이나 인간사회의 현상을 음양의 두 원리로 해석하는 이론이다. 음양은 성질이 서로 반대되는 두 종류의 기(氣)로서, 이것으로 천지만물의 운행을 설명한다.

41 최영진『동양과 서양: 두 세계의 사상·문화적 거리』, 지식산업사 1993, 13~17면.

42 田村德治, 앞의 책 112~14면 참고.

43 직관(直觀, 영어와 프랑스어로는 intuition, 독일어로는 Anschauung)이란 분석·판단·추리 등 사유 작용을 거치지 않고 대상을 직접적으로 파악하는 관점이고, 인식(認識, 영어로 knowledge, 프랑스어로 connaissance, 독일어로 Erkenntnis)은 사유 작용을 거쳐 대상을 파악하는 것을 말한다.

제3장

1 당초(唐初)의 경학가 공영달(孔穎達)은 소(疏, 주해注解)에서 "天下文明者 陽氣在田始生萬物 故天下有文章而光明也"라고 '천하문명'의 뜻을 풀이한다. '文'은 '글월 문'·'꾸밀 문'이란 뜻이, '明'은 '밝을 명'이란 뜻이 있으므로 직역하면 '밝게(빛나게) 꾸미다'가 될 수 있다. 넥서스 사전편찬위원회가 펴낸 『넥서스 실용옥편』(넥서스ACADEMY 2005)은 문명의 뜻을 ① 사람의 지혜가 열리고 정신적 물질적 생활이 풍부해진 상태, ② 문채(文彩)가 있고 빛남이라고 해석하고 있다(564면).

2 문채광명(文彩光明)의 '문채'와 '광명'은 다음과 같은 여러가지 뜻을 갖는다.
    문채: ① 문학적 재능. ② 화려한 색채, 아름다운 모양. ③ (글이나 옷이) 화려하고 아름답다.
    광명: ① 밝다, 환하다. ② (전도가) 유망하다, 밝다. ③ 광명, 어둠 속의 한 줄기 밝은 빛. ④ (성격이) 맑다, 솔직하다.

3 전홍석『문명 담론을 말하다』, 푸른역사 2012, 66면.

4 福澤諭吉『文明論槪略』, 中國語版, 北京編譯社 譯, 北京: 九州出版社 2008, '제3장 문명의 함의를 논함' 51~68면.
5 개화당(開化黨)은 구한말에 정치제도를 혁신하고 사상과 풍속을 개화시켜 자주독립국가를 수립하는 것을 목적으로 하여 1874년에 조직된 당파다. 김옥균·박영효·홍영식·서재필 등이 지도자가 되어 1884년 갑신정변을 일으켜서 민씨 일파의 수구당(守舊黨)을 물리치고 새 정부를 조직하였으나 3일 만에 실패하였다.
6 정용화「1920년대 초 계몽담론의 특성: 문명·문화·개인을 중심으로」, 『동방학지』 133집, 2006, 177면.
7 류준필「'문명'·'문화' 관념의 형성과 '국문학'의 발생: '국문학'이란 이데올로기 서설」, 『민족문학사연구』 18호, 2001, 18면.
8 전홍석, 앞의 책 58면.
9 覃光廣·馮利·陳朴 主編『文化學辭典』, 中央民族學院出版社 1988, 206면.
10 졸저『문명담론과 문명교류』, 살림출판사 2009, 49~50면.
11 같은 책 주 59 참고.
12 『文化學辭典』 206면.
13 '문명발전분기론'은 같은 책 210면 참고.
14 생태학(生態學, ecology)은 생물들 사이, 그리고 생물과 물리적 환경 간의 상호작용을 연구하는 학문으로서 핵심은 생물체와 환경의 관련성이다. 문명생태사관은 이러한 생태학의 이론 모델로 인류의 문명 역사를 해석하고 평가하는 일종의 문명사관이다.
15 '문명생태사관'은『文化學辭典』 211~12면 참고.
16 전홍석, 앞의 책 60면 참고.
17 같은 책 71면.
18 박이문『문명의 위기와 문화의 전환: 생태학적 세계관을 위하여』, 민음사 1996, 16면. 박이문(朴異汶, 1930~2017)은 한국의 자생철학(自生哲學)을 대표하는 세계적 철학자이며 문학가(시인)이다. 프랑스·독일·일본·미국 등지에서 30여년간 지적 탐구와 후학 양성 사업에 힘쓰다가 귀국해 포항공대 철학 교수로 정년퇴직하였다. 그는 지적 투명성과 감성적 열정, 도덕적 진실성을 지닌 이 시대의 참 지성인이다. 박이문은『박이문 인문학 전집』(10권, 미다스북스 2016)을 비롯해 철학과 문명에 관한 다수의 값진 저서들을 남겨놓았다.
19 朱謙之『文化哲學』, 上海: 商務印書館 1935, 55~56면. 주첸즈는 이 책에서 독일식 문명 개념 이론에 바탕해 문화의 정의와 유형, 발전 단계 및 상호 관례에 관해 논급하고 있다.
20 "若按狹義來說 就是單純地以人力增加人類的物質需要或增多衣食住的外表裝飾. 若按廣義解釋 那就不僅在於追求衣食住的享受, 而且要礪智修德, 把人類提高到高尙的境界." 福澤諭吉, 앞의 책 51면.
21 『브리태니커 세계대백과사전 8』, 브리태니커·동아일보 1993, 110면.
22 『교육 세계백과대사전 8』, 교육도서 1988, 24면.
23 김민정·김월희 외『문명 안으로』, 한길사 2011, 28, 111면.

24 "文明是在國家管理下創造出的物質的, 精神的和制度方面的發明創造的總和." (百度百科)
25 졸저 『실크로드 사전』, 창비 2013, 256~57면. 필자도 이 '2대 속성설'을 좇아오다가 이번에 졸저를 집필하는 과정에 학문적인 심사숙고를 거쳐 2대 속성에 '공유성'이란 특성 하나를 더해 문명의 속성을 '3대 속성'으로 정설화(定說化)하였음을 밝히는 바이다.
26 어의적으로 공분모(公分母, 또는 공통분모, 동분모同分母, common denominator)란 여럿 사이에서 가지고 있는 동일한 점, 혹은 둘 이상의 분수 또는 분수식에서 통분(通分)에 의하여 얻어지는 공통의 분모를 말한다.
27 Alfred Louis Kroeber and Clyde Kluckhohn, *Culture: A Critical Review of Concepts and Definitions*, New York: Vintage Books 1952. 영국의 다른 사회인류학자의 조사 결과에 의하면 18세기부터 1952년 사이에 문화에 관해 내려진 정의가 160여가지라고 한다.
28 영국 카디프(Cardiff)대학 철학과 교수 앤드루 에드거와 피터 세즈윅이 엮은 『문화 이론 사전』(박명진·이영욱 외 옮김, 한나래 2012) 176면.
29 『교육 세계백과대사전 8』 59면.
30 『문화 이론 사전』 176면.
31 '술이부작(述而不作)'은 선학들의 지식을 종합해 기술할 뿐, 창의적인 지식이나 이론은 제시하지 못했다는 뜻이다.
32 Edward Burnett Tylor, *Primitive Culture*, London: John Murray 1871.
33 『프랑스大百科全書』 1981년판; 『文化學辭典』 742면에서 재인용.
34 프랑스의 역사학자 페르낭 브로델(Fernand Braudel)은 정치·외교사 중심의 기존 역사학에서 벗어나 사회사, 경제사, 문화사 등 다양한 분야를 아우르는 '전체사'를 지향하는 프랑스 아날학파의 2세대 대표 학자로, 『펠리뻬 2세 시대의 지중해와 지중해세계』 『15~18세기 물질문명·경제·자본주의』 등의 저서가 있다..
35 새뮤얼 헌팅턴 『문명의 충돌』, 이희재 옮김, 김영사 1997, 47, 49면.
36 『萬有大百科事典』, 小學館 1974; 『文化學辭典』 737면에서 재인용.
37 『文化學辭典』 112면.
38 『簡明社會科學辭典』, 上海辭書出版社 1982; 『文化學辭典』 756면에서 재인용.
39 Bertrand Russell, *A History of Western Philosophy*, Simon and Schuster Inc. 1945, 735면.

제4장

1 담론(談論, discourse, 일명 언설言說, statement)이란 현대 프랑스의 대표적 사상가인 미셸 푸꼬(Michel Foucault, 1926~84)의 사상에서 가장 중요한 개념의 하나인데, 글 또는 언어의 연대에 의해 정리된 내용을 포괄하는 일종의 언어 표현을 말한다. 그 어원은 그리스어의 로고스(logos)로서, 직접적이고 직관적인 이야기가 아니라 논리적이고 관념적인 표현이라는 뜻이다. 다분히 현실에 관한 설명의 논리적이고 관념론적인 언어

표현으로서, '이론'이나 '패러다임'과 유사한 표현으로 쓰인다.
2 근대적 문명담론과 현대적 문명담론을 비롯한 문명담론사에 관해서는 졸문 「문명담론과 문명교류」, 『문명갈등시대의 동서사상의 대화 1』, 제17회 한국철학자대회(2004. 10. 29~30) 발표논문집, 2004 참고.
3 황보종우 엮음 『청소년을 위한 세계사 사전』, 청아출판사 2003, 350~51면.
4 원승룡과 김종헌은 공저 『문화 이론과 문화 읽기』(서광사 2001)에서 문화를 '인간의 다양한 삶의 양식을 총괄적으로 표현'하는 것이라고 한 데서(12면) 출발해, 오늘날 '문화의 시대'가 도래하게 된 '배경적 요인'으로 다음과 같은 다섯가지를 들고 있다(11~15면). 즉 ① 정치·경제적 이데올로기 시대의 쇠퇴, ② 20세기의 과학기술문명이 인간을 더욱더 '문화 의존적인' 존재로 만든 것, ③ 문화가 누구나 향유하려는 인간의 기본적 요구로 발전한 것, ④ 대중문화가 문화 연구의 주요 주제로 등장하기 시작한 것, ⑤ 문화의 개방과 교류 등으로 인한 문화 사회의 성립.
5 중국의 천샤오메이는 저서 『옥시덴탈리즘』(정진배·김정아 옮김, 강 2001)에서 사이드의 '오리엔탈리즘'과 대응되는 개념인 '옥시덴탈리즘'으로 서방에 대한 동방(중국)의 사고방식을 피력하고 있다.
6 근대적 문명담론과 현대적 문명담론을 비롯한 문명담론사에 관해서는 앞의 졸문 「문명담론과 문명교류」 참고.
7 돌연변이(突然變異, mutation)란 생물체에서 어버이의 계통에 없는 새로운 형질이 나타나 유전되는 현상을 말하는데, 이러한 현상은 유전자나 염색체의 구조에 변화가 생겨 일어난다.
8 한상복·이문웅·김광억 『문화인류학개론』, 서울대학교출판부 1985, 401~12면 참고.
9 1758년 프랑스 동양학자 드 기네(Joseph de Guignes)는 한자가 이집트 상형문자(象形文字)에 원류를 두고 있으며, 제(齊)나라 때 중국에 온 이집트인들에 의해 창제되었다는 이른바 '한자서래설'을 주장하였다.
10 프랑스 태생의 영국 동양학자 드 라쿠페리(Terrien de Lacouperie)는 저서 『중국문명서방기원설』(Western Origin of the Early Chines Civilisation from 2,300 B.C. to 200 A.D., London: Asher & Co. 1894)에서 중국 고대사에 나오는 전설, 예컨대 황제전설(黃帝傳說)은 메소포타미아의 바빌로니아 고대사에 나오는 전설의 재판(예컨대 발음의 유사성을 들어 황제는 '나훈테Nakhunte', 신농神農은 '사르곤Sargon'이라 함)이라고 하면서, 한족의 조상은 기원전 2300년경에 서아시아에서 신장(新疆)과 간쑤(甘肅) 일대로 이주해 온 바빌로니아의 바크(Bak, 巴克)족이라고 주장한다. 그래서 일명 '바크족 이주설'이라고도 한다.
11 초기 농경문화의 유물인 채도의 최초 발생지는 이라크의 우바이드(B.C. 4250~3750)로 알려지고 있다. 중국정부의 광물지질 조사 고문이던 스웨덴의 안데르손(Johan Gunnar Andersson)은 1921년 허난성(河南省) 멘츠현(澠池縣) 북쪽 6마일 지점에 있는 양사오촌(仰韶村)에서 채도(B.C. 2000~500)를 발견했는데, 편년상의 차이나 문양의 상사성 등을 근거로 이 채도는 서아시아에서 전래된 것이라고 주장하였다. 중국 채도의

기원에 관해 지금까지도 서래설과 자생설이 팽팽히 맞서고 있다.
12 문명이동론에 관해서는 西村眞次『文化移動論』, 李寶瑄 譯, 上海文化出版社 1989 중 '第2章 文化移動線與人種移動線' 참고.
13 영국 런던 태생인 아널드 J. 토인비는 전형적인 지식계급 가문 출신으로 아버지는 사회사업가였고 어머니는 학사 출신의 재원이었다. 토인비는 역사에 관한 자신의 흥미가 매일 밤 어머니에게서 자장가 대신 들은 역사 이야기에서 싹텄다고 했다. 열세살 때 그리스어와 라틴어 교육을 받기 시작한 그는 옥스퍼드대학교 베일리얼칼리지에서 고대사를 전공한 뒤, 영국 고고대학원 연구원, 베일리얼칼리지 특별연구원 겸 지도교수를 거쳐 빠리평화회의 전문위원, 런던대학 비잔틴 및 현대 그리스사 교수, 왕립국제연구소 연구부장, 영국학사원 회원, 외무성 조사부장을 역임하였다. 저서로는 30여년에 걸쳐 완성한 주저『역사의 연구』(12권) 외에『민족과 전쟁』『그리스의 문명과 성격』『그리스의 역사 사상』『중국 여행』『시련에 선 문명』『역사가의 종교관』『동에서 서로』『헬레니즘: 문명의 역사』등 다수가 있다.
14 Arnold J. Toynbee, *A Study of History*, Abridgement of Volumes I-VI/VII-X, by D. C. Somervell, Oxford University Press 1947/1957. 역사서의 고전으로 평가받고 있는 이 명저는 서머벨(D. C. Somervell)이 일반 독자들을 위해 원본의 약 6분의 1로 축약해서 출간한 것으로, 총 13편 44장(제1편 서론과 제13편 결론 포함)으로 구성되어 있다. 토인비는 1927년 모든 사회적 공직을 내려놓은 후 30여년간 이 역작의 연구와 집필에 전념하였다.
15 같은 책 12면 이하.
16 투키디데스(Thukydides, B.C. 460?~400?)는 아테네 태생의 역사가이자 군사가로서, 스파르타와 아테네 간의 펠로폰네소스전쟁에 지휘관(장군)으로 참전하였는데 암피폴리스 방위전에서 패하자 추방되어 20년간 망명생활을 하였다. 이 기간에 수집한 방대한 사료에 근거해 역작『펠로폰네소스 전쟁사』(*History of the Peloponnesian War*, 8권)를 저술함으로써 교훈적 역사가의 시조로 평가받고 있다.
17 박성수『역사학개론』, 삼영사 1977, 118면 참고.

제5장

1 '아시아'라는 단어는 B.C. 1235년 흑해 지방에서 바빌론까지 지배한 히타이트(Hittite) 왕이 에게해 동쪽에 있는 '아쑤바'(Assuva) 부족을 정복한 기록에서 비롯되었다. 아마도 그것을 계승한 그리스인들은 에게해 동쪽에 있는 무한대의 대륙을 '아쓰바'(Aseva/Asva)로 불렀다. 그후 이 명칭은 오랫동안 사라졌다가 근대에 와서 서구인들이 식민지가 된 동방 일반을 지칭하기 위해 재생함으로써 일반 용어로 굳어져버렸다.
2 Xiaomei Chen, *Occidentalism: A Theory of Counter-Discourse in Post-Mao China*, Oxford Uninversity Press 1995; 한국어판은 샤오메이 천『옥시덴탈리즘』, 정진배·김정아 옮김,

강 2001.

3 이언 바루마·아비샤이 마갤릿 『옥시덴탈리즘: 반서양주의의 기원을 찾아서』, 송충기 옮김, 민음사 2007, 6면.

4 새뮤얼 헌팅턴 「들어가며」, 『문명의 충돌』, 이희재 옮김, 김영사 1997. 이 책의 원제는 『문명의 충돌과 세계질서의 재편』(The Clash of Civilizations and the Remaking of World Order, New York: Simon & Schuster 1996)이다. 헌팅턴(Samuel P. Huntington, 1927~2008, 하버드대학 앨버트 J. 웨더헤드 석좌교수, '존 올린 전략문제연구소' 소장, 미국정치학회 회장 역임)은 이 저서에 앞서 1993년 『국제정세』(Foreign Affairs, Vol. 72, No. 3, Summer 1993)지에 「문명의 충돌?」(The Clash of Civilizations?)이란 글을 발표하였다. 한국에서는 이 책의 핵심 내용이 '문명충돌'이라는 점을 감안해 원저의 제목을 『문명의 충돌』로 축약해 출간하였다.

5 헌팅턴, 앞의 책 163~64, 168면.

6 헌팅턴은 이 책이 '사회과학서'가 아니라고 강변하지만, 역설적으로 인문학에서 다루는 주요한 용어의 하나인 '문명'이라는 단어를 뜻도 제대로 모른 채 사회과학(정치학)에서나 쓸 법한 '국제정세'니 '안보전략'이니 하는 등 정치학적 내용이나 의도의 겉 포장지로 억지 대용(貸用)한 것에 불과한 것은 적어도 진실을 탐구하는 학자로서의 실사구시(實事求是)한 태도는 아니다.

7 헌팅턴의 '문명충돌론'을 전면적으로 부정하고 있는 하랄트 뮐러는 저서 『문명의 공존』(Das Zusammenleben der Kulturen, 이영희 옮김, 푸른숲 2000)에서 헌팅턴의 문명 개념 축소에 대해 이렇게 비판하고 있다. 즉 "헌팅턴이 '문명'의 개념을 독일의 전통적인 '문화'의 의미로 사용한 것은 참으로 이상한 현상이다. 그는 문명의 개념을 가치체계, 그것도 종교가 결정적인 척도가 되는 가치체계로 축소시켰다. 이 개념의 축소야말로 그가 왜 아시아, 일본, 서방 국가 간에 존재하는 많은 유사성과 동화 현상을 알아볼 수 없었는지 설명해주는 열쇠이다."(48면)

8 헌팅턴, 앞의 책 180면.

9 '아시아를 벗어나 구라파(歐羅巴, 유럽)에 들어가다'라는 뜻인데, 일본의 개화기에 후꾸자와 유끼찌(福澤諭吉)가 일본이 나아갈 개화의 길로 제시한 사상으로서, 일명 구화주의(歐化主義)라고도 한다.

10 헌팅턴, 앞의 책 49, 74면.

11 같은 책 47, 49면.

12 같은 책 170면.

13 같은 책 85면. 사회심리학에서 말하는 변별이론(辨別理論, distinctiveness theory)이란 특정한 상황하에서 사람들은 타인과 자신을 구별함으로써 스스로를 정의한다고 보는 이론이다. 사람은 자기를 다른 인간들, 특히 자신이 일상적으로 자주 접촉하는 사람들과 구분짓는 특성을 통해서 스스로를 파악한다.

14 같은 곳.

15 같은 책 245면.

16 같은 책 357~61, 283면.
17 하랄트 뮐러 「서문」, 『문명의 공존』, 이영희 옮김, 푸른숲 2000, 8면.
18 하랄트 뮐러는 프랑크푸르트대학에서 독문학과 정치학을 공부하고 1981년 같은 대학에서 정치학박사 학위를 받았다. 1976년부터는 독일의 대표적 국제안보 전문기관인 '헤센 평화 및 갈등연구소'(Das Leibniz-Institut Hessische Stiftung Friedens- und Konfliktforschung, HSFK)에서 근무하다가 1996년부터는 연구소 소장직을 맡고 있다.
19 같은 책 48면.
20 Dieter Senghaas, *Wohin driftet die Welt?: Über die Zukunft friedlicher Koexistenz*, Frankfurt: Suhrkamp Verlag 1994, 20~34면.

제6장

1 문명교류의 개념과 당위성 및 그 전개과정에 관해서는 졸저 『고대문명교류사』, 사계절 2001, 35~39면 참고.
2 비너스는 그리스신화에 나오는 미와 사랑, 풍요의 여신이다. 그리스신화가 널리 알려진 유럽의 일부 국가에서 역사적·문화적 맥락 속에서 여인 나체상을 비너스상이라고 부르는 것은 이해가 되지만, 나머지 지역에서 발굴된 여인상에 '비너스상'이란 이름을 붙이는 것은 유럽중심주의 사고에서 비롯된 것이라는 비판이 제기되고 있다. 『브리태니커 세계대백과사전 9』, 브리태니커·동아일보 1993, 205면.
3 독일 르네상스의 대표적 화가인 크라나흐(Lucas Cranach, 1472~1553)는 1532년에 청아하고 신비로운 감각이 돋보이는 불후의 명화 「비너스」를 창작하였다.
4 護雅夫 編集 『漢とローマ』, 平凡社 1970, 10면, 「舊石器時代ヴィーナス像の分布圖」 참고.
5 환조(丸彫)란 미술에서 물체의 형상을 전부 두드러지게 새기는 조각법의 일종으로서, 비너스상이 선사시대의 이러한 기법의 대표적 예다.
6 藤本強 『東は東, 西は西: 文化の考古學』, 平凡社 1994, 145면.
7 護雅夫 編集, 앞의 책 27면 참고.
8 에가미 나미오(江上波夫, 1906~2002)는 일본의 야마구찌현(山口縣) 출신의 저명한 고고학자로서 토오꾜오대학 명예교수와 고대오리엔트박물관 관장을 역임하였다. 흉노문화와 동서문화교섭사(교류사)를 전공한 그는 일본 학계에서 실크로드와 문명교류사의 터전을 닦아놓은 선학으로서, 이 방면에 관해 '기마민족정복왕조설'(기마민족정복설)을 발표한 것을 비롯해 『일본민족의 기원』『일본에서의 민족 형성과 국가 기원』『에가미 나미오 문화사론집(江上波夫文化史論集)』『기마민족국가(騎馬民族國家)』『학문의 탐험(學問の探險)』『동양학의 계보(東洋學の系譜)』 등 많은 역작을 남겨놓았다. 그는 '고고학은 발로 뛰는 것이 기본'이라는 지론을 내세워 평생 작업복에 등산모 차림으로 고고학 현장을 종횡무진 누볐다.
9 長澤和俊 『동서문화의 교류』, 민병훈 옮김, 민족문화사 1991, 69면 참고. 실크로드와 동

서문명교류사 연구자인 나가사와 카즈또시(長澤和俊)는 이 책에서 동서 문화의 교류는 이미 구석기시대부터 흔적을 남기고 있는데, 그 대표적인 예가 북방 유라시아 각지에서 출토되는 비너스상이라고 지적한다. 그러면서 에가미 나미오의 비너스상 유형화를 긍정하고 있다.

10 일본의 선사고고학자 후지모또 쓰요시(藤本強)는 비너스상의 최초 제작 연대를 후기 구석기시대 전반(前半)으로 추측하면서 이 시대의 전반과 후반에 만들어진 비너스상은 기법에서의 차이(후반은 생략이 많음)는 있지만, 이른바 '구흉출고'(鳩胸出尻, 비둘기 가슴에 돌출한 엉덩이)로 여성의 성적 특성을 강조하여 표현한 것은 공통적이라고 지적한다. 藤本強, 앞의 책 145면.

11 M. C. Burkitt, "Some Reflections on the Aurignacian Culture and its Female Statuettes," *Eurasia Septentrionalis Antiqua*, Vol. IX, 1934.

12 A. Okradnikob, 「沿バイカル地方の新石器時代および青銅器時代」(日本語 譯文), 『MNA』 No. 43, 1955.

13 중간혼재형(中間混在型)이란 형태상 비만하지도 않고 여위지도 않은 체형을 말하는데, 동유럽 지대에서 발견된 비너스상 대부분이 이러한 유형에 속하며, 따라서 문명교류의 시각에서 가늠할 때 이러한 형의 비너스가 동서로 전파된 것이자 비너스상의 기본형으로서 동유럽 지대가 바로 비너스상의 기원이라는 추론에 이르게 되는 것이다.

14 홍산문화(紅山文化)란 기원전 6000년에서 기원전 800년 사이 중국 네이멍구자치구(內蒙古自治區) 츠펑시(赤峰市)의 홍산을 중심으로 한 랴오시(遼西) 지역에서 생성된 신석기시대 위주의 문화집합체를 말한다. 홍산문화의 외연성(外延性)과 관련해 특기할 사항은 비너스상의 발견이다. 그리고 이 문화를 창조한 주역은 중원문화(中原文化)를 창조한 화하족(華夏族)이 아니라 우리와 족계(族系)를 같이 한 동이족(東夷族)이다. 이러한 근원에서 홍산문화와 한민족문화의 상관성을 찾게 된다.

15 張廣達·王小甫 『天涯若比隣: 中外文化交流史略』, 香港: 中華書局 1988, 1~2면.

16 원조(圓雕, 이명 입체조立體雕) 기법이란 조각 기법의 하나로, 작품의 감상자가 각이한 각도에서 물체의 각 측면을 볼 수 있도록 조각품의 전후와 좌우, 상·중·하를 전방위적으로 조각하는 기법을 말한다.

17 張之恒 『中國新石器時代文化』, 南京大學出版社 1988, 300~10면 참고.

18 대표적인 '중국문화서래설'(혹은 '중국문화서방기원설')로는 18세기 프랑스 드 기네(Joseph de Guignes)의 한자의 이집트 상형문자 기원설와 19세기 영국의 드 라쿠페리(Terrien de Lacouperie)의 '중국문명바빌로니아설'(일명 '바크Bak족 이주설'), 20세기 스웨덴 안데르손(J. G. Andersson)의 '채도문화서래설' 등을 들 수 있다. 張廣達·王小甫, 앞의 책 2~6면.

19 미국의 인류학자 루이스 헨리 모건(Lewis Henry Morgan, 1818~81)은 저서 『고대사회』(*Ancient Society*, Chicago: C. H. Kerr & Company 1877)에서 "인류는 같은 뿌리에서 출현하여 동일한 발전 단계에 이르러서는 유사한 수요가 생겨나고, 또 유사한 사회환경에서는 동일한 심리작용을 한다"는 이른바 '공통심리설'을 주장하였다.

20 西村眞次 『文化移動論』, 李寶瑄 譯, 上海文化出版社 1989, 52~53면.
21 비너스상의 출토와 의의, 소재와 유형, 기원과 교류, 그 동점에 관해서는 앞의 졸저 49~68면 참고.
22 몽골군의 3차에 걸친 서정(1219~60)과 그것이 동서 문명교류에 미친 영향에 관해서 졸저 『실크로드학』, 창작과비평사 2001, 94~100면 참고.
23 동양 3국은 근대화와 서구에 대한 대응을 위한 방편으로서 공히 서학을 수용했지만, 그 수용 태도라든가 서학이 미친 영향 면에서는 서로 다르다. 중국은 중국 학문을 바탕으로 하여 서구 학문을 받아들인다는 '중체서용(中體西用)'을, 한국은 한국의 전통적인 제도와 사상은 지키면서 근대 서구의 과학기술을 받아들인다는 '동도서기(東道西器)'를, 일본은 일본의 정신 위에 서구의 유용한 것을 가져와 사용한다는 '화혼양재(和魂洋才)'를 수용책으로 택하였다.

제7장

1 경략(經略)이란 타지(他地, 국가나 지역)를 공략해 지배를 강요하는 행위를 말한다. 일반적으로 경략은 공략(攻略)에 의한 지배 행위이기 때문에 경략에서의 기본은 정치적 공략이다. 따라서 경략은 정치사적 배경으로서 문명교류에 상당한 영향을 미친다. 경략은 경략자와 피경략자 간의 역량관계나 경략의 목적, 그리고 시대 상황에 따라 여러가지 형태를 취한다. 그러나 그 기본 형태는 속령화(屬領化) 경략과 식민지화 경략 두 가지다.
2 속령(屬領)은 특정 국가의 주권이 미치는 지역(국가)이기 때문에 사실상 그 국가의 해외영토이며, 국제법적 지위상 본토에서 연장된 영토로 간주된다. 일반적으로 속령은 본토와 분리된 별도의 정치제도를 갖고 있으며, 그 형태도 다양하다.
3 숙위(宿衛)란 궁궐에서 군주를 호위하며 지키는 제도나 지키는 사람을 가리키는 말이다. 그러나 중국 당대에는 보통 궁궐에서 황제를 호위하는, 주변 여러 나라(신라 포함)에서 인질로 온 왕자들을 지칭하였다.
4 기미(羈縻)정책이란 굴레를 씌워 말을 다루듯 책봉(冊封)이나 숙위(宿衛), 조공(朝貢) 같은 수단으로 속국을 견제하고 복속시키는 종주국의 일종의 속령화(屬領化) 경략 정책이다. 당대(唐代) 중국의 서역에 대한 기미정책이 그 대표적인 일례다.
5 이 대목에서 유의할 점은 서방과 동방·아프리카·라틴아메리카 간의 경략 관계에서 서방에 대한 동방의 경략은 속령화에 그치고 식민지화는 부재한 반면, 서방과 아프리카나 라틴아메리카 간에는 오로지 일방적인 식민지화 경략 관계만이 있었다는 사실(史實)이다.
6 '킬라파'(al-Khilāfah)는 이슬람국가에서 전통적으로 시행하고 있는 계위제(繼位制)를 말하며, '칼리파'(al-Khalīfah)는 계위자(繼位者)를 뜻한다.
7 수피즘(Sufism, al-Tasauuf)은 이슬람 신비주의로서 이슬람의 독특한 신학인 동시에 종

교사회운동이기도 하다. 수피즘은 한마디로 인간이 신비의 체험을 통해 '신과의 합일(合一)'에 도달할 수 있다는 신념이다. 지나치게 경외심(敬畏心)만을 강조하는 전통 신관(神觀)에서 벗어나 신(알라)과 좀더 가까이하면서 궁극적으로는 신과 함께하는 영원으로 가려는 욕망을 반영하여 8세기경부터 나타났다.

8 서역(西域)이란 개념은 역사적으로 부단히 변화 확대되어 협의(狹義)와 광의(廣義)의 이중적 의미를 갖고 있다. 협의의 서역은 한대의 서역을 말하는데, 그 포괄 범위는 대체로 오늘날의 중국 신장성(新疆省) 타림 분지(동투르키스탄)에 해당된다. 이 지역에 전한대에는 36개국이, 후한대 초에는 55개국이 분립되어 있었다. 이에 비해 광의의 서역은 한대 이후 범위가 크게 확대된 당대의 서역을 말하는데, 범위는 파미르고원 서쪽의 중앙아시아(서투르키스탄)뿐만 아니라, 멀리 인도와 페르시아, 아랍(대식大食)까지를 망라한다.

9 책봉제(冊封制)는 한나라 이래 중국의 이민족 국가에 대한 지배방식의 하나로, 중국 황제가 경략한 이민족 국가의 군장(君長)에게 특정한 관작(官爵)과 이에 상응하는 물품을 하사함으로써 그의 자격과 지위를 인정하여 신하로 복속시키는 제도이다. 즉, 책봉은 중국이 주변 제국의 군장들에게 각각의 세력권에 대한 통치를 위임함으로써 그를 대표로 하는 외이(外夷) 집단을 간접적으로 지배하는 제도적 장치다. 그러므로 책봉제는 중화주의적 세계질서를 규정하는 제도적 양식이다.

10 당초 무슬림들은 순수한 지리적 개념에서 이베리아반도를 안달루스(al-Andalus)라고 지칭했으나, 이슬람제국에 의한 경략이 점차 정착되면서부터는 반도 내에 있는 이슬람제국의 피경략지를 일괄해 안달루스라고 통칭하였다. 따라서 약 8세기 동안 안달루스는 이슬람세계의 한 구성부분으로 간주되었다. 안달루스란 아랍어 명칭은 반달족 국가였던 반달리시아(Vandalicia)에 어원을 두고 있으며, 오늘날 스페인의 안달루시아(Andalucia)란 지명도 아랍어 명칭에서 유래되었다.

11 중세 이슬람 치하의 이베리아반도에 살면서 이슬람교로 개종한 기독교인이나 토착민들을 가리키는 말이다. 이들 기독교인들의 창조한 건축양식을 '모사랍'(mozárab)이라고 부른다.

12 말리키야파(일명 메디나파)는 8~9세기 정통 이슬람사회에서 출현한 4대 법학파(하나피야파, 말리키야파, 샤피이야파, 한발리야파)의 하나로, 창시자는 이슬람공동체의 발원지인 메디나 출신의 이맘 말리크(Imām Malik)다. 이 법학파는 메디나의 정통과 구전(口傳)되어오는 준경전격인 『하디쓰』(Hadith, 이슬람교 교조 무함마드Muhammad의 언행록言行錄)에 준하여 법이론을 세우고 발전시켜왔다. 오늘날의 분포 상황을 보면 모로코와 알제리, 뛰니지 등 북아프리카와 스페인·상(上)이집트·수단·쿠웨이트·바레인 등의 지역에서 우세하다.

13 '고아인'이란 뽀르뚜갈인들이 인도 고아에서 식민지화 경략을 실현하기 위해 만들어낸 변태적 인종정책의 산물로서, 근본 혈통은 인도인이나 혼혈인이면서 종교는 가톨릭이고 사고는 서구적인 사람들을 범칭한다.

14 아메리고 베스뿌치(Amerigo Vespucci, 1454~1512)는 이딸리아 피렌쩨(Firenze) 출신

의 항해가로서 1497~1504년에 세차례나 콜럼버스가 '발견'한 중남미 일원을 탐험하면서 이곳이 유럽인에게는 미지의 '신세계'(the New World)라는 견해를 발표했다. 그러자 사람들이 이 '신대륙'을 그의 이름 '아메리고'를 따서 '아메리카'(America)라고 부르기 시작했다. 그후 독일의 지리학자 발트제뮐러(Martin Waldseemüller)가 1507년에 간행한 세계지도에 유럽과 아시아 사이에 기다란 육지를 하나 그려넣고 이를 '아메리카'라고 명기하면서부터 오늘에 이르기까지 그 명칭이 그대로 사용되고 있다.

15 바스꼬 발보아(Vasco N. Balboa, 1475~1519)는 유럽인 최초로 태평양을 발견한 스페인 출신의 탐험가이자 식민지 통치자로서 1512년에 파나마의 다리엔 총독에 부임하였다. 그는 1513년에 파나마 지협(地峽)을 횡단해 처음으로 싼미겔만(灣)에서 태평양을 봤다고 전한다. 하지만 당시는 눈앞에 펼쳐진 이 드넓은 바다가 태평양이라는 사실은 알지 못했다.

16 마야문명(Mayan civilization)은 라틴아메리카(중남미)의 멕시코 남부와 과떼말라·온두라스·엘쌀바도르 일부를 아우르는 지역에서 마야인(인디언)들에 의해 창조된 고대문명으로서, 그 독특한 공통적 요소로 인해 하나의 문명권을 이루고 있다. 마야문명은 전고전기(前古典期) 중기(B.C. 1000~400)에 발원해서 전고전기 후기(B.C. 400~A.D. 250)와 고전기(250~900)를 거쳐 후(後)고전기(900~16세기)까지 약 1900~2500년간 존재한, 라틴아메리카에서는 가장 유구하고 발달한 문명이다. 마야인들은 정연한 문자체계와 역법, 영(零)의 개념을 도입한 산술, 태양과 달, 금성을 육안으로 정밀하게 관찰한 천문학을 발전시켰고, 신석기시대의 예리한 석기로 도시와 거대한 신전·피라미드·석비를 세웠으며, 관개농경과 화전농경, 다랑이논 경영 등 집약농경도 알고 있었다. 오늘날까지도 일찍이 마야문명이 발달했던 광범위한 지역에서 800만명 이상의 마야인 후예들이 약 300종의 마야어를 고수하면서 찬란했던 마야문명의 전통을 이어가고 있다.

17 13세기 잉까제국에서 번성한 잉까문명(Inca civilization, 1200년경~1533)은 차빈(Chavín)문명(B.C. 1000~A.D. 200) 등 선대의 여러 문명을 계승 발전시킨 복합문명으로 마야문명과 더불어 라틴아메리카 인디오문명의 2대 산맥을 이루었다. 그만큼 잉까문명은 찬란한 문화유산들을 많이 남겨놓았다. 세계 불가사의 중 하나인 마추삑추(Machu Picchu)를 비롯해 꾸스꼬의 태양신전 꼬리깐차(Coricancha, Qorikancha)와 방어요새 싹사이와망(Saksaywaman), 모라이(Moray) 다랑이밭, 찬란한 황금문화, 각종 토기와 미라, 결승(結繩)문자 등은 그 대표적인 문명유산들이다. 제국은 수도 꾸스꼬를 중심으로 동서남북에 각각 제국(Suyu) 하나씩을 두고 왕을 정점으로 하는 중앙집권적 신정(神政)체제를 세웠다. 제국은 10대 왕 때부터 내란이 일어나기 시작했고, 12대에 가서는 왕 형제들 간의 내홍까지 겹쳐 사양길에 접어들었다. 급기야 1533년 삐사로(Francisco Pizarro)가 이끄는 160명의 스페인 침략군에게 패망하고 말았으며, 잉까문명은 여지없이 유린당하여 그 면모를 잃어갔다.

18 황보종우 엮음 『청소년을 위한 세계사 사전』, 청아출판사 2003, 663면.

19 헬레니즘(Hellenism)에 관해 『서양문화지식사전』(이재호·김원중 엮음, 현암사 2009)은 "'그리스 정신' 혹은 '그리스 문화'"(557면)란 뜻이라고 하며, 앞의 『청소년을 위한

『세계사 사전』에서는 "그리스적이라는 의미이며 세계사 구분의 하나이다. 그리스 문화와 정신 및 그러한 경향의 보편적 확산을 뜻하며 헤브라이즘과 함께 서양문명의 2대 조류로 불린다"(663면)고 설명한다.

20 아랍어 단어 '칼리파'(al-Khalīfah)는 동사 'khalafa'(계승하다, 계위하다, 대체하다, 3인칭 단수, 과거사)에서 파생한 명사로 '계승자' '계위자'란 뜻인데, 원래는 이슬람교의 창시자이자 이슬람공동체(움마al-Ummah)의 수반이던 무함마드 사후 그의 계위자에 대한 지칭이었다. 무함마드의 계위자는 초대 계위자 아부 바크르(Abū Bakr)를 비롯해 네명이었다. 그리하여 이 네명의 통치 시대를 이슬람사에서는 정통 칼리파(Asr al-Khulafā, Khulafā는 칼리파의 복수) 시대(632~661)라고 한다. 한편, 동사 'khalafa'의 어근인 'khilāfah'는 칼리파 제도(계위제도)란 뜻이다.

21 이슬람문명이란 이슬람교를 근간으로 한 범세계적 성장·생존 문명을 말하는데, 그 특색은 이슬람교라는 특정 종교에 바탕을 둔 다원적이고 융합적인 문명으로서 동양과 서양의 문명을 이어준 가교 역할을 한 점이다.

22 이슬람세계(이슬람문명권)는 1400여년간 이슬람문명을 공동으로 창조하고 향유하는 범지구적 문명공동체로서 주민의 과반수가 무슬림인 나라들(57개)이 망라되어 있는데, 그 특징은 이슬람 고유의 종교적·정치적·사회적·문화적 양상을 많이 지니고 있으며, 지정학적으로 서로 연결되어 집중성을 띠고 있는 것이다.

23 지하드(jihād)는 '정신적·육체적으로 최선을 다해 노력함'이란 뜻이며, 그 뜻이 종교적으로 승화되어 '신의 길, 즉 이슬람을 위한 길에서 헌신적으로 노력함'이란 함의를 갖는다. 따라서 지하드는 자신을 순화하기 위한 개인적 신앙 차원의 노력(대지하드)과 이슬람 영역의 확대와 방어를 위한 집단적 공헌 차원의 노력(소지하드)이라는 이중적 내용을 지니고 있다. 이렇게 대지하드는 내면적이고 평화적인 성격을 띠고 있지만 소지하드는 외향적이고 전투적인 양상을 보이는데, 소지하드만 확대 과장되어 지하드는 마치 그것뿐인 양 비쳐지고, 그것이 서구식 성전(聖戰, holy war) 개념으로 왜곡되어 지하드가 마치 이슬람 고유의 '호전성'의 대명사인 양 호도되고 있다.

24 이슬람교의 관용성은 그 기본 신조인 6신(信) 중 셋째와 넷째에서 다른 모든 종교의 경전들과 예언자(창시자)들을 신봉하고 경배하도록 하는 등 타 종교에 대한 관용성을 보여주는 한편, 여비나 건강이 허락하지 않으면 성지순례 의무를 포기해도 되고, 허약자나 산모, 여행자는 금식을 하지 않아도 무방하며, 먹을 것이 없을 때는 평소 금기시되는 돼지고기가 허용되는(필요가 금기에 우선한다는 이슬람교 특유의 가변법리可變法理) 등 종교의무의 수행이란 측면에서 융통성을 띠는 데서 나타나고 있다.

25 유라시아의 동서남북에 산재한 4대 칸국의 지리적 위치를 보면, 오고타이 칸국은 알타이산맥 일대에, 차가타이 칸국은 중가리아 분지와 타림 분지 및 아무다리야강 동쪽 지역에, 킵차크 칸국은 동유럽 지역에, 일 칸국은 페르시아와 소아시아 일대에 각각 자리하였다.

26 육참은 주로 축력을 이용하였는데, 축력에 따라 마참(馬站), 우참(牛站), 당나귀를 이용한 여참(驢站), 노새를 이용한 나참(騾站), 양참(羊站), 구참(狗站) 등으로 구분하였

다. 그밖에 인력으로 전달하는 역참에는 걸어가는 보참(步站)과 가마를 이용한 교참(轎站) 등이 있었다.
27 문서 전달자는 낮에는 허리띠에 매단 방울을 울리고 밤에는 횃불을 들어 전달자임을 알린다. 1주야에 400리를 주파하기로 되어 있었다.
28 해청(海靑)은 매과에 속하는 사냥용 새이다. 몽골군이 서정(西征)을 할 때 해청 무늬가 새겨진 해청패(海靑牌)가 금패나 은패와 더불어 역참 이용 허가증으로 사용되었다.
29 김석동 「칭기즈칸 탄생지서 '대몽골제국 서막'을 떠올리다」, 『서울경제』 2019. 1. 8. 이 글에서 필자는 다음과 같이 언급하고 있다. 즉, "몽골족에서 칭기즈칸이란 영걸이 나타나 몽골 초원을 통일하고 1206년 대몽골국을 세웠다. 몽골은 금나라·호라즘·탕구트를 정복하고 13세기에는 태평양 연안에서 동유럽까지, 시베리아에서 페르시아만까지를 정복·통치하는 역사상 세계 최대의 제국을 건설해 '팍스 몽골리카'를 실현했다."
30 플랑드르(Flandre)는 프랑스 북부와 벨기에 서부의 접경지역으로서 비옥한 땅과 풍부한 생산물로 '경제선진지역'으로 알려져왔다. 그러나 14세기에 이르러 '과도적 난세'의 영향으로 경작물을 비롯한 농업생산이 감소하고 각종 사회적 악폐가 만연하여 척박한 지역으로 변모되었다. 그리하여 1323~28년에 이곳에서 대규모의 농민반란이 일어났다.
31 아고라(agora)는 고대 도시국가인 폴리스(polis)에 조성된 광장으로서 그리스인들은 이곳에서 민회(民會)와 재판, 교역, 사교 등 다양한 활동을 하였다. 원래 '아고라'라는 말은 '시장에 나오다' '사다' 등의 뜻을 가진 '아고라조'(agorazo)에서 파생되었는데, '시장'의 의미로 쓰여왔다. 그렇지만 아고라가 시장의 기능을 할 뿐만 아니라, 정치·경제·사회·문화 등 시민들의 일상생활에서 중심이 되면서 '사람이 모이는 곳'이나 '사람들의 모임' 자체를 뜻하였다. 그리스 도시국가에서 아크로폴리스(acropolis)가 정치와 종교의 중심지였다면, 아고라는 일상적 활동이 진행되는 시민생활의 중심지였다.
32 포럼(forum)은 원래 고대 로마시대의 공공집회 광장을 말하는데, 그 어원은 2700여년 전의 로마제국 초기에 정치와 종교의 중심지였던 '포로 로마노'(이딸리아어 Foro Romano, 라틴어로는 포룸 로마눔Forum Romanum)이다.
33 쿠릴타이(Khuriltai, 홀리륵태忽里勒台 혹은 홀린탑忽鄰塔)은 몽골제국 때 칸(황제)의 명에 의해 개최되던 정책 결정 기관이자 회의이다. 그 어원은 몽골어 동사 'quri/Khuri'로, 쿠릴타이는 여기에 접미사 'ltai'가 붙어 생긴 명사형으로서 '모임'이라는 뜻이다. 새로운 칸을 선발하거나 국법을 개정하는 일, 주변 국가에 대한 침공 계획을 수립하는 일 등 중대한 국가적 사안은 거개가 쿠릴타이에 의해 결정된다. 유목제국의 지리상의 특성으로 인해 멀리 산재(散在)한 부족장들을 한곳에 집합시킨다는 것은 물리적으로 어려운 일이기 때문에 한 칸의 재위 기간에 겨우 두세번 개최되는 것이 상례(常例)다. 그리하여 대개 5~6년에 한번씩 칸의 행궁(行宮) 근처 목초지에서 거행되며, 행사가 끝나면 약 한주 동안 토이(toi)라고 하는 축제가 열린다. 오고타이 칸의 죽음으로 인해 유럽 정복이 중단된 사례에서 보다시피, 쿠릴타이, 특히 칸의 후계자 선출을 위한 쿠릴타이가 시작되면 모든 공식 행사는 중단된다. 특기할 사항은 몽골에 복속된 시기의 고려

왕들도 칸의 사위 자격으로 쿠릴타이에 참석했으며, 흉노와 선비, 오환, 거란 등에도 이런 행사가 있었고, 지금까지도 유럽의 헝가리에서는 전통을 보전한다는 차원에서 쿠릴타이가 주기적으로 열리고 있다는 사실이다.

34 예케 자사크(Yeke Jasak, 몽골어로 'yeke'는 '큰' '대大', 'jasak'는 '법' '법령'이라는 뜻)는 몽골제국이 근간을 다진 후 최초로 성문화한 대법령으로 모두 36개 조항으로 구성되었다. 칭기즈칸의 철학서라고 할 수 있는 이 대법령은 몽골 대제국을 이끌어갈 이념과 기본 원칙을 구체적으로 성문화한 법전이다.

35 함무라비 법전(Code of Hammurabi)은 기원전 1792년부터 1750년 사이 바빌로니아를 통치한 함무라비(Hammurabi) 왕이 제정한 고대 바빌로니아의 법전으로 아카드어 설형(楔形)문자로 쓰여 있다. 1901년 프랑스와 이란의 합동발굴팀이 옛 페르시아의 수도 수사(Susa)에서 발굴했는데, 높이 2.25m의 검은 현무암 돌기둥으로 윗부분은 부조가 새겨져 있고, 아랫부분에 법문이 새겨져 있다. 법전은 서문과 본문 282개 조항, 결어로 구성되어 있다. 내용의 절반은 교역을 비롯한 경제활동에 관한 규정이다.

36 스키타이(Scythai)는 기원전 8세기부터 기원전 3세기 사이에 남러시아 초원지대를 본거지로 하여 활동한 이란계 유목민이다. 기원전 7세기 전반에 인도·유럽 계통의 강대한 유목민인 킴메르(Cimmer)를 고향에서 축출하고 메소포타미아에 침입하여 이집트까지 위협하였다. 강력한 기동력을 보유한 스키타이는 흑해 연안의 그리스 식민지 도시들과 교역을 하는 한편, 우랄산맥을 넘어 멀리 알타이 지방까지 진출하는 동방 원거리 교역에도 종사하였다.

37 이세트네스가 어디인지에 관한 비정(比定) 문제는 아직껏 수수께끼인데, 일부에서는 중국의 티베트 지방이라고 주장하기도 하지만 확실치 않다.

38 인도에서는 해마다 6월 말부터 9월까지 서남계절풍(히팔루스 계절풍)이 부는데, 홍해 입구에서 이 계절풍을 이용해 인도 서해안에 직항할 수 있다. 이 계절풍을 이용함으로써 로마 상인들은 더이상 적대관계에 있는 파르티아(Parthia, 안식국安息國, 고대 이란 왕국)의 영내를 통과하지 않고 해로로 직접 인도양을 횡단해 인도의 서해안 일원에 도착해 교역을 진행할 수 있었다.

39 『에리트레아 항해지』(Periplus Maris Erythraei)에 의하면 로마가 인도에 수출하는 물품은 유리기구·은제 용기·화폐·황옥(黃玉)·산호·안식향(安息香)·유향(乳香)·직물·포도주·동·주석·향유·의상 등이고, 인도로부터 수입하는 물품은 각종 향료·상아·마노(瑪瑙)·목면·생사·후추·육계(肉桂), 그리고 중국산 견직물·모피·면포 등이었다. 이 책에는 현 스리랑카로부터 미얀마와 말레이반도를 지나 데이나(진니秦尼), 즉 중국까지 이어지는 항로가 제시되어 있다. 이 안내서는 실크로드 해로와 해상교역에 관한 최초의 서방 기록으로, 기원 전후의 동서교류를 연구하는 데 대단히 중요한 문헌으로 평가받고 있다.

40 독일의 지리학자 리히트호펜(F. von Richthofen, 1833~1905)은 저서 『중국』(China, 전 5권, 1877~1912)의 제1권 후반부에서 동서교류사를 개괄하면서 중국 중원에서 중앙아시아의 트란스옥시아나(Transoxiana)를 거쳐 서북 인도로 수출된 주요 물품이 중국의

비단이었던 사실을 감안해 이 교역로를 독일어로 '자이덴슈트라센'(Seidenstrassen, 비단길Silk Road)이라고 명명했다.

41 로마의 아우구스투스 황제가 확립한 화폐 체계는 금화(아우레우스áurĕus)와 은화(데나리우스denarius), 동화(세스테르티우스sestértĭus, 두폰디우스dupóndĭus, 아스as)의 3개 단위로 되어 있는데, 동화만은 3개 소단위로 세분되었다. 그러면서 은화를 기준으로 하여 교환가치를 정하고 있는데, 동화인 세스테르티우스 4개, 두폰디우스 8개, 아스 16개가 은화 1개의 가치와, 그리고 은화 25개가 금화 1개의 가치와 맞먹는다. 성경에 나오다시피 은화 1개는 노동자의 하루 일당의 가치다.

42 중국 후한(後漢) 화제(和帝) 때 서역도호(西域都護) 반초(班超)는 대진(大秦, 로마)과의 통교를 탐색하며 교역으로 '10배의 이익'을 얻고 한의 위세를 서방에 알리기 위해 감영(甘英)을 대진에 파견하였다. 이것이 이른바 '감영의 대진 사행(使行)'(97~99)이다. 감영은 조지(條支, 현 시리아)의 대해(大海, 현 지중해)에 이르러 도해하려고 했으나 현지인들의 협박으로 도해를 포기하고 귀국했다. 감영은 중국 사상 최초로 지중해 동안까지 진출해 오아시스 육로의 서단(西端)에 관한 기록을 남겼다.

43 전한(前漢) 무제(武帝) 때 낭관(郎官) 장건(張騫, B.C. 167?~114)은 서천(西遷)한 대하(大夏, 박트리아) 및 오손(烏孫)과 연합해 동서로 흉노(匈奴)를 협공하라는 사명을 띠고 이 두곳에 파견되었다. 이것이 일명 '서역착공(西域鑿空)'이라고 일컬어지는 장건의 2차에 걸친 서역 사행(B.C. 138~115)이다. 비록 사행 목적은 이루지 못했지만, 그로 인해 사상 최초로 장안(長安)에서 파미르고원 서쪽까지 오아시스로가 개척되고, 서역에 관한 지식과 정보가 알려졌으며, 포도·석류(石榴)·호두(胡桃)·호두(胡豆)·목숙(苜蓿, 말의 사료) 등 서역 문물이 중국에 유입되고, 그것이 다시 한국에까지 전해지는 등 동서교류사에는 물론이고 문명교류의 경제사적 배경으로서도 특별한 의미를 지닌다.

44 기원 초 전·후한 교체기의 혼란한 정세를 틈타 이루어진 흉노의 막후 책동에 의해 서역 제국이 줄지어 한조를 배반함으로써 약 100년 동안 서역과 한조 간의 관계는 '삼절삼통(三絶三通)', 즉 세번 단절되었다가 세번 재개되는 우여곡절을 겪게 되었다. 한나라는 이러한 난국을 타개하기 위해 가사마(假司馬) 반초를 서역에 파견하였다(73). 반초는 약 30년 동안 서역 현지에 체류하면서 화전(和戰) 양면의 전략전술로 50여개국을 공략해 한에 다시 복속시키고, 도호부(都護府)를 재건했으며, 장건에 의해 개척된 오아시스 육로가 다시 개통되었다. 뿐만 아니라 그는 한의 위세를 만방에 과시하기 위해 감영(甘英)을 대진(로마)에 파견하기도 하였다(이 장 주 42 참고). 반초의 성공적인 서역 경략 활동에 의해 서역과의 교통로가 개통됨으로써 동서교류의 가교가 놓이게 되고, 오아시스 육로를 통한 동서 간의 문물교류가 본격적으로 시작되었다.

45 노인울라(Noin Ula) 고분군의 피장자(被葬者)는 흉노의 왕후와 귀족들로 추정되며, 조성 시기는 기원전 1세기부터 기원후 1세기까지의 흉노 중흥기에 해당된다. 고분군은 1924년 소련의 몽골·티베트 탐험대에 의해 정식 발굴되었다. 유적에서 한국의 전통 복식과 동형(同型)인 카프탄형(Kaftan, 전개형前開型) 복식 유물이 출토되어 그 상관성

에 대한 해석이 주목받고 있다.
46 베르베르인(Berber)은 북아프리카의 원주민으로, 지중해 연안과 사하라 사막에 분포되어 살면서 아프로·아시아어족에 속하는 베르베르어를 사용하는 인종에 대한 총칭이다. 베르베르의 어원은 라틴어의 '바르바르스'(Barbars)인데, 로마세계 밖에 사는 문명화되지 않은 미개한 사람을 가리킨다. 그러나 베르베르인은 자신들을 '이마지겐'(Imajighen), 즉 '고귀한 출신의 사람'이라고 자칭한다. 이렇게 '바르바르스'는 '이마지겐'에 대한 왜곡이고 비하이다. 약 5만여년의 유구한 역사를 가진 푸른색 눈의 이마지겐은 북아프리카 3개국(모로코·알제리·뛰니지) 인구의 평균 17%를 차지하는데, 총인구는 1800여만명으로 추산된다. 베르베르인들의 역사와 문화, 생활에 관해서는 졸저 『문명의 요람 아프리카를 가다 1』, 창비 2018, 400~404면 참고.
47 퇴레(Töre)는 법질서와 도덕적 규범의 엄수를 강조하는 튀르크족 유목사회의 전통적 관습이다. 튀르크족은 유목사회의 분산성을 극복하고 민족적 동질성이나 연대성을 유지하기 위하여 구성원들에게 공중도덕과 규범을 엄수할 것을 요구한다.
48 흉노의 거족적 서천(西遷)과 훈족의 활동에 관해서는 졸저 『실크로드 사전』, 창비 2013, 956~77면 참고.
49 외국국적 소지자는 화교가 될 수 없다. 진(秦)·한(漢) 시대부터 한인들의 해외 이주에 관한 기록은 있으나, 그때까지 명칭은 없었다. 당대에 와서 한인들의 해외 이주가 가시화되면서 사실상 중국 화교사(史)는 시작되었다. 당(唐)·송(宋)대에 이르러 교통이 발달하고 대외 교역이 확대됨에 따라 해외 거주자가 급증하였다. 현지 거주국 사람들은 그들을 '화인(華人)'이라 불렀으며, 한인들도 자신들을 그렇게 불렀다. 명(明)·청(淸)시대에는 대체로 이렇게 칭했으나 일부에서는 '화인(和人)'이나 '중화인(中和人)'이라고도 불렀다. 그러나 청말(淸末)에는 또 '화민(華民)' '화공(華工)' '화상(華商)' '화인(華人)'이라고 달리 불렀다. '화교(華僑)'란 단어는 청나라 계몽사상가 정관응(鄭觀應)이 1883년 이홍장(李鴻章)에게 올린 상소문에서 초견된다.
50 고고학적 발굴에 의하면, 말은 기원전 2000년경부터 차량을 끄는 축력으로 이용되었고, 기원전 1500년경에 사람들이 타고 다니기 시작했다. 그러다가 기원전 1000년을 전후하여 전마(戰馬)로 각광을 받아 여러가지 기마전술이 개발되고 마구(馬具)가 제작되었다. 말의 기원과 동전(東傳) 및 용도 등에 관해서는 졸저 『실크로드 사전』 217~19면 참고.
51 중국 허난성(河南省) 안양현(安陽縣) 샤오툰(小屯)에 있는 고대 상나라 수도 중 하나였던 은허 유적(B.C. 1600~1046)으로서 1899년부터 여러차례 발굴된 결과 갑골문과 청동기·상아·토기·이륜차 등의 유물이 다량 출토되어 그 국가의 실재가 증명되었다.
52 1978년 연해지대인 저장성(浙江省) 위야오(餘姚)의 허무두(河姆渡) 유적지에서 출토된 이 노는 약 7천년 전에 석기로 다듬어 만들어진 나무 노로서 길이 51cm, 너비 15cm, 두께 1.2cm이다.
53 오(吳)나라는 전쟁 상황에 대비하여 이미 기원전 6세기에 대익(大翼)·소익(小翼)·돌모(突冒)·누선(樓船)·교선(橋船) 등 여러가지 형태의 전함을 건조했는데, '대익'이란

전함은 길이가 10여장(丈)이고 군대와 선원 90여명이 승선할 수 있었다.
54 한 무제 때 전국 40개 군에 49개의 철관(鐵官)을 설치하여 철 생산을 관장토록 했으며, 공장(工匠)이 300명 이상인 제철소만도 전국에 40여개나 되었다. 유럽은 1380년에 이르러서야 주철법을 도입하였다.
55 용주(龍舟)는 갑판이 4중이고 높이가 45척, 길이가 200척이나 되는 대형 민용선(民用船)으로 상층에 정전(正殿)이 있고 중간 두층에는 무려 120개의 선실이 배치되어 있다. 그리고 대형 전함인 오아(五牙)는 5층 누선으로서 높이가 100여척이나 되며 군사를 800명까지 수용할 수 있다.
56 북송 진종(眞宗, 998~1022) 때 전국의 관영 조선소에서만 매해 2900여척의 조운선(漕運船)을 건조했으며, 신종(神宗) 때 건조한 '신주(神舟)'는 길이 약 40장에 너비 7장 5척으로 적재량은 1100~1700톤이나 되었다.
57 정화(鄭和)의 7차에 걸친 '하서양' 중 1·3·4·7차의 출항 상황을 보면, 매년 대소 선박 200여척이 출동했고, 총 승선 인원은 2만 7천여명이나 되었다. 선박 중 가장 큰 것은 보선(寶船, 일명 대박大舶)인데, 매번 20~30척의 보선이 참가하였다. 보선의 길이는 44장 4척(약 125m), 너비는 18장(약 51m), 적재량은 약 1500톤 내외이며 승선 인원은 최고 1천명까지다. 보선은 9주의 돛대에 12장의 대형 돛을 단 대범선이다.
58 중국은 선진(先秦)시대에 이미 4계절에 따라 봄바람은 동풍(東風), 여름바람은 온풍(溫風), 가을바람은 양풍(涼風), 겨울바람은 맹풍(猛風)으로, 그리고 풍향에 따라 바람을 상풍(象風), 명서풍(明庶風), 청명풍(淸明風) 등 8풍으로 분류하는 등 바람과 풍향 및 계절에 관한 지식을 갖고 있었다.
59 계절풍의 전환기에는 왕왕 기상이변이 일어나는데, 중국 남해상의 경우는 남서풍이 북동풍으로 바뀔 때 자주 태풍이 일어난다. 그 실례로 법현(法顯)의 『불국기(佛國記)』에 보면, 그가 인도에서 귀국하던 412년 초가을 현 베트남 남부에 이르렀을 때 바로 그러한 계절풍의 전환기이는 태풍을 갑자기 만나 적도해류에 휘말려 대만해협에서 표류하다가 간신히 동해를 경유해 산둥(山東)반도 남부에 당도했다고 한다.
60 1회의 조수 소요시간을 12시간 25분 4.02초로, 그리고 2회의 순환지연 시간을 50분 28.04초로 계산하였다. 이 수치는 현대의 그것과 매우 근사하다.
61 나침반과 그 교류에 관해서는 졸저 『실크로드학』, 창작과비평사 2001, 293~97면 참고.

제8장

1 문명과 문화의 관계에 관해서는 본서 3장 3절 '문명과 문화' 참고.
2 『文化學辭典』(覃光廣·馮利·陳朴 主編, 中央民族學院出版社 1988) 『문화 이론 사전』(앤드루 에드거·피터 세즈윅 엮음, 박명진·이영욱 외 옮김, 한나래 2003; 개정판 2012) 『서양문화지식사전』(이재호·김원중 엮음, 현암사 2009) 『교육 세계백과대사전 8』(교육도서 1988) 『絲綢之路大辭典』(周偉洲·丁景泰 主編, 陝西人民出版社 2006) 『브리태니커

세계대백과사전』(브리태니커·동아일보 1993) 등 사전류에는 '문명권'이란 표제어가 아예 없다.
3 독일의 민족학자인 프리츠 그레브너(Fritz Gräbner)는 1905년에 열린 '베를린인류학과 민족학 및 선사학회'에서 발표한 논문 「대양주(大洋洲)의 문화권과 문화층」에서 '문화권(culture circle)론'과 '전파론'(傳播論, diffusionism)을 제시하였다. 그에 따르면 모든 문화현상은 한 지방에서 한번만 산생한 후 주위에 전파되어 그 지방을 중심으로 한 '문화권'이 형성되는데, 이 문화권은 주변의 다른 문화권과 서로 교차(交叉)가 일어난다. 그리고 문화현상의 전파 과정이 곧 문화 역사의 기본 내용이다. 그리하여 이 학파를 일명 문화역사학파 혹은 문화권학파라고도 한다. 이 학파의 영향을 받은 미국의 인류학자들은 전파학파(일명 역사비판학파)를 조직하였다. 한편, 이들 문화권학파와 전파학파들은 각 민족의 창조성과 문화의 진보·발전, 역사 발전의 보편 규칙을 전면 부정하면서 19세기 진화론학파와 철저한 대립각을 세웠다. 이 학파의 대표적 저서들로는 『민족학방법론』(1911) 『민족학과 역사』(1911) 『문화역사문제주의 토템숭배』(1915) 『민족학』(1923) 등이 있다.
4 이에 대해서는 본서 124~26면과 370~71면 참고.
5 졸문 「지중해문명과 지중해학」, 『문명담론과 문명교류』, 살림출판사 2009, 13~16면 참고.
6 '풀바다에서 황금을 캐내다'라는 초양노금(草洋撈金)은 드넓은 초원에서 귀중한 황금(보배로운 물품)을 수확한다는 뜻이다. 그만큼 초원지대는 단순한 '풀밭'이 아니라, 귀한 재보를 숱하게 매장하고 있으며, 그 문명은 인류에게 많은 혜택을 베풀어주고 있는 범지구문명의 불가결한 하나의 중요 구성요소다. 따라서 '변방문명'이 아니라, 하나의 당당한 '중심문명' '주류문명'인 것이다. 그래서 필자는 이 글귀를 『실크로드 도록: 초원로편』(창비 2019)의 부제(副題)로 삼았을 뿐만 아니라, 이 졸저에서 아직은 연구가 미흡하기 때문에 지금껏 문명권의 반열에서 완전히 제외되어온 북방 초원지대 문명을 우선 하나의 '준문명권'으로 승화시켜 제자리에 매김해야 한다고 주장한다.
7 근간에 이러한 서구문명중심주의를 비판하는 목소리가 서양 학계에서도 일고 있다. 셰필드대학의 정치학 및 국제관계학과 강사인 존 M. 홉슨(John M. Hobson)은 저서 『서구 문명은 동양에서 시작되었다』(정경옥 옮김, 에코리브르 2005)에서 페르난데스-아르메스또의 다음과 같은 말을 인용하고 있다(22~23면). 즉 "세계 역사라는 목적을 위해 때로는 중심보다 변두리에 더 많은 관심을 가져야 한다. 이 책이 의도하는 것 중 하나는 흔히 주변이라고 무시하는 곳, 열등하다고 제쳐두는 사람들, 단역과 각주로 격하되는 개인들과 더불어 간과되고 무시되는 모든 것의 명예를 회복하는 것이다."(Felipe Fernández-Armesto, *Millennium*, London: Black Swan 1996, 8면)
8 '호한문화(胡漢文化)'란 기원 전후 유목기마민족인 흉노와 농경문화 민족인 한(漢) 간의 교류를 통해 이루어진 혼성문화를 뜻하는데, 그 대표적인 유적은 울란바토르 북방 110km 지점에 있는 노인울라 고분군(고분 12기)이다. 여기서 흉노와 한 문화 유물들이 다수 반출되었다. 梅原末治 『蒙古ノイン·ウラ發見の遺物』, 東洋文庫 1960.
9 르네 그루쎄 『유라시아 유목제국사』, 김호동·유원수·정재훈 옮김, 사계절 1998, 33면.

10 올메까(Olmeca)문명은 기원전 1200년경에서 기원 전후에 걸쳐 메소아메리카(Mesoamerica)에서 번성했던 문명으로서 아메리카에서 가장 초기에 태어난 문명이며 메소아메리카문명의 모체다.

11 식민 초기 100년간(1500~1600) 서구 식민주의자들의 무자비한 학살로 인해 인디오의 인구는 10분의 1(8천만명→800만명)로 격감하였으며, 오늘날에는 겨우 3천만명밖에 살아남아 있지 않다.

12 메소아메리카는 16세기 전후 멕시코와 중앙아메리카 북서부 지역의 문명권을 통틀어 일컫는 말이다.

13 거지중천(居之中天, 허공)의 괴현상을 라틴아메리카의 여러 박물관에서 목격했는데, 그중 대표적인 것 하나로 에꽈도르 국립박물관의 예를 소개하려고 한다. 2층으로 구성된 박물관 1층에는 에꽈도르의 유구한 역사와 문명사가 시대별로 일목요연하게 정리되어 있었다. 1만년 전의 라스베이거스(LasVegas) 구석기문화로부터 15세기 스페인 식민주의자들이 내침할 때까지의 장기간에 걸쳐 중앙안데스 일원에서 피어난 찬란한 잉까문명의 면모가 고스란히 드러나 있다. 1층 관람을 마치고 화살표를 따라 여남은 계단을 밟고 올라간 2층은 완전히 딴 세상이다. 1층과는 전혀 무관하게 단절된, 문자 그대로의 거지중천이었다. 16세기 이후의 그 저주스러운 식민 500년사는 싹둑 잘린 채 어디론가 가버렸다. 박물관 측이 작위적인 거지중천이 너무나도 허전해서인지 내놓은 전시물이라고는 고작 천주교 성화나 성당 구조물, 선교 장면 사진 몇점뿐이다. 에꽈도르의 수도 끼또는 바로 적도선이 지나가는 곳이라서 해마다 방문객이 수백만명에 달한다고 한다.

14 1492년 콜럼버스가 카리브해에 상륙했을 때 중남미의 토착어는 ① 나우아뜰어(멕시코), ② 께추아어(안데스와 칠레 남부), ③ 아라우까노어(칠레 대부분), ④ 과라니어(아르헨띠나와 우루과이, 빠라과이), ⑤ 아라우아꼬어(카리브해와 대서양 연안) 등 5개 군으로 나뉘어 있었다.

15 매듭문자(끼뿌quipu, 결승문자結繩文字)는 잉까제국과 안데스 지역에서 쓰였던, 줄의 매듭을 이용한 의사소통 체계를 말한다.

16 헌팅턴은 1993년에 발표한 논문「문명의 충돌?」에서 세계 문명(문명권?)을 8개로 유형화하면서 일곱번째로 '아프리카(비이슬람권)'를 거명했는데, 3년 후에 출간한 저서『문명의 충돌과 세계질서의 재편』에서는 같은 유형화를 하면서도 이와는 다르게 마지막 여덟번째로 '아프리카(문명)'라고 거명하고 있다. 헌팅턴은 문명비평론의 거장인 토인비마저 도외시해온 아프리카문명(문명권)을 문명으로 유형화했는데, 그 학문적 근거에 관해서는 일언반구도 없다. 따라서 헌팅턴을 문명유형화의 비조로 치켜세우는 것은 무근(無根)의 허설(虛說)에 불과하다.

17 아프리카라는 단어의 어원에 관해서는 ① 그리스어의 '아프리케'(추위 없는), ② 페니키아어의 '아페르 테라'(먼지의 땅), ③ 중세 라틴어의 '아프리카'(햇빛이 내리쬐는)라는 세가지 설이 있다.

18 이에 대해서는 본서 19면 참고.

19 레반트(Levant)는 역사적으로 팔레스타인(고대의 가나안, 현재의 이스라엘)과 시리아·요르단·레바논 등의 나라들이 있는 서아시아 지역을 가리키는 말이다. '해가 뜨는'이란 뜻의 이딸리아어 'levare'에서 유래되었다. '인도 항로' 개척 이전에는 동서무역의 주무대였다.
20 인류 진화의 5단계에 관해서는 본서 19면 참고.
21 20세기 초 아프리카의 분할 상황은 다음과 같다. ① 영국: 이집트, 남아프리카, 수단, 나이지리아 등, 886만km², 29%, 영국은 2C(Cairo-Cape Town) 정책을 세워 아프리카 독점 시도, ② 프랑스: 모로코, 알제리, 뛰니지, 프랑스령 서아프리카, 프랑스령 적도아프리카 등, 1079만km², 35.6%, ③ 독일: 카메룬, 독일령 동아프리카(탄자니아 등), 독일령 서남아프리카, 234만km², 7.7%, ④ 이딸리아: 에리트레아, 이딸리아령 소말리아, 이딸리아령 리비아, 233만km², 7.7%, ⑤ 벨기에: 콩고, 234만km², 7.7%, ⑥ 뽀르뚜갈: 모잠비크, 앙골라 등, 208만km², 7%, ⑦ 스페인: 스페인령 사하라 등, 30만km², 1%.
22 장 뿔 싸르트르(Jean Paul Sartre, 1905~80)는 무신론적 실존주의 사상을 대표하는 프랑스의 작가이자 철학자로서 프랑스의 지식인들과 정치인들에게 큰 영향을 주었다.
23 레오뿔 쎄다르 쌍고르(Léopold Sédar Senghor, 1906~2001)는 세네갈의 시인이며 정치가이자 문화이론가로 세네갈의 초대 대통령(1960~80)으로 다섯번의 임기를 역임하였다. 쌍고르는 아프리카인으로는 최초로 '아카데미 프랑세즈'(프랑스 한림원)의 멤버가 된 인물이며 세네갈 민주당(Senegalese Democratic Bloc)의 창립자이기도 하다. 그는 프랑스 및 서방세계와 우호적 관계를 유지하는 데 힘썼다. 이는 세네갈의 정치적 안정에 중요한 역할을 하였으며, 세네갈은 아프리카 국가들 중 쿠데타를 경험하지 않고 평화적 정권교체를 실현한 몇 안 되는 국가로 남아 있다. 그는 또한 흑인들의 정체성 복원을 위해 투쟁한 '신사조'인 '네그리뛰드'(négritude, 흑인주의)의 이론체계를 세웠다. 쌍고르의 장례식에서 프랑스 대통령은 그의 죽음에 대해 "시는 명인을 잃었고, 세네갈은 대변인을 잃었으며, 아프리카는 몽상가를 잃었고, 프랑스는 친구를 잃었다"라고 평가하였다.
24 블루오션 마켓(blue ocean market)은 프랑스 경영대학원 인시아드(INSEAD)의 김위찬 교수와 르네 모보르뉴 교수가 창안한 경영학의 신조어인데, '고기가 많이 잡힐 수 있는 넓고 푸른 바다'라는 뜻으로, '새로이 탄생해 경쟁자가 별로 없는(혹은 무경쟁) 시장'을 의미한다. 그 반의어(反意語)는 레드오션 마켓(red ocean market)인데, 바닷속에 상어나 범고래 등 최상위 포식 동물들이 득실대서 서로 치고받고 싸우느라 핏빛이 된 바다에 빗대어 쓰는 표현으로서 경쟁률이 매우 높고 치열한 시장을 의미한다. 인시아드(Institut Européen d'Administration des Affaires)는 유럽(프랑스), 아시아(싱가포르), 중동(아부다비), 미국(샌프란시스코)에 있는 캠퍼스들을 관리하는 비영리 경영대학원으로, 1957년에 프랑스에서 성립되었다.
25 치타(cheetah)는 고양이과에 속하는 포유류 동물로, 용맹하고 추격을 좋아하며, 시속 약 60마일(96.5km)로 달리는 지상에서 가장 빠른 동물이다. 아프리카의 신세대들이 지니고 있는 용감성과 진취성을 감안해 그들을 아프리카판 '신인류'인 '치타 세대'에 비

유하는데, 자못 일리가 있는 해학적(諧謔的)인 표현이라고 사료된다.
26 유럽(Europe)이란 명칭은 그리스신화 속에 나오는 여신과 공주의 동명 이름 '에우로페'에서 유래되었다고 한다. 유럽의 어원과 명칭에 관한 상세한 내용은 졸저 『문명의 모자이크 유럽을 가다 1』, 창비 2021, 15~16면 참고.
27 융합(融合, fusion)과 융화(融化, deliquescence) 및 동화(同化, assimilation)는 문명교류 과정에서 일어나는 접변(接變)의 각이한 형태로서, 그 내용에 관해서는 본서 9장 2절 '문명교류 과정과 접변'을 참고.
28 연해(緣海, edge of the sea)란 반도나 도서, 군도로 대양과 분리되어 있으나, 해협이나 수로로는 대양과 연결되어 있는 바다(예컨대 북해와 노르웨이해)를 일컫는다. 이에 비해 내해(內海, inland sea)는 대륙 깊숙한 곳에서 육지에 에워싸여 있으면서 좁은 수로로만 외해나 대양과 연결되어 있는 바다(예컨대 지중해와 흑해)를 말한다.
29 역사의 연속성 이론을 주장한 독일 사학자 드로이젠(J. G. Droysen)이 1834년에 저술한 『헬레니즘 역사』(2권)에서 처음으로 이 융합문명을 '헬레니즘'이라고 명명하였다.
30 "헬레니즘문화는 결코 '동서 문화의 융합'의 소산이 아닌 것이다. 그 기조는 어디까지나 그리스문화였고, 다만 달라진 것이 있다면, 고전기의 그리스문화(Hellenedom)가 폴리스를 바탕으로 발전한 데 반하여, 이제 그 좁은 울타리가 깨어지고 세계적인 문화로 변하였다는 점이다. 그러므로 헬레니즘문화는 세계화한 그리스문화인 것이다. 물론 세계화 과정에서 부분적으로 오리엔트문화를 흡수한 경우도 있고, 고전기와는 성격에 변화도 생겼겠지만 헬레니즘문화는 기본적으로 그리스적인 문화였다." 민석홍 『서양사개론』, 삼영사 1984, 106면.
31 미국의 역사학자들인 E. M. 번즈와 R. 러너, S. 미첨은 공저 『서양문명의 역사 1』(박상익 옮김, 소나무 1994)에서 "헬레니즘 문명은 그리스적 요소와 근동적 요소의 융합으로 탄생한 새로운 사회·문화적 유기체였다"(196면)고 평가하였다.
32 스토아학파(Stoicism)는 기원전 3세기 제논(Zenon)에서 시작되어 기원후 2세기까지 이어진 그리스·로마 철학의 2대 학파 중 하나로서 아리스토텔레스 이후 그리스·로마 철학을 대표하는 주요 학파이다. 헬레니즘문명에서 탄생해 절충적인 모습을 보이며, 유물론과 범신론적 관점에서 금욕주의와 평정을 행하는 현자를 최고의 선으로 신망한다.
33 중국문명에 관한 볼떼르의 찬양 내용은 졸저 『실크로드 사전』, 창비 2013, 313면 '볼떼르'항 참고.
34 라이프니츠의 『중국근황』의 '볼떼르'항 참고. 동양문명에 대한 서양 학계의 개안(開眼)과 서양문명의 동방기원설과 관련된 참고서로는 다음과 같은 책들이 있다. ① 존 M. 홉슨 『서구 문명은 동양에서 시작되었다』, 정경옥 옮김, 에코리브르 2005. ② J. J. 클라크 『동양은 어떻게 서양을 계몽했는가』, 장세룡 옮김, 우물이 있는 집 2004. ③ 간효백 『동양 스승 서양 제자』, 예진사 1992. ④ 約翰·霍布森(John M. Hobson) 『西方文明的東方起源』(*The Eastern Origins of Western Civilisation*), 孫建黨 譯, 山東畫報出版社 2009.
35 민석홍, 앞의 책 39면에서 "기원전 13세기부터 12세기 초에 걸쳐 오리엔트세계는 전환기를 맞이한다"고 하면서, 이 시기에 일어난 변화 중에서 "특히 주목을 끄는 것은 이른

바 해상민족(Sea Peoples)의 침략과 약탈이다. 이 해상민족의 정체는 현재로서는 분명하지가 않다"고 지적하고 있다.

36 조어(祖語)란 여러 언어의 근본이 되는 언어로서, 예컨대 스페인어나 프랑스어, 이딸리아어의 근본이 되는 조어는 라틴어다.

37 이재호·김원중 엮음『서양문화지식사전』, 현암사 2009. 이 사전의 표제어에는 '바이킹'이나 '해적'이란 낱말이 수록되어 있지 않다.

38 '현대의 모든 것은 북유럽에서 출발한다'고 부제가 붙여진 마이클 파이의『북유럽 세계사』(김지선 옮김, 소와당 2016, 121~25면)에는 그 어디에도 이에 관한 구체적인 논리 전개는 찾아볼 수 없다.

39 중남미 바하마 수도 나소에 자리한 '해적(바이킹)박물관'은 고대 북유럽의 해상민족인 '비크'(Vik)가 아닌, 중세 식민지 개척 시대의 '해적'(바이킹)의 해적 활동에 관한 유물을 전시하고, 대표적 해적 두목들의 활동상을 소개하고 있다. 졸저『문명의 보고 라틴아메리카를 가다 2』, 창비 2016, 472~86면 참고.

40 덴마크의 항구도시 리베(Ribe)에 자리한 '바이킹문화센터'(바이킹촌)의 참관기는 졸저『문명의 모자이크 유럽을 가다 1』, 창비 2021, 131~49면 참고.

41 노르웨이어인 피오르(fjord)는 빙하가 깎아 만든 U자형 골짜기에 바닷물이 유입되어 형성된 좁고 길다란 만(灣)을 가리키는데, 빙하의 침식으로 인해 생긴 일종의 원시적 빙하 지형이다.

42 '바이킹'의 명명 유래를 비롯한 '해적사'에 관해서는 졸고「해적은 '의적'인가」,『문명의 보고 라틴아메리카를 가다 2』 472~86면 참고.

43 해적들의 '황금시대'에는 세계 방방곡곡에 10명의 악명 높은 해적 두목들이 이끄는 10개의 해적 기지가 세워져 동·서양 주요 항해로를 장악하고 있었다. 대항해시대에 무소불위의 강탈을 자행한 해적들의 해상활동에 관해서는, 같은 곳 참고.

44 끼예프 루스(Kiev Russ)는 일명 고(古)루스, 또는 루스국, 또는 비크대공국(大公國)이라고도 한다.

45 데인겔트(danegeld)의 덴마크어 'Danegæld'는 세금이란 뜻인데, 침략자 비크의 일족인 데인(dane)인들에게 바치는 속금(贖金)으로 와전되었다.

46 예컨대 1898년 미국에서 출토된 북유럽의 '석각물(石刻物)'은 1958년에 가짜라는 것이 판명되었으며, 1965년 발견된 것으로 아메리카대륙의 해안선 윤곽이 뚜렷하게 그려져 있어 학계를 일시 흥분케 했던「비크 해도(海圖)」역시 위조품이라는 것이 확인되었다.

47 신령(神靈)이란 풍습으로 섬기는 모든 신을 말하는데, 여기에는 대부분의 비이성적 원시종교의 신앙 대상이 포함된다.

48 황천(黃泉)이란 사람이 죽어서 가는 곳, 즉 저승, 구천(九泉)을 말한다.

49 사가(saga)는 중세 북유럽에서 발달한 일종의 산문문학을 말한다. '사가'라는 말은 아이슬란드어로 '말해진 것' '말로 전하다'의 뜻이다.

50 민족주의란 민족 구성원 간의 연대의식과 민족 수호 의지 및 발전지향성을 추구하는

민족의 이념적 표상으로서 민족 구성원 개개인의 삶에 체화(體化)된 의식구조이며 구체적 생활모습을 말한다.

51 불교(Buddhism)란 단어는 2천여년간 붓다(Buddha)의 이름으로 존재해온 범아시아적인 종교 전통을 개괄하기 위해 지금으로부터 약 300년 전에 서구 학자들이 만들어낸 말이다. 한국종교연구회『세계 종교사 입문』, 청년사 1989, 93면.
52 미국 안보전략가인 헌팅턴이『문명의 충돌』에서 주장하는 문명유형화 이론. 졸저『문명담론과 문명교류』56면 참고.
53 불교는 전파과정과 그 결과에서 ① 분파권적(分派圈的)으로 전파가 진행, ② 강한 변용성(變容性), ③ 평화적 방법(수단) 등의 특징을 지니고 있었다. 졸저『고대문명교류사』, 사계절 2001, 473~74면 참고.
54 김경숙「현대 미얀마 불교의 역할과 여성 출가」,『문화와 융합』43권 7호, 한국문화융합학회 2021 참고.
55 소열녕「'인간불교'를 세계화한 대만불교의 상징: 성운」,『불교평론』2023년 봄호.
56 "오, 믿는 자들아! 알라와 그가 보낸 사람, 그리고 알라께서 그가 보낸 사람을 통해 내려주신 경전과 그 이전에 내려주셨던 성서들을 믿으라. 그리고 누구든지 알라와 그의 천사들과 그의 경전들과 그가 보낸 사람들과 최후의 날을 믿지 아니하는 자는 정녕 멀리 길을 잃고 방황하리라."『꾸르안』4장 136절.
57 6신 중 앞의 다섯가지 믿음에 관해서는 명문으로 규정하고 있으나 정명(定命)에 관해서는 명문화한 것이 없다. 그렇지만 경전의 저변에 정명을 설파하는 내용이 관류되어 있다는 점을 들어 정통파인 순니파(Sunnis)는 정명까지 포함해 6신으로 규정하고 있다.
58 기독교의 5대 근본 교리는 ① 성서의 무오류, ② 성서의 축자적 해석, ③ 예수의 신성, ④ 동정녀의 탄생, ⑤ 그리스도의 재림이다.
59 아랍·이슬람세계에서는 이러한 독립투쟁과 사회정치운동을 일괄해 '나흐다'(al-Nahḍah, 아랍어로 '부흥' 혹은 '부흥운동'이란 뜻)라고 한다.
60 『꾸르안』3장 84절, 17장 88절.
61 『꾸르안』16장 36절.
62 이슬람교의 예언자관에서는 예언자 일반과 알라가 보낸 사람을 구별한다. 기독교의 예언자(선지자)는 예수 이전에 나타나서 예수의 강림과 그밖의 하나님의 뜻을 예언한 사람으로서 대체로 신인(神人) 양성을 지닌다. 그러나 이슬람교의 예언자란 알라의 지시를 인류에게 전하고 설명하는 임무를 받은 사람으로서 미래의 일을 예측하는 사람은 아니다. 이에 비해 알라가 인간에게 파견한 사람, 즉 모세나 예수·무함마드 같은 사람은 알라의 계시를 인간에게 전하고 설명하는 일 외에, 그의 복음을 인간에게 가르치며 그 실천을 인도하는 임무까지 부여받은 선택된 사람이다.
63 『꾸르안』3장 42절.
64 수앗 일디암「무슬림들의 시각에서 바라본 기독교」,『공동선』77호, 2007년 11-12월호 26면.

65 이민호「세계사를 어떻게 읽을 것인가: 유럽중심주의사관의 극복을 위하여」, 『역사비평』 2002년 여름호 194면.
66 영국의 문명사가 토인비(A. J. Toynbee)는 저서 『역사의 연구』에서 문명은 도전과 응전의 원리에 따라 탄생·성장·붕괴·해체의 순환과정을 거친다는 이른바 '문명순환론'을 제시하면서, 인류가 창조한 문명(권)을 총 30개로 헤아렸다. 그것을 또 순환과정의 4단계를 정상적으로 거친 성장문명(21개), 전쟁이나 자연재해 등으로 인해 순환 도중 멈춰버린 정체문명(5개), 그리고 이러저러한 이유로 출생하지 못하고 잉태 속에서 고사된 유산문명(4개) 등 세가지 유형으로 구별했다. 이러한 토인비의 문명유형법에 의하면 이슬람문명은 몇 안 되는 범세계적인 성장문명·생존문명에 속한다.
67 1982~83년 미국의 5대 주요 박물관에서 '이슬람 유산전'을 개최한 과학 큐레이터 하워드 터너(Howard R. Turner)는 저서 『이슬람의 과학과 문명』(정규영 옮김, 르네상스 2004)에서 이렇게 지적하고 있다. "이슬람문명의 출현, 성장, 쇠퇴, 그리고 부활의 과정은 세계역사상 매우 위대한 서사시 가운데 하나에 속한다. 지난 14세기 동안에 무슬림 철학자와 시인, 예술가와 과학자, 왕과 노동자들 모두는 지구상의 모든 사회에 직접, 간접으로 영향을 끼친 하나의 독특한 문화를 만들었다."(17면)
68 이슬람문명권 내의 무슬림 현황을 보면 다음과 같다. 지역별 순위: 서남아시아→동남아시아→구소련(중앙아시아)과 중국→북아프리카→서아시아의 비이슬람지역→이슬람지역→서아시아의 아랍지역; 국가별 순위: 인도네시아(2억 2천만명)→파키스탄(1억 4천만명)→방글라데시(1억 3천만명)→나이지리아(1억 2천만명)→이집트(6500만명)→중앙아시아(6천만명)→중국(5천만명); 민족별 순위: 인도족→말레이족→튀르크족→아랍족→네그로이드→이란족→한족. 비이슬람세계: 유럽 1600만명(프랑스와 영국 각각 400만명), 미국 600만명.
69 지금 대부분의 이슬람 국가의 사법체계는 종교법(전통)과 현대법이 병용되고 있다.
70 성차심리(性差心理)란 이성(異性, 남녀)이 만났을 때 일어나는 서로 다른 심리 상태를 말한다.
71 아랍어 일곱 단어로 된 이슬람교의 근본교리 "Lā Ilah Ilā Allah wa-Muhammad Rasūl Allah"("신은 오로지 알라뿐이고, 무함마드는 알라가 보낸 사람이다")는 유일신 알라만을 신봉하고, 선지자 무함마드는 알라가 보낸 사람이라는 것을 믿으라는 내용이다.
72 6신 중 앞의 다섯가지 믿음에 관해서는 이 장 주 56 참고.
73 이슬람교의 근본 교리와 6신 5주에 관해서는 졸저 『이슬람문명』, 창작과비평사 2002, 109~59면 참고.
74 기독교 사회는 "가이사의 것은 가이사에게, 하나님의 것은 하나님께 바치라 하시니"(「누가복음」 20장 25절)라며 정치와 종교를 분리한다. 이를테면 정교분리다. 대저 다른 종교 사회도 마찬가지다.
75 무함마드에 이어 후세의 칼리파들이 정치와 종교의 제반 영역에 대한 통수권을 행사하여 이슬람공동체(국가)를 다스리는 체제를 이슬람 정치사에서는 킬라파제(al-Khilāfah, 킬라파는 '계위하다'라는 뜻의 'khalafa'의 동명사)라고 한다.

76 이슬람교의 예언자관에 대해서는 이 장 주 62 참조.
77 수앗 일디암「무슬림들의 시각에서 바라본 기독교」,『공동선』77호, 2007년 11-12월호 26면.
78 대수학의 아버지로 불리는 카와리즈미(al-Khawārizmī)는 역저『학문의 열쇠』(Mafātihu'l 'ulūm, 10세기 후반)에서 당시까지 정립된 이슬람 학문을 크게 아랍 고유학문과 외래학문으로 대별했다. 고유학문으로는 법학·신학·문법학·서기학(書記學)·시학(詩學)·음률학·역사학이 있고, 외래학문에는 철학·논리학·지리학·의학·수학·기하학·천문학·음악·기계학·연금술이 속했다. 이러한 고유학문과 외래학문이 조화롭게 결합해서 수준 높은 중세 이슬람 학문체계를 구성했다.
79 이슬람 신학 분야에서는 신앙과 이성에 대한 입장 차이로 4대 신학파가 나타나 치열한 신학논쟁을 벌여왔다. 4대파란 범죄는 정명(定命)이 아니라 선택이라는 자유주의를 주장하며 숙명론을 반대하는 까다리야파(al-Qadaryah), 범죄 재판 등 신학 문제는 현세가 아니라 내세로 미루었다가 해결해야 한다는 중용적인 무르지아파(Al-Murji'a), 이성이 계시보다 더 중요하다는 자유의지론을 주장하는 유리주의적(唯理主義的)인 무으타질라파(al-Mū'tazilah), 자유의지론을 반대하고 정통을 고수하는 보수주의적인 아슈리야파(al-Ashūryah)다.
80 지리학자 마끄디시(al-Maqdisī, ?~966)는 이슬람세계 대부분의 지역을 자신이 직접 역방하는 과정에서 얻은 지리 지식에 기초해 초유의 이슬람 세계지도를 제작했다. 그의 세계지도는 적도선을 기준으로 이등분되어 있는데, 경도는 360도, 적도선과 남북 양극 간은 각각 90도로 나눠져 있다.
81 이슬람 의학에 관해서는 嶋田襄平『イスラム帝國の遺産』, 東京: 平凡社 1970, 262~72면 참고.
82 숫자가 인도에서 만들어진 사실에 무지한 유럽인들은 숫자를 아랍인들에게서 전수받아 알게 되었기 때문에 '아라비아 숫자'라고 불렀다. 영어의 'cipher'(영, 암호)나 이딸리아어의 'zèro'(영)는 '공(空)' '무(無)' 혹은 '영'이라는 아랍어 단어 '쉬프르'(sifr)에서 유래된 것이고, 영어의 'algorism'(아랍식 기산법, 아라비아숫자)은 아랍의 수학자 카와리즈미의 이름과 관련된다.
83 Bernard Lewis, ed., *The World of Islam: Faith, People, Culture*, London: Thames and Hudson 1976; 1980 repr.; 한국어판은 버나드 루이스 엮음『이슬람문명사』, 김호동 옮김, 이론과실천 1994, 175면.
84 수피즘(sufism, 신비주의)의 대가 가잘리(al-Ghazālī, 1058~1111)는 저서『종교학의 부활』(Ihyā' 'Ulūm al-Dīn)에서 세속적 음악에 유혹당하지 않으려면 악기를 부수고 가수를 추방해야 한다고 주장했으며, 선지자 무함마드는 대중음악은 허용했으나 예술음악은 반대했다고 전한다.
85 아라베스크는 비잔틴 예술의 영향을 받아 출현했지만 무슬림들에 의해 완벽한 형태를 갖추었으며, 그것이 16세기경 유럽에 전파되어 크게 유행하였다. 버나드 루이스 엮음, 앞의 책 91면 참고.

86 원래 '동북아시아'는 유라시아대륙의 동북부를 지칭하는 지명으로서 러시아의 극동(極東)을 뜻한다. 그런데 일반적으로 이해하는 한국·중국·일본·몽골·베트남을 포함한 동아시아는 러시아 극동의 북쪽이 아니라 남쪽에 위치함으로써 '동북아시아'라고 하는 지칭은 부당하며, '동아시아'라고 하는 것이 타당하다.

87 문명지리학적 개념으로서의 동아시아문명권은 동아시아문명의 지리적 권역이라는 해석도 있다.

88 정주이학(程朱理學)은 일명 정주학(程朱學)이라고도 하는데, 송나라의 정호(程顥)·정이(程頤)·주희(朱熹) 등이 주장한 성리학이다.

89 王鈞林「東亞意識與儒家文明」, '中國孔子網'.

90 한국 불교의 남래설에 관해서는 졸저『신라·서역교류사』, 단국대학교출판부 1992, Ⅳ-5 '남해로를 통한 불교의 한국 전래' 참고.

91 불교를 포함한 종교의 사전(私傳)과 공전(公傳) 문제에 관해서는, 같은 책의 관련 글 참고.

92 『三國志』魏書 卷30「倭人傳」.

93 중국에서는 '남자(喃字)', 한국에서는 '자남(字喃)'이라고 부른다.

94 「동아시아」, '나무위키', Naver.

95 19세기 독일의 재상 오토 폰 비스마르크(Otto Eduard Leopold von Bismarck)는 당시의 유럽 내에서의 긴장 상태를 이렇게 묘사하였다. 즉 "지금의 유럽은 화약고이고, 지도자들은 무기고 위에서 담배를 피우고 있을 뿐이다." 당시 유럽이 처했던 권역 내의 긴장 상황이 21세기 동아시아에서 현재진행형으로 되풀이된다는 경고의 메시지다.

96 괴이(怪異)와 용력(勇力), 패란(悖亂)과 귀신에 관한 일이란 뜻으로, 이성으로 설명하기 어려운 불가사의한 존재나 현상을 일컫는 말이다. 괴이한 힘과 난잡한 귀신이란 뜻으로 해석하기도 한다.

97 2023 Military Strength Ranking, 'Global Firepower'.

98 경제학에서 선택하지 않은 대안들 중 최선책에 대한 비용과 선택에 따라 발생한 비용의 합계를 의미한다. 예컨대, A라는 선택을 하면서 소모된 비용을 '명시적 비용(회계적 비용)'으로, A라는 선택을 함으로써 포기된 잠재적 비용을 '암묵적 비용'이라고 한다. '기회비용'은 명시적 비용과 암묵적 비용의 합(合)으로 나타난다.

99 공진(共振)이란, 물리에서 진동체가 주기적으로 작용하는 외력(外力)을 받아 그 진폭이 커지는 현상(공명共鳴 현상)을 말한다.

100「東亞文化圈」, 百度文庫.

제9장

1 졸저『고대문명교류사』, 사계절 2001, 22~23면.
2 지금까지의 통설은 문명교류의 통로인 실크로드를 구대륙에만 한정시켰지만, 실제

로 15세기 이후부터는 해로의 개척과 더불어 신·구대륙 간에 문물교류가 진행됨으로 써 실크로드는 이른바 '신대륙'까지 연장되어 명실공히 범지구적 문명교류의 통로가 되었다. 이것이 바로 실크로드의 개념 확대다. 졸저 『실크로드학』, 창작과비평사 2001, 35~40면.

3 미국의 인류학자 모건(L. H. Morgan)은 저서 『고대사회』에서 "인류는 같은 뿌리에서 출현하여 동일한 발전 단계에 이르러서는 유사한 수요가 생겨나고, 또 유사한 사회 환경에서는 동일한 심리작용을 한다"는 이른바 '공통심리설(共通心理說)'을 제시했다. 이 설에 의하면 비록 지리적·인문학적 환경은 달라도 유사(보편)문명이 탄생할 수 있다.

4 長澤和俊 『동서문화의 교류』, 민병훈 옮김, 민족문화사 1991, 11~13면.

5 Bertrand Russell, *A History of Western Philosophy*, Simon and Schuster Inc. 1945, 735면.

6 비너스상의 출토와 의의, 소재와 유형, 기원과 교류, 그 동점에 관해서는 앞의 졸저 49~68면 참고.

7 졸문에서의 완결성(完結性)이란, 예정된 문명교류가 중간에서 단절되거나 결손이 발생하는 일이 없이 완전무결하게 끝까지 진행되는 것을 뜻한다.

8 서학에 대한 동양 3국의 대응자세에 관해서는 6장 주 23 참고.

9 차제에 한가지 밝히고자 하는 것은 이 졸저에서는 문명교류학에서는 아직 사용되지 아니하고 문화인류학에서만 사용되는 '문화접변'이라는 용어가 아니라 '문명접변'이라는 용어를 사용하고 있다는 점이다. 이 두 낱말 간의 학문적 개념의 상사성(相似性)과, 독일 같은 일부 서구 나라들에서만 '문명'을 '문화'의 개념 속에 포함시켜 사용하는 것을 고집하는 점, 문명교류학에서는 아직껏 '문명접변'이란 개념이 학문적으로 정립되어 있지 않은 사정 등을 두루 감안해 필자는 졸저에서 '문명접변'이란 용어만을 감히 일괄 사용하고 있음을 변백(辨白)으로나마 실토하면서, 이에 관해서는 금후의 연구과제로 남겨놓는 바이다.

10 나바호(Navajo)는 미국의 남서부 지역에 거주하는 아메리카의 원주민 인디오의 한 부족이다. 미국 인디오 565개 부족 중 인구가 30만 48명(2011)으로 가장 많은 부족으로서 종교는 토착 종교와 기독교이다. 과반수는 연방정부에서 정해놓은 나바호 인디언보호구역에 거주하며, 미국의 원주민 부족들 중 가장 넓은 지역인 7만 1000km²를 차지하고 있다. 그들은 자신들의 부족을 하나의 자치국, 즉 '나바호 네이션'(Navajo Nation) 이라고 부르며 그들의 정부가 보호구역을 다스리고 있다. 수도는 애리조나주의 윈도록(Window Rock)이며, 언어는 나바호어와 영어를 함께 쓴다. 국호를 영어식으로 'Navaho'라고 쓰지 않고 스페인어로 'Navajo'라고 쓰는 것은 스페인 이주자들과의 오래된 역사적 관계에 기인한다.

11 문명접변이란 두 문명 간의 상호작용으로 일어나는 문명변동을 말한다. 이런 변동은 문명교류의 결과로 말미암아 다른 문명요소가 전파 및 수용되어 새로운 양식(융합·융화·동화 등)의 문명으로 변화하는 것을 말한다.

제10장

1 '일대일로'에 관한 최근 자료는 2017년 5월 14일 발표된 시진핑(習近平) 주석의 "'일대일로'국제합작고봉(高峰)논단" 개막연설문 참고.
2 졸저『실크로드 사전』, 창비 2013, 467~68면.
3 『飮食須知』(元末明初);『草花譜』(明);『植物名實圖考』(淸);『中國與海上絲綢之路: 聯合國敎科文組織海上絲綢之路綜合考察 泉州國際學術討論會論文集』, 福建人民出版社 1991, 119면('國外傳入農作物 一覽表') 등 참고.
4 全漢昇「美洲白銀與18世紀中國物價革命的關係」,『歷史語言硏究所集刊』, 中硏院 第28本 下, 1957.
5 周偉洲·丁景泰 主編『絲綢之路大辭典』, 陝西人民出版社 2006, 1면.
6 같은 책 719면.
7 "シルクロードと、太古以來、東アジアと西アジア、アジアとヨーロッパ、および北アフリカとを結んできた東西交通路の總稱である." 長澤和俊『シルクロードを知る事典』, 東京堂出版 2002, 3면.
8 "東南アジアからインド洋を經て紅海に至る海上ルート." 三杉隆敏『海のシルクロードを調べる事典』, 芙蓉書房出版 2006, 15면.
9 후일 일본 학계는 '육로만이 실크로드'라는 미스기 타까또시의 오해에 대한 시정 조치로 그에 대한 증보판(增補版)의 성격을 갖는 몇권의 '해상실크로드' 서적을 출간하였다.
10 陳高華 等『海上絲綢之路』, 海洋出版社 1991, 前言.
11 『실크로드 대사전』의 서술 체계를 보면, 제1편 '도로교통'에서는 '실크로드의 길(絲路之路)'(1면), 즉 육상실크로드(陸上絲路)만을 논하고 있으며, 제11편 '해상실크로드(海上絲路)'(719면)에서는 '해상실크로드'만을 논한다. 이와 같이 육상실크로드와 해상실크로드를 분리한 채 병행해서 논하고 있다.
12 "我們所說的絲綢之路, 主要是原來意味上的絲綢之路, 卽狹義的絲綢之路." 周偉洲·丁景泰 主編, 앞의 책 1면.
13 "(…)廣義的海上絲綢之路也包括從中國沿海城鎭至朝鮮半島 日本群島的海上交通." 같은 책 719면.
14 "シルクロードとは、せまい意味ではオアシス·ルートを示すが、ひろい意味では、これと草原ルート、海上ルートをあわせて呟ぶ總稱てあるといえる." 前嶋信次·加藤九祚 共編『シルクロード事典』, 芙蓉書房出版 1993, 4면.
15 林士民『海上絲綢之路的著名海港: 明州』, 海洋出版社 1990, 100~102면.
16 "泉州地處中國東南沿海, 是一座具有悠久歷史的古城, 是海上絲綢之路的東方起點." 李光斌『伊本 白圖泰中國紀行考』, 海軍出版社 2009, 44면; "泉州港是 '海絲之路'的始發點, 也是宋元時期馳名世界的東方第一大港." 陳榮芳「古港新姿: 千年 '海絲之路' 再現輝煌」, 中國航海學會·泉州市人民政府 編『泉州港與海上絲綢之路』, 2002, 1면; 졸고「海上絲綢

之路與韓半島」,'海上絲綢之路與世界文明進程 國際論壇' 發表論文, 寧波, 2011 참고.
17 丁毓玲「泉州宋元時期海上交通與伊斯蘭網路」,『고대 동아시아 바닷길』, 국립해양문화재연구소·목포대학교 도서문화연구소 공동주최 국제학술대회 발표논문집, 2009.
18 졸저『실크로드학』, 창작과비평 2001, 35~81면; 앞의 졸고.
19 졸고「論海上絲綢之路的環球性問題: 以中國所提'21世紀海上絲綢之路'爲例」, 第11屆海港都市國際硏討會及第5屆世界海洋文化硏究所協議會大會 主題演講文, 臺北: 臺灣中央硏究院, 2016. 4. 24.
20 陳瑞德『海上絲綢之路的友好使者: 西洋篇』, 海洋出版社 1991, 5면.
21 "'一帶一路'貫穿歐亞大陸, 東邊連接亞太經濟圈, 西邊進入歐洲經濟圈." 習近平「加快推進絲綢之路經濟帶和21世紀海上絲綢之路建設」, 百度百科, 2014. 11. 7.
22 창의(倡議)란 어떤 일에 관해 솔선해서 건의하고 앞장서서 수행한다는 뜻으로, 한국어의 '발의(發議)'에 해당한다.
23「前言」, 劉偉東 等『'一帶一路'戰略硏究』, 商務印書館 2017.
24 시진핑(習近平)이 2017년 5월 14일 베이징에서 개최된 '"일대일로"국제합작고봉(高峰)논단' 개막식에서 행한 연설에서 제시했다.
25 王義桅「'一帶一路'的三重使命」, 人民網(人民日報海外版), 2015. 3. 28. 참고.
26 2015년 3월 28일 중국 국가발전개혁위원회와 외교부, 상무부가 공동으로 발표한 '推動共建絲綢之路經濟帶和21世紀海上絲綢之路的愿景與行動'이란 공동성명에서 구제적으로 제시했다.
27 국한론(局限論)이란 실크로드의 범위를 유라시아 구대륙에만 한정하는 이론이다. 졸저『우리 안의 실크로드』, 창비 2020, 76~88면 참고.
28 앞의 '공동성명'에서 제시한 '일대일로'의 지리적 범위와 그 5대 노선.
29 "'一帶一路'建設涉及沿線60多個國家和地區, 是目前全球貿易和跨境投資增長最快的地區之一, 也是世界經濟發展最具潛力, 最有活力的地區之一." 李國强「古代絲綢之路的歷史價値及對共建'一帶一路'的啓示」,『求是』2019년 第1期.
30 '일대일로'의 출범을 앞두고 2013년 6월 캘리포니아에서 시진핑과 오바마 미국 대통령 간에 중·미 정상회담이 열렸다. 회담에서 중국 측은 양국이 충돌이나 대립을 하지 않고 서로 존중하며 협력하여 '원윈'하자는 이른바 '신형 대국관계'안을 제시했다. 이 '원윈전략'을 미국 측도 수용했으나, 오바마는 '상호존중'이란 표현은 거절했다고 한다. 트럼프 시대에는 좀더 강경한 대중정책으로 이른바 '인도·태평양전략'이 제시됐다.
31 龔纓晏 主編, 劉恒武 副主編『中國'海上絲綢之路'硏究百年回顧』, 浙江大學出版社 2011, 280~81면.
32 같은 책 282~85면; 王介南『中外文化交流史』, 山西人民出版社 2011, 34~37면.
33 龔纓晏 主編, 앞의 책 287~89면.
34 全漢昇「美洲白銀與18世紀中國物價革命的關係」,『歷史語言硏究所集刊』, 中硏院 第28本下, 1957.
35『飮食須知』(元末明初)『草花譜』(明)『植物名實圖考』(淸) 등의 문헌에 의하면, 중국에

유입된 라틴아메리카 농작물로는 감자, 연초(담배), 고추, 옥수수, 해바라기, 땅콩(小粒型花生·大粒型花生), 강낭콩(菜豆), 호박(南瓜), 고구마(番薯), 토마토(蕃茄), 파인애플(菠蘿), 파파야(番木瓜), 육지면(陸地棉) 등 14종이 있다.

36 「習近平在中國: 拉美和加勒比國家領導人會晤上的主旨講話」(全文), 百度百科, 2014. 7. 8.
37 앞의 졸저 76~81면의 '1. 실크로드의 개념과 그 확대'.
38 개혁·개방 정책으로 경제가 급성장한 동부 연해지방과 내륙 서부지방의 소득 격차가 벌어지자 중국은 장쩌민(江澤民) 시대인 2000년부터 국무원에 서부개발지도소조를 조직해 서부대개발을 시작하고, 인프라 투자환경 정비, 과학교육 발전 우대 등에 5천여 억 위안을 투자해 경제성장을 도모하였다.
39 중국 경제의 지속 가능한 발전을 위해 상대적으로 낙후한 중부지역(6개 성)의 경제를 발전시켜 지역 간 균형발전을 도모하는 정책으로 2005년부터 시작되었다.
40 둥베이(東北) 3성은 1950년대까지 중국 중화학공업의 요충지였으나 이후 중·소분쟁이 지속되고 개혁·개방에서 밀려나자 다른 지역에 뒤떨어지기 시작했다. 그리하여 이 지역의 낙후된 경제와 그로 인한 정치적·사회적 불안을 해결하기 위해 후진타오(胡錦濤) 시대에 지역균형발전의 일환으로 정부 차원에서 추진한 진흥계획이다.
41 정재환「일대일로」, 네이버 지식백과, 2020. 4. 14.
42 陸鋼「論'一帶一路'問題與應對之策」, 百度百科, 2019. 4. 14.
43 "'一帶一路'建設植根於絲綢之路的歷史土壤, 重點面向亞歐非大陸, 同時向所有朋友開放. 不論來自亞洲, 歐洲, 還是非洲, 美洲, 都是'一帶一路'建設國際合作的伙伴. '一帶一路'建設將由大家共同商量, '一帶一路'建設成果將由大家共同分享." (2017. 5. 14) 習近平「攜手推進'一帶一路'建設」, 『'一帶一路'國際合作高峰論壇重要文輯』, 人民出版社, 2017年 5月, 13면.
44 史平: "'一帶一路'借用古代絲綢之路的歷史符號." 「從絲綢之路到'一帶一路'對古代絲綢之路的再認識」, 『青春歲月』 2015. 18.
45 顧永: "可見, '一帶一路'經濟帶的建設, 在順應時代要求的同時, 也是古絲路(古代絲綢之路一筆者)的一個傳承與延續, 兩者之間有聯系也有差異." 「芻議'一帶一路'與古代絲綢之路」, 『新西部』, 2017年 4月 下旬刊.
46 高峰: "追古思今, 我們重溫那一頁頁輝煌, 來思考如何繼承古代絲綢之路的精神(…)." 「從古絲綢之路到'一帶一路'建設」, 『北方經濟』 2015年 4號.
47 "古代絲綢之路深厚的歷史積淀, 具有重要的實踐價值, 他不僅是'一帶一路'倡議的思想源頭, 而且是共建'一帶一路'的行動基礎." 李國强「古代絲綢之路的歷史價値及對共建'一帶一路'的啓示」, 『求是』 2019年 第1期.
48 '실크로드 경제대와 21세기 해상실크로드'를 병행적으로 거론함으로써 마치 실크로드에는 2대 길(실크로드의 이원론二元論)이 있는 것처럼 비쳐지는데, 이것은 분명히 오류다. 하나의 복합개념인 실크로드에는 간선만도 오아시스실크로드(육로)와 해상실크로드, 초원실크로드 세갈래가 있다. 따라서 '실크로드 경제대'는 의당 '오아시스실크

로드 경제대'로 바로잡아야 할 것으로 본다.

49 烏圖俠「古代絲綢之路與當今'一帶一路'」,百度文庫, 2016. 4. 16. 그는 이 글에서 고대 실크로드와 '일대일로'의 무관성(無關性)을 다음과 같이 주장한다. 즉 "古今絲綢之路的區別, 從時代背景來講, 古代絲綢之路出現在農業社會的自然經濟條件下, 今天一帶一路出現在工業化, 信息化和經濟全球化的時代. 從範圍上講, 古代陸上絲綢之路是連接歐亞的陸上通道, 海上絲綢之路是中國與印度洋各國間的海上通道, 而當今的一帶一路則是覆蓋全球, 包括南北美洲的經濟文化交流網路. 從經濟交流方式看, 古代絲綢之路是商品輸出, 卽東西方物産, 商品的貿易往來, 而今天則在商品輸出的同時, 資本輸出, 卽對外投資, 也成爲經濟交流的重要手段. 從交通方式來看, 古代海上絲綢之路主要利用古帆船, 陸上絲綢之路則利用人力和畜力, 當今絲綢之路則利用公路, 鐵路(歐亞大陸橋), 航空, 遠洋航運等現代交通技術以及現代通訊技術展開了高效便捷的交往."

50 거젠슝(葛劍雄, 1945~)은 역사지리와 인구사, 이민사의 저명한 학자로, 푸단(復旦)대학의 중국역사지리연구소 소장과 도서관장을 역임하고, 2020년 현재 교육부사회과학위원회 위원 겸 12기 전국인민정치협상회의 위원과 중앙문사연구관(中央文史研究館) 관원직을 맡고 있다. 저술로는 『중국인구사(中國人口史)』 등 역사학 전공서 20여권과 논문 100여편이 있다.

51 "這個絲綢之路, 很多人以爲是中國(人)走路開闢的, 我說連名字沒有的, (…) 這開絲綢之路對中國本身的歷史上起到的作用很有限, (…) 我們沿用了絲綢這個概念. 但實際上, 我們今天的'一帶一路', 不是歷史上絲綢之路再現或延續, 這是一種倡新 (…) 歷史上的絲綢之路是客觀形成的, 維護他的主要動力來自外界, 而不是中國內部, 就是講貿易也是如此. 中國歷來沒有一個對外貿易的概念, 中國人認爲自己天朝大國, 無所不有, 不需要依賴外界." (…) 歷史上的朝貢貿易, 基本上中國是虧本的. 一直到清朝末年, 中國始終缺少開拓外貿的積極性, 都是被動的. 但今天的'一帶一路'是在我們的主動下的." 葛劍雄, 騰訊記者面談, 2017. 5. 11.

52 헤로도토스의 저서 『역사』에서 처음 밝혀진 '왕의 길'이란, 기원전 6세기 페르시아제국이 페르시아의 수사(Susa)와 아나톨리아(튀르키예) 서단 사이를 잇기 위해 개척한 육로로, 길이는 약 2475km에 달한다. 졸저『고대문명교류사』, 사계절 2001, 624면.

제11장

1 인성(人性)이란 인간다움의 품성을 뜻하고, 지성(知性)이란 인간의 지적 능력을 말하며, 신성(神性)은 신의 절대성에 대한 믿음을 일컫는다.

2 피터 크리스프 글, 피터 데니스 그림『콜럼버스』, 남경태 옮김, 문학동네 2005. 같은 책 뒤표지에는 '신대륙을 발견한 용기 있는 탐험가 콜럼버스'라고 소개되어 있으며, 책의 전반적 내용도 그러하다.

3 Gavin Menzies, *1421: The Year China Discovered The World*, Bantam Books 2002; 한국어

판은 개빈 멘지스『1421: 중국, 세계를 발견하다』, 조행복 옮김, 사계절 2004.
4 물론 아문센(Roald Amundsen)을 소개하는 글이 실려 있는 등 앞의 책들에 노르웨이인이 전혀 다뤄지지 않은 것은 아니다. 그러므로 노르웨이를 비롯한 북방 해양민족(비크족)의 속국으로 시달림을 받았던 수모 때문에 헤위에르달에 대해 저평가한다고 보는데에는 어폐가 있지만, 그의 주장이 논쟁과 갈등을 가져왔을지라도 그에 대한 집단 따돌림에 가까운 무시와 냉대는 과도한 것이 사실이다.

제12장

1 丁毓玲「泉州宋元時期海上交通與伊斯蘭網路」,『고대 동아시아 바닷길』, 국립해양문화재연구소·목포대학 도서문화연구소 공동주최 국제학술대회 발표논문집, 2009.
2 李佐賢『古泉匯』「亨集」卷4.
3 初尙齡『吉金所見錄』. 일본의 오꾸다이라 카사미나미(奧平笠南)도 논문「명도고(明刀考)」에서 명도전은 '조도(趙刀)'가 아니라 '연도(燕刀)'라고 주장했다.
4 梁嘉彬「從韓國明刀出土看東漢以前的中韓交通」,『中韓文化論集』, 現代國民基本知識論叢第三輯, 中華文化事業委員會 1955, 53면.
5 최몽룡「고대국가성장과 무역」, 역사학회 엮음『한국 고대의 국가와 사회』, 일조각 1985, 70~75면; 윤무병「명도전의 문제」,『한국사 1』, 국사편찬위원회 1973, 326~30면; 사회과학원 고고학연구소『조선고고학개요』, 평양: 과학·백과사전출판사 1977, 139~57면; 사회과학원 력사연구소『조선전사 2』, 평양: 과학·백과사전출판사 1977, 63~64면; 藤田亮策「朝鮮發明の明刀錢と其遺跡」,『京城帝大文學會論纂』7輯, 1937; 졸저『신라·서역교류사』, 단국대학교출판부 1992, 475면.
6 『三國史記』卷18「高句麗本紀」第6 '故國原王 12年 10月'條.
7 『三國志』魏書 卷30「烏丸傳」.
8 『資治通鑑』卷197「唐紀」13 '太宗貞觀 19年'條.
9 같은 책 卷181「隋紀」5 '煬帝大業 7年'條.
10 오늘날 베이징에서 출발해 산하이관(山海關)과 진저우(錦州)를 지나 북진해 선양까지 통하는 징선(京瀋) 철도도 신민(新民, 통정진통정진通定鎭)에서 상술한 차오양(朝陽)—선양(瀋陽) 철도와 합류해 랴오허를 건넌다.
11 高士奇「扈從東巡日錄」,『遼海叢書』第1集; 嚴耕望「唐代交通圖考」第5卷 篇伍貳 幽州東北塞諸道四 1985, 1769면.
12 『三國史記』卷21「高句麗本紀」第9 '寶藏王 4年 5月'條;『資治通鑑』卷197「唐紀」13 '太宗貞觀 19年 5月'條;『南唐書』卷18「契丹傳」.
13 嚴耕望, 앞의 책 1768면.
14 『新唐書』卷43「地理志」'廣州通海夷道'. 그러나『황화사달기(皇華四達記)』에는 영주에서 동쪽으로 안동도호부(安東都護府) 고성(故城)까지는 약 700리라고 기술하고 있다.

15 『太平寰宇記』 卷69 幽州目과 卷70의 薊州目; 『欽定大淸一統志』 順天府卷 古蹟目 '潞縣 故城' 條; 『資治通鑑』 卷72 州郡序目 「盧龍道篇」.
16 『太平寰宇記』 卷70 薊州目과 平州目; 『唐會要』 卷71, 河北道; 洪皓 『松漠紀聞』.
17 『資治通鑑』 卷178 「隋紀」 2 '文帝開皇 18年' 條; 卷182 「隋紀」 6 '煬帝大業 9年' 條; 卷198 「唐紀」 14 '太宗貞觀 19年' 條; 卷264 '天復 3年' 條.
18 『資治通鑑』 卷169 '後梁 貞明 3年' 條; 『舊五代史』 卷137 「契丹傳」 에서도 700리로 계산하고 있으나, 『五代會要』 卷29 「契丹傳」 에는 741리로 되어 있다.
19 李宜顯 『陶谷集』 卷29 「壬子燕行雜識」.
20 『통전(通典)』의 기록에 따르면, 장안(長安)에서 유주(幽州) 사이에 있는 역명과 거리(장안으로부터의 거리)는 다음과 같다. 유주 2523리, 모주(莫州) 2310리, 영주(瀛州) 2210리, 이주(易州) 2197리, 심주(深州) 2050리, 더저우(德州) 1982리, 기주(冀州) 1950리, 패주(貝州) 1810리, 박주(博州) 1770리, 위주(魏州) 1560리. 『태평환우기(太平寰宇記)』와 『구당서(舊唐書)』 『원화군현지(元和郡縣志)』에도 유사한 기록이 있다.
21 『漢書』 卷28 「地理志」.
22 『史記』 卷6 「秦始皇本紀」.
23 유전적으로 보면, 한민족의 약 25%는 남방계이고 65% 정도는 북방계라는 주장이 있지만 신빙성은 별로 없으며, 지금까지의 연구결과로는 북방계가 우세를 차지하고 남방계가 그에 버금간다는 것이 학계의 중론이다.
24 벼는 자연환경, 특히 기후조건에 따라 재배 종류나 경작 방법이 다른데, 재배 종류는 인디카(Indica)와 자포니카(Japonica)로 대별되며, 경작 방법에는 단작(單作)과 윤작(輪作), 수도(水稻)와 육도(陸稻)가 있다.
25 한국문명교류연구소 연구원 양기문은 독학으로 타밀어를 배우고 나서 『타밀어 입문』(한국문명교류연구소 교양총서 2, 한국외국어대학교출판부 2014)과 『타밀어 기초회화』(한국외국어대학교 지식출판원 2016)를 저술 출간하였으며, 여러차례 타밀문화 관련 국제학술대회에 참석해 논문을 발표했다.
26 보통 아메리카대륙은 지리적 지역구분법으로는 북아메리카와 중앙아메리카, 남아메리카의 3대 부분으로 나누나 문화적 지역구분법으로는 앵글로아메리카와 라틴아메리카로 대별한다. 그런데 종족적으로 보면 북아메리카의 다수 주민은 앵글로색슨이므로 북아메리카를 일명 앵글로색슨아메리카라고 하며, 중앙아메리카와 남아메리카는 라틴족 계통의 주민이 다수이므로 통틀어 라틴아메리카라고 부른다. 멕시코와 기타 카리브해 지역은 지리적 지역구분법으로는 중앙아메리카이지만 주민의 다수가 라틴족이기 때문에 남아메리카와 함께 라틴아메리카라고 칭한다.
27 가선(加襈)은 의복의 소매 끝이나 섶, 깃 등에 다른 색의 천으로 선(襈)을 두르는 장식의 일종으로, 이러한 풍습은 삼국시대부터 성행하였으며, 고려와 조선시대까지 이어졌다. 김영숙 엮음 『한국복식사 사전』, 민문고 1988, 5면.
28 미국 애리조나의 투손(Tucson) 인디언박물관에 우리의 것과 똑같은 윷판이 인디언 조상의 유물로 소장되어 있다.

29 손성태는 2008년 6월 16일 '프레시안'의 박인규 기자와의 인터뷰(「중남미 아즈텍인들의 조상은 한민족」)에서 25년간(1950~75) 미국과 멕시코 학자들이 미국 서부지역과 멕시코 전역에 직접 들어가서 지역별로 언어를 채집해 4권의 책(1978~83)을 출간했는데, "거기에 보면 숱한 우리말들이 나오고 있습니다"라고 실례를 들어가면서 설명하였다.
30 손성태 『우리민족의 대이동: 아메리카 인디언은 우리민족이다 — 멕시코편』(코리 2014)과 앞의 박인규 기자와 손성태의 인터뷰(2008. 6. 16) 참고.
31 한반도의 빗살무늬토기는 제작 시기가 시베리아 것보다 1천년 이상 앞선 것도 있어, 일부에서는 한반도 빗살무늬의 자생설을 제기하고 있다.
32 Ibn Khurdādhibah, *Kitābu'l Masālik wa-al-Mamālik*, Leiden: Brill 1958, 228면.
33 예컨대 중국의 장싱랑(張星烺)은 영국의 동양학자 율(Henry Yule)의 견해를 인용해 신라의 대이슬람세계 수출품을 과래백(戈萊伯, Ghoraib, 인삼)·길납교(吉納膠, Gum Kino, 고량강)·노회(蘆薈)·장뇌(樟腦)·범포(帆布)·마안(馬鞍)·자기(磁器)·주단(綢緞)·육계(肉桂)·생강(生薑) 등 원전과는 품명이나 가짓수(10가지)가 다르게 소개하고 있다. 張星烺「古代中國與阿拉伯之交通」,『中西交通史料彙編』제3책, 中華書局 1978, 146면.
34 울산·울주향토사편찬위원회 엮음 『울산·울주향토사』, 울산문화원 1978, 464면.
35 이슬람력에서 성천(聖遷)이란 교조 무함마드가 신도 70여명을 이끌고 622년 메카에서 박해를 피해 메디나로 옮긴 것을 일컫는데, 아랍어로는 '히즈라'(Hijrah)라고 하며, 이해가 이슬람력 원년이다.
36 처용(處容)의 정체성 해명과 일정한 연관성이 있는 어의(語義)에 관해서 용설(龍說), 무설(巫說), 인명설(人名說), 음차설(音借說), 외래인설(外來人說), 불가지설(不可知說) 등 여러가지 설이 있는데, 아직껏 정설은 없다. 단, 필자는 당시 해로(해상실크로드)를 통한 신라와의 인적 내왕이 있었다는 점과 전해오는 '처용설화'나 「처용가」의 주제를 참조해 외래(外來)한 자연인(自然人)이라는 데 무게를 싣고 있다. 졸저 『신라·서역교류사』, 단국대학교출판부 1992, 325~28면 참고.
37 『三國史記』卷11「新羅本紀」第11, '憲康王 5年 春3月'條.
38 『三國遺事』卷2, 紀異 第2, '處容郎 望海寺'.
39 「처용가」는 879년(헌강왕 5년) 처용랑(處容郎)이 지은 8구체 향가(鄕歌)이며, 그 해독은 양주동(梁柱東)이 하였다.
40 중국 『舊唐書』권199, 「東夷傳」과 『魏書』권100, 「高句麗傳」의 기술에 의하면, 당시 한국인들이 착용한 복식의 공통점은 머리에 새의 깃을 꽂은 조우관(鳥羽冠)을 쓰고 있는 것이다. 이러한 조우관은 쌍영총(雙楹冢)을 비롯한 고구려 벽화 속에서 여러점 발견된다.
41 7세기에 들어서면서 고구려와 서역 제국은 모두 인접한 중국(수隋와 당唐)으로부터 끊임없이 침략을 당함으로써 항시 위협 속에서 동병상련(同病相憐)의 처지에 놓여 있었다. 당은 투루판 분지에 있는 고창국(高昌國, 639)과 서천(西遷)한 서돌궐국(640)을 차례로 공략했다. 한편, 고구려는 수와 당의 내침을 수차례에 걸쳐 물리쳤으나 위협은

사라지지 않았다. 그리하여 고구려는 돌궐을 비롯한 서역 제국과 제휴해 수와 당을 동과 서 방향에서 협공할 목적으로 그들과의 교섭을 진행하였다. 이렇게 중국의 침략으로 인해 나라의 운명이 풍전등화(風前燈火)일 때 오로지 구국의 일념으로 당에 대한 협공 결맹의 공동 목적을 위해 불원천리 험준한 초행길을 마다하지 않고 중앙아시아로 찾아간 것이다.

제13장

1 高楠順次郎「慧超傳考」, 『大日本佛教全書』 卷13: 『遊方傳叢書』 卷1, 東京 1915.
2 이 책 6권은 저자 원조(圓照)가 정원(貞元) 16년(800) 이전에 혜초(慧超)와 불공(不空) 등 10여명의 고승들이 쓴 총 180여수의 표제(表制), 사표(謝表), 답비제문(答批祭文) 등을 집록한 서적이다.
3 이와 관련해서는 高楠順次郎「慧超往五天竺國傳に就いて」, 『宗敎界』 11卷 7號, 1915, 18~19면도 참고.
4 『代宗朝贈司空大辨正廣智三藏和尙表制集』 卷3.
5 고병익「구도자의 끝없는 순례기: 왕오천축국전 혜초」, 현암사 엮음『한국의 명저』, 현암사 1969, 48~49면. 이 글 말미의 '신라승구법입당표'에 90여명 입당승들의 승명과 입당년, 귀국선, 문헌출처 등이 적혀 있다.
6 최남선(崔南善)은 1943년에 펴낸『新訂三國遺事』(三中堂書店 1943)의 부록「혜초 왕오천축국전(殘文)」에서 혜초는 약관에 당에 건너갔다고 했으며, 일본의 오오따니 카쯔마사(大谷勝眞)는 1934년에 쓴「慧超往五天竺國傳中の一二に就いて」(小田先生頌壽記念會 編『小田先生頌壽記念 朝鮮論集』, 大阪屋號書店 1934) 18면에서 혜초는 개원(開元) 10년(722) 무렵 30세를 전후한 시기에 남해를 출발해 도축(渡竺), 개원 17년(729)이나 18년경 장안(長安)에 돌아왔다고 한다.
7 혜초의 서문은 크게 세가지 내용인데, 첫째인 '譯經緣起'에서는 그의 귀당 후의 행적을 기록하고 있고, 둘째인 '述經祕義'에서는 5문(門) 9품(品)의 비밀교의를 약술하고 있으며, 셋째인 '說經頌'에서는 7언(言) 20구(句)의 게송(偈頌)을 소개하고 있다. 김영태「신라승 혜초에 대하여」, 『伽山學報』 3호, 가산불교문화연구원 1994, 25~30면 참고.
8 慧超「賀玉女潭祈雨表一首(幷答)」, 『代宗朝贈司空大辨正廣智三藏和尙表制集』 卷5: 『大正新修大藏經』 卷52, 855면.
9 P. Pelliot, "Deux Itinéraires de Chine en Inde á la fin du VIIIe Siécle," *Bulletin de l'Ecole Française d'Extrême-Orient*, Tome 4, 1904.
10 *The Hye Ch'o Diary: Memoir of the Pilgrimage to the Five Regions of India*, translated and edited by Han-Sung Yang, Yün-Hua Jan, Shotaro Iida, and Laurence W. Preston, Berkeley, Calif.: Asian Humanities Press/Seoul: Po Chin Chai Ltd. 1984.
11 桑山正進 編『慧超往五天竺國傳硏究』, 京都大學人文科學硏究所 1992.

12 張毅 箋釋 『往五天竺國傳箋釋』, 中華書局 1994.
13 고병익 「慧超 往五天竺國傳 硏究史略」, 백성욱박사송수기념사업위원회 엮음 『白性郁博士 頌壽記念 불교학논문집』, 동국대학교 1959.
14 고병익, 「혜초」, 『동아사의 전통』, 일조각 1976.
15 고병익 「혜초의 왕오천축국전」, 『東亞交涉史의 硏究』, 서울대학교출판부 1970.
16 溫玉成 「西行의新羅高僧: 原來是少林弟子」, 『中國文物報』 1992. 10. 18.
17 김영태, 앞의 글; 고병익 「'왕오천축국전' 해설」, 『東아시아文化史論考』, 서울대학교출판부 1997; 변인석 『唐 長安의 新羅史蹟』, 아세아문화사 2000; 변인석·진경부·이호영 『중국 명산 사찰과 해동 승려』, 주류성 2001.
18 『혜초의 왕오천축국전』, 정수일 역주, 학고재 2004.
19 이 탈라스전투 기념비와 기념관 건립 과정의 자초지종에 관해서는 당시 끼르기스스딴 코이카(KOICA)사무소에 근무하며 건립 실무를 담당하고 있던(건립을 마무리한 후에는 여행사를 운영) 추성훈 선생과의 통신을 통해 자세히 전해들었다. 추선생은 실무협의차 두차례나 한국문명교류연구소를 찾아오셨다. 추선생의 관심과 열정, 그리고 노고에 다시 한번 깊은 감사의 말씀을 드리는 바이다.
20 과문(寡聞)에 의하면, 서양 학계의 고선지 관련 글로는 영국의 탐험가 마크 아우렐 스타인(Mark Aurel Stein)과 프랑스의 동양학자 에두아르 샤반(Édouard Chavannes)이 그들의 탐험기 등의 저서에서 고선지의 서정(西征)에 관해 간략하게 언급한 바는 있으나, 전문 연구논저는 별로 없다.
21 감군(監軍)이란 천자의 명으로 각 군에 배치되어 지휘관의 작전과 거동을 살펴서 천자에게 직보(直報)하는 감시정보관으로서 군 내에서 특수한 지위를 차지하고 있다.
22 이상의 고선지 약력은 『舊唐書』 卷108, 列傳 第54, 「高仙芝傳」; 『新唐書』 卷135, 列傳 第60, 「高仙芝傳」; 『舊唐書』 卷108, 列傳 第54, 「封常淸傳」; 『資治通鑑』 卷217, 「唐紀」 33 등 관련 서적에 나오는 내용을 종합한 것이다.
23 여기서의 탈라스(Talās)는 서투르키스탄의 강명으로, 이 강은 텐산(天山)산맥의 한 지맥인 탈라스산에서 발원하여 무준산맥(Mujun-Kum)에서 잠몰(潛沒)하는 중앙아시아 최대의 강이다. 그 강가에 자리한 석국(石國)이 동진하는 이슬람군과 결맹해 현 끼르기스스딴과 우즈베끼스딴의 접경 지대를 관통하는 탈라스강 변에서 고선지의 당군과 일전을 벌였다.
24 "家財鉅萬 頗能散施 人有所求 言無不應." 『舊唐書』 卷108, 列傳 第54, 「高仙芝傳」.
25 747년 당 현종(玄宗)은 안서부도호(安西副都護)로 파격적인 승진을 한 고선지를 행영절도사(行營節度使, 전선 총사령관)로 임명해 토번(吐蕃)과 결탁해 호시탐탐 반당(反唐)을 꾀하고 있는 소발률(小勃律, 현 파키스탄 카슈미르 북서부 길기트 지역) 원정에 파견하였다. 고선지는 1만여 기병을 이끌고 장안(長安)에서 9천리 떨어진 험산준령 길을 100여일 만에 돌파해 목적지에 도착했다. 여기서 군사를 동·서·중 3로로 나눠 행동한 후 산하(山下)의 연운보(連雲堡)에서 회합하기로 한 뒤, 고선지는 기병 3천명을 이끌고 중로로 연운보를 공략하기로 하고 힌두쿠시산맥 중에서도 직하(直下) 40여리 거

리인 해발 1만 5천 피트의 가장 험준한 탄구령(坦駒嶺, 현 다르코트Darkot 고개)을 출발지로 택해 하산 작전을 개시하였다. 이미 100여일 동안이나 계속된 강행군에 지칠 대로 지친 원정군에게 이 준산험로의 하산 작전은 실로 버거운 최후의 일전이었다. 병사들 속에서는 더이상의 전진을 멈추자는 동요의 분위기가 감도는데다가 감군(監軍) 변영성(邊令誠)을 비롯한 일부 소극적 지휘관들마저도 이러저러한 구실을 대면서 전진을 제지하려고 시도했다. 그러나 백전백승의 용장 고선지는 당의 명운이 걸려 있는 이 원정을 중도에 포기할 수는 없었다. 고선지는 난국을 타개할 한가지 기발한 위장기계(僞裝奇計)를 고안해냈다. 즉, 진군에 앞질러서 군사 20여기(騎)를 공격목표인 아노월성(阿弩越城)의 적병으로 위장시켜 산하에서 자신들을 열렬히 영접하는 체하도록 함으로써 원정군 병사들의 사기를 한껏 북돋아주어 3일 만에 승전고를 울리며 목적지에 입성하였다.

26 『舊唐書』卷108, 「高仙芝傳」.
27 『舊唐書』卷108와 『新唐書』卷135의 「高仙芝傳」.
28 현규환 『한국유이민사 上』, 어문각 1967, 91면.
29 沈福偉 『中國文化交流史』, 上海人民出版社 1985, 132면.
30 杜環 『經行記』. 원문은 망실(亡失)되고 두우(杜佑)의 『통전(通典)』 권192~193에 그 일부가 채록되어 있는데, 총 2300여자에 불과하다.
31 Aurel Stein, "A Chinese Expedition across the Pamirs and Hindukush, A. D. 747," *The Geographical Journal*, Vol. 59, No. 2, 1922.
32 귀곡천계(貴鵠賤鷄)는 고니를 귀하게 여기고 닭을 천하게 여긴다는 뜻에서, 드문 것은 귀하게 여기고 흔한 것은 천하게 여기게 됨을 비유적으로 이르는 말로서, 이역 땅에 나가 사는 동포는 으레 귀하게 여겨야 하고, 국내에서 함께 사는 사람은 천하게(평범하게) 여겨야 하는 것이 인간의 상정(常情)이라는 비유의 뜻으로 쓸 수 있다.
33 『後漢書』, 列傳 第68卷, 「蔡倫傳」. 허신(許愼)과 방이지(方以智) 등 일부 학자들은 채후지(蔡侯紙) 이전에도 서(絮), 솜) 등을 원료로 한 제지술이 있었다고 주장한다.
34 『通典』卷192~193; 杜環 『經行記』.
35 이 책을 펑청쥔(馮乘鈞)은 『路程國土志』라고 하였으나(沙畹 『西突闕史料』, 馮乘鈞 譯, 商務印書館 1935, 207면), 필자는 『제 도로(諸道路) 및 제 왕국지(諸王國志)』(*Kitābu'l Masālik wa-al-Mamālik*)로 본다.
36 Joseph Karabacek, *Das arabische Papier*, Vienna: Verlag der Kaiserl. Königl. Hof- und Staats- druckerei 1887, 112면.
37 같은 책 113면.
38 沙畹, 앞의 책 216면.

제14장

1 V. S. Naipaul, "Our Universal Civilization," The 1990 Wriston Lecture, The Manhattan Institute for Policy Research, *New York Review of Books*, October 30, 1990, 20면.
2 새뮤얼 헌팅턴 『문명의 충돌』, 이희재 옮김, 김영사 1997, 69면.
3 「보편문명의 뜻 파악해 비판하는 문제 나와: 2007 정시논술-⑤ 이화여대」, 『조선일보』 2007. 2. 7.
4 후꾸야마가 "자유주의적 시각에서 역사는 끝났다"라고 하는 것은 자유주의자들의 시각이나 입장에서 보면 소련을 비롯한 전후 사회주의 진영의 역사는 이제 종말을 고했다고 말하는 것으로 해석된다.
5 프랜시스 후꾸야마(Francis Fukuyama)는 1952년 미국 시카고에서 미국인 3세로 태어나, 코넬대학교와 하버드대학교 등에서 수학하고 정치학 박사학위를 받았다. 모든 법적 관계는 미국 국적자이지만, '일본계 미국인'이라는 점과, 이보다 더 중요한 것으로 고국의 선현(先賢)인 후꾸자와 유끼찌의 '탈아입구론'과 후꾸야마의 '서구의 보편문명론'이 일맥상통한 문명담론이라는 점에서 이 두 사람은 함께 엮이기도 한다.
6 헌팅턴, 앞의 책 243~44면. 헌팅턴은 "새로운 세계에서는 상이한 문명에 속하는 국가들과 집단들의 관계는 우호적이지 않고 대체로 적대적인 경향을 띨 것이다. 그중에서도 특히 갈등이 첨예하게 드러날 것으로 예상되는 관계는 문명 간의 관계다"라고 지적하면서, 서구와 비서구 간의 관계에서 가장 핵심적인 문제는 "서구 문화의 보편성을 관철하려는 서구──특히 미국──의 노력과 서구의 현실적 능력 사이에서 생겨나는 부조화"인데, 이러한 부조화는 서구의 이념이 보편타당하다는 견해가 확산되면서 "한층 심화되었다"고 평한다.
7 가치관이란 자연과 사회에 대한 인간의 주관적 요구를 만족시키는 가치를 중심으로 한 관점과 시각으로서, 여기에는 자연관·우주관·철학관·인생관·도덕관 등 다양한 내용이 포함되어 있다. 이러한 가치관은 본질적으로 인간의 심적 활동에 의해 규제되며, 주로 종교·예술·학문 등 문명 영역에서 표출된다.
8 "문명이란 인간의 육체적 및 정신적 노동을 통해 창출된 결과물의 총체로서 물질문명과 정신문명으로 대별된다. 문명의 생명은 공통적인 문명요소에 대한 공유성(共有性)이다." 졸저 『실크로드 사전』, 창비 2013, 256면.
9 문명의 3대 속성에 관해서는 같은 책 256~57면; 본서 3장 2절 참고.
10 헌팅턴, 앞의 책 243~44면. 주 6의 인용문 참조.
11 J. J. 클라크 『동양은 어떻게 서양을 계몽했는가』, 장세룡 옮김, 우물이 있는 집 2004, 12면.

제15장

1 인문학(humanities)은 자연과학(natural science)의 상대적 개념으로 주로 인간과 관련된 근본 문제나 사상과 문화 등을 중점적으로 연구하는 3대 학문 계보의 하나다. 여기에는 철학·문학·언어·예술·미술·종교 등 다양한 학문 분야가 포함된다.
2 19세기 유럽에서 일어난 지적 운동의 열매로 프랑스의 사회학자 오귀스뜨 꽁뜨(Auguste Comte)에 의해 개척된 사회학(sociology)은 사회관계의 근본 원리를 탐구하고, 사회의 조직이나 구성상의 여러 특징을 연구하는 3대 학문 계보의 하나다. 여기에는 인간의 물질생활이나 사회활동과 직간접적으로 관련된 정치·경제·군사·제도·법률·대외관계 등 여러 학문 분야가 망라되어 있다.
3 자연과학은 자연현상, 특히 자연의 합법칙성에 관한 이론체계를 연구하는 학문으로 3대 학문 계보 중 확장성이 가장 큰 학문이다. 그만큼 문명교류에 대한 그 결과물의 참여도도 높다. 자연과학 소속 학문으로는 물리학·화학·생물학·수학·해양학(oceanography)·지리학 등이 있다. 흔히 자연과학을 과학이라고도 한다. 자연과학은 자연현상에 관한 이론체계를 연구하는 학문이라고 해서 순수 이론 연구에만 머물지 않고 실험학문으로서 유용한 물질문명을 생산해냄으로써 문명의 교류에 부단히 기여한다.
4 필자는 졸저『실크로드학』(창작과비평사 2001, 20~21면)과『실크로드 사전』(창비 2013, 474~75면)에서 이러한 학술적 오류를 범하였다. 이 책 '여는 글'에서 이 점에 관해 '학술적 자기부정'을 통해 독자들께 사죄하고 양지(諒知)를 구하였다.
5 졸저『문명담론과 문명교류』, 살림출판사 2009, 254면.
6 명수죽백(名垂竹帛)은 이름을 죽간(竹簡)과 비단에 드리운다는 뜻으로, 이름이 역사에 길이 빛남을 이르는 말이다.

맺는 글

1 수학에서 공분모(公分母, 공통분모共通分母, 동분모同分母, common denominator)란 둘 이상의 서로 다른 분수를 크기가 변하지 않게 통분(通分)하였을 때는 분모를 말하는데, 인문학에서는 사회와 인간 관계에서 다른 것은 다 변해도 좀처럼 변하지 않는 근본 속성이나 관점, 민족이나 민속 등을 일컫는다.

인명 찾아보기

ㄱ

가서한(哥舒翰) 725
가탐(賈耽) 496, 498, 499, 500
감진(鑑眞) 408
강태(康泰) 493
개러드(Dorothy A. E. Garrod) 51, 791
거란(契丹) 644, 648, 806
거젠슝(葛劍雄) 533, 534, 823
건문제(建文帝) 585
게르만(German)족 90, 244, 317, 321, 322, 333, 341, 342, 343, 468
경려(景廬) 407
고병익(高柄翊) 710
고사계(高舍鷄) 724
고선지(高仙芝) 202, 250, 697, 700, 721~42, 776, 828, 829
공자(孔子) 97, 327, 422, 653
관구검(毌丘儉) 645
권덕규(權悳奎) 710
그랜트(Ulysses S. Grant) 608

그레코(Greco) 224, 492
그루쎄(René Grousset) 281, 810
그린맨(Emerson Frank Greenman) 545
금강지(金剛智) 701, 702, 704
기황후(奇皇后) 686
김알지(金閼智) 691
김옥균(金玉均) 751, 794
까르삐니(Giovanni de Piano Carpini) 469
까를로스 1세(Carlos I) 593, 594, 602
까브랄(Pedro Álvares Cabral) 182
까즈위니(Zakariyā Ibn Mohammad al-Qazwini) 741
꼬레이아(Gaspar Correia) 251
꼬르떼스(Hernán Cortés) 188, 601
꼬헤아(António Mendes Correa) 544
꿀우아(Culhua)인 668
뀌뇨(Nicolas Joseph Cugnot) 157, 435, 442
끄리오요(criollo) 288

ㄴ

나가사와 카즈또시(長澤和俊) 456, 800
나나크(Nānak) 171, 363
나다라사(羅茶羅乍) 501
나바호(Navajo)족 438, 819
나뽈레옹(Napoléon B.) 697
나이폴(Vidiadhar Surajprasad Naipaul) 744
난쇼오메(難升米) 409
네로익 니그로(Neroic Negro) 294
니그로(Negro) 294
니그리토(Negrito) 294
니끼쩐(Yury Gennadiyevich Nikitin) 683

ㄷ

다가마(Vasco da Gama) 182, 185, 298, 507~509, 553, 582, 583, 587, 588, 627
다리우스 1세(Darius I) 164, 165, 454, 477, 487
다리우스 3세(Darius III) 197
다윈(Charles R. Darwin) 106, 591
다이(Pierre d'Ailly) 575
단수실(段秀實) 732, 733
담징(曇徵) 739
당대종(唐代宗) 268, 704, 716
당태종(唐太宗) 454, 645, 688
당현종(唐玄宗) 704, 725, 726, 730, 828
대니얼(Glyn Daniel) 81
대렴(大廉) 671
덩퉈(鄧拓) 522
도무제(道武帝) 656
돌궐(突厥) 250, 468, 471, 699, 827
돌바크(Paul Henri Dietrich d'Holbach) 327
동천왕(東川王) 645
두숙몽(竇叔蒙) 268
두환(杜環) 250, 736
드 기뉴(Joseph de Guignes) 244, 323, 522, 796, 800
드 라쿠페리(Albert Étienne Jean Baptiste Terrien de Lacouperie) 323, 796, 800
드 레셉스(Ferdinand Marie de Lesseps) 606, 607
드라비다(Dravida)족 237, 487, 489
드로이젠(Johann Gustav Droysen) 165, 813
디아스(Bartholomeu Diaz) 508, 588
딩위링(丁毓玲) 461, 638
따찌셰프(Vasily Nikitich Tatishchev) 358
또스까넬리(Paolo Toscanelli) 573
뛰르고(Anne Robert Jacques Turgot) 73

ㄹ

라디노(ladino) 288
라스까사스(Bartolomé de Las Casas) 549, 555, 556
라시아스(Rachias) 491
라이프니츠(Gottfried W. Leibniz) 324, 325, 813
라지(al-Rāzī) 398
랑고바르드(Langobard)족 675
랑케(Leopold von Ranke) 110, 744
레오폴드 1세(Leopold Ⅰ) 746
레오폴드 2세(Leopold Ⅱ) 746, 747, 304

로도또(Rodoto) 544
로뷔(Torstein Raaby) 629
루브루키스(Gulielmus de Rubruquis) 469
루스벨트(Theodore Roosevelt) 602
뤄전위(羅振玉) 708
리광빈(李光斌) 461
리베(Paul Rivet) 544
리히트호펜(F. von Richthofen) 153, 226, 324, 430, 444, 476, 806

ㅁ

마까(Makah)족 664
마리누스(Marinus) 477
마스우디(al-Mas'ūdī) 494, 396
마젤란(Ferdinand Magellan) 186, 299, 452, 507, 511, 583, 588~90, 592~97, 623
마쯔모또 히데오(松本秀雄) 542, 658
만족(滿族) 404
만진(萬震) 495
맥닐(William H. McNeill) 577
맬서스(Thomas R. Malthus) 107
메드허스트(Walter Henry Medhurst) 522
메스띠소(mestizo) 189, 190, 283, 285, 287, 288
멘지스(Gavin Menzies) 522, 576
명선종(明宣宗) 580, 584
명성조(明成祖) 505, 578~80, 584, 585
명태조(明太祖) 29, 578, 585
모건(Lewis Henry Morgan) 75, 88, 101, 107, 147, 631, 800
모니스(Felipa Moniz) 546

모비우스(Hallam L. Movius) 43
모용황(慕容皝) 643, 646
몽떼스끼외(Charles Louis de Secondat Montesquieu) 325
몽케(Möngke) 208
묘견공주(妙見公主) 671
무함마드 97, 200, 204, 375, 379, 381, 388, 390~95, 422, 802, 804, 815~17, 826
문다(Munda)족 237
문일평(文一平) 710
물라또(mulato) 285, 288
뭄타즈 마할(Mumtaz Mahal) 173
뮐러(Harald Müller) 102, 105, 126, 131~35, 138, 767, 772, 799
미따무라 타이스께(三田村泰助) 578
미라보(Victor de Mirabeau) 73
미스기 타까또시(三杉隆敏) 457, 820
민영규(閔泳珪) 723

ㅂ

바르후만(Varxuman) 698, 699
바크(Bak)족 110, 323, 624, 796, 800
바투(Batu) 207, 208
박이문(朴異汶) 78, 79, 794
박현규(朴現圭) 711, 712
반달(Vandal)족 179, 802
반용(班勇) 176
반초(班超) 174~77, 228, 807
발보아(Vasco N. Balboa) 186, 188, 601, 803
발트제뮐러(Martin Waldseemüller) 511
범숙(樊淑) 739

법현(法顯) 450, 494, 522, 809
베르베르(Berber)족 202, 238, 396, 807, 808
베스뿌치(Amerigo Vespucci) 186, 286, 510, 802
변영섭(邊令誠) 726, 729, 732
변인석(卞麟錫) 711
보장왕(寶藏王) 645
볼떼르(Voltaire) 325, 326, 327, 813
볼리바르(Simón Bolívar) 293, 602, 665
봉상청(封常淸) 726, 731, 732
부그라 칸(Satuq Bughra Khan) 240
부랴뜨(Buryaad)인 542, 658, 659
부베(Joachim Bouvet) 324
브누아(M. Benoist) 68
브레이드우드(R. J. Braidwood) 50
브로델(Fernand Braudel) 94
브루스(Louis R. Bruce) 561, 562
비자야(Vijaya) 488
비크(Vik)족 328~57, 543, 635, 814, 824
뻴리오(Paul Pelliot) 707, 708
뽈로(Marco Polo) 99, 251, 262, 423, 469, 470, 502~504, 575, 706
쁠리니우스(G. Plinius) 575
삐꼴로미니(A. S. Piccolomini) 575
삐사로(Francisco Pizarro) 188, 803

ㅅ

사르마트(Sarmat)족 472, 474
사리삼문(娑里三文) 501
사마달(司馬達) 408
사이드(Edward W. Said) 101, 105, 117~21, 138, 796
사이또오 타다시(齊藤忠) 681

사카(Saka)족 472~73
상토(相土) 652
샤반(Édouard Chavannes) 741, 828
샤자한(Shāh Jahān) 173, 174
샤프꾸노프(Ernst Vladimirovich Shavkunov) 683
서고트(Visigoth)족 179, 468
서긍(徐兢) 270
서복(徐福) 653, 654
서비스(Elman Service) 42, 789
선덕제(宣德帝) → 명 선종
성익(成釴) 687
세제르(Aimé F. Césaire) 306
세종(世宗) 30, 409, 689
솀(Sem)족 222, 317
손권(孫權) 493
솔로몬(Solomon) 488
쇼오또꾸태자(聖德太子) 408
수로왕(首露王) 670, 671
수(Sioux)족 750
술라이만(Sulaimān al-Tājir) 499, 500
슈펭글러(Oswald Spengler) 78, 102, 103, 113, 122, 383
스미스(Adam Smith) 191
스미스(Grafton E. Smith) 101, 108
스키타이(Scythai)족 150~52, 223, 224, 231, 236, 242, 257, 279, 282, 427, 428, 464~67, 471~75, 655, 673, 690, 691, 806
스킬락스(Scylax) 487, 164
스타인(Mark Aurel Stein) 445, 697, 737, 828
스튜어드(Julian H. Steward) 107
스트라본(Strabon) 492

스펜서(Herbert Spencer) 101, 107
시진핑(習近平) 463, 513, 514, 516, 523, 524, 527, 530, 531, 535, 820, 821
싸르트르(Jean Paul Sartre) 306, 812
쌩고르(L. S. Senghor) 306, 812

ㅇ

아꼬스따(José de Acosta) 540
아라우까노(araucano) 288
아르테미스(Artemis) 673
아리안(Aryan)족(아리아인) 236~38, 450, 488, 674
아마도르(Manuel Amador Guerrero) 609
아소카(Asoka) 367, 368
아우랑제브(Aurangzeb) 168
아이누(ainu)족 147, 148
아잘(Sayyid Ajall) 577
아퀴나스(Thomas Aquinas) 376
아크바르(Akbar) 167~70, 172~74
아틸라(Attila) 243~45
안녹산(安祿山) 725
안데르손(Johan Gunnar Andersson) 323, 796, 800
알 킨디(al-Kindī) 401
알렉산드로스(Alexandros) 151, 152, 165, 166, 177, 196~99, 217, 235, 238, 315, 316, 365, 366, 428, 429, 450, 454, 488
압바스(Abū al-ʾAbbās) 729
앨프레드(Alfred the Great) 338
야마또족(大和族) 404
양부(楊什) 266
양상쿤(楊尙昆) 523

엄교(嚴畯) 268
에릭손(Leiv Eriksson) 340, 341
에우클레이데스(Eukleides) 384
엔히끄(Henrique) 508, 546, 588
엘까노(Juan Sebastián Elcano) 511, 596, 597
엘리자베스 1세(Elizabeth I) 183
엥겔스(Friedrich Engels) 80, 81
여대(呂岱) 493
여례(呂禮) 250, 739
영락제(永樂帝) → 명성조
예르마끄(Timofeyevich Yermak) 470
예수 97, 378, 379, 381, 382, 391, 392, 422, 566, 815
오고타이(Ogotai) 208, 469
오도릭(Odoric da Pordenone) 502, 504
오반도(Nicolas Ovando) 553, 554
오사(Åsa) 332
왕경홍(王景弘) 580
왕대연(汪大淵) 251
왕빈(王彬) 248
왕인(王仁) 406, 409
왕충(王充) 653
왕필(王弼) 71
요시미즈 쓰네오(由水常雄) 672, 673
우마르 1세(ʾumar) 201
우메사오 타다오(梅棹忠夫) 76, 77
우스만(uthmān) 201
우투샤(烏圖俠) 531, 532
울치(Ulchi)족 542
원성왕(元聖王) 680
원세조(元世祖) → 쿠빌라이
원위칭(溫玉成) 711
원자바오(溫家寶) 527

월리스(Doug Wallace) 541, 542
위찬옌(玉蟾嚴) 693
유향(劉向) 91
율리오 2세(Julius Ⅱ) 540
이능화(李能和) 710
이드리시(al-Idrīsī) 397
이브라힘(Ibrāhīm) 729
이븐 루슈드(Ibn Rushd) 180, 395
이븐 마지드(Ibn Mājid) 509
이븐 무슬림(Qutaib ibn Muslim) 202, 239
이븐 바이타르(Ibn al-Baiṭār) 398
이븐 살리흐(Ziyād Ibn Sālih) 740
이븐 시나(Ibn al-Sīnā) 395, 398
이븐 알 아라비(Ibn al-'Arabī) 180
이븐 알 아시르(Ibn al-Athīr) 240
이븐 지야드(Tāriq ibn Ziyād) 178
이븐 칼둔(Ibn al-Khaldūn) 396
이븐 쿠르다지바(Ibn Khurdādhibah) 500, 676
이븐 하즘(Ibn Hazm) 180
이사벨 여왕(Isabel I) 509, 547, 551, 564, 627
이사업(李嗣業) 732, 733
이세적(李世勣) 644
이수광(李睟光) 66, 67
이순지(李純之) 689
이스파하니(al-Isfahānī) 401
이승렬(李升烈) 697
이시도로스(Isidoros) 477
이시면(李時勉) 584
이의현(李宜顯) 648
이임보(李林甫) 725
이존(伊存) 407

이좌현(李佐賢) 640
일디암(Suat Yildirim) 379, 392
일축왕(日逐王) 175

ㅈ

장건(張騫) 174, 478, 534, 807
장섭(張燮) 252
장수왕(長壽王) 645
장이(張毅) 710
장족(藏族) 404, 773
장쩌민(江澤民) 527, 822
정길(鄭吉) 175
정인지(鄭麟趾) 689
정화(鄭和) 29, 247, 252, 263, 298, 299, 301, 463, 505~507, 522, 527, 574, 576~88, 809
제논(Zenon) 317, 813
젱하스(Dieter Senghaas) 135
조여괄(趙汝适) 251
주성왕(周成王) 487, 653
주신왕(周愼王) 641
주원장(朱元璋) → 명태조
주응(朱應) 493
주첸즈(朱謙之) 79, 80
주치(Juchi) 207
주표(朱標) 585
지셴린(季羨林) 716
진시황(秦始皇) 228, 489, 641, 653
진홍섭(秦弘燮) 681
질지(郅支) 243

ㅊ·ㅋ

차가타이(Chaghatāi) 207
차광호 718

채륜(蔡倫) 739
처용(處容) 695, 696
천루이더(陳瑞德) 463
천룽팡(陳榮芳) 461
천샤오메이(陳小媚) 119, 796
초상령(初尙齡) 640
최남선(崔南善) 710, 827
최한기(崔漢綺) 67, 68
축윤명(祝允明) 506, 580
칭기즈칸(Chingiz Khan) 207~209, 218, 219, 454, 805, 806
카라바체크(Joseph Karabacek) 739, 741
카를루크(Kharluk)족 732, 733
카비르(Kabīr) 171
카와리즈미(al-Khawārizmī) 399, 817
캐벗(John Cabot) 510
코리(Khori)족 657~59
코스마스(Cosmas) 494
콜럼버스(Christopher Columbus) 186, 193, 290, 291, 341, 356, 452, 507, 509~11, 522, 537~76, 582, 587, 588, 623, 626, 627, 635, 803, 811, 823
쿠빌라이(Khubilai) 214, 577, 686, 687
쿠와야마 쇼오신(桑山正進) 709
크로버(Alfred Louis Kroeber) 89
클라이브(Robert Clive) 184
클럭혼(Clyde Kluckhohn) 81, 89
클링(Kling)족 489
키루스 2세(Cyrus II) 162

ㅌ

타까꾸스 준지로오(高楠順次郎) 700, 701
타까다 토끼오(高田時雄) 709
타일러(Edward Burnett Tylor) 92, 93, 101, 107
태무제(太武帝) 656
토로니(Antonio Torroni) 541, 542
토르프(Liv Torp) 617
토인비(A. J. Toynbee) 75, 101, 110~16, 122, 273~76, 293, 341, 356, 383, 760, 764, 766, 771, 774, 797, 811, 816
툴루이(Tului) 208
튀르크(Türk)족 166, 167, 235, 236, 239~42, 245, 505, 727, 808, 816
티무르(Timūr) 174, 450, 454
티티아누스(Maes Titianus) 477

ㅍ

파라비(al-Farābī) 395, 401
페니키아(Phoenicia)인 222
페르난도 2세(Fernando II) 509, 547, 551
페리(William James Perry) 101, 109
펠리뻬 2세(Felipe II) 183
포르떼(Antonino Forte) 709
포어(C. J. Pore) 324
푸께(Jean-François Fouquet) 326
푸블리우스(Publius) 491, 492
푹스(Walter Fuchs) 708, 709
프톨레마이오스(Claudios Ptolemaeos) 286, 384, 397, 477, 573
플로루스(Lucius Annaeus Florus) 490
플로카무스(Annius Plocamus) 491
플루타르코스(Ploutarchos) 334, 575
피그미(Pygmy) 294
하네다 토오루(羽田亨) 708, 709
하르드라다 3세(King Hardrada III)

338~39

ㅎ

한강백(韓康伯) 71
한명제(漢明帝) 175, 176, 243
한무제(漢武帝) 174, 175, 243, 266, 406, 407, 454, 478, 807, 809
한(韓)민족 25, 404, 638, 657~59, 661~63, 666~68, 681, 683, 689~92, 697, 700, 706, 736, 737, 800, 825
한안제(漢安帝) 176
한족(漢族) 323, 404, 796, 816
한족(韓族) → 한민족
함무라비(Hammurabi) 222, 806
해럴드 2세(Harold II) 338
해리스(Nathaniel Harris) 634
핸버리 테니슨(Robin Hanbury-Tenison) 635
허셜(J. F. W. Herschel) 68
허황옥(許黃玉) 670~72
헌강왕(憲康王) 694
헌팅턴(S. P. Huntington) 90, 102, 105, 121~31, 132, 133, 135, 138, 276, 294, 362, 370, 371, 378, 744, 751, 752, 754, 759, 760, 765~67, 772, 788, 798, 811, 815, 830
헐버트(Homer B. Hulbert) 662
헤겔(G. W. F. Hegel) 99, 423
헤딘(Sven Anders Hedin) 445
헤르만(Albert Herrmann) 445, 476
헤울란(Knut Haugland) 629

헤위에르달(Thor Heyerdahl) 613~36, 824
헤이스(Rutherford B. Hayes) 608
현규환(玄圭煥) 723
현장(玄奘) 250, 450
혜초(慧超) 700~21, 776, 827
호메로스(Homeros) 334
호텐토트(Hottentot) 294, 295
홀(Basil Hall) 696, 697
홍순혁(洪淳赫) 710
홍이섭(洪以燮) 710
홍희제(洪熙帝) 584
후꾸야마(Francis Fukuyama) 750, 751, 830
후꾸자와 유끼찌(福澤諭吉) 72, 80, 751, 830
후마윤(Humayun) 167, 173, 174
후지따 토요하찌(藤田豐八) 708
후진타오(胡錦濤) 523, 527, 822
훈(Hun)족 243~46, 468, 808
훌라구(Hulagu) 208, 209
흉노(匈奴)족 83, 150, 151, 175, 176, 227, 229~31, 242~45, 257, 281, 282, 427, 428, 464, 467, 468, 471, 655, 685, 806, 807, 808, 810
흐르들리치카(Aleš Hrdlička) 540, 541
흥덕왕(興德王) 671, 680
히람(Hiram) 489
히미꼬(卑彌呼) 409
히팔루스(Hippalus) 224, 265, 491, 492
힉소스(Hyksos)인 196

서명 찾아보기

『1421: 중국, 세계를 발견하다』(*1421: The Year China Discovered The World*) 576
『726년경 서북 인도와 중앙아시아를 통과한 혜초의 순례행기』(*Huei-ch'ao's Pilgerreise durch Nordwest-Indien und Zentral-Asien um*) 708

ㄱ

『가족, 사유재산 및 국가의 기원』(*Der Ursprung der Familie, des Privateigentums und des Staats*) 80
『강희제전(康熙帝傳)』 324
『경론(經論)』 408
『경행기(經行記)』 250, 736
『고금식감(古今識鑑)』 578
『고대 이집트인들과 문명의 기원』(*The Ancient Egyptians and the Origin of Civilization*) 108
『고대문명교류사』 777
『고대사회』(*Ancient Society*) 88
『고천회(古泉匯)』 640
『교훈의 서』(*Kitāb al-'Ibar*) 396
『구당서(舊唐書)』 656, 657, 727, 825
『구약성서』 326, 488, 540
『국부론』(*The Wealth of Nations*) 191
『그란트 사히브』(*Granth Sāhib*) 171, 363
『근본적인 것들: 진리의 증언』(*The Fundamentals: A Testimony to the Truth*) 377
『기독교풍토기』(*The Christian Topography*) 494
『기하원론』(*Stoicheia*) 384
『꾸르안』(*al-Qurān*) 375, 379, 388, 390~93

ㄴ·ㄷ

『남주이물지(南州異物志)』 495
『남해지(南海志)』 28

『노래의 책』(Kitābu'l Aghānī) 401
『노래책』(Plateyjarbok) 341
『논어(論語)』 406, 409
『논형(論衡)』 653
『담천(談天)』→『천문학개요』
『당동하사자정전(唐東夏師資正傳)』 711
『대당서역기(大唐西域記)』 250
『대사(大史)』 488
『대승유가금강성해만수실리천비천발대교왕경(大乘瑜伽金剛性海曼殊室利千臂千鉢大敎王經)』 703~705
『대일본불교전서(大日本佛敎全書)』 709
『대정신수장서(大正新修藏書)』 709
『대종조증사공대판정광지삼장화상표제집(代宗朝贈司空大辦正廣智三藏和尙表制集)』 701
『덕치 혹은 도덕을 기초로 한 정부』(Éthocratie ou Le gouvernement fondé sur la morale) 327
『도덕경(道德經)』 326
『도이지략(島夷志略)』 251
『동방견문록』(Le Devisement du monde) 99, 251, 423, 470, 502, 575, 706
『동방기행』(The Eastern Parts of the World Described) 504
『동서양고(東西洋考)』 252
『둔황석실유서(敦煌石室遺書)』 708
『둔황유서(敦煌遺書)』 708

ㄹ~ㅂ

『런던교 만조시간표』(A Correct Tide-Table, Shewing the True Times of the High-Waters at London-Bridge) 268
『로마사 개요』(Epitome of Roman History) 490
『리그베다』(Rig-veda) 488
『명사(明史)』 29, 252
『문명 안으로』 84
『문명론개략(文明論之槪略)』 72, 80
『문명의 공존』(Das Zusammenleben der Kulturen) 131, 138, 767
『문명의 보고 라틴아메리카를 가다』 588, 597, 663
『문명의 성장』(The Growth of Civilization) 109
『문명의 위기와 문화의 전환: 생태학적 세계관을 위하여』 79
『문명의 충돌과 세계질서의 재편』(The Clash of Civilizations and the Remaking of World Order) 121, 122, 131, 370, 744, 751, 766, 772
『문화 이론 사전』(Cultural Theory) 92, 795, 809
『문화』(Culture) 89
『문화철학(文化哲學)』 79
『바스꾸 다가마』(Vasco da Gama) 251
『박물지』(Naturalis Historia) 575
『본생담』(Jātaka) 488
『부남이물지(扶南異物志)』 493
『부남토속전(扶南土俗傳)』 493
『부도경(浮屠經)』 407
『북유럽 세계사』 328, 814

ㅅ

『사기(史記)』 228
『산해경(山海經)』 653

『삼국사기(三國史記)』 643, 645, 694
『삼국유사(三國遺事)』 670, 694
『서구의 몰락』(Der Untergang des Abendlandes) 102
『서설(序說)』(al-Muqaddimah) 396
『서양번국지(西洋番國志)』 29
『서역도기(西域圖記)』 481
『선화봉사고려도경(宣和奉使高麗圖經)』 270
『설원(說苑)』 91
『성기운화(星氣運化)』 67, 68
『세계정신을 탐험한 위대한 한국인 '혜초'』 711
『손자병법(孫子兵法)』 416
『송사(宋史)』 501
『시경(詩經)』 652
『신기통(神氣通)』 67
『신당서(新唐書)』 496, 649, 694, 698, 727
『신라·서역교류사』 721
『신정 삼국유사(新訂三國遺事)』 710
『실크로드 대사전(絲綢之路大辭典)』 456, 458, 459, 462
『실크로드 도록』 777
『실크로드 사전』 25, 693, 777
『실크로드 지식 사전(シルクロードを知る事典)』 456, 462
『실크로드학』 25, 777

ㅇ

『아쿠아쿠: 이스터섬의 비밀』(Aku-Aku: The Secret of Easter Island) 632
『안식일에 지구는 푸르렀다』(Green Was the Earth on the Seventh Day) 618, 632
『알마게스트』(Almagest) 384
『앵글로색슨 연대기』(Anglo-Saxon Chronicle) 336
『약초학』(al-Maghnā fi'l Adawiyati'l Mufradah) 399
『양서(梁書)』 494
『에리트레아 항해지』(Periplus Maris Erythraei) 224~25, 492
『여행과 제왕국지』(Journeys and Kingdoms) 740, 741
『역경(易經)』 71
『역사』(Historiae) 223, 464~66, 477, 478, 487, 823
『역사의 연구』(A Study of History) 110, 111, 115, 764, 797, 816
『예언서』(Libro de las profecías) 564~66
『오리엔탈리즘』(Orientalism) 119, 121, 138
『오시외국전(吳時外國傳)』 493
『옥시덴탈리즘』(Occidentalism) 119, 796
『왕오천축국전(往五天竺國傳)』 700~21, 776
『원시문화(原始文化)』 92
『원주민들의 자연과 인간의 역사』(Historia natural y moral de las Indias) 540
『원초 연대기』(Primary Chronicle) 337
『위대한 탐험가들』(The Great Explorers) 635
『위서(魏書)』 656
『유사 이전의 간쑤』(Preliminary Report on Archaeological Research in Kansu)

323
『음악전서』(Kitābu'l Mūsīqī'l Kabīr) 401
『의학전범』(al-Qānūn fī al-Tibb) 398
『의학집성』(Jāmi'al-Hasīd) 398
『이마고 문디』(Imago Mundi) 575
『인구론』(An Essay on the Principle of Population) 107
『인류의 벗』(L'ami des hommes) 73
『일체경음의(一切經音義)』 706~709

ㅈ

『자치통감(資治通鑑)』 644, 648, 727
『잡부』(Samyuitha Nikaga) 488
『전기』(Parallel Lives) 575
『전문기(前聞記)』 506, 580
『전염병의 세계사』(Plagues and Peoples) 577
『정화항해도(鄭和航海圖)』 267, 270, 506, 580, 587
『제 도로 및 제 왕국지』(Kitābu'l Masālik wa-al-Mamālik) 500, 676, 829
『제번지(諸蕃志)』 251
『젠드아베스타』(Zend-Avestā) 237
『조모입녀병풍하첩문서(鳥毛立女屛風下貼文書)』 678
『조선 서해안과 대(大)류우뀨우섬 탐험 항해기』(Account of a Voyage of Discovery to the West Coast of Corea, and the Great Loo-Choo Island) 696
『조선명인전』 710
『조선사강좌』 710
『조선유기(朝鮮留記)』 710
『조수론(潮水論)』 268
『종의 기원』(On the Origin of Species by Means of Natural Selection) 106, 285
『중국』(China) 444, 806
『중국과 인도 소식』(Akhbāru'd Sin wa'l Hind) 499
『중국근황』(Novissima Sinica) 324, 325, 813
『중국문명 서방기원설』(Western Origin of the Early Chines Civilisation from 2,300 B.C. to 200 A.D.) 323, 796
『중원진공노정기(中原進貢路程記)』 649
『지구도설(地球圖說)』 68
『지구전요(地球典要)』 67
『지리지』(Geographiē) 492
『지리학입문』(Geographike Hyphegesis) 477, 573
『지봉유설(芝峯類說)』 67
『진랍풍토기(眞臘風土記)』 28

ㅊ~ㅎ

『처용연구전집(處容硏究全集)』 696
『천문학개요』(Outlines of Astronomy) 68
『천애(天涯) 횡단 갈망자의 산책』(Nuzhatu al-Mushtāq fī Ikhtirāqi al-Afāq) 397
『천연두와 홍역』(al-Hasbah wa-al-Judari) 398
『천자문(千字文)』 406, 409
『철학사전』(Dictionnaire philosophique, portatif) 326
『최초의 문명들』(The First Civilizations) 81
『칠정산내편(七政算內篇)』 689
『칠정산외편(七政算外篇)』 689

『콘티키 탐험기』(The Kon-Tiki Expedition: By Raft Across the South Seas) 632
『크리티아스』(Kritias) 538
『탐험가와 탐험』(Explorers and Exploration) 634~35
『태양호 갈대배 원정기』(The Ra Expeditions) 632
『통문관지(通文館志)』 649
『티마이오스』(Timaios) 538
『파르티아 도정기』(Parthian Stations) 477
『하디쓰』(al-Ḥadīth) 379, 380, 393
『한서(漢書)』 227, 478, 480, 489, 640
『항해일지』(Libro de la Primera Navigación) 548, 555, 574, 575
『해교지(海嶠志)』 268
『해상실크로드의 친선사절: 서양편(海上絲綢之路的友好使者:西洋篇)』 463
『해운도설(海運圖說)』 30
『헬레니즘 역사』(Geschichte des Hellenismus) 165, 813
『혜초 왕오천축국전 연구(硏究)』 709
『혜초 왕오천축국전 이록(迻錄)』 709
『혜초 왕오천축국전 전석(箋釋)』 708
『혜초의 왕오천축국전』 713, 828
『혜초의 일기』(The Hye Ch'o Diary) 709
『호암사화집(湖巖史話集)』 710
『환관(宦官)』 578
『황금초원과 보석광』(Murūj al-dhahab wa maʻādin al-jawāhir) 396, 494
『후한서(後漢書)』 739
『히스토리아』(Historia rerum ubique gestarum) 575

지명 찾아보기

ㄱ

가배(伽倍) 481, 482
가지(柯枝) 582
가팔산(加八山) 501
가현리(佳峴里) 692
간다라(Gandhara) 365, 450, 477, 479, 482
갈반타(喝槃陀) 482
갈사국(羯師國) 727
갈승저국(葛僧祇國) 497
강거(康居) 228, 243, 480
강국(康國) 482, 739
갠지스(Ganges)강 197, 446, 450, 494
거란도(契丹道) 474, 475
건원보리사(乾元菩提寺) 705, 715, 719
게드로시아(Gedrosia)사막 198
견곤(堅昆) 243
경주(慶州) 475, 476, 484, 485, 647~51, 678, 680, 681, 688, 692, 703
계(薊) 641

계빈(罽賓) 479
계주(薊州) 647, 648
고라국(古羅國) 501
고비(Gobi)사막 109, 175, 414, 446, 465, 476, 624
고아(Goa) 182, 183, 236, 512, 802
고창(高昌) 447, 480~83, 826
곤륜양(崑崙洋) 506, 580
과떼말라시티(Guatemala City) 665
과떼말라시티 고고학 및 민족학 박물관 665
광둥(廣東) 490, 494, 496, 501, 505, 579
광부(廣府) 499
광저우(廣州) 28, 29, 228, 250, 446, 447, 489~91, 496, 498~502, 504, 512, 518, 702, 703
광주(廣州) → 랴오중
괘릉(掛陵) 678, 680
교란산(交欄山) 582
교지(交趾) 153

구륜박(俱輪泊) 657
구성산(九星山) 501
구자(龜玆) → 쿠처
구주석(九州石) 496
구항(舊港) 506, 580, 582
국립경주박물관 681
국립중앙박물관 717, 718
그라나다(Granada) 178, 180
그레시크(Gresik) 252
그린란드(Greenland) 339, 340, 343
금성(金城) → 경주
급란단(急蘭丹) → 켈란탄
기두양(㠻頭洋) 506, 580
기원정사(祇園精舍) 719
기주(冀州) 649, 825
길다동(吉多洞) 641
길달국(吉笪國) 497
김해(金海) 671, 692
까라까스(Caracas) 665
까마(Kama)강 470
께뜨살꼬아뜰(Quetzalcóatl) 신전 666
께르치(Kerch) 474
꼬르도바 대사원 180
꼬르도바(Córdoba) 178~80, 202, 547
꼬리깐차(Qorikancha) 664, 803
꼭셰따우(Kokshetau) 475
꼴라 미께리(Colla Micheri) 626
꼴론(Colon) 604, 610
꾸스꼬(Cuzco) 193, 664, 803
꿀오바(Kul'oba) 474
끼또(Quito) 665, 811
끼예프(Kiev) → 끼이우
끼이우 208, 337, 355, 451, 469

ㄴ

나라(奈良) 502
나망간(Namangan) 465
나물단산(㪍勿丹山) 501
나소(Nassau) 329, 357, 814
나이로비(Nairobi) 518
나이저(Niger)강 54, 55, 306, 692
나일(Nile)강 59, 197, 224, 478, 487, 488
난징(南京) 504, 506, 578~81
남중국해 486, 703
남평(南平) 641
네가파타나(Negapatana) 251
네쿠베란(Necuveran) 503
노르망디(Normandie) 343
노보고르데예프카(Novogordeevka) 475, 683
노인울라(Noin Ula) 230, 242, 467, 475, 807, 810
노현(潞縣) 647, 648
누란(樓蘭) 230, 478, 481~83, 651
뉴서우산(牛首山) 579
뉴허량(牛河梁) 146
능산(陵山) 496
니사(Nisa) 366
니샤푸르(Nishāpūr) 484, 702
니코바르(Nicobar) 497~99, 502~504, 582
니코베란(Nicoveran) → 니코바르

ㄷ

다뉴브(Danube)강 140, 208, 243, 244
다롄(大連) 258
다르에스살람(Dar es Salaam) 300
다마스쿠스(Damascus) 178, 201, 208,

299, 364, 741, 742, 789
다싱산쓰(大興善寺) 704
다싱안링(大興安嶺) 474, 475, 658
다추(大邱) 652
달해부(達奚部) 727
당명(堂明) 493
대도(大都) 577, 578
대동강(大同江) 642
대령(大寧) 656
대서양 57, 191, 299, 311, 328, 340~42, 344, 356, 452, 485, 486, 507~12, 539, 543, 545, 546, 548, 549, 555~59, 561, 567, 570, 572, 574~76, 582, 589, 590, 592, 594, 595, 597, 601, 604, 606, 607, 609, 610, 623, 627, 628, 748, 811
대원(大宛) → 페르가나
대월지(大月氏) 228, 407, 478, 480, 534
도오다이지(東大寺) 408
도파르(Dhofar) 504
돈(Don)강 223, 243, 312, 337
돌궐가한(突厥可汗) 482
동(東)투르키스탄(Turkistan) 228, 324, 802
동경용원부(東京龍原府) 688
동황성(東黃城) 484, 642, 643, 646, 647, 650
둔문산(屯門山) 496, 498
둔황(敦煌) 478, 480~83, 703, 707, 709, 719
둥베이(東北) 145, 416, 446, 465, 468, 526, 642, 644, 791, 822
둥산쭈이(東山嘴) 145, 146
드네스뜨르(Dnestr)강 243
드니쁘로(Dnipro)강 355

따슈껜뜨(Tashkent) 450, 483, 725, 727
따완띠수유(Tawanti Suyu) 286
떼노치띠뜰란(Tenochtitlán) 598, 668
떼노치띠뜰란신전박물관 666
떼오띠우아깐(Teotihuacán) 598, 666
떼우안떼뻭(Tehuantepec) 602
뗌쁠로마요르박물관 666
또보스따 모길라(Tovsta Mogila) 474
또볼스끄(Tobol'sk) 470
뚜꾸메(Túcume) 625, 626
뚤라(Tula) 598
뜨빌리시(Tbilisi) 451
띠띠까까(Titicaca)호 619

ㄹ

라노카우(Rano Kau) 619
라르비크(Larvik) 616
라마로(喇嘛路) 446, 447, 450
라모리(Lamori) 504
라빠스 665
라싸(拉薩) 446, 450, 715
라인(Rhein)강 244, 312, 451
라호르(Lahore) 170
락자(Rach Gia) 226
란저우(蘭州) 519
람브리(Lambri) 499
랴오닝(遼寧) 145, 640, 641, 643
랴오둥(遼東) 258, 468, 487, 641, 642, 645, 646, 648, 652, 653
랴오중(遼中) 484, 645, 646, 650
랴오허(遼河) 484, 644~46, 650, 824
러허(熱河) 468
런던(London) 170, 229, 789, 797
레드포트(Red Fort) 173

찾아보기 **847**

레반트(Levant) 299, 812
레셍고(Resengo) 504
롄윈(連雲) 519
로마(Roma) 153, 218, 226~29, 264, 371, 429, 430, 445, 451, 459, 460, 475, 477, 483~86, 490~93, 496, 502, 534, 639, 651, 672~74, 676, 789, 806, 807
로칵(Locac) 503
루룽(盧龍) 648
루트(Lut)사막 446, 476
룸비니(Lumbini) 716
룽청쯔(榮城子) 641
뤄양(洛陽) 229, 483, 484, 639, 647, 649~51, 702, 726
류우뀨우(琉球) 30, 415, 696
류허(柳河) 644
리디아(Lydia) 478
리베(Ribe) 329, 342, 814
리오그란데(Rio Grande) 588, 589, 592
리우데자네이루(Rio de Janeiro) 546, 557, 594, 663

◻

마그레브(Maghreb) 578
마다가스카르(Madagascar) 295, 504
마데이라(Madeira) 508
마라칸드(Marakand) → 사마르칸트
마라케시(Marrakesh) 178
마르끼즈(Marquises) 617, 632, 633
마르띠니끄(Martinique) 306, 554
마르클란드(Markland) 341
마림(麻林) → 말린디
마아바르(Maabar) 503
마역로(馬易路) 446, 447, 657

마젤란해협 511, 588, 589, 592, 595, 596
마추삑추(Machu Picchu) 664, 803
마하보디(Mahabodhi) 719
막북(漠北) 175, 243, 447
만랄가(滿剌加) → 믈라카
만산수구(蠻山水口) 501
만수리(萬水里) 19
만저우(滿洲) 411, 416, 658, 688
만지(Manzi) 504
말라국(末羅國) 497, 498
말라카(Malacca) → 믈라카
말루쿠(Maluku) 28, 511, 594, 596, 597
말린디(Malindi) 509, 582
메디나(Madīnah) 200, 390, 802, 826
메르프(Merv) 483~84
메소아메리카(Mesoamerica) 284, 597~600, 811
메소포타미아(Mesopotamia) 50, 59, 109, 149, 164, 198, 199, 212, 222, 229, 257, 275, 315, 321, 426, 451, 488, 624, 626, 792, 793, 796, 806
메소포타미아로(路) 446, 450
메카(Makkah) 170, 200, 208, 390, 582, 585, 826
멕시코 국립인류학박물관 284, 546, 557, 666
멕시코시티(Mexico City) 546, 557, 665, 668
멘주(Menzu) 504
멜라네시아(Melanesia) 622
멜리바르(Melibar) 503
멤피스(Memphis) 197
명주(明州) 461, 502, 504
모가디슈(Mogadishu) 582, 586

모가오쿠(莫高窟) 707, 719
모그다시오(Mogdasio) 503
모스끄바(Moskva) 208, 451, 789
모티마스지드(Moti Masjid) 173
모헨조다로(Mohenjo-Daro) 361, 488
목골도속(木骨都束) → 모가디슈
몬떼알반(Monte Albán) 598
몰디브(Maldives) 503, 582
몰래국(沒來國) 497, 498
몰손국(沒巽國) 497
무라비툰(al-Murābiṭūn) 유적 51, 52
무스카트(Muscat) 497, 499
무지리스(Mouziris) 265
문독국(門毒國) 497
믈라카(Melaka) 252, 506, 580, 582, 587
믈라카해협 28, 153, 265, 430, 490, 491, 496, 502
미누신스끄(Minusinsk) 242, 466
미니바르(Minibar) 504

ㅂ

바그다드(Baghdad) 180, 208, 212, 355, 393, 446, 451, 483, 502, 651, 741, 789
바라나시(Varanasi) 719
바레인(al-Bahrain) 494
바루가자(Barugaza) 450
바루카차(Bharukacha) 487, 491
바르베로박물관 664
바스라(al-Basrah) 451, 494, 497, 499, 500
바이깔(Baikal)호 145, 465, 466, 542, 657~59, 670
바이살리(Vāisalī) 719
바이킹문화센터 329
바이킹선박박물관 331
박주(博州) 649, 825
발라니아(Balania) 243, 244
발라사군(Balāsāghūn) 240
발리가마난국(拔離謂磨難國) 497
발율국(拔颶國) 497
발트해 226, 244, 311, 312, 337, 343, 446, 451, 465
발하슈(Balkhash)호 243, 469
발한(鏺汗) 482
발흐(Balkh) 450, 477
방갈랄(榜葛剌) 582
백랑고성(白狼故城) 648
백랑수(白狼水) 648
번우(番禺) 228, 489
범연(帆延) 482
베네찌아(Venezia) 208, 460, 469, 502, 503, 510, 518, 742
베르데(Verde)곶 508
베링(Bering)해협 139, 187, 425, 442, 541, 544
베스트폴(Vestfold) 616
베시 오바(Besh Oba) 474
베아스(Beas)강 197
베이루트(Beirut) 483, 651
베이징(北京) 446, 447, 484, 518, 523, 578, 584, 641, 647~50, 821, 824
베이하이(北海) 518
벨사(Belsa) 504
벵골(Bengal) 184, 582
별포(別浦) 670
보고따(Bogotá) 570, 665
복두산(福斗山) 506, 580
복랄와(卜剌哇) 582

찾아보기 **849**

본원사(本願寺) 681
볼가(Volga)강 207, 208, 223, 243, 312, 354, 355, 466, 470
볼고그라드(Volgograd) 474
볼샤야 이반노프까(Bol'shaya Ivannovka) 474
부남(扶南) 153, 430, 493, 496
부다페스트(Budapest) 451
부레찌(Buret') 142
부에노스아이레스(Buenos Aires) 664
부자문(附子門) 506, 580
부하라(Bukhara) 207, 483, 577
북류하(北流河) 482
북파라문(北婆羅門) 482
북평(北平) 641
분타랑주(奔陀浪州) 497
불가르(Bulgar) 207
불서국(佛逝國) 497
불칸산(不咸山) 659
불타로(佛陀路) 446, 450
브라상뿌이(Brassempouy) 140
블라지보스또끄(Vladivostok) 518, 683
비냐 델 마르(Viña del Mar) 664
비달치고개 670
비르헤네스(Virgenes)곶 595
비쿠스 투스쿠스(Vicus Tuscus) 229
비파주(琵琶州) 496, 501
비하르(Bihar) 184
빈(Wien)자연사박물관 140
빈두랑산(賓頭狼山) 501
빈랜드(Vinland) 340, 341
빌렌도르프(Willendorf) 140
빠나마(Panama) 운하개굴박물관 600, 601

빠나마 지협 554, 602~604, 606
빠나마운하 597, 600~602, 605, 606, 608, 609, 612, 613
빠리(Paris) 170, 312, 518, 605, 607, 608, 714, 721, 789
빨로스(Palos) 509, 547~49, 551, 555
뽀끄롭까(Pokrovka) 722
뽀또시(Potosi) 190
뽀르뚜 싼뚜(Porto Santo) 508
뻬레네(Pyrénées)산맥 202, 465

ㅅ

사라이(Sarai) 208, 469
사란딥(Sarandip) 499
사르나트(Sarnath) 718, 719
사르디스(Sardis) 164, 478
사리서란산(娑里西蘭山) 501
사마르칸트(Samarkand) 173, 197, 207, 251, 450, 478, 483, 683, 690, 698, 727, 739~41
사자국(獅子國) 494, 497, 498
사처(莎車) 478, 479, 481, 482
사하라(Sahara)사막 36, 44, 48, 57, 204, 288, 294, 295, 300, 303, 748, 807
사해(死海) 358
사헬(Sahel) 748
산둥(山東) 487, 642, 652~54, 809
산시(山西) 656, 719, 731
산시(陝西) 302, 361
산하이관(山海關) 484, 648, 650, 824
살이구화갈국(薩伊瞿和竭國) 497
삼도보계탑(三道寶階塔) 719
삼란국(三蘭國) 497, 498
삼보산(三寶山) 587

삼보선사(三寶禪寺) 587
삼불제(三佛齊) 28, 501
삼장구(三藏口) 656
삼하(三河) 647, 648
상경(上京) 475, 683
상림(象林) 490
상석(象石) 496
샤오쿠룬(小庫倫) 644
서(西)투르키스탄(Turkistan) 202, 228, 244, 250, 477, 802, 828
서밀운술(西密雲戌) 656
서산(徐山) 506, 580
서울 416, 484, 592, 647~50, 670
석국(石國) 725, 727, 728, 732~34, 736, 828
석란산(錫蘭山) 506, 580, 582
석성(石城) 648
선선(鄯善) → 누란
선양(瀋陽) 484, 644~46, 650, 825
설국(設國) 497
섬라(暹羅) 582
섬주(陝州) 726
세메나트(Semenat) 503
세부(Cebu) 596
세인트조지(St. George) 183
세인트헬레나(Saint Helena) 697
세일론(Seilon) 503
센유쓰(仙遊寺) 704, 716
소갈란(小葛蘭) 582
소그디아나(Sogdiana) 197, 245, 468, 477
소대사나(蘇對沙那) 482
소로리(小魯里) 55, 693, 694
소륵(疏勒) 479, 482, 483, 732

소문답랄(蘇門答剌) → 수마트라
소발률(小勃律) 725~27, 729, 730, 737, 828
소비라(Sovira) 487, 491
소코트라(Socotra) 503
소하르(Sohar) 497, 499
손두르(Sondur) 503
솔빈부(率賓府) 475, 688
송경령(松徑嶺) 657
송국리(松菊里) 692
쇼오소오인(正倉院) 678
수라트(Surat) 170, 183, 450
수마트라(Sumatra) 28, 489~91, 496~504, 506, 580, 582, 586, 587, 702, 703
수몰트라(Sumoltra) 504
수사(Susa) 164, 197, 198, 478, 806, 823
수아니아(Suania) 286
수파라카(Supparaka) 487, 491
순다(Sunda) 28, 504
쉬원(徐聞) 489, 490
슈끄바(Shqba) 동굴 51
스리랑카(Sri Lanka) 29, 251, 265, 367, 488, 490~92, 494~96, 499, 501~504, 506, 515, 580, 582, 587, 702, 719, 806
승등주(勝鄧州) 497
시라프(Sirāf) 494, 499
시르다리야(Syr Dar'ya)강 165, 243, 444, 480, 482, 727
시리아(Syria)사막 446, 476
시사군도(西沙郡島) 500
시안(西安) 153, 177, 407, 430, 445~47, 460, 475~77, 479, 483, 484, 518, 519, 639, 640, 647, 649~51, 702~704, 716,

717, 720, 725, 726, 730, 807, 825, 827, 828
시에라리온(Sierra Leone) 508
시칠리아(Sicilia) 224, 343, 742
시킴(Sikkim) 450
신가파(新加波) → 싱가포르
신장(新疆) 175, 228, 323, 519, 702, 724, 796, 802
실란(Sillan) → 실론
실론(Ceylon) 29, 251, 265, 367, 368, 488, 491, 492, 494, 496, 504, 506, 580, 702
실위(室韋) 657
심주(瀋州) → 선양
싱가포르(Singapore) 247, 251, 489, 497, 501, 812
싱징(興京) 645
싼따페(Santa Fe) 548
싼또도밍고(Santo Domingo) 666
싼띠아고(Santiago) 664
싼쌀바도르 국립인류학박물관 665
싼쌀바도르(San Salvador) 509, 550, 571, 665
쎄비야(Sevilla) 180, 511, 551, 575, 593, 596
쏠로하(Solokha) 474
쑤이위안(綏遠) 466, 468
쑤이펀허(綏汾河) 475
쓰촨(四川) 577
씬드(Sindh)사막 167
씸페로뽈(Simferopol) 474

ㅇ

아그라(Agra) 170, 173

아까뿔꼬(Acapulco) 522, 543
아나우(Anau) 324, 465, 466
아나톨리아(Anatolia) 164, 478, 499, 502
아단(阿丹) → 아덴
아덴(Aden) 224, 504, 582, 586
아따까마(Atacama)사막 288
아뜨라또(Atrato)강 602
아라비아해 29, 151, 153, 170, 427, 430, 446, 463, 485~87, 491, 496, 498, 651
아랄해 229, 243~45, 446, 465, 466, 472, 475, 480, 482
아르세니예프(Arsen'ev) 683
아르시노에(Arsinoe) 487
아마존(Amazon)강 288
아무다리야(Amu Dar'ya)강 229, 444, 465, 482, 727, 729, 804
아바쉬(Abash) 504
아비뇽(Avignon) 202
아비시니아(Abyssinia) 295, 504
아삼(Assam) 55, 692
아순시온(Asunción) 664
아조레스(Azores) 508
아조프해 151, 223, 428
아테네(Athenae) 491, 518, 538, 789, 797, 224, 265
아프라시아브(Afrāsiyāb) 698
안가만(Angaman) 503
안강읍(安康邑) 680
안다만(Andaman) 499, 501, 503
안달루스(Andalus) 179, 180, 742, 802
안데스산맥 187, 544
안둥(安東) 258
안서(安西) 483, 651

안주(安州) 656
안티오크(Antioch) 229, 371, 469
알렉산드리아(Alexandria) 197, 201, 269, 316, 446, 451, 483, 651, 675, 742
알타이(Altai) 151, 357, 428, 465, 470, 673, 690, 691, 806
알타이산맥 109, 151, 428, 446, 465~69, 475, 624
알프스(Alps)산맥 311, 312, 697, 737
알함브라(Alhambra) 궁전 180, 403
암사동(巖寺洞) 670
압록강(鴨綠江) 484, 642, 646, 647, 649
야뜨라네(Yatran') 474
야마나박물관 25, 546, 557, 664
얌자이(Iamzai) 504
양관(陽關) 478, 479
양광(兩廣) 494
양사오(仰韶) 323, 324, 361, 466, 796
양산(羊山) 501
양어무(梁魚務) 484, 645, 646, 650
양저우(揚州) 502, 504
양쯔강(揚子江) 55, 506, 580, 693
어양(漁陽) 647
어이진(禦夷鎭) 656
언기(焉耆) 230, 479, 482, 483, 702, 703, 732
엄채(奄蔡) 480
에게해 31, 222, 278, 797
에베레스트(Everest)산 358
에쉬에르(Eshier) 504
에시온 게벨(Ezion Geber) 488
에페수스(Ephesus) 451
에프탈(Ephtalite) 468, 482
여주(閭州) 644~46

연운보(連雲堡) 730, 828
영변(寧邊) 642
영원(寧遠) 642
영주(瀛州) 649, 825
영주(營州) → 차오양
예레반(Yerevan) 484
예리코(Jericho) 51, 361
예안리(禮安里) 671
옌지(延吉) 518
오끼나와(沖繩) → 류우뀨우
오랄국(烏剌國) 496~98
오롱고(Orongo) 619
오루(烏壘) 175, 479
오르콘(Orkhon)강 446, 447, 465, 657
오리노꼬(Orinoco)강 553
오리사(Orissa) 184
오만(Oman) 494, 497, 499, 582
오볼라(Obollah) 494, 496, 497
오비(Ob')강 470
오소고부(烏素固部) 657
오악사까(Oaxaca) 598
오얀따이땀보 665
오익산리(烏弋山離) 479
오차(烏秅) 479
오트라르(Otrār) 206
오피르(Ophir) 489
오호문(五虎門) 506, 580
옥녀담(玉女潭) 704, 716
옥문관(玉門關) 478, 479, 481
옥애오(Oc-Éo) 226
올두바이(Olduvay) 18, 19, 302
와이오밍(Wyoming) 750
완설서(碗碟嶼) 506, 580
왕사성(王舍城) 719

외라산(外羅山) 506, 580
용강동(龍江洞) 680
용만(龍灣) 506, 580
용성(龍城) 643
용아문(龍牙門) 582
우꼬끄(Ukok) 475, 691
우랄(Ural)강 358
우루무치(烏魯木齊) 518
우루크(Uruk) 59, 60, 257, 792
우수아이아(Ushuaia) 25, 546, 557, 588, 589
우전(于闐) 478, 483, 732
우타이산(五臺山) 705, 715, 719, 720
울루그베그 천문대박물관 690
울산(蔚山) 677, 696
위가라끄(Uygarak) 475
위리(尉犁) 479
위수(危須) 230
위주(衛州) 649
위주(魏州) 649, 825
위텐(玉田) 648
윈난(雲南) 55, 407, 577, 578, 692, 791
유가항(劉家港) 506, 580
유산(溜山) → 몰디브
유성(柳城) 643, 644, 648
유원(濡源) 656
유주(幽州) 447, 484, 647~51, 657, 825
유프라테스(Euphrates)강 51, 53, 323, 451, 488, 491, 494, 496, 497
은허(殷墟) 257, 652
읍달(挹怛) → 에프탈
의씨(猗氏) 731
이라와디(Irrawaddy)강 248
이르띠시(Irtysh)강 470

이마라리산(伊麻羅里山) 501
이스탄불(Istanbul) 451, 484, 742
이스터(Easter) 25, 539, 544, 619, 620, 630, 632, 664
이시끄(Issyk) 475
이오(伊吾) 480~82
이카다(Ikada) 620
이현(易縣) 641
이현(義縣) 644~46
인더스(Indus)강 57, 164, 199, 202, 224, 450, 483, 487, 488, 491, 497, 651
인도양 28, 63, 153, 182, 224, 225, 228, 260, 265, 266, 299, 430, 446, 452, 457, 463, 485, 486, 491, 492, 494, 498, 503, 511, 531, 583, 594, 596, 628, 651, 660, 702, 748, 788, 806
일남(日南) 226, 227, 489~91, 494, 496
임유관(臨渝關) → 산하이관
임읍(林邑) 493, 496

ㅈ

자동(刺桐) 503, 504
자모르(Jamor) 50
자바(Java) 28, 29, 55, 139, 251, 252, 368, 425, 442, 502, 506, 580, 582, 587
자이톤(Zayton) 504
자카르타(Jakarta) 518
자흐라(al-Zahra) 180
잔지바르(Zanzibar) 504
잠불(Dzhambul) 475
잠파(Zampa) → 짬파
장락항(長樂港) 506, 580
장안(長安) → 시안(西安)
장유사(長遊寺) 670

장저우(漳州) 512
저우산군도(舟山群島) 258
저우즈(周至) 704, 716
저장(浙江) 258, 504, 505, 579, 808
점불로산(占不勞山) 496
점불뢰산(占不牢山) 501
점빈국(占賓國) 501
점성(占城) 506
정저우(鄭州) 518, 519
제노바(Genova) 546, 574, 509
제라로화국(提羅盧和國) 497
제율국(提颱國) 497
제찌수(Jetysu) 475
젠푸쓰(薦福寺) 704
조법아(祖法兒) → 주파르
조와(爪蛙) → 자바
주구파(朱俱波) 482
주련국(注輦國) 501
주보룡산(舟寶龍山) 501
주언가다부(珠恩嘎達布) 475
주질(盩厔) 704
주파르(Zufar) 504, 582
지린(吉林) 518
지안(集安) 642, 644, 645
지중해 31, 38~40, 48, 56, 59, 62, 151~53, 191, 203, 215, 222, 224, 226, 227, 229, 236, 275, 299, 300, 311, 316, 317, 321, 343, 356, 358, 382, 427, 429, 430, 445, 446, 451, 476, 482, 483, 485~87, 498, 558, 572, 651, 742, 807, 813
진거쓰(金閣寺) 719
진랍(眞臘) 582
짬파(Champa) 29, 496, 499, 500, 503, 504, 506, 580

ㅊ

차르클릭(Charklik) 450
차사(車師) 481
차오양(朝陽) 484, 643~48, 650, 655~57, 824
창리(昌黎) 648
창저우(滄州) 649
창춘(長春) 518
창해(漲海) 499
천방(天方) → 메카
천축국(天竺國) 702, 718
천축산(天竺山) 501
철륵부(鐵勒部) 482
청더(承德) 641, 642, 646, 656
청천강(淸川江) 642
체르톰리그(Chertomlyk) 474
첼랴빈스크(Chelyabinsk) 474
추(Chu)강 243, 482
추풍령(秋風嶺) 647
취람서(翠藍嶼) 582
취안저우(泉州) 461, 502~504, 512, 518
츠칸(赤坎) 506, 580
치따(Chita) 683
칠렌푸(Chilenfu) 504
칭량쓰(淸涼寺) 719

ㅋ

카라코룸(Karakorum) 447, 469
카라쿰(Kara-Kum)사막 446, 476
카불(Kabul) 483
카불리(Kabul)강 251
카비르(Kavir)사막 446, 476

카스피해 208, 237, 243, 244, 245, 358, 446, 450, 467, 469, 470, 482
카이로(Cairo) 25, 201, 300, 534, 741, 789,
카티가라(Cattigara) 286
칸다하르(Kandahar) 479, 483
칸사이(Cansay) 504
칼라(Kalah) 499
칼라하리(Kalahari)사막 295
칼리만탄(Kalimantan) 28, 251, 582
캄바에트(Cambaet) 503
캘리컷(Calicut) 182, 183, 251, 504, 506, 507, 509, 579, 580, 586, 627
케르만(Kerman) 483
케스마코란(Kesmacoran) 503
케이프타운(Cape Town) 300
켈란탄(Kelantan) 582
코린치(Korintji) 490
코마리(Comari) 503
코일룸(Coilum) → 퀼론
코친(Cochin) 504, 582
코카서스(Caucasus) 294, 450
콘두르(Condur) 503
콘스탄티노플(Constantinople) 173, 338, 446, 451, 469, 483, 484, 502, 503, 651
콘티키(Kon-Tiki)박물관 634, 635
콜카타(Kolkata) 518
콩고(Congo)강 305, 306
쿠르간(Kurgan) 474
쿠시나가라(Kuśinagara) 719
쿠알라룸푸르(Kuala Lumpur) 518
쿠처(庫車) 479, 482, 483, 702, 703, 711, 724, 732

쿠파(al-Kūfa) 494, 729, 736
쿤룬(崑崙)산맥 478
퀼론(Quilon) 499, 503, 504, 582
키질쿰(Kyzyl-Kum)사막 446, 476
킨길린(Cyngilin) 504
킨사이(Quinsay) 573

ㅌ

타나(Tana) 503
타림(Tarim) 분지 228, 450, 477~80, 483, 802, 804
타브리즈(Tabriz) 451, 503
타슈쿠르간(Tashkurgan) 481, 482
타우리스(Tauris) → 타브리즈
타이창(太倉) 506, 580
타이항(太行)산맥 649
타지마할(Tāj Mahal) 173, 365, 403
타클라마칸(Taklamakan)사막 414, 446, 476, 737
타프로바네(Tapróbăne) 492
탁실라(Taxila) 197
탈라스(Talās)강 243, 722, 828
태양의 피라미드 666
태평양 25, 30, 63, 190, 299, 404, 433, 446, 452, 453, 463, 464, 470, 485, 486, 511, 512, 518, 522, 538, 539, 543, 544, 558, 592, 595~98, 601, 603, 604, 606, 609, 610, 616, 617, 619, 622, 628, 632, 633, 636, 651, 660, 666, 667, 777, 803, 805
템스(Thames)강 312
톈산(天山)산맥 250, 479, 481, 482, 727, 739, 828
토번(吐蕃) → 티베트

856

토오쇼오다이지(唐招提寺) 408
토카리스탄(Tokharistan) 239, 482
토프카프(Topkapi) 403
토호진수(吐護眞水) 657
토화라(吐火羅) → 토카리스탄
통정진(通定鎭) 484, 644, 646, 650, 824
투루판(Tulufan) 450, 826
투반(Tuban) 252
퉁거우(通溝) 484, 642, 644~46, 649, 650
퉁관(潼關) 726
퉁화(通化) 644
트로야(Troja) 334
티그리스(Tigris)강 53, 323, 451, 493
티도레(Tidore) 511, 596
티베트(Tibet) 245, 368, 407, 450, 577, 715, 725, 727, 806, 807, 828

ㅍ

파국가람주(婆國伽藍洲) 497
파라문(婆羅門) 497, 498
파로(波路) 481
파르티아(Parthia) 227, 230, 366, 467, 479, 806
파미르(Pamir)고원 177, 477~83, 485, 534, 651, 702, 703, 721, 725, 728, 730, 735~37, 776, 802, 807
파사(波斯) 482, 702, 703
파지리크(Pazyryk) 467, 475
파투이바(Fatu-Hiva) 617~19
파트푸르 시크리(Fathpur Sikri) 173
판룽산(盤龍山) 641
팔레스타인(Palestine) 51, 119, 314, 315, 343, 361, 381, 687, 812

팔미라(Palmyra) 299, 445, 483
팽형(彭亨) 582
펀자브(Punjab) 170, 197, 237
페구(Pegu) 492
페르가나(Fergana) 228, 229, 243, 257, 465, 479, 482
페샤와르(Peshawar) 365, 446, 450
펜탄(Pentan) 503, 504
평명(平明) 640, 641
평성(平城) 656, 657
평양(平壤) 484, 642, 645~50, 692, 790
평주(平州) 484, 648, 650
포트윌리엄(Fort William) 183, 184
폴가(Polga) 354
폴룸붐(Polumbum) 504
폴리네시아(Polynesia) 544, 571, 616~19, 622, 628, 629, 632, 633
푸스타트(Fustat) 534
푸신(阜新) 644, 645
푸에고(Fuego) 511, 544, 588~91, 595
푸에르토리코(Puerto Rico) 509
푸저우(福州) 504, 518
푸젠(福建) 505, 579
프란드리나(Frendrina) 504
플랑드르(Flandre) 216, 805
피렌쩨(Firenze) 510, 573, 802
피산(皮山) 479, 481, 483, 651
피종(皮宗) 490

ㅎ

하노이(Hanoi) 518
하이난(海南) 496, 501, 503
하이커우(海口) 518
한반도(韓半島) 25, 55, 88, 212, 215,

230, 403, 406, 416, 417, 445, 446, 459, 461, 465, 468, 475, 476, 484, 485, 502, 637~70, 688, 689, 691~93, 696, 698, 699, 775, 776, 790, 792, 826

한주(漢州) → 서울

할흐골(Khalhgol) 475

항저우(杭州) 447, 502, 504, 573

해룡(海龍) 644

허난(河南) 323, 484, 649, 651, 652, 792, 796, 808

허무두(河姆渡) 258, 361, 808

허베이(河北) 484, 640, 641, 643, 649, 651

허젠(河間) 641

허푸(合浦) 490

헤이룽강(黑龍江) 470, 791

헤이허(黑河) 704, 716

헬룰란드 341

현도(玄菟) 644

형제도(兄弟島) 503

호라싼(Khorāsān) 201, 202, 239, 240, 729, 735

호르무즈(Hormuz) 29, 503, 504, 506, 580~86

호밀(護密) 482

호박로(琥珀路) 446, 451

홀로모사(忽魯謨斯) → 호르무즈

홍해 31, 109, 151, 153, 164, 224~26, 265, 299, 427, 430, 446, 457, 478, 485~89, 491, 492, 496, 498, 624, 628, 651, 806

화룽(和龍) 656, 657

화베이(華北) 446, 460, 465, 466, 468, 471, 638, 655

환도(丸都) 643~46

환왕국(環王國) 496

황룡사(黃龍寺) 681

황성동(隍城洞) 680

황수석교(潢水石橋) 657

황허(黃河) 258, 361, 649, 791

회원진(懷遠鎭) 644, 646

후난(湖南) 577

후안 암브로세띠 민속박물관 25, 664

훈춘(琿春) 518, 688

흑해 31, 223, 224, 312, 355, 358, 446, 450, 465, 466, 468, 534, 674, 797, 806, 813

흔암리(欣岩里) 692

희망봉(Cape of Good Hope) 508, 511, 596

히라(Hira) 494

히랄다 탑(La Giralda) 180

히말라야(Himalaya)산맥 63, 368, 414, 450

힌두쿠시(Hindu Kush)산맥 197, 697, 737, 828

문명교류학

초판 1쇄 발행/2025년 10월 10일

지은이/정수일
펴낸이/염종선
책임편집/박주용 신채용
조판/황숙화
펴낸곳/(주)창비
등록/1986년 8월 5일 제85호
주소/10881 경기도 파주시 회동길 184
전화/031-955-3333
팩시밀리/영업 031-955-3399 편집 031-955-3400
홈페이지/www.changbi.com
전자우편/human@changbi.com

ⓒ 윤순희 2025
ISBN 978-89-364-8095-0 93900

* 이 책 내용의 전부 또는 일부를 재사용하려면
  반드시 저작권자와 창비 양측의 동의를 받아야 합니다.
* 책값은 뒤표지에 표시되어 있습니다.